中国年鉴精品工程
High Quality Project of China's Yearbook

长沙年鉴2019

CHANGSHA YEARBOOK

长沙市地方志编纂委员会　编

方志出版社
Publishing House of Local Records

图书在版编目（CIP）数据

长沙年鉴. 2019 / 长沙市地方志编纂委员会编 . -- 北京：方志出版社，2019.12
ISBN 978-7-5144-4050-8

Ⅰ. ①长… Ⅱ. ①长… Ⅲ. ①长沙 — 2019 — 年鉴
Ⅳ. ① Z526.41

中国版本图书馆 CIP 数据核字（2019）第 290677 号

长沙年鉴（2019）

编　　者：长沙市地方志编纂委员会
责任编辑：齐　笑

出 版 者：方志出版社
地址　北京市朝阳区潘家园东里 9 号（国家方志馆 4 层）
邮编　100021
网址　http//www.fzph.org
发　　行：方志出版社图书馆经销中心
电话（010）67110500
经　　销：各地新华书店
印　　刷：长沙市雅捷印务有限公司

开　　本：889 × 1194　1/16
印　　张：38.5
字　　数：1444 千字
版　　次：2019 年 12 月第 1 版　2019 年 12 月第 1 次印刷
印　　数：0001~2000 册

ISBN 978-7-5144-4050-8　定价：260.00 元

《长沙年鉴（2019）》编纂委员会

《长沙年鉴》编辑部

序一

国务院办公厅2015年8月印发的《全国地方志事业发展规划纲要(2015—2020年)》(以下简称《规划纲要》)要求,到2020年要做到地方综合年鉴一年一鉴,公开出版,实现省、市、县三级综合年鉴全覆盖。《规划纲要》还要求,坚持存真求实,正确处理质量与进度的关系,将精品意识贯穿于年鉴编纂出版工作全过程。2015年12月,中国地方志指导小组办公室启动中国年鉴精品工程,将其与先期实施的中国志书精品工程视为姊妹工程,一道作为加强地方志质量建设的重要抓手。

实施中国年鉴精品工程有助于推动中华优秀传统文化传承发展。近年来,在党中央、国务院的高度重视和关心支持下,全国地方志事业发展迎来最好的发展时期。年鉴编纂发端于欧洲,鸦片战争后被引入我国,在我国走过了100多年的发展历史。在长期的编纂中,年鉴在内容和形式上不断发展,逐渐演变成为适合反映中国国情、具有鲜明中国特色的一种文化载体,并在改革开放后出现了快速发展的局面。2006年5月,国务院《地方志工作条例》颁布施行,明确将地方综合年鉴纳入地方志工作范畴,年鉴工作走上了有法可依的轨道。《规划纲要》出台,为从依法编鉴转变到依法治鉴指明了方向。2016年12月,中国地方志指导小组印发《全国年鉴事业发展规划(2016—2020年)》,更进一步明确了到2020年全国年鉴事业的任务书、时间表、路线图。经过多年的发展,年鉴工作已经成为地方志工作的重要组成部分,成为中华民族优秀文化传统的有机组成部分,其存史、育人、资政作用日益彰显。实施中国年鉴精品工程,是年鉴工作者紧扣时代脉搏、坚持创新发展的一项重要举措,对于坚定文化自信,传承弘扬好中华优秀传统文化意义重大。

实施中国年鉴精品工程有助于为全面建成小康社会提供更多智力支持和历史借鉴。党的十八大作出全面建成小康社会的战略部署。党的十八届五中全会提出到2020年如期实现全面建成小康社会的目标要求。完成《规划纲要》确定的目标任务是年鉴工作者的神圣使命,更是年鉴工作者以自身力量为全面建成小康社会献上的厚礼。一方面,可以更好地利用年鉴这种年度资料性文献，及时记录各地区在全面建成小康社会伟大征程中每年取得的新成绩和新经验、出现的新情况和新问题、涌现的优秀人物和典型事迹等；另一方面，可以更好地积累地情、国情资料，为推动经济社会发展和深化改革提供智力支持，为推进国家治理体系和治理能力现代化提供历史借鉴。

实施中国年鉴精品工程有助于全面推进地方志事业转型升级。地方志不是单纯修志编鉴工作，而是全体方志人“修志问道，以启未来”的一项事业，这项事业包含着巨大的时代担当与使命追求。地方志工作要在“五大建设”总体布局和“四个全面”战略布局中发挥与其自身价值、功能相匹配的作用，就要因时而谋、乘势而上、顺势而为，全面推进地方志事业转型升级。转型升级，当下最重要的目标就是完成“两全”目标，包括“年鉴全覆盖”目标；长远的目标就是基本形成地方志编修体系、理论研究和学科建设体系、质量保障体系、资源开发利用体系、工作保障体系“五位一体”的地方志事业发展综合体系，包括“五位一体”的年鉴事业发展综合体系。中国年鉴精品工程是一项探索工程，也是一项创新工程，是推进地方志事业转型升级的重要内容。通过实施中国年鉴精品工程，不仅有助于确保年鉴质量，不断编纂出版具有鲜明时代特征、年度特点和地域特色的精品年鉴，也有助于推动年鉴工作适应经济社会发展形势和时代需要，不断改革创新，与时俱进。

多年来，在中国地方志指导小组办公室的指导和全国各级地方志工作机构的共同努力下，年鉴种类数量快速增长，年鉴成果粲然可观，为实施中国年鉴精品工程奠定了坚实的基础。实施中国年鉴精品工程，就是要在全国地方志系统起到示范作用，进一步培育精品意识，打造精品年鉴，以点带面，在提高年鉴质量方面探索出一条切实可行之路，使这项探索工程和创新工程能够积累经验，发挥引领作用。

“万山磅礴，必有主峰；龙衮九章，但挈一领。”实施中国年鉴精品工程，是筑牢地方志事业特别是年鉴事业发展根基之举，其意义与价值不言而喻。但编修出年鉴精品佳作，绝非朝夕之功，需要付出长期艰辛的努力。希望通过实施中国年鉴精品工程，能够进一步推进年鉴质量建设，使年鉴真正成为传承中华民族优秀传统文化的重要载体，成为展示中国国情、地情的重要窗口，成为“为当代提供资政辅治之参考、为后世留下堪存堪鉴之记述”的资源宝库，在全面建成小康社会过程中作出更大贡献。

是为序。

中国社会科学院原副院长
中国地方志指导小组原常务副组长 李培林

序二

地方志是中华优秀传统文化的根与魂，积淀着中华优秀传统文化最深层的精神追求，代表着中华民族独特的精神标识。新时代坚持和发展中国特色社会主义，更加需要深刻把握人类发展历史规律，更加需要编修出传承不辍的精品志鉴，才能使后代在对历史的深入思考中汲取智慧、走向未来。伟大的时代，为地方志发展提供了取之不尽、用之不竭的源泉，同时也为全国年鉴工作提供了极大的机遇。

党的十九大报告中明确提出“质量强国”，“努力实现更高质量、更有效率、更加公平、更可持续的发展”，这为年鉴事业高质量发展指明了方向。按时、保质完成《全国地方志事业发展规划纲要（2015—2020年）》规定的“两全目标”任务，打造一批资辅当前、存鉴后世、经得起历史检验的精品佳作，不仅是一种法定职责，而且具有重要的政治意义、现实意义和历史意义。中国特色社会主义进入新时代，年鉴事业也进入新时代，呈现快速、稳步发展态势，在各方面都取得了新的显著成绩，包括年鉴编纂进度大大加快，年鉴编纂范围不断扩大，年鉴资源优势得到充分发挥，年鉴开发利用水平全面提升，而且年鉴质量保障机制逐步完善、质量持续提升。因此，在全社会关注质量发展的黄金时期，尤其是在完成“两全目标”任务的关键期，在狠抓进度的时候，实施中国年鉴精品工程更是恰当其时。年鉴工作者要投身于时代，为时代放歌，书写复兴华章，把出品更多的精品年鉴使命落实在实现中国梦的恢宏大业中。

习近平总书记说，精品之所以“精”，就在于其思想精深、艺术精湛、制作精良。中国年鉴精品工程紧扣时代脉搏，拓宽视野，围绕人民群众的美好生活，用精品记录新时代，为新时代新气象新作为留下真实、鲜活、生动、翔实的记录。实施中国年鉴精品工程，既是全面贯彻落实《全国地方志事业发展规划纲要（2015—2020年）》的重要举措，也是培育精品意识和精品年鉴、提高年鉴质量的重要手段；既是发挥年鉴存史、资治、教化功能的根基所在，也是年鉴工作者坚持创新发展、传承弘扬中华优秀传统文化的关键步骤。这不仅有助于坚定文化自信，讲述好中国故事，传播好中国声音，更有助于为决胜全面建成小康社会提供更多智力支持和更大精神动力。

实施中国年鉴精品工程顺应地方志进入新时代的历史潮流。“充实之谓美，充实而有光辉之谓大。”党的十九大报告指出，我国的社会主要矛盾已经转化为人民日益增长的美好生活需要和不平衡不充分的发展之间的矛盾。党章修正案、宪法修正案把习近平新时代中国特色社会主义思想确立为我们党和国家的行动指南，我国的发展进入到新的历史方位。为适应这些重大变化，党和国家随之出台更多重大的举措、推出更多有力的措施。年鉴如何全方位地、开创性地记述这些历史性变化，如何充分记述我们党领导人民进行的伟大斗争、建设的伟大工程、推进的伟大事业、实现的伟大梦想，是新时代地方志工作需要深入思考探究的问题。中国年鉴精品工程正是呼应新时代新变化新要求，致力于在全国地方志系统进一步培育精品意识、打造精品年鉴，从而以点带面，在提高年鉴质量方面探索出一条切实可行之路，充分发挥中国精品年鉴的辐射效应，引领带动全国范围内年鉴质量的全面提高，切实推动年鉴事业转型升级。

实施中国年鉴精品工程要全面把握以人民为中心的发展理念。以人民为中心，贯穿于改革开放以来我们党推进中国特色社会主义文化建设的全过程。新时代把握新机遇，年鉴作为记录新时代地方年度历史的重要载体，应当以习近平新时代中国特色社会主义思想为指导，牢固确立以人民为中心的理念。中国年鉴精品工程始终坚持人民是历史的创造者和改革开放事业的实践主体，始终坚持文化发展为人民服务、为社会主义服务，充分记录人民的首创精神，凸显人民在文化建设中的主体作用，不断满足人民的精神文化需求。年鉴工作要深深扎根于人民之中，坚持以事系人，记载人民群众中的先进典型，内容充分体现社会民生和为民服务的举措。在此基础上，实施中国年鉴精品工程还要建立精品长效机制，逐步推进精品年鉴传播最优化和效益最大化，使精品年鉴能够不断满足人民群众对美好生活的新需要新期待，在铸就中华文化新辉煌的过程中更好地构筑中国精神、中国价值、中国力量的方向上不断努力。

实施中国年鉴精品工程是坚定文化自信的体现。习近平总书记说，文化兴国运兴，文化强民族强。没有高度的文化自信，没有文化的繁荣兴盛，就没有中华民族的伟大复兴。中华优秀传统文化是中华民族的文化根脉，其蕴含的思想观念、人文精神、道德规范，不仅是我们中国人思想和精神的内核，对解决人类问题也有重要价值。地方志是中华优秀传统文化的精神之脉，是中华优秀传统文化基因的真正传承者和发展者。精品年鉴正是从中华民族世世代代形成和积累的优秀传统文化中汲取营养和智慧，记录传承的文化基因，记录思想精华，展现精神魅力。实施中国年鉴精品工程，以时代精神激活中华优秀传统文化的生命力，推进中华优秀传统文化创造性转化、创新性发展，把传承和弘扬中华优秀传统文化同坚定文化自信统一起来，有助于引导人民树立和坚持正确的历史观、民族观、国家观、文化观，不断增强中华民族的归属感、认同感、尊严感、荣誉感。

用精品记录新时代，用奋斗铸就新辉煌。地方志植根于历史，内涵于历史，镌刻于历史之上，是中华民族在漫长历史中形成的区别于其他民族的独特精神标识，精品年鉴是地方志的“守护者”“传承者”，是地方志成果创造性转化创新性发展的“探路者”“先行者”。习近平总书记强调，凡是传世之作、千古名篇，必然是笃定恒心、倾注心血的作品。希望全国年鉴工作者齐心协力，坚持历史唯物主义立场、观点、方法，立足中国、放眼世界，立时代之潮头，通古今之变化，发思想之先声，推出一批有思想穿透力的精品力作，培养一批年鉴专家，充分发挥存史、育人、资政作用，为推动全国年鉴事业转型升级作出新的更大贡献。

是为序。

中国地方志指导小组秘书长
中国地方志指导小组办公室主任　冀祥德

编辑说明

一、《长沙年鉴》是长沙市地方志编纂委员会编纂的年度资料性文献，1987 年创刊，每年出版一卷，是国内外人士了解长沙的权威性工具书。

二、《长沙年鉴（2019）》坚持以马克思列宁主义、毛泽东思想、邓小平理论、“三个代表”重要思想、科学发展观、习近平新时代中国特色社会主义思想为指导，坚持辨证唯物主义和历史唯物主义的立场、观点和方法，围绕中共长沙市委、长沙市人民政府的决策部署，全面、客观、系统地记载长沙市自然、政治、经济、文化、社会和生态建设等方面概貌和发展情况。记述时限为 2018 年 1 月 1 日至 12 月 31 日。

三、本年鉴采用分类编辑法，设类目、分目、条目 3 个层次，部分分目下设子目，条目为记述基本层次。全书设有 35 个类目，220 个分目、42 个子目、1489 个条目。正文体例有概况、条目、附录、资料、图表等，以条目为主体，书中插排彩色专版。

四、本年鉴对框架结构进行适当调整：把“中国共产党长沙市纪律检查委员会”更名为“市纪委 · 市监委”；把“中国人民政治协商会议长沙市委员会”下的分目“政治协商”更名为“协商议政”；把“长沙市人民代表大会”类目下的分目“依法行权”更名为“依法履职”，原分目“依法履职”更名为“代表工作”；“法治”类目增设“消防”分目；“人民团体”类目更名为“群众团体”，增设分目“长沙市残疾人联合会”“长沙红十字会”“长沙市文学艺术界联合会”；在“长沙市人民代表大会”“中国人民政治协商会议长沙市委员会”“市纪委 · 市监委”类目下分别增设分目“重要会议”；把“教育”类目下的分目“中小学教育”更名为“基础教育”，增设分目“师资建设”；把“军事”类目下的分目“中国人民解放军长沙警备区”“中国人民武装警察部队湖南省总队长沙市支队”分别更名为“长沙警备区”“武警长沙支队”；把“经济管理”类目下的分目“国土资源管理”更名为“土地资源管理”；把“商贸服务业”类目下分目“住宿餐饮”改为子目，与子目“家政服务”“养老服务”一起归入分目“居民服务业”，将分目“烟草专卖”“石油经营”改为子目归入分目“专项经营”，将分目“邮政”“通信”合并为分目“邮政 · 通信”；把“经贸合作”类目下的分目“对外贸易”更名为“对外及港澳台贸易”，分目“外经合作”更名为“境外经济技术合作”；把“医疗卫生”类目下的分目“爱国卫生运动”更名为“健康促进”；把“农业”类目中的“移民开发”分目归入“人民生活”类目；“人民生活”类目增设“人口家庭”分目；“科学技术”类目增设“气象”分目。全书前页设置“蝶变长沙——改革开放 40 周年星城巨变及年度事件”彩页专题。

五、本年鉴所载资料均由全市各部门专人撰写、领导审核，年鉴编辑部编辑人员加工整理后再反馈原单位核对，最后由编委会定稿。统计资料由市统计局提供，文稿中有些地区性、部门性数据，由于统计口径不同等原因，与统计局公布的可能不完全一致，请读者在查阅和引用时注意。

六、本年鉴收录市直单位和各区县（市）负责人名单均以 2018 年在职者为准，有任免的分别予以注明。名单最终由长沙市委组织部审定。

七、本年鉴全书内容在长沙方志网（http://szb.changsha.gov.cn/）和“方志长沙”微信推出。

长沙市政区图

湖南省第三测绘院制作　　湖南省自然资源厅监制

审图号：湘S（2019）110号　二〇一九年十月

长沙市中心城区图

湖南省第三测绘院制作　　湖南省自然资源厅监制

审图号：湘S（2019）110号　二O一九年十月

长沙市文化地图

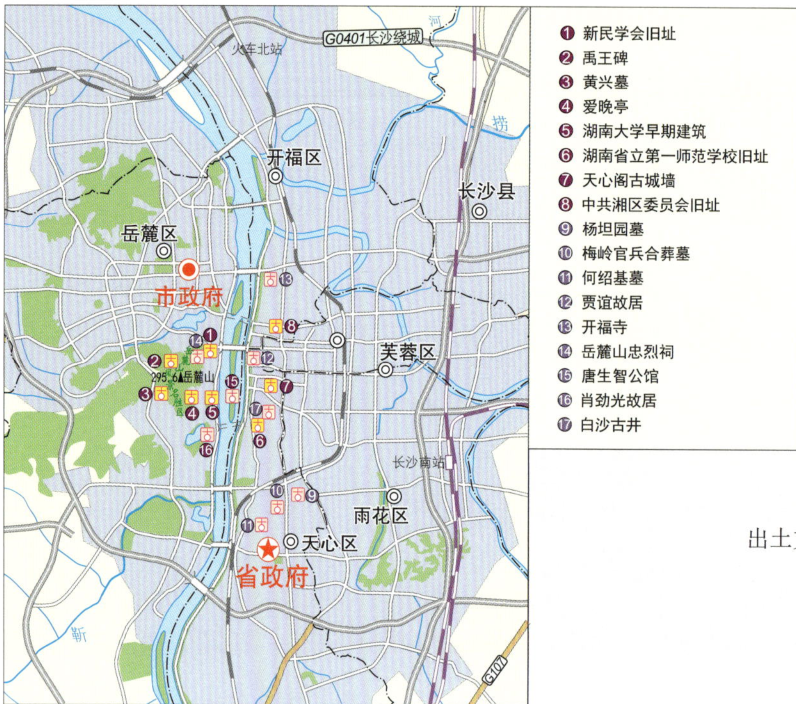

马王堆汉墓 ▸
出土文物——素纱襌衣

▲ 铜官窑窑瓷

▲ 爱晚亭

▲ 密印寺

湖南省第三测绘院制作　　湖南省自然资源厅监制

开福寺

▲ 湖南第一师范

▲ 刘少奇同志故居

▲ 岳麓书院

图　　例

符号	说明	符号	说明
★	省政府驻地		全国重点文物保护单位
★	市（州）政府驻地		省级文物保护单位
◎	县（市、区）政府驻地		市级文物保护单位
	省界		县级文物保护单位
	市（州）界		国家级非物质文化遗产
	县（市、区）界		省级非物质文化遗产
高速 / 普通	铁路		市级非物质文化遗产
S30	高速公路及编号		

审图号：湘S（2018）250号　二〇一八年十二月

2018 · 长沙荣誉

2018 · Changsha Honors

1月	在2016—2017年度全国无偿献血表彰大会上，长沙连续12年第六次获评“全国无偿献血先进城市”。
3月16日	水利部通过官网发布第一批通过全国水生态文明建设试点验收城市名单，长沙成为首批国家水生态文明城市。
3月25日	长沙入选工信部公布的2017年工业稳增长和转型升级成效明显的15个城市名单。
4月13日	长沙入选2017年度“中国十大数字阅读城市”榜单。
4月26日	第一财经旗下数据新闻项目“新一线城市研究所”在上海发布《2018中国城市商业魅力排行榜》，长沙市再度排名新一线城市，连续三年稳居前十强。
6月20日	中国社会科学院和经济日报社在北京发布“中国社科院财经院重大成果《中国城市竞争力报告No.16——40年：城市星火已燎原》，长沙入选“40年来经济发展最成功的40城”。
11月5日	中国慈善联合会发布第五届中国城市公益慈善指数，长沙城市公益慈善综合指数排名全国第十位、中部城市首位。
11月	长沙市通过交通运输部验收，入选“国家公交都市建设示范城市”。
11月26日	长沙入选“2018中国最具幸福感城市”。
12月3日	粤港澳大湾区研究院发布《2018年中国城市营商环境评价报告》，在全国35个大中城市中，营商环境指数排名，长沙从全国第20名跃居全国第九位、中部第一位；软环境指数排名，长沙则从第31名上升至第二位。
12月12日	中央广播电视总台发布《中国城市营商环境报告2018》，在法制环境评价维度中，长沙排名全国第一位。

2018 · 长沙数字

2018 · Changsha Datas

区域总面积：11815.96 平方千米
市区面积：2150.9 平方千米
年末户籍人口总数：728.86 万人
市区人口总数：355.75 万人
全年新增城镇就业人员：14.49 万人

地区生产总值：11003.41 亿元
第一产业增加值：318.73 亿元
第二产业增加值：4660.19 亿元
第三产业增加值：6024.49 亿元
人均地区生产总值：136920 元

全市一般公共预算收入：1544.95 亿元
地方一般公共预算收入：879.71 亿元
全市一般公共预算支出：1300.79 亿元

全市农林牧渔业增加值：337.21 亿元
农业增加值：229.28 亿元
林业增加值：21.42 亿元
牧业增加值：56.59 亿元
渔业增加值：11.44 亿元
农林牧渔服务业增加值：18.48 亿元
全年粮食播种面积：32.54 万公顷

社会消费品零售总额：4765.04 亿元
全市进出口总额：1283.34 亿元
实际使用外商直接投资：57.8 亿美元

全社会运输周转量：588.59 亿吨千米
全年公共交通客运总量：120859.9 万人次
国际互联网用户：328.17 万户

国际国内旅游总收入：1808.05 亿元
全年接待国内旅游者：14843.09 万人次
全年接待入境旅游者：130.37 万人次

普通高校：51 所
在校学生：63.6 万人
普通高中：88 所
在校学生：14.03 万人
普通初中：242 所
在校学生：25.85 万人
普通小学：937 所
在校学生：62.22 万人
幼儿园：1876 所
幼儿园在园幼儿：31.13 万人

全市公共图书馆：12 个
博物馆（纪念馆）：15 个
公共体育场地：1956 个
全市卫生机构数：4523 个
医疗卫生技术人员：8.15 万人

全市用电总量：3636932 万千瓦小时
城市日供水量：235 万吨 / 日
全市天然气供气总量：86826 万立方米
全市液化气供气总量：58741.78 吨
城市生活垃圾粪便清运量：251 万吨

园林绿化地面积：12848 公顷
自然保护区面积：0.67 万公顷

金融机构存款余额（本外币合计）：18633.6 亿元
金融机构贷款余额（本外币合计）：18360.89 亿元

城镇居民年人均可支配收入：50792 元
城镇居民人均消费性支出：36775 元
农村居民年人均可支配收入：29714 元
农村居民人均生活消费支出：20959 元

城镇居民人均住房面积：42.7 平方米
农村居民人均住房面积：59.4 平方米

《长沙年鉴》2018年度

为充分反映长沙人民自强不息、奋发向上的精神风貌，客观记载长沙在创建国家中心城市中涌现的典型人物及事件，发挥地方志“存史、育人、资政”的作用，长沙市地方志编纂委员会决定继续开展《长沙年鉴》2018 年度人物、年度事件评选活动（以下简称“双评”活动）。评选 2018 年度长沙市域范围内涌现的对推动全市经济社会发展有突出贡献和典型意义的人物和事件。

《长沙年鉴》2018 年度人物、年度事件评选活动于 2019 年 3 月启动，截至 6 月 30 日，各区县（市）及全市各行业经过遴选后向长沙年鉴编辑部推荐年度人物 48 名，年度事件 67 件。

年度人物

●廖　金　1987 年生　楚天科技股份有限公司焊工

他考取核电焊工 ASME 证，参与广东火电焊接工程公司多项焊接工艺评定。2013 年进入楚天科技改善和解决冻干机薄板外表焊接变形大、焊缝易氧化的问题，且避免显露焊接痕迹的难题；对冻干机外表件不锈钢薄板对接变形和氧化提出科学的焊接工艺措施，合格率 99%；成功解决冻干机加热器易漏和膨胀箱焊缝成型差、试压合格率低的问题，合格率 100%。2016 年成为公司焊接培训教师，2018 年获评全国“五一劳动奖章”。

●何建军　1987 年生　湖南省环保志愿服务联合会会长

从事环保志愿服务 14 年，他组织参与数百次国家、省市级环保活动，筹集环保公益资金 1000 万余元。2018 年发起的“走读湘江”获第八届“母亲河奖”——绿色团队奖；2018 年，永州民间河长项目以“双河长制”创新共建共治共享环境治理机制被评为湖南省第三批生态文明改革创新示范类案例，湖南省护鸟营获“斯巴鲁生态保护先进志愿者团队奖”，获团中央 2018 全国青年社会组织伙伴计划五星奖；2018 年获团中央、生态环境部等八部委颁发的第八届“母亲河奖”绿色卫士奖。

●范雪清　女　1982 年生　中共党员　长沙市天心区桂花坪街道金桂社区党支部书记

她充分发挥党建带妇建的先锋模范作用，帮助群众解决实际问题 50 余起，成立党员巾帼志愿服务队伍，发展社区巾帼志愿者 91 人，开展各类志愿服务上万次，用实用好惠民项目资金，5000 余名居民受到实惠。通过“一走进”“二了解”“三提高”，真正做到知民情、解民意、帮民困，2018 年社区争取资金 1500 万余元对北片进行提质改造。2018 年，当选为“中国妇女第十二次全国代表大会”代表。

●欧阳艳华　女　1976 年生　中共党员　长沙市天心区铜铺街小学党支部书记

她从事小学教育 25 年，2002 年获评长沙市首批骨干教师，2018 年获评天心区首批卓越教师、天心区“十佳魅力”教师。她和同事将学校创建为长沙市第一所“国际生态学校”。她倡导“让生命在爱里成长”教育理念，践行生命教育，创建长沙市第一个小学生教育中心，为学生身、心、学三位一体健康成长探索实践。她指导建立全国第一所心理学网络学校区域分校，组建 50 余人的心理志愿者成长团队。2018 年，她成功进行公共危机干预 2 例，居民自杀危机干预 10 余例，为学校、社区及相关单位志愿送课百余堂。

●刘飞香　1963 年生　中共党员　中国铁建重工集团股份有限公司党委书记、董事长、国家级技术中心主任，教授级高工

他牵头研制煤矿斜井双模式 TBM 等 50 余台套全球首台、国内第一的国产化地下工程高端装备。研发超大直径全断面竖井掘进机等超级装备，实现隧道施工装备完全国产化，所有产品均具有完全自主知识产权。2018 年 5 月，他将铁建重工超级地下工程装备向全球发布，登上中央电视台《对话》栏目；形成隧道安全智能化施工整体解决方案及成套智能装备，提出以新一代前沿技术和隧道智能装备核心共性技术系统为基础建立隧道智能装备体系；提出研发设计数字化和产品智能化企业发展理念，其提出的智慧企业管理模式被国企管理创新研究中心作为学习典范在全国发布共享。

●宋　旦　1973 年生　致公党党员　湖南省宋旦汉字艺术博物馆馆长

20 余年，他致力于中国汉字成为国际化符号的研究与推广，自费举办 56 场海外艺术交流活动，把汉字艺术推向世界。2015 年，美国洛杉矶首展创美国洛杉矶 20 余年来展览史新高。2016 年 7—9 月跨越 28 个州进行 8 场展览 37 场交流活动。2017 年，宋旦汉字艺术百家姓展作为一张国际文化名片，为东亚中日韩三国架起人文、经贸合作的桥梁。2018 年，搭建面向世界践行中华文化“走出去”与“引进来”的国际交流平台——国内首家汉字艺术主题博物馆。

●柳中辉　1974 年生　中共党员　长沙县果园镇浔龙河村党总支第一书记、湖南浔龙河投资控股有限公司董事长

2010 年 8 月，他开创浔龙河生态特色小镇“市场主体投资、政府主导推动、基层组织全程参与、民本民生充分保障”的新型城镇化建设模式。2017 年 9 月 28 日，长沙县供销社浔龙河村惠农综合服务社注册成立。2018 年 1 月，他带领的浔龙河村企业团队获 2018 年特色小镇博览会“优秀示范案例”，被中小城市发展委员会授予百强县产业投资联合体“创始成员单位”；6 月，被中国财经智库评为“中国新经济年度领军企业”；9 月，在中国乡村产业博览会获“十佳乡村产业发展模式”；11 月，被中国民族研究会授予“十大乡村振兴示范村”。

●纪红建　1978 年生　湖南毛泽东文学院文学创作一级（正高）、长沙市文联主席团委员、市作家协会副主席

他深入生活、扎根人民，笔耕不辍 20 余年，出版作品长篇小说《家住武陵源》，长篇报告文学《乡村国是》《哑巴红军》等 10 余部，在《中国作家》《当代》等发表长中短篇报告文学 200 万余字。获第二届“茅盾文学新人奖”、第 11 届全军文艺优秀作品奖、首届《中国作家》鄂尔多斯文学奖、第 28 届湖南省青年文学奖、湖南省第 13 届“五个一工程”奖等。2018 年 8 月，长篇报告文学《乡村国是》获第七届“鲁迅文学奖”，成为湖南文学史上以报告文学摘取“鲁迅文学奖”的第一人。

●孔蒲中　1961 年生　浏阳市达浒镇金石村大江组农民

他经营一家以自己命名的家庭农场，靠着“稻田＋”综合生态种养模式，生产甲鱼年产量 1500 千克，甲鱼苗 3 万只，优质米年产量 2.5 万千克，年利润 80 万余元。他将自己的种养模式经验传授周边 100 余名农民，带动大家一起成为新型职业农民。2018 年 1 月，他作为全国唯一农民代表到北京参加李克强总理主持召开的《政府工作报告（征求意见稿）》座谈会，并围绕促进家庭农场发展提出建议；12 月，他获评“全国百名杰出新型职业农民”“长沙市生态领军人物”“长沙市科普代表人”。

●陈　东　1978 年生　长沙市第一医院副主任医师

15 年来，他始终坚守在急诊第一线，争分夺秒抢救患者生命。从 2001 年起，连续 17 年无偿献血 39 次，计 11400 毫升。2017 年 5 月 29 日，他随中国（湖南）第 15 批援津巴布韦医疗队，到达非洲，执行对外援助任务。援外一年期间，接诊患者 8000 余人次，义诊 10 余次。有时凌晨四时就为患者诊治，多次随队友一起驱车前往津巴布韦较为偏僻地区开展义诊服务，为当地病友送医送药。先后获 2014—2015 年度全国无偿献血奉献金奖、2018 年湖南省十佳急诊医生、全省援外医疗工作先进个人、2018 年度湖南省白求恩奖、湖南省先进工作者等。

人物、年度事件评选活动

9 月 5 日，“双评”活动召开初评会议，通过 17 位评委现场投票，评选出候选人物、候选事件各 20 名（件）。

9 月 9—23 日，评选活动在“方志长沙”公众微信号开通投票。

9 月 26 日，召开终评会议，由专家学者、媒体工作者和部分单位代表组成评审委员会。终评的最终结果按照初评会议投票、网络投票与终评评委投票分别占总票选的 40%、20% 和 40% 的比例计综合得分，按分值高低最终评选出年度人物、年度事件各 10 名（件）。

年度事件

●长沙获批设立国家跨境电商综合试验区

2018 年 7 月 13 日，国务院常务会议决定新设一批跨境电商综合试验区，长沙与北京、呼和浩特、沈阳、武汉等 22 个城市名列其中，为跨境电商发展带来新优势。有利于长沙消费者“全球购”，更有利于外贸企业走出去，稳定外贸进出口。

●长沙国家级智能制造试点示范企业（项目）数量居全国省会城市第一位

2018 年 9 月 27 日，长城金融、远大住工、山河智能、科霸电池 4 家长沙企业项目入选工信部“2018 年智能制造试点示范项目名单”。至此，长沙的国家级智能制造试点示范企业（项目）27 个，居全国省会城市第一位。2018 年，长沙新出台《关于支持工业企业智能化技术改造的若干政策》，移动互联网、工业机器人、北斗导航、人工智能、航空航天、智能驾驶等一批新兴智能产业不断增添长沙工业新动力。

●湖南“第一高楼”九龙仓长沙国际金融中心建成运营

2018 年 5 月 7 日，湖南“第一高楼”九龙仓长沙国际金融中心建成运营。该金融中心由香港九龙仓集团历时 7 年建设，投资超 200 亿元，总建筑面积 101 万平方米，主塔楼高 452 米，副塔楼高 315 米，为湖南省第一、中国第十的高楼，成为长沙新地标。2018 年 4 月起，长沙启动五一商圈周边环境综合整治，“三湘第一商圈”焕发新姿，“颜值”和品质大幅提升。

●长沙首创产业链建设工作机制，“产业项目建设年”成效明显

2018 年，伟创力长沙智能制造产业园、杉杉年产 10 万吨级高能量密度锂离子电池正极材料基地、德国大陆集团等一批重大产业项目落户长沙。全年重大产业项目完成投资 2480.6 亿元，其中 22 条产业链项目完成投资 963.2 亿元。长沙建立的“市领导联点产业链、抽调干部组建工作团队、聚集园区设立办公室”的产业链建设工作机制，为全国首创。

●湖南湘江新区智能驾驶测试区获工信部授牌

2018 年 11 月 28 日，湖南湘江新区智能系统测试区获工信部授牌成为“国家智能网联汽车（长沙）测试区”。湖南湘江新区智能系统测试区是国内测试里程最长、场景类型最复杂的封闭智能系统测试区，涵盖 12 千米测试道路、78 个智能驾驶测试场景。12 月 28 日，全国首条开放道路智慧公交示范线在湖南湘江新区试运行，全长 7.8 千米，沿途停靠 11 个站点，实现 5G 信号全覆盖。

●长沙实施“六控”“十禁”，蓝天保卫战初战告捷

2018 年 1 月 13 日，长沙市以环境污染源头防控为目标，重抓控尘、控车、控排、控烧、控煤、控油“六控”治理。2 月 1 日，被称为长沙史上最严大气污染防治措施的《长沙市人民政府关于全市大气污染防治“十个严禁”的通告》发布。2018 年，全市蓝天保卫战初战告捷，全年空气质量优良天数 280 天，“长沙蓝”逐步成为常态。

●马栏山视频文创产业园获批国家级广播电视产业园区

2018 年 6 月 25 日，中国（长沙）马栏山视频文创产业园成为湖南省首家国家级广播电视产业园区。12 月 9 日，中国（长沙）· 后湖艺术园开园。2018 年，包括岳麓山国家大学科技城、湖南国际金融中心、马栏山视频文创产业园、长沙临空经济示范区、高铁会展新城和南部片区在内的长沙“六大片区”建设全面发力，为长沙高质量发展不断增添新亮点、提供新动力。

●长沙经济技术开发区工程机械产业晋级千亿元产业集群

长沙经济技术开发区工程机械产业受益于国内基建投资、生产制造工艺升级和“一带一路”等多重因素加速复苏，发展强劲，三一重工、铁建重工、山河智能排名全球工程机械制造商 50 强，实现产值 1046.3 亿元，增长 14.7%，晋级千亿元产业集群。

●长沙在 28 个省会（首府）、副省级城市 2018 年文明城市年度测评中获评佳绩

长沙先后接受文明城市省级、全国的年度测评工作，全市各级各部门推进 88 项测评内容、180 条测评标准，全面对表达标。组织 23 个市直部门、5 个城区认真申报实地考察点 725 个。对城区、县市区申报的实地考察点，完成 2900 余份图文申报材料、2754 个实地测评点的测评任务。3 月 20 日，中央文明办公布 2018 年文明城市年度测评结果，长沙位列前十，获中央文明办通报表扬。

●长株潭城市群一体化发展确立三大合作机制

2018 年 10 月 20 日，长株潭城市群一体化发展首届联席会议在长沙召开。会议建立长株潭三市合作高层决策机制、三市合作专项推进机制、三市合作工作落实机制三个层面的合作机制，并建立长株潭城市群一体化发展联席会议制度。这是自 1997 年实施长株潭一体化发展战略以来，长株潭一体化发展新的标志性事件。

蝶变长沙

改革开放40周年 星城巨变

如果说历史是一面镜子，那么影像就是“镜中之像”，言有尽而意
40年星城巨变，长沙这座山水洲城，在改革开放的征途中，一路披荆
数据如星光闪烁，一个个案例似波涛涌起，沸腾的长沙能量在改革开放

◆说明：专题彩页所有图片由

8 年的长沙，就如橘子洲的老照片一样，既百废待兴，又朝气蓬勃，以此为开端的长沙社会变革波澜壮阔。40 年砥砺奋进，向前。从经济体制改革到优化政府职能，从平安长沙到媒体艺术之都，从“住有所居”到医疗卫生“最强福利”，一组组起无声的潮音，奔向远方的星辰大海。

◇ 2018 年，俯瞰山水洲城　　罗杰科　摄

◇ 1986 年 9 月 24 日，航拍镜头中的湘江两岸　　邹曙明　摄

蝶变长沙

改革开放40周年 星城巨变

◇ 2018 年的橘子洲　　罗杰科　摄

◇ 1992 年的橘子洲　　谢金庭　摄

蝶变长沙

改革开放40周年 星城巨变

◇ 2018 年，滨江新城渔人码头　　邹　麟　摄

◇ 2008 年，建设前的滨江新城片区　　余志雄　摄

蝶变长沙

改革开放40周年 星城巨变

◇ 2018 年的新河三角洲　　罗杰科　摄

◇ 1986 年的新河三角洲　　谢金庭　摄

蝶变长沙

改革开放40周年 星城巨变

◇ 2018 年的长沙火车站　　邹　麟　摄

◇ 1979 年的长沙火车站　　邹曙明　摄

蝶变长沙

改革开放40周年 星城巨变

2018年，河西高校区

罗杰科 摄

1986年9月24日，岳麓山下的湖南大学

邹曙明 摄

2018年的长沙港

邹麟 摄

1979年的长沙港

邹麟 摄

蝶变长沙

2018年度事件

◇ 2018 年 5 月 7 日，湖南“第一高楼”九龙仓长沙国际金融中心建成运营

◇ 2018 年 6 月 25 日，马栏山视频文创产业园获批国家级广播电视产业园区，成为全国视频“内容制作”的领头羊

王志伟　摄

◇ 2018 年 7 月 13 日，长沙入

试验区”。图为长沙黄花综合

《长沙晚报》全媒体记者 罗杰科 摄

会议决定新设的“国家跨境电商综合
王志伟 摄

◇ 2018 年，长沙首创产业链建设工作机制，“产业项目建设年”成效明显。图为岳麓山下的中南大学科技园（研究）总部
邹 麟 摄

蝶变长沙

2018 年度事件

◇ 2018 年 10 月 20 日，长株潭城市群一体化发展首届联席会议在长沙召开，这是自 1997 年正式实施长株潭一体化发展战略以来，长株潭一体化发展新的标志性事件。图为芙蓉南路中信新城段高架桥上，城际列车从先锋站附近疾驰而过　　余劭劼 摄

◇ 2018 年，长沙经济技术开发区工程机械产业晋级千亿元产业园区。图为长沙国际工程机械展览会上，长沙工程机械集体亮相，向来自全世界的客商展示工程机械之都的实力　　余劭劼 摄

◇ 2018 年 9 月 27 日，长沙国家级智能制造试点示范企业（项目）数量居全国省会城市第一位。图为 5 月 24 日，上海大众汽车长沙工厂在长沙经济技术开发区建成投产　　王志伟 摄

◇ 2018 年，长沙“蓝天保卫战”初战告捷，“长沙蓝”逐步成为常态。图为湘江两岸秀美风光　罗杰科 摄

◇ 2018 年 3 月 20 日，长沙在 28 个省会（首府）、副省级城市文明城市年度测评中位列前十。图为长郡双语中学学生现场学习垃圾分类知识　陈 飞 摄

◇ 2018 年 11 月 28 日，湖南湘江新区智能系统测试区获工信部授牌。图为湖南智能驾驶研究院的智能重卡团队进行重型运输卡车智能驾驶调试　黄启晴 摄

总　目

目　录

特　载

大事记

长沙概览

中国共产党长沙市委员会

长沙市人民代表大会

长沙市人民政府

中国人民政治协商会议长沙市委员会

市纪委·市监委

民主党派·工商联

群众团体

法　治

军　事

经济管理

农　业

工业·建筑业

商贸服务业

金　融

旅　游

房地产业

交通运输

经贸合作

开发区

湖南湘江新区

城乡建设

生态环境

长株潭“两型社会”试验区

科学技术

教　育

文　化

医疗卫生

体　育

人民生活

人　物

附 录

索 引

Contents

Mass Organizations

Nomocracy

Military Affairs

Economic Management

Agriculture

Industry and Construction

Trade and Service Industry

Finance

Tourism

Real Estate

Transportation

Economic and Trade Cooperation

Development Zone

Xiangjiang Newly Developed Zone of Hunan Province

Urban and Rural Development

Ecological Environment

Chang-Zhu-Tan Two-oriented Society Pilot Zone

Science and Technology

Education

Culture

Medical Treatment and Public Health

Sports

People's Life

Overview of Districts and Counties

People

Appendix

特 载

FEATURE

责任编辑·陈晓红

改革开放40年长沙市经济社会发展成就综述

党的十一届三中全会确立改革开放以来，长沙不断解放思想、奋力开拓，经济社会进入了科学发展、和谐发展和开放发展的新阶段。改革开放40年，长沙承载多项国家发展战略，国民经济和社会事业蓬勃发展，实体经济大幅跨越，经济总量迈入“万亿俱乐部”，市场活力不断提高，创新型经济日益活跃，城市建设日新月异，人民生活水平显著提升。特别是中共十九大以来，以习近平新时代中国特色社会主义思想为指引，全市人民上下一心奋力开启新时代全面建设现代化长沙新征程。

一、经济总量大幅增长，综合实力不断增强

党的十一届三中全会以来，长沙认真贯彻落实“把全党的工作重点转移到社会主义现代化建设上来”的决策部署，始终坚持以经济建设为中心，以改革创新为动力，经济总量持续扩大，经济实力不断提升。

（一）经济总量连续跨越台阶。改革开放40年来，全市生产总值由1978年的16.85亿元攀升至2017年跨越万亿元，年均增长12.9%。从1978年的不到20亿元上升到1990年的102.4亿元，突破百亿元关口用了12年时间；2003年达到1086.1亿元，从百亿元突破到千亿元，用了13年时间；2011年达到5683.69亿元，突破五千亿元大关用了8年时间；再到2017年，突破万亿元大关用了6年时间，经济发展步入新阶段。从人均GDP看，1978年长沙人均GDP仅为370元，2017年人均GDP超过13万元，按美元计算超过19000美元，平均每年增长11.3%。

（二）地方财政实力增强。2017年，全市一般公共预算收入1403.29亿元，比1978年地方财政收入翻了8.5番；税收收入1847.42亿元，比1978年翻了9.6番；一般公共预算支出1186.57亿元，比1978年翻了9.8番。2018年上半年，一般公共预算收入827.68亿元，同比增长12.2%，地方财力与经济总量的发展协同并进，为全市社会进步和经济建设提供了有力支撑。

（三）省会龙头作用彰显。长沙作为湖南省会，以较少的人口和土地面积创造了较多的经济成果，在全省的引领作用凸显，贡献不断提升。2017年，长沙以占全省5.6%的土地面积和11.5%的人口规模，创造出全省30.5%的GDP，比1978年提高19个百分点，平均每年提高0.5个百分点。社会消费品零售总额占全省的30.6%，比1978年提高16.5个百分点，平均每年提高0.4个百分点；地方一般公共预算收入占全省的29%；固定资产投资占全省的24.2%；金融机构存款余额占全省的36.7%；金融机构贷款余额占全省的50.3%；进出口总额938.02亿元，占全省的38.5%。

二、经济结构不断优化，发展活力持续提升

改革开放40年，长沙经济在发展中壮大，在壮大中优化，产业结构、增长方式实现蜕变，从农业生产占较大比重，工业基础薄弱，服务业供给不足的局面演化为二、三产业并驾齐驱、传统经济保持活力，新兴产业蓬勃发展、产业发展多点支撑的格局。

（一）产业结构发生深刻变化。长沙三次产业增加值占GDP比重从1978年的33.3 ∶ 44.2 ∶ 22.5，到1984年的27.7 ∶ 44.4 ∶ 27.9，三产业比重首次超过一产业，再到2017年的3.1 ∶ 46.4 ∶ 50.5，以服务业为主体的现代产业结构初步确立。1978至2017年，全市一、二、三产业增加值年均实际增长分别为5%、14.4%和14.4%，第一产业比重下降29.7个百分点，第二产业上升3.2个百分点，第三产业上升26.5个百分点，三次产业结构实现了由“二、一、三”到“二、三、一”再到“三、二、一”的转变。

（二）农业生产向现代化转变。改革开放40年来，

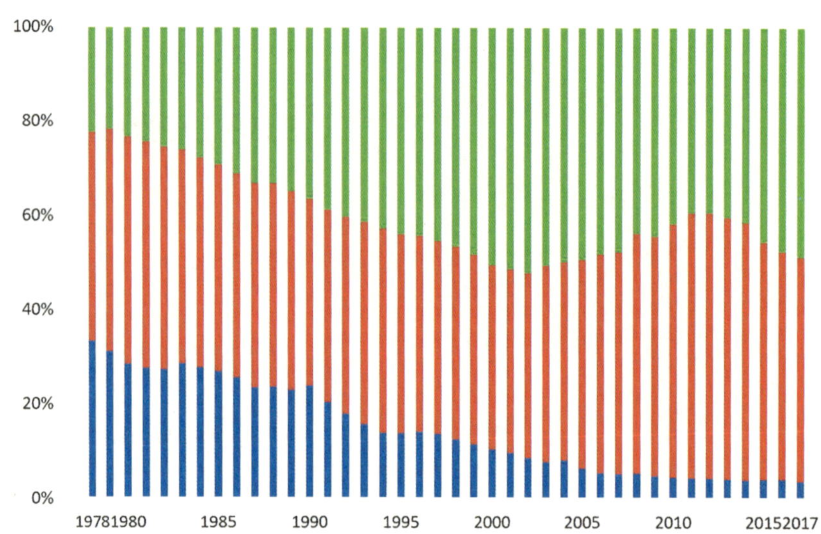

1978—2017年，长沙市三次产业变化情况　　市统计局 供图

长沙市委、市政府始终重视农业的基础产业地位，对农业的扶持力度不断增强，农业生产方式实现由靠天吃饭到逐步建立完善的现代化生产保障体系的转变，农产品供给实现由解决温饱到提供绿色健康产品的转变。2017年，全市粮食产量238.8万吨，比1978年增加48.99万吨，增长25.8%；油料产量9.71万吨，比1978年增加8.5万吨，增长702.5%；生猪出栏674.92万头，比1978年增加527.45万头，增长357.7%；水产品产量12.25万吨，比1978年增加11.47万吨，增长1470.5%。2017年全市农业机械总动力602.04万千瓦，比1978年增长16.9倍。长沙茶叶、宁乡花猪、罗代黑猪、浏阳黑山羊、望城水产品等特色农业品牌的知名度和影响力持续提升。农业现代化水平全面提升，适度规模经营广泛推行，农业产业链条不断延长，一、二、三产业深度融合，增值空间大幅提升。

（三）工业经济结构大幅优化。2017年，全市全部工业总产值12411.58亿元，比1978年翻了9番，已建立覆盖37个行业中类的比较完备的工业生产体系。优势产业日渐成熟。全市材料、工程机械、食品、电子信息、汽车及零部件5大产业集群工业总产值过1000亿元，其中材料产业集群产值过2000亿元。高新产业不断壮大。技术、工艺、产品领先的产业是转型创新发展的方向，长沙工业发展技术含量不断提升，高新技术企业、高加工度工业和高技术产业发展加快，规模扩大。2017年，高技术产业实现增加值532.61亿元，是2011年的5倍，年均增长30.8%，增长贡献率为32%，比2011年提高26.3个百分点，占规模以上工业增加值的15.1%，比2011年提高9.8个百分点。

（四）三产业成为发展新动能。2017年，全市第三产业增加值5157.80亿元，比1978年翻了10.4番，占GDP的比重居三次产业首位。内部结构不断优化，金融、文化体育和娱乐业、旅游休闲、信息传输等现代服务业加快发展。2017年，全市金融业实现增加值686.06亿元，比1978年翻了10.7番；房地产业实现增加值354.43亿元，比1978年翻了10.8番；运输邮电业实现增加值296.08亿元，比1978年翻了8.5番；邮电业务总量330.07亿元，比1978年翻了12.2番。服务业新经济加快发展，新产业、新业态、新技术、新商业模式不断涌现，以“互联网+”为代表的新经济加快发展。2017年限额以上批发零售企业通过互联网实现商品销售额169.6亿元。

（五）消费市场日益繁荣活跃。改革开放以来，随着全市社会主义市场经济的逐步建立和不断发展，计划经济时代极具特色的吃、穿、用各类消费品“票证”消失，物质供应从短缺走向充足，消费品种类极大丰富，人民消费能力不断提高，消费结构向个性化、高端化发展。2017年，全市实现社会消费品零售总额4547.68亿元，比1978年翻了9.2番，1978—2017年年均增长17.8%。市场主体不断壮大。2017年，全市限额以上批发零售住宿餐饮业企业2191家，比2005年增加1572家。商品交易市场不断发展，2017年亿元以上商品交易市场61个，实现成交额2402亿元。改革开放以来，市场商品逐步丰实，居民消费热点从不同时期的服装、家具、家用电器、手机、汽车等逐步过渡到个性化、智能化。2017年，全市限额以上商品零售额中汽车类比重达到40.85%。

（六）对外开放水平持续提高。随着改革开放步伐的加快，全市对外经济规模和水平快速提升。1996—2017年，长沙进出口总额由21.7亿美元跃升至138.68亿美元，年均增长9.2%；“湘欧快线”为长沙对接“一带一路”注入新动力，“拓口兴岸”畅通内外连接的通道，临空产业、保税贸易等产业发展迅速，对“丝绸之路经济带”和“21世纪海上丝绸之路”沿线国家贸易达267.7亿元；机电产品、高新技术产品占据出口主导地位，文化产品成为出口新亮点。2018年上半年，长沙进出口总额541.8亿元人民币，同比增长36.7%。机电产品、高新技术产品为主要进出口商品，出口机电产品170.3亿元，增长26.9%；出口文化产品21.5亿元，增长40%。2017年，实际利用外资52.5亿美元，是2000年的30倍；2018年上半年实际利用外资29.64亿美元，同比增长12.6%。

（七）科技创新能力显著增强。改革开放以来，长沙科技事业迅猛发展，2017年长沙全社会R&D经费为248亿元，首次登上两百亿元台阶，是2000年的28.4倍，2000—2017年年均增长23.3%；2017年R&D经费占GDP的比重为2.35%，比2000年提高1.13个百分点，年均提高0.07个百分点。种业、工程机械、新材料及建筑业等多个领域亮点突出，对推动经济社会发展成效显著。农作物种子研发创新能力居全球领先水平，为亚非拉60余个发展中国家培训5000余名农业技术人才，为世界农业发展做出积极贡献。建筑工程机械制造领域影响辐射全球。如中联重科研制了全球起重能力最大2000吨全地面起重机、全球最长101米碳纤维臂架混凝土泵车、全球最大水平臂上回转自升式塔式起重机、全球最高的登高平台消防车、中国首台3200吨级履带式起重机等一大批世界标志性产品，制定、修订国家行业标准300余项。

三、城乡一体协同并进，城市品质全面进步

改革开放以来，长沙始终坚持人民城市为人民，以和谐宜居品质城市建设为主线，以城乡统筹发展为主题，加快城市化进程，加大美丽乡村建设，让城乡发展更加协调。

（一）城市规模不断扩大。改革开放40年，长沙城市建设快速发展，城市规模进一步扩大，人口数量不断增多。市区建成区面积由1978年53.04平方千米增加到2017年的434.82平方千米。城市集聚程度不断提高，2000年长沙城镇化率为42.5%，拥有城镇人口260.89万人；2017年，长沙城镇人口增加353.49万人，城镇化率提高到77.59%，高出全国平均水平19.07个百分点，平均每年提高2.06个百分点。

（二）基础设施持续完善。长沙推动重大交通基础设施建设，努力为经济社会发展当好先行官。2010—2017年，全市累计完成基础设施投资7828.94亿元，年均增速22.3%。全市铁路建设、路网结构、航空设施等

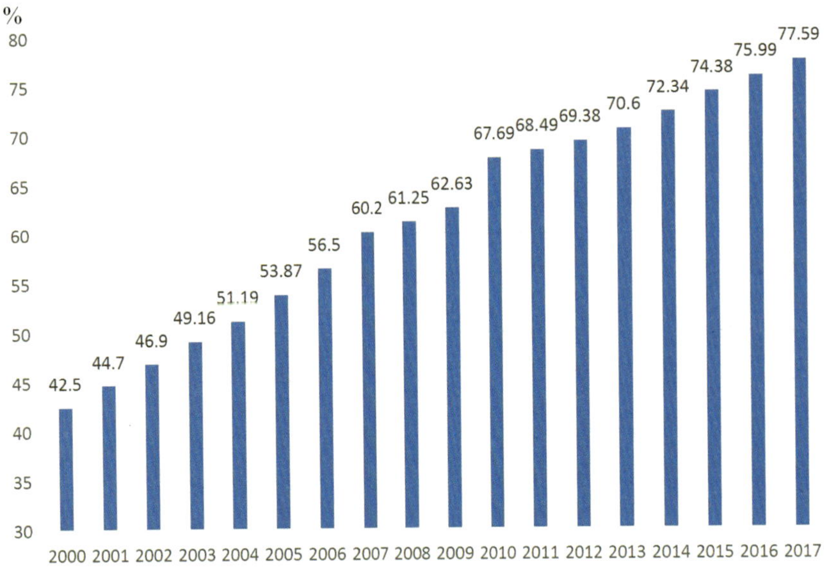

2000—2017 年，长沙市城镇化率变化情况　　市统计局 供图

升，消费水平大幅提升，消费层次由温饱型向全面小康型转变，2017 年，全市城镇居民人均消费支出为 34645 元，是 1980 年的 73 倍。从改革开放初期的“缝纫机、手表、自行车”，到 80 年代的“电视机、洗衣机、电冰箱”再到如今的私家小汽车满街跑，旧时王谢堂前燕，飞入寻常百姓家。2017 年，全市城镇居民家庭平均每百户移动电话 251 部、家用电脑 91.4 台、家用汽车 55.1 辆，人均住宅面积 45.5 平方米；农村家庭平均每百户移动电话 305.5 部、家用电脑 41.0 台、空调器 162 台，人均住房面积 59.1 平方米。

方面均呈现出日新月异的变化，城市品质不断提升。黄花国际机场迈入“双跑道时代”，跻身全球百强。京广、沪昆高铁在长沙“十字交汇”，地铁 1、2 号线及磁浮快线、长株潭城际铁路全线通车，地铁 3 号、4 号、5 号、6 号线加快建设，长沙进入“地铁时代”“磁浮时代”“城际铁路时代”。城市过江通道达 10 条，湘江新区综合交通枢纽、万家丽快速干道、火车南站东广场等重大基础设施建成，芙蓉北大道、黄兴北路、洞株公路、长韶娄、长浏等高速相继建成通车。

（三）美丽乡村全面推进。改革开放以来，长沙不断加大对农村交通的投入，农村基础设施不断完善，实现村村通公路，公路逐步连接到户，实现市到县、县到乡镇“一小时交通圈”。特别是中共十九大以后，深入实施美丽宜居乡村示范建设行动，推动美丽乡村实现提标提质，加快农村公路、供水、电网、信息等基础设施改造升级，城乡教育、医疗服务和社会保障体系一体化水平持续提高。截至 2018 年年底，全市已建设美丽乡村示范村 100 个、特色村 70 个，创建省级美丽乡村示范村 53 个，排名全省第一位。

四、社会事业全面进步，人民生活显著提升

改革开放以来，长沙市委、市政府始终将为人民群众创造幸福生活作为奋斗目标，为百姓谋幸福、添福祉，为市民建设幸福家园，全市人民的幸福感、获得感持续增强，连续十年获评“中国最具幸福感城市”。

（一）人民生活极大改善。2017 年，全市城镇居民人均可支配收入 46948 元，比 1978 年翻了 7.2 番，年均增长 13.6%；农村居民人均可支配收入 27360 元，比 1978 年翻了 7.7 番，年均增长 14.2%。居民收入节节攀

（二）社会保障渐趋完善。2017 年，全市拥有社会福利院、敬老院、养老院、光荣院等 195 所。各类收养性社会福利单位收养人员 2.07 万人。城镇各种社区服务设施 4412 处，其中综合性社区服务中心 651 个。发放居民最低生活保障金 6.04 亿元，居民得到政府最低生活保障人数 13.96 万人。年末参加全市劳动保障部门城镇职工基本养老保险的人数 226.11 万人，基本养老金社会化发放率 100%，比 2013 年增加 35.26 万人；参加城镇职工基本医疗保险人数为 209.11 万人，比 2013 年增加 57.99 万人；参加失业保险职工人数 142.92 万人，比 2013 年增加 41.44 万人。

（三）教育发展成效明显。改革开放 40 年，长沙已基本建立比较完备的现代教育体系，教育发展目标已由提高普及率向打造优质、特色、和谐、活力、公平的区域现代教育转化。2017 年，全市有各类各级学校 3083 所，是 1979 年的 1.3 倍，其中普通高校 51 所，成人高校 4 所，中等职业教育学校 56 所，普通中学 313 所，小学 918 所，特殊教育学校 4 所，工读学校 1 所，在校

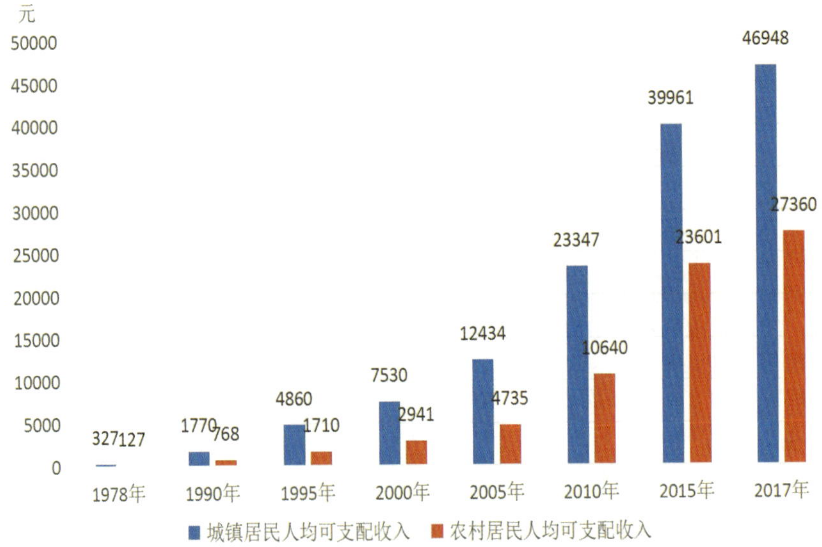

1978–2017 年，长沙市主要年份城乡居民收入情况　　市统计局 供图

学生213.41万人，是1979年的3.8倍，教职工15.42万人，是1979年的3.1倍。幼儿园1736所，是1978年的3.5倍，全市公办幼儿园和普惠性民办幼儿园达幼儿园总数的67.7%；在园幼儿29.39万人，是1978年的14.8倍，学前三年毛入园率93.01%。全市高中阶段教育在校学生规模24.15万人，高中阶段教育毛入学率96.8%。

（四）医疗卫生惠及全民。长沙把人民健康放在优先发展的战略地位，全方位、全周期保障人民健康，不断满足人民群众卫生健康需求，建设与中心城市相匹配的区域医疗卫生中心、与省会城市相匹配的公共卫计服务网络。2017年，全市拥有卫生机构数4493个，是1978年的3.76倍，其中医院、卫生院287个；卫生防疫、防治机构12个；妇幼保健机构11个。卫生机构床位7.37万张，是1978年的7.05倍，其中医院、卫生院6.65万张。卫生技术人员7.74万人，是1978年的4.8倍，其中执业医师、执业助理医师2.93万人，注册护士3.65万人。

五、存在困难和不足

发展不平衡、不充分的问题还比较突出，开放型经济、现代服务业发展等短板仍需补齐，经济转型升级，实现高质量发展任重而道远。只有全面深化改革，才能从根本上解决前进中的困难和问题。（王成亮）

长沙市开展“蓝天保卫战”工作纪实

2018年是长沙市“蓝天保卫战”开展的第一年，按照市委、市政府“三个月治标、三年治本”的整体部署，市蓝天办统筹协调全市各级各有关部门，坚持以增强人民群众蓝天幸福感为己任，坚持依法、科学、精准、全民治理，攻坚克难、奋发有为，推动“蓝天保卫战”各项工作，全市空气质量明显改善。市民群众的环保意识显著增强，获得感、幸福感明显提升。

一、全市空气质量状况

2018年空气优良天数280天，优良率提高5.04%；中度污染天数16天，同比减少1天；重污染天数6天，同比减少6天，比年度目标多减少3天。主要污染物浓度：$PM_{2.5}$为48微克/立方米，同比下降7.7%；PM_{10}为61微克/立方米，同比下降11.6%；臭氧为161微克/立方米，同比上升5.2%；二氧化氮为34微克/立方米，同比下降15%；二氧化硫为10微克/立方米，同比下降23.1%。在全国169个重点城市中，长沙市按综合指数排名为第60位，与2018年持平；按优良率排名为第68位，比2018年前进11位。

二、2018年“蓝天保卫战”工作情况

（一）形成齐抓共管的新格局。提高政治站位，打破“环保是环保局一家的事情”，建立党委政府牵头总揽、部门落实行业监管责任、属地政府落实属地责任、企业落实主体责任、群众积极参与的齐抓共管新格局。

1.组织领导坚强有力。建立市、区县（市）、街道（乡镇）三级“蓝天保卫战”领导小组及办公室，社区（村）建立相应工作机构或队伍。省委常委、市委书记胡衡华，市长胡忠雄组织召开工作动员、领导小组、季度工作讲评等各类会议，多次到现场一线调研、督导。夏建平、黎春秋、舒行钢、唐向阳、李蔚、刘明理、廖建华等领导针对具体问题进行高频率的调研、调度、协调。各位市领导深入贯彻习近平总书记关于生态文明建设重要论述，讲政治、讲担当，履行一岗双责，推进蓝天保卫战，为全市各级领导干部作出表率。

2.统筹协调全面加强。制订实施三年行动计划及12个专项方案、《关于全面防治大气污染的通告》《2018年目标任务》《臭氧污染控制工作方案》等系列文件，铺排任务举措，指导全市工作开展。建立周例会、办公会议、专项小组会议、工作调度会议、督查工作、信息报送、空气质量状况预警预报、公文办理等制度，召开21次全市性工作调度会，平均每月2次专题调度，做到精准科学调度、工作有序高效。与市“两办”、环保、城管、住建、发改、农业、公安、商务等部门260余次到区县（市）、项目一线通过现场协调、调研会商，解决具体问题。建立工作调度、信息发布2个微信群，撰写专项调研报告20余篇，坚持工作讯息日报，编发工作简报52期、特护期工作周报。

3.宣传氛围浓厚。全年中央媒体报道217条，省市报道共3806条。在《长沙晚报》增设曝光台，曝光典型案例85个。开展宣讲进街镇、进学校、进社区1400余场，领导带头宣讲900余场，组织策划“保卫蓝天，你我同行”公益摄影大赛和寻找“最美蓝天卫士”评选活动，开展各种形式的环保志愿活动，群众知晓度、参与度不断提高。

（二）创新科学治霾的新模式。以“六控十严禁”为总抓手（六控：控尘、控煤、控车、控油、控排、控烧；十严禁：严禁渣土车、混凝土搅拌车、运砂车等各类车辆带泥上路，严禁违法倾倒渣土，严禁工地裸露黄土，严禁重污染天气下土石方施工，严禁燃烧散煤，严禁燃放烟花爆竹，严禁露天焚烧垃圾，严禁露天烧烤，

2018年，长沙市开展“蓝天保卫战”，全年空气优良天数280天　　市环保局 供图

严禁露天焚烧秸秆，严禁拖拉机等高排放车辆进城），有序推动23个专项行动，创新渣土处置三项新标准、“四查”新机制，工地扬尘治理“8个100%”新标准、道路精细化维护作业新标准、臭氧防控“三项举措”、VOCs治理“五治一清”、垃圾秸秆禁烧“三个全覆盖”、烟花爆竹禁限放“五个一律”机制等，创造大气防治的“长沙特色”。

1. 严格控尘。渣土扬尘污染有效遏制，市城管部门创新“四查”机制，出台渣土处置新标准新要求，开展整治行动1916次，暂扣违规车辆1769台次，查办渣土违法案件3210起，高新区、岳麓区、长沙县落实有力。“两场”建设基本完成，市城管部门推动各区县新建投产渣土消纳场36处、扩容3596万立方米，在全国率先推广盾构土环保处置，岳麓区、高新区、开福区进度较快。工地扬尘污染基本控制，市住建部门把“5个100%”升级为“8个100%”新标准，270个工地安装扬尘、噪音监测仪器，开展巡查4716个次，约谈项目143个，行政处罚158家，处罚585万元，湖南湘江新区、开福区、岳麓区、雨花区、天心区、浏阳市、长沙县管控到位。道路扬尘控制效果明显，市城管部门推动道路保洁由“清扫”向“精洗”转变，城区道路机扫率85%以上，城区主次干道、重要区域实现全天候全覆盖清洗保洁降尘，芙蓉区引进道路扬尘“以克论净”、雷达扫描技术，开福区、岳麓区措施严实。裸露黄土整治效果较好，市城管局复核裸露黄土问题2993处，复绿、硬化、覆盖处置2868处，处置率95.82%，宁乡市、芙蓉区、岳麓区出台专门方案治理。

2. 严格控车。“三车”（拖拉机、低速货车、三轮汽车）污染逐步下降，市公安部门查处违规渣土车2636台、混凝土搅拌车3583台、砂石运输车856台。拖拉机进城基本杜绝，查扣查处拖拉机4753台，向市农业委推送1845台违法信息，天心区、开福区、芙蓉区开展有力。高污染排放车辆整治推进，市公安部门查处高排放车辆14.39万台，其中闯禁重中型货车6.24万余台，低速货车、三轮摩托车、三轮汽车1.51万余台，其他车辆5.43万余台，行政拘留驾驶员1125起。非道路移动源治理有序进行，市环保、住建、海事、农业部门摸排工程、农用、船舶机械4.51万余台，查处800台。机动车尾气治理有效推进，市交警、环保、交通部门检车71.12万余台次，检测合格66.1万台次、不合格1.69万台，M站维修车辆1.55万台。推动绿色出行，市交通、环保、交警部门100%淘汰黄标、单柴油公交车，纯电动公交车占比43%，公共交通机动化出行分担率达54%，公共交通日均出行量290万人次，长沙市获评“国家公交都市建设示范城市”称号。

3. 严格控排。工业企业VOCs治理推进有力，市环保、文广新部门主抓，高新区、开福区、望城区、经开区、浏阳市推动，清查表面涂装企业118家、完成治理74家；治理印刷包装企业173家、家具制造企业86家。汽修行业VOCs治理基本完成，市交通、环保部门推动293家汽修企业烤漆房改造，清查并全部治理267家汽车4S店，排查整治477家一、二类汽修企业，高新区、雨花区、天心区推进迅速。“散乱污”企业整治基本完成，市环保、经信部门整治930家，占比97.4%。开福区、长沙县、望城区、浏阳市、宁乡市抓得实。沥青拌合站治理全覆盖，市环保部门出台《环保型沥青拌合站建设环保规定》，清查沥青拌合站40家、治理37家，岳麓区、开福区、望城区、宁乡市、长沙县完成较好。工业企业清洁生产全面推广，市经信、环保部门推动381家企业使用低挥发性有机原辅材料，其中工业涂装180家、家具制造72家、印刷行业139家，高新区、浏阳市、岳麓区、雨花区、经开区扎实推进。

4. 严格控烧。露天烧烤大幅减少，市城管部门建立常态整治机制，开展专项执法3397次，取缔不达标夜市51个，整治违规夜市1.55万余处，查处违法行为1.1万余起，处罚43.42万元，芙蓉区、天心区、开福区做得好。垃圾焚烧明显减少，市城管部门牵头开展垃圾禁烧百日会战，芙蓉区、雨花区、浏阳市、天心区有力推动，教育整改1159起，立案查处219起，罚款30.67万元。秸秆焚烧全面减少，市农业委出台专项奖补办法，开展不间断督查，入户宣传78万家，出动宣传车6564台次，立案或处罚125起，收割节点焚烧行为较上年显著下降，望城区力度大。烟花爆竹燃放基本杜绝，市公安部门实行“五个一律”机制，查处违规燃放495起，办案295起，市安监部门引导销售门店退出266家，仅剩61家未退出，春节、清明节期间控制有效，平日基本管控到位，天心区、开福区、雨花区、岳麓区管控有力。餐饮油烟污染整治推进，市城管部门安装主城区餐饮油烟净化器 9598 家，其中规模以上餐饮单位 3003 家，市两型部门开展老旧社区餐厨油烟净化治理 8.8 万户，市工商、食药监部门做好审批服务，宁乡市、岳麓区、开福区、浏阳市整治有力。

5. 严格控煤。散煤整治效果显著，市发改部门出台优惠政策，引导经营户、低保户、特困户使用清洁能源，评选清洁能源社区，开展暗访督查 48 次。市城管部门组织五小门店清洁能源使用执法，市工商部门引导禁燃区内煤炉销售退出，共查处燃用问题 1.4 万余处、收缴煤炉 4 万余个、燃煤 14 万余千克，取缔制售点 95 处，禁燃区煤炉使用基本清零，煤炉销售基本退出，开展煤炉集中销毁行动，长沙县、雨花区、天心区、浏阳市、宁乡市抓得实。

6. 严格控油。推动油品质量管控、油气回收治理，市商务部门检查加油站 967 家，发现问题 118 起，立案处罚 14 家，罚款 22.4 万元，向环保部门移送案件 6 起；开福区侦破一起较大非法经营成品油案。

（三）建立铁腕治霾的新机制。用铁腕手段捍卫蓝天，形成高压态势，铁腕治霾新机制初步形成。

1. 责任落实长效机制日益健全。长沙市出台《“蓝天保卫战”责任落实长效机制》，明晰领导小组成员单位、区县（市）、街道（乡镇）、社区（村）各级主要责任与职责，确立工作调度、讲评、考核等长效工作机制，确保“六控十严禁”等各项措施落细、落实和落地，形成工作常态长效。

2.“三级执法、两级巡查”机制创新实施。开展 252 次日常执法巡查活动，每周领导带队在重点时段、重点行业、重点区域巡查，并开展问题整改回头看。全市各级开展综合执法 1.63 万次，专项执法 10.45 万次，责令整改 3.05 万家，立案处罚 6.55 万家，罚款 2.01 亿元，立案侦查 748 起，刑事拘留 70 人，行政拘留 690 人，涌现傅正义、卢勇等英勇受伤的卫蓝战士。

3. 督查问责机制初步建立。出台《责任追究办法》，对工作开展不力、责任落实不到位的单位和人员，从严追究责任。市本级开展明察暗访 104 批次，印发督查通报 22 期，发放书面交办函 41 份，书面交办问题 257 个，现场交办问题 80 余个。全市各级开展约谈 420 人，免职 2 人，立案审查 5 人，党内严重警告 1 人，党内警告 9 人，政务记过处分 4 人，诫勉谈话 59 人，批评教育 16 人，书面检查 6 人，通报批评 56 人，提醒谈话 23 人。

4. 应急预案得到完善。制订完善《大气污染防治特护期工作方案》《重污染天气应急预案》，加大会商和研判力度，积极应对西北、华北等地区输入性污染，12 月 1 日 14:00 至 12 月 3 日 9:00，及时启动重污染天气黄色预警，同时启动Ⅲ级响应措施。各级各有关部门提早部署，严格落实，并加强联络沟通，推动株洲、湘潭实行联防联控，成效明显。

（张 茜）

长沙市乡村振兴工作纪实

2018 年，长沙市贯彻中央、省委关于实施乡村振兴战略的决策部署，实施乡村振兴战略，以整治农村人居环境、发展新型村级集体经济为切入点，落实“五个振兴”（乡村产业振兴、乡村人才振兴、乡村生态振兴、乡村组织振兴、乡村文化振兴）要求，乡村振兴工作有序推进。

一、强化组织领导、政策支持及资金投入

严格落实“五级书记抓乡村振兴”的要求，建立实施乡村振兴战略领导责任制，构建“市统筹、县为主、镇负责、村实施”的工作推进机制，市、县、乡三级均成立“一把手”任组长的实施乡村振兴战略工作领导小组，全面加强各级党组织对乡村振兴工作的领导。

3 月 28 日，出台市委“一号文件”（《关于全面落实乡村振兴战略的实施意见》），加强和改善党对乡村振兴工作的领导 9 个方面，明确 30 条具体措施。5 月 17 日，出台《长沙市“五治”工作三年行动计划（2018—2020 年）》和农村改厕、垃圾治理、“治房”、水体治理、开展文明节俭操办婚丧喜庆事宜 5 个工作方案。7 月 2 日，出台《关于稳步推进农村集体产权制度改革的实施意见》《关于发展壮大新型村级集体经济的指导意见》。8 月 15 日，出台《关于农村人居环境整治三年行动的实施意见》。

强化资金投入，2018 年全市安排专项资金 1.5 亿元支持新型村级集体经济发展，整合安排环保、爱卫、水利、国土、规划等经费约 2.8 亿元支持农村人居环境“五治”工作。

二、开展农村人居环境“五治”

“五治”即治厕、治垃圾、治房、治水、治风。治厕方面，全市完成改厕 25981 座，其中旱厕改造 18158 座，超额年度任务 15%。治垃圾方面，完成 402 个村的垃圾分类设施建设和人员队伍配备，超额完成年度任务 40%。治房方面，出台《关于规范和改进农村宅基地管理的实施意见》《长沙市农村建房管理办法》，制定《长沙市乡村振兴规划管理导则》，启动 322 个村庄规划修编提升，清理整治“一户多宅”“空心房”17413户、面积255.5万平方米。治水方面，新改建乡镇污水处理厂11座，开展农村分散式污水处理试点13处；将全市16.03万块小微水体全部纳入河长制责任体系，实现农村小微水体管护全覆盖。治风方面，1294个村（社区）制定红白理事会章程、1133个村（社区）修订完善村规民约，发放移风易俗、摒弃陋习倡议书50万余份，开展“治陋习、创新风”集中宣传教育活动40余场，大操大办、厚葬薄养、人情攀比等陈规陋习得到有效遏制。

2018年，浏阳市“幸福屋场”——永安镇坪头村华山屋场　市农业委 供图

三、发展新型村级集体经济

铺排“四型”项目448个，持续深化农村耕地、宅基地、集体建设用地、农房等资源要素管理体制改革，集体经营性建设用地实现入市76.33公顷，成交额1.3亿元。办理农房抵押贷款46.44亿元，惠及农户1.7万户。组建土地合作社445家，实施土地合作经营4.89万公顷。集体经济薄弱村逐步减少，消除集体经济薄弱村213个，占全市集体经济薄弱村总量的34%。发展模式。铺排实施土地合作型项目186个、资源开发型项目60个、物业经营型项目130个、乡村服务型项目72个。长沙县成立强村公司，统筹52个集体经济薄弱村土地增减挂钩指标，到黄花综合保税区发展物业经营经济，每年为每个薄弱村增加经营性收入15万元。浏阳市永安镇芦塘村引进国家级田园综合体项目，成立合作社综合开发133.33公顷板栗林，每年获租金40万元，利润的25%分配给村民。

四、推进“五大振兴”

推进乡村产业振兴。加快产业结构调整，以打造花猪、绿茶、苗木、油茶、蔬菜5大百亿元产业为重点，实施种植结构调整1.88万公顷，建设30个千亩、4个万亩特色种植片区。加强农业品牌建设，打造十大农业企业品牌、十大区域公用品牌和一批长沙知名品牌，宁乡花猪、金井茶叶先后获评全省十大农业品牌。推进乡村人才振兴。推动转移就业，开展“春风行动”，举办招聘会210场，达成转移就业意向5.7万人。培育新型农业经营主体和职业农民，农民合作社、家庭农场、种养大户分别新增913家、732家、1627家，分别增长8.8%、21.5%、17.8%。推进乡村生态振兴。养殖场粪污处理设施配备率提高至85%，粪污资源化利用率80%。推进重金属污染耕地修复治理，落实休耕治理面积4200公顷、修复治理面积2666.67公顷。划定生态保护红线741.27平方千米，完成公益林造林面积4000公顷。推进乡村文化振兴。启动100个文明村镇创建，创评各类典型示范家庭3万户，打造浏阳市“幸福屋场”、长沙县“乐和乡村”、望城区“时代乡贤”和“善行楚沩·幸福宁乡”等农村精神文明建设品牌。推进乡村组织振兴。整治软弱涣散村党组织86个，组织村党组织书记和第一书记全面轮训，开展基层党组织“堡垒指数”、党小组“活力指数”星级管理，有效巩固提升了村级组织的战斗堡垒作用。

五、推动城乡融合发展

推动乡村农田、公路、供水、供电、网络等基础设施加快提档升级，实施土地综合整治项目9666.67公顷，新改建农村公路800千米，解决3.07万贫困人口饮水安全问题，新建和改造10千伏线路380千米、配电变压器1050台、低压线路1045千米，实现农村4G网络全覆盖，宽带网络行政村通达率100%。实施义务教育优质均衡发展行动，建成义务教育标准化学校368所，实现贫困家庭子女义务教育入学率100%。推进健康乡村建设，新改扩建乡镇卫生院和社区卫生服务中心2个、村卫生室15个，大病医疗救助对贫困户实现全覆盖。健全农村养老服务体系，创建居家养老服务中心14所，农村失能半失能特困老人集中供养率60.2%。加强农村住房保障工作，农村存量危房改造开工5212户、完成2992户。铺排产业扶贫项目562个，带动9.84万贫困人口增收，新增贫困人口转移就业2400人，贫困户危房实现应改尽改，贫困家庭学生就学实现应助尽助，全面落实4379名兜底脱贫户不低于335元每人每月的低保补助。

（黄英华）

大事记

CHRONICLE OF EVENTS

责任编辑•尚　畅

大事记

1月

1—4 日　政协长沙市第十二届委员会第二次会议在长沙人民会堂召开。市政协主席文树勋作工作报告，市政协副主席段安娜报告提案工作情况，湖南省委常委、长沙市委书记胡衡华出席会议并讲话。市政协十二届一次会议以来，提交提案 463 件，立案 431 件，全部办结，满意率和基本满意率 95.1%。

2—5 日　长沙市第十五届人民代表大会第二次会议在长沙人民会堂召开，胡衡华出席并讲话，市委副书记、市长陈文浩作政府工作报告，市人大常委会主任程水泉主持会议。

6 日　《人民日报》以《23 年帮扶脚步未停歇》为题，刊发报道推介长沙对口扶持龙山经验。

7 日　长沙 AAAA、AAAAA 级景区对接国家旅游局推出的“全国全域旅游全息信息服务系统”，市民能在手机上“一键查找”景区厕所以及周边吃住行游娱购等全方位信息。

10 日　长沙经开区数据统计，2017 年园区汽车及零部件制造产业实现产值 1011.6 亿元，增长 42.3%，成为园区首个千亿元产业集群。

12 日　中国民航局通报，黄花机场 2017 年 12 月以 93.5% 的机场放行正常率，在全国 27 家千万级机场中排名第三位。黄花机场 2017 年旅客吞吐量 2376 万人次，同比增长 11.6%；计划航班执行率 92%，客座率 86.3%。

13 日　“字述湖湘 · 祝福祖国”2017 年湖南（长沙）年度字揭晓暨公益新闻事件发布仪式在长沙梅溪书院举行，评选出 2017 年湖南（长沙）十大年度代表字，依次排列为：新、都、抗、万、才、智、福、扶、享、限。

12—15 日　以“新时代、新路径、新动力”为主题的 2018 中国特色小镇博览会在宁乡市灰汤镇举办。

31 日　2018 年 1 月中国好人榜发布仪式暨全国道德模范与身边好人（湖南 · 长沙）现场交流活动在长沙举行，108 位身边好人入选中国好人榜。

2月

1 日　长沙市发布被称为长沙史上最严大气污染防治措施的《长沙市人民政府关于全市大气污染防治“十个严禁”的通告》。

2 日　长沙市领导干部大会召开，胡衡华主持会议。省委组织部副部长肖百灵宣布省委决定：陈文浩不再担任长沙市委副书记、市人民政府市长、湖南湘江新区党工委书记职务；胡忠雄任中共长沙市委委员、常委、副书记，任湖南湘江新区党工委书记；不再担任岳阳市委书记、市人大常委会主任职务。

11 日　由铁建重工自主研制的全球首台全智能型混凝土喷射机在长沙验收下线。该装备在世界上首次实现对隧道喷射区域的 3D 扫描建模，具备自动定位、路径规划、智能喷射、自动修正、数据交互等功能。

26 日　长沙市统计局发布，2017 年全市实现地区生产总值 10210.13 亿元，比上年增长 9%，成为中部第二个、中西部第四个地区生产总值逾万亿元大关的城市，经济总量居全国大中城市第 13 位、省会城市第 6 位。

3月

1 日　《长沙市特困人员救助供养办法》在全市全面实施。新政实施后，财政将每年安排 2.5 亿元基本生活费、7000 万元医疗救助金、8700 万元照料护理补贴、1300 万元丧葬费，全面保障 3.1 万特困人员的衣食住医葬等基本生活权益以及照料护理需求。

是日　长沙知识产权法庭挂牌成立。省委常委、市委书记胡衡华，省高级人民法院党组书记、院长田立文为长沙知识产权法庭揭牌。最高人民法院政治部法官管理部部长陈海光宣读最高人民法院相关批复，市委副书记、代市长、湖南湘江新区党工委书记胡忠雄主持。

16 日　水利部通过官网发布第一批通过全国水生态文明建设试点验收城市名单。长沙成为首批国家水生态文明城市。

20 日　中央文明办公布 2018 年文明城市年度测评结果，长沙位列前十。

23 日　长沙黄花国际机场至伦敦希思罗机场直飞航线开通。该航线是华中地区开通的首条直飞英国的航线。

25 日　工信部公布 2017 年工业稳增长和转型升级成效明显的 15 个城市名单，长沙入选。

27 日　长沙市发布《关于实施差别化购房措施的通知》。即日起，长沙市限购区域内商品住房销售实行差别化调控措施，“限房价、竞地价”的商品住房项目（不含定向限价房）和新建商品住房项目中 144 平方米（含）以下户型的普通商品住房，优先满足首套刚需购房群体。

4月

1 日　“智能互联 · 于斯为盛”2018 互联网岳麓峰会互联网技术（CTO）专场在梅溪湖国际文化艺术中心

举行，邀请国内外一线互联网技术大咖分享交流行业技术和经验。

13 日　第四届中国数字阅读大会在杭州举办，长沙入选 2017 年度“中国十大数字阅读城市”。

26 日　第一财经旗下数据新闻项目“新一线城市研究所”在上海发布《2018 中国城市商业魅力排行榜》，长沙市跻身新一线城市，连续三年稳居前十强。

29 日　长沙首条历史步道首发段西园北里全新开街，为方便游客出游，开福区通泰街街道西园社区设计推出西园北里党建导览地图，张贴在历史步道的主要巷口。

5 月

1 日　长沙市公安局人口与出入境接待大厅提供周六办证的延时服务。

3 日　长沙市旅游局发布，“五一”劳动节三天假期，全市接待游客 213.16 万人次，实现旅游收入 20.84 亿元，同比分别增长 9.37% 和 11.59%。

7 日　由香港九龙仓集团投资 200 亿元建设的综合商业旗舰项目——长沙国际金融中心开业。省委常委、市委书记胡衡华，副省长何报翔，市委副书记、市长、湖南湘江新区党工委书记胡忠雄出席。

14 日　长沙铜官窑博物馆开馆，162 件（套）从海外征集归国的“黑石号”沉船打捞出水文物首次面向公众开放。市委常委、市委宣传部部长高山出席开馆仪式暨纪录片《中国铜官窑上人》开播仪式并宣布开馆。

18 日　蓝思科技集团在浏阳经开区揭牌成立。省委常委、市委书记胡衡华，蓝思科技集团董事长周群飞出席并揭牌。蓝思科技集团由蓝思科技股份有限公司及旗下 9 家控股子公司共同组建而成，总资产 652 亿元，员工逾 10 万人。

是日　长沙公、民办幼儿园、中小学的 1560 辆校车都贴上安全监管信息二维码，市民可以扫码了解校车行车路线、投诉校车违规行为。

21—24 日　2018 长沙媒体艺术节暨“一带一路”青年创意与遗产论坛在梅溪湖国际文化艺术中心举办。

23 日　由国防科技大学领衔研制的新型磁浮列车工程样车运行试验在长沙取得成功，时速 160 千米以上。

25 日　首届长株潭一体化区域合作联席会议在天心区召开，主题为“融合・创新・开放・崛起”。国家发展改革委地区经济司副司长张绍军，长沙市委副书记徐宏源，湘潭市委常委、副市长程蓓，株洲市人大常委会副主任、市总工会主席王建之出席活动。

28 日　长沙市政府与中国电子信息产业集团有限公司签署工业互联网平台项目战略合作协议，双方将在长沙建设中国电子工业互联网平台。

30 日　长沙首个“智慧工地”——位于开福区中青路旁的中岭农民安置房项目亮相。物联网、云计算、大数据、移动互联网等运用到项目建设中。

6 月

1 日　长沙全面实施“最多跑一次”改革，“互联网 + 政务服务”平台试运行。长沙市率先全省公布“最多跑一次”事项目录，在市本级“最多跑一次”的 1307 个事项中，有 132 项“一次也不用跑”的“全程网办”事项。

是日　长沙市不动产淘房网（www.csbdc.gov.cn/cstfw）上线。该网是长沙首个官方房产交易登记服务平台，由市国土资源局不动产登记中心联合技术部门开发。

4 日　长沙市首例刑事附带民事公益诉讼案件宣判，被告人熊某被判处有期徒刑一年，同时承担破坏渔业生态环境和渔业资源修复责任。

12 日　2018 智能网联汽车产业・湘江对话暨湖南湘江新区智能系统测试区开园。湖南湘江新区智能系统测试区一期用地面积 82.13 公顷，项目总投资约 18.96 亿元，包括 8 条市政道路和一期场地工程，分 5 个主要功能分区。

14 日　长沙晚报报业集团联合长沙市政务服务中心主办的“市民问政直通车”平台开通。市民可通过现场问政、拨打“12345”市民服务热线、晚报新闻热线“96333”和网上留言等方式参与。

20 日　中国社科院和经济日报社在北京发布中国社科院财经院重大成果《中国城市竞争力报告 No.16——40 年：城市星火已燎原》，长沙入选“40 年来经济发展最成功的 40 城”。

是日　中国（长沙）马栏山视频文创产业园成为湖南省首家国家级广播电视产业园区。

25 日　长沙市发布《关于进一步加强房地产市场调控工作的通知》，长沙从限购、限售、落户、金融、税收等方面出台 9 项举措，促进长沙房地产市场平稳健康发展。

7 月

1 日　胡衡华带领市委办公厅、岳麓区的部分党员、干部，到橘子洲头毛泽东青年艺术雕像前，重温入党誓词。

5 日　新组建的国家税务总局长沙市税务局举行挂牌仪式，原长沙市国家税务局、长沙市地方税务局正式合并。国家税务总局湖南省税务局联合党委书记刘明权，市委副书记、市长、湖南湘江新区党工委书记胡忠雄出席并揭牌。

13 日 长沙获批国家跨境电商综合试验区。

14 日 长沙出台《关于支持工业企业智能化技术改造若干政策》，鼓励工业企业大力开展智能化技术改造，对智能化技术改造有明显质效的工业企业，最高可补助 1000 万元。

16 日 市委办公厅、市政府办公厅公布 2017 年度经济社会发展“十强十快”乡镇街道考评结果，长沙县星沙街道等 10 个乡镇街道被评为“2017 年度长沙市经济社会发展综合实力十强乡镇街道”，望城区乌山街道等 10 个乡镇街道被评为“2017 年度长沙市经济社会发展十快乡镇街道”。

19—21 日 2018 年大数据空间信息应用博览会在长沙市天心区召开。

28 日 2018 中国长沙国际名校赛艇挑战赛开赛，来自国内外的 19 所顶级高校的 20 支队伍参加该大赛。

30 日 长沙市“市本级补充工伤保险”项目合同签约，长沙市在全省范围内率先启动补充工伤保险项目。

8 月

1 日 长沙首个智能共享停车系统在开福区望麓园街道试运行，3000 余个私人、公共停车位在闲置时段出租共享。

是日 长沙决定提高宁乡市、浏阳市城乡居民最低生活保障标准，由现行的每人每月 500 元提高到 550 元。至此，全市低保标准全面实现城乡统一、区域统一，标准统一为每月 550 元。

5 日 橘子洲大桥提质改造工程启动施工，对大桥占道施工并采取交通管制措施，该桥是长沙首座横跨湘江的大桥，自 1972 年建成通车来，已运行 46 年。

10 日 橘子洲举行情侣告白行为秀，777 架无人机配合烟花上演一场精彩的表演秀。

17 日 “湘欧快线”开通的长沙至蒂尔堡中欧班列从广铁集团长沙货运中心长北货场首发。

28 日 湖南首个投资超百亿元的文旅项目新华联铜官窑古镇对外开放，总占地面积 200 公顷，总建筑面积约 100 万平方米，总投资逾 100 亿元，由文化、娱乐、休闲、教育和配套 5 大功能区组成。

28—30 日 胡衡华率长沙市党政代表团到广东省广州市、深圳市、东莞市考察学习，汲取南粤大地在创新开放、新旧动能转换推动高质量发展方面的实践经验。广东省委常委、深圳市委书记王伟中，广东省委常委、广州市委书记张硕辅分别在当地参加会见或考察。

30 日 长沙市各宗教团体在开福寺举行“五进五好”活动启动暨集中升国旗仪式。这是长沙市 5 个宗教团体共同倡导组织、首次集中举行升国旗仪式。

9 月

6—7 日 第一届长沙种业硅谷峰会暨种业创新成果博览会在长沙国际会展中心举行。该峰会以“创新种业・智种未来”为主题，会上发布《长沙种业硅谷发展规划》和 10 条相关扶持政策，现场签约金额 27.5 亿元。

6—8 日 由中国财政部、湖南省人民政府、中国国家开发银行和世界银行共同主办的第四届对非投资论坛在长沙举办，来自海内外的 400 余人出席论坛相关活动。

7 日 长沙市港澳台居民居住证首发仪式在长沙高新区举行，这是湖南首批发放的港澳台居民居住证。长沙市首批领取港澳台居民居住证的有 14 人，其中台湾同胞 10 人、香港居民 3 人、澳门居民 1 人。

13—16 日 2018 中国国际食品餐饮博览会在长沙国际会展中心开展，展览面积逾 8 万平方米，全国 29 个省（市、区）组团参展，展会首设进口展区，包括美国、加拿大、英国、法国、智利、澳大利亚、日本、俄罗斯等 27 个国家和地区参会。

16 日 远大住宅工业集团股份有限公司，与中国建筑科学研究院在长沙发布装配式建筑智能设计软件 PCMaker Ⅰ，这是全球首款基于 BIM 平台的装配式建筑正向设计软件。

17 日 长沙市教育局发布，长沙 372 个超大班额全部消除，原则上按小学 45 人、初中 50 人的班额标准设置，不再新增大班额。

16—18 日 第三届“中国人因工程高峰论坛”在长沙召开。国家部委、部队、政府部门、20 位“两院”院士、3 位宇航科学院院士、400 余位领域专家以及 100 余家企事业单位代表在内的 600 余人参加会议。

23 日 7 时 45 分，长沙直达香港的首趟高铁列车 G6113 次列车从长沙火车南站出发，3 个小时直达香港西九龙站。当日，广深港高铁香港段开行动车组列车 95 对，全线发送旅客 18.5 万人次。

26 日 “2018 年度全国对外传播十大优秀案例”发布，长沙媒体艺术节暨“一带一路”青年创意与遗产论坛入选。

27 日 长江中游城市群省会城市第六届会商会在长沙举行，武汉、长沙、合肥、南昌四省会城市参会。与会各方审议并签署《长江中游城市群建设近期合作重点事项》等合作协议。

29 日 华谊兄弟（长沙）电影小镇面向游客开放体验。副省长何报翔宣布启幕，省委宣传部副部长杨金鸢，省商务厅厅长徐湘平，省旅发委主任陈献春，市领导张迎春、高山、邱继兴出席。

是月 长城金融、远大住工、山河智能、科霸电池 4 家长沙企业的项目获批“2018 年智能制造试点示范项目”。2015—2018年，长沙试点示范和专项项目数量27个，成为全国拥有智能制造“国字号”最多的省会城市。

10月

1日 《长沙市国旗升挂使用管理规定》实施，明确国旗升挂的新规定、新要求。

7日 根据湖南省旅发委、长沙市旅游局数据，1—7日长沙接待游客795.51万人次，实现旅游总收入71.54亿元，同比分别增长3.49%、3.28%。

11日 长沙市人民政府与德国大陆集团举行全面合作项目签约仪式，开展智慧城市创新示范共建合作。省委常委、市委书记胡衡华，大陆集团中国区总裁兼首席执行官汤恩出席并见证签约。

13日 长沙市青少年宫新场馆启用，建筑面积约5.6万平方米，主体建筑3个，可同时容纳1.8万人。

20日 长株潭城市群一体化发展首届联席会议在长沙召开。省委书记、省人大常委会主任杜家毫对会议作出重要批示。省委常委、长沙市委书记胡衡华主持会议并宣读批示。

21日 2018长沙国际马拉松赛在贺龙体育中心东广场开跑，近2.4万名来自中国、日本、肯尼亚、埃塞俄比亚等国家的选手参赛。

22日 长沙市扫黑除恶专项斗争工作汇报会召开。省委常委、市委书记胡衡华主持会议，省扫黑除恶专项斗争第一督导组组长李良勇讲话。

11月

15—17日 2018中国（湖南）国际轨道交通产业博览会在长沙国际会展中心举行。来自20余个国家和地区的近百名国外政要、商务代表，法国轨道集团、阿海普等10余家国外企业，以及中国中车、中国通号、长沙地铁、湖南磁浮近200家国内轨道交通与德国德铁、巴黎地铁、瑞士ELAG电子有限公司等10余家国外知名企业参会。

18日 胡耀邦塑像揭幕仪式在浏阳市举行。省委副书记乌兰，胡耀邦长子、中央统战部原副部长、十一届全国政协常委胡德平为塑像揭幕，省委常委、长沙市委书记胡衡华，胡耀邦亲属和生前身边工作人员代表出席。

22日 长沙市庆祝改革开放40年系列新闻发布会启动。市发展改革委通报全市40年来经济体制改革取得的成果。长沙地区生产总值从1978年的16.85亿元跃升到2017年的10210.13亿元，连续多年位居全国省会城市第六位，2017年长沙经济总量首位度居全国第十位；人均地区生产总值从1978年的370元上升到2017年的135388元，翻了8.5番。

26日 2018第12届“中国最具幸福感城市”调查推选活动结果发布，长沙入选“2018中国最具幸福感城市”。长沙县入选“2018中国最具幸福感城市（县级）”。

28日 湖南湘江新区智能系统测试区获工信部授牌成为“国家智能网联汽车（长沙）测试区”。

28—30日 2018中国（长沙）网络安全·智能制造大会在长沙举办，大会由开幕峰会、博览会、主题论坛和专项活动4个部分组成，全面展示新一代网络安全和智能制造新动态、新成果和新经验。

30日 中共长沙市委十三届七次全体会议召开。全会听取市委常委会工作报告，审议《长沙市机构改革方案（送审稿）》，对市委委员的出缺及递补进行表决。

12月

1日 《长沙市城市地下空间规划建设管理办法》实施。

3日 粤港澳大湾区研究院发布《2018年中国城市营商环境评价报告》，在全国35个大中城市中，长沙营商环境指数排名从全国第20名跃居全国第九位、中部第一位；软环境指数，长沙则从第31位上升至第二位。

5日 市政府领导在政协长沙市第十二届委员会常务委员会第十五次会议上，通报2018年政协提案办理情况。2018年，市政府系统承办提案408件，占总数的88%。截至10月中旬，全部办理并进行答复。

12日 中央广播电视总台发布《中国城市营商环境报告2018》，在法制环境评价维度中，长沙排名全国第一位。

20—21日 全市重大产业项目流动观摩会召开，胡衡华、胡忠雄与各区县（市）、园区和市直部门负责人，走进产业园区和重大项目建设现场，实地观摩、督导全市项目建设推进工作。

28日 作为长沙市公布的“第一批近现代保护建筑”湘江宾馆中栋主体建筑，沿着轨道向北平移35.56米停靠在预定位置。该项目打破国内砖柱独立基础最大历史建筑平移的纪录。

是日 全国首条开放道路智能公交示范线在湖南湘江新区试运行，全长7.8千米，沿途停靠11个站点，实现5G信号全覆盖。

29日 市委经济工作会议召开，会议总结2018年经济工作，分析当前经济形势，部署2019年经济工作。胡衡华出席并讲话，胡忠雄主持会议。

长沙概览

OVERVIEW OF CHANGSHA

责任编辑 • 陈晓红

自然地理

【区域位置】 长沙市为湖南省省会，是湖南省政治、经济、文化、交通、科技、金融、信息中心。位于湖南省东部偏北，湘江下游和长浏盆地西缘。地域范围为北纬27° 53′ ~ 28° 41′，东经111° 53′ ~ 114° 15′。东邻江西省宜春市和萍乡市，南接株洲、湘潭两市，西连娄底、益阳两市，北抵岳阳、益阳两市。东西长约230千米，南北宽约88千米。2018年，全市土地面积11815.96平方千米，其中市区面积2150.9平方千米，建成区面积444.36平方千米。

【地质地貌】 长沙的总体地质特征是：地层出露齐全，花岗岩体广布，地质构造复杂，矿产资源丰富。各个地质历史时期的地层在长沙市均有出露，最古老的地层大约是10亿年以前形成的。总体地貌特征是：地势起伏较大，地貌类型多样，地表水系发达。长沙的东北是幕阜—罗霄山系的北段，西北是雪峰山余脉的东缘，中部是长衡丘陵盆地向洞庭湖平原过渡地带。东北、西北两端山地环绕，地势相对高峻，中部递降趋于平缓，略似马鞍形，南部丘岗起伏，北部平坦开阔，地势由南向北倾斜，形如一个向北开口的漏斗。长沙城区为多级阶地组成的坡度较缓的平岗地带，地势南高北低，湘江由南向北流经中部，穿贯市区，江中的橘子洲长5千米。湘江两岸形成地势低平的冲积平原，其东西侧及东南面为地势较高的低山、丘陵。东有属于湘赣边雁阵式山系的大围山，海拔800米以上山峰有50余座，其主峰七星岭，海拔1607.9米，为全市最高处；西有海拔800米以上的山峰13座，望城区乔口湛湖的海拔23.5米，为全市最低点。

【水文·气候】 长沙水文特征：水系完整，河网密布；水量较多，水能资源丰富；冬不结冰，含沙量少。长沙市的河流大都属湘江水系，支流河长5千米以上的有302条，其中湘江流域289条。湘江自湘潭昭山流经长沙县西南边境，然后由南向北纵贯市区，经望城区乔口出境。经过市境的长度有74千米，其间流入湘江的支流有15条，其中较大的有：浏阳河、捞刀河、靳江、沩水。年平均地表径流量82.65亿立方米，径流深550 ~ 850毫米。湘江流经长沙市的常年径流量年均692.5亿立方米，全年可通航。全市水能蕴藏量24.53万千瓦，地下水总储量9.35亿立方米/年。

长沙地处中国东南部，属亚热带季风气候。由于位居盆地内部，且距海较远，受冬夏季风转换、地势向北倾斜等因素的影响，春温变化大，夏初雨水多，伏秋高温久，冬季严寒少。长沙市气候有两个主要特征：1.水热充足，生长期长。1981—2010年，长沙市年平均气温17.4℃，年平均降水量1475.8毫米，年平均日照1583.3小时。热量条件比较优越，降水多集中在春夏两季，多雨期与高温期一致，生长期长，对农业生产有利。2.气候温和，四季分明，夏冬季长，春秋季短。春季从3月中旬到5月中下旬，为期约70天，其间气温升高很快，对春播有利。春季天气阴雨潮湿，降水量占全年的40%以上。夏季从5月中、下旬到9月下旬，为期约132天，季节长，天气热，是夏季的突出特点，夏季温高暑热，常连晴数日，骄阳似火蒸发强盛，在降雨集中期易发生洪涝灾害。秋季从9月下旬到11月中旬，将近60天，是全年最短的一季。冬季从11月下旬到次年3月上旬，为期3个半月，月平均气温大都在6.1℃以上，冬季气温虽不很低，但比较湿冷，降雪较少，有时会发生冰冻天气，冬季的降水量仅占全年的16%，是一年中降水量最少的季节。

2018年长沙市平均气温18.5℃，为有气象记录以来的第二高值年（仅次于2013年），年最高气温38.9℃，年最低气温3.1℃，年降水量1348.9毫米，降水总量偏少；年平均日照时数1622.2小时，全年全市空气优良天数280天，优良率76.7%，中部多于东西部。全年长沙主要天气气候事件有雷暴大风、冰雹、暴雨、高温热害、干旱、寒露风、连阴雨、寒潮、暴雪、冰冻、霜冻、雾等。全年自然灾害直接经济损失890.57万元。

雷暴大风 2018年4月3日，全市各地均出现雷暴大风。5月6日，全市大部分地区出现雷暴大风，极大风速6 ~ 7级；18日，全市大部分地区出现雷暴大风，宁乡市极大风速20米/秒，长沙县极大风速18.8米/秒；19日，部分地区出现雷暴大风，宁乡市朱石桥极大风速20米/秒，长沙县、浏阳市极大风速6 ~ 7级。7月12日，受台风“玛莉亚”外围影响，全市大部分地区出现6 ~ 7级风，极大风速18米/秒（浏阳市横山河）；22日城区、长沙县、浏阳市出现雷暴大风，极大风速21米/秒（浏阳市乌石村）；23日长沙县、浏阳市出现雷暴大风，极大风速20米/秒（浏阳市唐家园村）；29日，宁乡市出现雷暴大风，极大风速21米/秒（宁乡市沩山乡）；31日，浏阳市、长沙城区、望城区出现雷暴大风，极大风速19米/秒（浏阳市升平村）。

暴雨洪涝 2018年长沙出现14次区域性或局地暴雨过程。全年24小时最大雨量为浏阳市常丰村215.4毫米（6月30日20时—7月1日20时），1小时最大雨量为浏阳市常丰村79.1毫米（7月1日10—11时）。除长沙外，宁乡市、长沙县、浏阳市均出现雨水相对集中期。

高温热害 2018年长沙各地≥35℃的高温日数为42（宁乡市、浏阳市）~ 55天（长沙）。全年有4次全市性高温热害过程、1次局地性高温热害过程（浏阳市）。局地性高温过程出现在6月中旬后期，4次全市性高温过程出现在7月中旬—8月中旬，最长持续天数为9 ~ 17天，长沙达到“轻度高温热害”标准，宁乡市达到“中度高温热害”标准，长沙县、浏阳市达到“重度高温热害”标准。

干旱 2018年全市平均降水量1318.3毫米，较常年偏少11%，属于降水偏少的年份。从时间分布看，前少后多，1—6月全市平均降水量605.1毫米，较常年939.9毫米（1981—2010年平均值，下同）偏少35.6%，为有历史记录以来的第二低值；汛期（4—9月）全市平均降水量803.9毫米，较常年944.9毫米偏少14.9%。

寒潮及暴雪 12月26—30日，北方冷空气侵袭，全市出现一次大范围寒潮天气，最低气温降幅8℃ ~ 9℃，且最低气温降至-3℃ ~ -2℃，高寒山区-7℃ ~ -5℃，达到寒潮标准。12月29日晚到30日白天，全市普降暴雪，累积降雪量11～19毫米，积雪深度中西部12～15厘米，浏阳6厘米。（卢晓晴）

【自然资源】长沙地下矿藏种类繁多，已查明的有锰、钒、铜、钨、金、银、磷、海泡石、重晶石、菊花石、石膏、煤等50余种，有全国独一无二的菊花石。其中大型矿床10处，小型矿床16处，矿点300余处。长沙土壤种类多样，可划分9个土类、21个亚类、85个土属、221个土种，以红壤、水稻土为主，分别占土壤总面积的70%与25%。其余还有菜园土、潮土、山地黄壤、黄棕壤、山地草甸土、石灰土、紫色土等，适宜多种农作物生长。长沙动物地理区划属东洋界华中区，生态地理区划属亚热带林灌、草地—农田动物群，野生动物多为适应耕地和居民点的类群，林栖鸟类已少见，田间捕食昆虫、鼠类和两栖爬行动物丰富。植被以亚热带常绿阔叶林为主，有自然生长和引进栽培的木本植物102科、977种，其中常绿树462种，落叶树515种，乔木457种，灌木414种，竹藤类106种。主要林木有松、杉、栎、樟、楠、椿、茶、油茶、柑橘、毛竹等。1985年长沙市第八届人大常委会通过，长沙市人民政府公布香樟为市树，杜鹃花为市花。

历史文化

【传统文化】长沙市已建立起国家、省、市、区县（市）四级非物质文化遗产保护名录体系。截至2018年年底，全市普查登记非物质文化遗产项目1366个，其中湘绣、浏阳花炮制作技艺、湘剧、长沙弹词、庙会（火宫殿庙会）、石雕（菊花石雕）、长沙窑铜官陶瓷烧制技艺、浏阳文庙祭孔音乐8个项目入选国家级非物质文化遗产代表性名录。另有17个“非遗”项目入选省级“非遗”名录、77个“非遗”项目入选市级“非遗”名录、134个“非遗”项目入选区县（市）级“非遗”名录；国家级、省级、市级“非遗”代表性传承人分别为9人、15人、88人；建有非物质文化遗产生产性保护基地25个、“非遗”专题博物馆15个。

长沙境内主要以湘菜为主。湘菜源远流长，战国时期，爱国诗人屈原在其著名诗篇《招魂》中，就记载了湖南的许多菜肴。在出土的走马楼简牍中有300余支汉代竹简专门记载了湘菜的烹饪方法。湘菜在《楚辞》里都有描写。西汉时期，湖南的菜肴品种有109个，烹调方法有9大类。六朝以后，湖南的饮食文化丰富、活跃。明、清两代，是湘菜发展的黄金时期，湘菜的独特风格基本定局。清朝末叶，在长沙先后出现轩帮和堂帮两种湘菜馆。民国初年，出现戴（杨明）派、盛（善斋）派、肖（麓松）派和祖庵派等多种流派，奠定了湘菜的历史地位。中华人民共和国成立以后，特别是改革开放后，得到更好发展。火宫殿8大小吃、长沙臭豆腐、糖油粑粑、德园包子、杨裕兴鸡蛋面、宁乡四碟（刀豆花、砂仁糕、紫苏梅、冰姜）、徐长兴烤鸭、浏阳油饼、沩山擂茶、靖港古镇的“八大碗”等这些“非遗”美食均深受长沙人的喜爱。

长沙过汉族的所有节日，其中一些节日有地方特色，也在一些日子有很多特有的民俗，陶公庙庙会为赶集的一大特色。农历三月三时，长沙人都有地菜煮鸡蛋的习俗。立夏时有吃立夏粳之习。惊蛰时农家于暗处点灯，用石灰撒房屋四周及潮湿暗角。

火宫殿庙会作为湖湘火庙文化的载体，延续着千百年来人与人、人与食的民俗情缘。长沙火宫殿既是星城一处古老火文化的遗迹，又是长沙民风、民俗、名食的汇集地。火宫殿庙会，历史悠久、源远流长、文化内涵丰富、文化底蕴深厚，是湖湘古老火文化历史的缩影。火宫殿庙会起源于上古时代人类对于“火”的崇拜，它是一种以敬火、拜火、用火、管火的祭祀礼仪。长沙的火宫殿庙会是一家餐饮店与一座火神庙紧紧联系在一起，形成一个多元文化载体的文化现象，在国内独具特色。这种文化现象与南京夫子庙、上海城隍庙的外在形式和文化内涵有着根本的区别。火宫殿已经成为长沙历史文化名城一个重要符号和不可缺少的文化元素。据清光绪《善化县志》记载：火神庙祭期，“每岁以季夏月下旬三日致祭”。即火神寿诞举行大祭。另每年立春、立秋之日举行小祭。火宫殿火神庙会有祭祀、社戏、民间小吃、说唱曲艺等内容。祭祀由长沙、善化县官员主祭，民间会团、绅商、民众数百人参加，礼仪隆重。近年，火宫殿庙会除了保留部分传统祭祀、祈福法会的形式外，同时进一步拓宽了传统风味小吃领域，恢复了原有的工艺面人、棉花糖、工艺糖画等小手工艺品展卖。庙会每年举办一届（7天），吸引国内外游客20万余人次。

湘绣、菊花石雕和棕叶编素有“长沙三绝”之称。湘绣的起源和发展都在长沙县（今开福区沙坪一带），为中国4大名绣之一。菊花石雕，其中重要的菊花石产于浏阳大溪河底岩石层中，天然生有白色的菊花图案，其雕品为长沙的一大特色。棕编艺术清光绪年间即广泛流传于长沙县高桥、金井一带。经过近几十年的创新，棕叶编已经发展成不同以往只编小动物的棕编艺术，谓之全棕立体棕编，不仅有棕编动物，还有人物、山水、建筑等，构成全棕编的立体画，原材料不仅有棕叶，还有棕树的蔸、干、梢、籽等。

浏阳花炮（又称烟花，鞭炮，焰火，花火）是驰名中外的湖南传统特产和主要出口商品之一。浏阳制作烟花鞭炮，久负盛名，素有“鞭炮之乡”誉称。浏阳花炮作为最具代表性的爆竹种类，产生于唐宋时期。据《中国实业志》记载：“湘省爆竹之制造，始于唐，盛于宋，发源于浏阳也。”清代康熙年间，浏阳花炮的生产已具相当规模，至光绪年间已销往南洋诸国，成为名牌产品。中华人民共和国成立后，浏阳花炮发展到外销5大洲100余个国家和地区，内销全国31个省份，其品种发展到现在的13大类3000余个。

长沙最具代表性的地方戏剧为湘剧和花鼓戏。因长沙是湖南政治、经济、文化中心，湘剧与全国各大剧种交流频繁，故能得风气之先，充实丰富，在全国具有较大影响；长沙湘剧的剧目在清道先、咸丰时期已多达千余个。长沙花鼓戏形成于清朝，流行于湘中、湘东和洞庭湖滨，最初由歌舞形式的地花鼓发展为较有故事情节的对子花鼓；其后发展为“三小戏”（小旦、小生、小丑）逐渐具有戏剧性质的草台班演出阶段；后来汲取其他剧种的腔调、伴奏和表演等艺术表现手法成为戏曲剧种。它的产生和形成发展都在民间，而不像其他剧种那样先由宫廷、上层社会提倡然后再传到民间，是一个艺术风格独特、群众基础深厚、地方色彩鲜明、生活气息浓郁的湖南地方主要剧种。（吕红绰）

【史迹遗存】 长沙历史悠久、名胜古迹众多，自新石器时代就有人类在长沙地区活动，长沙天心区暮云镇南托乡大塘遗址、鹿芝岭新石器遗址、苦竹山遗址、曾家山遗址等，长沙还是楚文明和湘楚文化的发源地，浏城桥等地发现楚墓等大量楚文化的遗迹和遗物。长沙约有2400年建城史，在春秋战国时期始建城，后经历代战乱遭毁，现仅存天心阁段古城墙，为明代长沙城墙，天心阁建筑群包括古城墙、古月城、古炮台、天心阁等设施，是一处功能齐备、保存相对完整的古代城池构成体系。此外，在长沙城市考古中万达广场发现了宋代城墙。

长沙古墓葬较多，闻名中外的马王堆汉墓是汉代长沙国丞相利仓及其夫人、儿子的墓葬，长沙现存汉长沙国王及王后墓葬，张浚张栻墓、何绍基墓及明代吉藩王陵等众多古近代墓葬。长沙是旧民主主义革命与新民主主义革命的重要策源地之一，辛亥革命领袖黄兴出生于长沙黄兴镇，黄兴及蒋翊武、焦达峰、陈天华、姚宏业等一批革命先驱、护国运动的领导人蔡锷等葬岳麓山上。湖南第一师范学校旧址、新民学会旧址、爱晚亭、橘子洲头、秋收起义文家市会师旧址、中共湘区委员会旧址、刘少奇故居、胡耀邦故居等体现了党和国家领导人早期求学和革命活动的轨迹，湖南省苏维埃政府旧址、红一方面军成立会旧址则见证了红军早期发展壮大的历史，八路军驻湘通讯处旧址、影珠山抗战遗址群、第九战区长官司令部指挥所旧址等则是中华民族同仇敌忾，奋勇抗击侵略的历史证据。（安国瑞）

【风景名胜】 长沙地处湖南省东部偏北，湘江下游和长浏盆地西缘。作为首批国家历史文化名城之一和中国历史上历经2000余年城址不变的城市，孕育出众多的名胜古迹。截至2018年年底，长沙有全国重点文物保护单位25处，国家级风景名胜区2个、国家生态旅游示范区1个、国家级旅游度假区1个、国家康养旅游示范基地1个，11个景区（点）进入国家红色旅游经典景区名录，36个景区（点）进入省级重点红色旅游景区名录。A级景区54家，其中AAAA级以上景区21家，花明楼景区、岳麓山·橘子洲旅游区为国家AAAAA级旅游景区。

长沙有2个国家级风景名胜区，分别为岳麓山风景名胜区、沩山风景名胜区，1个国家生态旅游示范区为大围山国家森林公园，1个国家级旅游度假区为灰汤温泉旅游度假区，1个国家康养旅游示范基地为湖南灰汤温泉，进入国家红色旅游经典景区名录的11个景区（点）为湖南第一师范学校旧址、中共湘区委员会暨毛泽东杨开慧故居旧址、刘少奇故居和纪念馆、文家市秋收起义会师旧址纪念馆、杨开慧故居和纪念馆、岳麓山景区、何叔衡故居、谢觉哉故居、湖南雷锋纪念馆、胡耀邦故居和陈列馆，21家AAAA级以上景区分别为岳麓山·橘子洲旅游区、花明楼景区、世界之窗、海底世界、天心阁、雷锋纪念馆、湖南省博物馆、大围山国家森林公园、杨开慧纪念馆、胡耀邦故里旅游区、靖港古镇景区、石燕湖生态旅游景区、湖南省森林植物园、宁乡紫龙湾旅游区、长沙生态动物园、沩山密印景区、洋湖湿地景区、关山旅游区、黑麋峰森林公园、千龙湖生态旅游区、浏阳秋收起义纪念园景区。（邵 敏）

【长沙方言】 长沙使用的方言有长沙话、浏阳话和宁乡话。长沙话为湘方言下面的次方言新湘方言的代表，使用范围为长沙城区及周边地区，内部分歧较小，且随着经济和交通的发达而逐步缩小，部分词汇有文白二音，其中的文读有向普通话靠拢的倾向。与现代汉语普通话比较，其主要特点是有阴平、阳平、上声、阴去、阳去、入声6个声调，其中去声调分为阴去、阳去两个声调，入声调系古汉语入声调的保留，促声尾消失而自成一个声调。宁乡话以宁乡城区为代表，内部分歧较大，依地域向娄底、湘潭延伸和向长沙城区靠近而分别接近新湘方言和老湘方言，是介于新、老湘方言之间的一个方言分支。浏阳话亦以浏阳城区为代表，属赣方言的一个分支。长沙方言不同程度地保留了古代（上古和中古）汉语的一些痕迹。（贺孝武）

建置·区划

【建置沿革】 秦为长沙郡治临湘县。西汉为长沙国都城。东汉复为长沙郡治，上隶荆州。吴、晋、南朝，临湘析出湘西，临湘为长沙郡首邑，南朝宋开始，湘西为衡阳郡（长沙郡析出）首邑，上隶荆州或湘州（西晋怀帝永嘉元年即307年分荆、江二州置）。公元589年隋统一中国，废州郡，行州、县二级制，临湘（省湘西）改称长沙县，为潭州州治〔大业三年（607），隋一度改潭州为长沙郡〕。唐武德三年（620）入唐版图。贞观元年（627）设10道，潭州（天宝元年即742年，潭州改为长沙郡，至德元年十二月十五日即758年1月19日复改为潭州）暨长沙县属江南道。开元二十一年（733）分15道，潭州属江南西道。后唐天成二年六月十七日（927年7月18日）马殷“以潭州为长沙府”，长沙为楚国都城。周太祖广顺二年(952)，南唐边镐陷长沙，湖南政治中心移至朗州（常德）。宋太祖乾德元年(963)二月，入宋版图，至道三年(997)分全国为15路，潭州为荆湖南路路治。哲宗元符元年(1098)设善化县与长沙县同附廓，潭州辖长沙、善化、浏阳、宁乡、湘潭、湘乡、益阳、安化、湘阴、醴陵、茶陵、攸县12县。元世祖至元十三年正月初一(1276年1月18日)，长沙入元版图，设安抚司。十四年（1227）设潭州行省，十八年二月初九(1281年2月28日)迁潭州行省于鄂州，称湖广等处行中书省，徙湖南道宣慰司治潭州路。天历二年三月初九(1329年4月8日)，文宗以“潜邸所幸”，改潭州路为天临路，辖5县7州。元顺帝至正二十四年(吴王朱元璋甲辰年九月二十四日，1364年10月19日)，徐达领兵至潭州，改天临路为潭州府。洪武五年（1372）六月，潭州府更名长沙府，辖十二州县，上隶湖广布政使司。清顺治四年四月初八(1647年5月12日)，高士俊领兵入长沙，长沙纳入清版图，沿明制设长沙府，上隶湖广，仍辖12州县。康熙三年(1664)湖广省设右布政使司、湖南按察使司于长沙，偏沅巡抚移驻长沙。清雍正元年(1723)改湖广右布政使司为湖南布政使司。清雍正二年(1724)改偏沅巡抚为湖南巡抚（仍隶湖广）。长沙(府)城自此为湖南省会。长沙府上有盐法长宝道。乾隆时长沙府城不仅为巡抚治，亦为布政、按察和学政及长宝、盐法、粮道治所。

1912年，湖南军政府执行特别议会颁行《湖南府厅州县暂行条例》："凡与府同城之一县或两县，均并于府。"4月，长沙、善化二县合并为长沙府直辖地，1913年9月改定。1914年6月2日，北京政府划湖南为四道，长沙县属湘江道(即原长宝道，1916年裁撤武陵道，其中11县划归湘江道)。1914年废都甲设乡镇，长沙县辖7乡11镇。1920年长沙设市政厅，年底设市政公所。省会警察厅设东、南、西、北、外东、外南、外北、商埠8个警察署(区)。当年废除"道"，县直属省。1930年7月27日，中国工农红军攻入长沙，成立长沙市苏维埃政府。年底，长沙城分设东、南、西、北、外东特、商埠6个区，下辖158街团，街团下辖甲、牌、联（结），5家为1联，2联为1牌，10牌为1甲。1931年5月，裁商埠入西区。1933年8月11日，国民政府行政院同意长沙设市，是全国第14个设为行政区划的市，也是第七个设市的省会，面积48.5平方千米(11月3日，废除街团制)。1934年4月29日，划全市为4个区(按东南西北顺序命名为一、二、三、四区)，每区分4坊，每坊设2～4保，共58保，40～60户为一甲。1938年上属湖南省第一行政督察区。8月11日，改区坊保甲4级制为镇(乡)保甲三级制，原4区为8镇，市郊为4乡。"文夕大火"后缩编为城南、城北两镇及两乡。1939年8镇4乡改为4镇4乡。1945年12月，设城东、城南、城西、城北、文艺、金盆、岳麓、会春8区。1947年至1948年9月有83保1843甲。

1949年8月，长沙和平解放，共辖8区82保1838甲。1950年3月30日设郊区办事处领导外4区。1953年1月设水上区。1955年内4区建306居委会2909居民组。1956年5月撤销市郊外4区，辖乡并为7乡1镇。同年撤水上区。1957年内4区辖26街道275居委会2766居民组；郊区辖7个乡、镇。1958年9月，农村实行政社合一的人民公社体制，郊区建立万年红、东风、岳麓公社。城区辖4区25街道233居委会2731居民组。

1958年12月24日，湖南省调整县市行政区划，原属湘潭专区的长沙、望城二县划归长沙市管辖。1959年3月，长沙、望城二县合并称长沙县（1997年12月又分设）。2月撤销郊区，并入合并后的长沙县。长沙市辖4区1县，25街道5镇26公社，总面积3842.13平方千米，城区建成区20.93平方千米。1960年1月26日原属郊区的2公社划为3公社，从长沙县划属东、南、北区。3月31日以岳麓公社设岳麓区。4月实行城市人民公社体制。市辖5区改为5个公社，下设分社。1961年9月，撤销城市人民公社恢复5区。1962年1月12日，恢复郊区。1974年1月6日，岳麓区并入西区。1978年年底，长沙市辖5区2县，29街道84公社9镇，308居委会1132大队，3604居民组11321生产队，全市面积3754.4平方千米，市区面积352平方千米，建成区面积53平方千米，建域比为1：70.8。1983年2月8日，长沙市增辖浏阳、宁乡、湘阴（1983年7月13日湘阴回归恢复后的岳阳地区）。当年着手改变政社合一建制。1984年市辖5区4县，32街道15镇224乡，445居委会3017村，45811居民组39224村民组。1985年全市面积11818平方千米，建域比为1：206.08。1993年1月16日，浏阳撤县改市。1995年辖县（市）撤区并乡建镇，长沙市辖5区3县1市，38街道67镇53乡，648居委会3091村，市区面积367平方千米，建成区面积101平方千米，建域比1：117。1996年市辖区区划调整，撤销郊区，避免全国城区专名的重名，调整区划范围，新5区为芙蓉、天心、岳麓、开福、雨花。由此，长沙市辖5区3县1市，38街道66镇54乡，651居委会3011村。市区554.07平方千米；建成区110平方千米。2000年辖50街道75镇46乡，763居委会3111村，全市面积11819.5平方千米，市区面积556.33平方千米，建成区面积118.82平方千米，建域比为1：99.47。

国务院2001年10月10日国函〔2001〕131号批复：长沙市人民政府驻地由芙蓉区藩正街迁至岳麓区岳麓大道。

2011年5月20日经国务院批准，湖南省人民政府以湘政函〔2011〕67号文件明确，撤销望城县，设立望城区。2014年4月8日，根据长沙市人民政府长政函〔2014〕78号文件通知，经省人民政府批准，以湘民行发〔2014〕2号文件批复，同意撤销宁乡县资福乡，设立资福镇，以原资福乡的行政区域为新设资福镇的行政区域。行政区划调整后，资福镇辖12个建制村，总面积88.54平方千米，总人口3.9万人，镇人民政府驻资福（原资福乡人民政府驻地）。2014年6月9日，根据《湖南省人民政府关于长沙大河西先导区更名为湘江新区的批复》（湘政函〔2014〕64号）精神，经市委、市政府研究决定：长沙大河西先导区更名为湘江新区，其管理机构更名为"中共湘江新区工作委员会、湘江新区管理委员会"；中共湘江新区工作委员会、湘江新区管理委员会全面履行原中共大河西先导区工作委员会、长沙大河西先导区管理委员会的职能职责；湘江新区管理委员会继续履行原长沙大河西先导区管理委员会对外签订的协议、合同等；原中共长沙大河西先导区工作委员会、长沙大河西先导区管理委员会相关机构同步更名；原中共长沙大河西先导区工作委员会、长沙大河西先导区管理委员会干部职务按干部管理权限重新任命。

根据长沙市人民政府长政〔2014〕93号文件请示，经省人民政府批准，2015年1月11日，以湘民行发〔2015〕1号文件批复，同意将长沙县跳马镇调入到长沙市雨花区。根据长沙市人民政府长政〔2014〕92号文件请示，经省人民政府批准，2015年1月13日，以湘民行发〔2015〕2号文件批复，同意将长沙县暮云街道、南托街道调入到长沙市天心区。根据长沙市人民政府长政〔2015〕83号文件请示，经省人民政府批准，2015年11月18日，以湘民行发〔2015〕25号文件批复：同意将杨花乡和大瑶镇成建制合并设立大瑶镇。根据长沙市人民政府长政〔2015〕78号文件请示，经省人民政府批准，2015年11月19日，以湘民行发〔2015〕39号文件批复：1.同意长沙市望城区乡镇区划调整方案。2.同意将靖港镇和格塘镇成建制合并设立靖港镇；将新康乡和高塘岭街道成建制合并设立高塘岭街道；将茶亭镇和东城镇成建制合并设立茶亭镇；将东城镇槙家桥社区五杉片（含跃进、染匠、禾家、姚家、五杉、大官、鱼心 7 个居民小组）划入铜官镇华城村，将茶亭镇郭亮村划入铜官镇，将铜官镇和书堂山街道成建制合并设立铜官街道；将乌山镇和喻家坡街道成建制合并设立乌山街道；将雷锋镇和廖家坪街道成建制合并成立雷锋街道。根据长沙市人民政府长政〔2015〕79 号文件请示，经省人民政府批准，2015 年 11 月 19 日，以湘民行发〔2015〕40 号文件批复：1. 同意宁乡县乡镇区划调整方案。2. 同意将枫木桥乡、偕乐桥镇和灰汤镇成建制合并设立灰汤镇；将坝塘镇和南田坪乡成建制合并设立坝塘镇；将双江口镇和朱良桥乡成建制合并设立双江口镇。根据长沙市人民政府长政〔2015〕80 号文件请示，经省人民政府批准，2015 年 11 月 19 日，以湘民行发〔2015〕41 号文件批复：1. 同意长沙市开福区乡镇区划调整方案。2. 同意将青竹湖镇和新港街道成建制合并设立青竹湖街道。根据长沙市人民政府长政〔2015〕81 号文件请示，经省人民政府批准，2015 年 11 月 19 日，以湘民行发〔2015〕42 号文件批复；1. 同意长沙市岳麓区乡镇区划调整方案。2. 同意将东方红镇和麓谷街道成建制合并设立麓谷街道。根据长沙市人民政府长政〔2015〕82 号文件请示，经省人民政府批准，2015 年 11 月 19 日，以湘民行发〔2015〕43 号文件批复：1. 同意长沙县乡镇区划调整方案。2. 同意将金井镇和双江镇成建制合并设立金井镇；将开慧镇和白沙镇成建制合并设立开慧镇；将黄兴镇和干杉镇成建制合并设立黄兴镇。

根据长沙市人民政府长政〔2016〕54 号文件请示，经省人民政府批准，2016 年 6 月 10 日，以湘民行发〔2016〕10 号文件批复，同意撤销浏阳市葛家乡设立葛家镇，以原葛家乡的行政区域为新设葛家镇的行政区域。行政区划调整后，葛家镇辖 5 个建制村，总面积 107 平方千米，总人口 2.01 万人。镇人民政府驻地葛家园村（原葛家乡人民政府驻地）。

2017 年 5 月 3 日经国务院批准，民政部以《关于同意湖南省撤销宁乡县设立县级宁乡市的批复》民函〔2017〕73 号文件批复，湖南省民政厅以湘民函〔2017〕35 号文件明确，撤销宁乡县，设立宁乡市。

【行政区划】 2018 年 2 月 2 日，根据长沙市人民政府关于析置望城区雷锋街道的通知（长政函〔2018〕12 号），决定对望城区雷锋街道进行析置。将雷锋街道析置为雷锋和白马 2 个新的街道。析置后新的雷锋街道下辖 7 个村（社区），总面积 59.86 平方千米，总人口 6 万人，街道治所驻荷花塘社区文明路 1 号；新的白马街道下辖 4 个村（社区），总面积 19.92 平方千米，总人口 5 万人，街道治所驻原雷锋街道便民服务中心。

根据长沙市人民政府长政〔2018〕21 号文件请示，经省人民政府批准，2018 年 6 月 5 日，以湘民行发〔2018〕3 号文件批复：同意撤销蕉溪乡设立蕉溪镇，以原蕉溪乡的行政区域为蕉溪镇的行政区域。行政区划调整后，蕉溪镇辖 6 个建制村，总面积 87 平方千米，总人口 297 万人，镇人民政府驻高升建制村高升路 1 号（原蕉溪乡人民政府驻地）。

2018 年，长沙市辖 6 个区：芙蓉区、天心区、岳麓区、开福区、雨花区、望城区，3 个县（市）：长沙县、宁乡市、浏阳市。各区县（市）共辖 69 个镇。全市有 5 个乡，96 个街道。各镇、乡和街道共辖村 884 个，社区 683 个。

（王成亮　李文祥）

表 1　　长沙市行政区划变动情况表

	单位	1950 年	1978 年	1985 年	1990 年	1995 年	2000 年	2005 年	2010 年	2016 年	2017 年	2018 年
一、行政区划												
市辖区数	个	5	5	5	5	5	5	5	5	6	6	6
市辖县（市）数	个	—	2	4	4	4	4	4	4	3	3	3
镇数	个	—	7	16	21	70	75	79	85	68	68	69
街道办事处	个	6	39	32	35	50	50	55	59	94	95	96
居民委员会数	个	59	329	459	535	701	763	569	590	724	651	683
乡数	个	18	84	217	210	51	46	37	26	6	6	5
村民委员会数	个	11	1096	2996	2987	3121	3111	1281	1226	765	891	884
二、土地面积	平方千米	112	3995	11818	11818	11819.5	11819.5	11819.5	11815.96	11815.96	11815.96	11815.96
# 市区	平方千米	112	352	352	367	556.33	556.33	556.33	958.8	2150.9	2150.9	2150.9
# 建成区	平方千米	6.7	53.04	57.18	101	115	118.82	167.7	272.39	374.64	434.82	444.36
三、户籍总人口	万人	314.52	458.23	504.22	550.05	562.82	583.19	620.92	650.12	696	708.79	728.86
# 市区	万人	41.36	94.83	115.72	132.68	145.45	175.41	208.65	239.53	328.33	339.78	355.75

说明：从 2011 年起，市区包括望城区，后同

【勘界管理】 2018年，长沙市开展全市界线联检和平安边界创建工作，制定全市界线联检和平安边界考评办法，完成2条市级（长沙/益阳、长沙/岳阳）和3条区县界线（长沙/浏阳、开福/望城、浏阳/雨花）勘界联检工作。长沙市与江西省萍乡市联合开展赣湘线（上栗浏阳线）平安边界创建活动。完成2018年市、县两级行政区域界线联检资料和平安边界创建资料的初审、汇编与上报。指导督促浏阳市开展乡级行政区域界线勘定试点。（徐飞亮 邹艳青）

【地名管理】 2018年，长沙市成立地名普查图录典志编委会和编辑部，完成国家地名志条目和省级地名典、志条目上报和《中国历史地名大辞典—长沙部分》历史地名核对。完成地名普查国家包和湖南包数据的共六轮修改完善上报，做好全省乡村两级地名信息核实。开展地名普查图、录、典、志编纂工作，完成市级地名词典的初稿收录、全部县级地名目录的终稿编纂、长沙地名图集的编撰、《长沙驿铺古今》的文字编纂和审定。通过省普查办对市级地名普查工作的验收考核，市本级以98分的成绩成为全省首个通过地名普查的市级考核验收。开展历史地名和历史文化街巷名称保护工作，就"地名重名"问题开展调研、摸排和资料收集。完成金星北路望城区段、开福区金霞路的命名更名工作。召开轨道交通6号线站点名称和高铁新城片区道路名称专家论证评审会。（徐飞亮 邹艳青）

【道路命名】 2018年，长沙市对41条道路进行了命名，道路法定标准名称分别为：扬高路、育才街、富华路、智新路、洪达路、精益街、拓智街、碧云路、六塘冲路、福鑫街、老甫冲路、板塘路、丽井路、赤熙街、归心路、小石塘路、康宁路、创源路、八家湾路、锦和巷、润城巷、竹壤巷、绿韵路、星光路、金星北路、知行路、杨洪路、西子街、鸳鸯井巷、牛头桥路、南庭街、洪山寺路、甘家老屋路、杨家湖路、月岛路、邓家塘街、雨福街、福雅路、麒云路、长兴路、东山路。（叶 顶）

【建筑物命名】 2018年，长沙市对113个建筑物（建筑物群）进行了命名，建筑物（建筑物群）法定标准名称分别为：鹏程家园、汇西园、通号岭绣苑、湘江东苑、美麓阳光新寓、君悦新天地商业中心、东宜兰园、弘坤滨江大厦、北辰时代广场、红星农批商业中心、金辉惟楚花园、旷代沁园、人健家园、春和景园、北辰悦来苑、滨河嘉园、新力紫园、腾信大厦、南麓苑、弘坤新寓、人健家园（予以撤销）、万象府、恒大文化旅游城、湖墅嘉园、中海熙湾、和樾景苑、地宝大厦、高升星光商务中心、中云公寓、梦想嘉苑、华润翡翠府、金地香樟悦府、鑫远翡玉公寓、华远华时代广场、新里程商业中心、檀悦苑、长房东旭花园、临景园、浏河心苑、圭塘河滨水园、梅溪青秀和园、春江悦茗苑、创智园、万科梅溪郡、春和景园、华凯文化科技园、正荣悦玺苑、中南大学科技园、馥园心苑、熙科美寓、珺悦府、美往天悦和苑、星悦台、香泽南湖大厦、荟聚商业中心、友兴家园、集美天辰小区、碧桂园时代广场、恒高紫荆小区、金帆江滨玫瑰园、嘉华智谷产业园、华晨新里程大厦、润和商业广场、融誉商业中心、中建玥熙佳园、凯拓吾悦商业中心、贤盛发智能机械园、象嘴南苑、中建瑞兴家园、碧湘佳苑、楚才大厦、中天星耀商业中心、禧荣商业广场、北辰珀璟湾、福晟翡翠湾、迎新禧悦楼、华润琨瑜府、蓝光水岸华庭、军民融合科技城、楚雅苑、卓越青竹湖苑、大唐印象紫瑞园、宝瑞悦湖商业广场、亿达智慧科技园、中电软件园、麓谷和馨园、绿地新里佳苑、友阿新新花园、万科金色麦田苑、阳光天鸿嘉园、云锦轩、小龚家湾馨苑、碧桂园映岳台、凌云府、麓泽苑、浪琴京武商务中心、湖南省军民融合科技创新产业园、正荣紫阙台、碧桂园印象商业中心、宝能花园、兴和佳苑、卓越明珠苑、瑞康医药健康产业园、金地铂悦花园、翰悦书香苑、滨江基金产业园、欧陆经典里、中铁城建家园、长元佳苑、中岭景苑、恒大林溪郡御苑、亦成揽湖苑、卓越江岸苑。（叶 顶）

人口·民族

【总人口及分布情况】 2018年年末，长沙市人口总数7288583人，市区人口3557549人，其中芙蓉区424671人、天心区496128人、岳麓区783265人、开福区505571人、雨花区720819人、望城区627095人（含雷锋镇）。县（市）人口3731034人，其中长沙县806327人、宁乡市1430937人、浏阳市1493770人。全市总人口中，男性3630733人，女性3657850人，年末男女性别比99.3∶100。（王成亮）

【人口自然变动】 2018年，长沙市出生人口98260人，死亡48647人，年出生率13.67‰，年死亡率6.77‰，年自然增长率6.9‰。（王成亮）

【人口密度】 常住人口密度：2018年，长沙市人口密度每平方千米690.14人，其中市区每平方千米3791.3人。户籍人口密度：2018年，全市人口密度每平方千米616.84人，其中市区每平方千米3388.62人。（王成亮）

【民族】 长沙是少数民族散居城市，2018年有55个民族族别，常居少数民族人口约14.5万人，外地到长沙少数民族流动人口年均10万人次以上，驻长沙高校少数民族学生约4万人。有一处回民公墓——汉回村回民公墓。（周红波）

【宗教】 2018年，长沙有佛教、道教、伊斯兰教、天主教和基督教5大宗教，7个市级宗教团体，登记赋码的宗教活动场所198处，经批准纳入管理的民间信仰活动场所497处，宗教教职人员500余人，皈依受洗的信徒4万余人，一般信众在50万人以上。（周红波）

经济社会发展

【概况】 2018年，长沙市实现地区生产总值11003.41亿元，比上年增长8.5%。分产业看，第一产业实现增加值 318.73 亿元，增长 3.3%；第二产业实现增加值 4660.19 亿元，增长 6.8%；第三产业实现增加值 6024.49 亿元，增长 10.7%。第一、二、三产业分别拉动 GDP 增长 0.1 个、3.3 个、5.1 个百分点，三次产业对 GDP 增长的贡献率分别为 1.4%、38.5%、60.1%。

全市一般公共预算收入 1544.95 亿元，比上年增长 10.1%，其中地方一般公共预算收入 879.71 亿元，增长 9.9%。一般公共预算支出 1300.79 亿元，增长 10%。

全市居民消费价格比上年上涨 2%，涨幅增加 0.7 个百分点；商品零售价格上涨 2.5%，涨幅增加 1.1 个百分点。

全市新增城镇就业人员 14.49 万人，年末城镇登记失业率 2.46%。

【农业】 2018 年，长沙市实现农林牧渔业增加值 337.21 亿元，比上年增长 3.5%，其中农业增加值 229.28 亿元，增长 3.6%；林业增加值 21.42 亿元，增长 6.9%；牧业增加值 56.59 亿元，增长 1.3%；渔业增加值 11.44 亿元，增长 0.8%；农林牧渔服务业增加值 18.48 亿元，增长 8.1%。

全年粮食播种面积 32.54 万公顷，比上年下降 5.5%，其中稻谷播种面积 29.3 万公顷，下降 7.5%，优质稻种植面积所占比重为 76.8%；蔬菜播种面积 14.63 万公顷，增长 2.6%；油料种植面积 5.51 万公顷，下降 1.3%；出栏肉猪 438.53 万头，增长 0.4%。

农民专业合作组织 11520 个，比上年增长 6.6%；入社农户 24.33 万户，参与农户 39.61 万户。

农业机械总动力 607.6 万千瓦，农业机械总值 33.6 亿元，水稻耕种收综合机械化水平 79.6%。

农村基础设施建设投入力度加大，全市开工各类水利工程 4.8 万处，水利工程投入资金 49.94 亿元，水利工程完成土石方 0.49 亿立方米。

【工业和建筑业】 2018 年，长沙市全部工业增加值比上年增长 7.2%，其中规模以上工业增加值增长 8.2%；工业增加值占 GDP 的比重为 33.3%。

全市园区规模以上工业增加值比上年增长 12.3%，占全市规模以上工业增加值的 59.2%，对规模以上工业增长的贡献率 83.8%。

全市规模以上工业统计的 272 种主要工业产品中，产量比上年增长的有 176 种，占产品总数量的比重 64.7%。

全市规模以上工业企业主营业务收入比上年增长 5.5%，主营业务成本增长 4.9%，利润总额增长 7.8%。

全市建筑业增加值 997.78 亿元，比上年增长 10.6%。具有建筑业资质等级的独立核算企业完成建筑业总产值 4976.46 亿元，比上年增长 13.8%；房屋竣工面积 7482.1 万平方米，增长 0.5%。

【固定资产投资】 2018 年，长沙市固定资产投资比上年增长 11.5%。全市计划总投资超过 5000 万元的在建项目（不含房地产开发）1752 个，完成投资占固定资产投资总额的 52.7%。

在固定资产投资中，第一产业完成投资（不含水利建设投资）增长 59.8%；第二产业完成投资增长 22%，其中工业投资增长 22.1%；第三产业完成投资增长 5%。高技术产业投资增长 5.7%。基础设施建设投资增长 12.7%。

全市房地产开发投资 1500.76 亿元，比上年增长 0.7%。全市商品房销售面积 2387.35 万平方米，增长 5.7%；商品房销售额 1951.01 亿元，增长 12.3%。

【国内贸易】 2018 年，长沙市社会消费品零售总额 4765.04 亿元，比上年增长 9.9%，剔除物价因素实际增长 7.2%。按经营单位所在地分，城镇消费品零售额 4240.18 亿元，增长 9.7%；乡村消费品零售额 524.86 亿元，增长 10.8%。按消费类型分，餐饮收入 467.29 亿元，增长 10%；商品零售 4297.75 亿元，增长 9.8%。

限额以上单位商品零售额比上年增长 8.9%（全口径，下同，可比口径增速为 6.7%），分类别看，粮油、食品类增长 20%；服装、鞋帽、针纺织品类增长 5.5%；化妆品类增长 22.1%；金银珠宝类下降 5.3%；日用品类增长 31.7%；书报杂志类下降 18.5%；家用电器和音像器材类下降 0.2%；中西药品类增长 18.4%；文化办公用品类增长 1.8%；通信器材类增长 3.7%；石油及制品类增长 20.8%；汽车类增长 7.7%。

【交通和邮电】 2018 年，长沙市全社会运输周转量 588.59 亿吨千米，比上年增长 7.5%，其中旅客周转量增长 7.5%；货物周转量增长 8.6%。

全市电信业务总量 643.9 亿元 (2015 年不变价），比上年增长 160.8%。邮政业务总量 112.89 亿元（2010 年不变价），增长 36.3%；邮电业务收入 176.42 亿元，增长 9%，其中电信业务收入 118.39 亿元，增长 4.1%；邮政业务收入 58.03 亿元，增长 20.5%。年末本地固定电话用户 156.38 万户，增长 2.2%；移动电话用户 1250.86 万户，增长 4%；年末互联网宽带用户 328.17 万户，增长 17.5%。

【对外经济和旅游】 2018 年，长沙市进出口总额（海关口径）1283.34 亿元人民币（折合 193.8 亿美元），比上年增长 36.8%，其中出口总额 823.15 亿元，增长 40%；进口总额 460.19 亿元，增长 31.4%。在出口总额中，机电产品 415.8 亿元，占比 50.5%；高新技术产品 167 亿元，占比 20.2%。在进口总额中，机电产品 289.3 亿元，占比 62.9%；高新技术产品 146.7 亿元，占比 31.9%。

全市利用外资项目 329 个，合同外资金额 106.62 亿美元，比上年增长 35.1%；实际利用外资金额 57.8 亿美元，增长 10.1%。全市实际到位省外境内资金 1061.27 亿元，增长 16.7%。

全市接待国内外旅游者 14973.46 万人次；旅游总收入 1808.05 亿元。接待国内旅游者 14843.09 万人次；国内旅游收入 1767.03 亿元。接待入境旅游者 130.37 万人次；入境旅游收入 61987.95 万美元。

【金融】 2018 年，长沙市金融机构各项存款余额(本外币合计，下同)18633.6亿元，比年初增加 1491.77 亿元，其中住户存款余额 5692.08 亿元，比年初增加 487.26 亿元。年末金融机构各项贷款余额 18360.89 亿元，比年初增加 2325.02 亿元，其中短期贷款余额 3656 亿元，比年初增加584.57亿元；中长期贷款14175.01亿元，比年初增加1586.52亿元。

全年保险公司原保险保费收入411.82亿元，比上年增长24.2%，其中财产保险公司原保险保费收入140.41亿元，增长22%；人身保险公司原保险保费收入271.41亿元，增长25.3%。赔付支出111.62亿元，增长17.9%。

【教育和科学技术】 2018年，长沙市有普通高校51所，普通高中88所，初中学校242所，普通小学937所。在学研究生6.76万人，比上年增长9.7%；普通高校在校学生63.6万人，增长15.3%；普通高中在校学生14.03万人，增长2.6%；普通初中在校学生25.85万人，增长4.7%；普通小学在校学生62.22万人，增长8.4%；幼儿园在园幼儿31.13万人，增长5.9%。小学适龄儿童入学率100%，小学升初中入学率105.8%。全市投入学生免费入学和资助经费14.71亿元，全市所有义务教育阶段170.43万人次学生全部享受免杂费入学，执行公办教育收费标准的159.83万人次学生全部享受"一费制"（含课本费、教辅资料费和作业本费）全免入学，在长沙市就读的12.8万名外来务工人员子女，全部享受免杂费、免"一费制"入学。全市补助5.6万人次农村家庭经济困难寄宿学生生活费。

全市有科学研究开发机构95个，取得省部级以上科技成果135项。专利申请41034件，比上年增长10.8%，授权专利21188件，增长23.4%；签订技术合同3811项，成交金额145.15亿元。高新技术产业增加值比上年增长14.3%。

【文化、卫生和体育】 2018年，长沙市有艺术表演团体12个，文化馆10个，公共图书馆12个，博物馆（纪念馆）15个，档案馆14个。

全市有卫生机构（含村卫生室）4523个，其中医院、卫生院331个，卫生防疫、防治机构14个，妇幼保健机构11个。卫生技术人员8.15万人，其中执业医师、执业助理医师3.07万人；注册护士3.8万人，增加0.15万人。卫生机构床位7.73万张，增加0.36万张，其中医院、卫生院6.99万张，增加0.34万张。

全市开展全民健身项目220项次（市级、区县、乡镇街道三级），全民健身运动参加人数500万人。年末拥有各级健身辅导站700个，公共体育场地1956个。

【环境、节能和安全生产】 2018年，长沙市有省级自然保护区1个，自然保护区面积0.67万公顷。地表水水质优良率为96.4%。

初步核算，全市规模工业综合能源消费量444.19万吨标准煤，比上年下降14.2%。其中6大高耗能行业综合能源消费量276.82万吨标准煤，下降11.7%。重点耗能工业企业的单位产品能耗中，吨水泥综合能耗下降9.6%，吨水泥熟料综合能耗下降2%，电厂火力发电标准煤耗下降0.1%。

全市生产安全事故死亡人数67人，比上年下降42.2%；亿元GDP各类安全事故死亡人数0.005人，下降50%；道路交通事故死亡人数208人，下降4.6%；万车死亡人数0.82人，下降11.8%。

【人民生活和社会保障】 2018年，长沙市年末常住总人口815.47万人，比上年增长3%。按户籍人口计算，人口出生率13.67‰，死亡率6.77‰，自然增长率6.9‰。城镇化率79.12%，比上年提高1.53个百分点。

全市城镇居民人均可支配收入50792元，比上年增长8.2%。其中，人均工资性收入27664元，增长9.6%；人均经营净收入7093元，增长4.6%；人均财产净收入6902元，增长4.9%；人均转移净收入9132元，增长9.5%；城镇居民人均消费支出36775元，增长6.2%。在城镇居民消费分类中，食品烟酒人均消费9523元，增长11.4%；衣着人均消费2399元，增长10.4%；居住人均消费7040元，增长1.3%；生活用品及服务人均消费2836元，增长0.9%；教育文化娱乐人均消费6876元，增长7.8%；医疗保健人均消费2569元，增长13.4%；其他用品和服务人均消费826元，增长16.7%。城镇居民平均每百户家庭拥有家用汽车69.2台，空调239.1台，计算机91.5台，接入互联网的计算机81.6台。城镇居民人均自有现住房建筑面积42.7平方米。

全市农村居民人均可支配收入29714元，比上年增长8.6%。农民人均消费支出20959元，增长9.2%。农村居民平均每百户家庭拥有家用汽车57.1台，计算机47台，移动电话机290.3台。农村居民人均自有现住房建筑面积59.4平方米。

全市有社会福利院、敬老院、养老院、光荣院等200所。各类收养性社会福利单位收养人员2.09万人。城镇各种社区服务设施4507处，其中综合性社区服务中心683个。接受社会捐赠9365万元。发放居民最低生活保障金6.23亿元，居民得到政府最低生活保障人数为12.54万人（包括城镇和农村）。

年末参加全市劳动保障部门城镇职工基本养老保险的人数253.2万人，比上年末增长11.98%，基本养老金社会化发放率100%；参加城镇居民养老保险人数8.73万人，参加新型农村养老保险人数254.94万人；参加城镇职工基本医疗保险人数235.91万人，增长12.81%；参加失业保险职工人数154.45万人，增长8.06%，领取失业保险金人数1.97万人；参加工伤保险职工人数153.2万人，增长4.52%；参加生育保险人数163.41万人，增长13.06%；参加城乡居民医疗保险人数为513.09万人。

（王成亮）

说明：1.部分数据因四舍五入的原因，存在与分项合计不等的情况；

2.根据第三次农业普查结果修正2016、2017年农林牧渔业增加值、主要农产品播种面积及产量等数据

表 2　长沙市主要经济指标占湖南省的比重 (2018 年) 统计表

	单　位	湖南省	长沙市	长沙市占湖南省的比重 (%)
一、地区生产总值	亿元	36425.78	11003.41	30.2
第一产业	亿元	3083.59	318.73	10.3
第二产业	亿元	14453.54	4660.19	32.2
第三产业	亿元	18888.65	6024.49	31.9
二、粮食产量	万吨	3022.90	215.52	7.1
三、社会消费品零售总额	亿元	15638.30	4765.04	30.5
四、地方一般公共预算收入	亿元	2860.68	879.71	30.8
五、进出口总额	亿元	3079.50	1283.34	41.7
# 出口总额	亿元	2026.70	823.15	40.6
六、实际使用外商直接投资	亿美元	161.90	57.80	35.7
七、年末金融机构存款余额	亿元	48994.60	18633.60	38.0
# 住户存款	亿元	25381.30	5692.08	22.4
年末金融机构贷款余额	亿元	36460.50	18360.89	50.4
八、城镇居民人均可支配收入	元	36698	50792	14094★
城镇居民人均消费性支出	元	25064	36775	11711★
农村居民人均可支配收入	元	14093	29714	15621★
农村居民人均消费性支出	元	12721	20959	8238★

说明：带★为比全省高

中国共产党长沙市委员会

CHANGSHA MUNICIPAL COMMITTEE OF THE COMMUNIST PARTY OF CHINA

责任编辑 • 陈晓红

综 述

2018年，长沙市委实施创新引领开放崛起战略，统筹推进稳增长、促改革、调结构、惠民生、防风险工作，加快打造国家智能制造中心、国家创新创意中心、国家交通物流中心，全面建设现代化长沙，推动经济、政治、文化、社会、生态文明建设和党的建设取得新成效。

政治建设 积极发展社会主义民主政治。市委常委会听取市人大常委会、市政府、市政协党组和市中院、市检察院党组工作汇报。坚持和完善人民代表大会制度，市委召开学习宣传和贯彻实施《中华人民共和国宪法》座谈会推动立法工作，健全人大组织制度和工作制度，支持和保证市人大依法行使立法权、监督权、决定权、任免权，更好发挥人大代表作用，加强和改进监督等工作，提升人大工作法治化、规范化、科学化水平。充分发挥人民政协协商民主重要渠道作用，连续26年坚持做好协商民主品牌“新春第一访”，持续推动协商民主广泛、多层、制度化发展，市委主要领导带头领办政协提案，支持市政协围绕团结和民主两大主题，更好履行政治协商、民主监督、参政议政职能。巩固和发展最广泛的爱国统一战线。加强政治引领，推进“凝心聚力新时代”行动，开展纪念“五一口号”发布70周年、“百人同心耀星城”等系列活动，举办“肝胆相照跟党走、荣辱与共七十载”大型图片展，加强同各民主党派和无党派人士团结合作。打造以“同心创建”为主题的实践阵地，推出5个同心创建示范点和20个同心创建工作点。结合中央巡视整改，着力解决宗教领域意识形态问题。举办民族宗教工作培训班，全面贯彻党的宗教工作基本方针，全面提高宗教工作水平，引导宗教与社会主义社会相适应。召开驻长沙高校民族宗教工作会议，建立驻长沙高校与市县两级、街道社区的沟通协调机制。做好侨务、港澳台、党外知识分子等工作，不断扩大团结面、凝聚正能量。

经济建设 市委全面加强对经济工作的领导，多次召开常委会会议、常委会（扩大）会议研究部署，每季度进行经济形势分析和产业链建设调度，实施创新引领开放崛起战略，开展“抓重点、补短板、强弱项、防风险”大调研活动和“千人帮千企百日大行动”，营造抓项目、兴产业、强动能、优环境的浓厚氛围。全市经济运行稳中有进、稳中趋优，全年地区生产总值增长8.5%，规模以上工业增加值增长8.2%，一般公共预算收入增长10.1%，固定资产投资增长11.5%，社会消费品零售总额增长9.9%，全体居民人均可支配收入增长8.6%。

新旧动能转换 推进“产业项目建设年”活动，聚焦22条工业新兴及优势产业链抓建链、强链、补链、延链，省“五个100”项目任务全面完成，新签约投资2亿元以上项目156个，引进500强项目39个，创历史新高。以智能装备、智能汽车、智能终端和信息安全与自主可控产业为引领，精准、执着抓招商、抓项目，伟创力一期、中国五矿新能源材料、杉杉能源正极材料、日写触摸传感器等项目投产，蓝思科技黄花基地、健康生态科技产业园、桑德新能源智能汽车、世冠新能源汽车等百亿级项目加快建设，京东、德国大陆、中国长城、中国电科等一批战略投资者落户。以智能制造统领产业转型升级，市级智能制造试点企业430家，其中国家智能制造试点示范及专项项目27个，总数居全国省会城市第一位，“长沙工业云”上云企业逾3.7万家。打造人工智能高地，以湘江新区智能驾驶测试区为支撑，建设“湘江智谷”，出台政策，发放牌照，营造应用场景。在长沙经开区、长沙高新区布局区块链产业园，形成“双引擎”格局。长沙在“2018赛迪数字经济百强城市榜单”中排名第11位。

创新生态系统 统筹长株潭衡智能制造国家级示范区、长株潭国家自主创新示范区、湘江新区、国家军民融合创新示范区建设，提升创新浓度，优化创新生态。国家自主创新示范区政策覆盖省级以上园区，研究与试验发展经费支出占地区生产总值比重2.6%。高新技术企业逾2300家，高新技术产业总产值增长13.8%，高出规模以上工业增加值增速6个百分点。《2018中国城市创新竞争力发展报告》显示，长沙排名全国第11位。引进地平线、猎豹等一批创新平台，组建长沙新能源材料工业技术研究院等一批创新中心和研究机构。打造“双创”升级版，全市“双创”空间增至220家，其中国家级众创空间24家，国家小型微型企业创业创新示范基地4个。与中国电子深度合作，构建基于“PK体系”（飞腾PhytiumCPU和麒麟Kylin操作系统）的自主可控适配生态和智慧医疗应用生态。“人才新政22条”效果进一步显现，累计引进本科及以上文化程度人才15.4万人，分类认定的市级以上产业领军人才273名。发布“知识产权保护12条”，建立4个“三合一”机制（开展专利、版权、商标“三合一”集中执法，“三合一”刑事侦查，实行知识产权刑事、民事、行政“三检合一”“三审合一”，建立联席会议、案件协调和信息互通共享3项工作机制），获批全国首批知识产权军民融合试点城市，全年申请专利41034件，同比增长10.8%。持续推进科技与金融深度对接，湘江基金小镇、麓谷基金广场管理基金逾2000亿元。

城市品质升级 牵头组织召开长株潭城市群一体化发展首届联席会议，开启三市一体化发展新征程；按照“精明增长”理念，全域划定“三区三线”（三区即城镇空间、生态空间、农业空间，三线即城镇开发边界、永久基本农田控制线、生态保护红线），形成新一轮城市总规初步成果，加快推进湘江新区和岳麓山国家大学科技城、马栏山视频文创产业园、临空经济示范区、高铁会展新城、湖南金融中心、南部片区等重点片区建设，打造了中南大学科技园总部、桃子湖高校双创街、西湖互联网58小镇、后湖国际艺术园、“中国V谷”、黄花综保区、长沙国际会议中心等城市新亮点。在基础设施建设上，长益常铁路、蒙华铁路长沙段建设加快推进，岳望高速、岳宁大道全线通车，西二环拓改、橘子洲大桥提质改造、洞井路和曙光路跨京广铁路桥竣工，湘雅路过江通道启动建设；长沙电网建设投资提升，“630攻坚”净增电力容量为前5年总和；地下综合管廊试点通过国家验收，建成体量居全国试点城市首位；推广绿色建筑1510万平方米；创建国家公交都市示范城市，地铁4号线试运行，公交出行分担率54.2%。在强化城市治理上，按照有机更新理念改造老城区，完成棚户区改造3.5万户，棚改经验得到国务院大督查肯定；13个城中村实现拆迁清零，改造提质老旧社区50个，新增城市公园84个；主城区清扫保洁实现100%全覆盖，拆除违章广告18万平方米，1/3的社区实行生活垃圾分类减量。

营商环境　出台《长沙市优化营商环境三年行动方案（2018—2020年）》，抓作风、提效能、优服务。组织长沙市党政代表团到广州、深圳、东莞学习考察，从观念理念、体制机制上强化营商环境建设。推行“最多跑一次”改革，“互联网+政务服务”平台上线，市本级“最多跑一次”事项1307项，“一次也不跑”事项929项，86%的依申请事项实现“最多跑一次”，网办率99%，报建申报材料减量60%。落实“六稳”（稳就业、稳金融、稳外贸、稳外资、稳投资、稳预期）和推动民营经济发展要求，审时度势推进“千人帮千企百日大行动”，构建“亲”“清”新型政商关系，优化营商环境，全市220个分队走访企业4300余家，解决实际问题3300余个。长沙城市营商环境质量指数排名全国第九位，软环境指数排名全国第二位。

文化建设　加强宣传思想文化工作。先后召开落实党委（党组）意识形态工作责任制工作座谈会、推进会、培训会和全市宣传思想工作会议，落实10项机制，加强党的领导，将意识形态工作纳入市委巡察和基层党建述职范畴。针对中央巡视湖南反馈意识形态领域问题，制定39项整改措施抓立行立改，管导向、管阵地、管队伍。夯实主流舆论阵地，建成全省最大政务新媒体矩阵，“掌上长沙”APP下载量逾1000万次，长沙广电“两微一端”（微博、微信及新闻客户端）粉丝数逾500万人次。坚守网络意识形态主阵地，主动应对网上舆情，确保反应及时、行动快速、处置果断，确保不发生重大舆情事件。完成刘少奇诞辰120周年纪念活动、王震诞辰110周年纪念活动、田汉120周年诞辰纪念活动等系列活动。培育和践行社会主义核心价值观，以文明城市创建为载体拓展群众性精神文明创建活动，组织道德模范、“中国好人”等评选、宣传活动，开展“文明从排队礼让开始”等市民素质提升活动，弘扬时代新风，新上榜“中国好人”11人，“中国好人”数量居全国省会城市第一位。统筹推进国家文化和科技融合示范基地、国家文化消费试点城市、国家公共文化服务标准化示范地区建设，长沙铜官窑博物馆、华谊电影小镇一期、长沙新华联铜官窑国际文化旅游度假区一期建成开园，文化事业和文化产业发展开创新局面。紧密对接国家“一带一路”倡议，举办2018长沙媒体艺术节暨“一带一路”青年创意与遗产论坛，习近平总书记给青年代表回信，推动了湖湘文化走出去。长沙成为中部首个国家级文化出口基地，获“未来文化城市”金奖。

社会建设　坚持尽力而为、量力而行，持续加大民生支出力度，市本级民生支出占一般公共预算支出80%以上。“一圈两场三道”建设（一圈：15分钟生活圈；两场：停车场、农贸市场；三道：人行道、自行车道、历史文化步道）成效明显，建成15分钟生活圈241个，新改扩建农贸市场76个，新设停车位2.68万个，新改建自行车道488.46千米，新建和提质改造人行道436.3千米，新建历史步道32.8千米。省、市民生实事全面完成，新增城镇就业14.2万人，城乡低保提高至500元，消除义务教育超大班额372个，建成全民健身工程602处，改造支路街巷50条、老旧站厕100座，改造农村危房5244户。社会事业协调发展，建成义务教育标准化学校308所，新增学位7万余个；收回小区配套幼儿园195所，普惠性幼儿园覆盖率80%；打造示范性村（社区）综合文化服务中心100个；市四医院滨水新城院区等市级医院提质提档工程有序推进，建成乡镇、村（社区）卫生服务机构36个、医联体79个；城乡居民医保补助提高，乡镇、社区医疗机构医保报销比例提高至85%；举办国际马拉松赛、国际名校赛艇挑战赛；新增社区居家养老服务中心20家、养老床位2800张，企业退休人员养老金、城乡居民基础养老金分别实现14连调、13连调；国家食品安全示范城市创建通过省级验收。长沙连续11年获评中国最具幸福感城市。　（侯文学）

重要会议

【长沙市环境保护工作暨强力推进环境大治理坚决打赢蓝天保卫战动员部署大会】　2018年1月13日，长沙市环境保护工作暨强力推进环境大治理坚决打赢蓝天保卫战动员部署大会召开。湖南省委常委、长沙市委书记胡衡华出席并讲话，长沙市委副书记、市长陈文浩主持，副市长刘明理作工作报告。胡衡华强调，打赢蓝天保卫战重在精准，必须对症下药、标本兼治。要向源头防控发力，重点做好“六控”（控尘、控车、控排、控烧、控煤、控油）；要向重点治理聚焦，抓好重点行业大气、重点区域、重点时段的大气污染治理；要向环境监管着手，加强网格化、信息化、规范化管理。市领导徐宏源、程水泉、文树勋等出席会议。　（刘志超）

【长沙市深入实施长江经济带发展战略暨加强生态环境保护推进高质量发展大会】　2018年6月4日，长沙市深入实施长江经济带发展战略暨加强生态环境保护推进高质量发展大会召开，贯彻落实习近平总书记在深入推动长江经济带发展座谈会、全国生态环境保护大会上的重要讲话精神以及省委十一届五次全体会议精神，就加强生态环境保护、加快新旧动能转换进一步提升站位、细化措施、明确要求、作出部署，市委、市政府出台《关于坚持生态优先绿色发展、在深入实施长江经济带发展战略中推动长沙高质量发展的三年行动计划（2018—2020年）》。省委常委、市委书记胡衡华，市委副书记、市长、湖南湘江新区党工委书记胡忠雄出席并讲话。会上，长沙高新区、浏阳经开区、市发展改革委、市环保局、长沙县围绕抓生态环境保护和新旧动能转换作发言。市领导徐宏源、程水泉、文树勋等参加会议。　（罗定豪）

【市委2018年上半年经济形势分析暨产业链建设推进会议】　2018年7月16—17日，市委2018年上半年经济形势分析暨产业链建设推进会议召开，会议由省委常委、市委书记胡衡华主持，会议分析研判了长沙的经济形势，紧盯产业项目发展，研究部署下半年工作。会议采取看现场、作点评相结合的方式，观摩代表性企业、项目，让各产业链、各区县（市）、各园区比学赶超，进一步浓厚加快新旧动能转换、推动高质量发展的氛围。市领导胡忠雄、程水泉、文树勋等出席会议。

（罗定豪）

【市委十三届七次全体会议】 2018年11月30日，中共长沙市委十三届七次全体会议召开。全会听取市委常委会工作报告，审议《长沙市机构改革方案（送审稿）》，对市委委员的出缺及递补进行表决。省委常委、市委书记胡衡华受市委常委会委托向全会作工作报告并发表讲话，市委副书记、市长胡忠雄就《长沙市机构改革方案（送审稿）》起草情况向全会作说明，市委常委、市委组织部部长张宏益作关于第十三届市委委员出缺及候补委员递补为委员的情况说明。全会指出，习近平新时代中国特色社会主义思想，是科学认识论、实践论、方法论的有机统一，是全党必须长期坚持的指导思想，是做好一切工作的思想武器和根本遵循。全市各级各部门要深入学习贯彻习近平新时代中国特色社会主义思想，开展落实习近平总书记重要指示精神“回头看”工作。深学笃用习近平新时代中国特色社会主义思想，持之以恒，常抓不懈，使之烙印在思想深处、转化为具体行动。对“回头看”工作要做到政治站位高、结合工作紧、具体推进实，确保习近平总书记重要指示精神在长沙落地生根。全会强调，要坚决贯彻党中央和省委部署要求，做好机构改革的组织实施工作；要统筹抓好经济社会发展各项工作，完成全年目标任务。市领导程水泉、文树勋、张迎春等出席。

（罗定豪）

【长江中游城市群省会城市第六届会商会在长沙举行】 2018年9月27日，长江中游城市群省会城市第六届会商会在长沙举行，国家发展改革委地区司副司长张东强，科技部高新司副巡视员梅建平，湖北省委副书记、武汉市委书记马国强，湖南省委常委、长沙市委书记胡衡华，安徽省委常委、合肥市委书记宋国权，南昌市委副书记、市长刘建洋出席会议并讲话。此次会议的主题是“以习近平新时代中国特色社会主义思想为指导，深入贯彻落实中共十九大精神和习近平总书记在深入推动长江经济带发展座谈会上的重要讲话精神，下好区域协调发展‘一盘棋’，强化省会城市辐射带动力，以更加务实的举措推动长江中游城市群绿色发展、高质量发展”。会议通报了省会城市第五届会商会以来工作进展情况及近期工作要点，审议并签署《长江中游城市群建设近期合作重点事项》《长江中游城市群省会城市新区发展合作框架协议》《长江中游城市群省会城市共建科技服务资源共享平台合作协议》3个文件。武汉、长沙、合肥、南昌4个城市主要领导和相关领导出席会议。

（罗定豪）

【“千人帮千企百日大行动”誓师动员大会】 2018年10月24日，市委、市政府举行“千人帮千企百日大行动”誓师动员大会，抽调1000名干部组建200个小分队帮扶1313家重点企业。省委常委、市委书记胡衡华出席大会并讲话，市委副书记、市长、湖南湘江新区党工委书记胡忠雄主持大会。胡衡华强调，要聚焦政策落地，迅速在全市形成“千人帮千企百日大行动”热潮。要帮助企业了解政策，分门别类对中央、省、市现有政策进行梳理，列出关键性政策、含金量高的政策，“点对点”“面对面”送政策上门。要帮助企业享受政策，聚焦支持企业研发、支持企业开放、支持企业上市、支持企业智能化改造、支持企业引进人才等政策落实，让企业享受到各项政策的红利和实惠，并根据企业需求推动政策落实。要帮助企业争取政策，当好政策宣传员、服务员、协调员，主动服务企业，争取中央、省市政策支持。市领导徐宏源、程水泉、张迎春等出席会议。

（罗定豪）

重大决策

【《长沙市“强力推进环境大治理坚决打赢蓝天保卫战”三年行动计划（2018—2020）》】 2018年2月22日，市委、市政府出台《长沙市“强力推进环境大治理坚决打赢蓝天保卫战”三年行动计划（2018—2020）》（以下简称《三年行动计划》）。《三年行动计划》由指导思想和基本原则、环境现状和主要问题、质量目标和工作目标、打赢蓝天保卫战、全力打好碧水攻坚战、深入推进净土持久战以及保障措施7个部分组成。《三年行动计划》提出，到2020年，严控机动车排气污染，实施大气污染防治特护期（秋冬季节）机动车限行措施，加强机动车监测监控网络建设，全面加强高污染排放车辆管控，执行国家机动车大气污染物排放国Ⅴ标准，建成国家“公交都市”示范工程，纯电动公交车投放和使用比例为50%，开展创建城市绿色货运配送示范工程。市政及建筑工地严格落实5个“100%”，实现在线监测、视频监控，全面推行新型智能环保渣土车。严控渣土扬尘污染。城郊接合部裸露地面基本实现全硬化、全绿化，道路保洁率达到100%。城市主城区取缔露天烧烤，规模餐饮油烟处置率100%。全面推进挥发性有机物（VOCs）治理，严格执行挥发性有机污染物排放标准。初步建成大气污染防治科学管理体系。实现长沙天更蓝、水更清、环境更美，让老百姓的环境获得感、幸福感、安全感在家门口升级。

（黄　汀）

【《关于发展壮大新型村级集体经济的指导意见》】 2018年7月2日，市委、市政府出台《关于发展壮大新型村级集体经济的指导意见》（以下简称《指导意见》）。《指导意见》由总体要求、加强新型村级集体经济组织建设、创新村级集体经济实现形式、加大村级集体经济支持力度、促进村级集体经济健康发展，以及强化村级集体经济发展的组织领导6个部分组成。《指导意见》指出，建立产权关系明晰、组织机构健全、经营管理规范的新型村级集体经济体系，到2020年基本解决集体经济薄弱村发展问题，打造100个新型村级集体经济发展示范村，不断增强村集体经济实力，持续带动农民群众增收致富，形成新型村级集体经济发展的长沙模式。

（黄　汀）

【《关于加强和完善城乡社区治理的实施意见》】 2018年11月5日，市委、市政府出台《关于加强和完善城乡社区治理的实施意见》（以下简称《实施意见》）。《实施意见》由总体要求、健全完善城乡社区治理体系、不断提升城乡社区治理的能力和水平、着力补齐城乡社区治理短板、切实强化城乡社区治理组织保障5个部分组成。《实施意见》指出，到2020年，长沙市城乡社区治理基本形成基层党组织领导、基层政府主导的多方参与、共同治理的治理体系。再过5到10年，治理体制成熟定型，治理能力更为精准全面，资源整合更加优化，服务能力显著提升。（黄 汀）

表3 2018年长沙市委重要文件（长发）目录

文号	标题	发文日期
长发〔2018〕1号	中共长沙市委长沙市人民政府关于全面落实乡村振兴战略的实施意见	3月30日
长发〔2018〕2号	中共长沙市委关于进一步加强和改进年轻干部培养选拔工作的实施意见	1月16日
长发〔2018〕3号	中共长沙市委长沙市人民政府印发《关于新形势下进一步加强知识产权保护的若干措施》的通知	1月23日
长发〔2018〕6号	中共长沙市委长沙市人民政府关于印发《长沙市“强力推进环境大治理坚决打赢蓝天保卫战”三年行动计划（2018—2020年）》的通知	2月22日
长发〔2018〕7号	中共长沙市委关于转发《政协长沙市委员会2018年工作要点》的通知	2月24日
长发〔2018〕15号	中共长沙市委长沙市人民政府关于进一步加强耕地保护和改进耕地占补平衡工作的实施意见	4月2日
长发〔2018〕17号	中共长沙市委长沙市人民政府印发《关于坚持生态优先绿色发展在深入实施长江经济带发展战略中推动长沙高质量发展的三年行动计划（2018—2020年）》的通知	6月1日
长发〔2018〕18号	中共长沙市委长沙市人民政府关于推进安全生产领域改革发展的实施意见	6月13日
长发〔2018〕19号	中共长沙市委长沙市人民政府关于稳步推进农村集体产权制度改革的实施意见	7月2日
长发〔2018〕20号	中共长沙市委长沙市人民政府关于发展壮大新型村级集体经济的指导意见	7月2日
长发〔2018〕23号	中共长沙市委长沙市人民政府关于开展质量提升行动的实施意见	8月13日
长发〔2018〕24号	中共长沙市委长沙市人民政府关于加强和完善城乡社区治理的实施意见	11月5日
长发〔2018〕26号	中共长沙市委长沙市人民政府关于印发《长沙市较大环境问题（事件）责任追究办法》的通知	11月17日
长发〔2018〕30号	中共长沙市委长沙市人民政府关于印发《长沙市乡村振兴战略规划（2018—2022年）》的通知	12月28日

表4 2018年长沙市委办公厅重要文件（长办发）目录

文号	标题	发文日期
长办发〔2018〕1号	中共长沙市委办公厅长沙市人民政府办公厅关于印发《长沙市市属国有文化企业“双效”业绩考核及负责人薪酬管理实施办法（试行）》的通知	1月3日
长办发〔2018〕2号	中共长沙市委办公厅长沙市人民政府办公厅关于印发《长沙市计划分配军队转业干部考核考试安置办法》的通知	1月12日
长办发〔2018〕6号	中共长沙市委办公厅关于印发《长沙市科协系统深化改革实施方案》的通知	1月30日
长办发〔2018〕10号	中共长沙市委办公厅印发《关于进一步加强民办学校党的建设工作的实施意见（试行）》的通知	2月14日
长办发〔2018〕17号	中共长沙市委办公厅长沙市人民政府办公厅关于印发《长沙市传承发展中华优秀传统文化实施办法》的通知	5月2日

续表 4　　2018 年长沙市委办公厅重要文件（长办发）目录

文号	标题	发文日期
长办发〔2018〕18 号	中共长沙市委办公厅长沙市人民政府办公厅关于印发《2018 年重点民生实事项目实施意见》的通知	5 月 7 日
长办发〔2018〕20 号	中共长沙市委办公厅印发《关于全面加强和改进城市基层党建工作的意见》的通知	8 月 14 日
长办发〔2018〕21 号	中共长沙市委办公厅长沙市人民政府办公厅印发《关于农村人居环境整治三年行动的实施意见》的通知	8 月 15 日
长办发〔2018〕22 号	中共长沙市委办公厅长沙市人民政府办公厅关于印发《长沙市平台公司转型和国有资本优化布局行动方案》的通知	9 月 2 日
长办发〔2018〕23 号	中共长沙市委办公厅长沙市人民政府办公厅关于印发《长沙市贯彻落实〈党政主要负责人履行推进法治建设第一责任人职责规定〉的实施细则》的通知	10 月 13 日
长办发〔2018〕26 号	中共长沙市委办公厅长沙市人民政府办公厅印发《关于加快建设世界“媒体艺术之都”三年行动计划（2018—2020 年）》的通知	11 月 9 日
长办发〔2018〕28 号	中共长沙市委办公厅印发《关于加强和改进人民政协民主监督工作的实施意见》的通知	12 月 17 日

表 5　　2018 年长沙市委办公厅重要文件（长办）目录

文号	标题	发文日期
长办〔2018〕1 号	中共长沙市委办公厅长沙市人民政府办公厅关于成立长沙市产权保护工作领导小组的通知	1 月 23 日
长办〔2018〕2 号	中共长沙市委办公厅长沙市人民政府办公厅印发《关于优化项目建设施工环境的若干规定》的通知	1 月 27 日
长办〔2018〕4 号	中共长沙市委办公厅长沙市人民政府办公厅印发《关于进一步把社会主义核心价值观融入法治建设的实施办法》的通知	1 月 31 日
长办〔2018〕5 号	中共长沙市委办公厅长沙市人民政府办公厅关于印发《长沙市 2018 年市领导联点重大项目建设实施方案》的通知	2 月 10 日
长办〔2018〕7 号	中共长沙市委办公厅长沙市人民政府办公厅关于印发《长沙市健全落实社会治安综合治理领导责任制实施办法》的通知	2 月 11 日
长办〔2018〕8 号	中共长沙市委办公厅长沙市人民政府办公厅关于印发《长沙市群众性精神文明创建工作评定和管理办法（试行）》的通知	2 月 11 日
长办〔2018〕9 号	中共长沙市委办公厅长沙市人民政府办公厅关于成立长沙市防控化解政府债务风险工作领导小组的通知	2 月 11 日
长办〔2018〕11 号	中共长沙市委办公厅长沙市人民政府办公厅关于成立长沙市“强力推进环境大治理坚决打赢蓝天保卫战”工作领导小组的通知	2 月 22 日
长办〔2018〕12 号	中共长沙市委办公厅长沙市人民政府办公厅关于成立长沙市数据资源管理委员会的通知	2 月 22 日
长办〔2018〕15 号	中共长沙市委办公厅关于印发《长沙市蓝天保卫战责任追究办法（试行）》的通知	3 月 20 日
长办〔2018〕18 号	中共长沙市委办公厅长沙市人民政府办公厅关于印发《长沙市生态文明建设目标评价考核办法（试行）》的通知	3 月 30 日
长办〔2018〕19 号	中共长沙市委办公厅关于进一步健全中共长沙市委常委与党外代表人士联谊交友制度的通知	4 月 17 日

续表 5　　2018 年长沙市委办公厅重要文件（长办）目录

文号	标题	发文日期
长办〔2018〕20 号	中共长沙市委办公厅长沙市人民政府办公厅关于成立长沙市扫黑除恶专项斗争领导小组的通知	4 月 19 日
长办〔2018〕22 号	中共长沙市委办公厅关于印发《中共长沙市委 2018 年度政党协商计划》的通知	5 月 7 日
长办〔2018〕23 号	中共长沙市委办公厅长沙市人民政府办公厅关于建立“产业项目建设年”活动联席会议制度的通知	5 月 15 日
长办〔2018〕24 号	中共长沙市委办公厅长沙市人民政府办公厅关于印发《2018 年长沙市老旧小区改造试点工作方案》的通知	5 月 16 日
长办〔2018〕25 号	中共长沙市委办公厅长沙市人民政府办公厅关于成立中共长沙市委实施乡村振兴战略工作领导小组的通知	5 月 30 日
长办〔2018〕27 号	中共长沙市委办公厅长沙市人民政府办公厅政协长沙市委员会办公厅关于印发《长沙市政协提案办理协商实施办法》的通知	6 月 21 日
长办〔2018〕28 号	中共长沙市委办公厅长沙市人民政府办公厅关于 2017 年经济社会发展“十强十快”乡镇街道考评结果的通报	7 月 7 日
长办〔2018〕29 号	中共长沙市委办公厅长沙市人民政府办公厅印发《关于落实加快推进开放崛起专项行动工作任务分解表》的通知	7 月 14 日
长办〔2018〕31 号	中共长沙市委办公厅长沙市人民政府办公厅关于印发《开福区所辖园区统筹管理方案》《望城区所辖园区统筹管理方案》《浏阳市所辖园区统筹管理方案》的通知	7 月 28 日
长办〔2018〕32 号	中共长沙市委办公厅关于印发《长沙市党内法规工作考核办法》的通知	8 月 14 日
长办〔2018〕33 号	中共长沙市委办公厅长沙市人民政府办公厅印发《关于在全市湖泊实施湖长制的意见》的通知	8 月 21 日
长办〔2018〕34 号	中共长沙市委办公厅关于成立市委深化机构改革领导小组的通知	9 月 7 日
长办〔2018〕35 号	中共长沙市委办公厅长沙市人民政府办公厅印发《关于推进移动互联网健康有序发展的实施方案》的通知	10 月 9 日
长办〔2018〕36 号	中共长沙市委办公厅长沙市人民政府办公厅关于开展“千人帮千企百日大行动”的通知	10 月 23 日

体制改革

【概况】 2018 年，长沙市全面深化改革，年度改革任务包括要点明确的 12 项重点攻坚、35 项统筹实施改革事项，要点之外的 44 项试点示范、18 项基层探索、58 项对接省委要点改革事项，实行实时监测、即时反馈、适时评估、限时落地。根据既定的时间节点督促相关单位依程序将改革方案提请上会，推动市委常委会、市委深改组会和市政府常务会审议改革方案 40 余个。坚持全链条的分责、定责、明责、传责和强责，确保每一项任务都有一名领导挂帅、一个单位牵头、一套专班推进。

过程管理　实行全过程的动态管理，依托改革过程管理信息平台，对全市改革任务实行“全部进台账、每月对细账、逐项查欠账、年底算总账、面上看大账”的贴身紧逼，印发改革通报 6 期。将 12 项重点攻坚改革事项逐项明确主要任务、推进时序、落实目标、成果形式。注重主体改革与配套改革、改革方案与配套措施、牵头部门与参与部门的耦合度、协同度。

重点督察　抓重点督察，针对 12 项重点攻坚改革事项逐项开展督察，采取直接到责任单位、直接到改革现场、直接查具体问题的方式逐项开展深度督察，形成督察专报 9 期，期期有市领导批示，推动解决改革中的一系列实际问题，如国企国资、“最多跑一次”、“证照分离”、企业上市服务、学前教育普惠等改革。抓专项督察，对试点示范、基层探索和群团改革等具体改革事项，及时查看方案是否能够及时出台、责任是否协同耦合、成效是否符合预期。抓跟踪督察，针对市委深改组会 2017 年审议通过的 30 项改革方案落实情况、十八届三中全会以来中央深改组审议通过的 225 项改革方案落实情况进行全面的“回头看”。全年发出改革提示函、交办函、督办函 76 份。

推介推广　对全市各层级、各部门、各行业、各领域的典型案例、成功经验进行全面梳理汇总，筛选案例271个，形成《长沙改革案例库》。坚持边推进、边探索、边总结、边提升，获中央媒体和省部级以上重点推介240余次，城市基层党建受中组部推介，“最多跑一次”改革被《人民日报》等多家媒体宣传推介，《提高省会全面深化改革的首位度》《以党建引领城市基层治理》被省委改革调研、工作情况交流刊载，《长沙市以改革创新“组合拳”引领经济发展新常态》被省委改革专报刊载，“改革过程管理”入选改革开放40年40案例。长沙营商环境位居全国第九位，连续11年获批中国最具幸福感城市等。（侯文学）

【纪检监察体制改革】 2018年，长沙市把加强党对反腐败工作的集中统一领导作为深化监察体制改革的生命线，各级党委书记当好“施工队长”，各级纪委和检察机关密切配合，人大机关、组织部门、编制部门、政法机关等积极协作，高质量完成市、县两级监委组建。调整优化内设机构设置和人员配备，实行监督检查和审查调查职能分离，加强监督执纪一线力量，推动职能、人员、工作深度融合，实现“形”的重塑和“神”的重铸。严格程序、权限、时限，全要素试用《中华人民共和国监察法》赋予的“12+2”种调查措施，依法依规使用留置措施。加强纪法贯通，在线索处置、初核、立案、审查、审理等环节上，实现执纪审查与依法调查顺畅对接。发挥反腐败协调领导小组作用，有效解决监察措施使用、移送起诉、刑事审判等与司法执法机关的法法衔接问题。党统一指挥、全面覆盖、权威高效的监督体系不断完善。

（侯小贝）

【经济体制改革】 2018年，长沙市经济体制改革专项小组承担经济体制改革任务有2大类19项，包括完善长沙市政府投资建设项目“1+X”管理政策体系；完善军民融合统筹协调机制，保障军民融合深度发展2项牵头改革项目，以及园区综合体制改革；“多规合一”改革等17项参与配合改革项目。截至2018年年底，完善长沙市政府投资建设项目“1+X”管理政策体系；完善军民融合统筹协调机制，保障军民融合深度发展2项牵头改革基本完成，发展和完善社会组织服务功能改革等参与配合改革任务顺利推进。17项参与和配合改革市发展改革委负责的任务基本完成。（邓波）

【经济发达镇行政管理体制改革】 2018年，长沙市向省委编办申请将长沙县黄花镇、浏阳市永安镇、宁乡市灰汤镇纳入经济发达镇行政管理体制改革范围。组织长沙县委编办、浏阳市委编办，长沙县黄花镇、浏阳市永安镇在浏阳市大瑶镇召开改革推进会议，研究部署新一轮经济发达镇改革工作。指导长沙县、浏阳市制订经济发达镇改革方案，并按程序上报省委编办。继续指导长沙县金井镇、浏阳市镇头镇和宁乡市灰汤镇开展审批服务便民化工作，长沙县金井镇完善镇村两级帮代办运作机制；浏阳市镇头镇将县直部门派驻的派出所、食药工商质监所办事窗口集中到政务服务中心，实现“只进一张门”；宁乡市出台《持续推进乡镇政务服务便民化的实施方案》，将低保、农机补贴等与群众密切相关的424项政务服务事项延伸到灰汤镇，实现“就近办”。

（颜睿康）

【行政审批制度改革】 2018年，长沙市深化行政审批制度改革，以政府令形式向长沙县、高铁新城、马栏山（长沙）视频文创园下放部分市级管理权限。开展“减证便民”专项行动，全市累计取消各类证明材料704项。严格清单和事项动态管理，依程序调整4项行政权力、130项行政审批中介服务事项、9项证明材料事项，有效解决群众和企业“办证难、办事难”问题。全面梳理市本级“最多跑一次”事项共1307项、“马上办网上办就近办一次办”清单目录1374项，指导区县（市）和省级以上园区同步完成事项梳理工作。巩固“两集中、两到位”改革成果，市本级政务大厅可办理事项从526项增加到857项，增加63%。推进权力清单“三级四同”（三级：省、市、县三级；四同：事项的名称、类别、依据、编码）清理规范，涉及市、县两级53家单位5549项权力事项，成为省政府的“长沙模板”。指导市县两级“互联网+政务服务”一体化平台录入30826项权责事项，省市县乡四级全平台网办率99%。（颜睿康）

【农村改革】 2018年，长沙市农村土地承包经营权确权登记颁证基本完成，转入档案整理和数字化处理阶段。截至2018年年底，全市承包地确权面积25.97万公顷，涉及四县六区900个行政村92.1万农户，覆盖面100%。农村土地承包经营权有效流转。实施“一村一社”建设，建立村级土地合作社463家，入社农户27.4万户，合作经营面积63.69千公顷，带动全市耕地流转面积122.47千公顷，流转比例提升至54.32%。新增家庭农场676家、农民合作社709家，新型农业经营主体总数增至2.7万家。浏阳市“三块地”（农村土地、集体经营性建设用地、宅基地）改革试点成效明显。集体经营性建设用地实现入市76.33公顷，成交额1.3亿元。办理农房抵押贷款46.44亿元，惠及农户1.7万户。

农村集体土地产权制度改革　从2018年起到2020年年底，通过三年时间逐步构建归属清晰、权能完整、流转顺畅、保护严格的农村集体产权制度。市委市政府出台实施《关于稳步推进农村集体产权制度改革的实施意见》，召开专题动员会，建立农村集体产权制度改革联席会议制度。各区县（市）均由书记挂帅，成立农村集体产权制度改革工作领导小组，建立工作进度定期通报制度，对改革成果实行一周一报，强化专项工作督查。推进国家试点。2017年6月，雨花区被确定为全国农村集体产权制度改革第二批试点单位。截至2018年年底，雨花区坚持抓重点、破难点、树亮点，积极完成试点任务，试点成果得到农业农村部肯定，井塘股份经济合作社获领全国首批、湖南首本农村集体经济组织登记证。开展自选试点。在各区县（市）分别选择1个有净资产且经营性资产较大的村和1个有集体资源性资产的村开展改革试点，通过面上选点、点上开花、以点带面、以面带全的推进方式，探索形成一批可复制、可推广的经验模式。按照改革总体部署，做好清产核资工作。截至2018年年底，全市清产核资工作全部完成，均已上报系统，核实资产总额254.4亿元。其中，核实经营性资产100.31亿元，非经营性资产114.1亿元，资源型资产863.33千公顷。

新型村级集体经济　各地按照因

村施策、一村一策的要求，立足当地资源禀赋，突出当地特色优势，推动全市新型村级集体经济发展，形成土地合作型、资源开发型、物业经营型、乡村服务型4种发展形式的长沙模式，铺排“四型”项目448个。如，宁乡大成桥镇鹊山村组建土地合作社，引进农业企业发展规模经营，村集体通过土地入股、提供服务，对入股耕地采取“保底价＋二次分红”的方式分配，实现年集体经济收益近50万元。浏阳市西湖潭村借助农村集体经营性建设用地入市改革试点的契机，引进家具制造产业聚集区项目，村集体和村民入股到项目，每年每亩土地分红8000元，其中村集体分配30%，年收益85万元。长沙县成立强村公司，统筹52个集体经济薄弱村土地增减挂钩指标，到黄花综合保税区发展物业经营经济，每年为每个薄弱村增加经营性收入15万元。浏阳市沿溪镇沙龙村采取“村集体＋企业＋农户”合作模式，引进企业发展乡村民宿，村集体联合企业做好配套和市场运营服务，收入按村集体10%、企业30%、农户60%的比例分配，实现村集体经济收入42万元。截至2018年年底，已消除村级集体经济薄弱村283个，完成目标任务数的141.5%。《农民日报》就《开启乡村振兴的“金钥匙”——湖南长沙市发展壮大新型村级集体经济探访》进行了专题报道。（黄英华）

【生态体制改革】 2018年，长沙市完善排污权交易机制。严格按照《湖南省主要污染物排污权有偿使用和交易管理办法》规定执行，依法签订《长沙市主要污染物排污权交易合同》，督促各区县（市）环保部门对829家企业收缴排污权有偿使用费271.18万元。截至2018年年底，全市办理207余家新、改、扩建企业办理化学需氧量、氨氮、二氧化硫、氮氧化物等污染物的排污权交易，交易金额1025.1万元。积极协调省排污权储备交易管理中心和株洲市环保局，组织42家企业进行跨市州调剂二氧化硫4.18吨、氮氧化物171.98吨，解决排污权指标短缺问题。完善流域生态补偿机制。召开全市流域补偿工作会议，根据5条河流各个交界断面每月水质水量数据，测算2017年度奖罚资金，奖励400万元，处罚444.7万元。完善企业信用评价。建立健全搭建省、市、县三级环境信用评价体系，完成全市3批次4家环境保护黑名单企业认定工作，取得良好的社会效益。完成2017年度环境信用评价工作，评定环境诚信企业（单位）3家，环境合格企业（单位）270家，环境风险企业（单位）50家，环境不良企业（单位）6家，评价结果同时在省、市两级网站公布，率先将40家机动车尾气检测站纳入环境信用评价。（张　茜）

【文化体制改革】 2018年，长沙市坚持改革创新，探索改革发展的新路径。推动省市共建长沙交响乐团，市政府与省演艺集团签订省市合作共建协议。《湖南日报》专题推出晨风系列评论员文章《为长沙交响乐团喝彩——四论在新起点上彰显长沙省会担当》。制定扶持民办博物馆、图书馆、艺术馆、非遗馆管理办法，积极整合设立专项扶持资金。全市民办文化场馆呈现全域化、纵深化、品质化发展态势，共有博物馆10家、艺术馆30家、图书馆12家、非遗馆24家，备案登记非国有博物馆藏品近8000件；举办“长沙人艺”系列专场演出。李自健美术馆、谢子龙影像艺术中心、谭国斌当代艺术博物馆、雨花非遗馆成为省会的艺术名片和文化窗口，省政协主席、党组书记李微微，省委常委、统战部部长黄兰香专题视察长沙市社会力量办文化工作，给予肯定。按照深化改革的要求，做好市属院团工资薪酬制度改革前期调研和改革方案；指导长沙歌舞剧院进行公司制改革。做好机构改革信息摸底、职能职责调查和专题调研等工作。组织做好庆祝改革开放40周年文化专题新闻发布会和“长沙文化观察”6篇系列报道，展示长沙文化改革开放的成绩。（刘　婷）

【司法改革】 2018年，长沙市持续深入推进司法责任制等改革，全面实现“让审理者裁判，由裁判者负责”新机制。新遴选产生45名员额法官。设立专业法官会议。推进审判监督机制改革，坚持放权与监督相结合，探索新型监督管理机制。在全省率先探索诉讼文书线上送达新模式（闪信＋），解决“送达难”中的“门难找，人难寻”问题。全面完成认罪认罚从宽制度试点改革。根据全国人大常委会授权，完成认罪认罚从宽制度试点改革，推动立法进程，让正义的实现进一步提速。全市法院共审理认罪认罚案件4725件6601人，当庭宣判率100%。持续推进以审判为中心的刑事诉讼制度改革，试行“三项规程”，推进庭审实质化。全面深化司法公开。司法公开取得重大进展。全年直播庭审105场次，全市法院中国裁判文书网公开文书200107份，长沙市中级人民法院裁判文书上网率居全国第二位。开展“送法进校园”暨首届“十百万”校园普法活动，加强全市在校学生的普法宣传教育。举办“决胜执行难”全媒体直播活动，点击观看量1400万人次。召开新闻发布会6场次，

2018年，长沙李自健美术馆　　长沙文化旅游广电局 供图

加强网站、微博、微信、客户端等新媒体建设。长沙市中级人民法院获全国政法系统最具影响力新媒体奖，官方微博被评为全国法院优秀新媒体账号。（何孟科）

【民主法制领域改革】 2018年，长沙市统战系统完成市委改革办交办的各项任务，协调、督促成员单位市政协研究室落实改革任务“加强和改进人民政协民主监督”，经过前期调查研究，出台《关于加强和改进人民政协民主监督工作的实施意见》。参加市委宣传部改革开放40周年系列宣传活动，协调、支持组内单位市政府法制办代表市委民主法制领域小组承办全市民主法制领域改革开放40周年新闻发布会。梳理改革开放以来特别是中共十八大以来市委民主法制领域各项改革任务，查漏补缺，总结经验，撰写改革综述。（阳照烈）

【党的建设制度改革】 2018年，长沙市委党的建设制度改革专项小组深入学习贯彻习近平总书记关于全面深化改革的重要论述，围绕服务全市中心大局，推进党的建设制度改革。

围绕加强党的思想政治建设推进改革　创新方式方法，分级分类推进习近平新时代中国特色社会主义思想集中轮训，首次实现政治轮训全覆盖。制订《中共长沙市委组织部2018年中心组理论学习计划》，把学习贯彻习近平新时代中国特色社会主义思想作为中心组学习的重要内容，推动理论学习中心组学习常态化、长效化。结合干部考察、谈心谈话、日常监督等工作推动落实政治建设各项要求。开展政治建设考察课题调研，配合省委组织部开展区县党政正职政治建设专项考察，探索分类分批加强政治建设考察的具体办法。执行新形势下党内政治生活若干准则，对各级领导班子和领导干部落实民主集中制、召开民主生活会等情况加强督查，组织125家单位向市委报告工作，首次将市委工作机关、市属高校纳入报告范围。

围绕加强党的组织体系建设推进改革　制定实施《关于全面加强和改进城市基层党建工作的意见》和“1+6”系列文件，在全省率先出台加强街道体制机制改革的意见，社区党员兜底教育管理、加强住宅小区党支部建设等6项重点任务全面落实。建立社区专职工作人员“三岗十六级”岗位等级序列和薪酬体系，为社区工作者构建正常的职业晋升、薪酬增长通道。制定《关于推进党支部“五化”建设的实施意见》，分农村、社区等11类制定支部“五化”建设的共同标准和分类标准。出台《关于推进抓党建促乡村振兴的实施意见》，从建强基层组织、培养党员骨干、强化人才支撑等7个方面推动脱贫攻坚、乡村振兴。制定《关于加强和改进市属国有企业党建工作的实施意见》等系列文件，理顺国企党组织隶属关系，压实党建责任。制订《“争建先进基层党组织、争当优秀共产党员，创一流发展业绩”行动计划》，持续扩大两新组织“两个覆盖”（党的组织覆盖和党的工作覆盖），夯实楼宇商圈党组织的战斗堡垒和党员的先锋模范作用。制订《产业工人、青年农民、高知识群体以及非公有制经济组织、社会组织中发展党员专项计划》，突出政治标准，明确“总量调控、优化结构、突出重点”目标任务，提升党员发展质量。

围绕加强高素质干部队伍建设推进改革　制定实施《关于进一步加强和改进年轻干部培养选拔工作的实施意见》，常态化开展优秀年轻干部专题调研，调整健全优秀年轻干部信息库；以“双一流”大学优秀毕业生为重点，加大选拔选调生工作力度。年轻干部教育培训、挂职锻炼、管理监督、选拔使用有效加强，“选育管用”培养选拔链条逐步完善。持续推动《关于为敢于担当的干部担当 为敢于负责的干部负责的若干意见》的落实落地，旗帜鲜明地为担当负责的干部撑腰鼓劲。完善推动高质量发展的绩效考核体系，加强日常督查，实施跟踪问效，有效推动重大决策部署的贯彻落实。制定《关于对市管干部进行提醒、函询和诫勉的操作办法》，明确“从严要求、抓早抓小、关心爱护”等原则，加强对领导干部管理监督。落实领导干部个人有关事项报告“两项法规”和干部人事档案任前审核制度。制定《市管企业领导班子职数管理暂行规定》，明确市管企业领导班子职数设置，完善企业法人治理结构，规范领导人员管理。印发《关于做好区县（市）法院、检察院有关干部人事工作的通知》，明确区县（市）法院、检察院干部管理权限和领导班子成员任免程序，规范法院、检察院领导干部选拔使用工作。

围绕加强创新创业人才高地建设推进改革　持续推动《长沙市建设创新创业人才高地的若干措施》落实落地，着力完善人才政策体系，赢得企业、人才和社会各界的广泛好评。创新人才评价认定，突出能力、业绩和市场评价，对全市高层次人才按ABCD 4个类别进行评价认定，全年分3批次认定603人。制订《长沙市移动互联网企业高层次人才分类认定目录（试行）》，首批认定互联网领域高层次人才13名。出台《长沙市跨境电商人才孵化基地试点单位认定条件及认定流程》，对认定条件、认定流程、奖补标准、提供资料清单进行明确，稳步推进电商人才孵化基地建设。实施从安家补贴、晋级奖励、项目支持到创新产品补贴、创业动态奖励在内的系列扶持政策，激发人才创新创业激情。制订《长沙市领导干部直接联系服务高层次人才实施方案》，明确全市各级领导干部直接联系服务高层次人才制度，展示长沙重才爱才诚意和敬才礼才风尚。粤港澳大湾区研究院发布的《2018年中国城市营商环境评价报告》显示，长沙营商环境指数从2017年第20位升至全国第九位，其中以投资数、人口增速为核心要素的软环境指数从全国第31位升至全国第二位。

困难和不足　一些深层次、关键性改革取得的成效还只是初步的，需要进一步深化和落实，对基层改革的指导力度需进一步加大。（潘　洋）

【事业单位改革和管理】 2018年，长沙市印发《关于开展经营类事业单位经营状况评估的补充通知》，指导督促各经营类事业单位的主管部门开展经营状况和资产评估。开展公立医院人员编制备案管理工作；推进公益类事业单位改革，与市财政局共同印发《长沙市市本级推进事业单位政府购买服务改革工作实施方案》。把承担行政职能事业单位改革纳入党政机构改革，通过对行政职能事业单位两次摸底和清理，形成市本级承担行政职能事业单位情况汇总表。结合长沙实际，草拟长沙市承担行政职能事业单位改革方案，作为长沙市市本级机构改革方案的一部分，一并提请市委常委会、市委全会审议通过，并按程序上报。（颜睿康）

政策研究

【资政信息】 2018年，长沙市委政策研究室（市委改革办）坚持把信息资政和决策咨询作为服务市委决策的重要手段，打造决策咨询平台和各类刊物平台。加强市委党刊《长沙通讯》的主题策划、版面设计，全年出刊12期。策划推出GDP过万亿元、高质量发展、新旧动能转换、园区发展、长株潭一体化等主题策划，刊物权威性和影响力提升，再次获评“2018全国十佳城市党刊”。增强《长沙调研》推动力，以此作为调研成果转化的重要载体，围绕农村集体经济、区块链、企业市场主体、城市有机更新、基层党建等重点工作，面向全市各决策咨询机构征集优秀调研文稿，编辑并刊发12期《长沙调研》，每月一期。拓展《参谋“悦”读》凝聚力。面向全市党委办公厅（室）和政研（改革）系统，引导党员干部读经典、荐好书、写随笔。对版面设计进行全面升级，在主题阅读设计上紧扣市委中心工作，开设“城市治理”“乡村振兴”“纪念改革开放40周年”“制造业转型升级”等栏目，共出刊12期。提升《政策信息》服务力，广泛收集全国各地特别是省会城市在经济社会发展中的信息、做法、经验，为服务市委决策提供服务支撑，全年出刊30期。（侯文学）

【调查研究】 2018年，长沙市委政策研究室（市委改革办）围绕全市改革发展大局和群众关注热点精心选题，与部门和区县（市）、园区联合破题，10余项调研成果获市委主要领导和其他领导批示。与省政府发展研究中心合作进行长沙新经济发展研究，列为全省党委政研室系统决策咨询重点课题。通过领导推动，将调研成果转化为市委、市政府决策部署和政策措施。如城市有机更新调研，省委常委、市委书记胡衡华提出用两年左右时间、用“留、改、拆”的新思路，让老城区更有长沙味、让老百姓更具幸福感；关于抢占区块链发展制高点和“三新”经济调研，市委副书记、市长胡忠雄作出部署；发展村级集体经济、培育市场主体、“互联+政务服务”调研，推动市委、市政府出台相关政策措施。全市“抓重点、补短板、强弱项”大调研活动由市委政研室牵头组织实施，起草《关于在全市大兴调查研究之风深入开展“抓重点、补短板、强弱项”大调研活动的实施方案》和《关于3月份集中精力抓调查研究促工作落实的通知》，并对城市有机更新、乡村振兴等调研活动拿出策划方案，推动全市大兴调研之风。从全市大局所需、改革所急、群众所盼的问题入手，共确定市级层面调研课题190个，反映需求导向的课题占26.2%，反映项目导向的课题占40.7%，反映问题导向的课题占4.1%。形成问题清单、措施清单、解决清单“三张清单”，确保全市大调研活动有效开展。通过开展大调研活动，全市收集各类问题7665个，解决落实近7000个，长沙做法在省委“送阅件”上推介。（侯文学）

组　织

【党组织及党员队伍状况】 截至2018年年底，长沙市有地方党委10个，其中市委1个，区县（市）委9个，有各级党组419个，基层党组织19887个。城市街道96个，全部建立党工委；城市社区629个，建立169个党委、344个党总支、116个党支部；乡镇74个，全部建立党委；乡镇社区107个，建立93个党总支、14个党支部；建制村802个，建立10个党委、699个党总支、93个党支部；在全市10891家非公企业中，共建立3088个基层党组织，其中155个党委，85个党总支，2848个党支部。

全市有党员44.22万人，其中女性党员14.79万人，占33.45%；35岁及以下的12.22万人，占27.63%；60岁以上的13.34万人，占30.17%；具有大学专科及以上学历的23.53万人，占53.21%；具有高中及以上学历的33.04万人，占74.72%。截至2018年年底，组织关系在乡镇及建制村的党员15.81万人，占党员总数的35.75%。其中，35岁及以下的3.58万人，占农村党员总数的22.64%；60岁以上的6.04万人，占农村党员总数的38.2%；具有大学专科及以上学历的4.14万人，占农村党员总数的26.19%。组织关系在城市街道及城市社区的党员10.61万人，占党员总数23.99%。其中，35岁及以下的2.72万人，占城市街道（社区）党员总数的25.64%；60岁以上的3.98万人，占城市街道（社区）党员总数的37.51%；具有大专及以上学历的4.96万人，占城市街道（社区）党员总数的46.75%。

2018年，全市发展党员6945人（含学生党员1282人），其中女性3126人，占45.01%；35岁及以下的5033人，占72.47%；具有高中及以上学历的6746人，占97.13%。2018年新发展的党员中，农牧渔民1235人，占17.78%；新的社会阶层275人，占3.96%；生产、工作一线5340人，占76.89%。（潘　洋）

【基层党建工作】 2018年，长沙市组织系统加强城市基层党建，制定实施《关于全面加强和改进城市基层党建工作的意见》和“1+6”系列文件，推进落实6项重点任务。在全省率先出台加强街道体制机制改革的意见，组织创建“零上访、零事故、零发案”街道（乡镇）、社区（村），在转变街道职能、实施党员兜底教育管理、推进党建引领小区治理、加强“两新”组织党建、建强城市社区党建骨干队伍等方面均取得明显成效。长沙被确定为“全国城市基层党建示范市”。

支部“五化”建设　分农村、社区等11类制定支部“五化”建设的共同标准和分类标准，分层级组织1.3万余名基层支部书记参加“五化”支部建设业务培训，向两新组织选派党建指导员1704名，开展示范化“五化”支部认定和支部建设星级评定，2018年认定第一批县级示范化“五化”支部1685个。

国企党建宏观指导　出台《关于加强和改进市属国有企业党建工作

的实施意见》等系列文件，理顺11家市管国企党组织隶属关系，首次组织市管国企党委书记进行党建述职评议。

党员教育培训　督促指导各级基层党组织建成党建主题公园等党员群众“家门口”的学习阵地1300余个，首批授牌少奇纪念馆、耀邦故居、开慧纪念馆等15个市级党员教育培训示范基地，建成市级党员教育培训师资库。在全省市州委书记党建述职评议考核中，长沙连续五年排名第一位。（潘　洋）

【中国共产党长沙市非公有制经济组织综合委员会挂牌】 2018年10月19日，中国共产党长沙市非公有制经济组织综合委员会在长沙市工商行政管理局挂牌。中共长沙市非公有制经济组织综合委员会立足工商职能，协助指导全市非公有制经济组织党建工作，开展“党建工作进章程”“两争一创”（争建基层党组织、争当优秀共产党员、创一流发展业绩）和“楼宇商圈市场党建工作”等，推动党建工作不断深化，促进非公经济的健康稳定发展。（张　蓉）

【干部队伍建设】 2018年，长沙市组织系统强化“两为”文件的落细落实。树立鲜明的用人导向，推行在一线识别使用干部，向省委组织部推荐表彰11名“三大攻坚战”（防范化解重大风险、精准脱贫、污染防治）先进典型，从全市推荐产生20名“新时代新担当新作为”干部先进典型并从中提拔重用8人，形成强烈的正向激励效应。督促各级党组织及时为受到不实信访举报的党员干部澄清正名，对实施容错免责或被问责的干部进行回访教育、防止一容了之。

领导干部的教育培训　完善党校党性教育系统培训、高校专业能力专题培训、“长沙大讲堂”前沿知识集中培训、网络在线教育覆盖培训工作体系，举办优化营商环境、现代服务业与贸易发展、园区建设与产业链发展等各类专题培训班和党校主体班55期，调训5097人次。干教工作经验被《人民日报》和中组部内刊专题推介。

领导干部管理监督　严格落实“凡提四必”“双控预审”和干部选拔任用纪实管理等干部监督制度，做好个人事项报告、因私证件管理、“12380”信访举报受理查核等日常监督工作，开展违规兼职清理排查、选人用人专项巡察和干部人事档案审核整治，全面从严治吏的整体效应不断显现。配合中央巡视组对长沙选人用人工作的延伸检查和省委巡视组对长沙选人用人工作的专题巡视，推进问题整改落实。

年轻干部选育管用　在全省率先制定实施《加强和改进年轻干部培养选拔工作的实施意见》，常态化开展年轻干部调研，以“双一流”大学优秀毕业生为重点选拔109名选调生，加强年轻干部的教育培训、挂职锻炼、管理监督、选拔使用，年轻干部“选育管用”全链条工作机制逐步健全。全年提请市委提拔重用45岁以下年轻干部38人，占提拔干部总数的31.4%。《新华社高管信息》对长沙年轻干部工作经验进行专题推介。（潘　洋）

【人才工作】 2018年，长沙市进一步深化人才体制机制创新，对在长沙工作的高层次人才按ABCD 4个类别进行评价认定，2018年分3批次认定603名高层次人才；在全国率先出台移动互联网高层次人才分类认定目录，首批认定13人。拓展人才交流合作空间。深化长沙与香港的人才交流合作，邀约香港博士生及优秀科研工作者到长沙与园区企业考察对接，签署3项长沙港人才及项目合作协议，50名博士团成员中有37人与长沙企业及高校达成就业创业意向。加大海外引才工作力度。先后在美国、英国、法国、瑞典4个国家和中国香港地区建成6个引才联络站，通过组织人才及项目需求对接会等方式，柔性引进海外高端人才184名，吸纳海归1万余人。推进“长沙工匠”铸造工程。在装配、钳工等10个行业（工种）开展“十行状元、百优工匠”竞赛活动，对首届竞赛活动评选产生的100名优秀工匠、10名行业（工种）状元进行表彰。孟德良、韩良等工匠人才先后在国家级技能大赛中获一等奖。优化人才服务工作。落实领导干部直接联系服务高层次人才制度，完成一体化人才综合服务信息平台一期建设，整合“一站式”人才服务窗口、“人才绿卡”相关功能，构建形成线上线下全联通、引育管用全链条的“互联网+”人才服务模式，为各类人才在长沙安心安居安业提供有力保障。2018年全市引进培育各类人才近20万人。（潘　洋）

【湖南长沙人力资源服务产业园授牌】 2018年12月18日，湖南省首个人力资源服务产业园——湖南长沙人力资源服务产业园授牌，标志着该园升级为省级人力资源服务产业园。市委常委、组织部部长张宏益出席授牌仪式并讲话。他强调，要以改革创新的精神，以更宽视野和更高标准加快推进产业园建设，树立园区品牌，发挥示范带动效应，积极

2018年12月18日　长沙人力资源服务产业园挂牌　　天心区地方志编纂室　供图

争创国家级人力资源服务产业园。该产业园总面积约13.33公顷，总建筑面积约30万平方米，总投资超过20亿元。截至2018年年底，汇聚中智公司、智联招聘等知名人力资源服务机构50余家，服务企业2000余家、20万余人。（潘　洋）

【长沙政企代表团参加第16届中国国际人才交流大会】 2018年4月16—19日，市委常委、组织部部长张宏益率长沙政企代表团参加第16届中国国际人才交流大会，面向全球招才引智。在4月17日的香港会场开幕式和政策推介大会上，张宏益代表长沙作政策推介，诚挚邀请海内外高层次人才到长沙创新创业。代表团走访香港科技大学、香港中文大学、三湘集团、威胜集团、香港湖南联谊总会、香港公务员局，开展政策宣讲、人才洽谈合作、慰问高层次人才等一系列活动。

（潘　洋）

【第三批高层次人才分类认定暨香港引才联络站授牌新闻发布会】 2018年12月17日，长沙市第三批高层次人才分类认定暨香港引才联络站授牌新闻发布会举行，市委常委、常务副市长舒行钢，市委常委、组织部部长张宏益出席。第三批高层次人才认定300人，首次认定蔡焕堂、易小刚两名具有全球化产业发展视野和国际领先技术管理水平A类人才，同时首次认定13名互联网高层次人才。新闻发布会上，授牌设立中国香港引才联络站（三湘集团），旨在积极推动长沙香港两地人才合作战略协议的落实落地，构建交流合作的长效机制。截至2018年年底，长沙设立6家海外（境外）引才联络站，覆盖华人最为集中的发达国家及海外人才的窗口地区。（潘　洋）

【市人才公寓建设现场推进会】 2018年12月17日，长沙市人才公寓建设现场推进会召开。市委副书记、市长、湖南湘江新区党工委书记胡忠雄强调，要将人才公寓建设作为贯彻落实“人才政策22条”的重大举措，坚持政府与市场双向发力、商品房与人才公寓统筹谋划，保障各层次人才住房需求。副市长廖建华参加。与会人员参观隆平高科技园英氏孕婴童产业园人才公寓、长沙经开区黄金集团人才公寓项目以及产业员工生活配套园建设现场，实地考察长沙经开区利用规范的PPP模式，推动人才公寓市场化开发建设运营的做法。2018年是长沙市人才公寓项目建设的启动之年，全市第一批计划启动建设人才公寓项目21个、14956套、110万平方米，总投资46.2亿元，截至2018年年底，已开工项目15个，开工率逾70%。

（潘　洋）

【“香港博士团长沙行”系列活动】 2018年6月21—24日，“香港博士团长沙行”系列活动在长沙举行，博士团成员先后参加4场会议，走访7个园区，12家企业，近20个考察点。博士团成员50人中有37人、57人次与长沙企业和高校达成就业、创业、科研意向，人数达到74%，人次达到114%。（潘　洋）

【《关于全面加强和改进城市基层党建工作的意见》出台】 2018年9月30日，长沙市《关于全面加强和改进城市基层党建工作的意见》（以下简称《意见》）印发。《意见》从强化街道党工委统筹协调功能、激发社区党组织内在活力、扩大城市新兴领域党建工作覆盖等6个方面提出“城市基层党建20条”。《意见》明确，长沙市城市基层党建工作将全面贯彻中共十九大精神，坚持以习近平新时代中国特色社会主义思想为指导，以巩固党在城市执政基础、增进群众福祉为目标，以街道社区党组织为核心，健全市、区、街道、社区党组织四级联动体系，促进辖区内各类党组织多方融合，确保党在城市的组织覆盖和工作覆盖有效扩大，基层党组织的政治功能和服务功能明显增强，党领导城市和治理城市的能力显著提升，“党委领导、政府负责、社会协同、公众参与、法治保障”的社会治理体制逐渐形成并更加完善，为全面建设现代化长沙提供坚强组织保障。

（潘　洋）

宣　传

【概况】 2018年，长沙市宣传文化系统刊播“讲文明树新风”和“图说我们的价值观”公益广告，芙蓉区大同小学、开福好人馆、橘子洲公园获评省级核心价值观示范点。爱国主义教育全面加强，举行刘少奇诞辰120周年、王震诞辰110周年、田汉120周年诞辰等系列纪念活动。志愿服务水平持续提升，5个项目入选全国志愿服务“4个100”先进典型。岳麓区居民谢海华获“感动中国2017年度十大人物”；11人登“中国好人榜”，截至2018年年底，全市有168人入选“中国好人榜”，位居全国省会城市第一位。推动“移风易俗”专项整治行动，长沙在全国乡村学校少年宫现场推进会上作为全国唯一省会城市做经验介绍，长沙文明网获评全国地方文明网“优秀品牌栏目”和“优秀网络文明传播活动”。全力做好文明城市全国全省年度测评工作；推进新时代文明实践中心建设，望城区、宁乡市被列入新时代文明实践中心省级试点区县（市）。推进《长沙市文明行为促进条例》立法工作，开展文明单位（村镇）创建巡礼活动。

文化事业　管好用好滨江文化园“两馆一厅”、梅溪湖国际文化艺术中心等重点文化设施，推进“15分钟公共文化服务生活圈”建设，建成示范性村社区文化活动中心100个。制定扶持民办博物馆、图书馆、艺术馆、非遗馆的管理办法。长沙钢琴公开赛、长沙国际音乐艺术季、雅韵长沙——“麓山杯”2018大学生文艺演出等高品质文艺活动开展；推动省市共建长沙交响乐团，《湖南日报》“晨风”评论为其点赞。开展校园文化进社区暨戏曲进校园、“百姓大舞台有艺你就来”市民才艺大赛等群众文艺活动，完成惠民演出1000余场、电影公益放映2万余场。纪红建长篇报告文学《乡村国是》获鲁迅文学奖，汤素兰儿童小说《阿莲》获2018年陈伯吹国际儿童文学奖年度作品奖，邬建美湘绣作品《韩熙载夜宴图》被故宫博物院收藏、实现湖南当代湘绣作品故宫博物院收藏零突破。纪录片《刘少奇的故事》在中央电视台播出，湖南知青艺术团获第十届世界合唱比赛老年组冠军。

产业发展　坚持政策扶持、项目带动、平台引导、改革蓄力，文化产业整体实力不断增强，长沙获评首批国家文化出口基地、中国文化产业学院“未来文化城市”金奖。出台文化产业发展专项资金管理暂行办法及实施细则，扶持文创项目98个、4810万元。探索开展长沙市文化产业示范园区、文化产业示范基地、重点文创楼宇评选，8个园区、11个基地、7个楼宇分别获评。新华联铜官窑古镇、华谊兄弟电影小镇、后湖艺术园开园，恒大童世界、湘江欢乐城、美丽中国·长沙文化产业示范园等重点文化项目加速推进。推动文化产业与旅游、金融、科技等产业深度融合，为产业发展增添新动能。马栏山视频文创产业园获批国家级广播电视产业园。组织文化企业参展深圳文博会、厦门文博会、宁波文博会，举办第25届长沙图书交易会、中国·长沙印刷产业博览会、长沙文创十大工匠“金手指”传人评选，促进产业发展。对市属重点监管文化企业开展“双效”业绩考核，国有文化资产监管初见成效。国家文化消费试点工作推进，长沙成为获文化和旅游部“国家文化消费试点一档奖励”的十座城市之一。

文化交流　举办2018长沙媒体艺术节暨“一带一路”青年创意与遗产论坛，“一带一路”51个沿线国家73名青年代表参加论坛。2018年8月28日，习近平总书记给参加论坛青年代表回信，给长沙以巨大鼓舞。策划在外媒推出重头专版报道50余篇，联合湖南卫视策划七夕大型直播《星城热恋——爱情歌会》成为现象级城市形象传播事件；协同中国网推出《中国三分钟·长沙篇》专题被270余家外媒转载、覆盖海外受众1.2亿人次，被国家外文局评为“2018年度中国对外传播十大优秀案例”；长沙连续11年获评中国最具幸福感城市。参加“东亚文化之都”系列文化交流活动和波兰第12届“创意城市网络”年会、韩国大邱2018年“创意城市网络”全球论坛等系列活动，承办首届世界语言资源保护大会，开展“璀璨星城·快乐长沙”走入德国对外文化交流活动。

（贺明明）

【理论宣讲】　2018年，长沙宣传文化系统组织市委理论学习中心组集体学习10次，指导全市县级以上党委（党组）理论学习中心组开展学习1200余次。推进学习型城市建设，长沙上榜中国“十大数字阅读城市”，入围中国实体书店最多的十座城市。实施“新思想进基层”四百工程，建立宣讲基地415个、基层宣讲团队140个，打造宣讲精品课190堂，开展各级各类宣讲1万余场；开展“微理论·微宣讲”竞赛巡讲、“将改革进行到底”百姓宣讲、新思想“天天见”“天天新”“天天深”系列活动；组织“奋进新时代”微电影创作大赛，制播《新时代奋斗者说》电视节目，激发起全市党员干部群众奋进新征程的精气神。围绕事关长沙发展的重要理论和现实问题，规划立项课题100个、公开发表论文75篇，推出《长沙打造区域性金融服务中心研究》《长沙打造国家创新创意中心研究》等优秀理论成果。建成市哲学社会科学研究基地2个、新增市级社科普及基地9个。

（贺明明）

【新闻宣传】　2018年，长沙市宣传系统围绕学习贯彻习近平新时代中国特色社会主义思想和中共十九大精神、产业项目建设年、智能制造看长沙、基层党建年、“千人帮千企百日大行动”等开展重点主题宣传200余批次，策划在中央和省级主流媒体刊发（播）重点报道1680余篇（条）、同比增长80%。长沙市、长沙县入选中宣部庆祝改革开放40周年“百城百县百企调研行”集中宣传阵营。组织市媒开设“在新思想指引下——新时代新作为新篇章”“壮阔东方潮奋进新时代——庆祝改革开放40周年”等一批专题专栏，策划推出一大批重头新闻报道。开展“长沙企业文明诚信巡礼”“诚信经营放心消费”等系列主题宣传，围绕中共十九大精神、庆祝改革开放40周年等20余个重点主题开展社会宣传，营造昂扬向上的社会氛围。开通政务“两微一端”、抖音号、头条号等1059个，建成全省最大政务新媒体矩阵；“长沙发布”抖音号总点击量近4亿次，作为全国唯一的地方发布类抖音号获评2018年度全国影响力政务抖音号，其作品名列“全国城市形象榜”第一位。《长沙晚报》融媒体“中央厨房”启用，“掌上长沙”APP下载量逾1000万次，位居全国党报自有APP传播力前十位；长沙广电整合新闻频道、政法频道、智慧长沙等媒体资源，组建新闻中心，“两微一端”粉丝数超过500万次；星辰在线稳步推进“一端双网三屏”工程，媒体聚合平台“长沙联播”频道、社交新媒体“星辰圈圈”上线，获评国家优秀城市新闻网站。探索推进县级融媒体中心建设，浏阳市融媒体中心建设被列入全国试点县（市）。建立完善舆情风险排查、预警预判、交办处置、应急处突4项机制，构建网络舆情监测报送体系，完成10余个重大专题舆情监测任务。雨花区探索建立“三预、三联、三报、三监测”的网信工作新机制。组织召开各类新闻发布会60余场，处置敏感舆情160余起，特别是“反炒房”攻坚战等热点问题舆论引导有力有效，确保社会和谐稳定。

（贺明明）

【意识形态工作】　2018年，长沙市加强意识形态管理，举办全市党委（党组）书记意识形态工作专题培训班，推动在市、县两级建立“十项推进机制”，制定完善《党委（党组）意识形态工作责任制考核细则》《市直部门意识形态工作职能责任清单》，出台党委（党组）网络意识形态工作责任制《考核办法》和《考核细则》，全面落实意识形态责任。针对8大领域63种风险隐患实行清单管理；开展“网络直播”“网络短视频”等专项整治行动，约谈、查处属地网络平台130余个。组织对市属高职院校开展思政工作督查2次；开展“清源”“净网”“护苗”等专项行动。按照中央巡视整改工作要求，制定实施39项整改措施，推动落实“三个关键”整改举措，实现关键少数能力到位、关键岗位人员到位、关键环节督导到位；抓好党委（党组）书记履行意识形态工作责任述职评议，完成18家市直单位（含园区和高校）专项巡察，推动责任制落地生根。

（贺明明）

【未成年人思想道德建设】2018年，长沙市抓好“新时代好少年”学习宣传活动、“传承红色基因”系列教育活动、中华优秀传统文化传承活动、学雷锋志愿服务活动、“劳动美”社会实践活动和“阳光成长”心理健康教育6项活动。发布《关于开展长沙市未成年人“新时代好少年”学习宣传活动的通知》，每季度推荐一批事迹突出的青少年典型，向全省、全国推介，长沙5人获评省级“新时代好少年”，并承办2018年度“新时代湖南好少年”现场发布会。全市2000余所中小学校全部参与“争做文明小市民，排队礼让我先行”主题实践活动，活动在中国文明网首屏要闻专题报道。联合文化执法部门开展“清朗暑假2018”暨“利剑”专项整治行动，编发4期通报，共出动执法人员6161余人次，检查经营单位2258家次，对157家违规经营单位予以立案查处。开展“阳光温暖千万家”——未成年人心理健康服务进社区活动，在全市组织100场未成年人心理健康培训讲座。新建10所社区（村）家庭教育服务示范站点和17所未成年人心理健康辅导示范站点。长沙100所学校获评第二届长沙市文明（标兵）校园；推荐14所学校参与湖南省文明（标兵）校园评选，50户家庭获评长沙市文明家庭，推荐8户家庭参与湖南省文明家庭评选，开展长沙市2018年度好家风、好家训展示暨文明家庭评选表彰活动。（欧文庆）

【文化志愿者进乡村学校少年宫】2018年，长沙市每季度组织开展文化志愿者走进乡村学校少年宫活动，开展文明单位结对帮扶活动，组织开展乡村学校少年宫成果展演活动暨2017—2018年度优秀文化志愿服务团队表彰活动，评选出5支最佳文化志愿服务队，15支优秀文化志愿服务队；按照中央文明办的指示，先行先试，创新形式开展工作获中央文明办肯定。5月22日，在洛阳召开的全国乡村学校少年宫会议上，长沙作为全国唯一省会城市做经验发言。中央文明办未成年人思想道德工作简报以《长沙文化志愿服务走进乡村学校少年宫》《统筹资源服务 壮大乡村学校少年宫辅导员队伍》为题，两次发文推介长沙工作经验。（张 婷）

【网络文明传播活动】2018年，长沙市开展“文明斑马线手势礼及排队礼让花集中传播活动”等21个市级网络文明传播、网络公益活动，新浪微博总阅读量1158.9万人，总参与人次6万人。在长沙文明网、中国文明网发稿6426篇，其中中国文明网头条7篇，中国文明网要闻数量152篇，地方传真数量301篇。全年围绕文明排队礼让、移风易俗高标准、推出文明创建各类报道。全年央媒推出文明创建报道近600篇次，省媒、市媒推出文明创建各类报道近6000篇次。（欧文庆）

【典型推评学习】2018年，长沙市评选长沙市第四届道德模范17名，各区县（市）推评区县级道德模范40余名。做好“感动中国之感动湖南人物”评选推荐工作；评选出2018年度“长沙好人·身边雷锋”共101名，2018年上榜“湖南好人”31人，“中国好人”11人。3月1日，岳麓区居民谢海华获“2017年感动中国十大人物”。组织发动全市各区县（市）、各级文明单位干部群众收看电视、撰写感言，第一时间编辑专题简报，省委常委、市委书记胡衡华批示：“希望雷锋故乡、好人之城出现更多感动中国人物”。4月12日召开全市精神文明建设表彰暨市文明委全会（扩大）会议，表彰第四届全市道德模范和2017年度全市文明创建先进典型。出台《长沙市道德模范荣誉管理和礼遇帮扶的实施方案》，重要节庆期间，市委主要领导带头亲自慰问道德模范，2018年元旦、春节期间，全市慰问帮扶、关爱走访困难道德模范、中国好人、美德少年累计130人、帮扶资金80万余元。（欧文庆）

【婚丧陋习整治】2018年，长沙市文明办联合5个部门发文《关于印发〈关于在全市开展文明节俭操办婚丧喜庆事宜的工作方案〉的通知》，就文明节俭操办婚丧喜庆事宜先后召开工作部署动员会、调度会，动员部署各单位、各区县（市）推进移风易俗各项工作。建立开展整治婚丧陋习推进移风易俗工作联席会议制度，省委常委、市委书记胡衡华亲自担任联席会议总召集人，制订下发《长沙市开展整治婚丧陋习推动移风易俗的实施方案》。9月28日召开全市移风易俗经验交流暨农村精神文明建设现场推进会，市委副书记、市长胡忠雄出席并讲话。下发《村（社区）移风易俗工作“十个一”操作细则》，规范指导基层移风易俗工作，“打通最后一公里”，督促村级落地做实。10月成立市整治婚丧陋习推进移风易俗工作联席会议办公室，对高新区和9个区县（市）80个村开展移风易俗工作专项督查，截至2018年年底，共编发创建简报1期和督查通报3期。党员和公职人员知晓率100%，组织党员干部100%签订承诺书。全市各村（社区）修订完善《村规民约》（社区公约）95%以上。市文明办先后组织专项督查2次，入户问卷调查、电话调查累计9000余次，发放倡议书50万余份。全市发现整改问题496个，处理人数22人，通报典型案件19起。组织“践行移风易俗，弘扬文明乡风”媒体走基层集中报道，截至2018年年底，中央、省市主流媒体共推出全市移风易俗正面典型报道260余篇次。（欧文庆）

统 战

【概况】2018年，长沙市委统战部全面推进“凝心聚力新时代”行动，整合凝心聚力“十三五”行动和“四同创建”（同心园区、同心项目、同心乡村、同心社区）活动，出台统一战线同心创建工作实施办法，确定5个同心创建示范点和20个同心创建工作点。全年创建1个省级同心社区。整合统战资源、市场资源和社会资源参与同心美丽乡村创建，创建4个省级同心美丽乡村，并在湖南省统一战线深化同心美丽乡村创建推进会上作经验推介。组织开展“十大同心人物”评选表彰活动，发挥先进典型的示范引领作用。

统战理论研究与宣传 打造以“统战故事”为基调的宣传阵地，以讲好“统战故事”为基调，积极对外宣传长沙统一战线。依托“一会一中心一基地”（市统战理论研究会、省部级高校联合研究中心、长沙学院研究基地）深入开展理论研究。连续第14次召开统战宣传工作联席会议，研究部署年度统战宣传工作。开展“凝心聚力新时代”主题宣传活动。强化与中新社、星辰在线的联系对接，加快推进和网（门户网站）、微信公众号和《长沙统一战线》内刊的升级改版。“长沙统战”获评2018年长沙市十大最具影响力政务微信公众号。统战信息工作稳居全省第一位、全国领先地位，并在全国统战系统信息工作南部培训班上作典型经验推介。

新的社会阶层人士统战工作 2018年，长沙被中央统战部确立为新的社会阶层人士统战工作创新推广城市。对全市新的社会阶层人士进行全面摸底，组建起一支有代表性、有影响力的代表人士队伍“百人会”，并联合星辰在线集中一年时间对百名代表人士进行深度宣传报道。组织筹办新的社会阶层统战工作律师场、海归场等千人巡回系列报告会。创新开展“百人同心耀星城”系列主题活动，经常与新的社会阶层代表人士见面谈心、交流思想、了解诉求。出台《长沙市打造新的社会阶层人士统战工作实践创新基地的指导意见》，孵化培育了浏阳和·公益同心汇等22个实践创新基地。

助力营商环境优化 围绕一流营商环境建设持续精准发力，开展专题调研，委托正和岛研究院开展园区营商环境评估，形成“五区九园”营商环境测评报告。贯彻落实习近平在民营企业座谈会上的讲话精神，举行民营企业家座谈会、侨资企业座谈会，召开构建“亲”“清”政商关系民营企业座谈会，会同政法、发改等部门全力解决企业发展中的困难和诉求。联合长沙银行举办港澳台侨投资长沙银企座谈会，解决小微企业“融资难”“融资贵”等问题。在粤港澳大湾区研究院发布的《2018年中国城市营商环境评价报告》中，长沙营商环境指数排名跃居全国第九位、中部第一位；软环境指数上升至仅次于深圳的全国第二位。

招商引资引智工作 开展“迎老乡、回故乡、建家乡”系列招商活动，组织小分队到北京、深圳等地精准招商，市工商联、市台办、市侨联等单位发挥各自优势，开展招商引资引智。创建湖南首个“省级海峡两岸青年创新创业基地”，为台资企业提供“拎包入住”的孵化空间和完善的配套服务。全市统战系统各单位共开展大型招商活动45场，走访非公企业230家，调研商会95家，接待到长沙考察客商25批次，全年引进投资项目30个，累计引进资金125亿元。（阳照烈）

【统战服务非公经济发展】 2018年，长沙市统战系统积极对接“千人帮千企百日大行动”，推动政策精准入企、督促政策落地惠企，打通政策落地“最后一公里”。协调相关部门和园区，解决一批企业反映的诉求和困难。会同市检察院举办服务非公经济“五个一”活动（开好一个管理层座谈会、发放一张征求意见表、张贴一张服务明白卡、赠阅一本维权保护书籍、体验一天一线工作岗位）。抓好非公经济代表人士的培养教育，办好“解放思想、创业富民”大讲坛，年内举办各类培训班10个，培训1400余人次。组织湖南卫视等11家媒体集中推出长沙非公经济“辉煌的足迹”专题宣传报道。（阳照烈）

【党外代表人士队伍建设】 2018年，长沙市召开组织统战两部联席会议，专题研究党外干部梯队建设工作。健全中共市委常委与党外代表人士联谊交友制度，12名常委与31名党外代表人士开展联谊交友。首次制定统一战线教育培训计划，首次举办党外优秀年轻干部培训班。建立100余名民主党派骨干代表资源库。会同相关部门抓好党外代表人士政治安排，年内市委研究提拔县处级党外干部5名，其中正县职3人，增补党外市政协委员11人，完成3批次共44名人大代表、政协委员初步建议人选联审。（阳照烈）

【民族宗教工作】 2018年，长沙市统战系统召开驻长沙高校民族宗教工作会议，建立驻长沙高校与市县两级、街道社区的沟通协调机制。与新疆驻湘工作组共同会商新疆到长沙少数民族流动人口服务管理工作。依法管理宗教事务，防范和治理非法违法宗教活动。率先启动“五进五好”（推动中共十九大精神、国旗国歌、社会主义核心价值观、政策法规、中华优秀文化进宗教活动场所，引导宗教教职人员做到政治引领好、遵规守法好、文明友善好、传承文化好、服务社会好）活动，全市各宗教团体在开福寺举行集中升国旗仪式。先后邀请中央统战部专家和省委统战部领导为各区县（市）委书记、统战部部长作宗教工作专题辅导。安排宗教工作重点乡镇（街道）党工委书记参加领导干部宗教工作能力素质提升（清华大学）专题培训班。（阳照烈）

【多党合作事业发展】 2018年，长沙市统战系统组织召开全市统一战线纪念中共中央发布“五一口号”70周年座谈会，举办“肝胆相照跟党走、荣辱与共七十载”大型图片展，引导各民主党派深入开展“不忘合作初心 继续携手前进”主题教育活动。组织各民主党派代表人士到西柏坡、兰考等地开展暑期谈心活动，夯实共同思想政治基础。连续26年坚持做好协商民主的品牌“新春第一访”。省委常委、市委书记胡衡华与市四大家班子领导走访各民主党派市委机关，面对面听取代表人士的意见建议。贯彻落实年度政党协商计划，全年协助市委召开专题协商、会议协商和约谈协商等各类协商座谈会6次。支持党外代表人士参政议政，围绕打好打赢“三大攻坚战”（防范化解重大风险、精准脱贫、污染防治）开展专题调研，并促进成果转化。组织召开特约人员工作推进会和专项民主监督工作推进会，推动特约人员工作。支持各民主党派开展脱贫攻坚民主监督和“打赢蓝天保卫战”专项民主监督。对各民主党派和党外代表人士反映的重要问题和重要意见建议，通过“直通车”等形式专报中共市委、市政府。（阳照烈）

【党外知识分子工作】 2018年，长沙市统战系统组织召开市属高等院校统战工作会议，牢牢把握高校意识形态工作主动权。了解党外知识分子的愿望诉求、收集党外知识分子的意见建议，充分发挥党外知识分子在教书育人、科研攻关、创新创业、服务社会等方面的作用。组织知联会参与乡村振兴战略实施，发动理事会员捐赠爱心书籍600余册，帮助宁乡市东湖塘镇陶家村建起同心书屋。（阳照烈）

机关党建

【市直机关党组织和党员队伍概况】 2018年，长沙市直机关有基层党组织1322个，其中党委75个、总支82个、支部1165个。基层党委中，机关单位60个、事业单位11个、国有企业4个。

党员队伍结构情况 市直机关有党员32817名，较2017年减少7732名，年内增加1800名（其中整建制转入41名）、减少9532名（其中整建制转出2848名）。党员分类情况：女性15127名，占46.1%；少数民族1054名，占3.2%。从业结构看，在岗职工中党员27445名，占83.6%，其中公有制单位党员18478名，占56.3%，非公有制单位党员4397名，占13.4%；社会组织党员4570名、占比13.9%；学生党员618名，占1.9%；离退休党员4740名，占14.4%；其他党员14名。年龄结构看，30岁以下党员9469名，占28.9%；31至40岁党员10437名，占31.8%；41至50岁党员4935名，占15%；51至60岁党员4093名，占12.4%；61至70岁党员2288名，占7%；71岁及以上党员1595名，占4.9%。学历结构看，研究生学历党员4687名，占14.3%；大学本科学历党员20861名，占63.6%；大专学历党员4742名，占14.4%；中专、高中及中技学历党员2031名，占6.2%；初中及以下的党员496名，占1.5%。

2018年新发展党员情况 全年市直机关发展新党员465名，其中女性党员280名，占60.2%；学生党员355名，占76.3%；生产一线85名，占18.3%。从年龄结构来看，25岁及以下361名，占77.6%；26至30岁30名，占6.5%；31至35岁38名，占7.5%；36至59岁36名，占7.7%。（刘时其）

【理论学习教育】 2018年，长沙市直机关工委坚持把党的政治建设作为根本性建设，教育引导机关党员干部切实践行好“两个维护”（坚决维护习近平总书记在党中央和全党的核心地位、坚决维护党中央权威和集中统一领导）。抓好政治理论学习。把学习贯彻习近平新时代中国特色社会主义思想和中共十九大精神作为首要政治任务，制订年度学习计划，编发季度学习提示，组织市直1.8万余名在职党员开展“不忘初心铸忠诚，牢记使命当先锋”集中大轮训，引导机关党员树牢“四个意识”（政治意识、大局意识、核心意识、看齐意识），坚定“四个自信”（中国特色社会主义道路自信、理论自信、制度自信、文化自信）。通过组织集中学习、分片讨论，及时传达习近平总书记对中央和国家机关推进党的政治建设的重要指示，推动市直机关党的政治建设。综合运用中心组领学、集中宣讲、研讨交流、机关大课堂、书记讲党课以及征文比赛、微理论微宣讲等多种形式开展“大学习”活动，做到全员覆盖、人人参与，打牢思想和理论基础。强化意识形态工作。将机关党组织落实意识形态工作情况纳入季度督导，强化意识形态工作责任担当。发挥工委“一刊一网”宣传引导作用，把握舆论阵地主导权。全年在国家、省、市级媒体刊发市直干部职工先进事迹40余篇。积极向中央和省市媒体报送经验文章，全年在《中直党建》、新华网、《湖南日报》、《湖南机关党建》等媒体刊发工作经验或信息90余篇，全年吸引9批次全国和省内同行学习观摩。（刘时其）

【基层党建】 2018年，长沙市直机关工委健全党建责任体系，研究代拟《长沙市部门党组（党委）党建工作责任清单》，分类明确机关党组（党委）、机关党委（总支）、基层支部工作责任，确保各级责任主体上下联动，责任传导到位。举办千名支部书记“五化”建设大培训（支部设置标准化、组织生活正常化、管理服务精细化、工作制度体系化、阵地建设规范化），按照支部自查、评星建档、动态管理、整改提升的步骤全面实行机关党支部星级评定，助推党支部晋位升级。提升支部规范化建设水平。完善市直机关工委领导班子成员分片联系机关党建工作制度，建立14个督导组对1141个机关在职党支部“三会一课”、组织生活会等基本制度落实和党建重点工作推进情况进行常态化、全覆盖季度督导，持续推进党支部规范化建设，确保党内政治生活经常、认真、严肃。严格党员日常管理，加强对基层党组织换届选举、党员发展、党费收缴等工作的指导把关，推动全面从严治党要求向党支部延伸，全面提升基层党建工作科学化水平。激发基层党组织活力。全面推行党员积分制管理，提升机关党员干部寻标对标的主动性与能动性。以凝聚群众、服务群众为重点，积极推动在职党员“8小时以内履职尽责在单位、8小时以外服务奉献在社区”，推进窗口单位和服务行业“亮身份、强服务、争先锋”主题实践活动。以点带面抓好对典型的培树工作，培育创建新一轮机关党建工作示范点30个、示范化“五化”党支部50个，辐射带动基层党建工作水平整体提升。探索改进支部组织生活，引导基层结合实际开展主题党日活动，涌现出“电影院里上党课”“换位体验日”“重温入党志愿书”等案例，党内政治生活的针对性和吸引力增强，机关党员干事创业激情迸发。（刘时其）

【机关党风廉政建设】 2018年，长沙市直机关工委落实全面从严治党主体责任和“一岗双责”，制定《工委党风廉政建设主体责任和监督责任清单及责任目标分解》，逐个签订责任书和责任清单，明确和落实班子成员“两个责任”，工委班子和成员主动抓好谈话提醒等制度落实，全年开展谈话提醒77次126人次，落实“双重组织生活”制度，开展在职党员进社区志愿服务活动，积极发挥领导班子的表率作用。着力建强机关纪检队伍。推进纪检体制改革落实，加强对市直单位成立机关纪委的指导，调研分析市直机关纪检组织建设现状，结合实际组织市直机关纪检工作推进会暨纪检干部业务培训，提升市直机关纪检干部监督执纪问责水平。开展党风廉政教育。组织党员干部深入学习《中国共产党纪律处分条例》，通过组织专题讲座、现场教学、通报案例、观看警示片等党风廉政教育活动，筑牢守规矩、讲纪律的思想底线和拒腐防变的思想堤坝。编写《纪检干部使用网络社交平台注意事项》，突出抓好意识形态领域工作中党纪法规教育。正确运用“四种形态”，通过咬耳扯袖、红脸出汗等方式，让党员干部时刻“利剑高悬、警钟长鸣”。加大执纪监督力度。持续保持正风肃纪的高压态势，着力抓好中央八项规定精神落实落地，紧盯重大节日的“四风”问题，全年开展明察暗访23次，对单位上下班情况进行突击检查，促进市直机关作风整体持续好转。严肃审理违纪案件，全年立案129起，

党纪处分 89 人、政务处分 72 人，双重处分 32 人。（刘时其）

【机关文明创建】 2018 年，长沙市直机关工委坚持高标准、常态化，实现文明创建动态管理。下发文明创建工作季度提示，明确工作重点；发布《市直机关群众性精神文明创建工作评定和管理办法》，明确申报资格、程序和管理规定；根据党组织关系隶属变化，实时、全面摸底市直单位文明创建情况；通过督查，及时发现各文明单位的创建好做法和存在的不足。培育社会主义核心价值观，提高党员干部思想道德水平。拍摄《争当新时代文明创建排头兵》宣传片、开展市直单位文明创建业务培训暨“亮牌子、树形象、展风采”创建巡礼活动；举办志愿服务活动培训会，指导市直机关开展移风易俗、结对帮扶、义务植树、除冰扫雪、义务献血等志愿活动，举办长沙“新时代身边雷锋”先进事迹报告会；组织市直 89 个单位 1980 辆私（公）车参加零违法挑战赛活动。加大示范典型培育力度，带动机关争先创优。培育湖南烈士公园、市政务服务中心、市人力资源和社会保障局等 50 余个排队礼让示范点；培育并向上推荐 25 个省级文明（标兵）单位、27 个市级文明（标兵）单位。（刘时其）

【机关群团工作】 2018 年，长沙市直机关工委坚持人文关怀，紧扣职工需求，协同相关部门，开通市政府与地铁互通公交专线，缓解干部职工上班出行难题。落实劳模政策，关爱困难职工家庭，全年开展走访慰问 581 人次，发放各类慰问物资 37.56 万元。顺应干部职工兴趣爱好，组建市直机关星辰合唱团，在张家界黄龙音乐季全国合唱周上获混声团金奖和女子同声团银奖。搭建各类文体活动平台，举办干部职工家庭趣味运动会、健步走、岗位劳动竞赛、合唱比赛、工间操比赛、篮球赛等活动，累计吸引近 2 万人报名参赛，丰富机关干部职工精神文化生活。开展“青年文明号”“青年岗位能手”等评选推荐活动，引领机关青年立足岗位做贡献。分类建立 10 个青年活动社团，组织举办“激扬青春·建功星城”庆“五四”青年演讲比赛、书画比赛和快闪等系列活动。围绕“三大攻坚战”组织 80 余个单位 1700 余人参加“打赢蓝天保卫战”公益宣传骑行，发放环保宣传资料 4000 余份。举办女性素质讲堂、“母婴关爱知识”培训班、育儿分享会、家庭教育讲座和非遗体验活动，开展女性防癌普查，走访慰问特困女性。发挥先进典型的示范作用，深化“巾帼文明岗”创建活动和文明家庭评选活动，开展“快乐暑假”“探索自然”等形式多样的活动，持续关爱青少年成长。（刘时其）

机构编制

【概况】 2018 年，长沙市委编办推进机构改革和各项体制改革，管好调优机构编制资源，为现代化长沙建设提供体制机制保障。

市县机构改革　采取多种形式，深入学习领会党和国家机构改革政策文件和会议精神。组成 3 个调研组分别到 40 余个部门调研，建立机构编制工作台账。对市直 500 余家事业单位承担的行政职能开展摸底清理，对主管部门上报的 2300 余条行政职权逐一审核认定，提出改革方案，纳入全市机构改革同步实施。在全省率先成立由市委书记任组长的市委深化机构改革领导小组及其办公室，建立一周一调度、一月一总结一通报的工作机制，实行集中办公、挂图作战。经反复研究测算、沟通对接、按程序提请市委常委会和市委全会审定等，科学制定市本级改革方案。研究制定机构编制框架、人员转隶意见、机构组建挂牌方案、“三定”（定机构、定编制、定职能）规定模板等。成立 5 个工作小组，分组完成 60 余家涉改党政群机关及市委市政府直属事业单位沟通协调工作，理清部门职责关系，建立各涉改单位的机构编制台账。加强县级机构改革跟踪指导，组织召开区县（市）机构改革培训会议和方案起草座谈会。梳理和汇总区县（市）改革 107 个问题，逐个研究，统一政策口径。全程指导做好县级方案拟订工作，已完成第一轮审核。加强改革统筹。做好纪检监察和市中级人民法院与市人民检察院的体制调整，以及群团机关、城管执法等重点领域改革；开展市场监管领域综合执法改革和省以下环保机构监测监察体制调整调研。抓好部分省级园区统筹管理体制改革；深化城区街道机构改革和经济发达镇行政管理体制改革，开展市级扩权强镇改革试点。推动公益类事业单位改革，对部分市直事业单位经费形式调整进行梳理，提出编制调整意见。配合市财政局研究制定市本级推进事业单位政府购买服务改革工作实施方案。

机构编制资源优化　召开 6 次编委会议，审议机构编制重大事项 53 项；召开 9 次主任办公会议，审议机构编制事项 81 项。审核完成市本级领导职数备案 476 人次，重新核定或调整区县（市）不规范领导职数 169 项，市县两级机构编制总量均实现零增长。优化资源配置。优化调整市公安、工商、安全生产、学校等领域的机构编制和雇员员额；从市直事业编制总量内调剂 500 名编制用于设立市属职业院校人才编制专户，满足引进紧缺技能人才和骨干教师；从市本级调剂核增区县（市）行政编制 132 名、事业编制 518 名，对托管街道析置等涉及的机构编制进行优化调整。规范登记管理。做好机构编制统计工作。全面实施事业单位登记管理“全事项”“全流程”网上集中办理，统一社会信用代码证书赋码率 100%。完成市直 19 家事业单位法人公示信息抽查。推进信息化建设，完成 26071 条权责清单数据录入更新工作，实现中文域名注册和网站挂标覆盖率“两个 100%”。（颜睿康）

【政务服务标准化】 2018 年，长沙市按照政务服务“全事项、全过程、各环节”标准化要求，完成全市 48 个市直部门、9 个区县（市）政府、15 个省级以上园区共 3 万余项政务服务事项的办理流程标准化再造（包含办理环节、申请材料、网上办理深度等 70 个要素），并录入全市“互联网 + 政务服务”一体化平台。会同市政务服务中心制发《关于全面落实行政审批“两集中、两到位”改革工作的通知》，联合市政府督查室、市政务服务中心开展“两集中、两到位”改革落实情况专项督查。下发《关于印发审批服务“就近办”事项目录的通知》，公布《芙蓉区、天心区、岳麓区、开福区、雨花区审批服务“就近办”事项目录（197项）》《望城区、长沙县、浏阳市、宁乡市审批服务“就近办”事项目录（248项）》，优化政务服务环境。（颜睿康）

【事业单位登记管理】 2018年，长沙市制订《长沙市事业单位登记管理档案整理方案》，对市直事业单位法人所有登记管理纸质档案资料分类整理和全文数字扫描等标准化和电子化工作（完成规范化分类整理898盒、档案著录28351条、数字化扫描131570页），购置专用电脑及专用档案设备，实现档案信息资源的办内共享，提升市直事业单位登记管理档案工作水平。按照国家登记局对登记管理系统进行升级维护的要求，对市本级的11项系统功能进行调整升级，并指导区县（市）局的升级同步工作，增加国家统计局J409-1表统计等11项功能。制定《关于开展2018年度市直事业单位法人公示信息抽查的通知》，结合机构改革，按规定比例对市直19家事业单位法人的公示信息开展抽查、问题整改和公示工作，并指导督促区县（市）落实公示信息抽查工作。印发《关于做好2017年度事业单位法人年度报告公示工作的通知》，受理并审核通过530家市直事业单位法人2017年度报告，年度报告率和审查通过率均100%，并按规定在市政府门户网和市机构编制网上同步公示。（颜睿康）

【机构编制信息化建设】 2018年，长沙市推广应用湖南省机构编制综合管理平台。印发《关于在全市推广应用湖南省机构编制综合管理平台的通知》，指导督促全市推广应用工作；核实市直各单位机构编制信息并及时进行更新。开展机构编制“云平台”试点。争取中编办支持，保障已录入机构编制云平台“三定”信息的持续利用，并指导督促区县（市）编办做好信息的使用和保密工作；制定《机构编制云平台日常管理办法（试行）》，规范机构编制云平台的日常管理。强化机关事业单位网上名称管理。采取日常办理、回头看、财政统一支付等方式推进中文域名注册和网站挂标，截至2018年年底，市本级注册中文域名单位609个，覆盖率100%；市本级252个机关事业单位网站全部挂标，挂标率100%。拟定《长沙市市直党政机关、事业单位网上名称管理办法（试行）》和《长沙市机构编制电子政务中心网上名称管理工作规定》，为全市网上名称管理工作提供业务指导。（颜睿康）

对台事务

【概况】 2018年，长沙市对台工作落实中央、省市对台工作方针政策，把握两岸和平发展主题，推进长台经贸合作，开展对台交流，扩大长沙在岛内的影响。

基地平台建设　创建全省首个“省级海峡两岸青年创新创业基地”。6月，隆平高科技园海峡两岸青年文化产业孵化基地被市委对台工作领导小组批准为长沙市海峡两岸青年创业基地。省市领导多次到基地实地调研，办领导及时协调解决基地发展难题。8月，省市台办到国台办汇报基地建设情况，为创建国家级青创基地打下基础。9月，基地获批为首个省级海峡两岸青年创新创业基地。截至2018年年底，基地入驻企业25家，其中台企13家。创建长沙市首个“省级海峡两岸交流基地”。4月，黄兴故居纪念馆获批为省级海峡两岸交流基地，以黄兴精神为纽带推动两岸交流合作。同时，持续发挥2家市级交流基地的纽带作用。省市两级交流基地共接待台胞109批次2761人次。

台湾青年工作　聚才引智，推动台湾青年在长沙就业创业。5月，在湖南中医药大学召开台湾青年学生座谈会，主动为台生就业畅通渠道，消除障碍；开展“体验式交流”，组织苗栗青年团、台东青年参访团2批国台办2018年重点交流项目考察团，分别考察宁乡市、芙蓉区青创基地。指导市台协组织青年台商举办钓鱼比赛、组织近百名台湾大学生举行迎中秋联谊活动，强化台湾青年间的横向联系。

涉台教育　重点走访调研10家市级涉台教育基地，助推稻田中学等4家基地创建省级涉台教育基地；办领导到各区县作台海形势报告10次，发挥涉台教育的辐射带动作用。通过召开全市涉台教育基地经验交流会、指导基地开展主题活动。

加大对市台协的指导　3月，组织市台协举办春茗酒会。10月，承办第五届两岸慢垒湘台杯邀请赛，增进长沙台湾两地体育文化融合。发挥市台协桥梁纽带作用。组织台商参加港澳台侨投资长沙银企对接会，市台协与长沙银行签订银行投资授信意向协议。邀请市食药监局专家为台商开展食品安全讲座，提高台商食品安全意识。鼓励台商台胞参与社会公益事业。指导台商在春节、端午节、中秋节到精准扶贫点（浏阳市大瑶镇端里村）慰问，指导各区县向台胞台属开展扶贫济困活动。全年台商台胞捐赠物资15.23万元。贯彻惠台政策，通过发放资料、召开座谈会等形式多措并举的宣传国台办《关于促进两岸经济文化交流合作的若干措施》、省委办公厅《关于深化湘台经济文化交流合作的实施意见》、国务院《港澳台居民居住证申领发放办法》等惠台政策。组织、指导台胞申领居住证，截至2018年年底，全市442位台胞办理居住证。

部门联动　上半年，与市经信委组成联合调研小组集中走访26家台企，创新性地采用“望、闻、问、切”四诊法为台企问诊把脉，召开8场台企座谈会，现场答复解决问题19个，交办区县和园区协调解决问题16个，另有2个难度较大的问题经多次协调，1个问题已解决，另有1个问题仍在解决中。新修订《涉台突发事件应急预案》，建立涉台纠纷调处制度。全年受理投诉求助案件4件，结案率100%；受理来信来访8件，办结6件，2件在办理中，处置涉台突发事件1起，维护台商台胞合法权益。（宋万能）

【对台交流】 2018年，长沙市开展长沙台湾在基层和文教卫等方面的双向交流16次。审查到台湾团组73批392人次。在全市开展“一区县（市）一品牌，一特色”交流活动，根据各区县涉台特色资源，分别以基层农业、文创、青创等为主题打造了一批特色交流项目，形成良好的示范效应。（宋万能）

【对台宣传】 2018年，长沙市开展系列对台宣传活动。抓好日常宣传，凝聚发展正能量。全年璀璨星城——魅力长沙网页发稿3705篇，在全国96个地级市（含副省级城市）网页信息发布量、点击数、页面浏览量、台湾网民浏览量排名第一位。向省台办上报工作信息，省台办官网采用稿件285篇，《湖南对台工作》采用8篇（2018年仅刊发2期）。抓好新闻宣传，提升台企知名度。协助中央人民广播电台、新华社采访普罗集团等4家台企；对接主流媒体，组织两岸媒体记者采访湘台会、长沙市情推介会等。抓好制度管理，激励宣传注动力。制定《长沙市对台宣传、信息稿件稿费计发办法》。4月，新修订《涉台突发事件应急预案》，建立涉台纠纷调处制度。全年受理投诉求助案件4件，结案率100%；受理来信来访8件，办结6件，2件在办理中，处置涉台突发事件1起，维护台商台胞合法权益。（宋万能）

【招商引资引智】 2018年，长沙市新增台资项目16个，投资总额4.07亿元，新增台资项目列全省第一位。开展精准招商。年内，办领导率队到广州、东莞、深圳进行点对点招商，汇晶半导体等5家台企均表达到长沙投资意向；办领导2次带队到北京、江苏、上海考察，拜访所在地的台协和重点台企，搭建联系渠道。开展精诚合作。立足融合发展、招大引强，有针对性地邀请台湾电电公会、伟成关系企业等台湾工商界团体20批524人次到长沙考察，促成台湾荣成环保与宁乡经开区签约，投资总额3.2亿元。搭建经贸平台。协助省台办举办第14届湘台经贸文化交流合作会（以下简称“湘台会”），搭建交流合作、互利双赢平台。协助省台办邀请台湾地区政要和有实力的台商到长沙参会，推进长沙台湾交流合作。举办长沙市情推介会，国台办及省市领导出席，全国台企联、各地台协会长和地方台办等300余人参加，鼓励长沙台湾两地寻找合作商机，拓展合作领域。分别指导雨花区、开福区、宁乡市举办招商推介会，推介各区县营商环境、法规政策。举办“湘台青年创新创业专区活动”，活动吸引221位青年代表参加，其中在长沙台湾学生50人。会上，芙蓉区青创基地分别与台湾青创基地、台企联华中片区青年工作联谊会签署合作协议，长沙朝元旅行社等5家台企入驻芙蓉区青创基地。活动得到海峡两岸20余家媒体的报道，近200个平台的推送宣传，覆盖5000万以上受众群体，增进台湾青年对中华文化的了解与认知。推进项目建设。台企生产经营稳中向好，呈现结构转型、技术升级的态势。特别是规模以上台企增资扩股势头强劲，旺旺医院二期等5家台企年内增资扩股6.28亿元，增资扩股总额位列全省第一位。（宋万能）

【海峡两岸青年创新创业基地落户长沙】 2018年10月28日，长沙市芙蓉区两岸青年文化产业孵化基地揭牌及湖南省、长沙市两级海峡两岸青年创业基地授牌仪式在长沙举行。湖南省台办主任肖祥清，长沙市委常委、统战部部长谭小平出席活动，芙蓉区委、隆平高科技园有关负责人以及入驻基地的部分台商代表参加仪式。肖祥清、谭小平和长沙市政府副秘书长卢兴映、芙蓉区委常委、统战部部长喻志刚为基地揭牌。之后进行省、市两级海峡两岸青年创新创业基地授牌仪式，肖祥清向隆平高科技园管委会主任缪晨光授予湖南省海峡两岸青年创新创业基地牌匾，谭小平向基地理事长刘印心授予长沙市海峡两岸青年创业基地牌匾。

湖南省海峡两岸青年创新创业基地、长沙市海峡两岸青年创业基地、芙蓉区两岸青年文化产业孵化基地（以下简称“基地”）是在省、市两级统战部、台办以及芙蓉区委、区政府的支持和指导下，为落实国家“创新创业”政策以及加强对台经济文化交流而成立的一家创业服务机构。该基地位于长沙高新区隆平高科技园内，成立于2017年7月，2018年5月在长沙市芙蓉区注册成为民办非企业单位，是湖南省首家以两岸青年交流合作为主导的创业孵化基地。拥有孵化面积近6000平方米，是长沙市从事对台经济文化交流企业以及到长沙创新创业的台湾青年入驻的首选园区，基地包括科贸服务、创业指导、融资服务等10项服务内容，截至2018年年底，基地入驻企业25家，其中台企13家。（宋万能）

老干部工作

【概况】 截至2018年年底，长沙市有离休干部1279人，其中市本级789人，区县（市）490人，易地安置在长沙市的31人。退休干部70398人，副处级以上退休干部2563人。全市离退休干部中，老红军1人、担任过副市实职以上职务的118人、享受副市级待遇的84人。2018年，市委老干部局获全市“微理论·微宣讲”比赛优秀组织奖、全省学雷锋志愿服务优秀组织奖，市关工委获全省“传承红色基因，争做时代新人”电视展演一等奖、最佳团队才艺奖，市“五老”金牌

2018年10月28日，长沙市芙蓉区两岸青年文化产业孵化基地揭牌及湖南省、长沙市两级海峡两岸青年创业基地授牌仪式在芙蓉区举行　　市委台湾工作办公室 供图

讲师团获全省学雷锋“最佳志愿服务团队风采奖”。

加强三项建设 加强离退休干部政治建设、思想建设和党组织建设。组织“银发先锋大课堂”“银发先锋赛党课”“银发先锋大宣讲”等活动，全年宣讲3000余场，受众30万余人次，引导老同志树牢“四个意识”（政治意识、大局意识、核心意识、看齐意识）、坚定“四个自信”（中国特色社会主义道路自信、理论自信、制度自信、文化自信）、坚决做到“两个维护”（坚决维护习近平总书记在党中央和全党的核心地位、坚决维护党中央权威和集中统一领导）。深化离退休干部党支部“五化”建设（支部设置标准化、组织生活正常化、管理服务精细化、工作制度体系化、阵地建设规范化），建立离退休干部党支部1114个，在市老干部大学、市老干部活动中心建立临时党支部22个，培育51个全市示范化“五化”离退休干部党支部，支持30个“发挥五老作用”阵地建设，继续扶持84个老年教育网络课堂站点运行，进社区报到老党员人数1.2万余人。

中心服务 开展“践行十九大，‘五老’在行动——长沙五老基层社会治理项目”推介活动，集中展示“五老”团队参与社会治理工作的作为和风貌。围绕“蓝天保卫战”引导“五老”开展公益宣讲336场次，举办“守护蓝天碧水，‘五老’与你同行”活动，《中国老年报》头版头条以“‘四个战术’守卫蓝天碧水”为题进行推介。围绕“纪念改革开放40周年”各涉老协会通过征文比赛、合唱展演、广场舞比赛等形式讴歌党的领导，颂扬发展变化。市老干部书画协会、市老年保健协会开展“翰墨书盛世，丹青绘华章”书画展、“健康养生，争做阳光老人”等系列活动。

（张旭东）

【老干部文化养老建设】 2018年，长沙市推进老干部文化养老建设，推进“老年教育三年行动计划”。市老干部大学及市直机关分校全年开设69个专业，188个班级，学员1.7万余人次。联合市委党史室增开“党史教育”专题班。撰写出版全国第一本老年教育课堂教学专著《老年教育课堂教学论》。市老干部活动中心以“华丽转身、精彩乐龄”为主题，开展老干部新春游艺会、保健知识讲座、厅级干部兴趣赛等活动，全年接待老同志11万人次，同比增长21%。新成立8支市直机关老干部文化艺术体育兴趣团队，举办“相聚好人之城，共诵文明之美”诗歌朗诵会。组织参加市第九届老年人运动会，获团体第二名和优秀组织奖。

（张旭东）

【离退休干部待遇落实】 2018年，长沙市推进老干部政治待遇、生活待遇落实工作“模块化”“标准化”建设，统一标准，统一流程。落实老干部政治待遇，全年组织副厅级离退休干部参加重要会议、重要活动6次。协调和落实离休干部有关生活待遇，落实178家企业470名离休干部统筹外经费2121.5万元，为27个机关事业单位67名离休干部发放基本养老金502.3万元，为特殊困难离休干部（遗孀）发放帮扶资金22.7万元。继续开展离休干部个性化服务工作。走访慰问100名生活困难离退休干部党员，发放慰问金20万元；为400名典型“五老”志愿者精心设计发放志愿服务标识工作服。

（张旭东）

党校教育

【党校培训】 2018年，长沙市委党校（行政学院）全面加强思想政治引领工作。完成全市县处级党员干部学习贯彻中共十九大精神集中轮训班7~10期集中轮训工作。围绕中共十九大精神、习近平新时代中国特色社会主义思想和省市党代会精神，开展理论宣讲1000场次，受众4万人。以学习贯彻习近平新时代中国特色社会主义思想为主线，牢牢把握干部教育培训工作正确政治方向。年内举办培训班次69期5869人次（其中主体班次30期3938人次，计划外班39期1931人次），主体班测评优良率98.6%。围绕习近平新时代中国特色社会主义思想新开发专题课80个。学制四周以上的主体班理论教育和党性教育合计课时占总课时73.60%，党性教育课时占总课时34.57%。全市党校（行政学院）系统4门课程被评为全省党性教育第一批精品课程。教学培训开放化。年内13名市委常委到学院授课、调研23次。聘请专兼职教师156名，外请授课174人次。完成铜官窑、红星社区、雷锋纪念馆、警示教育基地现场教学开发。安排3个批次32人次与主体班学员到延安、深圳、井冈山进行异地党性锻炼实践，5个批次36人次到广州、珠海等17个城市开展实地调研。

（殷锟）

【智库建设】 2018年，长沙市委党校（行政学院）以聚焦高层次研究为导向，科研成果数量与质量并进。全年发表各类论文82篇，其中D类以上论文28篇（含A类论文3篇、C类论文17篇、D类论文8篇），D类以上论文占34.1%，比上年度增加12篇，提高13.8个百分点。年度立项3项省社科基金课题和2项省社科成果评审委员会课题。以湖南省中特中心长沙市基地名义发表论文16篇，其中国家级论文2篇、省级论文7篇、市级论文7篇。科研成果获各类奖项31项，其中第19届长沙市优秀社科成果、第八届湖南优秀社科普通读物、2017年第八届湖南省社科联年会一等奖各1项；全省党校系统第12届优秀科研成果一等奖2项；1人入选市社科优秀人才。刊发《呈阅件》45期，副市长以上级别领导签批27期，其中省委常委、市委书记胡衡华签批2期，市长胡忠雄签批1期。

（殷锟）

【教学管理】 2018年，长沙市委党校（行政学院）始终坚持从严治校，建立外请授课、学术交流、接受采访报备制度，完善集体备课、课件审核、督导听课、学员评课制度。修订《主体班教学测评办法》《选修课管理办法》《党校讲台行为“十不准”》《关于加强主体班班主任管理的实施办法》。主体班学员平均到课率99%，就餐率98.5%，住校率98.2%，结业考试考核优良率100%。

（殷锟）

长沙市人民代表大会

CHANGSHA MUNICIPAL
PEOPLE'S CONGRESS

责任编辑・吴丫丫

综　述

【概况】　2018 年，长沙市人大常委会完成市十五届人大二次会议确定的各项目标任务。全年举行代表大会 2 次、常委会会议 9 次、主任会议 15 次，听取和审议专项工作报告 24 个，作出决议、决定 12 项，制定地方性法规 2 部，开展执法检查 4 次、集中视察 4 次、专题调研 6 次、专题询问 1 次、专项工作评议 1 次、代表约见 1 次，常委会各项工作取得新进展、新成效。

长沙市人大常委会落实市委决策部署，依法行使决定权、任免权，作出《关于长沙市监察委员会副主任、委员任命和宪法宣誓程序的决定》，起草《市委关于建立市人民政府向市人大常委会报告国有资产管理情况制度的意见》，编制《市第十五届人大常委会立法规划》，批准任免国家机关工作人员 83 人次。坚定制度自信。人民代表大会制度是坚持党的领导、人民当家作主、依法治国有机统一的根本政治制度安排，必须长期坚持、不断发展。常委会全面强化制度自觉和制度自信，把对人大制度的坚守融入法定职权的履行中，自觉做人大制度的维护者、实践者和推动者。维护宪法权威，完善宪法宣誓程序，召开全市深入学习宣传和贯彻实施宪法座谈会，推动宪法深入人心。坚持人民主体地位，保障人大代表依法履职，支持和保证人民通过人民代表大会行使国家权力。通过在立法、监督等方面广泛征集群众意见、邀请公民旁听常委会会议等方式，不断扩大公民对人大工作的参与。

（唐剑宇）

【常委会自身建设】　2018 年，长沙市人大常委会推进常委会自身建设。完善制度建设。组织修订代表大会议事规则与常委会议事规则、专题询问办法、专项工作评议暂行办法等 50 余项工作制度，人大工作制度进一步完善。新修订的《关于进一步提高市人大常委会会议质量的若干规定》，增加会议准备、会议考勤、审议发言、满意度测评、审议意见整理和工作整改等具体规定，规范会议程序，提高会议质量。通过加强工作制度建设，提升人大工作的制度化、规范化、科学化水平。促进能力提升。坚持举办常委会议会前专题讲座，编发《审议参阅》，协助常委会组成人员熟悉和掌握法律法规和工作情况，提高审议发言的质量。组织机关工作人员参加业务培训班、各类主题班等，提升机关工作人员的能力水平。发挥立法咨询委员会、预算审查专家库等人大工作“智库”作用，强化对人大工作的智力支持。开展预算监督、创新驱动、地方科学立法等课题研究，形成一批高质量调研成果。加强新闻舆论工作，《长沙人大》杂志、长沙人大网站、长沙人大微信传递正能量、常讲好故事，扩大人大工作影响。推进机关信息化建设，提升机关工作效率。强化作风建设。坚持全面从严治党，始终把纪律和规矩挺在前面，支持配合市纪委驻市人大机关纪检组发挥执纪监督作用。做好巡视、巡察反馈意见整改工作，反馈问题全部整改到位。通过开展讲廉政党课、党建学习培训、主题党日等活动，加强廉政警示教育。落实中央“八项规定”精神，完善机关财务制度，严格控制“三公经费”。强化机关服务意识，加强协调合作，确保常委会各项工作开展。开展文明创建活动，创建市级文明标兵单位，通过省级文明单位验收。加强上下联动。围绕事关改革发展稳定大局的共性问题进行市、区县（市）联动监督，形成工作合力，共同推动问题解决。通过定期召开全市区县（市）人大常委会主任联系会、全市人大系统各委室对口联系会等，加强与下一级人大的联系与沟通，及时交流经验，确保工作常联系、共推进。强化走访调研，在代表建议办理、监督工作开展等方面，加强对基层人大工作的指导，推动全市人大工作协调发展。配合市委做好关于加强县乡人大工作和建设的督查，推动解决制约基层人大工作和建设的一些重点难点问题。　（唐剑宇）

重要会议

【市第十五届人民代表大会第二次会议】　2018 年 1 月 2—5 日，长沙市第十五届人民代表大会第二次会议在长沙人民会堂举行。大会听取和审查市人民政府市长陈文浩作的《政府工作报告》、市第十五届人民代表大会常务委员会主任程水泉作的《长沙市人民代表大会常务委员会工作报告》、市中级人民法院院长肖新平作的《长沙市中级人民法院工作报告》、市人民检察院检察长王勋爵作的《长沙市人民检察院工作报告》；市发展改革委员会的《关于长沙市 2017 年国民经济和社会发展计划执行情况与 2018 年国民经济和社会发展计划草案的报告》；市财政局的《关于 2017 年全市和市本级预算执行情况与 2018 年全市和市本级预算草案的报告》。表决通过关于市人民政府、

2018 年 1 月 2—5 日，长沙市第十五届人民代表大会第二次会议在长沙人民会堂举行

长沙人大新闻宣传处 供图

计划、财政和市人大常委会、市中级人民法院、市人民检察院6个报告的决议。大会选举蔡亭英为长沙市监察委员会主任，补选于安全、李增加、黄吉邦为市人大常委会委员。

（唐剑宇）

【市第十五届人民代表大会第三次会议】 2018年3月30日，长沙市第十五届人民代表大会第三次会议在长沙人民会堂举行。上午，举行第一次全体会议，省委常委、市委书记胡衡华出席，市人大常委会主任程水泉主持会议。会议听取大会主席团关于提名市人民政府市长候选人情况的说明；表决通过《长沙市第十五届人民代表大会第三次会议补选办法》。下午，举行第二次全体会议，大会执行主席、市人大常委会副主任赵建强主持会议。大会选举胡忠雄为长沙市人民政府市长。

（唐剑宇）

【市十五届人大常委会第十三次会议】 2018年1月9日，市十五届人大常委会第十三次会议召开。市人大常委会主任程水泉、副主任赵建强分别主持第一、第二次全体会议。市人大常委会副主任王国海、黄佳惠、芮英姿、罗衡宁、张智勇、袁黎明，秘书长柳美景出席会议。省纪委常委、市委常委、市纪委书记、市监察委员会主任蔡亭英，市委常委、常务副市长舒行钢列席会议。会议听取长沙市人大常委会研究室关于市人大常委会2018年工作要点(草案)的说明；听取市人大常委会主任会议关于《长沙市人民代表大会常务委员会关于长沙市监察委员会副主任、委员任命和宪法宣誓程序的决定(草案)》和有关人事议案的说明；听取长沙市监察委员会有关人事议案的说明；听取长沙市人民政府有关人事议案的说明。会议听取拟任人员陈词。会议进行分组和联组审议；表决通过《长沙市人民代表大会常务委员会关于长沙市监察委员会副主任、委员任命和宪法宣誓程序的决定》，市人大常委会2018年工作要点。决定任命：罗伟为长沙市民族宗教事务局局长，邱俊杰、刘金文、熊冬华为长沙市监察委员会副主任；陈建新、邓和平、肖波静、丁晓波、胡飞虎为长沙市监察委员会委员。决定免去刘佳勇长沙市民族宗教事务局局长的职务(另有任用)，决定接受刘金文辞去市十五届人民代表大会常务委员会委员职务的请求。程水泉向新任命人员颁发任命书，新任命人员依法进行宪法宣誓。

（唐剑宇）

【市十五届人大常委会第十四次会议】 2018年2月5日，市十五届人大常委会举行第十四次会议。会议任命胡忠雄为长沙市人民政府副市长、代理市长，同时接受陈文浩辞去长沙市人民政府市长职务的请求。市人大常委会主任程水泉、副主任赵建强分别主持第一、第二次全体会议。市人大常委会副主任王国海、黄佳惠、芮英姿、罗衡宁、张智勇、袁黎明，秘书长柳美景出席会议。市委副书记、湖南湘江新区党工委书记胡忠雄，市委常委、常务副市长舒行钢列席会议。会议听取市人民政府有关人事议案的说明；听取市人民检察院有关人事议案的说明；听取市人大常委会主任会议有关人事议案的说明。会议听取拟任人员陈词。会议进行分组和联组审议；表决通过有关人事事项，决定任命胡忠雄为长沙市人民政府副市长，决定副市长胡忠雄为长沙市人民政府代理市长；决定接受陈文浩辞去长沙市人民政府市长职务的请求。

（唐剑宇）

【市十五届人大常委会第十五次会议】 2018年3月19日，市十五届人大常委会举行第十五次会议。市人大常委会主任程水泉、副主任赵建强分别主持第一、第二次全体会议，副主任王国海、黄佳惠、芮英姿、罗衡宁、袁黎明，秘书长柳美景出席会议。省纪委常委，市委常委、市纪委书记、市监察委员会主任蔡亭英，市委常委、副市长付胜华，市中级人民法院院长肖新平，市人民检察院检察长王勋爵列席会议。会议听取关于《长沙市人民代表大会常务委员会关于召开长沙市第十五届人民代表大会第三次会议的决定(草案)》的说明；书面听取长沙市第十五届人民代表大会第三次会议议程草案、长沙市第十五届人民代表大会第三次会议主席团和秘书长名单草案、长沙市第十五届人民代表大会第三次会议列席人员名单草案；听取市人民检察院有关人事议案的说明；听取关于长沙市第十五届人民代表大会个别代表的代表资格的审查报告；听取拟任人员陈词。会议进行分组和联组审议；表决通过有关事项，决定长沙市第十五届人民代表大会第三次会议于3月30日召开，表决通过长沙市第十五届人民代表大会第三次会议议程草案、长沙市第十五届人民代表大会第三次会议主席团和秘书长名单草案，决定提请长沙市第十五届人民代表大会第三次会议预备会议审议，表决通过长沙市第十五届人民代表大会第三次会议列席人员名单，决定任命张青春为市人民检察院副检察长。程水泉向新任命人员颁发任命书。

（唐剑宇）

【市十五届人大常委会第十六次会议】 2018年4月25日，市十五届人大常委会举行第十六次会议。市人大常委会主任程水泉，副主任赵建强、王国海、黄佳惠、芮英姿、罗衡宁、袁黎明，秘书长柳美景出席会议。副市长李蔚，市中级人民法院院长肖新平，市人民检察院检察长王勋爵列席会议。会议听取市人民政府关于国有资产管理情况的报告，关于历史地名及历史文化街巷名称保护工作的报告，关于长沙市国资国企改革及国有资本经营预算管理情况的报告的审议意见办理情况的报告，有关城市规划工作的报告的审议意见办理情况的报告，关于长沙市教育综合改革工作情况的报告的审议意见办理情况的报告；书面听取市人大常委会督查组关于以上3个审议意见办理情况的督查报告；听取市中级人民法院有关人事议案的说明，关于决胜“基本解决执行难”战役工作情况的报告；听取市人大常委会代表资格审查委员会关于长沙市第十五届人民代表大会个别代表的代表资格的审查报告。4月26日，市十五届人大常委会第十六次会议闭幕。市人大常委会主任程水泉，副主任赵建强、王国海、黄佳惠、芮英姿、罗衡宁、袁黎明，秘书长柳美景出席会议。市委常委、常务副市长舒行钢，市中级人民法院院长肖新平，市人民检察院检察长王勋爵列席会议。会议分组和联组审议市人民政府关于国有资产管理情况的报告、关于历史地名及历史文化街巷名称保护工作的报告，市中级人民法院关于决胜“基本解决执行难”战役工作情况的报告等议题。会议表决通过有关人事事项。程水泉向新任命人员颁发任命书。

（唐剑宇）

【市十五届人大常委会第十七次会议】
2018年6月25日，市十五届人大常委会举行第十七次会议。市人大常委会主任程水泉主持召开第一次全体会议。市人大常委会副主任赵建强、王国海、黄佳惠、芮英姿、罗衡宁、张智勇、袁黎明，秘书长柳美景出席会议。市中级人民法院院长肖新平，市人民检察院检察长王勋爵列席会议。会议听取市人大法制委关于《长沙市城市绿化条例（草案）》修改情况的汇报，市法制办关于《长沙市养犬管理条例（草案）》的起草说明，市中级人民法院关于全市法院刑事审判工作情况的报告；听取市人民政府关于全市招投标工作情况的报告，关于2017年市本级政府性债务资金管理使用绩效情况与2018年市本级政府性债务资金管理措施的报告，关于长沙市智能制造推进情况的报告；书面听取《长沙市人民代表大会常务委员会关于进一步监督支持人民法院解决执行难工作的决议（草案）》《长沙市人民代表大会常务委员会关于加强我市历史地名和历史文化街巷名称保护工作的决议（草案）》；听取市人民政府关于开放型经济情况的报告的审议意见办理情况的报告、关于全市社会保险工作情况的报告的审议意见办理情况的报告、关于全市精准扶贫工作的报告的审议意见办理情况的报告、关于全市市级公立医院改革与建设情况的报告的审议意见办理情况的报告，书面听取市人大常委会督查组关于以上4个审议意见办理情况的督查报告。会前，市人大常委会特邀九三学社中央科技委委员、华夏工联网智能技术研究院院长王喜文就智能制造进行专题辅导讲座。

6月26日，市十五届人大常委会第十七次会议举行第二次和第三次全体会议。市人大常委会主任程水泉，副主任赵建强、王国海、黄佳惠、芮英姿、罗衡宁、张智勇、袁黎明，秘书长柳美景出席。副市长刘明理、廖建华，市中级人民法院院长肖新平，市人民检察院检察长王勋爵列席会议。会议听取市人民政府关于全市城市绿化工作情况的报告；市园林局、市林业局、市住建委、市城管局、市规划局关于城市绿化工作情况的报告；市人大常委会评议调查组关于全市城市绿化工作的专项评议调查报告。会议进行分组和联组审议，并对上述5家单位的城市绿化工作履职情况进行满意度测评。

6月27日，市十五届人大常委会第十七次会议进行分组审议并举行第四次全体会议。市人大常委会主任程水泉强调，要以高度的事业心和责任感，依法履行好各项法定职责，开创全市人大工作新局面。市人大常委会副主任赵建强、王国海、黄佳惠、芮英姿、罗衡宁、张智勇、袁黎明，秘书长柳美景出席会议。市委常委、常务副市长舒行钢，副市长唐向阳，市中级人民法院院长肖新平，市人民检察院检察长王勋爵列席会议。会议听取市人大法制委关于《长沙市城市绿化条例（草案·一审修改稿）》审议结果的报告；对相关议题进行分组和联组审议。会议表决通过《长沙市城市绿化条例（草案·一审修改稿）》，并报省人大常委会审查批准；通过《长沙市人民代表大会常务委员会关于进一步监督支持人民法院解决执行难工作的决议》《长沙市人民代表大会常务委员会关于加强我市历史地名和历史文化街巷名称保护工作的决议》。（唐剑宇）

【市十五届人大常委会第十八次会议】
2018年8月29日，市十五届人大常委会举行第十八次会议。市人大常委会主任程水泉，副主任赵建强、王国海、黄佳惠、芮英姿、罗衡宁、张智勇、袁黎明，秘书长柳美景出席会议。市委常委、副市长付胜华，市中级人民法院院长肖新平，市人民检察院检察长王勋爵列席会议。会议听取市人民政府关于长沙市2018年1—6月国民经济和社会发展计划执行情况的报告，关于2017年全市及市本级决算草案和2018年上半年全市和市本级预算执行情况的报告，关于2017年度市本级预算执行和其他财政收支的审计工作报告；听取市人大财经委关于2017年市本级决算草案初步审查结果的报告。会议听取市人大法制委关于《长沙市养犬管理条例（草案）》修改情况的汇报，书面听取市人大内司委关于《长沙市养犬管理条例（草案·一审修改稿）》审议意见的报告；听取市人民政府关于贯彻实施《中华人民共和国归侨侨眷权益保护法》《中华人民共和国归侨侨眷权益保护法实施办法》《湖南省实施〈中华人民共和国归侨侨眷权益保护法〉办法》情况的报告及市人大常委会执法检查组执法检查情况的报告；听取市人民政府关于贯彻实施《中华人民共和国防洪法》情况的报告及市人大常委会执法检查组执法检查情况的报告；听取市人民政府关于长沙市水污染防治工作情况的报告，关于长沙市知识产权工作情况的报告；听取市中级人民法院关于长沙法院知识产权审判工作情况的报告；听取市人民政府落实《关于促进我市科技成果转化工作的决议》情况的报告及市人大常委会督查组的督查报告；听取市人民检察院关于开展公益诉讼工作情况的报告。会议听取市人大常委会主任会议关于提请修改《长沙市人民代表大会常务委员会议事规则》等10个规范性文件的议案的说明；听取市十五届人大常委会代表资格审查委员会关于长沙市第十五届人民代表大会个别代表的代表资格的审查报告；听取市人民政府有关人事议案的说明。

8月30日，市十五届人大常委会第十八次会议进行分组审议并举行第三次全体会议。市人大常委会主任程水泉，副主任赵建强、王国海、黄佳惠、芮英姿、罗衡宁、张智勇、袁黎明，秘书长柳美景出席会议。副市长唐向阳、市中级人民法院院长肖新平、市人民检察院检察长王勋爵列席会议。会议对相关议题进行分组审议。听取市人大法制委关于《长沙市养犬管理条例（草案·一审修改稿）》审议结果的报告，并进行联组审议。表决通过《长沙市养犬管理条例（草案）》，该条例报省人大常委会审查批准后，再公布实施；决定批准2017年市本级决算；表决通过《长沙市人民代表大会常务委员会关于修改〈长沙市人民代表大会常务委员会议事规则〉等10个规范性文件的决定》。（唐剑宇）

【市十五届人大常委会第十九次会议】
2018年10月29日，市十五届人大

常委会举行第十九次会议。市人大常委会主任程水泉主持第一次全体会议。副主任赵建强、王国海、黄佳惠、芮英姿、罗衡宁、张智勇、袁黎明，秘书长柳美景参加。市委常委、常务副市长舒行钢，副市长廖建华，市中级人民法院院长肖新平，市人民检察院检察长王勋爵列席会议。会议听取市人民政府关于全市“放管服”改革工作情况的报告，市人民政府关于贯彻实施《长沙市轨道交通管理条例》情况的报告以及市人大常委会执法检查组执法检查情况的报告，市人民政府关于贯彻实施《中华人民共和国公共文化服务保障法》情况的报告以及市人大常委会执法检查组执法检查情况的报告；听取市人民政府关于2018年市本级预算调整方案的报告，市人大财经委关于2018年市本级预算调整方案审查结果的报告；听取市人民政府关于贯彻实施《中华人民共和国老年人权益保障法》和《湖南省实施〈中华人民共和国老年人权益保障法〉办法》情况报告的审议意见办理情况的报告以及市人大常委会督查组的督查报告；听取市人民政府关于贯彻实施《中华人民共和国环境保护法》情况报告的审议意见办理情况的报告以及市人大常委会督查组的督查报告；听取市人民政府、市中级人民法院、市人民检察院有关人事议案的说明。

10月30日，市十五届人大常委会第十九次会议举行第二次和第三次全体会议，并对长沙“放管服”改革工作开展专题询问。市委副书记、市长、湖南湘江新区党工委书记胡忠雄列席会议并作回应讲话，市人大常委会主任程水泉，副主任赵建强、王国海、黄佳惠、芮英姿、罗衡宁、张智勇、袁黎明，秘书长柳美景参加。市委常委、常务副市长舒行钢，市中级人民法院院长肖新平，市人民检察院检察长王勋爵列席会议。上午举行的第二次全体会议听取市人民政府、市中级人民法院、市人民检察院关于市十五届人大二次会议代表建议、批评和意见办理情况的报告，市人大常委会关于市十五届人大二次会议代表建议、批评和意见办理与督办工作情况的报告，市人大常委会代表资格审查委员会关于长沙市第十五届人民代表大会个别代表的代表资格的审查报告。会议还就关于长沙市“放管服”改革工作情况的报告进行分组审议。下午举行的第三次全体会议，对“放管服”改革工作进行专题询问。市发展改革委、市经信委、市住建委、市交通局、市商务局、市公安局等部门的主要负责同志现场应询。

10月31日，市十五届人大常委会第十九次会议进行分组审议并举行第四次全体会议。市人大常委会主任程水泉，副主任赵建强、王国海、黄佳惠、芮英姿、罗衡宁、张智勇、袁黎明，秘书长柳美景参加。副市长刘明理、廖建华，市人民检察院检察长王勋爵列席会议。会议对相关议题进行分组和联组审议，表决通过有关事项；决定批准2018年市本级预算调整方案，通过有关人事事项，程水泉为新任命人员颁发任命书。传达学习栗战书委员长在浙江调研期间的讲话精神。（唐剑宇）

【市十五届人大常委会第二十次会议】 2018年11月29日，市十五届人大常委会举行第二十次会议。市人大常委会主任程水泉，副主任赵建强、王国海、黄佳惠、芮英姿、罗衡宁、张智勇、袁黎明，秘书长柳美景出席会议。市委常委、常务副市长舒行钢，市中级人民法院院长肖新平，市人民检察院检察长王勋爵列席会议。会议听取市人大常委会主任会议关于提请修改《长沙市人民代表大会议事规则》的议案的说明；书面听取长沙市人民代表大会常务委员会关于召开长沙市第十五届人民代表大会第四次会议的决定（草案）和长沙市第十五届人民代表大会第四次会议议程（草案）。会议进行分组和联组审议，表决通过有关事项。决定市十五届人民代表大会第四次会议于2019年1月8日召开；决定将长沙市第十五届人民代表大会第四次会议议程草案提请市十五届人大四次会议预备会议审议；通过《长沙市人民代表大会常务委员会关于修改〈长沙市人民代表大会议事规则〉的决定》。（唐剑宇）

【市十五届人大常委会第二十一次会议】 2018年12月27日，市十五届人大常委会举行第二十一次会议。市人大常委会主任程水泉，副主任赵建强、王国海、黄佳惠、罗衡宁、张智勇、袁黎明，秘书长柳美景出席会议。市委常委、常务副市长舒行钢，副市长邱继兴，市中级人民法院院长肖新平，市人民检察院检察长王勋爵列席会议。会议听取市人民政府关于《长沙市文明行为促进条例（草案）》的起草说明；关于2018年1—12月全市和市本级预算执行情况与2019年全市和市本级预算草案的报告；关于长沙市国民经济和社会发展“十三五”规划纲要实施情况中期评估报告；关于长沙市2018年国民经济和社会发展计划执行情况与2019年国民经济和社会发展计划草案的报告；关于2018年全市环境状况和环境保护目标完成情况及落实“十个严禁”“六控”情况的报告；听取市十五届人大常委会代表资格审查委员会关于长沙市第十五届人民代表大会个别代表的代表资格的审查报告；听取有关人事议案的说明；听取市人民政府及市民政局、市人力资源社会保障局、市国土局、市交通局、市环保局、市园林局关于2017年度市本级预算执行情况和其他财政收支情况的审计工作报告指出问题整改情况的报告；听取市园林局、市林业局、市城管局、市规划局、市住建委关于城市绿化专项评议整改情况的报告；听取市人大常委会工作评议组关于城市绿化专项评议整改情况的督查报告；听取市人大常委会研究室关于市人大常委会工作报告（草稿）的起草说明；书面听取市十五届人大四次会议主席团和秘书长名单（草案）、市十五届人大四次会议列席人员名单（草案）。

12月28日，市十五届人大常委会第二十一次会议进行分组审议并举行第三次全体会议。市人大常委会主任程水泉，副主任赵建强、王国海、黄佳惠、罗衡宁、张智勇、袁黎明，秘书长柳美景出席会议。副市长李蔚、廖建华，市中级人民法院院长肖新平、市人民检察院检察长王勋爵列席会议。会议对相关议题进行分组和联组审议，对审计查出问题整改情况和城市绿化专项评议整改情况进行满意度测评，举行城市绿化专项评议授牌仪式。会议表决通过《长沙市第十五届人民代表大会第四次会议主席团和秘书长名单（草案）》，并将提请市十五届人大四次会议预备会议审议。通过《长沙市第十五届人民代表大会第四次会议列席人员名单（草案）》，并将报告市十五届人大四次会议主席团。原则通过《长沙市人民代表大会常务委员会工作报告（草稿）》。会议表决通过有关人事事项，程水泉向新任命人员颁发任命书，新任命人员向宪法宣誓。

（唐剑宇）

依法履职

【立法工作】 2018年，长沙市人大常委会推动法律法规实施，加强法治长沙建设。聚焦科学立法，强化法治支撑。坚持党委领导、人大主导、政府依托、各方参与的立法工作格局。主动向市委请示报告立法重大事项和问题，加强与政府的沟通协调，提前介入法规调研、起草工作，扩大公众对立法的参与。坚持每部法规草案都向社会征集意见，实现公众参与立法全过程。坚持为需而立、立以致用，制定《长沙市城市绿化条例》，明确永久绿地保护等规定，强化城市绿化建设与管理。制定《长沙市养犬管理条例》，规范全市养犬行为，促进社会和谐有序。审议《长沙市文明行为促进条例》草案，决定将该项立法列入市人民代表大会议程，推动将社会主义核心价值观融入法治建设。发挥立法专家咨询库等第三方力量的积极作用，委托第三方机构对2部法规进行立法后评估。注重加强和改进规范性文件备案审查工作，对66件规范性文件进行合法性审查，有效维护国家法制统一。

（唐剑宇）

【监督工作】 2018年，长沙市人大常委会增强做好监督工作的使命感和责任感，做到敢于监督、善于监督，监督工作取得成效。

经济运行监督 听取审议国民经济和社会发展计划执行情况报告，推动做好稳增长、促改革、调结构、防风险、惠民生各项工作，确保全年目标任务完成。组织开展智能制造工作专题调研，提出进一步提升研发水平、壮大市场主体、增强应用实效的审议意见，推进国家智能制造中心建设。组织对文化创意工作进行集中视察，支持政府积极拓展文化创意产业增长空间，努力建设具有重要国际影响的“文化名城、创意中心”。组织对岳麓山国家大学科技城、马栏山视频文创产业园进行专题调研，促进加快推进重点片区建设。通过对落实外向型经济工作审议意见的督查，助力全市开放型经济发展。

财政预决算审查监督 按照中央要求和预算法规定，推进人大预算审查监督重点向支出预算和政策拓展，推动政府性债务纳入预算管理，扩大全口径预算审查监督覆盖面，促进政府预算的统一和完整。强化事前调研，介入预算编制。强化预算执行审查，督促政府提高预算资金使用绩效。重点加强对公共项目预算及政府重大投资项目预算的监督检查。围绕教育、医疗卫生、社会保障、城管、住建等重点支出和重大项目开展专题调研，听取审议预算执行情况的报告，加强对财政资金运行的审查监督。听取审议2018年预算执行及其他审计情况报告、审计查出问题整改情况报告，对6个市直部门审计整改情况进行满意度测评，督促整改工作落到实处。率先全省人大系统对财政支出开展第三方绩效评价，为审查监督提供支持。加快预算联网监督建设，实现上线试运行，对政府全口径预算进行实时在线监督。听取审议政府关于国有资产管理情况的报告，督查国资国企改革及国有资本经营预算管理审议意见的办理，督促进一步完善国有资产监管体系，理顺国有资产监管体制。

“三大攻坚战”跟踪督查 听取政府关于市本级政府性债务资金管理使用情况报告，督促加强民主科学决策，优化债务资金结构，积极稳妥防范和化解政府债务风险。对全市精准扶贫工作审议意见的办理情况进行督查，督促做实产业扶贫、就业扶贫等重点工作，巩固脱贫攻坚成果，打好脱贫攻坚战。开展水污染防治情况专题调研和环保世纪行活动，制订《关于加强环境治理监督 坚决打赢蓝天保卫战三年工作方案》，督促加快推进城乡污水综合治理，加强大气污染整治，着力打好碧水蓝天保卫战。

优化发展环境的监督 推动政府职能转变、优化发展环境，常委会将长沙市“放管服”改革列为2018年监督重点，并开展专题询问。督促共建共享信息数据库，集中精力解决项目审批存在的突出问题。开展全市招投标工作情况专题调研，督促强化依法监管，打造公平公正的交易环境。对政府落实《关于促进科技成果转化的决议》情况进行督查，督促加大科技投入、完善人才激励机制、落实相关优惠政策。听取政府关于知识产权工作情况的报告，支持长沙市创建国家知识产权强市。

农业农村现代化建设工作的监督 以推动农业产业发展、农村人居环境整治为主题开展集中视察，加快推动农村一、二、三产业融合发展。开展乡村振兴大调研，村庄规划全覆盖、农村公共设施专业化管护等建议，纳入全市农村人居环境整治三年行动实施意见。开展《中华人民共和国防洪法》执法检查，提出完善责任体系、落实科学治水、健全防洪机制的审议意见，促进防洪减灾工程体系建设。配合省人大开展“农产品质量安全法”执法检查，开展“农产品质量安全行”活动，督促抓好农业标准化和农产品溯源体系建设，加快农产品质量安全现代化建设。

城市规划建设与管理工作的监督 坚持绿色发展理念，开展城市绿化工作专题调研、集中视察、专项工作评议，督促建立健全城市绿化工作长效机制。推动长株潭一体化发展，组织对南部片区工作进行专题调研，促进高标准高质量编制好片区规划。对《中华人民共和国公共文化服务保障法》的实施情况进行检查，助推全市公共文化事业发展和国家公共文化服务体系示范区建设。开展《长沙市轨道交通管理条例》执法检查，促进轨道交通规划、建设、管理和服务水平的提升。听取政府关于年度环境状况和环境保护目标完成情况的报告，督查“环保法”审议意见的办理，促进依法保护和改善环境。

解决民生问题的监督 围绕教育公平，加强对教育综合改革审议意见办理情况的督查，进一步促进义务教育均衡发展。加强对公立医院改革与建设审议意见的督办，督促落实“健康长沙”战略，进一步抓好医疗、医保、医药联动改革，“看病难”“看病贵”问题在逐步解决。

围绕应保尽保，开展社保审议意见办理情况的督查，督促政府不断强化征缴、加强基金监管、优化经办服务，加快完善全市社保体系建设。围绕强化涉侨民生服务保障，对贯彻实施归侨侨眷权益保护有关法律法规进行检查，督促进一步加大法律法规的宣传力度，有效提升全市归侨侨眷权益保障水平。对政府落实《中华人民共和国老年人权益保障法》的审议意见进行督查，进一步促进老年人事业产业健康发展。

聚焦依法监督 “守正”就是依法依规监督；“出新”就是创新工作方法。用好“法律巡视”利剑。坚持用好执法检查这一人大监督方式，在实践的基础上，探索形成包括选题、准备、检查、审议、交办、督查6个步骤的全链条式监督，增强人大监督的系统性、针对性和有效性。在公共文化服务保障执法检查中，运用“清单制”提出执法检查整改意见，使执法检查充分发挥出“法律巡视”的监督利剑作用。深化专题询问工作。推进专题询问的规范化、机制化、常态化，充分发挥其在监督工作中的重要作用。在“放管服改革”专题询问中，做到向市委有汇报，与政府有沟通，但没有事先反馈问题，没有划定具体范围，没有交流应询事项，充分体现真询真问。该次询问得到社会高度关注，公开征集群众意见建议2200余条，网络直播当日在线点击13万人次。做好满意度测评工作。推动满意度测评工作规范化、常态化。在城市绿化专项工作评议中先后进行履职满意度测评和整改满意度测评，强化跟踪监督，增强监督实效。开展代表约见活动。制定《关于市人大代表约见本级国家机关负责人暂行办法》，并首次组织约见活动，组织服务代表就老旧住宅增设电梯事项约见政府分管副市长及相关部门主要负责人，有效推动工作开展。

聚焦司法改革 组织对全市法院刑事审判工作进行专题调研，听取专题工作报告，要求全市法院坚持问题导向，补齐工作短板，提高刑事审判质量与效率，坚持不懈抓好法官队伍建设。开展检察机关公益诉讼工作专题调研，督促检察机关围绕生态环境、资源保护、食品药品安全等领域开展公益诉讼，履行法律监督职责，维护社会公共利益。围绕推进扫黑除恶专项斗争，维护社会公平正义，开展“司法公正长沙行”活动，推动全市扫黑除恶斗争取得阶段性成效。落实信访工作责任制要求，依法督办涉法涉诉信访问题，继续实行律师参与接访，全年接待处理群众来信181件、来访405批次。 （唐剑宇）

【重大事项决定】 2018年，长沙市人大常委会讨论决定重大事项。听取审议国民经济和社会发展“十三五”规划纲要中期评估报告。审查批准全市及市本级2018年财政预算方案及2017年决算，批准2018年预算调整方案。专题调研全市历史地名和历史文化街巷名称保护工作，作出《关于加强我市历史地名和历史文化街巷名称保护工作的决议》，推动城市历史文化品质提升。针对人民群众反映强烈的执行难问题，加强对法院执行工作的监督，听取和审议相关情况报告，作出《关于进一步监督支持人民法院解决执行难工作的决议》，推动全市完成“基本解决执行难”的任务。（唐剑宇）

【人事任免】 2018年，长沙市人大常委会依法开展人事任免工作。全年任免国家机关工作人员83人次，其中任免市人大专门委员会及常委会工作机构人员1人；决定任命市人民政府副市长1人，决定免去市人民政府副市长1人，决定任免市人民政府工作部门负责人4人；任命市监察委组成人员8人；任免“两院”（法院、检察院）法官、检察官68人次。 （唐剑宇）

代表工作

【保障代表履职】 2018年，长沙市人大常委会发挥代表主体作用，做好代表服务保障工作。全体代表围绕履职行权积极作为，在大会和闭会期间提出建议387件，为全市经济社会发展贡献力量。各位代表以“双联活动”为重要平台，“上接天线”、下接民情。全市各区县（市）建成5个区县（市）级、176个乡镇（街道）级、833个村（社区）级代表联系群众实体工作平台和7个县级代表联系群众工作网络平台。代表们通过平台定期接待群众、听取民众诉求、积极建言献策。全体市代表积极回应代表联名发出的《关于“整治婚丧陋习树立社会新风”倡议书》，签订公开承诺，彰显人大代表的表率作用。强化履职保障。有序开展代表培训，组织代表200余人次参加省、市人大代表培训班学习，提高代表履职水平。拓宽代表知情知政渠道，发挥微信群等自媒体优势，及时上传工作信息与履职资料。围绕重点建设、经济发展、民生问题组织开展代表小组活动50余次，组织全体市人大代表参加“一府两院”上半年工作通报会。邀请代表列席市人大常委会会议，参加立法、专题询问、视察调研和执法检查等活动。全年邀请市人大代表70人次列席常委会会议，组织187名市人大代表参加常委会各项工作和活动，为代表履职提供有效保障。

（唐剑宇）

【代表建议督办】 2018年，长沙市人大常委会通过突出重点督办、强化对口督办、开展跨年督办等方式，有效提升代表建议办理工作实效。通过主任会议成员重点督办，推进历史地名和历史文化街巷名称保护、养老产业发展等代表建议办理取得实质性进展。如政府结合地名普查工作，着手编制《长沙历史地名名录》等系列丛书，加强历史地名管理工作；出台养老服务改革试点工作方案，加快建立“以居家为基础、社区为依托、机构为补充”的养老服务体系；制订两年行动计划，推进“一圈两场三道”建设。代表在大会和闭会期间提出的387件建议，全部办理完毕并逐件答复代表，代表满意率98%。（唐剑宇）

长沙市人民政府

CHANGSHA MUNICIPAL PEOPLE'S GOVERNMENT

责任编辑·陈晓红

综　述

2018 年 5 月 23 日，中南大学科技园总部建成运营　　市政府研究室　供图

2018 年，长沙市贯彻落实习近平新时代中国特色社会主义思想和中共十九大精神，实施创新引领开放崛起战略，着力建设现代化长沙和“三个中心”（国家智能制造中心、国家创新创意中心、国家交通物流中心），全市经济社会发展稳中有进、稳中趋优。

经济发展　全市实现地区生产总值 11003.41 亿元，增长 8.5%，经济总量居全国省会城市第六位；规模以上工业增加值增长 8.2%；固定资产投资增长 11.5%；社会消费品零售总额增长 9.9%；地方一般公共预算收入增长 9.9%；城镇居民人均可支配收入 50792 元，农村居民人均可支配收入 29714 元，分别增长 8.2%、8.6%。产业投资占固定资产投资比重 36.9%，研究与试验发展经费支出占地区生产总值比重 2.6%，发展质量和效益同步提升。

产业升级　项目建设加速推进，开展“产业项目建设年”活动，重大产业项目完成投资 2480.6 亿元，省“五个 100”项目任务全面完成，伟创力一期、杉杉能源正极材料等项目建成投产，中联智慧产业城、蓝思科技黄花基地等“百亿级”项目加快建设，新签约投资 2 亿元以上项目 178 个。国家级智能制造试点示范企业（项目）总数 27 个，居全国省会城市第一位。服务业对经济增长的贡献率 58%，提高 1.3 个百分点。“千人帮千企百日大行动”解决企业各类问题 3580 个，向上争取和兑现惠企政策资金 32.5 亿元。创新能力持续提升，高新技术企业逾 2300 家，高新技术产业总产值增长 9.26%。获批知识产权军民融合国家试点，第三届中国军民两用技术创新应用大赛金奖数居全国第一位，军民融合产业总产值逾 1000 亿元。

改革开放　28 项国家级、18 项省级、12 项市级改革年度任务全面完成。“最多跑一次”改革成效明显，“四个一”“四个办”（“四个一”即只上一张网、只看一张表、只进一个厅、最多跑一次，“四个办”即网上办、减证办、就近办、帮代办）实施，企业开办时间缩短到 4 个工作日，市场主体总数 92.42 万户。国资国企改革加快推进，市属国企资产逾万亿元。获批国家跨境电商综合试验区、市场采购贸易方式试点。新开通国际客货运航线 8 条，中欧班列（长沙）线路增至 11 条。出口总额增长 40%，增速居中部省会城市首位。新增国际友好城市 3 个，承办中部（长沙）进口博览会，举办长株潭城市群一体化发展首届联席会等区域合作会议。

重大平台建设　湖南湘江新区“三区一高地”（湖南湘江新区的战略定位，打造高端制造研发转化基地和创新创意产业聚集区，产城融合、城乡一体的新型城镇化示范区，全国“两型社会”建设引领区，长江经济带内陆开放高地）格局加快形成，集聚创新创业服务平台 550 个，智能驾驶测试区获工信部授牌。岳麓山国家大学科技城麓山南路、后湖综合整治完成，中南大学科技园总部建成运营。马栏山视频文创产业园获批首家国家级广播电视产业园，注册落地企业 171 家。临空经济示范区配套设施建设提速，黄花综保区注册企业 284 家。高铁会展新城举办品牌会展 53 个，带动商品交易 864.4 亿元。湖南金融中心入驻金融机构及配套企业 300 家，总注册资本 360 亿元，湘江基金小镇基金管理规模 2025 亿元。南部片区规划纲要公开发布，铺排重大项目 21 个。

乡村振兴　农村“五治”（治厕、治垃圾、治水、治房、治风）实施，改厕 2.6 万座，农村垃圾分类减量 50% 以上，清理整治“一户多宅”“空心房”1.74 万户 255.5 万平方米，16 万个小微水体纳入“河长制”责任体系，移风易俗成为新时尚。新型村级集体经济形势良好，实施“四型”（土地合作型、资源开发型、物业经营型、乡村服务型村级集体经济项目）集体经济项目 448 个，消除集体经济薄弱村 213 个。现代农业加速发展，“三品一标”（无公害农产品、绿色食品、有机农产品和农产品地理标志）农产品 615 个，实现农产品加工业销售收入 2319 亿元。农村基础设施加快完善，新改建农村公路 1927 千米，清淤山塘 1866.67 公顷。椒花水利枢纽纳入国家重大水利项目库。

城市品质　全域划定“三区三线”（三区：城镇空间、生态空间、农业空间；三线：即城镇开发边界、永久基本农田控制线、生态保护红线），建立全要素空间管控体系。长益常铁路、蒙华铁路长沙段加快建设，岳望高速、岳宁大道全线通车，西二环拓改、橘子洲大桥提质改造等工程竣工，地铁 4 号线试运行。创建国家公交都市示范城市，地下综合管廊试点通过国家验收。新增城市公园 84 个。实施“630 攻坚”，净增电力容量接近前 5 年总和。潮宗街、白果园等街区和红星、雅塘等片区有机更新抓紧推进，改造老旧社区 50 个。

民生保障　省市民生实事全面完成。“一圈两场三道”建设推进，建成 15 分钟生活圈 241 个；新改扩建农贸市场 76 个、生鲜门店 46 个；新建公共停车场 137 个、停车位 2.68 万个；新改建自行车道 488.46 千米，新建和提质改造人行道 436.3 千米；新建历史文化步道 32.8 千米。新增城镇就业14.49万人。建成乡镇、村（社区）卫生服务机构36个、医联体79个。新增城乡居家养老服务中心31家。“反炒房”攻坚战取得阶段性胜利。改造棚户区2.29万户、农村危房5193户，13个城中村实现拆迁清零。扫黑除恶专项斗争、安保维稳“百日会战”成效显著，安全生产形势平稳向好，连续11年获评中国最具幸福感城市。

“三大攻坚战” 防范化解重大风险攻坚战有序推进，“停、缓、调、撤”项目735个，完成99家政府平台公司“撤并转”。精准脱贫攻坚战方面，统筹市内精准脱贫、市外对口帮扶，全市建档立卡贫困户已脱贫3.12万户9.56万人；推进龙山县对口帮扶和7个国家级贫困县“携手奔小康”，实施扶贫项目283个、投入2.83亿元。污染防治攻坚战方面，平稳有序退出绿心保护区各类工业企业516家；全年空气质量优良天数280天；“一河（湖）一策”全面实施，24处黑臭水体治理通过国家验收，成为全国首批城区黑臭水体治理达标城市。（袁金明）

重要会议

【市政府常务会议】 2018年，长沙市政府召开常务会12次。

1月19日，听取2018年重大项目投资计划编制情况汇报；审议《长沙市推进“只跑一次”改革实施方案（试行）（送审稿）》《长沙市生态文明建设目标评价考核办法（试行）（送审稿）》《长沙市城区新建住宅供水设施建设和管理办法（送审稿）》《长沙市促进互联网租赁自行车规范发展的指导意见（试行）（送审稿）》《关于调整高龄津贴制度的通知（送审稿）》《长沙市国有困难企业暨“僵尸企业”处置工作方案（送审稿）》。

2月27日，听取全市“产业项目建设年”活动情况汇报、全市防控化解政府债务风险工作情况汇报、全市安全生产工作情况汇报、长沙市重点民生实事推进落实情况汇报、全市对口帮扶工作情况汇报；听取长沙市征地补偿标准调整工作情况汇报并审议《长沙征地补偿标准调整工作方案（送审稿）》，听取全市农作物种植结构调整工作情况汇报并审议《长沙市种植结构调整及休耕治理工作的实施意见（送审稿）》，听取全市2017年环境治理情况汇报并审议2018年环境治理（水、气、土）年度方案；审议《长沙市优化营商环境三年行动方案（2018—2020年）（送审稿）》《长沙市小餐饮“透明厨房”提质工程三年行动方案（2018—2020年）（送审稿）》《长沙市人民政府关于向“长沙县下放市级大型群众性活动安全许可”审批权限的决定（送审稿）》，建立长沙市推进金砖国家新开发银行贷款长株潭绿心区域生态综合治理项目建设联席会议制度。

3月23日，研究审计工作〔听取全市审计工作情况、审议《长沙市2018年审计项目计划（送审稿）》《长沙市2018年度市管领导干部经济责任审计项目计划（送审稿）》〕；研究食品安全工作〔听取全市食品安全工作情况，审议《长沙市2018年食品安全重点工作安排（送审稿）》《长沙市食品安全工作责任追究办法（送审稿）》《长沙市食品药品违法行为举报奖励办法（送审稿）》《2017年度长沙市食品安全工作考评结果通报方案（送审稿）》《长沙市创建国家食品安全城市工作领导小组成员调整方案（送审稿）》《长沙市食品安全委员会成员调整方案（送审稿）》〕；研究河长制工作〔听取全市河长制工作情况，审议《长沙市2018年实施河长制湖长制工作要点（送审稿）》、市管河流“一河一策”〕；研究“一圈两场三道”规划建设工作〔审议《长沙市“一圈”“两场”“三道”两年行动计划（2018—2019年）（送审稿）》，听取长沙市“一圈”“两场”“三道”工作纳入重点民生实事考核情况汇报〕；研究“最多跑一次”改革、“12345”市民服务热线、“放管服”改革工作；研究政务云工作〔审议《长沙市政务云管理暂行办法（送审稿）》《长沙市政务信息资源共享管理办法（送审稿）》《长沙市电子政务服务标准化管理暂行办法（送审稿）》〕；审议《长沙市人民政府2018年立法计划（送审稿）》《长沙市人民政府关于赋予高铁新城管委会部分投资建设项目审批权限的决定（送审稿）》；审议成立长沙市推进“一带一路”建设暨国际产能合作工作领导小组。

4月27日，研究“五个100”项目建设工作、防控化解政府债务工作、长沙国际会议中心综合体（暂定名）项目建设、市政府系统建议提案办理工作；审议《长沙市便民生鲜农产品供应体系建设实施方案（送审稿）》《长沙市便民生鲜农产品市场建设与管理办法（送审稿）》《长沙市旅游公共服务体系建设新三年行动方案（2018—2020年）（送审稿）》《长沙市经济适用住房审批管理办法（送审稿）》《长沙市“最多跑一次”事项目录（送审稿）》《长沙市拟取消和不列入市本级政务服务清单的事项目录（送审稿）》《长沙市政府投资建设项目财政评审办法（送审稿）》《长沙市2018年加速推进现代服务业发展工作要点（送审稿）》；审议成立有关议事协调机构（成立长沙南部片区建设工作协调领导小组、长沙市增量配电业务试点工作联席会议制度、长沙“城市一卡通”建设领导小组）。

5月24日，传达学习贯彻习近平总书记在深入推动长江经济带发展座谈会上的重要讲话精神；研究全市知识产权工作、全市公共资源交易工作、全市禁毒工作、政务云工作、长沙市2018年度第一批次划拨用地；审议《关于开展消除义务教育大班额专项行动的通知（送审稿）》《长沙市创建全民运动健身模范城市三年行动计划（2018—2020年）（送审稿）》《长沙市国有建设用地使用权二级市场交易管理办法（试行）（送审稿）》《长沙市公共停车设施建设支持政策（送审稿）》《关于开展质量提升行动的实施意见（送审稿）》；审议成立有关议事协调机构。

6月14日，研究防控化解政府债务攻坚工作、污染防治攻坚工作、“证照分离”改革试点工作、乡村振兴工作；研究浏阳市、开福区、望城区所辖园区实行统筹管理方案及组建天心经开区管委会（筹）有关工作；审议《关于加大工业企业智能化技术改造支持力度推进国家智能制造中心建设的若干政策（送审稿）》《长沙市人民政府关于进一步规范土地储备管理工作若干意见（送审稿）》《长沙市行政复议听证程序规定（送审稿）》《长沙市养犬管理条例（草案·送审稿）》

《第16届中国国际农产品交易会暨第20届中国中部（湖南）农业博览会长沙市工作方案（送审稿）》《长沙市人民政府关于赋予马栏山（长沙）视频文创园管委会部分投资建设项目审批权限的决定（送审稿）》；审议成立有关议事协调机构；审议修改《长沙市网络预约出租汽车经营服务管理实施细则（暂行）》部分条款。

7月30日，研究生态绿心保护暨中央环保督察反馈绿心问题整改工作（重温《湖南省长株潭城市群生态绿心地区保护条例》）；传达全国全省安全生产电视电话会议精神，研究全市安全生产工作；研究迎接2018年国务院大督查有关工作及迎接国家食品安全示范城市省级评价有关工作；研究湖南省奥林匹克体育中心选址工作及椒花水利枢纽工程建设工作；审议《长沙市加快发展住房租赁市场工作方案（送审稿）》《关于在全市湖泊实施湖长制的实施意见（送审稿）》《长沙市鼓励和引导社会资本参与土地整治工作方案（送审稿）》《长沙市东部开放型经济走廊发展规划（2018—2025年）（送审稿）》《长沙市东部开放型经济走廊建设实施方案（送审稿）》《关于支持南部融城片区加快建设发展的若干意见（送审稿）》。

8月15日，传达学习8月13日全省市州长座谈会议精神（打好“三大攻坚战”，特别是防范化解隐性债务风险和稳增长，确保完成全年目标任务），研究部署全市相关工作；研究省级环保督察组督察反馈问题整改工作；传达学习国务院和省政府深化“放管服”改革推进政府职能转变电视电话会议精神、研究全市“放管服”工作；学习《中华人民共和国预算法》，传达学习全省财政工作电视电话会议精神，研究全市财政工作；研究中国（长沙）跨境电商综合试验区建设有关工作、湘赣边区域开放合作有关工作、长沙现代农业创新投资基金有关调整事项。

9月20日，研究中央和省级环保督察交办问题整改工作、长沙高级技工学校整体迁建暨筹建长沙技师学院工作；审议《长沙市土地例行督察整改工作方案（送审稿）》《2018年中国国际进口博览会长沙市交易分团工作方案（送审稿）》《关于加强和完善城乡社区治理的实施意见（送审稿）》《长沙市国旗升挂使用管理规定（送审稿）》《长沙市市区征收农村集体土地地上附着物及青苗补偿标准调整方案（送审稿）》《长沙市深化对非友好交流合作三年（2018—2020年）行动方案（送审稿）》；研究长沙市与南华大学合作工作并审议《长沙市人民政府南华大学关于医教协同战略合作的协议（送审稿）》。

10月25日，研究全市生态环境保护工作〔研究中央环保督察反馈问题整改及全市绿心问题整改工作，审议《长沙市贯彻落实湖南省第一环境保护督察组督察反馈意见整改工作方案（送审稿）》《长沙市较大环境问题（事件）责任追究实施办法（送审稿）》〕；研究全市防范化解政府债务风险有关工作、全市精准脱贫工作、全市审计发现问题整改工作、全市“扫黑除恶”工作；审议《关于加快建设世界“媒体艺术之都”三年行动计划（送审稿）》《长沙市城市地下空间规划建设管理办法（送审稿）》《长沙市住宅物业消防安全管理办法（草案）》《长沙市国有土地上房屋征收范围内未登记建筑调查认定办法（送审稿）》《长沙南部片区规划纲要（送审稿）》《长沙南部片区概念规划（送审稿）》；审议成立有关议事协调机构（成立中联重科智慧产业城项目建设工作领导小组、长沙市土地违法违规整治工作领导小组、长沙市和包支付产业发展联席会议制度、长沙市高铁西城建设工作领导小组、长沙市推动长江经济带发展领导小组、长沙市全民运动健身工作领导小组）。

11月26日，传达学习《中共中央办公厅关于陕西省委、西安市委在秦岭北麓西安境内违建别墅问题上严重违反政治纪律以及开展违建别墅专项整治情况的通报》精神；研究中央生态环保督察交办问题整改和“回头看”交办信访件办理工作、全市信访工作、2018年度第二批次划拨用地、长沙高新区相对集中行政许可权改革试点工作；审议《长沙市城市黑臭水体治理攻坚战实施方案（送审稿）》《长沙市文明行为促进条例（草案）（送审稿）》《关于全面放开养老服务市场提升养老服务质量的实施意见（送审稿）》《长沙市儿童友好型城市申报计划及三年行动计划（2018—2020年）（送审稿）》《区县（市）耕地保护责任目标考核实施细则（送审稿）》《2018年市级统筹符合政府安排工作条件退役士兵安置岗位计划（送审稿）》《中国（长沙）跨境电子商务综合试验区推进方案（送审稿）》《长沙市市场采购贸易综合管理办法（试行）（送审稿）》《长沙市加快构建网络安全产业发展规划（送审稿）》《长沙市建立健全现代医院管理制度实施方案（送审稿）》《政府工作报告（讨论稿）》。

12月21日，研究“三大攻坚战”工作、为民办实事工作、“菜篮子”工作、国企改革工作；研究中央、省级环保督察反馈问题整改及中央生态环保督察“回头看”交办信访件办理工作；研究“五个100”项目工作，审议《2019年全市重大项目投资计划（送审稿）》；研究禁毒工作，审议《长沙市禁毒工作责任制规定（送审稿）》；审议《长沙市乡村振兴战略规划（2018—2022年）（送审稿）》《长沙临空经济示范区发展规划（送审稿）》《关于促进长沙临空经济示范区发展的若干意见（试行）（送审稿）》《长沙市加快高技术服务业发展的若干措施（送审稿）》。（贺彪）

【市长办公会议】 2018年，市政府召开市长办公会77次。

1月25日，研究长沙市固体废弃物处理场运行及项目建设有关问题。

1月17日，研究“长沙人才新政22条”落实落地工作和支付标准指导下人才新政资金支付办法有关问题、《长沙市政策落地标准化建设指南》有关问题、长沙市2018年度水利建设方案、马栏山视频文创产业园有关问题、开福寺周边地块棚改有关问题。

1月18日，研究部署安全生产有关工作。

1月31日，研究省广电集团马栏山文化创意投资有限公司项目用地、湘欧快线和浏阳烟花产业发展。

2月13日，研究马栏山视频文创产业园和高铁会展新城规划建设。

2月24日，研究湖南奥林匹克体育中心选址有关问题，高铁长沙西站规划有关问题，湘雅路、长益复线——兴联路过江通道建设有关问题。

3月7日，研究优化营商环境有关问题。

3月8日，研究企业上市（挂牌）有关问题。

3月9日，研究芙蓉区和隆平高科技园发展有关问题。

3月27日，研究南部片区发展有关问题。

4月11日，研究长沙市“公交都市”创建和交通规划工作有关问题。

4月18日，研究湖南大学发展有关问题。

4月25日，研究“六大片区”建设工作有关问题。

4月28日，研究农村饮用水卫生有关问题、城区基础教育学位供需有关问题、城市黑臭水体整治有关问题、海凭国际医疗器械产业园有关问题。

5月9日，研究湘江东岸防洪综改造项目堤防改造工程建设；研究全市棚户区改造、城中村改造、一圈两场三道、老城区有机更新等工作。

5月10日，研究跨境电商和开放性经济平台建设工作有关问题。

5月16日，研究湖南师范大学发展有关问题、长沙对非友好交流合作有关工作、“长沙工业云平台”建设和市国投集团参与“长沙工业互联网平台”建设有关问题。

5月18日，研究长沙新奥燃气有限公司上市有关工作。

5月19日，研究部署产业链有关工作。

5月30日，研究长沙县金井镇蒲塘村精准扶贫年度计划和项目安排、马栏山视频文创产业园招商有关问题、“四上”企业培育工作、地方资产管理公司设立和上市公司投融资有关事项；审议《长沙市军民融合发展三年行动计划（2018—2020）（送审稿）》。

6月2日，研究最多跑一次改革工作及市民问政直通车平台建议工作。

6月5日，研究博翔新材料制造项目资金支持有关问题、西安电子科技大学长沙研究院筹建有关问题、政企共建新能源材料技术研究院有关问题、人民公路周边高压电力线路杆迁下地有关工作、公交充电站建设等有关问题、中国民族贸易促进会与长沙市全面战略合作有关问题。

6月10日，研究长沙县金井镇蒲塘村精准扶贫工作。

6月11日，审议《长沙市关于支持岳麓山国家大学城建设发展的若干意见（送审稿）》《2018年度长沙重点工程项目考评办法（送审稿）》；研究湘府路快速化改造工程和红旗路（战备路—绕城高速）道路工程有关问题。

6月13日，研究湖南信息职院新校区建设工作、航空城规划范围有关问题、货运航线补贴有关问题。

6月15日，研究安全生产工作。

6月24日，研究房地产市场调控工作。

7月2日，研究对非交流合作工作。

7月4日，研究新型城镇化综合试点、农村双改、规范农村建房、农村地区污水及黑臭水体治理有关问题；研究轨道交通第三期建设规划建设时序调整有关问题。

7月6日，研究2018湖南—长三角经贸合作洽谈周筹备工作有关问题。

7月7日，研究绿心地区工业企业退出工作、污染防治攻坚战有关工作。

7月9日，研究湖南丽臣实业股份有限公司环保整体搬迁补偿有关问题、便民生鲜农产品供应体系建设有关问题、外贸扩规模提质量有关问题。

7月10日，研究2017年第二批地方政府新增债券额度分配有关问题、市民来电来信及网络留言反映集中问题处理工作。

7月20日，研究长沙军民融合先进技术研究院组建有关问题、全市安全应急装备配备工作有关问题。

7月22日，研究全市生活垃圾处理有关问题。

7月23日，研究市政协重点提案办理工作。

8月1日，研究市人大代表建议办理工作。

8月3日，研究省委环保督察交办问题整改、黑臭水体整治、河长制责任落实等工作；研究湘江洲岛规划有关问题。

8月6日，传达学习习近平总书记关于正确政绩观和“三大攻坚战”的重要精神；研究中央第八巡视组反馈政绩观和“三大攻坚战”方面问题整改工作。

8月9日，研究重大项目建设渣土消纳和管理、生活垃圾焚烧项目建设有关问题、执行国家第五阶段机动车污染物排放标准的通告有关问题、湘雅医院综合提质发展有关问题。

8月11日，研究六大片区建设工作。

8月14日，研究污水处理项目建设和霞凝货场扩建工程有关问题。

9月1日，研究宁乡花猪产业发展有关问题、蒲塘村精准扶贫工作。

9月8日，研究22条产业链办公室工作。

9月9日，研究房地产市场监管和国土资源管理有关问题。

9月10日，研究长郡中学扩建问题。

9月11日，研究长沙师范高等专科学校建设有关问题、高铁会展新城会展片区产业规划有关问题。

9月12日，研究望城区蔬菜产业发展有关问题。

9月13日，研究湖南中烟工业有限责任公司有关工作。

9月15日，研究浏阳市花卉苗木和油茶产业发展有关问题。

9月16日，研究土地违法违规问题整治有关问题。

9月18日，研究长沙火车南站地区综合管理工作。

9月20日，研究长沙绿茶产业发展有关问题。

10月9日，研究园区发展和“最多跑一次”改革工作。

10月10日，研究区块链产业发展有关工作。

10月13日，研究文化产业发展工作。

10月19日，研究教师待遇有关问题、“四新”经济发展有关问题、湘江新区项目建设有关工作。

10月24日，研究水污染防治工作。

10月27日，研究金融产业发展有关问题、长沙市资产管理公司（暂定名）筹建有关工作。

10月31日，研究长沙黄花国际机场建设管理有关问题、跨境电商发展有关工作。

11月6日，研究长沙国际会议中心建筑设计方案、高铁会展新城会展片区产业规划、湘雅医院及周边区域交通优化有关问题。

11月8日，研究省市共建交响乐团有关文问题、长沙与乌干达恩德培市合作有关问题、2018年地方政府新增债券资金安排、2019年开放型经济发展专项新增预算、中国长沙网络安全智能制造大会和2019

国际工程机械博览会筹备有关工作、巡游出租车改革等有关工作。

11 月 10 日，研究房地产市场调控工作。

11 月 15 日，研究“六大片区”建议和工会工作。

11 月 19 日，研究全市体育场馆建设有关问题、地铁磁浮建设有关工作、爱尔眼科发展有关工作。

11 月 20 日，调度电网建设“630 攻坚”有关工作；研究中车时代推广应用新能源汽车补贴遗留问题、湘雅路过江通道招标方案、杨家湾撇洪渠流域水环境治理实施方案、长沙水运发展建设工作。

11 月 21 日，研究“1121”工程建设。

11 月 29 日，研究二维码标准地址建设、“星城快警”警务机制建设有关工作；审议《长沙市推动仿制药质量和疗效一致性评价工作支持意见（送审稿）》《“十三五”规划实施情况中期评估报告（送审稿）》《关于加强政务诚信建设的实施方案（送审稿）》。

11 月 30 日，审议《长沙市重污染天气应急预案（修订·送审稿）》《长沙市林业生物灾害应急预案（送审稿）》《关于开展校企合作工作的若干意见（送审稿）》《关于进一步加快学前教育发展的若干意见（送审稿）》《长沙轨道交通与隧道工程建设应急预案（送审稿）》《长沙市新建商品住房交房交证工作方案（送审稿）》《关于推进公租房货币化保障工作的实施意见（送审稿）》《长沙市第三次国土调查工作方案（送审稿）》《长沙市网上挂牌出让国有建设用地使用权规则（送审稿）》。

12 月 1 日，研究 2019 年城区市政基础设施项目计划。

12 月 2 日，2018 年第四次安委会例会暨防范重特大事故会议。

12 月 4 日，研究市场采购贸易方式试点有关工作。

12 月 10 日，研究全市雨雪冰冻恶劣天气应对工作。

12 月 18 日，审议《长沙市公立医院薪酬制度改革试点实施办法（试行·送审稿）》《长沙市通用航空业发展行动纲要（送审稿）》；研究学前教育普惠发展、湘江水上交通巴士建设、参股凌空公司等有关问题。

12 月 20 日，研究华智分子育种项目发展有关问题。

12 月 22 日，研究全市债券、PPP 及政府购买服务项目有关问题；研究新增隐性债务整改有关问题、绿心工业企业退出市级奖补资金等有关问题。

12 月 27 日，研究省委大院配套项目划拨用地成本结算有关问题、长韶娄高速公路岳麓区辅道工程结算有关问题、群众投诉楼市有关问题处理工作、退役军人及其他优抚对象上访化解有关工作；研究部署金井镇精准扶贫有关工作。（贺　彪）

表 6　　2018 年长沙市政府文件（政府令）目录

序号	标题	发文日期
134	关于将市城管执法局部分行政处罚权委托市住房城乡建设委和市规划局执法单位承担的决定	1 月 31 日
135	关于向长沙高铁新城管委会和长沙县人民政府下放部分市级行政审批权限的决定	6 月 1 日
136	关于向马栏山（长沙）视频文创园管委会下放部分市级行政审批权限的决定	7 月 19 日
137	公布长沙市住宅物业消防安全管理办法	10 月 27 日

表 7　　2018 年长沙市政府重要文件（长政发）目录

文号	标题	发文日期
长政发〔2018〕1 号	关于 2018 年《政府工作报告》主要目标任务实施责任管理的通知	1 月 5 日
长政发〔2018〕2 号	关于印发《长沙市特困人员求助供养办法》的通知	1 月 15 日
长政发〔2018〕3 号	关于清理规范市政府部门行政审批中介服务事项的决定	1 月 15 日
长政函	关于印发《长沙市城区声环境功能区划分》的通知	1 月 18 日
长政发〔2018〕4 号	关于印发《长沙市政策落地标准化建设指南》的通知	1 月 24 日
长政发〔2018〕5 号	关于全面防治大气污染的通告	1 月 31 日
长政发〔2018〕6 号	关于印发《长沙市海绵城市项目建设管理规定（试行）》的通知	1 月 31 日

续表 7　　2018 年长沙市政府重要文件（长政发）目录

文号	标题	发文日期
长政发〔2018〕7 号	关于印发《长沙市城区新建住宅供水设施建设和管理办法》的通知	2 月 1 日
长政发〔2018〕8 号	关于印发《长沙市经济适用住房上市交易管理办法》的通知	2 月 1 日
长政发〔2018〕9 号	关于印发《长沙市推进最多跑一次改革实施方案》的通知	4 月 13 日
长政发〔2018〕10 号	关于调整征地补偿标准的通知	5 月 30 日
长政发〔2018〕11 号	关于规范第 99 届全国糖酒商品交易会交易秩序的通告	6 月 6 日
长政发〔2018〕12 号	关于印发《长沙市城市规划管理技术规定（2018 修订版）》的通知	8 月 9 日
长政发〔2018〕13 号	关于执行国家第五阶段机动车污染排放物标准的通告	8 月 15 日
长政发〔2018〕14 号	关于 2018 年征兵的命令	8 月 23 日
长政发〔2018〕15 号	关于取消及调整部门行政权力事项、行政审批中介服务事项和证明材料事项的通知	9 月 10 日
长政发〔2018〕16 号	关于印发《长沙市国旗升挂使用管理规定》的通知	9 月 28 日
长政发〔2018〕17 号	关于调整长沙市市区征收农村集体土地地上附着物及青苗补偿标准的通知	9 月 30 日
长政发〔2018〕18 号	关于印发《长沙市城市地下空间规划建设管理办法》的通知	11 月 8 日
长政发〔2018〕19 号	关于取消一批行政权力事项的通知	12 月 20 日
长政发〔2018〕20 号	关于设立京广和洛湛铁路长沙段安全保护区的通告	12 月 28 日

表 8　　2018 年长沙市政府重要文件（长政办发）目录

文号	标题	发文日期
长政办发〔2018〕1 号	关于加强全民健身设施建设与管理的意见	1 月 1 日
长政办发〔2018〕2 号	转发市国资委《关于长沙市市属国家出资企业发展战略与规划管理暂行办法》的通知	1 月 1 日
长政办发〔2018〕3 号	关于印发《长沙市新能源汽车推广应用补贴政策》的通知	1 月 3 日
长政办发〔2018〕4 号	关于进一步推进按比例安排残疾人就业工作的通知	1 月 8 日
长政办发〔2018〕5 号	关于印发《长沙市居民家庭经济状况核对办法》的通知	1 月 16 日
长政办发〔2018〕6 号	关于印发《长沙市城镇住宅小区配套中小学校幼儿园建设及产权移交暂行办法》的通知	1 月 16 日
长政办发〔2018〕7 号	关于印发《长沙市新建住宅供电设施建设维护管理办法》的通知	1 月 16 日
长政办发〔2018〕8 号	关于印发《长沙市深入推进城市执法体制改革改进城市管理工作的实施方案》的通知	1 月 18 日
长政办发〔2018〕9 号	关于取消一批市直单位要求申请人提供的证明材料的通知	1 月 23 日
长政办发〔2018〕10 号	关于统筹推进县域城乡义务教育一体化促进优质均衡发展的实施意见	1 月 26 日
长政办发〔2018〕11 号	关于印发《长沙市既有多层住宅增设电梯管理规定》的通知	1 月 31 日

续表 8　　2018 年长沙市政府重要文件（长政办发）目录

文 号	标 题	发文日期
长政办发〔2018〕12 号	关于印发《长沙市取消的村（社区）及基层单位证明材料清单和保留的村（社区）及基层单位证明材料清单》的通知	2 月 1 日
长政办发〔2018〕13 号	关于印发《长沙市建设工程地下文物调查勘探及考古发掘工作管理办法》的通知	2 月 9 日
长政办发〔2018〕14 号	关于促进互联网租赁自行车规范发展的指导意见（试行）	2 月 1 日
长政办发〔2018〕15 号	关于印发《长沙市人才专项资金管理暂行办法》的通知	3 月 12 日
长政办发〔2018〕16 号	关于印发《长沙市"一圈两场三道"建设两年行动计划（2018—2019 年）》的通知	4 月 13 日
长政办发〔2018〕17 号	关于印发《长沙市优化营商环境三年行动方案（2018—2020 年）》的通知	3 月 28 日
长政办发〔2018〕18 号	印发《关于加快新一代人工智能产业发展推动国家智能制造中心建设若干政策》的通知	4 月 13 日
长政办发〔2018〕19 号	关于印发《长沙市海绵城市项目建设管理实施细则（暂行）》的通知	4 月 23 日
长政办发〔2018〕20 号	关于印发《长沙市食品药品违法行为举办奖励实施办法》的通知	5 月 7 日
长政办发〔2018〕21 号	关于印发《长沙市食品安全工作责任追究办法》的通知	5 月 7 日
长政办发〔2018〕22 号	关于印发《长沙市政务云管理、政务信息资源共享和电子政务服务标准化管理三个办法》的通知	5 月 12 日
长政办发〔2018〕23 号	关于进一步创新行政复议工作机制的若干意见	5 月 15 日
长政办发〔2018〕24 号	关于印发《长沙市便民生鲜农产品市场建设与管理办法》的通知	5 月 17 日
长政办发〔2018〕25 号	关于印发《长沙市"五治"工作三年行动计划（2018—2020 年）》的通知	5 月 17 日
长政办发〔2018〕26 号	关于印发《长沙市政府投资建设项目财政评审办法》的通知	5 月 26 日
长政办发〔2018〕27 号	关于印发《长沙市经济适用住房审批管理办法》的通知	5 月 31 日
长政办发〔2018〕28 号	关于印发《长沙市国有建设用地使用权二级市场交易管理暂行办法》的通知	6 月 11 日
长政办发〔2018〕29 号	关于印发《加强长沙市公共停车设施建设若干政策》的通知	6 月 12 日
长政办发〔2018〕30 号	关于加强和规范招标投标工作的意见	7 月 2 日
长政办发〔2018〕31 号	印发《关于支持工业企业智能化技术改造若干政策》的通知	7 月 6 日
长政办发〔2018〕32 号	关于印发《长沙市行政复议听证程序规定》的通知	7 月 9 日
长政办发〔2018〕33 号	关于印发《长沙市网络预约出租汽车经营服务管理实施细则》的通知	7 月 23 日
长政办发〔2018〕34 号	关于支持岳麓山国家大学科技城发展的若干意见	7 月 27 日
长政办发〔2018〕35 号	关于进一步规范土地储备管理工作的意见	7 月 30 日
长政办发〔2018〕36 号	关于印发《长沙南部片区重大项目调度暂行办法和产业招商工作暂行办法》的通知	8 月 6 日
长政办发〔2018〕37 号	关于印发《长沙市绿心保护问题整改责任追究暂行办法》的通知	8 月 10 日
长政办发〔2018〕38 号	关于印发《关于加快发展住房租赁市场工作实施方案》的通知	8 月 15 日
长政办发〔2018〕39 号	关于印发《长沙市鼓励和引导社会资本参与土地整治工作方案》的通知	8 月 31 日

续表 8　　2018 年长沙市政府重要文件（长政办发）目录

文 号	标 题	发文日期
长政办发〔2018〕40 号	关于印发《长沙市政府性债务风险应急预案》的通知	9 月 12 日
长政办发〔2018〕41 号	关于加强农村建房管理的通知	9 月 25 日
长政办发〔2018〕42 号	关于加强城乡污水治理工作的实施意见	9 月 21 日
长政办发〔2018〕43 号	关于印发《长沙市国有土地上房屋征收范围内未登记建筑调查认定办法》的通知	11 月 5 日
长政办发〔2018〕44 号	关于印发《长沙市市级统筹棚户区改造项目土地成本分担管理 暂行办法》的通知	11 月 23 日
长政办发〔2018〕45 号	关于加快区块链产业发展的意见	11 月 27 日
长政办发〔2018〕46 号	关于支持南部片区加快建设发展的意见	12 月 5 日
长政办发〔2018〕47 号	关于印发《长沙市区县（市）人民政府耕地保护责任目标考核实施细则》的通知	11 月 30 日
长政办发〔2018〕48 号	关于印发《长沙市市场采购贸易综合管理办法》的通知	12 月 7 日
长政办发〔2018〕49 号	关于推进公租房货币化保障工作的实施意见	12 月 12 日
长政办发〔2018〕50 号	印发《关于加强政务诚信建设的实施方案》的通知	12 月 14 日
长政办发〔2018〕51 号	关于取消一批市政府规章和市政府及其部门规范性文件设立证明事项的通知	12 月 18 日
长政办发〔2018〕52 号	关于开展第三次国土调查工作的通知	12 月 20 日
长政办发〔2018〕53 号	关于印发《长沙市网上挂牌出让国有建设用地使用权规则》的通知	12 月 21 日
长政办发〔2018〕54 号	关于印发《长沙市重污染天气应急预案》的通知	12 月 22 日
长政办发〔2018〕55 号	关于印发《长沙市推动仿制药质量和疗效一致性评价支持政策》的通知	12 月 26 日
长政办发〔2018〕56 号	转发市人力资源社会保障局市财政局《关于调整机关事业单位工作人员基本工资标准和增加机关事业单位离休人员离休费三个实施办法》的通知	12 月 28 日

民生实事

【概况】 2018 年，长沙市各级各相关部门落实责任制，把好质量关，统筹推进省市为民办实事目标任务，省市考核的 28 个为民办实事项目 35 项指标全面完成，其中 12 个项目 15 项指标超额完成。（彭月忠）

【“一圈两场三道”建设】 2018 年，长沙市开展“一圈两场三道”建设（一圈：“15 分钟生活圈”；两场：停车场、农贸市场；三道：人行道、自行车道、历史文化步道），建成“15 分钟生活圈”241 个；新改扩建农贸市场 76 个，生鲜门店 46 个；新建公共停车场 137 个，停车泊位 2.68 万个，中心城区停车场配套建设 2.2 万个；新改建自行车道 488.46 千米，新建和提质改造人行道 436.3 千米，新建历史文化步道 32.8 千米。14 个项目 19 项指标年度目标任务完成情况：中心城区停车场配套建设完成 221.4%，公交线路优化新增完成 170%，中心城区公共场所停车场建设完成 137%，公交线路优化调整完成 120%，“15 分钟生活圈”社区完成 107%，人行道新建完成 105.7%，农贸市场新改扩建完成 104.1%，自行车道新改建完成 102.7%，绿色示范村庄完成 100%，绿色示范社区完成 100%，新改扩建公办幼儿园完成 100%，群众性体育设施完成 100%，基层工作平台应用完成 100%，垃圾分类减量示范小区完成 100%，人行道提质改造完成 100%，社区品质提升、支路街巷改造完成 100%，公共厕所垃圾站提质改造完成 100%，示范性公共厕所垃圾站新建完成 100%，历史文化步道完成 100%。（彭月忠）

【省考项目建设】 2018 年，长沙市完成 12 个省考项目 14 项指标。城镇棚户区改造完成 199.8%，农村适龄妇女“两癌”免费检查完成 153.1%，农村危房改造完成 145.9%，孕产妇免费产前筛查完成 128.5%，基本消除义务教育超大班额完成 119.6%，城镇新增就业完成 111.4%，提质改造农村公路完成 102.3%，实现自然村通水泥沥青路完成102%，开展县级饮用水水源地环境整治完成100%，农村饮水安全巩固提升完成100%，改造和完善行政村10千伏及以下配电网完成100%，困难残疾人生活补贴和重度残疾人护理补贴发放标准提高完成100%，城乡低保标准和救助水平提高完成100%，城镇黑臭水体整治完成100%。（彭月忠）

【市考项目建设】 2018年，长沙市完成2个市考项目建设：计划为全市500名0~14岁残疾儿童实施6个月抢救性康复救助，实际完成634人，完成率128%；计划在全市范围内建设70个建设母婴关爱室，其中重点打造10个标准化母婴室，完成率100%。（彭月忠）

扶贫工作

【贫困人口概况】 截至2018年年底，长沙市有省定贫困村84个，建档立卡贫困人口4.77万户13.96万人，已脱贫3.12万户9.56万人，未脱贫1.65万户4.4万人，贫困发生率1.06%，2018年脱贫33885人。（黄英华）

【精准扶贫】 2018年，长沙市投入专项扶贫资金1.92亿元，其中市本级2400万元，重点支持84个贫困村和非贫困村产业发展；投入专项（行业）扶贫资金5.07亿元，其中市本级2.33亿元，主要用于发展教育医疗卫生等扶贫事业；投入协作扶贫资金1.94亿元，其中市本级3300万元，用于支持龙山县等8个贫困县脱贫攻坚。全市扶贫机构新增人员配备16人，其中市本级4人，确保扶贫工作力量与工作任务相适应。

易地扶贫搬迁，提前完成“十三五”易地扶贫搬迁任务，共安置3503人，建成集中安置点18个，累计完成投资2.61亿元。产业扶贫，投入资金9641万元，铺排“四跟四走”项目562个，实现特色产业对有条件的贫困村、贫困户全覆盖。教育扶贫，资助建档立卡贫困家庭学生27075人，补助金额5870.5万元，为428名重病重残学生提供“送教上门”服务，实现特殊群体应读尽读。全面完成84个省定贫困村标准化学校建设，建立30个市级名师（特级教师）农村中小学工作站，培养乡村骨干教师500余人。社会保障兜底，纳入精准扶贫社会保障兜底脱贫对象2016户4226人，发放保障金1934.16万元，年人均救助水平达到4466元。健康扶贫，大病集中救治10813人、慢病签约服务33666人、重病兜底保障1789人。贫困户住院54784人次，住院医疗费用2.35亿元，贫困户自付2355.2万元，报销2.11亿元，比例达到90%。危房改造，安排农村危房改造补助资金6000万元，登记造册对4类重点对象存量危房4347户（其中建档立卡贫困户895户），已全部完成。就业扶贫，贫困劳动力4.95万人，已就业3.53万人，就业率71.3%。2018年全市新增贫困劳动力就业2925人，“两后生”培训289人，专场招聘会145场、培训49次、职业介绍45504人次、就业创业指导29001人次、就业创业培训4269人次，发放就业扶贫补贴241万元1297人次。道路交通，市级投入补助资金3000万元，建成精准扶贫道路200千米。电商扶贫，安排电商扶贫资金487万元，84个省定贫困村电商扶贫服务站共帮助建档立卡贫困户1004户销售农产品235万元。刘沩农业等5家企业获评湖南省优秀电商扶贫企业，帮助建档立卡贫困户增收超500万元。其他专项（行业）扶贫工作均按年度计划有序推进。

加大支持深度贫困地区力度。省委常委、市委书记胡衡华，市长胡忠雄先后率队到龙山县调研指导对口帮扶工作。有对口帮扶任务的各区县（市）、园区和部门相关领导带队到帮扶县调研指导28人（次）。市本级及四区均制订《支持深度贫困县脱贫攻坚工作方案（2018—2020年）》，长沙县、浏阳市和宁乡市分别制定2018年“携手奔小康”行动计划。市级帮扶龙山县230个项目，总投资约2.34亿元，已到位资金1.85亿元，其中市级对口帮扶龙山县已到位资金3350万元，区县及园区单位帮扶龙山县资金到位1.06亿元。七区县（市）“携手奔小康行动”铺排项目32个，总投资约7300万元，已到位帮扶资金5020万元。（黄英华）

【社会力量扶贫】 2018年，长沙市制定扶贫日活动方案，开展扶贫宣传、脱贫攻坚先进评选表彰和公益募捐等活动，70家社会组织发起“我想有个家”“盼拓致富路”“留守儿童家园计划”等112个公益募捐项目，近62万人次网友的爱心捐赠和50家爱心企业的配捐，募集善款5915.2万元，其中，网友捐赠3387.6万元，腾讯公益配捐1475万元，爱心企业配捐1052.6万元。36个贫困村成功申报腾讯99公益项目，爱心企业爱心人士捐款65188人次，募集404.9万元，获腾讯配资定向捐赠126.8万元，共筹款531.8万元。累计注册中国社会扶贫网爱心人士1228269人，累计捐赠资金50411次，累计捐赠金额612007元。推进“万企帮万村”精准扶贫行动，442家企业参与扶贫项目665个，累计投入5.21亿元，其中：产业帮扶资金4.04亿元，就业帮扶资金6140.5万元，公益帮扶资金5061.3万元，技能帮扶资金535.8万元。（黄英华）

【扶贫对象动态调整】 2018年，长沙市根据省扶贫办的统一部署，严格按程序开展扶贫对象动态调整。年中动态调整中新增贫困人口1230人，清退不符合条件的贫困人口5347人；年底动态调整工作进入县级复核阶段，初步统计新识别36户125人，返贫2户6人，拟脱贫12065户34204人。制订分年度分措施脱贫计划，其中参与产业扶贫28253人，就业扶贫12172人，教育扶贫8443人，健康扶贫44628人，其他措施扶贫15581人。（黄英华）

【扶贫干部培训】 2018年，长沙市强化扶贫干部培训，制定出台《市派驻村帮扶工作队管理办法》，调整优化帮扶力量。市本级调整安排驻村帮扶工作队40个，派驻驻村工作队740个，工作队员1575人，安排结对帮扶干部36596人，实现省定贫困村及贫困人口100人以上的非贫困村“一村一队”全覆盖和贫困户结对帮扶全覆盖。着重扶贫干部分级分类培训，围绕驻村帮扶、产业扶贫、专项扶贫资金管理、建档立卡、扶贫政策宣讲等主题共开展培训30次，其中长沙市级培训2次，行业部门培训9次，望城区培训5次，雨花区培训3次，天心区1

次，浏阳市培训2次，宁乡市培训4次，长沙县4次，累计培训24375人次，着力打造一支懂政策、会帮扶、作风硬的扶贫干部队伍。（黄英华）

政务服务

【概况】 2018年，长沙市政务中心重点围绕“最多跑一次”改革，推进各项政策在窗口落地，提升大厅综合服务功能，突出重点领域政府信息公开，完善“12345”热线整合聚合功能。全市电子政务工作统筹协调机制初步确立，顶层设计框架逐步完善，基础设施、标准体系、业务应用、“互联网+政务服务”等建设取得重要突破。

改革政策落地 全面完成“两集中、两到位”改革。联合市政府督查室开展5轮专项督查，督促26家单位明确首席代表，完善首席代表制度，下达审批授权书，授予首席代表审批权限，规范使用行政审批专用章，推进行政审批处成建制入驻市政务大厅，梳理、确认需要现场勘查、专家评审等技术审查的特别程序事项232项，实现非特别程序审批事项一律在大厅内部办结，做到“四到位”（事项进驻到位、审批授权到位、审批处进驻到位、专用章使用到位）。督促一次性告知落实到位。制定“一次性告知”简约版办事指南，企业和群众只要扫二维码即可获取办事指南，杜绝因一次性告知落实不到位，导致办事群众来回奔走或反复提交申请材料等现象，推进政务服务便民化。推进“减证办、网上办、就近办、帮代办”工作。公布内五区“就近办”事项197项，长望浏宁（长沙市、望城区、浏阳市、宁乡市）“就近办”事项248项。利用市本级“互联网+政务服务”平台，企业和群众到各级政务大厅办事99%可实现网上办理和受理，“网上办”成为新常态。指导区县（市）开展政务服务帮（代）办服务，涌现出不少特色服务，如望城区确定项目代办制度，宁乡市成立村（社区）帮（代）办队伍，浏阳市推广“岗岗通”、365预约、上门代办等服务新模式，芙蓉区成立楼宇服务中心等。在市政务大厅设立“多规合一”综合窗，基本实现投资报建项目前窗综合受理、后台分类办理，规范17个部门69个投资建设事项办事指南，制定《长沙市“多规合一”综合窗口运行细则（试行）》，全市社会投资建设项目77个工作日办结。

政务大厅综合服务管理 围绕提升群众和企业的服务体验感，强化大厅日常管理服务，推进大厅提质改造，硬件软件设施和环境得到升级优化。落实“七项检查”制度。每月组织对大厅各窗口在综合治理、日常巡查、文明创建、作风建设、业务抽查、接受市民服务热线投诉和监察投诉7个方面的检查，采取“检查—交办—整改—反馈”的工作程序，对发现的问题及时处理，扣分情况纳入窗口工作人员和单位绩效考核。制定《窗口工作人员岗位考核及窗口绩效考核暂行办法》《长沙市政务服务中心分厅岗位考核及绩效考核暂行办法》等，对市本级大厅和6个分厅进行差异化考核，按工作和服务水平评定等次发放岗位考核奖。截至2018年年底，发放考勤奖151万元，评选优秀窗口工作人员1430人。推进大厅提质改造。针对大厅设备设施老化等问题，对大厅弱电、资料柜、前窗桌椅、新风系统等进行提质改造，共更换大小资料柜270套，前窗桌220套、椅270张，制作悬挂类指示牌11块、大厅立式标识3块，各类标识标牌300块，徽章、工作牌550张。常态开展志愿服务、对接服务、引导分流服务、咨询解难服务、帮办代办服务和协助办理服务等。针对大厅排长队现象，制定应急预案，引导人员分流。开展“最多跑一次 欢迎来吐槽”活动，安排专人值班听取群众意见。联合公安窗口组建“便民服务”微信群，利用公安系统快速查找失主，及时通知丢失物品的群众到中心认领。通过“12345”热线、意见簿、现场接待等方式收集群众意见建议，及时处理和回复，回复率100%，全年收到办事群众感谢信66封，锦旗34面，“12345”热线表扬工单171件。

电子政务基础设施建设 推进政务云平台建设。长沙市政务云平台于2018年3月31日实现上线运行，初步具备为市直部门提供云服务的基础能力。主机房位于政通云谷机房，现有机架256个，面积580平方米。双活机房设在市政府二办中心机房，灾备机房设在电信东江湖机房。网络整体覆盖率提升。基本实现纵向到底（市、县、乡镇、村）、横向到边（180家市直单位）的电子政务外网全覆盖，共接入单位2895家。完成市政府一办、二办、三办、人大、政协、老干部活动中心主体无线网络覆盖，共安装AP数量1174个，平台接入用户5608位。基本完成短信平台部署，可实现3大运营商全国号码发送。重点支撑“互联网+政务服务”与25家市直单位政务外网开通工作，安排网络、云平台、数据服务和平台服务专业工程师，实时保障“互联网+政务服务”在政务云上平稳运行。全市网络通信租赁服务优化。全年收到全市118家单位提交的涉及783条通信线路的租赁申请表，通过减少线路数量和降低线路带宽，共为财政节省财政资金288.83万元。

电子政务数据共享开放 将政务信息资源共享作为以技术创新推进政府治理能力建设的基础性工程，纳入新型智慧城市建设全局进行规划和部署。出台《长沙市政务信息系统整合共享实施方案》《长沙市政务云管理、政务信息资源共享管理和电子政务服务标准化管理系列办法》等政策文件。结合国家电子政务服务标准化试点，开展电子政务标准体系建设，编制《长沙市电子政务服务标准体系》。该体系有782项标准，自制订标准49项，建立“互联网+政务服务”、“政务信息资源整合共享”、政府网站和政务云等专题特色标准。推进信息资源互通共享。已完成全市70家委办局资源目录梳理，市人力资源和社会保障局等69家单位的资源目录编制和导入。完成市级信息共享交换平台与省级平台的对接，并从省厅获取省卫计委、省教育厅、省国税局、省地税局、省政务中心、省工商和省质监数据落地长沙，共完成37家委办局前置机部署，归集市编办等14个部门数据。人口库清洗入库基础人口数据1253万条、入库总数据量11536万条，法人库清洗入库基础法人数据30.5万条，入库总数据量200.9万条。

（蒋志华 周 妍）

【政务公开工作】 2018年，长沙市推进决策、执行、管理、服务、结果

"五公开"，形成"以公开促落实，以公开促规范，以公开促服务"的工作局面，2018年在全省五年一度的政务公开工作综合考评中，长沙市获全省综合考评第一名，获评全省先进单位。做好政府信息主动公开和公共企事业单位办事公开。出台《长沙市2018年政务公开工作要点》，提出2018年政务公开工作新标准、新要求。更新市政府门户网站"政务公开工作要点"专栏，主动公开政府信息；设立"政府信息公开年度报告"专栏，运用图片、图标、图解等形式，集中展示市本级、各区县（市）政府和市直各单位的政府信息公开年报。建立全市政府信息公开数据季度报送制度，及时掌握全市政府信息公开基本情况。开展调研，部署公共企事业单位办事公开试点工作，保障好人民群众的知情权。做好浏阳市基层政务公开标准化规范化试点指导工作。2017年，浏阳市被国务院办公厅列入全国100个基层政务公开标准化、规范化试点单位之一，中心多次到浏阳市调研指导基层政务公开标准化规范化试点工作。2018年8月，浏阳市顺利通过标准化试点验收，同时，户籍管理领域试点工作被省政府办公厅作为优秀案例报送到国务院办公厅。做好政府信息依申请公开工作。全面统筹政府信息依申请公开，做好市政府门户网站"政府信息依申请公开"平台日常监管，对未及时受理申请的单位进行督办。依法规范做好政府信息依申请公开答复工作，全年受理市本级政府信息依申请公开260件，同比增长13%，已答复242件，18件在办，接待现场来访群众1000余人60件次，接受电话咨询400余件。（蒋志华）

【政府网站管理】 2018年，长沙市加强政府网站常态化监测，采取系统监测和人工复核相结合的方式，每月对全市政府网站健康性、访问量、更新量、可用性4大指标进行全面监测，对网站的信息更新情况、互动回应情况、服务实用情况进行实时分析，监测结果公开发布。集约化建设稳步推进。加快构建"资源集约、信息集聚、栏目集合、业务集成、管理集中"的政府网站群体系，9个区县（市）辖区内乡镇（街道）、部门网站全部整合到区县（市）本级。68个市直部门在市政府门户网站平台上建立子网站，完成97.1%。网站域名管理。对各区县（市）（含辖区）、市直机关各单位（含内部机构、外设机构、直属机构）的政府网站、栏目、频道、专题、业务系统、服务平台、客户端等使用的域名进行全面清查，不符合要求的已全部整改到位。政府信息公开纵深拓展。全年以视频、图片、文字等多种方式主动公开政务信息10.6万条，发布《政府公报》10期，《长沙新闻联播》331期，通过网上政务大厅发布政务办件信息115.22万条。建设"长沙市2018年政务公开工作要点专栏"，围绕建设法治政府、"放管服"改革、稳定市场预期、加强舆情回应等全面推进重点信息深度公开。线上互动交流。市政府门户网站搭建了统一的互动交流平台，开通"市长信箱""在线访谈""新闻发布会""民意征集"等互动交流栏目，围绕政府重点工作和公众关注热点，拓展政府网站互动交流覆盖面，接受公众建言献策和情况反映，征集公众意见建议，自觉接受群众监督。全年"市长信箱"栏目收到有效信件23018封，已处理22177封，回复率96.35%，收到"人民网"给市长的留言84条，已办结80条。开展"在线访谈"13期、网上调查9期、新闻发布会15场。（周 妍）

【智慧城市建设】 2018年，长沙市加快智慧城市建设，编制完成《长沙市新型智慧城市顶层设计》和《长沙市新型智慧城市建设三年行动计划（2018—2020年）》并通过国家信通院第三方专家评估。创新性引入第三方咨询服务机构和第三方评价机制开展全市新型智慧城市建设项目建设管理，确保新型智慧城市顶层设计和三年行动计划精准落地，从技术上确保长沙市新型智慧城市建设按照顶层设计理念落实到位。组织开展新型智慧城市建设项目联合评审。对智慧环保等32项智慧城市建设项目开展联合评审会，出具立项、可研、初步设计等联合评审意见。2018年部门项目申报金额9.66亿元，审定金额6.45亿元，核减3.21亿元，核减率33.23%。完成长沙市"十三五"重点专项规划暨长沙市"十三五"智慧长沙发展规划中期评估。规划顺利实施并达到预期性目标。开展智慧城市对外交流与展示。积极与国家发展改革委、国家信息中心等上级机构和中国信息通信研究院等专业机构衔接，参展中国国际信息通信展览会、2018亚太智慧城市发展高峰论坛等大型展会，战略性引入腾讯、华为、京东等合作伙伴推动智慧城市发展。长沙在第20届中国国际高新技术成果交易会中获评"2018中国领军智慧城市"。（周 妍）

【重点应用建设】 2018年，长沙市电子政务办通过建设和完善多部门的综合性应用系统，统筹社会综合治税平台、商事服务信息管理平台、协同办公平台、基层工作平台、"中国长沙"APP等一大批跨部门、跨层级综合性业务应用建设。全力保障"最多跑一次"改革。"互联网＋政务服务"平台上线，升级改造的基层工作平台于2018年11月1日在各园区、区县（市）试运行。全市各园区、区县（市）7760项依申请类事项中已纳入平台事项7733项，占比99.65%，实际办件事项1457项，累计受理办件量83639件。全市有163个乡镇（街道）和1497个村（社区）已实际使用平台，占比分别为95.88%和96.77%，基本实现全覆盖。市本级"最多跑一次"事项、"一次也不跑"事项分别达1401项、208项。宁乡市"互联网＋政务服务"改革受到国务院通报表扬。推进社会综合治税信息平台。根据平台提供的比对分析差异数据，2018年综税成果10.19亿元，查补入库9.33亿元。完善商事服务管理信息平台。全年推送涉及许可审批的商事主体信息10.92万条；接收信息9.06万条，接收率82.9%；新增经营范围947条。企业登记可提供60个最多跑一次事项清单以及办事指南、登记范本、提交材料规范、办事流程、表格下载等服务。企业开办时间已压缩至4个工作日以内。通过手机APP可完成双随机跨部门联合抽查，可完成企业地理信息标注，提升企业事中事后监管效率。推进一体化人才综合服务信息平台建设。2018年3月26日实现"人才新政22条"涉及业务全部上线并且全流程可办。全年受理业务申办5.17万件，审核通过3.93万件，享受补贴人数3.57万人，发放补贴资金2.93亿元。实现所有个人事项均能通过一体化个人APP平台申办，人才绿卡持有者可以在APP上享受所有人才绿卡服务。"中国长沙"APP作为汇聚政务服务、公共服务和社会服务的移动综合城市服务平台，11月7日在苹果应用商城上线苹果版，11月14日在VIVO应用商店发布安卓版。实现全部政务服务事项APP申办，开通26项公共服务（个人社保查询及缴纳、电话缴费、人才办事、企业开办等）在移动端的查询和办理。（周 妍）

【“12345”市民服务热线工作】2018年，长沙市受理市民有效来电来信诉求97.7万余件，比2017年53万余件增加84.3%，工作日日均来电量逾3500个，同比上涨169%，回访满意率95%。领导协调解决疑难工单问题。2月13日，省委常委、长沙市委书记胡衡华对《2017年热线专报情况》作出批示：要将专报所涉建议即时反馈给相关部门和单位。根据批示，长沙市政务中心及时将建议分解至各责任单位，并制定具体工作方案。7月10日，市长胡忠雄听取2018年上半年“12345”热线（市长信箱、人民网留言）情况汇报，强调要对市民反映的问题进行聚焦梳理，对反复投诉、部门职能交叉、职责边界不清的问题，由市政务中心牵头组织相关部门专题研究解决。10月11日，常务副市长舒行钢委托长沙市政府副秘书长蒋集政召开“12345”市民服务热线疑难工单协商会议，就4大类38个疑难工单集中讨论并逐项落实责任，交办到位，达到“剖析一个，解决一片”的效果。推进热线资源整合，完善市民诉求协同平台。3月，完成市知识产权局“12330”热线整合，对社保查询咨询热线“12333”等6条待整合热线运行情况调研后，报告市领导批示同意以热线呼叫中心新址搬迁时间为节点实施下一步整合工作。5月21日，市长信箱、人民网留言整合至“12345”热线平台后，共受理市长信箱信件17961件、人民网留言121条，回复率100%；7月，承接市政协“微建议”栏目后，受理“微建议”666件。市“12345”市民服务热线已成为集“12345”热线电话、市长信箱、人民网留言、市政协微建议、“最多跑一次”咨询投诉举报、媒体信箱、警情联动等多功能为一体的市民诉求协同平台。强化督办考核落实。修订印发热线系统考核办法、规范工作流程等制度文件，新增市长信箱、人民网留言办理情况排名，增设“蓝天保卫战”专栏，对办单优秀和不力的典型单位进行点名通报。加大工单办理督办力度，对存在问题的单位及时发布《督办函》，责令限期整改。加强媒体宣传合作力度。新增合作媒体湖南广播电台金鹰955，《长沙晚报》增设《“12345”市民直通车》专栏，并联合多家媒体新开留言渠道，加大对热线月通报和工单办理宣传报道力度。全年各媒体报道热线新闻1268则。（蒋志华）

【“最多跑一次”改革】2018年，长沙市“最多跑一次”改革基本实现“一张网、一个厅、一张表、跑一次”的工作目标。“一张网”——建成全市“互联网+政务服务”平台，平台汇聚49家市直部门、9个区县（市）、15个省级以上园区、171个乡镇（街道）和1607个村（社区）的3万余项政务服务事项，使用受办分离模式，开发受理系统、审批系统、事项管理系统、电子监察系统等8大系统，公布权力清单、责任清单、投资项目目录清单、中介服务事项目录清单等7项清单，制定标准、规范、统一、详细的办事指南。申请人可通过市政府门户网站、中国·长沙APP、长沙市政务中心微信公众号、自助服务机等终端办理全市所有政务服务事项，形成“四级全覆盖”“事项全覆盖”“终端全覆盖”和“15分钟服务圈”的服务模式。“一个厅”——将国土、住保、人社、海事等专业大厅事项全部纳入市政务大厅统一办理，市本级政务大厅能办理的事项从526项增加到857项，工作人员从328名增加到438名，通过提供“一门式”服务，解决企业和群众办事来回跑的问题。“一张表”——市本级、区县（市）、省级以上园区分别梳理和公布1307项、6110项、1753项“最多跑一次”事项，其中“一次也不跑”事项分别为164项、659项、106项。“跑一次”——改革前仅有35%政务服务事项网上可办，改革后99%政务服务事项网上可办，市政务大厅“最多跑一次”事项61项，除69项投资建设事项外，788项全部实现“最多跑一次”，增加11倍。全市即来即办事项2093项，比改革前的890项增加1203项。“最多跑一次”改革第三方评估群众满意度95%以上，长沙在全国城市营商环境的排名从2017年的第20名上升到2018年的第九名。（蒋志华）

政策研究

【调研成果】2018年，长沙市人民政府研究室发挥智库作用，做好参谋服务工作，全年完成综合文稿550余篇，推出调研成果20个，其中大部分有省市领导的重要批示并实现成果转化。全年完成重大综合课题4个：《补齐发展短板，做强实体经济——长沙市实体经济发展调研报告》为进一步发展壮大实体经济提供了重要参考；《营造一流营商环境，激发市场发展活力》作为重大调研成果上报，并对外发布；《提高通关便利化水平促进外向型经济发展》促进海关改革提速；《实施差异化调控机制，促进房地产健康发展》转化为“6·25”调控政策。此外，完成全国人大代表课题《深化“放管服”改革，推动高质量发展》，作为全国人代会上的建议。关注民生小事，解剖麻雀，为民生问题开“良方”，为社会善治送“钥匙”。完成《从银盆岭到“聚宝盆”的嬗变》《一网“兜”起民生大小事》《关于望城区静慎村乡村治理模式的调查与思考》《长沙市城市污水管理体制改革的调查与建议》《完善预售资金监管，促进行业健康发展》《着力打造国际一流的营商环境》自主课题6个，分别获相关市领导批示，经验在全市推广。坚持“研以致用，合作共赢”，完成《长沙市“独角兽”企业培育的优势、困境及对策研究》《补齐产业链配套短板，助力产业高质量发展》《发挥人防资源优势，促进军民融合发展》等合作课题6个。所有调研报告主题鲜明、重点突出，资料翔实、论证严谨，操作性强、切实可行。（李 未）

【决策部署研究】2018年，长沙市政府研究室牵头起草政策1件，参与起草政策5件。牵头起草《关于建立促进房地产市场平稳健康发展长效机制的实施意见》。参与起草房地产市场调控“6·25”政策，即《关于进一步加强房地产市场调控工作的通知》，对引导房地产市场预期，稳控房地产市场秩序起到重要作用；参与起草《中共长沙市委长沙市人民政府关于全面落实乡村振兴战略的实施意见》《关于中共长沙市委长沙市人民政府关于开展质量提升行动的实施意见》《长沙市电网项目建设“630攻坚”活动实施方案及责任事项清单（2018—2019）》《关于支持南部融城片区加快建设发展的若干意见》。对相关单位起草的政策文件，提出切实可行的修改意见。全年协助部门修改完善《长沙创建国家运动健康城市三年行动计划（2018—2020年）》《长沙市东部开放型经济走廊发展规划》《长沙市东部开放型经济走廊建设实施方案》等19个政策性文件。

（李　末）

【信息服务】 2018年，长沙市政府研究室收集各类信息，提高信息服务的实效性、时效性、针对性。全年采编撰写专题信息12期，获市领导批示6期。如《发展高质量教育亟待破解教师“编制”之困》获省委常委、市委书记胡衡华批示，《纵深推进综合医改亟待破解四大难题》获市长胡忠雄批示，《长沙市构建“四个三”常态机制打造廉洁政府》在省纪委监委《要情专报》发表。将长沙的经验做法提升到理论高度向外推介，提升长沙的知名度和美誉度。在省级及以上主流媒体公开发表11篇文稿。《以乡村振兴战略推进农业农村现代化》发表于《湖南日报》；《全力推进“最多跑一次”改革——深入学习贯彻习近平总书记对湖南工作的重要指示精神》发表于省《决策参考》；《着力打造富有特色的区域金融中心》发表于省《研究与决策》；《建设开放新高地，打造长沙新标杆》《加快长沙市产业投资基金发展的调查与思考》《长沙市2017—2018年“两型社会”与生态文明建设报告》等7篇文章发表于《湖南经济社会发展蓝皮书》；《在长沙遇见最美的秋天》获好评。借助中国智库平台，建立常态化交流机制，吸收外地经验，传播“长沙声音”。《信息专报》和《鉴阅》经常整理选载外省市成功经验，获市领导的重视和批示。选编《调研参考》12期，编辑《决策咨询》12期。编印《观点长沙》《视点长沙》等调研成果集，推进全市调研成果转化。上报两办信息居全市同类单位前3位，被评为市政务信息先进集体。

（李　末）

人力资源管理

•引才引智•

【人才队伍建设】 2018年，长沙市加快高层次人才引进培育，全面落实“人才新政22条”，出台互联网领域高层次人才分类认定办法，启动高精尖人才领跑工程、紧缺急需人才集聚工程。围绕全市22条产业链，编制发布紧缺急需人才需求目录及引才地图。建成全省首家省级人力资源服务产业园和6家海外引才联络站，组团外出招才引智，承办“香港博士团长沙行”活动，认定高层次人才603人，引进外籍专家184人，新增国家级企业博士后科研工作站、省级流动站协作研发中心10家，完成包括2名诺奖获得者在内的省科技创新人才引进任务26人，累计发放各类奖补资金3.26亿元。加强技能人才队伍建设。推进“长沙工匠”铸造工程，完成各类职业技能培训6万人，新增各类技能人才1.63万人，获评全省数控技能大赛、全省家庭服务业职业技能竞赛团体一等奖。推进长沙高级技工学校整体搬迁暨长沙技师学院项目获得实质性进展，项目列入全市2019年重大建设投资范围，有效填补全市高技能人才培训基地的空白。

（李迪龙）

【首批高层次人才“人才绿卡”发放】 2018年4月26日，长沙市委人才工作领导小组召开长沙市首批高层次人才分类认定暨人才绿卡授卡启用新闻发布会。发布会由长沙市人民政府副秘书长涂文清主持，长沙市委常委、组织部部长张宏益出席并讲话。部分企业代表，高层次人才代表，湖南湘江新区，各国家级、省级园区，相关市直单位及星沙海关负责人等各方代表近100人参加发布会。会上，长沙市委组织部副部长、市人力资源和社会保障局党委书记、局长张白云宣读《关于发布长沙市首批高层次人才分类认定名单的通知》，长沙市委组织部副部长、市委两新工委书记、市绩效办主任、市委人才办常务副主任易敏华宣读《长沙市领导干部直接联系服务高层次人才实施方案》。会议向首批分类认定高层次人才代表颁发证书并发放“人才绿卡”，长沙人才新政代言人、B类人才、湖南华智水稻生物技术有限公司总经理张健作为人才代表发言。

2017年10月，长沙市人力资源和社会保障局启动首批高层次人才分类认定申报工作，438人申报，最终确定首批207人的认定名单。其中，B类国家级领军人才24人，C类省市级领军人才74人，D类高级人才109人。

长沙人才绿卡是长沙人才享受有关政策待遇、办理相关服务事项的凭证。持卡人才可凭卡享受出入境服务，海关通关便利，机场、高铁站贵宾服务以及购房、子女入学、医疗保健、配偶就业、人事档案管理、驾照转换、创新创业等全方位服务。此外，持卡人才的配偶、未成年子女、父母、配偶父母还可申领人才绿卡副卡，享受出入境服务，海关通关便利，机场、高铁站贵宾服务和优先预约体检诊疗服务。涉及人才绿卡服务的各职能部门和人才服务窗口均配有服务专员，为人才提供政策咨询、跟进协调“一对一”服务。同时，长沙市确定36名省市领导直接联系服务41名在长沙建站院士和24名B类高层次人才，市委人才工作领导小组成员单位和相关市直单位主要领导直接联系服务74名C类高层次人才，各园区、区县（市）领导直接联系服务所在区域创新创业的109名D类人才。　（李迪龙）

【首批海外引才联络站授牌暨海外人才需求对接会】 2018年3月21日，长沙市首批海外引才联络站授牌暨海外人才需求对接会举行。长沙在美国、英国、法国、瑞典等国家设立的首批5家海外引才联络站授牌，多家企业与联络站当场达成合作共识。长沙市委常委、组织部部长张宏益为海外引才联络站授牌并讲话，长沙市政府副秘书长涂文清介绍了长沙市首批联络站建站背景并宣读了首批长沙市海外引才联络站名单。5位海外引才联络站负责人，30余家有海外引才需求的企业代表，长沙市委组织部（人才办）、长沙市人力资源和社会保障局（以下简称“市人力资源社会保障局”）相关负责人，国家级园区代表，媒体代表共70余人参加会议。

长沙市对26家申请建站机构进

2018 年 3 月 21 日，长沙市首批海外引才联络站授牌暨海外人才需求对接会举行
市人力资源和社会保障局 供图

行筛选，最终选定寰球人才交流中心、大纽约地区清华校友会、旅英华人高新科技商业协会、中法桥协会、北欧可持续发展协会 5 家机构为首批海外引才联络站。此外，3 月初，长沙市委组织部（人才办）、长沙市人力资源社会保障局面向长沙市企业开展海外人才需求摸底，共收集到 49 个企业申报的 214 个岗位需求。会上，海外引才联络站负责人分别就本联络站基本情况及建站工作思路作主题发言，各国家级园区和部分企业代表就人才需求情况与联络站对接，多家企业与联络站达成合作共识。（李迪龙）

【长沙政企代表团参加第 16 届中国国际人才交流大会】 2018 年 4 月 15—18 日，由长沙市委组织部、市人力资源和社会保障局（以下简称“市人力资源社会保障局”）、湖南湘江新区及 3 个园区、11 家企业组成的政企代表团参加在深圳、香港举办的第 16 届中国国际人才交流大会。会议期间，代表团参加 8 场活动，邀约近 500 名人才现场洽谈合作，初步意向达成率 20%。在香港期间，代表团走访香港中文大学、香港科技大学、三湘集团、香港湖南联谊总会，深入人才集聚地，链接多方资源，推介人才新政。代表团拜访香港公务员局，推进长沙与香港干部之间的交流学习，慰问长沙“313”计划人才、威胜集团的香港籍财务总监，了解长沙引进的高端人才在香港地区的发展状况。为加强全球招聘窗口建设，市人力资源社会保障局与香港科技大学签署人才战略合作协议，并计划组织香港博士团、实习团到长沙考察、体验、学习，为长沙引进更多具有国际化视野的高素质人才。（李迪龙）

【紧缺急需人才需求目录发布】 2018 年 7 月 23 日，长沙市人力资源和社会保障局（以下简称“市人力资源社会保障局”）举办长沙市 2018 年度紧缺急需人才需求目录发布会。长沙市委常委、市委组织部部长张宏益出席发布会并讲话，长沙市委组织部副部长，市人力资源社会保障局党委书记、局长张白云在会上发布 2018 年度长沙市紧缺急需人才需求目录以及高精尖人才领跑工程、紧缺急需人才集聚工程首批申报公告。

2018 年 3 月，市人力资源社会保障局启动 2018 年度需求目录编制工作，根据岗位战略性、市场供给和产业需求，编制 2018 年度长沙市紧缺急需人才需求目录，最终确定 16 个行业的 252 个岗位为 2018 年度长沙市紧缺急需岗位。岗位数量排名前十位的行业基本属于长沙市 22 条新兴优势产业链。从学历情况来看，目录所列岗位要求数量最多的为“本科学历”，有 123 个，要求博士、硕士学历的分别有 50 个、49 个。为便于有意向到长沙工作的人才找到合适岗位，长沙市专门开设了紧缺急需人才供需对接平台（www.csrsj.zhaopin.com），人才可根据需求目录提交简历，人社部门将安排专人进行对接，引导人才和用人单位及时沟通。

2017 年 6 月，长沙市出台“人才新政 22 条”，明确实施高精尖人才领跑、紧缺急需人才集聚、青年人才筑梦、国际人才汇智、“长沙工匠”铸造 5 大人才工程。由于高精尖人才领跑工程和紧缺急需人才集聚工程要求新引进人才需在长沙工作一年以上方可申报，因此，在人才新政实施期满一周年之际，市人力资源社会保障局发布开展 2018 年长沙市高精尖人才领跑工程以及紧缺急需人才集聚工程申报工作的通知，宣告长沙人才新政 22 条 5 大人才工程全面实施。

根据政策规定，对入选长沙市级紧缺急需人才的，将根据评审认定情况分别给予 50 万元、30 万元、15 万元奖励补贴；对新引进的国际顶尖人才、国家级产业领军人才、省市级产业领军人才，分别给予 200 万元、150 万元、100 万元奖励补贴，同时分别按 200 平方米、150 平方米、100 平方米标准以区域同期市场均价给予全额购房补贴。采取“一事一议”方式，通过股权投资与资金资助结合，对产业领军人才及团队可给予 1000 万元项目资助；对长沙市产业发展有重大贡献、能带来重大经济社会效益的产业领军人才及团队，最高可给予 1 亿元项目资助。（李迪龙）

【海外专家引智项目】 2018 年 12 月初，长沙市人力资源和社会保障局、长沙市财政局向相关企业拨付“海外专家引智项目”资金，总额 1345 万元，惠及 100 余家企业和 184 名外国专家。2017 年 6 月长沙市出台“人才新政 22 条”，新政中专门面向海外人才实施“国际化人才汇智工程”，并设置“海外专家引智项目”，对全职或以项目合作等方式柔性引进海外人才的企事业单位等各类组织予以资助。2018 年，长沙市有 156 家企业申报项目，经过资料审核、现场考察、专家评审等环节，共有 115 个项目通过评审，其中高端项目 10 个（每个给予 30 万元资助），项目资金总额为 1345 万元。2018 年，长沙市通过引智项目引进或计划引进外籍专家 184 人，其中博士以上学历 66 人，占比 35%；柔性引进 127 人，占比 69%。

2017年6月至2018年12月底，共新引进58人，占比31%，来自北美欧洲等发达国家或地区的外国专家占比超过55%。生物医药、电子信息、智能制造是外籍人才主要集中领域，分别占比24%、19%、18%。

（李迪龙）

【"湖南省引进100个科技创新人才"任务完成】 2018年，长沙市根据省委、省政府有关科技创新人才引进的部署安排，结合人才新政的贯彻实施，做好科技创新人才引进、服务各项工作。长沙市推荐的韩圭奭等26人全部入选湖南省科技创新人才认定名单，位列全省第一位。从人才的区域分布看，长沙高新区15名，长沙经开区4名，芙蓉区3名，宁乡市2名，雨花区1名，望城区1名。从引进方式来看，全职引进22名，柔性引进4名。从人才层次看，对照《长沙市高层次人才分类认定目录》，符合A类标准的2人，符合B类标准的3名，符合C类标准的8名，符合D类标准的13名。从与重大产业项目挂钩的情况看，有10名人才是依托湖南省部署的"四个100"产业项目引进。对引进的科技创新人才支持力度较大。对全职引进的人才，给予100万元奖励性生活补助；对非全职引进的人才，给予60万元奖励性生活补助。在薪酬待遇、编制使用、职务职称、税收减免、落户居留、医疗保险、配偶安置和子女入学等方面，全面享受"芙蓉人才行动计划"支持政策，对引进人才提供"一站式"服务。

（李迪龙）

【第六届全国大中城市联合招聘高校毕业生秋季巡回招聘会（长沙站）】 2018年11月10日，第六届全国大中城市联合招聘高校毕业生秋季巡回招聘会（长沙站）在长沙人才市场举行。该招聘会由人力资源和社会保障部发起，长沙市人力资源和社会保障局主办，长沙市人力资源公共服务中心、长沙人才市场、长沙人才网共同承办。招聘会上，广东、江西、重庆、南京等全国18个省市地区的200余家用人单位提供5000余个岗位，涉及生产制造、工程机械、医疗卫生、能源环保、房地产建筑、教育科研、营销管理、电商物流、旅游娱乐、互联网科技等众多热门行业。招聘会当日有近1500名高校毕业生进场求职。招聘会现场举办了长沙人才网第六届"人才杯"简历制作大赛颁奖仪式。此次大赛收到70所高校2.4万份参赛作品。组委会最终评选出100份获奖作品，其中湖南信息学院大四学生朱凌华获大赛一等奖。在优秀简历评选过程中，大众汽车、山河智能、威胜集团、蓝思科技等23家企业在评选现场相中242名获奖选手，并向他们发出面试邀请。

（李迪龙）

•公务员管理•

【概况】 2018年，长沙市招录公务员232人，核准发布事业单位招聘计划1384名，探索建立"公务员基层课堂"培训新模式。建成人事考试网上报名、成绩查询、证书管理等系统，完成各类人事考试35场、13万余人次。统一全市各系列（专业）职称评价标准，全面下放中小学教师中级职称评审权限，在全省率先实现初中高职称"一网查询"。重新修订计划分配军转干部考核考试安置办法，完成军转干部安置任务。落实机关事业单位基本工资正常调整机制，完成监察体制改革配套工资审批工作，稳步开展公立医院薪酬制度改革试点。牵头实施机关事业单位集中休假制度。

（李迪龙）

【"公务员公安基层课堂"开讲】 2018年4月27日，由长沙市人力资源和社会保障局、长沙市公务员局、长沙市公安局主办的长沙市2018年第一期"公务员公安基层课堂"在长沙市公安局机关二院开讲。中国军事文化研究会网络研究中心主任杜文龙应邀进行主题为"国家安全形势新变化与战略选择"的讲座，现场及50余个分会场的近万名民警和辅警参加。讲座现场，杜文龙从"什么是安全""我们安全吗""怎样更安全"3个问题分析了中国国家安全态势以及周边国家、地区的军事实力对比，并立足于现实、放眼于未来，战略性地提出一些国家安全对策。举办此次培训旨在让广大民警和辅警了解国际形势与国家周边安全，开阔国际视野，增强政治意识和安全意识，在工作中，弘扬爱国主义精神，增强国家安全意识，用法治思维和法治方式来指导社会治理工作。

（李迪龙）

【2018年新录用公务员初任培训班结业】 2018年11月5日，由长沙市委组织部、长沙市人力资源和社会保障局主办的"长沙市2018年新录用公务员初任培训班"结业，此次参与培训的有149名长沙市新录用公务员。该期培训着眼于新录用公务员应具备的基本知识和技能，重点安排中共十九大精神解读、依法行政、市情市策等课程，开设了国防教育、公文写作、公务礼仪、食品安全、保密知识、医疗急救等专题讲座。邀请国防大学大校杨阳，湖南省委党校、长沙市委党校及湖南大学、华南师范大学等院校多位教授，湖南省保密局、长沙市食药监局等党政机关领导授课。课程内容丰富多彩，授课形式多种多样，学员们表示，通过学习，提升了对习近平新时代中国特色社会主义思想的深刻认识，增强了责任感和使命感，提高了理论水平和解决现实问题的能力。

（李迪龙）

【第六期"公务员基层课堂"开讲】 2018年12月7日，由长沙市人力资源和社会保障局、市工商行政管理局主办的长沙市2018年第六期"公务员基层课堂"在长沙市会议中心开讲。清华大学教授、博士生导师王传利应邀就"科学看待改革开放的历史逻辑"主题进行深刻阐述。长沙市工商系统的300余名公务员聆听讲座。授课中，王传利对中国改革开放的历史逻辑展开详细论述，全面解读中国改革开放40年取得巨大成就的原因。他指出，改革是中国社会主义制度的自我完善和自我发展，开放是与社会化大生产程度相适应的政策选择。报告融学术性、实践性、指导性为一体，是一次改革开放40周年光辉历程的专题讲座。

（李迪龙）

外事·侨务·港澳事务

【概况】 2018年，长沙市外事、侨务、港澳和对外友协工作积极服务国家总体外交、服务地方发展大局、服务涉外民生民利、服务文明交流互鉴。中国人民对外友好协会授予长沙市"中日韩优秀友城合作奖"。中国国际友好城市联合会授予长沙市“国际友好城市交流合作奖”。

服务国家总体外交　完成落实《南海各方行为宣言》第15次高官会、第四届对非投资论坛等国家主场外交承办任务。接待老挝人民革命党中央总书记、国家主席和几内亚比绍、刚果（布）、塞拉利昂3国总统等重要外宾团组110批次870余人次，接待使领馆官员15批次60人次。加强与老挝驻长沙总领事馆联系，助推长沙与老挝琅勃拉邦开通往返直航航线。在长沙设立签证中心增至欧洲16个国家。促成高新区国际科技商务平台先后引进美、欧、亚洲相关国家和地区的24家商（协）会。长沙市连任世界城市和地方政府联合组织（UCLG）亚太区2018—2020年理事会成员，当选执行局成员（亚太区共20个，其中中国大陆城市4个），并成为“一带一路”地方合作委员会和21世纪海上合作委员会创始会员。与美国纽黑文市建立友好城市关系，与韩国大邱广域市签署建立友好合作城市关系协议书，与埃塞俄比亚阿达玛市签署建立友好城市关系意向书，长沙国际友城“朋友圈”拓展至30个国家的50个城市。

服务地方发展大局　服务德国卓伯根中国总部、美国伟创力、香港九龙仓长沙国金中心等重大项目建设，推动“湖南—北欧经济合作中心”等重大项目对接选址。承办国侨办“华侨华人专业人士回国创业研习班”“侨商企业投资推介会”等招商引资、招智引才活动，长沙“侨梦苑”已汇集400余家侨资企业，聚集万余名海外人才。对接香港特别行政区政府驻湖南联络处，深化与粤港澳大湾区城市间合作，与港交所达成战略合作关系，参加香港“第11届亚洲金融论坛”，为长沙市企业到香港上市融资铺路。协同举办“香港创意营商日”“香港博士团长沙行”“湘港经贸对接会”等活动，促成一批项目对接和人才合作。协同完善《长沙与香港公务员交流实习计划运行机制》，推动长沙、香港互派公务员交流顺利实施。

服务涉外民生　全年审核、审批因公出国团组251批679人次。为重要企业审核办理APEC商务旅行卡46批132人次，办理外国人到长沙邀请核实手续542批1072人次，便利经贸、科技、人文往来。筑牢外事安全屏障，妥善处理“朝鲜‘4·22’重大交通事故”罹难市民善后工作。开辟绿色通道，支持“猎狐行动”和重要敏感案件审理。组织召开“长沙市‘走出去’（东南亚）企业座谈会”，解读“一带一路”有关政策，宣讲外事政策纪律、国（境）外风险防范措施。承办国侨办“中医关怀团”侨务援藏和到澳大利亚义诊活动，选派优秀教师到菲律宾开展国侨办“海外华文教育”，开展“中国故事中国梦，党的声音海外传”“三侨联动迎新春”等新春联谊，组织“芙蓉国印象2018”到美国进行春节慰问演出。

服务文明交流互鉴　协同举办2018“一带一路”青年创意与遗产论坛，支持“璀璨星城 快乐长沙”专场活动在德国举办，协调保障长沙代表团参加波兰“创意城市网络第12届年会”、奥地利“林茨电子艺术节”、韩国“全球创意城市论坛”，进一步彰显城市开放包容形象。协同举办2018中国（长沙）国际友好城市青少年足球赛，邀请日本鹿儿岛市、加拿大万锦市以及中国香港地区派足球队参赛，增进友城间情谊和青少年交流，《首届中国（长沙）国际友好城市青少年足球赛成功举办》获中国国际友好城市联合会季刊《友好城市》推介。《雕塑艺术架起友好桥梁》入选全国友协“向世界介绍中国”公共外交课题40个研究项目之一。（李亚飞）

【老挝北部六省省委书记代表团一行访问长沙】　2018年5月22日，以老挝丰沙里省委书记兼省长坎坚·冯珀西为团长的老挝北部六省省委书记访华团一行访问长沙，省委常委、市委书记胡衡华会见代表团一行。双方就进一步加强在工程建设、农业开发、文化旅游、科技教育等领域的务实合作进行深入交流。

（李亚飞）

【长沙市友好代表团访问欧洲友城】　2018年5月24—30日，长沙市友好代表团访问友好城市——芬兰罗瓦涅米市、塞纳约基市、瑞典乌普萨拉市和冰岛奥佛斯市。双方就经贸、科技、旅游和园区建设等方面的深度合作交换意见。（李亚飞）

【长沙与美国纽黑文市缔结为友好城市】　2018年4月10日，长沙与美国纽黑文市共同签署两市缔结友好城市关系协议书，长沙市委副书记、市长、湖南湘江新区党工委书记胡忠雄，美国纽黑文市市长哈普、议长沃克出席签约仪式。4月11日，市政协主席文树勋会见代表团一行，并就有关合作事宜进行深入沟通。在长沙期间，哈普市长参观湖南省博物馆、长沙规划展示馆、雅礼中学，并与企业代表座谈。（李亚飞）

【外国友人走进长沙铜官窑】　2018年10月27日，“快乐长沙·我的家——外国人眼中的长沙”系列主题活动启动。60余位在长沙工作、学习的外国友人走进铜官窑古镇，开启“一日阅尽千年”的湖湘文化

2018年10月27日，外国友人参观新华联铜官窑文化旅游景区铜官窑陶瓷　刘佳　摄

之旅。在古镇景区，外国友人体验飞行影院，观看“传奇黑石号”特技表演。在铜官窑陶瓷、湘绣、古钱币博物馆，参观的外国友人对承载文化记忆的文物每一个细节都充满兴趣，通过长沙铜官窑旅管分公司的翻译人员详细了解长沙瓷器、湘绣等历史文化。此次活动展现了长沙在文艺传承和创新、生态保护、新农村建设等方面的发展及成就，让更多外国朋友了解、融入、爱上长沙这座城市。（李亚飞）

【长沙与韩国龟尾结好 20 周年系列纪念活动举行】2018 年 9 月 11 日，长沙与韩国龟尾结好 20 周年系列纪念活动举行。市委副书记、市长、湖南湘江新区党工委书记胡忠雄，韩国龟尾市市长张世龙、龟尾市议会议长金泰根出席。市领导付胜华、张智勇、刘明理参加相关活动。双方签署《长沙—龟尾 2018—2022 年深化交流协议》。根据协议，两市将深入开展政府间友好访问，推动民间友好交流，增进经济、文化、教育、体育、卫生、旅游、环保等多领域友好合作。（李亚飞）

信　访

【概况】2018 年，长沙市接待处置群众进京到省、市信访 42104 人（件）次。其中，到省上访 4775 批 13080 人次；到市上访 5287 批 18110 人次，来信 5092 件次（含上级转交办件），网上信访 5424 件次（含上级转交办件），复查复核申请 22 件次。全年没有发生重大的群体性恶性事件和涉访舆情事件。

研究部署　全年市委常委会、市政府常务会、书记专题调度会、市委常委议事协调会先后 9 次听取信访工作和巡视组交办件办理工作情况汇报，专题研究部署信访工作；市长办公会坚持每月必听取信访工作汇报，研究具体难点热点信访问题。市委市政府主要领导和信访工作分管领导等多次对信访工作做出批示指示，坚持定期研究部署，随时听取情况，明确工作要求，并带头接访下访，领办信访问题。其他市领导分别做好分管领域内信访问题的协调、督办、化解等工作。

规范信访业务　全面推行“三天工作法”，即接待群众来访第一天讲得清主要诉求，第二天还得原基本事实，第三天提得出合理建议，提升接访工作效率；改建市人民来访接待中心，高标准设置人民接待窗口，改善群众来访环境；定期开展信访业务和政策法规培训，提升接访人员能力水平；深化湖南省信访信息系统运用，对所有群众来访必登，有据可查，规范办理，提升信息化水平。改进书记和市长信件办理方式，全年办理书记、市长信 615 件，及时上报办理结果，获书记、市长的肯定。推进网上信访，全年网上信访及时受理率和群众满意率分别达 99.3% 和 97%，在全省领先。

信访基层基础建设　参与“城市基层党建年”活动，将信访量作为检验“城市基层党建年”成效的重要指标。在全市开展信访工作“三无”县市区和“三无”乡镇（街道）、社区（村）创建活动，全市 59 个乡镇（街道）实现“三无”（无进京非访登记和进京重复越级访，无到市级及以上集访，无极端恶性事件）目标。推动落实基层信访工作责任，完善督查通报，联合市委基层办定期通报高新区和内五区乡镇（街道）信访情况，对部分县市区未按要求落实信访工作责任，提出追责建议。（袁　晶）

【信访积案化解】2018 年，长沙市印发《长沙信访工作“四大攻坚”活动实施方案》，在全市组织开展重点领域、重点群体、重点问题、重点人员“四大攻坚”专项行动。全市全面梳理 285 件“四大攻坚”案件，建立翔实工作台账，集中交办给责任单位。市信访局定期调度、强力督查，推动责任单位集中时间和力量落实“四大攻坚”活动要求。2018 年交办的 285 件“四大攻坚”案件（其中重点领域 37 件、重点群体 28 件、重点人员 138 件、重点问题 82 件），到期全部办结，获国家信访局和省信访局肯定。10 月 10 日，省委、省政府召开全省“信访法治化建设”暨“四大攻坚”现场推进会，长沙市在会上作典型发言。（袁　晶）

【信访法治建设】2018 年，长沙市部署开展“信访法治建设年”活动，广泛开展信访法治宣传活动，5 月，集中利用一个月时间在全市上下开展“信访法治宣传月”活动，各级各部门开展法治宣传活动，法治信访观念深入人心。全市发放《中华人民共和国宪法》《信访条例》等宣传资料 4000 本，《信访法治宣传手册》1 万份，发放宣传单 168398 张，宣传册 76168 本，通过电子显示屏滚动播出宣传标语 1215 条，送法下乡 115 场，上法治课 160 堂，网络宣传 267 条，通过手机短信宣传 32794 条。推进依法分类处理群众投诉请求，引入心理咨询、律师等第三方力量参与信访接待。截至 2018 年年底，值班律师接待群众 125 批 173 人次，心理咨询师接待群众 155 批 197 人次。严格落实诉访分离，引导分流信访群众到市委政法委涉法涉诉分流窗口 475 批 1708 人次。（袁　晶）

【巡视组交办信访件办理】2018 年，长沙市制订印发《中央巡视组交办信访事项办理工作方案》《市领导领办群众信访事项工作方案》《省委第四巡视组交办信访件办理工作方案》等文件，创新和固化三个层级办（即责任单位自办、领导督办领办、市委问责查办）、六步工作法（即了解案情、约见信访人、走访核实、召开座谈会、明确处理意见、跟踪落实）、“五清”工作要求（即责任要厘清、事实要查清、道理要讲清、文档要写清、到期要办清）等工作机制，推动中央和省委巡视组交办信访件的规范办理。中央巡视组交办长沙市的 1223 件信访事项，按要求全部办结；省委巡视组交办的 11 批 1722 件信访事项，办结率 97% 以上。群众息访息诉或表示满意和理解达到一半左右。全体市委常委、市人大及市政协主要领导领办巡视组交办件和上级交办件 67 件。中央第八巡视组和省委第四巡视组对长沙市巡视期间的信访工作均给予肯定。（袁　晶）

中国人民政治协商会议
长沙市委员会

CHANGSHA MUNICIPAL COMMITTEE OF
THE CHINESE PEOPLE'S POLITICAL
CONSULTATIVE CONFERENCE

责任编辑·尚　畅

综　述

【服务中心工作】 2018年，政协长沙市委员会积极参与市委、市政府中心工作，市政协主席会议成员分别联系浏阳市小河乡乌石村等10个精准扶贫村，推动落实帮扶措施，督促加快扶贫项目建设，协调到位扶贫资金3000万余元。3名主席会议成员分别联系工程机械产业链、食品产业链、新型轻合金产业链建设，通过召开联席推进会、协调项目落实落地、带队开展精准招商等。（刘忠诚）

【政协信息化平台建设】 2018年，长沙市委办、市政府办、市政协办联合发布《政协长沙市委员会微建议工作办法（试行）》，发挥委员微协商、微监督、微建议积极作用。打通政协委员"微建议"与党委政府微建设、微服务的连接渠道，委员"微建议"由市"12345"市民热线平台转交有关单位处理。全市受理各类微建议1049件，主要涉及交通出行、城市管理、食品安全、医疗、教育等方面，办结率86.84%。按照"三级委员联动，线上＋线下"的委员工作室建设新模式，建成委员工作室180家，与省政协云对接上线115家，市政协委员全部安排到各区县（市）参加委员工作室活动，并邀请全国、省政协委员参加。整合三级委员资源优势，开展线上、线下为民服务的活动，初步具备委员交流、政策咨询、民情收集、民生服务的功能。（刘忠诚）

【政协宣传】 2018年，长沙政协依托《长沙政协》会刊、长沙政协微信公众号、市政协网站、《长沙晚报》的"政协园地"专栏等，抓好政协信息化平台建设和运用，形成"一刊一站一微信一专栏一平台"五位一体的全媒体矩阵，在《长沙晚报》公布立案提案目录和优秀提案目录。（刘忠诚）

【文史工作】 2018年是刘少奇诞辰120周年，编辑出版《〈长沙文史〉第二十四辑—刘少奇在天华的18天》一书，全文约26万字；征集整理归国华侨回忆史料、谭嗣同生平事迹等方面的文史资料；协助省政协文史委征集湖南知青、政协纪实等文史资料，与外地政协文史委开展座谈交流，有效建立文史资料网络。（刘忠诚）

【社情民意信息工作】 2018年，政协长沙市委员会向市委、市政府报送信息126条，其中79条得到市委书记、市长等主要领导批示。上报信息中，全国政协采用3条，省委办公厅信息处采用3条，省政协采用31条，反映社情民意信息工作继续保持全省政协系统领先地位，长沙市政协跻身全国政协信息联系点。（刘忠诚）

重要会议

【政协全体会议】 2018年1月1—4日，政协长沙市第十二届委员会第二次会议召开。会议期间，省委常委、市委书记胡衡华在会上讲话，市委副书记、市长、湘江新区党工委书记陈文浩等领导出席会议并参加分组讨论，与委员们共商长沙发展大计。会议协商了市政府工作报告、市政协常委会工作报告、提案工作报告、市中级人民法院工作报告、市人民检察院工作报告以及其他报告。大会通过《政协长沙市第十二届委员会第二次会议关于市政协十二届常务委员会工作报告的决议》《政协长沙市第十二届委员会第二次会议关于市政协十二届一次会议以来提案工作情况报告的决议》《政协长沙市第十二届委员会第二次会议政治决议》，听取政协长沙市第十二届委员会第二次会议提案审查情况的报告。委员们针对长沙经济、政治、文化、社会和生态文明建设中的重大问题，积极协商议政，提出许多建设性的意见和建议。胡衡华、陈文浩对"加快推进长沙城中村改造"等12个重点提案作出批示。（刘忠诚）

【政协常委会议】 2018年3月1日，政协长沙市第十二届委员会第十一次常委会召开。市政协主席、副主席、常委、机关副县级以上干部参加。会议邀请省政协研究室主任吴志宪作《学习贯彻中共十九大精神，发挥政协协商民主作用的辅导报告》。市政协副主席文丽霞就市政协民主评议市卫计委"加强基层医疗卫生服务体系建设"工作进行部署。市政协副主席邓自力就市政协常委会议重点调研"以共享的理念，构筑长沙智能制造生态体系，促进实体经济高质量发展"工作进行部署。

4月10日，政协长沙市第十二届委员会常务委员会第十二次（扩大）会议召开，传达学习全国"两会"精神，全国政协委员、市人大常委会副主任、致公党长沙市委王国海重点传达全国政协十三届一次会议精神。市政协主席文树勋，副主席

2018年1月1—4日，政协长沙市第十二届委员会第二次会议召开

市政协　供图

龚振湘、段安娜、彭继球、袁志恒、文丽霞、朱建军、李平，秘书长谭志出席。

7月3日，政协长沙市第十二届委员会常务委员会第十三次会议召开。会议专题协商“以共享的理念，构筑长沙智能制造生态体系，促进实体经济高质量发展”。会上8名市政协委员、专家代表作专题发言，市经信委、市教育局、市科技局、市财政局、市人力资源和社会保障局、市质监局、市金融办主要负责人积极回应。

9月20日，政协长沙市第十二届委员会常务委员会召开第十四次会议。市政协主席文树勋，副主席石长松、段安娜、袁志恒、邓自力、文丽霞，秘书长谭志出席。会议审议通过《“以共享的理念，构筑长沙智能制造生态体系，促进实体经济高质量发展”的调研报告》，审议通过《民主评议市卫计委“基层医疗卫生服务体系建设”情况的报告》。全年市政协调研组结合常委会专题协商、主席会议成员视察等形式，围绕这两大课题所涉及的科技创新、现代金融、基础医疗等方面，开展调研活动。长沙市9家企业获批国家级智能制造试点示范企业，11个项目入选国家智能制造专项，智能制造试点示范企业330家。聚焦22个工业新兴及优势产业链，长沙市932个重大项目完成投资4200亿元，新引进50亿元以上项目23个。

12月5日，政协长沙市第十二届委员会常务委员会第十五次会议召开。会议审议通过《政协长沙市第十二届委员会常务委员会工作报告》《政协长沙市第十二届委员会常务委员会关于提案工作情况的报告》，审议通过关于召开政协长沙市第十二届委员会第三次会议的决定、政协长沙市第十二届委员会第三次会议议程、日程，委员分组办法和各组召集人名单，政协长沙市第十二届委员会第三次会议大会执行主席、秘书长、副秘书长建议名单；会议审议通过《政协长沙市委员会2019年度协商与监督工作计划》《政协长沙市委员会常务委员会会议制度》《政协长沙市委员会常务委员会学习制度》《政协长沙市委员会提案工作条例》以及委员、常委、副主席辞免、增补事项。（刘忠诚）

2018年，政协长沙市委员会对九龙仓国金项目开展对口协商　　市政协　供图

协商议政

【专题协商】 2018年，政协长沙市委员会围绕市委、市政府打造国家智能制造中心的战略部署，选择“以共享的理念构筑长沙智能制造生态体系，促进实体经济高质量发展”课题，开展常委会重点调研和专题协商。省委常委、市委书记胡衡华批示调研报告，要求相关部门认真研究并积极吸纳调研成果，真正做好智能制造这篇文章。在专题协商会上8名省、市政协委员和专家，分别就有关政策、平台、资源、人才、金融、环境等方面作专题发言，为长沙市构筑良好的智能制造生态体系提出许多前瞻性的意见建议，得到市委副书记、市长胡忠雄肯定。

（刘忠诚）

【对口协商】 2018年，政协长沙市委员会就加快旅游公共服务体系建设开展对口协商，为助推长沙全域旅游发展积极建言。就岳麓山风景名胜区保护管理开展对口协商，为管理好保护好景区提出许多可行性建议。围绕加强消防安全管理开展对口协商，为长沙创造良好的消防安全环境找问题、出点子。组织长沙市历史文化名城建设推动委员会专家视察城市有机更新工作，向市委、市政府提交建议案，省委常委、市委书记胡衡华批示要求相关城区积极采纳建议，加快推进城市有机更新进程。主席会议就质量强市建设工作、开放型经济发展、职工文化活动场所建设、生活垃圾深度综合处理项目、广播电视工作、港澳委员在长投资项目、九龙仓国金中心项目、南城片区规划建设等进行视察。（刘忠诚）

民主监督

【民主监督员集中委派】 2018年，长沙市修订完善《政协长沙市委员会集中委派民主监督员实施办法》，各委派民主监督小组围绕党和国家重大方针政策以及中央、省委、市委重要决策部署的贯彻落实，围绕市政府2018年重点办好的民生实事，开展专项监督活动100余次。

（刘忠诚）

【基层医疗卫生服务体系建设民主评议】 2018年，政协长沙市委员会组织40余名省、市、区县（市）政协委员，历时6个多月，对市卫计委“基层医疗卫生服务体系建设”情况进行民主评议。召开有市委、市政府领导参加的评议动员大会和评议大会，向市委、市政府提交评议报告，召开对口协商会议，推动部门整改、深化评议效果。省委常委、市委书记胡衡华批示民主评议报告，就整改落实有关突出问题提出明确要求。市卫计委对有关突出问题进行专题研究，制定整改方案，起草《基层医疗机构建设新的三年行动计划（2019—2021年）》；长沙供电公司对基层医疗机构电费问题立行立改，市发展改革委、市人力资源和社会保障局、市医保局等单位就涉及本部门的问题，专门向市政协民主评议组作书面说明。（刘忠诚）

提案工作

【概况】 2018年，长沙市政协提交提案515件，经审查立案464件，立案提案交由全市109个单位办理，市党政领导领办17件重点提案。截至2018年11月底，全部办复。所提问题和建议已基本解决或采纳的193件，计划解决或采纳的252件，短期内不具备条件采纳落实的19件。从反馈意见看，提案者对承办单位办理态度满意率（含基本满意）100%，办理结果满意率（含基本满意）99.8%。（刘忠诚）

【重点提案办理】 2018年，长沙市政协坚持市委、市政府主要领导领办政协提案制度，遴选确定10件重点提案，省委常委、市委书记胡衡华领办《关于优化长沙营商环境》的重点提案，市委副书记、市长胡忠雄领办《关于深化行政集中审批改革，打造长沙行政审批升级版》的重点提案，推动提案办理工作。把协商民主贯穿于提案办理全过程，召开重点提案督办协商会议17次，各办理单位组织提案者集中面商、集体提案协商66次，一批涉及经济社会发展重要问题和群众关心关注的热点难点问题得到落实解决。市委办、市政府办、市政协办联合发布《长沙市政协提案办理协商实施办法》。（刘忠诚）

2018年7月2日，长沙市政协主席会议成员到望城区桥驿镇考察长沙市生活垃圾深度综合处理（清洁焚烧）项目 市政协 供图

调研交流

【调研智能制造工作】 2018年5月9日，长沙市政协主席会议成员围绕“以共享的理念，构筑长沙智能制造生态体系，促进实体经济高质量发展”主题开展调研。市政协主席文树勋，副主席龚振湘、段安娜、袁志恒、邓自力，秘书长谭志参加。市政协主席会议成员实地查看澳优乳业、长沙世邦通信、湖南华强电气等企业智能制造项目开展情况，并召开座谈会听取长沙智能制造研究总院、长沙衡开智能和湖南祥瑞智能等单位和企业智能制造工作开展情况汇报。截至2018年5月，长沙发布四批330家智能制造试点示范企业，9家企业获批国家级智能制造试点示范企业，11个项目入选国家智能制造专项。（刘忠诚）

【调研清洁焚烧项目】 2018年7月2日，长沙市政协主席会议成员到望城区桥驿镇调研长沙市生活垃圾深度综合处理（清洁焚烧）项目。市政协主席文树勋，副主席石长松、龚振湘、段安娜、彭继球、袁志恒、文丽霞，秘书长谭志参加。主席会议成员一行到项目现场开展实地调研，并召开座谈会听取项目有关情况汇报。该项目是长沙市第一座生活垃圾焚烧发电厂，设计日焚烧处理生活垃圾5000吨，年处理量180万吨。项目采用清洁焚烧处理工艺，建设内容主要包括垃圾焚烧系统、烟气净化系统、余热发电系统、污水处理系统等。（刘忠诚）

【港澳委员交流】 2018年，长沙市政协委员到中国香港、中国澳门看望港澳委员并拜访港澳知名政商人士，通报长沙经济社会发展和政协工作情况，积极为港澳委员在长沙的企业排忧解难，引导港澳委员发挥拥护“一国两制”、维护港澳繁荣稳定的积极作用。发挥桥梁纽带作用，动员港澳委员到长沙投资兴业、扶贫助学，邀请香港知名人士、青少年到长沙考察交流，推动长沙与港澳地区深度合作。（刘忠诚）

表9 2018年长沙市政协优秀提案统计表

案号	案由	提案者
036	关于优化长沙营商环境的提案	长沙市工商业联合会
074	关于深化行政集中审批改革 打造长沙行政审批升级版的提案	骆志平 等14位委员

续表 9

2018 年长沙市政协优秀提案统计表

案号	案由	提案者
003	关于进一步推进我市农业产业示范园发展的提案	民革长沙市委员会
007	关于推进长沙市实施质量强市战略的提案	民盟长沙市委员会
013	关于加快我市城中村改造 促进城市内涵式发展的提案	民建长沙市委员会
017	关于分类施策背景下推进我市民办教育发展的提案	民进长沙市委员会
024	关于加快推进长沙新兴产业发展的提案	农工党长沙市委员会
025	关于主动对接粤港澳大湾区 打造空铁经济示范区的提案	致公党长沙市委员会
030	关于以流域生态修复为主体 确保水系治理成效的提案	九三学社长沙市委员会
042	关于加快推进我市“多规合一”改革的提案	长沙市科学技术协会
047	关于高位协调南部新城规划建设的提案	市政协提案委员会
048	关于依托长沙工业云平台 创建长沙品种 品质 品牌智造名片的提案	市政协经济科技委员会
050	关于树立新绿化观 建设生态园林城市的提案	市政协文教卫体和文史委员会
051	关于严厉打击农村假冒伪劣食品销售行为的提案	市政协法制群团和民族宗教委员会
053	关于提升打击经济犯罪能力的提案	市政协民建界别小组
054	关于推进中欧班列（长沙）建设驶入快车道的提案	市政协港澳台侨和外事委员会
055	关于依法保护绿心片区 助推地方科学发展的提案	市政协人口资源环境委员会
058	关于规范管理全市公交线路的提案	长沙市侨联
063	关于实施十项举措更好留住青年人才的提案	共青团长沙市委员会
066	关于开展高质量国际招商引资 推动长沙开放型经济跨越发展的提案	市政协社科
073	关于将湘江世纪城道路纳入警务通系统管理的提案	熊建伟等 7 位委员
078	关于加快红旗路南延至洞株路建设的提案	冯聪龙
084	关于加强农村水塘清淤 沟渠疏浚及加快城镇海绵化建设的提案	杨建明
099	关于支持非公企业积极参与产业扶贫脱贫攻坚的提案	钟阿丽等 2 位委员
100	关于加强知识产权司法保护的提案	祝珍明
107	关于加强我市城区二次供水管理的提案	张庆和
109	关于加大“三小”食品监管力度 保证老百姓舌尖上安全的提案	傅琼琼

续表 9　　2018 年长沙市政协优秀提案统计表

案号	案由	提案者
135	关于加强网络主播行业的规范和监管的提案	邓银伟
138	关于加快解决市属企业非经营性资产移交后续问题的提案	夏艳兰等 3 位委员
153	关于进一步加强幼儿园监管的提案	沈靖翔
160	关于垃圾分类托运处置的提案	彭娟等 3 位委员
162	关于规范校外培训机构的提案	刘向等 5 位委员
168	关于大力推进电梯安全责任保险的提案	李兰宏
180	关于进一步加强居民小区物业管理的提案	邓向阳
190	关于马栏山中国视谷发展的提案	许　毅
210	关于推进长沙市养老服务市场化的提案	孙中民
214	关于建立长沙知识产权法庭的提案	宁帆等 3 位委员
222	关于加强全科医生队伍建设的提案	易　静
233	关于提升品质丰富内涵 用精品工程打造“东方媒体艺术之都”的提案	国　晖
234	关于进一步推进我市“全民健身”事业发展的提案	刘英姿
241	关于推进长沙“智慧消防”建设的提案	蒋爱兵
289	关于缓解长沙市热岛效应及雾霾现象的提案	王新夏
294	关于加强湘江水环境监测 保障居民饮水安全的提案	冯　苹
330	关于发展多层次资本市场 大力支持实体经济转型升级的提案	林开朝
338	关于规范我市老年人保健品市场的提案	江跃龙
372	关于启动创建国际湿地城市的提案	王文华等 2 位委员
378	关于推进农业产业化 振兴农村经济的提案	胡再明
403	关于进一步加强我市农贸市场建设的提案	易介兵
452	关于举办第二届长沙国际钢琴公开赛 启航新海上丝路艺术“黑石号”的提案	匡勇胜等 3 位委员
455	关于建立全市大型科研设备共享云平台 提高科技投入产出效能的提案	刘煜等 7 位委员

市纪委·市监委

CHANGSHA MUNICIPAL COMMISSION FOR DISCIPLINE INSPECTION AND SUPERVISORY COMMITTEE

责任编辑·刘盼盼

综 述

2018年，长沙市党风政风持续好转，党内政治生态气象更新，反腐败斗争取得压倒性胜利，全面从严治党取得重大成果。

“两个维护”落实 在违反中央八项规定精神突出问题专项治理、配合巡视及整改等工作上强力推进、成效显著。各级纪检监察机关把“两个维护”（即“坚决维护习近平总书记党中央的核心、全党的核心地位，坚决维护党中央权威和集中统一领导”）作为特殊历史使命和重大政治责任，自觉融入监督执纪问责中。加强对党内政治生活状况、党的路线方针政策和民主集中制等制度执行情况的监督检查。从政治纪律查起，查处江凤鸣、樊安不支持不配合巡察工作的问题，问责中央环保督察移交问题和落实“蓝天保卫战”决策部署中履职不力的领导干部，纠正扶贫攻坚中工作不力、作风不实等问题，确保中央政令畅通和省市委重大决策部署落实落地。

纪检监察体制改革 把加强党对反腐败工作的集中统一领导作为深化监察体制改革的生命线，各级党委书记当好“施工队长”，各级纪委和检察机关密切配合，人大机关、组织部门、编制部门、政法机关等积极协作，高质量完成市、县两级监委组建。调整优化内设机构设置和人员配备，实行监督检查和审查调查职能分离，加强监督执纪一线力量，推动职能、人员、工作深度融合，实现“形”的重塑和“神”的重铸。严格程序、权限、时限，全要素试用《中华人民共和国监察法》赋予的“12+2”种调查措施，依法依规使用留置措施。加强纪法贯通，在线索处置、初核、立案、审查、审理等环节上，实现执纪审查与依法调查顺畅对接。发挥反腐败协调领导小组作用，有效解决监察措施使用、移送起诉、刑事审判等与司法执法机关的法法衔接问题。党统一指挥、全面覆盖、权威高效的监督体系不断完善。

巡视巡察 市纪委将上级巡视交办件办理作为首要任务，狠抓办结时限和质量，确保事事有回音、件件有着落，已立案120件，处分处理484人次。深入开展利用领导干部职务影响力“提篮子”问题专项整治，查办典型案件12件。深化政治巡察，有效发挥政治“显微镜”“探照灯”作用。全年分3轮对市司法局、宁乡经开区等42家单位党组织开展巡察，发现违反“六项纪律”问题1453个，移交问题线索219件。聚焦基层熟人社会监督难题，对长沙县金井镇等9个单位党组织创新开展提级交叉巡察。聚焦问题反映集中、社情民意复杂地区，对长沙县江背镇开展“点穴式”巡察。聚焦群众反映强烈的热点难点问题，对市卫计委和下属6家医院开展联动专项巡察，查处段某严重违纪违法案件。聚焦巡视巡察上下联动，配合省委第四巡视组对11家单位开展延伸巡视和联动巡察。在全省率先发布《关于全市村级党组织巡察全覆盖的意见》，打通党内监督末梢。把巡视巡察整改纳入纪检监察机关和组织部门日常监督的重要内容，督促相关单位建立完善各类制度规定366项。

违反中央八项规定精神问题查处 结合长沙实际，将整治违规变相公款旅游、违规操办婚丧喜庆事宜2项任务纳入检查范围。全市自查自纠违规配备使用办公用房5.69万平方米、违规公款吃喝费用1356万元、违规收送礼品礼金问题851起、变相公款旅游问题156起、违规操办婚丧喜庆事宜36起，违规钱款均已补缴、退还到位。打响整治违规收送红包礼金歼灭战，全市党员干部主动上交红包礼金1541万元，查处问题193起，处理277人，典型案例一律通报曝光，积弊已久的“长沙红包”问题得到有效遏制。部署开展“一桌餐”“私房菜”问题专项治理，责令停止经营430户，查处望城区机关事务局原局长苏某违规接受宴请豪吃海喝等典型案件。加大对形式主义、官僚主义治理力度，对湘府路改造项目中不作为、慢作为和非洲猪瘟防控工作中索拿卡要、乱作为的相关单位和人员严肃问责。全年查处形式主义、官僚主义问题62起、94人。开展营商环境大调研，听取企业家意见和建议，及时下发问题督办函，督促相关部门做好涉企服务工作，助推构建亲清新型政商关系，赢得企业家的点赞。

日常监督 坚守党和国家监督专责机关定位，加强对党员干部的经常性监督和全方位管理，切实增强纪律、监察、派驻、巡察监督合力。坚持抓早抓小、防微杜渐，加大谈话函询力度，督促干部就谈话函询的问题在民主生活会上作出说明。全年第一至四种形态分别占比77.6%、16.5%、4.9%、1%，其中第一种形态同比增长51.7%，监督执纪由“惩治极少数”向“管住大多数”拓展。推动全市分级建立健全领导干部廉政档案，为精准画像提供依据。严把党风廉政意见回复关，出具否定性意见29人。对全市127个市管单位民主生活会进行现场督导，发现问题要求立行立改。提升监督信息化水平，全面升级电话网络举报系统，建立执纪监督信息查询系统。擦亮派驻监督探头，市纪委监委各派驻机构全年立案278件，办案数量和质量均大幅提升。加强市属国有企业换届选举监督，选优配强纪委书记。结合信访举报、案件查处、巡察反映等情况，对重点单位和地区进行政治生态分析，为市委决策部署提供翔实情况，推动政治生态不断好转。

惩治腐败 全市立案2737件、结案2592件、处分2482人，立案数同比增长6.8%，挽回经济损失6.2亿元。立案查处县处级以上干部69人。坚持受贿行贿一起查，21人因涉嫌行贿犯罪被移送司法机关，公开通报6起典型案例，进一步压缩“围猎”空间。做好审查调查后半篇文章，坚持以案促改制度化，做到一案一总结，推动发案单位完善执法自由裁量权、资金管理、项目招投标等制度。坚持警示教育常态化，连续9年举办“3·23”活动，开展立案、处分阶段警示教育，编印忏悔录、拍摄警示片，强化党员干部规矩意识。坚持严管厚爱长效化，集中回访近年来受处分人员815人次。旗帜鲜明为担当者担当，为被错告诬告的党员干部公开澄清正名，相关通报入选国家博物馆“庆祝改革开放40周年”大型展览。紧扣群众最关心最直接最现实的利益问题，剑指征地拆迁、涉农资金等方面突出问题，查处天心区牛角塘村朱某、芙蓉区望龙村黄某、望城区齐天庙村罗某等村干部侵蚀基层政权、侵害群众利益等典型案件。开展扶贫领域腐败和作风问题专项治理，查处相关问题127件271人，召回作风飘浮、工作不力人员144名。重拳整治涉黑涉恶腐败及“保护伞”，立案74件，给予党纪政务处分63人，查办“4·01”“5·27”“9·06”等涉黑涉恶腐败案件，彻查文烈宏案背后的腐败问题。抓实基层信访举报工作，市纪委监委班子成员包案处理积案18件，示范引领全市化解积案317件，越级访重复访下降明显。持续开展“小官大贪”专项整治，重点查处肖某受贿4000万余元、陈某专贪污1900万余元等案件。深化“雁过拔毛”式腐败问题专项整治，全市立案724件，追缴违规资金1.28亿元，让人民群众切实感到正风反腐就在身边。

纪检监察队伍建设　开展中共十九大精神和《中华人民共和国监察法》主题学习，举办纪检监察领导干部政治培训班，开展《共产党宣言》学习讨论、系统辩论赛、主题党日等活动，举办“每周一讲”专题业务培训，不断砥砺品格、增强本领、提升境界。持续推动深化“三转”，将“严实深细”要求贯穿调查研究、监督执纪、审查调查全过程。持续推动从严监管，加强制度建设，发布《机关干部行为规范八条》等20余项制度，把纪委监委权力关进制度笼子。持续推进开门反腐、打造阳光纪检，主动接受民主监督，邀请政协委员走进市纪委监委机关，定期向各民主党派、工商联和无党派人士代表通报情况。在严管的同时，为纪检监察干部成长进步搭建平台，加强内外交流。全市查处14名违纪违规的纪检监察干部。

（侯小贝）

2018年2月4日，中国共产党长沙市第十三届纪律检查委员会第三次全体会议召开　市纪委　供图

重要会议

【市第十三届纪委第三次全会】　2018年2月4日，中国共产党长沙市第十三届纪律检查委员会第三次全体会议召开。省委常委、市委书记胡衡华出席并强调，要深入学习贯彻习近平新时代中国特色社会主义思想和中共十九大精神，全面贯彻十九届中央纪委二次全会和省纪委十一届三次全会精神，以永远在路上的执着，以强烈的省会意识和省会担当，以重整行装再出发的姿态，推动长沙全面从严治党向纵深发展、向基层延伸。市委副书记、湖南湘江新区党工委书记胡忠雄主持会议。省纪委常委，市委常委、市纪委书记、市监委主任蔡亭英代表市纪委常委会作《以习近平新时代中国特色社会主义思想为指导，一刻不停歇地推动全面从严治党向纵深发展》工作报告。（侯小贝）

【党员领导干部廉洁从政警示教育大会】　2018年3月23日，长沙市2018年党员领导干部廉洁从政警示教育大会召开。市委副书记、代市长、湖南湘江新区党工委书记胡忠雄围绕如何不忘初心、从严治党、当好表率，与大家畅谈交流。会议由省纪委常委，市委常委、市纪委书记、市监委主任蔡亭英主持。市领导徐宏源、程水泉等出席。（侯小贝）

全面从严治党

【市监察委员会成立】　2018年1月5日，市十五届人大二次会议举行第三次全体会议，省纪委常委，市委常委、市纪委书记蔡亭英当选为首届长沙市监察委员会主任。1月9日，长沙市第十五届人大常委会第十三次会议召开。经省纪委常委，市委常委、市纪委书记、市监察委员会主任蔡亭英提请，长沙市第十五届人大常委会第十三次会议审议表决通过，任命邱俊杰、刘金文、熊冬华为长沙市监察委员会副主任；陈建新、邓和平、肖波静、丁晓波、胡飞虎为长沙市监察委员会委员。1月10日，长沙市监察委员会挂牌成立。省委常委、市委书记胡衡华在随后召开的市纪委市监委机关全体干部大会上强调，要以市监察委员会的成立为契机，纵深推进全市党风廉政建设和反腐败工作，推动形成更加风清气正、山清水秀的政治生态。市委副书记、市长陈文浩等领导出席。（侯小贝）

【全市纪检监察系统大调研活动】　2018年3月中旬至6月底，长沙纪检监察系统开展大调研活动。大调研活动以“抓重点、补短板、强弱项”为主题，围绕贯彻落实中共十九大精神和中央纪委二次全会、省纪委三次全会、市纪委三次全会部署，抓住全面从严治党、党风廉政建设和反腐败斗争中的重点难点热点问题和薄弱环节，深入基层、深入群众、深入一线，集中开展调查研究。调研围绕“驰而不息纠正‘四风’，助推建设一流营商环境”“市属国有企业纪检监察工作体制机制创新探索研究”“破解基层熟人社会监督难题”等课题开展深入调研，优秀的调研文章被及时刊载并汇编成册，为全市纪检监察工作提供参考。（侯小贝）

【构建“亲”“清”政商关系、优化营商环境民营企业座谈会】　2018年11月7日，市纪委市监委、市委

统战部召开民营企业座谈会，学习贯彻习近平在民营企业座谈会上的重要讲话精神，就构建“亲”“清”政商关系听取民营企业家、商协会、市工商联法律顾问团代表的意见建议，共同推进长沙营商环境优化。省纪委常委，市委常委、市纪委书记、市监委主任蔡亭英，市委常委、市委统战部部长谭小平，市政协副主席、市工商联主席彭继球出席。

（侯小贝）

【“政协委员走进市纪委市监委”活动】 为2018年12月21日，长沙市举办“政协委员走进市纪委市监委”活动。市政协主席文树勋，副主席石长松、袁志恒，秘书长谭志带领20余名政协委员走进市纪委市监委机关，零距离、全方位了解纪检监察工作情况。省纪委常委、市委常委、市纪委书记、市监委主任蔡亭英出席。（侯小贝）

监督执纪问责

【整治违规收送红包礼金行为】 2018年，长沙市整治违规收送红包礼金行为，着力破除“潜规则”，让“不收不送”成行为习惯，让办事不求人成常态。整治行动开展以来，长沙市纪检监察系统紧盯重要节点和关键岗位，开展高频率、高强度的“地毯式”监督检查。2018年，全市党员干部主动上交红包礼金1541万元，查处问题193起，处理277人，典型案例一律通报曝光，省纪委书记傅奎在批示中肯定“长沙风气大为好转”，积弊已久的“长沙红包”问题得到有效遏制。（侯小贝）

【留置场所升级改造项目启动】 2018年4月9日，经报市委、市政府同意，市深化监察体制改革试点工作小组办公室启动留置场所升级改造项目，并明确代建单位。7月5日，省纪委监委按照“统一规划、功能配套、各自建设、产权明晰、资源共享、规范管理”的原则与市纪委监委共同开展建设。7月17日，市发展改革委同意立项。该项目在2018年已动工。（侯小贝）

【《中华人民共和国监察法》领学督学活动】 2018年5月，由长沙市纪委监委班子成员带队，分别到9个区县（市）开展“下基层促学法，找问题研举措”《中华人民共和国监察法》领学督学活动。活动共收集《中华人民共和国监察法》在理解运用过程中的问题35条、意见建议24条。（侯小贝）

【为敢于担当的干部担当、为敢于负责的干部负责的典型案例通报】 近年，按照党中央和省、市委旗帜鲜明为担当者担当的要求，全市纪检监察机关坚持“三个区分开来”的原则，及时为被举报不实的干部澄清正名，通过召开澄清会、出具书面说明、向党组织进行通报等方式消除负面影响，帮助受到诬告错告的干部卸下思想包袱、消除顾虑，体现组织关怀的温度，激发党员干部奋发作为的积极性。2018年8月15日，市纪委通报7起为敢于担当的干部担当、为敢于负责的干部负责的典型案例。这一做法被中央电视台、凤凰卫视等媒体转载，得到中央纪委肯定，并被选入国家博物馆“庆祝改革开放40周年”大型展览。

（侯小贝）

【市纪检监察干部综合素能提升班开班】 2018年9月13日，长沙市纪检监察干部综合素能提升班在中央党校开班。长沙市纪委监委、市委巡察机构、区县（市）纪委监委、市辖各园区纪工委以及卫生系统、教育系统纪委的47名纪检监察干部参加培训。该期研修班由市纪委监委和市委组织部共同举办，旨在通过学习培训，使长沙市纪检监察干部更好地适应和把握全面从严治党的背景下党风廉政建设和反腐败工作的新形势和新要求，提升纪检监察干部综合素能。（侯小贝）

【扫黑除恶专项斗争工作会议】 2018年10月15日，市纪委监委扫黑除恶专项斗争工作会议召开，学习传达省委常委、省纪委书记、省监委主任傅奎关于扫黑除恶专项工作有关讲话精神，强化扫黑除恶工作监督执纪问责。会议要求，要压紧压实扫黑除恶“两个责任”，建立健全扫黑除恶专项斗争监督执纪监察工作机制；要明确工作重点，加强对涉黑涉恶腐败问题重点领域、重点对象的日常监管和及时查处，对扫黑除恶斗争中发现的“保护伞”问题线索优先处置；要靠前指挥主动作为，积极拓宽线索来源，清楚掌握典型案件，严格督促工作进度，坚决防止形式主义。（侯小贝）

廉政警示教育

【“践行十九大·涵养好家风”主题分享会】 2018年2月9日，由市纪委监委、市委组织部、市委宣传部联合举办的“践行十九大·涵养好家风”主题分享会举行。市委副书记、代市长、湖南湘江新区党工委书记胡忠雄，省文化厅党组书记、厅长禹新荣等出席。（侯小贝）

【2018年重点岗位人员廉政培训班开班】 2018年5月14日，长沙市2018年重点岗位人员廉政培训班开班。55名市直有关部门从事“人、财、物”管理和行使行政审批职权等重点岗位的领导干部，以及45名各区县（市）高配副县级单位党政一把手参加为期2天的封闭式集中培训。培训期间，长沙市委副书记、市长、湖南湘江新区党工委书记胡忠雄围绕“恪尽职守、廉洁奉公”主题给学员们上廉政党课。（侯小贝）

【纪检监察领导干部政治培训班开班】 2018年7月9日，市纪检监察领导干部政治培训班在市委党校开班，参训学员将通过专家授课、分组讨论、观看警示教育片等形式，进行为期3天的集中学习“充电”。省纪委常委，市委常委、市纪委书记、市监委主任蔡亭英出席开班仪式并讲授第一堂课。此次政治培训班旨在深入学习贯彻习近平新时代中国特色社会主义思想和中共十九大精神，进一步增强“四个意识”，持续深化“三转”，着力提升新时代纪检监察工作质量和水平。

（侯小贝）

【“廉洁长沙”获2018年长沙市最具影响力政务微信】 2018年12月13日，长沙市政务微信评选活动颁奖仪式暨政务新媒体培训会召开，市纪委监委官方微信公众号“廉洁

长沙”从全市众多政务微信中脱颖而出，获 2018 年“长沙市最具影响力政务微信公众号”。（侯小贝）

巡视巡察

【第四轮巡察工作启动】 2018 年 3 月 7 日，十三届市委第四轮巡察工作动员部署会召开，省纪委常委、市委常委、市纪委书记、市监察委主任、市委巡察工作领导小组组长蔡亭英作动员讲话，市委常委、市委组织部部长、市委巡察工作领导小组副组长张宏益主持会议。会议传达学习了习近平在中央政治局常委会审议中央巡视工作五年规划(2018—2022)时的重要讲话精神，宣读市委第四轮巡察有关授权决定及任务分工。此轮巡察是中共十九大以来，市委开展的首轮巡察。经市委批准，市委巡察组对 14 个单位开展常规巡察，对 16 个上轮已巡察单位开展巡察整改督查。同时，对 9 个区县（市）直单位及乡镇（街道）开展联动交叉巡察。（侯小贝）

【第五轮专项巡察工作动员部署会】 2018 年 6 月 28 日，十三届市委第五轮专项巡察工作动员部署会召开。省纪委常委，市委常委、市纪委书记、市监委主任、市委巡察工作领导小组组长蔡亭英作动员讲话，市委常委、市委组织部部长、市委巡察工作领导小组副组长张宏益主持会议。会议深入学习了习近平巡视工作思想，赵乐际在贯彻落实《中央巡视工作规划（2018—2022 年）》推进会上的重要讲话精神，及中央、省委、市委关于巡视巡察工作的新精神新要求；对十三届市委第五轮专项巡察工作进行全面动员和部署安排，这也是长沙市首次探索对卫计系统开展联动专项巡察。（侯小贝）

2018 年 8 月 16 日，市纪委市监委巡视整改工作调度会召开　　市纪委 供图

【巡视整改工作调度会】 2018 年 8 月 16 日，市纪委市监委召开市纪委监委巡视整改工作调度会，第一时间传达贯彻市委巡视整改工作调度会精神，听取前一阶段全市纪检监察系统巡视整改工作情况。蔡亭英强调，要细化方案，压实责任。按省委、市委的新部署修订完善整改方案。结合工作实际，在完成巡视整改“规定动作”的同时做好“自选动作”。要将巡视整改任务逐项分解细化，层层压实责任。要加强协调，形成合力。注重举一反三、建章立制，抓好各部门的统筹协调，将巡视整改过程转化为查漏补缺、推动工作的过程。要突出重点，取得实效。要围绕重点案件，查摆问题、深刻反思。要严肃查处领导干部及亲属干预插手工程项目，“提篮子”“打招呼”等腐败问题。要持续深化红包礼金专项整治。要坚持问题导向，抓好巡察督导。要抓紧办理中央巡视组交办件，切实做到“事事有回音、件件有着落”。（侯小贝）

民主党派 · 工商联

DEMOCRATIC PARTIES AND FEDERATION OF INDUSTRY & COMMERCE

责任编辑 • 吴丫丫

中国国民党革命委员会长沙市委员会

【概况】 2018年，中国国民党革命委员会长沙市委员会（以下简称“民革长沙市委”）有党员1269人，平均年龄56岁，大学文化程度以上721人，占党员总数的56%，具有中高级职称625人，占50%。有6个工委、1个总支、52个支部。

（黄碧泉）

【参政议政】 2018年，民革长沙市委参政议政出成果。专题调研。完成7个重点调研课题，分别为“泛马栏山文化创意与视频产业价值链建设研究”“关于将湖南柏加打造成国际园林花卉博览园的建议”“长沙城市地下综合管廊消防安全的调研报告”“规范早教机构，建立科学的早教机制的建议”“完善长沙智慧医疗体系，促进医疗信息产业发展”“关于进一步完善我市产权交易市场的建议”“关于呵护长沙司法人才的建议”。

人大建议、政协提案 在政协长沙市第十二届委员会第二次会议上，民革长沙市委提交《关于进一步加快长沙市生物医药产业发展的建议》《明确养老产业政策 协同长沙养老发展步调》等4篇集体提案；作题为《加快生物医药产业发展，打造我市产业发展新“名片”》的大会发言。其中，《进一步推进我市农业产业示范园发展的建议》获市委副书记、市长陈文浩和副市长李蔚批示并亲自领办，该提案被市政协评为2018年度优秀提案；《关于长沙市城市基础设施建设和维修程序公示规范化问题的调研》等4篇调研报告作联组发言。主委朱建军代表民革向市四大家作题为《让现代农业产业示范园成为我市农业供给侧改革的“新引擎”》的专题调研汇报发言。市政协委员、雨花区工委副主委王彤提交的《关于十点长沙绕城高速免费通行的建议》得到市相关部门的回应，“长沙市交通运输局长沙绕城高速免费通行研究项目”7月进行公开招标采购。民革界别市政协委员蒋林、邓欣被评为市政协2018年度优秀政协委员。省人大代表、民革长沙市委副主委康镇麟提交的《关于推进湖南养老服务“五化”建设的建议》被列为省重点办理建议。市人大常委、民革长沙市委专职副主委冯斌提交的《关于加强我市民办幼教工作的几点建议》被评为“长沙市人大代表优秀建议”。市人大代表、机关支部主委易金龙提交的《关于进一步规范我市渣土运输市场秩序，努力实现渣土有序净化运输施工长效管理的几点建议》获副市长刘明理督办，被评为市人大十件重点建议之一。

社情民意、统战信息报送 截至11月，民革长沙市委向省民革、市政协、市委统战部报送信息270余篇，其中社情民意省政协采用1篇、市政协采用6篇，多篇社情民意获省市领导批示；统战信息被省委统战部采用6篇、市委统战部采用30篇，其中王彤撰写的《长沙市成立中小微企业发展创新基金》、陈梦真撰写的《长沙市民革党员律师担任义务法律顾问》被中央统战部《每日汇报》采用，张学武撰写的《对农产品加工企业发展的建议》和《对政府工作报告的反映、对国务院机构改革方案的反映》、廖耀群撰写的《对刑事案件管辖的相关建议》被中央统战部《零讯》采用。民革长沙市委获市政协社情民意2017年度、2018年度信息工作先进单位三等奖，获市委统战部2017年度统战信息工作先进单位二等奖。朱建军撰写的《关于整治城区搭棚治丧陋习的建议》、聂志强撰写的社情民意《关于加快老旧小区老化电力设施改造步伐的建议》、吴建安撰写的《建议对网约车进行实时监控》、常航撰写的《法院通过网络拍卖处置房产存在三方面的问题有待重视》、梁赛撰写的《邀请公民代表旁听政协重点提案办理协商的建议》和李琼撰写的《非道路移动机械尾气排放管理的盲区不容忽视》被市政协评为2018年度优秀稿件；廖帅撰写的《乡村振兴产业先行，精准定位融合发展》在民革中央和浙江省政协共同主办的首届莫干山论坛征文中获优秀奖，汤炳煌撰写的《新时期民主党派内部监督制度的构建》和张晔撰写的《国家监察体制改革与民主党派监督制度运行研究》两篇论文被民革中央监督委员会采纳并编入《“监察法实施与民主党派内部监督制度衔接”研讨论文集》中。

民主监督 民革市委牵头、民盟市委和农工党市委参与成立“渣土扬尘综合整治”民主监督工作组，通过开展多种形式的民主监督活动和多途径论证，形成《我市“蓝天保卫战”渣土扬尘综合整治工作民主监督调研报告》。由市政协副主席龚振湘、朱建军牵头，市政协人资环委、农工党长沙市委和民革长沙市委共同承担的课题“岳麓山风景名胜区保护管理”作为市政协对口协商和民主监督的重点课题，在对口协商会上，市政协常委、民革长沙市委秘书长张蔚秋作题为《关于加强岳麓山景区文物保护和建设的建议》的发言。“助推湘企融入‘一带一路’大格局”作为省政协界别协商课题，民革长沙市委主委朱建军、副主委刘激扬就协商课题到湘潭实地调研并开展协商会议研究。在民革全国参政议政工作会议上，康镇麟被民革中央评为“参政议政工作先进个人”。（黄碧泉）

【组织建设】 2018年，民革长沙市委加强组织建设。发展党员61人，平均年龄36岁，男性35人，女性26人。其中，硕士研究生学历的11人，中级以上职称的18人，具有民革特色的13人。出台《民革长沙市委员会基层组织评估办法（试行）》，结合民革中央编写的《中国国民党革命委员会支部工作手册》细则要求对基层组织开展全面量化评估。

基层组织建设 召开原芙蓉区工委班子成员专题会议，实现芙蓉区工委换届。完成开福区一支部等13个基层支部的人事调整工作。成立浏阳市四支部、芙蓉区三支部，成立艺体支部并举行揭牌仪式。

后备干部队伍建设 推荐5名党员作为市、区两级人大代表和政协委员增补人选。推荐3人次到各部门担任特约人员。推荐4名优秀党员在本职工作中向更高的工作岗位发展，其中民革长沙市委副主委康镇麟被推荐为长沙市金霞经开区主任。推选25名新党员参加市社院举行的各民主党派新成员培训班，推荐7名党员参加市委统战部举办的党外优秀年轻干部培训班。

成立全省首个市级“民革党员之家” 长沙民革党员之家作为省内首个具有“祖统特色”的地级市民

革党员之家挂牌成立。全国政协副主席、民革中央常务副主席郑建邦，全国政协常委、民革中央副主席、湖南省政府副省长、民革湖南省委主委何报翔共同为其揭牌。成立市级监督委员会。民革长沙市委制定成立市级监督委员会的工作方案，率先在民革全省市级组织中成立市级监督委员会。（黄碧泉）

【思想建设】 2018年，民革长沙市委加强思想建设。按照民革中央、省委开展“不忘合作初心、继续携手前进”主题教育活动的要求和安排，开展各种主题教育活动30余次；以“五一口号”发布70周年、民革成立70周年为契机，开展系列书画展、朗诵比赛、征文等系列活动。民革长沙市委朗诵作品《人间正道是沧桑》作为湖南省唯一选送的作品参加民革中央纪念“五一口号”发布70周年朗诵会。岳麓区工委承办“‘见证合作初心，同心同向同行’纪念‘五一口号’70周年经典故事诵讲”活动。吴根深撰写的《浅谈多党合作中一致性和多样性的关系》、刘仙娥撰写的《对一党执政下多党合作和政治协商制度的思考》在民革省委纪念中共中央“五一口号”发布70周年征文中分别获一等奖和三等奖。全年，各级主流新闻媒体报道民革长沙市委工作150余次，《团结报》等国家级报刊媒体报道20次；自媒体建设方面，“长沙民革”微信公众号加入民革中央新媒体矩阵，开展微信互推合作，“长沙民革”微信公众号影响力在民革地方组织、全国所有民主党派市级组织中一直位居前列。完成2019年《团结报》征订任务642份，超额完成135份任务，获民革中央团结报社“2018年度《团结报》发行征订工作先进集体（地市）三等奖”。（黄碧泉）

【社会服务】 2018年，民革长沙市委开展社会服务活动。“关爱抗战老兵”工作。组织民革市委机关、各基层组织及民革党党员志愿者等，走访慰问长沙籍抗战老兵200余人次，与湖南唐人万寿园联合分别在清明节前夕和烈士纪念日安葬20位抗战老兵及10位家属。民革浏阳工委组织党员陪同97岁抗战老兵朱洪斌到南岳忠烈祠扫墓祭拜抗战英雄、组织老兵黄平章和钟求安重返长沙会战牛头岭战场共祭昔日战友、组织集里中学学生听抗战爷爷讲抗战故事系列活动等；开福区二支部为支部老党员、抗战老兵刘俊明庆祝百岁寿辰。

扶贫帮困　成立中山希望书屋。中山希望书屋定位为纯公益项目，项目设置专门机构，与长沙市慈善基金会合作设立长沙民革公益基金。在永州、平江、浏阳、安化等贫困地区建成中山希望书屋10个，挂牌26个。联手和中国青少年校园创新创业教育活动组委会开展为学校捐助3D打印机公益联合行动。主办美国小丫丫自闭症项目公益讲座长沙站活动，与自闭症儿童家长分享自闭症儿童教育理念和方法；多次到宁乡青山桥花园村调研精准扶贫工作，捐助并慰问近3万元的扶贫资金与物品；参加中共市委统战部组织的慰问桂庄社区贫困户活动，资助4户贫困户3200元；率民革经委会、中山希望书屋、城建局支部等基层组织，到国家级贫困县龙山县红岩溪镇开展“献爱心·送温暖”活动，送医送药，慰问贫困户，捐建希望书屋；发动基层党组织及民革党员企业家参加市委统战部组织的“99公益日‘万企帮万村’公益募捐活动”，为宁乡青山桥镇花园村筹措修路资金。开福区工委、城建局支部为庆祝环卫工人节联合开展慰问环卫工人活动。天心区工委刘湘勇等7位民革党党员参加天心区对口扶贫县——通道县“同心励志班”扶贫活动，并对口资助贫困学生。雨花区工委坚持“蓝马甲”行动，政协支部持续开展关爱失独家庭社会服务活动。

中山书画院联络工作　长沙民革中山书画院联合长沙画院到宁乡青山桥镇花园村为当地的乡亲们现场书写春联，送上节日祝福；与长沙雷锋书画院开展艺术交流活动，举办现场笔会；参加浏阳金利烟花首届文化艺术交流会，举办现场笔会；选送曹琴、郭文光等书画家作品参加由民革中央和中国美术家协会共同主办的纪念何香凝先生诞辰140周年暨首届“香凝如故”全国美术作品展；选送曹公俊、曹汝成书法作品参加民革省委黄兴书画院主办的抗战主题书画展；选派曹琴、郭文光参加在中央社会主义学院开班举办的第一期民革全国美术书法专业骨干培训班。长沙民革中山书画院被推荐为民革中央画院第三届团体理事；艺体支部党员杨建五被推荐任命为民革中央画院第三届个人理事。

“法律服务民革在行动”活动　参与开展由民革党党员律师们发起并担任主讲嘉宾的“‘3·15’为爱家发声”公益活动，为广大的消费者提供话语权平台，解决部分市民房产生活中的问题；参与开展“小海豚关爱成长计划”，对服刑人员子女中14周岁以下的事实孤儿进行帮扶；开福区二支部主委刘洋和教委支部部分党员，就校园安全管理等问题对开福区中小学幼儿园校长、园长、安全员进行法制知识培训；民革开福区工委就《长沙市养犬管理条例（草案）》提出的4个方面5个条款的建议获立法采纳。（黄碧泉）

【促进祖国和平统一工作】 2018年，祖统工作委员会发挥职能特色，年内召开两次祖统委员会会议，及时贯彻落实对台工作相关精神；发挥资源优势，服务湘台交流。在民革长沙市委的策划、协调下，海峡两岸青年文化创业园揭牌，为到湖南创业的台湾青年在文化创意和科技服务等方面提供创业平台和基地。基地引进的两岸创业企业和团队30余个，接待台胞台商1000余人次，台湾团体100余批次，直接和间接带动两岸就业人数1000余人。海峡两岸青年文化创业园被市委统战部评为2018年度“市级‘同心园区’”，海峡两岸青年文化创业园理事、汽工支部党员刘印心被评为“长沙市首届同心人物”。（黄碧泉）

【湖南省长沙市民革党员之家举行揭牌仪式】 2018年11月24日，湖南省长沙市民革党员之家在芙蓉区海峡两岸青年文化产业孵化基地举行揭牌仪式。作为省内首个地级市的民革党员之家，民革长沙市委对照民革中央的统一标准，加以长沙地方特色元素，将功用性与艺术性结合起来，致力于建设民革精神传承的平台、民革党员活动的基地、提升履职能力的中枢、对外展示形象的窗口。全国政协副主席、民革中央常务副主席郑建邦，全国政协常委、民革中央副主席、湖南省政

2018 年 11 月 24 日，湖南省长沙市民革党员之家举行揭牌仪式

民革长沙市委　供图

府副省长、民革湖南省委主委何报翔共同为长沙民革党员之家揭牌。（黄碧泉）

中国民主同盟长沙市委员会

【概况】 2018 年，中国民主同盟长沙市委员会（以下简称“民盟长沙市委”）有盟员 1869 人，平均年龄 53.16 岁，具有中、高级专业技术职称的占 75.82%，大学以上学历盟员占 79.29%，下设 5 个区工作委员会、50 个支部。截至 2018 年年底，民盟长沙市委有委员 33 人，机关 4 个处室：办公室、参政议政（宣传）处、组织处、社会服务处，机关行政编制 14 个。（陈美宁）

【参政议政】 2018 年，民盟长沙市委参政议政出成果。政治协商。参加市委、市政府、市政协及市委统战部组织的各类协商会 20 余次，与省教育厅、省卫计委等单位就民盟市委的建议、提案办理进行有效沟通，促进建议的落实。

民主监督　围绕湘江流域水生态环境保护，与民盟省委、民盟永州市委联合考察，开展民主监督。组织盟员人大代表、政协委员到长沙县北山镇调研环保工作。联合民革、农工等兄弟党派市委就渣土扬尘综合治理情况明察暗访。参加市中院“诚信守法拒绝老赖”活动和市检察院案件监督评议。参加市政协对市公安局的民主监督，就政治建警发表意见建议；参加市政协“加强基层医疗卫生服务体系建设”民主评议和调研。在湖南省公务员选拔面试等工作中开展多种形式的民主监督活动。召开特约人员工作会议，建立履职档案，提升履职能力。

课题调研　重点汇报课题“关于促进我市金融产业高质量发展的调查研究”调研组实地调研多家企业，到苏州、无锡、江阴等地考察，完成调研报告，提交市委。创新课题实施方式，精选参政议政课题，委托给省社科院、市教育局和市经信委的民盟支部或盟员，开展课题调研。中标并完成民盟省委参政议政重点立项课题 2 个。全年完成 6 个调研课题。

建言献策　“两会”期间，向市政协全会提交集体提案 5 件。大会发言《开展质量提升行动，全力推进质量强市建设》获肯定；《关于加快长沙市湘字号餐饮名老品牌标准化建设的提案》被市委副书记、市长陈文浩批示；《健全共享产品配套服务体系，共筑长沙品质家园》被列为大会书面发言材料；《关于全面二孩政策背景下加大我市配套幼儿园建设与移交力度的提案》等 5 件提案被市政协评为 2017 年度优秀提案，5 人被评为优秀市政协委员。各级盟员人大代表、政协委员认真履职，提交建议、提案 100 余件，其中省级 11 件，市级 44 件，建议、提案涉及经济、医疗、教育、文化、法律、环境保护、社会治理等多个领域。其中杜有志的《关于规范洒水车作业的建议》受到市委常委、市政法委书记钟钢的高度重视和关注，并指示有关职能部门妥善解决。

民意信息　全年报送社情民意 195 篇，被各级采用 124 篇。《建议湖南省加快实施家政服务员个人信用查询二维码注册制》等稿件被市政协评为社情民意信息优秀稿件。曾梦佳、杨鲲被评为全省 2017 年度反映社情民意信息工作先进个人。周军被市委统战部评为 2017 年度统战信息工作先进个人。（陈美宁）

【组织建设】 2018 年，民盟长沙市委审批新盟员 88 人，其中研究生以上学历 24 人，中级以上职称 34 人，平均年龄 36.14 岁。年内增补常务委员、委员各 1 名。推荐增补人大代表、政协委员和特约人员。现有各级人大代表 27 名、政协委员 93 名、市直单位特约人员 8 名。推荐刘志红任湖南信息职业技术学院副院长，李翠莲任湖南生物机电职院人文科学学院院长，蒋铁祥任永州长郡中学校长，陈振华任长沙市长雅中学副校长。黄敏兰、孔春生、肖宗文获评特级教师，张容舟获评“全国优秀书画教师”，鲁晓川当选省楹联家协会主席，江喻旺获“田汉表演奖”，杨万维被评为“长沙市名校长”。举办新盟员培训班，集中颁发入盟通知书。选送骨干盟员参加民盟省委、省市社会主义学院及统战系统各类培训和学习。加强“盟员之家”建设，到南京、苏州等地学习工作经验。开福区、天心区、岳麓区和雨花区 4 个“盟员之家”被民盟中央评为“优秀盟员之家”。（陈美宁）

【思想建设】 2018 年，民盟长沙市委领导班子定期组织开展学习，引导机关、各区工委和基层支部加强学习。召开座谈研讨会、专题报告会，开设学习专栏、编印《学习参考资料》。编印 3 期《长沙盟讯》、12 期《工作简报》，推送微信公众号 104 期 192 篇。加强与《长沙晚报》、长沙新闻频道等主流媒体联系，推介民盟重要工作、重大活动。

向不同平台报送信息稿件，湖南民盟网站采用63篇，统战部和网采用100篇；市政协和市委统战部微信公众号采用22篇，《长沙统一战线》采用6篇。长沙民盟代表民盟省委参加省政协组织的“政协云应用创新大赛”进入复赛。陈美宁被民盟省委评为宣传工作优秀通讯员。

成立纪念中共中央发布“五一口号”70周年、改革开放40周年、长沙民盟成立70周年工作领导小组，制定主题月活动方案。参加到西柏坡等红色革命教育基地的传统教育活动。举行纪念“五一口号”发布70周年座谈会、“不忘合作初心，携手砥砺前行”书画展、到长沙县开展“不忘合作初心，继续携手前进”主题教育现场教学等活动。编印长沙民盟成立70周年纪念刊、书画作品集，拍摄制作专题片。召开纪念长沙民盟成立70周年会议，民盟中央主席丁仲礼赠予亲笔题词“长沙民盟七十年”。

参加统战理论研究和论文征集活动。中标民盟省委统战理论课题2个，报送民盟中央及西部城市论坛等各类征文7篇。“民主党派开展社会服务的实践和反思”获民盟省委2018年统战理论研究课题三等奖。中标并完成市委统战部“长沙市统一战线参与乡村振兴战略实施的路径选择与长效机制构建研究”课题。《加强地方立法，助力优化营商环境的几点思考》获2018年民盟中央法治论坛优秀论文二等奖并作论坛大会发言。论文《弘扬城市历史文化主题，建设特色国际化城市》和《汇聚民盟力量，助力长沙创新创业城市发展》分别入选西部城市盟务工作会议论文集、民盟副省级城市盟务工作会议论文集。聂裕鹏获评“民盟省委统战理论研究先进个人”。

（陈美宁）

2018年10月20日，民盟长沙市委到长沙县开展“不忘合作初心，继续携手前进”主题教育现场教学活动 民盟长沙市委 供图

【社会服务】 2018年，民盟长沙市委联合北京四中网校长沙分校向长沙明德华兴等多所学校开展烛光行动千校计划赠送活动，配合民盟中央开展远程电子信息教育千校计划调研，联合盟内企业家向贫困山区小学捐赠5万元现金和物资，携手“同心育蕙”教育基金帮助农村教育发展，支持基层支部开展送课下乡活动。雨花区工委捐资7万元为云南文山县贫困山区儿童助学。盟员丁志强出资20万元捐建“民盟·同心班”。盟员杜有志设立“有志奖学金”。开展黄丝带帮教行动，在长沙孟妈妈青护园开展“健康人生，绿色无毒”禁毒主题活动。组建志愿服务队，参加“益跑长沙”为地贫儿童筹集善款。与大爱无疆公益文化促进会联合举办“亲爱的宝贝”40千米徒步挑战赛，组建爱心队伍，为“事实孤儿”募捐。支持浏阳龙伏村的发展，与民盟省委联合实地调研考察，帮助协调支持150万元的污水治理项目资金。参与同心创建工作，与民盟省委共建的廖家湾社区获评省级“同心社区”。组织基层支部和盟员参加“千企帮万户活动”，为浏阳市的长春村农村安全饮水筹款3.6万余元。关注生态文明建设，举办“爱鸟周”“蓝天保卫战”等环保公益活动。开展“弘扬民盟精神，争做有爱女性”随手公益活动。开展“关爱环卫工，冬季送温暖”活动，为环卫一线工人捐赠价值5万元的保温杯等活动。（陈美宁）

【长沙民盟成立70周年纪念会议】 2018年11月16日，纪念长沙民盟成立70周年会议召开。民盟湖南省委和中共长沙市委、市人大、市政府、市政协、市委统战部领导出席，各民主党派市委、市工商联、对口联系单位以及各区县（市）统战部、教育局、基层支部所在单位党组织等50余个单位负责人参会，到场盟员400余人，12个基层支部、155位盟员在会上获表彰。（陈美宁）

中国民主建国会长沙市委员会

【概况】 2018年，中国民主建国会长沙市委员会（以下简称“民建长沙市委”）有会员1096人，建成5个区工作委员会、33个支部、6个专门工作委员会、2个联谊会。市委会机关设办公室（社会服务处）、组织处、参政议政处（宣传处）。（刘稳振）

【参政议政】 2018年，民建长沙市委参政议政出成果。政治协商。在年初“两会”上提交集体提案6篇，其中《关于加快我市城中村改造，促进城市内涵式发展》的提案获省委常委、市委书记胡衡华重点批示，由副市长廖建华领办，被列为市政协重点督办提案，并被评为优秀提案。市政协民建界别小组提交的《关于提升打击经济犯罪能力的提案》获评优秀提案。朱江等两名委员《关于深化行政集中审批改革，打造长沙行政审批升级版的提案》获胡衡华批示，朱江在大会发言。

民意信息　全年报送社情民意、统战信息100余条，23条社情民意信息被民建省委采用；在市政协平台，4篇社情民意得到采纳，其中3篇得到市政协主席文树勋亲笔批示交办；在统战信息平台，《无产权国有资产管理问题应引起重视》获中央统战部《零讯》采稿，实现近

年《零讯》采稿零的突破；《建议紧急恢复使用药品电子监管码》获省委统战部采用并呈报省委办公厅，统战信息综合采用情况排名全市各党派前列，提前超额完成全年统战系统信息考核任务。《大力破解湖南外贸人才瓶颈的对策建议》被湖南发展研究中心《决策参考》采纳，《大力发展湖南“地标”农产品的对策建议》被湖南省情研究中心《省情要报》采纳；会员刘敏为主参与的《推进经济高质量发展的制度环境研究》报告最终提交至全国人大财经委。

民主监督　以民建市委常委朱江担任组长的市政协派驻市水务局民主监督组，突出问题导向对市水务局开展民主监督，提升民主监督实效。由市委会牵头，联合民进、致公、九三学社等党派共同开展“强力推进环境大治理　坚决打赢蓝天保卫战”专项民主监督，邀请市蓝天办、市城管局、市环保局等有关负责人到会通报有关情况。各区工委开展民主评议和调研监督工作。岳麓区二支部、望城区支部联合开展“食品安全情况”主题调研，对食品安全工作开展民主监督；雨花区工委组织民建界别区政协委员参与民主评议蓝天保卫战“集中观察日”活动，分组暗访助推问题整改。市、区两级的特约监督员及人大代表、政协委员中的民主监督员履行职能，开展对社会相关行业及市级机关的行风评议活动等。

调研工作　中标参政党理论研究2篇，专题调研课题25个。参加民建省委组织的湘江与洞庭湖环境保护、产业发展和脱贫攻坚民主监督等相关调研活动、会议，报送相关理论研究和调研3篇。《长沙传统商业模式转型电子商务中的问题及对策》中标长沙市委统战部调研招标。

（刘稳振）

【组织建设】　2018年7月，民建长沙市委成立监督委员会，完成委员候选人的推荐工作。监督委员会制定对区工委、直属支部的年度监督工作通知和方案。11月底，民建长沙市监督委员会对所属各区工委和直属支部年度工作开展督查，通过在全会范围内建立有效的内部督查机制，探索一条适应国家监察体制改革和民主党派会内监督需要的新途径。全年发展新会员47名。推荐65名长沙民建会员担任民建省委各专委会的成员；推选3家市直机关的特约人员；推选5名湖南民建法律援助中心理事。民建市委常委、湖南湘联节能科技股份有限公司董事长陈为军获评“长沙市优秀创新创业企业家”。企联会副会长、湖南金旅环保股份有限公司董事长阳绯文获评“长沙市改革开放40周年杰出民营企业家”。烟台、达州、普洱等地民建到长沙开展交流座谈；到扬州、南京考察学习当地民建基层组织与专委会建设；与重庆民建渝北区委开展专题交流活动。天心区工委组织会员到徐州、青海、四川凉山州等地开展学习交流，接待前来交流的益阳民建和中山民建的同仁。

（刘稳振）

【思想建设】　2018年，民建长沙市委加强思想建设。开展一系列新型政党制度教育和会章会史教育等学习活动。各区工委、支部结合纪念“五一口号”发布70周年暨改革开放40周年之际，组织会员参加座谈会、到红色教育基地参观学习等。全年全市民建组织开展爱国、爱会教育活动30余次。全年组织6批次60名会员参与各级部门组织的培训。在田汉故居国歌广场组织全体新会员举行长沙民建史上第一次会员入会宣誓仪式。天心区二支部围绕着“老有所学，老有所为，老有所乐”3个方面开展活动，全年组织老年会员开展专题政治理论学习5次。工商银行支部、经开区支部与青工委联合组织会员，先后到重庆的民建爱国主义教育基地开展活动。岳麓区二支部、岳麓区三支部举行迎新仪式活动，为新会员发放纪念品；开福区二支部、天心区五支部和芙蓉区三支部等，针对支部新会员较多的情况，通过开展支部活动，走访会员和会员企业。全年报送宣传稿件200余条至各级联系部门，完成《长沙民建》会刊的编辑、发放工作。完成长沙民建官网的全新改版升级，在各基层组织中建立信息网络，明确信息员，确保基层活动能够得到及时的宣传报道。发动会员参与民建中央纪念“五一口号”70周年主题征文活动和开展“十九大精神在民建”和“纪念改革开放40周年”系列征文活动。　（刘稳振）

【社会服务】　2018年，民建长沙市委和会员企业扶贫济困、捐资助学等公益慈善事业累计投入资金100万余元。

会内服务　维护会员合法权益、帮助困难会员和服务会员企业发展。针对会内部分企业出现的融资难、信息闭塞、缺乏科学的管理手段等问题，立足联系经济界政党特色，开展一系列服务活动。组织企业家会员参加民建中央在深圳举办的“2018中国风险投资论坛”，拓宽投资经营视野；对接“一带一路”倡议，组织部分民建会员、企业家到新疆喀什地区、和田地区进行商务考察，并与喀什地区招商局、和田地区和田县县委主要领导共商深化投资合作事宜，拓展政企合作的发展空间。针对部分会员因非法集资遭受损失和涉案的情况，下发《关于加强思想认识 防范非法集资风险的通知》。企业家联谊会全年走访理事企业30余家，推动民建会内企业间的合作共赢；经开区支部利用园区平台，全年开展多次上门走访活动；望城区支部召开“农业企业共享经济模式”的交流会；芙蓉区三支部组织会员全年多次开展“思享汇”座谈会，走进会员企业探讨企业发展理念。

参与公益　对接国家贫困县安化县大尧村开展扶贫工作，走访慰问该村16户建档登记贫困群众；组织宁乡市老粮仓中学“思源·民建长沙班”20名学子到长沙开展夏令营活动，并提高该班贫困生生活费资助标准，为每一个孩子购买意外保险。岳麓二支部募捐1000余千克6～10岁孩童衣物邮寄到贵州安顺镇宁自治县简嘎学校。芙蓉区工委、开福区工委、经开区支部等新春走访慰问困难群众。天心区工委开展桑植县教育扶贫助学工作，扶助“天心民建班及长沙民建班高中生”100名学生；书刊支部到龙山县靛房镇九年制学校，捐赠爱心善款5万元及价值12万元的书籍。打造社会服务亮点品牌。发动参与“我想有一个家”一起捐的线上募捐活动，募集47773元爱心款。天心区工委的“同心社区”品牌和桑植“精准教育扶贫”工作，其经验和做法得到中央及省市领导的高度评价。开福区工委联合营盘街社区开展“同心助残——精准帮扶”等系列志愿服务活动。

雨花区工委依托会员企业，成立民建立承应急救援抢险队。岳麓区工委邀请市红十字会的专家为同心社区的居民进行急救安全知识讲座。

（刘稳振）

中国民主促进会长沙市委员会

【概况】 2018年，中国民主促进会长沙市委员会（以下简称“民进长沙市委”）设7个工委、54个基层支部、7个专门委员会。有会员1099人，平均年龄52.6岁。其中女会员605人，占会员总数的55%，大学本科及以上学历会员占比67.2%。成员主要分布在教育、文化艺术、出版、医卫、政府机关、公有制经济、科技和非公有制经济、新社会阶层等界别，其中教育界65%，文化艺术2.6%，出版传媒1.4%，医药卫生4.1%，政府机关5.5%，公有制经济4.4%，非公有制经济5.6%，新社会阶层7%，科学技术0.6%。

（盛　敏）

【参政议政】 2018年，民进长沙市委参政议政出成果。建议提案。“两会”期间，会内各级人大代表、政协委员提交批评、建议、意见和提案145件。其中省人大代表提交批评建议意见3件，市人大代表提交9件；省政协委员提交提案4件，市政协委员提交34件；向市政协提交集体提案5件，其中《落实知识产权保护措施，推进企业创新发展》作为市政协大会发言，《关于分类施策背景下推进我市民办教育发展的建议》被市长陈文浩批示。兰力波的《关于加强垃圾分类处理的建议》《关于加强律师队伍建设，正确发挥律师作用的建议》分别由副市长刘明理、唐向阳领办。孙中民的《关于推进长沙市养老服务市场化的提案》被列为重点督办提案。市教育局等部门对5件集体提案分别进行办理，所提建议均得到答复，部分建议被采纳、落实。

课题调研　对“长沙市人工智能及机器人产业链调研”“长沙市中学生身体健康调查研究”“长沙市垃圾分类现状研究”等课题开展调研，并到广州、上海等地实地调研。创新调研模式，首次尝试对“积极稳妥推进农村土地市场化改革，加快我市乡村振兴战略实施”课题实施委托调研方式，成果得到民进中央肯定。协助民进省委完成“湖南乡村教育扶贫工作”课题调研。“智能制造与中小企业发展机遇”“发扬中医药传统，助力健康湖南建设”被选定为民进省委立项课题。

民意信息　全年报送社情民意、统战信息近300条，中央、省、市各级采纳100余条，其中杨婷的《关于司法机构改革后政府行政复议工作机构调整的几点建议》被全国政协采纳；张早平的《破除民营企业发展的四道门，促进民营企业又快又好的发展》被中共中央统战部《零讯》采纳；17条信息被民进中央采纳；3条信息被省政协采纳；6条信息被市政协采纳，刘良春的《鼓励街头艺术、让城市文化更丰富多元》被市政协主席文树勋，市委常委、宣传部部长高山批示；李佐立的《对接重庆倡议，打通南向出海通道的建议》被市委副书记徐宏源批示。70余条信息被中共省委、市委统战部采纳。社情民意工作在民进全省及市民主党派中名列第一位。

协商监督　就市“政府工作报告”和“两院工作报告”召开征求意见座谈会，提出不少有建设性的意见建议。参与民进中央“基层协商推动基层社会治理”课题调研。市委会脱贫攻坚民主监督工作小组4次到宁乡市定点观察窗口开展“四不两直”（即不发通知、不打招呼、不听汇报、不用陪同接待，直奔基层、直插现场，深入一线倾听群众反映）调研，收集《建议将贫困户享受低保或社会兜底政策的方式方法予以适当调整》等扶贫工作信息20余条，其中《构建公益电商平台，拓宽贫困地区农产品销售渠道》被评为优秀社情民意。在民进省委脱贫攻坚民主监督专题性常委会上，作《用市场化手段推进扶贫产业转型升级》《公益扶贫要处理好三种关系》口头和书面发言。与民建、致公党、九三学社长沙市委组成“蓝天保卫战”民主监督工作小组，对全市夜宵摊点卫生环保管理情况开展民主监督。推荐7名骨干会员担任政府相关职能局的特约人员。省市各级特约人员参与省“两院”、市工商局、市环保局等开展的民主监督活动。15名市政协委员被集中委派为民主监督员，参与12个单位的民主监督工作。教授张早平被民进中央聘为特邀信息员。

（盛　敏）

【组织建设】 2018年，民进长沙市委加强组织建设。领导班子建设。全年领导班子开展主题学习7次，带头参加各级各类培训10余人次。7月，主委、专职副主委到西柏坡、郑州参加长沙市各民主党派市委常委共识教育培训班；9—11月，主委参加省委党校为期2个月的厅级干部培训班。11月，主委、专职副主委分别到浙江大学、复旦大学参加市政协、市人大举办的研训班。全年组织召开6次主委会议、3次常委会议、2次全会，实现对会内重大工作的科学决策和领导。率先在全省民进市级组织中成立监督委员会，9名骨干会员当选民进长沙市第十二届委员会监督委员会委员。

组织管理　年初召开全市工委和支部主委会议，号召基层继续开展“学会章，明使命，强意识”活动，会费交纳率88%。全年基层开展学习活动70余次，召开4次工委主委会议。全年下拨基层工作经费40万元。完善《工委考评细则》，年底由专职副主委带队到各工委开展走访调研及年终考评。对4个工委及2个支部进行届中调整。“智慧民进”组织管理系统进入试运行阶段。

人才引进与培养　推进“优才入会”工程，全年发展新会员51人，其中“优才”14人；本科以上学历40人，其中硕士研究生13人；中级以上职称21人，其中正高职称1人，副高职称3人；平均年龄36.5岁。全年组织会员参加各级各类学习培训308人次。举办新会员入会仪式，增强会员入会的仪式感、荣誉感和归属感。举办2018年参政议政骨干培训班。重视干部培养推荐，加强对区县统战部的联系和重点支部走访。1名会员被推荐为副县级实职干部；6名会员被推荐为中小学校校长、副校长，其中2名享受副科级待遇；2名会员被推荐为学校中层骨干；1名会员被推荐增补为区政协委员。截至2018年年底，民进长沙市委各级人大代表、政协委员112人次。推荐12名优秀会员进入市委统战部党外人才库。全年12人次获省级以上荣誉，其中4人次获国家级荣誉。

（盛　敏）

【思想建设】 2018年，民进长沙市委加强思想建设。学习活动。开展会议和主题学习活动10余次，学习中共十九大、民进十二大及省、市有关会议精神，深刻领会习近平总书记关于新型政党制度的重要论述。在市委统战部组织的学习习近平总书记在全国政协联组会议上讲话精神座谈会上，主委李平作《不忘合作初心 新时代展现新作为》的报告。3月，组织各工委、支部主委、各级人大代表、政协委员89人学习全国"两会"精神，全国政协委员、民进省委副主委雷鸣强作辅导报告。举办纪念改革开放40周年暨"三八"妇女节环西湖联谊健走、"纪念改革开放40周年·湘江新区考察调研行"等活动。在市委统战部组织的纪念"五一口号"发布70周年座谈会上，专职副主委李素娥作《"五一口号"精神如明灯照亮前行路》主题发言。举办纪念"五一口号"发布70周年报告会，民进中央副主席朱永新作主题报告。举办首届羽毛球赛庆祝2018年教师节。

宣传报道 中央、省市刊物、网站、公微刊登采用宣传稿件500余篇。《不忘初心紧跟党走 不负新时代使命》入选中共中央党校出版发行的《党的建设与思想成果汇编》。《像寻觅亲人一样发展新会员》等4篇文章被民进中央《民主》全稿刊登。《啜饮岳麓山》等5篇文章被《长沙统一战线》刊登。30余篇稿件被《人民政协报》等媒体采用。向会内外推荐欧阳婕妤、张兰芳、谢杰等10余名优秀典型。"两会"期间，民进长沙市委有12名人大代表和政协委员受到主流媒体关注。编印4期《长沙民进》会刊，及时更新市委会机关图片宣传栏。加强会内微信群、QQ群的管理和引导，做好网站的及时维护和更新。做好《民主》杂志发行工作，连续4年被评为全国先进集体。

理论研究 组织统战理论研究委员会成员撰写理论文章。《传承"五一口号"精神 展现新时代参政党新作为》等文章在《民主》《楚帆》等刊物和网站上公开发表。参加省、市委统战部举办理论研讨活动，向市委统战部报送的3篇统战理论文章受到好评，其中《改革开放40年民营企业家成长路径和规律研究》成为长沙市唯一中标省委统战部2018年重点课题。协助做好七届省委会会史编纂工作。

纪念活动 围绕市委会成立60周年举办系列纪念活动。举行纪念"五一口号"发布70周年、市委会成立60周年座谈会。在简牍博物馆举办首次书画摄影作品展，展出会内外艺术家作品117幅。开展纪念市委会成立60周年主题征文活动，评选出一批优秀作品和先进单位。完成60周年专题片的拍摄、长沙民进简史（1957—2017）及同心建言录的编印工作。简史编纂历时两年，理清长沙民进60年的历史，保存珍贵的史料，为加强会员会史教育提供新的教材。6月底，召开成立60周年纪念会议，对17个先进基层组织及165名会员进行表彰，并首次颁发"特殊荣誉奖"及"突出贡献奖"。

（盛　敏）

【社会服务】 2018年，民进长沙市委开展社会服务活动。"名师同心讲坛"活动。全年到邵阳新宁、城步和永州道县开展3次活动，在授课专家、课程设置方面有较大改进。为推动"名师同心讲坛"品牌向纵深发展，活动由市委会独立举办向与民进省委联合举办方式转变，精选2位在校园文化建设、教师队伍建设及教学管理方面造诣颇深的资深校长、名师作专题授课，为600余位中小学校长和骨干教师们送去理论与实践并重的课程。历经3年发展，该项目成为民进省委和市委会的一大社会服务品牌。建立近60人规模的名师同心讲坛专家库。

"阅读·梦飞翔"项目 "阅读·梦飞翔"项目在371所学校建设新图书室，累计投入资金2700万余元，受惠学生20万余人。该项目并不是简单的捐建图书室，而是重在师资、理念的培养，着力农村学子综合素质的提升，成为民进长沙市委社会服务工作的优质品牌。

"同心"项目 巩固科大景园"省级同心社区"创建成果，定期开展药护同行、家有考生等各项活动。各工委推进"四同创建"工作，3个共建点获"市级同心社区"授牌。2月，组织优秀书法家团队到宁乡市煤炭坝社区开展"春联万家·文化惠民"暨爱心捐赠活动，为社区群众送去400余幅对联、福字及5000元的爱心图书和慰问金。参加市委统战部组织的"同心惠民、携手前行"调研活动，为4户困难户送去慰问金3000余元。支持山园村美丽乡村建设和乡村教育，为贫困村民送去春节慰问金3000元，并支持3万元用于乡村基础设施建设。

精准扶贫 响应市委统战部组织的"99公益日'万企帮万村'公益活动"，支持青山桥镇花园村基础设施建设，发动基层捐款6000余元。主委班子带队到村走访慰问10户贫困户，送去慰问金5000元。邀请会员肖深根就脱贫攻坚观察点的"桑植蘑菇"等产业项目建设进行指导和帮扶。邀请民进会员企业"搜农坊"参与观察点扶贫，提供贫困户的农产品销售渠道，提高贫困户收入。发动会员支持新疆民进扶贫工作，帮助销售滞销核桃1500千克。参与省委统战部"百名最美扶贫人物"评选，会员邝跃喜和欧阳婕妤入选。会员肖深根获评"2017年全国科技助力精准扶贫先进个人"。

两大平台 经联会（长沙民进经济界人士联谊会）和法律服务中心是民进长沙市委的两大社会服务平台。3月，组织6名会员到北京参加2018年民进经济界会员培训班。关心经联会成员及企业发展，为遭遇火灾的湘绣艺术馆捐款5万余元，并安排法律服务中心的律师团队为其提供法律支援。首次召开经联会私董会。11月，组织经联会成员到怀化沅陵开展产业扶贫调研，支持会员项目发展，实现资源共享。全年吸收新理事11名，经联会规模80人。开展"宪法宣传月"活动，组织法律服务中心的专家到湘一芙蓉第二中学、竞网集团开展法制进校园、进企业活动。全年法律服务中心为会员解决法律纠纷、疑难数起。

（盛　敏）

中国农工民主党长沙市委员会

【概况】 2018年，中国农工民主党长沙市委员会（以下简称"农工党长沙市委"）有党员1030人，其中，具有中、高级专业技术职称的985人，占总人数的96%，平均年龄48.6岁。全市有5个区工委、1个基层工委、6个总支、34个支部。（周　倩）

【参政议政】 2018年，农工党长沙市委参政议政出成果。政治协商。参与中共长沙市委、市人大、市政府、市政协举行的民主协商会、情况通报会、专题座谈会及与政府各有关局（委、办）对口联系工作会议等20余次，视察活动20余次，民主评议、监督活动30余次，着重在医疗卫生、生态环保、智能制造等关系全市经济建设和社会发展中的重大问题深入调研，提出建议和意见，得到各级部门的重视和采纳。

建言献策 向市政协提交4个集体提案，农工党党员中人大代表、政协委员在2018年“两会”期间，提交建议、提案100余件。提案《关于加快推进我市新兴产业发展的提案》获市政协“优秀提案”奖，并获省委常委、市委书记胡衡华的批示。陈忞、郭皓宇、唐红宇、李颂光分别撰写的《关于纪念田汉120周年诞辰 打造田汉故居文化园 谱写文化旅游新篇章的提案》《关于进一步推进我市智慧医疗建设的提案》《关于加强社区基层医院建设为深化医改打好基础的提案》《关于规范行政机关首长出庭应诉的提案》，李建军、易介兵共同撰写的《关于全面落实二孩政策 切实加强长沙市妇幼保健服务能力的提案》获市政协“优秀个人提案”奖。易介兵、李光焰、周勇等获评“2017年度优秀市政协委员”。周锦民、谭春华、张智博分别提交的《关于将阿尔茨海默病尽快纳入慢性病特殊门诊病种范畴的建议》《关于建立长沙智能医养体系的建议》《关于促进我市社会办医健康发展的建议》得到相关部门的重视。

专题调研 完成《加强城市社区网格化管理的调研》《把非公企业发展聚焦到实体经济上来》《党外知识分子作用发挥问题研究》等调研课题，形成调研报告；与农工党省委开展联合调研《区块链产业发展的调研》和《大力发展互联网平台经济的调研》。担任市政协委员的多名党员参加市政协《关于岳麓山风景名胜区保护的调研》。为促成浙江帅一机器人有限公司项目落户长沙市，主委龚振湘率队到杭州考察智能养老产业项目。宁乡基层工委与深圳农工党市委合作，引进深圳爱视集团公司投资近亿元，建设一家二级眼科医院。组织召开企业家座谈会，听取企业家关于企业生产的意见建议，分析实体经济发展面临的困难问题，为党内企业家搭建交流合作平台。宁乡市基层工委配合湖南省政协与农工党湖南省委完成的《互联网+智能机器人+居家医养调研项目》的调研，得到湖南省委书记杜家毫等领导批示。

民意信息 建立市委会信息员队伍，组织举办农工党市委骨干信息员培训班。向农工党省委、市委统战部、市政协报送社情民意、统战信息30余条，《关于规范中医保健行业市场的建议》等被市政协和市委统战部采用。 （周 倩）

【组织建设】 2018年，农工党长沙市委加强组织建设。基层组织建设。全年发展党员51人，成立雨花区综合支部和市生态环境支部。开展“党员之家”创建活动，在市委机关、天心区工委、宁乡基层工委、岳麓区生态环境支部打造全省第一批“党员之家”；对全市党员信息进行收集、整理，编印党员通讯录1100本，建设全市党员电子数据库。全年34名新党员参加农工党湖南省委2018年新党员培训班，20名新党员参加民主党派新成员培训班，两名骨干党员参加湖南省委统战部第20期民主党派骨干进修班。向长沙市委统战部推荐优秀代表人士12人，向卫计系统推荐优秀代表人士15人。

（周 倩）

【思想建设】 2018年，农工党长沙市委召开基层组织工作会议、常委会、主委会多种会议集中学习，组织开展“三学一讲”（“三学”是指深入学习贯彻习近平新时代中国特色社会主义思想和中共十九大精神，学习贯彻《中华人民共和国宪法》，学习贯彻农工党十六大精神和党章党史、多党合作优良传统，“一讲”是指中央领导率先，省、市级组织主委带头，领导干部、专家学者、广大党员积极参与，以“三学”内容为主题讲党课）专题教育活动。开展主题教育活动30余次。组织各基层组织和广大党员开展纪念中共中央“五一口号”发布70周年暨“学精神、学党章、学党史”知识竞赛活动、中共十九大精神学习理论征文比赛等。组织参与市委统战部“五个一”活动：一次集中学习、一次大型图片展、一次座谈、一次社会服务活动、一次调研。参加农工党湖南省委关于开展纪念中共中央发布“五一口号”70周年和农工党湖南省委成立35周年系列活动，在全市开展评先评优及身边优秀党员事迹巡回宣讲活动，全市1000余人次参加以“不忘合作初心 继续携手前进”为主题的学习教育活动。加强对重大会议、重要活动、典型人物的宣传报道，宣传市委会履行职能的实效和成果，向农工党湖南省、市政协和市委统战部网站及微信订阅号发送报道21篇，号召党员转发推广微信订阅号的宣传报道；发挥农工党中央机关刊物《前进论坛》、省委机关刊物《农工湘讯》、市委机关刊物《长沙农工》的宣传导向作用；加强“农工党长沙市委工作”微信群的管理。2018年，编辑《长沙农工》4期，《前进论坛》征订量在全市党员人数的60%以上，被农工党中央评为“《前进论坛》发行工作先进单位”。完成市志办《长沙年鉴》及市委会《长沙年报》所需资料的撰写工作。 （周 倩）

【社会服务】 2018年，农工党长沙市委开展社会服务活动。“三级定点、四级联动”社会服务。6月，在泉柳村开展医疗义诊、法律咨询、爱心助困社会服务活动。长沙市各医院总支，宁乡人民医院、中医院和岳麓区咸嘉湖社区卫生服务中心的20余名医药专家和律师支部的多名法律专家走进基层，服务村民，市委会向村民免费发放价值5万元的药品，走访慰问4户特困家庭。

“同心社区”、联点乡村共建活动 1月，在建湘新村社区对百岁老人和特困家庭开展慰问活动。9月，在长沙县百录村开展医疗义诊、法律咨询、爱心帮扶社会服务活动，向村民免费发放价值5万元的药品，慰问6户贫困家庭，为每家送去1000元的爱心款。组织农工党党员参与99公益日“万企帮万村”公益募捐活动的。10月，组织10名农工党党员爱心企业家在宁乡东湖塘镇麻山村开展“爱心助学”一对一帮扶活动，向10名贫困生捐赠5万元。向宁乡东湖塘镇中心小学青少年宫捐赠图书500册。

扶贫帮困 开展党员“手牵手·心连心”献爱心、助贫困、送温暖活动。

3月，支持长沙市一医院在捞刀河街道高岭社区开展义诊、爱心助困社会服务活动，向高岭社区5户困难家庭各送去1000元慰问金，向社区居民免费发放价值3万元的药品。11月，组织党员骨干到张家界慈利县赵家岗乡银寨爱心小学开展“关爱留守儿童”爱心帮扶活动，向该校捐赠环保桌椅、学习用品和教学用具，改善学校的硬件设施。各基层组织和广大党员开展爱心助学、扶贫帮困、医疗义诊等社会服务活动50余次，受益群众上千人。

（周　倩）

中国致公党长沙市委员会

【概况】 2018年，中国致公党长沙市委员会（以下简称“致公党长沙市委”）加强自身建设，履行参政党职能。有党员790人，平均年龄48.2岁，其中，具有中、高级专业技术职称的391人，占总人数的49%。6个区工委、1个市直工委，27个支部。（彭　磊）

【参政议政】 2018年，致公党长沙市委参政议政出成果。致公党中央参政议政部副部长王启平带队专程调研致公党长沙市委参政议政联系点工作，致公党长沙市委被致公党中央评为“参政议政工作先进集体”，1人获评“参政议政工作先进个人”。

建言献策　在年初各级“两会”上提交议案、建议和提案119件，其中集体提案4件。主委王国海的《关于化解我国地方政府债务风险的提案》被列为45件全国政协重点督办提案之一。《关于主动对接融入粤港澳大湾区，加快推进长沙空铁经济示范区建设的建议》获致公党“参政议政优秀成果”奖，省长许达哲批示，常务副市长舒行刚领办。《关于整合资源夯实基层，深度推进我市实施乡村振兴战略的提案》被湖南省委常委、市委书记胡衡华批示。党员许毅提交的《关于马栏山中国视谷发展》被列为市政协重点督办提案，由副市长廖建华领办。

专题调研　形成的《关于地方政府融资平台债务风险防控的建议》和《关于地方政府融资平台债务风险防控的调研报告》经致公党中央呈报，获李克强总理重要批示。运用招投标机制推动课题调研工作，对地方政府债务平台风险防范、旅游集散体系建设、新时代农村干部队伍建设等6个申报课题进行立项，均形成高质量调研成果。就“长沙主动融入粤港澳大湾区”课题开展调研，形成的《关于长沙主动融入粤港澳大湾区的两点建议》通过“直通车”平台建言。

协商监督　组建“民主监督委员会”。主委王国海在全国政协首场远程协商会上就《如何破解民营经济高质量发展的金融冰山》作协商发言，得到全国政协主席汪洋等领导的肯定。被全国政协选为湖南唯一的全国脱贫攻坚奖评委后，王国海全程参与全国脱贫攻坚奖的评选和调研考察。在市政协组织的致公界别旅游专题协商会上，致公党长沙市委就提升长沙市旅游咨询集散中心品质和发展长沙智慧旅游作协商发言。

民意信息　全年向政协、统战部门和致公党上级组织反映社情民意信息50余件。其中中央统战部一局采用5篇；《关于科技园区创新驱动战略的反映》被《零讯》采用；《扶贫既要扶“薪”，也要扶“心”》获市委副书记徐宏源批示；《建议将乡风文明作为乡村振兴的前提优先介入》等被省政协采用。（彭　磊）

【组织建设】 2018年，致公党长沙市委在宁乡经开区建立支部，推动基层组织建设。全年发展党员46人，平均年龄35.8岁，全部具有侨海关系和本科及以上学历。其中，博士研究生1名，留学归国人员12名。开展基层组织达标创优和党员争先创优活动，组织学习《支部工作标准》，督导“支部活力指数评估”，调整完善部分工委、支部班子，评选表彰先进等举措。各专委会发挥“行动中的致公党”作用，有关经验在本党第八届副省级城市暨第五届省会城市党务工作联席会议上作推介。书画院组织的首届“广州、常德、长沙三地书画院交流笔会”广获肯定。武术院主办“健康行”活动。

队伍建设　在致公党中央专委会换届时举荐人才，5名党员在新一届中央专委会任职。制定出台《主委会成员守则》和《主委会成员履职情况统计通报制度》，新设市委副秘书长两人。在新党员入党仪式上推行新老党员结对，“以老带新、以新关老”的新机制。增补1人任市政协委员。开展新党员培训班、骨干成员培训班和各类业务培训班。

党内监督　举办“党内监督廉洁教育大会”，进行《中华人民共和国监察法》培训和廉洁从政、廉洁从业教育。制定出台《党内监督谈话制度》，召开主委班子成员民主生活会，并对个别违纪党员给予组织处理。在致公党中央监督委员会督察座谈会上，就组织建设情况作专题汇报。党内监督工作形成的“长沙模式”在致公党中央党内监督工作研讨会上作经验推介。（彭　磊）

【思想建设】 2018年，致公党长沙市委学习中共十九大和全国“两会”精神。以纪念“五一口号”发布70周年和学习贯彻致公党十五大精神为契机，重温多党合作历史，弘扬致公党优良传统。通过组织开展征文活动、瞻仰先烈故居、参观主题图文展等，使全体致公党党员在系列纪念活动中增进思想共识。举办新一期“致公大讲堂”宣讲活动等。全年在“一刊一网一微”报道品牌工作、履职经验、先进事迹等400余篇，中国致公网采用80余篇、湖南致公网采用近200篇、和网采用100余篇。中国新闻网等媒体报道重点、亮点工作100余次。“致公万里行”活动经验材料《以侨为媒，致公党长沙市委筑巢引凤带梦归》被《团结报》等刊登宣传。宋旦、李丽、胡国安3名致公党党员被授予首届“长沙市同心人物”称号。（彭　磊）

【社会服务】 2018年，致公党长沙市委开展社会服务活动。脱贫攻坚。“精准扶贫基地”宁乡珊瑚村开展精准脱贫实践，组织开展的“爱在珊瑚”活动捐赠款物11万余元。现场慰问困难村民60户，“致公微善行·爱心妈妈在行动”团队一对一慰问困难学生20人，“致公书画院”书画家现场书写、赠送春联福字600余幅。珊瑚村的精准扶贫模式被《湖南日报》以《精准扶贫的“珊瑚样本”》为题报道。在99公益日“万企帮万村”公益活动中，全市致公党党员募捐1.8万余元。致公党党员胡国安企业绿之韵集团被评为全国"万企帮万村"精准扶贫行动先进民营企业。

基地建设 "精神助学"基地助力"致公助学"工作，采取开班仪式结合励志讲座的"物质帮扶+精神帮扶"方式。"精神助学"基地启动"开绘啦"阅读点亮心灵公益慈善项目，关爱农民工子女。致公党长沙市委连续第11年到市第二社会福利院基地开展慰问活动。

"致公助学"活动 在湖南商务职业技术学院挂牌启动"致公助学"基地建设。年内，筹资40万元开办"致公·沃成班"和"致公·力天班"，办班数量10个。"致爱小组"工作经验在全省"致爱小组"工作推进会上作典型发言。在全省"致公助学"先进评比中，4家党员企业、3所合作学校、3名党员和8名优秀毕业生获表彰。开福区工委联合党员杨儒森的凤凰欲飞团队开展"爱心妈妈"走访慰问活动，筛选44名学生结对帮扶，系列帮扶活动在党内募集善款近3万元，争取公益团队和社会爱心款15万元。

"四同创建"活动 "精准扶贫基地"宁乡珊瑚村和浏阳工委联建的"同心致福村"金源村双双获评市级"同心乡村"。"致公蓓蕾书屋"在宁乡珊瑚村九年制学校落成。致公党中央副主席闫小培调研并肯定雨花区工委实施的青少年心理矫正"绿房子"等公益项目。开福区工委实施"同心圆梦、助力成长——花季护航"等公益项目。

双创工作 中共中央政治局常委、全国人大常委会委员长栗战书到致公党党员彭虎的企业——源创高科工业技术有限公司考察，要求要把传统文化瑰宝保护好、传承好，把现代陶瓷产业做大做强。湖南首个"诺贝尔奖工作站"落户致公党党员汤朝阳的企业——湖南昭泰医疗集团。省政协主席李微微，省委常委、统战部部长黄兰香，省委常委、市委书记胡衡华等领导分别考察致公党党员邓泽平的企业华腾制药。致公党党员书画家刘世杰开办的"刘世杰美术馆"成为浏阳首家以个人名义开办的美术馆。致公党党员宋旦创办的"宋旦汉字艺术博物馆"开馆。致公党党员万立的"儒家思想与世界"油画展在北京外国语大学孔子大厅举办。致公党党员李楠入选全国律协涉外律师领军人才培训计划，到美国培训。（彭 磊）

【侨海工作】 2018年，致公党长沙市委协助致公党省委办好第五届海归论坛。近百人的海归博士团和200余位全国各地的海归聚集"海梦岛"宁乡双创基地，致公党中央副主席闫小培，省政协副主席、致公党省委主委胡旭晟，省侨联党组书记朱建山等领导出席。活动在引进人才、促进合作、推介长沙、服务新侨等方面均取得实效，100余家媒体报道。

"致公万里行"活动 在"时代主题海归谈"分论坛上，与美国、俄罗斯、英国等15个国家（地区）的博士留学生代表开展"致公万里行"签名活动，建立联系、寻求合作。副主委吴晓佳应邀率队到菲律宾，出席中国洪门进步党大岷北区支部35周年庆典，使"致公万里行"活动品牌在菲律宾华人圈产生影响。副主委枭燕接待北欧致公协会，党员李丽到新加坡宣传推介活动品牌，党员岳辉到缅甸开展"光明行"活动，参与诊治数百名白内障患者。

"海梦岛"宁乡双创基地 "海梦岛"宁乡双创基地建设完成，投入运营，闫小培等致公党中央领导为基地揭牌。科德信息等一批优质项目签约入驻。"海梦岛"与香港致公协会等商会签订战略合作协议。致公党浙江省委考察"海梦岛"双创基地，洽谈合作。

引资引智 由党员蔡鑫莹的公司牵头引进的腾讯（长沙）智慧产业总部签约落户湘江新区。组织"如鲸入海，共聚蓝月"致公党优秀企业家宁乡行活动。（彭 磊）

2018年10月14日，第五届海归论坛"时代主题海归谈"暨海梦岛发布会在宁乡经开区举行 致公党长沙市委 供图

九三学社长沙市委员会

【概况】 2018年，九三学社长沙市委员会（以下简称"九三学社市委"）发展社员38人，其中女性20名，硕士研究生14人，博士3人，中级职称15人，高级职称7人，平均年龄34.5岁。截至2018年年底，有社员725人，高、中级职称642人，占87.44%；博士研究生20人。设基层支社23个，设芙蓉、天心、岳麓、开福、雨花5个区工作委员会和参政议政、科技创新、城乡发展、社会法制、医药卫生、教育文化、妇女、青年、老龄9个专门工作委员会。（周新建）

【参政议政】 2018年，九三学社市委参政议政出成果。课题调研。开展"有效治理霾污染，打赢蓝天保卫战"等课题调研，并组织参政议政骨干到周边省市开展学习考察，形成调研报告。提交的"大力发展高端制造业 推动湖南高质量发展""以战略新兴产业链为抓手 加快建设长沙创新型工业体系的研究"课题中标社省委2018年度招标调研课题，全部结题。

建言献策 向市政协提交集体提案4件、个人提案40件，4件提案被市政协评为优秀提案。其中，集体提案《以流域生态修复为主体，确

保水系治理成效》得到市长陈文浩批示，被列为市政协重点督办提案，由副市长李蔚领衔督办，7月召开重点提案办理协商会进行答复办理。针对九三学社市委提出的《关于促进我市科技型中小微企业创新发展》提案，市政府通过落实人才新政22条、工业30条以及科技创新“1+4”政策，构建推动企业创新发展良好政策生态；鼓励支持科技型中小微企业集聚集约发展，开展“千人帮千企百日大行动”，打好降税、减负、破解融资难问题；成立总规模30亿元的光大科技创新产业投资基金，重点支持科技型中小微企业自主创新；搭建科技成果转化服务中心等平台，支持企业技术创新战略联盟；完善小微企业金融服务体系举措，推动科技型中小微企业创新发展。

政治协商　参加中共长沙市委、市人大、市政府、市政协及市委统战部举行的各种协商会议。对政府工作报告和法院、检察院工作报告提出建议和意见，得到重视和采纳。在市政协召开的“加强消防安全管理”对口协商会议上，2名社员分别就“严把建筑消防安全关”和“加强推进《长沙市住宅小区物业消防安全管理办法》的立法工作”建议提交会议协商，所提意见得到重视与采纳。

民意信息　及时上报社情民意和统战信息。获全省社情民意信息工作先进单位一等奖。全年上报社情民意统战信息60条。其中，汤建尧提交的“关于建议加装倒计数显示灯”微建议获省政协主席李微微批示，由省交通运输厅集中办理协商。办理协商会由省政协副主席赖明勇牵头，省政协经科委组织开展。长沙市住建委、长沙市交警支队在协商会上对该建议进行现场答复。《未到期科研课题经费被收走的情况应引起高度重视》等获市政协主席文树勋批示。《将雨花非遗馆打造成“东亚文化之都”文化新名片的对策建议》获市委常委、统战部部长谭小平批示。

民主监督　召开市级特约人员工作座谈会，对特约人员2018年履职情况进行总结，并对2019年工作进行安排。汤建尧率队参加社省委组织的洞庭湖生态保护民主监督工作，并到望城区开展“洞庭湖生态环境治理推进落实情况”民主监督调研，对湘江（望城段）保护与治理的东湖湿地项目、黄金河生态水系连通项目，洞庭湖生态环境治理项目中的长沙市望城区新康片区水环境综合治理试点工程展开实地调研，并到岳麓污水处理厂尾水下移工程、大众垸水系连通项目老沩水—团头湖连通工程大泊湖闸、书堂山池塘工业化养殖项目等进行实地踏察。联合其他民主党派共同组织开展“强力推进环境大治理 坚决打赢蓝天保卫战”专项民主监督，就“我市夜宵摊点餐饮卫生环保情况”开展调研和民主监督。在“蓝天保卫战”民主监督座谈会上，就综合环境整治和夜宵摊点的卫生环保管理情况、发现问题和疑点难点等提出意见和问询，并督促建立长期监管机制，巩固整治成果。（周新建）

【组织建设】2018年，九三学社市委加强组织建设。加大对支社工作支持，将支社下拨经费由150元/人提高到200元/人。制定支社、区工委、专委会目标管理评分标准，加强基层组织的工作指导和规范。年底成立检查工作小组，分别进行工作检查。表彰10个先进集体、24名先进个人。成立经开区二支社筹备小组和望城区二支社筹备小组，对城建一、天心一支社支委班子进行调整。开展“不忘初心，九三巾帼再出发”活动，庆祝2018年“三八”妇女节；组织“九九重阳日·爱让您看见”活动，为老年社员开展眼健康服务；在湖南雨花非遗馆举行“不忘合作初心，继续携手前进——暨传承非遗匠心，筑梦‘同心馆’”活动，增进九三学社成员对非物质文化遗产的了解，坚定文化自信。落实常委联系慰问困难社员制度，每名常委结对帮扶1名困难社员，全年慰问社员230人次。开展学习培训工作，全年150人次接受培训。（周新建）

【思想建设】2018年，九三学社市委强化政治意识和责任意识，落实党风廉政建设主体责任，自觉把推进党风廉政建设和反腐败工作作为履职尽责的重要内容，研究和探索监督的方式方法，营造风清气正的政治生态。按长沙市委、市政府发布的《关于开展违反中央八项规定精神突出问题专项治理工作实施方案》要求，开展自查自纠，查找问题。在市纪委市监委驻市委统战部纪检监察组的统一安排下，机关设立信访举报箱，完善廉政风险防控工作。（周新建）

【社会服务】2018年，九三学社市委开展社会服务活动。支持芙蓉区西湖社区建立“谊园议事厅”以及“九三科普馆”等“同心创建”品牌阵地，开展创建活动，获评省级同心社区；社员王练文、邓运姣获评长沙市“首届十大同心人物”；在东屯渡社区、云塘社区等开展“九三同心健康E站”活动；在长沙县第九中学开展送课下乡活动；在浦沅社区开展“同乐荟”志愿服务暨“24小时书屋”启动仪式；在长沙学院开展“同心圆梦 健康中国”开福区2018年大学新生健康第一课启动仪式暨健康知识专题讲座。“沁心幸福工作室”开展36场关于婚姻家庭、情商管理、心理学等主题的公益讲座，关注普通百姓的婚姻家庭和工作问题，获长沙市妇联颁发的2018年长沙市“妇女儿童之家”优秀品牌案例二等奖。（周新建）

【九三学社长沙市第八届委员会监督委员会成立】2018年11月17日，九三学社长沙市第八届委员会第四次全体会议在枫林宾馆召开。九三学社湖南省委专职副主委、九三学社湖南省委监督委员会主任王仁祥，长沙市纪委长沙市监察委驻市委统战部纪检监察组组长唐宇航参加会议指导，全体市委委员参加。会议由主委汤建尧主持。会议学习《中华人民共和国监察法》和习近平总书记在全国宣传思想工作会议上的讲话精神。九三学社市委专职副主委刘有良向会议汇报九三学社长沙市第八届委员会监督委员会筹备情况。会议通过选举，成立九三学社长沙市第八届委员会监督委员会，副主委邓立新兼任监督委员会主任，3名社市委常委兼任副主任，7名社员担任委员。（周新建）

【九三科技创新论坛】2018年10月26日，由九三学社长沙市委主办的九三科技创新论坛之绿色建筑活动在万科魅力之城举办。省政协常委、九三学社省委专职副主委王仁祥，市政协原副主席李克俭等领导出席活动。论坛由九三学社长沙市委专职副主委刘有良主持。九三学社社员、建筑领域专家学者、省内建筑企业代表、相关上下游产业链

2018 年 10 月 26 日，九三科技创新论坛之绿色建筑活动在万科魅力之城举办

九三学社市委　供图

人员等 200 余人参与。论坛围绕“建筑的精细化设计和管理”“历史建筑保护”及“家居智能化”等主题进行研讨。（周新建）

【湖南省第三届物联网行业高峰论坛在长沙举办】 2018 年 11 月 15 日，湖南省第三届物联网行业高峰论坛在长沙举办。省政协副主席、九三学社省委主委张大方，市委常委、统战部部长谭小平等领导出席论坛。论坛由湖南省物联网行业协会、九三学社长沙市委、开福区委区政府联合主办，主题为“物联世界 共创未来”，600 余名物联网企业以及业界人士、专家参与。360 集团副总裁贺劲松、中科院计算机网络信息中心物联网实验室主任田野、浙江之江实验室研究员王永恒进行演讲。论坛同期举办物联网产品体验展览、推介会等，展出智能制造、智能医疗、车联网、智能家居等前沿技术产品，展示湖南省物联网发展成果，为企业搭建沟通交流的合作平台。

（周新建）

长沙市工商业联合会（总商会）

【概况】 2018 年，长沙市工商业联合会（以下简称“市工商联”）服务中心大局，推进民营经济改革创新发展、营商环境优化、非公有制经济人士政治引导，各项工作取得新成效。市工商联获评人力资源和社会保障部、全国工商联授予的“全国工商联系统先进集体”称号，获工商联工作“创新中国”最佳案例榜单。截至 2018 年 12 月，全市有私营企业 29.76 万户，个体工商户 59.32 万户，分别增长 19.04% 和 13.16%，全市工商联会员有 32330 家，商会组织 303 家。市工商联与国内外 191 个商会组织结成友好商会。（唐铁瑜）

【参政议政】 2018 年，市工商联向市政协第十二届二次会议提交《关于优化长沙营商环境提案》等 9 件集体提案，其中《关于优化长沙营商环境提案》由市委书记胡衡华领办，市长陈文浩批示。组织全市非公经济领域人大代表、政协委员建言献策活动，代表、委员积极参与报送建言材料 158 篇。在全市工商联系统和市直属行业协会商会开展“抓重点、补短板、强弱项”调研活动，形成调研报告 17 份，《建设一流营商环境 促进民营经济高质量发展》获全省“新动力新动能与湖南高质量发展”学术论文评比一等奖，《全市工商联系统基层商会能力建设现状调研报告》被《长沙通讯》采用。完成市委布置重点课题“协同创新驱动长沙民企高质量发展的对策和建议”和“当前经济环境下稳企业、稳就业、稳投资措施建议”调研。市工商联与市发展改革委、市住建委等部门建立合作机制，组织“党政部门领导与企业家面对面共促房地产行业平稳健康发展”座谈会，构建亲清政商关系。

（唐铁瑜）

【经贸服务】 2018 年，市工商联加强区域协作，举办长江中游城市群省会城市商会合作交流会、长株潭城市群商会融合发展暨项目推介会，发布《长株潭商会宣言》，签署《长株潭城市群商会合作协议》，助推长江中游城市群一体化和长株潭一体化。加强联系家乡企业家，举办“欢迎回长兴业，致富反哺家乡”全国异地长沙商会迎新春座谈会、“长沙—珠澳经贸合作交流会”等。加强对外招商，协助举办全国知名民企携手湖南助推中部崛起大会，会上签约项目 11 个，投资额 91 亿元。携手区县、园区招商，举办“杭州 · 长沙经贸合作交流会——长三角经贸合作洽谈周民企专场活动”，会上签约合作金额 35.05 亿元。举办“牵手香江 · 相约浏阳”活动，抢抓对接粤港澳大湾区发展先机。组织会员和商会到德国法兰克福、阿德勒斯霍夫科技园等地调研，参加“香港创意营商日”等经贸交流活动，对接产业项目，与美国中美友好协会等海内外商会和南京、南宁等兄弟工商联交流研讨。（唐铁瑜）

【法律服务】 2018 年，市工商联与市检察院协作，举办服务非公经济“五个一”活动（即一次联席会议、一次揭牌、一次走访、一次专业培训、一次集中宣传），“长沙市人民检察院服务非公经济办公室”成立揭牌，确定 10 家商会为“市检察院、市工商联协作服务非公经济联系点”。举办“商业秘密司法实践”培训班和非公有制企业法律风险管理培训班，组织法律顾问团换届，强化维权指导。发挥市总商会仲裁调解中心等三大法律服务平台作用，协调处理 5 起维权案件。市工商联与市总工会、市人力资源和社会保障局联合开展工资集体协商春季要约行动，促进和谐劳动关系，推荐 5 家企业为省级模范劳动关系和谐企业，推荐长沙高新区为国家级模范劳动关系和谐园区。做好民企劳动关系监测工作。（唐铁瑜）

【金融服务】 2018 年，市工商联举办香港上市培训班，推动长沙市优质民企对接境外资本市场。联合举办2018长沙金融服务节，组织“金融服务进商会、进园区、进企业”活动，推介长沙中小企业风险补偿基金、转贷基金，召开破解中小企业“融资难”调研座谈会，与邮储银行长沙分行签订战略合作协议，缓解企业“融资难”“融资贵”。（唐铁瑜）

【招商引资】 2018年，市工商联加强对外招商，拓展经贸服务，举办长江中游城市群省会城市商会合作交流会等，组织香港长沙商会第三届就职典礼暨浏阳招商推介会，抢抓对接粤港澳大湾区发展先机。对接“一带一路”，组织长沙工商代表团开展“德国、英国行”活动。参加“香港创意营商日”等经贸交流活动，对接产业项目。接待美国中美友好协会等海内外商会和南京、南宁等兄弟工商联，交流工作经验。创新开展融资服务，举办香港上市培训班。（唐铁瑜）

【市工商联获评“全国工商联系统先进集体”】 2018年12月26日，全国工商联十二届二次执委会在北京召开。会议对全国工商联系统先进集体和先进工作者进行表彰。长沙市工商联继2008年之后，再次获评“全国工商联系统先进集体”，成为湖南省工商联系统唯一获该荣誉的单位。长沙市政协副主席、市工商联主席彭继球代表长沙市工商联到北京参加会议并接受表彰。（唐铁瑜）

【庆祝改革开放40周年系列活动】 2018年，市工商联与市委统战部组织召开“40年40人”主题宣传活动总结汇报会，举办以“新时代、新商会、新作为”为主题的长沙市非公经济和商会组织庆祝改革开放40周年活动暨全市商会组织建设成果展示汇报会，市工商联联合《中华工商时报》、红网湘商频道开展集中宣传改革开放40周年杰出民营企业家活动。举办“庆三八、话改革、谋发展”主题活动，展现长沙女企业家的时代风采。开展省会年轻一代企业家“庆五四、话改革、共成长”活动，激励青年企业家接力改革伟业。开展长沙非公经济“辉煌的足迹”专题宣传活动，邀请中央、省、市11家主流媒体对优秀会员企业集中采访，连续报道90余篇，激发全市非公经济人士实干、拼搏、奉献、担当。（唐铁瑜）

【“万企帮万村”精准扶贫活动】 2018年，市工商联推进“万企帮万村”精准扶贫活动，组织会员企业履行社会责任，弘扬光彩精神。市工商联系统组织335家民企、直属商会与全市718个村（含85个省定贫困村）及龙山县、安化县12个贫困村结对，参与扶贫项目665个，累计投入52100万元，惠及贫困人口47193人。联合金霞经济开发区举办“龙山夏季招聘会暨产业帮扶对接活动”，22家企业与龙山茨岩塘镇18个村签约。深入浏阳枫林湖村开展产业帮扶、危房改造、助学助医，驻村第一书记潘志明被浏阳市扶贫办评为2018年度脱贫攻坚工作“奉献之星”。组织“同心放光彩，协力助扶贫”省会民企家安化行活动，组织商会、企业到郴州市桂东县、湘西古丈县、西藏、新疆支援帮扶。带动一批民企好企业家成为扶贫典范：绿之韵集团被全国工商联、国务院扶贫办评选为全国“‘万企帮万村’精准扶贫行动先进民企”，德旺农业董事长张尚友被评选为湖南省“百名最美扶贫人物”。（唐铁瑜）

【亲清政商关系构建】 2018年11月7日，长沙市纪委监委、市委统战部、市工商联联合召开构建“亲”“清”政商关系民营企业座谈会。市委统战部副部长、市工商联党组书记丁文汇报市工商联服务民营企业工作情况，传达习近平总书记在民营企业座谈会上关于构建亲清政商关系的重要讲话精神。大汉集团董事长傅胜龙、华自科技董事长黄文宝等不同行业的10名民营企业家代表分别结合企业发展情况，就如何构建亲清新型政商关系提出意见和建议。与会企业家一致认为，企业的成长离不开市委、市政府的关心和支持，将积极弘扬企业家精神，勇于承担当社会责任，做强做优企业，为长沙经济社会发展做出贡献。（唐铁瑜）

【面向社会资本（民间资本）推介投资项目】 2018年10月19日，长沙市2018年面向社会资本（民间资本）推介项目发布会在长沙召开。此前，市发展改革委会同市工商联于7月上旬组织湘江新区、市直单位、园区、各区县(市)召开项目征集部署会议，经各单位申报，市发展改革委整理、审核、汇总，并经过市人民政府审定，该次向民间资本推介项目25个，总投资687亿元，项目涉及轨道交通、交通运输、城市供水、文化旅游、片区开发、港口码头等领域，发布的项目总投资100亿元及以上项目2个，投资30亿~100亿元的项目7个，30亿元以下项目16个。（唐铁瑜）

【商协会组织建设】 2018年，市工商联组织举办市商会组织建设成果展示会，选出一批“四好”商会先进典型。指导成立市工商联青年企业家商会，为青年企业家互相学习、共同成长搭建平台。指导长沙市武冈商会等10家异地商会成立和6家商会换届。吸收36家企业会员、5家团体会员和1名个人会员加入工商联，吸收会员数500余人。推荐长沙市益阳商会等6家商会、5名会长、4名秘书长分别获评全省“四好商会”“优秀会长”和“优秀秘书长”。（唐铁瑜）

【境外考察交流】 2018年9月，长沙市政协副主席、市工商联主席彭继球带领长沙经贸团到德国法兰克福，与当地企业家进行交流。长沙市总商会与德国湘商总会签订相关合作协议。10月，应台湾海峡两岸工商企业协进会的邀请，市委统战部副部长、市工商联党组书记丁文，带领金井茶业有限公司总经理周宇、千龙湖生态旅游度假有限公司董事长陈露等市农业相关企业家一行11人，考察台湾精致农业和生态农业发展情况。通过考察交流，考察团一行对台湾的精致农业、生态农业、休闲农业的经营理念、管理方法、运行模式有了全面了解和认识，对于发展长沙市精致农业、生态农业、休闲农业起到借鉴作用。（唐铁瑜）

群众团体

MASS ORGANIZATIONS

责任编辑·江　雷

长沙市总工会

【概况】2018年，长沙市总工会（以下简称“市总工会”）坚持按照市委印发《长沙市总工会深化改革实施方案》要求，细化为41项改革任务。长沙市各区县（市）总工会深化改革工作进度走在全省前列，在全省工会深化改革推进会议上作典型发言。高新区、长沙县改革工作作为典型在全省工会改革培训班上推广。天心区、宁乡市、芙蓉区、望城区召开工会代表大会，按照改革要求完成工会换届任务。开福区总工会、雨花区总工会、长沙县总工会、浏阳市总工会按要求增配挂兼职副主席和工会干部。全市新增工会组织涵盖法人单位4470家，新发展会员20.3万人，其中农民工会员17.3万人，法人单位建会率和职工入会率动态保持在85%以上。

推进“两新”组织工会建设　建立楼宇商圈工会47个。推进会员评家，推荐评选全国模范职工之家（小家）3个、全国优秀工会工作者2名、全国优秀工会之友1名，省级模范职工之家（小家）10个，组织评选市级模范职工之家（小家）69个。规范工会社团法人办事流程，新办法人登记750件。修订完善社会化工会工作者和工资集体协商指导员管理办法。开展工会干部岗位培训班和能力提升班，提高工会干部履职能力。芙蓉区《积分管理制度》、天心区“进社区、联企业、访职工”网格化管理模式，在进一步加强工会组织建设方面做出有益探索。长沙经开区总工会着力制度创新，先后出台《支持基层工会创新工作的实施办法》《基层工会经费收支管理办法》等规范性文件，得到基层好评。开展创建“劳模和工匠人才创新工作室”活动，组织开展劳模疗休养暨素质提升培训班和劳模讲堂进区县等活动。宁乡市“最美工匠”评比表彰、岳麓区“最美劳动者”事迹宣传等活动，在职工中得到广泛好评。

阵地建设稳步推进　推进工人文化宫提质改造回归公益，不断加强职工文化活动阵地建设，彰显工会公益服务职能。市长办公会议同意提质改造一宫、二宫，搬迁新建三宫、建宫，明确市财政给予资金支持。一宫、二宫按照“一宫一策”“一场所一办法”分类施策的要求，清理出租承包行为，着力提质改造，突出主责主业。三宫、建宫积极适应地区发展需要，先后纳入开福区、芙蓉区棚改拆迁范围。按照深化改革要求，明确全市职工文化活动阵地建设与党员活动中心同部署、同落实的工作原则。

网络建设　全面摸底工会网络工作现状和资源，制订《长沙市“互联网+工会”职工服务体系建设工作方案》，明确网上工会建设的目标原则、功能结构、实施步骤、保障措施。依托智慧城市建设，将工会信息纳入市政务云平台的系统，夯实工会大数据基础。市总工会引入OA自动办公系统，提高办公效率。“长沙工会”微信公众号全新改版，新增心理咨询、婚恋交友等全新栏目，不断贴近职工、服务职工，开通视频直播和网络互动，获评“长沙市十大最具影响力的政务公众号”。

内部建设　建立健全工作制度、内部管理制度、改革配套制度3大类制度。持续推进工会系统文明创建工作，开展职工志愿服务活动。强化预算管理和内控建设，优化经费收入支出结构，建立工会经费征管联系机制。雨花区为每个园区、街道（镇）工会联合会经费补助10万元，逐步实现区财政对工会资金支持的常态化、制度化、规范化。着力构建审计监督“四位一体”体系，完善审计整改督查机制和审计整改报告制度，推进审计监督全覆盖。加强工会机关档案管理，组织编修《长沙地方志·工会篇》，充实长沙工会的史料基础。（丑　帅）

【产业工人队伍建设】2018年，长沙市各级工会开展“十行状元、百优工匠”职工职业技能竞赛、重点建设项目劳动竞赛和芙蓉标兵岗、芙蓉标兵评选等活动，全市评选扶持职工科技创新成果55项。市总工会实施“三百工程”，面向基层一线选树100个市级五一劳动奖状、100个市级五一劳动奖章、100个市级工人先锋号，对在竞赛活动中脱颖而出的“十行状元”“百优工匠”分别给予每人6万元、3万元奖励。年内，长沙市推荐全国工人先锋号班组3个，全国五一劳动奖状单位2家，全国五一劳动奖章个人2名；17位职工获省级以上技能大赛奖励；2位职工获“全国技术能手”称号；宁乡经开区“技能蓝月谷”技工节，开福区“立足岗位大练兵，效力北富我当先”劳动竞赛精彩纷呈。（丑　帅）

【职工职业技能培训】2018年，长沙市总工会面向一线职工、农民工开设职工职业技能培训班10期，开展“一户一产业工人”免费培训，全年培养职工1272人次并安排就业。创新开展女职工展翅行动培训计划，为500余人次的女职工争取技能补贴近80万元。望城区开展“薪火”培训工程，帮助600余名困难职工和农民工提升就业能力。浏阳市“一户一产业工人”培养工程不断深化，创新服务农民工的工作成果进一步巩固。（丑　帅）

【维护职工合法权益】2018年，长沙市总工会组织一线职工人大代表和工会界政协委员提交职工民生提案13个，推行职代会和工资集体协商，培育选树典型企业24家，全市签订工资集体协议1570份，参加企业1.08万家，建制率90%。市总工会本级接待职工群众来电、来信、来访422次，办结率100%。完善河西仲裁庭工作制度，扩充兼职仲裁员20名，受理职工维权案件540件，为职工挽回经济损失6600万余元。选取21家企业作为工会劳动关系监测点，形成具有工会组织自身特点的劳动关系研判和预警机制。制订《关于推进工会联系引导劳动关系领域社会组织试点工作的实施方案》，吸引社会组织参与工会服务。组织公益法律服务志愿者队伍集中上街上门宣传6次。开展“安康杯”竞赛活动，参与工伤事故的调查处理，引导广大职工自觉增强安全生产意识。（丑　帅）

【服务全市职工群众】2018年，长沙市总工会在全省实现医疗互助管理系统与市医保系统进行数据交互对接，简化申请流程，提高审批效率，工作经验在全国工会医疗互助工作专题会议上推广。推动困难职工帮扶工作，通过整章建制、上门核查，精准识别困难职工346户。参与组织招聘会210场，提供就业岗位32万个，达成就业意向5.7万余人；筹集110万元慰问款物，为建筑工地农民工送上防暑降温物资；划拨助学金180.5万元资助356名困难职工子女就学；“两节”期间筹集522.8万元对5000余名困难职工、农民工及一线职工进行走访慰问；筹集161万元对207名患大病工会会员实施救助；帮助683人次困难职工家庭成员实现就业；提供法律咨询与援助32人次；组织发动28.5万名职工参加职工医疗（住院）互助，12.8万女职工参加女职工特殊疾病保障项目，共发放医疗补助金1042万元。继续依托工会服务卡，开展会员保障救助计划，共保障救助6例，救助金额3万余元。致力提升职工生活品质，“全市标准化母婴室建设工作”被列入长沙市政府十件民生实事之一，2018年，全市建设标准化母婴关爱室71家。在全省试点“亲子关爱室”，4家企事业单位获得全总爱心托管班奖励。命名扶持市级职工书屋示范点30家，评选奖励职工阅读学习活动优秀项目10个，推荐2家全国工会职工书屋示范点。开展全市职工演讲、摄影、工间操大赛和职工读书、交友联谊等系列活动，丰富职工文化生活。建立10家EAP（员工关怀行动）试点单位，组织对百余名工会心理咨询志愿者进行培训，开展心理关爱工作。依托“芙蓉讲堂”开设职业道德讲座。

（丑　帅）

【长沙市工会第二十次代表大会】 2018年4月10日，长沙市工会第二十次代表大会开幕。省委常委、市委书记胡衡华出席并讲话，他勉励全市广大职工群众不忘初心、牢记使命，发扬主人翁精神，更好发挥主力军作用，为全面建设现代化长沙不懈奋斗。省人大常委会副主任、省总工会主席周农出席会议并指出，要着眼省内率先、中部领先、全国争先来推进长沙工会工作，努力当好全省工会工作的排头兵。市委副书记、市长，湖南湘江新区党工委书记胡忠雄，省总工会副主席辛建平，市领导徐宏源、夏建平、张宏益、芮英姿、石长松等出席会议。团市委书记叶妙代表人民团体向大会召开致贺词。市人大常委会副主任、市总工会主席芮英姿受市总工会第十九届委员会的委托，向大会作题为《不忘初心、牢记使命、改革创新、奋发作为，凝聚长沙工人阶级磅礴力量，在新时代全面建设现代化长沙新征程中建功立业》的工作报告。

（丑　帅）

【2018年长沙市“庆五一”先进典型授牌暨职工文艺汇演】 2018年4月26日，由长沙市总工会主办、长沙电视台新闻频道承办的“匠心铸精英·2018年长沙市‘庆五一’先进典型授牌暨职工文艺汇演”在长沙市实验剧场举行。该活动旨在落实长沙市工会第二十次代表大会确定的“紧扣一条主线，坚持三个统一，实施五大工程”的工作部署，团结动员广大职工胸怀中心大局、勇立时代潮头，以爱拼敢赢的豪迈气概，积极投身全面建设现代化长沙的伟大实践，是长沙市各级工会“庆五一”系列活动的重要内容。市委副书记徐宏源、省总工会副主席辛建平出席活动。市人大常委会副主任、市总工会主席芮英姿出席活动并致辞。活动授予99家“长沙市五一劳动奖状”、100名“长沙市五一劳动奖章”、100个“长沙市工人先锋号”、5个“长沙市职工科技创新一等奖”项目、20名“行业竞赛状元”。在知名媒体推出《星城·匠星》《匠心铸精英》等报道和直播活动，宣传在平凡岗位上做出不平凡业绩的普通劳动者，展示“长沙工匠”的时代风采。

（丑　帅）

【周农调研长沙工会工作及工人文化宫建设】 2018年8月17日，湖南省人大常委会副主任、省总工会主席周农到长沙调研，考察长沙市工人文化宫、第二工人文化宫、河西工人文化宫拟建选址地，并在长沙市职工服务帮扶中心、市劳动人事争议仲裁院河西派出庭详细了解长沙市总工会近年来在打造窗口建设，提升服务水平方面的创新举措。省总工会党组书记、副主席徐文龙、省总工会党组成员周海斌、省总工会党组成员、副主席李铁华，长沙市委副书记徐宏源，市人大常委会副主任、市总工会主席芮英姿等陪同调研。

（丑　帅）

中国共产主义青年团长沙市委员会

【概况】 2018年，中国共产主义青年团长沙市委员会（以下简称“团市委”）广泛凝聚青年，思想教育引领全面深化，各项事业呈现强劲发展态势。团中央主要领导调研时肯定长沙在解决基层团组织问题上走在全团前列；市委市政府领导指导市第十九次团代会、市青少年宫建设、五四青年双创周、精准助扶贫等工作，并多次做出专题批示；团省委领导多次调研指导，对长沙基层团组织标准化示范性建设、长沙共青团微信、“青年之声”等工作给予肯定。长沙青年“新丝路”行动计划在《人民日报》《中国青年报》报道，抗洪救灾、青年双创等工作被新华社、《湖南日报》等媒体推介。开展“新时代青年”“我向习爷爷说句心里话”等活动，参与度高，影响广泛。

创新工作载体　长沙青年圈开通上线，双微矩阵协同发声，官微、官博分获全省最具影响力奖，开发“长青筹”“长青创”、升级“志愿星城”平台，“青年之声”获全团工作先进称号。

开发文化产品　创作《青春的征途》等一批思想引领作品，H5《长沙：幸福在家门口升级》获省征文大赛特等奖，团市委在全市政务新媒体工作会上作典型发言。积极服务大局，助推长沙发展成效明显。围绕人才强市，深入省会61所院校宣讲长沙人才新政，发放宣传册5.2万张，微博影响28.2万人次；选树市级青年岗位能手240名，31人获评省级“优秀共青团员”，5人当选湖湘青年英才。围绕创新引领，深化“五四青年双创周”活动，成立“长青创盟”，服务双创青年1200余人次；举办“创青春”大赛，16个项目国赛、省赛获奖，团市委委获全省优秀组织奖；65个项目获450万元资金扶持。围绕开放崛起，推出长沙青年“新丝路”行动计划，举办论坛，联合建立产品推广、跨境贸易综合服务、金融扶持3大平台，服务近300家外贸企业；举办北欧对接会、俄罗斯长沙推介会，开展英国、俄罗斯、芬兰、以色列培训考察，与英国科控集团等达成合作意向，团市委在全团青年外事培训会上作典型发言。

精准脱贫 “百号联百户”结对140户，投入钱物100万余元，走访慰问300余次；“农企帮农民”帮扶47户，每户增收近万元；“青春公益行”推出15个公益项目，服务9个贫困村；帮扶青少年2020名，筹资609.89万元，改善援建阵地7个，开展援疆援藏、援助龙山工作，团市委在全市社会扶贫工作大会上作典型发言。

抗洪救灾 组织1100余支青年突击队投身抗洪一线，募集钱物516.6万元。“长青筹”动员11975人次众筹94.9万元。

文明城市建设 开展交通劝导、中韩足球赛等志愿服务展示文明风采，阳光助残、关爱农民工子女等活动帮助困难群众；新创建“雷锋号”志愿者工作站16家，32个志愿服务项目国赛、省赛获奖；举办“青年文明号”开放周活动，新创建市级青年文明号136家。当好桥梁，青少年服务体系日益完善。

建强身边阵地 新青少年宫试运营，社会生活体验馆列入市重大投资项目，建设经验在全国推广；开展青少年公益培训覆盖1.4万人次。验收认定12个市级、53个县级“青年之家”，安排资金予以支持；开展各类活动2196次，服务团员青年10.7万余人次。举办大学生社团文化艺术节，成立10家市直青年兴趣社团。培育社会组织。市青年社会组织孵化中心培育出壳7家，筛选入驻8家，紧密团结110余家，举办12期专题培训，推荐34个项目获公益创投资金60万元。维护合法权益。“预青”专项组牵头作用充分发挥，全市青少年（未成年人）犯罪、涉罪率低于前三年平均值，“预青”工作连续5年以满分成绩位居全省第一位。深化“面对面”活动，“扶持农村青年电商”被市政协评为优秀提案。团的自身建设增强。

优化领导机构 召开市第十九次团代会，推出6项改革举措：选举产生专、挂、兼结合的团市委班子；提升基层和一线代表在代表、委员、常务委员中的比例；建立团代表大会发言、团代表向大会提交建议、团代表密切联系团员青年等制度；开展团代表评议青年岗位能手等活动。出台《共青团长沙市委改革实施方案》。锤炼过硬本领。开展“两学一做”，参与灾后重建、“一推行四公开”、驻村扶贫等工作，组织团青骨干厦门大学培训班、市委党校培训班、优秀青年岗位能手成都培训班等，促进素质提升。夯实基层基础。出台基层团组织标准化示范性团建标准，认定53家示范性团组织。团员调控完成年度目标，开展“最美中学（中职）生”寻访、高校中学“驻校蹲班”、中小学“驻校蹲点”等工作。（陈　翼）

【团市委发布“向日葵”青少年思想引领计划】 2018年4月28日，团市委在长沙麓山国际实验小学举办“向日葵”青少年思想引领计划进校园宣讲活动，发布在全市大中小学生中实施“向日葵”青少年思想引领计划。团市委书记叶妙出席并讲话，团市委副书记康然、挂职副书记何平，团省委学校部、少年部相关领导出席。团市委、市教育局相关部门负责人，长沙麓山国际实验小学领导，各区县（市）、园区团组织负责人、少先队总辅导员，市属高校团组织负责人参加活动，近500名少先队员现场聆听宣讲。“向日葵”青少年思想引领计划是以团市委为主体，以何平等优秀青少年工作者代表为主力，以“向日葵课堂”等活动为载体，以全市大中小学生为对象的思想引领工作项目，是长沙共青团系统2018年“三大行动”“十件实事”项目之一。自实施以来，先后走进湘潭子敬小学、浏阳澄潭江中学、大围山中学、官渡中学、望城联丰学校、雷锋中学、湘一芙蓉中学、永和中学、七宝山中学、沿溪中学等学校，宣讲10余场覆盖青少年9400余名，产生良好的社会反响。（陈　翼）

【长沙市学雷锋志愿服务活动月】 为纪念毛泽东“向雷锋同志学习”题词55周年，传承和弘扬雷锋精神，3月3日，长沙市文明办、共青团长沙市委、长沙高新区管委会在雷锋纪念馆，共同举办“天下雷锋聚雷锋，志愿精神永传承”志愿服务活动月。省文明办副主任李力明，团市委书记叶妙，市文明办副主任丁德喜，高新区党工委委员、总工会主席杨金林等领导出席活动。（陈　翼）

【全市共青团改革工作推进会】 2018年3月20日，共青团长沙市第十九届二次全委（扩大）会议暨全市共青团改革工作推进会在市会议中心召开，市委副书记徐宏源出席会议并讲话，市委副秘书长谭慧慧出席会议，团市委书记叶妙作工作报告，团市委领导班子成员周坤、康然、何平、李明、夏利锋、王露参加会议，赵雪峰主持会议。团市委第十九届委员会全体委员和基层团组织负责人220人参加会议。会上，3名团干部和青年代表作大会发言，团市委书记叶妙总结长沙共青团过去一年的工作，安排部署当前和今后一个时期的主要任务。（陈　翼）

【“青春建功产业链”五四主题活动】 2018年5月3日，由共青团长沙市委、长沙市经济和信息化委员会、长沙市委人才办、长沙高新区管委会联合主办，长沙中电软件园协办的“青春建功产业链”五四主题活动在长沙中电软件园启动。长沙市委副书记徐宏源，长沙高新区党工委书记周庆年，市委副秘书长谭慧慧，团市委书记叶妙等领导，省会高校高职团委负责人代表、重点产业企业代表、青年岗位能手候选人代表、创业青年代表等参加活动。长沙各个行业和各大高校的2000余名青年参加现场招聘对接。（陈　翼）

【长沙青年“新丝路”商学院成立】 2018年6月14日，长沙青年“新丝路”商学院成立，这是团市委、市青联、市青年企业家协会联合打造的一个面向全市创业青年的培训平台，主要培训方向为跨境贸易，旨在打造一个学习的课堂、交流的平台、成长的摇篮。220余名学员参加开学第一课，邀请谷歌、亚马逊、eBay、深圳市易启电商学院等大咖现场做主题分享和实战培训，省跨境电商协会、市电子商务协会等单位到场祝贺。团市委副书记赵雪峰等领导参加活动。（陈　翼）

【长沙市农业创业者联合会第二次会员大会】 2018年7月12日，长沙市农业创业者联合会第二次会员大会暨农村青年人才“领头雁”助力乡村振兴放飞青春梦想工作部署会在长沙市会议中心举行。市委副书记徐宏源寄语广大农村青年人才，要带头做实施乡村振兴战略的实干家、奉献者，为全面建设现代化长沙贡献青春力量。会上，团市委发布《长沙农村青年人才“领头雁”助力乡村振兴 放飞青春梦想三年行动计划（2018—2020年）》。

（陈 翼）

【2018年北京大学光华管理学院“沃土计划”长沙调研实践成果汇报会】 2018年7月27日，北京大学光华管理学院“沃土计划”长沙调研实践成果汇报会在湘麓山庄举行。市委副书记徐宏源会见调研实践团一行，市委副秘书长谭慧慧，团市委党组书记、书记叶妙，市妇联党组书记、主席文方参加会见。汇报会上，团市委党组成员、副书记赵雪峰对北大光华调研实践工作进行总结汇报，调研实践团成员分别就调研课题进行汇报，北大光华管理学院团委书记潘援、带队教授易希薇分别作发言，北大光华管理学院党委副书记滕飞对团市委及各有关单位的精心安排和热忱服务表示感谢，并表示将继续深化与长沙的沟通与合作，积极推动校地合作发展，为长沙拓宽人才引进渠道，实现校地共建共赢。团市委党组成员、青少年宫主任李明主持汇报会。

（陈 翼）

【“联通你我·湖湘青少年为改革开放四十周年点赞”主题活动】 2018年10月13日，由共青团长沙市委、市少工委主办的“联通你我·湖湘青少年为改革开放四十周年点赞”主题活动暨长沙市青少年宫60周年宫庆系列活动新闻发布会在长沙市青少年宫前坪广场举行。2018名湖湘青少年汇聚“拼赞”，以崭新形式向祖国献礼致敬，传递出新时代青少年的榜样力量。旨在纪念改革开放四十周年，全面贯彻落实习近平总书记新时代中国特色社会主义思想和中共十九大精神。长沙市人民政府副市长邱继兴，中国联合网络通信有限公司湖南省分公司副总经理陈小敏，湖南省青少年活动中心主任、省青少年宫协会会长张建军，长沙市人民政府副秘书长厉江华，共青团长沙市委书记叶妙，湖南广播电视台广播传媒中心党委委员、副主任杨清，共青团长沙市委副书记、市少工委副主任康然，共青团长沙市委党组成员、市青少年宫主任李明等领导出席，发布会由团市委书记叶妙主持。现场聚焦CCTV、新华网、人民网、湖南卫视、湖南经视、长沙新闻、《湖南日报》、《潇湘晨报》、《长沙晚报》、湖南交通频道、凤凰网、腾讯大湘网、网易、搜狐等全国性知名媒体的广泛关注。

（陈 翼）

【长沙市青少年宫建宫60周年暨新宫试运营活动】 2018年11月25日，长沙市青少年宫建宫60周年暨新宫试运营活动举办。湖南省委常委、省国资委党委书记张剑飞，湖南省委副秘书长、省委办公厅主任徐宏源，共青团湖南省委党组书记汤立斌，长沙市人大常委会副主任、市总工会主席芮英姿，长沙市政协党组副书记、副主席石长松等领导出席活动。市纪委、市文广新局、市工务局、市科协等相关职能部门领导，团市委和青少年宫领导，团市委全体党组成员和上海、广州、连云港、湘潭、长沙少年宫等单位的负责人，长期关心支持青少年社会教育事业的各协会专家、社会各界爱心人士，青少年宫离退休老同志，以及在青少年宫学习成长起来的艺术家、学友和广大青少年，共3000余人，庆祝长沙市青少年宫建宫60周年。领导和嘉宾现场参观了解新青少年宫素质教育馆、小杜鹃梦想广场和文体活动馆等建设情况，观摩美术绘画、民族舞、跆拳道等教学活动，“我与青少年宫的故事”老照片展，以及科技新闻国防教育体验、科普体验和古典数学益智玩具体验活动。

（陈 翼）

【长沙市青年联合会第十三届委员会全体会议】 2018年12月17日，长沙市青年联合会第十三届委员会全体会议、长沙市学生联合会第十四次代表大会在枫林宾馆召开，全市各族各界的290名青联委员和71名学联代表参加会议。大会的主要任务是总结市青联十二届委员会和市学联第十三次代表大会以来的工作，明确五年内全市青联、学联工作的指导思想和目标任务，选举产生市青联第十三届委员会常务委员会、主席、副主席，市学联第十四届委员会团体和主席团团体。市人民政府副市长李蔚出席并讲话，市总工会党组书记、副主席周宏兆代表群团组织致贺词，团市委党组书记、书记叶妙代表团市委致词。

（陈 翼）

【团市委举办“百家名企进校园”大型校园招聘会——助力“千人帮千企百日大行动”】 2018年12月18日，由团市委、市经信委、市委人才办联合主办，湖南涉外经济学院承办的“百家名企进校园”大型校园招聘会举行。262家重点产业企业现场开展招聘，发布岗位需求16000余个，全市各高职院校3300余名应届毕业生前来求职应聘，帮助用人企业共收到求职简历9135份。团市委书记叶妙、副书记赵雪峰，市委组织部人才处、市经信委科技处相关负责人前往现场指导。团市

2018年11月25日，长沙市青少年宫建宫60周年活动举行　团市委 供图

委充分发挥组织动员、联系广泛的优势，通过团属新媒体矩阵广泛宣传发布企业用人需求，联动省会40余所院校，摸底学生就业情况，精准匹配人岗供需，得到高校师生的积极响应和参与。（陈 翼）

长沙市妇女联合会

【概况】 2018年，长沙市各级妇联开展中共十九大精神宣讲以及中国妇女十二大精神宣讲380场，宣讲对象3万余人。完成市妇联组织换届工作，做好499名妇女代表的推选、81名妇联执委候选人的推荐、21名市妇联常委推荐、市妇联挂职兼职副主席的推荐考察等工作。推进区域化妇建。召开3次全市区域化妇建改革工作调度会，下发《关于全面推进长沙市乡镇（街道）妇联组织区域化建设改革工作的通知》以及《长沙市乡镇（街道）妇联组织区域化建设改革基本要求评估表》等文件，组织全市区域化妇建业务培训，全市168个乡镇（街道）妇联组织全部完成区域化建设改革任务。

拓展妇联组织覆盖 坚持党建带妇建，切实加强机关事业单位、园区企业、社会组织、商务楼宇、商圈市场中妇联组织建设，全市12个省级以上开发区（产业园区）全部成立妇联或妇工委，在两新组织新建妇女组织716个，在商务楼宇、商圈市场新建妇女组织48个。中国妇女十二大闭幕后，市妇联召开市妇联党组（扩大）专题学习会，制定宣讲季实施方案，举行市、区县（市）、乡镇（街道）三级妇联主席培训班宣讲，深入基层开展宣讲活动。组织纪念“三八”国际妇女节暨最美诵读活动，召开全市优秀女性人才代表庆祝“三八”国际妇女节座谈会，开展“一路芳华 巾帼赞歌”庆祝改革开放40周年系列活动，让中共十九大和中国妇女十二大精神在基层一线开花结果、在妇女群众心里落地生根。推行直接联系妇女群众“一呼百应”微信工作法，全市1.1万个“一呼百应”好姐妹微信群直接联系基层妇女80万人，在妇女群众中发展网宣员、网评员365人，努力实现“一呼百应”引领广大妇女听党话、跟党走的号召效应。

深化妇联改革 推动市委出台《长沙市妇联改革实施方案》，出台深化改革百条举措，推进市妇联家政服务中心经营性事业单位改革以及湘女家庭服务公司政资政企分离改革。召开长沙市第十六次妇女代表大会，选举产生主席1名、专职副主席3名、挂职副主席1名、兼职副主席3名，常委、执委、妇女代表中的劳动妇女和知识女性占比分别为24%、58%、62%。加强对区县（市）、高新区妇联改革的督促指导，召开3次全市妇联改革工作动员部署会和调度会，全市配备主席1717人、兼职副主席5044人、执委30435人，100%的村（社区）完成“会改联”任务，100%的乡镇（街道）妇联组织完成区域化建设任务，100%的区县（市）专挂兼班子配备完成，100%的区县（市）、高新区出台妇联改革方案。宁乡市、芙蓉区、天心区妇联完成妇联换届任务。

加强妇联新任执委教育培训 市、县两级妇联举办新任执委培训班25期，培训6305人次。实施“乡村振兴巾帼行动”，全市举办农家女素质提升班、巧手骨干培训班、新型农业经营主体巾帼致富带头人培训班以及创业培训200余期，创评市级“巾帼农业科技示范基地”“巾帼示范农家乐”各10个，市妇联家政服务中心新增就业岗位3050个，完成技能培训鉴定2758人次，“春风行动”介绍女性就业2万余人。

完成农村适龄妇女“两癌”免费检查125296人，完成率150%。通过争取上级资金、“长沙女性关爱保”、走访慰问、“珂信女性肿瘤救助金”公益项目、春蕾计划等工作，全市救助贫困、患病、留守等特殊妇女儿童4333名、资金538.2万元，市妇基会实施“婴幼儿食品安全守护行动”、生殖健康知识“三进”、预防儿童意外伤害知识宣讲、舞蹈公益百校行、“幸福妈咪·爱的传递”、儿童安全书包等公益活动，惠及近10万人。深化“巾帼文明岗”创建活动，选树市级“巾帼文明岗”50个，全面督查全国、省、市三级“巾帼文明岗”，引导“巾帼文明岗”与贫困村结对扶贫。开展“美丽家园创建行动”，组织“衣暖人心 情满星城”爱心捐赠活动，全市如火如荼地开展“最美庭院”“垃圾分类我先行”“环保小卫士”评选等活动，岳麓区在全区安放闲置衣物回收箱，助力蓝天保卫战。2018年，“长沙妇女网”“长沙女性”发稿2000余条，“长沙女性”微信公众号获评全省星级网上妇女之家、全省“湘女E家”最佳传播奖以及长沙十大优秀政务微信公众号，市妇基会获评全省农村留守儿童心理健康辅导中心项目先进集体。中央电视台社会与法频道《一线》栏目深度访谈、拍摄长沙市反家暴维权案例，《中国妇女报》专题报道区域化建设改革和“两癌”工作，“市妇女儿童之家开放五大服务平台”获省妇联系统改革创新奖，在全省园区党建带妇建工作推进会、妇联系统家庭和儿童工作培训会上分别作大会经验发言，全省儿童之家现场推进会在长沙市召开。组织人员参加全省巾帼创新创业大赛，3人分获一、二、三等奖。接待联合国推荐的埃塞俄比亚和乌干达项目考察团、刚果（金）妇女能力建设研修班考察团、全国网络名人“走基层访妇情，话改革赞成就”采访团、亚太杰出女性联合会考察团的到访考察，扩大市妇联工作在国内外的影响。（杨凯龙）

【妇儿维权】 2018年，长沙市妇联组织《长沙市妇女儿童发展规划（2016—2020年）》中期评估，配合省妇联开展农村妇女土地权益专题调研，联合市检察院开展“维护妇女儿童合法权益”检察监督专项活动，“平安家庭”创建、禁毒、防艾宣教、预防儿童伤害、联街创点等工作同步推进。开福区搭建专业社会组织队伍探索建立涉拆女性心理干预机制，浓厚维护妇女儿童合法权益的社会氛围。升级维权服务，市妇女儿童维权服务中心通过项目化运作直接服务群众，接处信访、心理咨询1723人次。深化反家暴“长沙模式”，将反家暴工作纳入综治考评重要指标，“家庭暴力案（事）件”被列入综治考评负面清单，组织湖南《反家暴法》地方立法工作专题调研座谈会，为全省反家暴地方立法提供长沙经验。打造婚调平台，全市投入经费284万元，培训婚调队伍600余人，“星城家事”婚姻家庭调适综合服务平台项目在芙蓉区、望城区实现三级婚调服务全覆盖。持续普法宣教，组织普法讲座、现场咨询、模拟法庭等服务群众4万人，组织“长沙妇儿权益微课堂”网上赛课，“我与娘家人一起学法答题”活动的总浏览量逾21万。（杨凯龙）

【妇女文明引领】2018年，长沙市妇联组织寻找“最美家庭”，启动“榜样的力量，好故事传家风”活动，组织全市“传家训·立家规·扬家风”传承季第2季活动，全市各级妇联评选最美家庭、五好家庭、“两型”家庭等各类典型家庭4077户，高新区举办首届“十佳最美女性暨首届文明家庭”颁奖典礼。助推儿童友好型城市建设，推进儿童早期发展社区家庭支持服务项目的实施以及社区（村）儿童之家标准化建设，联手市规划局、市教育局推动市政府出台全市创建儿童友好型城市三年行动计划、编印儿童友好微空间案例赏析，联手市规划局协办2018年益跑长沙儿童友好型城市创建公益活动、制作儿童友好型城市地图。持续深化家庭教育指导服务，举办家庭教育指导者能力建设培训班和赛课活动，启动家庭教育骨干培训公益项目，组织“关心下一代家庭教育中国行”长沙站公益开讲活动，全市开展父母大讲堂巡讲437场，家庭教育指导服务机制不断完善。长沙县“伴随成长”项目免费向20余万儿童家长提供量身定制的家教知识，浏阳市“母亲夜话沙龙”活动、宁乡市“幸福宁乡 父母讲堂”微信群得到众多家长好评。提高妇儿综合素质，市儿童活动中心、市妇女培训活动中心组织公益讲堂120场次，组建巾帼服务标兵队10支，“五色花瓣志愿服务队”服务儿童及家长8000人次，全市巾帼志愿者参与破冰除雪、义务植树、文明劝导、爱心捐赠等志愿服务21万人次，合力打造“邻里守望 关爱妇幼”巾帼志愿服务品牌。（杨凯龙）

【“妇女儿童之家”建设】2018年，长沙市妇联发挥“妇女儿童之家”及其五大服务平台的作用，以“五亮六进家”为目标规范管理，开展巾帼展示日、巾帼培训日、巾帼体验日、巾帼回家日等主题活动。推进“妇女儿童之家”建设，创建市、县两级示范“妇女儿童之家”97个，评定“妇女儿童之家”优秀品牌案例26个，望城区建立区级“妇女儿童之家”望府路工作站，开展公益活动30余场。雨花区引入全国知名公益项目—赋权式儿童安全“五防”课程，让2万余名儿童受益。市妇联联手芒果V基金开展妇女儿童公益服务项目征集大赛，共征集公益服务项目106个，择优选定16个公益服务签约项目，推动妇联工作方式由活动型向项目化、实事化、社会化转变。在全市机关单位、两新组织、商务楼宇、商圈市场等新建妇女组织1015个，在全市12个省级以上工业园区全部成立妇女组织。充分发挥团体会员作用，把各界妇女群众组织起来、凝聚起来。市女领导干部联谊会承办2018年全市女领导干部乒乓球赛，全年举办合唱班31期；市女知识分子联谊会配合承办中国城市规划协会女规划师委员会2018年会；市女企业家协会组织会员参加第五届中国国际物流发展大会“一带一路”中欧班列发展论坛。（杨凯龙）

【“星城家事”婚姻家庭调适服务】2018年，长沙市妇联充分发挥妇联组织在妇女儿童权益保护中的调解优势，分类满足妇女群众调处纠纷矛盾的需求，打造“星城家事”婚调服务四级平台，各级婚调委接受咨询10124对，调解7698对，调和率44.45%，有效预防和化解婚姻家庭纠纷，促进家庭和谐，维护社会稳定。把握全覆盖要求，建立家事立体服务网络。争取市委政法委、市综治办支持，妇联、司法、民政、综治办、财政、公安六部门共同参与，通过工作推进会议、专题工作调查督查、公益服务项目策划交流等系列活动，形成各职能部门各司其职、协作联动的“融合式”模式。建立各级婚调委、婚调站点共917个，建立星城家事智囊团、星城家事行动组、星城家事宣传团3支婚调队伍。把握特殊性要求，建立家事综合服务体系。多形式服务，开展婚姻家庭知识宣传、婚姻家庭咨询、婚姻家庭纠纷专业性调解、婚姻家庭维权个案干预等多样化服务。多层级干预，注重风险评估筛查，建立三级预防模式，并按时回访、动态跟踪。多渠道宣传，通过榜样示范、课堂宣讲、剧场宣传、媒体造势等方式宣传引领，消除婚姻家庭问题滋生土壤。把握专业化要求，建立家事过硬服务队伍。规范工作程序，建立婚姻家庭调适服务工作制度，明确服务流程，对分类、统计、档案管理等内部管理严格要求。加强规范运作，开展规范培训，组织、选派调解员参加系统化培训，提供法律知识、家事冲突知识、调解理论与技巧、职业伦理准则等课程学习。搭建成长平台，建立成长小组，通过个案剖析、经验分享、业务竞赛等方式提升调解技能。（杨凯龙）

【“指尖有爱”民间手工编织培训】2018年1月12—16日，长沙市妇联承接湖南省妇联“向社会力量购买妇女创业就业服务项目”，分别在宁乡市夏铎铺镇凤桥社区、长沙县路口镇、宁乡市煤炭坝镇、宁乡市沩山镇举办了4期手工编织培训班。此次培训是为了带动广大农村妇女就业创业，推进精准扶贫，邀请高级工艺美术大师、湘绣大师王玉玲，高级纸艺大师刘颂松，高级绳艺大师陈艺华，编织大师萧萧等知名培训师授课，培训对象为全市范围内的特困单亲母亲、特困妇女、失独母亲、下岗女工、困难女性创业志愿者，此次培训直接培训学员200余人，在此基础上发动每个学员至少再培训5人以上，扩大妇女创业就业覆盖面，让创业就业呈几何效应，更好地帮助贫困妇女实现居家就业、灵活就业，如长沙县开慧女红基地全年组织妇女群众开展手工编织培训23期，培训妇女600余人次，帮助妇女创收16万余元。（杨凯龙）

【妇女两癌免费筛查实现全覆盖】2018年长沙市农村适龄妇女“两癌”（乳腺癌、宫颈癌）免费检查继续被列入省、市重点民生实事项目。市妇联与市卫生计生委联合下发《2018年长沙市适龄妇女“两癌”免费检查工作方案》，市实事办将项目工作纳入对区县（市）政府绩效考核和市卫生计生重点考核指标。全市范围内实现全面覆盖，“两癌”检查人群由35~64岁农村妇女扩展到具有长沙市户籍（或取得长沙市居住证）的35~64岁妇女，免费检查经费由140元增至200元，县级财政按照市级要求予以财政配套。2018年，“两癌”免费检查目标任务数为83528人，截至2018年年底，完成125296人，完成率150%。省重点民生实事项目县宁乡市、浏阳市全年目标任务数为46000人，实际完成70405人，完成率153.05%。中国妇女报头版以《不虚报不遗漏每一名贫困患病妇女》为题，对长沙市“两癌”免费检查民生实事项目进行专题报道。（杨凯龙）

【长沙市纪念“三八”国际妇女节暨最美诵读会】 2018年3月8日，在长沙实验剧场长沙市妇联举行纪念“三八”国际妇女节暨最美诵读会。省妇联党组副书记、副主席王邵刚，市政协党组副书记、副主席石长松，市政协副主席、党组成员文丽霞，市政协副主席李平，省妇联宣传部部长钟斌，市委副秘书长谭慧慧等省市领导出席活动。全市各界妇女代表800余人参加活动，庆祝“三八”国际妇女节。活动以“巾帼心向党，建功新时代”主题。活动现场，市政协党组副书记、副主席石长松发表讲话，省妇联党组副书记、副主席王邵刚代表省妇联致辞。在最美诵读会上，有“最美家书、最美家庭、最美女性、最美创业、最美教师、最美医务、最美警花、最美消防、最美环卫、最美志愿、最美护工”等最美诵读作品的精彩展示，市妇联邀请专家评委，通过现场评审，评选出《最美家书》等6个最美诵读节目获得“最佳表演奖”，《隐形的翅膀 载我去飞翔》等6个最美诵读节目获“优秀表演奖”。（杨凯龙）

【沈跃跃到市妇联调研】 2018年3月30日，全国人大常委会副委员长、全国妇联主席沈跃跃一行到长沙调研妇联改革创新工作。湖南省委副书记乌兰，省妇联党组书记、主席姜欣，长沙市委副书记徐宏源，市人大副主任袁黎明，市妇联党组书记、主席文方等陪同调研。在长沙市妇女之家，沈跃跃听取长沙市妇联改革基本情况和长沙市妇女之家的创建情况汇报。对长沙市妇联改革的速度和力度给予肯定，对长沙市妇女之家的大胆创新和特色成果给予高度赞扬。她相继走进市妇女儿童维权服务中心的信访室、市家庭教育指导中心、女性众创空间、成长乐园和湘女家政，仔细了解反家暴、城市务工人员子女教育、民间手工女艺人创业、巾帼志愿服务、湘女家政运营等情况。该次调研，沈跃跃一行还走访了湖南李丽心灵教育中心、天心区桂花坪街道金桂社区、天心区婚调委、开福区芙蓉北路街道江湾社区等地妇联工作。（杨凯龙）

【长沙农家女北京集中“充电”】 2018年4月17—27日，长沙市妇联联合北京农家女学校举办“乡村振兴、巾帼先行”长沙农家女素质提升班，来自全市各区县（市）的36名专业大户、家庭农场、专业合作社、龙头企业等新型农业经营主体的女性负责人到北京参加培训。该次培训是为了认真贯彻中共十九大精神和全国妇联、省妇联“乡村振兴巾帼行动”实施意见，培育职业女农民和乡村致富女带头人，助力精准脱贫，培养一支有文化、懂技术、善经营、会管理、守法制、适应现代农业发展需求的新型农业经营主体巾帼带头人队伍，进一步发挥妇女在乡村振兴、促进农村一二三产业融合中的独特优势和“半边天”作用，学员们系统学习了中共十九大精神和乡村振兴战略政策法规、党的十八届三中全会以来农业发展的相关政策法规解读、新型职业农民培育与创业、新型农业组织经营中法律问题探析、农业电子商务平台建设与市场营销、女性素质提升与沟通等内容。培训形式主要采取面授讲座、专家答疑、经验交流、现场观摩等形式。学员们完成培训后，合格者取得SYB证书。（杨凯龙）

【“传家训、立家规、扬家风”传承活动】 2018年5月15日，长沙市妇联联合市委宣传部在全市启动以“传家训、立家规、扬家风”纪念改革开放40周年为主题的家风家训传承活动。活动开展后，全市广大群众踊跃参与，各基层积极推荐，一批“最美家庭”脱颖而出，长沙女性频道对书香传家李学树老人一家等12组最美家庭优秀代表进行专题采访。12月14日，市委宣传部常务副部长赵柏林，市妇联党组书记、主席文方在长沙女性频道进行2018长沙市“传家训、立家规、扬家风”第2季纪念改革开放40周年专题展播节目录制，并对12组家庭进行点评。“传家训、立家规、扬家风”第2季电视专题节目于12月19—30日在长沙女性频道展播，专题片的展播让各类最美典型成为鲜活的价值观、有形的正能量。（杨凯龙）

【“衣暖人心，情满星城”爱心捐赠活动】 2018年6月4日，长沙市妇联在宁乡市玉潭街道实验小学举行“衣暖人心，情满星城”爱心捐赠活动启动仪式。市政协原主席、长沙市关工委主任董学生，市委副秘书长谭慧慧，市妇联党组书记、主席文方等领导出席。全市2000余名志愿者代表参加活动。该活动旨在通过对旧衣物的回收处理，变废为宝，提高资源利用率，为参与慈善帮扶、保护环境贡献应有的力量，将慈善行为平凡化、日常化、生活化，不断提高妇女群众的文明意识、慈善意识、环保意识、节约意识和科学发展意识。董学生宣布活动启动，并发放捐赠箱，文方致辞，市红十字会志愿队、湖南北控威保特环境科技股份有限公司提供捐赠活动后续志愿服务和保障。（杨凯龙）

【婴幼儿食品安全守护行动】 2018年6月23日，长沙市妇女儿童发展基金会启动“长沙市婴幼儿食品安全守护行动”大型公益项目，中国儿基会项目办任婧主任出席项目启动式。项目启动后，在长沙市咸嘉新村社区、荷叶塘社区、同心园社区、望府路社区、东宜社区、龙马社区、华月湖社区、一力社区、阳明山庄社区、双河社区10个社区开展“婴幼儿食品安全体验乐园”活动，4000余人参加活动，参加家庭约2000余户，发放《婴幼儿健康成长宝典》2000余份，通过点辐射面，活动宣传推广影响覆盖十大举办社区及周边社区10万余人，百度搜索“长沙市婴幼儿食品安全守护行动”相关资讯121万余条，有关儿童食品安全的话题持续扩大和发酵，引起了政府、公益组织以及社会各界关注婴幼儿食品安全，共同为儿童健康成长保健护航。中国儿基会将长沙站“婴幼儿食品安全守护行动”项目作为样板在全国推广。（杨凯龙）

【长沙市第十六次妇女代表大会】 2018年7月3日，长沙市第十六次妇女代表大会召开。市委副书记、市政府市长、湖南湘江新区党工委书记胡忠雄，省妇联党组书记、主席姜欣出席会议并讲话，市委副书记徐宏源主持会议，市领导张迎春、袁黎明、文丽霞出席会议。全市各条战线的471名妇女代表、40名特邀代表和特邀嘉宾参加大会。会上，市科协党组书记、副主席李范坤代表各人民团体致贺词，市妇联党组书记、主席文方代表长沙市妇女联合会第十五届执委会向大会做《凝聚巾帼力量建功伟大时代在全面建设现代化长沙新征程中发挥半边天作用》的工作报告，省妇联党组书记、主席姜欣发表讲话。市委副书记、市政府市长、湖南湘江新区党工委书记胡忠雄发表讲话。他强调，广大妇女要做新时代信仰坚定的忠诚女性、做新时代敢于担当的阳光女性、做新时代引领风尚的文明女性、做新时代全面发展的魅力女性。

（杨凯龙）

【“呵护孕妈·迎接新生”大型公益活动】 2018年7月22日，长沙市妇联、市妇幼保健院联合长沙妈妈网在市妇幼保健院15楼会议室举办“呵护孕妈·迎接新生”大型公益活动暨《孕呵手册》发放启动仪式。市妇联副主席、市政府妇儿工委办主任石莉波、市妇幼保健院院长蔡岳祥、市政府妇儿工委办专职副主任周献、市妇幼保健院党委副书记、副院长吴丹及妈妈网负责人张筱共同出席仪式，50组孕妇家庭现场参与活动。市妇联副主席石莉波出席活动并讲话，市妇幼保健院院长蔡岳祥详细介绍市妇幼在母婴保健方面所开展的一系列民生实事项目，妈妈网负责人张筱全面介绍《孕呵手册》的编制情况。活动现场，市妇幼保健院的孕产专家与各位孕妈妈们进行互动交流，有针对性地答疑解难，实地参观市妇幼家化二区及盆底产后康复科。 （杨凯龙）

【妇女儿童发展规划中期评估督导工作】 2018年10月25日，长沙市政府妇儿工委副主任、市妇联主席文方率领中期评估督导组一行到宁乡市开展规划中期评估督导，市政府妇儿工委办主任、市妇联副主席石莉波参与调研督导。宁乡市委统战部部长钟利仁主持妇女儿童发展规划中期评估督导汇报座谈会，宁乡市政府妇儿工委副主任喻林义详细汇报宁乡市2016年以来实施妇女儿童发展规划所做的工作，规划目标的完成情况，规划实施过程中存在的问题、建议，下一步措施等。市民政局、市委组织部、市公安局、市法院、检察院、教育局、人力资源和社会保障局、卫计局、财政局、统计局等成员单位先后发言，介绍各自实施规划的做法成效，就后段工作提出对策建议。副主任文方听取了大家的情况介绍，肯定宁乡市实施妇女儿童发展规划取得的成效，强调后段要进一步提高认识，思想上再加强；进一步突破难点，行动上再落实；进一步强化职能，机制上再完善，并希望宁乡市真正发挥省级示范区县市的示范带动作用，确保妇女儿童发展规划实施实现“省内领先、国内先进”的目标。

（杨凯龙）

【妇联改革】 2018年，《长沙市妇联改革实施方案》印发，制定并下发《长沙市妇联改革实施方案任务清单》，百条改革任务逐项分解。推进市妇联家政服务中心事业单位改革，配合推进湘女家庭公司政资政企分离改革。指导基层妇联改革。迎接省委改革办督查1次，市委改革办督查2次，省妇联改革创新调度会2次，省妇联基层妇联组织改革统计每月一次。3次召开全市妇联改革工作动员部署会和调度会，精准指导区县级妇联改革，100%的乡镇（街道）妇联组织完成区域化建设任务，100%的区县（市）（含高新区）出台妇联改革方案。展现妇联改革成果。迎接全国人大常委会副委员长、全国妇联主席沈跃跃一行到长沙市调研妇联改革创新工作。组织全国妇联网络名人“走基层访妇情，话改革赞成就”活动。组织妇联系统积极参与湖南省妇联组织改革纪实征稿43篇，挖掘整理报送25篇，编辑印制长沙市妇联纪念改革开放40周年《千里行于足下——妇联组织改革纪实》妇联系统征稿材料汇编。加大改革宣传力度。长沙市妇联市本级“妇女儿童之家”开放五大服务平台获得湖南省妇联系统改革创新奖。10月9日，市妇联在全省园区党建带妇建工作推进会上作大会经验发言。6月5日，《中国妇女报》以《工作由“自转”走向“公转”，长沙“百分制”评估区域化妇建》为题进行报道；6月7日，《今日女报》以《活用+法，点亮长沙区域化妇建》为题进行报道。 （杨凯龙）

【妇联阵地建设】 2018年，长沙市创建长沙市示范“妇女儿童之家”30个，区（县）市级示范“妇女儿童之家”67个，在全市征集“妇女儿童之家”优秀品牌案例52个，评定“妇女儿童之家”优秀品牌案例征集活动一等奖6名、二等奖10名、三等奖10名以及优秀组织奖6名。搭建服务平台。发挥长沙市妇女儿童社会组织服务中心作用，举办7次能力建设培训班，为入驻组织提供56次个别督导和10次小组督导，开展6期“公益伙伴日”活动，组织1次芒果V基金项目对接，开展4次巾帼开放日主题活动，参与培育和发展女性社会组织调研，建立1个妇女儿童社会组织基本信息库，配合组织并发动妇联系统1229人参与2018益跑长沙儿童友好城市创建公益活动。组织公益大赛。联手芒果V基金开展长沙市妇女儿童公益服务项目征集大赛，共征集公益服务项目106个，经过项目征集、项目初筛、项目初评，评定32个公益服务项目复赛入围名单，并组织公示，召开公益服务项目征集大赛决赛评审会，市妇联党组议定了最终入围项目名单16个并进行公示。 （杨凯龙）

【妇联队伍建设】 2018年3月6日，市委组织部、市妇联联合召开“巾帼心向党 建功新时代”长沙市优秀女性人才代表庆祝“三八”国际妇女节座谈会，全市优秀女性人才代表共同庆祝“三八”国际妇女节。配合中国妇女十二大工作，完成长沙市出席中国妇女第十二次全国代表大会代表的推荐工作，长沙市4名同志当选为中国妇女十二大会代表，市妇联文方主席当选为全国妇联执委。组织妇联干部培训。督促各区县（市）、高新区妇联举办基层新任执委培训班24期，培训5955人次；举办长沙市妇联系统学习贯彻中国妇女第十二次全国代表大会精神宣讲报告会暨长沙市妇联执委能力提升培训班，完成全省乡镇（街）妇联主席培训、省妇干校培训、市委党校和市委组织部等各项调训任

务。组织机关及二级机构干职工参加2018年长沙市干部网络在线学习，参与率、通过率100%。（杨凯龙）

长沙市科学技术协会

【概况】 2018年，长沙市科学技术协会（以下简称“市科协”）以全面深化改革为统领，推进科协工作品牌化、服务精准化。新建市级院士专家工作站17家，新引进院士专家64名，创新人才（硕士、博士、博士后）210人，全市市级院士专家工作站达61家。1家获批国家级模范院士专家工作站，4家获评湖南省模范院士专家工作站，4家获批省级院士专家工作站，12家评为市级优秀院士专家工作站。新建中国仪器仪表学会、中国药学会、中国生物工程学会3家全国学会长沙服务站。开展“院士专家企业行”活动5场次，联合中国仪器仪表学会申报并获批中国科协创新驱动助力工程示范项目，举办湖南省油茶产业科技创新论坛。承办2018年全国城市科协服务企业创新工作交流会。新建6个市级海智计划工作站，4个项目入围湖南省科协2018年度海智基地示范项目，6家单位获评省级海智基地（占全省的60%）聚焦长沙产业发展开展6个决策咨询课题研究，2个课题研究成果报告得到市委、市政府主要领导批示。向市政协提交5个集体提案，1个被列入市政府领导重点办理提案，1个获评优秀提案。推进科协系统深化改革。出台《关于全面推进长沙市科协系统深化改革工作的意见》，把6大方面22项改革任务细化为46项具体任务，逐项抓好各项改革任务的落实。

加强对区县（市）科协改革调研指导督促。9个区县（市）全部出台《深改方案》，岳麓区科协实现独立建制，望城区科协独立建制并设立党组。在中国科协召开的地方科协改革试点工作会上，长沙市科协作为全国13个地市级试点单位之一作典型发言。

基层科协组织体系建设 在浏阳市启动提升基层科协组织力“3+1”试点工作。新组建长沙市生态环境学会联合体，成立长沙市青禾萤火虫科普推广中心，新吸收2家省级学会、2家市级学会为团体会员；在创智和宇、山河智能2家企业建立科协组织。雨花区砂子塘街道金地社区科协网格化治理模式的经验做法被中国科协推介。履行全市科学素质纲要实施工作办公室职能，协调推动各成员单位落实好《长沙市全民科学素质行动计划纲要实施方案（2016—2020年）》相关任务，组织开展《纲要》实施工作“十三五”中期评估，推动科技活动周、全国科普日、食品安全宣传周、全国防灾减灾日等重大活动的协作，形成齐抓共管的工作格局。推进社区、学校、企业等科普场馆和科普教育基地建设，长沙航空职业技术学院航空馆被命名为湖南省科普教育基地。委托中国科普研究所对长沙市公民科学素质实施抽样调查，2018年长沙市具备科学素质的公民比例达到12.0%，高于全国（8.47%）和湖南省（7.78%）同期水平。科普信息化建设持续推进。全市布点“科普e站”屏媒76家，建成社区科普e站示范点12个、乡村科普e站示范点2个、校园科普e站示范点1个，并依托科普e站开展线上线下科普服务，组织科普知识微信有奖竞答活动2季，参与人数9万余人次，市民获取科普公共服务更便捷。特色主题科普活动亮点纷呈。组织开展“书香长沙·星城科学讲堂”11场次、创客创新工作坊培训6场次，“星城科学讲堂”被评为市直机关全民阅读优秀案例。在《长沙晚报》开设“科学生活家”专栏30期。举办“全国科普日”系列活动，组织开展群众性科普活动50余项，近10万余人参与。浏阳市、芙蓉区科协创新开展“全国科普日”系列活动，获中国科协和省科协通报表扬。科普助力乡村振兴成效明显。认定市级先进农村专业技术协会、农村科普基地19家，农村科普带头人14名。组织8位科技专家深入乡村，精准帮扶79户扶贫对象。在浏阳古港镇规划建设湖南首个特色科普旅游小镇，完成以“一场二基地三园四站”为核心的科普小镇三年建设规划的编制工作。

青少年科技教育 参加省第39届青少年科技创新大赛、第11届机器人竞赛，132个（支）项目和队伍获奖，继续保持全省领先，市科协被评为优秀组织单位。组队参加全国青少年科技创新大赛和青少年机器人竞赛，长沙取得15个奖项的优异成绩。新认定市青少年科学工作室4家，全市开展科普大篷车“四进”巡展活动89次，“科普大篷车志愿服务队”被评为年度长沙市优秀文化志愿服务团队。对科技工作者思想政治引领力度进一步加大。举办“走在建设世界科技强国征程上的中国科学家主题展”，组织收听收看全国科学道德和学风建设宣讲教育报告会，加强对科技工作者的价值引领，持续推进科学道德和优良学风建设。人才联系服务覆盖面不断扩大。开展第二届“全国科技工作者日”系列活动，组织召开全市优秀科技工作者座谈会，举办全市“科技工作者杯”乒乓球赛，春节和全国科技工作者日期间，走访慰问院士专家和科技领军人才及一线科技工作者110余人次。加强网上科协建设，发挥好长沙科协网、长沙科普微平台和长沙科技工作者之家等网络服务平台的载体作用，有效拓展联系服务科技工作者的渠道。

落实市委人才新政 履行市委人才工作领导小组成员单位职责，参与3批高层次人才评定工作，推动《长沙市高端学术活动资助办法（试行）》和《长沙市高层次人才参加国际性学术会议（技术交流）经费补贴办法（试行）》两项人才新政的落实。全年通过评审、审核和公示确定资助高端学术活动16家16场次，发放补助资金近256万元。开通网络申报平台，受理首批高层次人才参加国际性学术会议申请补贴5人次，资助11.5万元。优秀人才宣传表彰不断加强。组织开展第五届长沙市优秀青年科技人才评定，有71名青年科技工作者申报，申报人数创历史新高，经评审，确定10名表彰对象。（刘孙波）

【长沙市科协第十二次代表大会】 2018年7月26日，长沙市科协第十二次代表大会在枫林宾馆召开。省委常委、市委书记胡衡华，中国工程院院士、湖南省科协主席张尧学，市领导徐宏源、夏建平、张宏益、张智勇、唐向阳、邓自力等出席会议。省科协党组书记、副主席刘小明出席开幕式并讲话。中国工程院院士桂卫华代表驻长院士和广大科技工作者致词。中国工程院院

2018 年 7 月 26 日，长沙市科协第十二次代表大会召开　　市科协　供图

士罗安，市总工会代表人民团体致贺词。会议回顾总结过去五年全市科协工作的主要成绩和基本经验，谋划确定今后五年的奋斗目标和主要任务，选举产生市科协新一届领导机构。会议指出，全市各级科协组织要加强思想政治引领、担当职能使命，推进开放型、枢纽型、平台型科协组织建设，不断增强科协组织的政治性、先进性、群众性。广大科技工作者要深入学习贯彻习近平新时代中国特色社会主义思想和中共十九大精神，积极投身科技创新大潮，为全面建设现代化长沙、建设国家科技创新中心贡献力量。（刘孙波）

【高层次科协人才代表座谈会】 2018 年 5 月 31 日，长沙市首批分类认定的 A、B、C、D 类高层次人才代表座谈会在长沙市科协举行，来自华时捷环保科技、楚天科技、三友环保科技、大麓科技、圣湘生物科技等 18 家单位的科技工作者代表，围绕科技创新、人才新政、服务地方发展等进行了深入交流。（刘孙波）

【湖南省油茶产业科技创新论坛】 2018 年 11 月 25—27 日，长沙市科协联合中国仪器仪表学会、市林业局主办，国家油茶工程技术研究中心、长沙市科技活动中心承办的“湖南省油茶产业科技创新论坛”在湖南长沙胜利举办，来自油茶种植、加工、检测技术及参与国家粮油标准制定和食品安全、营养等领域权威专家齐聚星城传经送宝，吸引全国各地 260 余家油茶厂家和种植基地的代表参会。（刘孙波）

【2018 年长沙市科学技术学术年会】 2018 年 12 月 19 日，省市 300 余名科技工作者聚集在枫林宾馆，参加由长沙市科协主办的“2018 年长沙市科学技术学术年会”。湖南省科协副主席张辉学、长沙市人民政府副秘书长康小平等领导出席年会。长沙理工大学副校长、市科协副主席杨伟军致开幕词。年会特邀国防科学技术大学廖湘科院士作“人工智能的发展现状与趋势”主题报告，湖南天河国云科技股份有限公司董事长兼 CEO 谭林作“从互联网到区块链”主题报告，国防科技大学唐九阳教授作“大数据思维”主题报告。（刘孙波）

【2018 年度长沙市机器人竞赛】 2018 年 5 月 6 日，2018 年度长沙市青少年机器人竞赛在长沙市雷锋学校举行。经过区县（市）和省直、市直学校层层选拔，择优推荐的 451 支队伍，885 名选手入围市赛，参与教育机器人即兴擂台赛、VEX 工程挑战赛、无人机编程竞技赛、机器人足球等 19 个比赛项目的角逐。（刘孙波）

【全市科协系统深化改革】 2018 年 1 月 30 日，长沙市委办公厅印发《长沙市科协系统深化改革实施方案》（以下简称《实施方案》）。市科协出台《关于全面推进长沙市科协系统深化改革工作的意见》，逐项抓好各项改革任务的落实。9 个区县（市）全部出台《深改方案》，岳麓区科协实现独立建制，望城区科协独立建制并设立党组。（刘孙波）

【长沙市科协召开十一届七次全委会】 2018 年 3 月 13 日，长沙市科协召开十一届七次全委会（扩大）会议，全面总结 2017 年工作，研究部署 2018 年工作任务。会议由湖南工业职业技术学院党委书记刘建湘主持，市政协副主席、市科协主席邓自力向大会作工作报告，市政府副秘书长康小平到会并讲话。（刘孙波）

【长沙市科普 e 站示范项目实现全覆盖】 2018 年，长沙市依托科普 e 站，在全市广泛开展健康教育、科学生活、创新创业、科技教育、精准扶贫等线上线下相结合的服务，全市已布点“科普 e 站”屏媒 132 家，建成社区科普 e 站示范点 26 个、乡村科普 e 站示范点 4 个、校园科普 e 站示范点 1 个，实现所属 9 个区县（市）示范项目的全覆盖。（刘孙波）

【长沙成立首家高职院校科协】 2018 年 1 月 18 日，长沙职业技术学院科协召开成立大会，选举产生了以院党委书记彭惊雷为主席的第一届委员会。（刘孙波）

【2018 年全国科普日长沙主场活动】 2018 年 9 月 21 日，2018 年全国科普日长沙主场活动在中电软件园启动。活动以“创新引领时代、智慧点亮生活”为主题，主场活动分为启动式和“星城科学讲座”科普报告会，以及“网络科普园”暨“智能新生活”“创意科技 show”“科学游乐场”“航天科技厅”4 大展览与体验等板块。在科普日期间，各相关单位将组织开展 50 余项群众性科普活动，参与各项活动的市民将超过 10 万人次。（刘孙波）

【长沙具备科学素质公民比例为 12%】 为及时跟踪掌握长沙市公民科学素质发展状况，更好地推动《全民科学素质行动计划纲要（2006—2010—2020 年）》的实施，长沙市科协委托中国科普研究所于 2018 年 8—10 月开展长沙市公民科学素质抽样调查。该次调查结果表明，2018

年长沙市具备科学素质的公民比例达到12.0%，高于湖南省和全国平均水平（分别为7.78%、8.47%），已进入快速增长阶段，与长沙市经济社会发展水平相适应。其中，城镇居民、男性、中青年群体和大学专科及以上学历人群的科学素质水平相对较高。（刘孙波）

【2018年院士专家长沙行】2018年5月14日，中国工程院院士沈昌祥带领一行13人的院士专家团队到长沙，对湖南暮云经济开发区、长沙中电软件园两大园区的重点企业进行了考察。长沙市政协副主席、市科协主席邓自力，长沙市科协党组书记、副主席李范坤等参加活动。（刘孙波）

长沙市归国华侨联合会

【概况】2018年，长沙市归国华侨联合会（以下简称“市侨联”）深化党建带侨建工作格局。结合侨联特点，通过互联网宣传平台、侨联杂志以及社区宣传等方式，广泛开展直接面向基层、直接面向侨胞的宣传宣讲。邀请省侨联党组书记朱建山作“学习贯彻中共十九大精神，全面推进新时代侨联改革进程”辅导报告，切实抓好侨联委员、侨商会会员的政治学习和教育培训，通过召开会议、讲座、选派学习等方式，传达贯彻十九大、全国“两会”以及第十次全国侨代会精神，做好侨界人士的政治引领工作。优化宣传载体功能，“互联网+侨联信息宣传”工作模式逐步形成，发布侨界信息139条，上级及省市媒体采用62条。

服务开放经济发展 牵线泰王国泰中文化经济协会主席、前副总理颇钦·蓬拉军、瑞典与法国侨商等5次境外组织、人士到长经济考察交流活动，其中市委常委、统战部部长谭小平接待颇钦·蓬拉军一行，就经济文化进行交流；泰中东盟经济促进会湖南代表处落户长沙。积极促成侨商“走出去”，组织侨商参加侨商侨智永州行、明珠国际与荷兰侨领对接等5次活动。承接省海外侨社团联谊总会长沙活动，向来自世界各地的侨领侨商推介经贸、科技、文化项目。

力推营商环境改善 走访佳蓝检测、湘荣弘投资集团等25家侨资企业，了解侨资企业发展情况。主办100余名海内外民营企业家参加的“港澳台侨投资长沙银企对接洽谈会”。主办“创业中华·兴业湖南·逐梦星城”侨联特聘专家长沙园区行暨海外高层次人才政策交流座谈会，宣传推介长沙投资营商环境，就长沙人才政策及经济发展征求专家建议。长沙市侨联主要负责人联系服务两位高层次人才，想方设法为他们解决难题。

助推新侨创新创业 召开工业新政宣讲会，邀请市经信委主要负责人为新侨讲解工业新政，促使民营企业发展的各项优惠政策落实到位。组织新侨企业参加人才新政申报业务培训，为人才申报工作答疑解惑。推荐华腾制药董事长、海归博士邓泽平、圣湘生物首席技术官王军参评中国侨界贡献奖。承办第五届海归论坛，8个海外侨社团与高新区签订引资引才引智协议，2名海归如愿落户高新区。加强市侨商会建设，健全完善侨商会财务制度，组织到衡阳市侨商会考察学习，组织侨商参加lex法律公开课，为新侨创新创业提供权益服务。组织开展联络活动。举办“凝心聚力·再启征程”长沙市侨界纪念改革开放40周年座谈会，40余位市侨联海内外顾问、侨领侨商等出席活动，凝聚侨界智慧，助推长沙发展。举办海外侨领侨商看长沙活动，来自12个国家的侨领侨商齐聚长沙，多方宣传长沙经济社会发展成就。承办“湖南海外侨胞故乡行——走进浏阳”活动，吸引近40个国家和地区的150余名海外侨胞参加。接待日本湖南总商会等13批境外社团来访。参加湖南省侨联组团，分两批次到南非、阿联酋和英国、匈牙利、波兰开展海外侨情调研。

开展文化交流 举办“亲情中华·汉语桥”海外华裔青少年夏令营，来自21个国家和地区的130余名海外华裔青少年深入了解湖湘文化，近距离感受长沙山水洲城新貌。主办“亲情中华”侨界讲坛，邀请海外知名侨界人士举行讲座，促进中外文化交流。开展征集老归侨故事活动，以口述历史的方式，传承老侨的爱国爱乡优良传统。申请湖南知青艺术团建团20周年暨“亲情中华”慰问归侨侨眷文艺晚会专项经费，得到市委宣传部支持，批复到位10万元经费。

建议提案撰写 侨联市级人大代表、政协委员共撰写提交建议、提案16件，其中政协集体提案5件。1件政协提案被确定为市政协重点提案，1件政协提案被确定为市领导领办提案，1件人大建议被确定为市人大常委会主任、副主任领衔督办建议，1件人大建议被确定为市领导领办建议。报送社情民意、侨情专报。配合做好人大关于开展对外交往和国际友城工作调研。参与人大“一法两办法”执法检查工作，全面反映侨法实施中的困难与问题。推荐两名省侨联参政议政委委员。组织考察哈药慈航制药股份有限公司和湖南仲声律师事务所，召开长沙市侨联参政议政工作会议，引导、鼓励代表、委员为民生积极建言。参与对口协商。组织侨联界别政协委员参加界别对口协商，深入相关职能部门、企业，采取现场视察、实地调查、会议座谈等方式开展调研。组织参加“加快旅游公共服务体系建设”调研会，和相关职能部门进行沟通和磋商，陆前进、钟向阳两名政协委员代表侨联界别发言，围绕科学改造长沙历史步道街区、促进自驾车房车露营基地有序发展等提出具体可行的意见和建议。

创新侨法宣传方式 围绕“宣传贯彻侨法，促进侨界和谐”主题，通过案例讲座、发放宣传资料、趣味竞赛、开设专题栏目等形式，在市级网络平台和全市5个侨联工作示范社区，重点宣传宪法和《中华人民共和国归侨侨眷权益保护法》，向广大群众普及宪法及侨法知识，提高依法护侨意识，切实保护归侨侨眷利益。充实维权工作力量。根据市侨联法顾委和涉外涉侨服务团章程有关规定，聘任第三届侨联法顾委委员和律师服务团成员，优化侨联维权工作力量。全年接待处理来信来访18件，为侨界群众排忧解难，维护侨界和谐稳定。就大邦生物与省建第四工程公司纠纷信访，就庄习文与民政学院教材采购纠纷信访，与市中级人民法院、岳麓区法院多方沟通。

推进精准扶贫 启动“双百”扶贫工程，通过输血帮扶、改善居住环境等方式帮扶老侨100余户，首

年帮扶到位资金近30万元。参与医疗救助精准脱贫，与爱尔眼科医院共同推行“精准脱贫光明行——走进长沙”公益救助活动，已进行白内障、胬肉等眼科手术71台。选定桃源村脱贫项目发起腾讯公益一起捐，广泛动员侨界人士扶贫帮困。

优化老侨安抚工作 10次上门慰问生病住院和去世悼念老侨。重阳节组织老归侨和侨商会会员观影交流活动，加强老年归侨之间的联络联谊以及新侨老侨之间的联系。开展元旦春节大走访活动，集中走访慰问年满60岁老侨100余人。

开展公益慈善活动 开展“春雷公益香兰奖”活动，在浏阳古港完小表彰34名优秀学生和优秀教师。联合美国科技教育协会协力提升湖南乡村基础教育素养。鼓励引导38家侨资企业参加社会公益慈善事业，捐赠金额807万元。联合湖南省海归协会组织开展新侨牵老侨活动，“新侨牵老侨”结对138户。继续牵手“爱尔兰华协会”资助大学生行动计划。 （陈边城）

【主办银企对接洽谈会】 2018年4月3日，长沙市侨联等联合主办“港澳台侨投资长沙银企对接洽谈会”，近百位港澳台侨海外企业家代表与市经信委、市商务局、市金融办以及与长沙高新区、长沙经开区等相关园区及协会企业负责人、长沙银行面对面，洽谈中小企业融资难问题。长沙市委常委、统战部部长谭小平，市人大副主任王国海，市政协副主席石长松出席洽谈会。长沙市侨商会等与长沙银行签订合作协议，泰谷生物等8家公司与长沙银行签订授信协议，授信金额8859万元，已发放贷款金额6359万元。

（陈边城）

【长沙市侨联获“全国侨联系统先进组织”称号】 2018年8月29日—9月1日，第十次全国归侨侨眷代表大会在北京召开。会上宣读表彰决定并为获奖单位和个人颁奖。长沙市侨联被评选为全国侨联系统先进组织。长沙市侨联副主席刘斌，长沙市侨联兼职副主席、湖南仁和环保科技有限公司董事长洪也凡，长沙市侨联常委、长沙学院侨联常务副主席欧阳秋子，长沙市侨联委员、湖南李丽心灵教育中心主任李丽，湖南圣湘生物科技有限公司董事长、著名分子生物学家戴立忠等5人被评为全国归侨侨眷先进个人。

（陈边城）

【2018年“湖南海外侨胞故乡行”走进浏阳活动】 2018年10月31日，由湖南省侨联主办，长沙市侨联、中共浏阳市委、浏阳市政府共同承办的2018年“湖南海外侨胞故乡行—走进浏阳”活动举行。40个国家和地区的150余名海外侨胞齐聚浏阳，深入浏阳经开区、浏阳高新区和永安镇。实地参观蓝思科技总部、宇环数控和美丽乡村湾里屋场。进行经贸、科技、文化项目推介活动，将文化创意产品以展演的方式呈现，并以VCR+现场解说的形式，对浏阳的文化底蕴、投资兴业环境、生态魅力进行全面推介。湖南省侨联党组书记朱建山、副主席孙民生等参加活动。 （陈边城）

【侨联特聘专家长沙园区行】 2018年11月23日，“创业中华·兴业湖南·逐梦星城”侨联特聘专家长沙园区行暨海外高层次人才政策交流座谈会在长沙举行。湖南省侨联党组成员、副主席孙民生，长沙市委常委、统战部部长谭小平等出席。参观开福区高新区新亚胜光电产业园和盾甲新材料科技有限公司，与刘福江、廖端芳等15位湖南省侨联特聘专家在座谈会上进行交流。《关于完善长沙人才新政的几点建议》得到市委常委、统战部部长谭小平，市委常委、组织部部长张宏益批示，并要求根据侨联建议加强改进完善长沙的人才工作。 （陈边城）

长沙市残疾人联合会

【概况】 2018年，长沙市残疾人联合会（以下简称“市残联”）加强残疾人服务需求动态管理，入户采集12万余名残疾人基本数据，核发变更注销《残疾人证》11826本，提质改造长沙市残疾人康复中心，规范化建设康复、托养机构76个，着力缩小城乡差距，新建3家农村托养机构。创建213个“明星乡镇”“明星社区”，选聘专职委员1807人。在全国第二届残疾人专职委员知识竞赛获团体第三名，2人获“学习之星”称号。实施学法用法专项行动，普法2000余人次，市残联法律救助站免费为残疾人提供法律咨询157次、法律救助53件。加强信访和特护期稳定工作，年内接待残疾人到访2000余件次，办结交办件30件、“12385”热线工单28件，调处残疾人集体上访10起。在省第十届残运会上，长沙市残疾人代表团获62金19银13铜。在省第九届残疾人艺术汇演、全省残疾人辅具服务技能竞赛、全省残疾人职业技能竞赛均取得全省第一的成绩。讲好助残故事，天心区聋人周佳霖被评为中残联“十大新闻人物”。举办第28次全国助残日活动，表彰10户“最美残障家庭”。开展学雷锋扶残助残“善行四十佳”评选表彰

2018年10月31日，湖南海外侨胞故乡行——走进浏阳活动举行 市侨联 供图

活动。开展“抓重点、补短板、强弱项”调研活动，实施“连千村帮万户”扶贫工程，扶持200余户贫困户通过蜜蜂养殖等农业产业项目稳定脱贫。举办4次“辅具有爱·行动无碍”精准扶贫辅具免费发放活动，为865名残疾人免费发放辅具1370件，实施残疾人家庭无障碍改造600户。落实危改补贴1793户，扶残助学2878人，残疾青壮年文盲扫盲111人，发放燃油补贴1713人。重点实施残疾人培训、就业“双千”计划。举办残疾人职业技能培训班26期，培训1002名残疾人，帮助1013名残疾人实现稳定就业。扶持10个市级残疾人就业基地建设，集中安置477名残疾人就业。扶持151名残疾人创业，举办全市残疾人创业成果展。建设10家残疾人辅助性就业机构，为198名残疾人提供辅助性就业岗位。举办专场招聘会14次，实现残疾人就业131人。为2622名0~14岁残疾儿童实施康复，其中市政府民生实事工程为634名0~6周岁残疾儿童实施抢救性康复，完成率128.6%；为172名15~17岁残疾青少年实施康复，实现“康复—托养”无缝对接。完成低弱视力和白内障康复救助1000例、假肢装配231例、辅具适配9535件。在全市推开“1+1+1”托养服务模式，居家托养补助标准由400元/人/年提高到1000元/人/年，全年居家托养服务850人，机构托养1173人，第三方评估满意度95%以上。发挥省会城市引领、辐射作用，建成聋人信息中转服务平台，开通“手机手语在线翻译APP”。开展全国首批残疾预防综合试验区工作，在全省首创残疾儿童康复家长学校，开展贫困中风偏瘫、脊髓损伤住院救助项目和家庭医生签约服务。（雷传红）

【市残联召开第六届主席团第二次全体会议】 2018年6月4日，市残联在机关会议室召开第六届主席团第二次全体会议。会议由市残联党组成员、副理事长左锡涛主持，市残联党组书记、理事长刘增三代表执行理事会向大会作工作报告。会议按照《中国残疾人联合会章程》以及省残联要求，民主推举长沙市出席省残联第七次代表大会的18名代表和省残联第七届主席团的5名委员候选人。市人民政府副秘书长戴建文讲话，他要求提高站位，旗帜鲜明讲政治，强化担当，紧扣重点抓落实，围绕实现“全面建成小康社会，残疾人一个也不能少”目标，奋力推进脱贫攻坚，要牢记使命，忠诚履职展作为，当好全市广大残疾人朋友的“代言人”。（雷传红）

【肖红林调研市残疾人数据动态更新工作】 2018年8月23日，省残联党组书记、理事长肖红林一行对长沙市“残疾人基本服务状况和需求信息数据动态更新工作”进行调研，市残联党组书记、理事长刘增三陪同调研。调研组先后到长沙县、开福区现场观摩社区调查员开展的信息采集工作，听取长沙市残联和开福区残联2018年度动态更新工作情况的汇报，与一线调查员和残疾人代表进行面对面交流。肖红林对长沙市动态更新工作给予充分肯定，对下一步动态更新工作提出要求，要紧抓扫尾工作进度，要严抓数据质量，要力抓成果运用，让动态更新工作真正为残疾人解难题、服好务。（雷传红）

【市残疾人代表团在全省残疾人运动会上获佳绩】 2018年9月18—21日，湖南省第十届残疾人运动会在衡阳市举行。长沙市派出40名运动员、25名教练员和工作人员组成代表团参加田径、游泳、射击、盲人柔道、乒乓球、羽毛球、象棋7个大项的比赛，取得62金19银13铜的成绩，其中金牌数比上一届多30枚。（雷传红）

【王梅梅到长沙市调研】 2018年11月21—22日，中残联副理事长王梅梅一行到长沙调研政府购买助残服务工作。省残联党组书记、理事长肖红林，市残联党组书记、理事长刘增三以及长沙县、雨花区、天心区残联相关负责人参加调研座谈会。王梅梅听取长沙市、长沙县、雨花区、天心区残联关于政府购买助残服务工作情况汇报，实地调研天心区“爱心家园”政府购买托养、康复、培训服务情况、雨花区丰园社区政府购买服务庇护工厂、托养、康复服务情况、湖南成才职业培训学校和长沙时进信息网络有限公司政府购买残疾人培训、手机手语翻译APP项目运行情况。她充分肯定长沙市政府购买助残服务“买得早”“买得到”“买得好”，创造了好的典型经验。（雷传红）

【“辅具有爱·行动无碍”精准扶贫残疾人辅具免费发放活动】 2018年11月8日，市残联在长沙县金井镇蒲塘村举行“辅具有爱·行动无碍”精准扶贫残疾人辅具免费发放活动。市政府办公厅主任蒋集政、市政府副秘书长戴建文、市政府办公厅副主任、机关党委书记丁财喜、市残联领导班子成员及机关干部出席活动。该活动为蒲塘村96名残疾人免费发放轮椅、拐杖、护理床、助行器、沐浴椅、坐厕椅等辅具357件，走访慰问部分特困残疾人家庭。（雷传红）

【2018年学雷锋扶残助残“善行四十佳”颁奖典礼举办】 2018年11月28日，由长沙市残联、长沙市文明办主办，长沙电视台新闻频道承办的2018年长沙市学雷锋扶残助残“善行四十佳”颁奖典礼在长沙实验剧场举行。市残联党组书记、理事长刘增三，市文明办副主任丁德喜，市直机关工委委员、宣传部部长陈国胜等领导以及各区县（市）残联、志愿者、为残服务机构、市聋协等社会各界代表出席颁奖典礼。芙蓉区家欣心翼会所等10家机构被评为“十佳助残爱心机构”，杨凯崎等10人被评为“十佳自强模范”，戴红霞等10人被评为“十佳基层残疾人工作者”，王岳平等10人被评为“十佳扶残助残爱心个人”。（雷传红）

长沙市台湾同胞联谊会

【概况】 2018年，长沙市台湾同胞联谊会（以下简称“市台联”）召开会长扩大会议、座谈会3次，参加省台联的各类专题学习会议，列席省台联常务理事会，认真学习领会精神，按照全国台联和省台联的工作目标开展工作。组织台联界别的政协委员参加政协组织的学习培训和情况通报会等，提高对长沙经济、社会建设的认识。在接待台胞台属时有意识的宣传长沙市的发展前景，并通过电话了解、邮寄资料、向来访的台胞台属宣传台海政策和长沙的改革开放成果，帮他们解惑释疑。主动服务台胞台属，牢牢把握大团结大联合的主题，做好台胞联谊服务工作是台联作为“台胞之家”的重要职责。深入了解定居台胞以及台湾老兵的现实情况，了解他们的工作、生活、创业等情况，反映他们的愿望和心声。利用中华民族传统节日邀请台胞、台属参加座谈会，沟通交流乡亲感情，传达党和政府的关心。2018年下半年机关全体人员参加省委统战部组织的全省台胞中青年骨干进修班学习。开展走访慰问、扶贫济困送温暖活动，平时走访和节日慰问相结合，把党和政府的关怀及时送到台胞手中。根据长沙市台胞的具体情况，特别是其中生活比较困难的台胞的实际情况，坚持《困难台胞补助办法》，使得操作有序，补助有据。走访慰问，访贫问苦。上门看望慰问因病住院台胞、生活困难台胞，对去世的台胞上门慰问家属。对一代台胞给予特别的关心，为生活困难的老台胞提高生活补贴，为老台胞订阅党报已成常态。了解慰问台湾老兵，面对面沟通，心与心交流，了解他们的工作、生活、身体情况，反映他们的愿望和心声。沟通交流乡亲感情，传达党和政府的关心，让他们感受到来自家乡的热情和关怀。根据统战部的统一部署，积极参与2018年公益日“万企帮万村”公益募捐活动。

加强乡亲联谊　完成全国台联每年举办的“龙脉相传、青春中华”台湾青少年夏令营湖南长沙活动，安排他们参观岳麓书院、橘子洲头、简牍博物馆、台资企业，在湖南师范大学进行座谈交流，让到访的大学生们了解湖南、了解长沙，双方的沟通促进两岸青年的思想交流。接待到访的台胞、台属，协助解决遇到的困难、解答遇到的问题。年内共接待来访的台胞、台商20余人次，接待到访台属30余人次，协助他们解决房产遗留问题、法律疑难问题，寻找台湾亲人、在长沙就业和孩子上学问题、户口以及生活困难资助等问题，维护他们的利益。宣传长沙的投资环境，鼓励他们到长沙发展。致力于探索与台湾青年的交流渠道，与湖南大学团委联系，探讨与他们合作进行两岸大学生交流事宜。8月6—13日，由全台湾教师工会总联合会组织的文史教师参访团一行24人，在全国台联联络部部长何长明等有关人员陪同下到长沙参访交流。与长沙电视台、武汉军威公司以及台湾相关企业联系，促进开展养老健康旅游项目在长沙的落地，分别与统战部联络处、浏阳、湘江新区、宁乡等地有关部门联系，了解情况，提供资料和信息，力促该项目在长沙落地。接待台湾工商建研会两岸交流委员会副会长唐力行博士一行到长沙宁乡进行文化经贸交流及投资考察活动。建设台联后备队伍，培养考察台联换届领导班子成员候选人员。

存在困难与不足　对深入基层，联系台胞、台属的工作还不够，与区、县统战部、台办的联系有待加强，由于主客观条件的限制，离上级部门的要求和群众的需求还有差距。

（彭众评）

长沙市文学艺术界联合会

【概况】 2018年，长沙市文学艺术界联合会（以下简称“市文联”）启动会员专题培训工程。11月，组织全市19个文艺家协会（社）2700余名会员分批开展学习贯彻习近平新时代中国特色社会主义思想、中共十九大精神专题培训，强化使命担当。

实现社会组织党建工作全覆盖　争取成立中共长沙市文学艺术界联合会社会组织行业委员会，督促指导市属19个文艺家协会（社）成立党组织，实现文联所属协会党组织和党建工作“两个覆盖”。推动各党支部加强“五化”建设，开展“不忘初心跟党走，牢记使命当先锋”等活动。

落实意识形态工作责任　修改完善《长沙市文联党组意识形态工作责任制实施方案》，将意识形态工作纳入党组会议重要议程，纳入党建工作责任制、领导干部年度考核和绩效评估，建立党组书记与团体会员单位、二级机构主要负责人签订责任书，行业党委书记与协会党支部书记签定责任书的“双保险”责任管理模式，切实把党管宣传、党管意识形态和党领导文艺工作落到实处。

实施重点项目扶持　开展2018年文艺创作项目扶持，通过资格审核、专家评估、部门联审等程序，从148个申报项目中遴选出58个项目，扶持总额度252.5万元。对2017年度获得国家级、省级重大文艺奖项或荣誉的李少白等90个单位或个人予以配套奖励40.2万元。

优化文艺创作环境　挂牌首批5个长沙文艺创作基地，每个奖励5万元；首次推出文学和文艺评论出版、发表作品专门补助办法，2018年共补助25.1万元；召开“推名家出名作”专题讨论会，对全市重点创作进行摸底，共收集作品创作计划130余个，并遴选一批有潜力的项目上报省文联；多次召开“名家工作室”扶持办法座谈会、重点文艺家重点作品改稿会等，持续优化创作环境。

创作成果　全市文艺界100余人获国家、省级重大文艺奖项，市文联主席团委员、市作协副主席纪红建《乡村国是》获第七届鲁迅文学奖，是长沙市首次获此殊荣；市文联主席汤素兰《阿莲》入选“2017中国好书”图书书目，并获2018年陈伯吹国际儿童文学奖年度作品奖；邬建美湘绣作品《韩熙载夜宴图》被故宫博物馆收藏，实现湖南当代湘绣作品故宫收藏零突破；周佳霖在“第五届中国非遗博览会传统工艺比赛”中获奖；支持浏阳市永红艺术团创作现代花鼓戏《胡子将军》，作为全国评选出的6个剧目之一，参加中国文联、中国剧协主办的2018年民间剧团晋京展演；蒋志飞电影剧本《半床被子》获第27届金鸡百花电影节“耳东影业”杯少数民族题材优秀剧本；湖南知青合唱团在南非茨瓦内举行的第十届世界合唱比赛中勇夺冠军；参加第六届“湖南艺术节”，组织承办“欢乐潇湘 品质长沙”活动，长沙市各门类作品获奖、入展数均为全省第一位；《创作》杂志获第四届“湖湘优秀出版物奖”荣誉奖等。长沙市文联获评2018年度省文联系统先进单位。

文艺惠民　不断增强人民群众文化获得感。年初印发《关于开展2018年度主题文艺活动的通知》，各协会上报主题活动方案20余个；市舞协举办民第二届青少年舞蹈大赛；浏阳文联举办《剪荟长沙 红色浏阳河》大型剪纸展览等活动；与《长沙晚报》合作举办“壮阔东方潮 奋进新时代 芳华岁月”征文活动等紧扣主题的文艺活动。开展对外交流活动，打造长沙品牌。市作协与武汉、南昌市作协连续开展六届“三江笔会”，岳麓印社每年举办篆刻作品联展等。制订《2018年“一带一路”及国际友城文艺交流计划》，市音协到美国肯尼迪艺术中心举办“东方之春·艺术长沙”音乐会；市文联主席汤素兰到埃及参加首届中国·阿拉伯国家文学论坛；谢胜文国画《曲岛苍茫接翠微》在韩国参加韩中书画交流展；唐樱图书《南方的神话》阿拉伯文版即将在埃及举行首发式；长沙画院画家受邀参加中国国际文化传播中心到澳门慰问驻澳部队官兵活动并赠送书画作品；参与承办第14届亚洲儿童文学大会；市民协于佳期湘绣作品”参加意大利米兰手工艺展，湘绣传承人刘雅到埃及、波利尼西亚、美国开展湘绣艺术交流等。扩大长沙文艺影响。《创作》杂志出版6期正刊，2期增刊；与中国文联合作建设长沙文艺资源数据库，持续保持长沙文艺微信公众号、长沙文艺网的健康运营，及时报道长沙文艺界动态等，发布动态消息200余条，全年点击量近20万次。

（任彧婵）

【长沙市第九次文代会】 2018年4月24—26日，长沙市第九次文代会召开，省委常委、长沙市委书记胡衡华，省文联主席欧阳斌出席并作重要讲话。大会落实深化改革要求，选举产生市文联第九届主席团，首次实行兼职主席制，大幅压缩党政机关干部比例，363名代表中，基层和创作一线代表332名占比91.4%，55岁以下中青年代表318名占比87.6%，新文艺群体和自由职业代表106名占比29.2%，第九届委员会81人，其中新文艺群体和自由职业代表占15.6%，市文联第九届主席团24人，其中新文艺群体和自由职业代表占29.6%。大会首次成立临时党委，召开党员大会，各代表团团长签署《遵守纪律承诺书》，确保大会风清气正。大会回顾过去五年文艺工作成就，共商未来长沙文艺发展大计，在长沙文艺网及微信公众号设立第九次文代会、“我们这五年 长沙文艺五年成就”专题专栏，展示各团体会员五年成就。

（任彧婵）

【市文联深化改革工作】 2018年5月，《市文联深化改革方案》出台。该方案深入贯彻党的群团改革和上级文联深改精神，结合长沙文艺和文联工作实际，从加强党对文艺工作的领导、优化文联组织的基本职能、调整机构设置等方面提出一系列具体的改革措施，即行即改，制定深改任务书，推动改革措施落实，省文联对《方案》给予“方向准确，思路清晰，目标明确，框架结构合理，改革措施到位，亮点较多”的高度评价。6月6日，王俏受邀在中国文联文艺研究修院举办的“2018铸梦计划——深化文联改革，推动两创发展”活动上进行深改工作案例教学。

（任彧婵）

【文艺志愿服务】 2018年，市文联举办“到人民中去”活动启动仪式暨三一企业慰问演出，开展“到人民中去”20余场次；组织“送欢乐下基层”活动30余场；举办2018“我们的节日”系列“新春诗会”“端午诗会”“中秋诗会”“戏曲闹元宵优秀传统戏曲公益演出”等，其中“一带一路 诗意中秋”中华诗词电视晚会在湖南电视台国际频道向77个国家和地区播出；开展楹联、诗词、剪纸、曲艺等传统文化进社区、进学校、进企业活动；开展送书籍杂志、文学讲座等文化进校园活动；开展送春联、福字入基层活动，市书法家协会连续3年被中国书法家协会评为“万名书法家送万福进万家”活动先进集体。市文联机关党总支在八方社区开展“我们的节日·到人民中去”重阳节文艺志愿服务演出活动。

（任彧婵）

【文艺人才培养】 2018年，市文联积极吸纳新文艺群体加入协会及其理事会、主席团，将民营文化工作室、民营文化经纪机构、网络文艺社群等新文艺组织和新文艺群体纳入联络、服务对象范围，大幅增加新文艺群体和自由职业艺术家比例，筹备成立网络作协，努力形成覆盖面广、结构合理的文艺人才队伍。着力培养中青年文艺人才。举行“2016—2017长沙文艺新人”奖评选活动，通过资格审核、专家初评、网络投票、专家复评、领导审批、公示等程序，评选出“2016—2017长沙文艺新人”奖和提名奖各15名，颁发奖金45万元，举办颁奖晚会，进行网络图文直播，观看量80万余人次。举办“第二期长沙市中青年文艺人才创作研修班”，邀请全国10余位知名专家为48名来自各个艺术门类的中青年文艺骨干授课，其中新文艺群体、基层文艺工作者学员比例85%，组织到田汉文化园、三一重工等基地采风，激发中青年文艺家的创作热情。搭建人才进步平台。支持各协会开展名家讲座、专家看稿等活动，向上级机构推荐优秀人才，推荐一批人才参加省文联三百人才增补；推荐6名文艺人才参加长沙新社会阶层“百人会”；开展文艺评论，在中国文艺网、《文艺报》《美术报》《中国书法报》等权威媒体上推介长沙市文艺人才。

（任彧婵）

【重阳节文艺志愿演出活动】 2018年10月16日，“我们的节日·到人民中去”重阳节文艺志愿演出活动在市老干活动中心举行。文艺志愿者们为社区群众举行文艺节目，用艺术向老年朋友们致以节日祝福和亲切慰问。市人大原主任余合泉，市委原顾问黄中瑞，市委党校原校长刘回，市委宣传部调研员、部机关纪委书记刘玉龙，市文联党组书记、副主席王俏，市文联党组副书记、副主席、行业党委书记谢胜文，市文联党组成员、副主席周永康，市老干局党组成员、副局长艾明旺，市老干活动中心主任王瑞兰等领导出席活动。该次活动由市委宣传部、市文联主办，市老干活动中心、市文联机关党总支、市曲艺家协会和八方社区共同承办。周卫星、原野、李丹、王志敏、熊壮、刁子、童鸣、黄荣等文艺工作者以及来自八方社区的老年文艺团队为社区群众进行相声、小品、长沙弹词、花鼓戏、歌舞、T台秀等节目表演。（任彧婵）

【长沙市中青年文艺人才创作研修班开班】 2018年11月12日，由长沙市文联举办的长沙市中青年文艺人才创作研修班开班。省政协学习联络委员会副主任、省委宣传部原副部长杨金鸢，市委常委、宣传部部长高山，市委宣传部常务副部长赵柏林，市文联班子成员王俏、汤素兰、谢胜文、周永康、唐樱等出席开班式，开班式由王俏主持。该研修班旨在深入贯彻落实习近平新时代中国特色社会主义思想和中共十九大精神，进一步加强长沙文艺人才队伍建设。研修班每两年举办一次，首期研修班已于2016年6月举办。该期研修班有48名学员，来自各个艺术门类，平均年龄38岁，最大的48岁，最小的23岁。女性21人，党外人士25名，新文艺群体17人。在5天的课程中，有傅亦轩、欧阳友权、魏怀亮、何立伟、李蒲星、纪红建、刘颋、崔伟、奇志、汤素兰等专家为学员授课。开班式后，杨金鸢以《文艺的担当、传承和创新》为题授课，与学员深入交流文艺工作心得与体会。高山表示，广大文艺工作者要胸中有大义，做思想政治上的明白人，牢牢把握正确的文艺方向和价值导向，唱响主旋律，弘扬真善美，在传播正能量中成就自我、实现价值；要心里有人民，做新时代的同行者，坚持以人民为中心的创作导向，深入实践、深入生活、深入群众，不断满足人民群众日益增长的精神文化需求；要笔下有乾坤，做艺术创作上的突破者，坚持以创新为动力，舍得下苦功夫、慢功夫，推出更多反映时代呼声、展现人民奋斗、振奋民族精神的精品力作。（任彧婵）

长沙市红十字会

【概况】 2018年，长沙市红十字会（以下简称“市红十字会”）领导班子在市委、市政府的领导下，团结带领广大红十字工作者，围绕中心，服务大局，取得显著成绩。开展社会救助，全市红十字系统共筹集发放各类爱心款物1500万余元，救助困难群众近7万名。开展救护培训，实施救护培训工程，组织召开长沙市红十字会第九届理事会第三次会议，改选理事会理事。抓住世界红十字日、世界急救日等节点，组织开展红十字系列活动，在地铁站、市政务服务中心等人口聚集公共场所陆续安放一批自动体外除颤仪（AED）。（董浩）

【公益项目】 2018年，长沙市红十字会联合市委统战部共同举办长沙市社会扶贫—2018年春节“红十字博爱送万家”活动，筹集发放爱心款物总价值1160万余元，受益群众2万余人次。加强与上级红会对接，为困难群众申请获得红十字人道救助金140万元、小天使基金110万元。携手拓维信息系统股份有限公司捐赠100万元，在宁乡、浏阳和湘西龙山开展助力脱贫攻坚活动，帮助200余名建档立卡精准扶贫户困难家庭学生摆脱困境。组队代表湖南参加全国“魔豆妈妈”创业扶贫大赛，2名选手分别获第二名、第三名，每人得到3万元奖金和“中国红十字会·腾讯公益基金”提供的20万元无息贷款项目孵化金支持。组织参加中国红十字会总会首次“99公益日”活动，推出“慢天使追梦校园”“救命神器把心唤醒”“尘肺，不能呼吸的痛”等3个公益项目，在获得中国红十字会总会、腾讯等企业配捐和社会爱心人士踊跃捐款的同时，积累宝贵的网上筹资经验。（董浩）

【救护培训“百千万”工程】 2018年，长沙市红十字会继续实施救护培训“百千万工程”。全年培训115名救护师资、6400名初级救护员，26.3万名中小学生和社区群众接受红十字急救知识普及培训。依托“世界急救日”，开展交通安全“救”在身边活动，在全市设立16个“红十字救护培训操作训练基地”。发挥红十字救护培训中心和生命健康安全体验教室的救护培训主阵地作用，开展市直机关救护员初（复）训18期，1300余名机关干部接受培训。组织开展生命健康安全体验活动83场次，3000余名学龄前儿童和中小学生踊跃参加。暑假期间，在全市各游泳场所开展40期“珍爱生命，守护未来”溺水预防与急救知识培训，2000余名少年儿童和家长报名参加，中央电视台体育频道进行专题报道。在2018年长沙国际马拉松赛中，600余名经过红十字急救技能培训的志愿者全程为比赛保驾护航。在长沙国际名校划艇大赛中，400余人次红十字志愿者救护员为大赛提供后勤支持、安全保卫、医疗急救等服务，得到组委会充分肯定。（董浩）

【遗体器官和造血干细胞捐献工作】 2018年，市红十字会组织开展“造血干细胞捐献者，你还好吗”大型回访和巡讲活动，与湖南卫视公共频道合作录制6部宣传片，在全市范围内开展10场次宣传巡讲，推动全市造血干细胞捐献工作加快发展，巡讲宣传活动报道被世界献髓者网站两次采用，长沙造血干细胞工作站作为典型发言代表，在中华骨髓库2018年工作会议上作经验介绍。截至2018年年底，全市实现造血干细胞捐献328例，挽救200余人生命；实现人体器官捐献535例，使600余名重症患者获得新生；实现眼角膜捐献540例，使1500余名患者重见光明。（董浩）

【组织建设】 2018年，组织召开长沙市红十字会第九届理事会第三次会议，改选理事会理事。举办2018年全市红十字干部培训班，培训各级红十字专（兼）职干部300余人。“世界红十字日”期间，举办“红十字博爱周”和中小学生防灾避险演练。清明节期间，举办遗体和人体器官捐献者缅怀活动，制作“为爱续航·为生命接力”微电影，广泛宣传普及遗体和人体器官捐献科学理念，捐献志愿者登记人数大幅上升。（董浩）

法　治

NOMOCRACY

责任编辑·尚　畅

地方立法

【概况】 2018年，长沙市在立法过程中坚持地方特色，围绕保障和改善民生、创新社会治理、提高生态文明水平等领域的立法，拓宽立法公众参与渠道，通过公开征求意见、开展问卷调查、组织专家论证等形式，提高政府立法质量。强化对立法基层联系点的管理，发挥立法基层联系点在立法过程中的作用。探索开展第三方起草法律法规草案工作，委托专家、律师参与18件立法项目的起草，不断加强立法机构与学术界、实务界的沟通交流，提升科学立法、民主立法水平。全年出台2部地方性法规，分别为《长沙市城市绿化条例》《长沙市养犬管理条例》；出台一部政府规章《长沙市住宅物业消防安全管理办法》。此外，《长沙市文明行为促进条例》《长沙市湿地保护条例》《长沙市城市供水用水管理条例》《长沙市人民防空工程建设与管理条例》等的制定、修改推进顺利。（吴 炳）

【《长沙市城市绿化条例》实施】 2018年6月27日，《长沙市城市绿化条例》（以下简称《条例》）由长沙市第十五届人民代表大会常务委员会第十七次会议通过；7月19日，由湖南省第十三届人民代表大会常务委员会第五次会议批准，10月1日起施行。该《条例》5章51条，从城市绿化规划与建设、城市绿化养护和管理、城市绿化行政主管部门不依法履行职责所追究的法律责任等方面进行明文规定。另外，对于近年来城市绿化管理中与市民息息相关的一些热点问题，比如擅自砍伐绿化树木、将绿化树作为广告位、在湘江和浏阳河边圈地种菜等情况，《条例》也作了明确规定。（吴 炳）

【《长沙市养犬管理条例》出台】 2018年8月30日，《长沙市养犬管理条例》（以下简称《条例》）由长沙市第十五届人民代表大会常务委员会第十八次会议通过；9月30日，湖南省第十三届人民代表大会常务委员会第六次会议批准。《长沙市养犬管理条例》分总则、免疫与许可、养犬行为规范、留检与经营、法律责任及附则六章，共五十二条。该《条例》针对市民高度关注的养犬管理热点，作出明确规定。《条例》对长沙养犬施行分区域管理制度，分为禁止养犬区、严格管理区和一般管理区。严格管理区内每户限养一只普通犬只，导盲犬和肢体重残人扶助犬除外；养犬实行智能管理制度，公安机关对犬只实行智能犬牌、电子标识管理制度；养犬人应当按规定进行犬只免疫并取得养犬许可，不得放任犬吠影响他人正常生活，不得放任、驱使犬只恐吓、伤害他人，不得放任犬只在城市道路上乱跑影响交通秩序和安全。（吴 炳）

政法委与综治

【概况】 2018年，长沙市没有发生影响重大的政治性事件、影响重大的群体性事件、影响恶劣的不稳定事件、暴力恐怖事件和重大安全事故。长沙市被省委、省政府授予2018年度全省社会治安综合治理先进市。据中央广播电视总台发布的《中国城市营商环境报告2018》，长沙法制环境排名全国第一位；据中国应急管理学会等部门共同发布的《公共安全感蓝皮书：中国城市公共安全感调查报告（2018）》，长沙市公共安全感在31个省会（含直辖市）城市中排名第八位，治安安全感排名第七位，两项指标在中部均排第一位。（肖 湘）

【维护社会稳定】 2018年，长沙市没有发生一起影响稳定的重大事件和问题，社会大局持续和谐稳定。推行社会稳定风险评估，源头防范稳定风险，全市对568个民生、建设项目进行风险评估，准予实施555个，暂缓7个，不予实施6个。全面排查各类不稳定问题5896个，调处矛盾纠纷5325起。超前预警并及时化解处置一批群体性突发性事件。强化重点时段、重大不稳定问题的防范控制，做好全国、全省“两会”，省十九届二中全会，第四届对非投资论坛重要会议和赛事活动的维稳安保工作。（李 锋）

【“平安长沙”建设】 2018年，长沙市刑事立案同比下降11.45%，八类恶性案件同比下降12.46%。推进基层平安建设，开展“平安家庭”等多种形式平安竞赛活动。推进“一村一辅警”工作。加强“平安指数”动态管理。对芙蓉区汽车东站及周边等9个重点地区进行整治。加强“枫桥经验”学习实践，建成专业性、行业性人民调委会133个。发布《关于进一步做好命案防范工作的通知》，做好命案防范工作。推进“雪亮工程建设”，完成“天网工程”一、二、三期视频整合。加强“红袖章”队伍，组建法律义工队伍、平安促进会，开展单位联防，奖励“见义勇为”先进个人并为其就医开辟“绿色通道”。夯实基层基础工作，市和区县（市）级综治中心全部建成，建成乡镇街道综治中心165个，社区（村）级综治中心1507个。建好市综治信息平台，更新维护“三实”（实有人口、实有房屋、实有单位）信息6679102条。（颜利民）

【执法监督】 2018年，长沙市协调调度重大敏感案件，完成中央交办和省委交办专案协调督办工作，维护国家安全和政治安全。全市政法机关组织评查案件3万余件，发现瑕疵案件1400余件，错误案件6件。市委政法委选取中央巡视组交办案件和产权纠纷案件为重点，直接评查案件60余件，评查发现执法问题和瑕疵案件14件。全市政法机关接处来信来访1.2万余件，其中市委政法委接处信访事项868件。中央巡视组交办涉法涉诉信访案件501件次全部办结。司法救助600余案件，救助资金980万余元，化解一大批疑难复杂信访积案。推进律师参与化解和代理涉法涉诉信访案件工作，全市值班律师接待群众申诉咨询2342件，协助化解案件533件。中央政法委涉法涉诉信访改革课题组对长沙市律师参与化解和代理涉法涉诉信访案件工作进行考察调研，推广长沙经验。探索和破解认罪认罚试点工作中遇到的难题，建立完善常态化工作机制，全市适用认罪认罚从宽制度审结刑事案件6400余件8500余人，当庭宣判率100%，完成两年试点任务，部分试点成果已纳入《中华人民共和国刑事诉讼法》修正案。制订出台《关于进一步支持人民法院基本解决执行难工作的意见》。开展涉稳执行案件专题研究，逐案分析研判53个涉稳暂缓执行或中止执行系列案件，对47个案件立即恢复执行，6个案件加强跟踪监管。开展“涉府执行专项行动”，全市涉党政机关执行案件16件，执结11件，5件未结案件中涉政府机关执行部分已执行到位，执结标的近2亿元。（邓　为）

【知识产权保护】 2018年，长沙市出台《关于新形势下进一步加强知识产权保护的若干措施》（“知识产权保护十二条”），成立中国（长沙）知识产权保护中心、知识产权犯罪侦查支队、知识产权检察局、知识产权法庭等专门机构，建立知识产权保护工作联席会议、案件协调、信息互通共享“三项机制”，构建大保护格局。办理侵犯知识产权类犯罪案件183件355人，同比分别升57.8%和30.5%，依法审理长沙和全省知识产权案件8413件，同比增长58%。中央政法委在组织的新任地市级政法书记培训班上对长沙市知识产权保护工作作经验推介。（邓　为）

【政法宣传】 2018年，长沙市严格落实意识形态工作责任制，制订发布《落实意识形态工作责任制实施方案》，加强微信、微信群、长安网等意识形态阵地管理；长沙长安网连续两年被评为中国“优秀政法网站”，在中国长安网上稿量排名全省第一位，全年发稿2500余篇；组织知识产权保护、“今天我当班”、清明祭忆、枫桥经验、扫黑除恶等集中报道，累计在各类媒体刊发报道142篇；组织知识产权保护、改革开放40周年政法工作成就、全市扫黑除恶专项斗争、改革开放40周年社会体制改革等6场新闻发布会；制定发布《长沙市“三同步”工作实施意见》，加强和规范对重大案件和群体性事件的新闻报道，24小时监测涉长沙政法综治舆情，先后及时调度处置车峰案、某律师微信群图片事件、宁乡遗体被挖眼睛等20余起较大舆情。（陈　勇）

【见义勇为先进个人表彰】2018年，长沙市在推进平安长沙、法治长沙建设和全面建成小康社会进程中，涌现出一批见义勇为先进典型。为表彰先进，弘扬正气，根据《湖南省见义勇为人员奖励和保护条例》的有关规定，市委政法委、市见义勇为基金会决定：授予章维等9人“长沙市见义勇为先进个人”称号，颁发荣誉证书，各奖励2万元；授予何昌军、何军、何永忠3人“长沙市见义勇为先进群体”称号，颁发荣誉证书，奖励3万元；同时对“湖南省见义勇为先进个人”刘金文、蓝海义、李声发3人再奖励2万元。（唐建彬）

法治政府建设

【概况】 2018年，长沙市以率先建成法治政府为目标，将依法行政、依法用权、依法办事贯穿于优化营商环境的全过程，从优化审批服务、优化营商服务、强化要素保障、深化商事制度改革等方面着手，着力打造稳定公平透明、可预期的一流营商环境。（吴　炳）

【依法行政】 2018年，长沙市按照中共中央、国务院《法治政府建设实施纲要（2015—2020年）》的部署要求，抓好法治政府建设的组织领导、重大行政决策程序的规范、依法规范公正文明执法、行政行为的合法有效、政府法律顾问制度的建立等方面的任务，通过加大法治政府建设考核力度，推动党政主要负责人履行第一责任人职责，把法治建设的“软任务”变为“硬指标”，市政府连续8年被评为全省法治政府建设先进单位。2018年3月，全省法治政府建设工作推进会召开，市委副书记、市长胡忠雄就长沙法治政府建设作经验发言。强化行政执法监督，加大案卷评查力度，从执法主体、执法程序、适用法律、自由裁量权等方面着手，对各区县（市）政府和市直执法部门463宗行政执法案卷进行评查，以评查提升案件办理质效，以评查促进依法规范公正文明执法；围绕群众最关心的行政执法热点、难点问题，通过强化法治支撑，规范行政执法行为，加大食品药品安全、环境保护、安全生产、城市管理、社会保障等领域执法活动的指导、监督力度。紧盯难点强化行政司法良性互动。运用府院联席会议机制平台，针对行政排危的国家赔偿、“非改商”补偿、国有土地个人建房许可证撤销、60号令实施中的重建地分配等疑难问题，组织召开行政司法互动会，就涉法难题达成共识、统一法律见解。（吴　炳）

【规范性文件管理】 2018年，长沙市坚持法定职责必须为、法无授权不可为，把全市所有规范性文件纳入审查监督范围，做到“有件必审、审查必严、有错必纠”，逐步建立程序完备、权责一致、相互衔接、运行高效的规范性文件合法性审核机制。从落实管理责任、严格审查程序、建立管理台账等方面着手，制定《关于明确规范性文件效力管理责任的通知》，每月发布规范性文件效力动态报告，加强规范性文件效力管理；加强规范性文件备案管理、专项清理和“三统一”工作，制定《关于加强规范性文件三统一工作的若干意见》。针对房地产调控、新建商品住宅全装修、征地补偿安置、私改遗等领域的合法性审查申请，依法处理和回复公民规范性文件合法性审查申请14件，并处理涉及文件效力和信息公开网络问政事项。全年审查市政府、市政府办公厅规范性文件380件次，向法定监督机关报备规范性文件62件，审查区县（市）备案规范性文件125件，审查市直部门报送的“三统一”文件138件。起草制定《长沙市国旗升挂使用管理规定》，强化国旗宣传教育。（吴　炳）

【行政复议应诉】 2018年，长沙市修订《长沙市行政复议听证程序规定》，对18件重大、复杂案件采取听证方式审理。提高行政复议案件办理质量，严格把握证据、程序和法律适用等环节，准确评价原行政行为在事实认定、法律适用、处理结果、救济途径、期限方式告知等方面的合法性、适当性、正确性。同时，对于在办理案件中发现的普遍性问题，通过制发行政复议意见书或建议书等方式，强化行政复议纠错和规范的功能。建立和完善行政复议应诉工作机制，加强对各区县（市）政府和市直各单位行政复议应诉工作的指导；按照“谁主管、谁应诉”的原则，明确行政应诉责任分工，建立分工明确、运转顺畅、办理及时的行政应诉工作机制，并加大行政负责人出庭应诉力度。全年依法办理行政复议案件543件，行政应诉案件462件，代理市政府出庭应诉450余次。尤其是依法办理涉及芙蓉、开福、雨花、浏阳、宁乡等区县（市）的19个棚户区改造项目引起的批量复议案件，在全社会产生良好社会效果；针对最高院16件涉及征地拆迁项目的再审案件，做好再审答辩，相关案件均得到最高院的支持。（吴 炳）

【政府合同审查管理】 2018年，长沙市围绕政府和社会资本合作、特许经营、投融资等领域的投资项目，突出政府合同审查的质量和效率，实行“政府法制办+律师事务所+专家”的审查模式，将法律服务延伸到项目谈判、签约、履约的全过程。对市政府与中国电子科技、中兴、360、碧桂园、中国人寿、百度、腾讯等国内知名企业重大合作项目框架协议的签订提供高质高效的法律服务；对市政府与南华大学医教协同战略合作、与湖南师范大学关于医疗卫生资源深度融合合作、楼盘配套幼儿园移交问题等涉及民生的事项，以及长沙市敢胜垸、苏托垸污水处理PPP项目和地下综合管廊试点建设PPP项目等进行重点把关，确保民生项目合法推进。全年审查政府合同230余件，审查合同涉及金额3424亿元，比上年增长67.02%。（吴 炳）

【“最多跑一次”改革法治化制度设计】 2018年，长沙市推进“最多跑一次”改革进行法治化的制度设计，按照法律法规严格法制审查，向社会公布市本级“最多跑一次”事项1307项，其中行政机构办理事项1245项，公共企事业单位办理事项62项。抓好“互联网+政务服务”工作，联合市编委办切实抓好行政处罚、行政强制、行政检查和行政裁决等事项的清单梳理，对市、县两级53家单位5549项权力清单事项进行统一规范，引入省“互联网+政务服务”平台，提升法治服务“放管服”水平。推进长沙市各单位证明事项清理工作，打破政府部门间、部门内部“信息孤岛”，从根本上铲除“奇葩”证明、循环证明、重复证明滋生的土壤，做到没有法律法规规定的证明事项一律取消，经清理，取消地方政府规章、政府及部门规范性文件设定的证明事项33项。同时，解决群众办证多、办事难问题，严格按照法律法规进行清理，取消村（社区）及基层单位证明材料86项。推进权力下放园区、“证照分离”改革等，推进长沙高新区相对集中许可权改革试点；强化法制审查和把关，向马栏山视频文创园管委会赋予28项市级经济管理权限，向高铁新城管委会赋予30项市级经济管理审批权限。（吴 炳）

公 安

【概况】 2018年，长沙市公安机关实现“发案下降（刑事案件、八类恶性案件、现行命案分别同比下降11.5%、12.4%、18.5%）、破案上升（刑事破案、刑事拘留、逮捕直诉同比上升4.5%、15.9%、21.3%）、命案全破、四个没有发生（没有发生有重大负面影响的案件、事件、舆情，没有发生3人以上死亡交通事故）”的工作目标，市局先后获评2018年度全省市州公安局绩效评估第一名、扫黑除恶专项斗争成绩突出单位、警务实战大比武团体一等奖、侦破命案成绩突出单位、安保维稳“百日会战”先进单位，“96111便民服务桥”被评为全省公安机关优秀重点改革项目。在《公众安全感蓝皮书：中国城市公共安全感调查报告（2018）》中，长沙公众安全感排名全国第八位，治安安全感排名全国第七位，两项指标稳居中部省会城市第一名。（刘文斌）

【“蓝天行动”】 2018年，长沙市全面打响“蓝天保卫战”部署，迅速搭建“禁燃限放烟花爆竹”“整治高排放车辆”“打击污染环境违法犯罪”3个工作专班。针对禁限放工作，制定《从严管控燃放烟花爆竹十项措施》，压实属地查处责任，要求属地派出所落实“五个一律”（即：一律上门核查现场、一律带至派出所盘问审查、一律形成笔录材料、一律依法依规处理、一律形成工作台帐）办案要求和“一案三查”（查燃放、查运输、查销售）工作措施，形成严管严控的高压态势。强化宣传引导，分别于3月4日、4月3日召开新闻发布会，宣传禁限放烟花爆竹规定。严厉打击处理，全年出动巡查管控警力10万余人次，检查门店7800余家次。接到违规燃放烟花爆竹警情495起，查办违规燃放烟花爆竹案件295起，非法运输烟花爆竹案件9起，非法储存烟花爆竹案件1起，行政处罚310人。清明期间，做到40万余名市民陵园（墓地）祭扫烟花爆竹“零燃放”。同时，强化源头管控，取缔零售网点，全年，中心城区烟花爆竹零售网点从年初的327家，减少到62家。针对高排放车辆整治，查处高污染排放车辆各类交通违法15万余起，查扣4.9万余辆，行政拘留1125人，向市农委推送拖拉机违法信息1845台次。落实指示批示，有序推动京港澳高速“禁货限行”工作。针对污染环境犯罪，全年立环境刑事案件80起，采取强制措施99人，移送起诉94人；办理污染环境行政案件69起，行政拘留78人。各项数据排名全省第一位，刑事打击数据比2017年增长3.5倍以上。（刘文斌）

【严厉打击突出犯罪】 2018年，长沙市集中优势资源，针对重点领域，进行规模化打击。全年全市打击网络贩枪、传统盗抢骗、电信诈骗等成绩全省领先，“夏秋攻势”综合排名全省第一位。对有广泛影响力的刑事案件坚持快速反应、同步上案、快侦快破。先后侦破开福“6·21”杀人碎尸抛尸案、岳麓“8·30”杀人碎尸案等案件，连续两年实现命案全破。侦破部督“6·2”特大跨国拐卖妇女案，打处涉拐嫌疑人15人，解救柬埔寨籍妇女7人。侦破部督“10·8”专案，全链条摧毁一个以互联网为媒介流窜全国的涉恶涉黄团伙。侦破省督集打斗争“4·24”三湘第一侵财案，抓获6年横跨5市作案300余起的犯罪嫌疑人。侦破“12·26”特大网络贩枪案，摧毁盘踞在长沙的网络贩枪团伙2个，端掉非法销售枪支配件窝点3个，抓获违法犯罪嫌疑人18人，缴获各类枪支8支、枪支配件3.1万余件。处置高新区麓谷林语小区“12·2”劫持人质案。全年破获电信网络诈骗案件1326起，同比上升247.1%，刑事拘留641人，同比上升97.2%，止付、劝阻约1.1亿元，返还2100万余元，侦破“11·28”“6·22”“12·19”“12·28”系列专案。抓获全市历年逃犯383人，到案率56.2%，获评全省追逃“湘橙行动”第一名。（刘文斌）

【扫黑除恶专项斗争】2018年，长沙市建立全局统一指挥、警种统一协同、后勤统一保障工作机制，在全局范围内抽调人员搭建工作专班，与市扫黑办合署办公，实行无缝对接、扁平指挥。全年办结涉黑涉恶线索808条，办结率93.4%，名列全省第一。打掉涉黑犯罪组织4个、涉恶犯罪团伙63个，刑拘涉黑涉恶犯罪嫌疑人1081人，破获各类涉黑涉恶案件362起，缴获各类枪支24支，查封冻结涉案资金7亿余元。成功侦破“1·22”“9·6”等涉黑专案，侦破“5·5”发卡招嫖涉黑专案。按照“将‘5·27’专案办成新时代新形势下新型黑恶犯罪典型案件”指示精神，在省厅指挥部的统一指挥下，抽调200余名警力全力攻坚，抓获涉案人员57名，破获各类刑事案件50余起，查缴枪支17支，查封土地及房产初步估值约7亿元，两名“保护伞”被留置审查。（刘文斌）

【警务改革】2018年，长沙市全力推进全局“六三四”（“六”是指市局“六大中心”：大情报指挥中心、大侦查作战中心、大治安防控中心、大基础服务中心、大联合交通管理中心、大监督保障与新闻舆情中心；“三”是指分区县市局“三大中心”：指挥作战中心、基础防控中心、监督保障与新闻舆情中心；“四”是指派出所“一室三队”：综合勤务指挥室、责任区侦察队、基础工作队、巡逻防控队）警务改革工作，基本建成市局“六大中心”，支队和分局“三个中心”、派出所“一室三队”新型警务体系。在第三届全省公安微改革微创新大赛中，《构筑“十道防线”，守护地铁平安——地铁安保维稳“十道防线”工作法》项目获得金奖。7月28日，《湖南日报》全文刊发题为《大数据，让人民分享“平安红利”》的文章介绍市局警务改革经验。2018年“110”话务接入数211.8万起，同比下降1.5%；破刑事案件数1.64万起，同比上升4.5%；查处涉黄案件数1131起，同比上升78.4%；破获涉毒刑事案件数1373起，同比上升14.5%，长沙被国家禁毒委确定为全国109个禁毒示范创建城市之一；立经济案件603起，破案293起，破案率48.6%；立非法集资案50起，破案38起，破案率76%；成功侦破“龙盈”“有德瑞泽”2起部督、“大岸电子”“银乾”等6起省督案件，打击涉众型犯罪四项考核指标全面达标，排名全省第一位。成功侦破“6·8”“10·26”专案。持续推进“三非”（未经合法手续而在中国非法就业、非法入境和非法居留的所有外国人）外国人专项治理工作，创新实行“三分析两倒查”战法，全年查获“三非”外国人35人次，在全省“三非”外国人专项行动推进会上作经验发言。（刘文斌）

【便民服务】2018年，长沙公安从各警种抽调精干力量，成立“大基础服务中心”并挂牌“行政审批中心”，打破警种业务壁垒，把所有公安行政审批权进行集中，对全警408项公安服务事项进行梳理，自主开发集“认证、预约、受理、支付、寄递、评价、监察、咨询”八大功能于一体的“互联网＋公安政务”平台，通过积极引导社会力量、整合社会资源、先期与长沙银行开展互联网便民服务合作，全面推动“96111便民服务呼叫中心”及“便民服务桥”公众号建设，群众可直接在“便民服务桥”上预约220项公安业务，办理包含交警、居住证、户口、身份证等29项群众高频需求的业务。8月28日，“96111便民服务桥”微信公众号上线。至年底，有效关注量超过260万人，网上办事预约人数超过80万人次，网上全流程办理公安业务超过40万笔，接听咨询电话13.7万余次，受理人工咨询5.7万余次，机器对话56万余条，为群众带来高效、便捷的服务体验。10月7日，《人民公安报》头版头条位置以《长沙：做好“加减乘”提档“放管服”》为题，对长沙市公安局“放管服”改革工作以及“互联网＋公安政务平台”“96111便民服务平台”的特色做法与经验进行重点推介报道。（刘文斌）

资　料

部督“1·10”华为计算机信息系统被破坏案

2018年1月，华为技术有限公司向湖南省公安厅网技总队报案，称有用户反映，新购手机被强制预装大量APP且用户无法自主删除，同时手机被植入木马程序，受害手机用户涉及北京、天津、重庆、湖南等全国18个省份，仅华为品牌受害手机用户数量444万余台。案情重大，湖南省公安厅迅速启动重大专案侦破机制，成立专案指挥部，由省厅党委委员、副厅长、政治部主任吴巨培亲任专案指挥部指挥长，副市长、市局党委书记、局长唐向阳任常务副指挥长，市局党委副书记、常务副局长车丽华、省厅网技总队政委雷卫军、副总队长易勇、芙蓉区副区长、分局局长陈定佳、网技支队支队长刘广任副指挥长，并抽调省、市、区三级公安网技精干力量组成专案工作组，全力开展案件侦查工作。2018年1月10日，省公安厅确定案件代号“1·10”，2月28日，公安部十一局将该案列为部督案件。在省厅与市局的统一指挥下，网技支队综合运用技术手段，全力开展专案攻坚。通过缜密侦查，网技支队成功从湖南本地一家暗中从事手机刷机业务的“博胜电讯”着手，深挖扩线，一个自上而下，由手机应用软件厂商与手机应用软件推广商、专业手机刷机公司与刷机渠道窝点、手机销售渠道三个主要环节组成的，涉及全国23个省份的庞大互联网“手机黑产”犯罪链条逐步浮出水面。2018年4月24日上午10时，在专案指挥部的统一指挥下，网技支队，芙蓉分局400余名警力，组成64个抓捕小组，同时在北京、深圳、长沙三地开展集中收网行动，彻底摧毁这一涉及全国23个省份，破坏手机计算机信息系统、非法推广手机应用软件牟利的庞大互联网“手机黑产”犯罪链条，一举抓获涉案嫌疑人129人，查扣涉案服务器31台，电脑80余台，刷机工具50余套，手机3000余台。（唐建平）

部督“2018—603”贩卖毒品专案

2018年6月，浏阳市公安局禁毒大队侦察发现一个以杨某、罗某为首，从缅甸购买毒品至浏阳、湘西等地贩卖的团伙。浏阳市局党委高度重视，抽调指挥作战中心，禁毒、网安大队等单位警力成立专案组，综合运用走访调查、视频侦查、情报研判、技术手段等措施，查清该团伙的基本情况、层级结构、成员活动轨迹和违法犯罪事实。9月，公安部将该案列为“2018—603”部督毒品目标案件。12月13日，专案组在贵州省盘州市和浏阳市枨冲镇，将团伙主要成员杨某、罗某、宋某抓获。2019年1月16日、17日专案组组织开展集中收网行动，抓获涉毒嫌疑人49名。该案抓获62人，刑事拘留20人，行政拘留40人，强制隔离戒毒35人，缴获海洛因4.2千克，斩断一条从中缅边境至浏阳的贩毒通道。（杨 思）

“1·16”非法吸收公众存款案

2018年1月，长沙市工商行政管理局开福分局向长沙市公安局开福分局移交案件线索称湖南日出东方科技有限公司（以下简称“日出东方公司”）涉嫌非法吸收公众存款犯罪活动。接到线索后，市公安局开福分局立即会同经侦大队、派出所对该公司涉嫌犯罪线索进行初查，1月18日对日出东方公司涉嫌非法吸收公众存款依法立案侦查，成立“1·16”专案组。经初步侦查发现，2017年1月以来，日出东方公司通过互联网和湖南娱乐频道等媒体发布“加盟东方合伙人，打造1000亿元的‘你消费，我赠送’实体促销联盟平台”的广告，在全国设置“省级代理”“市级代理”“县区代理”“个人代理”四个层级发展联盟商家，每级缴纳不同的代理费，并可按级别获得所辖商户经营流水的相应提成，并针对到联盟商家消费的会员设置充值消费后五倍返利（电子消费券）的模式来招揽客户加入。2018年12月27日，在专案组的统一领导和指挥下，在市局网技支队的支持下，分局出动警力80余人次，在长沙市、邵东县、株洲市、郴州市等地同步实施抓捕，统一收网，共抓获犯罪嫌疑人14人。据统计，日出东方公司通过各种手段发展联盟商家2.5万户，会员7万人，非法吸收公众存款9亿元。（李晓阳）

【消防】2018年长沙市发生火灾1106起，死亡15人，受伤20人，直接经济损失6303.5万元。与上年同比，火灾四项指数（火灾发生起数、财产损失数、人员死亡数、人员受伤数）“两升两降”，其中火灾起数、伤人数分别下降30.66%、25.93%，死亡人数增加13人，损失数上升111.38%。全市消防救援队伍接警出动12156次，其中火警4780次，抢险救援3201次，社会救助4174次，反恐排爆1次。出动车辆23774台次，出动人员166418人次，抢救被困人员5071人，挽回直接经济损失23.8亿元。全市有市、区两级列管的消防安全重点单位2345家、高层建筑12388栋（百米以上超高层建筑298栋）、地下建筑822处、易燃易爆场所271家、公众聚集类场所1464家。持续强化火灾隐患治理，常态开展“冬防、夏防”两大专项活动，不间断牵头开展7大“综合整治”，全年“查改罚、封停拘”六项执法数据分别上升14%、31%、12%、20%、19%、4%。消防基础建设，2018年长沙市首次将全市各类消防站建设标准列入《长沙市城市规划管理技术规定》专章。2018年，高新区东方红消防站投入执勤，长沙县会展中心小型消防站投入使用；经开区、湘江新区洋湖、浏阳市经开区3个中心消防站以及武广地铁消防站、长沙县星沙产业园消防站主体完工，望城区月亮岛、长沙县安沙、芙蓉区张公岭、开福区鹅秀4个中心消防站推进主体建设。加快推进城市消防水源建设，新建市政消火栓1968个，11个消防应急取水设施3个完成建设、5个开工建设、3个完成立项。稳步提高消防车辆装备水平，投入经费1.6亿元新购城市主战、举高喷射、工业泡沫等各类消防车辆20台，器材装备2.8万件（套）。（刘 芳）

表10　长沙市2018年分地区火灾基本情况统计表

地区	2018年火灾四项指数				与2017年相比(%)			
	起数	死人（人）	伤人（人）	损失（万元）	起数	死人（人）	伤人（人）	损失（万元）
长沙市	1106	15	20	6891	−31	13	−7	137
芙蓉区	122	0	0	199	154	0	0	165
天心区	92	3	2	429	−23	3	0	262
岳麓区	143	0	1	284	−26	−1	−5	112

续表 10　长沙市 2018 年分地区火灾基本情况统计表

地区	2018 年火灾四项指数				与 2017 年相比（%）			
	起数	死人（人）	伤人（人）	损失（万元）	起数	死人（人）	伤人（人）	损失（万元）
开福区	54	5	6	1369	−55	5	6	120
雨花区	111	1	5	533	−62	1	1	6
高新区	24	1	1	71	−11	1	0	90
经开区	46		0	60	21	0	0	50
长沙县	91	3	2	1999	−13	3	−3	46
望城区	65	0	2	1065	−10	0	2	528
宁乡市	145	2	1	228	−50	1	−2	34
浏阳市	213	0	0	654	−18	0	−6	871

【边防检查】 2018 年，长沙出入境边防检查站检查出入境人员超过 264 万人次、飞机 1.6 万余架次，同比增幅分别超过 10%、12%，出入境人员总数继续居中部地区前列，长沙航空口岸被国家移民管理局列为全国大型口岸。全年，长沙边检站查获各类违法违规人员 640 余人。制订发布《关于加快推进边检“放管服”改革实施方案》《提升服务管理水平确保旅客通关顺畅便利六项措施》。深化“口岸舒畅工程”建设，完成指纹采集、自助通道升级等边检信息化项目建设。通过动态引导标识、语音提示、蛇形通道和灵活设置中外旅客候检区等措施，在保证中国旅客通关速率的同时，兼顾外籍旅客通关需求。自助通关旅客占出入境人数 50% 以上，中国籍公民边检过关时间由原来的平均 45 秒缩短到 10 秒左右，外国旅客边检过关时间明显缩短。同时，妥善处置航班取消、备降等特殊情况 20 起，紧急救助旅客 20 余人次。参与黄花机场国际中转区改扩建、T2 航站楼国际区关检南移等项目，支持新开国际及地区客运航线 4 条、保障航班 130 余架次；支持开通夜间货运航线 5 条、保障航班超过 280 架次。完成外国驻港澳领事团访湘、第 14 届“湘台会”、首届中国国际商事法律服务高峰论坛等重大涉外活动的通关保障工作，先后为境内外政府代表团和世界 500 强企业高管约 400 人次提供礼遇或便利。2018 年 9 月和 11 月，省委书记杜家毫两次到长沙航空口岸，其间对边检通关服务保障工作给予肯定。

完善口岸限定区域电子监控设施建设，实现全天候监管。建设各类信息系统，提高查缉的发现率和精准度。全年查处冒用他人证件出入境、持伪假证件出入境、协助他人非法出入境等偷渡案件 10 余起。与长沙市国家安全局签订《共建合作协议》，与机场公安和长沙县相关单位建立涉案人员送押送看合作机制。加强与地方执法机关在口岸开展执法协作，参与扫黑除恶、缉枪治爆、打击整治赌博违法犯罪和禁毒、“百日安保会战”等专项行动，查获一名外逃涉黑人员，被国家移民管理局作为经典案例通报，3 名民警在专项行动中表现突出受到湖南省公安厅嘉奖或立三等功。

（胡鄂南）

检　察

【概况】 2018 年，长沙市检察机关辖市检察院、星城地区检察院和 9 个区县（市）检察院。长沙检察机关主动聚焦法律监督主业，推进创建“四大精品工程”（保障大局“精服务”工程、改革创新“精装修”工程、队伍建设“精培育”工程、互助互进“精合作”工程）。围绕“讲政治顾大局谋发展重自强”总要求研究出台 5 项制度，开展 4 个专题活动。其中开展的“新时代全面建设现代化长沙检察怎么干”专题研讨活动和“四大精品工程”创建活动得到高检院的肯定推介。长沙市检察院和芙蓉等 9 个基层院被评为“全国检察宣传先进单位”；长沙县院被评为“全国模范检察院”；82 个集体和个人受到省级以上表彰，7 人获评全国、全省检察机关“办案能手”“业务标兵”。在 2018 年召开的市人大会议上，市院工作报告赞成率 95.8%。

（罗　娜）

【人民监督】 2018 年，长沙市人民监督联络工作常态化。全市两级检察机关联合开展对在长沙的全国人大代表、政协委员、省人大代表 69 人的走访工作，办理人大议案 5 件、政协提案 2 件，发送手机报 24 期，继续为代表委员赠订《人民检察》《检察日报》《人民监督》等法律类报纸杂志，帮助其更加系统全面地了解检察工作。建立“检察大宣传”机制，实现市院多部门之间、上下两级院之间宣传资源共享联动；两级检察机关按照信息化建设的要求，对检察门户网站进行统一升级改造，检察微博、微信、移动客户端等多媒体检务公开平台全部建设完成，均在各自的检察门户网站提供相应链接或者二维码等；多次邀请各级人大代表、政协委员、各类监督员参加全市检察工作会议暨全市检察机关扫黑除恶专项斗争工作会、陈列室揭牌仪式、知识产权宣传周、公益诉讼联合执法检查、检察开放日、"长检馨声"女检察官法治巡讲团成立仪式等10余次检察活动，其中全国人大代表2人，全国政协委员1人，市级人大代表、政协委员80余名，区县市人大代表、政协委员100余名。人民监督员工作规范化。全年组织监督"七类案件"22件26人，其中拟不起诉案件20件24人，拟撤销案件2件2人，邀请66名人民监督员参与监督评议。

（罗 娜）

【监所检察】 2018年，星城地区人民检察院持续强化刑罚变更执行同步监督，审查提请减刑、假释、暂予监外执行案件3664件，对587件提出变更减刑幅度以及不予减刑、假释、暂予监外执行的检察建议，585件得到采纳，采纳率99.66%。办理羁押必要性审查案件500件，其中提出变更强制措施建议或释放建议的444件，被办案机关采纳346件，采纳率77.93%。如依职权办理323件羁押必要性审查案件，在押人员刘某、张某、姚某涉嫌"京东白条"诈骗系列案，根据长沙执检力量配置情况、同时考虑案件性质、复杂程度及社会影响等诸多因素，明确案件范围、规范与案件有关参加公开审查程序的诉讼主体、其他参与人、参与评议和监督的社会公众作为参与主体、细化公开审查工作流程，充分发挥公开审查制度的优越性，保证审查的公正性、提高审查的公信力。开展社区矫正巡视检察暨脱管漏管核查和社区矫正重点人员专项检察，发挥巡视检察以点带面的压力传导效用，对全市监外执行（社区矫正）工作情况进行全面巡视检察。对全市社区矫正重点人员进行摸底核查，建立相关台账，对有3个以上社区矫正重点人员和2017年以来出现过社区矫正人员重新犯罪、脱管漏管问题的司法所进行重点巡查。突出工作重点，将"五类罪犯"作为重点对象，深化推进财产刑执行检察监督活动。以司法责任制改革为契机，依托执检子系统运行日常化，推动财产刑执行监督方式由办事向办案转变。聚焦安全防范检察，对法定节假日、双休日进行重点检察，确保"两会"期间全市监管场所的安全稳定。开展判处实刑罪犯未执行刑罚专项检察活动，多次到基层院走访指导，通过不懈努力，啃下"硬骨头"案件，病犯邹某、李某已分别被决定暂予监外执行，监督收押开福区法院判决的艾滋病罪犯周某，以及其他类型的交付执行难罪犯，如外籍犯罗某与病犯蒋某等。

（罗 娜）

【刑事检察】 2018年，长沙市检察机关批准逮捕各类刑事犯罪嫌疑人8219人，起诉13207人，同比上升12%和23.6%。依法推进扫黑除恶专项斗争，制定实施3个规范性文件，建立办案"绿色通道"，依法提前介入"1·22""5·27""5·5""9·6"等重大涉黑涉恶案件37件，及时批捕727人、起诉385人，纠正漏捕42人、漏诉6人。深化落实"破网打伞"要求，与监察委员会建立线索移送、双向反馈、办案协查等机制，依法向监察委员会移送"保护伞"线索9条。依法打击各类刑事犯罪，切实保护公民人身权、财产权，起诉涉枪涉爆、严重暴力、多发性侵财等犯罪6158人。突出打击群众反映强烈的犯罪，起诉危险驾驶、暴力伤医、制售假药、泄露个人信息等犯罪1687人。依法打击妨害社会管理秩序犯罪，起诉网络造谣、妨害公务、涉黄涉赌涉毒等犯罪3837人。谢某某等2人抢劫杀人案、刘某某等19人危害公共安全案、林某某等15人医保诈骗案等一批重大案件被提起公诉。依法做好职务犯罪检察工作。坚决拥护、主动支持深化国家监察体制改革，组建专门检察办案组10个，依法对监察委员会移送的职务犯罪案件决定逮捕41人，提起公诉34人。深化重大职务犯罪案件办理，与监察委员会建立日常联络、联席会议、提前介入、退回补充调查等机制，提前介入调查案件48件，依法对胡某某等13名县处级以上干部贪腐案提起公诉。依法妥善办结自侦遗留案件76件。依法维护特殊群体合法权益。与市妇联共同开展专项监督活动，加强妇女儿童权益保护，起诉性侵、猥亵、拐卖妇女儿童犯罪119人。加强老年人权益保护，起诉故意伤害、虐待、诈骗老年人犯罪226人。加强军人军属权益保护，依法对袁某、杨某等人冒充军人招摇撞骗案提起公诉。加强在校学生权益保护，起诉校园欺凌以及虐待被看护人等校园犯罪33人。加强刑事立案、侦查和审判活动监督，针对有案不立、违法插手经济纠纷等问题，监督侦查机关立案202件、撤案201件，同比上升90.6%和128.4%。针对应当逮捕而未提请逮捕、应当起诉而未移送起诉的问题，监督纠正漏捕238人、漏诉260人，同比上升60.8%和67.7%；浏阳市检察院在办理张某等人涉嫌诈骗案中，追捕4人均被判处十年以上有期徒刑。针对非法取证的问题，在排除非法证据后不批捕5人、不起诉12人；对事实不清、证据不足的，不批捕1274人、不起诉422人。针对认为确有错误的刑事裁判、审判程序违法问题，提请或提起抗诉40件，监督纠正违法情形54件次。

（罗 娜）

【民事行政检察】 2018年，长沙市民事行政部门受理各类民行监督案件963件（上年同期631件）。办结不服生效裁判监督案件327件（上年同期286件），其中提请抗诉29件（上年同期16件）；提出抗诉5件（上年同期2件）；提出再审检察建议13件（上年同期11件），法院裁定再审2件；不支持监督申请252件（上年同期235件）；终结审查29件（上年同期22件）。收到法院再审改判文书5件（其中含抗诉案件法院再审改变原判1件，提请省院抗诉案件法院再审改变原判2件，再审检察建议案件法院再审改变原判2件）。对民事行政审判活动违法情况提出检察建议41件（上年同期19件），人民法院已经采纳35件（上年同期12件）。对民事行政执行活动提出检察建议55件（上年同期24件），人民法院已经采纳51件（上年同期19件）。办理支持起诉案件293件（上年同期120件），人民法院已经采纳支持起诉意见270件（上年同期151件）。办理督促履行职责案件135件（上年同期121件），相关行政机关已经采纳128件（上年同期88件）。

长沙市检察院民事行政处办理各类民事行政诉讼监督案件326件（上年同期233件），办结案件285件（上年同期214件），其中提出抗诉5件，提请省院抗诉20件，发出执行监督检察建议2件，发出审判活动违法行为检察建议2件，不支持监督申请224件，终结审查30件，办结请示案件1件，办结复查案件1件。另，整理报送民事公益诉讼线索15条；办理民事公益诉讼立案审批6件；民事公益诉讼案件起诉2件。（罗　娜）

【公益诉讼】 2018年，长沙市检察机关公益诉讼部门推进全市公益诉讼检察工作，整体办案规模和办案数据位居全省前列。全市两级院梳理公益诉讼案件线索863件，立案627件，提出检察建议和发布公告459件，向人民法院提起公益诉讼23件，法院已经判决11件并全部支持检察机关的诉讼请求。督促挽回复垦被非法改变用途和占用耕地4.34公顷，其中基本农田3.08公顷；督促治理恢复被污染水源地面积39.6公顷；清除处理违法堆放的各类生活垃圾280吨；督促回收和治理生产类固体废物2.5吨；回收国土出让金63614万元，办理长沙县城乡规划建设局不依法履行职责、柏加州湘江饮用水源保护系列案等经典案例。其中，市检察院办理的长沙县城乡规划建设局不依法履行职责案（碧桂园案），涉案公司已按照要求全面停工、恢复基坑原状并缴纳罚款436.5万余元；同时针对松雅湖饮水源、执法不规范等问题向长沙县政府发出工作检察建议，县政府已整改完毕。该案的成功办理，得到最高人民检察院副检察长张雪樵的批示肯定，参与中央电视台“法治中国说”栏目典型案例录制并在高检院第26次“检察开放日”中向社会推介，同时选入最高检第12批指导性案例，该案系湖南省首例入选案例。从诉讼类型看，全年办理的行政公益诉讼案件占93.07%，民事公益诉讼案件占6.93%；从案件领域看，生态环境和资源保护案件占49.09%，食品药品安全案件占27.55%，国有财产保护案件占8.03%，国有土地使用权出让案件占14.96%，其他占0.37%。（罗　娜）

【知识产权检察】 2018年，长沙市办理知识产权类刑事案件166件313人，其中审查逮捕117件190人，审查起诉41件110人，依法审查逮捕、审查起诉了张某、文某某等人侵犯商业秘密案、周某某假冒注册商标案、胡某某等销售假冒注册商标的商品案、曾某某侵犯著作权案等一批有较大社会影响的案件；受理上诉案件5件13人，开展立案监督3件3人，排查食品药品领域公益诉讼案件线索26条，完成公益诉讼的立案审批、起诉审批10件45人。（罗　娜）

【控告申诉检察】 2018年，受理群众来信706件，其中涉检来信17件，接待来访1467人，其中涉检来访68人。组织检察长接待日264次，检察长接待来访427人，检察长批办案件32件，办结检察长批办及省院通报案件2件，提出责任倒查书面建议3件，办结中政委、高检院、省委政法委交办案件57件，办结省院交办案件3件，提出责任倒查书面意见3件。办理民事、行政监督案件共492件，办理对阻碍辩护人、诉讼代理人依法行使诉讼权利的控告或申诉案12件，办理对本院办案中违法行为控告案件7件。全市受理刑事申诉案件43件，其中受理不服检察机关处理决定的案件16件，立案复查14件，办结16件，其中撤销原不起诉决定2件；受理不服法院判决的案件27件，立案复查15件，办结25件，其中审查结案15件，不予抗诉7件，提出抗诉2件并改判1件，提请抗诉1件。办理赔偿案件1件，不予赔偿1件，办理赔偿复议案件1件。受理司法救助35件，办结34件，发放救助金额83.7万元。

长沙市院受理来信512件，其中涉检来信12件，接待来访993人，其中涉检上访62人，办理涉检信访案件15件，组织检察长接待日26次，检察长接待来访350人，办结中政委、高检院、省委、政法委交办案件共计51件，受理民事行政诉讼监督案件280件，办理阻碍辩护、诉讼代理人依法行使诉讼权利的控告或申诉案件1件，办理对该院办案中违法行为的控告或申诉3件。受理刑事申诉案件25件，其中不服检察机关处理决定12件，立案复查11件，办结14件，办结后予以维持11件，改变原决定2件，终止复查1件；其中受理不服法院判决案件13件，立案复查6件，审查结案11件，提起抗诉2件，改判1件。办理刑事赔偿复议1件，办理司法救助1件，发放金额40万元。（罗　娜）

法　院

【概况】 2018年，长沙市中级人民法院受理各类案件34008件，同比上升28.1%；审（执）结29748件，同比上升19.65%。长沙市法院受理各类案件201905件，同比上升8.94%；审（执）结200126件，同比上升15.05%，收结案数均创历史新高，占全省四分之一；长沙市中级人民法院收案数首次突破3万件，岳麓区法院、芙蓉区法院收案数突破2万件，雨花区、浏阳市、天心区、宁乡市、开福区、长沙县6个法院收案数均超过1.5万件。长沙市法院审、执结率首次超过90%，结案率90.95%，法定审限内结案率98.46%；长沙市中级人民法院结案率82.56%。根据湖南省高院的通报，2018年，长沙市中级人民法院生效案件改判和发回重审率全省最低（2.03%），一审案件改发率全省最低（1.41%），服判息诉率全省最高（88.82%），长沙市法院院领导人均办案数全省最多（人均114.2件），实际执行到位标的额全省最高（242.66亿元，占全省三分之一）。在市十五届人大四次会议上中院工作报告获自电子票决以来最高赞成票数，赞成率93.28%。在省、市的联合支持下，2018年2月，长沙市法院知识产权法庭获批，3月1日挂牌；4月8日，破产与清算审判庭成立；6月5日，环境资源审判庭挂牌成立；7月12日，最高法院第一巡回法庭长沙巡回点在长沙市中级人民法院挂牌。2018年，长沙市中级人民法院知识产权审判、家事审判、司法警察、司法宣传、审判理论调研获全国先进，获最高法院的肯定。（李红兵）

【刑事审判】 2018年，长沙市中级人民法院审理刑事案件1664件。重点开展扫黑除恶专项斗争，全市法院审理96件701人，已判决78件581人，依法从重从快惩处重特大涉黑涉恶犯罪分子，集中宣判被告人苏某、李某、周某某等一批恶势力犯罪案件，形成打击黑恶势力的强大声势。严惩严重暴力犯罪，审理故意杀人、绑架、聚众斗殴等严重危害公共安全和人民群众人身安全的刑事案件319件。严惩毒品犯罪，审理毒品犯罪案件247件，对罪行极其严重的刘某等贩卖、运输毒品罪犯依法执行死刑。审理“两抢一盗”等侵犯财产犯罪案件524件785人。打击腐败犯罪，审理贪污、贿赂职务犯罪案件20件23人。严惩污染环境犯罪，审理环境污染、滥伐林木、非法捕捞水产品犯罪等案件14件24人。审理涉众型非法集资类案件，依法惩治破坏市场经济秩序犯罪。依法惩治“套路贷”犯罪，保护人民群众特别是在校大学生合法权益。保护妇女儿童权益，审理强奸、猥亵、拐卖妇女儿童等案件20件。依法惩治网上造谣、传播淫秽物品等犯罪案件20件23人，净化网络空间。加强人权保障，遏制和防范非法取证行为。严格执行减刑、假释司法政策，审理减刑、假释案件3305件。（李红兵）

【民商事审判】 2018年，长沙市中级人民法院审理民商事案件23901件，调撤结案7746件，调撤率32.4%。审理婚姻家庭继承案件433件，化解婚姻家庭矛盾。审理交通事故、医疗纠纷等侵权责任案件1285件，维护人民群众平安健康。审理湖南首例消费民事公益诉讼案件，审理涉食品安全案件96件，加大对制假售假的惩罚力度。高效审理涉军案件25件，维护国防利益和军人军属合法权益。审理民间借贷案件1136件，防范化解借贷风险。审理建设工程合同纠纷案件425件，维护、规范建设工程市场经济秩序。审理房屋买卖合同纠纷案件1486件，支持房地产宏观调控政策有效实施。审理物业服务合同纠纷案件333件，规范物业管理活动。坚持保障劳动者合法权益与维护企业生存发展并重，审理劳动争议案件1737件。审理股权转让、公司治理、证券市场等纠纷案件1329件，优化营商环境。新成立清算与破产审判庭，审理湖南有色重型机器有限责任公司、长沙汇丰置业有限责任公司、湖南环达公路桥梁建设总公司等破产重整、清算案件196件，长沙一梦谷林业科技有限公司等执行转破产案件296件，保护债权人和债务人的合法权益，破解企业发展困境。审理涉外和涉港澳台民商事案件75件，办理涉外司法协助事务18项，保护外资企业合法权益。新成立环境资源审判庭，审理环保案件68件，为“蓝天保卫战”保驾护航。（李红兵）

【知识产权审判】 2018年3月1日，经最高人民法院批准，挂牌成立“长沙市知识产权法庭”，为长沙创建国家知识产权强市、湖南建设知识产权强省提供战略支持，为“万商入湘”“湘品出境”提供有力司法保障。依法审理长沙和全省知识产权案件8413件，同比增长58%。审理互联网企业侵犯著作权案件501件，护航“文化湘军”战略和湖南开放崛起战略的实施。审理“长城”葡萄酒、“国窖1573”酒、“贵州茅台酒”、“迅达”燃气灶、“九牧”卫浴、美国保罗弗兰克公司“大嘴猴”产品等商标侵权案1233件，加强商标权保护。审理特许经营权合同纠纷案件56件。（李红兵）

【行政审判】 2018年，长沙市审理各类行政案件2318件。审理国家赔偿案件39件，审理非正常途径进京信访治安处罚案件75件，审理柏家洲饮用水水源一级保护区环境综合治理项目、铜官窑等国家级重点项目以及雨花区劳动东路棚户区改造项目、岳麓区新生水泥厂棚户区改造项目、西文庙坪周边地块棚户区改造项目、市橡胶厂、机床厂等老旧企业及周边地块棚户区改造项目等多个市重点工程项目等案件1118件，为征拆项目提供司法保障，无一引发社会不稳定事件。协调各类涉征拆行政案件205件，减少司法强拆。延伸司法审判职能作用，向行政机关提出司法建议6份。（李红兵）

【执行工作】 2018年，长沙市决胜“基本解决执行难”。全市法院全体执行干警主动放弃公休，实行“白加黑”“5+2”工作模式，确保“基本解决执行难”攻坚战全胜，办理案件2387件，执结1972件，执行到位39.41亿元。指导基层法院执结案件59398件，执行到位203.25亿元。深化执行综合治理格局。依靠党委领导，建立解决执行难工作联席会议制度。市人大常委会出台《关于进一步支持人民法院基本解决执行难工作的决议》。全市法院执行指挥中心已实现互联互通，实体化运作成为常态，线上督办1219批次，委托协作3803件，指挥会商10批次，顺利执结一大批重大疑难复杂案件。加大网络查控建设，实行“一案多查”“有案必查”，建立“一人一案一账号”案款管理系统。全面推进网络司法拍卖，全市法院网络拍卖标的物6857件、成交金额56.17亿元、平均溢价率19.65%，为当事人节约佣金2亿元。提高执行创新能力。拓宽失信惩戒渠道，发布打击拒执犯罪典型案例等一切可行措施，对失信被执行人进行联合曝光惩戒。开展“涉农民工工资案件集中审判执行专项活动”，集中兑现涉农民工工资总标的2798.82万元。发布失信被执行人12053人次，限制高消费63146人次，司法拘留893人，对30人移送追究刑事责任，判决10人，形成有效司法震慑。执行工作主要质效指标位于全国法院的前列，受到最高法院的肯定、湖南高院通报表扬。浏阳市法院“介面光电公司员工劳动争议执行案”入选“2017年全国法院十大执行案件”。（李红兵）

【司法宣传与服务】 2018年，长沙市设立法律援助工作站，首创心理咨询师值班制度。搭建诉调对接平台，设立律师调解工作室，开展律师调解试点工作，律师诉前参与调解成功案件712件。积极履行司法救助职能，审批缓交诉讼申请63人次、缓减免诉讼费106万元。贯彻落实新颁布的《中华人民共和国人民陪审员法》，组成7人合议庭审理重大案件。加大涉诉信访工作力度，实行信访积案包案责任制，院长带头接访，处理来信来访2778人次。畅通申诉信访渠道，实行窗口、网上、远程视频接访，办理上级交办信访事项337件次。建立健全律师参与化解信访案件和代理申诉制度，引导涉诉信访步入法治轨道。建成大数据管理和服务平台，为法官和群众提供智能服务。推进电子卷宗随案生成，扫描226767案8099125页，完成库存历史档案扫描，提供电子卷宗网上调阅服务。（李红兵）

司法行政

【概况】 2018年，长沙市司法行政系统发挥司法行政职能作用，维护社会和谐稳定，服务经济社会发展，各项工作取得新成效。

维护社会稳定 开展规范管理年专项活动，强化监所规范管理。优化值班备勤模式，加强狱内巡逻力度，构建狱内突发事件“一分钟警务圈”。强戒所推行全国统一戒毒工作模式，推进四区五中心建设，开展课堂教育、技能培训、心理矫治和体能康复训练。推进社区矫正“三个规范”建设（即社区矫正中心运行规范、社区服刑人员行为规范、社区矫正执法规范），实现安置帮教“三提”目标（即衔接配合提效、安置帮扶提质、安置人数提量），做到社区服刑人员“四个不发生”。发展“枫桥经验”，推进基层调解组织建设，形成以乡镇（街道）调解组织为骨干，村（社区）调委会为脉络，行业性专业性调解组织为补充的人民调解组织网络。开展“四防四查化纠纷、千乡万村创四无”专项调解活动，化解矛盾纠纷。全面开展人民调解委员会的规范化建设，率先成立人民调解员协会。与长沙电视台政法频道，合作建设《政法调解室》栏目，加大人民调解品牌影响力。2018年以来，调解各类矛盾纠纷43503件，调解成功42391件，成功率约97.4%。长沙市未发生因矛盾纠纷调处不及时或处理不到位而引发的群体性械斗、非正常死亡、集体性上访以及“民转刑”案件。推进“扫黑除恶”，召开党委会、专题会议等研究部署扫黑除恶专项斗争。建立律师代理案件备案旁听、重点人群管控、线索排查移交等工作机制，举办“律师参与黑恶案件辩护代理”专题培训，加强对律师办理涉黑涉恶案件辩护代理工作的指导监督。对监狱在押的涉黑涉恶罪犯建立专档，严格落实监管措施，从严掌握减刑、假释和暂予监外执行。将涉黑涉恶等重点社区服刑人员全部列入严管级别，实行动态管控。发动基层法律服务工作者，在为群众提供法律服务过程中及时发现涉黑涉恶线索苗头。排查线索21条，移交转递相关部门。

服务发展大局 以公共法律服务体系建设为总纲，统筹司法行政各项工作。推进公共法律服务体系建设示范城市创建，联合湖南大学法学院开展市域公共法律服务体系建设顶层设计，委托国家信息中心编制《长沙市“数字法治·智慧司法”建设总体规划（2018—2020）》。推进公共法律服务平台建设，全市县（市）公共法律服务中心、乡镇（街道）公共法律服务工作站、村（社区）公共法律服务点覆盖率100%。建立公共法律服务志愿点3276个，有公共法律服务志愿者3500余名，各村（社区）法律顾问实现全覆盖。组建1140个公共法律服务管理微信群、律师工作交流微信群，服务微信群覆盖率80%。律师行业建立对非友好交流法律服务人员库，组建长沙知识产权法律援助律师团队，在“万名律师乡村（社区）行”“万家中小微企业免费法治体检”等活动中，提供优质高效法律服务。全面推进律师参与化解和代理涉法涉诉信访案件工作。基层法律服务工作者担任861个乡镇（街道）、村（社区）及854家企业的法律顾问，代理案件、解答咨询，及时排查化解群众矛盾纠纷1361余起。加大法律援助工作力度，扩大法律援助范围，提高办案质量，全市办理法律援助案件5211件，服务保障和改善民生。“12348”热线接听解答市民法律咨询35124件，同比增长31%。公证行业主动参与新建商品房摇号选房、金融机构赋权公证等公证事项，办理公证业务9万余件。司法鉴定机构全面加强执业监管和专项检查，关停“四大类”之外的45家鉴定机构，提升司法鉴定公信力，完成鉴定案件1.8万余件，促进司法公平。首次国家统一法律职业资格考试组织实施规范有序，实现长沙考区“零差错”“零事故”“零投诉”工作目标。推进律师调解试点工作，在市人民法院、市律师协会、区县（市）公共法律服务中心和部分律师事务所建立律师调解室（中心）34个，选拔律师调解员593名，成功调解案件500余起。持续推进公证体制改革，省首批、市首家合作制公证机构成立营业。省首家环境损害司法鉴定机构揭牌成立，市司法鉴定机构真正实现“四大类”全部齐全。人民法院、看守所法律援助工作站全部建立，推动刑事辩护全覆盖。继续推进行业性专业性调委会建设，打造人民调解“长沙样本”。搭建以案释法普法平台，实施“谁执法谁普法”项目化管理。工读学校加强精细管理、创新德育方法，提高青少年不良行为矫治实效。开展“大检查、大提质、大服务”专项活动，成立39个检查组，走访318家律师事务所，实现实地考核全覆盖，对管理不规范的律所现场提出整改意见，对存在问题的3家律所下发整改通知书。严抓律师执业活动监管，出台律师行业监管“十条措施”，公布律师规范执业负面清单，指导律师依法依规执业。查办8起行政处罚案件和8起行业处分案件。开展首届长沙律师节系列活动，增强律师队伍活力。

助推法治建设 继续推进普法宣传，通过16项主题宣传活动深入开展宪法宣传教育。举行宪法宣传月系列活动，联合市委宣传部、市轨道交通集团，在全省率先启动宪法专列。抓好“关键少数”学法用法工作，组织开展长沙市领导干部首届法律知识及党内法规竞赛活动，活动网页浏览数245万余人次，长沙市普法之星点赞数193万余人次。组织12万名国家工作人员参加年度“如法网”在线学法考法，全市学时完成率、参考率、合格率均超额达标。推动“谁执法谁普法”工作责任制落实，通过线上与线下、执法与普法、服务与普法相结合的形式，开展“12·4”国家宪法日、首届长沙律师节、“送法下乡”、青少年法治宣传教育周等1200场宣传活动。传播法治文化，整合媒体资源，构建“全媒体普法”长效体系，继续办好《法润长沙》电视栏目，发挥传统法治宣传媒体的平台作用。将媒体公益法治广告纳入全市文明创建宣传内容，在全市270个大型LED屏、城区围挡和宣传栏中投入使用。推进普法网络集群建设，组建微信普法矩阵。全面推行“以案释法”，着力构建全市“门类齐全、种类丰富、分类有序、动态增长”的典型案例资源库，展播一批精品案例。建设市本级法治文化阵地4个，各区县（市）建设法治文化示范阵地45个。发挥法律顾问作用，做好重大执法行为和政府合同的法律审查工作。建立长沙市法律服务“一单两库”并在局网站公示。开展对律师事务所、公证机构、司法鉴定机构、基层法律服务所的“双随机一公开”抽查工作，将抽查结果形成书面报告并进行公示，严格法律服务监督。深入推进“放管服”

改革、“互联网 + 政务服务”工作，实现行政审批业务统一进驻政务中心窗口办理。全年办理各类审批服务事项4800余件，按时办结率和满意率均为100%。抽选人民监督员参加长沙市人民检察院案件评议及检务活动。2018年抽选人民监督员参加案件评议28起，检务活动4次。开展人民监督员业务培训。对人民监督员履职情况加强监管，对不按要求采参加履职活动的人民监督员启动免除资格程序。加强与市检院沟通衔接，落实人民监督员履职保障。成立以市人大内司委、市中院、市公安局、市司法局等单位组成的长沙市人民陪审员选任工作领导小组及其办公室，召开会议、制定方案，加强部署和调度，推进全市人民陪审员选任工作。（周德喜）

【监狱工作】 2018年，坪塘监狱强化监狱安全稳定首位意识，调整值班备勤模式，加强狱内巡逻力度，构建狱内突发事件一分钟警务圈。加强执法装备建设应用，实现信息互联互通和证据保全。坚持与驻狱武警联勤联动，全年开展应急处置联合演练4次，加强监狱反恐防暴能力。成立监狱志愿消防队，开展消防知识培训和实战性演练，完善消防控制室、危化品仓库等专业管理。加快信息化建设进程，制订《监狱二期信息化建设项目设计方案》，引进远程监控对讲系统，实现罪犯离监就医、押解期间实时对讲、实时监控。组织罪犯观看中共十九大开幕式、新闻联播等节目，开展红歌合唱、升旗仪式、宪法知识抢答赛等活动。聚焦监管改造，开展全省监狱系统现场管理整顿、“强化监规纪律、净化改造环境”专项活动，强化干警直接管理，狠抓罪犯行为养成，严控“两违”物品。开展罪犯常规教育，组织开展社会亲情帮教和离监探亲，重点突出新犯适应性教育，将心理成长团体辅导融入新犯适应性教育。深入开展优秀传统文化活动，突出春节、端午、中秋等重要文化节点，引导罪犯传承和弘扬中华优秀传统美德。加强罪犯出监教育，全年组织73名罪犯参加职业技能和创业培训，选送94名罪犯参加星城监狱职业技能培训。建成刑罚执行网上协同工作平台，实现与省监狱管理局、长沙市中级人民法院的办案信息互联互通和案件网上办理，全面提升办案质量。全年办理减刑案件131件、假释案件8件、暂予监外执行案件4件，无一例投诉举报。深化狱务公开，开展综合治理和信访稳定工作。以巡察整改工作为契机，成立领导小组，制订整改方案，建立工作群，制定交办单，将靶心瞄准暴露出来的32个问题，逐个“挂号”，逐项“销号”。（周德喜）

【戒毒工作】 2018年，长桥强戒所推进全国统一司法行政戒毒工作模式的建设。矫治大院内民警工作区视频监控加装监控点位40个；机房存储系统扩容，确保全所监控视频保存30天；添置警用装备，配发到科室和大队，确保设备的及时更新和正常使用；一门卫安装车辆识别系统，实现专人值守制度。抓好生卫保障，落实《司法行政机关强戒场所生活生卫管理规定》，超标准落实戒毒人员生活与医疗卫生经费，改进膳食结构，严把食品进口关和制作关。加大医疗社会化工作力度，戒毒人员全部落实城镇医保，与长沙市八医院建立专家到所坐诊机制，累计到所坐诊46次，诊疗900余人次。省第二人民医院定期到所组织体检和义诊，全年累计到所体检和义诊10次，入所、中期、出所体检得到落实，并安排医生到该院进修学习。落实周二集中教育日制度，开展戒毒康复操比赛，开展为期一个月的系列文化活动，邀请湖南省麓山枫社会工作服务团队为戒毒人员开展为期5天的心灵成长工作坊活动。全年安排职业技能培训40余人，心理测试率100%。规范执法行为，提升管理水平。在戒毒人员中开展“三反一整顿”活动、“百日安全竞赛”活动，打击戒毒人员黑恶性质行为和倾向，摸排涉黑涉恶涉毒线索9条，移送市局扫黑办。通过开展“安全隐患清零”专项行动，查出安全隐患59项，整改到位55项；加强安全管理，每月定期对消防设施、设备进行检查并及时更换。更换灭火瓶240个，消防水带15根；组织“一个中心、四个系统”的操作培训，提高全所值班人员操作能力。全年变更戒毒措施4人，办理所外就医4人，无“六防”事故，无戒毒人员群殴、械斗、自伤自残等严重违纪行为。

2018年，星沙强戒所严格进行戒毒人员分级管理，根据戒毒阶段、现实表现、身体状况的不同，分别设定相应的管理等级和处遇待遇，并研发戒毒人员分级管理系统，对戒毒人员实行分区分级管理。常态化开展安全形势研判和安全隐患整治，所部每周召开安全形势研判会，大队每天交班时进行安全形势研判。遇重大时间节点、重大事件、重大节庆及时召开专题研判会。全年对戒毒人员尿检174人次，强化重点部位违禁品的清查，杜绝毒品流入的可能，加大安全隐患排查力度，严格落实安全隐患整治挂牌督办制度。加强五个重点的管理，对重点人员实行民警直接管理和定时巡查检查制度，并及时安排包夹措施。严格落实个别教育、心理危机干预等措施，及时掌握其身体状况、思想行为和家庭情况；在法定假日、休息日、重大活动、重要敏感时期及戒毒人员集中活动、夜间等重点时段，配充足警力值班备勤；在监控指挥中心和二门卫、戒毒大队等重点部位实行24小时双人双岗值班制度；对戒毒人员习艺劳动、离所就医，外来人员、车辆进出等重点环节进行严格把控；对戒毒人员生产工具、药品等重点物品专人专柜进行保管，并不定期进行清点。确定每周二为远程视频教学集中教育日，严格落实教育课时，推进教育矫治机制常态化。组织戒毒人员参加电工、电焊、家电、钳工培训17人次，合格率100%。同时通过开展就业指导工作，联系爱心企业，帮助戒毒人员实现就业。针对戒毒人员的体能差的状况，每周二下午组织戒毒人员开展针对性的体能康复训练，以改善戒毒人员力量、速度、耐力、灵敏度等素质，帮助戒毒人员恢复机体功能，养成健康生活方式。对新入所戒毒人员开展心理测验，及时建立心理治疗档案，为开展心理咨询辅导和心理脱瘾训练提供较为可靠的依据。定期开展团体心理辅导和拓展训练活动。在心理咨询师的指导下，组织戒毒人员开展心理互助。为重点戒毒人员制定一对一的心理危机干预方案。对于戒毒人员出现的严重心理异常和危险行为，及时进行心理危机干预，避免极端事件发生，消除安全隐患，全年教育转化涉危重点人员11人。合法权益保障到位，为戒毒人员发放被服127套、盖被76床、垫被136床、毛毯58床。戒毒人员生日餐143人次，为生病的戒毒人员安排病号餐42人次。与长沙市第八医院签订合作协议，由第八医院派遣医疗专家每周三到所坐诊，为戒毒人员提供医疗保障。引导戒毒人员更好的回归社会，走上新生活，全年教育帮扶戒毒人员40余人次。

（周德喜）

2018年12月3日，长沙举行2018年“宪法宣传月”系列活动

市司法局 供图

【普法依法治理工作】 2018年，长沙市普法依法治理推进落实“谁执法谁普法”责任制。4月17日印发《关于印发〈在全市推行“谁执法谁普法”项目化管理的实施方案〉的通知》《关于印发〈长沙市首届国家机关“谁执法谁普法”述法评议活动实施方案〉的通知》《关于加强“以案释法”典型案例宣传工作的通知》《2018年长沙市落实国家机关“谁执法谁普法”责任制工作要点》《2017年长沙市落实国家机关“谁执法谁普法”情况通报》。组织开展宪法学习宣传活动。4月4日，召开宪法宣传教育工作部署会，动员各区县（市）深入组织开展宪法学习宣传教育活动。4月24日，组织全市司法行政系统和法治长沙建设领导小组成员单位参加“深入组织开展宪法学习宣传教育活动”电视电话会议，系统学习习近平总书记关于宪法学习宣传教育的系列重要指示和中央关于学习宣传和贯彻实施宪法的有关精神。5月21—25日，举办“宪法知多少·答题赢红包”微信答题竞赛活动，活动参与人数1.5万余人，形成良好的宪法学习氛围。农村法治宣传教育月集中宣传。5月15日印发《关于开展2018年全市农村法治宣传教育月活动的通知》，5月16日长沙市“弘扬宪法精神，建设法治乡村”农村法治宣传教育月集中宣传暨法治宣传文艺会演活动在天心区启动。动员全市党员参加党内法规网上学习竞赛活动，同时组建长沙市代表队于6月28日参加全省现场比赛，通过初赛、决赛两轮的激烈角逐，长沙市代表队获全省二等奖。长沙市领导干部首届法律知识及党内法规竞赛活动。9月开展以“弘扬宪法精神、共建法治长沙”为主题的长沙市领导干部首届法律知识及党内法规竞赛活动，活动参与网络答题活动239人次，浏览活动网页245万人次，为长沙市普法之星点赞194万人次。开展宪法宣传月活动。11月20日—12月20日，开展以“尊崇宪法、学习宪法、遵守宪法、维护宪法、运用宪法”为主题的2018年度“宪法宣传月”系列活动。4月28日组织召开长沙市“谁执法谁普法”联席会议暨庭审旁听活动。11月16日组织召开全市第四季度“谁执法谁普法”联席会议，组织动员开展2018年度“宪法宣传月”系列活动。（周德喜）

【法治宣传】 2018年，长沙市将22个常规项目和63个特色项目纳入市级“谁执法谁普法”责任清单，对从申报立项、项目实施、评价考核到成果转化进行全流程管理。构建“全媒体普法”长效体系，继续办好《法润长沙》电视栏目，发挥传统法治宣传媒体的平台作用。将媒体公益法治广告纳入全市文明创建宣传内容，在全市270个大型LED屏、城区围挡和宣传栏中投入使用。全面推行“以案释法”典型案例“两健全一发布”工作，构建全市“门类齐全、种类丰富、分类有序、动态增长”的典型案例资源库。全年4个典型案例入选司法部典型案例库。组织开展“十佳法治建设推进者”“法治建设示范乡镇（街道）”“全省法治文化建设示范项目”“最美公益普法集体(个人)”“普法创新大赛”“最美守法少年”“全省青少年法治教育示范基地”评选推荐工作。截至2018年年底，长沙市建设市本级法治文化阵地4个，各区县（市）建设法治文化示范阵地45个。强化重点对象学法用法。组织12万名国家工作人员参加年度“如法网”在线学法考法，全市学时完成率、参考率、合格率均超额达标。组织各司法所司法助理员和各行政村（社区）干部等1300人参加全省农村“法律明白人”在线培训。

（周德喜）

【人民调解】 2018年，长沙市各级人民调解组织调解各类矛盾纠纷36370件，调解成功35404件，成功率97.34%，村（社区）、乡镇（街道）调委会调解矛盾纠纷31841件，占调解纠纷总量的87.5%，基本实现小事不出村（社区），大事不出乡镇（街道）。全市未发生因矛盾纠纷调处不及时或处理不到位而引发的群体性械斗、非正常死亡、集体性上访以及“民转刑”案件，实现综治考核零扣分的目标。全市建成乡镇（街道）人民调委会170个、村（社区）调委会1555个，形成以乡镇（街道）人民调解组织为骨干，村（社区）调委会为脉络，行业性、专业性调解组织为补充的多层次、全覆盖的人民调解组织网络。立足矛盾化解现实需要，推进行专人民调解组织建设。全市建成行业性、专业性人民调解委员会54个，其中区县（市）联合调委会7个、婚姻家庭矛盾纠纷调委会9个、医疗纠

纷调委会10个、物业纠纷调委会9个、劳动争议调委会4个、交通事故纠纷调委会8个、消费纠纷调委会1个、知识产权纠纷调委会1个，其他类型行业性、专业性调委会5个。市本级建成长沙医疗纠纷调解指导中心（长沙市医调委），自2017年8月1日挂牌成立以来接待咨询198人次，受理案件95起，调解结案81起，成功调解66起，涉及补赔偿金额790万余元，有效化解长沙地区的医患矛盾。开展人民调解委员会的规范化建设。对所有人民调解组织的名称和标识的规范情况进行全面检查和整改，启用司法部人民调解文书格式，同时强化内部管理，规范工作机制、工作程序，明确工作流程。规范人民调解协议司法确认制度，协调联合市中级人民法院建立、完善长沙市人民调解协议司法确认制度。各区县（市）人民法院均确定办理庭室，开展人民调解协议司法确认工作。率先全省建立市级人民调解员协会，强化行业自律，增强人民调解队伍凝聚力。注重队伍专业化，落实《湖南省人民调解员管理办法》，实现人民调解员“四统一”（统一登记、统一编号、统一颁证、统一佩戴徽章和胸牌）。注重队伍专职化，采取政府购买服务的形式充实力量，全市各级调委会有政府购买服务的专职人民调解员511人，确保全市170个乡镇（街道）调委会和医疗、道交、婚调等行专调委会分别配备至少2名以上专职调解员。打造龙珠英个人调解室、满爹家庭调解室、解爹个人调解室等一系列以个人命名的调解工作室，发挥了优秀调解员的示范作用。探索人民调解与司法调解、行政调解的衔接联动，建立驻人民法院（法庭）调解室7个、驻人民检察院调解室3个、驻公安派出所调解室136个，区县（市）、乡镇（街道）两级矛盾纠纷调处中心建设率100%。落实矛盾纠纷排查调处协调会议制度和重大矛盾纠纷台账制度，建立疑似“民转刑”案件复核制度，实现“民转刑”案件有效防范。通过诉前引导人民调解、诉中委托人民调解、诉后执行和解人民调解，以及人民调解协议司法确认等机制，有效推动3大调解衔接联动。落实人民调解工作指导经费、人民调解委员会补助经费和人民调解员补贴经费，建立动态增长机制，纳入地方财政预算。落实《长沙市人民调解以奖代补实施办法》，在全市全面建立人民调解案件“以奖代补”机制。（周德喜）

【社区矫正和帮教安置】 2018年，长沙市社区矫正中心运行规规范，全市建设9个区县（市）社区矫正中心，高新区建设1个社区矫正工作站，总面积近4500平方米。全部按省厅要求设置、划分功能区域，设施设备齐全，人员配备到位。市本级按500元/人·年、区县（市）级按2000元/人·年保障社区矫正经费。做实社会调查评估，严把社区矫正“入口关”，为审判机关作出公正裁决提供有效依据，也为社区矫正工作的开展打牢根基。推进社区矫正信息化建设。2018年全市启用湖南省社区矫正管理系统，全市3543名收服刑人员信息全部录入系统。长沙市有5个区县实现与司法部远程视频对接。组织社区服刑人员开展教育学习。区县（市）采取分片、分批方式，每月组织社区服刑人员开展不少于8小时的集中教育。新入矫社区服刑人员在社区矫正中心进行入矫教育。推进政府购买社区矫正社会服务工作。各区县（市）按要求购买教育培训、心理咨询、技能培训、就业指导等至少4项社会服务项目，通过政府购买社区矫正服务，借助专业心理机构力量，开展社区服刑人员心理咨询、心理危机干预工作，所有社区服刑人员全部进行心理筛查，建立心理健康档案，定期开展心理健康教育，心理问题较严重的服刑人员得到较好的心理疏导。强调入矫宣告的重要性，全市新入矫2329名社区服刑人员100%进行入矫宣告。各区县（市）社区矫正工作人员高度重视行为规范训练。其中浏阳市11月2日就社区服刑人员行为规范训练开展比赛，规范社区服刑人员的言行。社区矫正执法规范。严肃社区矫正执法纪律，市、区县（市）加大培训力度，6月，组织全市200余名社区矫正工作者开展为期两天的培训，不断强化社区矫正工作人员执法意识。针对请假不规范问题，发布《关于严格执行社区服刑人员请销假制度进一步规范社区矫正管理系统运行的通知》，落实社区服刑人员请销假制度，社区矫正依法、依规、依程序办理，全年未发生社区矫正工作人员违反“六不准”事件。全市118名暂予监外执行社区服刑人员，均按要求进行病情复查和病情诊断。刑释人员安置帮教成效明显。全市两级财政按市本级人均100元、区人均200元、县（市）人均100元标准预算并拨付安置帮教经费，解决重点帮教对象接送费用实报实销问题。全市累计为156人提供临时救助，为468人落实最低生活保障待遇，为1327人落实责任田，为37人解决过渡安置住房，为175人解决医疗救助。全市未发生刑释人员安置拖延、群体性事件和重大恶性案件，无刑释人员重大负面舆情事件。2018年全市1.3万余名刑释人员帮教率100%，安置率90%，重新犯罪率控制在2.8%左右。刑释人员安置帮教档案健全，制作规范。

（周德喜）

【律师工作】 2018年，长沙市律师管理部门深化律师行业改革，在市律协成立“维护律师执业权利中心”和“投诉受理查处中心”，维权及时举旗，惩戒敢于亮剑。全年律管处和律协综合部处理维权事项14起，投诉事项89起，给予行业处分8起，行政处罚8起，全年上报省厅吊销杨金柱、文东海两名律师的执业证书。建立律师工作联席会议制度，构建各成员单位之间工作联络互通机制，从更高层面解决律师维权问题，打击律师违规执业行为。5月11日召开第一次联席会议，通过《长沙市律师工作联席会议制度》，确定16家成员单位及其工作职责。优化律师执业环境，由市委政法委牵头，联合市中院、市检察院、市公安局出台《关于贯彻落实〈关于依法保障律师执业权利的规定〉〈关于贯彻落实“两高三部”《依法保障律师执业权利的规定》的实施办法〉的通知》（维权清单），加强律师执业权利保障。开展律师调解试点工作，与市中院对接，联合印发《关于开展律师调解工作的实施方案》，在各级人民法院、市律师协会、区县（市）公共法律服务中心和符合条件的律师事务所建立律师调解室（中心），严格选拔律师调解员队伍，已建立律师调解室（中心）34个，选拔律师调解员593名，成功调解案件500余起。充分履行法定职责，严抓律师队伍建设，提升律师执业能力和执业水平。协助配强律师行业党委班子和律协领导班子。1月完成律师行业党委换届，4月完成律师协会换届。加强律所规范化建设。组织年度检查考核、专项监督检查和“双随机一公开”监管抽查工作，结合市局“大检查、大提质、大服务”和市律协“大走访、大谈心、大宣讲”专项活动，成立39个检查组，走访318家律师事务所，实现实地考核全覆盖，对管理不规范的律所现场提出整改意见，对存在问题的3家重点律所下发整改通知书。严抓律师执业活动监管。市局、市律协先后印发《关于进一步加强全市律师行业监管工作的通知》（律师行业监管十条）、《关于进一步规范律师行业执业行为的实施办法》（负面清单），收集整理全国范围内律师典型违规案例，编写成《律师执业警示录》，汇编《加强律师队伍建设读本》，召开律师行业警示教育大会，通报并公示8起行政处罚案件和8起行业处分案件，要求全市律师特别是重点人守住“三条底线”，全面指导依法依规执业。开展首届长沙律师节系列活动，广泛动员全市律师发挥专业优势，以服务村（社区）为重点，推进村居法律顾问制度，村（社区）法律顾问覆盖率80%。推进律师参与化解和代理涉法涉诉信访案件工作，在市委政法委的组织下前往岳麓区、长沙县政法委进行调研学习，全年值班480次，接待群众咨询600余次，收集整理典型案例24件并汇编成册。依托长沙市律师协会知识产权专业委员会，招募29名精通知识产权法律服务的专业律师组建长沙知识产权法律援助律师团队，实现对知识产权事前、事中、事后的全程保护。（周德喜）

【公证工作】 2018年，长沙市公证行业切实改善窗口服务建设，提高公证人综合素质，深化公证体制改革。湖南省长沙市华湘公证处8月对外揭牌，长沙在深化公证体制改革工作上迈上新台阶。积极服务企业发展，加大对企业知识产权的保护。全年全市公证处受理7000余起涉及知识产权的公证事项。为企业的商事活动提供公证服务，为企业的各类债权转让合同、重组合同、合作协议进行公证，预防潜在的风险，确保商事流转的安全性。服务百姓生产生活，建立材料清单，明确16项“最多跑一次”公证事项，实行“谁首次接待、谁最终负责”限时办理的模式。提倡公证服务的系统化和精细化，在办理与群众息息相关的继承、赠予、声明、委托、遗嘱等主要民事公证事项时刻注意便民、利民、亲民、暖民；强化证前指导和证后服务，推出公证书快递送达等后续服务；加强与相关职能部门或文书使用单位的沟通与联系，协助当事人解决实际问题，把办公证的过程当成一个向当事人普法的过程。改变工作方式方法，改变以证换证模式。推进公证办理专业化，通过制定人才培养、发展和考核计划，从业务素养、政治素养、职业道德、执业纪律、创新能力等方面，加强对符合任职资格的公证员助理进行培训和考核。提升技术手段，全市各公证处均配备身份证识别仪，防止假人假证现象的出现。市局组织全市公证质量检查1次，摇号现场监督公证专项检查1次，“双随机一公开”检查2次，公证处自查多次，针对问题及时发现及时反馈，并下发通报，不断提高公证质量。拓展公证业务领域，为司法强拆、中储粮存粮现状办理保全证据公证，为新建商品住房销售摇号选房办理现场监督公证。为浦发银行、长沙银行、北京银行、邮储银行等金融机构办理赋予债权文书强制执行效力公证。长沙公证处与湖南中奕律师事务所达成战略协议，满足当事人公证维权的个性化需求。发挥公证“国际通行证”的独特职能作用，提升效能建设，涉外及涉港澳台业务“立等可取”的公证事项扩增至24项，为企业、市民“走出去”提供优质法律服务。（周德喜）

【司法鉴定管理】 2018年，长沙市司法鉴定管理部门提升司法鉴定质量和公信力。2018年全市有“四大类”（法医类、物证类、声像资料、环境损害类）鉴定机构26家，法医类司法鉴定机构15家，“四大类”鉴定人379名，完成鉴定案件1.8万余件。

做好停止“四大类”外司法鉴定事项登记管理工作。做好政策宣传解释工作，将省厅文件及时下发到“四大类”外司法鉴定机构，同时对全市47家“四大类”外以及7家综合类司法鉴定机构开展逐家登门走访，解释宣传文件出台的背景、政策要求、注意事项等。所有“四大类”外司法鉴定机构停止以司法鉴定机构名义受理新的司法鉴定案件。敦促“四大类”外司法鉴定机构抓紧办结已受理案件。妥善做好相关机构和司法鉴定人的注销工作，监督和引导他们做好档案移交、证件和印章收回等，做好“四大类”外机构退出转向解释工作。开展司法鉴定行业规范整改活动，明确对鉴定机构和鉴定人是否符合执业条件、仪器设备配置是否符合要求、检测实验室是否通过资质认定或实验室认可等10项内容为重点整改内容。规范整改工作开展后，组成检查组集中在3—4月对全市25家“四大类”司法鉴定机构开展专项检查，针对检查中发现的问题，对17家司法鉴定机构发布《规范整改检查意见反馈函》。下半年，根据省厅部署的全省司法鉴定行业规范整改工作验收要求，配合省厅组织开展全市司法鉴定行业规范整改验收工作，对不符合规范整改要求的，要求其暂停执业或申请注销。马王堆司法鉴定中心和兴湘司法鉴定中心已办理注销的前期准备手续，有法证、浏阳河等5家司法鉴定机构积极申请资质认定工作，有2家司法鉴定机构的乙醇检测业务因仪器设备达不到要求暂停办理业务，6名不符合要求的司法鉴定人已办理注销登记手续。抓好司法鉴定机构准入，抓好环境损害司法鉴定机构的准入。湖南省环境保护科学研究院是省内科研技术和设备实力雄厚的科研机构，针对其提出成立环境损害司法鉴定机构的申请，年内3次到省环科院进行沟通和指导，并与省司法厅司法鉴定处、环科院相关人员到湖北省环境保护科学研究院考察学习，借鉴外省设立环境损害司法鉴定机构的经验做法，经过材料审查、专家评审后，省司法厅在2018年9月27日批准湖南省环境保护科学研究院成立生态环境损害司法鉴定中心。对新申请司法鉴定机构严格准入条件和程序。年内对湖南云电鉴定服务有限公司、湖南豪嘉控股集团申请鉴定机构严格审查，组织专家对申请人专业人员、技术条件、仪器设备等进行综合考核评审，对新申请鉴定人组织以法律相关专业知识和司法鉴定管理制度为主要内容的考试。推进司法鉴定质量建设，组织开展血液中乙醇含量司法鉴定能力验证飞行检查。在年初部署开展酒精检测业务的机构进行自查后，6月组织4家司法鉴定机构进行血液中乙醇含量司法鉴定能力验证飞行检查，检查过程由司法行政机关派出行政监督人员全程监督，检测结果全部密封寄送到司法部司法鉴定科学研究院评判审查。严格规范统一司法鉴定文书及档案格式，组织司法鉴定机构积极参加司法部第三届“宋慈杯”优秀司法鉴定文书评选活动，报送32份司法鉴定意见书参评。开展案卷评查，要求司法鉴定机构统一报送2018年第16号案卷参评，对案卷评审中发现的问题，列出问题清单要求整改。全市有4家机构提交的案卷被评为2018年优秀司法鉴定案卷。

全年受理司法鉴定投诉案件35起。对于每一起案件按照《司法鉴定执业活动投诉处理办法》进行调查核实。对投诉案件认定为有效投诉的，依法依规对相关司法鉴定机构和司法鉴定人给予训诫处理。开展以案释法活动，通过集中开会、微信QQ群等渠道，通报和剖析有关案件。 （周德喜）

【法律援助】 2018年，长沙市办理法律援助案件5211件，市法律援助处被评为市级精神文明建设先进单位。抓好刑事法律援助工作，落实关于刑事诉讼制度改革的工作部署。加强民事、行政法律援助工作，降低法律援助门槛，将就业、就医、就学、社会保障、家庭暴力等与民生问题紧密相关的事项，纳入援助范围。将经济困难认定基准从最低生活保障标准的2.5倍逐步调整为低收入群体。强化法律援助工作管理，推进法律援助工作标准化建设，制定完善案件受理、案件指派、服务标准、案卷归档、投诉处理、质量监控等一系列规章制度，落实《长沙市法律援助实施细则》《刑事案件速裁程序试点值班律师工作守则》《刑事案件认罪认罚从宽制度试点值班律师工作守则》《长沙市看守所法律援助工作站实施方案》等文件。完善质量评估体系，运用案卷评查、旁听庭审、听取办案机关意见、回访受援人等多种措施完善质量评估体系。联合律管处、律协把律师参与法律援助工作作为年度考核以及评先评优的重要依据。推行实行轻微刑事案件快速办理机制，参与刑事案件速裁程序试点工作和刑事认罪认罚从宽制度试点工作，选派执业三年以上、有刑事案件办理经验的律师担任值班律师，为犯罪嫌疑人、刑事被告人解答咨询、转交申请，为自愿认罪认罚的犯罪嫌疑人、刑事被告人提供法律帮助。2018年，全市办理认罪认罚法律援助案件89件，解答刑事法律援助咨询1973次。重点做好农民工、下岗失业人员、妇女、未成年人、老年人、残疾人和军人军属等群体法律援助工作，优化申请法律援助的工作程序，开通农民工法律援助绿色通道，农民工因请求支付劳动报酬或者工伤赔偿的，不审查经济状况。对特殊困难的老年人实行优先接待、优先审理、优先指派的“三优先”服务和预约上门服务。对经济困难的农民工、失业人员、妇女、未成年人、老年人、残疾人等重点服务群体，一律免予事项范围审查，对军人军属等群体，认真执行上级文件规定，降低援助门槛，加大服务力度。深入农村、社区、工厂、工地等困难群众集中的区域，推行上门受理、电话申请、网络申请、邮寄申请等服务方式，维护其合法权益。与湖南红网、《长沙晚报》等主要媒体长期合作，共同报道全市律师参与法律援助工作。 （周德喜）

【工读教育】 2018年，长沙市工读学校加强学校管理改革，打造特色学校。执行《教师教学常规考核细则》，抓好毕业班工作。初三18人参加中考，1人上普高线，另17人均上职高线，升学率百分之百，初二19人参加生地会考，成绩全部合格。规范教材、教辅发放，入库、发放均详细登记。完成教师资格认证的基础数据统计上报及学生学籍管理工作。加强教师业务培训和能力提升，12人参加信息技术发展测评，40余人次参加市教育系统教研活动，39人次参加网络培训，13人参加班主任及骨干教师培训，均顺利结业；完成2017年的学分登记工作及教师资格证注册工作。开展教育研究，全年19篇论文获奖，10位教师的教学课件、微课作品获奖；组织教师参加语文组、英语组在线集体备课大赛。开展教研组专题教学大研讨活动、“青蓝工程”汇报课活动和“提升工程”师徒结对活动。创新教学特色活动，组织手抄报、汉字书写、趣味数字游戏、英语单词等多种竞赛，达到以活动促学习的目的。加强心理教育，聘请心理专家开展3次专题心理团队活动，解决师生中存在的“焦虑情绪和人际关系紧张”等问题。加强常规德育教育，利用每周的班团活动课、板报等手段对学生进行安全教育、生命健康教育及日常行为规范教育。完善考评机制，加强常规检查，每天对班级的内务卫生、学习、纪律进行评比和公布，利用家校微信群形成家校齐抓共管模式。

创新德育教育活动，成立德育研究团队和心理研究团队，加强德育研究，分班召开德育、心理研究研讨会，关注学生健康发展。结合特定时间开展德育教育，3月开展“学雷锋”手抄报比赛，国庆节开展“爱国主义教育讲座”。结合社会热点，开展主题班会，结合“打赢蓝天保卫战”，召开题为“环保从我做起”的主题班会，结合重庆公交坠江事件举行“关爱生命”微班会。汇聚德育教育合力，邀请专家、志愿者参与教育转化。师大法学院维权学会的志愿者定期到校开展“法律在我身边，与法同行”等活动；邀请天心区关工委讲师团的黄泽等老师进行五次德育讲座。开展校外德育研学旅行，组织学生参观湖南省博物馆及石燕湖，到星沙戒毒所观看省湘剧院的“科学戒毒、你我同行”的演出，接受禁毒教育。（周德喜）

仲 裁

【概况】 2018年，长沙仲裁委员会有驻会工作人员31名，拥有全国14个省（直辖市）、中国澳门、中国台湾和新加坡籍仲裁员605名，涵盖金融、房地产、建设工程、国际贸易、知识产权、影视文化、电子商务、计算机信息技术等专业领域，其中精通国际经贸的专家学者56名。全年，长沙仲裁委员会秉承“公

正诚信、用心服务”的理念，审理各类商事纠纷案件1901件，标的额50.2亿元。（薛颖丰）

【案件仲裁】 2018年，长沙仲裁委员会处受理各类商事案件1901件，比上年同期增加766件，增加率67.5%；受案标的额50.2亿元，同比上年减少2.8亿元，减少率5.3%。其中涉外案件2件，标的额约795万元，涉及中国香港地区和美国。从案件受理类型来看，2018年长沙仲裁委员会受理案件类型26种，以受案数量排序，信用卡纠纷位居第一位，共557件，占案件总数量的29.3%；民间借贷纠纷266件，占案件总数量的14%；物业服务合同纠纷201件，占受案总数量的10.6%；以受案标的额排序，建筑工程合同纠纷的总标的额15.1亿元，占受案总标的额的32.5%；民间借贷纠纷总标的额8亿元，占受案总标的额的17.3%；买卖合同纠纷总标的额1.9亿元，占受案总标的额的4.1%。2018年，长沙仲裁员会办结案件1864件（收案2369件），结案率为78.7%，较上年同期结案数增加490件，增加率35.7%，结案率较上年同期上升4%。其中办结新收案件1449件，结案率76.3%；办结旧存案件341件，结案率90.2%；办结积案74件，结案率79.6%；调解撤回结案472件，调解率25.3%，较上年同期增加2.3%；申请撤销仲裁裁决案件63件，申请不予执行仲裁裁决案件6件，申请撤销与不予执行率占所结案件的3.7%；无被法院裁定撤销或不予执行案件，被发回重裁案件1件，撤销、不予执行和发回重裁率仅0.5‰，较上年减少3.9‰。（薛颖丰）

【麓谷钰园巡回仲裁庭成立】 2018年4月26日，长沙市劳动人事争议仲裁委员会在麓谷钰园成立巡回仲裁庭。长沙市总工会、长沙市劳动人事争议仲裁委员会、高新区总工会、高新区人力资源社会保障局麓谷钰园等相关负责人参观巡回仲裁庭并召开座谈会。麓谷钰园巡回仲裁庭设有信访维稳室、法律咨询室、矛盾调解室等，既巡回仲裁，又与律师事务所合作，安排律师现场接受当事人咨询，现场化解矛盾，同时还安排工作人员定期不定期入驻麓谷钰园相关企业进行法制宣传。2018年，麓谷钰园巡回仲裁庭开庭办理劳动争议案件8件（其中以调解撤诉结案的4件），协助处理信访维稳案件2起，接待法律咨询25例，案外调解25起。（李迪龙）

表11　2018年长沙仲裁委员会受理案件数量和标的汇总表

	2012年	2013年	2014年	2015年	2016年	2017年	2018年
受理案件数（件）	662	879	816	1340	1935	1135	1901
标的额（亿元）	13.04	20.7	33.4	41.3	42.4	53.0	50.2

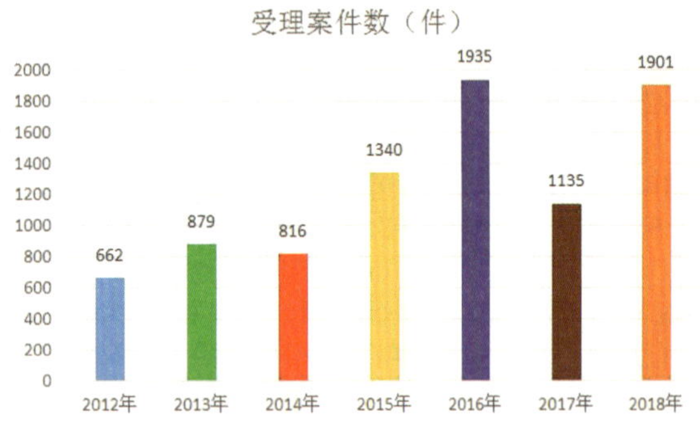

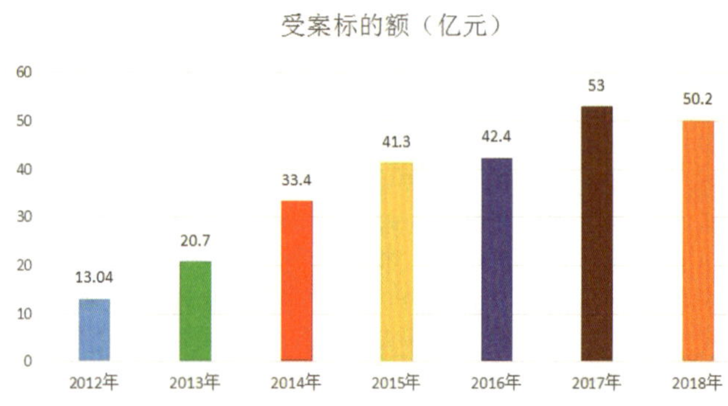

军　事

MILITARY AFFAIRS

责任编辑 • 刘盼盼

长沙警备区

【概况】 2018年，长沙警备区完成各项任务。警备区党委先后组织4个专题和30次集体学习；团以上领导分批参加省军区培训，集中组织20余名营以下干部和文职人员封闭集训；贯彻落实省军区“常德会议”精神，结合民兵整组、训练、集训等时机，开展“民兵学习宣讲”活动。召开专题民主生活会，深入贯彻军委主席负责制，抓好军委专项巡视5个方面22条问题整改，学习贯彻中央军委、军委国防动员部党的建设会议和省军区党委书记集中培训精神学习贯彻，专题召开常委会查问题、定措施、建台账、抓整改，领导干部带头落实双重组织生活、带头讲党课，党内生活的政治性、原则性、战斗性增强。开展“传承红色基因、担当强军重任”主题教育，抓好军事政策制度改革思想教育，开展“和平积弊大起底大扫除”讨论辨析和“强军风采”群众性文化活动。全面清理整治军队人员参加社会组织、活动、公开发表言论和信教清理整治等问题，开展新闻舆论宣传工作，国防动员和武装工作的社会影响力不断增强，长沙警备区被省军区评为新闻舆论工作标兵单位。

调整改革　推进改革工作，警备纠察连、干休所转隶移交顺利。贯彻军委《后备力量建设“十三五”规划》，严格落实军委国防动员部和省军区民兵调整改革任务部署会精神，调整全市普通民兵、基干民兵人数，成立预建基干民兵党组织；指导长沙县完成省军区赋予的民兵整组工作试点任务，形成“五个一”的试点成果，经验做法在全省推广；推动“三个拓展”（拓展力量编成、拓展家门口兵、拓展机动兵员）编兵，全市编组常驻城区的外地户籍基干民兵若干名，岳麓区救助打捞分队依托民间蓝天救援队组建，本级网络分队吸收市政府信息中心和部分退役军人创业成立的网络科技公司组建等。推进落实过程中，先后组织培训会审4次、接受省军区检查督导5次、本级组织“回头看”检查6次；各级对照要求和问题反馈清单整改落实。

安全稳定工作　落实安全教育训练、安全形势分析、安全检查督导、安全工作讲评制度，连续开展“条令法规月”“百日安全”、保密专项清查整治、司机及勤务班作风纪律教育整顿、武器装备清理清查等活动；规范落实民兵训练、动员行动演习、军事训练考核、军地联合演练等大项活动安全风险评估；投入资金对民兵武器仓库进行综合整治，完成3个品种废旧弹药调运销毁任务；加强节假日和重要敏感时期安全风险管控，先后接受军委国防动员部、省军区安全检查抽查10余次，没有发现明显隐患和大的问题，8月，开福区人武部被临时抽点接受军委国防动员部安全大检查，得到上级的肯定。全年警备区先后12次召开党委会、10次召开安全委员会分析安全稳定形势，累计组织14次安全检查。

党管武装　组织召开全市退役军人“双带双促”活动总结表彰大会，投入199万元扶持表彰7个先进单位和45名优秀退役军人创业就业典型，引起强烈反响。协调转业干部、退役士兵、随军家属安置和军人子女入学入托，举办专场招聘会录用42名随军未就业家属，协调发布《长沙市现役军人和残疾军人有关优待实施办法》。结合召开市委议军会，师团两级协调信访、公安、国安等部门建立军地涉军信访防范协作机制，定期召开联席会议，协调解决影响部队稳定、国防安全和军人军属合法权益的突出矛盾问题。联系地方维稳办建立联络员机制，定期进行走访，军地双方及时互通内幕性、预警性、深层性的情报信息。落实军警民联防联治机制，加强全市涉军群体性事件防范处置和2018长沙国际马拉松赛涉军信访重点人员防控。主动配合全市“平安长沙”活动，2018年回应省市转办的信访问题3起，12次牵头组织召开驻长沙部队联席会议，就参与平安建设、双拥创建、军警民联防、“双带双促”活动、文明创建、第18个全民国防教育日宣传、市委议军会事项、随军家属安置招聘等工作进行专题研究部署，有针对性地采取各种对策，提前防范可能出现的涉军信访风险。

（罗春亮）

2018年，民兵训练现场　　段　然　供图

【备战训练】 2018年，长沙警备区规范加强日常战备，结合节假日战备防护期、重要敏感期开展战备教育，结合迎接上级年终军事训练考核集中组织全体现役军官、文职人员作战值班情况处置作业，补充添置战备物资，先后接受上级对作战值班落实情况突击抽查检查，组织应急值班分队拉动演练，均无差错。严格依法按纲施训，落实首长机关训练，积极组织民兵训练。分级分类广泛开展群众性练兵比武。突出整体联合训练，纠治训风考风，全年审批训练计划54份，抽查考核训练情况68次。规范学生军训组织，派出民兵骨干帮训力量，完成103

所中学、51所高校，6.9万余名学生军训任务。组织军事职业教育试点，警备区本级，岳麓区、雨花区人武部试点建设初见成效。（罗春亮）

【国防动员】2018年，长沙警备区及时调整完善国防动员领导机构，全面开展国防动员潜力调查，指导长沙县开展“智慧动员”试点。6月，迎接军委国防动员部“贯彻落实国防动员建设‘十三五’规划考核评估”，受到充分肯定。中南大学武装部副部长陈迎明被评为全国“国防动员先进个人”。选派18名新任职乡镇街道武装部部长、34名高校专武干部参加省军区集训，抓好基层阵地建设，专武干部队伍整体素质和基层正规化建设水平有效提升。抓征兵各环节落实，征兵质效明显提高，身体和思想退兵数量明显减少。迎接“拒服兵役”专题调研，协调市委市政府大幅度提高义务兵家庭优待金，开展兵役登记规范化信息化建设试点。健全廉洁征兵举报网络，落实“零报告”“监督员”等制度，开展明察暗访和巡视，全年没有发现廉洁征兵问题线索。完成男女兵、直招士官征集任务和定向培养士官招录工作。深化全民国防教育，选调2名国教专干常态坚持合署办公，组织7个省级国防教育示范基地挂牌仪式，邀请国防大学教授孟祥青给全市党政领导干部作安全形势讲座、省作协副主席余艳为大学生作国防专题讲座，组织市委党校学员和市直单位开展国防万映观影活动。利用烈士纪念日、国家公祭日和全民国防教育日，组织开展“传承红色基因，汇聚强军力量”主题宣传教育、大型国防教育知识巡展活动，协调组织全市大学生参加“爱我国防”主题演讲大赛，包揽全省前三名并代表湖南参加全国比赛，被《解放军报》和中央电视台军事频道专题报道。（罗春亮）

【综合保障】2018年，长沙警备区完成停偿攻坚任务，受到军委国防动员部停偿专项检查认可。严实组织财务清查整顿，先后组织3次动员部署，集中利用30天开展迎审自查整改工作，10月完成警备区党委班子和人武部主官经济责任审计。优化经费开支和投向投量，加强民兵训练经费监管；严格按照经费审批程序和权限，推进人武部局部营院维修改造，投入经费建设军事职业教育、营院基础设施设备、公寓住房整治和更换民兵武器装备仓库安防技防设施等。推进住房核查清理，全面梳理核查住房，清退违规占用20余套公寓住房。组织全区官兵换发军人二代保障卡，统一规范警备区机关物资采购行为。组织开展“军车交通安全月”活动，抓好车辆和驾驶员年检年审、军车号牌清查统计、油料整改和编余车辆移交，清点核查武器装备数质量情况，官兵职工工作、生活环境条件逐步改善。（罗春亮）

【预建民兵党组织工作】2018年，湖南省军区《明确基干民兵预建党组织建设的通知》下发后，长沙警备区召集各区（县、市）人武部政工科科长和民兵营连政治主官进行学习培训，规范《预建党组织会议的基本程序和方法》；省军区和警备区民兵调整改革“回头看”检查后，召开全市基干民兵分队预建党组织问题整改培训推进会，规范印制全市民兵分队预建党组织党员花名册、流动党员进出登记簿，对党员基本信息表填报和党员身份核实进行统一。坚持“组织跟着编组建、兵员管在组织中”的思路，开展全市预建基干民兵党组织工作。全市所有民兵队伍全部建立分队微信群，随时随地分享优质党建教育资源，交流学习体会。贯彻落实省军区“常德会议”精神，结合民兵整组、民兵训练等时机，开展“民兵学习宣讲”活动，推进学习习近平系列重要讲话和中共十九大精神向基层延伸、向实践拓展。注重利用长沙红色资源优势，开展民兵政治教育，把民兵的历史，革命先辈光荣传统，新时代民兵责任担当纳入教育内容，针对民兵队伍军味淡化、职能弱化、本色退化的趋势，在专武干部和民兵队伍中同步开展和平积弊“大起底、大剖析、大整改”“新一代民兵好样子”大讨论活动。（张运年）

【民兵遂行任务能力增强】2018年，长沙警备区按照民兵训练改革要求，贯彻执行《军事训练条例（试行）》《民兵军事训练新大纲》等法规文件精神，分级分类抓好民兵分队共同基础、专业和任务行动训练。3月下旬，警备区采取电视电话会议形式，组织全体现役干部和专武干部进行1次新条例新大纲学习培训，各人武部分别组织民兵教练员骨干新大纲集训。常态落实民兵训练监察制度，采取4G抽查、现地检查、电话询查等多种方式检查基干民兵训练“四落实”情况。2018年组织2期防汛抢险综合演练和43期基干民兵训练，超额完成年度基干民兵训练任务。结合军事职业教育试点，把军职在线视频相关内容纳入专武干部、民兵干部骨干年终考核内容，探索民兵分队在线学习训练新模式。针对本级和各区（县、市）民兵训练基地全面停止对外有偿服务后，功能待恢复和原有训练场地不足的实际情况，坚持军民融合、资源共享，与长沙市示范性综合实践基地签订合作协议，民兵教学区、生活区和室内学习训练场地等设施配套。与市人防、工务局合作建设“三训合一”的轻武器射击、战术和专业训练室外场地；协调市委市政府启动训练场建设项目。保障民兵专业分队训练正常展开。各区县（市）结合组织民兵集中训练全面开展练兵比武竞赛；结合师、团两级组织迎接年度军事训练检查考核，集中组织现役干部、文职人员和专武干部比武竞赛考核，以及基干民兵训练尖子验收、评比表彰。（骆安）

【市委议军会议】2018年10月31日，湖南省委常委、长沙市委书记、长沙警备区党委第一书记胡衡华主持召开议军会议。市委副书记、市长、湖南湘江新区党工委书记、市国防动员委员会主任胡忠雄出席并讲话。市领导程水泉、文树勋、张迎春、蔡亭英等领导出席。会议重点讨论：关于专职人民武装干部教育管理、随军随调家属安置、现役军人和残疾军人优待实施办法、义务兵家庭优待金4个问题。会议强调要更加自觉主动地深入学习贯彻习近平强军思想，坚决落实党中央、中央军委决策部署，切实增强党管武装工作的方向感使命感，全力支持国防和军队建设，充分发挥警备区协调军地具有的独特体制优势、机制优势，不断开创长沙党管武装工作的新局面。会议明确，全市各级要始终坚持经济建设和国防建设一起抓，带头落实军地双重领导、双重兼职和党委议军、国动委例会、第一书记述职、现场办公、过军事日等各项制度，构建更加规范有序的工作运行机制和格局，为武装工作长远发展提供坚强制度保证。以军地联合出台的法规条例为依据，切实对国防动员、后备力量建设、军转干部和随军随调家属安置、军人军属优待、专武干部教育管理等问题，做出明确规定，盯着末端抓落实，强化制度的执行力权威性。

（刘光辉）

【民兵清扫积雪】 2018年1月28日凌晨，长沙警备区组织协调区县（市）人武部，出动千余名民兵上街铲冰除雪。芙蓉区人武部出动110名民兵，连续奋战10小时，基本清除晚报大道、车站北路两条交通干道的积雪。长沙县人武部调动县民兵应急连、镇（街）民兵应急分队和山河智能民兵抢修分队，出动车辆和工程机械装备约17台，配合地方保证了长沙县各主干道交通畅通。浏阳市人武部准备器材330件、融雪盐8吨，后勤保障车12辆，发动民兵为浏阳市319国道、309省道、106省道西北环张小公路和村级公路实施除冰扫雪20余千米，确保车辆畅通和人民群众交通安全。

（周　威　段　然）

【双带双促表彰大会】 2018年5月4日，中共长沙市委、市人民政府和长沙警备区联合召开长沙市退役军人"双带双促"活动总结表彰大会。市党政军领导徐宏源、王忠斌、曹友华、李蔚和市、区县（市）两级退役军人"双带双促"活动领导小组成员单位领导、200余名优秀退役军人出席。长沙县委副书记杨莉、湖南康通电子股份有限公司董事长刘雅浪、湖南居明房地产顾问有限公司总经理周慧、浏阳市南征种养专业合作社董事长刘根升、"感动中国2017年十大人物"——岳麓区坪塘街道敬老院保安员谢海华先后在会上作典型发言。大会授予天心区人民政府、长沙县人民政府为长沙市"双带双促"活动先进单位；授予湖南康通电子股份有限公司董事长刘雅浪等29名退役军人为"长沙市退役军人自主创业先进个人"；授予湖南庆润投资发展有限公司等5个单位为"长沙市退役军人就业安置先进企业"；授予长沙翔天酒店有限公司董事长张建鸣等16人为"长沙市优秀退役军人"。（段　然）

【退役军人创业基地成立】 2018年6月3日，宁乡市成立退役军人就业创业基地，湖南省军区动员局局长吴艮，长沙警备区党委常委、政治工作处主任罗春亮出席揭牌仪式。退役军人就业创业基地主要功能是帮助退役军人实现就业创业，免费对退役军人进行再就业职能培训，采集发布就业需求信息提高就业机会，发掘优质创业项目，免费提供创业扶持，免费进行创业辅导，为有创业项目的退役军人提供企业免费入驻，并配套提供企业管理、咨询策划、投融资、法律推广等专业服务，协助办理政府贴息创业贷款。基地租用宁乡文体中心一楼，建成一个100余平方米的人才招聘市场，定期举办人才招聘会；建有就业培训中心直接面对用人单位，探索对退役军人进行再就业职能培训和适用性培训，有效提高退役军人就业成功率，切实解决退役军人创业就业的难题。（李　铁）

【"军营开放日"活动】 2018年7月27日，"军营开放日活动"在湖南武警总队机动支队营区举行。此次活动是由长沙市国防教育委员会办公室举办的长沙市首次"军营开放日"活动。全市200余名中小学生及家长代表，观看擒敌术、警棍盾牌操表演、武警特种车辆展示、武器装备实装体验等，近距离感受军营文化。（段　然）

【军史编研工作推进协调会】 2018年8月22日，长沙警备区牵头召开长沙市军史编研工作推进协调会。会议由警备区政治工作处主任罗春亮主持，省军区政治工作局、湖南省公安消防总队、边防总队、长沙审计中心、空军航空兵某旅、信息通信旅等驻长沙部队分管领导，以及各区县（市）人武部、市国动委成员单位相关负责人参加会议。会议回顾、讲评了2017年度军史编研工作情况，部署2018年度军史编研工作任务，邀请军史专家进行军事"鉴""记"的业务知识培训，并就抓好长沙地区军史编研工作提出意见。（邓宇洋）

【国防教育日活动】 2018年9月8日，第18个国防教育日主题实践活动在湖南大学举行，活动由长沙警备区、长沙市国防教育委员会组织，以"传承红色基因、汇聚强军力量"为主题。在岳麓书院对面的广场摆放20块国防和军队知识宣传展板，30余名国防大学生志愿者为驻足观看的大学生、游客们讲解国防知识并发放国防教育宣传手册。湘籍作家余艳携带新作《守望初心》为湖大新生进行演讲，以红军、红嫂献身革命的故事，诠释了红色湖湘文化的内涵。（李　斌）

2018年9月8日，国防教育日活动在湖南大学举行　　康　磊　供图

【第二届“爱我国防”主题演讲比赛】2018年8—10月，围绕“传承红色基因、汇聚强军力量”主题，长沙市委宣传部、长沙市教育局、共青团长沙市委和长沙市全民国防教育委员会办公室联合举办了第二届“爱我国防”全市高校大学生主题演讲大赛。全市9个区县（市）联动，50余所高校精心组织，10万余名大学生积极参与。按奖项设置原则，经专家评委评定，评出优秀组织单位20个，个人特等奖3个、一等奖5个、二等奖10个、三等奖20个，最佳指导奖20个。此次比赛作为一次大学生为国防宣言、为国防助力的精彩展示，在全市各高校形成关心国防、热爱国防、建设国防、保卫国防的良好氛围。（段　然）

【中澳蓝鹰国防主题公园授牌】2018年10月19日，第五批湖南省全民国防教育基地首站授牌仪式在浏阳市中澳蓝鹰国防主题公园举行。湖南省军区政治工作局副主任、省国教办主任谭柏林，省委宣传部宣教处调研员敖敏，省教育厅高教处主任科员王宇，长沙警备区政治工作处主任、长沙市国防教育委员会办公室主任罗春亮等有关领导出席仪式。中澳蓝鹰国防主题公园创办于2014年4月，占地40余公顷，训练场地2万余平方米，可开展100余项军事拓展训练，能同时满足1000名学员吃、住、学、训的硬件要求，是当前湖南最大、最全的军事训练基地。（李　斌）

【随军家属就业招聘会】2018年10月24日，长沙警备区（市双拥工作领导小组）协调长沙市人力资源和社会保障局、国资委等相关部门，在长沙人才市场举行2018年随军家属就业专场招聘会。通过精准对接用人单位，考虑到个别家属情况，适当放宽年龄和学历要求，协调企业提供相适应的岗位，共有19家国企和52家民企开设现场咨询台，提供925个就业岗位，涉及媒体、金融、教育、物业管理等多个行业。长沙地区500余名随军家属参与招聘，其中133人当场达成意向，最终42名军属被录用。（段　然）

【民兵防空分队比武竞赛】2018年11月1日，长沙警备区在长沙县某驻军训练场，组织芙蓉区、天心区、雨花区、长沙县、浏阳市5个区县（市）的民兵防空分队骨干开展“岗位大练兵、军事大比武”群众性练兵比武竞赛，对单手操作、炮班协同动作等7个课目展开角逐。参加比武竞赛的民兵有130人，退伍军人83人，他们选自各区县（市）2018年参训的310名民兵中，前期进行了25天的训练，共评选出18名专业能手和5个优胜炮班。民兵防空分队是人民防空的重要组成部分，通过练兵比武检验民兵防空分队训练成效，在基干民兵队伍中营造爱军精武的浓厚训练氛围，激发军事训练的热情。（骆　安）

武警长沙支队

【概况】2018年1月1日，中国人民武装警察部队湖南省总队长沙市支队改编为中国人民武装警察部队湖南省总队长沙支队（简称“武警长沙支队”）。支队常态落实“3+1”战备值班力量，定期组织首长机关带实兵拉动演练，规范不同任务类型对执勤分队应急班编携配装，每周覆盖式拉动一遍，部队保持较高战备水平。执勤正规化建设，运用党委会议勤、办公会统筹、交班会讲评、网上及时通报等机制，提高勤务质量；开展“学规范、查隐患、抓建设、守底线”执勤安全教育整顿活动，对问题实施现场办公，限时整改，目标安全基础进一步牢固。“智慧磐石”工程建设，按照“试点先行、系统推进、全面覆盖”三步走的实践路径，先后14次与目标单位面对面沟通协调，争取经费200万余元，完成总队现场观摩任务，协同“两看”目标单位召开会议推广试点总结。对长沙重点区域进行不间断武装巡逻和社会面巡控，有效维护社会稳定，支队连续14年实现执勤无事故。

组织“学训词、铸军魂、开新篇”专题教育，开展“传承红色基因，担当强军重任”主题教育，支队第11个革命传统教育基地在郭亮纪念园挂牌。组织优秀“四会”政治教员评比竞赛，2人分获总队十佳“四会”政治教员和优秀士兵理论骨干。做好“卫士风采”群众性文化活动，邀请省书法家、曲艺家协会来队交流，组织“文艺小分队”到基层巡演，举办第一届“强军杯”篮球比赛，原创《战友们，你们知道吗》获武警部队“点赞十九大”新媒体网宣作品三等奖，《排爆》获全军、武警部队微电影二等奖。全年在军地重要媒体刊稿120余篇，支队被总队评为新闻宣传先进单位，5人被评为新闻舆论先进个人。为30名特困官兵发放救济款16.9万元，协调安置了2名干部随军家属工作、17名干部子女入学。开展“事故案件警示月”活动，对保卫委员、思想骨干进行培训，开展法律心理服务到基层活动20余次，确保部队内部安全稳定。

后装保障力量建设，加强车辆驾驶、战场救护、野战抢修、应急供应训练及“一组五队”抽组演练，完成总队赋予的战勤编组训练演练和后勤库室建设试点任务；强化后装队伍素质，分批次组织驾驶员、炊事员、卫生员、军械员、修理工培训集训，专业人才培养与部队战斗力建设需求实现了同步推进，在总队“战盾－2018”保障力量大比武中，获团体第二名、战勤编组单项第三名、炊事员编组第二名的较好成绩；科学组织年度经费预算编报，修订完善《经费使用管理规定》等措施办法，规范集中招标采购，治理后勤领域重点问题，有效防止跑冒滴漏；执行军委和武警部队关于后装建设的新政策新规定新标准，修订完善经费资产、物资采购、住房管理、工程建设、伙食管理、油料管理、装备管理等10个实施细则，行政消耗性开支较上年同期减少30%。建立军地医疗协作机制，与市卫计委、省第二人民医院签订共建协议，定期开展健康军营行活动。

（邓　慧　邹　涛）

【第一次党代表大会】2018年2月1—2日，长沙支队召开党委二届十次全体（扩大）会议，会议全面总结2017年部队建设基本形势，研究部署2018年主要任务。支队党委书记李富代表支队党委常委会作《以习近平强军思想为根本指导，众志成城建设一流省会旅级支队》工作报告；党委副书记熊贤清主持会议，并作《贯彻强军思想，履行使命任务，在新的起点上开创支队全面建设新局面》讲话。5月29日，长沙支队召开第一次党代表大会，大会选举产生了中共武警长沙支队第一届委员会、中共武警长沙支队纪律检查委员会和中共武警湖南省总队第四次代表大会代表。（邓　慧　邹　涛）

【安全警卫】 2018年，长沙支队完成多批次警卫勤务，其中重点担负湖南省“两会”期间会议现场安全保卫和机动备勤任务，完成“2018长沙国际马拉松赛”安全警戒和现场机动备勤任务。（邓　慧　邹　涛）

【实战训练】 2018年，长沙支队党委大抓部队军事训练，先后组织3个专题10课针对性教育，组织观看专家讲座、形势分析录像片5次，组织研讨交流4次。深入开展“和平积弊大起底大扫除”和群众性大练兵活动，组织“星城砺剑—18”军事训练大比武，“军体之星”通讯赛，8人打破纪录，12人受到记功嘉奖，进一步激发训练热情；投入经费用于训练器材采购及训练场地建设，训练保障水平有新的提高，参加总部首届“武教头”教练员比武，2人被评为武警部队标兵教练员；参加总队应急班、指挥员和参谋人员比武竞赛，取得应急班比武竞赛第二名、参谋业务比武竞赛团体总分第二名的成绩，参加总队优秀教练员比武，2人获评总队优秀教练员。（邓　慧　邹　涛）

【基层建设】 2018年，长沙支队注重抓好总队《军队基层建设纲要》集训成果转化，建立推行党委机关挂钩帮建机制，组织领导机关4批次124人次下基层蹲点调研实施精准帮建，制定《部门以上领导下基层覆盖式检查实施办法》，实现网络查、实地查和突击查联控互管，每月将所有基层单位覆盖一遍、每两个月录像讲评一遍，形成真抓实帮、有责有为、齐抓共管的浓厚氛围；着眼破解先进中队“增色”、中间层次“赶超”、后进单位“脱贫”问题，全面评估基层单位建设现状，制定《按纲服务指导基层计划》《精准帮建方案》，按照“211”工作模式（每月2周蹲点帮建，1周研究工作，1周休整）规范大队抓建大队秩序，基层建设整体跃升，浏阳中队被总队评为基层建设标兵中队，12个单位被总队评为基层建设先进单位，1人入选践行强军目标十佳标兵。（邓　慧　邹　涛）

【依法治军】 2018年，长沙支队按照湖南总队开展“条令年”活动部署，组织“贯彻落实新条令，塑造军队好样子”主题活动，在长沙中队召开贯彻落实新条令集训精神现场观摩会，对内务设置、营区环境、登记统计等进行全面规范，研究制定《手机管理实施细则》《士官管理实施细则》《车辆管理实施细则》等10余项制度；开展“守法纪规矩、严行为举止、当合格军人”教育活动，开展“手机专项治理整顿”专题活动，与中国移动长沙分公司签订协议，建设支队手机管控平台，实现手机使用全程安全预警、安全屏蔽、安全管理的目的；总结把握“重点在人、事故在车、案件在枪、违纪在酒、高危在密、敏感在网”特点规律，组织专项整治活动，全面排查隐患苗头，支队被武警部队评为2018年度“暑期安全百日安全竞赛”优胜单位。（邓　慧　邹　涛）

人民防空

【概况】 2018年，长沙人防系统大抓重点工程项目建设、信息化建设和防护体系建设，开展“星城之盾—2018”人防指挥部演练，调整组建多支人防专业队并举行授旗授牌仪式，开展重要经济目标防护试点。全年组织完成各类训练演练7次，新安装固定防空警报器若干台，审批结建人防工程项目若干个，验收防空地下室项目若干个，竣工验收备案面积若干万平方米。组织大型人防知识和防灾减灾知识宣传活动2次，升级改造人防宣传教育场所2处、新建2处，新建疏散承接基地若干个。（项胜秋）

【指挥通信系统建设与训练】 2018年，警报器改频升级推进顺利，天心区、开福区已完成升级并通过验收；完成第二视频会议系统及网络安全系统建设；改造市办“一中心三部门”通信网络；完成1501信息化二期建设可研报告并通过省办评审。参加省人防办组织的常德片区人防指挥通信系统训练；组织完成一期市办带9个区县（市）人防办的机动指挥通信系统训练；人防通信专业队先后组织51次机动指挥车各类例行训练；组织“星城之盾－2018”人民防空指挥部演练。组织完成5次市办带区县（市）人防系统准军事化训练；首次组织长株潭人防系统干部联合训练，为战时联合防空、平时联合演练、急时应急支援打下基础。落实战备执勤制度，每周保持与省办的日常通信联络，坚持固定时间与各区县（市）通信系统的沟通联络，确保各通信系统运转正常。（项胜秋）

【人防工程建设与维护管理】 2018年，长沙人防系统开展长沙市防空片区人防控制性详规编制和人防工程控规标准专题研究，编制完成《长沙市YH03试点片人防工程控制性详细规划》和《人防工程控规标准专题研究》并通过专家评审。某单位单建式人防工程（地下停车场）项目进展顺利，完成规划方案设计、现场测量和勘察、方案设计，已办理规划依据图、规划蓝线、规划要点和选址意见书等规划手续。某单位临时停车场项目已经取得可研批复，临时停车场设计施工总承包已开标。某学校人防工程开挖土方，并完成底板验筋；某指挥所主体工程和室外绿化完成，已进行室内装饰装修，取得省人防质监站主体验收意见；某指挥所开工，施工招投标完成，施工队伍进场施工；某指挥所完成规划选址，取得选址意见书；某指挥所完成选址并已上报区政府。落实人防工程巡排查制度和安全生产检查，全年组织公共工程安全巡查188次，发现问题226个，处理问题226个；采取分组、分片区方式对内五区人防结建工程、早期工程开展安全督查巡查66次。针对人防工程主体渗漏水、粉刷层开裂、照明线路老化、下水沟淤塞等问题，组织开展日常和集中维护维修十余次，达到“灯明、路洁、水畅、结构安全”的人防总要求。加大对存在重大隐患的早期人防工程的专项检查，聘请第三方安全评估机构（湖南大学土木系所属的检测机构），利用科技手段检测和评估早期人防工程的安全状况，针对劳动路人防工程灌水情况开展安全评估，并出具第三方安全评估报告。（项胜秋）

【人防宣传教育】 2018年，长沙人防系统策划报道“人防专业队授旗授牌仪式暨重要经济目标防护演练活动”、全市人防工作会议、“5·12”防灾减灾日、“11·1”防空警报试鸣日等活动，在省市级主流媒体发表人防稿件50余篇；创建长沙人防微信公众号，完成人防官网的升级改造，发布信息稿件150余篇；开展“5·12”防灾减灾宣传和“11·1”警报试鸣日宣传教育活动，在天心区九峰社区、嘉和社区举办人防宣传专场活动，在地铁中信广场站开展疏散演习活动。建成长沙县松雅湖二小人防宣教示范学校并投入使用；月湖公园人防宣传教育基地二期建设基本完成；雷锋纪念馆提质改造项目主体及外部装修完成。结合人防疏散基地建设，在长沙县浔龙河疏散基地、宁乡市湘都疏散基地建设人防宣教场所。（项胜秋）

2018年6月13日，人防专业队授旗授牌仪式举行　　市人防办 供图

【人防行政执法】 2018年，长沙市人防系统开展《长沙市人民防空建设与维护管理条例》的立法调研工作，完成调研报告。举办一期全市人防系统（含各类园区人防工作专干）参加的全市人防行政执法培训。开展人防行政执法检查，查处各类人防违法行为10余起，依法立案5起，其中办结3起，待办2起，指导宁乡市人防办办理案件2起，依法追缴700万余元（含处遗追缴）。采取动态监督与专项检查相结合方式，根据每月上报的情况加强对区县（市）和园区执法情况的检查，及时规范执法行为。（项胜秋）

【人防工程开发利用】 2018年，长沙市完成闲置多年的市人防训练基地（原15010基地）招租工作，年收入租金105万元，在保障国有资产保值增值的同时又新添了训练基地。（项胜秋）

【人防专业队重新整组】 2018年3月，市人防办协调市政府两次召开人防专业队整组工作协调会，市人防办主要领导带领工作组逐一与各专业队组建牵头单位进行对接、沟通，落实多支人防专业队花名册、明确各专业队负责人，发放服装、标识标牌，统一着装。6月13日，举行人防专业队授旗授牌仪式。11月份，下拨专业队器材采购和训练经费。（项胜秋）

【试点重要经济目标防护演练】 2018年，根据省人防办年度工作安排，长沙市人防办选择2家单位作为重要经济目标防护试点单位，协同2个防护单位组织专题研究，制定完善了防护方案。6月13日，结合人防专业队授旗授牌仪式，举行重要经济目标防护演练。（项胜秋）

经济管理

ECONOMIC MANAGEMENT

责任编辑 • 刘盼盼

宏观经济管理

【概况】 2018年，长沙市实现地区生产总值（GDP）11003.41亿元，比上年增长8.5%。分产业看，第一产业实现增加值318.73亿元，增长3.3%；第二产业实现增加值4660.19亿元，增长6.8%；第三产业实现增加值6024.49亿元，增长10.7%。在GDP累计增幅中，第一、二、三产业分别拉动GDP增长0.1个、3.3个、5.1个百分点，三次产业对GDP增长的贡献率分别为1.4%、38.5%、60.1%。实现农林牧渔业增加值337.21亿元，比上年增长3.5%。规模以上工业增加值增长8.2%。固定资产投资比上年增长11.5%。实现社会消费品零售总额4765.04亿元，比上年增长9.9%。限额以上单位商品零售额比上年增长8.9%（全口径，可比口径增速为6.7%）。进出口总额（海关口径）1283.34亿元人民币，比上年增长36.8%，其中出口总额823.15亿元，增长40.0%；进口总额460.19亿元，增长31.4%。一般公共预算收入1544.95亿元，比上年增长10.1%。居民消费价格比上年上涨2.0%。城镇居民人均可支配收入50792元，比上年增长8.2%；农村居民人均可支配收入29714元，比上年增长8.6%。经济社会发展稳中有进、稳中趋优，民生实事全面完成，连续11年获评中国最具幸福感城市。（吴　慧）

【经济规划】 2018年，长沙市出台《长沙市乡村振兴战略规划（2018—2022年）》，牵头编制《长沙市国民经济和社会发展中长期规划（2020—2035年）》及东部开放型经济走廊、临空经济示范区、南部片区等重要专项规划。对全市“十三五”规划实施情况进行中期评估。牵头形成《关于长沙市2018年国民经济和社会发展计划执行情况与2019年国民经济和社会发展计划草案的报告》和全市2018年经济运行情况及经济工作建议。（吴　慧）

【项目投资管理】 2018年，长沙市政府投资管理方面，在化解地方债务、政府投资受到抑制的背景下，全市投资仍然实现稳步增长，完成11.5%的年度目标。牵头推动政府投资建设项目“1+X”管理政策体系落实落地，发布《关于政府投资建设项目财政评审管理办法》等文件。招投标监管方面，在工程建设招投标领域出台“1+N”制度体系，制定招投标活动正面、负面和例外清单，形成全链条管理体系。率先全省推行建设工程项目投标保证金银行保函制度。推行公共资源交易流程电子化，推进公共资源电子化交易平台、服务平台、监管平台3个电子平台的建设。推动远程异地评标，与武汉、合肥、南昌开启远程异地评标合作。重大项目建设方面，全力抓好“产业项目建设年”活动，完善重大项目“五个一”调度、“五张清单”台账管理、分级调度和分类协调等调度机制，制订市领导联点重大项目方案，完善重大项目考核办法，组织重大产业项目3轮集中开工、2轮集中签约、2次讲评、4次督查及1次重大产业项目流动观摩会。全市1050个重大项目完成年度投资3866亿元，投资完成率122.5%；重大产业项目完成投资2480.6亿元，占年度计划的133.5%；22条产业链项目完成投资963.2亿元，投资完成率121.86%。（吴　慧）

【重大改革】 2018年，长沙市推进落实一次性审批改革，在投资项目审批领域推行“一次性审批”改革，配合开发长沙市“多规合一”投资项目在线审批监管平台，全市政府投资项目审批再提速18%，社会投资项目审批再提速7%，申报材料减少近6成。创新模式推进“园区事园区办”，确保马栏山视频文创产业园、高铁会展新城等重点片区行政审批权限和效率大幅提升。牵头推进水、电、气进园区设置业务办理窗口，并同步实现移动支付功能。牵头起草全市优化营商环境评价工作方案等文件。加强招投标监管，在工程建设招投标领域出台“1+N”制度体系，制定招投标活动正面、负面和例外清单，形成全链条管理体系。率先全省推行建设工程项目投标保证金银行保函制度。深化重点领域改革，起草长沙创建民营经济改革创新发展示范区总体方案，并加快推进申报创建工作。深化重点领域改革，完成由市发展改革委牵头和参与的17项改革任务，统筹推进市属国企公车改革、长望浏宁等区县（市）信用平台建设等工作。做好医疗服务价格、景区服务价格、养老服务收费、机动车检测服务收费、公办幼儿园收费、中小学收费、物业服务收费调整工作。落实国家、省降低电价、降低用气成本政策，先后出台《清理规范电网和转供电环节收费工作实施方案》《长沙市转供电环节电价重点检查实施方案》，组织开展转供电环节电价和检查工作，下调一般工商业目录电价8.6分/千瓦时，预计每年可为企业减少开支6.9亿元。（吴　慧）

【争取上级支持】 2018年，长沙市争取到市本级的中央、省预算内资金12.058亿元。再次获国家发展改革委2018—2019年企业债券“直通车”奖励，获批企业债券29.5亿元。助推湘江集团在香港成功发行3年期、3亿美元高级无抵押债券；29个项目纳入省“大众创业万众创新”示范专项资金支持。争取国家、省级创新平台及重大项目布局37个。推动椒花水利枢纽工程纳入国家172项重大水利工程，4个重大项目纳入国家物流枢纽项目建设工程，长沙纳入国家物流枢纽规划。市发展改革委牵头负责的3项工作获2017年国务院督查激励通报。（吴　慧）

【产业发展】 2018年，长沙市制定《长沙市2018年加速推进现代服务业发展工作要点》，对全市服务业“个转企”“小升规”“应统尽统”、做强做大服务业规模和质量等领域开展深入研究；深入推进服务业“三百工程”（即倾斜支持100个左右重点项目、100个左右重点企业、100栋左右重点楼宇做大做强），制订《2018年长沙市现代服务业“三百工程”推进服务方案》，组建全市服务业重点项目库；完成2017年度服务业发展综合考核，提出《长沙市服务业龙头企业推荐标准》。建立全市工业领域重大项目储备库，参与“千人帮千企百日大行动”，助推产业转型升级和新旧动能转换。率先全省推动成立市委军民融合发展委员会，健全组织体系和工作规则，制订《长沙市军民融合发展三年行动计划（2018—2020年）》等文件，推进组建长沙市军民融合先进技术研究院，创建长株潭军民融合创新示范区。（吴　慧）

【深化区域合作】 2018年，长沙市牵头组织召开长株潭城市群一体化发展首届联席会议，开启长株潭城市群一体化发展新征程。举办长江中游城市群省会城市第六届会商会。对接国家粤港澳大湾区建设战略。加快推进湘赣合作，有序推进长岳、长益合作。制订《长沙市深化对非友好交流合作三年行动方案（2018—2020年）》，成立推进“一带一路”建设暨国际产能合作工作领导小组。

（吴　慧）

国有资产监督管理

【概况】 2018年，长沙市国有经济总量逾万亿元。截至12月底，包含长沙银行在内的市本级企业国有资产总额达到1.03万亿元，实现营业收入660亿元，实现利润74亿元，实现国有资本经营预算收入6.34亿元，国有资本保值增值率101.19%。资本布局持续优化。制订《长沙市平台公司转型和国有资本优化布局行动方案》，实施“3+4+X”优化调整，市属国企划分为平台类、投资类、经营类3大类。同时，按照分类发展、分类监管、分类定责、分类考核原则，进一步明确企业职能、主业、定位。三大攻坚战取得实效。防范化解重大风险推进有序。开展国有企业资产清查工作，牵头负责市区（县）平台公司撤并转工作。截至年底，化解存量债务约200亿元，全市完成105家平台公司撤并转，各项目标任务超额完成，得到省债务办的认可并向全省市州推介。精准脱贫实现目标。市国资委联点的省级贫困村黑麋峰村实现摘帽，委机关建档立卡的15户扶贫对象已有14户成功脱贫；污染防治取得阶段性成效，完成正圆环保搬迁、长轴锻压环保关闭转型、651仓储危化漏气隐患整改销号、化学试剂厂废弃危化品处置，原生物化工厂近20年的历史遗留问题得到妥善处理，原高果糖厂绿心地区违法违规项目整改、曙光环保搬迁加速推进。重点工作取得突破。发行长沙城市一卡通，提升市民出行的便捷度。配合区县，加强工作对接，全年完成棚改涉拆的企业58家签约工作。推进市属国有企业上市，长沙银行于9月在上交所上市，成为省内首家上市银行。

（虢海涛）

【国有企业改革】 2018年，长沙市推进国有企业二级优化重组，11户企业整合至集团公司、市属国有企业层级全部压减到三级以内；着力推进“僵尸企业”处置，论证批复13户“僵尸企业”处置方案，完成12户企业整合处置；推进改革试点，指导推进交通、国资、粮食、长房所属子公司实施混合所有制改革试点，稳妥实施先导快线、通程集团员工持股试点；推进现代企业制度建设，开展董事会职权改革试点、职业经理人试点、国有企业总法律顾问试点；推进企业办社会职能分离，央企、省企“三供一业”供水改造、供电分离、小区移交协议签约率95%，开工面60%，央企退休人员社会化管理全国试点走在全国前列，716矿长华社区移交属地管理后，进行提质改造被评为“全国文明小区”。

（虢海涛）

【国有资产监管机制创新】2018年，长沙市国有资产集中监管实现全覆盖。长沙银行等金融类企业纳入集中统一监管体系。同时，市委市政府研究发布《长沙市市属文化企业国有资产监督管理暂行办法》，明确报业集团、广电集团、星辰在线等文化类企业，由市国资委代表政府履行市属文化类企业出资人职责。监管举措不断完善。狠抓制度清理、完善、落实，发布《长沙市市属国家出资企业投资监督管理办法》等3个办法，健全完善制度体系。改革经营业绩考核机制，实施综合目标管理考核，提升考核的精准度。加大国有企业对外担保、租赁等重点领域监管力度，开展国有企业监事会工作述职和监督检查评价，整合监督资源，确保监管多渠道、无死角、全覆盖。

（虢海涛）

【《长沙市平台公司转型和资本优化布局行动方案》发布】 2018年9月2日，长沙市委、市政府办公厅印发《长沙市平台公司转型和资本优化布局行动方案》（以下简称“《行动方案》”）。《行动方案》从国有经济布局、国有资本监管、国有企业功能定位、国有企业抗风险能力等方面加强顶层设计，明确提出要以市场化改革为方向，完善国有资产监管体制机制，全力构建现代企业制度，做强做优做大国有企业，到2020年，基本建立适应市场经济发展要求的现代企业制度和国有资产监管体系，国有企业改革在重要领域和关键环节取得决定性成果，切实增强国有经济的活力、控制力、影响力和抗风险能力。

（虢海涛）

【长沙银行登录上交所主板】 2018年9月26日，长沙银行登陆上交所主板（股票代码601577），成为湖南省首家A股上市银行、A股第28家上市银行。此次主板发行是长沙银行在金融改革过程中极具战略意义的一步，通过本轮上市融资，长沙银行将实现新一轮的飞跃，进一步优化公司治理、完善管理机制，致力做“中国最快乐的银行”“中国最优秀的社区化银行”“中国领先的网络银行”，在资产规模和业务规模进一步扩张的基础上实现营收、利润增长。

（虢海涛）

土地资源管理

【概况】 2018年，长沙市国土资源工作坚持保资源、保发展、保权益，深化重点领域改革，推动经济社会高质量发展。全市获批建设项目用地279宗，土地总面积2282.25公顷，其中农用地1985.59公顷。全市出让土地505宗、面积1531.64公顷、土地价款639.14亿元。落实耕地和永久基本农田保护，全市经批准新增建设用地占用、补充耕地1073.86公顷。开展“治房”行动，调查清理“一户多宅”和“空心房”，拆除1.92万户306万平方米。依法开展征地拆迁补偿，全市实施集体土地征地拆迁项目472个，完成腾地2152.46公顷，动迁22534人。完成全市征地补偿标准、市区地上附着物及青苗补偿标准调整。加强矿政管理，狠抓地质灾害防治。强化基础测绘管理和国土资源信息化建设。不动产登记“最多跑一次”改革跑出加速度。浏阳农村土地制度改革3项试点统筹推进。浏阳市自然资源统一确权登记试点、长沙建设用地使用权转让、出租、抵押二级市场试点通过验收。望城区农民集中居住试点取得明显成效。全面启动第三次国土调查，浏阳作为先行县（市），工作推进有力。开展土地违法违规问题整治整改，取得阶段性成效。（张　慧）

【用地保障】 2018年，长沙市获批建设项目用地279宗，土地总面积2282.25公顷，其中农用地1985.59公顷。其中：市四区49宗，土地总面积213.82公顷；湘江新区44宗，土地总面积461.02公顷；长沙县33宗，土地总面积598.37公顷；望城区55宗，土地总面积435.21公顷；浏阳市34宗，土地总面积197.08公顷；宁乡市64宗，土地总面积376.75公顷。深化“放管服”改革，服务“五个100”项目、省市重点基础设施项目、重大产业项目和民生实事项目落地，开展“千人帮千企百日大行动”，为企业提供精准帮扶。西气东输三期长沙支线工程、长沙市轨道交通4号线、5号线、湘江大道北延线、环保大道东延线、“1121”工程配套道路、洪山公园、苏托垸污水处理厂、望城区污水处理厂三期、长沙卫生职业学院、长沙湘都职业学院、望城东城中学、天心区新昌学校等项目获批。（张　慧）

【土地供应】 2018年，长沙市出让土地505宗、面积1531.64公顷、土地价款639.14亿元，其中：“招拍挂”出让348宗、面积1335.51公顷、土地价款616.25亿元；协议出让157宗、面积196.13公顷、土地价款22.9亿元。划拨土地346宗，面积1770.38公顷。坚持“房子是用来住的、不是用来炒的”定位，制定《关于进一步加强土地市场调控的工作方案》，整顿“捂地惜建、囤地不建”行为，严格依法处置土地闲置和项目延期开工，全力保障安居型商品住房用地。（张　慧）

【土地储备】 2018年，长沙市本级储备土地入库5宗，面积35.93公顷，完成拆迁土地5宗，面积95.53公顷；储备土地出库6宗，面积63.54公顷，成交总价47.86亿元。其中：挂牌出让5宗，面积62.97公顷，全部以“限房价、竞地价”的方式出让；协议出让1宗，面积0.57公顷。开展国有土地收回储备。完成一力披塘收回地项目和胜利街收回地项目收储工作，面积11公顷。启动国防科大炮兵学院中院置换地块收回移交手续。推进湘涂德雅路项目和丽臣公司项目收回工作。牵头起草《长沙市人民政府办公厅关于进一步规范土地储备管理工作的意见》，完成银行遗留贷款清偿工作，发行土地储备专项债券，全市发行债券71.45亿元，其中市本级31.22亿元。（张　慧）

【耕地保护】 2018年，长沙市落实省政府耕地和永久基本农田保护目标，市政府制定《区县市人民政府耕地保护责任目标考核实施细则》。全市经批准新增建设用地占用、补充耕地1073.861公顷，实现耕地占补平衡。建立市、区县（市）两级耕地指标库，相应匹配购置耕地指标。验收土地开发项目872.04公顷，其中旱地802.63公顷、水田46.5公顷、旱改水22.92公顷，超省厅下达补充耕地开发计划任务数122.04公顷。创新土地综合整治，安排省市两级土地整治项目22个，建设规模9636.61公顷，投资规模2.39亿元。获批城乡建设用地增减挂钩1491.07公顷。牵头制定的《生态型土地整治项目工程技术规范》作为省地方标准发布。开展“治房”行动，调查清理“一户多宅”和“空心房”，拆除1.92万户306万平方米。（张　慧）

【土地节约集约利用】 2018年，湖南省开展2017年度开发（园）区节约集约用地先进单位评选工作，长沙经开区、长沙高新区、望城经开区、浏阳高新区被评为全省节约集约用地先进单位，共获90公顷用地指标奖励。开展2017年度建设用地节约集约利用考核、土地开发利用强度和效益考核。完成全市2017年度单位GDP建设用地使用面积下降考核的年度评估工作。2017年单位GDP建设用地使用面积下降率为6.86%，单位GDP建设用地使用面积由478.41亩/亿元下降到445.61亩/亿元。望城区、浏阳市、长沙县作为土地节约集约利用、土地利用秩序、土地利用计划执行好的区县（市），各获国务院奖励新增建设用地计划指标66.67公顷。自然资源部发布《全国城市区域建设用地节约集约利用评价情况》，长沙在全国273个地级以上参评城市中排名第九位。（张　慧）

【规划调整与完善】 2018年1月，原国土资源部办公厅发布《关于开展新一轮土地利用总体规划编制试点工作的通知》，确定长沙市纳入全国新一轮土地利用总体规划编制试点。编制上报《新一轮长沙市土地利用总体规划编制试点方案》，成立新一轮长沙市土地利用总体规划编制试点领导小组，明确技术单位，完成专题研究。在启动新一轮土地利用总体规划编制试点的基础上，结合城市总体规划编制试点，开展国土空间规划编制，形成《长沙市国土空间规划（2018—2035年）（初稿）》。（张　慧）

【征地拆迁补偿安置】 2018年，长沙市实施集体土地征地拆迁项目472个（其中新启动项目228个），完成腾地2152.46公顷，拆除房屋5777栋，拆除房屋面积161.45万平方米，动迁22534人。全市累计纳入城镇居民社会保障系统340554人，总纳入率99%，其中2018年纳入37989人；累计收缴社保资金361.3326亿元，资金到位99.1%，其中2018年收缴47.3618亿元。市本级累计建成各类安置保障住房912.7万平方米，其中2018年建成45.233万平方米，在建577.5万平方米，2018年市本级办理纯货币安置补贴9237人。完成全市征地补偿标准、市区地上附着物及青苗补偿标准调整。（张　慧）

【矿政管理】 2018年，长沙市国土资源局开展采矿权和采矿权转让许可及矿产资源备案，办理采矿权注销登记54宗（其中市本级1宗），采矿权延续登记14宗，采矿权新立3宗，采矿权变更25宗，矿产资源储量报告备案63宗（其中市本级备案5宗），价款报告公示20宗，探矿权核查6项，5宗采矿权转让信息公示。开展2017年度矿山开发利用统计数据和矿产资源储量数据网上直报，国土资源部钨锑稀土矿产信息网报，地质勘查监管服务平台填报等工作。开展湘江流域露天开采非金属矿专项清理，已复绿1家，关闭1家，办理变更矿区范围登记2家，纳入市政府统一部署的矿山清理整顿范围2家。开展各类保护区及生态红线内采矿权清理，各类保护区有采矿权8家，生态红线内共有采矿权10家，要求相关县（市）制定清理整治方案并督促落实。开展非煤矿山专项整治，政府下达关闭决定16家。开展绿心区内采矿权专项清理，绿心地区6家矿业权已整改到位。加快绿色矿山建设，配合完成长沙市4家绿色矿山申报和实地核查，指导企业制定合理的矿产开发利用方案。（张　慧）

【地质灾害防治】 2018年，长沙市国土资源局开展汛前地质灾害隐患排查，全市排查地质灾害隐患点874处，逐点落实防灾责任。有效应对17次局地性暴雨天气过程，发生达到统计标准的地质灾害4起，其中宁乡市地面塌陷1起、浏阳市滑坡3起，全年未因地质灾害发生人员伤亡。推动地质灾害防治科技创新，长沙市地质灾害应急中心启用。委托省国土资源规划院编制完成新一轮《长沙市地质灾害防治规划》。开展地质灾害综合防治体系建设，完善地质灾害调查评价、监测预警体系，全年完成重大地质灾害治理工程57个，在建18个，完成搬迁避让384户。6月6日，长沙市水库防汛抢险暨地质灾害、山洪防御应急演练在宁乡市黄材镇黄材水库大坝举行。（张　慧）

【地籍和不动产登记】 2018年，长沙市国土资源局开展土地变更调查，会同市统计局公布全市2017年度土地变更调查主要数据成果。受理完成土地登记、确权和注销等业务358件。完成市区内61个开发建设项目竣工验收。完成长沙市"一江六河"划界方案拟制。开展违规以地融资问题整改。不动产登记"最多跑一次"改革跑出加速度。实行不动产相关信息多部门实时在线核验，全市不动产登记实现只进一个窗。在全省率先推出不动产转移登记资金监管平台，在全国率先推出不动产登记淘房网，在全国率先引入不动产登记现场评价机制，开通不动产抵押登记便民服务点，二手房线上交易可"刷脸"。启动市本级集体土地不动产权证颁发。（张　慧）

【测绘地理信息管理】 2018年，长沙市国土资源局对长沙市核心区域2000平方千米范围内开展优于0.1米的航空摄影测量并完成验收。开展农村宅基地测量和城镇地籍数据库更新。启动农村集体土地不动产调查、测量和入库工作。抽取19家丙丁级测绘资质单位以及12个测绘项目开展测绘资质巡查和质量监督抽查，对30家测绘资质单位开展实地保密检查。开展地理国情地图集和城市地图集编制，两套地图集均已通过验收。智慧长沙时空信息云平台于2018年进入招投标程序。以数字城市地理空间框架建设为基础，加快智慧城市建设，推进测绘地理信息成果共享，向公安、城管等部门提供精准的地理信息数据。（张　慧）

【改革试点】 2018年，长沙市国土资源局深化统筹浏阳市农村土地制度改革3项试点，形成5项专题总结报告。完成全市251个村土地利用规划编制，规划整理新的集中连片宅基地402处；推进农村宅基地"三权分置"改革，放活宅基地使用权，累计办理宅基地及地上房屋抵押贷款4.2万宗、48.87亿元；创新开展"城乡合作建房"试点。累计完成入市104宗、面积113.11公顷、总价款2.27亿元。按试点要求实施征地39宗、面积641.69公顷。浏阳市自然资源统一确权登记试点、长沙建设用地使用权转让、出租、抵押二级市场试点顺利通过验收，在全国率先开展二级市场土地转让网上挂牌交易，作为典型案例推介。望城区探索"带地入建、跨村建房"模式，农民集中居住试点取得明显成效。全面启动第三次国土调查，浏阳作为先行县（市），工作推进有力。（张　慧）

【执法监察】 2018年，长沙市国土资源局开展土地违法违规问题整治整改，取得阶段性成效。2018年例行督察发现全市违法用地3200宗、面积1340公顷，已整改到位（含阶段性整改到位）3068宗、面积1233.33公顷。2016—2017年土地督察发现未完全整改到位的违法用地971宗、面积489.33公顷，已整改到位897宗，面积470.7公顷。共收缴罚款4294.38万元，没收违法建构筑物296.42万平方米，拆除违法建构筑物137.19万平方米，移送纪委监委追责105人，移送司法机关追究刑事责任45人。加快盘活存量建设用地，完成闲置土地处置190宗、面积1199.41公顷。加快批而未供土地供应，全市近5年平均供地率77.56%。运用卫星遥感手段发现和查处违法行为，开展"大棚房"问题专项清理整治、生态绿心保护区违法违规用地集中查处、高尔夫球场清理整治"回头看"和"问题地图"专项清查等行动。（张　慧）

【依法行政】 2018年，长沙市全面落实国土资源听证制度，组织听证会5场；加强规范性文件"三统一"管理，出台规范性文件4件；办理行政诉讼案件83件，以长沙市国土资源局为被申请人的行政复议案77件，以长沙市国土资源局为复议机关的行政复议144件。加大信息公开力度，局门户网站主动公开信息2049条，受理政府信息依申请公开794件。自觉接受民主监督采纳各方意见，承办人大建议和政协提案71件，办理结果均在局门户网站公开。推进信访工作"法制建设年"活动，提升信访工作法治化水平，市局接待群众247批583人次，办理信访件78件。组织调处名都花园小区用地、天心区玉泉寺用地、长沙市房产经营有限公司用地、天心区殷家冲66号地块等10宗土地纠纷。（张　慧）

财　政

·财政收支·

【概况】 2018年，长沙市完成一般公共预算收入1544.95亿元，增长10.09%。其中，上划中央收入546.83亿元，增长10.21%；上划省级收入118.41亿元，增长10.9%。完成地方一般公共预算收入879.71亿元，增长9.92%。其中，市本级完成411.11亿元，增长15.84%；区、县（市）完成468.6亿元，增长4.94%。全市完成一般公共预算支出1300.79亿元，同比增加118.19亿元，增长9.99%。其中，市本级完成482.69亿元，同比增加69.53亿元，增长16.83%。（刘胜涛）

【支持经济发展】 2018年，长沙市财政坚持优化支出与调控引导并举，在全市经济社会稳定发展大局中发挥积极作用。服务经济转型创新发展。投入11.47亿元，着力支持“工业30条”、科技创新“1+4”等政策落地实施。统筹资金7.8亿元，支持商业服务业、外经外贸、跨境电商、口岸通道等发展。安排资金6.03亿元保障“人才新政22条”政策兑现落实，聚力打造创新创业人才高地。严格落实减费降税政策。全面落实增值税税率下调等减税政策，全年减免各项税金130亿元。市本级停征行政事业性收费2项，为企业及社会减负0.28亿元。着力支持中小微企业发展。拨付两创试点资金7.8亿元，完成2017年度“小微企业创业创新基地城市示范”项目支出绩效自评报告。推进小微企业信贷风险补偿基金运营工作，撬动4家合作银行向小微企业发放贷款1.7亿元。修订完善融资担保和小额贷款财政补贴办法，安排资金5760万元对企业上市、新三板和湖南股权交易所挂牌等给予财政补助。

（刘胜涛）

【预算执行】 2018年，长沙市财政坚持统筹兼顾、勤俭节约、讲求绩效的原则，严格执行《中华人民共和国预算法》出台国库集中支付业务电子化管理改革方案、支付流程办法等制度，国库集中支付电子化系统上线运行。及时清理暂付性往来款项60.23亿元，集中撤销账户6个，整合专户资金48.62亿元。严控“三公”经费和一般性支出。坚持树立过紧日子思想，严禁超预算和无预算支出，全年市本级“三公”经费下降10.65%。强化债务预算管理。建立预算草案编制和重大投资项目计划编制衔接挂钩机制，将新增债务及当年债务还本付息情况全部纳入预算管理。严格按照先有预算再安排项目的原则制定财政投资项目计划。安排化解债务周转资金25亿元，用于市级平台公司还本付息资金困难临时性周转。（刘胜涛）

【收入征管】 2018年，长沙市财政高度重视税收征管形势变化，出台环境保护税市与区县收入划分办法，明确各区县（市）环保税分享比例。制定湘江新区、高新区执行新财政体制实施办法，市级预算完整性和统筹能力进一步加强。国有资本收益上缴一般公共预算比例达到20%。创新征管机制。利用综合治税平台，抓好大数据应用，加大差异数据比对力度，严格执行涉税信息报送绩效考核制度。加强收入动态监控。分区县、行业在全市纳税200强企业中遴选出71家进行每月监测，实时掌握收入变化情况。对漏征漏管户、商业楼宇、餐馆酒店等开展全面涉税清理，依法严厉打击违法抗骗欠税行为。（刘胜涛）

【财政管理】 2018年，长沙市财政以加快构建现代财政管理体制为目标，坚持问题导向，以改革创新突破财政运行管理中的难点。加强预算绩效管理。完成170家预算单位186个项目重点绩效评价工作，将评价内容和重点逐步拓展到会展办PPP和地铁一、二号线等方面，评价金额515.3亿元，同比增长57.3%。长沙市预算绩效管理工作连续5年在全省考核中排名第一位，走在全国省会城市前列。强化平台管理。完善专项资金综合管理平台，对专项资金实行全周期监管，有效杜绝多头、重复申报。上线运行评审信息系统，全年核减金额53.14亿元，核减率17.32%。长沙市国有资本金绩效评价和内五区环卫经费评审2个项目入选财政部全国财政预算评审典型案例汇编。（刘胜涛）

【防范化解重大风险】 2018年，长沙市财政落实上级防范化解重大风险各项要求，统筹推进债务管理各项工作。制定“1+8+X”的工作方案及10年隐性债务化解方案，指导全市稳妥有序推进防范化解地方政府债务风险工作。根据中发27号文要求，8月底最终锁定全市隐性债务数据。全市“停缓调撤”项目735个，涉及总投资2932亿元。清理退库PPP项目50个，涉及总投资1023.24亿元，政府支出责任190.18亿元。全市基础设施类项目减少40个，涉及总投资400.87亿元，政府支出责任减少545.5亿元，偿还融资金额59.88亿元。稳步推进平台公司转型，开展资产核查、厘清边界、尽职调查等工作，全市完成融资平台公司“撤并转”104家，占应“撤并转”总数的85.25%，其中市本级完成26家，占应“撤并转”总数的92.86%。（刘胜涛）

•财政统发工资•

【概况】 2018年，长沙市财政统发工资中心完成工资异动录入、数据稽核汇总、工资发放预算、经费指标申请、工资专户核对等各项工作任务。市本级共发放工资及津补贴15亿元，统一发放工资单位288家，发放人员17607人（离休人员230人），全年代扣款项1.62亿元，办理各项工资异动53万人次。

（杜艳玲）

【服务能力建设】 2018年，长沙市财政统发工资中心强化责任担当，增强服务全市改革发展大局能力。从源头上把好日常业务的入口关。定期与市委组织部、市编办及市人力资源和社会保障局等部门召开工作例会，研究各项工资发放政策，进一步明确工资执行标准和统一发放口径，对申请纳入工资统发的单位进行审核，从源头上把好业务入口关。加强上下业务协同配合。定期组织各区、县（市）召开工作经验交流会，探讨解决统发工作中出现的新情况、新问题。完善日常培训工作机制，着重从统发工资软件操作、数据处理、津补贴规范、工资改革政策等方面进行培训和指导。

（杜艳玲）

【重大改革任务落实】 2018年，长沙市财政统发工资中心根据新实施的《中华人民共和国个人所得税法》，从2018年10月起，按新起征点5000元代扣代缴个人所得税，做好系统调整和政策衔接工作，保障全局干部职工的合法权益。按照养老保险制度改革要求，通过在市人力资源和社会保障局和市财政局之间设立“前置机”的方式，专线传递相关数据，逐月对纳入统发人员信息和社保数据进行详细比对，统发中心每月将个人应负担部分的养老保险和职业年金指标通过支付网络调转至各统发单位，再由统发单位将个人部分和单位配套部分一并缴纳至社保征收机关。配合相关部门做好全市统发单位考工升级工资增加、补发，晋级晋档及公安执勤岗位津贴调标等工作。做好2018

年度账务核对工作。严格按在职、离休分类进行指标申请及支付，按季度将差额部分进行调账，并实时统计指标缺口部分，及时与市财政局和统发单位联系申请追加。（杜艳玲）

·国库集中支付·

【概况】 2018年，长沙市本级完成国库集中支付改革的预算单位由改革初期的21家增加到365家，基本实现预算单位国库集中支付改革全覆盖。2018年市本级集中支付业务30万笔，支付资金620.71亿元，比上年同期增加134.78亿元，增长27.74%。通过与人民银行沟通协调，启动市本级预算单位国库集中支付电子化管理改革，并实现预算单位、财政部门、人民银行和代理银行之间跨部门、跨系统的联网操作和“无纸化”运行。（陈志）

【资金管理】 2018年，为确保资金规范使用，严格控制项目建设投资规模，长沙市国库集中支付核算中心对政府投资在500万元以上的政府投资项目实施“双控”管理，统一终极审核关口，加大资金事中控制力度，有效遏制工程建设领域中随意变更、突破概算、直接委托、超付等违规现象。2018年市本级183家单位、1100个项目纳入“双控”管理，共开设“双控”账户477个，全年累计支付项目资金7844笔，金额282.81亿元，拒付各类违规资金43笔，金额4.35亿元。（陈志）

【预算执行】 2018年，长沙市国库集中支付核算中心不断加强对预算单位人员支出（突出对“三公”经费的支付控制，确保“三公”经费两个不超）、工程项目、上级专项等资金的审核拨付，积极引导预算单位采取直接支付方式，着力提高财政支付效率。2018年直接支付金额618.33亿元，占支付总额99.62%；授权支付金额2.38亿元，占支付总额0.38%。（陈志）

【绿色通道支付】 2018年，为有效应对突发事项（如救灾、抢险等特殊事项）及重大项目前期协调所需资金，市国库集中支付核算中心建立预先借款的工作机制，年初向财政借用一定额度的款项，发生突发事件的预算单位凭相关批示件向市国库集中支付核算中心办理借款手续，待事项处理完成后，向财政申请指标，并通过财政零余额账户及时支付归还。2018年办理市发展改革委、市人大办公厅、市委办公厅等9家单位“绿色通道”资金的借款业务，共计498.38万元。（陈志）

【区县支付改革】 近年，长沙市国库集中支付核算中心加强对各区县（市）国库集中支付改革的指导，组织开展经验交流会，将好的经验做法、特色举措在各区县（市）推广，确保全市支付改革协调整体推进。2018年，9个区县（市）共支付124.98万笔，金额834.45亿元。其中直接支付金额827.42亿元，占总支付的99.16%；授权支付金额7.02亿元，占总支付的0.84%。对278个单位、5909个政府性投资项目实行有效监管，核付资金523.64亿元。（陈志）

·非税收入管理·

【概况】 2018年，长沙市完成全口径非税收入876.73亿元，较上年同期增加247.03亿元，同比增长39.23%。其中：一般公共预算收入完成263.57亿元，较上年同期增加31.52亿元，同比增长13.59%；完成政府性基金收入598.16亿元，较上年同期增加238.45亿元，同比增长66.29%；完成财政专户收入9.28亿元，较上年同期减少0.33亿元，同比下降3.44%；完成国有资本经营预算收入5.73亿元，较上年同期减少22.61亿元，同比下降79.79%。（徐斌）

【财政票据管理】 2018年，长沙市非税收入管理局对全市675家行政事业单位、社会团体及其他组织开展2017年度财政票据年检。财政票据是行政事业单位会计核算的重要凭证，对提高政府非税收入管理水平、规范财经秩序具有重要作用。特别是对市本级社会团体、民办非企业、基金会等通过互联网实现“无纸化”年检，提高票据年检效率，规范了财政票据管理行为，确保票款同步、应收尽收，维护财政票据管理的严肃性。（徐斌）

【征管系统建设】 2018年，为加快实现“最多跑一次”改革便民目标，市非税收入管理局建立“互联网+”非税收入管理征缴模式，通过对接湖南省非税微信移动缴费平台，启动建设长沙市非税缴费公共服务平台，首批42所学校同步上线微信缴纳学费，涉及缴费金额1.56亿元。全面推进电子票据号使用管理，社团会费收据、公益事业捐赠收据实现了网上申领、网上补录开票信息、网上核销。（徐斌）

【降费减负政策落实】 2018年，财政部、国家发展改革委和省发展改革委、省财政厅先后出台财税〔2018〕4号、37号、39号和湘发改价费〔2018〕426号等降费减负文件，涉及长沙市本级停征排污费1项，停征首次申领居民身份证工本费1项，并已全部落实到位。同时，会同市发改部门对市本级的收费项目（含涉企）进行了全面清理，重新编制并公布市本级行政事业性收费、涉企行政事业性收费及政府性基金目录清单（长财综〔2018〕7号）。（徐斌）

·政府采购监督管理·

【概况】 2018年，长沙市完成采购金额167.16亿元，比上年同期增加8.44亿元，增长5.3%，全年节约财政资金15.3亿元，节约率为8.38%，其中，市本级完成政府采购80.2亿元。受理完成并下达计划或备案的采购项目6511个，签订合同6127个。通过湖南省政府采购专家库管理系统随机抽取专家的采购项目5496个，参与评审的专家14644人次。（杨栋）

【政府采购管理】 2018年，长沙市督促采购单位加强履约验收。将绩效理念融入政府采购过程，明确采购人是政府采购项目履约验收工作的责任主体。加强保证金后续管理。做好定点单位履约保证金、不予退还投标保证金收缴、退还与对账等工作，全年退定点单位履约保证金55.1万元，上缴不予退还投标保证金43.08万元。加强评审专家管理。全年为市本级和区县5496个项目抽取评审专家14644人次，配合湖南省财政厅完成评审专家征集工作，对3000位评审专家完成入库初审。

发挥政府采购政策功能。严格执行支持中小企业、扶持节能环保产品、推进军民融合等政府采购政策。配合省财政厅开展“公共采购支持湖南产业发展”专题调研，召开园区企业座谈会，全面了解政府采购政策功能对促进企业发展的支持带动情况。重点搭建中小企业融资平台。择优选择7家商业银行作为长沙市政府采购支持企业融资的代理银行，并做好融资项目业务指导。自试点以来，共有25家中小企业获得近6700万元的信用融资贷款，有效解决中小企业融资“最后一公里”的问题。（杨 栋）

【政府采购信息化建设】 2018年，长沙市推动新网及服务平台上线。制定新长沙市政府采购网的建设方案，发布《关于启用新版长沙政府采购网及分网的通知》。制定《推进全市政府采购云服务平台上线指导方案》，基本完成长沙政府采购服务平台业务流程建设，推进新版长沙政府采购网及长沙政府采购云服务平台全面上线。加快完成“零跑腿”建设。通过对接财政部采购代理机构库与供应商库，实现“一地注册多地共用”，减少采购代理机构、供应商重复注册。完善政府采购电子卖场运营。完善网上竞价机制，增加延时竞价策略，提高竞价项目公平公正性。加强与京东物流对接，实现对京东物流订单及行程的实时跟踪查询，提供在线查看、打印、发票验真等服务。制定供应商入驻标准，“划好一个度，把握一把尺”。在入驻审核时，公开审核进度，严格按照标准检查供应商情况，引导供应商规范、诚信发展。2018年电子卖场完成交易金额4.7亿元，节约2578万元，累计成交54495笔，进驻供应商490家，商品总数47万件。（杨 栋）

【采购监管执法】 2018年，长沙市收到有关政府采购情况反映和举报24起，其中：支持举报事项2起、不予支持12起、举报人撤回举报2起、转交其他部门7起、尚未完结1起。调查处理投诉31起，其中：驳回投诉8起、投诉成立并责令重新开展采购活动7起、投诉人撤回投诉6起、不予受理6起、尚未完结4起。协助处理行政处罚14起，其中：涉及行政处罚对象1家、代理机构9家、供应商4家，并对43名专家违规行为上网通报。（杨 栋）

税 务

【概况】 2018年7月5日，长沙市新的税务机构“国家税务总局长沙市税务局”挂牌。以此为标志，原长沙市国家税务局和原长沙市地方税务局两税务机构平稳有序合并。在完成国税地税机构合并这一征管体制改革重要任务的同时，应对中美贸易摩擦、结构性减税等影响因素，采用大数据分析、税收收入预警、增值税虚开虚抵风险管控等机制组织收入，全年组织各项税收收入1995.18亿元，同比增收143.84亿元，增长7.77%。2018年，长沙市税务局在全省税务系统绩效考评中位列第一位。（张 钢）

【“最多跑一次”改革落实】 2018年，长沙市税务局为落实“最多跑一次”，将现场办理涉税事项的相关程序以及各类事项所需表证单书制作成清单，通过税务网站、微信平台、办税服务厅等渠道广泛开展宣传，并结合税收宣传月活动和“问症于企、问需于企、问税于企”活动，将二维码送达给纳税人，让必须现场办理涉税事项的纳税人都知晓。（张 钢）

【新办纳税人“套餐式”服务】 2018年，按照国家税务总局关于进一步深化税务系统“放管服”改革的部署，长沙市税务系统开始推行新办纳税人一次性办结多个涉税事项的“套餐式”服务。全市各级税务机关将新办纳税人“套餐式”服务二维码、操作步骤、所需资料和注意事项通过电子税务局、微信公众号等方式进行宣传，在确保税收风险可控的基础上，依托网上办税服务厅、实体办税服务窗口，实现新办纳税人法定义务事项和首次领用发票相关办税事项一并办理。（张 钢）

【优惠政策落实】 2018年，长沙市税务系统机构合并后，负责抓税收优惠政策落实的相关业务部门做到无缝对接，保证了税收优惠政策的落实。长沙市税务局将优惠条目直接通知企业或通过电子税务局、微信公众号等方式进行宣传，办理企业所得税优惠事项全部采用“自行判别、申报享受、相关资料留存备查”的方式。2018年上半年，在所得税汇算清缴期间，共办理享受2017年度各类税收优惠政策的企业40833户次，减免税额83.16亿元。其中，享受研发费加计扣除政策1845户，加计扣除金额55.85亿元，减免所得税额13.96亿元，包含科技型中小企业991户，受惠面98.17%；享受小微企业优惠政策的37095户，减免所得税金额23795万元，2017年度申报和2018年的季度申报小微企业所得税优惠受惠面100%。（张 钢）

2018年7月5日，长沙市新的税务机构“国家税务总局长沙市税务局”挂牌
市税务局 供图

【新个人所得税法实施】 2018年8月31日，第十三届全国人民代表大会常务委员会第五次会议通过并颁布新修订的《中华人民共和国个人所得税法》。长沙市税务局通过政策宣传、系统建设、数据清理、风险排查以及对专项附加扣除政策及操作在税务系统内外进行辅导等措施，使得个人所得税自行申报在全市得以稳步推进。2018年，个人所得税入库132.98亿元，同比增长16.82%，占总收入的比例为7.02%，高出总收入增幅9个多百分点。 （张　钢）

【重大税务案件集体审理和分类审理工作机制建立】 2018年，长沙市税务局建立重大税务案件集体审理工作机制，明确重大税务案件审理范围、审理程序，要求在疑难复杂案件中试行审理成员单位提前介入式审理，集体参加听证会，全面深入了解案情和争议焦点，为后续审理工作奠定基础。长沙市税务局对重大税务案件实行分类审理，如针对2018年的虚开虚抵案件进行集中归类，并区分不同程度形成指导性审理意见，使执法尺度和标准统一，避免出现同类型案例不同处罚的现象。 （张　钢）

【虚开虚抵和骗取出口退税涉税违法行为整治】 2018年，长沙市税务局充分发挥税务稽查职能作用，对涉税违法行为进行专项整治，对虚开虚抵和骗取出口退税进行重点打击。先后完成“10·25”专案、“空壳企业”专案、“2018-2-25”系列案件、深圳“5·23”专案、“鹰击一号、二号”专案“省局货劳处下发风险案源”等国家税务总局、湖南省税务局下发或督办的重要案件的稽查或审理。2018年，全市稽查立案580户，查补入库税金12.48亿元。 （张　钢）

【电话回访监督】 2018年，长沙市税务系统委托第三方机构对全市纳税人涉税事项的办理开展电话回访，征集纳税人的需求，发现长沙市纳服工作的不足。根据电话回访工作进行样本取数，收集到纳税人意见、建议和投诉，并通报全市税务系统督促其不断改进。尤其对纳税服务方面的投诉，长沙市税务局实施按月讲评制度，组织被投诉问题和个人涉及的所有相关业务部门进行案例讲评。 （张　钢）

表12　长沙市各项收入完成情况表

单位：万元

项目 收入	省局计划	2018年12月收入				累计收入				备注
		收入额	进度（%）	比上年同期		收入额	进度（%）	比上年同期		
				增减额	增减（%）			增减额	增减（%）	
各项收入总计（剔海关）		1521062		-158144	-9.42	19951846		1438425	7.77	税收+非税-海关
省局口径收入（含非税）	20104200	1483855	7.38	-151458	-9.26	19458187	96.79	1413124	7.83	（税收-海关-车购）+5项预算费金
卷烟	6434500	357388	5.55	-84993	-19.21	5892986	91.58	134		
剔烟	13669700	1126467	8.24	-66465	-5.57	13565201	99.24	1412990	11.63	
市财政一般预算收入		1123100		-67741	-5.69	13532079		1397886	11.52	
市区级收入		646519		-74448	-10.33	6646802		759462	12.90	市级税收+市级预算费金-市级财政退库+区县级税收+区县级预算费金
市本级收入		293080		-79421	-21.32	3189593		327274	11.43	市本级税收+市本级预算收入+财政退库
市政府任务口径	3001100	289068	9.63	-80239	-21.73	3131656	104.35	316322	11.24	市级税收+市级教育附加-市级财政退库
一、税务部门税收		1473956		-158924	-9.73	19369447		1374402	7.64	剔海关、含车购
其中：中央级		732654		-83157	-10.19	11309310		532609	4.94	
省级		133467		-2873	-2.11	1895207		123255	6.96	

续表 12　　长沙市各项收入完成情况表

单位：万元

收入＼项目	省局计划	2018年12月收入				累计收入				备注
		收入额	进度（%）	比上年同期		收入额	进度（%）	比上年同期		
				增减额	增减（%）			增减额	增减（%）	
市级		270028		−78979	−22.63	2858786		297374	11.61	
区县级		337807		6085	1.83	3306144		421164	14.60	
（一）省局计划口径税收		1441804		−151180	−9.49	18943193		1357096	7.72	剔海关、剔车购
1. 国内增值税		597293		−13664	−2.24	6448477		476179	7.97	
其中：卷烟		76198		−24683	−24.47	1138553		−14657	−1.27	
剔烟		521095		11019	2.16	5309924		490836	10.19	
2. 国内消费税		320173		−67208	−17.35	5003574		27225	0.55	
其中：卷烟		281190		−60310	−17.66	4504714		33226	0.74	
剔烟		38983		−6898	−15.03	498860		−6001	−1.19	
3. 企业所得税		31791		−1287	−3.89	2994615		267298	9.80	
其中：卷烟						249719		−18435	−6.87	
剔烟		31791		−1287	−3.89	2744896		285733	11.62	
4. 营业税		1090		−2632	−70.71	17959		−20299	−53.06	
5. 个人所得税		103074		−1645	−1.57	1329826		191497	16.82	
6. 资源税		179		139	347.50	1964		1066	118.71	
7. 城市维护建设税		40481		−3529	−8.02	526999		35440	7.21	
8. 房产税		57889		8616	17.49	294207		33853	13.00	
9. 印花税		10815		−1472	−11.98	119388		14200	13.50	
10. 城镇土地使用税		40621		−2239	−5.22	187943		3075	1.66	
11. 土地增值税		78843		27983	55.02	610603		114452	23.07	
12. 车船税		10721		3072	40.16	86848		8791	11.26	
13. 烟叶税						6117		−199	−3.15	
14. 耕地占用税		18571		13927	299.89	101172		−75612	−42.77	
15. 契税		129892		−111612	−46.22	1210743		277372	29.72	
16. 环境保护税		371		371		2758		2758		
（二）车辆购置税	435900	32152	7.38	−7744	−19.41	426254	97.79	17306	4.23	
二、海关代征税收		31716		−39271	−55.32	505406		26245	5.48	
三、出口退税		−128496		20484	−13.75	−981441		−234487	31.39	
四、预算收入费金		42051		−278	−0.66	514994		56028	12.21	
1. 教育费附加		18596		−1866	−9.12	236643		11769	5.23	

续表 12

长沙市各项收入完成情况表

单位：万元

项目 收入	省局计划	2018年12月收入				累计收入				备注
		收入额	进度(%)	比上年同期		收入额	进度(%)	比上年同期		
				增减额	增减(%)			增减额	增减(%)	
2. 地方教育附加		12395		−1212	−8.91	158162		8606	5.75	
3. 残疾人就业保障金		4978		304	6.50	50235		15856	46.12	
4. 水利建设基金		3645		796	27.94	48217		8150	20.34	
5. 文化事业建设费		2437		1700	230.66	21737		11647	115.43	
五、其他费金		5055		1058	26.47	67405		7995	13.46	
1. 社会保险基金		1424		−212	−12.96	18752		−4256	−18.50	
2. 工会经费		3300		1145	53.13	44287		10459	30.92	
3. 其他非税收入		331		125	60.68	4366		1792	69.62	
附列：1. 税款查补入库		5258		−39244	−88.18	135096		−146535	−52.03	
2. 免抵已调增值税		57327		−40415	−41.35	259665		99691	62.32	
3. 营改增入库		220308		49092	28.67	2838260		371247	15.05	
4. 财政市级退库		−171		−68	66.02	−1245		389	−23.81	
5. 市级预算费金		23223		−374	−1.58	332052		29511	9.75	
6. 市级教育附加		19211		−1192	−5.84	274115		18559	7.26	
7. 区县级预算费金		15632		−1112	−6.64	151065		11024	7.87	

说明：1. 本表为全市（含省局第二分局）收入情况；
2.“省局计划口径收入”为16项“省局计划口径税收”加5项“预算收入费金”；
3.“卷烟”税收对应省局计划口径，只含增值税、消费税和企业所得税的卷烟税收；
4.“市财政一般预算收入”为剔卷烟增值税、消费税、企业所得税的省口径税收，再加上市区级预算内费金；
5.“市区级收入”为市区级税收加上市区级预算内费金收入再减去当期财政市级退库；
6.“市本级收入”为市级税收加上市级预算内费金再减去当期财政市级退库；
7.“市政府任务口径”为市级税收（剔财政市级退库）加上市级教育费附加、地方教育附加收入

审　计

【概况】 2018年，长沙市审计机关完成审计项目258个，查出违规金额14.74亿元，上缴财政9.18亿元，移送案件线索139起。其中，市审计局完成审计项目82个，查出违规金额10.36亿元，上缴财政6.93亿元，审计后挽回或避免损失2.57亿元，移送案件线索68起（已反馈处理结果33起，移送处理人员76人），推动完善和出台制度107项，1个审计项目获得全国优秀审计项目，2个审计项目获得全省优秀审计项目。（夏海军）

【政策跟踪审计】 2018年1—12月，长沙市审计局分季度对9个区县（市）重大政策措施贯彻落实情况开展跟踪审计，审计抽查省市重点建设项目105个，审计涉及资金600亿余元，推动完善和出台制度9项，收回违规使用资金780万元，收回财政借款5000万元。（夏海军）

【财政审计】 2018年1—7月，长沙市审计局对市本级、湘江新区、长沙高新区，以及市公安局等9个部门单位的预算执行情况开展审计，采用“集中分析、分散核查”的数字化审计方法，揭示预算编制不规范、支出项目执行缓慢、财政存量资金未有效盘活等问题。9—12月，对长沙县、雨花区政府财政决算开

展审计，揭示违规出借非税收入9.75亿元、产业扶持政策存在漏洞等问题。年内，对市本级及9个区县（市）政府性债务开展专项审计，摸清政府性债务底数；配合市化债办开展市属融资平台公司政府性债务甄别和清退工作。（夏海军）

【经济责任审计】2018年4—12月，长沙市审计局对市国土局、市林业局、市卫计委等15家单位的18名县处级领导干部开展经济责任审计，上缴财政243.59万元，移送案件线索11起。12月，编写完成《地方党政主要领导干部经济责任及自然资源资产离任（任中）审计现场操作指引》。（夏海军）

【政府投资审计】2018年1—12月，长沙市审计局完成政府投资审计项目18个，审计后挽回或避免损失6940.6万元，移送案件线索12起，催生出台或修改制度20项，《湖南长沙构建“4+N”公共工程审计新模式》的经验做法被审计署《审计工作通讯》推介。（夏海军）

【民生及专项资金审计】2018年1—3月，长沙市审计局组织全市审计机关对市本级和9个区县（市）保障性安居工程开展跟踪审计，追回财政资金301.90万元，盘活项目资金2071.32万元，取消保障对象资格或调整待遇484户。6—9月，对长沙市扶贫资金开展专项审计，采取“试点先行、全面覆盖”的审计方式，揭示部分建档立卡贫困户识别不精准、部分易地扶贫搬迁建成房屋空置等4大类27个问题。（夏海军）

【国资国企审计】2018年4月，长沙市审计局制定并印发《2018年度长沙市国有企业和国有资本审计指导性意见》，建立国企国资审计指引和法律法规库。年内，重点对交通投资集团、城市建设投资集团、轨道交通运营公司等6家国有企业开展审计，审计后挽回或避免损失1.03亿元，移送案件线索13起，促进国有资产保值增值。（夏海军）

【资源环保审计】2018年，围绕打赢“蓝天、碧水、净土”三大保卫战，长沙市审计局对农村污水治理情况、农村饮水安全工程开展专项审计，揭示部分项目违规招投标、面源污染治理不到位等问题，推动出台《长沙市人民政府关于加强城乡污水治理工作的实施意见》等制度。对重金属污染耕地修复治理开展专项审计，审计资金6.53亿元，揭示专项资金结余较大、补贴物资管理存在漏洞等问题。对大气污染防治开展专项审计，揭示颗粒物在线监控系统建设任务未如期完成、油烟污染防治存在执法真空等问题。（夏海军）

【审计成果运用】2018年1—12月，审计发现问题1317个，其中已到整改期的问题606个，已整改391个，正在整改215个，上缴财政6.93亿元，推动完善和出台各项制度107项。报送审计专报、要情等40余篇次，被市领导批示30余篇次，发挥审计的风险预警和决策参谋作用。完成橘子洲龙骧公司经营收入情况审计、市供销社新长久公司资产负债审计等交办审计事项10余件，得到市领导和相关部门的高度认可。开展审计质量检查和优秀审计项目大比武，长沙市城市建设开发公司有关问题专项审计调查获得审计署优秀审计项目表彰；长沙市城市建设开发公司有关问题专项审计调查、长沙市财政局具体组织2016年本级预算执行及决算草案编制情况审计获得湖南省审计厅优秀审计项目表彰。（夏海军）

【审计能力建设】2018年，长沙市审计局组织120余名业务骨干到上海财经大学进行轮训，组织参加各类网络培训班168人次；获省教育厅批准，与中南大学共建研究生联合培养基地；开展内部审计职业培训，集中轮训内部审计人员740人次。建成市级审计数据中心、全市统一的联网审计平台，涵盖财政、物业维修基金、公积金、社保资金、国土以及规划6大领域的数据，并将区县财政数据一并纳入平台，定期采集数据，实现多行业联网审计一体化的应用。成立审计数据分析青年突击队，征集计算机审计成果、财务数据采集模版、审计工具等126个，其中116个在省审计厅的评选中获奖。（夏海军）

统　计

【概况】2018年，长沙市统计系统按照国家、省局部署，工业、投资领域有序开展相关统计改革工作，及时分析经济指标，快速反映经济运行中的最新变化和重点问题，做到“月有进度分析，季有综合研究，年有走势预测”。全年作出分析预警、撰写《决策参考》超过220篇，被市级以上领导批示66篇次，被《中国信息报》《决策咨询》等媒体刊物采用29篇次，各级网络媒体采用150余篇次。开展民调软硬件升级扩容工作，打造一流的民调中心，并正式运行。优化社会公认评估调查方案，调查方式、样本结构、调查内容更加科学、精准。扩充服务领域，配合“乡村振兴战略”“移风易俗”“社区提质提档”“基层党建”等中心工作，开展10余项民意调查，调查有效样本5万余个，收集各类建议8000余条，分析民调数据，有效地检验工作成果，提升工作实效，得到市领导和职能部门的肯定。编辑《长沙经济运行快报》《统计公报》《统计提要》《横向对比资料》等10余种统计产品，编印《数说长沙——长沙改革开放40年》，多次在省市报刊上刊载长沙经济类信息，每月定时在网上发布全市主要经济指标，回复网络咨询134例，完成政务信息635篇，新华社、新华网、人民网采用3条，《中国信息报》、国家局采用32篇，省局采用217条。（王成亮）

【统计工作创新】2018年，长沙市推进“大服务业”统计监测。会同产业牵头部门完善养老服务业、科技服务业、信息消费产业统计制度，加强对交通、电信、移动、邮政相关指标的监测，研究印发《关于加快推进全市“大服务业”统计监测实施方案》，做好“大服务业”主要指标数据监测。加大对“新经济”的探索和分析，创新性地开展“三新”统计工作，相关工作受到市领导批示和重视，推动全市各级各部门齐抓共管，高度重视服务业发展。统计体系有新拓展。组织对全市规模工业企业进行产业链划分，完善全市规模以上工业企业产业链名录库，建立产业链发展统计汇总工作机制，开展产业链统计分析，为各产业链办公室开展相关工作提供优质的监测参谋服务。统计信息化手段有新模式。创造性地组织研发长沙统计数据库发布系统，精心打造统计数据综合处理发布平台，统计数据库设计入库模板3024期，涵盖27个类别4393个统计指标，2735个统计分组项，加载近5年数据62万条，实现了数据有效管理和按层级需求推送，“数据长沙”统计APP上线运行。该项目系全省统计系统首创，开拓统计数据发布新渠道，市领导、职能部门和社会公众能用手机快捷查阅统计数据，提高统计数据的管理能力和统计服务保障能力，提升统计信息化水平，“数据长沙”APP上线运行的信息被国内多家媒体报道。

（王成亮）

【普查工作】 2018年，长沙市完成各项普查相关工作。7月召开全市经济普查动员大会，全市各级政府迅速成立普查机构，层层落实责任。市级安排1088万元纳入3年财政预算，各级配套工作经费基本到位。选聘“两员”队伍，在全省率先举办覆盖各区县的方案培训班。借助网格化管理优势，探索出“熟面孔”与“高素质”的两员最佳搭配，成为全省“两员”选配的经典模式。开展省市普查试点。承接省级经普综合试点，同时，在雨花区和岳麓区开展了市级试点，在试点中清查单位、个体户近5000家，锻炼普查队伍，为省市经普工作探索经验。全市动员，编织“人人知，家家晓”的无死角经普宣传网。打造经普地铁专列、公交经普专线，在各区域投放宣传画、广告；在权威报纸开辟经普专栏专版系列报道，长沙电视台拍摄8期专题片；推送500万人次的经普短信。资料收集，组织收集整理15个部门218万条相关记录，编制生成包含40万余个单位和55万余家个体工商户的清查底册，完成1545个普查区、3535个普查小区的划分及绘图。责任落实，每个区县（市）都安排局班子成员联点负责，市经普办沉到联点一线，关键时段对进度日调度，并通报区县（市）党政一把手；联合市政府督察组开展经普督查。全市清查登记单位和个体户逾100万家，其中单位数22.1万个，是第三次中国经济普查的2.4倍，增速为全省第一位。

（王成亮）

【统计规范化建设】 2018年，长沙市全面推进统计规范化建设，数据质量不断提高。发布长沙市《关于深化统计管理体制改革提高统计数据真实性的实施意见》。2次召开全市统计法治工作会议，传达学习中央有关精神，安排部署全市统计法治工作，确保中央、国家和省统计局决策部署落地落实。依法统计依法治统制度建设。制定《统计执法“双随机”抽查办法》《企业统计信用管理办法》《统计违法举报工作制度》，修订完善《长沙市统计局统计违法案件查处工作制度》，制定《领导干部违规干预统计工作记录台账》，统计法治工作制度进一步健全。加大统计执法监督工作力度。主动适应《统计法实施条例》对统计执法证的新要求，组织统计执法人员考试培训，协调推进全市统计执法队伍建设，全市27人取得国家统计局颁发的统计执法证，持证人数位居全省第一位。通过“双随机”抽查和重点检查相结合，加大统计执法监督力度。全市全年完成执法检查单位216家，立案14起，责令整改57家，市本级对47家单位开展了执法检查，立案4家，责令整改11家，交办转办2家。对6起统计违法典型案件进行了曝光。

（王成亮）

价格管理

【概况】 2018年，长沙市居民消费价格指数控制在102。起草《长沙市2018年价格调控资金管理办法》，组织2018年度“菜篮子”工程建设（价格调控）项目资金（700万元）申报，扶持蔬菜标准化大棚建设、蔬菜批发市场价格信息化建设及贫困地区、贫困人口农副产品生产建设等项目。加强房地产调控。与市住建委、市国土局、国家统计局长沙调查队等联合下发《关于限价商品住房销售价格（成本法）监制流程的通知》《关于进一步完善我市新建商品住房销售明码标价监制有关事项的通知》，与市住建委联合制订《长沙市新建商品住宅全装修建设实施细则》，制订《关于加强我市“反炒房”价格调控工作实施方案》《关于加快新建商品住宅价格监制备案工作的通知》等系列文件。加强对物业服务收费有关政策的制定研究。为落实《湖南省物业服务收费管理办法》文件精神，与市住建部门、市物业协会研究制定长沙市物业服务收费标准问题。做好长沙市地铁3号、4号、5号线票价核定相关工作。贯彻落实省发展改革委《关于印发〈价格法〉实施20周年普法宣传活动方案的通知》要求，开展纪念《中华人民共和国价格法》实施20周年系列宣传活动。

（吴 慧）

【价格改革】 2018年，长沙市落实天然气价格改革措施。落实省发展改革委《关于进一步规范我省非居民用户管道燃气庭院管网设施建设费的通知》，取消原非居民用户管道燃气庭院管网设施建设费中所包含的主管管网设施建设费；落实放开车用天然气价格管理，执行以来，市场平稳。推进农业水价综合改革。根据《湖南省2018—2019年度农业水价综合改革实施方案》，指导望城区、长沙县开展农业水价综合改革相关工作。长沙县铜仁桥灌区在合理核定水权、科学制定水价的基础上，推广管道灌溉高效节水工程，形成“先费后水、节水优先”的农业水价改革模式，成为全国农业水价综合改革示范典型。做好居民用气门站价格理顺调整宣传工作。5月25日国家发展改革委下发《关于理顺居民用气门站价格的通知》后，及时借助市发展改革委官网、星辰在线等媒体发布长沙市《关于居民用天然气价格有关情况的公告》，对国家发展改革委的文件作进一步解读，并通过增设营业厅服务窗口、延长营业时间等措施保障购气。开展配气价格核定。配合组织开展县级城市配气价格成本监审，完成数据收集、调研、初审工作，正在进行核算和编制成本监审报告，为核定配气价格、减轻企业用气成本等工作打好基础。

（吴 慧）

【价格监督管理】 2018年，长沙价格监管平台受理处置举报投诉3480件，按时办结率100%，满意率98%。着力清理规范涉企收费，清退违规收费381万元，纠正规范违规收费行为10余起。持续规范商品房销售价格行为，会同市住建委等部门开展房地产销售价格行为检查，对违规的8家房企罚款121万元。有序清理供水、供气领域价费行为，责令市水业集团、新奥燃气有限公司清退违规金额13327.2元。按计划完成殡葬行业服务收费、养老机构水电气收费专项检查，价费行为进一步规范。全市采取“双随机、一公开”检查方式，检查转供电单位188家，规范整改违规行为为25起。传达上级文件精神至区县（市）政府、各园区管委会、市直有关部门，结合长沙实际为各成员单位划定任务重点及时间节点；稳步推进存量文件的清理和增量文件的审查工作；组织各区县（市）业务骨干学习培训，对24家单位工作推进情况进行督查。全年向国家和省监测中心分别上报各类监测数据5万余条，监测分析报告97篇，有5篇在国家发展改革委价格监测中心网站发布。坚持对粮油肉蛋等“菜篮子”工程价格信息实行每日采集上报，并通过政府网站、报纸等媒体发布民生商品价格分析信息。（吴　慧）

【价格服务职能】 2018年，长沙市落实国家、省降低电价、降低用气成本政策，先后制订《清理规范电网和转供电环节收费工作实施方案》《长沙市转供电环节电价重点检查实施方案》，组织开展转供电环节电价和检查工作，下调一般工商业目录电价共8.6分/千瓦时，预计每年可为企业减少开支6.9亿元。清理转供环节加价。医疗服务价格方面，印发《关于市属公立医院实施按病种收付费有关工作的通知》，配合医药卫生体制改革，推进“三医联动”。景区服务价格方面，印发《长沙市发展改革委关于降低大围山国家森林公园景区门票价格的通知》。价格调整方面，制定《关于公布废止部分服务性收费政策文件的通知》，调整长沙市第一社会福利院养老服务收费标准、机动车检测服务收费标准，并召开提醒告诫会；调整长沙市三医院、四医院床位费收费标准，长沙市一医院、市三医院人体成分分析收费标准。开展公办幼儿园保教费调整、全国殡葬领域突出问题专项整治工作。制定《关于长沙市2018年春季中小学收费标准的通知》《关于公布长沙市本级行政事业性收费和涉企行政事业性收费及政府性基金目录清单的公告》《关于发布2018年版政府定价的经营服务性收费目录清单的公告》《关于我市工程渣土消纳价格有关问题的通知》。做好成本审核工作，全年开展成本监审16个。做细做实各项农产品成本调查工作，完成3个专项调查、5个直报调查、7个常规调查、2个平台指数调查和2个重要消费品平均成本调查，服务乡村振兴战略，为政府制定相关政策和农业生产决策提供合理化建议和科学依据。坚持房子是用来住的、不是用来炒的定位，配合制定并落实成本监制法，做好申报楼盘的前期费用审核，完成近20个楼盘前期工程费的审核工作，为稳定全市房价保驾护航。全年办理各项业务12279件，认定总金额9766万元。其中涉案、涉纪、涉财务价格、涉税、涉行政事项财物价格认定和价格争议调处共440件，认定金额7366万元；公务车维修审核11839台次，审核金额2400万元。抓好《价格认定规定》的贯彻落实，在高新区公安局基层派出所试点实行涉案财物价格认定“最多跑一次”。2018年长沙市价格认证中心被评为全国价格认定先进单位。（吴　慧）

【“菜篮子”工程价格调控项目申报】 2018年7月，长沙市发展改革委发布《2018年度长沙市“菜篮子”工程建设（价格调控）项目申报实施方案》（以下简称《方案》），为做好“菜篮子”工程价格调控工作，充分发挥财政资金对价格调控的作用，保障市场供给和农副产品价格基本稳定，2018年长沙市“菜篮子”工程价格调控项目申报工作启动。《方案》中，蔬菜标准化大棚建设补助要求蔬菜生产面积13.33公顷以上，其中大棚面积1.4万平方米以上；价格调控项目补助，主要用于支持改善贫困地区、贫困人口农副产品生产建设，低收入群体的“火炉子”补贴。据《方案》，申报单位是在长沙市范围内进行工商登记注册、具有独立法人资格、经营证照齐备有效的农业企业、农民专业合作社、家庭农场等，且项目建设实施地点在长沙市区域内；基地菜源主要供给长沙市区域内大型蔬菜批发市场、集贸市场或蔬菜直销店；无不良信用纪录，经营3年以上且无质量安全责任事故；符合规划、环保、安全生产等要求，蔬菜基地具有明确的产品质量执行标准等。已被纳入2018年国家、湖南省、长沙市“菜篮子”工程建设同一个项目资金补助的不在申报范围内。长沙各区县（市）发展改革委部门、行业主管部门对申报单位的申报材料进行初审，然后将符合支持条件的项目上报长沙市发展改革委。符合申报条件的申报单位，在2018年9月17日前向所在区县（市）发改部门及行业主管部门完成申报工作。（黄英华）

工商行政管理

【概况】 2018年，长沙市场主体持续增长，新增市场主体17.63万户，其中企业7.05万户；全市共有市场主体92.4万户，同比增长15.01%，其中企业31.93万户，同比增长18.9%；每万人市场主体拥有量位居中部省会城市第一位。长沙商事制度改革工作被《中国工商报》头版报道，被省委深改办《改革简报》重点推介；非公党建团建、文明创建、安全生产、蓝天保卫战等工作多次获上级肯定；国家、省、市新闻媒体次宣传报道长沙工商工作1720次。（张　蓉）

【营商环境】 2018年，长沙市推行“证照分离”改革。按照省政府批复要求，落实好长沙证照分离改革任务，牵头制订改革方案，提请市政府第18次常务会议研究通过；协同28个部门，落实99项具体审批事项的改革：直接取消审批4项，审批改备案2项，审批改告知承诺23项，简化透明37项，强化准入管理33项。推出“最多跑一次”改革。建立完善“最多跑一次”事项清单，公布“最多跑一次”事项59项，其中“只跑一次”事项55项，“一次不用跑”事项4项，业务覆盖率90%；制作范本59个，简化流程12项，股权质押、动产抵押、企业名称核准、公司备案当场办结，企业登记推行“审核合一、一人通办”，2.5个工作日内办结，个体工商户登记1个工作日内办结。推广网上办照。升级推广长沙工商APP、长沙工商微信公众平台，推动工商政务线上线下“一体化”；开展网上预约服务，单日平均预约超800人次，每日减少群众办事等候时间约1000小时；推行企业名称自主申报改革，对企业名称一般不再预先核准；推进电子营业执照跨区域、跨部门、跨领域互通、互认、互用，共办理全程电子化登记1453户。推进企业开办时间压缩。协同市公安局、市人力资源和社会保障局、市政务中心、市电子政务办、市税务局等单位推进相关工作，完善业务系统，将企业开办时间压缩至4个工作日以内，其中企业登记压缩至2.5个工作日以内，印章刻制压缩至1个工作日以内，发票申领压缩至0.5个工作日以内；较之国务院“企业开办时间压缩至8.5个工作日以内”的总目标，效率提升1倍以上。（张　蓉）

【市场监管】 2018年，长沙市加强电子地理监管。回访新设商事主体15.05万户，标注16.5万户，向有关部门抄送监管信息2.93万条。深化“双随机、一公开”（即在监管过程中随机抽取检查对象，随机选派执法检查人员，抽查情况及查处结果及时向社会公开）监管。扩大“双随机、一公开”监管抽查工作覆盖面，抽查比例由3%提高到5%，抽查企业1370家。协同监管。与149个涉企部门归集、共享企业信息55.51万条；协助法院公示股权冻结信息280条，协助公安、打非办等部门锁定企业185户次；与人社、统计、海关开展年报合作，年报市场主体51.15万户；监测各类广告30.9万条，及时向有关部门进行抄告。专项整治。在打传、查无、打击无证办学、防范非法集资、蓝天保卫战等整治行动中，积极与公安、教育、文体新、金融办、食药、环保、烟草等部门协作，开展整治行动145次，检查市场主体3.5万户，查处各类违法经营案件658件，罚没2569万元。其中，在打击传销工作中，捣毁传销窝点1066个，同比增长42%，劝遣传销人员5976人，刑事立案160起；蓝天保卫战工作中，抽检成品油150批次，立案查处8家加油站，关闭散煤制售点141处，没收散煤及其制品27.5吨，收缴和责令自行处理散煤燃具410个，配合市审计局大气污染整治审计项目，提供企业登记信息4.9万余条；在查无工作中，清查无证无照经营3864户，引导办证1798户，将29278户涉证户情况抄告给许可审批部门。长沙市场秩序保持稳定，抽检商品合格率、广告违法率稳中向好，消费者满意率保持在92%以上，传销蔓延势头有效遏制；全年全市未发生重大商品质量安全事件，未发生有损长沙城市形象的广告事件，未发生重大群体性消费事件。（张　蓉）

【职能服务优化】 2018年，长沙市加强服务消费维权。制作消费类电视栏目《每月消费播报》7期，举办“品质消费・诚信为本”“3・15”晚会，开展诚信示范店建设工作，提升维权意识；发布《消费维权蓝皮书》，妥善处置疑难维权案件，共受理消费者咨询、投诉、举报26.16万件，为消费者挽回经济损失2554万元。促进企业升级。出台《优化营商环境的若干措施》，继续推进“个转企”“小升规”，支持企业通过参股、控股、收购、兼并重组等多种形式，提升竞争力；指导企业办理动产抵押229件，协企融资40.3亿元，办理股权质押208件，被担保债权429.88亿元；推进党建进章程，23018家企业完成党建进章程工作。推动产业发展。牵头制订《长沙市“网络市场监管与服务示范区”创建工作三年行动计划（2018—2020年）》，采取“一核多点”的模式，稳步推进示范区创建各项工作，激发网络市场活力；拟定扶持长沙广告产业园发展的若干措施，推动园区要素聚集、集约发展。服务脱贫致富。73名党员领导干部与101户名贫困户对口认亲，18个基层党支部与社区结对共建，帮助解决浏阳市炭棚村7个群众急需的民生设施项目建设经费，55户贫困户脱贫计划稳步推进。（张　蓉）

【工商“最多跑一次”改革实施】 2018年4月20日，长沙工商“最多跑一次”改革在长沙市政务中心工商窗口实施，在申请材料齐全且符合法定形式的情况下，实现列入清单内的政务服务事项“一窗办理、一站导办、一网通办、一次办成、一单速达”，内容覆盖工商办事项目超90%。此次改革公布第一批“最多跑一次”事项59项，其中“只跑一次”事项55项，包括商事主体的设立、变更、注销、备案登记、企业档案查询、无违法违规证明出具、“五证合一”赋码换照、增领营业执照副本、营业执照和集团登记证遗失补领等；“一次不用跑”事项4项，包括企业名称预先核准、全市企业信用信息查询、企业年报联络员确认、企业报送年度报告等。（张　蓉）

【工商网络交易与监管服务系统上线】 2018年11月14日，长沙市工商局网络交易与监管服务系统（http://wljg.csaic.gov.cn）上线。长沙市工商局为维护长沙市网络市场健康稳定发展，维护公平竞争秩序，营造

2018年4月20日，长沙工商推出59个工商事项“最多跑一次”，图为市政务中心工商窗口业务办理现场　　张　蓉　供图

良好的网络市场准入环境、营商环境和消费环境，深入推进“网络市场监管与服务示范区”创建工作维护。该系统具备地方数据、数据分类、网络交易与监管服务系统功能，为全市网络市场监管与服务工作提供了技术支撑。（张 蓉）

质量技术监督管理

【概况】 2018 年，长沙市全年未发生一起产品质量及特种设备安全事故。共受理咨询 604 件、投诉举报 907 宗，案件按时办结率 100%。发挥“互联网 +”影响力，在质监短信平台发送廉洁提醒短信 1.5 万余条，将党风廉政教育常态化。获市级文明单位称号，树立部门良好形象。

质量强市建设 明确 2018 年为“质量提升行动年”，全面启动“全国质量强市示范城市”申报创建，代拟《中共长沙市委 长沙市人民政府关于开展质量提升行动的实施意见》，对 29 个行业和 9 个区县市开展“制造业质量竞争力”指数测评，进行市民质量满意度调查、政府质量状况分析和申报创建评价咨询，组织推荐 107 家企业、114 个产品申报 2018 年湖南名牌产品。按照《长沙市市长质量奖专项资金管理办法》，首届奖励金额近 300 万元。在全市全面开展品牌建设、标准引领、计量助力、重点产品、特种设备、管理水平、检验检测能力 7 大提升行动，提高质量供给水平。制订《烟花爆竹产品质量提升行动实施方案》，全年立案查处烟花爆竹违法案件 60 余起，市级烟花爆竹产品抽查合格率 90.88%，较上年提升 11 个百分点。组织开展全市产品质量监督抽查共计 3292 批次，抽检合格率 94.84%。结合“蓝天保卫战”，对 158 家重点排污单位中的计量器具摸底和建档，组织检定和校准计量器具环境监测类 1371 台件、医疗健康类 9028 台件、能源类 827972 台件，组织对全市 38 家机动车尾气检测机构、52 家与环保相关的危险化学品及包装物容器生产许可证获证企业、60 家油品企业开展专项检查，发现并整改问题 500 个。及时处置、回复中央环保督查“回头看”和省级环保督查交办件，高水准通过食安示范创建省级验收，在企业推行 HACCP 认证的举措得到省食安办的点名表扬。全市完成强制检定计量器具备案 2809 家，740666 台件，其中内五区完成备案 1121 家，679281 台件。

服务长沙经济发展 以促进自主创新、节能降耗、环境保护为重点，开展工业、服务业、农业标准化建设，推动产业转型升级。全年长沙企业、组织共主导和参与制修订国际标准 7 项、国家标准 62 项，立项湖南地方标准 271 项，占全省的 80%；组织申报 2019 年国家级标准化试点示范项目 10 个、省级项目 44 个，新增自我声明公开企业标准 2713 项，比上年同期增加 30%，稳居全省第一位。智能制造、循环经济等 4 个标准化技术委员会秘书处落户长沙。按照市委市政府“一链一策”要求，聚焦检验检测产业链发展，对 95 家各类检验检测机构实施监督检查。专设集中、“一站式”服务站点，对口帮扶岳麓科技产业园领导联点检验机构建设。2018 年，全国“检验检测认证助力高质量发展”世界认可日活动唯一分会场在长沙举办，15 家示范区代表共同发起成立国家检验检测认证公共服务平台示范区联盟，岳麓区科技产业园与 8 家入园企业集中签约，产业园成功获批“国家公共检验检测认证服务平台集聚区”。

监管手段创新 探索“管理 + 服务 + 保险”并举的质量安全监管新模式，试点电梯 3D 防伪电子标签管理系统。对外公布 61 家电梯维保单位星级评定结果，促进行业自律。继续推行电梯安全责任保险，妥善处理事故责任赔偿和纠纷。全面开展“压实企业安全生产主体责任年”活动，指导区（县、市）局联合街道（乡镇）建立“一企一档一清单”档案。深入开展“打非治违”、“强执法防事故”等隐患排查治理行动，对 59 起特种设备领域违法违规行进行立案查处。“96366”电梯应急处置中心高效运行，解救被困乘客 7358 人次，全市电梯应急处置平台覆盖率较往年提升 63.6%。结合投诉举报情况，对 145 台住宅小区老旧电梯实施安全技术评估，发现各类高风险项目 335 个，提升加装电梯的安装质量，全市 7.6 万台电梯全年未发生重大安全责任事故。通过开展农资、水泥、消费品、汽车汽柴油、特种设备等 10 余个“质监利剑”专项执法整治行动，从严惩处违法违规行为，立案查办各类案件 157 起，查扣各类假冒伪劣产品 2000 余件，涉案货值 380 万余元，吊证 3 人，纳入市级安全生产黑名单。（陈 忆）

【《关于开展质量提升行动的实施意见》制定】 2018 年，长沙市质监局到深圳、广州、杭州等地学习调研，参考借鉴北京、上海、武汉等地相关文件，通过上门听取意见、召开座谈会以及书面形式广泛、多轮征求听取有关单位、部门、企业和质量研究机构、行业协会的意见和建议，几易其稿，历时近半年。经市政府常务会、市委常委会议专题研究后，8 月 13 日，制定了《中共长沙市委长沙市人民政府关于开展质量提升行动的实施意见》（长发〔2018〕23 号），作为全市质量提升行动的纲领性文件，对全市质量提升工作进行了系统部署。（陈 忆）

【“压实企业安全生产主体责任年”活动】 2018 年，长沙市质监局通过全面开展宣传引导、教育培训、强基固本、监管执法、巡查督查“五大行动”，督促特种设备生产单位建立健全安全生产规章制度和操作规程，完善安全生产责任体系、管理制度体系、投入保障体系、培训教育体系、隐患排查治理体系、应急救援体系。建立 300 余套涉及特种设备等领域的重点企业档案；与 1000 余家特种设备使用单位签订落实安全生产主体责任承诺书。通过现场观看湖南省安全生产重大事故警示教育片、解读《国务院办公厅关于加强电梯质量安全工作的意见》《湖南省电梯安全管理办法》等政策法规以及市质监局有关“压实企业安全生产主体责任年”活动的方案文件，电梯行业优秀企业发表服务质量公开承诺倡议等形式，督促企业落实安全生产主体责任。

（陈 忆）

【试点标准化试点示范项目评价】 2018 年，长沙市质监局尝试项目现场答辩方式，从“对标准化工作的认识、实施项目的意义、项目推进思路、保障措施”4 个方面对申报单位进行综合评分，最后集中评审，在 62 个申报项目中推荐上报 44 个，有效保障了项目申报质量。聘请专家对4个在建的国家级、省级农业标准化示范区的创建工作进行评价，共查找出55个存在的问题，较好的推动了农业标准化示范区建设。

（陈 忆）

【“三检合一”问题整改】 2018年，长沙市质监局根据国务院督察组物流降成本“三检合一”（货车年审、年检和尾气排放检验进行合并）问题整改要求，协同交通、公安、环保及发展改革委制定整改工作方案。牵头召开长沙市机动车车检机构“两检合一”工作会议，明确各部门责任，落实检验机构主体责任，统一检验检测周期，严格实施“一次上线、一次检验、一次收费”，全面落实检验检测结果互认，改进道路运输车辆检验便民服务。同时，进一步加强与市公安交警部门、交通运输部门和环保部门在机动车检验机构监管工作中的协调、对接和联合行动，加大执法检查和查处力度，实施联合惩戒。

（陈 忆）

食品药品监督管理

【概况】 2018年，长沙市食品药品安全总体状况持续稳定、安全可控，未发生一起一般及以上食品药品安全事故。

食安创建 牵头协调，补齐工作短板，强化督查考核，建立健全31类食品风险隐患排查和监管措施清单，聚焦生产源头、问题易发区域和重点品种，加强源头治理，严格日常监管，强化监督抽检，全市食品安全水平大幅提升，三级监管体系基本健全，制度规范不断完善，行业“潜规则”基本遏制。创建国家食品安全示范城市工作取得重大阶段性成果，群众满意度85.84%，较创建前提高25个百分点，省级评价验收总得分为103.63分，达到国家标准要求。

监管执法 全面建立“属地管理、全域覆盖、责任到人、信息公开”的监管体系，开展各类飞行检查48轮次。全市各类食品药品生产经营企业、医疗机构制剂室、学校食堂、食品批发市场等检查覆盖率100%以上，未发生一起监管责任事故。铺排食品小作坊、农贸市场、小餐饮、酒类、食品小摊贩等专项整治，持续开展“护老行动”“护苗行动”，查处取缔无证作坊、窝点、门店、小摊贩620个，取缔非法营销活动24起，收缴问题食品8000余千克。严惩重处非法添加、制假售假等各类违法犯罪行为，全市查办案件3470起，其中大要案件98起，督办案件12起。强化行刑衔接，移送公安机关82起，刑拘起诉200人，持续保持高压震慑态势。

食药安全风险管控 开展全市食品药品安全风险隐患大排查大整治，全年排查处置各类风险隐患6118处。开展非洲猪瘟防控专项行动，严防染疫产品和病死猪肉产品进入长沙市场；完成重大活动食品安全保障任务75次，实现零投诉、零事故；组织开展药品领域风险隐患“排雷”百日会战，对麻醉药品、精神药品和药品类易制毒化学品及无菌、植入性、体外诊断试剂等高风险医疗器械开展多轮次、地毯式检查，覆盖率200%以上，未发生一起特殊药品流弊或盗失事件，未发生一起源发性药械质量安全事件。加强应急管理，监测处置食品药品相关舆情229条，全年未发生重大舆情事件。加强监督抽检，全年完成食品检验138万批次（含快检），其中市本级食品抽检9500批次，药品抽检551批次，医疗器械抽检34批次，化妆品抽检160批次，总体合格率99.8%，全市食品药品安全总体状况稳定可控。

食药安全监管 立足长沙市情，创新监管手段，解决一批长期影响食品药品安全的深层次问题。推进明厨亮灶建设，建成“明厨亮灶”18159家，接入远程监管平台2956家；全市完成3039家小餐饮“透明厨房”提质改造，全市小餐饮行业面貌焕然一新。推进农贸市场提质，实施农产品产销对接，实行双向承诺，严密组织资质审验、进货查验、入场检验、留样备验，开展农贸市场果蔬垃圾无害化处理和资源化利用试点，市场经营环境大幅改善。实施“放心早餐”工程，在豆制品米粉行业全面实行集中生产、冷链配送、冷藏销售“封闭运行”管理，全面取缔无证无照和不规范的同类摊点，质量安全水平明显改善，经验做法在全国推广。推动食品安全追溯体系建设，出台鼓励措施，全市4家婴配生产企业、5157家婴配经营者全部实现“一物一码”电子追溯，50余家食品生产企业、41家大型连锁超市、9家大型农贸市场、80余家品牌餐饮企业完成电子追溯试点，追溯体系建设初见成效。开展“一桌餐”“私房菜”等无证无照专项整治，责令停止经营430户，取缔违法经营118户，自行关停551户，立案查处21起，中央媒体对长沙“一桌餐”整治工作进行专题采访报道。

构筑多元社会共治格局 全面推行良好行为规范，推进行业诚信体系建设，公布黑名单3期52名个人或企业，联合惩戒名单2期31名个人或企业，在社会上形成强烈震撼。推行食品安全责任保险，企业投保3416家，农村聚餐投保415.71万人，金额808.7万元，受益人群稳步扩大。畅通电话、信箱、网络等投诉举报渠道，设立举报奖励专项资金，鼓励群众参与监督，共受理投诉举报6181起，兑现举报奖励30万元。推进政府信息公开，及时发布各类行政许可、召回、行政处罚、检验检测等信息3115条，切实保障人民群众知情权、参与权和监督权。组织开展“3·15”、“3·31”、食品安全宣传周、安全用药月、“食品药品安全五进”、“食品安全大讲堂”等系列宣传活动，编印发放各种宣传材料、海报20万余份。在主流媒体开设专题、专栏、专版，解读法规政策、发布工作动态，全年刊（播）发各类报道2000余条，营造社会共治浓厚氛围。

（刘胜伟）

【小餐饮门店升级扶持引导】 2018年，为彻底改变小餐饮门店卫生条件薄弱、设施设备落后的现状，长沙市采取“政府主导、企业主建，财政补贴、对标验收”等方法，狠抓小餐饮提质改造工程，并作为政府一项惠民工程重点推进，打造老百姓身边看得见、吃得放心的餐饮门店。通过政府扶持引导，全市投入2100万元资金，帮助3079家小餐饮经营者改造厨房硬件设施，建设“透明厨房”，提升小餐馆的“面子”和“里子”，使以往“外人勿视”的厨房重地变得越来越透明，重点覆盖500所中小学幼儿园周边小餐饮门店、粉店。长沙食药监系统采取“政策宣传、上门服务、提前指导”等办法，指导小餐饮门店按相关规定进行装修，合理布局，科学分区；引导小餐饮向连锁化、品牌化规模发展，助推餐饮产业转型升级。同时，对难以达到要求、条件设施落后的小餐饮店，予以取缔关停。（刘胜伟）

【湖南首例食品安全领域民事公益诉讼案在长沙开庭】 2018年7月11日，长沙市人民检察院办理的销售假冒碘盐民事公益诉讼案在长沙市中级人民法院依法公开开庭审理。该案是湖南省首例由检察机关直接提起的食品安全领域民事公益诉讼案件。长沙市人民检察院相关责任人等检察官以公益诉讼起诉人身份出庭支持公益诉讼。被告蒋某、曾某、戴某等9人因生产、销售假冒碘盐，致不特定消费者合法权益受损。为此，长沙市检察院诉请长沙中院判令蒋某、曾某、戴某等9人依法承担民事侵权责任，消除危险，收回其销售的尚未被食用的假冒碘盐，并在市级以上媒体向社会公众赔礼道歉的民事公益诉讼。鉴于本案事关食品安全，长沙中院当庭宣判，支持市检察院请求。（刘胜伟）

【"中央厨房＋移动餐车"长沙模式全省重点推广】 2018年6月27日，湖南省农村集体聚餐食品安全管理现场推进会在长沙召开。来自全省各市（州）的相关监管人员就此进行经验交流，"中央厨房＋移动餐车"长沙模式被重点推广。省食药监局党组书记、局长刘湘凌，长沙市副市长邱继兴出席会议。针对用餐人数多、风险点源复杂等原因致使农村集体聚餐食品安全风险较高的特点，对如何监管好农村集体聚餐安全，长沙市探索成立农村集体聚餐服务公司，由第三方公司提供服务，推行"中央厨房＋移动餐车"新模式，实现"明厨亮灶"远程监控，确保农村集体聚餐食品安全，取得良好效果。（刘胜伟）

【创建国家食品安全示范城市通过省级评价验收】 2018年8月底至10月，省食安办组织对长沙市创建国家食品安全示范城市开展省级评价验收。30余名专家和成员通过资料审查、满意度调查、暗访检查、现场评价等举措，实地访问调查9个区县（市）、76个乡镇、76个村（社区）、社会公众1889人。调查结果显示，群众食品安全满意度达75.8%，对创建工作的知晓率为97%、支持率为97.8%。此次长沙市创建国家食品安全示范城市省级现场评价总得分103.63分，没有被否决的情形。省级评价验收结果显示，长沙达到国家食品安全示范城市标准要求。（刘胜伟）

安全生产监督管理

【概况】 2018年，长沙市发生各类生产安全事故63起，死亡67人，受伤45人，经济损失6659.9万元，与上年同期相比，事故起数减少103起，下降62.05%；死亡人数减少35人，下降34.3%；受伤人数减少102人，下降69.4%；经济损失增加1178.01万元，增加21.5%。较大事故3起（其中2起高速公路较大事故仅纳入统计，不纳入考核）。未发生重特大生产安全责任事故。（黎 建）

【"责任网"建设】 2018年，长沙市不断推进体系建设，出台市委、市政府领导干部安全生产责任清单。明晰部门监管责任。对45个市直部门、长沙高新区、9个区县（市）、170个乡镇街道安全生产工作职责进行具体明晰。构建了市、县、乡三级安全生产"责任网"。压实企业主体责任。通过开展宣传引导、执法监管、行业自律、标杆示范、考核讲评、资金扶持、暗访抽查等手段倒逼企业依法履责。（黎 建）

【安全监管执法】 2018年年初，长沙市、县两级政府共批复年度安全生产行政执法计划170余份，对1.8万余家生产经营单位开展了执法检查。突出"立案数、处罚数、问责数"，实行安全生产执法量化排名，"一月一汇总，一月一排名，一月一通报"。2018年全市各级负有安全生产监管职责的部门共计检查生产经营单位197093次，同比增长38%；责令95668家生产经营单位限期改正，同比增长34%；责令3390家生产经营单位停产停业整顿，同比增长33%；罚款5174851起，同比下降9%；罚款46814.93万元，同比增长23%；暂扣许可证件13908件，同比下降20%；吊销许可证件174件，同比增长383%；提请关闭生产经营单位494个，同比增长606%；采取其他类别行政强制措施5245件，同比增长54%；行政拘留1729人，同比下降58%；刑事立案1072件，同比下降39%；追究刑事责任57人，同比增长104%。"打非治违"和专项整治。组织开展"厂中厂、园中园"、有限空间、仓库物流集中区、人员密集场所、建设工程施工安全、消防安全等专项整治行动。突出矿山、危险化学品、交通运输、烟花爆竹、建筑施工、消防等重点行业领域。1—12月，共取缔非法建设经营单位

2018年，长沙推广农村集体聚餐"中央厨房＋移动餐车"模式，图为农村集体聚餐厨房现场　刘胜伟 供图

2290家，公布重大典型案件31件，曝光非法违法行为3548起，抓捕犯罪嫌疑人1023人。（黎　建）

【安全生产宣传】 2018年，长沙市安监部门与媒体合作，开辟“安全生产看长沙”等专栏，共宣传报道1万余篇次。组织全市各行业主要负责人培训班20期、共5000余人参训；共制作警示教育宣传片274部、开展警示教育5000余场、受众超过100万人次；开展全市首届“安监之星”评选活动，组织40名“安监之星”到人民大学进行为期10天的专题学习。推进“大宣传、大教育、大培训、大演练”，在全省甚至全国安监系统产生影响。特别是对“6·16”突发事故的处置，得到省、市领导的充分肯定，受到社会各界的点赞好评。（黎　建）

【基层基础建设】 2018年，长沙市安监部门落实“党政同责、一岗双责”和“三个必须”要求，结合实际出台长沙市改革发展实施意见。试点开展“互联网+智慧电梯监管”，推广电梯电子标签管理。与湖南安全技术学院签订合作协议，积极探索开展政校战略合作，助推基层监管能力提升。安全生产网格化监管工作有序推进，持续推进安全生产示范县区、示范乡镇、标准化安监站、平安农机、平安校园等创建活动。理顺园区、基层安监体制机制，安全生产资金得到有效保障。（黎　建）

【“6·16”事故应急处置一线有功个人表彰】 2018年6月26日，长沙市政府对中石油加油站“6·16”事故应急处置工作表现突出单位和个人进行表彰和奖励。表彰中国石油湖南长沙销售分公司和岳麓区人民政府2个单位。同时，长沙市政府、省安委办以及中石油湖南销售分公司对中石油长沙市岳麓大道加油站张操、汪伏波、王凌、刘振正、朱家龙、满芊宏、郑少华7名处置得力的工作人员进行奖励，奖励金额80万元。6月16日上午11时，长沙岳麓大道中石油加油站因一起交通事故突发火灾。事故发生后，现场工作人员立即开展应急处置，7秒关闸断电，11秒疏散人员车辆，38秒扑灭大火，未造成人员死亡和环境污染。（黎　建）

【油气管道保护】 2018年，长沙市开展“压实企业油气管道保护主体责任年”活动、“打非治违”行动和“强执法，防事故”活动，共检查企业505次，责令改正19处，实施违法施工处罚12起，处罚金额16.2万元，全市油气管道运行安全稳定。（石　勇）

口岸管理

【概况】 2018年，黄花综保区新增注册企业179家，注册总数287家，产生进出口额26.8亿美元。10余家海鲜企业在综保区开展业务，每周进口海鲜400吨以上，涉及20余个国家和地区40余种海产品，全年进口海鲜6000余吨，长沙全球海鲜集散分拨中心初步形成。中欧班列（长沙）全年开行168列，运输进出口集装箱17318标箱，进出口货值7.64亿美元；霞凝水运口岸完成集装箱吞吐量15万TEU，同比增长7.6%；国际贸易“单一窗口”累积申报127082票，申报货物总值约1333.85亿元人民币，主要业务申报覆盖率80%以上，累计服务企业6508家，其中省内1884家。

国际物流通道拓展 航空方面：2018年开通国际客货运航线8条。新增长沙至英国伦敦、菲律宾公主港、泰国清莱和罗勇、老挝琅勃拉邦5条国际客运航线；新增长沙至达卡、北美（芝加哥/哈利法克斯）、马尼拉3条国际货运航线。截至2018年12月底，长沙机场航线282条，其中国际及地区46条，国际旅客吞吐量为247.1万人次，同比增长10.8%；国际货邮吞吐量约2.98万吨，同比增长114.5%。机场保税航油业务已于7月1日开展运营。市财政对国内国际航线补贴资金达到了3.7亿元。铁路方面：推进中欧班列（长沙）扩容提质。2018年8月，长沙交通投与中外运华南有限公司共同出资成立中南国际陆港有限公司，作为中欧班列（长沙）运营主体，于8月10日开通长沙至白俄罗斯明斯克首趟班列；协调长沙海关分别与满洲里、霍尔果斯、阿拉山口口岸签订关区合作协议，确保跨境电商出口口岸通道的稳定；对长沙地区12个区县（市）和国家级开发园区的外贸企业进行定点推介中欧班列（长沙），开展了以进口木材产业园为重点的特色货源调查研究，全年班列本地产品占开行班列运输出口货值比重由原来的5%上升到37.6%。

口岸平台功能完善 进口肉类指定查验场于2018年1月通过国家部委验收，4月开检运营，4—11月，共进19批次，总重398.7吨，货值总计98.1万美元，入驻的进口肉类企业有5家；进口药品口岸于6月12日已获国家部委批复，进口药品口岸公共服务平台基本建成；进口水果口岸于5月30日通过长沙海关预验收，已向海关总署提出验收申请；冰鲜水产品和食用水生动物指定口岸进出口额7000万余美元。

多式联运发展 修改完善《关于促进长沙口岸多式联运发展的若干办法》，巩固长沙霞凝港至上海港“五定班轮”，引进湖南华光源海集装箱班轮公司，协助解决部分企业集装箱滞留上海港的问题以及霞凝水运口岸烟花等危货集装箱进出口通道和资质问题，推进霞凝新港三期铁路专线施工招标的前期工作。

提效降费 开展降低合规成本专项治理，全市主要口岸场所已建立收费项目公示制度。制定免除查验费用政策，每年预算200万元。开展国际贸易“单一窗口”国家标准版应用，已与10个部委信息系统实现连接，主要申报应用覆盖率100%，超过国家规定的年底前达到80%的目标。拓展地方功能，提升口岸作业信息化水平。启动搭建中国（长沙）跨境电子商务公共服务平台，解决企业注册登记和申报通道问题。

快件监管中心运转 机场快件中心2018年2月8日开始运营，10月业务量增加到日均5000票以上，根据业务发展需要，新增两条查验线。全年全省国际进、出境邮件约2120万件，同比增长34.46%；邮政快件业务累计完成23万件。（周　恩）

【直飞伦敦航线开通】 2018年3月23日，长沙黄花国际机场至伦敦希思罗机场直飞航线开通。这是华中地区开通的首条直飞英国的航线，也是长沙市继法兰克福、洛杉矶、悉尼、墨尔本、莫斯科、开罗、阿斯旺航线后开通的第八条洲际航线。此次长沙至伦敦直飞航线由海南航空客机执飞，13个小时便可在两地间通达，每周逢一、三、五执飞3班。长沙至伦敦直飞航线的开通将为长沙市乃至全省与英国间经贸、人文等各个领域的交流往来提供极大便利。伦敦航线开通后，长沙市机场国际及地区通航城市增至40个，通达“一带一路”沿线12个国家的26个城市，构建起通达亚、欧、美、澳、非5大洲，覆盖东亚、东南亚、南亚、等地的国际及港澳台地区航线网络。（周　恩）

【湖南（红星）进口肉类指定查验场封关运营】 2018年4月4日，随着首单由西班牙直接进口，由盐田港转关至长沙的24.8吨猪板骨、猪颈骨产品在湖南（红星）进口肉类指定查验场通关放行，标志着长沙市进口肉类指定查验场封关运营。湖南（红星）进口肉类指定查验场位于望城区丁字镇的红星北盛冷链物流园内，于2017年2月8日得到国检质检总局批复，2018年2月8日批准可运营。项目总投资4971.29万元，查验能力15.7万吨/年。其中投资630万元建成全国进口肉类指定口岸/查验场最先进的全程可视化动态监管智能信息平台，可实现进口肉类全程定位、温度实时监控、移动智能查验等10余项功能。投资2000万余元、与查验场配套的6440平方米现代化肉类深加工厂也已于2017年10月开工建设。查验平台吸引了来自澳大利亚、新西兰、西班牙、巴西、美国、波兰等国家及中国香港、中国台湾地区的30余家企业，其中已有5家专业公司入驻查验场。作为长沙开放型经济重要的口岸平台，湖南（红星）进口肉类指定查验场的开检，降低企业进口肉类产品的时间和经济成本，规范进口肉类市场，同时丰富了湖南乃至中部地区的肉类消费市场，缓解市场需求压力，提高市场应急能力。（周　恩）

【直飞菲律宾两大度假海岛航线开通】 2018年6月1日，长沙首次开通直飞菲律宾宿务定期航线，6月18日首次开通长沙直飞菲律宾巴拉望公主港定期航线。长沙直飞宿务航班每周三、周五、周日往返，长沙直飞公主港为每周一往返。菲律宾作为“一带一路”沿线重要国家，历来是湖南及周边省份游客的重要出境游目的地，两大度假海岛定期直航线路的开通，方便了湖南及周边省份游客的出行。（周　恩）

【获批药品进口指定口岸】 2018年6月12日，国家药品监督管理局、海关总署联合发布《关于增设长沙航空口岸为药品进口口岸的公告》，同意增设长沙航空口岸为药品进口口岸，增加湖南省食品药品监督管理局为口岸药品监督管理局，增加湖南省药品检验研究院为口岸药品检验所。由此，在全国300余个地级以上城市中，长沙成为第22个拥有药品进口口岸的城市。湖南省从2012年开始申报设立进口指定口岸，已获批9个进口指定口岸。其中已建成的有7个，分别是长沙黄花机场航空口岸叠加的进口冰鲜水产品、食用水生动物指定口岸，岳阳城陵矶水运口岸叠加的进口汽车、粮食、肉类、固体废物指定口岸，以及将正式运营的长沙药品进口口岸。在建的有2个，即长沙、张家界航空口岸叠加的进口水果指定口岸。（周　恩）

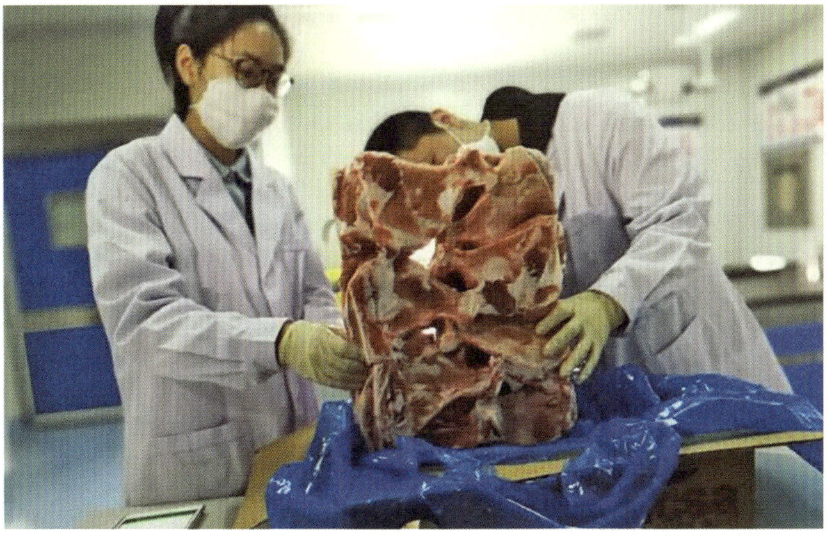

2018年4月4日，在湖南（红星）进口肉类指定查验场，查验人员正在检验从西班牙直接进口的猪肉产品　周　恩　供图

海　关

【概况】 2018年，星沙海关审结进出口报关单1.39万票，监管货运量13.1万吨，进出口总货值23.3亿美元。税收入库18.32亿元，增长30.57%。加工贸易手册备案金额41.09亿美元，增长56.41%。审批办理减免税总货值5.09亿美元，增长187.78%；减免税款9.13亿元，增长355.3%。检疫监管供港活猪30383头，增长103%。监管进出境邮件1784.26万件，同比增长31.93%，征收税款1199.8万元。监管进出境印刷品及音像制品34.08万件，监管进境快件525票总运单，26.9万票分运单，货值6276.99万元，征收税款150.57万元。签发各类原产地证书59786份，增加12.9%，签证金额29.4亿美元，增加13.7%。其中，签发自贸协定优惠原产地证书50737份，签证金额24.8亿美元，分别增长18.9%、20%，减免目标国关税1.3亿美元。（彭铃涵）

【机构改革】 2018年4月19日，星沙海关实现“单一窗口”一次申报报关报检资质，4月20，对口联系的原检验检疫单位举行挂牌仪式。推进综合业务整合，于9月25日将原长沙局的综合业务融合到星沙海关本部办理，把烟花爆竹监管的综合业务融合到驻浏阳办事处办理。推动业务融合，贯彻落实关检融合“多查合一”改革，联合开展作业10家，8月1日正式开始关检融合整合申报。12月24日，根据机构改革“三定”工作方案，原国检长沙局和浏阳办事处转隶星沙海关，原长沙海关现场业务处更名为星沙海关金霞办公区。（彭铃涵）

【业务改革】 2018年，星沙海关加大推广自报自缴力度，实现税单自报自缴比例超过90%。配合开展新一代海关税费电子支付系统测试，10月1日全面推广新一代海关税费电子支付系统，系统运行情况良好。完成税单无纸化系统测试，11月19日湖南省第一份企业自行打印税单在星沙海关辖区产生。2018年辖区3家企业获得海关总署批准，同意企业以集团财务公司的方式提供税款担保，节约了企业的融资成本和时间成本。（彭铃涵）

【快件审单中心成立】 2018年3月6日起，长沙海关快件审单中心设在星沙海关，负责湖南邮政、长沙黄花机场和郴州3个快件现场的审单工作，实施快件集中审单作业。快件审单中心自3月6日运行以来，共审结星沙邮政快件、机场快件和郴州快件3个现场快件报关单172.98万票，物品总重3034.66吨，物品价值3.78亿元，征收税款1107.78万元。（彭铃涵）

【整体通关时间压缩1/3】 2018年，星沙海关进口整体通关时间为50.86小时，较上一年压缩51.01%，为长沙海关进口整体通关时间压缩了8.96小时，贡献率为15.31%；出口整体通关时间为1.6小时，较上年压缩86.07%，排名全省第一位。指导某公司通过“提前申报”将整体通关时间从70小时左右降为0.5小时。（彭铃涵）

【安全防控】 2018年，星沙海关加强非洲猪瘟防控，对进口肉类指定查验场、养殖场、邮快件监管场所等重点防疫区域进行有效防控，全年检疫监管供港活猪30383头，同比增长103%。制订实施“绿蕾4”专项行动方案，重点打击非法寄递植物种子种苗进境行为，出境邮件物种资源截获破零，查获出境种子218种次30750粒；湖南口岸首次截获彗星飞蛾标本和医用疫苗，多次截获昆虫标本、蛋黄月饼、活体蜜蜂、活体蜘蛛等禁止入境物。对2485批进出口食品实施检验监管，对3批不合格进口食品并实施监督销毁，开展打击出口茶叶掺杂使假专项整治行动。（彭铃涵）

【海关监管】 2018年，星沙海关创新供应链方式进口医疗器械检验监管和邮快件“品名+规格”风险布控指令监管，全年以供应链方式进口医疗器械61批5463万元。切实保障消费者权益，实施包括大众途锐在内4万余台进口汽车召回监管，目录外商品抽查中检出不合格进口服装样品15个，检出不合格出口危险货物4批405件。邮快件监管梳理提交16项布控指令，成功通过布控指令截获大麦种子等禁止进境物。深化危化品“互联网+部门联合执法”模式，与安监部门开展常态化联合执法。（彭铃涵）

【政策法规宣传】 2018年，星沙海关实施重点企业年度调研计划，分管领导带头开展加工贸易、减免税企业调研，摸清底数，并形成有建设性的调研报告。组织到高新区、雨花区、望城、宁乡、浏阳经开区开展海关新政策宣讲，举办关税保证保险、多元化担保、自报自缴、主动披露、减免税政策调整等专门业务培训，开展覆盖长沙9大区县（市）原产地证书政策宣传，约1500人参加培训。组织到涉美贸易企业调研中美贸易摩擦的影响，上门为企业申报保税仓把脉，为企业解决节假日通关的问题，组织重装减免税政策企业座谈，通过企业家微信群宣传海关改革举措和新的业务政策法规。（彭铃涵）

【开放型平台建设】 2018年，星沙海关推动高桥大市场开展市场采购贸易试点，支持长沙高新区打造跨境电商产业聚集区，做好进口博览会、食品餐饮博览会、华夏珠宝展、李自健美术馆艺术展、省博物馆埃及文物展等展会的驻场监管工作，推进益阳市申报公共保税仓，为怀化湘欧快线做好通关保障，指导长沙县国家级出口食品农产品质量安全示范区与出口食品生产企业“同线同标同质”工程协同推进，湖南（红星）进口肉类指定查验场正式投入运营。配合优化口岸营商环境，参与长沙市“千人帮千企”行动，第一时间向地方政府传达全国口岸提效降费工作会议精神。（彭铃涵）

【外贸回流引导】 2018年，星沙海关摸排辖区进出口产品属地报关情况，发现流失外贸数据上亿美元，积极做工作促企业回流报关，并将相关情事报送到《长沙要情》供地方党政领导和相关单位知悉。针对长沙市外贸情况撰写统计分析10余篇，分别被《长沙晚报》《新浪财经》等多家采用，向市委、市政府报送3篇分析报告，其中《2017年度长沙市出口企业利用自贸协定原产地优惠政策分析》获湖南省委常委、长沙市委书记胡衡华批示肯定，《2017年度长沙市进出口产品质量状况分析》获长沙市副市长邱继兴批示肯定，《统筹兼顾，合理布局，充分发挥进口肉类指定查验场功能》的政协提案被市政府采纳并转化为工作部署。每月向统计局提供长沙外贸数据，受长沙市委宣传部邀请对全市文化产业宣讲海关统计政策。（彭铃涵）

【打击走私】 2018年，长沙市开展“国门利剑2018”联合专项行动，加强固体废物进口监管，开展打击洋垃圾走私“蓝天2018”行动。全年刑事案件立案11起，行政立案58起，截获气手枪1支，枪管2根，气枪配件10件；查获国家二级保护动物独角鲸牙段7.5千克，象牙制品2千克；查实走私冻品1582.17吨、锑锭1902.73吨，缴获毒品冰毒973克；查获非法出版物500余本，涉嫌侵权产品105件；快件领域查获需要许可证的种子、海参、医疗器械以及药品等安全准入情事13起。星沙海关所属邮检科获“2018年湖南省扫黄打非先进集体”，1人获评“2015—2018年湖南省三年禁毒大行动先进个人”。（彭铃涵）

农　业

AGRICULTURE

责任编辑・吴丫丫

综 述

【概况】 2018年，长沙市实现农林牧渔业总产值526.92亿元，同比增长3.4%（注：农业总产值根据第三次全国农业普查情况修正）；第一产业实现增加值318.73亿元，增长3.3%；农村居民人均可支配收入29714元，增长8.6%。全市完成粮食播种面积32.54万公顷，总产量215.52万吨，其中水稻播种面积29.3万公顷，总产量201.97万吨。全市完成油料播种面积5.51万公顷，总产9.74万吨，其中油菜播种面积5.02万公顷，总产量8.35万吨。

乡村振兴 统筹安排。落实“五级书记抓乡村振兴”要求，建立“市统筹、县为主、乡村抓落实”工作机制，组织召开动员会、推进会和讲评会，牵头制定《关于全面落实乡村振兴战略的实施意见》《关于稳步推进农村集体产权制度改革的实施意见》《关于发展壮大新型村级集体经济的指导意见》《关于农村人居环境整治三年行动的实施意见》《长沙市“五治”工作三年行动计划（2018—2020年）》，推动整合相关部门资金14.68亿元，形成落实乡村振兴战略的强大合力。重点建设。发展壮大新型村级集体经济，铺排“四型”项目（土地合作型、资源开发型、物业经营型、乡村服务型）448个，消除集体经济薄弱村213个。推进农村人居环境“五治”（治厕、治垃圾、治水、治房、治风），完成农村改厕2.8万座，完成402个村垃圾分类设施建设和人员队伍配备，清理整治“一户多宅”1.7万宗255万平方米，实现16万处小微水体河长制管护全覆盖，农村婚丧喜庆大操大办等现象得到遏制。示范创建。实施美丽乡村三年行动，完成100个市级美丽乡村示范村、100个特色村建设任务，创建21个省级示范村。启动乡村振兴示范镇村创建，铺排创建20个示范镇、100个示范村，打造长沙县浔龙河村、望城区静慎村、浏阳市竹联村等示范样板。落实情况。建立实施乡村振兴战略目标任务清单，每季度对任务落实情况进行调度。开展921名农村党组织书记集中培训，组织千人规模集中观摩，推动各地交流经验做法。

现代都市农业 制订花猪、绿茶、花卉苗木、油茶、蔬菜、特色水产等“一县一特”实施方案，完成1.97万公顷种植结构调整任务，打造形成4个万亩、30个千亩特色种植片区。开展新型职业农民培训2428人次，全国新型职业农民培育经验交流现场会在长沙市召开，长沙模式获全国推广。新增农民合作社709家、家庭农场676家，市级以上龙头企业187家，新型农业经营主体总数增至2.7万家，铺排建设一批现代农业产业示范园、畜禽标准化生态环保养殖示范园，流转经营土地12.67万公顷以上，水稻耕种收综合机械化率79.6%。落实农业品牌建设奖励政策，评选推介40个农业知名品牌和十大农业企业品牌、十大区域公用品牌，金井茶叶获评全省十大农业品牌。新增“三品一标”（无公害农产品、绿色食品、有机农产品和农产品地理标志）农产品认证60个，其中地理标志农产品4个，“三品一标”总数逾600个。加快推进一、二、三产业融合发展，实现农产品加工业销售收入2319亿元，同比增长12%以上；完成休闲农业和乡村旅游总经营收入590亿元，同比增长13.5%，农业综合经营效益持续提高。举办第16届中国国际农产品交易会暨第20届中国中部（湖南）农业博览会和全球农业南南合作高层论坛，吸引4000余家中外企业、1.6万余种产品参展，现场贸易额337亿元。

农产品质量建设 加强“米袋子”“菜篮子”建设。落实行政首长负责制，完成粮食总产215.52万吨、蔬菜总产510.55万吨、生猪出栏438.53万头、家禽出笼4011.59万羽、水产品总产9.26万吨，望城区获评“全国水产健康养殖示范县”。结合“一圈两场三道”建设，打造“菜篮子”配送直营店100家，基本形成市民购菜的“15分钟生活圈”。加强农产品全程监管。完成10个农产品质量安全示范乡镇（街道）、40个监管示范站创建，乡镇监管站总数170个；落实《长沙市农产品产地准出管理办法》，建成企业快检室265个、生鲜超市快检室200个；开展农产品质量安全检验检测逾50万批次，全市农产品质量安全检测合格率保持在99%以上。加强农业综合执法。立案查处动物卫生、畜禽屠宰、兽药、非法捕捞等案件265起，结案208起，移送公安机关18起，刑事和行政拘留24人，法定期限内结案率100%。加强对非洲猪瘟等动物疫病防控。开展动物饲养、屠宰加工、产品交易场所监督检查5791家次，产地检疫生猪230.3万头，定点屠宰检疫生猪152.7万头，全市生猪定点屠宰检疫率、不合格生猪及产品无害化处理率均100%。应对非洲猪瘟，组织开展大排查、大消毒、大防堵、大监管、大完善专项行动，全市暂未发生非洲猪瘟疫情及其他区域性重大动物疫情。

农村改革 推进“三块地”（农村土地征收、集体经营性建设用地入市、宅基地管理制度改革）改革，支持浏阳市深化“三块地”改革试点，办理宅基地不动产权证书1.4万本，农房抵押贷款4.15万宗、47.6亿元；完成集体建设用地确权1300余宗，入市48宗、1.4亿元，实现资源变资本、资本变资产、资产变资金。推进农村集体产权制度改革，完成雨花区全国集体产权制度改革试点任务，试点成果得到农业农村部肯定。基本完成全市清产核资工作，为明晰集体产权、盘活集体资源提供重要基础。推进农村土地合作经营，实施“一村一社”建设，建立村级土地合作社463家。推进引导农民集中居住，落实全国农村改革试验任务，望城区引导农民集中居住“带地入建”试点进展顺利，长沙县、浏阳市、宁乡市结合“空心房”整治、灾后重建等启动建设一批集中居住点。推进投融资机制创新，组建全省首支市场化农业创投基金——现代农业创新投资基金，一期规模3亿元。（黄英华）

【农业科技教育】 2018年，长沙市新型职业农民培育。长沙市新型职业农民培育工作在2018年全国新型职业农民培育经验交流暨信息化推进会上得到推介。在全省农业农村科教暨新型职业农民培育工作大会上，长沙市作典型发言《加强培育制度建设提升培育质量水平》。出台《2018年现代农业人才培养方案》。长沙市发展一批新型职业农民典型，如2018年获评农业农村“全国百名杰出新型职业农民”的孔蒲中、“五四青年奖章”获得者种粮能手袁虎、稻田生态种养能手杨光炫等。全年完成部省培育任务1913人，开展市级培育27个班2428人。认定新型职业农民2962人，并颁发新型职业农民培育证书。围绕花卉苗木、花猪养殖、蔬菜、水产养殖等建立省市级新型职业农民培育实训基地100余家。针对星级休闲农庄中高级管理人员开展经营管理能力和综合素质提升，开展休闲专题班7期，培训489人。举办稻田综合种养培训班14期，培训人数1408人。

基层农技推广 以示范基地为依托，反复进行新品种试验示范。如长沙县围绕水稻、蔬菜、茶叶、果树4大主导产业，主推陵两优942、陵两优268、五优308、天优华占、湘研15号、碧香早、南丰蜜橘等12个主导品种。宁乡市根据该市农业种植业的产业现状和发展规划，遴选主导品种12个，主推技术12项，全市主导产业产量（产值）年均增长5%以上，主导品种、主推技术入户率95%以上。打造新型农技服务队伍。采取分类分批的方式，对全市基层农技人员进行专业技术培训，促进农技服务队伍结构优化和和综合素质提升。2018年，全市种植补助项目明确的指导员有206名，其中长沙县70人、浏阳66人、宁乡70人。

农科教结合 2018年，扶持优质农科教结合项目28个，重点支持蔬菜防虫网、秋延辣椒栽培、病虫害绿色防控等新技术使用，水果避雨栽培、多品种组合栽培、再生稻栽培等新技术，新品种如优质红心蜜柚、法国紫色索莱斯无花果，稻田生态种养新模式等，培养一批绿色生态、发展势图好、效益显著的项目。

（黄英华）

【第16届中国国际农产品交易会在长沙举办】 2018年11月1—5日，由农业农村部、湖南省政府主办的第16届中国国际农产品交易会暨第20届中国中部（湖南）农业博览会在长沙国际会展中心举办。展会以“质量兴农、品牌强农、绿色发展、乡村振兴”为主题。展出面积约11.3万平方米，其中室内展览面积约10.8万平方米、室外展览面积约5000平方米，设立乡村振兴展区、扶贫展区、各省综合展区、湖南市州展区、行业专业展区等12个展区，近4000家企业参展，参展产品1.6万种。乌干达、泰国、印度、马来西亚、法国等24个国家和地区的200余家国外公司参展，俄罗斯、英国、德国等近40个国家的国际采购商到会参观采购。展会设置乌干达、泰国两个主宾国，两国举办国家主题日活动和专场推介会；设置四川、河南、浙江3个主宾省，辽宁、黑龙江、广东、安徽、陕西等20余个省在展区设立主宾县，集中宣传区域农业特色。期间举办中国乡村振兴战略高峰论坛、全球农业南南合作高层论坛、全国贫困地区农产品产销对接活动、农业风险管理与农业品牌论坛等13项重大活动。各展团同期组织27场活动。农交会交易额337亿元，中部农博会交易额266亿元。会议宣布江西省南昌市为第17届中国国际农产品交易会举办城市。农交会展会期间到会采购商和专业观众5万余人次，其中全球重点采购商40家，观展观众逾40万人次；会上评选发布农交会参展产品金奖299个，农博会袁隆平特别奖7个、农博会参展产品金奖53个。

（黄英华）

种植业

•粮油作物•

【粮食生产】 2018年，长沙市完成粮食播种面积32.54万公顷，总产量215.52万吨，比上年减少22.93万吨。其中落实水稻播种面积29.3万公顷，比上年减少3.86万公顷，总产量201.97万吨，比上年减少18.91万吨。早稻播种面积10.47万公顷，比上年减少3.87万公顷，总产量60.98万吨，比上年减少21.68万吨。晚稻播种面积10.69万公顷，比上年减少4.33万公顷，总产量76.98万吨，比上年减少31.64万吨。中稻播种面积8.14万公顷，比上年增加4.54万公顷，总产量64.01万吨，比上年增加34.42万吨。落实旱杂粮播种面积3.31万公顷，比上年减少3733.33公顷，总产量16.68万吨，比上年减少1.16万吨。其中，玉米播种面积1.07万公顷，比上年减少986.67公顷，产量7.52万吨，比上年减少0.023万吨。集中育秧。2018年，早稻、中稻（一季稻）和晚稻集中育秧落实大田面积8.13万公顷。2018年，市级投入750万元资金，建立25个工厂化育秧示范基地，每个基地给予30万元补助。项目单位均完成育秧工作车间、标准化育秧大棚、智能催芽暗室、浸种池、播种育秧流水线等配套设施等，建设成全程自动化智能化育秧工厂，达到每批次催芽13.33公顷（大田）、季度育秧100公顷（大田）的能力。优质品种。全市重点推广兆优5431、兆优5455、玉针香、泰优390等品种。镉低积累早稻种子中杂交稻主要品种为株两优189、株两优819、欣荣优123、株两优729、株两优706、株两优15；常规稻主要为湘早籼42等品种，优质良种播种面积27.81万公顷，其中长沙县6.61万公顷、望城区5.06万公顷、浏阳市6.67万公顷、宁乡市9.47万公顷。

（黄英华）

【油料生产】 2018年，长沙市完成油料播种面积5.51万公顷，总产9.74万吨。其中落实花生播种面积3753.33公顷，比上年减少486.67公顷，总产量1.17万吨，比上年减少0.17万吨；落实油菜播种面积5.02万公顷，比上年减少1116.67万公顷，总产量8.35万吨，比上年减少0.07万吨；落实芝麻播种面积546.67公顷，比上年增加36.67公顷，总产量0.09万吨，比上年增加0.01万吨。

（黄英华）

【绿色防控】 2018年，长沙市重点推广水稻深水灭蛹、性诱剂、杀虫灯、稻鸭共生、田埂种豆、赤眼蜂等技术防治二化螟、稻纵卷叶螟应用技术，专业化统防统治推进水稻面积8.22万公顷，水稻绿色防控融合推进面积6.84万公顷。全市有无人植保机202架、自走式喷雾机26台套、远程喷枪喷雾机701台套。全年全市农药使用商品量4847.33吨，较上年减少4.52%。全市推广频振杀虫灯1860台，推广高效低毒和生物农药656.5万亩次。推广农药增效减量助剂示范应用面积90万亩次。

（黄英华）

【测土配方施肥】 2018年，长沙市完成测土配方施肥面积585.5万亩次，推广专用配方肥9.65万吨，施用面积19万公顷，累计减少化肥用量6792吨（折纯）。全市完成绿肥播种面积6万公顷；全年使用有机肥量23.84万吨，其中商品有机肥14.59万吨；推广秸秆还田面积19.33万公顷；推广水肥一体化面积8200公顷，实现水稻等主要农作物耕地质量保护与提升技术全覆盖。

（黄英华）

【第一届长沙种业硅谷峰会】 2018年9月6—7日，第一届长沙种业硅谷峰会暨种业创新成果博览会在长沙国际会展中心举行，主题为“创新种业 智种未来”。峰会及博览会是由湖南省农业委员会、湖南省科学技术厅、长沙市人民政府主办，长沙市农业委员会、芙蓉区人民政府、浏阳市人民政府、隆平高科技园管委会承办。大会采取“峰会+展会+田间”的创新模式，将国内外种业创新成果在长沙国际会展中心和浏阳市北盛镇环园村分室内、室外两个展示区域进行展示，展出100余家种子生产企业的近700个品种。开幕式现场，大会举办签约仪式。签约项目10个，总投资额27.5亿元。项目内容包括隆平高科技园新引进重点农业项目6个，涉及智慧农业遥感技术研发应用、土壤污染修复、节水抗旱稻研究、有机认证平台、农业技术孵化平台等领域；企业合作项目4个，包括水稻新品种合作研发、特种红米新品种合作开发、试验基地共建等项目。现场发布《中国种业硅谷（长沙）发展规划（2018—2025年）》和建设“中国种业硅谷”政策10条。（黄英华）

•经济作物•

【概况】 2018年，在原有优势产业带基础上打造4个万亩集中连片示范带，即万亩蔬菜产业带、万亩茶叶产业带、万亩水果产业带、万亩中药材产业带；在产业带上打造4个高标准精品产业园，即大围山水果产业园、金井湘丰茶产业园、青山桥中药材产业园、高桥食用菌产业园。基本形成区域化布局、规模化种植、标准化管理、专业化生产、品牌化销售格局。

标准化创建 结合国家、省对园艺作物标准园建设的要求，实现规模化种植、标准化生产、商品化处理、品牌化销售、产业化经营“五化”目标，开展标准化创建活动。2018年度市级标准化专业蔬菜基地建设项目立项11个，申请验收且验收合格10个，项目总投资近5000万元，扶持资金1251万元；经济作物（茶果药）标准化基地建设项目立项7个，申请验收且验收合格7个，项目总投资2940万元，扶持资金588万元。长沙县茶叶现代农业产业集聚区被认定为2018年现代农业特色产业集聚区（省级现代农业产业园），怡清源、炎羽、云游3家茶叶特色产业园被认定为2018年湖南省现代农业特色产业园省级示范园。

良种化示范 引进示范推广一批优质高产、适销对路的优良新品种，在产业基地配套建设一批区域性良种繁育基地，推广种苗统育统供。蔬菜在重点推广名特优新品种的同时，适度发展浏阳鸡肠子辣椒、宁乡七星椒、东城生态椒等受市场欢迎的地方特色品种；茶叶重点推广纯度高、发芽整齐、发芽密度大、持嫩性较强、节间长、再生能力强的省级及以上审定的茶树品种；水果重点推广猕猴桃、蓝莓、火龙果、罗汉果等优新品种；中药材重点推广道地、满足市场需求的优良品种。

品牌化建设 “长沙绿茶”区域公用品牌建设。通过整合全市茶叶品牌资源，逐步淘汰市场占有率低、产品质量不过硬的品牌。推进公共品牌与企业品牌的融合，实施“母子商标”策略，共同促进长沙市茶叶品牌发展。宣传茶旅文化，组织编纂《中国茶全书·长沙分卷》，策划在全市征集茶行（庄）、茶亭、茶碑、茶钟、茶具及茶书、茶诗、茶联等实物及资料，举办高规格的茶文化节等活动。（黄英华）

【蔬菜产销】 2018年，长沙市蔬菜播种面积14.63万公顷，总产量510.55万吨。蔬菜产业重点打造“五片两园”，即长沙县春华、路口片，望城区靖港片，浏阳市沿溪片，浏阳市普迹片，宁乡横市片及长沙县高桥食用菌产业园、岳麓区学士羊肚菌产业园。推动产业链条延伸，拓展蔬菜产业多种功能，加快以农产品加工为主的农业产业化进程，实施农产品直销配送工程，发展以蔬菜为主导产业的休闲旅游农业。推广水肥一体化、机械化作业、病虫害综合防治、采后商品化处理、冷藏等重大技术。蔬菜重点推广水肥一体化技术和春提早、秋延后设施栽培技术。

2018年，农产品质量安全例行监测“省检”抽检蔬菜200批次，合格率99%。市级例行监测抽检蔬菜1342批次，合格率99.93%。蔬菜类通过认证的“无公害农产品”269个、“绿色食品”89个、“有机产品”12个（中绿华夏认证），葛家鸡肠子辣椒通过农产品地理标志认证。

（黄英华）

【茶叶产业】 2018年，长沙市重点建设产业优势区域“一廊三片”，即长沙县百里茶廊、宁乡市沩山片、浏阳市淳口片、望城区乌山-格塘片，其产量约占全市的68%。全年全市茶园总面积1.5万公顷，比上年增加333.33公顷，增长2.27%，其中良种茶园面积1.11万公顷。全年茶叶总产量36677吨，同比增加3320吨，茶叶总产值2.2亿元，比上年增加0.46亿元，增长21.6%，其中名优茶产量1873吨，名优茶产值3.92亿元。（黄英华）

【水果产业】 2018年，长沙市重点发展“四区”，即长沙县开慧白沙时鲜水果产区、浏阳市浏东线水果产业示范区、宁乡市西部（黄材、沩山、巷子口）水果集中产区、望城区近郊休闲水果产业园区。全市果树种植面积3.12万公顷，总产量23.85万吨，总产值15.71亿元。其中全市时鲜水果种植总面积2.45万公顷。新扩时鲜水果基地1333.33公顷，同比增加5.76%。水果总产量39.84万吨，比上年减少0.07万吨，下降0.2%，时鲜水果产值14.01亿元，同比增加1.98亿元，增加16.46%。柑橘类果树面积保持在6666.67公顷，产量10.74万吨，产值1.7亿元。加强低产果园改造，挖掘大宗水果增收潜力，优化早、中、晚熟品种比例，建设一批四季果园。

（黄英华）

【中药材产业】 2018年，长沙市重点优化“两园”，即宁乡市青山桥中药材产业园、浏阳市北部道地药材产业园（社港、沙市、淳口）。发展中药材种植基地，建成中药加工优质原料基地，推进中药材产业发展，逐步形成中药材产业带。全年全市中药材总面积6213.33公顷，总产值（农业）0.45亿元，比上年下降2.9%。中药材按照因地制宜、适销对路、市场开发的产业发展趋势，稳步扩大产业发展规模。（黄英华）

林 业

【概况】 2018年，长沙市国土面积约118万公顷，林地面积60.46万公顷，占国土面积的51.28%。森林覆盖率提升至54.95%，增长0.13%，居省会城市第三位。新增1家省级森林公园，森林公园有12家。活立木总蓄积量3011.8万立方米。湿地面积4.34万公顷，湿地率3.67%（其中内六区11.46%），湿地保护总面积3.05万公顷，其中新增湿地保护面积1021.4公顷，湿地保护率提升至76.66%，增长1.66%。有古树名木6324株，自然保护区16个，分布有国家一级重点保护植物28种，国家一级、二级重点保护动物分别为4种、40种。全市有国家级森林公园4家、省级森林公园8家、国家湿地公园5家、省级湿地公园1家。培植省级龙头企业6家。新建森林康养步道3.4千米，为宁乡林盛科技康养项目争取国家林草局基金授信2亿元。松材线虫病等重大林业有害生物防控达到省政府责任状要求，枯死松木限期清除率100%。探索松褐天牛飞机联防联治长沙模式，首创第三方监督评定机制。对口帮扶龙山县下比村发展种植业，结对帮扶省级贫困村蒲塘村，指导蒲塘村协助编制产业规划，明确以茶业为主、其他产业为辅的发展方向。长沙市林业局获评“2018长沙城市绿化工作专项评议满意单位”、2018年度“湘林杯”林业建设目标管理考核优胜单位，市林业局门户网获评“全国林业网站市级十佳网站”，

2018年，长沙市林业局铺排绿化项目797个，完成绿化建设面积2639.65公顷。基本完成环城绿带体育公园、梅溪湖公园等7个“结瓜”工程。完成“一江六河”水系绿化建设面积313公顷。芙蓉北路（望城区段）、宁乡市金洲大道等5个路段获评“湖南省最美绿色通道”。探索政企合作和共建共管共享义务植树基地的新模式，有效破解植树、养护、土地等“六难”问题。新建义务植树基地159处，参加义务植树人数372万人，尽责率93.91%；植树1308.6万株，完成率112.5%。完成人工造林4513.33公顷，完成长防林建设任务293.33公顷，其中人工造林93.33公顷，封山育林200公顷，完成全市1588个小班近2000公顷黄土裸露地块调查。做好年度苗木生产培育、调剂和行业管理，组织生产杉木等主要造林树种苗木17.33公顷，培育各类苗木2000万余株，调剂调运各类造林苗木1597.95万株，有效保障优质造林和生态建设需要。

2018年，长沙市林业局探索“山长制”，责任落实到市、县、乡镇、村组、网格五级，制定《长沙市关于全面推行山长制的实施意见（试行）》，汇编《长沙市山长汇总表》，组织600余名专业半专业队伍防火集训，完成防火隔离带建设109.27千米，落实全年重要节日节点的森林防火工作，全年全市实现“零火灾”，并在全省森林防火工作会议上作为唯一一个典型发言，市委、市政府主要领导给予肯定。浏阳《七百志愿者》获首届中国森林防火公益微视频大赛二等奖。（颜梦玲）

【象鼻窝省级森林公园创建】 2018年，湖南省政府办公厅批复，同意建立岳麓区象鼻窝省级森林公园。总面积344.82公顷的岳麓区象鼻窝森林公园成为省级森林公园。至此，长沙有国家级森林公园4家、省级森林公园8家，全市森林覆盖率54.95%。象鼻窝以造型酷似大象长鼻伸入水中喝水而得名，公园位于长沙市湘江以西，属于湖南湘江新区的核心区域，距离中心城区12千米，距离市政府8.5千米。根据《湖南湘江新区发展规划（2016—2025年）》《长沙市绿地系统规划（2004—2020）》等，象鼻窝森林公园与东侧的岳麓山、桃花岭景区，西侧的莲花山，北侧的梅溪湖是长沙城西的重要生态绿楔，致力于打造成长沙生态旅游休闲基地和长花灰韶黄金旅游产业带上的重要节点。象鼻窝森林公园将统筹“山、水、林、田、湖”等自然要素和历史文化等人文要素，形成以森林为主体的城镇森林生态系统和生态屏障。2018年，长沙市林业局逐步实现各大森林公园的精准提质，完成《梅溪湖国家森林公园及周边区域总体规划研究》。（颜梦玲）

【大围山杜鹃花节纳入中国森林旅游节】 2018年5月9日，2018中国森林旅游节湖南（浏阳）大围山杜鹃花节在长沙开幕，国家林业和草原局森林旅游管理办公室副主任杨连清出席开幕式并讲话，长沙市委副书记徐宏源、湖南省林业厅副厅长吴彦承致辞。国家林业和草原局调查规划设计院、北京市园林绿化局、江苏省林科院，厅国有林和森林公园管理局、计财处、宣传中心，长沙市林业局、住建局、旅游局、园林局及浏阳市委市政府、浏阳市林业局等单位的有关负责人和专家100余人参加。该活动是2018中国森林旅游节的重要组成部分，以“浏阳河畔·杜鹃花海”为主题，举行空中赏花、文化美食节、摄影大赛、“放飞相思”爱鸟活动、“杜鹃花海·人间仙境”情景文艺表演等一系列活动。大围山杜鹃花节纳入2018中国森林旅游节系列活动，其间，游客人数逾20万人，旅游收入8400万元。2018年，大围山完成森林宾馆改造、直升机停机坪建设，启动新田顶景区旅游服务楼改造，获评“全省森林公园质量管理十佳单位”。（颜梦玲）

【大围山森林公园获评“全省森林公园质量管理十佳单位”】 2018年5月10日，在全省森林旅游工作会议上，大围山国家森林公园获评“全省森林公园质量管理十佳单位”。大围山森林公园近年累计投入10亿余元，启动140余个建设项目。完善交通路网。打造内联外通的大景区交通骨架，完成入园公路改造，实现山上山下全线沥青公路；投资4.5亿元的大浏高速茶林互通至白沙公路（大围山旅游干线公路）建成通车，高速公路直通景区，使大围山进入“长沙一小时经济圈”，南昌两小时经济圈，景区交通区位优势凸显。推进景区扩容。投入2亿元，将西大门下移至泥坞，建成美丽的森林小镇，启动南大门建设工程，使景区面积增加6666.67公顷。建设旅游商品贸易街区，提升餐饮、住宿、娱乐、服务等配套功能，挖

掘地热资源，建设休闲度假村、旅游综合体等旅游项目，培育大围山“宜居宜业”的新业态。建设精品景区。建成国家级登山步道，成为全国第一条森林步道、湖南省第一条国家级登山健身步道；投资500万元提质改造“杜鹃花海”景观，入选农业部中国美丽田园；完成栗木桥、七星岭、樱花谷、达浒象形、黄石洞等景区的建设；推进龙须漕、白面石等景区建设；打造入园公路银杏景观线、枫林瀑布、清风竹苑、猕猴谷等精品景点；建成国家地质公园博物馆，全面对外开放。（颜梦玲）

【全国活化经营权促进规模经营现场会在长沙举办】 2018年9月26—28日，全国活化经营权促进规模经营现场会在浏阳市举行。国家林业和草原局副局长刘东生，国家林业和草原局改革发展司司长刘拓，湖南省林业厅党组书记、厅长胡长清等出席活动。全国各省、自治区、直辖市林业厅（局）分管负责人，林改处（办）负责人，集体林业综合改革试验区林业局负责人，国家林业和草原局改革发展司有关人员等110余人参加会议。浏阳市在现场会上作典型发言。会议期间，与会人员到浏阳市金仁林业集团原材料基地、井头富康林果种植专业合作社、浏阳市民之家，现场观摩浏阳市深入推进集体林权制度改革工作成效。各省、自治区、直辖市林业厅（局）分别汇报交流活化经营权促规模经营情况。（颜梦玲）

【全国林业行业职业技能竞赛在长沙举办】 2018年9月17—19日，2018年中国技能大赛——全国林业行业职业技能竞赛在浏阳市大围山国有林场举行。大赛由国家林业和草原局等主办，湖南省林业厅承办，浏阳市大围山国有林场协办。全国政协常委、国家林业和草原局副局长刘东生，中华全国总工会书记处书记、党组成员赵世洪出席开幕式。全国的34支代表队、102名选手展开比赛，全国4855个国有林场的选手，代表75万余名国有林场职工参赛。选手们在大围山进行林分调查、目标树培育模拟施工和下层疏伐模拟施工等技能操作项目竞赛。比赛分为理论知识考试和技能操作考核两部分，设个人和团体两个奖项，获一等奖的选手将报请人力资源和社会保障部授予“全国技术能手”称号。在颁发的个人和团体奖项中，湖南省代表队获团体一等奖，湖南省代表队段志华获个人一等奖。（颜梦玲）

2018年9月17—19日，2018年中国技能大赛——全国林业行业职业技能竞赛在浏阳市大围山国有林场举行　　市林业局 供图

【浏阳湖国有林场被授予“湖南省秀美林场”称号】 2018年5月10日，全省森林旅游工作会议在浏阳市召开。会上宣读国家、省厅相关决定和通报，并对被表彰的单位和个人进行授牌仪式，其中，浏阳湖国有林场被授予“湖南省秀美林场”称号，成为浏阳市第二个省级秀美林场。2009年成立的浏阳湖国有林场，有国有林地面积1293.33公顷、集体林地面积1.84万公顷。其森林总蓄积71.86万立方米，森林覆盖率88.9%，是浏阳河水源涵养生态保护区、株树桥水库涵养区和浏阳市城市生态圈的重要组成部分和重要生态屏障。2017年以来，浏阳湖国有林场开展“秀美林场”建设，对辖区内西湖山公园和道吾山、天马山风景区培育珍稀树种、彩叶树种，进行林相提质改造。推进美化绿化，打造森林景观，完善森林步道、护林防火等基础设施，创造绿色、舒适的城市森林康养环境，林场景观进一步提升。（颜梦玲）

【浏阳市被授予“中国楼梯之乡”称号】 2018年12月20日，全国工商联家具装饰业商会楼梯专委会第五届会员代表大会暨第11届中国楼梯行业年会在苏州举行，浏阳市被全国工商联家具装饰业商会授予“中国楼梯之乡”称号。浏阳高度重视楼梯行业的发展，作为浏阳实木楼梯主要生产区，沙市、淳口、龙伏等乡镇有生产企业50余家，年产值40亿余元，带动就业3万人。有产品类型100余种，畅销全国30余个省（直辖市、自治区），在全国有6000余家销售网点，占有国内实木楼梯市场份额近10%。（颜梦玲）

【“别人家的年夜饭”网络舆情处置】 2018年2月15日（除夕）晚7时，账号为（一车当先cars）的微博博主发布一条名为“别人家的年夜饭”的消息，并配发一组摆放在厨房里待烹制的熊掌、穿山甲、鳄鱼等野生动物的照片，引发网民的广泛关注和大量转发，在极短的时间内微博就被转发万余条，跟帖5000余位，舆情迅速发酵，引起国家林业局、共青团中央等官方微博关注。接到网友举报后，长沙市森林公安局迅速进行查证。经查，饶某某在2018年2月15日18时许，为获取粉丝点击量，在未经核实的情况下，从网络下载熊掌、小鲨鱼、穿山甲等5张图片，并编辑“别人家的年夜饭”等相关信息发布在微博上，导致该信息在网上广泛传播。饶某某因虚构事实扰乱公共秩序被行政拘留5日。市林业局因快速妥善处理好这起网络舆情，被中央电视台等10余家媒体给予肯定报道，得到市领导批示肯定。（颜梦玲）

畜牧水产业

【概况】2018年，长沙市生猪、牛、羊、家禽分别出栏（笼）438.53万头、7.84万头、62.15万只、4011.59万羽，同比分别增长0.4%、下降30.75%、16.63%、1.9%。2018年，水产品总产量9.26万吨，19个水产品通过“三品一标”无公害水产品产品认证。（黄英华）

【生猪标准化生态环保养殖示范园建设】2018年，长沙市11个项目开工建设(宁乡市4个、浏阳市7个)，其中栗山、百宜、正明、大龙完成建设，提交项目验收报告。对示范园项目建设实行监督管理制度，责任到区县（市）及项目单位，由专人负责每月定时收集报送项目单位建设信息，充分了解项目建设情况，集中协助解决建设中的重点、难点，同时督促项目单位把握好时间节点，尽早完成项目建设。（黄英华）

【畜禽养殖标准化建设】2018年，长沙市推荐长沙盛大养鸡场申报国家级畜禽标准化示范场；佳和农牧股份有限公司生态农业分公司、金成水乡生态种养基地、湖南众人捧柴农牧科技发展有限公司浏阳黑山羊原种场申报省级畜禽标准化示范场，引导中小规模场进行标准化改造，提升养殖场标准化。

规模养殖场污染防治设施标准化改造 长沙市18家畜禽规模养殖场列入标准化改造工作任务，其中浏阳市6家、宁乡市12家，全市全部完成改造任务（含4家位于禁养区退出，1家拆除重建），浏阳和宁乡两市环保和畜牧两个部门组织联合验收。

地方品种保护 长沙市保种宁乡猪公猪20头（10个血缘），母猪200头；保种大围子猪公猪13头（13个血缘），母猪130头；湘东黑山羊保种母羊500只，种公羊500只。制定长沙市地方品种保护管理办法初稿，宁乡花猪、大围子猪、湘东黑山羊获评“2018年长沙市十大农产品区域公用品牌”。“楚沩香”宁乡花猪获评“长沙市2018年农产品品牌”。组建宁乡花猪院士工作站，对保护中心进行提质改造，建立宁乡花猪基因图谱，通过第三方超低温保存9万支冷冻精液和3000个卵母细胞。申报湖南省现代农业特色产业集聚区项目，通过现场核查。启动10万头宁乡花猪养殖场项目招商工作，制定招商初步方案。天府公司加大大围子猪保护力度，与华大基因深度合作，建立基因图谱，与湖南省畜牧兽医研究所合作，冷冻保存大围子猪核心群的精液和卵子等遗传资料，确保种质资源的不丢失。将大围子猪保种经费增加至45万元。推进浏阳黑山羊地方品种资源保护与开发利用及农产品地理标志登记工作，浏阳黑山羊获2018年国家农产品地理标志。市财政安排260万元专项经费用于3大畜禽地方品种保护与开发，各保种单位均严格按照保种资金使用要求，规范使用。

畜禽资源化利用 2018年4月，农业农村部在长沙市召开南方水网地区养殖业绿色发展工作会议，总结交流全市畜禽养殖污染治理试点和推进养殖业绿色发展的经验做法。农业农村部副部长于康震、湖南省副省长隋忠诚出席会议。长沙市申报畜禽粪污资源化利用整市推进试点，计划至2020年，推进畜禽标准化生态环保养殖基地和畜禽粪污生物转化中心建设，带动全市畜禽养殖粪污资源化利用率提高至90%以上。（黄英华）

【水产养殖标准化建设】2018年，长沙市创建部级水产健康养殖示范场16家，省级水产原（良）种场通过复查1家，全国渔业健康养殖示范县1个（望城区成为全国第31个、湖南省第4个获得全国渔业健康养殖的示范县）。19个水产品通过“三品一标”无公害水产品产品认证，38家企业、83个产品获无公害水产品认证，绿色有机产品认证2个，市级以上水产健康养殖示范场149家（在有效期内）。

生态环保设施渔业 创新推广池塘循环微流水工程化养殖、“跑道鱼、瘦身鱼”工厂化养殖等设施渔业新模式。2018年，全市有4家企业引进池塘工程化循环水养殖新技术，51条流水槽投产使用，居全省首位。长沙市乡里里手农业科技发展有限公司率先在该公司打造“物联网+”发展智慧渔业，实现集约化养鱼、智能化喂养、便捷化操作、精细化管理，达到节能减排和增产增收，提高渔业生产管理现代化水平，打造规模化、产业化、集约化、标准化、智能化的现代渔业产业示范园，进一步推动全市现代渔业向“生态，安全，优质，集约，高效”发展。

稻田综合种养 2018年，全市稻渔综合种养面积4666.67公顷，年增长率64%，亩均产纯收益4000余元。主要分布在宁乡市、望城区。望城区被纳入湖南省环洞庭湖区稻虾产业发展规划（2019—2025年）。长沙市有“稻+虾”“稻+鳅”“稻+鱼”“稻+蟹”“稻+鳖”“稻+蛙”等多种综合养殖模式，其中“水稻+小龙虾”占全市稻渔综合种养面积的70%以上。长沙市现代农业综合配套改革试验区创新推出湖南首个“无抵押、免担保”龙虾产业“惠农e贷”，由中国农业银行望城支行具体实施，推出首期整体规模3000万元的产业贷款，针对望城小龙虾产业养殖农户，推出30万元及其以下的无担保、免抵押惠农e贷小龙虾产业贷，促进望城区小龙虾产业发展。

渔业产业品牌化建设 望城区小龙虾产业入选湖南省“一县一特”主导特色产业名录，成为长株潭大都市圈小龙虾产业入选“一县一特”的唯一区县，促进“鲌鱼”产业规模化及品牌化建设。“八百里”“乡里里手”“千龙湖”分别被认定为长沙市“双十”农业企业（农产品）品牌，“望城鲌鱼”被评为长沙市十大农产品区域公用品牌，“白泥湖翘嘴红鲌养殖示范园”被评定为长沙市现代农业产业示范园，望城区金城水乡小龙虾产业园、风向农业中山龙虾养殖特色产业园纳入2018年湖南省现代农业特色产业园省级示范园建设。

都市渔业 2018年，全市有休闲渔业经营主体1104家，其中规模以上的经营主体249家，带动从业人员9373人，接待人数218.2万人。全市有比较成规模的观赏鱼养殖基地7家，养殖面积近80公顷，设施面积5.25万平方米。观赏鱼全产业链打造者湖南子非鱼渔业有限公司落户长沙，在长沙建设首家以锦鲤为主导品种的产学研基地，并打造“潇湘大信锦鲤”湖南自家产锦鲤品牌。（黄英华）

【非洲猪瘟防控】 2018年，长沙市转发非洲猪瘟紧急防控（农办牧〔2018〕52号）、（湘农发〔2018〕157号）、（湘牧渔发〔2018〕68号）等通知，制定非洲猪瘟紧急防控预案，下发非洲猪瘟防控指示手册100余本。建立工作责任制，做好摸底建档、沟通协调、宣传普及、综合防控等工作，落实各项防疫措施，确保安全生产。争取地方猪种非洲猪瘟防控经费100万元。对地方猪种实行转移保护，宁乡花猪和大围子猪资源场和扩繁场的种猪实施转移分点保护；运用冷冻技术，对宁乡花猪核心群的精液和卵子等遗传资料进行冷冻保存。大围子猪采集核心群的精液和卵子等遗传资料进行冷冻保存，确保种质资源的不丢失。对“两场”尤其是保种场和核心育种场周边3千米范围内现有养殖场（户）进行全面核查，落实生物安全措施，消除风险隐患，净化周边养殖环境，开展协助周边劝退，加快推动“两场”周边中小规模养殖场（户）逐步弃养、退养。（黄英华）

休闲农业

【概况】 2018年，长沙市休闲农业企业接待游客3605万人次，实现经营收入63.40亿元，分别同比增长15.32%、17.41%。

休闲农业集聚发展　在乡村旅游持续升温背景下，休闲农业与旅游、教育、康养、体育、养老等产业结合愈发紧密，产业之间横向、纵向联动效益凸显。长沙县博野有机农庄、七鑫农庄、地锦农场等11家农庄单位，联合发布长沙县高桥农业科学城茶研之旅、博野农场生态有机体验之旅、地锦农场蘑菇科普游之旅及七鑫农庄的葡萄种植、酿酒体验之旅4大春游路线，4家农庄的营收额均提升。长沙县博野农场开展农业自然教育，春季接待幼儿园、小学团队种植金橘、柚子树，并成立专业的农耕自然教育团队研发系列课程，其农耕自然教育课程体系输送到市内幼儿园并受好评；地锦农场、七鑫农庄针对小学生分别推出蘑菇采摘游玩之旅、葡萄科普游，同比增收逾50%。

农庄转型升级　宁乡耕之健农庄投资800万余元建成接待中心及相关设施，湘都生态园投资900万余元完成滨水湖区及人工岛改造，金太阳投资700万余元完成农耕文化园二期、花猪文化园及四季花海园新建与可视智慧水务改造，千龙湖农庄投资510万元完成花鼓剧场及舞台建设。优卓牧业以自营牧场为基础，连接奶制品加工，以休闲观光为纽带，通过打造可视化生态牧场、奶文化及农耕文化科普体验馆、加工厂通道观光精品线路，贯穿种、养、加、销、游全产业链，年接待工业旅游及牧场休闲游人数近10万人。河村山庄5月新开非洲文化园、刺绣体验馆，引入非洲文化表演及手工艺制作（雕塑、壁画）元素，从一家传统农庄转变为省内首家以非洲风情为经营主题的特色农庄，开园以来接待游客8万人次。（黄英华）

【休闲农业产业发展】 2018年，长沙市休闲农业深度改变乡村的资源利用方式、村民经济思维，并影响村集体经济，带动村集体，告别空心村。如飘峰山庄露营基地，有村集体资金200万元入股，共同建设开发休闲项目，给企业提供更好的经验环境，提高企业的社会责任感。慧润民宿与锡福村合作，采用“村委会+企业+农户”新型运作模式，由镇村负责基础设施配套，企业提供装修设计图纸、信息平台建设、市内装潢布置、营销宣传推广、经营服务培训等，农户提供房屋并按要求进行房屋改造和日常经营管理，其收入由村集体、企业、农户按1∶3∶6的比例进行分配，盘活农村闲置资产，降低企业建设成本，助推村级集体经济发展。锡福村建成民宿客房108间、乡村酒吧1间、接待活动中心1栋，有床位200个。6月，浏阳市东门村以蒿山农庄为主体与南国雪都集团有限公司签订整体承包协议，年租金60万元，从营业额中抽取提成，村级集体经济收入逾100万元。带动农民增收，如浏阳桂园农庄，推广的稻、螺、鱼共生的生态种养技术得到农户认可，亩效益逾6000元，带动当地新增劳动力就业500余人，并帮助30余户贫困户就业。慧润·蝶梦山谷民宿，紧挨光明大观园内光明蝶谷、松鼠谷、贝拉小镇等热门旅游地，人气旺盛，春节期间房间全部订满，开业半年民宿收入130万元，当地农户在年租金3万元基础上，加上自身向游客提供餐饮及出售农副特产的所得，平均每户可从该项目获近5万元收入。（黄英华）

【示范创建工作】 2018年，长沙市推动市内休闲农庄提升品牌影响，利用各种媒介推介长沙休闲农业，提升休闲农业品牌影响力。推进休闲农业的示范创建及星级评定工作。经过组织申报、遴选、专家评委现场评审，望城区、浏阳市、宁乡市获评“湖南省休闲农业示范县”，长沙县开慧镇、望城区靖港镇、宁乡市灰汤镇等5个乡镇获评“湖南省休闲农业示范村镇”，湖南河村农业科技发展公司、长沙青天寨生态农业有限公司等8家休闲农业企业获评湖南省休闲农业示范点。在星级农庄创建中，绿世界、大明山庄、汉元医药养生园获评国家五星级农庄，五福农庄、田茂农庄、小顽国亲子农庄、金井茶厂、天石山庄、华科生态园、嘉园度假山庄、榴花洞生态度假山庄8家企业获评省五星级农庄，岳麓区桐木村获评“国家美丽休闲乡村”。推动休闲农业企业创新争优。在首次全省休闲农业创新创意大赛中，长沙市优卓牧业、华科生态园获农园景观类金奖，河村非洲文化园、湘都生态农庄、金太阳现代休闲农庄获营销服务类金奖，桂园休闲农庄获菜品类金奖。推动休闲农业企业组织节会活动。全市各地组织举办20次乡村踏青、赏花等节庆活动，如灰汤镇的桃花节、优丫粉红跑等主题活动与网络直播结合，均拉动万人以上流量，对企业宣传、口碑打造均有良好效果。年内组织100余家休闲农业企业参与“长沙乡村休闲旅游节”集市及团体优惠活动。（黄英华）

农产品质量监管

【概况】 2018年，长沙市完善体系建设。健全四级监管工作体系建设。在全市182个乡镇（涉农街道）建立170个乡镇农产品质量安全监管站，村级均配备协管员队伍，健全市、县、乡、村四级监管工作体系。完善四级检测体系建设。建立以市级检测中心为龙头，县级检测机构为骨干，乡镇和生产基地速测为基础的四级检测体系。在乡镇农产品质量安全监管站全部建立农（兽）药残留快速检测实验室，督促规模生产企业自行配置自检设备，全市规模以上蔬菜基地均建立农残检测室，畜类养殖场配备“瘦肉精”自检箱，具备开展常规违法添加物残留快速检测能力，市、县、乡、基地四级检测体系基本框架建立。推行诚信体系建设。严格督促生产经营主体落实食品安全主体责任的职责，逐步建立主要种植企业、生猪规模养殖场、水产健康养殖基地以及肥料、饲料、农兽药生产经营企业的信用档案，定期对违规违法失信企业进行曝光，加强诚信体系建设，提高失信成本。

农产品质量整治 制定《关于印发2018年食品小作坊等七大食品安全专项整治行动方案的通知》，开展“瘦肉精”、生鲜乳违禁物质、兽用抗菌药、水产品禁用药物和有毒有害物质、生猪屠宰监管“扫雷”行动、农（兽）药饲（肥）料打假、蔬菜、水果、茶叶等多项专项整治行动。及时查处种养殖单位违法案件和问题食用农产品，对违法生产经营者及时依法给予行政处罚，并依法自查或协查追究上下游违法责任，彻底处置问题产品。涉刑案件全部及时依法移送公安部门，无“以罚代刑”等现象的发生。全年全市办理生猪私屠滥宰案件64起，结案39起，罚款755077.3元，没收违法所得2518元，没收生猪及其产品17818.51千克，移送案件16起，公安机关刑事拘留9人，行政拘留15人。

农产品质量监测 开展例行监测。全年抽检生产基地农产品3512批次，其中蔬菜样品1342批次，合格1341批次，合格率99.93%；水果样品100批次，合格99批次，合格率99%；茶叶样品40批次，合格率100%；稻谷60批次，合格率100%；畜禽样品1456批次，合格率100%；水产品样品514批次，合格率100%。开展专项监督抽检。在重要节假日、农产品生产重要时期有针对性地开展专项监督抽检。全年抽检基地农产品1331批次，其中蔬菜样品420批次，“瘦肉精”专项监测309批次，“两节两会”专项行动抽检76批次，饲料抽检156批次，合格率均100%；水果样品80批次，合格率98.75%；农产品和土壤重金属监测290批次。严格动物检疫与违禁物质同步监测。加强产地检疫与违禁物质同步监测，在全市建立135个标准化检疫监测申报点、18个水产品质量安全监测点，严格开展临栏检疫、入户检疫、凭标检疫，动物产地检疫和“瘦肉精”监测同步进行。全市产地检疫生猪231.04万头、牛0.21万头、羊2.28万只、家禽4273.7万羽。“瘦肉精”等快检抽检27.15万批次。定期开展质量安全舆情监控。建立健全农产品质量安全舆情信息监测制度，及时掌握该地区、该行业相关农产品质量安全舆情情况。加强信息汇总分析，科学研判舆情发展态势和可能造成的影响，按照农产品质量安全舆情信息处置预案采取合适的应对和引导措施。（黄英华）

【合格证管理】 2018年，长沙市促进产地准出与市场准入无缝对接。出台《长沙市农产品产地准出管理办法》（CSCR－2016－98001），印发《长沙市食用农产品产销对接实施方案》，印发《关于建立食用农产品监管协作机制的通知》，健全完善食用农产品产地准出与市场准入衔接机制。严格产地准出、市场准入管理，建立检测标识互通、检测结果互认制度，强化监测、追溯、信用、案件等信息共享，大型食用农产品批发市场、生鲜超市、餐饮经营单位依法推进食用农产品产地准出与市场准入衔接，建立食用农产品产销对接机制，与管理规范、产品合格的食用农产品生产基地签订对接合同，对准出单位资质进行认证。推行食用农产品合格证管理工作，建立和健全以食用农产品质量合格为核心内容的产地准出管理与市场准入管理衔接机制，确保农产品质量安全并以合格证的形式作出明示保证，利于形成倒逼机制、落实生产经营主体责任、规范农产品生产经营行为。（黄英华）

【示范创建工作】 2018年，长沙市推进国家、省级农产品质量安全县创建。巩固浏阳市第一批国家农产品质量安全县创建成果，推进宁乡市创建省级农产品质量安全县建设，以农产品生产企业、农民合作社、家庭农场等规模生产经营主体为主要对象，加快建立农产品质量安全信用体系，逐步健全守信激励、失信惩戒机制，推进农产品生产经营行业自律。开展2018年长沙市农产品质量安全示范创建。通过开展专题调研和开会研究讨论，出台《长沙市农业委员会关于开展2018年农产品质量安全示范创建工作的通知》，在全市创建10个农产品质量安全示范乡镇（街道）和40个乡镇农产品质量安全监管示范站。通过开展示范创建工作，提升全市农产品质量安全整体水平，健全乡镇农产品质量安全监管体系，提高乡镇农产品质量安全综合保障能力，强化农业质量标准化生产基地建设，促进农产品质量安全社会化服务。开展农产品质量安全主题日系列活动。按照农业农村部、湖南省农业委员会关于组织开展质量兴农万里行活动的总体安排和要求，全市开展以“质量兴农、绿色兴农、品牌强农”为重点的农产品质量安全主题日、检测机构开放日等集中宣传活动，展现农产品质量安全工作成效，推介典型经验，宣传全市优质农产品品牌。（黄英华）

农机管理

【概况】 2018年，长沙市农业机械总动力607.6万千瓦，农机装备71.65万台（套），其中拖拉机34841台、收割机15193台、插秧机2331台、烘干机1063台。全市水稻耕种收综合机械化率79.6%，其中机插秧水平32.29%。全市注册农机专业合作社632家，其中省级现代农机合作社321家、省级现代农机示范社29家。

购机补贴 2018年，受理补贴申请表2325份，受益户数1633户，补贴各类农机具2475台（套），补贴总金额3032.32万元（其中国补2884.22万元，报废补贴148.1万元）。其中轮式拖拉机（不含皮带传动轮式拖拉机）383台（套），补贴总额1020.48万元；自走履带式谷物联合收割机（全喂入）298台（套），补贴总额945.03万元；水稻插秧机50

台（套），补贴总额179.84万元；谷物烘干机94台（套），补贴总额291.57万元。为加强购机补贴工作督查，全年抽查农机合作社60余家，散户50余户，核查机具800余台（套），未发现虚购、套补事件。

工厂化育秧　全年安排750万元资金，建立25个工厂化育秧示范基地，每个基地给予30万元补助。每个项目单位均完成育秧工作车间、智能催芽暗室、浸种池、播种育秧流水线等配套设施，建设成全程自动化智能化育秧工厂，达到每批次催芽13.33公顷（大田）、季度育秧100公顷（大田）的能力。该项目解决传统水稻机插秧存在的出苗时间长、出苗不整齐、机插漏秧率高、育供秧效率及自动化、社会化水平低等突出问题。建设一个育供秧工厂，可向N个服务对象（或场地）供应秧苗，拓展专业化集中育秧的服务对象、范围和内容，减少育秧设施设备的重复投资，提升育秧中心装备的利用效率和育秧专业化、社会化及现代化水平。（黄英华）

【农机专业合作组织】2018年，长沙市召开全市现代农机合作社及示范社的建设工作布置会，严格要求各拟申报单位按照《湖南省2018年现代农机合作社建设项目实施方案》，完善合作社的相关建设工作。经过项目建设期间的高标准、严要求，全市有39家合作社申报成为省级现代农机专业合作社建设项目、14家合作社获评省级农机合作社示范社。截至2018年年底，全市有321家农机合作社申报成为省级现代农机合作社，占全市632家农机合作社的50.8%，承担35%以上的粮油生产机械化作业。（黄英华）

【农机培训】2018年，长沙市各区县（市）农机部门均以农机校为基地，加强与县推广站、安全监理站、乡镇农业服务中心的协调配合，开展农机技术培训，举办农机作业现场演示活动。2018年，全市培训各类农机人员5300余人，其中农机管理人员338人、农机技术人员3532人、新型职业农民603人、新购机农民434人。（黄英华）

水利

【概况】2018年，长沙市水利系统推动全市水利工作理念创新、制度创新、方法创新，推进水利建设。

防汛抗旱　全面铺排各项工作，实现“五个确保”工作目标。水利部部长鄂竟平考察长沙防汛工作时对长沙防汛工作给予肯定。备汛工作。3.91万处水毁工程在汛期前完成修复，实现安全度汛。召开全市性工作部署会议5次，开展4次市、县、乡三级隐患排查。投入5500万元对主要防汛物资进行补充，完成基层预案修订741个。组织举行2次全市大型防汛演练，开展基层防汛避灾演练330场次，实现山洪地质灾害易发区演练全覆盖。汛期暴雨。全年出现14次强降雨过程，召开16次防汛形势会商会，发布各类预警短信、微信20万余条次，提前转移受威胁群众2140人次，没有发生人员伤亡。科学应对干旱天气。投入抗旱资金2600万元，开展人工降雨作业373次，开启机电井852眼、启动抗旱泵站1767处，浇灌受旱农作物面积3.79万公顷，确保大旱之年无大灾。

水利建设　全市投入水利建设资金59.23亿元，开工水利建设项目4.8万处。重点水利项目建设加快。椒花水库枢纽工程前期工作稳步开展，湘江东岸防洪改造工程启动建设，敢胜垸等15个防洪圈建设加快实施。完成石塘等122座水库，乔口等804座水闸除险加固、水毁修复工程，完成金井河、靳江河二期治理等135处中小河流治理及河道治理项目。全面服务乡村振兴战略。加强农田水利建设，完成机埠改造420处，小河坝整修823座。实施管道输水灌溉工程，完成建设180千米，灌溉面积2233.33公顷。提升农村供水能力，推进金井水厂等新建工程建设，实施水厂管网延伸入户工程，新增20万自来水普及受益人口，水质合格率高出全省平均26个百分点。水利精品工程。在全省水利工程质量考核中获A类排名第一位，大众垸项目获水利部项目质量考核组好评，河长制智能管理信息系统获评中国软件产业发展创新大会“十大创新软件产品”，水渡河水闸获全国大禹奖。（刘铁伟）

【水渡河河坝改造工程获中国水利工程优质（大禹）奖】2018年12月27日，中国水利工程协会印发《关于颁发2017—2018年度中国水利工程优质（大禹）奖的决定》，经中国水利工程优质（大禹）奖评审委员会评审，长沙市长沙县水渡河河坝改造工程获2017—2018年度中国水利工程优质（大禹）奖。水渡河河坝改造工程位于湖南省湘江一级支流——捞刀河下游，河坝下游距湘江入口14.9千米，工程总投资13283万元。设计洪水标准100年一遇，最大过闸流量4326.7立方米/秒，为大（2）型水闸工程。该工程是长沙县综合利用水资源、防治水污染、改善水环境的大型水利枢纽工程，项目集城市防洪、环境治理兼顾城市供水、农业灌溉、城市交通等综合功能，是一个集防洪减灾、休闲游览、涉水观光等多功能于一体的城市现代化水利工程。闸坝改造工程2014年10月动工建设，2016年9月下闸蓄水并完工验收，2018年4月竣工验收。水渡河河坝改造工程获全国大禹奖，实现长沙市水利工程建设最高奖零的突破。（刘铁伟）

【浏阳河综合治理经验登上全国河长制湖长制工作简报】2018年12月25日，全国河长制湖长制工作简报刊登长沙市浏阳河综合治理成效。浏阳河是长沙市境内长度最长、流域面积最大的一条河流。长沙市高度重视浏阳河流域综合治理工作，省委常委、长沙市委书记、浏阳河省级河长胡衡华先后3次深入浏阳河上、中、下游调研，召开浏阳河综合治理推进会，强调从市、县到乡镇、村都必须紧抓河长制，抓紧实施截污、提标、补水工作，推动浏阳河综合治理早日见效，坚决打赢碧水攻坚战。2018年，浏阳河1个国控断面、9个省控断面水质优良率100%，较上年同期上升16.7个百分点。（刘铁伟）

工业·建筑业

INDUSTRY AND CONSTRUCTION

责任编辑·刘盼盼

综　述

【概况】 2018年，全市规模工业增加值增长8.2%，高于全国2个百分点、全省0.8个百分点，增速排名全省第一位；工业投资增长22.1%，高于上年同期15.4个百分点，创近3年最高增速；制造业累计用电99.5亿千瓦时，增长20.26%。

工业质效　新增规模工业企业314家，超出省定目标99家，规模工业企业2919家；高技术产业增加值、高加工度工业增加值分别增长14.5%、9.3%；移动互联网产业营业收入900亿元，增长20%；军民融合产业产值逾千亿元，增长30%。

技术研发　全市32个重大产品创新项目进展顺利，全年完成投资14.96亿元，为年度计划的109%，完成研发投入3.85亿元，产品核心技术取得突破性成果37件；杉杉能源连续5年居中国锂电正极材料竞争力品牌榜首，铁建重工首度获“全国质量标杆”。

智能制造　全市智能制造试点示范企业达464家，其中国家级智能制造试点示范企业及专项27个，居全国省会城市第一位；三一重工等4家企业入选“2018全球工程机械制造商50强”，数量居全国城市首位；国内首条开放道路智能驾驶公交示范线试运行；长沙在推动实施“中国制造2025”等6个方面获国务院通报激励；长沙排名“2018中国数字经济百强城市榜”第11位。

企业帮扶　开展“千人帮千企百日大行动”，走访帮扶企业4300余家次，解决问题4435个，兑现政策奖补34.7亿元，促成意向融资352.7亿元，实际发放贷款120.5亿元。全年推动970户交易用户参与电力直接交易，优惠电费1.25亿元；降低企业融资成本，小微企业风补基金向142家企业授信超2亿元。电力“630攻坚”活动完成，净增电力容量接近前五年总和。

产业链建设　全年新签约投资2亿元以上的产业链项目130个（平均每2.8天引进1个），计划总投资1910亿元（日均引进投资5.2亿元），其中投资过50亿元的项目12个。22条产业链重大项目完成年度投资963.2亿元，投资完成率121.9%。举办和参与产销对接会166场，开展交流活动196次。承办“第三届中国军民两用技术创新应用大赛”决赛，长沙市企业金奖数占全国三分之一，实现历史突破。全年新引进“五个100”科技创新人才90人，其中诺贝尔奖获得者2人、省“五个100”科技创新人才26人，认定A、B、C、D四类高层次人才603人。推动长沙银行为170余家产业链重点企业提供贷款120亿余元。优化升级融资路演体系，开展融资路演活动176场，达成意向融资35.6亿元。

工业园区　全年园区规模工业增加值增长12.3%，高于全市增速4.1个百分点；园区工业投资增长21.4%，总量占全市工业固定资产投资的62.3%；累计新引进、新开工、新竣工投产的投资过亿元工业项目分别为176个、152个、181个。长沙高新区在全国高新区综合评价中居第12位，长沙经开区跻身全国经开区20强；长沙经开区成全省最大汽车产业园区，长沙高新区成为全国首个以军民融合为特色的国家自主创新示范区，宁乡经开区、望城经开区、岳麓高新区分别获批国家绿色园区、国家新型工业化产业示范基地和国家检验检测高技术服务业集聚区，中电软件园获批国家北斗示范基地、湖南省军民融合示范园区。（符　彬）

【工业经济运行】 2018年，长沙规模工业增加值增长8.2%，分别高于全国、全省2.0和0.8个百分点。完成电信业务总量647.06亿元，增长159.8%；规模以上工业企业利润总额增长10.2%；全年累计制造业用电量99.45亿千瓦时，增长20.26%；全年市级财政用于支持工业发展投入资金39.1亿元，比上年增加15.4亿元。（符　彬）

【2018中国（长沙）网络安全·智能制造大会】 2018年11月28日，2018中国（长沙）网络安全·智能制造大会在长沙国际会展中心召开。现场，国家智能网联汽车（长沙）测试区接受授牌。长沙市党政办公系统升级改造示范工程也启动上线。该届大会主题是“创新引领、智造未来”，诠释“全球视野、中国方案、湖南实践”。大会由开幕峰会、博览会、主题论坛和专项活动4个部分组成，重点聚焦网络安全和智

2018年长沙市规模以上工业增加值增速与国家、省对比图

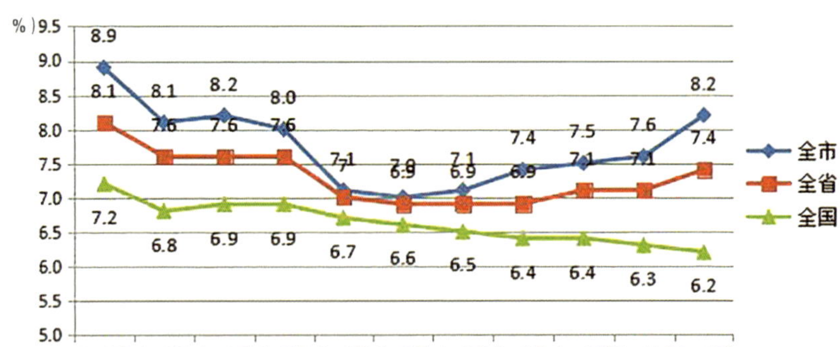

2018年长沙市规模以上工业增加值增速与部分省市对比图

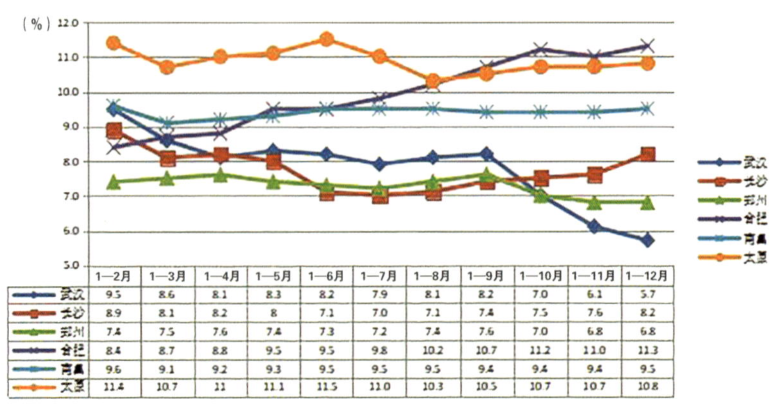

	1—2月	1—3月	1—4月	1—5月	1—6月	1—7月	1—8月	1—9月	1—10月	1—11月	1—12月
武汉	9.5	8.6	8.1	8.3	8.2	7.9	8.1	8.2	7.0	6.1	5.7
长沙	8.9	8.1	8.2	8	7.1	7.0	7.1	7.4	7.5	7.6	8.2
郑州	7.4	7.5	7.6	7.4	7.3	7.2	7.4	7.6	7.0	6.8	6.8
合肥	8.4	8.7	8.8	9.5	9.5	9.8	10.2	10.7	11.2	11.0	11.3
南昌	9.6	9.1	9.2	9.3	9.5	9.5	9.5	9.4	9.4	9.4	9.5
太原	11.4	10.7	11	11.1	11.5	11.0	10.3	10.5	10.7	10.7	10.8

能制造领域最新技术、产品和应用，全面展示新一代网络安全和智能制造新动态、新成果和新经验，构建国际化、前沿化、市场化的高质量发展体系。（符 彬）

【长沙数字经济实力排名全国第11位】 2018年11月29日，数字经济产业联盟成立大会暨首届论坛在长沙召开，《2018中国数字经济百强城市发展研究白皮书》发布，评选出2018数字经济百强城市榜单，长沙综合排名第11位，在服务领域细分榜排名第五位。（符 彬）

【长沙营商环境居中部第一位】 粤港澳大湾区研究院发布《2018年中国城市营商环境评价报告》，在全国35个大中城市中，长沙营商环境指数排名从全国第20名跃居全国第九名、中部第一名。2018年前10个月，长沙新引进2亿元以上的重大项目147个，计划总投资2249.4亿元。伟创力、德国大陆集团、英国保诚集团、浙商银行等33个500强企业项目落户长沙。截至2018年，在长沙投资的世界500强企业（项目）156家。（符 彬）

【49家企业入围2018湖南省民营企业100强】 2018年9月28日，2018湖南省民营企业100强名单在长沙发布，长沙市入围企业49家，营业收入总额、资产总额、税后净利润总额分别占比46.31%、53.85%、53.11%。在湖南民营企业100强中，制造业仍占主体，入围数量42家，长沙入围数量超过10家，三一集团、蓝思科技、比亚迪汽车、杉杉能源、金杯电工、山河智能等制造业企业在列，其中三一集团、蓝思科技集团分别以626.88亿元和559.44亿元的营业收入，居湖南民营企业100强第二位、第三位。（符 彬）

【"工业企业智能化技术改造1+4"新政发布】 2018年7月6日，长沙市人民政府办公厅印发《关于支持工业企业智能化技术改造的若干政策》（以下简称《若干政策》），《若干政策》和"智能制造服务提供商管理办法""推进企业智能化改造解决方案设计实施细则""工业企业智能化技术改造项目实施细则""园区智能制造工作考核办法"等4个实施细则构成"1+4"政策体系，着重培育和聚集一批高水平智能制造服务提供商、推进试点企业智能化技术改造系统解决方案设计、推进试点企业智能化技术改造和推进智能制造生态体系建设。（符 彬）

【人工智能产业发展政策支持】 2018年4月16日，《长沙市关于加快新一代人工智能产业发展推动国家智能制造中心建设的若干政策》（以下简称《政策》）《长沙市智能网联汽车道路测试管理实施细则（试行）》（以下简称《细则》）出台。《政策》重点支持智能传感器、智能芯片、图像视频识别、语音识别领域的技术攻关和关键技术转化应用，以及人工智能在智能机器人、智能制造、智能驾驶、智能医疗、智能家居、智能安防等领域的广泛应用、融合创新和解决方案，聚焦拥有新一代人工智能关键、核心技术的企业。《细则》中指出测试区将逐级申请、逐级开放、分类监管，大幅增强交通安全风险可控性，这在全国智能驾驶测试方案中属首创，具有极强的行业规范和指导意义。（符 彬）

工程机械工业

【概况】 2018年，长沙工程机械行业发展势头迅猛，行业步入平稳增长轨道，竞争能力显著提高。全年实现产值约1660亿元，同比增速8.0%。长沙成为唯一一个同时拥有4个世界工程机械50强企业的城市，分别为三一重工（排名第八位）、中联重科（排名第15位）、铁建重工（排名第33位）和山河智能（排名第46位），且4家企业2018年的排位均有上升，呈现良好发展势头，长沙工程机械行业生产12大类，100余个小类，400余个型号规格产品，产品品种占全国工程机械品种的70%。长沙工程机械企业占全球工程机械市场份额超过7%，产业聚集度较高，为打造世界级工程机械产业集群奠定了基础，但单个企业对标卡特彼勒和小松等巨头差距依然较大。（符 彬）

【中联重科收购德国威尔伯特】 2018年11月27日，中联重科签署战略协议，宣布收购全球塔机领先制造商德国威尔伯特（WILBERT）100%股权。此次签约标志着中联重科塔机业务高起点踏入欧洲高端塔机市场，将实现中联重科全球塔机业务的全档次覆盖，并为中联重科"走出去"海外战略增添浓墨重彩的一笔。（符 彬）

【高端地下工程装备制造基地在长沙建成投产】 2018年5月8日，中国铁建重工集团投资50亿元、占地66.67公顷的高端地下工程装备制造基地全部建成投产，为全球最大规模。该基地于2016年7月开工建设，以钻爆法隧道施工高端智能装备、全断面隧道掘进机和盾构再制造装备为主，集研发、制造、服务、再制造于一体。据初步计算，该基地建成投产带来新增就业岗位3000个，新增年产值50亿元以上。（符 彬）

【2018首届亚洲国际工程机械二手设备交易大会】 2018年5月18日，2018首届亚洲国际工程机械二手设备交易大会在长沙国际会展中心开幕。交易大会有200余台二手工程机械设备参会，涵盖混凝土机械、起重机械、桩工机械、土方机械几大门类，交易大会面积3万平方米，3场拍卖会和5场交易会，专业观众逾万人次，是亚洲行业规模最大的工程机械二手设备交易大会。（符 彬）

【长沙经开区工程机械产业晋级千亿产业集群】 2018年，长沙经开区工程机械产业受益于国内基建投资、生产制造工艺升级和"一带一路"等多重因素加速复苏，2018年实现产值1046.3亿元，增长14.7%，晋级千亿元产业集群。（符 彬）

汽车及零部件工业

【概况】 2018年，长沙成为全国汽车产业重要聚集地之一，拥有汽车及零部件配套规模以上企业146家，其中包括整车制造企业10家，生产能力涵盖轿车、轻中重载货汽车、越野车、客车、新能源车等领域，聚集上汽大众、广汽菲克、广汽三菱、比亚迪等整车企业及博士汽车、住友橡胶。索恩格等知名零部件生产企业。2018年，完成工业产值1366.7亿元，整车产量76.4万辆，其中新能源汽车4.96万辆。随着国家智能网联汽车（长沙）测试区挂牌，长沙汽车及零部件产业迎来新一轮发展机遇。（符　彬）

【德国大陆集团落户长沙】 2018年10月11日，世界500强企业德国大陆集团与长沙市政府举行全面合作项目签约仪式，开展智慧城市创新示范共建合作。根据协议，长沙市人民政府将与大陆集团开展智慧城市创新示范共建合作，助力把长沙建设成为具有国际影响力的现代化区域性智慧城市。湖南湘江新区将与大陆集团在智慧城市建设和智能出行上进行全面合作，涵盖智能系统测试区、“湘江智谷·人工智能科技城”、自动驾驶公交巴士、产业基金及政产学合作5个方面。同时，大陆集团将在长沙经开区、长沙县投资建设中央电子工厂项目，成为该公司在中国区设立的第28个实业投资项目，共同开展智慧城市、智能出行示范共建。（符　彬　吴素云）

【首批4个种类智能网联汽车开放道路测试牌发布】 2018年10月26日，长沙市发布长沙首批4个种类智能网联汽车开放道路测试牌，公布长沙首期开放道路测试路段。长沙市此次发放牌照种类是全国发放种类最多的一次，涵盖智慧公交、智能驾驶乘用车、智能驾驶环卫作业车、自动驾驶重卡4种类型的道路测试号牌。获牌车辆将被允许在指定的智能网联汽车开放测试道路上行驶，这条道路也将作为国内首条开放道路自动驾驶公交示范运营线。（符　彬）

【索恩格汽车中国总部新工厂运营】 2018年5月16日，全球领先的供应商索恩格汽车部件新工厂在长沙经开区运营，全国三分之一的起动机与发电机将打上“湖南制造”标签，年产能1500万台。（符　彬）

【桑德集团长沙新能源智能汽车产业园项目落户】 2018年7月11日，长沙市政府与桑德集团有限公司签署框架协议，桑德集团将投资105亿元在长沙高新区建设新能源智能汽车产业园项目。该项目包含新能源智能汽车研究院及创新科技园等多个子项目，项目达产后年总产值超500亿元。（符　彬）

【广汽三菱研发中心和零部件产业园开工】 2018年10月16日，广汽三菱研发中心和零部件产业园开工，广汽三菱发动机工厂同步投产。广汽三菱研发中心总投资30亿元，计划于2020年12月投入使用。作为首个世界500强企业在湘设立的汽车整车研发机构，该研发中心将引进国际化专业人才、配备国际先进研发设备、设立世界顶级新能源试验中心，为广汽三菱2022年产销50万辆整车提供车型本地化研发支持。广汽三菱零部件产业园计划引进20～30家汽车零部件配套企业，助推广汽三菱零部件本地配套率从现阶段的30%逐步提升至90%，为加快湖南汽车产业链布局、推动产业集群化发展提供强有力的支持。广汽三菱发动机工厂也在当天正式投产。该项目自2017年3月开工建设以来，18个月就实现项目投产，创造了国内同类工业项目建设的新速度。（符　彬　吴素云）

【汽车产业逆势上扬】 2018年1—10月，长沙汽车产业链新签约引进项目30个，计划总投资432.4亿元，其中投资额10亿元以上项目9个，计划总投资414.9亿元。截至2018年11月，长沙两大汽车产业集中地均实现增长。其中长沙经开区全年预计整车产量接近60万辆，整车产值663亿元，增长3.4%，整车及零部件产值892亿元，增长3.4%；雨花经开区的比亚迪累计产销乘用车122421辆，全年产值300亿元。对比全国同期，汽车产业呈负增长态势，10月产销同比下降10.1%和11.7%。（符　彬）

食品工业

【概况】 近年来，长沙食品及农产品加工制造业迅速发展壮大，培育了“加加食品”“绝味食品”“盐津铺子”“明园蜂业”等知名本地品牌，引进“澳优乳业”“娃哈哈”“统一”“可口可乐”等一批国内外知名企业，2018年完成工业产值1800亿元。新签约一大早乳业等优质产业项目10个，合同引资38亿元。一批优秀特色平台也迅速提档提质。新获批国家级平台6个，省级平台8个。其中国家级平台宁乡经开区获批工信部2018年度国家小型微型企业创业创新示范基地、工信部绿色园区，国家发展改革委国家级农村产业融合发展示范园区、中国食品和包装机械工业协会数字化推动中国食品工业转型示范园区，加加食品获批数字化推动中国食品工业转型示范企业、长沙素加营养品公司获批中国合格评定国家认可委员会实验室认可证书。（符　彬）

【数字化推动食品工业转型升级——长沙站会议】 2018年5月23日，数字化推动食品工业转型升级——长沙站会议召开，旨在进一步推动食品工业供给侧改革，实施食品智能装备与信息化融合，推动湖南及中部地区农业深加工以及食品工业的产业升级，来自加加、青岛啤酒、新希望、旺旺、华润怡宝、湖南湘粮、华文食品、玉峰食品、胡南阿瑞、小洋人、湖南优卓、洽洽食品、大族激光、西门子（中国）、立德激光、中商网络等百家国内知名食品企业高层与食品工业数字化专家共同探讨食品行业的信息化与工业化融合创新之路。（符　彬）

【2018年“对话西线工业走廊”论坛】 2018年6月22日，“对话西线工业走廊”论坛围绕食品产业链建设主题开讲，来自食品加工、食品流通、展销策划等领域的学界大咖及行业内知名企业家，就长沙市食品全产业链发展展开深度对话。近年来，长沙食品工业在各类市场监管进一步强化、新生市场没有根本性改观、刚性需求维持平稳、结构调整与行业洗牌日益深化的背景下，持续呈现稳健的运行态势。（符　彬）

烟草工业

【长沙卷烟厂】 长沙卷烟厂为湖南中烟工业有限责任公司（以下简称“公司”）下属不具有企业法人资

格的卷烟生产点，是市内唯一烟草生产企业。2018年，工厂主厂区占地面积32.48万平方米，大托、圭塘、吉首仓库用地43.65万平方米。年卷烟生产能力1116.9亿支（223.38万箱）。固定资产原值85.03亿元，净值29.69亿元。拥有1条15000千克/小时和1条3000千克/小时制丝生产线；1条570千克/小时膨胀烟丝生产线，进口及国产卷接机49台（闲置2台），进口及国产包装机47台（5台闲置），进口及国产滤嘴成型机17台，装箱机14台，建有原料高架库、辅料高架库、成品高架库及相关辅联设备、自动物流系统。2018年，长沙卷烟厂响应公司“三个转型、三个升级”要求（努力从以自我为中心向以客户为中心转型、从关注自我的点思维向关注“和+生态圈”的体思维转型、从生产制造型企业向服务营销组织转型；推动产品升级、服务升级、管理升级），匠心服务、开拓创新，完成公司下达的各项目标任务。全年生产内销卷烟105.9万箱，合作生产卷烟74万箱，生产计划完成率100%。安全实现“六无”目标。“白沙”品牌成为结构提升速度最快的行业重点品牌，“和天下”系列连续6年保持全国高价位卷烟产销量第一位。长沙卷烟厂的定位逐渐向“和天下”、细支烟生产基地和新品孵化基地转变，“细、短、中、爆”等创新产品快速发展，多规格爆款同时生产成为常态，生产组织和产品品质不断提高。2018年，在公司烟机设备操作竞赛中，长沙卷烟厂12名选手分获一、二、三等奖各4个；在长沙市“十行状元、百优工匠”竞赛中，2人获“十行状元”、2人获“百优工匠”称号。（廖劼）

【卷烟生产】2018年，长沙卷烟厂主要生产“白沙”“芙蓉王”和“万宝路”3个卷烟品牌。在公司高端品牌持续增量、新品投放加速的形势下，克服局部产能吃紧等困难，全年完成26个内销规格、7个出口规格、4个新品的生产，配合技术中心开展科研试制629台次。生产烟丝3528.9万千克。实现“白沙”和“芙蓉王”香基批量生产，单班生产效率提升40%。突破高端品牌、细支烟、中支烟产能瓶颈，和天下（硬）从380箱/天提升到660箱/天，细支烟从450箱/天提升到1025箱/天，芙蓉王（硬领航）从10箱/班提升到35箱/班。履行公司原料和成品中心库职责，全年原料出、入库分别为200.20万担和168.49万担，其中联营加工及其他生产点需求约占出库总量的65%；成品销售发货181.88万箱，约占公司总量的43%。（廖劼）

【工艺技术提升】2018年，长沙卷烟厂构建全面质量风险防控执行导图，识别工艺质量风险点1092个，配套制定防控措施2348条。推进工艺技术改进，有效解决线塔式分离器剔梗量偏高等痛点问题，万宝路膨化烟丝本地化生产顺利通过菲莫公司工艺认证。加强行为管控，全制造过程西格玛水平从3.23提高到4.38，六西格玛课题获全国黑带优秀项目2个、绿带优秀项目4个。2018年，获公司“质量年”活动年度质量龙虎榜榜主和年度质量先进奖。在行业细支烟产品质量监督市场抽查中，芙蓉王（硬闪带细支）、芙蓉王（硬细支）外观质量均获得满分，在一类烟综合质量得分中分列一、二名。（廖劼）

【白沙品牌合作生产】2018年，长沙卷烟厂白沙品牌合作生产有7个合作点（河北石家庄、保定，陕西汉中、延安，山东青州，河南漯河，重庆），合作生产白沙（软）、白沙（硬）、白沙（绿和）、白沙（硬新精品二代）、白沙（精品）、白沙（硬精品三代）6个规格，共完成合作生产74万箱，回购卷烟成品74万箱，生产计划执行率100%，回购计划完成率100%，生产（回购）计划进度符合公司合作生产计划要求。长沙卷烟厂对外合作工作各项目标全部达标，其中各类事故为0，成品监督检验不合格品0次、无市场A、B类投诉，卷烟成品监督抽检优等品率100%，产品质量保持稳定。（廖劼）

【烟机设备保障】2018年，长沙卷烟厂持续推进制丝一线设备技术消化，完成4台套细支烟设备、两组FK411设备及PROLAB科研试制机的安装调试投产。新增工房自动梗预处理设备、打造和天下人机融合线、研发投用芙蓉王（硬领航）灌支和条包缺支检测装置，生产效率和质量保障水平进一步提升。实施水分自动控制改进，保证了盘磨梗丝质量稳定。实现M5高速设备生产白沙（硬精品三代），为白沙二类烟扩量打下坚实基础。（廖劼）

生物医药产业

【概况】长沙医药生物产业经过多年发展和集聚，形成浏阳经开区、长沙高新区、望城经开区、金霞经开区和雨花区“一主四辅”的产业集聚格局，引进和培育九芝堂、方盛制药、尔康制药、九典制药、三诺生物、楚天科技等一批市场前景好、科技含量高、发展后劲足的医药企业，产业集聚水平、承载能力大幅提升。长沙生物医药产业以现代中药、辅料、制药机械、生物制剂和医贸流通等版块为主，现代中药加工、药用辅料制备处于全国领先水平，体外诊断及生物制剂技术处于中部领先水平。截至2018年年底，全市有生物医药类企业1440余家，其中规模以上工业企业158家，本地上市企业9家，产销过亿元20余家，药品品种及医疗器械注册证3000余个（件）。生产制药机械8大类50余个品种。全市范围内新签约生物医药项目25个。全市生物医药产业平台进一步完善，湖南九典制药股份有限公司博士后科研工作站、湖南省实验动物中心药物GLP认证平台、湖南光琇高新生命科技有限公司博士后科研工作站、湖南圣湘生物科技有限公司博士后科研工作站4个平台获批国家级平台，湖南省经典名方工程技术研究中心、湖南华腾制药有限公司博士后科研流动站、湖南省药物微纳化制造工程技术研究中心、湖南新汇制药股份有限公司技术中心、湖南山河生物医学技术孵化中心、湖南省生物肥料工程技术研究中心等11个平台获批为省级平台。（符彬）

【第二届长效缓释新药研发国际高峰论坛会议在长沙召开】2018年9月10日，第二届长效缓释新药研发国际高峰论坛在长沙召开。中科院院士席振峰以及来自国内外药学领域的顶尖学术专家、医药行业优秀企业家、知名投资机构代表等参加。该次论坛对科技创新和前沿医疗进行了探索，将促进长沙制药领域学术交流、产学研合作的国际化，以及交叉科学领域的进一步发展。峰会上，湖南华腾制药有限公司药学院正式成立揭牌。此举旨在建立全球最大的高端人才智库，推动湖南乃至全国的新药研发进程，在湖南打造千亿级别的生物医药产业集群。

（符 彬）

【长沙（国际）健康生态科技产业园样板区开建】 2018年2月3日，长沙（国际）健康生态科技产业园样板区开建。浏阳经开区是中西部地区第一个国家级生物产业基地，为进一步延展生物医药产业链，将健康保健产业作为高新技术产业和战略性新兴产业重点加以推进，引进该项目。该项目一期将引进20家以上国际国内知名品牌的医药生物、保健品、健康食品企业落户，二期将完成“产业配套区”“商贸会展区”的建设，项目投产后5年内产值逾500亿元，税收40亿元以上。

（符 彬）

材料工业

【概况】 长沙材料学科群整体水平在全国位居前列，在国际学术界拥有“冶金材料长沙学派”的美誉。拥有3个国家材料重点实验室，4个国家级工程技术研究中心，1个国家级工程研究中心；拥有国家新材料成果转化及产业化基地和全国唯一国家级节能环保新材料产业基地。形成了以新型轻合金产业链、碳基材料产业链、先进硬质材料产业链、先进储能材料产业链为特色的4大新兴优势产业链。长沙材料生产企业主要集聚在长沙高新区、宁乡高新区、望城经开区等工业园。2018年总产值约2600亿元，引进重大项目27个，其中投资过百亿元项目3个。杉杉新能源长沙基地项目总投资200亿元，世冠新能源汽车项目投资150亿元，桑德集团新能源智能汽车产业园项目投资105亿元，电咖新能源汽车项目投资51亿元，瑞恒科技新能源自平衡车和轮毂永磁电机生产基地项目总投资50亿元，长沙戴湘个性化轮毂产业园项目总投资10亿元。平台建设效果显著，邦普获评为“国家企业技术中心”；中锂新材锂电隔膜材料研究院、中伟新型储能锂电池正极前驱体材料研究开发中心、升华锂电正极材料研究中心3个创新研究平台正在以国家级标准进行建设。邦普循环被工信部纳入《新能源汽车废旧动力蓄电池综合利用行业规范条件》第一批企业，并获评为国家“绿色制造示范企业”“新能源汽车动力蓄电池回收利用试点企业”；杉杉获评国家制造业“单项冠军”示范企业；科霸电池获得中国汽车工程学会评选的铃轩奖；泰嘉新材入选成为全国第三批制造业单项冠军培育企业；岱勒新材省级技术中心、湖南有色中央研究院国家级战略金属“双创”汇聚平台等申报成功。（符 彬）

【杉杉能源10万吨基地项目签约投产】 杉杉能源10万吨长沙基地项目总占地面积80公顷，总投资200亿元。2018年1月2日签约，从洽谈到签约仅26天，从签约到开工动员仅30天，项目一期从实际施工到11月底试生产仅188天。预计整个项目达产后年产值200亿元以上，年利税20亿元以上，提供4000人就业岗位。企业主要战略合作伙伴有苹果、三星、LGC、比亚迪、ATL、力神等国际国内一流企业。

（符 彬 李 欣）

【中国五矿国家新能源材料产业基地（一期）投产】 2018年12月28日，中国五矿国家新能源材料产业基地（一期）暨湖南长远锂科有限公司铜官基地，在长沙市望城区正式投产。该项目位于望城高新技术产业开发区，为全省“5个100”重大产业建设项目，由湖南长远锂科有限公司投资，金驰能源材料有限公司建设，计划投资总额110亿元，分两期建设。预计全部建成达产后，年产值200亿元，税收10亿元，提供就业岗位1300个。（符 彬）

电子信息产业

【概况】 2018年，长沙市电子信息产业预计主营业务收入近3000亿元，同比增长约20%。其中，电子信息制造业主营业务收入逾2000亿元，同比增长15%。全市软件和信息服务业（移动互联网产业）营业收入逾900亿元。全市登记注册的信息传输、软件及信息服务业企业近2.5万家，A股上市的互联网企业15家，电子商务、新媒体、移动生活、智能终端、集成电路等特色领域优势进一步凸显，人工智能、工业互联网、网络安全、大数据等新兴产业蓬勃发展。长沙从2014年一个不到200家互联网企业的城市，逐步成长为中部地区移动互联网的“梦工厂”和中国移动互联网产业“第五城”。

（符 彬）

【中电科高端装备产业园项目动工】 2018年11月，中国电科高端装备产业园（一期）项目动工，该项目总投资34亿元，其中一期投资12亿元，旨在建设一条军民融合8英寸集成电路工艺验证线和集成电路装备、碳化硅装备和高性能传感器的产业基地，推动解决集成电路装备“卡脖子”问题，形成8英寸集成电路生产线的整线集成能力。（符 彬）

【互联网柳枝行动】 柳枝行动于2015年6月29日启动，是湖南省、长沙市、高新区三级财政联合出资扶持移动互联网初创企业的一项孵化政策，为符合条件的创业项目提供20万元无偿资金扶持，并以投融资为核心，打造全新创业服务体系。柳枝行动是湖南省最大、最有影响力的双创平台。长沙实施以移动互联网平台带动大众创业的“柳枝行动”后，截至2018年年底，已在北京、深圳、杭州挂牌建站，扶持人数超4300人，吸引回湘创业人才2500人，48个项目获天使获A轮融资2.5亿元，孵化项目共创造营收2.38亿元。

（符 彬）

【互联网知名企业落户长沙】 截至2018年底，在长沙设立全国总部或区域性总部的知名软件和互联网企业11家。其中，中兴投资10亿元在长沙建设全球类终端智能制造总部基地；京东投资100亿元的智能无人车基地已启动，京东医药云仓也落地实施。亚信科技区域总部、映客直播、滴滴出行等区域总部已向华中、华南区域辐射覆盖。（符 彬）

【2018国际区块链大会在长沙召开】 2018年11月28—30日，2018国际

区块链大会在长沙国际会展中心举办。大会邀请了国内外多位行业知名专家学者、政商界人士，以"集智 链新 赋能"为主题，由主论坛、专题论坛及展览等组成。会上，中国电子学会区块链分会成立，中国区块链测评联盟筹备成立仪式也同台启动。（符 彬）

【5家单位入选2018年大数据产业发展试点示范项目】 2018年10月27日，工业和信息化部发布《2018年大数据产业发展试点示范项目名单》，长沙5家单位入选。分别为湖南中大建设工程检测技术有限公司"工程、环境检验检测大数据平台"、老百姓大药房连锁股份有限公司"基于大数据的医药零售分析创新应用"、长沙有色冶金设计研究院有限公司"有色金属矿山与重金属冶炼大数据集成研究与应用"、湖南长城医疗科技有限公司"基于大数据分析的便民健康服务平台研发及示范"、湖南省农业科学院"全国水稻大数据公共服务平台"。

【中电工业互联网有限公司在长沙成立】 2018年9月19日，中电工业互联网有限公司在长沙成立，旨在进一步深化双方在智能制造、互联网等领域的战略合作，共同打造中部地区"智能制造+互联网+信息安全"高地，并致力于打造基于PK体系的国家级工业互联网平台创新中心。当天，中电互联与西门子签订合作协议共建工业软件联合创新实验室，与长沙银行、天逸金融、德勤中国、赛迪、满缘红等合作伙伴签订战略合作协议，与一批用户企业签订智能化升级改造协议。现场还启动了"全国首届基于安全可靠PK体系工业软件大赛"。（符 彬）

烟花爆竹业

【概况】 2018年，浏阳市花炮产业集群实现总产值246.4亿元，同比增加7.9%。其中出口销售额35.9亿元，同比增加13.9%；国内销售额154.1亿元，同比增加6.6%；原辅材料及相关产业实现56.4亿元，同比增加8%。截至2018年12月31日，全市有烟花爆竹持证企业557家，其中产值过5亿元的企业有2家，产值过1亿元的企业26个，从业人员约有30万人，其中亚太地区工艺美术大师1人，国家级工艺美术大师2人，省级工艺美术大师14人，具有专业技术职称的从业人员3300余人、焰火燃放作业资格证人员7400余人。（黄 露）

【政策调控】 2018年，浏阳花炮管理局邀请专业人士进行《烟花爆竹产业专项规划》编制，并成立专项规划编写小组，多次召开产业规划修编座谈会，完成产业链全景图、现状图制作和精准招商项目库以及客商库建立，完成《长沙市烟花爆竹产业专项规划》编写工作，发展规划进入送审程序。修订完善花炮企业分类管理办法，出台《关于2018年度烟花爆竹、黑火药、引火线生产企业分类管理名单的公告》文件，将引火线、黑火药生产企业纳入分类管理范畴，评定出花炮生产企业一类企业129家，二类企业257家，三类企业100家；引火线黑火药生产企业一类企业18家，二类企业36家，三类企业57家，所有暂不分类企业28家。加大产业扶优扶强力度，完成2017年度财政性资金奖励政策兑现，其中花炮集群专项奖共计40家企业获奖，涉及兼并重组、科技创新、出口贡献等方面，奖励扶持金额476.3万元。建立起政府—企业—银行三方合作的"银企财园通"新型融资模式，完成第一批入库企业144家、第一批入库授信企业56家，有效缓解企业融资难、融资贵问题。（黄 露）

【科技创新】 2018年，"七大技术难题攻关项目"全部结题，其中微烟亮珠材料技术研究项目、组合烟花内筒自动装药机项目通过阶段性成果验收。加快机械化、自动化进程，中洲烟花集团研发的第三代组合烟花全自动生产线投产使用3条，在安装1条，在规划设计和厂房建设1条。浏阳市新华冠烟花公司研发的组合烟花自动化生产线于2018年2月通过湖南省安全鉴定，有1条试生产。浏阳市荷花精工机械制造有限公司研发的组合烟花内筒自动装药生产线投产5条，待安装1条。加快智能化进程，浏阳于2018年5月与沈阳新松机器人、北京恒烁挚安两家高科技企业，签订《防爆机器人暨烟花爆竹产业智能制造框架合作协议》，拟在浏阳东信烟花集团有限公司和金滩花炮厂建设烟花爆竹智能生产示范工厂，并在花炮智能化设备研发应用方面开展更广泛的合作，推动花炮产业的安全革命、效率革命。其中与东信烟花合作研发的"鞭炮插引上下料生产线项目"已研发待安装；智能化组合烟花机械设备已在沈阳新松公司总部进行后期调试。浏阳市研发的国内首台亮珠自动化成套设备等近10个涉药机械设备通过省级安全论证，有效提升行业生产整体安全水平。举办花炮智能制造设备及环保原材料展，为生产企业和机械制造企业搭建交流贸易平台，引领行业安全环保、科技发展。开展浏阳市创新产品（花炮类）评选，最终确定浏阳市中洲烟花集团有限公司"组合烟花自动化生产线"、浏阳市鸿安机械制造有限公司"全自动烟花亮珠生产线"等5家单位的创新项目评为浏阳市创新产品（花炮类）奖励对象。（黄 露）

【质量建设】 2018年，浏阳花炮管理局联合食药工商质监局等有关职能部门每月常态化开展烟花爆竹原材料抽检行动，对市内化工原材料企业及包装印刷等原材料经营企业进行执法检查，抽查产品161个批次，依据相关程序对部分产品结果进行了公开通报和依法查处。联合市公安局、食药工商质监局两次分别前往陕西、河北开展浏阳花炮打假维权行动，共查处假冒伪劣产品1850余件，拘留涉法人员1人，为企业挽回经济损失上百万元。联合文化市场综合执法局开展烟花爆竹包装印刷制品整治工作，查处收缴假冒包装箱9000余个。联合食药工商质监局出台《烟花用模压筒体专项质量提升工作方案》，针对模压产品质量问题进行专项检查，确保产品质量。实施精品礼花弹计划，于5月指导市花炮总会与日本芳贺火工签订《浏阳市礼花弹精品计划合作协议》，在精品礼花弹生产领域开展广泛深入合作，提高浏阳市礼花弹生产技术和质量水平。9月协助花炮总会组织行业领导、专家到日本芳贺火工考察企业厂房设计、管理和技术。10月组织开展第一期精品礼花弹培训，从理论知识、生产工艺、实际操作等方面，对礼花弹制作工艺和生产技术进行强化。2018年8月，浏阳经国家标准委确定为“第一批国家级消费品（烟花爆竹）标准化示范基地试点项目承担单位”。（黄　露）

【文化创意】 2018年组织橘子洲焰火燃放9场，提升浏阳花炮的知名度和美誉度。组织浏阳周末音乐焰火9场，共吸引浏阳市内外观众20万余人次，有效推动浏阳烟花文化旅游的发展。组织浏阳焰火“神州行”和“全球通”活动，其中浏阳焰火“神州行”先后走进福建龙岩、云南文山州、青岛、宁波、台湾和河北正定6个地区，浏阳焰火“全球通”先后走进美国、塔吉克斯坦、俄罗斯、斯里兰卡4个国家，推动焰火文化与旅游跨界融合。举办浏阳焰火大会暨第八届中国（浏阳）国际音乐焰火大赛。浏阳焰火先后承担央视春晚、“一带一路”青年创意与遗产论坛、上合组织青岛峰会、首届世界语言资源保护大会、央视中秋晚会等大型活动焰火燃放，品牌影响力大幅提升。（黄　露）

【市场开拓】 2018年，2018中国（浏阳）国际烟花爆竹交易会举办，展示烟花爆竹全产业链，为花炮企业搭建交流贸易平台，进一步宣传推广浏阳花炮品牌形象。加强产销交流与合作，指导市花炮总会组织全市400余家企业，参加13场省外订货会，有效拓展销售市场。烟花爆竹产业链链长带队到安徽省考察烟花爆竹销售经营市场，推动产销融合发展。接待云南省供销合作社到浏阳调研考察花炮产业，进一步加强两地烟花爆竹市场合作。（黄　露）

【传统小产品保护】 2018年，浏阳制定《浏阳花炮传统小产品企业认定管理办法》，认定54家企业6个产品入选浏阳花炮传统小产品生产企业及保护产品第一批名录。制定《浏阳花炮传统小产品保护与扶持实施办法》，对入选《浏阳花炮传统小产品生产企业名录》的企业实施挂牌保护，从实施浏阳花炮非物质文化遗产保护工程、鼓励小产品企业走专业化道路等11个方面，扶持与奖励优秀传统小产品生产企业。指导浏阳市玩具烟花小产品分会制定“晨光花、电光花、砂炮、彩珠炮”等17个小产品团体标准，推动小产品生产规范化、标准化。（黄　露）

【宣传推广】 2018年，浏阳市对接社会主流媒体，引导长沙市级及以上媒体正面宣传报导浏阳花炮共73次，其中国家级媒体报道23次，省级媒体宣传报道31次。通过向上级媒体展示浏阳花炮传统文化和创新发展成果，积极引导媒体加强对浏阳花炮的正面宣传，进一步优化产业发展舆论环境，提升“烟花之乡”品牌形象。其中《人民日报》以《世界烟花看浏阳》为题，专题报道浏阳花炮转型升级发展成效；湖南卫视新闻联播4次报道浏阳花炮；《长沙晚报》以《浏阳花炮：这一抹东方色彩风行全球》专题报道改革开放40周年浏阳花炮发展成果。（黄　露）

【2018中国（浏阳）国际烟花爆竹交易会】 2018年5月31日—6月2日，2018中国（浏阳）国际烟花爆竹交易会在大瑶国际花炮商贸城举行。此次浏交会活动包含“新产品、新材料、新工艺、新机械”展示、花炮产业与文化高峰论坛等12项活动。这场花炮行业的“广交会”云集近400家花炮全产业链企业参展，涵盖了机械、原材料、生产、燃放、经营销售、文化创意等花炮产业上中下游行业，首次全景展示花炮产业最新发展成果，吸引全国30余个省份的厂商，以及来自美国、比利时、西班牙、印度等10余个国家的客商观展，全面巩固“世界烟花看浏阳”的浏阳花炮领军地位。（黄　露）

【浏阳焰火大会】 2018年10月2日，浏阳焰火大会暨第八届“创意杯”国际音乐焰火大赛在浏阳河畔举行。浏阳花炮联合来自意大利、英国、葡萄牙、瑞典4个国家的顶级焰火燃放队伍，以千年火药为颜料，以河畔夜空为幕布，以创意故事、现场音乐、数字技术、激光艺术精准对点的多媒体整合手法，用10万发数字烟花打造了一场盛况空前、精彩绝伦的焰火盛宴。除4场创意迭出、精彩叠加的焰火盛宴外，还有穿插其间的6道文化大餐，包括浏阳传统舞龙、武术和烟花科技问鼎中国民间文艺最高奖山花奖的“烟花龙舞”，以及“花火之舞”烟花舞台剧等节目。此次浏阳焰火大会，通过“请进”全球焰火燃放精英，打造世界级焰火竞技平台，擦亮“烟花之乡”城市名片。（黄　露）

【浏阳花炮传统小产品振兴】 2018年6月21日，浏阳市人民政府发布《浏阳花炮传统小产品保护与扶持实施办法》，从实施浏阳花炮非物质文化遗产保护工程、鼓励小产品企业走专业化道路、鼓励小产品企业加快机械化生产进程、鼓励和扶持小产品企业加大市场开发力度、实施小产品人才培养计划、鼓励小产品企业走“互联网+烟花小产品”的发展道路、鼓励小产品生产企业、行业协会制定产品、小产品机械的地方或团体标准、推动浏阳花炮传统小产品与全域旅游融合发展、鼓励建设花炮体验工厂等方面进行扶持。公布第一批浏阳花炮传统小产品生产企业名录及保护产品，对入选第一批传统小产品生产企业及保护产品名录的54家企业，和降落伞、烟雾、擦地炮、大地花开、魔术烟花、黑药炮6个产品予以重点保护和扶持。（黄　露）

【浏阳花炮承担上海合作组织青岛峰会大型焰火燃放】 2018年6月9日晚，上海合作组织青岛峰会在青岛奥帆中心举行灯光焰火艺术表演《有朋自远方来》，以迎接出席峰会的各国嘉宾。此次上合组织青岛峰会灯光烟花秀由浏阳花火剧团负责，主题为：命运共同体，分别在晚会第四章“筑梦未来”和晚会谢幕两个部分燃放。燃放地点在青岛最美的奥帆中心区域，焰火与青岛最美的海岸线结合是此次焰火燃放最大的亮点。3分40秒集中燃放各种类型烟花达3.5万余发，绚丽多彩的焰火象征着上海合作组织更加美好的未来。（黄　露）

电力工业

【电力供应】 2018年1—12月，长沙市全社会用电量363.69亿千瓦时，同比增长16.23%，增速排名全省第一位。第一产业用电量1.04亿千瓦时，同比增长17.12%。第二产业用电量156.71亿千瓦时，同比增长14.37%；其中工业用电量148.87亿千瓦时，同比增长14.86%。第三产业用电量93.29亿千瓦时，同比增长21.25%；城乡居民生活用电量112.65亿千瓦时，同比增长14.88%。电网综合线损率6.17%，同比下降1.67个百分点。城市、农村电压合格率分别为100%、99.92%，供电可靠率分别为99.97%、99.86%。电网最高负荷725万千瓦，同比增长9.3%；最大日供电量1.46亿千瓦时，同比增长8.5%。（刘逸群）

【电网建设】 2018年，长沙市新开工35千伏及以上项目41个。500千伏星城—古亭线路工程、220千伏龙王、林海变110千伏送出等46个重点工程如期投产。新建、改造10千伏线路1220千米、配变2228台、低压线路1800千米，配电自动化覆盖率51%。建成省内首个、全国第二个电池储能电站。完成省直机关、省属企业540余个小区，共7.5万用户供电分离移交。实施贫困村电网改造、光伏扶贫、驻村帮扶“三大工程”，对口扶贫村组4个，总计243户777人，帮助100户309人精准脱贫。全市无电户全部装表接电。推广42种电能替代技术，完成替代电量13.25亿千瓦时，有效推动节能减排和淘汰落后产能。（刘逸群）

【2018年长沙电网“630攻坚”任务完成】 2017年10月，长沙市委市政府与国网湖南省电力公司共同启动长沙电网“630攻坚”活动，推行“政企联动”机制，长沙电网建设取得实效。截至2018年6月30日，2017—2018年“630攻坚”活动完成，长沙电网最大供电能力由635万千瓦提升至720万千瓦，最大供电能力提升13.4%，确保长沙电网顺利迎峰度夏，实现企业不拉闸，居民不限电。自2018年7月1日起，2018—2019年“630攻坚”活动按四个一批（投产一批、开工一批、核准一批、储备一批）的部署有序推进。（刘逸群）

【“长沙智慧用电平台”通过专家组验收】 2018年，“长沙智慧用电平台”通过专家组验收，每年可为100家平台试点企业节约1600万余元电费。该平台通过24小时无间断安全监控和“托管运维一体”服务，每年可为100家试点企业节约1000万元运维成本；每月分别为试点企业提供企业月度分析报告，通过大数据分析，指导试点企业科学合理、安全有序用电，分别为100家试点企业提出了节电降费方案，可平均降低电费单价0.07元/千瓦时，年节约电费1669.1万元。（刘逸群）

建筑业

【概况】 长沙市工商注册建筑企业4270家，其中市属3446家，省属及央属824家，特级企业18家（其中民营企业5家）。2018年全地区建筑业总产值4976.46亿元，同比增长13.8%。建筑业增加值997.78亿元，同比增长10.6%，在全市GDP占比9.1%。2018年建筑行业完成税收82.15亿，同比2017年增长8.4%。4个项目获“国家优质工程奖”，AAA级资质认定近200家，300余家核心企业完成80%产值。制定发布《长沙市政府投资房屋建筑和市政基础设施工程总承包管理办法（试行）》，推进长沙市工程建设领域供给侧结构性改革和建筑业转型升级，推进工程总承包发展。严厉打击建筑施工转包违法分包，全市检查施工项目2374个，立案处罚有转包行为的施工单位2家，处罚有其他违法行为的个人1人，共处罚款2.34万元，限制有违法行为施工企业招投标1家。（李 佳）

【施工许可管理】 2018年，长沙市住建部发放施工许可证215个，其中房建166个，面积1243.96万平方米，合同造价239.24亿元，市政49个，合同造价86.00亿元。2018年4月，市住建委在马栏山视频文创园设立办事处，为马栏山视频文创园项目提供施工许可办理服务。（黄承智）

【招投标管理】 2018年，长沙市修订并发布《长沙市最新建设工程招标评标办法》（以下简称“《办法》”），并就《办法》的实施举办新闻发布会，其经验在住建部官网得到宣传并得到肯定。《办法》推行“评定分离”，即让评标和定标分离开来。完成省综合评标库长沙分库专家征集初审。（黄承智）

【工程备案管理】 2018年10月，长沙市根据住房和城乡建设部关于修改《房屋建筑和市政基础设施工程施工招标投标管理办法》的决定第四点，取消施工许可办理过程中的建筑工程施工合同备案和建筑工程监理合同备案。（黄承智）

【施工领域环境整治】 2018年，长沙市制订《长沙市施工工地扬尘污染防治专项工作方案》，由市蓝天办统一印发。编制《长沙市建设工程施工围挡标准图集》，出台《长沙市施工工地扬尘防治通用规范》，将扬尘防治“5个100%”提升为“8个100%”。同时，市住建委印发《关于建设工程扬尘防治调整安全文明施工费计划规定的通知》，将建筑工地扬尘防治投入纳入安全文明施工费用项目预算。监管执法。2018年印发督查通报20期，通报问题项目179个。全市强化日常监管和专项执法，自蓝天保卫战以来对165个责任单位依法进行行政处罚，累计罚款617.99万元。完善扬尘监测。持续做好扬尘防治的信息化建设。全市已完成施工工地扬尘在线监测系统主监控平台建设，市本级城区规模以上工地270个，全部纳入监控平台，各园区、区县（市）各自建立监控平台，相关数据后续接入主监控平台。推进绿色施工。严格督促项目加强绿色施工管理，广泛开展绿色施工宣传教育培训，推广绿色施工新技术、新工艺、新材料、新设备，全年创建绿色施工工地472个。预拌混凝土监管。全市有预拌混凝土搅拌场85家，生产线条数205条（不含浏阳、宁乡）。加强预拌混凝土搅拌场站和预拌混凝土搅拌车辆管理，开展执法检查、督查147次，对场站进场全数检查，车辆检查1557台次，对预拌混凝土企业下发整改通知书52份，下发不良行为告知2份，约谈企业2家。严控非道路移动源污染。将非道路移动机械监管纳入防尘污染防治“8个100%”，加强对施工现场施工机械的巡查，同时对油品使用台账进行检查，确保车辆符合排放标准，油品进货渠道合法，品质可靠。开展标准观摩。2018年12月20日，全市安全生产标准化及扬尘防治现场观摩会开展，观摩会在全市8个标准化示范工地同时开展，全市建设、施工、监理及相关主管部门上千名代表参加观摩。

（孔祥海　王曦平）

【工程安全管理】　2018年，长沙市有施工工地1559个，建筑面积7309万平方米，其中市级监管施工工地450个，湘江新区监管施工工地274个，区县（市）监管施工工地835个。及时采取监督措施，共签发隐患整改通知书5165份，设备限制使用通知书741份，停工整改通知书654份，不良行为告知书374份，督办函82份。强化安全生产专项检查、排查、整治，加强对施工现场重大危险源的监管，严格实施项目开工安全生产条件审查，加强轨道交通工程安全监管，落实《关于加强轨道交通工程关键节点施工前条件核查管理的通知》文件要求。（孔祥海）

【工程质量管理】　2018年，长沙市86个项目获省优质工程奖，34个项目获芙蓉奖。各类专项监督检查和整治行动。全年部署开展质量检测监督抽检、混凝土和砂浆生产企业监督抽查、见证取样和送检情况、钢筋使用情况、轨道交通工程防水材料专项督查、关键工序验收条件专项整治行动、季度质量安全专项督查、主体结构质量管理、关键岗位人员专项整治等10余项整治督查工作。利用信息技术完善监督手段。建立长沙市建设工程质量综合服务平台，对“长沙市混凝土质量追踪及动态监管系统”“长沙市建设工程质量检测监管系统”“长沙市桩基静载在线监管系统”等3个系统进行整合。采用二维码防伪技术，结合GPS定位、手机拍照技术以及见证信息的及时上传功能实现对样品取样、送样、收样、检样全过程的监管。加大质量违法违规行为的处罚力度。全年下发整改通知单2143份，停工通知单124份，不良行为告知单135份，认定不良行为为31份，项目经理扣分告知书69份。推进建筑施工质量管理标准化和监理向政府报告试点工作。按照《湖南省建筑施工质量管理标准化考评实施细则》和《建筑工程质量安全监理报告制度实施办法（试行）》的文件部署，推进施工质量标准化工作，提升施工质量水平；实施监理报告制度，督促监理企业落实主体责任、监理从业人员依法履行监理职责。开展示范观摩和“质量月”活动。在市、区县两级不同场地组织开展新技术、新工艺和标准化施工项目示范观摩活动。

（刘祖红　王曦平）

【建筑企业转型】　2018年，长沙市推进审批服务便民化，取消建筑工程施工合同（含劳务合同）备案、监理合同备案、市政公用工程设计概算审查和建筑节能专项验收备案，减轻企业负担。推动简政放权，在行政审批方面优化办事流程，简化办事手续，企业在市级权限范围内的申办、增项等流程均实行一站式审批，在材料完备的前提下实现“只跑一次”的目标。出台对口联系服务重点建筑业企业实施方案，由班子成员对口联系支持建筑企业发展，其中对口联系民营建筑企业41家。

（李　佳）

【建筑行业诚信体系建设】2018年，长沙市住建委牵头组织住建行业诚信评价体系建设，做实“住建行业曝光台”工作，对部分建设项目及部分责任主体违法违规等不诚信行为予以公开曝光。2018年在红网、长沙住房和城乡建设网上曝光432个违法主体的违法行为。与长沙市发展改革委联合发布《关于对长沙市住建行业严重违法失信市场主体及从业人员实施联合惩戒的实施方案》，建立健全失信联合惩戒机制，推进住建行业社会信用体系建设。

（刘莉娜）

【建筑垃圾治理试点城市建设启动】2018年，根据住房城乡建设部《关于开展建筑垃圾治理试点工作的通知》要求及市政府领导批示精神，牵头启动建筑垃圾治理试点城市建设工作，组织编制《长沙市建筑垃圾治理试点城市建设工作方案》，经市政府同意后上报住房和城乡建设部，并通过住房城乡建设部组织评审。出台《长沙市建筑垃圾治理试点城市建设工作方案》，明确全市建筑垃圾治理试点工作任务及部门分工。11月，迎接住建部建筑垃圾治理试点城市建设专项督查，得到充分肯定。12月，联合发布《〈长沙市建筑垃圾资源化利用管理办法〉实施细则》。2018年，长沙市资源化利用建筑垃圾约380万吨，实现销售收入约4亿元，纳税约7000万元，建筑垃圾资源化利用工作得到较快发展。（方　俊）

表13　2018年长沙市建筑业企业生产情况

项　目	企业个数（个）	建筑业总产值（万元）	#装饰装修产值	#在外省完成的产值	#装配式建筑工程产值	建筑工程产值	安装工程产值	其他产值	竣工产值（万元）	房屋建筑施工面积（平方米）	本年新开工面积	房屋建筑竣工面积（平方米）	直接从事生产经营活动的平均人数（人）	工程技术人员（人）
总　计	693	49764570	43607	2775969	20720838	43416604	2758962	3589005	24123527	330421492	108597523	75316710	1197104	133933
#国有控股企业	81	25159281	42693	601249	15777225	23853516	752622	553144	11646638	211731918	59279097	34690627	501102	46957

续表 13　　2018 年长沙市建筑业企业生产情况

项　目	企业个数（个）	建筑业总产值（万元）	#装饰装修产值	#在外省完成的产值	#装配式建筑工程产值	建筑工程产值	安装工程产值	其他产值	竣工产值（万元）	房屋建筑施工面积（平方米）	本年新开工面积	房屋建筑竣工面积（平方米）	直接从事生产经营活动的平均人数（人）	工程技术人员（人）
一、按登记注册类型分组														
内资企业	690	49608479	43607	2741762	20625502	43260512	2758962	3589005	23970494	330421492	108597523	75316710	1191218	133023
国有企业	10	340324		5500	130767	273694		66630	176303	523116	308386		10553	1848
集体企业	5	145649		23289	42286	87644	58005		80621	587573	274919	274073	6019	369
联营企业	1	12548	10548		2000	11548		1000					175	125
有限责任公司	210	33006656	32145	1295417	17495724	30072351	1272586	1661720	15756135	252922482	77505636	49642015	747483	70421
国有独资公司	21	8116677	1350	238105	3784272	7833501	136609	146567	3153086	59101385	21031092	9593755	148492	15275
其他有限责任公司	189	24889980	30795	1057313	13711453	22238850	1135977	1515153	12603049	193821097	56474544	40048260	598991	55146
股份有限公司	22	3014634		109004	532800	2344034	192517	478082	1040750	19396612	6974740	5413973	78255	7890
私营企业	442	13088668	915	1308553	2421925	10471240	1235855	1381573	6916685	56991709	23533842	19986649	348733	52370
私营有限责任公司	432	12416669	915	1271561	2180398	9846421	1196596	1373653	6664496	53042898	21921104	19055737	340373	51341
私营股份有限公司	10	671998		36992	241526	624819	39259	7920	252189	3948811	1612738	930912	8360	1029
港、澳、台商投资企业	2	35058		34206		35058			32000				1350	35
外商投资企业	1	121034			95335	121034			121034				4536	875
二、按企业资质等级分组														
总承包	435	46078756	33059	1823918	19288097	41320426	1655319	3103010	21990302	328370132	107502764	73616824	1111240	120459
特级	13	19989945		86812	12367766	18978046	205217	806682	10155145	199043261	54037584	32850398	387212	30720
一级	125	18311627	32145	1065079	5917271	16056004	964661	1290962	8279534	90901999	36548482	28841796	495556	52549
二级	154	5644591		507753	858496	4656949	265099	722543	2659144	31277784	13406650	8874579	162785	27221
三级及以下	143	2132594	915	164275	144563	1629428	220343	282823	896479	7147088	3510048	3050051	65687	9969
专业承包	258	3685815	10548	952050	1432741	2096178	1103642	485995	2133225	2051360	1094759	1699886	85864	13474
一级	69	2143088	10548	840318	951317	1268926	495690	378473	1236936	1335767	702741	943784	43986	5733
二级	89	997385		34892	396283	463946	452270	81169	503987	432448	246940	502356	27229	4862
三级及以下	100	545342		76840	85141	363306	155682	26353	392303	283145	145078	253746	14649	2879
三、按建筑业行业中类分组														
房屋建筑业	316	35962194	33059	1644347	13476022	32353971	1121113	2487110	17933572	319705699	104081843	71232924	906629	93905
住宅房屋建筑	290	32970204	33059	1620555	12286939	29445151	1094324	2430729	16902424	285068109	92027406	67175283	809836	87408

续表 13　　2018 年长沙市建筑业企业生产情况

项　目	企业个数（个）	建筑业总产值（万元）	#装饰装修产值	#在外省完成的产值	#装配式建筑工程产值	建筑工程产值	安装工程产值	其他产值	竣工产值（万元）	房屋建筑施工面积（平方米）	本年新开工面积	房屋建筑竣工面积（平方米）	直接从事生产经营活动的平均人数（人）	工程技术人员（人）
其他房屋建筑业	26	2991990		23792	1189083	2908820	26789	56381	1031147	34637590	12054437	4057641	96793	6497
土木工程建筑业	191	11394048		97663	6175019	9618033	936621	839395	4926156	10020073	4174226	3463351	236034	31163
铁路、道路、隧道和桥梁工程建筑	79	7566212		28628	4289765	6667154	441065	457994	2534651	5946832	2173125	2267527	146691	16399
水利和水运工程建筑	23	2141756		5450	1347629	2090729	16000	35027	1102452	2459842	1017923	316132	48066	6546
工矿工程建筑	5	126447			119297	50657	16080	59710	32565	8540	8540	1724	3047	387
架线和管道工程建筑	29	670403		3880	270378	275598	261434	133371	655556	73589	72747	47470	18701	4495
节能环保工程施工	7	23985			347	16790	5524	1671	16727				446	89
电力工程施工	7	47891			2500	19803	28088		27747				785	127
其他土木工程建筑	41	817355		59705	145104	497302	168430	151622	556457	1531270	901891	830498	18298	3120
建筑安装业	85	1147655		67022	490441	574799	517202	55654	445087	637040	331434	416543	27030	4533
电气安装	22	189520			76136	23584	165677	260	50445				3249	626
管道和设备安装	10	98855		21649	18676	71208	27518	130	72582			58580	2224	587
其他建筑安装业	53	859279		45373	395629	480007	324008	55264	322060	637040	331434	357963	21557	3320
建筑装饰、装修和其他建筑业	101	1260674	10548	966938	579355	869801	184026	206847	818712	58680	10020	203892	27411	4332
建筑装饰和装修业	77	1040306	10548	956576	470516	804097	140644	95566	656392	11476		27076	22569	3105
建筑物拆除和场地准备活动	8	112371			67576	1644	6285	104442	102691				2002	616
提供施工设备服务	2	21185			7997	4491	16694		3433	27400		24000	753	128
其他未列明建筑业	14	86811		10362	33266	59569	20403	6839	56197	19804	10020	152816	2087	483

商贸服务业

TRADE AND SERVICE INDUSTRY

责任编辑・吴丫丫

商贸流通

【概况】 2018年，长沙市实现社会消费品零售总额4765.04亿元，增长9.9%，其中限额以上企业实现社会消费品零售总额2021亿元，增长8.8%。全市有限上商贸企业2500余家，批发零售行业零售额在社会消费品零售总额中的占比约90%。长沙市加大对限上企业的挖掘培育力度，加强对区县的指导和督查，限上企业规模扩大，全年新增限上企业704家。2018年，认定21家长沙自创知名品牌商贸流通企业和17家最具成长性商贸流通企业。2018年，投资逾200亿元、近400个国内外品牌入驻的长沙国金中心开业。

消费平台 举办第11届“福满星城”购物消费节，发放市政府福星红包340万元。长沙市特许经营备案企业166家，占湖南省特许经营备案企业总数的81%，集中在餐饮、零售、居民服务等行业。举办中国国际食品餐饮博览会，展览面积8.1万平方米，涵盖国内外多家食品、餐饮品牌企业。

便民生鲜农产品供应体系建设 2018年，全市计划新建便民生鲜农产品市场22个，改造便民生鲜农产品市场51个，建设便民生鲜农产品社区门店41个。截至12月底，高新区及各区县（市）实际开工建设的便民生鲜农产品市场项目76个，比计划任务多3个（其中新建市场项目25个，超计划3个），实际开工建设的便民生鲜农产品社区门店项目50个，超计划9个；所有项目均建成并通过区县（市）验收和市级复核。

绿色消费 2018年，步步高梅溪新天地被商务部授予“绿色商场”称号，长沙有“绿色商场”4家。德思勤、梅溪新天地、国金中心等大型城市综合体多业态融合发展。取消长沙市二手车限迁政策。做好报废汽车回收监管工作和再生资源回收领域管理。

五一商圈提质升级 五一商圈限额以上商贸企业实现社会消费品零售额约202亿元，占全市传统商业限额以上单位消费品零售额的20%左右。商圈日均客流量由20万人次增长到25万余人次，节假日高峰时期由35万余人次增长到45万人次以上，尤其是国金中心日均客流量6万人次左右，节假日8万～10万人次。推荐黄兴路步行街申报全国试点步行街。

营商环境 2018年，长沙市家庭服务业协会通过推广家政员注册制在全省率先建设一批示范性诚信家政服务企业。推进“百城万村”家政扶贫。开展单用途预付卡、家政服务、汽车销售领域的“三项整治”专项行动。开展商务领域的食品安全、质量强市、打击非法集资、直销管理等工作。连续3年被省商务厅评为全省市场秩序工作先进单位。

成品油市场运行 截至12月31日，全市完成地下单层罐改双层罐的加油站107座，施工改造中的加油站14座。全市商务系统累计出动执法人员1022人（次），开展专项及联合执法135次、执法检查各类加油站959家，发现问题118起，要求企业整改105起，立案处罚14家，罚款金额22.4万元，执法监管网格化、全覆盖局面形成，向环保部门移送案件5起。（周　恩）

【长沙市第11届“福满星城”购物消费节】 2018年11月9日，第11届“福满星城”购物消费节在开福区富兴时代广场启幕。由长沙市商务局主办，中国银联股份有限公司湖南分公司、银联商务股份有限公司湖南分公司、长沙晚报社、长沙市零售商业行业协会共同承办。主题为“美好生活·福满星城”，持续时间从2018年11月9日至2019年2月，横跨元旦、春节、元宵等节点，包括开幕式、福惠万家、万福到家等系列主题活动。活动期间送出577万元“福星红包”，全城23个商超百货、商业零售品牌的300余家门店参与。活动期间，每周六及“双11”、元旦、春节、元宵节当日，在参与活动门店购物消费，用消费节“福星红包”发放平台银联“云闪付”APP支付，即可享受10～500元的“福星红包”现金满减。“双12”期间可在指定商户享受连续5天、每天两档的“福满星城”购物满减活动。（周　恩）

【老字号企业】 2018年，长沙市促进“老字号”发展。10月，第四批“湖南老字号”名单公布，德胜斋等6个长沙品牌上榜，长沙老字号增至41家，其中，“中华老字号”16家，占全省总数的80%，“湖南老字号”25家。（周　恩）

【九龙仓长沙国际金融中心开业】 2018年5月7日，由香港九龙仓集团投资200亿元建设的综合商业旗舰项目——长沙国际金融中心（简称IFS）开业。省委常委、市委书记胡衡华，副省长何报翔，市委副书记、市长、湖南湘江新区党工委书记胡忠雄见证项目开业运营。长沙国际金融中心是九龙仓集团投资物业项目中投资金额最大、楼层最高、商业面积最大的项目，总投资额逾200亿元，为华中地区树立全新零售商业新地标。长沙国际金融中心位于黄兴路与解放西路交汇处，总建筑面积约100万平方米，临街商店逾

2018年11月9日，第11届“福满星城”购物消费节开幕　市商务局 供图

700米长，分为452米的T1塔楼和310米的T2塔楼，集合大型综合购物中心、甲级写字楼及国际五星级酒店，引进近400个各具特色的商铺，囊括国际名品、潮流时尚、中西餐饮、休闲娱乐等，为顾客提供“一站式”顶级体验。IFS大牌云集，包括Hermes等近70家品牌首次入驻湖南，其中20个品牌首次入驻华中地区。（周　恩）

【胡子敬获评“全球湘商十大风云人物”】胡子敬，1950年6月出生，湖南汨罗人，现任友阿公司董事长、党委书记，家润多商业股份有限公司董事长，先后被选为中国共产党的十五大、十六大、十七大代表，2000年开始享受国务院政府特殊津贴。胡子敬从1974年开始从事百货零售工作，具有十分丰富的百货零售业务经验和管理经验，2001年创造性地提出“经营管理一体化”的商业管理模式，在传统百货内部率先实行“进销分离、统一管理”的科学管理方法，该模式2003年被评为“第十届国家级企业管理现代化创新成果一等奖”，被中国商业协会作为样板向全国推广。2018年12月7日，首届中国湘商创新创业峰会开幕式暨全球湘商筑梦“一带一路”发展高峰论坛在北京举行，胡子敬获评“全球湘商十大风云人物”。（虢海涛）

电子商务

【概况】2018年，长沙市实现电子商务交易额7250亿元，同比增长30%；实现网络零售额1314.9亿元，同比增长18.6%，平台店铺数量逾5万家，网络零售企业近4000家；实现农村网络零售232.1亿元，同比增长32.2%，占全省农村网络零售额比重46.3%，是全省唯一总量逾200亿元的市州。

龙头企业　御家汇、安克创新等5家企业获评“2017—2018年度全国电子商务示范企业”。湖南友阿云商网络有限公司等13家企业获评“2018年度湖南省电子商务示范企业”。醉仙网（湖南）电子商务有限公司等12个电子商务项目获评“2018年度湖南省电子商务重点培育项目”。全市有上市电商企业3家，安克创新、懒猫国际筹备上市中。

跨境电商　获国务院批准设立中国（长沙）跨境电子商务综试区。出台《长沙市跨境电子商务产业扶持资金管理暂行办法》。公共服务逐步配套，推进长沙跨境电商综合服务平台项目建设。7月26日，在杭州举办湖南跨境电商合作对接会，现场签约9个跨境电商项目。组织3个跨境产业园区和部分跨境电商企业、平台参加“2018年义乌国际电商博览会”。

农村电商　长沙市在望城区、长沙县、浏阳市、宁乡市建设并验收县级农村电商公共服务中心。组织2018年农村电商服务支撑体系项目验收，120个镇、村级服务站项目参加验收。农村电商产业园建设加快，全市建验收2个农村电商产业园。发展望城区铜官街道为全省第一个电子商务乡镇。阿里巴巴农村淘宝与浏阳市、宁乡市签订合作协议，建农村淘宝县级服务中心2个、天猫优品服务站和农村淘宝服务站127个，招募“村小二”127个和“淘帮手”100个，服务覆盖300个行政村。2018年，浏阳市农村淘宝的交易额在全国县、市中排名第一位，形成农村淘宝“浏阳模式”，农村电商工作获国务院办公厅发文通报表彰；宁乡市农村淘宝的交易额在全国县、市中排名前十位。

电商扶贫　长沙市建电商扶贫小店逾1100个，带动扶贫增收效果良好。其中84个省定贫困村的电商扶贫小店年交易额均逾10万元。84个省定贫困村服务站，帮助1000余户建档立卡贫困户销售农产品240万余元。刘沩农业、永康电商等5家企业获评“湖南省优秀电商扶贫企业”，帮助建档立卡贫苦户增收逾500万元。浏阳市和达浒镇椒花村电商扶贫工作模式、宁乡味道电商扶贫小店运营模式先进经验在全省推广。（周　恩）

【长沙获批国家跨境电商综合试验区】2018年7月13日，国务院常务会议决定新设一批跨境电商综合试验区。长沙、北京、呼和浩特等22个城市名列其中。长沙跨境电商快速发展，初步形成以金霞保税物流中心、黄花综保区为跨境电商物流、通关核心区，以长沙高新区为产业、技术研发集聚区的产业发展布局。仅长沙高新区，就集聚谷歌体验中心、网来云商、安克创新等100余家跨境电商企业。友阿海外购、森贝全球购、快乐购等本土电商平台发展态势良好。通过跨境电商，长沙的电子产品热销全球，世界各地商品走进长沙的百姓人家。根据《长沙市跨境电子商务百亿工程方案》，计划至2021年，长沙实现全市跨境电子商务产业年进出口总额100亿美元，建成全国跨境电商新兴口岸城市，形成跨境电商中西部地区区域性集散中心。（周　恩）

【湖南跨境电商合作对接会在杭州举行】2018年7月26日，由长沙市人民政府和湖南省商务厅联合举办的“湖南跨境电商合作对接会”在杭州举行。长沙获批国家跨境电商综合试验区后，首次举行跨境电子商务合作对接会。副省长吴桂英，市委副书记、市长、湖南湘江新区党工委书记胡忠雄致辞并见证签约。副市长邱继兴参加推介会。阿里巴巴、eBay、网易考拉等100余家企业参会。对接会上，活动现场有9个跨境电商项目签约，涉及物流、供应链、金融等多个跨境电商领域，其中泽宝跨境电商长沙运营中心、有棵树跨境电商供应链深度合作项目、费舍尔控股集团等项目落户长沙。会上，省商务厅详细解读湖南省支持跨境电商企业发展的相关优惠政策，长沙市重点推介长沙高新区、黄花综保区、金霞保税物流中心长沙3大跨境电商重点园区及项目。阿里巴巴集团、eBay、网易考拉以及安克创新科技4个重点跨境电商企业代表介绍在长沙投资和业务开展情况。该次跨境电商合作对接会是湖南省在长三角地区举办的系列重大招商活动之一。“洽谈周”期间，长沙市签约项目38个，总投资额470亿元。（周　恩）

物流业

【概况】2018年，长沙市现代物流产业规模平稳增长。全市实现社会物流总额3.2万亿元，同比增长10%，实现社会物流收入1187.3亿元，同比增长9.1%，实现社会物流增加值780亿元。物流市场主体持续壮大。全市规模物流企业1000余家。全市年物流收入逾10亿元企业10家，年物流收入逾亿元企业37家。物流企业标准化建设推进，全市AAAAA级物流企业10家、AAAA级物流企业41家、AAA级物流企业32家。全市物流企业仓储条件及服务质量持续改善，全市5星级仓储物流企业21家、4星级仓储物流企业12家。物流仓储建设推进。新建成标准仓储面积20万余平方米，全市建成常温标准仓储450万平方米，其中平层钢构库约320万平方米，楼房库约130万平方米。（周　恩）

【长沙传化公路港城市物流中心启动运营】 2018年8月17日，智慧物流助推长沙现代化建设招商推介暨长沙传化公路港城市物流中心启航仪式在长沙传化公路港举行。活动由湖南省物流与采购联合会、开福区政府主办，金霞经开区、长沙传化公路港物流有限公司承办。湖南省委常委、长沙市委书记胡衡华等出席并宣布长沙传化公路港城市物流中心启航。长沙公路港试运营期间完成全省14个市州、122个县市区的定时、定点、定班货运传送网络。全面投入运营后，其日均货物吞吐量逾7.8万吨，日均货值近11亿元，日均吸引5000辆以上车次进场，整合服务1500余家中小物流企业，扩充就业岗位1万余个。活动现场举行开福区重大项目集中签约仪式以及智慧物流助推长沙现代化建设招商推介，现场签约6个项目，协议投资额29亿元。（周　恩）

【第五届中国国际物流发展大会在长沙举办】 2018年11月16—17日，第五届中国国际物流发展大会在长沙举办，由中国交通运输协会、国际物流与运输学会、长沙市人民政府共同主办。中国交通运输协会常务副会长王德荣，国务院国有资产监督管理委员会原主席马力强，长沙市委常委、常务副市长舒行钢等领导出席大会并致辞。全球70余个国家和地区的物流行业组织负责人、业内专家学者、“一带一路”沿线城市物流行业管理部门负责人及国内物流相关企业代表1000余人参加大会，以“互联互通·融合发展”为主题，围绕“一带一路”建设相关产业与物流行业融合发展、供应链管理和智慧物流体系建设等领域的痛点、难点问题进行交流与探讨。大会同期组织“一带一路”中欧班列发展论坛暨第二届WILAT木兰汇会议、2018年度全国先进物流企业表彰大会暨中国物流创新发展论坛和亚欧大陆桥智慧物流信息论坛等活动，扩大交流与合作，加快行业健康可持续发展。会议期间，参会代表实地参观考察长沙市金霞经济开发区物流企业，并与企业进行业务交流和洽谈。（周　恩）

会展业

【概况】 2018年，长沙市会展工作把握“打造中部会展高地、建设国家会展名城”的总体目标，构建“会展+会议”的大会展发展格局，通过完善平台、项目牵引、政策保障，积极培育重点展会，主动对外交流合作，加紧构建政策体系，初步实现“中部会展高地”的发展目标。获评“中国最具竞争力会展城市”“中国会展魅力之城”“最具影响力会展目的地”“中国最佳会展目的地城市”等。城市会展综合竞争力排名居中部第一位。据中国会展经济研究会权威发布的中国城市会展业竞争力指数报告显示，长沙以城市会展业竞争力指数综合获42.451分成为123个省会城市及地级市第一名，综合排名19个直辖市及副省级城市第十名，获评“中国最具竞争力会展城市”。主要经济指标中部领先。根据4大主要场馆统计数，全年4大会展场馆举办展览活动251个，比上年增加35个，同比增长16.2%；展览面积308万平方米，同比增长23.7%；观众人数627万人次，同比增长4.3%；成交金额1008亿元，同比增长78.7%。展览项目4个主要经济指标持续保持高速增长，均为中部省会城市第一名。全市举办500人以上会议项目376个，国际性会议项目21个，参会人数149万人。会展项目国际化程度保持中部优势。推进长沙会展经济国际化，推进会展项目主动融入国际经济大环境，提升长沙会展经济在全市开放型经济发展中的分工地位。按照国际上有20%的参展商、采购商、会议参与者来衡量国际化项目，全年实现国际化展览项目30个，国际性会议21个，国外参展参会客商逾5000个，国外参展参会嘉宾逾60万人次，对开放型经济发展的贡献度20%以上。据中国城市会展业竞争力指数报告显示，长沙会展业国际合作指数以较高的分值领先中部。场馆使用效率居中部前列。长沙国际会展中心、湖南国际会展中心、红星国际会展中心、湖南省展览馆4大场馆总展览面积37.25万平方米，位居中部省会城市首位。长沙的场馆分布合理、定位清晰、分工明确，长沙国际会展中心全年举办50场次的会展活动，其中5万平方米以上会展项目8个。展览面积逾130万平方米，场馆使用率约26.5%，在中部同类型场馆使用率中连续保持排名第一位。其余3个场馆差异化经营，优势互补，直接收入保持大幅度增长。（刘　刚）

【会展产业发展】 2018年，长沙市推进重点会展项目，专业化国际化程度大幅上升。展览方面：坚持以产业带动会展，以会展促进产业，瞄准全市正在加快建设的22个新兴及优势产业链，紧贴国家智能制造中心、国家创新创意中心、国家交通物流中心的城市定位功能，重点指导食餐会、轨道展、筑博会，协助办好农博会、智博会等具有产业基础的重大展会项目，加强工作指导，落实跟踪服务，创建产业会展品牌，扩大区域会展影响。食餐会是经国务院批准的商务部重点打造的国际性展会项目，展览面积8.1万平方米，同比增长35%，国内30个省、直辖市、自治区和27个国家和地区的1500家食品、餐饮企业参展。观众总人数15万人次，同比增长22.17%。农博会展出面积约11.3万平方米，专业观众逾40万人次，印度、马来西亚、法国等20个国家和地区的200余家国外公司参展，国际农交会交易额416亿元，中部农博会交易额266亿元。同期与联合国粮农组织（FAO）联合举办部长级“全球农业南南合作高层论坛”等13项重大活动。筑博会展览面积6万平方米，境内外465家单位参展，专业观众7.6万人次，同期举办20余场专题会议论坛活动，副市长邱继兴出席开幕式并致辞。轨道展展览面积4万平方米，中国中车、中国通号、法国交通发展集团等近200家轨道交通企业参展。同期举办城市轨道交通发展高层论坛、“一带一路”轨道交通企业对洽会和企业路演等多个活动。智博会以“创新引领、智造未来”为主题，展出面积5.4万平方米，参展企业300余家，观众逾5.5万人次，举办2场主题论坛、8场分论坛，11个重大项目举行签约仪式，22项新产品新技术集中发布。长沙国际车展成为湖南省第一个获全球展览业协会认证的展会项目，中国影视文化博览会、芒果（长沙）国际汽车博览会、中部（长沙）建材新产品暨全屋定制博览会等展会规模品质提升，逐渐成为长沙本土会展响亮品牌。会议方面：坚持会议与展览融合发展，构建大会展发展格局，突出会议目的地城市宣传推广，先后参加海南2018中国会议产业周活动，组织参加广州“中外合作大讲堂”并作主题发言，到北京参加第11届中国会议产业大会。长沙市获评“2017—2018年度中国最具魅力会议目的地”“2018中国最具竞争力会奖目的地”。策划创办中国国际物流发展大会“一带一路”中欧班列发展论坛、首届（长沙）国际稻作发展论坛等重大会议项目，举办中国特色小镇博览会、湖南商业航空航天航海装备论坛、对非投资论坛、中国机场发展论坛、全国院线国产影片推介会等创新创意品牌会议。第五届中国国际物流发展大会以“互联互通·融合发展”为主题，首次开办“一带一路”中欧班列发展论坛，全球50余个国家和地区的物流行业组织负责人、业内专家学者、“一带一路”沿线城市物流行业管理部门负责人、国内物流及相关企业代表1000余人参加大会。首届（长沙）国际稻作发展论坛以“世界稻作发展与产业振兴”为主题，袁隆平、谢华安等7位院士，日本池桥宏教授、印度伊希库玛教授和美国褚启人博士等国外稻作专家作主题报告，吸引16个国家和地区的400余名稻作专家参会，对促进湖南省稻作产业的发展与产业振兴，具有里程碑式的意义。中国特色小镇博览会由国家发展改革委城市和小城镇改革发展中心、长沙市人民政府、新华网共同主办，以“新时代、新路径、新动力”为主题，发布长沙特色小镇倡议书。第四届对非投资论坛以“深化对非投资合作、创新推动中非可持续发展和共享繁荣”为主题，非洲有关国家政府代表、有关国际及区域组织代表、有关部委代表等400余人与会。会上集中签约涉及农业、工业、能源、医疗卫生等多个领域16个项目，合作意向金额13.71亿美元。全球农业南南合作高层论坛与中部农博会同期举办，30个国家的部长级代表和大使、12个国际组织的负责人、国内15个省代表等参加论坛，成为在中国的全球南南合作领域的最大盛会。（刘　刚）

【会展合作交流】 2018年，长沙市会展办加强对外推介。对接新华网等主流媒体，在重大展会主办、重要工作节点等时机，加大对长沙会展名城形象、重大品牌展会、政策环境的整体宣传力度，扩大影响力，提升知名度；参加中国会展经济研究会组织的年度中国城市会展业竞争力指数发布会、15届中国会展业合作交流大会、中国会展业国际经贸论坛、中国会展会奖产业年度金手指奖评选等行业盛会，多渠道宣传推介长沙会展，扩大长沙会展影响力；组织长沙国际会展中心、湖南国际会展中心等20余家企业到杭州、广州、北京等地举办长沙会展专场推介会，设置长沙会展形象专题展台，请企业负责人上台推介。

宣传报道　选定星辰在线新媒体有限公司（长沙市党网）方案作为“长沙会展网”承接管理单位，加强对重大展会项目跟进报道，提升重点展会的宣传覆盖面。12月10—13日，《湖南日报》连续推出4个专版《长沙会展产业崛起系列报道》；12月10—17日，《长沙晚报》以《会展名城，中部高地》为题推出4个专版的系列报道，两家省市党报全面报道长沙会展业的发展成就、发展路径、发展前景。该两组系列报道同时在新湖南、掌上长沙、星辰在线、长沙发布等网络媒体刊载。

项目招商　加强与国家部委、国家级协会、国际机构和组展集团联系，引进的全国秋季糖酒会、第97届中国劳保用品博览会、首届中国乡村产业博览会、第五届中国医药物流行业年会暨物流设备设施展、中国混凝土与水泥制品行业大会、全国汽车配件交易会等重大展览及会议项目落地举办，2019全国药机展、全球高端制造业大会、2019国际低碳科技博览会明确落户长沙举办。12月8日，组织长沙市重点会展引进项目招商对接会，集中宣传长沙会展政策环境和会展企业风采，经过面对面对接洽谈、合作交流，2019大数据空间信息应用博览会等20个会展项目现场签约，长沙市人民政府与中国机械国际合作股份有限公司代表签署战略意向合作框架协议。

承办全国糖酒会　第99届全国糖酒会得到市委、市政府的高度重视和全市上下的支持。市委、市政府成立以市长胡忠雄任主任、副市长邱继兴任副主任的全国糖酒会长沙市协调工作组委会，提出“饱含长沙元素、展示长沙魅力、彰显长沙经验”的办会目标。市政府先后5次召开工作协调会，专门成立组委会工作督导组，集中驻点办公，巡回督查指导，严格落实属地责任，在全市28个场外交易点推行“五个一”（一名领导、一个专班、一个安保方案、一套处置预案、一名公安所队以上领导）的管控措施，全市各区县、各有关部门通力合作、协力办会，在场外交易管控、人员交通疏导、知识产权保护、社会治安维稳等方面分工协作、定期调度，建立“一站式”全方位的服务保障模式，完成全国糖酒会的承办工作。糖酒会场内外展览面积45万平方米，逾6000家企业参展，入场观众逾55万人次，实现成交金额200亿余元。（刘　刚）

【会展行业建设】 2018年，长沙市会展办推动会展行业建设。完善会展政策。完成出台《长沙会展业发展三年行动计划》《长沙市会展业发展规划（2018—2022）》，明确未来发展的远景目标、工作路径和具体措施。并根据市委巡察组反馈整改意见，修订完善《长沙市会展业发展专项资金管理暂行办法》，进一步细化量化规范补助工作流程，增强扶持补贴的精准度和使用效率；围绕规范落实《长沙市会展业发展专项资金管理办法》，修订完善《长沙市会展业发展专项资金办法操作规范》，分别对年度长沙市重点会展项目（展览类、会议类、引进类）专项资金使用流程进一步细化规范，量化各流程工作细则，对签证责任、档案留存、流程管控进行细化优化，防止堵塞廉政漏洞、防止廉政风险。

人才培养 7月，在望城千龙湖培训基地举办为期4天的长沙市会展业务培训班，培训以“会聚英才、展耀潇湘”为主题，邀请国内知名会展专家、学者分专题授课，全市会展行业约300人参加。11月底，组织重点企业负责人16人参加武汉集中营会展知识培训，开阔视野，提升能力，为长沙会展发展提供坚强的人才支撑。开展校企合作，依托湖南师范大学、长沙旅游职业技术学院等开设会展专业的院校建立会展人才培训基地，长沙市会展行业协会成立长沙会展经济研究会并启动课题研究。

课题研究 组织开展产业会展发展模式理论研究，并依托长沙会展经济研究会，开展长沙市展览业白皮书、产业会展项目案例汇编、长沙市会展业公共服务保障体系、会展品牌传播实务4个课题的理论研究。针对长沙会展发展过程中搭建标准不统一、材料浪费大等现实难题，启动推进绿色展览调研，撰写完成绿色展览调研报告。（刘 刚）

表14 2018年长沙市重点会展项目目录

序号	展会名称	举办时间	举办地点
1	第19届湖南浩天广告四新及LED照明技术展览会	3月9日	长沙红星国际会展中心
2	2018年长沙安团家博会	3月17—18日	湖南国际会展中心
3	2018年第26届湖南医疗器械设备展览会	3月30日—4月1日	湖南国际会展中心
4	2018年华中幼教产业博览会暨幼儿园品牌加盟博览会	3月31日	长沙国际会展中心
5	2018年第十届中部建材新产品招商暨全屋定制博览会	4月13日	湖南国际会展中心
6	2018年中国饲料工业展览会	4月18—20日	长沙国际会展中心
7	2018年世界媒体艺术之都——中部印刷产业博览会	4月20日	湖南国际会展中心
8	2018年湖南汽车展览会	5月9—13日	湖南国际会展中心
9	第18届湖南智慧安防产品与技术博览会	5月17—19日	长沙红星国际会展中心
10	2018年中国首届亚洲工程机械二手设备交易大会	5月18日	长沙国际会展中心
11	2018年中国长沙（国际）智能制造博览会	5月25—27日	长沙国际会展中心
12	2018年第17届中部（湖南）糖酒食品交易会	5月30日—6月1日	湖南国际会展中心
13	2018年母婴博览会暨妈仔谷（湖南）首届亲子游园会	6月15—17日	湖南国际会展中心
14	2018年第27届中部地区美容化妆品健康产业（长沙）博览会	6月28日	湖南国际会展中心
15	2018年第九届长沙（国际）动漫游戏展	7月13—15日	湖南国际会展中心
16	2018年大数据空间应用信息博览会	7月19—21日	长沙红星国际会展中心
17	长沙种业成果与农资博览会	9月6—7日	长沙国际会展中心
18	2018年第十届湖南茶叶博览会	9月7—10日	长沙红星国际会展中心
19	2018年（芒果）长沙国际汽车博览会	9月13—17日	湖南国际会展中心
20	第三届东盟·湖南名优产品交易会	9月20日	长沙红星国际会展中心
21	2018年第四届中国果业品牌大会	9月27—29日	长沙红星国际会展中心
22	2018年第四届长沙新能源汽车及充电桩展览会	9月28日	长沙国际会展中心
23	2018年第六届湖南国际老年产业博览会	10月11—13日	长沙红星国际会展中心
24	2018年湖南旅游产业博览会暨湖南首届旅游装备展	10月19日	湖南国际会展中心

续表 14　　2018 年长沙市重点会展项目目录

序号	展会名称	举办时间	举办地点
25	2018 年第五届中国（长沙）绿色建材博览会	10 月 19—25 日	望城区湾田国际建材城
26	第 16 届中国农产品交易会暨第 20 届中国中部（湖南）农业博览会	11 月 1—5 日	长沙国际会展中心
27	2018 年中国（湖南）国际轨道交通产业展览会	11 月 15—17 日	长沙国际会展中心
28	2018 年湖南（长沙）装配式建筑与工程技术博览会	11 月 22—24 日	长沙国际会展中心
29	2018 年中部（长沙）进口博览会	12 月 5 日	长沙红星国际会展中心
30	2018 年第 14 届中国（长沙）国际汽车博览会暨新能源汽车·智能汽车博览会	12 月 12—17 日	长沙国际会展中心
31	第 11 届湖南植保信息交流暨产品展示交易会	12 月 20 日	长沙红星国际会展中心
32	2018 年长沙园区招商展暨京湘产业对接会	12 月 21—22 日	长沙国际会展中心

邮政·通信

·邮 政·

【概况】 2018 年，中国邮政集团公司长沙市分公司建成服务设施完善的城乡邮政服务网点 232 个，其中，纯邮务类网点 42 个、叠加邮政储蓄的网点 190 个；另有邮政报刊亭 253 个、邮政渠道站点 3704 个、邮乐购服务站点 1153 个、邮筒信箱（筒）312 个；拥有各种邮政运输车辆 317 辆、各类邮政投递车辆 1579 辆、投递人员 1929 人、投递段道 1957 条。2018 年，全市邮政企业累计实现业务收入 9.55 亿元，收入增幅 16.4%。企业获评“2018 年度湖南邮政党的建设和纪检监察工作先进单位”，并被长沙市委宣传部评为文明创建先进集体。（唐 嵘）

【业务发展】 2018 年，中国邮政集团公司长沙市分公司金融业务持续快速增长。新增总资产 40.24 亿元，总资产净增绝对值和余额规模均排全省第三位。理财业务方面，规模和新增均排全省第一位。新单保费绝对值在全省排第四位，同比多增 2.27 亿元。2018 年，有 23 个网点获全省代理金融竞赛“百强”“百优”网点称号。寄递业务量质双提升。通过邮速融合资源共享，全市寄递业务累计完成收入 3.4 亿元，同比增长 26.1%。全年总出口量 5241 万件，同比增幅 46.5%。新拓展“长沙便民服务平台”、公安部交管综合平台（“12123”）的网上寄递业务，新开通车驾管邮寄业务，实现多业务叠加。依托自有平台“湖南邮政 EMS”，新开通出入境新证微信受理业务，并参与搭建“湖南公安服务平台”。规范邮件进出口流程操作，73 个城市标件及时妥投率、全名址匹配率、省内互寄指标、出口邮件及时赶发率等各项重点指标均有提升。农村电商精准扶贫见实效。紧扣扶贫助农主题，重点推进 4 区县（市）农产品进城工作，全年实现农产品销售额 509.7 万余元，较上年增长 500.1%。在 4 区县（市）分别建成 1 个县级电商服务中心，在 66 个贫困乡建立电商扶贫站点。2018 年，全市建成邮政综平站点 2568 个，邮掌柜 1136 个。4 区县（市）分公司通过深挖本地贫困地区特色产品，依托邮乐网重点开展“一镇一品”“一县一特”销售。全市重点扶贫项目“哲农大米”“黄金梨”“猕猴桃”“姚记食品”分别实现销售 78 万元、72 万元、35 万元和 30 万元的销售额。文化传媒转型提质。拓展传媒市场，开展新媒体沙龙，实现收入 145 万元、增幅 450%。53 个“集邮＋金融”示范点创收 1015 万元，排名全省第一位。线上创收 370 万元，集邮微营销排全省第一位。集藏嘉年华和“珍邮巡展”活动引领全省标杆，全年创收 1200 万元。2018 年，全市有“青少年集邮基地”6 个，新建岳麓区“麓枫少年邮局”和雨花区“泰禹少年邮局”2 个。创建全省首支“CCI 创客团队”。报刊大收订实现流转额 1.56 亿元，超额完成计划，其中线上订阅流转额 2593 万元，排全省第一位。全市邮政收订党报党刊流转额 4000 万元，同比增长 10.42%，实现各级党政部门对党报党刊发行广度和深度的目标。（唐 嵘）

【企业管理】 2018 年，中国邮政集团公司长沙市分公司加强成本管控。快包专业毛利率较上年提高 9 个百分点。投递外包费用（及业务承揽）一项为企业节约成本 800 万元。人力资源整合更加优化。妥善处理寄递事业部成立和金融营业局的人员调配工作，确保人员稳定和“双十一”“双十二”生产的平稳。落实营业网点支行长、综合柜员、普通柜员、大堂经理、理财经理、网点保安和邮政营业人员的标准化配备工作。规范协议离岗人员缴费方式和标准。安全和风险防控到位。签订安全生产责任状 100%，全年未发生重大安全事故，连续 3 年被长沙市委评为综合治理合格单位，2018 年被省公司评为“平安邮政”

优胜单位。全年通过开展“金融风险防控及安全生产巡查”等系列活动，发现问题4220条，对836人进行问责处罚；金融从业人员全员签订联防共保责任书，全市预警、会计稽核、差错率整体下降，违反“十一条禁令”的高危雷区行为得到控制。（唐　嵘）

【能力建设】 2018年，中国邮政集团公司长沙市分公司新增邮运车辆6台，更新邮运车辆3台。布放清分机111台、CRS47台，全市冠字号系统上线配置111套PC设备，提高自助设备点均拥有率。安装车辆定位系统，加强对车辆的管控能力。一次性采购手机980台，用于网点分户管户，推行城市电动三轮车租赁方式，提升长沙邮政城市投递的承载能力。完善信息数据库，通过电子地图白名单维护和分拣资料库维护，提升邮件分拣效率。加强网点改造，全年完成黎托、雅塘冲等15个网点的装修改造以及湘江世纪城、师范大学、树木岭、鸿翔、环科园等营业和投递场地的搬迁改建工作，新增购建回龙铺网点，动工新建花明楼支局局屋。（唐　嵘）

•中国电信股份有限公司长沙分公司•

【市场经营】 2018年，中国电信股份有限公司长沙分公司（以下简称“长沙电信”）下辖长沙县、望城区、浏阳市、宁乡市4县(市)电信分公司。2018年，收入逾29亿元，增幅排全电信集团SBU单位第三名。移动业务110万户，宽带用户138万户，天翼高清用户122万户。围绕湖南电信“决胜格局”使命、“123”目标和“456”路径，加快规模发展步伐，促进企业转型升级。重点推进“三大行动”，进一步扩大用户规模。在移动进攻行动方面，坚持终端、号卡“双驱动”。抓住群体互联网应用热点，开展京东号卡合作、空袭项目、翼支付商超结对发展返利卡等活动。线下公众市场主打单宽转融合加载移动卡号，同步开展商客攻坚行动融合用户扩群。开展门店效能提升专项行动，以约销售指引、橙分期导向推动“万店腾飞”行动，“橙分期”发展进入集团公司绝对值发展榜。通过承接湖南省公司“19251工程”，全年建设商圈店130个、社区店790个、农村店580个。在宽带深耕行动方面，店片结合，以智能组网为切入点，打造光网宽带差异化竞争优势，光网包年500元及以上家庭用户占比提升至85%、iTV增值产品收入2600万元。调整产品策略，开发第2台ITV销售品资费标准及老用户升档换光猫等优惠销售品，迁转艾普用户6000余户。装维随销推进加V、加2V等业务受理，实现ITV增值收入大幅增长。同时通过市场空间库建设推进宽带发展，市场空间库整体准确率逾90%，成为湖南省空间库建设标杆。新兴业务突破行动方面，加速推进互联网金融生态圈，2018年发展翼支付月均活跃商户3200余户，完成目标的105.9%。推进存量商宽包年到期用户“企业上云”，确保融合率。推进存量包月商宽客户企业上云分批营销，推进新装商宽客户入网即融云业务稽核，实行日日清、日日结并贯穿至五级。全年完成云固网收入1450万元，湖南省内排名第一位；完成云主机核数7800核，湖南省内排名第一位；完成本地DC收入4000万元。2018年的“互联网+”大单拓展在政务、医疗、教育、交通、园区等各个领域均有突破，中标签约实施长沙市委保密内网、长沙市政务云、长沙市警务云、长沙市雪亮工程、省委智慧大院、湖南省警察学院大数据、湖南省智慧图书馆、湖南省通信管理局私有云建设等一批有影响的ICT项目，长沙政务云项目的实施，得到客户的认可。2018年，企业成立信息化解决方案中心（与政企一门两牌），旨在进一步聚焦行业研究，建立一体化销售支撑体系，横向聚能，纵向赋能。夯实发展基础，提升智慧运营水平。实施专业化分类运营，以价值挖掘和政策包装为抓手，提升存量用户精确营销能力，存量业务收入保有率92.2%，单升融累计完成11万余户。（田小群）

【网络建设】 2018年，长沙电信有线网完成23.16万光网端口建设目标，城区具备千兆接入能力，全区具备两百兆及以上带宽接入能力。完成老旧OLT设备85%以上的退网及全部AB类OLT的双路由建设，PON口轻载中不具备资源的4000余个一分扩容全部能力建设到位，实现双提升。完成长沙国际通信专用通道的建设，通过中国信息通信研究院的测试，获得市财政局国际通信专用通道费用补助资金。完成市到县中兴100G波分配置签订，建成华为大客户精品网100G波分系统、烽火100G波分系统。无线网实现L800M与1.8G相互补充的连续覆盖，1.8G、2.1G吸收容量的4G网络，并实现高速、高铁的连续覆盖。1600个超忙扇区扩容，有效保证用户感知。C网常规覆盖的有效缓解了因用户增加、VOLTE商用推迟带来的语音压力。完成50个小区4T4R试点工程、华为5G试点工程，京信4G小基站试点工程。LTE室分工程完成290个物理站点建设，有效保证迅猛增长的无线网络流量需求。（田小群）

【网络提升】 2018年，长沙电信推进网络“双提升”。光网提升方面，城域网完成760G出口扩容，出口带宽2280G，全面实现网络扁平化和双路由保护，网络关键指标全面达标。通过微站等定点解决局部区域信号弱问题，节省50%以上投资。全年完成70个网格施工，全区网络指标提升。严格把控新建资源入网关，内部光纤业务输单率由0提升到年底100%，新建入网资源挂测合格率从1月初80%提升到年底100%，受理规范率从年初10%左右提升到年底99.76%。承接集团公司“一石两翼”资产清查工作，全量卡实匹配率、移动资产匹配率均同步提升。无线网络方面，MR覆盖率从2018年初93%提升至95%，CQI忙时优良率从年初86%提升到90%。11月29日，全面VoLTE试商用，话音质量优良比90%以上，掉话率小于0.5%。（田小群）

【客户服务】 2018年1—12月，长沙电信月均万用户咨询投诉率52.26件较2017年月均56.35件下降7.26%；投诉处理及时率99.2%较2017年月均98.9%提升0.3%；月均投诉客户满意度93.4%与2017年持平。实体渠道及宽带客户满意度同业排名第一位。规范全渠道服务标准，并强化执行全渠道基本服务要求。建立健全渠道服务责任体系，全渠道服务支撑采取分级支撑责任体系，即由店长、渠道经理、驻店经理作为营业厅点的一级服务支撑，对营业厅服务负责，对营业厅点的服务标准化进行规范化执行到位。挖源头，聚焦热点问题，优化流程，提升服务效能，定期收集投诉班组、营业厅点、各营销单元反馈的影响客户感知、有重大服务隐患的流程问题，每月定期组织市场部、网运部、网发部、渠道部、IT 支撑中心、无线维护中心等部门召开流程优化会议进行讨论，制定优化措施。全年优化业务类、维护类流程 16 个。落实政企客户服务标准，成立服务标准推进落实工作组，召开专题会议进行布置，下发《关于承接〈中国电信政企客户服务标准（2017 年版）〉的通知》，制定详细实施细则，将承接落实情况纳入 KPI 的服务扣分项。在执行过程中对政企商务专线提速实名制受理流程进行优化，规范政企渠道类业务受理流程，对违规受理、终端售后等方面进行强制要求和考核，提升客户感知。（田小群）

•中国移动通信集团湖南有限公司长沙分公司•

【市场经营】 2018 年，中国移动通信集团湖南有限公司长沙分公司（以下简称“长沙移动”）是中国移动在长沙的市级分支机构，下辖天心区、芙蓉区、雨花区、开福区、城西、长沙县、望城区、浏阳市、宁乡市 9 个分公司。2018 年，完成通服收入 58 亿元，收入市场份额 50%；期末通话客户累计 685 万户，客户市场份额 62%，是长沙地区最大的全业务运营商。全年净增 4G 客户 29 万户，4G 客户规模 558 万户；手机上网用户月均上网流量 6.8GB。净增宽带用户 33 万户，净增市场份额 60%，宽带客户规模 92 万户，期末宽带三方市场份额 33%。集团产品信息化收入累计 11 亿元，同比增幅 43%；为 1.2 万家本地企业提供信息化服务。打造“移动支付第三城”，和包用户整体规模 305 万户。（张 薇）

【网络建设】 2018 年，长沙移动 LTE-TDD 基站总量 1.4 万个，LTE-FDD 基站总量 3500 个，NB 基站 750 个。4G 网络城区 MR 覆盖率同比提升 1.9 个百分点，城区实测网络覆盖领先强势竞对 3 个百分点。家庭宽带综合覆盖率 91%，新增端口 90 万个。AB 类集团预覆盖率 97%。开展 5G 网络试点，在湘江新区建成全国最大的 5G 无人驾驶测试区，助力政府打造马栏山视频文创产业智慧园区、5G 及人工智能应用场景示范街区，联合湖南经视用 5G 技术直播“两会”动态。（张 薇）

【客户服务】 2018 年，长沙移动建立热点、难点投诉督办流程，设立专人督办，通过投诉分析会、服务交流会、总经理客户接待日、省公司案例提交等多个渠道，推动问题解决。与上年相比，投诉万投比下降 9.1%，投诉客户满意度提升 1.5 个百分点，重复投诉率下降 0.5 个百分点。开展潜在不满意客户干预工作，4G 客户满意度领先值 6.7，宽带客户满意度 73.19。开展幸福家庭挂牌，打造家庭客户营销服务体系，推进网格化深耕，运营模式在全省复制推广。（张 薇）

【通信安全保障】 2018 年，长沙移动累计完成各类通信保障工作 105 次，累计出动应急通信车 175 辆次、保障人员 1478 人次、发电油机 438 台次，发电保障 352 个站点，确保长沙地区党政军机关、车站、各大商圈移动通信网络运行平稳。强化网络信息安全，打击通信犯罪行为，开展伪基站排查 108 次，协助抓获犯罪分子 2 名。落实提速降费号召，优化国际漫游资费，重点推广大流量套餐，推出百万宽带优惠活动，惠及每位用户。（张 薇）

【物联网质量发展】 2018 年，长沙移动成立物联网专业团队，梳理交通运输、制造、政府、互联网运营、能源、金融等 7 大物联网应用行业需求及其拓展特征，对重点单位进行清单式商机搜查，周通报落实商机闭环管理，对照行业特征加大清单拓展和标杆复制力度。分层分级引入合作商，重点把控业务应用场景、流量异动、投诉控制、欠费管理等环节，严格规范业务发展。组建包括客户经理、运维人员、网优专员、物联网公司技术经理在内的 NB-loT 客户服务团队，形成跨部门协调机制，提升产品支撑能力和客户感知。全年物联网用户规模逾 400 万户，增长 162%，市场占有率 84%。（张 薇）

【和包“百万冲刺”行动】 2018 年，长沙移动成立专项行动机构及工作小组，开展和包“百万冲刺”行动。打造本地特色资费卡品，对大众市场打包普惠权益内容，针对异业泛渠道合作包装定向权益内容。结合行业发展思路，协同电商基地，优先拓展 TOP 电商平台入驻商户，重点拓展“餐饮、电影、便利商超”类商户，引入有能力、有资源的本地服务商，分区域维系并运营新老优质商户，目标拓展运维商户不低于 2 万家，促进客户进店使用和包扫码付。拜访重点政府单位及公交、燃气、水电等 10 余家公共事业单位，跟进洽谈和包缴纳“三费”事宜，推进十大和包应用场景升级。自 9 月 23 日开展百日和包发展竞赛以来，累计新增客户端活跃用户 120 万户，占全年累计活跃用户数的 39%，日均新增绑卡用户数从原来的不足 500 户，提升到超 4000 户。截至 2018 年年底，和包活跃用户逾 305 万户。（张 薇）

【幸福家庭挂牌服务营销新模式】 2018 年，长沙移动将目光投向广大的农村市场，推出以服务客户为核心的“幸福家庭挂牌”市场服务体系。以家庭服务为切入点，提供主动和差异化的服务，重新树立移动客户服务、产品优惠方面的优势。以融合产品为核心、以家庭为单位，结合网格划分，将幸福家庭挂牌工作落地到各个网格，将服务前置到各个家庭，让移动客户足不出户就享受到移动优质服务，拉近渠道与客户的距离，增强客户黏性，助力客户满意度提升。截至 12 月底，浏阳市分公司家庭客户经理服务 11 万户家庭，服务 40 万客户。家庭宽带客户满意度第二期较第一期提升 3.14%，整体服务表现值环比提升 4.62%。成效得到市场检验，“幸福家庭挂牌”实践经验向全市及全省推广。（张 薇）

【通信发展管理办公室成立】 2018 年 8 月 15 日，湖南省通信管理局长沙市通信发展管理办公室（以下简称“长沙通管办”）成立揭牌仪式在长沙举行。长沙移动作为常务副主任单位承办仪式。湖南省通信管理局局领导班子、处级以上干部，省电信、移动、联通、铁塔公司分管副总经理，长沙市政府办公厅，市公安、经信、住建等部门以及市通信企业相关负责人参加仪式。长沙通管办是湖南省第一家成立的省通信管理局驻市州通信协调办事机构，负责在长沙市通信业贯彻落实通信法律法规和有关政策，做好与长沙市各职能部门的对接，统筹推进长沙市信息通信基础设施专项规划的编制和实施、光纤到户国家及省级标准的落实执行、通信基础设施建设和共建共享，协调解决长沙市通信发展中存在的困难等。

（张　薇）

•中国联合网络通信有限公司长沙市分公司•

【市场经营】 中国联合网络通信有限公司长沙市分公司（以下简称“长沙联通”）是中国联合网络通信有限公司在长沙的市级分支机构。2018年，引入京东、九机网和丽的等新零售战略渠道，全市新建有效沃店198家，有效渠道规模稳定在1110家。推进全生产场景划小改革，优先在浏阳和宁乡区域进行试点划小承包。全年围绕“上网本该如此”的主题，突出“5G来了沃领跑”发声，在4G向5G跨越时期，保持品牌的持续竞争力。逐步降低终端成本，转向以自由话费补贴用户，合约销售模式向卡寻机模式转变。从传统手机终端向生活周边3C用品辐射，包含个人终端，手机、穿戴设备等满足客户多样化需求。全市开展宽带资源建设工作“一把手工程”竞赛，聚焦行政村市场的专项覆盖建设及宽带接入的光纤化改造。在全市开展全渠道低效项目承包经营竞拍会，全市低效项目占比由23.1%减少至16.6%，改善6.5%。锁定八大行业，以“1+1”协同拓展模式强化省市县联动，释放“名单制单位”资源。“4+N”行业齐头并进，行业收入结构转型显著。抢先布局ICT、IDC、IoT三大创新业务，持续打造核心能力，构筑差异化优势，确立领先的行业市场地位，带动基础业务的增长。

（欧阳犇）

【网络建设】 2018年，长沙联通核心汇聚层IPRAN实现上联EPC带宽100G上行互联，9个汇聚环涉及扁平化调整。新建2个OTN环，长沙乡镇OTN覆盖率100%。核心局房、城区、县乡光缆新建光缆逾600千米，完善直连需求。新建无线网基站1371个，完善市区深度覆盖及农村边缘地区的广度覆盖。全市完成1438个NB-IOT网络新建工作。在湘江新区开园仪式上推出5G。移网断站率和断站时长同比分别下降37%和50%，固网群障数量和故障历时分别下降23%和32%，开环处理时长下降35%。提前做好网络扩容工作，不断提升网络负载能力，长沙城域网出口带宽达到680G，移动网出口带宽达到1600G，河西云数据IDC出口带宽达到280G。完成65次重要活动保障工作，包括“第四届对非投资论坛”、2018年长沙国际马拉松、第12届金鹰电视艺术节颁奖晚会等重大活动。（欧阳犇）

【客户服务】 2018年，长沙联通针对客户诉求较为集中的移固网络质量服务短板，建立“两类四场景”客户响应处理流程，明确不同场景执行要求和时限标准。提升投诉工单一次性在线办结率，落实工单处理“名单制”，严控重复投诉、升级投诉的发生。聚焦移固热点网络质量改善，年初制定面向客户的KQI测评办法，全年改善218个移网、165个固网热点项目，完成对其中25个热点项目的KQI实测和用户随访，短信宣传到达用户44.3万户，改善后整体满意度移网提升8.5分，固网提升5.8分。实施“线上精准营销、线下上门交付”的互联网运营模式。抓融合，促保有，高价值用户保有率87%，收入保有率80.0%。通过VIP线上运营，客户经理微信粉丝总数20.87万人，线上VIP自主受理通信类业务2万笔，同时与海外旅行社、车友助理等企业合作，助推异业联盟。创新经营模式，长沙联通天猫旗舰店转型为联通内部深度参与运营的专业化团队协同模式，产品覆盖21产品、冰激凌产品、融合产品、合约产品、单宽带、手机终端等综合性全业务运营商特色店铺。销售号卡620户、融合产品19户、合约机23户，终端910台。

（欧阳犇）

【长沙联通发布eSIM一号双终端业务】 2018年3月7日，长沙联通eSIM一号双终端业务发布会在荷花园营业厅举行。长沙作为中国联通eSIM业务全国仅有的6大试点城市之一，推出“eSIM一号双终端”，打破手机作为唯一移动通信载体的束缚，有效解决广大用户对于全时、泛在通信的痛点需求，通过开通Apple Watch的移动蜂窝网络，实现独立通话、上网等通信功能。（欧阳犇）

居民服务业

•住宿餐饮•

【住宿】 2018年，长沙市限额以上住宿业实现社会消费品零售总额21.9亿元，同比增长-1.1%。全市有旅游星级饭店45家，其中五星级饭店10家，四星级饭店20家，三星级饭店15家，有客房数1.1万间，床位数1.73万张。2018年旅馆业治安管理工作考评内容：旅馆住宿人员信息实名登记率95%(含)以上。对辖区内旅馆每季度不少于1次检查，并登录旅馆业治安管理信息系统上传检查民警信息，每少检查1家扣0.1分；异常数据旅馆查处率应达到下发旅馆总数的50%，每低于一个百分点，扣0.1分(异常数据包括：旅馆上传率低数据和违法人员抓获地为旅馆未实名登记数据)。案件倒查旅馆。以7天为一个周期，通过执法办案系统后台提取抓获地点为“旅馆”场所的嫌疑人数据信息，经过旅馆业治安信息系统比对，筛选出未实名登记入住旅馆信息，每周对分局基础防控中心下发工作指令调度核查。异常数据旅馆。每月月底对全市旅馆分三个档次进行上传率分析。第一档是30个床位以下的旅馆(主要是家庭旅馆)，上传率不得低于10%；第二档是30～100个床位的旅馆，上传率不得低于15%；第三档是100个床位以上的旅馆，上传率不得低于20%。对异常数据旅馆，大队通过大基础服务中心工作指令下发至各责任单位进行核查。民警对旅馆检查的数据分析。根据年初旅馆考评内容，辖区内的旅馆民警每季度至少1次上门检查，并在旅业系统上传检查记录。支队每季度挂网通报一次各区县旅馆检查数据。截至12月20日，全市装机开业旅馆9224家，民警上门检查旅馆68334次。（包 宇）

【餐饮业发展】 2018年，长沙市限额以上餐饮业实现社会消费品零售总额103.8亿元，同比增长10.6%。长沙市举办“2018中国国际食品餐饮博览会”，使展会更具国际影响力，成为全国性的食品餐饮行业展示平台，为湘菜走向世界提供新的舞台。举办2018年中国国际食品餐饮博览会，展览面积8.1万平方米，涵盖国内外多家食品、餐饮品牌企业。举办“长沙美食节”活动，以“九鼎开丝路 五洲汇湘食”展现长沙美食文化和城市魅力，2018“长沙美食节”活动拉动消费1000万余元。鼓励支持湘菜龙头企业、“老字号”企业进行提质改造，火宫殿、金太阳等餐饮龙头企业通过改善餐饮企业的硬件和软件环境，突出湘菜菜品质量和湘菜文化氛围，提升湘菜品牌的知名度和影响力，形成集餐饮、旅游、购物于一体的对外窗口和城市名片；“德茂隆”“杨裕兴”等老字号的提质升级建设项目，通过标准化生产线、实行统一化配送，建立食品城市物流配送体系，促进老字号企业转型发展。（周 恩）

【长沙美食节】 2018年9月14日，2018中国国际食品餐饮博览会分会场“长沙美食节”在黄兴南路步行商业街开幕，展会持续至10月7日。美食节由长沙市人民政府主办，市商务局、市会展工作管理办公室、天心区人民政府承办。主题为“九鼎开丝路，五洲汇湘食”。展会规模8000平方米，现场设70个展区，如德国猪脚、韩国炒年糕、印度飞饼等。聚焦“一带一路”，以丝绸之路为引线勾勒出沿线各国的饮食文化特色。美食节期间，举办中秋活动、美食推介会、“万里挑一，厨王对决”美食争霸赛等活动。（周 恩）

【2018中国国际食品餐饮博览会在长沙举办】 2018年9月13—16日，2018中国国际食品餐饮博览会（以下简称“食餐会”）在长沙国际会展中心开展。由商务部、湖南省人民政府主办，商务部流通产业促进中心、湖南省商务厅、湖南省经济和信息化委员会、湖南省粮食局、长沙市人民政府承办。27个国家和地区、29个省（直辖市、自治区）以及湖南省内14个市州的特色食品、餐饮企业参展，上百家机构组织专业买家参观采购。展览面积逾8万平方米，设13个专业展区。该次食餐会展览面积较上年增长35%，参展商同比增长25%，参观观众15万人次，同比增长22%。首次设立W3全馆进口展区，参展境外企业总数230家。年年有鱼北京科技发展有限公司设立的国际海鲜馆，有22个国家的89家企业参展。其间，举办20余项子活动，包括会议论坛、赛事活动、采购对接会等。（周 恩）

【刘国初获“改革开放40周年全国饭店餐饮业功勋人物终身贡献奖”】 刘国初，1955年出生，湖南长沙人，中共党员，现任湖南省长沙饮食集团有限公司党委书记、董事长，湖南省餐饮行业协会第五届理事会会长。自1995年以来，他带领长沙饮食集团有限公司连续十多年跻身中国餐饮百强企业，公司旗下有火宫殿、玉楼东、杨裕兴、又一村、向群等一批耳熟能详的老字号企业，有1件中国驰名商标、3件省著名商标、5个中华老字号企业、1个国家级非物质文化遗产，曾先后获得“中国餐饮文化大师”“湖南省改革开放三十年杰出人物贡献奖”“长沙商务经济领军人物”“全国饭店餐饮业终身成就奖”“中国餐饮30年功勋人物奖”等荣誉。刘国初组织主编了《湘菜盛宴》《经典湘菜》系列丛书，用自己几十年的工作经验为烹饪工作者提供借鉴。他先后主持发起主流湘菜文化展，组织了全省第五届烹饪大赛、全国第六届烹饪大赛等活动，为湘菜烹饪工作者交流技术、取长补短提供了平台。2018年11月28日，在第三届中国国际饭店业大会暨海南特色美食文化节上，刘国初获“改革开放40周年全国饭店餐饮业功勋人物终身贡献奖”。（虢海涛）

•家政服务•

【家政扶贫】 2018年，长沙作为商务部确定的全国第一批“百城万村”家政扶贫试点城市之一，金领玮业、友乾、万众和、天池、雅贝等10余家品牌家政企业参与家政扶贫，形成“百城万村”家政扶贫的工作合力。通过商贸流通产业专项资金，对积极开展家政扶贫，符合条件的家政企业，给予一定补贴。1月23日，长沙市家政扶贫联盟成立大会在望城区举行，市商务局副局长黄立斌出席。家政扶贫联盟由市商务局、市人力资源和社会保障局、市妇女联合会联合指导，以“政府引领、部门联动”为原则，以市场为导向，以精准扶贫为目的，通过与家政企业签约的形式，帮助贫困人员免费培训就业。北京、上海、长沙企业与家政扶贫试点县签约《贫困人员输出与就业合同》，培训机构与家政扶贫试点县签约《贫困人员培训服务合同》。黄立斌指出，“百城万村”家政扶贫工作是继电商扶贫之后，商务部确定的又一项扶贫政策，是帮助贫困户脱贫最直接最有效的一项路径，对实现全面小康具有重要意义。联盟要进一步增强使命感与责任感，用创新的思维，搭建更多高效畅通的平台，连接贫困户、贫困县、家政企业和输入地城市，让更多贫困户脱贫致富。（周 恩）

【家庭服务业职业技能大赛】 2018年3月24—25日，由长沙市人力资源和社会保障局主办的长沙市家庭服务业职业技能大赛在湖南省女子学院举行。从长沙市家庭服务企业层层选出的68名家政精英参赛。大赛主要涵盖家政服务员和育婴师两个工种，分理论考试、操作技能两个部分，经过复赛、决赛，长沙市倍亲健康管理有限公司的符艳君和长沙湘嫂家政服务有限公司的余意分别获育婴组、家政组的第一名，获评“长沙市技术能手”。（李迪龙）

•养老服务•

【概况】 2018年，长沙市新增20家社区居家养老服务中心、5家社区嵌入型养老机构、养老床位2956张。截至12月底，全市有城乡居家养老服务中心904家，民办、公办养老机构190家，床位4万余张，养老服务体系不断完善。引导和鼓励社会力量参与运营居家和社区养老服务中心，约80%的AAA级、AAAA级社区居家养老服务中心交由社会力量运营，睦邻养老、善孝堂、康养天伦、康阳助老等养老服务机构获品牌补贴。落实居家和社区养老服务清单，从低龄和高龄、健康和失能、普适和特殊等方面划分老年人类型，有针对性提供养老服务，满足老年人多样化需求。督促各区县（市）建立区县级养老服务平台，促进居家和社区养老服务需求与供给有效对接。探索建立长沙市养老服务监管平台。举办全市第二届养老护理员职业技能竞赛活动，分期分批培训养老护理员300余人。实现高龄津贴提标扩面，为17.2万名80周岁以上老人发放津贴2.2亿元。实施城区特困老人家居适老化改造“千户计划”项目，新华社将其作为中国应对人口老龄化的新探索予以推介。

（邹艳青）

【第二届养老护理员职业技能竞赛】 2018年4月19—21日，长沙市举行第二届养老护理员职业技能竞赛，包括理论知识、实际操作技能和个人职业能力展示，鼓励养老护理员掌握老年人身体照护理论知识的同时，更熟悉老年人心理特点和科学的照护技巧。竞赛由市民政局、市人力资源和社会保障局、市总工会联合主办，市社会福利研究会和湖南国医职业技术学校承办，市职业技能鉴定专家委员会提供技术支持。29名选手代表全市各区县（市）参加竞赛，最终决出个人和团体一、二、三等奖，长沙市第二社会福利院的黎芳获该次竞赛第一名，被授予“长沙市技术能手”称号，长沙市第二社会福利院获团体一等奖。（徐飞亮　邹艳青）

【首个公办居家养老服务中心启动】 2018年11月22日，长沙市首个公办居家养老服务中心在长沙市第一社会福利院启动。2017年，长沙市第一社会福利院居家养老服务中心经长沙市民政局批准成立，地处芙蓉中路三段331号（涂家冲公交站），是长沙市第一社会福利院为更好地满足老年朋友多元化的养老需求而新推出的养老服务项目，是长沙市AAAA级居家养老服务中心。养老中心使用面积约600平方米，设有日间休息室、休闲娱乐室、图书阅览室等多个功能活动区，为老人提供助乐、助急、助医、助餐、康复、心灵慰藉等多元化、便捷化、实惠性的为老服务，是一个集居家、养老、娱乐、保健、健身、医检于一体的综合性老年人服务场所。作为公办养老机构向社区延伸服务的示范项目，长沙市第一社会福利院居家养老服务中心主要为长沙市60周岁以上、无传染性疾病及精神疾病的轻度失能或高龄空巢、生活基本自理老人服务，提供慢病管理、生活照料、文化娱乐、膳食供应、保健康复、教育咨询、精神慰藉等服务。这里有专业的养老、社工、医护和志愿者服务队伍，可为老年人提供上门或基地集中服务。（徐飞亮　邹艳青）

粮油贸易

【概况】 2018年，长沙市完成原粮收购61万吨，其中地方临储粮2.45万吨；完成市、县级储备粮轮换4.15万吨；销售贸易粮90万吨。

粮食仓储设施建设　全市有效仓容166万吨。2018年，长沙县筹资在路口建设新库点，新增仓容1.7万吨。推进粮库智能化升级改造，完成粮食管理平台市县两级硬件建设，政务网等3网开通。按照“一库一园五中心”规划，在全省建成首个“功能齐全、管理规范、环境美好”的园林式现代化的开慧示范粮库，在开慧库召开全省现代化示范粮库建设现场推进会。推进星级粮库建设，全市建成五星级粮库1个、四星级粮库5个、一星至三星级粮库12个。推广绿色储粮新技术应用，年内完成4库点36栋仓11.5万吨仓容储粮新技术改造。

粮食质量安全监管　组织开展地方储备粮日常监督，严把粮食收购、贮存、运输关，新增重金属快检设备22台，粮食产后服务中心日烘干能力2500吨。完成粮食质量抽检323批次，开展储粮安全专项检查6次，检查储粮114万吨。组织粮食企业通过食品安全城市省级验收。长沙市粮食局被国家粮食和物资储备局评为全国粮食流通执法督查创新示范单位。做好粮食收购监督检查工作，及时受理群众投诉举报。辖区内未发现违反质价政策、掺杂使假、以次充好、欺行霸市、拖欠售粮款、收“转圈粮”“人情粮”等违法违规行为。加强粮情监测预警。市内7个国家粮食市场价格监测点和35个市级粮油价格监测点网络直报信息及时、真实、准确。制定超标粮食地方临时收储政策，实行“先检后收、分仓储存”，明确超标粮食收储利费价差亏损补贴分级负担比例，完成地方临时收储粮食验收，形成超标粮食收储长效机制。7月，国务院决定在全国开展政策性粮食库存数量和质量大清查，湖南作为全国10个试点省份之一，选择在长沙和常德先行试点。9月29日，长沙市召开全市政策性粮食库存数量和质量大清查试点动员会。8—11月，长沙市检查17个存储企业、39个点库、194栋仓廒（货位）的104.99万吨粮食，发现各类问题101个，整改85个，整改率84%。在12月17日召开的全国政策性粮食库存数量和质量大清查试点工作调度会上，长沙作为4个典型发言之一推介长沙经验。

粮食应急保障　长沙市本级建有粮食应急保障储备网点11个、加工网点20个、配送网点4个、供应网点86个、应急网点238个，粮食应急保障网点实现乡镇（街道）全覆盖。组织开展粮食应急培训和演练，加强粮油价格动态监测，强化大数据运用，监测分析预警更加精准。

（龙松兵）

【粮油加工经营】 2018年，长沙市入统规模以上粮油加工企业140家，国家级、省级、市级龙头企业84家，有全国驰名商标10个，全行业实现加工产值约220亿元，实现利税约3.3亿元。

“优质粮油工程”　推进“中国好粮油”行动计划浏阳示范县、湖南粮食集团示范企业项目建设，完成投资2.36亿元，通过省级项目绩效评价，浏阳市获80万元奖励；选送22个粮油产品申报“中国好粮油”评选，通过省级专家评审并公示；新建粮食产后服务中心4个；新建企业质量品控中心2个，完善粮食质量安全检验监测体系。在湖南省2018年“优质粮油工程”建设项目申报评审中，入围项目6个，获中央财政资金约5000万元。

重点产业项目建设　重点支持5个投资1000万元以上、10个投资100万元以上粮食产业项目建设，完成投资1.4亿元。宁乡食品产业园一期工程速冻、面条线、米粉项目建成投产；金健植物油（长沙）油脂产业园完成土方工程建设；湘粮国际粮油水产交易中心项目主体工程完成，招商工作启动。金霞粮食物流园区全年铁路、港口、公路货物吞吐总量500万吨。

区域粮油品牌建设　制定出台《关于推进大米区域公共品牌建设的指导意见》，整合优势资源，支持打造“米吉星”“浏阳河”“花明”“卫红”“乌山贡米”等大米品牌，“乌山贡米”获农业部农产品地理标志产品。组建茶油产业联盟，召开中国·浏阳山茶油产业联盟成立暨乡村振兴与茶油产业发展学术交流会，“浏阳茶油”和“浏阳河”大米在首届中国粮食交易大会和中国国际食品餐饮博览会展出并获省领导肯定。

（龙松兵）

【粮食经营业态创新】　2018年，长沙市出台《关于加快推进粮食新型零售业态发展的指导意见》，指导金霞放心粮油、食美放心粮油等企业新建放心粮油网点20个，城乡覆盖面扩大；推广“互联网＋粮食”，建设“网上粮店”3个，年销售额逾亿元；探索从田间到餐桌的一、二、三产业融合发展模式，新建主食厨房6个。（龙松兵）

【粮食安全省长责任制落实】　2018年10月，湖南省落实粮食安全责任考核领导小组办公室下发通报，长沙市在2017年度粮食安全省长责任制考核中被评为优秀单位，排名第三位。2018年，长沙市明确从增强粮食可持续生产能力、保护种粮积极性、落实地方储备、完善粮食调控和监管体系、加强粮食质量监管、落实粮食安全责任6个方面落实粮食安全省长责任制。12月，市政府督查室会同市发展改革委、市财政局、市国土局、市农业委、市水务局、市粮食局等牵头责任单位对各区县（市）落实粮食安全省长责任制工作情况进行实地（书面）督查考核。经考核综合评分，考核对象得分均高于90分，为优秀等级，排名为望城区、浏阳市、长沙县、宁乡市。（龙松兵）

供销合作

【概况】　2018年，长沙市供销系统实现营业收入67.7亿元，实现利润总额2.6亿元，均同比增长6.5%。长沙市推进改革工作，坚持以“基层组织建设、系统企业改革转型、优质农产品流通”3大改革为重点，出台《2018年度长沙市深化供销合作社综合改革目标任务分解及考核评分细则》，建立综合改革任务清单，定期召开综合改革调度推进会议，多次到区县调研指导、督促落实综合改革各项任务。争取市财政安排1000万元综合改革专项引导资金，为重点改革任务提供资金保障。

指导、帮促浏阳推进“规范建立社有资产管理委员会”全国专项试点，高标准完成顶层设计、资产界定、项目建设、整章建制等试点任务，探索形成可复制、可推广的社有资产管理模式，其试点经验先后在全国总社综合改革专项试点现场推进会和湖南省深化供销合作社综合改革现场推进会作典型发言。

长沙县社争取县深改领导小组出台《长沙县供销合作社基层组织体系建设规划》和《长沙县深化供销合作社综合改革“百村供销工程”三年攻坚行动方案》2个改革文件，并筹建中国（长沙）供销文化产业园。望城区社探索建立“供销社＋村委会＋贫困户＋合作社”的供销产业扶贫模式，并引导基层供销社发挥网点优势，盘活资产；浏阳市社采取分级参股、固定分红等创新举措，在构建党和政府“抓得住、用得上”的基层组织上取得突破；宁乡市社通过开放办社，走出一条“土地托管＋基层社”的改革模式。12月，召开全市综合改革现场推进会，推动综合改革成功经验在区县（市）之间复制推广。（童　荑）

【为农服务】　2018年，长沙市供销合作总社服务乡村振兴战略，提升为农服务水平。

助力乡村振兴　出台《长沙市供销合作总社关于推进乡村振兴战略的实施意见》，实施乡村振兴战略“213”参与行动，全年系统培训各类农民人才2523人次，提升建设电子商务网点124个，集中流转及托管土地面积2604.8公顷；牵头加快组建长沙市农村合作经济组织联合会和长沙市蜂业协会，与12个村两委签订合作协议，开拓村社共建、发展壮大村集体经济的新路子。做好浏阳市石霜村脱贫巩固工作，引导和帮扶村民群众发展金丝皇菊等特色产业。

基层组织建设　安排专项资金支持各区县（市）重点建设25个乡镇基层社，引领带动100个村级社的建设。全市建成乡镇惠农综合服务中心69个，覆盖率75.82%；村级综合服务社483个，覆盖率54.45%。2018年，全市有4个乡镇惠农综合服务中心获评“全国总社系统基层社标杆社”，4个农民专业合作社获评“全国总社系统农民专业合作社示范社”。

农化服务能力　2017—2018年全系统储备大化肥51523吨，实际储备金额10228万元，超额完成农资储备任务。成立市级农业社会化服务平台公司，各农资企业和新建的惠农综合服务中心加大高科技新品种肥料及种子的推广力度，基层组织流转及托管的土地面积增加，为农服务能力提升。

农产品流通服务　成立长沙供销生态农业有限公司，建设运营配送中心1个、生鲜连锁门店4家，投资1家生鲜农贸市场，投身“一圈两场三道”建设；与蔬菜、优质米、水产、水果等产业的供应商签署合作协议，开业以来销售各类优质农产品总额逾100万元，为门店周边2万余居民群众提供优质的农产品供应服务。（童　荑）

【企业改革发展】　2018年，长沙市供销合作总社推进系统企业改革和转型升级。通过与省社沟通协调将长沙作为全省供销系统不良债务及财务挂账清理试点。选择2家企业开展全面预算管理改革试点，为在全系统推行全面预算管理打好基础。支持金苹果公司依据《中华人民共和国公司法》进行股权机制改革，逐步科学调整股权结构，形成合理的股权配置机制。指导支持棉麻公司稳步推进股本清算、职工安置工作，协调处理企业遗留问题。支持蓝天再生资源公司通过出让部分股权，与浙江华菲、湖南珞益等企业战略合作，为企业扭亏解困激发新活力。投身“千人帮千企百日大行动”，帮促系统企业发展建设优质项目，加快企业转型升级。梦洁公司智能工厂建设成效明显，营销模式推陈出新。天祥日杂公司与新华楼食品集团合作，新店开张营业，并启动日杂湘商大厦建设；长沙大厦整合资源，引进里橙酒店，投资达到预期；经发公司推进金鹤大楼招商，与长沙和乐健康产业公司合作经营健康医疗及居家养老；农资公司开辟新业务，与烈士公园签订黑臭水体治理和蓝藻控制，清洁治理水面13.33公顷；蓝天再生资源公司引进的PET瓶片合作项目建成投产，实现销售2100余吨、销售额1600万余元；洞天公司与裕天国际合作开发项目（二期）、大托经理处机场口项目推进。顺民公司、东岸公司、大托经理处、北城经理处、腾飞公司、茶叶公司、蜂业公司转型发展取得成效。（童 芙）

专项经营

•烟草专卖•

【概况】 2018年，长沙市烟草专卖局（公司）实现销售收入107.61亿元，同比增长4.8%。实现税利32.83亿元，同比增长4.42%，其中实现税收（含所得税）23.23亿元，同比增长4.37%，利润12.98亿元，同比增长4.35%。"好快省廉优安"推进长株潭烟草物流园项目建设，完成设备安装调试，试运行车组32个。建设工商共库项目，设立并运行河北中烟区域分拨中心。（欧阳花）

【卷烟营销】 2018年，长沙市烟草公司完成年度销售任务，单箱均价、省外烟比例保持全省领先水平，客户综合毛利率12%。升级开发"一平台三系统"（升级面向各级营销管理层的省级卷烟营销平台，建设面向营销一线人员的移动办公系统、面向零售客户的终端信息系统、面向零售客户和消费者的微信公众号应用系统），接轨新零售，建立"373"精准投放体系，打造二级标签和三维量化品牌培育体系。以烟草小投入撬动客户大投入，提质改造121家优质终端。打造精益物流，推进纸滑托盘试点，部署应用GPS/GIS系统。（欧阳花）

【烟叶生产】 2018年，长沙收购烟叶19.96万担，其中烤烟19.51万担、晒黄烟0.45万担。以高端卷烟原料定制化开发为引领，烟叶质量提升，等级结构优化，特色品种G80规模增长38%。推广专分包收一体化，优化收购组织管理，高效完成烟叶收购，烟叶品质、收购和调拨进度均为历年最好。烟农总收入3.1亿元，其中烤烟烟农户均收入10.8万元，同比增长17%；晒黄烟烟农户均收入2.1万元，同比增长50%。建立绿色防控示范区2个，绿色防控、土壤保育重大专项推进。完成年度烟基建设任务，金鸡水库工程进度92%，铁冲水库完成工程竣工验收。长沙市和浏阳市、宁乡市均获评"全省烟叶工作优秀单位"。（欧阳花）

【专卖监管】 2018年，长沙市烟草专卖局争取地方政府支持，将烟草市场综合治理工作纳入全市社会治安综合治理考核。建立烟草、公安日常联勤执法机制，设立烟草、公安、工商市场综合治理整顿办公室，开展"春雷8号""电狐四号"等专项治理行动，协调组织召开烟草市场综合治理发布会，组织全媒体直播。开展打假打私、真烟非流和违法违规大户治理，全年查获违法案件1835起，其中5万元/20万支以上大要案件402起，查获涉案卷烟10034万支，涉案金额8100万元，侦破假私烟网络案6起，破获真烟涉刑案件2起。刑拘24人，逮捕21人，判刑14人。建设区大队和基层站所，组建特勤大队，驻点高桥市场，下沉市场监管服务力量，提升快速反应能力。修订《零售点合理布局管理办法》，推进"放管服"改革，让办证群众"最多跑一次"。推进普法宣传，开展"三个规范化"建设，加快法治烟草建设步伐。（欧阳花）

•石油经营•

【概况】 2018年，中国石化销售股份有限公司湖南长沙石油分公司有在营站162座、便利店163家、油库1座。全年成品油经营总量逾110万吨，其中直批销量同比增幅0.1%，零售销量同比增长2.5%，非油品销售额4亿元。完成新建加油、加气站6座，综合治理项目22个。2018年，多次协调其他经营主体，维护市场的稳定和公平竞争，协助政府"打非治违"，推动市场的良性发展，并紧紧抓实油品、非油品业务经营管理。加快轻资产发展。加强政企合作，网络发展有较大进展，采取联营、"他有我营"等多种模式扩大网络规模，推进加油站双层罐改造，提升品牌形象和发展质量。向综合服务商转型。非油品业务持续快速发展，呈现多元业务发展态势，客户在加油站加油的同时，还能享受移动手机店中店、邮政代理服务、自助洗车等新业务带来的便利和实惠，企业不断向综合服务商转型。（蓝 海 王 浩）

【安全管理】 2018年，中石化长沙分公司加强HSSE管理，签订《HSSE及数质量管理目标责任书》，5个专业分委会定期召开月度HSSE例会，持续完善加油站环保手续，安全、环保制度得到有效实施。油品的计量和质量管理严格落实国家标准和企业标准要求，库站进、存、销油品做到"三百一无"，全年接受外部抽检10次70个油样均合格。全年实现安全、环保、数质量等级事故为"零"。（蓝 海 王 浩）

【中石化长沙分公司与长沙市公安局签约合作】 2018年10月11日，中石化长沙分公司与长沙市公安局签约合作，双方将针对车辆用油等方面开展合作。长沙市公安局党委委员、政治部主任陈定佳，中石化长沙分公司党委委员、副经理何小清代表双方签署合作协议。中石化长沙石油分公司是长沙地区成品油经营主渠道，与长沙市公安局合作，本着"优势互补、合作共赢"的原则，由中石化通过完善的加油站网络，为公安系统人员车辆建立用油优惠集群网络并提供方便快捷、功能齐全的用油管理服务、专业用油指导和"油中感谢"等消费积分增值服务。通过友好合作，双方将共同承担经济责任、政治责任与社会责任，充分发挥中国石化国企的经济职能，为社会经济发展提供持续高效的油品供应，配合长沙公安履行维护国家安全和社会治安秩序，共同为长沙经济的繁荣稳定提供有力支持，实现"警企协作、共创安全"的目标。中石化长沙分公司负责人介绍，下一步，该公司将通过进机关、进警营等活动，让公安民警和家属足不出户就可以办理加油卡，享受更加优质、周到的服务。（蓝 海 王 浩）

金　融

FINANCE

责任编辑 • 刘盼盼

综 述

【概况】 2018年，长沙市金融机构各项存款余额18633.6亿元，占全省的38.03%，同比增长8.7%，全年新增存款1491.77亿元；全市金融机构各项贷款余额18360.89亿元，占全省的50.32%，同比增长15.58%，全年新增贷款2325.02亿元；2018年全市银行业金融机构实现盈利350.38亿元，占全省的45.18%。

全市保险业实现原保费收入411.82亿元，跨上400亿元新台阶，占全省的32.81%，同比增长24.17%；保险各项赔付支出111.62亿元，占全省的27.19%，同比增长17.9%。

全市127家证券营业部客户资产合计5606.93亿元，占全省的80.55%；股票基金累计成交量22308.26亿元，占全省的53.44%。

全年新增直接融资704.11亿元，比目标值多增154.11亿元。

全市71家融资性担保公司注册资本78.67亿元，年末在保余额45.91亿元，全年新增融资担保额40.31亿元；全市52家小额贷款公司注册资本69.54亿元，年末贷款余额63.6亿元，全年放款58.05亿元。

（聂 娟）

【金融风险防范和化解】 2018年，长沙市组织相关市直单位、园区、区县市集中排查重点行业领域和重点区域潜在风险情况，开展摸排活动200余次，摸排企业13400余家，发现风险企业420余家，通过综合行政“打早打小”处置问题企业112家。公安机关非法集资立案数同比增加63%。通过构建立体覆盖、特色鲜明、预警及时的宣传格局，抓源头防控，着力探索“管长远”的问题。全年组织开展各类防非处非宣传教育活动2000余次，有效提高群众对非法集资的防范意识和鉴别能力，初步实现“能识别、有防范、敢举报”的宣传教育效果。地方金融风险防控化解。陈案化解率超过省政府下达的考核目标11个百分点。通过打早打小，及时清退群众参与非法集资款项近3.4亿元，有效缩小群众损失，大幅减少后期行政处置成本。牵头组织人行、银保监局等部门开展互联网风险专项整治，通过“取缔一批、整改一批、劝退一批、打击一批”，将长沙市P2P网贷平台机构数量从78家压至14家，业务余额从7.19亿元压缩至0.7亿元。在全省防非处非专项考核中，长沙市已2年名列第一位。（聂 娟）

【金融服务实体经济】 2018年，长沙市开展“千人帮千企金融在行动”专项活动，组织发动建设银行、长沙银行等12家金融机构组成工作队，围绕片区和22条产业链，分组走访调研企业2829家，收集融资诉求1379个。活动开展三个月，各金融机构完成1266家帮扶企业融资授信324.84亿元，实现贷款投放180.18亿元。同时，市金融办联合湖南银保监局，开展“普惠三湘 服务小微”活动，为园区企业宣讲无还本续贷、“两增两控”等普惠金融政策，一对一的制定综合融资方案，解决企业融资问题。市“千人帮千企百日大行动”领导小组办公室多次将市金融办开展的帮扶工作以简报形式向全市进行推广。2018年，受国家政策和资本市场发展形势等多重客观因素影响，企业IPO审核政策趋严，审核周期拉长。为解决具体问题，提升服务质量，市金融办先后研究发布《关于建立企业上市（挂牌）联席会议及绿色通道制度的通知》《关于建立长沙市企业上市司法服务与保障机制的实施办法》《长沙市推动企业上市“百舸争流”行动计划（2018—2020年）》等政策措施。提请市政府与香港、深圳、上海3大证券交易签订战略合作协议。全年实现新增3家上市公司，增速位列全国省会城市第四。3家公司首发上市融资41.40亿元；全市上市公司累计67家，其中A股上市公司61家，总市值5229.99亿元，数量和总市值均居中部城市首位。上市公司数量位居全国省会城市第五位。运作好市产业投资基金。2018年，资管新规等政策出台导致向社会资本募资困难。在此形势下，长沙市产业投资基金积极引进各类社会资本参与设立子基金。全年新设子基金4只，总规模17.8亿元，撬动社会资本13.4亿元。逐步实现金融科技融合发展。长沙银行设立科技型企业链接式金融服务平台，高新创投等首批13家投资机构入驻；长沙农商行设立科技型企业专营支行，已对长沙市科技型企业授信1.5亿元，发放贷款5670万元；长沙银行硅谷支行外部投贷联动试点业务落地，投贷跟和认股选择权业务已累计投放资金超过3亿元。（聂 娟）

【金融机构发展】 2018年，长沙市金融机构数量稳步扩充。随着浙商银行长沙分行的设立，12家全国性股份制商业银行已全部在长沙市齐聚，实现“全家福”；中信保诚湖南省分公司开业，全市保险机构57家；新增申港证券和国盛证券等8家证券分公司，证券分公司38家。地方法人金融机构不断壮大。长沙银行首发上市，成为省内首家A股上市银行，资产规模逾5000亿元，跻身中等银行行列。全市各农商银行经营规模扩大，新增网点29个、新设村镇银行1家。长沙农商行资产规模逾千亿元。引导地方小型金融机构特色化发展。推动各区县、园区通过新设或改制融担公司，全年新设2家，改制1家，批筹1家，实现政府性融担公司在国家级园区全覆盖；引导中联重科、隆平高科等产业链龙头企业通过设立专业化融担、小贷公司，打通产业链上下游企业融资通道；支持全省仅有的5家网络小贷公司在行业持续低迷形势下逆势发展，形成标杆，全年累计发放贷款21.07亿元，占全市的36.3%，全部被评为A类公司。引导基金产业集聚发展。指导湘江基金小镇和麓谷基金广场两个基金业集聚区完成260家基金机构入驻，资金管理规模超过2000亿元。

（聂 娟）

【金融服务能力建设】 2018年，长沙市组织推动市政府与广发证券、人寿财险、国寿投资、太平洋产险、保险职院等多家机构签订战略合作协议，合作内容涵盖企业上市、直接融资、保险资金利用、投资信贷等多个领域。开展针对性服务。举办2018年长沙金融服务节。联合湖南银保监局、银行、证券公司及律师事务所等开展一系列活动，充分搭建政金企沟通交流平台，深入交流融资、综合金融服务、企业上市路径问题等方面问题，帮助企业解决实际问题；邀请境内外3大证券交易所及中介机构专家到长沙举办大型培训，同时组织企业多次到香港证券交易所面对面交流，加快长沙市企业对接境内外资本市场。保险服务实体和民生成效显现。险资入长规模持续增长，2018 年全市落地 3 个险资项目，资金总额 51.8 亿元；充分发挥各类责任保险和民生保险保障作用，其中治安保险保障加大，覆盖全市约 15 万居民共 50 亿元保障额度。加大保险宣传力度，组织开展 5 场保险宣传“进机关”“进园区”活动，市金融办获全省保险宣传优秀组织奖。推进金融精准扶贫。2018 年，全市投放扶贫小额信贷 4.55 亿元，收回贷款 3.11 亿元，到期贷款逾期率为 0.02%，远低于省、市扶贫办不得超过 1% 的要求；开展“扶贫特惠保”年度续保工作，4 区县（市）均已完成家庭综合保障保险年度续保工作，为建档立卡贫困户安排参保费用，共计投入资金 767.37 万元，参保贫困人口 13 万余人，覆盖率 100%。（聂　娟）

银　行

【概况】 截至 2018 年年底，长沙市有 3 家政策性银行、6 家大型商业银行、12 家全国性股份制商业银行、3 家异地城商行分支机构和 6 家外资银行，4 家金融资产管理公司和 1 家财务公司的分支机构，以及 20 家地方法人银行业金融机构。法人银行业金融机构包括：城市商业银行 2 家，民营银行 1 家，省、市联社各 1 家，农村商业银行 5 家，村镇银行 3 家，信托公司 1 家，财务公司 4 家，汽车金融公司 1 家，消费金融公司 1 家。全市有银行业金融机构网点 1713 个，从业人员 36711 人，网点和人数分别占全省总数的 17% 和 27%。

银行业有效资金供给加大　2018 年年末，全市银行业各项存款 1.86 万亿元、占全省的 38%，比年初增加 1491.77 亿元、占全省新增存款的 65.9%，同比增长 8.7%、比上年同期低 2.0 个百分点；各项贷款 1.84 万亿元、占全省的 50.4%，比年初增加 2325 亿元、占全省新增贷款的 50.5%，同比增长 14.5%、比上年同期低 1.1 个百分点。在加大资金供给的同时，坚决压缩同业、理财、委托贷款等业务，遏制资金脱实向虚，引导资金回流实体经济，信贷主业更加凸显。全市银行业同业资产增速同比上升 7.8%，委托贷款增速同比下降 15.5 个百分点，在信贷资产增加 2325 亿元的同时，资产总额只增加了 1939.8 亿元。

2018 年 7 月 18 日，浙商银行长沙分行开业仪式举行　王　珂　供图

信贷结构持续调整优化　按照“有加有减、有进有退、有补有去”原则改善信贷供给结构，促进经济转型升级。着力保障重点领域资金需求，全市银行业非金融企业和机关团体中长期贷款增长 12.2%，基础设施行业贷款增长 8.6%，消费贷款增长 27.2%。稳妥有序推动化解过剩产能，两高一剩”行业贷款减少 17.4 亿元。落实住房信贷政策，棚改贷款增长 33.4%，个人住房按揭贷款增量、增速逐月回落。切实加强对小微企业、“三农”等薄弱环节的金融支持。全市小微企业贷款余额 4506.2 亿元，增长 1.99%；全年新增涉农贷款 321.8 亿元，同比增长 7.19%。

质量效益保持稳健　2018 年，全市银行业机构实现利润 274.7 亿元，同比少盈 14.4 亿元，盈利占全省银行业盈利的 41.5%，同比下降 6.8 个百分点。全市银行业不良贷款率 0.93%，比全省平均水平低 0.82 个百分点，信用风险总体可控。（谭　迪）

【中国银行保险监督管理委员会湖南监管局挂牌成立】 2018 年 12 月 17 日，中国银行保险监督管理委员会派出机构统一举行揭牌仪式，标志着新组建的中国银行保险监督管理委员会湖南监管局挂牌运行。中国银行保险监督管理委员会湖南监管局将明确监管目标，引导银行保险业进一步提升服务实体经济质效。（曹玥兆）

【浙商银行股份有限公司长沙分行开业】 2018 年 4 月 11 日，浙商银行股份有限公司长沙分行经中国银监会湖南监管局批准开业，标志着 12 家全国性股份制商业银行全部在湘设立分支机构。浙商银行股份有限公司长沙分行业务范围包括吸收公众存款，发放短期、中期和长期贷款，办理国内外结算，办理票据承兑与贴现等业务。浙商银行长沙分行落户湖南后，将重点支持省市重点项目建设、城市发展，支持中小企业发展，为长株潭“两型社会”建设和湖南经济社会发展做出贡献。湖南银保监局将按照《中华人民共和国银行业监督管理法》《中华人民共和国商业银行法》等有关金融法律法规的要求，督促引导该分行依法合规经营。（王　珂）

【“六个一”行动】 2018 年，省银保监局联合有关部门搭建“政银企”合作平台，组织辖内银行业金融机构推进“六个一”行动。开展一次银政座谈：7 月 16 日，省保监局领导带队走访长沙高新区管委会，与管委会副主任就进一步做好园区小微企业普惠金融服务工作进行会谈，并组织部分银行机构普惠部负责人召开座谈会，了解现阶段支持园区内小微企业金融服务情况，研究落实园区内小微企业金融服务工作。

提出一份企业名单：协调长沙市委市政府，与长沙市金融办、长沙市高新区管委会对接，推荐园区内114家具有一定质量的小微企业名单，并提供其存量授信和新增融资需求情况。汇编一本服务手册：收集小微企业金融服务相关监管政策、地方政府支持小微企业相关政策和银行业小微企业信贷产品政策，整理编制《小微企业金融服务手册》并将电子档发送至省银行业协会、市金融办、各银保监分局、园区管委会以及辖内银行业金融机构。进行一轮全面走访：组织部分银行开展园区小微企业调研走访，分别与湖南创研科技股份有限公司等49家小微企业主要负责人进行面对面交流，了解园区中小微企业的生产经营情况、融资现状及融资需求情况。组织一场宣传培训：8月10日，省银保监局联合湖南股交所、长沙高新区管委会召开首次小微企业金融服务政策宣讲暨银企对接会；组织建设银行、光大银行和长沙银行3家银行作为宣讲团代表，向精选后有融资需求的15家长沙高新区优质企业介绍小微企业融资支持政策及特色创新融资产品。实施一套考核系统：将普惠金融推进工作纳入日常非现场监管，动态跟踪督促辖内银行业普惠金融发展推进情况，按月统计、按季通报和按年考核评价，督促落实小微企业信贷计划。持续跟踪各机构对长沙市园区小微企业的新增信贷投放情况和执行“无还本续贷”情况，科学开展活动情况考评。（张凌芳）

【中国人民银行长沙中心支行】2018年，长沙市金融健康平稳运行，存款增长快于全省平均水平。2018年末，全市金融机构存款余额18633.6亿元，同比增长8.7%，高于全省3.9个百分点。全年新增1491.8亿元，同比少增161.3亿元。其中，非金融企业存款新增326.9亿元，同比少增238.6亿元；住户存款新增487.3亿元，同比多增155.8亿元。贷款增长态势良好。2018年年末，全市金融机构贷款余额18360.9亿元，同比增长14.5%，高于全省0.1个百分点。全年新增2325亿元，同比多增164.9亿元。其中，地方法人机构新增891.8亿元，同比多增408.8亿元。信贷投向有效支持实体经济发展，信贷结构不断优化。2018年年末，全市制造业贷款余额同比增长13.5%，增速比上年同期提高8.3个百分点。全年制造业贷款新增157.9亿元，同比多增99.9亿元。基础设施类贷款余额同比增长10.1%，比上年同期下降7.2个百分点。全年基础设施类贷款新增464.4亿元，同比少增213.4亿元。全市个人住房消费贷款余额同比增长15.6%，高于全部贷款增速1.1个百分点。全年个人住房消费贷款新增462.5亿元，同比少增25.7亿元。落后产能行业贷款增速出现下降。2018年末，全市“两高一剩”行业中长期贷款同比下降7.8%，比上年同期下降16.2个百分点。2018年年末，全市涉农贷款新增321.8亿元，余额同比增长9.6%。

服务实体经济　联合省工信、财政、发改等部门发布《关于进一步深化湖南省民营和小微企业金融服务的实施意见》，督促落实“几家抬”工作机制。联合部分市州政府开展“金融服务湖南实体经济市州行”活动，达成项目494个，到位资金534亿元。联合省经信委建立制造业重点企业名单制度，发布第一批975家制造业重点企业“白名单”，举办产融合作银企对接会。联合省工商联举办湖南省民营企业融资对接会，联合省地方金融监管局等部门开展金融服务“两进两促”（即进园区、进企业，促融资、促发展）活动。截至12月末，全省小微企业贷款余额7873亿元，同比增长6.9%；1—12月，全省新增小微企业贷款825亿元。全省民营企业贷款增长15.7%，新增民营企业贷款686亿元，同比多增422亿元。联合金融监管、扶贫、财政等部门出台湖南省金融支持深度贫困地区脱贫攻坚实施方案，推动金融扶贫与产业扶贫融合发展。全省金融精准扶贫贷款余额2224亿元，同比增长12.9%。支持法人金融机构发行金融债券，全省累计发行绿色金融债、普通金融债55亿元，申请注册金融债115亿元，用于小微企业发展和补充资本。推动跨境人民币业务发展，全省跨境人民币收付金额合计482亿元，占同期本外币跨境收付总额的13.7%，业务主体2676家；累计建立跨境双向人民币资金池10个，跨境调拨资金358亿元。

金融风险防控　探索构建地方金融监管协作框架，动态绘制风险防控地图，提高风险识别与分类施策防控的精准度。不定期牵头召开包括地方政府及金融监管部门参与的监管联席会议，及时掌握区域重大风险状况。推进互联网金融风险整治，牵头做好资管及跨界领域专项整治工作。建立湖南省P2P网贷风险应对工作日报告制度，配合做好P2P网贷出险机构处置工作。反洗钱监管。配合纪委、公安、海关等部门查询有关涉案账户，全省开展反洗钱调查和协查67次，发送调查通知书640份。探索开展特定非金融机构反洗钱监管，推动洗钱罪立案、起诉和宣判，全省新增4起洗钱罪判例，新增首例资恐罪。推进打击利用离岸公司和地下钱庄转移赃款专项行动、扫黑除恶专项斗争、打击虚开骗税犯罪活动等系列行动。提升外汇管理服务水平。加大外汇领域监督检查力度，打击地下钱庄等非法外汇买卖。开展经常项目外汇业务的专项核查。牵头做好第六届中国（湖南）国际矿物宝石博览会交易金融服务工作。推进全省跨国公司外汇资金集中运营管理改革，帮助企业节省财务成本2.38亿元。加强本外币协同管理，便利企业跨境融资。推进法治央行建设，全面清理规范性文件，保留240件，废止105件。支持浙商银行长沙分行等101家新设机构或网点开业。推进普惠金融示范区创建工作，与省政府金融办联合印发《湖南省普惠金融示范区考评方案》。配合做好世界银行普惠金融全球倡议（FIGI）中国项目试点工作。创新开展金融法治和金融知识宣传教育，组织实施“三个一百”工程，推动金融知识纳入湖南省国民教育体系。全年共受理长沙市金融消费投诉1735件。

金融服务体系　落实2018年金融统计制度，建立小微企业和金融精准扶贫贷款异常数据长效监测机制。推进移动支付便民示范工程，实现交通、缴罚、医院、学校等多场景突破，云闪付交易量月均增长率18.4%。优化企业开户服务，开发推广人民币银行结算账户影像传输系统，实现开户、变更、撤销等9大类业务资料在线传输，为小微企业开户开辟绿色通道。强化支付清算系统运维管理，实现支付系统、

ACS系统、同城清算系统全年安全稳定运行。开展集中支付业务专项检查。推动多元化电子缴税工作，银联“云闪付”、微信等非银行支付机构缴税支付服务试运行。支持国家金库工程建设，第二代国库信息处理系统（TIPS）上线运行。推动全省海关系统顺利上线电子缴税业务，为优化口岸营商环境、促进跨境贸易便利化提供强力支撑。做好国债发行管理工作，全省组织发行储蓄国债58.5亿元。2018年，长沙市国库收入（不含转移性收入）2771.47亿元，同比增长14%，提高1.2个百分点。其中，一般公共财政预算收入2165.57亿元，同比增长6.1%，回落5.6个百分点；政府性基金预算收入598.3亿元，同比增长66.3%，提高22.1个百分点。国库支出1986.16亿元（不含转移性支出），同比增长35.6%，提高28.7个百分点。其中，一般公共预算支出1245.61亿元，同比增长11.1%，回落17.5个百分点；政府性基金预算支出646.13亿元，同比增加170.4%，提高152.2个百分点。年末，全市国库库存余额67.83亿元，同比减少4.21亿元，下降5.8%。提升征信柜台服务能力，全省对外提供企业信用报告查询27.3万笔，个人信用报告查询1124万笔。推进央行内部（企业）评级，累计上传1781户企业信息，发放信贷资产质押再贷款3.1亿元。开展“百企带万户”应收账款融资专项行动，推动华融湘江银行、长沙银行、三湘银行与人行总行应收账款融资服务平台签约并进入系统对接开发阶段，全省在应收账款融资服务平台注册企业2500家，通过平台累计融资260亿元，其中小微企业应收账款融资129亿元。联合省质量技术监督局对31家银行业金融机构608台在用点钞机和1家点钞机生产企业开展现场检查。完成普通纪念币公开发行兑换任务。开展整治拒收人民币现金专项行动。联合湖南卫视开展反假货币知识宣传，联合公安部门开展打击整治专项行动，全省捣毁伪造假币窝点6个，共收缴假币面额4506万元。推动金融IC卡行业应用，全省公交金融IC卡、金融IC卡云闪付、银联扫码支付交易量排名全国前列。自主开发“人民币结算账户影像传输系统”“湖南省金融风险监测预警系统二期”等多个应用系统，有力支持业务创新发展。（刘瀛洲）

【中国农业发展银行湖南省分行营业部】 2018年年末，中国农业发展银行湖南省分行营业部（以下简称农发行省分行营业部）各项贷款余额339.46亿元，比年初增加47.13亿元，其中：发放棚改贷款54.66亿元；各项存款余额71.31亿元，比年初增加10.66亿元，日均存款余额87.29亿元；实现中间业务收入69.68万元；实现账面利润3.63亿元；不良贷款继续保持“零余额”；经营绩效位居全省农发行系统第一位。

业务发展　2018年，农发行省分行营业部积极应对粮食市场化改革，做好粮食去库存工作，全年累放粮棉油贷款92.36亿元，支持企业收购粮食44.75万吨；完成2015年度和2016年度超标稻谷贷款划转71.65亿元；支持长沙地区夏粮秋粮收购份额继续保持50%以上。全年审批棚改贷款项目11个，审批金额81.9亿元，发放54.66亿元，加大棚改贷款支持力度。年末，中国农发重点建设基金项目20个，金额17.5亿元；易地扶贫搬迁专项建设基金余额20亿元、易地扶贫搬迁贷款余额68.8亿元。在创新业务上，探索耕地占补平衡和建设用地增减挂钩融资模式，支持农村土地整理开发及复垦，审批1.8亿元浏阳农村土地流转和规模经营中长期扶贫贷款项目。办理国际业务3052万美元。履行财政补贴资金管理职能，配合财政部门做好农业支持保护补贴资金的拨付管理工作，全年拨付各项财政补贴资金共291笔，金额76.64亿元。

信贷风险防控　2018年，农发行省分行营业部结开展“信贷客户年度贷款后评价”活动，推动信贷队伍建设年“三年三步走”，召开领导小组会议11次，编发活动简报15篇。开展市场乱象整治，夯实内控合规管理基础。对照《自查明细清单》的9大方面、220项整治内容逐项、逐笔、逐环节多次全面自查，做到人员业务全覆盖，全面真实地反映问题。通过支行自查、条线检查、领导督查，共发现27个问题，已全部整改。（罗海萍）

【中国工商银行长沙分行】 2018年，中国工商银行长沙分行（以下简称“长沙工行”）全年实现净利润28.73亿元，同比增加8.96亿元，增幅45.35%，增长额、增长率均排名可比同业第一位。全部存款余额1283.65亿元，新增106.66亿元，其中：储蓄存款余额较上年时期增长8.5亿元，时点净增24.2亿元，储蓄存款余额和新增同业占比均排名同业第二位；公司存款余额新增18.06亿元，增量排名全国第14位，日均增量71.5亿元，日均增量排名可比同业第一位；机构存款新增76.08亿元，增量排名全国第九位，可比同业排第二位，机构存款时点余额首次位列可比同业第一位；各项贷款余额1518.42亿元，新增204.41亿元，增量排名全国28家直属分行、省会城市行第11位，其中：公司贷款新增158.14亿元，增量全省占比68.48%，增量排名全国第七位，增量同业占比32.89%，可比同业连续5年排名第一位；个人贷款较年初净增72.3亿元，全省占比38.28%。净增额全省占比保持第一位，在全国28家直属分行、省会城市行中居第17位，较同期前进4位。实现中间业务收入10.7亿元，同比增加0.81亿元，列全省第一位，在全国28家直属分行、省会城市行中收入排名第12位，较同期上升2位。国际贸易融资累计发放额28658万美元，累计办理7.92亿元人民币风险参贷业务。投行业务收入1.21亿元，同比增长52.5%，全省占比54.2%。个人信用消费贷款余额13447万元，全省占比18.54%；信用卡总收入4.01亿元，全省占比34.61%。私人银行达标客户较上年增长44户，完成省行全年净增任务的126%，增量排名全国第七位，任务完成率排名全国第五位。销售法人理财227.37亿元，日均余额35.44亿元，完成全年任务的267.69%。融e购平台非金融商品交易额461565万元，完成全年任务的102.57%；网络金融专属收入5900万元，较2017年增长超过300%，完成全年任务的204%，综合排名保持全省第一位，全国第12位。不良贷款余额8.86亿元；不良率0.58%，比年初下降0.07个百分点，比全省平均不良率低1.19个百分点，为全省最低水平。

市场拓展　在社保业务板块重点发力，通过高层对接持续营销，获10所高校20万张学生社保卡发卡份额，排名同业第一位。全辖金融社保卡累计发卡33.8万张，较上年末新增10万张。独家受托逐步发放18万张潇湘卡；新增代发工资单位156户，总量为2030户；国际业务共拓展新客户124户，其中21户大中型客户。利用平台信息拓户。重点通过“工商企业通”、E缴费平台、大额资金监控平台、小微企业平台等平台工具，加强对新注册企业和他行目标客户的拓户营销。“工商企业通”开户2683户，占新开账户的35.6%；新增E缴费项目89户，E缴费交易总量3289.83亿元；大额资金监控平台客户数87户；小微金融平台的客户数5062户，完成省行全年任务的927.11%。强化场景建设拓户。自主开发的高校缴费场景，于2018年3月31日上线，年末完成缴费43670笔，总金额2715万元，增加融e联客户22004户；签约银校通77户，实现缴费31户；“房e购”平台签约20个楼盘，获客702户，带来存款14570万元；新开有效对公账户6784户，日均金融资产5万元以上公司客户净增601户；新增有效现金管理客户972户；全量客户475.03万户，较上年增长28万户。借记卡总量为461.9万张，较上年净增41.93万户；信用卡发卡较年初量增加3.8万张，增幅5.93%，有效卡量340502张，较年初增加7222张，增幅2.17%。通过公私联动，先后竞争到大小改造拆迁项目7个，争揽拆迁资金总额约22.5亿元，代发拆迁款12.6亿元。开立华润·桃源里项目、湖南外国语学院项目以及亿达小镇项目三户保证金账户，签订工资代发协议3户，累计开卡120张。对公存款引存增存。全国首创“商业贷+扶贫”新模式创新审批临长高速固融贷款150亿元，已投放80亿元，为长沙行带来存款30亿元；完成湖南省高速公路投资集团60亿元并购贷款，已带来存款21亿元；醴潭高速40亿元固融项目带来存款10亿元；完成长株潭城际铁路36.5亿元项目贷款带来存款5亿元；完成广东联泰的20亿元全省首笔债转股业务，带来对公存款9.9亿元。公司业务重点项目、重点板块、重点客户营销实现突破。2018年末，信用等级AA-级以上贷款余额855.14亿元，在公司贷款总量中的占比82.03%，分别比2017年年末净增169.5亿元、提高4.5个百分点。个人信贷市场。推进重点客户的系统直连工作，举办重点客户系统直连业务培训班，全年准入合作楼盘61个。小微企业信贷市场。开展“工银普惠 助力小微”营销活动，走访营销星沙、宁乡、望城、高新区4大国家级园区，共办理网上小额贷融资60户，融资余额61104万元；网贷通30户，融资余额15126万元。

风险管控　全年完成长沙市、下辖行政区、3县市（长沙县、浏阳市、宁乡市）的城市准入及城市基础设施、电力、房地产等行业102户新增客户的准入工作。严控潜在风险劣变关。做好法人大户风险会诊分析常态化。全年5次召开市分行级贷款大户风险会诊会议，对23户法人大户进行风险会诊，提出风险防范措施65条，涉及长沙行融资金额70.53亿元。加强信贷业务非现场监测。全年下发法人客户正常关注贷款违约风险提示与督办通知30份，督促各支行研究制定清收转化预案，严控下迁劣变。组织开展各类排查、自查与整改工作。全年完成银监局互保排查，总行多头、过度融资核查，境外融资业务风险排查，房地产风险排查，总行对小企业关键信息交叉验证存疑客户核查，总行对非标押品风险排查，省分行环保风险排查等7项排查核查。清收不良贷款18.58亿元，是2005年股改以来清收处置金额最多的一年，完成全年调增后处置任务的193%。严设内控案防管理关。开展专项检查7次，检查发现问题34个，整改率100%。通过自查和专业部门“上查下”发现各类问题10个，涉及12个支行，按照边查边改要求及时实施整改，整改率100%。落实执行案防分析会议制度。每月召开案防分析会议，提出措施20条。（龙　灿）

【中国农业银行长沙分行】 2018年年末，中国农业银行长沙分行（以下简称“农行长沙分行”）存贷规模各逾800亿元，整体规模逾1700亿元。人民币各项存款时点余额895.92亿元，较年初增加64.27亿元，人民币各项贷款余额866.27亿元，较年初增加131.05亿元。实现拨备前利润21.17亿元；实现账面拨备后利润18.65亿元。实现中间业务收入3.27亿元。

公司业务　制订对公客户的分层分类责任营销方案，推广130个重点目标客户“三图”营销模式，2018年，重点客户引存时点净增112亿元，日平净增52.3亿元。制定“四走进”专项营销方案及园区攻坚营销方案，全面对接全市14家产业园区，全年上门对接园区、新兴产业、重大项目等90个，营销客户12个，与25个客户达成意向合作，向15个新兴产业、重点项目新发放贷款201亿元。

零售业务　对辖内网点实施撤并、瘦身轻型化和压高增低优化劳动组合，对网点运营副主管岗位进行优化整合，壮大网点厅堂和营销力量。推动服务提升，宁乡县支行营业部成功创建全国“千佳”网点，初步搭建“私人银行分部+三大财富管理中心”高端客户服务体系，实现辖内首家财富中心开业。做强平台攻坚“双智”。实现双智有效行业应用项目346户，承办智慧宁乡“智慧城市 智慧乡村”签约仪式、长沙“智慧物业”品牌推广会。

普惠业务　加大“三农”产品创新。按照“一县一特一品牌”营销思路，推出长沙县“稻虾贷”“蔬菜贷”、望城“小龙虾贷”“生猪贷”、宁乡“花猪贷”、浏阳“水果贷”“烟商贷”等7大“三农”贷款特色产品（模式）。2018年年末，全行惠农e贷余额3.4亿元、较年初净增3.2亿元，惠农e贷模式创新被新华社深度报道，并被省市农委推荐作为湖南唯一申报国家2018年金融支农服务创新试点项目。加大小微金融产品创新。利用供应链、政府增信、产业集群等模式，在全省率先落地“厂房贷”“微捷贷”“税银通”等6项小微新兴产品，并自主创新落地“采云贷”。实现普惠金融贷款净增1.17亿元，增速156%，小微企业户数净增100户。

体制改革　湖南分行营业部更名为长沙分行。完成湘江新区分行机构落地及前期市场调研、机构选址、网点建设等筹备工作。推进前台部门市场化改革，5个大客户部整合为3个，员工实行动态管理；在市分行成立国际业务直销团队，确立投行团队“直管+直营+直销”职能定位，两个团队比照大客户部进行考核和资源配置。实施网点转型结构调整和运营副主管岗位整合，实现撤并营业网点9个、建设轻型网点7个，压高增低网点98个，共释放人员110名到一线营销岗位。

（王斯人）

【中国银行湖南省分行】 截至2018年年末，中国银行湖南省分行在长沙地区共设立直属机构10个，营业网点94个，本外币各项存款1096.49亿元，较年初增长126.4亿元，增幅13.03%。本外币各项贷款余额1401.52亿元，较年初增长210.1亿元，增幅17.63%。不良资产余额13.78亿元，不良率0.98%，较年初增加0.01个百分点。实现业务净收入41.45亿元，同比增长3.97亿元，增幅10.59%。

支持湖南经济 支持湖南基础设施建设和基础产业振兴，有效支持重点产业、民营企业做大做强。2018年，中国银行长沙地区机构持续加大支持“制造强省”战略力度，累计投放制造业贷款近100亿元，强化基础设施领域补短板力度，累计投放省高速贷款54.7亿元。支持民营企业发展，民营企业贷款占公司贷款余额比重超过33%，民营企业客户数占公司授信客户数的比重超80%。支持“乡村振兴战略”，聚焦全省粮食、油料、蔬菜等10大特色产业链，实现对公涉农贷款新增42.4亿元。创造性开展精准扶贫，扶贫贷款较年初新增4.44亿元。履行长沙地方债主承销责任，年度承销185.2亿元，承销份额9.29%。

业务发展 推出现金管理产品“簿记账户”，创新推出幼教通、政购通、医疗通等“惠三湘”产品，促进普惠业务造福民生领域。抢抓“中银来聚财”战略产品拓展，累计拓户801户。开户铁路e卡通4.62万户，借助中银步步高、中银聚财通、大额存单、定利多、优惠利率定期存款等产品，针对农村、拆迁补偿、老年、代发薪、商贸等不同客群，量身定制产品。实现个人结售汇、国际汇款业务收入2600万元，中银E贷授信余额4.13亿元。完成海外见证开户347户，积极运用大额外币价格杠杆，叙做1.4亿美元“汇利达”、0.35亿美元“优利存”，有效提升外币存款市场份额。公司获批客户200户，授信总量1200亿元。企业年金账户新增4834户，三方存管新开户3.62万户。创新业务模式，跨部门联动叙做全国首笔“国际白银远期交易＋香港白银实物交易＋订单融资”业务，首次为客户提供白银出口业务项下“一揽子”金融服务。成交1.5亿美元保值交易，海外债保值业务市场份额达到66%。加快网点智能化建设，智能柜台网点覆盖率100%，网均2.28台，柜台业务迁移率93.26%。

重要决策 2018年1月12日，中国银行首家实体网络金融专业支行——长沙市梅溪湖支行开业。中国银行网络金融专业支行是中国银行与腾讯合作的第一个落地网点，也是双方科技合作的示范基地。作为以线上为主、线上与线下相结合的金融服务机构，通过应用大数据为支撑，创新服务模式、服务方式，网络金融专业支行能为客户提供个性化、定制化的产品及服务。网络金融专业支行致力于打造出智能型、体验型、平台型网点，不仅配备智能机器人、智能柜台、智能大屏、虚拟迎宾、夜间橱窗、贵金属展示柜、智能茶几等高科技设备以及充电站、自动售货机等便民设施，还将推出如大型存取款一体机、零钞兑换机等一系列智能设施。

2018年1月12日，中国银行首家实体网络金融专业支行——长沙市梅溪湖支行开业　　中国银行湖南省分行 供图

重要活动 2018年11月6日，为期三天的进博会展商客商供需对接会举办。匈牙利总理欧尔班在中国银行董事长陈四清陪同下到场与包括匈牙利等国家的参展企业进行现场沟通交流。中国银行作为本次进口博览会唯一的银行类综合服务支持企业，利用该行全球化业务优势，为此次进博会提供“中银全球中小企业跨境撮合服务”，专注助力进口博览会。根据展商合作意向，通过中国银行跨境撮合系统精准匹配了覆盖货物贸易和服务贸易7个展区的3000余家国内外展商客商每日进行多轮“一对一”对接洽谈，为参展商和采购商创造了良好的洽谈环境，提供精准对接平台。中国银行湖南省分行安排湖南省内104家企业作为参会客商参加此次对接会，并派出一支专业团队进驻上海进博会现场为湖南企业提供“一对一”服务。在首日对接活动中，共有38家湖南企业参加对接活动，当日现场配对64桌次，达成意向签约8场次，意向采购金额2200万美元。

（李 行）

【中国建设银行湖南省分行】 2018年，中国建设银行湖南省分行一般性存款余额6628亿元，较年初新增392亿元，4行占比41.72%。各项贷款余额4698亿元，新增541亿元，同比多增156亿元，创历史最好水平，排系统第五位，4行占比35.37%。实现中间业务净收入51.3亿元，增幅15%，4行占比47.48%。实现税前利润119亿元，增幅6%，继续保持同业第一位；经济增加值53亿元，超额完成总行计划。不良率、逾期率分别为1.09%、0.91%，较年初均下降0.06个百分点。存贷款规模、资产质量、经营效益均居全省同业之首，零售业务发展水平综合评价持续保持系统第一，获“湖南省最佳零售银行奖”，为省内唯一获奖金融机构。

服务地方经济社会发展　全年投放贷款3781亿元，工业及制造业贷款投放520亿元，其中智能制造相关行业贷款投放168亿元；服务领域贷款投放889亿元，民生领域贷款投放349亿元。民营企业贷款余额814亿元，增速14.5%，高于全行对公贷款增速5.3个百分点；普惠金融贷款新增109亿元，余额294亿元，新增4行占比67%。对公外汇贷款余额8.5亿美元，累计投放贸易融资35亿美元，4行占比均超过40%。认购地方债293亿元，认购比例14.7%；债券承销量破百亿为116亿元，市场第一位。开展"服务实体经济 对接民营企业"市州行活动，全力支持民营企业发展，共对接企业83家，采集融资需求236亿元。融入长沙市委市政府"千人帮千企百日大行动"活动，开展"千人帮千企，金融在行动"专项活动，选派专家团队参与到211个政府工作小分队，对接帮扶企业498家，做到"一户一策"有效帮扶。下调民营企业贷款及普惠贷款利率，较年初下降115BPS，惠及民营企业客户1.4万户。深化与省商务厅战略合作，完善"湘企出海+"综合服务平台功能，服务企业2400家，应邀陪同省委省政府主要领导出访越南等"一带一路"沿线国家，与湖南电力院、中南院签订海外项目合作协议。加速推进华菱钢铁去杠杆，投放当地同业和系统内首笔省属国企市场化债转股11亿元。与省住建厅纵深推进战略合作，独创"智慧住建"系统；全面上线住房租赁平台，实现14个市州全覆盖；为社会保障对象提供47万套公租房，累计发布41万套市场化房源，建融家园注册用户40万户。普惠金融搭建银政、银税、银企、银担平台228个，与省经信委合作，共建奖补资金申报平台系统，对接小微企业、个体工商户近千户，贷款超过10亿元；与省国税局合作上线"云税贷"业务，服务客户15万户，贷款超过12亿元。深化银证合作，与省电子政务办等4家单位签订战略协议，签约总数13个；支持国家机构改革，为省退役军人事务厅、省应急管理厅、省税务局、省医疗保障局办理账户落户，全行区、县级以上国家机构改革账户新增173个。

转型创新　完成自主创新项目53个、移植创新项目56.5个，获总行创新一等奖，连续3年获总行"最具创新力奖"；完成湖南产品创新实验室（系统中西部地区首家创新实验室）建设并投入使用，建立本行的产品创新中心和建行品牌的展示中心；承办总行首届创新马拉松活动，两个项目获一等奖。搭建十大综合服务平台，首创智慧政务平台"湖南模式"，实现市州全覆盖。推动智慧医院和智慧校园转型，新增立项银医通41个、银校通16个。建设旗舰网点8家，新设网点8家，新增离行自助银行28个，累计投放智慧柜员机2506台，业务迁移率92.48%，同比提升2.21个百分点，网点营销服务人员占比68.4%，同比提升1.05个百分点。

风险防控　全面推进风险全过程的主动管理。对接14个市州、300个平台公司，对1200笔1218亿元存量政府债务，实施一户一策或多策，缓解平台公司偿债压力。将关注三级视同不良贷款管理，关注类贷款比率1.98%，较年初下降0.45个百分点。前移风险端口，在信贷经营条线设置风险管理岗，建立贷前风险经理平行作业机制。明确3个层次8个关键岗位的合规履职要求，形成上下协同联动的工作机制。推进平安建行创建，实现无重大违规、无重大安全责任事故、无案件的目标，被省委、省政府评为社会管理综合治理"先进集体"，连续8年被评为"平安单位"。

社会责任　全年累计向湖南当地国、地税上缴税费15.87亿元，连续多年被评为湖南纳税信用A类单位。涉农贷款、精准扶贫贷款余额分别达到811亿元、115亿元，设立金湘通"村口银行"服务点累计2.69万户，服务客户106万个；推进精准扶贫，62个定点扶贫村整体脱贫，脱贫人口1.14万人，完成各级政府交给的脱贫任务，获总行"扶贫组织奖"。推进金智惠民工程，围绕"金融梦""创业梦""电商梦"等社会难点热点问题，开展培训108期，培训8111人次，提升金融惠民的广度和深度。"劳动者港湾"实现网点全覆盖，累计服务公众150万人，得到社会好评。（杨　红）

【交通银行湖南省分行】2018年，交通银行湖南省分行紧扣"三增三降"（增有效客户、增核心负债、增转型收入，降风险成本、降资本占用、降营运成本）重点工作，推动经营管理与党建工作有机融合，保持发展质量、速度、效益的协调统一，再次被交总行授予"经营管理优胜奖"。截至2018年年末，分行本外币资产总额1599亿元，人民币各项存款余额1492亿元，人民币各项贷款余额1249亿元。

转型发展　服务实体经济持续增效。抢抓湖南"产业项目建设年"机遇，全力对接先进制造、科教文卫、园区企业等优质实体经济领域；履行国有大行政治责任，突出普惠金融战略定位，首次实现"粮食贷""烟农贷"等惠农信贷产品投放，在审批效率、降低融资成本等方面取得突破，得到监管部门高度评价，湖南银监局在《监管情况通报》中专期刊发了分行支持普惠业务发展的相关举措。客户基础不断夯实。推进总行"系统掘金"行动，启动"实体经济大走访""再进园区"等专项行动，加大实体客户拓展力度。依托企业行、校园行、社区行，开展代发、收单客户精准营销，举办"沃德杯广场舞"、全民合唱大赛等活动，全方位宣传推广、营销，零售客群规模持续壮大。

风险管理　健全全面风险管理委员会和常务会议决策机制，筑牢前台和经营单位、中台部门、监督部门"三道防线"，压实一把手、信贷执行官、客户经理等风险管理主体责任。开展"授信基础夯实年"活动，加强授信全流程考核和日常管理，提升贷款审批、贷后管理效率。充分运用"531"风险监测系统，加大对重点领域风险摸排，及时掌握各类风险隐患。贯彻"强监管"要求，严格遵守授权规定，针对合规风险易发多发领域，制订完善相关规章制度；定期搜集、编印各类风险案例汇编，开展案例分析讨论，切实强化内部管理，保持案防高压态势。

推进幸福交行家园建设，持续做好员工关心的小事实事具体事。举办"交湘辉映三十年"等系列活动，全员文化认同感不断增强，获评"全国金融系统文化建设先进单位"称号。（陈登奇）

【中国民生银行长沙分行】2018年，中国民生银行长沙分行共有全功能网点24家，其中二级分行2家，异地支行2家，县域支行3家，长沙同城支行13家，异地机构辖属支行4家。另有社区支行18家，小微支行3家，覆盖长沙、衡阳、株洲、湘潭、常德5市，共有员工900余人。截至2018年年底，中国民生银行长沙分行资产总额600.71亿元，其中各项贷款459.04亿元；负债总额578.44亿元，其中各项存款546.37亿元。中国民生银行长沙分行响应各级政府、监管机构和总行号召，坚定执行民企战略，结合湖南区域特色，围绕省内工程机械、医疗健康、新型零售等优势产业，通过ABS、银行账户直投、保函保理、投资银行、融资租赁等创新产品，解决其发展过程中的融资需求。

小微金融　针对备受关注的小微企业融资问题，中国民生银行长沙分行坚持小微战略不动摇，集中行内资源，配置专业队伍，单列信贷额度，扎根于实体经济，围绕“一圈（商圈）、两链（供应链和产业链）”服务小微企业。创新推出超短贷、超吉贷等产品，提高贷款使用便利性，降低企业资金周转成本，为更多客户提供金融支持；开发上线电子化运营功能，为客户带来崭新的服务体验；运用互联网优势优化房产评估，提高抵押贷款办理效率，降低客户成本；上线微信公众号申贷平台——民生云快贷，大幅降低时间成本，提高贷款办理效率及客户体验。

民生基础建设　结合湖南特点和该行自身经营优势，制定区域特色政策，优化金融资源配置，提升金融服务能力，通过政府购买服务、发债、产业基金等模式对接湖南省重大战略实施和重大工程项目建设。同时，积极投产房管通平台建设项目、非税收入代收代缴（升级）系统、财政国库集中支付电子化系统及政府采购合同融资平台服务系统，高效服务财政社保、政府保险、教育医疗、文体广电等民生行业。

零售服务　围绕“精心服务百分百”理念，结合“百佳”“千佳”文明服务网点评选，为客户提供差异化、个性化服务，针对不同净值客户对不同业务品种的需求，完善零售产品与服务体系。全面实施客户化厅堂2.0，打造智能化厅堂；实施理财经理等网点人员标准化管理，提升人员综合服务水平；推行“95568”远程银行，打造足不出户、触手可及的线上网点。

社会责任　按照监管机构和民生银行总行要求开展消费者权益保护工作，确保消保工作有计划、有步骤、有举措、有考核；畅通投诉处理流程，保证客户投诉渠道和处理承诺的公开透明；健全公众教育服务长效机制，将金融消费者权益保护内容全方位、高质量、多角度传递给广大金融消费者。落实各级政府、监管机构关于精准扶贫的政策要求，改进和完善工作思路和方法，执行各级政府扶贫指导方针和精神，与驻村扶贫工作队协调、主动参与扶贫中的各项工作。落实“风险为本”的监管要求，实践“满足监管要求为底线、促进合规经营为导向、提升反洗钱价值为追求”的工作机制，培育全行员工反洗钱意识，提升反洗钱工作有效性，推进建设更加积极主动的洗钱风险管理文化。

（胡茂林）

【长沙银行】2018年，长沙银行推动“转型发展”“健康发展”“快乐发展”，服务地方发展、服务中小企业、服务市民居民的能力不断提升。长沙银行实现公开上市，成为湖南首家上市银行，及时补充核心一级资本，提升风险抵御能力，为推动各项业务平稳健康发展奠定坚实基础。长沙银行投产上线新一代核心系统，实现“八大业务功能、四大技术目标”，迈入支持“亿级账户”、支持“亿级交易”的“双亿”时代。长沙银行资产规模逾5000亿元，迈入中型商业银行行列。

品牌形象提升　综合实力位列“2018年全球银行1000强”第311位；“2018年亚洲商业银行综合竞争力”排名第92位；“中国服务业企业500强”第219位；“2018中国上市公司市值500强”第408位；“湖南省企业100强”营业收入第18位；“湖南服务业企业50强”第六位，品牌影响力和市场认可度大幅提升。

经营业绩　截至2018年年末，资产总额5266.30亿元，较年初增加560.86亿元，增长11.92%。吸收存款3412.02亿元，较年初增加45.62亿元，增长1.36%。贷款总额2044.03亿元，较年初增加499.16亿元，增长32.31%。全年归属母公司净利润44.79亿元，增长13.94%。实现营业收入139.41亿元，较上年增加18.13亿元，增长14.95%。不良贷款率1.29%，各项监管指标全面达到监管要求。

零售转型　长沙银行零售业务转型取得明显成效。各项业务快速发展，长沙银行个人存款1028.48亿元，较年初增加184.53亿元，增长21.86%；个人贷款712.10亿元，较年初增加259.28亿元，增长57.26%。市场份额稳步上升，个人存款湖南地区市场份额3.89%，较年初提升0.45个百分点。客户规模大幅增长，较年初增加222万户，增长25.72%。夯实基础客群。着力开拓以社保卡、医保卡、公务员（教师）、智慧校园、智慧医院、智慧出行、智慧政务等为主的批量获客项目和

2018年9月26日，长沙银行登陆上交所主板　　李红亮 供图

系统性资源，启动“扩基深耕”行动，推进社区画像，开展地图营销，广泛拓展零售客户。

金融市场提质　面对复杂多变的市场环境，贯彻落实监管政策，加强风险管控力度与市场研判，捕捉市场机遇，不断提升投资交易能力和业务管理水平，推进金融市场、资产管理业务结构调整和转型发展。科技支撑不断强化。推动信息科技建设，加快信息科技基础设施建设，投产上线新一代核心系统，信息科技赋能和支持业务发展的能力进一步提升。（李红亮）

【长沙农商银行】 2018年，长沙农商银行资产总额1193亿元，较年初增加60亿元，位居全国农商银行第24位；存款余额921亿元，较年初增加74亿元，跃居全省金融机构第12位；贷款余额634亿元，较年初增加68亿元，保持全省金融机构第14位；不良率1.27%，低于全国银行业平均水平0.61个百分点；实现财务总收入56亿元，净利润14亿元。以核心一级资本净额排序，位居中国银行业第84位、全国农商银行第16位。银保监会监管评级为2C，央行金融机构综合评价为B级，宏观审慎评估为A档。

业务发展　首次入围湖南省级财政国库集中收付业务代理银行项目，成为少数拥有省、市、区三级国库集中收付业务代理资格的地方法人机构。抢先把握财税体制改革红利，独家开立6个区级机关事业单位社保缴费汇缴账户。理财销售、智能存款、大额存单3大业务系统上线。围绕服务客户全生命周期的“时间圈”、生活半径的“空间圈”、追求美好生活的“品质服务圈”3大主线，打造“Q存”“Q贷”“Q卡”“Q便捷”“Q管家”5大产品体系，获“2018湖南金融力量”奖。首笔北金所债权融资计划承销业务落地，首次开展银行间债券市场现券匿名点击业务（X-bond）、债券借贷等业务。多次承销湖南省地方政府债，获省财政厅肯定。首次获同业存单发行资格，首次晋级中债优秀结算100强与银行间本币市场交易300强。获中诚信AA+主体评级，人民银行长沙中支银行间市场业务专项评估为最高等级A类。向人民银行申请10亿元支小再贷款，定向投放给小微企业。与雨花区、望城区中小企业信用担保中心合作，开通授信审批绿色通道，积极解决小微和民营企业融资难、融资贵、融资慢等问题。推行“企业开户最多跑一次”改革，取消企业收费项目29个，降低企业收费标准项目3个，有效降低了小微企业的负担。全省首家“儿童”银行迎新路支行被授予“湖南省金融知识普及体验基地”“长沙市青少年财商教育实践基地”，全国首档少儿理财情景剧《点点学堂》在此开拍。全省首家“银村”合作银行高升支行开创“城中村”银村战略合作模式的先河。全省首家“菜篮子”银行汉城支行推广“吉星贷”等产品，当地市场占有率超80%。

风险与内控管理　将合规与风险管理部分设为法律合规部和风险管理部。出台《操作风险管理办法》《案防管理办法》《支行合规经营考核细则》等，编印相关法律法规汇编，修订《风险管理指标考核方案》《内控合规案防工作考评细则》等，人防、物防、技防以及安保制度体系建设取得新进展。每月对全行不良贷款进行动态摸底，对单户200万元以上的不良贷款进行重点管控。强化司法清收、委外清收和委外诉讼管理，全面启动表外不良贷款诉讼清收，有效提高了清收处置效率。对2017年年末、2018年6月末核销的不良贷款相关责任人进行责任认定及追责，处罚433人次。对票据业务、资金业务、绩效考核与薪酬等10个重点领域开展专项审计，开展经济责任审计444人次，依法依规累计处罚911人次，各类风险隐患得到有效控制。整改落实湖南银监局现场检查和系列专项治理监管中发现的问题，整改落实率80%。统筹推进安全管理各项工作，开展第五轮安全评估整改及安防建设工作，获省公安厅肯定，并作为样板向全省银行系统推介。（颜　彪）

保　险

【概况】 2018年年末，长沙市共有1家法人保险公司，57家省级保险分公司，其中财产险公司24家，人身险公司33家。中心支公司23家，支公司（营业部）170家，营销服务部191家。保险专业中介法人机构34家，其中保险代理公司16家，保险经纪公司11家，保险公估公司7家。全市共有保险从业人员24.88万人，保险业资产770.02亿元，分别占全省总数的42%和31%。

业务发展　2018年全市保险业实现原保险保费收入411.8亿元，占全省的32.8%，同比增长24.2%。财产险公司实现保费收入140.4亿元，同比增长22%，占全市总保费的34.1%；人身险公司实现保费收入271.4亿元，同比增长25.3%，占总保费的65.9%。2018年，全市赔（给）付支出111.62亿元，占全省的27.2%，同比增长17.9%。其中，财产险公司赔付支出67.9亿元，同比增长16.4%。人身险公司赔付支出43.7亿元，同比增长20.3%。

服务能力　全市提供财产风险保障18.62万亿元，同比增长36.67%。全市寿险业期末有效保险金额6.76万亿元，同比增长43.48%，增速较上年提高40.84个百分点。保险业服务经济社会发展能力不断增强。服务“三农”发展。2018年农业保险为长沙市469.2万户次农户提供99.58亿元的风险保障，向13.06万户次农户赔付1.37亿元。服务实体经济。2018年，全市寿险保单质押贷款余额33.96亿元，同比增长40.63%；出口信用保险为全市653家企业396.29亿元出口总额提供保障；信用保证保险为887家小微企业提供信用保证风险保障29.17亿元。参与社会治理。2018年，全市保险业代收车船税8.09亿元；大病保险补偿1.63万人次，赔付5946.3万元；安全生产、环境污染、食品安全等责任险保险为全社会提供风险保障2.16万亿元，支付赔款2.89亿元，同比增长32.36%。

质量效益　2018年，全市财产险公司综合成本率为94.2%，较上年同期减少1.45个百分点。业务及管理费用率为17.25%，较上年同期减少0.14个百分点，低于全省平均水平0.84个百分点。承保利润率为5.8%，较上年同期提高1.45个百分点。实现承保利润6.84亿元，同比增长58.7%，占全省财产险公司承保利润的33.06%，同比提高3.84个百分点。人身险公司寿险业务新单期交保费占新单保费的49.5%，续期保费同比增长46.38%，较全省平均增

速高 7.7 个百分点。退保率为 5.01%，低于全省平均水平 0.41 个百分点。（季 祎）

【中信保诚人寿保险有限公司湖南省分公司开业】 2018 年 12 月 12 日，中信保诚人寿保险有限公司湖南省分公司经中国银保监会批准开业。中信保诚人寿保险有限公司由中国中信集团和英国保诚集团于 2000 年联合发起创建，湖南省分公司是全国第 19 家省级分公司。该分公司引入英资险企的经营理念，注重新技术应用推广，发挥中信集团的渠道优势，以客户需求为导向，提升服务品质，满足客户多元化需求，精耕细作保障型业务，丰富湖南人民的风险保障选择，为湖南人身保险市场带来新的活力。（郭 欢）

【湖南启动关税保证保险试点】 2018 年 11 月 1 日，中银保险湖南分公司向湖南连年有鱼进出口有限公司签发全省首单关税保证保险保单，标志着关税保证保险试点在湖南启动。关税保证保险是优化口岸营商环境，提升跨境贸易便利化水平新举措，经海关评定信用等级为一般信用及以上的进出口货物收发货企业，可使用关税保证保险通关业务模式，不用交保证金保函担保，货物可先通关后缴税。湖省有人保财险湖南省分公司、太保财险湖南分公司、中银保险湖南分公司 3 家保险公司参与试点。（刘 莎）

【中国人民财产保险股份有限公司长沙市分公司】 中国人民财产保险股份有限公司长沙市分公司（以下简称“人保财险长沙市分公司”），下辖 10 个支公司、16 个直属业务部、25 家社区门店、21 家“三农”营销服务部、68 个保险服务站、425 个保险服务点，服务网络遍及城乡。2018 年，中国人保财险在长沙地区实现保费收入 33.2 亿元，承担风险责任近 3 万亿元，缴纳和代收税款超 4.8 亿元。2018 年，被湖南省地方金融监管局评为“最佳宣传奖”，被雨花区人民政府评为“发展区域经济贡献奖”。2018 年 4 月 12 日，人保财险长沙市分公司与长沙市教育局签订《战略合作协议》，借助保险力量支持长沙市教育事业发展。

业务发展　服务实体经济领域：人保财险长沙市分公司落实创新驱动战略，发展科技保险，截至 2018 年底已为长沙 10 家科技企业的技术创新和融资发展提供 10.67 亿元的保险支持，为中联重科等单位提供近百亿元的首台套保险保障。人保财险长沙市分公司充分发挥关税保险和政策性出口信用保险的作用，促进长沙外贸企业扩大出口，支持长沙“一带一路重要节点城市”建设，2018 年 11 月配合长沙海关启动关税保险，为天闻印务、玉新药业等企业提供 1.37 亿元出口信用保险保障。人保财险长沙市分公司努力打造合作平台，促进民营企业融资需求、银行信贷资金、贷款保证保险的快速匹配，助力民营经济健康发展。服务健康中国领域：2016 年起人保财险长沙市分公司开始承办长沙市城乡居民大病保险，3 年来覆盖 486 万人次，支付大病保险赔款 3.28 亿元，推动长沙市人均医疗费用报销比例提升 17.35%。参与和构筑长沙以全民基本医保为支撑、大病保险和医疗救助为依托、其他医疗保险为补充的多层次医疗保障体系。民生保障领域：人保财险长沙市分公司致力于放大财政资金使用效能，进一步提升灾害救助效率，扩大风险保障面以普惠全体城乡居民。

扶贫攻坚　人保财险长沙市分公司按照上级公司“保险跟着扶贫走”的模式，将保险机制运用到精准扶贫工作，将扶贫保险纳入地方扶贫规划，实现与扶贫项目对接，同时增强中央和地方涉农专项扶贫资金的使用效能。支农惠农领域：人保财险长沙市分公司服务长沙市农业农村健康发展保驾护航已 12 年有余，为农业领域提供风险保障，有效化解农民的风险损失，增强农民对市场风险的抵御能力，加快长沙市农业现代化进程。防灾救灾领域：人保财险长沙市分公司发挥人民保险的价值属性，绘制长沙市重点区域风控地图，在灾害天气发生时安排人员对各重要风险区域如积水道路、排水管口等进行值班，劝导过往行人车辆，同时组织查勘车辆进入人流密集的社区、街道等进行风险提示，配合地方政府抓好防灾救灾工作；组织国内外专家定期对长沙市重点企业开展重点风险检测服务，帮助梳理重点企业安全管理流程现状和风险隐患，提出科学有效的防灾防损建议，完善长沙市防灾救灾体系。

2018 年 5 月 1 日，人保财险长沙市分公司在全省保险业率先推出“理赔午夜市”图为业务办理现场　程彩明　供图

重要事件　2018 年 5 月 1 日起，人保财险长沙市分公司在全省保险业率先推出“理赔午夜市”服务。人保财险长沙市分公司于每周一至每周五 12：00—14：30 以及 17：30—20：30 增设“理赔午夜市”服务窗口，安排专人负责理赔咨询、单证收集、小额快赔等服务，同时通过在线理赔团队提供在线查勘、小额快赔、理赔咨询和资料收集等一系列线上服务，更好满足长沙市客户的现实需求。（程彩明）

【中国人寿保险股份有限公司长沙市分公司】 2018 年，中国人寿保险股份有限公司长沙市分公司（以下

简称“长沙分公司”）实现总保费收入33.2亿元，同比增长3.26%；长险首年标保2.97亿元；保障型业务1.56亿元，预算达成率100.33%，同比增长35.56%；短险保费3.22亿元，同比增长2.31%；政策性健康险保费1.58亿元，预算达成率162.85%，同比增长33.25%。分公司业务结构明显优化，保障型产品在10年期及以上业务中的占比由上年末的26.66%提升到45.16%，业务内涵价值大幅度提升，保障型业务新客户占新增客户总量的57.22%，排名全省前茅。个险长险首年标保2.66亿元，保障型业务1.45亿元，预算达成率103.23%，同比增长36.83%，跃居全省第五名；个险短险保费9276万元，预算达成率117.27%，同比增长30.65%。银保长险首年标保2347万元，首年期缴9364万元，同比增长8.42%，是全省唯一正增长单位；保障型业务810万元，同比增长20.65%。团险短险保费2.21亿元，同比增幅虽然略有下降，但消化了上年度2056万元的基金折算短险保费。

队伍建设　截至2018年年底，个险渠道总人力规模8888人，同比增加近2000人；月均持证人力8375人、有效人力4648人，全年月均举绩率35.44%，主要指标均比上年度取得了显著进步。银保渠道参会人力452人，同比增加227人，其中保规队伍320人，同比增加189人；客户经理队伍132人，同比增加31人。团险有效人力563人，电销有效人力98人。各销售渠道人力规模均实现明显增长。

经营效益　2018年，长沙分公司实施系列增收节支举措。通过优化业务结构提升效益。10年期以上首年期缴保费在全省贡献度为14.85%，较上年增长1.69个百分点；10年期以上保障型险种保费在全省贡献度为12.27%，较上年增长0.86个百分点；长险业务结构有效改善，是全省为数不多的长险新单创费同比正增长的单位之一。通过提升业务品质提升效益。通过严把短险入口、出口关，全市短险保费同比增加2778万元（费用考核口径），直接销售成本率22.76%，同比下降1.98个百分点，创费水平明显提升，公司经营效益呈现向好态势。通过成本管控提升效益。通过做实队伍、狠抓考核、强化管控，有效降低推动成本、制度成本、费用成本，全市21家经营单位、107个个险销售职场均实现费用结余。通过资源获取提升效益。抢时间、抓节点，全年从省公司获取业务推动奖励较上年增加2000万余元。

转型升级　职场运作转型升级。通过331指挥系统搭建和职场标准化作战单元建设，初步实现比较稳定的业务、人力发展月平台；通过职场经理履职、功能组常态运作、队伍制度经营、高效互助式自展平台的推进等一系列动作，激发职场活力，释放职场动能，基本形成“内勤督导、外勤主导”的职场经营新模式。销售方式转型升级。分公司业务销售逐渐由“单一公司平台驱动”向“多元化平台销售+自展”有效转型。个险推进保障型产品和十年期业务发展，狠抓长险举绩、月平台，初步构建“大量单、大量人”的常态化销售模式。银保强化规模与价值并重、渠道与自营并重，有效推进渠道价值创造能力，基本实现费用收支平衡。团险以《大短险发展实施意见》为引领，坚守学平、计生、老年、妇联等重大板块业务阵地，加快扩大分散型业务、E门店业务规模。健康保险以政策性业务为引领，强化市场开拓力度，转变观念，不断加强与政府的沟通协调力度，保证大病托管基金超支由政府兜底，达到托管费和业务支出收支平衡。电销积极探索销售模式，主动应对投诉，坚持线上线下两手抓，为公司增加创费作出贡献。客户经营转型升级。手段从单一走向综合：对内通过“白金项目”有效整合了产、寿、广发的客户资源；对外积极利用各类社会资源，广泛经营客户，与银行、教育、公安交警、妇联等相关部门组织“我是小画家”“两护两进”“妇联志愿者”等系列客户经营活动。模式从突击走向常态：由过去公司突击客户经营和销售人员放养式客户经营方式升级为分公司“管季”、支公司“管月”、职场“管周”的常态化客户经营模式。对象从普通走向高端：应对省会市场特性，优化客户结构、积极投放资源，多措并举，组织“桃花源踏青”“湘江游轮观焰火”“阳澄湖品蟹”“明月山养生”等一系列高端客户经营活动，有效提升客户经营品质。

风险防控　在监管机构加大现场检查力度、严查重处治理市场乱象的背景下，强调风控管理从事后严惩转为事前严查，长沙分公司系统没有机构和高管人员受到严重处罚。配合总、省公司偿二代风险评估和综合评级工作，保费继续率、保单失效率、违规行为监管处理指数等指标有效改善。全年反洗钱客户信息整改近1.1万笔，股份业务整改率99.57%；在人民银行组织的反洗钱分类评级中，全市3家支公司的评级结果均排名行业前列；分公司参加全国系统反洗钱知识竞赛第六赛区复赛，以团体总分第一名的优异成绩获一等奖，并代表赛区参加了全国系统总决赛获第二名。

（阳爱萍）

【中国太平洋财产保险股份有限公司长沙中心支公司】　2018年年底，中国太平洋财产保险股份有限公司长沙中心支公司（以下简称“太平洋产险长沙中支”）辖9个支公司：宁乡支公司、浏阳支公司、长沙县支公司、岳麓支公司、天心支公司、湘江新区支公司、开福支公司、雨花支公司、望城支公司，6个专业化销售团队：重要客户业务部、团车业务部、电网销业务部、渠道合作部、非车险综拓部、银保业务一部，7个管理服务部门：车险部、非车险部、非车险理赔中心、客户服务部、综合管理部、计划财务部、农险部。全年实现保费收入66831.82万元，实现利润6614.6万元，综合成本率89.9%，长沙中支长沙市场份额4.95%，税务贡献总额5624.17万元。

业务发展　车险：电销、交叉、车商、团车4大全渠道均实现正增长，保费增速、综合成本对标行业均实现双优化。2018年太平洋产险长沙中支将渠道经营责任到人，实现渠道向专业化经营、精细化管理转变，渠道间协同发展，稳步提升；深挖市场潜力，盘活现有资源，实行可持续发展战略。团车渠道试水管控业务，拓宽团车新的业务领域，先后运作12家大型营业货车业务及企业用车业务，新增保费3000万余元。电网销渠道紧跟市场步伐，逐步落实车电融合项目，实行品牌专呼，提升优质转保成交率，实现保费收入24635.73万元，同比增幅12.05%。

交叉销售渠道以提升人均产能为核心，以提高件均保费为抓手，强化产寿联动分阶段出台推动方案，按月追踪目标达成，共实现保费6872.48万元，同比增速38.03%。个代渠道以个代基本法为牵引，以周例会督导为抓手，以劳动竞赛活动为目标，推进个代队伍建设，成效明显。非车险：聚焦基础业务，组建专业团队，开展专题竞赛，有效地推动了基础业务的回归；重视非车险队伍建设，引进培养资源型、成熟型、开拓型人才，为非车业务发展注入活力；强化各项业务知识培训，包括新险种培训、陪同展业、招标制作等；加强非车险业务品质管控，强化风险查勘力度，对所有报价、拟承保业务进行风险查勘，有效地提高了承保业务质量；同时对已承保业务进行客户现场风险排查，冬季防火风险排查、出险回勘等工作，有效降低了非车业务风险。12月底，非车险实现保费收入14514万元，同比增长25.75%，综合成本率81.82%，同比下降4.15个百分点。浏阳、宁乡、长沙县3个机构农险业务实现突破性发展，实现保费收入2660万元。

理赔服务　保监局转办投诉全部一次性解决率100%，亿元保费投诉量排名靠前，整体投诉管控水平较高。理赔服务方面，太平洋产险长沙中支以“降未决、降周期”为突破口，多措并举，做到每笔案件有人跟踪，每个环节有人催办，结案周期考核到人，有效促进了理赔提速工作。与此同时，推广“太保专享赔”服务平台，通过用户注册绑定，搭建“专享赔”理赔与客户的交互桥梁，为客户提供更专业、专注、专属的保险理赔服务，让太平洋产险长沙中支的非车理赔服务更便捷、更透明。（佘　滢）

证　券

【概况】　截至2018年年底，湖南辖区有3家证券公司（分别为方正证券、湘财证券、财富证券），38家证券分公司，386家证券营业部（其中：本地券商在湘营业部141家，异地券商在湘营业部245家）。3家证券公司总资产1503.6亿元，净资产507.83亿元，净资本302.53亿元，管理客户资产8205.38亿元，与上年同期相比，总资产减少4.35%，净资产减少0.39%，净资本较少19.29%，管理客户资产较少18.12%。截至2018年年底，辖区有3家期货公司，58家期货营业部。3家期货公司总资产28.08亿元，净资本6.96亿元，净利润-618.43万元，同比分别下降21.78%、3.33%，增长135.45%。截至2018年年底，辖区已备案私募基金管理人239家，其中，股权、创业投资基金155家，证券投资基金82家，其他投资基金2家。这些机构共计管理私募基金480只，同比增长12.68%；已认缴私募基金规模514.34亿元，同比增长7.6%。

上市公司　2018年年底，辖区有A股上市公司104家，在全国按省份排名第九位，在中部省份排第一位，上市公司总股本971.79亿元，总资产1.49万亿元，总市值7112.55亿元。2018年前三季度辖区上市公司营业总收入3558.4亿元，净利润232.99亿元，平均营业收入同比增长0.61%，平均净利润同比增长18.8%。

IPO、再融资和债券融资　2018年，辖区新增境内（A股）上市公司4家，募集资金45.8亿元，IPO家数、募集资金总额在全国按省份分别排名第八位、第九位。2018年，辖区企业通过资本市场再融资187.76亿元，完成重大资产并购重组4家，涉及交易金额171.52亿元，在全国按省份排名第九位，有力促进了资源整合和产业调整。全年发行公司债券409.44亿元、可转债6.91亿元。截至2018年年底，辖区有拟上市公司22家，其中：在会企业2家，辅导报备企业20家。

新三板挂牌公司　截至2018年年底，辖区有新三板挂牌公司223家，总资产超过500亿元。2018年发行股票27家次，融资金额31.26亿元。挂牌公司行业布局与湖南地方经济发展紧密相关，主要集中在节能环保、文化传媒、设备制造、新材料、信息技术类企业。（常晓晓）

【日常监管】　2018年，湖南证监局强化日常监督检查，全年开展各类现场（专项）检查148家次，同比增长33.33%；采取行政监管措施30次，与上年持平；完成行政处罚3起，同比增长50%；连续查办辖区自主立案案件7起，创历史纪录，对规范市场主体行为、维护市场秩序发挥重要作用。

上市公司监管　从严开展年报审核，发现问题和疑点174个，下发问询函17份，同比增长70%；督促相关公司发布业绩修正公告10家次，业绩致歉公告1家次，明显“挤干”业绩水分。对2家高溢价收购公司第一时间约谈，要求商誉金额较高的19家公司及时报送商誉减值报告，对承诺期届满并购标的业绩大幅下滑的4家公司下发监管关注函，督促2017年年末完成业绩承诺的6家上市公司相关方严格进行承诺补偿。从严开展现场检查，对20家公司、6家中介机构进行检查，发现不规范问题91个，采取行政监管措施11起。对2家公司进行3次立案调查，现场检查震慑力显著增强。

拟上市企业监管　完善监管制度，修订湖南证监局《首次公开发行股票并上市辅导监管工作指南》《首次公开发行股票并上市辅导监管工作指引》，强化中介机构辅导责任。加强信息公开，企业辅导报备信息在湖南证监局外网、辅导机构网站、拟上市企业网站3网同步公开。严格辅导监管，对7家企业进行现场走访，对6家企业报备材料进行审核，督促高管团队频繁变动、经营情况不稳定的2家企业撤回辅导材料，完成2家企业的现场辅导验收，辅导监管效率有效提升。

新三板挂牌公司监管　2018年累计为18家新挂牌公司开展“监管第一课”，对1家公司进行重点培训。强化压力传导，借力审计机构提高公司年报编制质量，将主动发现和汇报风险列入券商督导责任，挂牌公司年报质量明显改善，2家公司的主办券商主动报告风险，提升风险处置及时性。突出重点公司监管，综合研判年报和股转系统共享信息，以外部股东人数多、股票融资多、媒体舆论关注多、投诉举报多、经营业绩波动大为标准，明确对9家重点挂牌公司实施现场检查，已采取监管措施2家次，将1家公司移送立案稽查，监管效率明显提升。

公司债券监管　强化现场检查，对10家公司债券发行人年报进行审核，对10家发行人的16个债券项目进行现场检查，发现并督促整改问题42个，下发关注函8份，采取出具警示函的行政监管措施4次。深化监管协作，联合湖南省地方金融监督管理局对湖南股交所开展联合检查3次，重点摸排出挂牌企业违法违规风险、存量私募债兑付风险、违规经营风险3类风险并予以督促整改，推动区域股权市场良性发展。

证券经营机构监管　改进证券公司年报监管，加强年报及相关工作底稿审查力度，下发问询函3份，提出问询事项17个，引导公司完善内部控制。以风险和问题导向开展现场检查，完成现场检查46家次，其中：公司检查21家次，营业部现场检查25家次，共查找问题41个，下发反馈意见书18份，约见谈话12人次，对1家机构采取行政监管措施，发挥了查漏洞、防风险、促规范的效果。

期货经营机构监管　督促辖区期货公司加强公司治理和内部控制，防范管理真空和合规风险。摸排期货经营机构与现货交易平台业务合作情况，在全面自查的基础上，对辖区3家期货公司进行现场检查，就发现的问题督促做好整改，防范现货交易平台风险向期货市场蔓延。全年对辖区3家期货公司、7家期货分支机构实施24家次的现场检查，派员参与对其他辖区公司直检8家次，圆满完成检查任务。

私募基金监管　健全风险监控机制，利用基金业协会的登记备案系统、私募机构舆情监测系统和私募监管信息系统进行非现场信息监测；建立私募机构风险线索台账，筛选出10家重点监管机构。对12家涉金融领域失信、1家涉证券异常交易行为的私募机构进行核查处置，对1家机构采取出具警示函的行政监管措施。要求私募机构提交自查底稿和自查报告，将消极配合甚至拒绝配合监管的5家私募机构列入重点监管对象名单，移交基金业协会作出自律处理。对6家私募机构开展全面现场检查，对4家机构采取责令改正的监管措施，对1家机构采取出具警示函的监管措施，树立监管权威，规范了行业秩序。

中介机构监管　关注审计评估机构质量，共完成19项审计评估检查，审计评估检查项目创历年之最，包括1家审计分支机构全面检查、15家公司15个审计项目检查、2家公司3个评估项目检查，发现问题65个，督促执业机构切实整改。明确14家上市公司为年报审计重点关注项目，督促会计师事务所提交审计计划和审计总结，对8家次计划和总结内容不完整、风险关注不到位的事务所退回补充资料。按照“双随机”原则，抽取北京金杜（成都）律师事务所的1个并购重组项目开展律所专项检查，督促律师事务所规范执业。（常晓晓）

【风险监测防控】2018年，湖南证监局妥善处置上市公司股权质押风险。事前事中监管。把股票质押风险摆在防风险之首，建立上市公司股票质押台账“每周定期更新、股市大幅波动适时更新”的监测机制，动态跟踪风险。对股票质押风险组织7次全面深入的摸底排查，密切跟踪风险较高的公司，掌握资金去向与用途。同时，对股权质押比例超过80%的公司和控股股东，积极进行约谈，督促其通过与质权人沟通、追加保证物、及时解除质押等方式，确保风险可控；督促重点风险公司制定风险处置预案，避免风险外溢影响上市公司生产经营。重点公司现场检查。2018年以来，对7家控股股东高比例质押的上市公司进行现场检查，做好上市公司资金安全、控股股东资金占用和违规担保、关联交易利益输送三方面延伸检查，切实摸清风险底数。开展资金占用监管专项行动，及时发现2家公司资金占用和违规担保问题，对公司和相关人员采取行政监管措施，严控风险传导至上市公司。推动地方政府化解风险。指导湖南省上市公司协会向湖南省人民政府上报43名上市公司董事长关于防范化解股权质押风险的联名倡议书，呼吁协调湖南省政府筹备设立100亿元纾困基金；积极向湖南省人民政府报告辖区股票质押风险情况和工作安排，推动建立财政、国资、金融局、人行、银保监和湖南证监局等相关部门参与的股票质押风险处置工作机制。协调长沙市政府出台化解股票质押风险的政策，推动长沙市政府成立股票质押风险处置专项工作小组，明确化解股票质押风险的操作步骤和时间。3家上市公司及控股股东已获得长沙市国资7.14亿元纾困基金。同时，推动湖南省资产管理有限公司等投资机构与省内10余家上市公司沟通战略合作，通过引入债务重组方“替大股东代偿债务再转质押”、地方国资平台“债权型低息贷款+股权型战略入股”、国有产业资本“股权型战略入股”等模式，初步控制辖区6家上市公司股票质押风险，维护了辖区上市公司生产经营稳定。

跟踪债券兑付风险　梳理湖南辖区2018年到期或回售的公司债券发行人名单，逐一排查违约风险，要求发行人、受托管理人报送偿债资金安排报告，坚持每月与发行人和受托管理人联系，了解发行人日常经营和债券到期兑付安排情况。强化信息沟通，及时预警风险。针对到期兑付资金筹集工作落实不及时、存在一定违约风险的2只债券，以及存在一定兑付风险的3只县域类平台公司债券，及时报告违约风险，深入现场开展检查，加强与地方政府、发行人、受托管理人和交易所的沟通，制定风险预案，最终实现5只债券按期兑付或按期完成回售。截至12月底，2018年到期债券均已按期兑付并摘牌，无一违约事件发生。

防范化解市场机构风险　证券经营机构方面。组织召开2次专题座谈会，强调防范业务风险；加强动态监控，要求机构每周报送股票质押及资管产品经营数据，定期分析大集合资管产品、跨周期小集合资管产品经营情况；稳妥处置产品违约，辖区有18只股票质押融资产品采取增加担保、资金补充、部分还款、产品延期等方式降低违约风险，10只产品进入司法程序进行处置；专门组织财富证券承销湖南辖区城投债风险排查，将存在风险隐患的17只债券纳入重点关注对象；开展专项核查，完成“一对多”资管产品投资非标资产等专项核查任务4次，有效排除风险隐患。期货经营机构方面。加强非现场报表监管分析，发现问题或疑点，及时联系沟通公司首席风险官或相关负责人，防范风险于未然；成立期货市场舆情监测小组，持续关注网络舆情线索；提醒经营机构注意合规风险、内控风险和经营风险。1家期货公司资管计划购买的3亿元公司债发生兑付风险，涉及投资者138名，湖南证监局第一时间约谈公司总经理和首席风险官，督促指导公司制定应急处置预案，加强债权催收和保全，安抚好投资者。公司已与第三方机构签订协议，由第三方机构全额收购债券收益权，收购款已全部支付到位，风险被成功化解处置。此外，对违规参与配资业务的辖区4名期货从业人员采取行政监管措施并抄送中期协，责令机构加强合规管控。

排查处置私募基金、交易场所、股权众筹风险　私募基金方面。制定风险排查专项方案，明确将管理规模大、投资者人数多、关联方关系复杂、负面舆情多、股权管理类、自然人控制的私募机构作为重点排查对象，并通过自查摸底、梳理分析、广泛筛查和重点核查4个步骤，梳理出76家重点监管机构，将1家因涉嫌非法集资的私募机构移交公安机关处置，其余私募机构暂未发现重大风险隐患。交易场所方面。进一步完善清整工作机制，积极支持公安厅、法院、工商局等有权机关打击违法违规交易场所，对5家交易场所或其会员单位做出非法期货专业认定，出具咨询意见14份。10月16日长沙市开福区法院对湖南省澳鑫商品交易有限公司涉案金额高达101亿元的非法经营案进行审理。股权众筹方面。开展股权众筹风险专项整治工作，确定3家重点整治对象；其中，2家平台网站已按要求关闭，同时被工商列入异常经营者名录，1家已清退所有股权众筹项目，股权众筹风险总体可控。（常晓晓）

【提高投资者风险意识和维权意识】 2018年，湖南证监局开展“理性投资从我做起”投资者教育专项活动，举办专题活动500余场，派发宣传资料8万余份，推送风险提示短信110万余条，通过网站专栏和微信公众号发布的投资者教育文章点击量400余万次，受众超11万人。举办“改革开放40周年，走进湖南上市公司”系列投教活动，组织投资者走进13家优质上市湘企，近300位投资者近距离感受企业发展，了解企业投资价值。建立全国首个券商与“双一流”高校共建的实体投资者教育基地——“方正证券、中南大学投资者共建教育基地”，推进投资者教育纳入国民教育体系迈出重要一步，开创湖南资本市场投资者教育新格局。

投顾行业信访风险化解　辖区证券投资咨询行业乱象丛生，受理的信访投诉量从2016年的23件上升至2018年的111件。为严肃整治乱象，主动约谈1家证券投资顾问有限公司主要负责人，责令全面整改，对违规机构依法采取暂停新增客户3个月或责令改正的行政监管措施。同时，引导投资者向湖南省证券业协会申请调解。2018年以来，调解投资咨询业务纠纷72起，帮助投资者追偿损失214万元。此外，督促投资咨询机构进一步完善合规风控制度，强化合规培训与管理，提升服务水平。35名投资者主动撤销书面投诉，有效化解湖南省信访投诉风险。

证券期货纠纷多元化解　年初，投服中心湖南调解工作站正式挂牌，湖南证监局配合投服中心和证券业协会成功调解投诉纠纷162起，投资者获得补偿550万余元，为投资者维权开辟新通道。2018年4月，湖南辖区在全行业首创“互联网+调解”的新型模式，通过网络视频进行远程调解，打破空间地域限制，为投资者提供优质、高效、便捷的调解服务。联合湖南省证券业协会将近年来调解处理的20个典型案例汇编成册，印制2500册下发至辖区证券经营机构和投资咨询公司。

信访投诉处理　2018年，接收信访投诉1729起，电话答复1438次；收到投诉信（含转办函）291件，办结246件，书面回函60件，无一例超时限。接待投资者来访56批61人次。受理“12386”工单161条，办结158条。所有信访件均依法及时处理，让投资者呼有所应。

（常晓晓）

【提升辖区资本市场服务实体经济和国家战略能力】 2018年，湖南证监局推动湖南省政府出资引导组建100亿元规模的民营企业纾困基金，财富证券拟出资4亿～5亿元，并担任产品管理人，产品总额超过40亿元。方正证券、湘财证券申请加入“证券行业支持民营企业发展系列资产管理计划发起人协议”，承诺首期分别出资5亿元和2亿元发起设立资产管理产品，计划吸引社会资金超70亿元。湘财证券2018年已帮助2家民企成功发行2只企业债券，规模为8.2亿元。IPO融资趋稳。支持4家企业IPO融资45.8亿元，虽然融资金额和家数同比下降，但IPO家数仍稳居全国第八位，上市公司家数（104家）与安徽并列中部地区第一位。供给侧改革深化。辖区钢铁、工程机械行业经营向好，华菱钢铁前三季度实现营业收入687.85亿元、净利润68.58亿元，同比分别增长22.49%和107.05%。工程机械类上市公司平均营业收入、平均净利润分别增长21.95%和20.43%。金融服务能力提升。辖区湘财证券、财富证券新设分支机构12家，期货公司新增营业部3家，方正证券推动收购民族证券分支机构、香港金融控股子公司增资扩股事宜，证券期货经营机构进一步做大做强，服务实体经济能力提高。脱贫攻坚。湖南证监局驻樟坡村帮扶工作队组建辣椒、罗汉果等6个产业党小组和1个集体经济合作社，8个月带动村民产业创收近200万元。引导上市公司、证券期货经营机构通过捐赠、项目引进、产业扶贫等方式投入扶贫资金约3亿元。支持大有期货开展玉米、棉花、鸡蛋、橡胶、白糖5个“期货+保险”项目，涉及3个贫困县、近2万户农户，实现权利金1820万元，理赔近300万元。（常晓晓）

旅　游

TOURISM

责任编辑·刘盼盼

综 述

【概况】 2018年，长沙市接待游客14973.46万人次，同比增长5.31%；实现旅游总收入1808.05亿元，同比增长8.92%。其中接待国内游客14843.09万人次，同比增长5.35%；实现国内旅游收入1767.03亿元，同比增长8.74%；接待入境游客130.37万人次，同比增长0.9%；实现旅游外汇收入61987.95万美元，同比增长19.99%。年内，全市旅游突出全域旅游基地品牌建设、世界旅游目的地营销、旅游公共服务体系建设三大重点，实施质量强旅新举措，打造优质旅游新成果，全面提升旅游业的法制化、标准化、信息化、品牌化和国际化水平，旅游休闲产业继续保持平稳增长态势。（邵 敏）

【全域旅游创建】 2018年，长沙贯彻落实《关于大力发展全域旅游的实施意见》，年内出台《长沙市旅游公共服务体系建设新三年行动方案（2018—2020年）》，印发《2018年度发展全域旅游重大项目规划建设责任表》，对全域旅游建设的重点任务进行责任分解。根据《长沙市“十三五”旅游业发展规划》和《关于大力发展全域旅游的实施意见》，编制完成《浏阳河文化旅游产业带总体规划》，开展《沩水流域休闲度假旅游带总体规划》研究。望城区、长沙县、浏阳市、宁乡市4个国家全域旅游示范区创建单位，均按照创建导则编制系列规划。将提升公共服务水平作为推进优质旅游发展的基础工程，重点推动智慧旅游项目建设。指挥调度中心已经建成试运行，接入13个重点景区视频系统，并进行分项验收；旅游大数据分析中心基本完成，已接入“政务云”平台，实现运营；旅游手机APP、旅游政务网、旅游资讯网、旅游微信营销平台、导游培训管理平台、旅游产业运行监测调度系统、旅游综合监管系统等软件开发建设全部完成。（邵 敏）

【旅游市场建设】 2018年，长沙市加强城市营销。长沙以“山水洲城·快乐之都”为主题，组织区县（市）旅游部门及旅游企业在黄花机场联合投放旅游形象广告，打造“楚汉名城、千年古都”，“山水洲城、快乐长沙”，“山水洲城、焰请天下”等城市旅游形象品牌。编印《长沙旅游购物地图》和多语种《长沙旅游指南》，面向全市旅行社、旅游集散中心、超市宾馆酒店、机场高铁站等进行投放，并在欧美、东南亚等境外旅展、旅交会和2018中国湖南（第九届）旅游产业博览会暨湖南首届旅游装备展上向国内外游客进行广泛宣传推介。

节会营销 顺应大众旅游时代对“主客共享”的旅游休闲度假产品不断扩大的需求，以打造“中国旅游休闲示范城市”为目标，按照“1+N+1”模式举办2018长沙休闲旅游节，组织召开2018长沙休闲旅游节休闲项目联审评定会议，经过现场演示推介、专家媒体评审、网络民调结果公示、评审小组不记名投票四个环节，最终在45个入围候选项目中优中选优，分2018长沙最具人气休闲旅游节会、2018长沙最具特色休闲旅游街区（小镇）、2018长沙最具创意休闲旅游产品三大类别，评选出30个获奖单位。同时，全年组织烟花燃放11场，“节假日到长沙看烟花”已成为具有较大影响的城市旅游品牌。

境外营销 8月下旬，市政府组织代表团到马来西亚、印度尼西亚、菲律宾等开展旅游商贸合作交流活动，并提前对接当地媒体，开展富有实效的宣传推广工作。9月26日，在湖南入境旅游全球战略合作伙伴签约仪式上，长沙市旅游局和英国布里斯托旅游局结成长期、全面的战略伙伴关系。2018年中国湖南国际旅游节期间，邀请英国、瑞士、德国、俄罗斯、荷兰、法国、尼泊尔7个国家和中国香港、中国澳门地区的64位境外旅行商代表参加餐叙交流暨长沙旅游推介会。先后到俄罗斯、德国柏林、奥地利维也纳、中国香港、英格兰、爱尔兰开展境外旅游宣传促销活动。以2018长沙媒体艺术节暨“一带一路”青年创意与遗产论坛、2018中国长沙国际名校赛艇挑战赛、2018长沙国际马拉松赛等机会和赛事为契机，开展旅游宣传，扩大了长沙影响。

（邵 敏）

旅游景区

【概况】 2018年，长沙市旅游景区品牌创建成果丰硕。胡耀邦故里、洋湖湿地创建国家AAAAA级景区等工作按计划顺利推进，新创建湖南省科学技术馆、贝拉小镇、影珠山旅游景区、光明松鼠谷、天华山景区等AAA景区5家；授予慧润板仓国际露营基地等4家长沙市首批自驾车旅居车示范营地，浏河第一湾自驾车营地等4家示范（创建）营地；浏阳市中和镇纳入湖南省第四批“湖湘风情文化旅游小镇”创建名单。

（邵 敏）

【AAAA级以上景区实现与国家旅游局平台视频数据联网】 根据国家旅游局、省旅发委的安排部署，市旅游局积极协调，2018年1月底前完成全市AAAA级及以上景区视频和数据接入国家旅游产业运行监控和应急指挥平台工作，受到国家旅游局通报表扬。（邵 敏）

【麓山景区获旅游界“综合大奖”】 2018年9月25日，在第二届“十一全民出行节”启动发布会上，高德地图、央视网、新浪微博联合公布“大国之旅——中国景区旅游综合服务能力指数评选”结果，岳麓山风景名胜区麓山景区喜获综合服务能力大奖。此次“大国之旅”评选通过大数据筛选和网友投票的方式，对景区在全域旅游的吃、住、行、游、娱、购等多个方面服务能力的综合评估，评选出了综合大奖和9个单项奖，其中综合大奖也被称为中国景区评选的“百花奖”。（邵 敏）

【等级景区、度假区创建培训】 2018年7月11日，市旅游局组织各区县（市）旅游局分管副局长、产业科长和有创建意向的景区、度假区分管负责人在谢子龙影像馆成功举办全市等级景区、度假区创建培训班。市旅游局党组书记、局长易冒，副局长廖双寅出席。（邵 敏）

【新增5家AAA级旅游等级景区】 依照中华人民共和国国家标准《旅游景区质量等级的划分与评定》与《湖南省旅游景区质量等级管理办

法》，经区县（市）旅游景区质量等级评定机构推荐，长沙市旅游景区质量等级评定委员会组织评定，湖南省科学技术馆、贝拉小镇、光明松鼠谷、影珠山旅游景区、天华山景区5家景区达到国家AAA级旅游景区标准要求，被批准为国家AAA级旅游景区。（邵　敏）

旅游项目建设

【概况】 2018年，长沙市旅游项目建设实现新突破。注重加强旅游项目的包装策划，建立全市旅游重点项目库，规划筛选重点旅游项目46个，其中政府投资类13个，社会投资类33个，计划总投资1266亿元，实际完成投资185亿元，新华联铜官窑古镇、华谊兄弟（长沙）电影小镇、田汉文化园等大型文旅项目如期开园运营，市场反响良好。争取中央、省级扶持资金1427万元，书堂山国学小镇、湘江欢乐城、华强“方特·东方神画”、浔龙河生态艺术小镇等项目按计划有序推进。持续推进旅游厕所革命，全年完成改扩建旅游厕所194座，数量和完工率排全省前列，连续两年获评全国厕所革命先进城市。持续开展长沙市特色旅游商品评选，推动旅游商品品质提升。在2018中国特色旅游商品大赛中，长沙选送的重点旅游商品获2金、1银、2铜；在2018湖南省旅游商品大赛中，长沙选送的旅游商品获2金、3银、3铜。同时经深入调查研究，命名授牌了11个全市首批特色旅游商品购物区（点），在促进旅游消费方面进行全新探索，得到旅游经营者的积极响应参与，被媒体广泛宣传报道。（邵　敏）

【旅游厕所质量等级评定工作全面完成】 2018年，经过旅游厕所业主单位自评申报、区县（市）旅游局推荐、市旅游局评定，对2015—2017年所有纳入国家旅游局《旅游厕所管理信息系统》中559座已完工旅游厕所全面开展质量等级评定工作，最终评定AAA级旅游厕所28座、AA级旅游厕所150座、A级旅游厕所121座。（邵　敏）

【铜官窑古镇开园】 2018年8月28日，湖南省首个投资超百亿元的文旅项目新华联铜官窑古镇开门迎客，再现“海上丝绸之路”盛景，展现盛唐绝代风华。全国政协原副主席、全国工商联名誉主席黄孟复宣布开园，黄兰香、胡衡华、何报翔、杨忠民、陈君文、谭仲池等出席，市委副书记、市长胡忠雄主持开放仪式，市领导徐宏源、程水泉、文树勋、夏建平、高山、谭小平、唐向阳、李平出席。同日，铜官窑古镇还举办中国全域旅游创新发展大会。（邵　敏）

【华谊兄弟（长沙）电影小镇开园】 2018年9月28日，2018湖南省国际旅游节·意大利——湖南音乐文化周开幕暨华谊兄弟（长沙）电影小镇城市片场首映礼举行。副省长何报翔宣布启幕，意大利驻广州总领事卢西娅·帕斯夸莉妮，省委宣传部副部长杨金鸢，省商务厅厅长徐湘平，省旅发委主任陈献春，市领导张迎春、高山、邱继兴出席。华谊兄弟（长沙）电影小镇作为湘江新区率先面世的地标式文旅项目，以其独特的意大利建筑风貌与电影艺术文化主题，为市民游客带来耳目一新的旅游休闲体验。（邵　敏）

【龙山县考察长沙旅游项目】 2018年7月27—29日，龙山县委常委、副县长张红民，副县长梁兴华一行到长沙考察慧润板仓露营基地、开慧镇锡福乡村民宿、花明楼景区、关山旅游区等旅游项目。市旅游局党组书记、局长易冒，副局长曾卫军陪同考察交流。（邵　敏）

【长沙市在2018中国特色旅游商品大赛获佳绩】 2018年9月7日，2018中国特色旅游商品大赛颁奖仪式在四川省乐山市举行。长沙市旅游局推送了14件旅游商品参赛，并获2金1银2铜的佳绩。其中九芝堂阿胶糕、长沙骄阳湘绣真丝手绣小圆包荣获金奖；长沙泥人刘陶艺瑞兽系列—提把壶荣获银奖；李自健美术馆反向推拉伞、九芝堂中药护龈牙膏获铜奖。（邵　敏）

【首批特色旅游商品购物示范点发布】 2018年11月20日，在宁乡市九龙仓时代奥特莱斯（关山）钟楼广场，长沙市旅游局、长沙市商务局联合举办主题为“山水洲城·乐购长沙”的长沙市首批特色旅游商品购物示范点授牌仪式。长沙市旅游局局长易冒、副局长廖双寅，长沙市商务局党委委员刘利华出席授牌仪式，长沙市旅游局质监所、规划产业处、导管中心，长沙市商务局市场运行调节处相关处室长，各区县（市）旅游局、商务局分管负责人、科室负责人，市导游协会，市旅行社协会会长、副会长单位负责人，长沙市特色旅游商品购物示范点负责人或分管市场营销工作的负责人，导游代表和新闻媒体记者等130余人参加授牌仪式。首批特色旅游商品购物示范点的认定，通过了自主

2018年9月28日，华谊兄弟（长沙）电影小镇开园　　市旅游局 供图

申报、区县（市）推荐、实地查看、会商研究等程序，并由市旅游局及市商务局最终确定。分别是万家丽国际购物广场，岳麓区新瀚城施华洛世奇水晶饰品馆，开福区沙坪湘绣园，长沙市旅游咨询服务中心（高铁站），雨花非遗馆购物区，望城区铜官窑遗址公园游客中心，长沙县浔龙河生态艺术小镇好呷街，浏阳市愚公庄园，胡耀邦故里游客服务中心，长沙九龙仓时代奥特莱斯购物区，宁乡味道特色商品馆。（邵 敏）

旅游市场拓展

【概况】 2018 年，长沙市旅游市场影响持续扩大。城市营销塑造新形象。以“山水洲城·快乐之都”为主题，组织区县（市）旅游部门及旅游企业在黄花机场联合投放旅游形象广告，打造“楚汉名城·千年古都”“山水洲城·快乐长沙”“山水洲城·焰请天下”等城市旅游形象品牌。编印《长沙旅游功能地图》和多语种《长沙旅游指南》，面向全市宾馆酒店、旅行社、机场高铁站、旅游集散中心进行投放，并在欧美、东南亚等境外旅展、旅交会上向国外游客进行广泛宣传推介。节会营销打造新品牌。为顺应大众旅游时代“主客共享”的市场需求，秉承“统筹谋划、上下联动，协作共办、有分有合，整体营销、开放多赢”的工作方针，按照“1+N+1”模式举办 2018 长沙休闲旅游节，开展优秀项目评选工作。经过系列程序，评定产生长沙最具人气休闲旅游节会、长沙最具特色休闲旅游街区（小镇）、长沙最具创意休闲旅游产品 3 个类别十大年度品牌，并举行颁奖典礼，提升长沙旅游的知名度。组织参加 2018 中国湖南（第九届）旅游产业博览会暨湖南首届旅游装备展，获最佳展台奖；创新举办“携手中三角·合作研学游”长江中游城市群省会城市第六届会商会旅游专场活动，参加城市由 8 个增加到 15 个，加深城市之间的旅游合作。境外营销迈出新步伐。争取市政府组团赴马来西亚、印度尼西亚、菲律宾等开展旅游商贸合作交流活动，并提前对接当地媒体，开展富有实效的宣传推广工作，马来西亚《星洲日报》《光明日报》，印度尼西亚《国际日报》《商报》等当地主流媒体对长沙旅游进行大篇幅宣传，扩大长沙旅游在东南亚的市场影响力。2018 年中国湖南国际旅游节期间，邀请英国、瑞士、德国、俄罗斯、荷兰、法国、尼泊尔 7 个国家和中国香港、中国澳门地区的 64 位境外旅行商代表参加餐叙交流暨长沙旅游推介会，并与英国布里斯托旅游局结成长期、全面的战略伙伴关系，扩大长沙旅游的国际影响。同时年内先后到俄罗斯、德国柏林、奥地利维也纳、中国香港、英格兰、爱尔兰开展境外旅游宣传促销活动。以 2018 长沙媒体艺术节暨“一带一路”青年创意与遗产论坛、2018 中国长沙国际名校赛艇挑战赛、2018 长沙国际马拉松赛、世界语言资源保护大会等为契机，开展旅游宣传，扩大了长沙影响。媒体营销取得新进展。与《中国旅游报》《湖南日报》《新湖南》等省市主流媒体合作，在“5·19”中国旅游日，“五一”、国庆黄金周等重要节点，组织区县旅游局开展“优游长沙·美好生活”“秋悦长沙·诗与远方”等专题宣传，推介长沙休闲度假旅游新产品和新线路，特别是提请长沙市长胡忠雄支持为长沙旅游代言宣传，产生重大的社会反响。（邵 敏）

【长沙与烟台深化旅游合作】 2018 年 1 月 29 日，烟台市人民政府代表团到长沙考察交流旅游工作。会上，长沙市旅游局与烟台市旅发委签署两市旅游互促合作协议，湖南湘丰茶业有限公司与山东义泰实业集团有限公司签订超势自家游旅游项目合作协议。（邵 敏）

【奥地利媒体团一行考察长沙旅游】 2018 年 4 月 15 日，国家旅游局驻苏黎世旅游办事处组织奥地利媒体团一行到长沙考察踩线文化旅游。媒体团一行包括当地各主流媒体杂志主编、广播电台旅游节目记者等，参观考察湖南省博物馆、岳麓书院、火宫殿后，对历史文化名城长沙产生了浓厚的兴趣。（邵 敏）

【2018 长沙休闲旅游节】 2018 年 5 月 18 日，“山水洲城·快乐之都”2018 长沙休闲旅游节开幕式暨“中国休闲达人”长沙品鉴行在长沙火宫殿总店举行启动仪式。省旅发委副主任尚斌、中国旅游报社社长徐行出席启动仪式。同时在天心区太平街，芙蓉区都正街、化龙池，开福区西园北里开设 3 个分会场，结合历史街区步道的底蕴和特色，于 5 月 18—20 日期间举办老街品呷、老街听戏、老街泡吧、老街寻迹等精彩活动，形成浓厚的节会氛围。全国休闲旅游业的专家、学者、达人，以及来自世界各地的留学生，一起漫游长沙老街，感受长沙休闲旅游魅力。《中国旅游报》《湖南日报》《长沙晚报》和 20 余家网络媒体同步进行跟踪报道，各大媒体发稿逾 100 篇，阅读点击量逾 200 万人次。（邵 敏）

【“快乐长沙”亮相香港国际旅展】 2018 年 6 月 14—17 日，第 32 届香港国际旅游展和“锦绣潇湘走进香港”湖南旅游推介会在香港举行，“山水洲城·快乐长沙”精彩亮相，重点推介人文长沙、活力长沙、红色长沙、休闲长沙等多条特色旅游精品线路。（邵 敏）

【2018“铜官窑古镇杯”文创大赛】 2018 年 6 月 30 日，“锦绣潇湘·快乐长沙”2018“铜官窑古镇杯”文旅创客大赛在长沙举行开幕式。此次活动由省旅发委、市人民政府指导，市旅游局、望城区人民政府主办，国内知名文创学界专家、知名文创企业代表、高校师生代表和媒体记者等 400 余人参加。省旅发委党组书记、主任陈献春，副市长邱继兴，市旅游局党组书记、局长易冒出席开幕式并为活动启动揭幕。大赛面向全国征集文创作品，得到十余所专业高校、逾百家文创企业和团队的积极响应，共征集参赛作品 1300 余件。作品涵盖旅游商品、非遗手作、本土特产、时尚食品、生活家居、创意礼品、工艺品、动漫电子产品等类别。经过近 5 个月角逐，大赛评选出冠、亚、季军 10 强作品及入围奖 20 名。其中，湘军主题系列文创摘得冠军，并获得五万元奖金。11 月 27 日，陈献春出席颁奖典礼，并为获奖团队代表颁奖。（邵 敏）

【中国全域旅游创新发展大会在新华联铜官窑举行】 2018 年 8 月 28 日，中国全域旅游创新发展大会在新华联铜官窑举行，此次大会由中国旅游协会、湖南省文化厅、湖南省旅游发展委员会、长沙市人民政府主办，由长沙市文广新局、长沙市旅游局、长沙市望城区人民政府、新华联集团共同承办。中国旅游协会副会长苏波主持中国全域旅游创新发展大会，长沙市望城区人民政府副区长苏敏芳，中国旅游协会会长段强，中国社会科学院研究员、财经战略研究院旅游与休闲研究室主任戴学锋，驴妈妈旅游网创始人、景域集团董事长洪清华先后在会上发表主题演讲，湖南省旅游发展委员会党组副书记、副主任王超祥做总结发言。全域旅游的创新发展，是新形势下中国旅游产业发展的重要趋势和重大战略。（邵　敏）

【东南亚旅游经贸合作交流活动】 2018年8月20—29日，为宣传“山水洲城·快乐之都”旅游品牌，拓展长沙东南亚入境市场，发展外向型经济，由市商务局、市旅游局、望城区政府以及市旅行社协会等组成的长沙代表团到马来西亚、印度尼西亚、菲律宾等开展旅游商贸合作交流活动。活动期间，在吉隆坡、雅加达举办长沙商贸旅游专场推介活动，拜访各个城市政府和商贸旅游部门，并在当地主流媒体开展旅游专题宣传，与国际航空公司开展深度交流合作，借助国际直航航线的开通，携手通达城市全方位推介宣传长沙旅游。（邵　敏）

【音乐焰火秀《让语言的光辉照耀世界》在橘子洲燃放】 2018年9月19日，为2018世界语言资源保护大会量身打造的音乐焰火秀《让语言的光辉照耀世界》在橘子洲燃放。此次焰火创意融合世界语言资源保护主题，共分“多彩世界”“美丽中国”“多骄湖南·快乐长沙”3个篇章，烟花与音乐联袂，展现世界各国语言的魅力，生动阐释大会主题的深远意义。（邵　敏）

【长沙市旅游局和英国布里斯托旅游局结成战略伙伴】 2018年9月26日，2018年中国湖南国际旅游节文化旅游战略合作协议签约仪式在株洲醴陵市举行，长沙市旅游局和英国布里斯托旅游局本着平等互利、优势互补的原则，结成长期、全面的战略伙伴关系，实现资源共享、共同发展。长沙市旅游局局长易冒和英国布里斯托旅游局局长约翰·赫斯特(JohnHirst)共同签署《合作备忘录》。（邵　敏）

【长沙旅游推介会】 2018年9月29日，2018年中国湖南国际旅游节境外考察团餐叙交流暨长沙旅游推介会在火宫殿举办，来自英国、瑞士、德国、俄罗斯、荷兰、法国、尼泊尔7个国家和中国香港、中国澳门地区的64位境外旅行商代表参加了餐叙交流与推介会，与省、市旅游部门领导和省内旅行社代表百余人友好交流，共叙发展。省旅发委党组书记、局长陈献春与英国布里斯托旅游局局长约翰·赫斯特互赠礼品，市旅游局党组书记、局长易冒向境外考察团代表推介了长沙。（邵　敏）

【长江中游城市群省会城市会商会旅游专场活动在长沙举行】 2018年9月28日，以“携手中三角，合作研学游”为主题的长江中游城市群省会城市会商会旅游专场活动在长沙举行。此次活动由武汉、长沙、南昌、合肥4省会城市旅游部门主办，黄石、岳阳、安庆、九江、黄冈、株洲、铜陵、抚州、湘潭、益阳、萍乡11个城市旅游部门协办，长沙市旅游局承办。活动期间，15个城市集中进行旅游推介，共同签署《长江中游城市群深化研学旅行发展合作框架协议》，颁布长江中游城市群优秀研学旅行基地34个、优秀承办机构32个，并发布12条精品研学线路。（邵　敏）

【2018年焰火燃放】 2018年10月1日，以《中国梦·世界情》为主题的“国庆”专场焰火燃放。此次燃放分《祖国万岁》《不忘初心·共筑国家富强》《不辱使命·实现民族振兴》《不负时代·共享人民幸福》《盛世欢歌·让世界充满爱》5个篇章，吸引近20万人观看。全年组织烟花燃放11场，吸引长沙市民和各地游客100万余人次到场观看。“节假日到长沙看烟花”已成为具有较大影响的城市旅游品牌。（邵　敏）

【2018中国（长沙）休闲旅游高峰论坛】 2018年12月14日，“山水洲城·快乐之都”2018中国（长沙）休闲旅游高峰论坛暨长沙休闲旅游节年度品牌颁奖盛典举办，湖南省文化和旅游厅副巡视员喻树长、长沙市人民政府副秘书长厉江华出席活动。市旅游局班子成员、市农委、市教育局、市林业局、市文广新局、市体育局、市总工会和长沙各区县（市）分管领导、各区县（市）旅游局主要负责人、2018长沙休闲旅游节优秀项目获奖单位代表以及国内省市新闻媒体等千余人参与此次活动。中国旅游协会休闲度假分会会长、世界旅游城市联合会首席专家、全国休闲标准化技术委员会副主任魏小安，北京联合大学旅游学院副院长张凌云，北京联合大学中国旅

2018年12月14日，2018中国（长沙）休闲旅游高峰论坛暨2018长沙休闲旅游节年度品牌颁奖盛典举行　市旅游局　供图

游经济与政策研究中心主任、中国旅游协会休闲度假分会秘书长曾博伟分别以《休闲的未来与未来的休闲》《文化和旅游的融合发展》《休闲时代与快乐长沙》为题作主题演讲。现场发布了“2018长沙最具创意休闲旅游产品”“2018长沙最具特色休闲旅游街区(小镇)”和“2018长沙最具人气休闲旅游节会”的获奖名单。经过宣传发动、申报筛选、区县预选、网络民调、联审评定、表彰宣传6个环节，最终产生30个长沙休闲旅游优秀品牌：中国(长沙)第12届麓山红枫节、“田园山水·诗画含浦”第三届油菜花节、第十届湖南世界名花生态文化节暨樱花生态文化节等十大节会获“2018长沙最具人气休闲旅游节会”的称号；都正街、太平老街、华谊兄弟(长沙)电影小镇等十大特色街区获“2018长沙最具特色休闲旅游街区(小镇)”称号；中华龙舟大赛(长沙·芙蓉站)、长沙老味道、“地球仓”洋湖旅居空间等十大产品获“2018长沙最具创意休闲旅游产品”称号。（邵 敏）

旅游行业管理

【概况】 2018年，长沙市旅游行业管理水平不断提升。创新职工职业技能竞赛。围绕大力弘扬工匠精神，以“提技能、出精品、树标杆”为目标，举办2018长沙市“十行状元、百优工匠”导游(讲解员)竞赛暨第九届旅游行业职工职业技能竞赛。在湖南省旅发委主办的“2018年全省旅游饭店品质提升服务技能大赛”中，长沙代表队包揽了全部竞赛项目冠、亚军，并获团体一等奖和组织一等奖。强化旅游市场日常监管。加强对全市旅游企业落实安全生产主体责任的督导，春节、“五一”、中秋、国庆等特殊时段，组织4个督导小组开展隐患排查、“打非治违”等专项活动，推动企业安全生产标准化建设和行业安全标准化管理。指导湖南懒猫国际旅行社积极、妥善处理泰国沉船事件，未造成不良影响。全年未发生其他旅游安全生产责任事故。疏堵结合依法治旅。旅游市场治理“长沙模式”多次被《中国旅游报》、中国旅游诚信网、《湖南日报》等媒体专题报道和推介。全年办理旅游投诉516件，案件回复率100%，结案率100%；开展旅游执法检查114次，检查旅行社及有关企业157家次，检查旅游团队246个，检查导游249人次，下达《责令改正通知书》49起，约谈旅行社32家次，实施行政处罚39起，为游客挽回经济损失252万余元。优化文明旅游环境。组建一支由机关干部、高校教师、媒体人员、旅游达人等组成的社会监督员队伍，对9个区县(市)旅游经营单位的文明旅游工作进行季度测评、暗访，及时发现问题抓整改。开展“文明旅游·为中国加分”百城联动活动，组织5支长沙旅游志愿者支队，重点围绕珍爱青山绿水、践行生态环境保护、讲究文明礼仪、遵守公共秩序等方面开展宣传，在文明城市创建迎检中积极主动、督导有力，彰显长沙旅游窗口的优良形象。（邵 敏）

【导游培训】 2018年，长沙市在全省率先启动《导游管理办法》宣贯解读培训，也是唯一由文化和旅游部派监督管理司副调研员袁璟讲课的专题培训，培训人数500人。发挥长沙智慧旅游平台优势，采取线上与线下培训相结合，全年利用“互联网+”信息技术培训导游11321人次。《导游管理办法》考试合格率95%，收到学习心得6857篇。指导导游协会共开展各类培训班8期。3月23日，长沙导游线上培训学习平台开通，成为全省首个线上导游培训平台，同时也是长沙智慧旅游平台首个正式投入使用的功能模块。（邵 敏）

【全市出境文明旅游专题会议】 2018年2月11日，长沙市出境文明旅游专题会议在市旅游局机关会议室召开，各区县(市)旅游部门及出境组团旅行社负责人参加会议。市旅游局副局长岳锋出席会议，就加强出境文明旅游宣传引导、冬季热点旅游线路综合整治、南极等生态脆弱地区旅游活动管理等工作提出具体要求。（邵 敏）

【“3·15”旅游消费引导系列宣传】 2018年，“3·15”消费者权益保护日前后，长沙市旅游局在各重点景区组织开展旅游团队秩序检查和文明旅游、旅游消费引导宣传；在湖南经视和长沙政法频道制作、播出“3·15”旅游消费引导专题电视节目；参加长沙政法频道组织的“3·15”电视直播晚会；指导各区县(市)旅游局开展形式多样的“3·15”宣传活动。（邵 敏）

【2017年度旅游行业先进单位拟奖励名单评定】 2018年5月14日，长沙市旅游局召开局务会，对长沙市旅游行业2017年度先进单位进行集体评定，延年世纪酒店等14家单位被评定为品牌创建类拟奖励对象，圣爵菲斯大酒店等40家单位被评定为行业考核“十佳”先进单位拟奖励对象。（邵 敏）

【“文明旅游为中国加分”百城联动活动】 2018年5月19日，2018“中国旅游日”湖南分会场活动暨“文明旅游为中国加分”百城联动活动启动仪式在万家丽广场举行。省委宣传部副部长、省文明办主任刘进能，省旅发委副主任王超祥，市旅游局副局长岳锋等出席活动。市导游协会、市旅行社协会、市饭店业协会组织旅游服务志愿者开展旅游宣传并现场解答公众咨询，市旅游质监所联合岳麓区旅游局、岳麓区交通运输局在橘子洲景区开展旅游、交通现场联合执法和法治主题宣传活动。（邵 敏）

【2018年暑期旅游市场整治】 2018年6月8日，长沙市旅游质监所联合宁乡市旅游局、宁乡市交通运输局在花明楼·刘少奇故里景区开展联合执法，规范旅游客运市场经营秩序和旅游团队服务质量，确保暑期旅游旺季市场秩序平稳有序。此次联合执法检查共出动执法人员20人，共检查旅游团队16个，导游16人次，旅游客运车辆11辆。（邵 敏）

【出境游专业委员会成立】 2018年6月15日，市旅行社协会召开出境游专业委员会成立大会。成立该机构旨在引导协会成员单位增强诚信理念，规范经营行为，维护行业声誉，共同抵制市场不合理低价产品。省旅发委对该创新举措给予肯定，《中国旅游报》(6月26日)以《长沙对出境游价格乱象“开刀”》为题进行专题报道。（邵 敏）

【“锦绣潇湘·快乐长沙·文明旅游”双向诚信承诺主题宣传活动】 2018年9月5日，“锦绣潇湘·快乐长沙·文明旅游”双向诚信承诺主题宣传活动在世界之窗举行，省旅发委副主任尚斌、省文明办创建指导处处长张志辉等出席。活动中，市旅游质监所通报了2018年上半年长沙旅游市场秩序监督检查情况，省、市旅行社协会与游客开展了双向诚信承诺，市旅游饭店业协会、市导游协会、市自驾游协会向社会发布诚信、品质行业自律承诺和倡议。（邵　敏）

【长沙市旅游系统酒店消防应急演练】 2018年10月26日，长沙市旅游系统酒店消防应急演练在湖南佳兴世尊酒店举行，该演练由市旅游局、市应急办主办，市卫计委、市环保局、市消防支队、市交警支队等单位协办。此次演练同时作为2018年全省旅游安全和应急演练现场会的观摩项目，全省各市州旅游部门负责人、长沙市各区县（市）旅游局负责人以及省市各旅游行业协会、星级饭店、A级景区、重点旅行社等单位主要负责人约200人参加现场观摩。（邵　敏）

【长沙市旅游行业“话改革·促发展”工作交流会】 2018年12月6日，长沙市旅游行业“话改革·促发展”工作交流暨职工职业技能竞赛颁奖典礼在长沙梅溪湖金贸豪华精选酒店举行。省文化和旅游厅党组副书记、副厅长王超祥，省文化和旅游厅行业管理处处长黄可，市政府副秘书长厉江华出席。会议由市旅游局党组书记、局长易冒主持，市旅游局班子成员、正副调研员、各业务处室（单位）主要负责人，各区、县（市）旅游局主要负责人、分管负责人、行业管理科室负责人，各旅游行业协会主要负责人和秘书长，全市旅游饭店、旅行社负责人，行业技能竞赛获奖选手代表，部分重点旅游企业、旅游院校单位代表参加会议。望城区旅游局局长何迎春，市旅游饭店协会会长、长沙神农酒店管理公司总经理李旭光，市旅行社协会副会长、湖南海外国际旅行社董事长蒋燕妮，市导游协会副会长、湖南省中青旅导游丁佳胤，长沙新华联铜官窑国际文化旅游开发有限公司总经理傅济作交流发言。会议分别对行业技能竞赛中的旅游饭店类、旅行社类、导游类、组织奖类获奖单位代表进行现场颁奖。市旅游局副局长岳锋通报长沙市2018年“百优工匠、十行状元”导游（讲解员）竞赛暨第九届旅游行业职工职业技能竞赛工作情况，省文化和旅游厅党组副书记、副厅长王超祥，市人民政府副秘书长厉江华现场启动《中国长沙饭店品质报告》《中国长沙饭店著名品牌榜》发布仪式，市政府副秘书长厉江华作会议讲话。（邵　敏）

2018年6月20日，2018年长沙“十行状元、百优工匠”导游（讲解员）竞赛（选拔赛）在中维神农大酒店启动　　市旅游局 供图

【2018年度星级饭店复核结果发布】 2018年，长沙市星级饭店评定委员会组织对全市的二、三星级旅游饭店进行2018年度星级复核检查，经征求市文明办、消防管理等部门意见后，发布2018年度星级饭店复核结果。全年26家星级饭店参加年度复核，其中湖南西野酒店五强总店等16家星级饭店通过复核，湖南绿之韵国际大酒店有限公司等2家星级饭店被限期整改，湖南健铭大酒店等7家星级饭店被取消星级。（邵　敏）

【长沙旅游行业技能大赛】 2018年6月20日，2018年长沙“十行状元、百优工匠”导游（讲解员）竞赛（选拔赛）暨第九届旅游行业职工职业技能竞赛在中维神农大酒店启动，此次大赛由市旅游局、市总工会、市人力资源和社会保障局、团市委共同主办，市旅游饭店协会、市旅行社协会、市导游协会承办。此次比赛有全市近200家旅游企业的400余名选手参赛，他们分别参加旅游饭店类、旅行社类和导游类的比赛。旅游饭店类中，长沙中维神农大酒店的易长城获中式铺床项目的金奖，长沙中维神农大酒店的黄婷获中餐宴会摆台项目的金奖，湖南圣爵菲斯大酒店的谢国平获西餐宴会摆台项目的金奖，湖南宾馆的吴波凌获调酒师项目的金奖。旅行社类中，湖南中铁国际旅行社提交的《甜蜜定制，长沙浪漫之旅——千龙湖交友一日游》、湖南省同程亲和力旅游国际旅行社提交的《城市札记》、长沙市中国旅行社提交的《520来长沙放肆爱》、湖南信诚国际旅游有限公司提交的《新康，一个来了就有“戏”的地方——地方传统文化戏曲一日研学》等精品路线获金奖；导游讲解员类中，湖南革命陵园管理处的高奇成为金奖获得者，并获“十行状元”的称号，丁佳胤、周可欣等9人成为长沙“百优工匠”。（邵　敏）

【长沙获全省旅游饭店品质服务提升服务技能大赛团体一等奖】 2018年7月24日，在省旅发委主办的“2018年全省旅游饭店品质提升服务技能大赛”上，长沙代表队包揽了客房中式铺床、中餐宴会摆台、西餐宴会摆台和鸡尾酒调制4个项目竞赛的冠、亚军，并获团体一等奖。（邵　敏）

房地产业

REAL ESTATE

责任编辑·尚　畅

房地产开发

【概况】 2018年，长沙市有房地产开发企业1386家，其中一级20家、二级125家、三级578家、四级343家、未定级别企业320家。2018年有房地产开发项目1221个，其中在建项目638个。中国房地产百强企业中有41家进驻长沙，其中前10强中有9家（华夏幸福基业除外）在长沙进行房地产开发。2018年，全市完成房地产开发投资1500.76亿元，同比增长0.7%。落实“实现新建商品房交房交证同步”改革工作，起草《长沙市新建商品房交房交证工作方案》，实地勘察几个基础较好的项目作为交房交证流程实施的试点项目，做好开展试点工作的准备。启动2017—2018年度房地产开发企业诚信评定工作，完成《长沙市房地产开发企业诚信评定管理办法（送审稿）》。运用好开发企业诚信评价结果，在资质核查、评优评先等工作中核查企业诚信等级。（蒋 菁）

【装配式建筑】 2018年，长沙市编制《长沙市装配式房屋建筑项目建设管理细则》《长沙市装配式建筑部品部件生产企业目录管理细则》《关于加强装配式建筑相关信息报送的通知》《关于公布长沙市装配式建筑领域专家库的通知》等配套文件，长沙市装配式建筑财政补贴细则进入会签阶段。完善数据统计和管理功能、简化企业操作程序，确保对装配式质量实现全面追溯。金地（集团）湖南置业有限公司等6家建设单位的7个房地产开发项目、40余个单体建筑在平台中上传相关信息，涉及施工、监理、构件生产单位近30家。在长沙市装配式建筑人才培训基地开办培训班5期，培训学员5000余人。承办2018年湖南（长沙）“筑博会”，吸引10余个国家和地区、20余个省市自治区、13个装配式建筑示范城市和绿建发展先进城市、省内14个市州代表团参观参会，观众人数76187人。制作以“装配新时代星城筑未来”为主题的装配式建筑工作宣传片。截至12月，全市挂牌35个新供地的装配式商品房项目，总建筑面积约702万平方米。全年新开工装配式建筑实施面积约697万平方米，占全市新开工建筑总面积的30.8%。全市国家级装配式示范基地9个，省级装配式建筑基地16个（不含国家级），其他装配式建筑基地20余家。全市装配式建筑企业在全国范围内制造基地169个，覆盖全国22个省近150个地区城市。全市装配式建筑项目累计实施面积1700万平方米，PC构件年产能突破1000万平方米。全国首家“装配式建筑科技创新基地”落户长沙。（杜 邦）

【全装修商品住宅】 2018年，长沙市相继出台《长沙市人民政府办公厅关于进一步推进新建商品住宅全装修建设的通知》《长沙市新建商品住宅全装修建设实施细则》《关于新建商品住宅全装修价格核算规定的通知》等文件，严格规范开发企业、第三方造价机构的全装修建设行为，规范现场公示、全装修清单等行为，保障购房者权益。组织对全装修项目进行现场检查，发现问题督促企业及时整改，优化全装修市场环境。（杜 邦）

【行业监管】 2018年，长沙市通过项目动态监管、电子项目手册管理、主动对接服务来强化开发行业管理。抓好项目资本金的监管，起草《长沙市房地产开发项目资本金管理办法》并报送至市政府。2018年全市新增房地产资本金监管项目89个，监管资金5.36亿元。与区县联动，对存在问题的项目进行逐一摸排，及时掌握开发项目存在的问题。加强开发企业日常监管与服务，为问题项目做好协调服务工作。组织召开全市房地产开发工作会议。（蒋 菁）

房地产市场管理

【概况】 2018年，长沙市商品房销售面积2387.35万平方米，同比增长5.7%；商品房销售额1951.01亿元，同比增长12.3%。（杨 莹）

【房地产市场政策调控】 2018年，长沙市坚决贯彻落实中央、省、市关于房地产市场调控工作的精神。6月25日，市人民政府办公厅发布《关于进一步加强房地产市场调控工作的通知》，全面升级调控，重点遏制投机炒房等市场乱象。制定《关于实施差别化购房措施的通知》相关实施细则等文件。与市人才办及时研究对接，于8月14日发布《关于印发加快发展住房租赁市场工作实施方案的通知》。9月，市人民政府办公厅发布《关于做好房地产市场监管工作的通知》，加大房地产市场监管力度，专项整治房地产市场违法违规行为，确保系列调控政策措施持续落到实处。（杨 莹）

2018年11月22–24日，2018湖南（长沙）装配式建筑与工程技术博览会在长沙国际会展中心举办 市住建局 供图

房屋管理

【房屋安全管理】 2018年，长沙市继续加强房屋安全管理。以有机棚改带动危改，通过市区两级政府的联动发力，全市内五区有超过30万平方米的危房纳入全市近三年的棚改计划，其中潮棕街、碧湘街、新下河街、蔡锷路、黄兴路、解放路老城区两厢等重点棚改项目中均涵盖大量危房。开福区出台对私有危房改造的补助政策，岳麓区的危房改造成果被改革40年专题省市媒体集中推介。用好“以补促改”及时排危，加大对“以补促改”项目的督查监管，促使各区加强排险解危力度。做好危房台账核准工作，年初全市房屋安全管理信息平台启用，先后进行3次专题培训和数据录入核准，实现管理责任到位、危房台账精准的目标。（吕建军）

【重点项目征收】 2018年，长沙市完成棚户区改造25万平方米，完成的棚改项目28个，完成的较大型的基础设施项目5个，2018年启动的棚户区改造项目10个，2018年启动的较大型基础设施项目6个。

（聂笃聪）

物业服务

【概况】 2018年，长沙市有物业服务企业1095家，管理各类物业项目3700余个，总面积累计1.9亿余平方米，物业管理覆盖率78%，有行业从业人员18万余人，行业总产值55亿元，全年实现利税近6亿元。

（邓林飞）

【企业诚信体系建设】 2018年，长沙市加强企业诚信体系建设，发布《长沙市物业服务企业及项目经理信用信息管理暂行办法》。将物管企业纳入住建系统诚信平台统一管理，纳入住建系统“红黑榜”“曝光台”的范围，在《长沙晚报》曝光18家失信的物业企业。加强业主委员会培训，发挥业主自治作用。推进“双百培育”工程，做大做强物业服务企业，“培育百家规模品牌企业”与信用体系建设相结合，“推广百个示范项目”与项目标准化建设相结合。推进标准化建设，拟定《长沙市普通住宅小区物业服务等级标准》《长沙市物业服务监督检查标准》。做好党建工作进小区工作，制订《关于党建工作进物业小区实施方案》，开展“在职党员社区报到、共建和谐物业小区”活动。做好物业小区垃圾分类工作，发布《关于物业小区开展垃圾分类工作的通知》。

（邓林飞）

【既有多层住宅增设电梯】 2018年，长沙市发布《关于印发长沙市既有多层住宅增设电梯管理规定的通知》。根据省住建厅等六部门9月12日印发的《湖南省城市既有住宅增设电梯指导意见》，融合增设电梯推进过程中实践经验与人大代表、政协委员提案、议案，制定《长沙市既有多层住宅增设电梯办理细则》（征求意见稿）征求各方意见。

（邓林飞）

表15　房地产开发投资完成情况(2018年)

单位：万元

指标	总计	中央	地方	省	地市县属	地区	县	其他
计划总投资	115954354	3447851	112506503	9071063	103435440	9615439	772340	93047661
本年完成投资	15007609	419433	14588176	714751	13873425	1143513	64783	12665129
#土地购置费	2710837	98600	2612237	107526	2504711	254365		2250346
#国有经济控股	2469286	396001	2073285	500310	1572975	466677	20764	1085534
按登记注册类型分								
内资	14216695	396001	13820694	574637	13246057	1143513	64783	12037761
国有	5881		5881		5881	5881		
集体								
股份合作								
联营								
#其他联营								

续表 15　　房地产开发投资完成情况 (2018 年)

单位：万元

指　标	总　计	中　央	地　方					
				省	地市县属			
						地　区	县	其　他
有限责任公司	7750452	388753	7361699	431712	6929987	883587	20764	6025636
国有独资公司	510759	239270	271489	38305	233184	193701		39483
其他有限责任公司	7239693	149483	7090210	393407	6696803	689886	20764	5986153
股份有限公司	78479		78479		78479	65479		13000
私营	6381883	7248	6374635	142925	6231710	188566	44019	5999125
其他内资								
港澳台投资	614541	23432	591109	59982	531127			531127
港澳台合资经营	152143		152143	59982	92161			92161
港澳台合作经营	95301		95301		95301			95301
港澳台独资	367097	23432	343665		343665			343665
外商投资	155018		155018	80132	74886			74886
中外合资经营企业	123525		123525	80132	43393			43393
外资企业	31493		31493		31493			31493
按构成分								
建筑工程	9299876	282608	9017268	435559	8581709	765186	53757	7762766
安装工程	1915966	16937	1899029	69749	1829280	108477	11026	1709777
设备工器具购置	245600	800	244800	5234	239566	5988		233578
其他费用	3546167	119088	3427079	204209	3222870	263862		2959008
按工程用途分								
住宅	9066397	303628	8762769	416753	8346016	642312	63219	7640485
办公楼	1003553	10348	993205	75273	917932	95825		822107
商业营业用房	2351492	74188	2277304	67693	2209611	208700	1064	1999847
其他	2586167	31269	2554898	155032	2399866	196676	500	2202690
本年新增固定资产	5479710	152976	5326734	612064	4714670	709494	28869	3976307
本年资金来源合计	28305175	1070748	27234427	1772553	25461874	2339345	374171	22748358
上年末结余资金	7439330	305466	7133864	567311	6566553	643661	27166	5895726
本年资金来源小计	20865845	765282	20100563	1205242	18895321	1695684	347005	16852632
国内贷款	2918682		2918682	31800	2886882	284854	127876	2474152
利用外资								

续表 15 房地产开发投资完成情况 (2018 年)

单位：万元

指 标	总 计	中 央	地 方					
				省	地市县属			
						地 区	县	其 他
# 外商直接投资								
自筹资金	4326363	233017	4093346	68070	4025276	448509	129765	3447002
# 企事业单位自有资金								
其他资金来源	874966	42904	832062	6276	825786	50954	2624	772208
# 定金及预付款	8501248	432492	8068756	709472	7359284	656136	84978	6618170
本年各项应付款合计	5378416	155710	5222706	319031	4903675	423247	2113	4478315
# 工程款	2781317	89844	2691473	221079	2470394	249589	2113	2218692

表 16 房地产施工竣工及销售主要指标 (2018 年)

指 标	单 位	合 计	按用途分						
			商品住宅	#90 平方米以下	#140 平方米以上住房	# 别墅、高档公寓	办公楼	商业营业用房	其 他
房屋施工面积	万平方米	10619.79	6823.72	1195.03	1093.02	229.85	646.12	1429.51	1720.45
# 新开工面积	万平方米	2931.94	2021.89	163.89	291.71	58.48	86.93	387.35	435.77
房屋竣工面积	万平方米	1441.27	976.82	164.68	159.20	42.33	55.69	165.33	243.42
竣工房屋价值	万元	5198409	3401408	526576	673467	198544	346277	789718	661006
商品房屋销售建筑面积	万平方米	2387.35	1973.74	192.59	326.45	70.63	106.87	198.50	108.25
商品房销售额	万元	19510052	15370857	1390942	2958197	627879	1371398	2325907	441890
商品房待售面积	万平方米	677.29	258.10	52.94	56.20	24.81	69.99	202.67	146.53
# 待售 1–3 年面积（含一年）	万平方米	412.83	147.25	26.33	40.23	18.16	52.92	117.34	95.32
待售 3 年以上面积（含三年）	万平方米	128.39	46.49	13.46	11.95	4.93	3.91	38.87	39.12

交通运输

TRANSPORTATION

责任编辑·吴丫丫

综　述

【概况】 2018年，长沙市实现交通固定资产投资42.8亿元。长沙市和北京、上海、广州、深圳等一线城市一道进入“国家公交都市建设示范城市”；长沙市交通运输局被交通运输部授予“全国交通运输行业文明单位”称号；长沙县被交通运输部、农业农村部、国务院扶贫办联合命名为“四好农村路”全国示范县；全省“四好农村路”（建好、管好、护好、运营好标准的“四好农村路”）暨城乡客运一体化现场推进会在长沙市召开，宣传推介长沙经验；全市交通运输系统未发生一起较大及以上安全生产责任事故，一般安全事故起数、死亡人数同比分别下降72%、76%。　（贺正宇）

【春节运输】 2018年春节运输，长沙市完成旅客发送量1456.58万人次，同比下降4.1%，其中：道路运输完成客运量786.11万人次，同比下降12.1%；铁路完成旅客发送量539.71万人次，同比增长6%（长沙站182.38万人次，包括长株潭城铁26.66万人次，同比增长4%；长沙南站357.33万人次，同比增长7%）；民航完成旅客发送量130.76万人次，同比增长12.7%。城市公共交通方面，日均参运公交车5600台，累计客运量5867.1万人次，同比增加10.87%；日均参运出租车7911台，累计客运量2925.33万人次，同比下降3.7%；轨道交通地铁日均发车666列次，累计客运量2327.78万人次，同比增加5.35%，磁悬浮日均发车156列，累计客运量36.49万人次，同比增加15.16%。　（庞龙军）

【交通行政执法】 2018年，长沙市围绕公交都市创建、蓝天保卫战、“隐患清零”等中心工作加大执法力度，市区查处非法营运车辆3239台次、违法违规货运车辆122台次、出租车612台次。推进“隐患清零”行动升级版，“两客一危”（“两客一危”指从事旅游的包车、三类以上班线客车和运输危险化学品、烟花爆竹、民用爆炸物品的道路专用车辆，危险化学品是指具有毒害、腐蚀、爆炸、燃烧、助燃等性质，对人体、设施、环境具有危害的剧毒化学品和其他化学品）车辆违章次数同比下降96.6%。压实企业安全生产主体责任，对违规违章企业约谈11次，对违规违章车辆严格予以停运和罚款。突出重点领域，排查治理安全隐患9000余处。实施客货运输市场专项整治，推进打非治违，开展“安全生产月”活动，出动执法人员12.9万人次，实施经济处罚6719万元，在全市安全生产执法每月排名中稳居前列。引入第三方机构开展安全检查，实现主城区道路客运和危货运输企业全覆盖。举办《湖南省生产经营单位安全生产主体责任规定》宣传贯彻会议，在交通运输部管理干部学院举办全系统安全生产专题培训班。组织危险货物运输等多场应急演练。　（李　茜）

【交通运输信息化】 2018年，长沙市交通综合运行协调与应急指挥中心（TOCC）启动建设，黎托项目和体育新城信息化项目投入使用。建立公交大数据中心，建成公交电子站牌531块，实现“四卡”高度融合，推广“长沙公交出行”APP、移动支付APP。网约车政府信息交互平台运行良好。推进“两客”车辆智能视频监控系统试点工作，通过人脸识别、同步报警等技术实现监管关口前移。推进智慧执法、智慧驾培等信息化项目建设。

（曾　敏　贺正宇）

【驾培管理】 2018年，长沙市驾培市场整治出成效，质量信誉考核推进，非教学路段执法逐步展开。驾培机构“计时收费、先培后付”服务模式实现全覆盖。在全省率先推行教练员服务监督卡和信用“红黑榜”制度。　（李　科）

铁　路

【概况】 经长沙市通车运营的铁路有京广铁路、洛湛铁路、石长铁路、京广高铁、沪昆高铁、长株潭城际铁路。2018年，长沙市在建铁路2条（长株潭城际铁路与石长铁路联络线、蒙华铁路浏阳段），长沙段105.86千米，投资估算81.05亿元，其中，长株潭城际铁路与石长铁路联络线9.16千米，投资约13.45亿元，蒙华铁路浏阳段96.7千米，估算投资67.6亿元；开展项目前期工作的有渝长厦高铁常益长段及长赣段；扫尾工作的有长株潭城际铁路。常益长铁路完成初步设计批复，初步确定长沙西站建设规模以及出资方案，完成项目拆迁摸底、环评公参、弃土场选址、先期用地报批等工作，为项目进场施工做好前期准备工作。长赣高铁完成预可研审查工作。蒙华铁路占用浏阳达浒镇军事用地得到解决，工程进展顺利，站前工程基本完成，进入铺轨阶段。城际铁路与石长铁路联络线获得可研批复，征地拆迁工作开展，施工单位进场施工。长株潭城际铁路完成项目清概审查工作，并确定贴息补亏方案。既有线京广铁路长沙段（途经天心区、雨花区、芙蓉区、望城区、开福区）和洛湛铁路（途经宁乡市）完成安全保护区划定工作（12月28日，长沙市人民政府下发《关于设立京广和洛湛铁路长沙段安全保护区的通告》）。涉铁工作中，电力电网“630攻坚”、长沙南站地区排水排污系统改造、京广线解放垸段改建等涉铁工程推进顺利。

长沙车站管辖京广线普铁长沙站及13个长株潭城际车站。全站累计发送旅客1838.96万人，完成年计划的110.8%，同比增长20%；全年完成运输收入19.36亿元，完成年计划的101.9%，完成奋斗目标的101.4%，同比增长4.1%。截至2018年12月31日，车站实现连续无责任铁路交通一般D类及以上事故1293天，无责任职工重伤及以上事故4268天，实现安全年。推进畅通工程，优化售票窗口布局，在售票大厅增设9台自动取票机，改造进站口，增设2个安检通道以及2个人工验证通道，减少高峰期旅客排队等待时间，深化“厕所革命”和“五项工程”，使站内环境更为舒适；建设“广铁U彩”服务中心及重点服务通道，将重点旅客接送站等特色服务持续融入服务品牌建设，全年服务中心办理遗失物品认领1201件、接站旅客预约服务1850件、送站旅客预约服务7100件，受理旅客求助650件。　（唐　灿　吴　婵）

【长株潭城际铁路与石长铁路联络线建设】 2018年6月1日，项目获省发展改革委的可研批复，投资估算13.45亿元，资本金占总投资的50%，即6.725亿元，其中长沙市需承担50%的资本金3.3625亿元，负责征拆工作。7月20日，长沙市副市长廖建华专题调度联络线前期工作，要求相关部门配合办理环评等手续，做好征拆资金筹集，望城区为控制性工程提供先期用地。10月29日，副秘书长张跃先专题研究联络线项目控制工期用地有关问题，明确建立联合协调机制，成立工作小组，加快办理项目征地用地手续。10月30日，望城区专门成立联络线用地报批及征拆安置（临时）工作领导小组。12月11日，二标段中隧局控制性工点进场施工。（唐　灿）

【蒙华铁路建设】 2018年，浏阳段涉及征地322.43公顷，拆迁房屋625户，拆迁房屋面积15.8万平方米，拆迁企业42家，征地拆迁基本完成。路基土石方开累完成2012.87万立方米，完成99%；桥梁工程开累完成27949.6延米，完成99%；涵洞工程开累完成8809.4延米，完成100%；隧道工程开累完成37032延米，完成96%；房建工程尚未启动；站前工程基本完成，开展铺轨工作。

（唐　灿）

【常益长铁路建设】 2018年9月，项目获中国铁路总公司、湖南省人民政府的初步设计批复。9月，湖南省、长沙市召开征地拆迁动员大会。长沙市的拆迁摸底调查、补偿概算方案以及审查工作在年底前完成。根据省财政厅下达的第一期资金计划要求，长沙市政府12月14日召开会议，明确资金分摊方案，原则上由项目沿线区县负责征地拆迁工作及费用，明确长沙西站扩建工程建设费用来源。长沙西站作为常益长铁路的重要组成部分，为将长沙西站打造成长沙第二个高铁枢纽站，市政府组织相关单位到广东佛山、江门，学习高铁站房建设模式及综合交通枢纽规划经验，同时委托设计院对长沙西站进行规划设计，确定长沙西站站场规模按中国铁路总公司意见的12台22线布置，站房规模按长沙市向中国铁路总公司致承诺函的11万平方米控制建设。12月11日，中国铁路总公司在北京召开长沙西站开标会。（唐　灿）

【长赣高铁建设】 2018年7月3日，中国铁路总公司在江西赣州召开长赣高铁预可研审查会议，建议进一步优化线型方案，研究引入黄花机场的必要性。7月25—27日，长沙市邀请省发展改革委、铁四院，并组织市直相关单位负责人到上海虹桥机场、成都天府机场和双流机场，学习机场引入高铁的相关经验。10月17日，省发展改革委组织召开长赣高铁引入黄花机场方案论证会。长沙境内的线型方案形成“沿古墓围墙边方案”“沿银星路隧道方案”“沿北三环桥梁方案”3个比选方案，均存在一定的困难。线型下穿新建机场油库（蓝天油料公司）问题，该油库完成批复手续，7月开始建设。为解决下穿油库问题，12月13日，省发展改革委组织到民航中南地区管理局对接工作，民航管理局表示支持长赣铁路进入黄花机场，建议设计单位进一步做好优化论证以及风险评估工作。长沙西至湘潭北株洲西联络线问题，8月29日，省委副书记、省长许达哲召开会议，明确长沙西至湘潭北株洲西联络线项目在呼南通道湖南段建设实施后择机实施。（唐　灿）

【长株潭城际铁路建设】 2018年8月15—18日、10月16—17日，中国铁路总公司分别两次召开长株潭城际铁路清概工作会议。长沙市根据清概工作要求，梳理、核实城铁征地拆迁费用，完成清概工作。配套建设方面：暮云站2月底投入使用；麓谷站12月31日投入使用；尖山站7月完成配套建设，并在年底前完成竣工验收。运营方面：为改善长株潭城际铁路运营情况，4月10日，城际铁路调整运行图，4月28日起实行8折优惠的调价。10月，城际铁路乘车购票系统进行改革，实施“手机通”项目，市民可凭刷手机进站乘车。省城际公司租赁的4编动车组其中2列12月29日到位。10月11日，副省长陈飞召开会议研究长株潭城际铁路运营补亏问题，会议明确长株潭城际铁路由省本级和长株潭三市在2018—2020年，采取贴息的方式对城铁运营补贴。长沙市3年需补贴67820.5万元，2018年需补贴23642.4万元，年底前将补贴款拨付至省城际公司。（唐　灿）

【铁路建设协调服务】 2018年，为推进项目建设，湖南省省长许达哲、常务副省长陈向群等省领导多次召开会议，研究常益长铁路、长株潭城际铁路与石长铁路联络线有关资金和建设问题，对下一步工作做安排部署。长沙市副市长廖建华5次带队到中国铁路总公司、广铁集团汇报对接铁路建设有关问题，2次带队到重庆考察，学习铁路和城市建设经验，推进市域铁路与城市发展。为落实省委书记杜家毫对长株潭城际铁路的“小编组、高密度、公交化”指示，省政府下达“四加快，两完善”的工作计划，廖建华要求市直相关单位对城铁麓谷站配套建设、汽车南站建设进度进行周报。为加快涉铁项目推进，市长胡忠雄带队到广铁集团对接涉铁工作，促进长沙北货场口岸建设和中欧班列运营、“三供一业”移交等涉铁有关工作达成共识。

长沙市铁路建设办公室（以下简称“市铁办”）做好协调服务工作。前期工作方面。为推进常益长铁路前期工作，市铁办多次组织现场踏勘、召开协调会，反复对接涉企事业单位拆迁摸底调查，环保评估、新增弃土场选址评估，沩水航道调级，征拆概算审查等工作，反复研究长沙西站周边配套建设规划设计方案。为优化长赣高铁线型，市铁办多次与省机场集团、铁四院等相关单位沟通对接，做好确定线型方案的充分准备工作。为推进长株潭城际铁路与石长铁路联络线项目，市铁办组织研究乌山站方案，提前安排做好周边水电路配套；协调项目用地报批手续，为全面征地拆迁工作、全面进场施工做好准备工作。资金筹措方面。市铁办与市财政对接，提前做好资金安排，筹集到位资金12.69亿元，其中常益长铁路6亿元、长株潭城际铁路与石长铁路联络线33625万元、石长复线原长沙西站扩建工程费用9651万元、城际铁路运营贴息补亏费用23642.4万元。遗留问题方面。市铁办协调解决城际铁路、石长铁路等20余个遗留问题，并督促推进高沙公墓征地拆迁工作。涉铁方面。市铁办通过多次组织到广铁集团、武广客专公司协商，70余次现场踏勘、现场办公、会议调度，协调解决涉铁项目施工建设等20余个涉铁问题，并拟定涉铁框架协议条款。日常管理方面。市铁办做好市长信箱、“12345”市民热线、人大建议、政协提案的办理工作，全年完成30余份市民问件和5个建议、提案件的答复，妥善解决代表、委员和市民们反映的8个热点难点问题；全年接访20次，耐心细致地做好百姓的沟通工作；加强与《长沙晚报》《湖南日报》等媒体对接，向社会公众传递铁路项目新的进展情况；组织到广东、上海、成都学习铁路枢纽、空铁枢纽相关经验，到德国参加为期半个月的高铁经济带发展及综合交通枢纽建设的培训会，与外市考察团交流铁路建设、运营经验等。（唐 灿）

【铁路春运服务】 2018年春运始于2月1日，止于3月12日，为期40天，长沙车站发送旅客182.97万人，同比增加24.39万人，增长15.38%；节前高峰2月10日发送旅客5.95万人，同比增加1.14万人，增长23.77%；节后高峰3月3日发送旅客6.21万人，同比增加1.23万人，增长24.78%。普铁长沙站发送旅客156.31万人，同比增加14.54万人，增长10.26%；长沙站城际线发送26.66万人，同比增加9.85万人，增长58.65%。全站运输总收入2.16亿元，同比增加2056.7万元，增长10.51%。

春运安全 在进站口安装14台自助核验闸机，安排5个人工验证口，开满5台安检仪，实行进站旅客全覆盖安检，过机率、手检率100%，日均查获危险品150余件；增设消防器材箱3个、灭火器40具，增配35套反恐器具，筑牢屏障、严密卡控；春运期间，车站未出现旅客滞留积压现象，旅客进站上车、乘降组织平稳有序。

购票服务 推进互联网购票和手机购票，除传统的现金支付和银联卡支付外，增加云闪付、微信和支付宝支付功能，并将功能延伸至到站补票；开设零散务工服务窗口，为重点地区务工人员进行精准售票；开设学生专窗和军人依法优先专窗；将余票查询二维码张贴在票厅的咨询台、售票窗口，增加微信扫码查询剩余车票功能；设有残疾人专用窗口，提供购票乘车爱心接力服务。

服务品牌 党员突击队、民兵巡逻队、学雷锋服务队、青年志愿者充分发挥作用，帮扶旅客31.6万人次，“小勇爱心驿站”“芙蓉温馨岗”“爱心妈妈屋”“学雷锋服务队”“青年志愿者服务队”“旅客服务中心”“雷锋侠”等服务品牌提升；旅客服务中心为重点旅客提供送站和免费搬运行李服务，春运期间，帮助重点旅客412人，收到表扬信23封、锦旗4面。

春运特色服务 推进“冷暖、保洁、供水、照明、除臭”五项整治工程，落实站场环境卫生责任制，维持清新、干净、卫生的环境；指定专人负责空调温度调节，通过增设洗手液、绿色植物、厕所用纸、配置鼓风机、环保除臭设备、空气清香系统等措施，将厕所进行改造提档升级；对车站售票厅、广场雨棚、进站大厅、候车室、卫生间、站台以及各城际站点进行烘托春节氛围的装饰装扮，悬挂灯笼100余个，窗花贴纸300余张，包柱面积近150平方米，安装IP广播，播放具有节日氛围和长沙地域特色的背景音乐，提升旅客候车体验。

智慧春运成果 运用智慧车站建设项目，在旅客安全智能防护、旅客服务智能交互等方面广泛运用，践行人防、物防、技防“三位一体”的理念，运用前沿信息技术，为春运保驾护航；挖掘大数据，运用智慧车站项目首推“精准服务”，研发爱心服务信息系统，自动识别65岁以上的重点旅客，提醒工作人员主动靠前服务；研发重点旅客送站服务系统，为有困难旅客提供送站服务，开发微信小程序，并将候车区域、正晚点等信息提前推送至旅客，让旅客体验管家式服务，运用科技手段增强旅客体验感、获得感，取得了良好的社会效益。（吴 婵）

公　路

【概况】 2018年，长沙市公路总里程16221.63千米，市行政村通达率100%。国道1043.99千米，省道1764.09千米，县道2165.21千米，乡道2690.96千米。（贺正宇）

【公路建设】 2018年，岳望高速建成通车，长益高速复线开工建设。国省干线公路建设推进，相关经验在全省进行推介，新增通车里程84.5千米，新开工78.2千米，岳宁大道全线通车，金岳公路、潇湘北路完成建设。全年新改建农村公路1927千米，完成自然村通水泥（沥青）路建设659千米，建成连通工程和扶贫道路568千米，改造危桥20座。办好省、市重点民生实事，完成农村公路窄路加宽87千米，提质改造700千米，长沙市在省重点民生实事农村公路建设年度考核中被评为优胜单位。加强质量安全监管，完善《长沙市农村公路“品质工程”建设工作考核办法》，落实“七公开”制度。农村公路建设项目一次交（竣）工验收合格率100%、优良率逾80%，打造“品质工程”示范项目12个。

（贺正宇 苏 婉）

【公路养护】 2018年，长沙市干线公路优良路率92.7%、农村公路路况PQI中等路率90%，分别超目标6.7个百分点、5个百分点。完成干线公路大中修68.01千米，县道大修50.25千米、中修6.64万平方米。高标准打造全省唯一的省级养护示范公路——永社公路。创建农村公路文明示范路116.7千米、管养示范乡镇4个、建成3个公路服务区。完成安全生命防护工程521.97千米、危桥改造20座，实现四类、五类危桥动态清零。开展“隐患清零”“压实企业主体责任年”“打非治违”等行动，实现安全生产零事故。在雨雪和防汛期间，迅速反应，科学处置，在最短时间内抢通所有公路阻断。引入第三方路况检测评价，建立公路病害基础数据库。规范养护工程设计、招标、监理工作，工程质量合格率100%。推广公路应急、养护新技术，提升公路科技水平。承办第十届全国交通运输行业职业技能大赛湖南选拔赛暨全省公路系统养护技能操作竞赛，并代表湖南省参加全国比赛。在全省4项比赛中，长沙市2个项目获第一名，4位选手获全省“五一劳动奖章”。全国比赛中，2名选手进入全国前十位，分别获评“全国技术能手”“全国交通运输系统技术能手”。（苏 婉）

【客货运输】 2018年，长沙市公路旅客营运车辆3544辆，客运量5888.92万人，旅客周转量412031.41万人千米。长沙市区旅客发送量1593.08万人。公路货物营运车辆69612辆，道路货物运输业37911户，货物周转量4233825.99万吨千米，货运量41265万吨。（贺正宇）

【路政执法】 2018年，长沙市加强治超工作的统筹协调。在全省两次考核中，分别排名全省第二名和第一名。主动担当全省非现场执法试点任务，6月20日在浏阳市启动试点，8月16日在全市11条公路全面实施非现场执法，是全省唯一全面推行非现场执法的市州。非现场执法立案927起、结案255起，结案率27.5%。全年路警联合查处违法车辆6505台，交警处罚记分28873分、行政拘留4人、追究刑事责任2人。交警部门查处干扰非现场执法行为606起。明确行业和属地双重监管责任，采取进驻、巡查、视频监控等方式加强监管，实现全市70家年货运量20万吨以上的砂石基地、矿山、水泥厂、搅拌场等重点源头企业的视频监控100%接入治超信息平台。（苏 婉）

【“路长制”经验全国推广】 2018年，“路长制”作为新时代加强公路工作的“长沙方案”，在全国、全省形成示范。2018年中央1号文件明确要求“加大路长制实施力度”，《中国交通报》进行专题推介，并写入交通运输部《农村公路条例》（征求意见稿）。彰显工作实效。制定“路长制”道路标准、示范路标准，完善会议、巡查、交办督办、通报4项制度，全面建立“一长三员”工作体系。2018年，“路长制”覆盖长沙市全部国、省、县道，50%的乡道和15%的村道。全年市县两级路长办下发通报17份、督办函581份。组织拆除非公路标志2452块，清理摆摊设点1553处，拆除违法棚屋136处，清理马路市场13个，查处涉路违法案件120起。打造特色亮点。因地制宜建设49条“路长制”示范路，里程448.18千米。长沙县注入“和”“孝”元素，创新“党建+”“线上+线下”等模式，做好养路护路工作；望城区在示范线路上设立多处便民广场，方便群众休息、赏景；浏阳市以“路长制”串起一条连接省、县、乡、村道全长71千米的旅游示范公路；宁乡市重点打造道林古城、花明楼、陶咸等一批特色乡村旅游公路。（苏 婉）

2018年10月31日，岳宁大道（高新区段和岳麓区段）全线通车
市公路管理局 供图

【岳宁大道（高新区段和岳麓区段）通车】 10月31日上午9时整，岳宁大道（高新区段和岳麓区段）通车。岳宁大道的建成通车，缩短宁乡与长沙中心城区的时空距离，加快区域融合，优化路网结构，打通东西片区交通联系，完善片区路网建设。该项目2015年开建，建设周期近3年，全长约32.6千米，投资近20亿元，为双向6车道，全线按照一级公路标准施工，不设红绿灯，设计时速80千米，中央全隔离，互通上下。（苏 婉）

水　路

【概况】 2018年，长沙市有湘江、浏阳河、捞刀河等通航河流12条，通航里程573千米。其中湘江75千米为二级航道，浏阳河下游54千米为六级航道，捞刀河下游12千米为七级航道，其余均为等级外航道。2018年，湘江枢纽船闸运行8600闸次，调度船舶4.8万艘次，运载货物7400万吨。（刘晔城）

【水运安全保障】 2018年，长沙市坚持每天对辖区湘江水域不少于1次全面巡航，加强对港口码头的安全监管，实施危险货物进出港及作业许可制度，保障2.5万标箱的烟花集装箱、45.81万吨的成品油装卸、运输安全。组织开展“大检查大整治百日行动”、“强执法防事故”、非法码头整治等专项行动，全年开展执法行动1873次，排查整改各类安全隐患258处，取缔、拆除非法码头12个，下达行政处罚决定书182份，经济处罚88.35万元。（刘晔城）

【水政管理】 2018年，贯彻落实“两集中、两到位”行政审批制度改革，6月1日，市地方海事局进驻市政务服务中心大厅集中受理行政审批和政务服务事项。全年承办行政审批2000余件次，群众满意率100%。推进“互联网+海事”管理服务模式，办理船舶登记658项。在全省率先推出辖区内营运自卸砂船定点检验制度，完成建造（改建）检验船舶8艘次、营运检验船舶668艘次，其中“四客一危”船舶检验46艘次，检验率100%。开展船员违法记分，船员累计违法记分215分。采用向社会购买服务的方式维护航道里程151千米，航标保证率98%，正常率100%。推进船舶进出港电子报港工作，完成进出港报告16458艘次。加强枢纽通航调度和服务管理，修订完善《湘江枢纽海事处岗位工作制度汇编》，发放《湘江枢纽便民服务卡》，全年枢纽船闸运行8600闸次，调度船舶4.8万艘次，运载货物7400万吨。（刘晔城）

【渡运安全保障】 2018年，长沙市地方海事局推进上年洪灾受损严重的28处渡口重建工作，培训渡工150余人次。推进渡运公交化改革，按规定发放渡运公交化省级统筹资金93.6万元。全年安全渡运群众130万人次、车辆12万台次。坚持24小时应急值班，接出警140次。在浏阳河水域开展两次水上搜救和水域环境污染处置应急演练，指导港口企业开展应急救援演练6场次，提高水上应急处置能力。加强应急装备建设，采购4艘冲锋舟、10艘橡皮艇用于执行抗洪抢险救援任务。加强与市气象局、市应急办的联系，发送预警提示信息2.3万条。推进对口帮扶点浏阳市小河乡皇碑村农村饮用水工程项目建设，争取到项目资金50万元。组织开展“爱心认购”行动，帮助皇碑村解决大蒜等农产品滞销的难题。组织开展志愿帮扶活动，为留守儿童和家庭贫困儿童捐赠助学款3850元。（刘晔城）

【长沙铜官港开港运营】 2018年8月，长沙铜官港获国家“港口经营许可证”，开港运营。由湖南省水运建设投资集团与望城区政府共同投资开发建设的铜官港区，位于湘江干流长沙枢纽下游右岸，是“十三五”时期长沙规划发展的重要港区之一，对于进一步打通湘江水运物流通道，完善湘江新区和望城高新技术产业开发区配套功能，对接“一带一路”和“长江经济带”，促进湖南外向型经济发展，提升长沙乃至湖南的综合竞争优势均具有重大意义。铜官港区规划分3期建设2个2000吨级（兼顾3000吨级）件杂货泊位、5个3000吨级（兼顾5000吨级）多用途泊位以及2个商品汽车滚装泊位。一期码头设计吞吐量60万吨/年，总投资约1.6亿元，2016年8月开工建设，2018年2月完成交工验收。2018年4月28日，长沙铜官港区开港试运行以来，坚持“环保优先、安全第一”的原则，提高港区作业能力。完善各项运营管理制度，特别是安全生产制度，严格规范各项安全生产法律法规和操作技能培训，确保持证上岗；完成取得港口经营许可证的各项前置工作，通过各职能部门的监督检查，通过铜官港区一期工程消防验收、安全设施和环保验收，完成水上及陆域环境应急预案、职业病危害控制效果评价报告、安全生产专项应急预案的编制和备案工作，完成试运行方案的编制，并通过专家评审。（刘晔城）

2018年8月，长沙铜官港开港运营　　市地方海事局 供图

民用航空

【概况】 2018年，长沙黄花国际机场完成旅客吞吐量2526.6万人次，保障运输起降18.6万架次，同比分别增长6.3%、4%，旅客吞吐量全国排名第14位，其中国际及地区旅客吞吐量247.1万人次，同比增长10.8%。完成主营业务收入11.56亿元，同比增长12.05%；实现利润1306万元。

安全形势　推进企业法定自查，落实民航安全运行平稳可控26条措施，健全日常安全风险管控机制，实施“两巡一报”，做好机坪管制移交、T1启用运行及B平滑道面病害整治不停航施工等重大运行风险防控，全年安全形势整体平稳，实现第24个空防安全年和连年机坪零事故。

生产运营　全年实现旅客吞吐量2526.6万人次，保障运输起降18.6万架次，同比分别增长6.3%、4%，旅客吞吐量全国排名第14位，其中国际及地区旅客吞吐量247.1万人次，同比增长10.8%。先后新增、加密公主港、岘港、胡志明市等国际航线和北京、成都、重庆等国内精品航线，恢复深圳、济州等航线。为补齐货运短板，新增北美哈利法克斯、达卡、马尼拉3条国际全货机航线。全年通航国内外城市143个，航线260余条，营运国内外航空公司61家。

服务品质　长沙黄花国际机场全年航班平均正常率87.15%，高于全国平均水平7.02个百分点，其中6个月中南地区排名第一位，9月全国排名第二位。坚持“文化提品”，与中南传媒合作在楼内设立旅客免费阅览室，建成国内首个“书香机场”。推出39项公开服务承诺，对标虹桥、美兰等机场，改进提升300余个服务项目，完善母婴、残障、卫生间、充电桩等服务设施，强化员工英语服务水平，成为内地第五家、中部首家获“SKYTRAX国际四星”的千万级客流量机场。

智慧机场　立足运行、服务、安全、管理，运用新技术打造智慧机场。优化A-CDM系统，实现全景可视“一张图”运行指挥及电子签单。在安检通道、登机口加装“航信通”，增加自助值机设备，引进全舱式自助行李托运、“出国宝”、智能客服机器人、全息投影人机对话等，推进“全流程旅客自助+智能服务”。融合机场区域内监控、门禁、围界、报警等安防数据，搭建智能安防平台。与新奥燃气合资，联手共建首个国内机场智慧能源管理平台。（寇冠乔）

2018 年 5 月 16 日，中国首个“书香机场”文化主题区开放　　长沙黄花机场 供图

【国内首个“书香机场”建成】 2018 年 5 月 16 日，湖南机场集团与中南传媒共同打造的中国首个“书香机场”文化主题区开放，以“飞阅世界、旅读湖南”为主题。和其他阅读空间不同的是，“书香机场”文化主题区不单是静态的展示，而是静态与动态结合的多媒体阅读空间。人们可以在这里翻阅纸质书籍，也可以通过视频、音频观看内容。“书香机场”文化主题区位置在 T1 航站楼安检口正对面的核心区域，一体两翼的公共阅读和资讯空间展示区面积逾 500 平方米，“书香机场”展示区在设计上沿用具有中南传媒特色的简洁大气、富有张力又文气十足的风格，以圆形书台为中心，向四周散发排列。整体造型似开放的花苞，又如水滴晕开的涟漪。沙发的设计提高旅客阅读舒适感，中心书台展示中南传媒精品图书，开放式书架提供借阅体验，营造轻松舒适的阅读氛围。在书籍的选择上，考虑到旅客的不同需求，准备文学、艺术、生活美学、少儿、科普等 400 余种图书，大多是适合浅阅读的书籍，这些书会根据时间不断更换新的产品。

（寇冠乔）

【黄花国际机场智慧能源管理平台项目】 2018 年 11 月 15 日，湖南省机场管理集团与新奥能源宣布共同成立湖南新奥领航能源发展有限公司，携手建设长沙黄花国际机场智慧能源管理平台。新公司的揭牌仪式在长沙黄花国际机场举行。长沙黄花国际机场智慧能源管理平台项目，是针对黄花国际机场能源系统改革和优化量身定做的建设项目。该项目是新奥能源加快泛能网推广、提高能源效率、创建现代能源体系的举措，是湖南省机场管理集团将长沙黄花国际机场打造为全国首家智慧能源管理机场、创立国际一流机场品牌的重要举措。该智慧能源管理平台旨在依托多能源综合调度与优化系统、负荷预测技术和高级配电网管理系统，实现对机场范围内能源信息、能源设施网络、能源服务的全流程统一管理，实现多主体、多设施、多品类需供动态匹配，有效保障供能安全、可靠、稳定，进一步调结构、提能效、节能减排。项目主要包括 3 大部分：园区级的智慧管理系统建设，包括管理系统、通信硬件和计量仪表；机场内部单位节能改造，包括 T1、T2 航站楼空调末端、配电系统及照明系统打造；T1 能源站改建及能源站自控改造。

（寇冠乔）

经贸合作

ECONOMIC AND TRADE COOPERATION

责任编辑·吴丫丫

招商引资

【概况】 2018年，长沙市实际利用外资及港澳台资57.8亿美元，同比增长10.1%，其中外商直接投资4.2亿美元；实际到位省外境内资金1061.27亿元人民币，同比增长16.7%。全市引进重大招商引资项目183个，总投资额2670.1亿元；引进三类“500强”项目39个，总投资额1058.8亿元。

招商引资总量 2018年，实际利用外资及港澳台资57.8亿美元，占省总额的35.7%，超过全省比重的1/3，其中外商直接投资4.2亿美元，占全省53.4%，超全省比重的1/2。在中部六省省会城市中，长沙市实际利用外资及港澳台资总量和增幅排名第二位。

招商引资项目 从项目类型看，引进世界500强项目22个、中国500强项目17个，其中世界500强企业英国保诚集团、德国大陆集团和中国500强企业亿利洁能股份有限公司、浙商银行首次落户湖南省，累计引进世界500强156家。博世新能源汽车热管理系统项目和杉杉能源正极材料生产基地被评为2018年全省优秀重大招商项目。从投资体量看，其中2亿～10亿元项目101个、10亿～50亿元项目48个、50亿～100亿元项目12个、100亿元以上项目7个。从引进项目产业看，工业制造类项目占比提高。工业制造、能源与城市基础设施、第三产业及其他产业项目占比分别为62.3%、2.6%、36.1%，工业制造类项目占比较上年提高14个百分点。

招商引资结构 2018年，制造业实际利用外资及港澳台资22.07亿美元，同比增长17.07%，增幅超全市实际利用外资增幅7个百分点。长沙市第三产业实际利用外资及港澳台资34.26亿美元，占全市总量的59.27%。金融业等新兴服务业吸收外资速度加快，金融业实际利用外资及港澳台资6.78亿美元，同比增幅32%。

招商引资来源 2018年，长沙市累计吸收港资42.66亿美元，占全市比重73.8%。中建国际（后湖改造建设项目）、通吉供应链（中通产业园项目）、小蚁在线（美团项目）等港资背景重点项目开建，蓝思科技和九龙仓等传统港资企业年内增加投资。日本、德国、荷兰、美国在长沙市投资逾1亿美元，引资额分别为3.56亿美元、2.68亿美元、1.21亿美元、1.1亿美元。

园区招商引资载体 5个国家级园区合计利用外资及港澳台资逾17亿美元，占全市比重近30%。境外世界500强企业大陆集团落户长沙经开区。（周　恩）

【德国卓伯根中国总部项目开工建设】 2018年5月14日，德国卓伯根中国总部项目在湖南湘江新区洋湖新城启动开工，是继瑞典宜家荟聚商业综合体之后，在该区域开工建设的第二家以“家居”为主题的国际商业综合体。省委常委、市委书记胡衡华宣布项目开工。德国卓伯根集团总裁克里斯蒂安·卓伯根，市领导张迎春、夏建平、邱继兴出席开工仪式。作为德国卓伯根集团在中国打造的首个家居商业项目，卓伯根商业综合体占地面积3.8万平方米，总建筑面积19.7万平方米，计划投资约21亿元，打造包括购物中心、公寓、商业街区及地下商业等多种业态的商业综合体。规划2020年主体封顶，2021年购物中心开业。（周　恩）

【市政府与中国电子信息产业集团签署战略合作协议】 2018年5月28日，长沙市人民政府与中国电子信息产业集团有限公司签署工业互联网平台项目战略合作协议，双方将在长沙建设中国电子工业互联网平台。省委常委、市委书记胡衡华，中国电子信息产业集团有限公司董事长芮晓武出席并见证签约。市委副书记、市长、湖南湘江新区党工委书记胡忠雄主持签约仪式。根据协议，双方将在长沙组建中国电子工业互联网平台公司，进一步推动互联网、大数据、人工智能等与实体经济深度融合，致力于打造国家级工业互联网平台和建设国家工业互联网技术创新中心。同时，以工业智脑为核心，重点发展平台建设运营和工业APP研发服务能力，面向制造企业、地方政府和中国电子三类用户，解决制造业核心问题，并将长沙工业云打造为工业互联网云平台，横向整合优质云服务商资源，立足长沙，辐射全省，面向全行业用户提供全生命周期的云服务。（周　恩）

【京东无人车总部项目落户长沙】 2018年6月11日，长沙经开区管委会与京东集团举行京东无人车总部项目签约活动。市委副书记、市长、湖南湘江新区党工委书记胡忠雄出席并见证签约仪式。该次签约，京东集团在长沙经开区投资建设京东无人车产业项目，总投资100亿元。其中京东无人车总部项目3年内总投资20亿元，用地约33.33公顷，分两步实施：一期建设“京东军民融合（长沙）研究院”及“京东无人车（长沙）产品开发中心”，实现智能无人车研发、测试、人员培训以及数据中心管理等职能；二期建设智能制造产业基地，用于智能机器人、智能装备和智能运载工具的生产制造，引进智能机器人、智能装备和智能运载工具产业及其上下游产业。（周　恩　吴素云）

【市政府与中国外运华南有限公司签署框架合作协议】 2018年7月4日，长沙市人民政府与中国外运华南有限公司框架合作协议签约仪式在长沙举行。副市长邱继兴出席签约仪式。该次战略合作，由市政府下属国有独资控股企业长沙交通投资控股集团有限公司与华南外运公司共同投资成立中南国际陆港有限责任公司，双方以“优势互补、合作共赢、共同发展”为原则，共同优化陆港通道，发展国际物流通道。新成立的中南陆港公司作为现行中欧班列（长沙）运营主体，将根据市场需求，新开通往欧洲、东南亚、中亚等国际货运班列线路。中国外运华南有限公司是招商局集团物流板块在华南地区领先的综合物流企业。中国外运华南有限公司将借助招商局集团物流板块的优势，投资主导经营中欧班列（长沙）项目，参与中南国际陆港建设，入驻金霞物流园区，投资建设辐射周边各省的集装箱拼箱中心（CFS中心仓）。（周　恩）

【重大项目签约】 2018年9月4—5日，长沙市人民政府、湖南湘江新区在北京签约一批重大产业项目。省委常委、市委书记胡衡华，市委副书记、市长、湖南湘江新区党工委书记胡忠雄出席并见证签约。京东集团与长沙达成9个方面的合作，共同打造规模化、信息化、现代化智能制造基地，共同发展功能完善、附加值高、竞争力强的电子商务产业体系。具体包括建立京东南方科创总部，共同组建智能科技产业基金，建设京东智能电商运营结算中心、京东无人车总部、京东无人车测试示范基地、智能城市项目、7FRESH 生鲜超市项目、京东 X 无人超市项目、互联网+3D 打印项目。（周　恩）

【德国大陆集团落户长沙】 2018 年 10 月 11 日，长沙市人民政府与德国大陆集团举行全面合作项目签约仪式。省委常委、市委书记胡衡华，大陆集团中国区总裁兼首席执行官汤恩出席并见证签约。签约仪式上，德国大陆集团分别与长沙市人民政府、湘江新区管委会、长沙经开区管委会签署协议。合作内容涉及多个领域，重点包括智慧出行、高新技术、产业基金、中央电子工厂等。其中，位于长沙经开区的中央电子工厂项目是大陆集团在长沙的重要项目，也是其在中国区设立的第 28 个实业投资项目。大陆集团 1871 年始建于德国汉诺威，2018 年位列世界 500 强第 206 位，是世界第四大轮胎制造商，也是全球五大汽车零部件供应商之一，其汽车电子设备制造居全球前三位。（周　恩）

【市政府与百度公司签约共同打造“自动驾驶之城”】 2018 年 10 月 29 日，长沙市人民政府、湖南湘江新区管委会与百度公司在北京签署战略合作协议，双方携手共建自动驾驶与车路协同创新示范城市。省委常委、市委书记胡衡华出席签约仪式。双方合作依托百度 Apollo 自动驾驶生态资源与长沙智能网联产业基础，为长沙市打造自动驾驶共享出行与车路协同“城市新名片”。百度 Apollo 在长沙指定区域和开放道路探索智能共享出行新模式，国内首批自动驾驶出租车在长沙规模化落地测试运营，打造 Apollo Bus 智能公交示范路线，推动公共出行的智能化升级。同时，Apollo 无人驾驶小巴也将在封闭园区和景区商业化落地，服务园区内乘客。（周　恩）

【市政府与腾讯公司签订框架合作协议】 2018 年 11 月 28 日，长沙市人民政府与腾讯公司签订框架合作协议，双方将在智慧城市、电子政务、大数据等领域加强合作。省委常委、市委书记胡衡华出席并见证签约。市委常委、市委秘书长夏建平主持签约仪式，副市长邱继兴出席。根据协议，腾讯（长沙）智慧产业总部将落户湖南湘江新区，打造研发、培训平台，建设腾讯云启（长沙）基地项目，打造本地化智慧应用解决方案交付与服务，提升华中地区客户服务能力。腾讯公司还将设立云启研究院以建立智慧科技研发集群，建设腾讯人工智能科研教学平台，快速提升长沙人工智能研发和人才培养能力，并与长沙市本地高校共建腾讯人工智能学院及实训基地，培养人工智能高端人才，打造人工智能培养基地。（周　恩）

对外及港澳台贸易

【概况】 2018 年，长沙市对外及港澳台贸易实现进出口总额 193.8 亿美元（人民币完成 1283.4 亿元），比上年（同比，下同）增长 40%（人民币增长 36.8%），高于全省 10.9 个百分点，高于全国 27.4 个百分点。其中：出口 124.1 亿美元，增长 42.5%；进口 69.7 亿美元，增长 34.6%。进出口总额占全省总额的 41.7%，较上年提升 3.2 个百分点。长沙市外贸依存度由 2017 年的 8.9% 提升至 11.7%。2018 年，长沙市与世界 214 个国家和地区有贸易往来，其中对美国双边贸易额 20.1 亿美元，增长 34.6%；对韩国双边贸易额 14.1 亿美元，增长 33.1%；对日本双边贸易额 13.8 亿美元，增长 17.5%。同期，对欧盟贸易额 30.9 亿美元，增长 37.3%；对东盟贸易额 27.4 亿美元，增长 27%；对非洲贸易额 7.3 亿美元，增长 90.5%；对“一带一路”国家贸易额 53.9 亿美元，增长 35.6%。

一般贸易为主要出口方式，加工贸易增长较快。2018 年，长沙市一般贸易完成进出口 150.1 亿美元，增长 40%，占同期全市进出口总额的 77.5%；其中，出口 99.6 亿美元，增长 49%；进口 50.5 亿美元，增长 25%。加工贸易完成进出口 39.3 亿美元，增长 37.6%；其中，出口 23.8 亿美元，增长 22.7%；进口 15.5 亿美元，增长 69%。创新贸易发展方式，推动多种贸易方式共同发展，全年其他贸易方式实现进出口 4.4 亿美元。

民营企业为进出口主力，外商投资企业增幅强劲。2018 年，民营企业完成进出口 122.2 亿美元，增长 62.8%，占全市进出口总值的 63%。同期，外商投资企业完成进出口 58.7 亿美元，增长 13.5%，占比 30.3%；国有企业完成进出口 12.9 亿美元，增长 7.4%，占比 6.6%。

机电产品、高新技术产品占据主导地位，占比较上年有提升。2018 年，长沙市机电产品实现进出口 106.6 亿美元，增长 32.2%，占同期全市进出口总值的 52.7%（同口径，下同）；高新技术产品实现进出口 35.5 亿美元，增长 21.3 %，占 17.5%。高新技术产品和机电产品占全市进出口总值的 70.2%，较上年提升 5.2 个百分点。农产品进出口额 11.1 亿美元，增长 24%，占同期全市的 5.5%（同口径）。出口方面，传统优势产品中，烟花、爆竹出口 4.5 亿美元，增长 23.1%。劳动密集型产品中，服装出口 7.6 亿美元，增长 63.6%；纺织纱线、织物及制品出口 3.5 亿美元，增长 103.2%；其他产品中，钢材出口 3.7 亿美元，增长 44.5%；汽车和汽车底盘出口 3.4 亿美元，下降 3.2%。进口方面，汽车零件进口 4.7 亿美元，下降 8.1%；煤进口 3.2 亿美元，增长 120.8%；汽车和汽车底盘进口 2.9 亿美元，增长 127.8%。

企业主体　2018 年，长沙市有外贸进出口实绩的企业 2202 家，其中 1000 万美元以上企业 293 家，较上年同期增加 97 家，实现外贸进出口 172.3 亿美元，占全市外贸总量的 88.9%。1 亿美元以上企业 27 家，5000 万～1 亿美元的企业 39 家，分别较上年同期增加 6 家和 13 家。

外贸平台建设　9 月 28 日，长沙市获批市场采购贸易方式试点，研究制定出台《长沙市市场采购贸易综合管理办法》，推进相关工作。12 月 6 日，启动并实现“首单试单”，长沙市市场采购贸易方式试点进入正式实施阶段。支持海关特殊监管区建设，黄花综合保税区完成进出口额 26.8 亿美元，同比增长 249%；金霞保税物流中心完成进出口额 9.6 亿美元，同比增长 108.3%。实现外贸“破零”企业 661 家，“倍增”企业 333 家。长沙市获批茶叶国家

级外贸转型升级基地和纺织国家级外贸转型升级基地。推进自贸区复制推广工作，推广77项试点经验。（周　恩）

【服务外包】 2018年，长沙市服务外包产业发展规模扩大。长沙市服务外包总执行额29.5亿美元，同比增长18.33%，其中在岸执行额22.6亿美元，同比增长19.06%；离岸执行额6.9亿美元，同比增长16.4%。服务外包执行金额1000万美元以上的企业81家，同比增加18家。2018年，商务部公布的“2016年服务外包示范城市综合评价测评结果”中，长沙市在31个示范城市中排名第19位，在中西部地区排名第一位。商务部在2018年12月召开的“服务贸易统计、服务外包和软件出口业务培训会”上，对长沙在服务外包示范城市落实战略、辐射带动作用等方面所开展的工作与取得的成效给予肯定。品牌建设与市场拓展力度加大。举办“长沙市服务贸易及服务外包企业‘走出去’推介会”，召开服务外包企业资质认证培训对接会。2018年，34个企业获新的服务外包国际资质认证，3家企业获评“全国服务外包百强成长企业”，长沙中电软件园入选“中国最具影响力科技服务园区十强”。人才培训。2018年，认定6家培训机构为长沙市服务外包人才培训基地，全市服务外包人才培训基地总数逾30家。产业发展环境优化。2018年度争取省市两级扶持资金2024.7万元，全市11个园区通过“湖南省服务外包示范基地”评估及重新认定。（周　恩）

【服务贸易及服务外包企业“走出去”推介会】 2018年3月22日，2018年长沙市服务贸易及服务外包企业“走出去”推介会在长沙中电软件园举办，主题为“搭平台、拓渠道，动员企业‘走出去’”。会议由市商务局主办，长沙中电软件园承办，省内100余家相关企业参会。长沙市商务局副局长毛鹏程致辞，湖南省商务厅副厅长罗双峰出席会议并介绍京交会及2018年组织参展的情况。岳麓区商务局组织公信诚丰、世联兴业、58众创等10余家企业负责人参加活动。大会为企业搭建交流平台，拓展发展渠道，动员省内相关企业积极参展，实现“走出去”的目标。（周　恩）

【服务外包企业资质认证培训对接会】 为提高服务外包企业国际资质认证水平，推动服务外包示范城市建设，2018年7月3日，2018年长沙市服务外包企业资质认证培训对接会在长沙高新区召开。会议由市商务局主办，长沙市信息和软件服务外包协会、SGS通标公司等协办，全市110余家服务外包企业参会。会议内容以国际资质认证培训，咨询机构、认证机构与服务外包企业对接和交流为主。SGS通标公司相关人员就信息安全管理、质量管理体系进行培训，长沙冉达信息科技有限公司相关人员对开发能力成熟度模型集成（CMMI）、开发能力成熟度模型（CMM）等内容进行讲解。（周　恩）

【参加首届中国国际进口博览会】 2018年11月5—10日，首届中国国际进口博览会在上海举行，由商务部、上海市人民政府主办，主题为“新时代，共享未来”。130余个国家、2800余家企业参展，200余家世界500强和行业龙头带来100余项新产品和新技术。长沙交易分团采购企业占湖南交易团的近1/3，包括进口贸易企业、批发零售企业、各类经销商代理商、电子商务企业、生产制造和服务企业等，采购重点涉及智能和高端制造、日用消费品、服务等多个领域。代表企业有蓝思科技、广汽菲亚特克莱斯勒、三一、山河智能、友阿、通程、步步高、澳优乳业、湖南高桥大市场等。博览会期间，长沙交易分团参加“湖南—中东欧经贸推介暨商品采购对接会”“湖南英国商品服务采购对接会”“湖南巴西商品采购对接会”等配套活动。（周　恩）

【湖南高桥大市场市场采购贸易方式“首单首试”仪式在长沙举行】 2018年12月6日，湖南高桥大市场市场采购贸易方式“首单首试”仪式在湖南高桥大市场国际商品展示贸易中心举行。湖南省副省长何报翔，省商务厅党组书记、厅长徐湘平等领导出席仪式，省政府副秘书长罗建军主持仪式。9月29日，商务部、国家发展改革委、财政部、海关总署、国家税务总局、国家市场监管总局、国家外汇局七部委联合发文，同意湖南高桥大市场开展市场采购贸易方式试点，为湖南新添出口便利化政策平台。市场采购贸易方式试点是国家推动外贸创新发展和培育外贸新业态新模式的重要战略举措，指由符合条件的经营者在经国家主管部门认定的市场集聚区内采购的、单票报关单商品货值在规定限额以内、并在指定口岸办理出口商品通关手续的新型贸易方式。湖南高桥大市场是继义乌国际小商品城等8地之后成为该轮6家获批试点市场之一，是湖南省唯一一个获批市场采购贸易方式试点的区域。（周　恩）

2018年12月6日，湖南高桥大市场市场采购贸易方式“首单首试”仪式举行
市商务局　供图

【2018 年中部（长沙）进口博览会】 2018 年 12 月 5—9 日，首届 2018 年中部(长沙)进口博览会在长沙举办，由湖南省商务厅和长沙市人民政府联合主办，长沙市开福区人民政府承办，长沙金霞经济开发区管理委员会、长沙金霞保税物流中心管理委员会协办。主题为“开放中部 采购全球”，展会设 6 大展区，展出面积 2.6 万平方米。美国、德国、英国等全球 47 个国家和地区的 410 家企业参展，其中，塔吉克斯坦、孟加拉、白俄罗斯、斯里兰卡等多个“一带一路”沿线国家驻华大使馆率代表团参展。吸引湖南省 11 个市州 25 个行政代表团、422 家采购商观摩和采购。40 万余人参与，近 3 万人进入展会电商平台进行销售与洽谈。展出产品涵盖家具用品、家电数码、食品酒水等品类。同期举办签约仪式、进口贸易论坛、连锁商超采购对接会等专题活动。为期 5 天的中部（长沙）进口博览会，线上线下交易与意向签约总金额 38.16 亿元，其中现场交易 3.87 亿元。（周 恩）

境外经济技术合作

【概况】 2018 年，长沙地区（含省管企业）新增境外投资项目 54 个，投资总额 6.13 亿美元，其中长沙方合同投资额 4.5 亿美元。市属新增境外投资项目 48 个，境外投资总额 5.02 亿美元，其中长沙方合同投资额 3.43 亿美元。全年新签合同 58 份，业务分布仍以亚洲、非洲为主，新签合同额 17.35 亿美元，完成营业额 28.31 亿美元。全市对外劳务合作经营企业 14 家，全年外派劳务 19774 人次，月末在外 2.94 万人。2018 年，长沙市境外投资主要流向商务服务业、制造业、批发和零售业，占比分别为 16.67%、14.58%、11.11%。房地产、酒店、娱乐等行业受国家境外投资政策调整的影响，呈明显下降趋势，房地产、酒店及娱乐等限制类的境外投资没有新增项目。

（周 恩）

【“一带一路”沿线国家投资】 2018 年，长沙市分布在“一带一路”区域的境外投资项目 31 个，占全市境外投资项目总数的 64.58%；累计投资总额 8747.88 万美元，其中长沙方合同投资额 6154.77 万美元，主要涉及商业服务业、投资控股、科技推广和应用服务业、农副食品加工业等行业。2018 年，长沙地区企业在“一带一路”沿线 24 个国家和地区新签合同额 8.37 亿美元，完成营业额 14.48 亿美元，占比分别为 48.25%、51.15%，同比增长分别为 14.5%、18.49%。重点项目有中建五局承包的埃及 CBD 项目，合同额约 4.37 亿美元，建工集团承建的孟加拉拉杰沙希地表水处理厂项目，合同额约 3.25 亿美元。（周 恩）

【对外工程承包】 2018 年，长沙市对外承包工程主体持续增长，对外承包工程企业数量 86 家，较上年新增 5 家，其中 30 家有业绩，较上年增加 4 家。新签合同额在 5000 万美元以上的 10 家，较上年增加 1 家。完成营业额在 5000 万美元以上的有 9 家，较上年增加 2 家。水电八局、中建五局、中南勘测设计研究院、湖南路桥 4 家企业入榜 2018 年中国对外承包工程 100 强。对非承包工程市场拓展。2018 年，全市对外承包工程和劳务合作在非洲地区新签合同额 5.89 亿美元，完成营业额 13.23 亿美元，占比分别为 33.94%、46.75%。项目分布在阿尔及利亚、乌干达、尼日利亚、贝宁、赞比亚等 28 个国家和地区。重点项目有中建五局承包的阿尔及利亚南北高速公路项目，合同额约 2.8 亿美元，省电力设计院承包的赞比亚 FTJ 和 Chiluba 大学城项目，合同额约 2.25 亿美元。（周 恩）

【劳务合作】 2018 年，长沙市对外劳务合作除建筑业仍占主要优势以外，外派高级技术人员比例逐年增长，发达国家专业技术人员、高级护理、管理人员等高层次行业市场扩大。欧美地区外派人员 1215 人次，同比增长 41.44%。宁乡市、浏阳市、望城区和长沙县 4 个对外劳务合作服务中心完善自身建设，为全市劳务人员和境外投资合作企业免费提供咨询报名、信息发布、人员推荐、洽谈面试、培训学习和回国人员就业指导等服务。（周 恩）

【驻东帝汶商务代表处授牌仪式】 2018 年 11 月 8 日，长沙市驻东帝汶商务代表处授牌仪式在长沙高新区国际科技商务平台举办，并召开中国（长沙）—东帝汶商贸和旅游投资项目对接会，湖南懒猫旅行社、湖南兴旺集团等 30 余家企业代表参加对接会。会上，东帝汶招商投资局局长 Mr.Arcanjo da Silv 从工作语言、人工成本、主导产业等方面向与会企业介绍东帝汶的投资环境，并表示，东帝汶在进出口方面有很大的发展空间，其将加入东盟，为企业在市场开发方面提供更多的平台，希望能够通过长沙市驻东帝汶商务代表处加强双边企业的沟通交流。在介绍完东帝汶相关投资情况后，进行自由交流环节，与会企业根据自身对外发展问题向东帝汶相关负责人提问并获得解答。2000 年至 2018 年 6 月底，长沙市在东帝汶的投资项目累计 3 个，均为独资项目，累计投资总额和中方合同投资额均为 1000 万美元。2014 年，长沙市启动东帝汶（湖南）农业高新技术开发区的规划建设，引进诚扬生物、绿博东盛和合富公司共同投资；南部生产区开发 100 余公顷土地，启动水稻制种 60 公顷，辣椒制种 1.33 公顷，水稻、玉米农场开发 40 公顷，带动周边开发以水稻、玉米、木薯为主的粮食开发 1 万公顷，每年为东帝汶增产粮食 2 万余吨，带动当地就业人数 2200 余人。

（周 恩）

经贸促进

【概况】 2018 年，长沙市贸促会创新工作思路，发挥职能作用，推进全市外向型经济发展。

完成首届“国际商事法律合作论坛”承办工作。11 月 28—29 日，650 余名代表参加，全球商法权威机构、业内知名专家聚集。期间，市贸促会植入长沙专场推介活动。组织非洲电商平台 Kilimall 负责人、长沙海外人士外贸产业基地与 35 名外宾、50 余名企业代表进行对接。

围绕“中非”合作重点，开展招商引资工作。在 2018 中国（湖南）—非洲经贸交流活动周期间，市贸促会了解到非洲第二大电商平台 Kilimall 公司的发展情况，与该平台建立起联系，宣传长沙招商引资和人才引进政策，推荐 kilimall 将总部迁往长沙。市贸促会向市政府提出引进 kilimall 总部项目的建议，提请市政府协调解决相关问题，Kilimall 公司落户长沙高新区。平台被列入中非经贸博览会子平台，成为中国品牌进入非洲的重要通道。

推动企业国际化经营。开展培训。市贸促会邀请中国贸促会等权威专家到长沙授课，举办专题法律培训与会员沙龙活动3次，累计参会企业600余家。举办由长株潭企业、30余家律所参加的“企业合规与国际贸易风险防控”培训，及“出国展览知识培训”“袁南生谈中美朝关系”等专场，释疑解惑，增加企业信心。联手长沙县，为企业进行国际贸易风险防控知识讲解。联手长沙市进出口商会，举办“进出口企业面临之机遇与挑战主题沙龙”，帮助企业建立进出口风险管理体系和健全纠纷解决机制，提高企业法律意识与风险防控能力。法律服务。收集整理企业涉外法律问题及诉求30余件，帮助企业规范合同20余份，提供法律咨询服务224次，受理企业经贸投诉案件8件，发布经贸预警信息47条。调整工作重点，充分用活、用好政策，将对企业维权援助、风险调查纳入贸促市场开拓资金补助范畴。7家涉案金额4500万元的中小企业，申报法律援助专项资金补贴。开拓中亚市场。10月，市贸促会到新疆拜会新疆贸促会、新疆华特信息网络公司，就中亚五国市场拓展等相关事宜进行沟通，有效嫁接新疆贸促会搭建的中亚五国平台。借力华特公司，利用“华特”搭建的中亚五国电子商务平台和国家商品展示馆的建设，拓展国际贸易，为长沙企业“走出去”提供空间。

（李　婕）

2018年11月28—29日，中国贸促会副会长卢鹏起（左十）出席“2018国际商事法律合作论坛”并与长沙市贸促会全体干部职工合影　　市贸促会　供图

【“进出口企业面临之机遇与挑战”涉外法律主题沙龙】 2018年5月16日，“进出口企业面临之机遇与挑战”法律主题第一期沙龙在长沙举行，由市贸促会主办，中国贸促会（长株潭）法律服务中心与长沙市进出口商会共同承办。中国水利水电第八工程局有限公司、湖南嘉德集团、浩通国际货运代理公司等29家企业有关负责人、法律人士、国际市场开拓部门负责人参加活动。市贸促会从搭建平台、研发项目、拓展服务、整合资源等方面，为企业走出国门提供大量公益服务和专业的保障。市贸促会加强涉外法律服务团队和机构建设，发展壮大涉外法律服务队伍，创新涉外法律服务方式，提高涉外法律服务质量，加强涉外法律服务培训，帮助企业建立进出口风险管理体系和健全纠纷解决机制，推动企业“走出去”。

（李　婕）

【首届“2018国际商事法律合作论坛”在长沙举行】 2018年11月28—29日，“2018国际商事法律合作论坛”在长沙市举行，由中国贸促会主办，长沙市人民政府、中国贸促会商法中心联合承办，长沙市贸促会执行承办。该次论坛是落户长沙后的首届，以“新时代、新平台、新机遇”为主题，650余名代表参加。40个国家的100余名境外嘉宾参加，其中包括9名副部级官员及27个国家的驻华使节。26家国际知名商事争端解决机构、境外19个国家的律师事务所的代表以及世界500强中21家国企、民企和外企的总法律顾问或首席合规官与会交流。16家央媒在内的30余家海内外主流媒体进行报道。论坛组织非洲电商平台 Kilimall 负责人、长沙海外人士外贸产业基地与35名外宾、50余名企业代表进行对接。马来西亚青年部副部长颜炳寿与长沙海外人士外贸产业基地达成合作意向，马方将组织本地商协会、企业具体详细对接入驻基地事宜。马来西亚6家律所到基地现场考察与洽谈。郑今智及莎莉娜律师馆向其服务的东南亚企业推介基地。ALSSCO 律师事务所与基地签订入驻合同。湖南省律协及长沙市律协与柬埔寨律协进行专场对接。墨西哥 Santamarina steta 律师事务所与律回网络技术公司当场签订战略合作协议。黑山大使达尔科·帕约维奇希望与长沙建立友好合作城市。

（李　婕）

开发区

DEVELOPMENT ZONE

责任编辑 • 刘盼盼

综 述

【概况】 2018年，长沙市有国家级园区5个、省级园区8个、参照省级园区管理1个。园区规模工业企业1471家，占比50.9%；规模以上工业企业前100强91家在园区，产值过亿元企业759家，引进的世界500强企业均落户园区。2018年，园区规模工业增加值同比增长12.3%，比全市平均增速高4.1个百分点，园区工业投资同比增长21.4%，总量占全市工业固定资产投资的62.3%。2018年，园区累计新引进投资1000万元以上工业项目364个，其中，过亿元以上项目176个，计划总投资1236.6亿元；累计新开工投资1000万元以上工业项目420个，其中，过亿元以上项目152个；累计新竣工投产投资5000万元以上工业项目220个，其中，过亿元以上项目181个，实际完成投资254.1亿元。（符 彬）

【全市重大产业项目流动观摩会】 2018年12月19—20日，长沙市举行重大产业项目流动观摩会。省委常委、市委书记胡衡华，市委副书记、市长、湖南湘江新区党工委书记胡忠雄与各区县（市）、园区和市直部门负责人先后观摩了后湖科创·文化产业园、国家智能网联汽车（长沙）测试区、杉杉能源等15个重大项目，并现场对各个项目、园区、区县（市）进行评分排位。2018年，全市铺排重大项目1050个，年度预计投资3156亿元。2018年前11个月，长沙实际完成投资3421.7亿元，占年度计划的108.4%；1—11月全市计划新开工项目605个，实际新开工项目573个，开工率94.7%；全市引进500强项目33个，总投资1003亿元。（符 彬）

【2018长沙园区招商展暨京湘（长沙）产业对接会】 2018年12月21日，2018长沙园区招商展暨京湘（长沙）产业对接会在长沙国际会展中心举行。此次展会展示长沙市各园区要素优势、区位优势，产业优势、优惠优势，以“大平台、精对接、细洽谈”的理念，各园区围绕主导产业、重点产业、新兴产业开发包装一批重点项目，推动展览与洽谈充分结合、项目与客商全方位对接。展会同期还举办赣湘合作试验区上栗产业园（长沙）投资洽谈会、首届湘商文化品牌大会暨纪念王船山400年诞辰活动启动仪式、法中跨境贸易园区经济论坛、互联网＋产业园＋楼宇经济高峰论坛、企业股权投资及涉税风险管控论坛等7个企业家主题论坛活动，并为参展园区定制举办同期活动，精准务实地服务于参会优秀产业园区的招商对接。当日受邀到会的“投资长沙意向京企”携投资项目参会57家，拟投项目63个，分布于13大产业链，其中500强企业10家，央企上市公司22家，外资、跨国企业4家，行业知名企业12家，此次拟投向长沙意向总金额近700亿元。（符 彬）

【园区工作座谈会】 2018年8月31日，省委常委、市委书记胡衡华主持召开全市园区工作座谈会，结合市党政代表团到广州、深圳、东莞的学习考察，与市直部门、园区负责人座谈交流，并就学习借鉴广东的好经验、好做法，推动长沙园区高质量发展、新旧动能转换提出明确要求。市委副书记、市长、湖南湘江新区党工委书记胡忠雄出席并讲话。胡衡华要求各园区坚持问题导向，勇于自我革命，经常自加压力，市委、市政府将在年底对各园区的成绩进行评定排名，充分发挥“指挥棒”效应。（符 彬）

国家级开发区

•长沙高新技术产业开发区•

【概况】 2018年，长沙高新技术产业开发区（以下简称“长沙高新区”）“一区四园”企业总收入逾6000亿元，其中麓谷园区企业总收入3602.2亿元，增长12.5%；完成全社会固定资产投资217.5亿元，增长12.3%；财政总收入175.84亿元，增长75.4%，税收收入102亿元。综合实力在全国168个国家高新区综合评价排名第12位，在“中国产业园区竞争力100强”排行榜中，位居第十位。

实体经济 2018年，全年新增注册企业6570家，增长31.4%，企业总数逾26700家。新增“四上”企业107家，产值过亿元的规模工业企业89家，过10亿元规模工业企业17家，规模工业企业利润增长20%以上。主导产业“两主一特”总产值首次跨入千亿元级阵营。智能制造优势突显。三诺生物、远大住工、科霸汽车3家企业获批2018年国家级智能制造项目，全年新增市级以上智能制造示范企业44家，市级以上智能制造试点示范企业（项目）总数106个，其中国家级14个，占全市50%，占全省32%；获批建设长沙人工智能产业集聚区，成立人工智能产业技术研究院、湖南省人工智能产业联盟，高效运营智能制造研究总院等服务平台。军民融合加快发展。聚集军民融合企业155家，收入逾300亿元，占全市1/3。国家北斗产业专业特色示范园区落户，共建全国唯一的军民融合先进技术研究院，中电软件园、中森通信、北云科技等企业获国家1亿元资金的项目支持，多个军民融合项目相继开工。“四新经济”布局加速。启动建设区块链产业园、和包支付产业园、网络安全产业园，连续五年举办“互联网岳麓峰会”，打造中国互联网行业品牌。全年引进互联网企业总部项目11个，增加移动互联网规模以上企业83家，互联网企业总数6671家，互联网从业人员15万人。此外，以先进储能材料产业为主的新材料产业实现29%的超高速增长，杉杉能源连续多年蝉联全球锂电正极材料出货量最大企业，长远锂科也进入全国前十位。

招商引资 全年签约重大产业项目67个，总投资745亿元，其中，引进投资过100亿元项目2个，投资过50亿元项目2个，世界500强企业项目5个，新签约投资额10亿元以上重大项目12个，项目数量及投资额度稳居全市园区首位。项目建设。北斗微芯、中兴通讯等60个重大产业项目入选省“五个100”重点工程，湖南首个投资1000亿元的中联智慧产业城项目落地，杉杉能源、桑德汽车等31个项目实现开工，中国通号长沙产业园、中国联通云数据中心等26个项目实现竣工。项目规模、建设进度、开工数量、投资质量均创园区历史新高。产业链建设。以增材制造、移动互联网、自主可控及信息安全、航空航天（含北斗）四大牵头产业链为核心，做强7大产业链板块，推进17个产业链建设。全年新增国家级产业链平台4个、省级产业链平台15个，组建长沙增材制造共享中心，成立自主可控及信息安全产业联盟，建立全省首个3D打印学院。名企名牌。中联重科位居世界工程机械50强企业榜单15强；天仪研究院、航升卫星、斯北图科技上榜“中国商业航天30强”；益丰大药房、梦洁家纺等7家企业上榜“湖南省民营企业百强”；安克创新、威胜集团等11家企业上榜“湖南百强企业”。中联环境发布全球首款无人环卫作业车；光琇—自兴联合发布全球首款人类染色体智能分析云平台；长缆科技发布500千伏交直流电缆附件新品，填补国内该领域的技术空白；九芝堂、金杯电工获评长沙首届市长质量奖。

科技创新　获批科技资源支撑型国家创新创业特色载体，获国家专项资金支持5000万元。知识产权实力稳居湖南省第一。全年企业专利申请量7689件，专利申请及授权量长期居全省第一位。中国（长沙）知识产权保护中心、湖南省知识产权（长沙）综合服务中心揭牌落户，为高新区知识产权发展注入全新动力。自主创新。全年高新技术企业总数888家，总数占全市38%、占全省19%。企业研发经费占规模工业增加值的比重15%以上，96.5%的规上企业大幅提升研发投入。中联重科、中冶长天等6家企业7项专利获2018年中国专利奖，科力远、科霸动力电池等3家企业主持的项目获得国家科学技术进步奖。新增市级以上技术创新平台33个；华自科技获批国家级平台，全区累计获批国家级平台77个。新增科技部“科技创新创业人才”4人，省“百人计划”专家7人，新引进国防科大退役人才78名；新认定市高层次人才292人，占全市48%。人才总量逾18万人，位居全省园区首位。科技金融融合。上市挂牌企业全省领先。全年新增IPO企业1家，新三板企业7家。全区上市企业总数42家，占全省的35%、全市的63%以上，总市值6350亿元。新三板挂牌企业74家，占全省的31%、全市的53%。新认定瞪羚企业72家，总数150家。新增80家企业进入省、市重点上市后备库，居全省第一位。

发展环境改善　“多规合一”编制完成，基础设施建设强力推进，全国首批“地下综合管廊”试点项目主体验收完成，全年实现30千米道路基本建成和通车。征拆扫尾工作。全年拆迁面积385.47公顷、腾地面积221.4公顷、安置人口3589人，超额完成既定目标任务。营商环境。在全省率先启动国务院“证照分离”改革试点，推动工业项目审批效率提高4倍，企业申报材料压缩32%，97%的政务服务事项实现“最多跑一次”；出台区块链产业政策、外向型经济政策，全年全区对企业资金总支持兑现金额超过20亿元。教育、医疗、卫生、文体、食药和文明创建工作深入开展；被征地农民全部纳入社会保障体系，城乡居民养老保险和基本医疗保险参保率分别为99%、98%。　（李　欣）

【首届湘以科技创新经贸对接会在高新区举行】 2018年6月6日，第一届湘以科技创新经贸对接会主题大会在长沙高新区举行，400余家湖南企业与近百家以色列企业现场接触。此次经贸对接会是湖南首次聚焦以色列这个“一带一路”沿线国家，突出西亚这个重点深耕的区域。会议重点聚焦医疗健康、电子信息、清洁技术、现代农业等领域，有利于促进湖南产业与以色列先进技术融合。对接会上7个项目签约，分别是：以色列BSP公司、贝斯特布朗公司、尼卡斯特公司、瑞敏迪公司分别与中以生物科技有限公司组建合资公司或股权转让等；以色列IDE科技、佛伦斯两家公司分别与株洲天桥奥悦冰雪科技有限公司、湖南航天凯天环保科技股份有限公司开展冰雪领域科学研究、水处理项目；长沙银行与中以生物科技有限责任公司、西南证券湖南分公司建立麓谷国际医疗产业基金。

（李　欣）

【“证照分离”改革试点工作推进会】 2018年7月5日，长沙高新区召开“证照分离”改革试点工作推进会，标志着“证照分离”改革试点工作进入全面推进阶段。“证照分离”改革是指营业执照和许可证审批的改革，主要任务是聚焦办证环节，通过采取改革审批方式和加强综合监管的途径，进一步完善市场准入，解决“办照容易办证难、准入不准营”问题。高新区结合自身实际，第一时间出台实施方案和细则：对纳入改革试点的99项行政审批，按照取消审批、审批改备案、实行告知承诺制、提高审批的透明度和可预期性、强化准入监管5种改革方式，把能分离的许可类的“证”都分离出去，清理规范行政许可，加强事中事后监管，推进信息共享。

（李　欣）

【高新区获全省集约节约用地特等奖】 2018年，在省国土资源厅公布的19个节约集约用地先进单位名单中，高新区获评特等奖，并获40公顷的用地计划奖励指标，成为全省践行节约集约用地管理的样板。拆迁成本高、土地资源紧缺，是近年来困扰高新区发展的一大瓶颈。针对这一情况，高新区整合土地资源，通过与企业及相关单位开展合作，利用将闲置的办公、生产场地，改造为创业孵化场地，坚持“开源”与“节流”并举，着力在优化资源配置、拓展用地空间、规范运作管理等方面下工夫、求突破，通过立体式拓展，发挥土地空间。　（李　欣）

【新增10个省级创新平台】 2018年8月1日，湖南省科技厅发布《关于批准2018年度湖南省重点实验室、工程技术研究中心和科技基础条件平台组建立项的通知》，根据《湖南省重点实验室建设与运行管理办法》《湖南省工程技术研究中心管理办法》和《湖南省科技基础条件平台建设管理办法（试行）》，湖南省科技厅决定批准电力电子装备与电力电子化电力网络等44个湖南省重点实验室、机器视觉与智慧医疗等61个湖南省工程技术研究中心和湖南省直单位文明创建信息化服务平台1个科技基础条件平台组建立项。其中，麓谷共新增10个省级创新平台。　（李　欣）

【长沙区块链产业园落户】 2018年11月23日，长沙区块链产业园揭牌仪式暨长沙区块链孵化器启动仪式活动在长沙高新区举行，标志着区块链这一推动长沙经济发展的新引擎亮相麓谷。会上，《长沙高新区促进区块链产业发展的若干政策》对外发布，该政策主要为鼓励区块链企业或相关机构围绕区块链应用场景需求，进行基于区块链的数字经济、互联网治理、人工智能、物联网和大数据以及其他领域的应用开拓。重点支持实缴注册资本200万元以上，潜力巨大、发展迅速，特别是在区块链技术创新和应用场景创新方面参与国际标准、国家标准、行业标准制订的企业或机构。综合考虑项目产生的经济效益和社会效益，企业或机构在辖区收入突破1亿元、5亿元、10亿元、20亿元、30亿元时，经评估审核，按照应用场景创新项目投入最高不超过50%的比例给予资金补贴，单个区块链企业和机构补贴最高不超过2000万元。另外，对于独角兽企业总部迁入、高成长性区块链企业、房租补贴、平台建设、人才引进等均能享受政策优惠。

高新区已集聚区块链相关企业53家，包含搜云科技、创发科技、中芯供应链、中移电商、孚利购、易宝云征信、中证数登、华中区块链技术研究院等。此次揭牌的长沙区块链产业园，将采用市场化运作模式，政府主要作为引导，通过市场的力量激发区块链创新的活力。区块链产业园主要基于区块链技术，为创业者提供“空间+资本+人才+资源+服务”五位一体的创新创业全流程、专业化的服务支撑体系。

（李　欣）

【长沙高新区被授牌北斗产业专业特色示范园区】 2018年11月23日，长沙航空航天及北斗产业发展高峰论坛在长沙中电软件园举行。论坛上，长沙高新区被授牌长沙北斗产业专业特色示范园区。5月，国家发展改革委确定长沙为创建北斗产业示范园区8大依托城市之一，并明确形成以长沙为核心，辐射带动全省北斗产业“一核多点”的发展格局。长沙高新区作为长沙北斗产业的核心集聚区，落实北斗产业发展要求，致力于打造特色鲜明、引领示范作用显著、具有国内领先水平的专业特色类北斗产业示范园区。全区引进中国电子、中国航天、中国电科、中国兵器等一批国字号直属的军民融合企业，培育了景嘉微电子、航天环宇、中联重科、华曙高科等80余家民参军企业，聚集军工资质企业62家，产值逾300亿元。会上，北斗导航数据创新应用中心（湖南）揭牌；湖南北云科技有限公司与多伦科技股份有限公司双方达成了北斗高精度板卡采购协议，同时还将共同推动北斗高精度定位在驾考驾培、智能网联汽车及无人驾驶等领域的产业化应用；此外，中电科西北集团有限公司、长沙北斗产业安全技术研究院、湖南湘江智能科技创新中心有限公司等8家企业、科研机构共同签署智能系统可信导航协同创新中心项目合作协议。

（李　欣）

【17人获“湖南省引进100个科技创新人才”推荐】 2018年11月28日，长沙市委组织部与长沙市人力资源和社会保障局对“湖南省引进100个科技创新人才”进行公示，拟推荐韩圭奭等26人为湖南省科技创新人才，其中长沙高新区占17人。他们分别是湖南杉杉能源科技股份有限公司韩圭奭、袁隆平农业高科技股份有限公司吕玉平、湖南航天环宇通信科技股份有限公司黄航、湖南迈太科医疗科技有限公司赵华炜与李兴揆、湖南长城银河科技股份有限公司夏一民、华智水稻生物科技有限公司彭俊华、湖南华腾制药有限公司陈丽洁、长沙新材料产业研究院有限公司黄活阳、湖南航升卫星科技有限公司李洪峻、湖南拓视觉信息技术有限公司滕书华、湖南强智科技发展有限公司柏智、长沙天仪空间科技研究院有限公司寇义民、湖南泛联新安信息科技有限公司张俊贤、湖南中电金骏软件科技有限公司刘军、湖南蓝凯新材料科技有限公司代徐良、湖南华曙高科技有限责任公司Dr.Dirk Simon。此次推荐是根据《湖南省引进100个科技创新人才实施方案》和《湖南省人力资源和社会保障厅关于下达2018年各市州引进100个科技创新人才指标任务的通知》要求，经单位申报、市人力资源和社会保障局初审、市委组织部核定、省委组织部和人社厅复核等程序进行。

（李　欣）

【长沙高新区综合排名全国第12名】 科技部火炬中心公布2018年度国家高新区评价结果，在全国157个高新区（156个国家高新区和苏州工业园）中，长沙高新区综合排名全国第12名，较上年度第13名的成绩有所提升。长沙高新区4个一级指标成绩分别为：知识创造和技术创新能力第14名、产业升级和结构优化能力第12名、国际化和参与全球竞争能力第19名、高新区可持续发展能力第15名。评价结果显示，长沙高新区在研发平台建设、产业孵化平台建设、龙头型科技企业培育、企业海外拓展能力等方面表现突出；在产业价值创造能力、人均价值创造能力、技术服务出口能力等方面还有较大提升空间。（李　欣）

【潇湘科技要素大市场与湖南省科技金融服务中心投入运营】 2018年12月29日，“潇湘科技要素大市场”

2018年12月29日，“潇湘科技要素大市场”揭牌仪式在长沙高新区举行

长沙高新区　供图

和“湖南省科技金融服务中心”揭牌，标志着这两大平台投入运营。该平台还将建设成为立足全省、辐射“一带一部”的科技要素资源集聚中心、科技成果转移转化中心和科技金融服务示范中心，更好地服务创新型省份建设。潇湘科技要素大市场由湖南省科技厅和长沙高新区共建，采用“线上网络平台＋大厅现场服务＋线下对接活动”的模式，面向技术开发团队、企业等创新创业主体提供全方位、全流程、“一站式”的专业化服务，打造科技成果转移转化服务生态圈。湖南省科技金融服务中心作为要素大市场投融资服务的重要载体，通过引进银行、投资、证券、保险、担保、保理等金融机构，为不同发展阶段的科技企业债权融资、股权融资和对接科创板等多层次资本市场提供综合投融资服务。

（李　欣）

•长沙经济技术开发区•

【概况】 2018年，长沙经济技术开发区（以下简称“长沙经开区”）全面落实高质量发展要求，综合发展水平晋级全国经开区20强。

经济发展　主要指标平稳增长。全年完成技工贸总收入3500亿元，增长10%；完成规模工业总产值2310亿元，增长9.5%；完成规模工业增加值556.8亿元，增长11.5%；完成高新技术产值1776亿元，增长8.2%；完成财政总收入172.09亿元，增长10.7%，其中工商税收146.64亿元，增长6.1%；完成全社会固定资产投资254.3亿元，增长6.5%，其中工业及生产性服务业投资189.5亿元。产业实力不断增强。工程机械产业受益于国内基建投资、生产制造工艺升级和“一带一路”等多重因素加速复苏，实现产值1046.3亿元，增长14.7%，晋级千亿元产业集群。三一重工、铁建重工、山河智能跻身全球工程机械制造商50强。汽车及零部件产业在国内汽车市场整体增幅放缓的大环境下逆势而上，实现产值920.6亿元，增长5.9%，整车产量59万辆，整车产值684.6亿元，增长5.7%。上汽大众朗逸Plus、广汽菲克Jeep大指挥官、三一智能网联重卡、广汽三菱奕歌等传统动力新车型相继上市，产销两旺。电子信息产业发展迅速，实现产值194.3亿元，增长14.4%。园区全年税收过亿元企业14家，其中上汽大众、广汽三菱税收超过20亿元。开放型经济稳步发展。全力落实“稳外贸”“稳外资”要求，全年完成进出口总额39.75亿美元，增长16%，进出口额过亿美元企业7家。“引进来”成效更加凸显。全年实际到位外资6.31亿美元，增长11%。“走出去”步伐不断加速。三一混凝土机械、挖掘机、起重机等机械设备打入全球150余个国家和地区，铁建重工盾构机系列产品实现在亚洲、非洲、欧洲、拉丁美洲的出口。主动参与“一带一路”建设，埃塞—湖南工业园项目招商和运营管理有序推进，成为“中非经贸博览会”永久落户湖南的重要基础。长沙经开区获评全省发展开放型经济优秀园区。

项目引建　持续开展精准招商。全年引进项目45个，总投资413亿元，其中世界500强投资项目4个，中国500强投资项目3个，包括蓝思科技黄花生产基地、京东无人车总部、广汽三菱研发中心及零部件产业园、博世新能源汽车热管理系统、大陆集团中央电子工厂等一批高质量项目。重大项目推进。市委、市政府主要领导亲自调度三一众智新城、蓝思科技人才公寓等项目建设，园区成立由主要领导任组长的蓝思科技黄花生产基地、三一众智新城等重大项目推进工作组，工管委领导共联点重大项目63个，有效推动了重大项目建设。“五个100”项目扎实推进，5个重大产业项目、4个重大科技创新项目、4个重大产品创新项目全部完成年度投资计划。纳入市发展改革委考核的52个重大项目完成投资144.62亿元，完成年任务的107.86%，24个新建项目全部开工。蓝思科技黄花生产基地、广汽三菱研发中心及零部件产业园、中南源品生物科技园、广汽菲克GSE–T4发动机、五新隧装生产基地、京东无人车智能产业基地等一批重大项目开工开建。铁建重工高端地下装备制造、广汽三菱发动机、广汽菲克K8、长丰集团猎豹汽车第三工厂及新能源汽车、三一智能网联重卡、索恩格中国长沙工厂、烁普新能源汽车动力锂电池隔膜等一批重大项目建成投产。产业链建设成效明显。汽车产业链加速构建生态圈。广汽三菱发动机投产以及广汽三菱研发中心及零部件产业园、大陆集团中央电子工厂项目相继落户，填补了湖南汽车产业部分核心零部件本地生产的空白。整车企业积极布局新能源领域，相继推出广汽三菱祺智EV、长丰猎豹CS9 EV300、众泰汽车云100PLUS等新能源车型，新能源汽车产业加快发展。工程机械产业链持续发力价值链高端。三一集团与亿美博科技合作共建工程机械数字液压应用项目，铁建重工高端装备制造项目已建成特种设备制造、再制造中心基地及盾构机扩产基地。先进轨道交通装备产业链不断集聚优质项目。铁建重工承揽国内第三条磁浮运营线（清远磁浮项目）的道岔与轨道系统。中车通号全部搬至园区，轨道交通“大脑”实现“长沙造”。亚太实业与园区签约建设轨道交通装备研发中心及生产基地。集成电路产业链发展基础持续夯实。工信部同意长沙经开区筹建国家“芯火”双创基地（平台）。修订完善《长沙经开区促进集成电路产业发展试行办法》，区财政每年安排1亿元集成电路产业发展专项资金，是全省唯一出台集成电路专项政策的园区。要素保障不断强化。围绕“钱”“地”“人”“电”等要素，持续强化工作举措，为企业发展和项目建设提供有力保障。着力解决企业资金难题。以解决民营企业和小微企业融资难融资贵融资慢问题为重点，全年组织各类银企对接、金融服务活动40余场次；每月第一个周五开设金融集市，将融资对接服务常态化；全力兑现和争取政策资金，全年为企业争取省、市资金4.1亿元，其中“千人帮千企百日大行动”开展以来，争取上级资金1.7亿元，区本级各项政策兑现5343万元；制定《“千人帮千企百日大行动”金融帮扶企业实施办法》，设立总额为6000万元的园区中小企业转贷基金，为企业提供转贷临时性资金周转支持。多措并举破解土地供应瓶颈。重点采取“腾笼换鸟”改造利用废旧厂房、整合空坪隙地见缝插针集约节约用地、区县一体加快推进拆迁腾地等办法，主动破解园区土地供应不足瓶颈。开展“奋战100天腾地8000亩”专项行动，全年完成拆迁腾地274.8公顷，确保了蓝思科技、大陆集团等重大项目

2018 年 1 月 11 日，长沙新型轨道交通技术研发中心揭牌仪式在长沙经开区举行

长沙经开区　供图

用地需求。加大清理闲置用地力度，支持企业利用闲置厂房、低效用地通过二次开发建设工业地产项目，共批回土地 112.87 公顷，收回土地 4 宗 20.17 公顷，完成 8 宗土地二次开发。完成 21 宗 46.5 公顷储备土地临时利用，逐步实现以租代管、高效利用。鼓励企业开展“零土地”技改，提高土地综合利用率和亩产效益。实行工业用地弹性出让制度，为欧宝特电子和华天光电惯导项目供地，企业的土地取得成本比同期其他全年限土地供应价格降低近 2/3。打造人才集聚高地。全面承接省、市人才政策，发布《加快引进培育技能人才实施办法（试行）》《鼓励人力资源服务业发展实施办法（试行）》等差异化人才政策，叠加释放政策红利。园区 194 人入选长沙市高层次人才分类认定，占全市总量的 1/3。推进电网建设“630 攻坚”。110 千伏盼盼变投产送电，110 千伏鹤鸣变 3# 主变扩建工程、110 千伏曹住黄线（011# ~ 019#）杆线改迁已完成，110 千伏黄花蓝思专变加快施工，园区电力保障进一步夯实。

智能制造　“三位一体”协同推进机制加速实施。全面实施园区智能制造中长期发展规划和智慧园区中长期发展规划，园区智能制造生态体系加快构建。智能制造高效推进。中国信息通信研究院在园区挂牌成立湖南办事处（长沙经开区智能制造推进中心）；出台《长沙经开区智能制造、工业互联网行动指南》，重点鼓励中小企业分场景、多阶段、持续性地开展智能化技术改造；山河智能、长城金融获评国家级智能制造示范企业，7 家企业获评省级智能制造试点示范企业（车间）。智慧园区加快建设。“一档两库一平台”项目通过预验收，构建了智慧园区建设的数据基础和底层框架；博世长沙引进博世万物互联项目，探索智慧城市、智慧园区建设；大陆集团将园区作为智慧城市、智能交通及出行服务 3 大领域的全球核心技术在中国落地示范的第一站。工业互联网平台效应逐步显现。“根云”平台成为首个国家级工程机械行业工业互联网测试平台，在推动传统企业智能化改造升级上成效明显，蓝思科技实现长晶炉质量、加工参数 100% 的可追溯性，每年减少企业用电成本近 1000 万元；优力电驱开发的“优力云”实现了电动车电池工况远端管控，成为三一创投基金首位青睐对象。“三智一自主”产业布局初现雏形。智能装备方面，铁建重工第二产业园致力于打造全球规模最大的高端地下工程装备制造基地。智能网联汽车方面，采用“互联网、平台、共享”新思维研发生产的三一智能网联重卡项目已形成年产 2.2 万台整车产能。智能终端方面，蓝思科技以黄花生产基地为载体积极布局 5G 产业链。自主可控及信息安全方面，国科微电子凭借自身掌握的固态存储安全核心技术，与中国长城、中电港合力打造国产存储品牌。

改革创新　改革创新激发动能。按照“四个结合”（推动现实发展空间扩张与未来发展空间扩区有机结合、推动现有产业转型升级与未来产业发展定位有机结合、推动传统发展动能优化与未来新动能培育有机结合、推动传统观念理念革新与未来体制机制改革有机结合）努力推动园区高质量发展。结合改革开放 40 周年和落实《湖南省产业园区体制机制创新试点工作方案》，在《星沙时报》及其融媒体平台开设“解放思想、深化改革”专栏，区县全体领导和部门开展广泛讨论，提出长沙经开区新一轮改革创新发展的思路和举措，进一步凝聚园区改革创新发展共识。“四新”经济蓬勃发展。新技术加速突破。铁建重工隧道智能化注浆装备填补了国内空白；静芯微电子在国内率先开发芯片级 TVS 器件；微智医疗新一代智能视网膜研发突破多项技术瓶颈。新产业不断涌现。中南源品生物致力于打造干细胞与再生医学产业基地；顶立科技积极发展金属 3D 打印产业。新业态稳步发展。建立中部首个区块链产业园——星沙区块链产业园，制定《关于支持区块链产业发展的政策（试行）》，成立全国首个区块链安全技术检测中心，引进天河国云、浪潮集团等 15 家知名企业，主办“链”上星沙 领航未来——区块链院士高峰论坛、承办 2018 国际区块链大会，区块链产业规模效应和集聚效应初步显现。新模式快速兴起。三一智能网联重卡成功上市，开创了商用车制造与互联网深度融合的新模式；京东全球首个由机器人完成配送任务的智能配送站在园区投入试运行；推动创新创业载体建设，全年新建工业地产载体 17.3 万平方米，引进小微企业近 500 家，三一众创空间获评国家级专业化众创空间和国务院双创示范基地。

环境营造　“软环境”持续优化。“放管服”改革持续深化。积极申报相对集中行政许可权改革试点，实施项目审批“3230”工程（园区工业项目报建事项审批环节一律不超过 3 个，承诺办理时限缩短至法定时限 2/3 以内，且 80% 以上事项授权至部门分管负责人及以下人员审批；实现 2 类审批事项：企业开办，企业投资项目备案、施工合同备案、监理合同备案等备案类事项即来即办；深化并联审批，推行项目报建审批免费代办服务，从立项至施工许可全流程区县办理承诺时限压缩到30个工作日以内，实现园区事园区办）。推进“最多跑一次”改革，为企业提供免费全程代（帮）办、免费政务快递、容缺受理等服务，园区143项政务服务事项中有141项实现“最多跑一次”，比例98.6%。完善线上审批平台，在全市园区中率先启动“多规合一”审批平台试运行，服务大厅增设综合窗口，项目报建实现“一窗进、一窗出”。“宽进”环境有效激发了市场主体活力，园区已有市场主体8336家，增长66%；新增市场主体3438家，增长82%。精准服务企业。开展“千人帮千企百日大行动”，围绕“快、实、严”的总体要求，15名区领导带领14个职能部门、28个小分队140名帮扶队员，每周至少深入6家企业开展走访。共走访企业700余批次，收集企业提出的问题584个，其中需园区解决的477个，已办结415个。每周召开政策兑现会商会，按“一企一策”原则“量体裁衣”、精准施策。“硬环境”品质提升。完善基础设施建设。按照市“一圈两场三道”建设两年行动计划要求，完成人行道27.3千米、自行车道29.5千米建设。以打通13条断头路为重点，完成东七路、小塘路贯通工程，黄兴大道及其片区、盼盼路及其片区、黄花及大众片区等基础设施提质改造项目有序推进。推动人才公寓建设。湖南黄金集团、产业员工生活配套园项目计划建设人才公寓5672套，建设任务占全市1/3。完善公共服务配套。天达中学、天华二小如期开学，湘郡未来实验学校扩建、湖南三博脑科医院项目动工开建，长沙师范学院附属幼儿园项目签约。

政府性债务风险防范化解 按照保重点、控总量的原则，全面清查2018年政府投资计划，停工、暂缓、调减项目15个，压减投资7.43亿元，园区政府性债务风险总体可控。撬动社会资本、民间资本参与园区建设，保留入库的4个PPP项目完成投资20.23亿元。推进平台公司市场化融资，已在银行间市场交易商协会注册25亿元定向债务融资工具和20.5亿元中票融资业务，降低融资成本，保障资金链安全。全力打好污染防治攻坚战。推进中央环保督察“回头看”和省委巡视交办件办理，中央环保督察“回头看”30件交办件已全部办结，省环保督察18件信访件已全部销号，星沙取水头上移项目的全面完成得到中央环保督察组的充分肯定。采取“一企一策”方式，做到既抓好环保问题整改又保障企业合法权益，确保重点企业正常生产经营。落实大气污染防治特护期工作和“六控”“十个严禁”要求，全年区县领导带队开展现场巡查39次，巡查企业及建筑工地67家次；52个在建项目全部安装扬尘在线监测系统；园区单独启用2台雾炮车，有效控制了道路扬尘。2018年园区空气质量优良天数排名全市10个国控站点第一位。统筹推进“黑臭水体”治理，城西污水处理厂、城南污水处理厂扩容提质项目通水运行，城区排口截污设施提标全面完成，整改双桥港、梨江港流域（雨污分流区）错接、混接点129处。全面打好精准扶贫攻坚战。推动龙山县召市镇对口帮扶工作，投入帮扶资金1600万元，实施产业扶持、基础提质、就业扶助、爱心助学、特困救助等11个项目，联点的青坪村、岩门口村成功脱贫摘帽。有序开展开慧镇开慧村联点帮扶工作，聚焦产业扶贫和民生问题综合施策，全年投入扶贫资金340万元。打好安全生产攻坚战。制定《县区安全生产一体化管理办法（试行）》，落实领导带队“一月一检查”工作机制，共检查企业418家次。园区工贸行业、建筑施工及特种设备生产安全事故实现“零发生”，消防领域实现“零伤亡”，安全生产形势总体平稳可控。（吴素云）

【埃塞（湖南）工业园招商推介会在长沙召开】 2018年1月18日，长沙经开区、长沙县埃塞（湖南）工业园招商推介会在明城国际大酒店举行。毅荃服饰埃塞公司刺绣项目、长沙佳宁农业机械制造有限公司机械制造项目、湖南强农机械有限公司农业机械生产与销售项目、沅江市中旺木业有限公司板材项目、沅江市李海清面业公司食品生产及销售项目现场签约，投资总额4380万美元。（吴素云）

【Jeep大指挥官下线】 2018年3月28日，长沙经开区广汽菲克为中国市场量身打造的专业级全场合高端7座SUV——Jeep大指挥官在长沙工厂下线，这是Jeep品牌的第四款国产车型，也是菲克集团在中国投产的第一款全球车型，国产Jeep品牌完成了从紧凑型SUV到全尺寸豪华SUV的全线产品布局。

（吴素云）

【广汽三菱第40万辆整车下线】 2018年5月12日，长沙经开区广汽三菱第40万辆整车在长沙工厂下线。2012年，广汽三菱挂牌成立，陆续投产ASX劲炫、帕杰罗·劲畅等战略车型，产量稳步提升，2017年9月至2018年5月，仅用8个月时间，就完成从第30万过渡到第40万辆整车下线。（吴素云）

【索恩格新工厂开业】 2018年5月16日，长沙经开区索恩格新工厂开业，中国总部和全球研发中心落户长沙。索恩格汽车部件项目主要为生产汽车起动机项目和发电机项目，总投资10亿元，总用地面积6.2万平方米。2017年2月开工建设，8月31日厂房实现交付，2018年1月整体移交索恩格使用。新工厂22条生产线投产，导入大量的工业4.0生产线。（吴素云）

【三一重卡上市】 2018年5月18日，“爱无疆 智无界”——三一重卡上市发布会在长沙三一工业城举行。三一重卡项目是三一集团投资的以智慧互联、高性价比、高舒适性重型卡车为主导产品的重大项目。总投资70亿元，首期投资30亿元，规划年产能10万辆，项目全部达产后，可实现年销售收入近1000亿元。首批限量预售的500台三一重卡3月31日首次网络预售，实现仅用时53秒产品售罄、销售额1.35亿元的成绩，创造了国内重卡行业互联网销售纪录。作为国内首款互联网商用车产品，除拥有超大沙发床、冰箱、微波炉等房车级配置外，三一重卡还是一款为个体司机量身定制的“智慧卡车”：通过智能车载终端为司机带来影音娱乐、信息查询、语音控制、手机互联等极致科技体验，为车队管理者打造专门的“指挥中枢”，将车辆油耗控制、GPS

路线定位等信息实时发送至管理者手机端。（吴素云）

【李克强视察长沙经开区】2018年6月11—12日，中央政治局常委、国务院总理李克强视察长沙经开区博世汽车、三一集团。详细了解博世汽车企业生产线智能化升级情况，鼓励企业继续加大对中国市场的投资。他指出，中国将进一步扩大开放，敞开双臂欢迎外商来华兴业，继续成为外商投资的热土；对各国发展先进制造业持开放态度，愿在自动驾驶等先进制造领域加强国际合作。在视察三一集团长沙智能制造车间时，他鼓励企业以更多有核心竞争力的产品满足用户定制需求，走向世界高端制造前列。听取企业依托38万余台工业设备联网数据形成的“挖掘机指数”介绍，李克强要求对其中反映出的不同地区经济活跃度情况深入分析，对企业打造工业云平台使企业内部创客空间和外部创新资源紧密结合、用更低成本更高效率促进创新加速予以肯定。同时，要积极发展开放共享包容的工业互联网平台，以全新机制汇聚人才和创意，使大中小企业各展所长、融通发展，打造“双创”升级版。（吴素云）

【全市重大产业项目集中开工】2018年6月26日，2018年全市重大产业项目集中开工活动（长沙经开区、长沙县会场）在蓝思科技黄花生产基地项目现场举行。蓝思科技黄花生产基地、中南源品生物科技园、广汽三菱汽车制造联动物流中心二期等11个区县项目集中开工。此次集中开工的11个项目总投资229.34亿元，其中100亿元以上项目1个，20亿元以上项目5个，主要包括先进制造产业、现代服务业及园区重点项目配套工程。（吴素云）

【区块链院士高峰论坛】2018年8月26日，长沙经开区、长沙县主办的“链”上星沙，领航未来——区块链院士高峰论坛暨星沙区块链产业园项目签约仪式举行。数名中国科学院院士、中国工程院院士及区块链行业领袖、区块链行业创业精英、区块链企业代表等齐聚星沙，共同探讨区块链技术应用和区块链产业发展。10家区块链企业现场签约，入驻星沙区块链产业园。（吴素云）

2018年9月8日，铁建重工首台高端智能六行采棉机下线 长沙经开区 供图

【智慧城市示范共建项目签约】2018年8月28日，大陆集团智慧城市、智能出行示范共建项目签约仪式在长沙经开区举行。大陆集团基于其在智慧城市、智能交通及出行服务3大技术领域的国际领先优势，促进核心技术在中国先行落地，在长沙经开区、长沙县开展智慧城市、智能出行示范共建项目。具体实施智慧交通灯优化、路口安全管理、智慧公交、智慧停车管理、电动汽车移动充电5个试点项目，推动中国成为大陆集团全球创新示范地区。（吴素云）

【区块链安全检测技术中心签约】2018年10月24日，区块链安全检测技术中心项目签约仪式在长沙经开区举行。国家互联网应急中心与长沙经开区签约，成立全国唯一一家区块链安全技术检测中心，将联合星沙区块链产业园开展区块链代码审计、安全检测、风险监控等工作。（吴素云）

【首台高端智能六行采棉机下线】2018年9月8日，长沙经开区铁建重工首台高端智能六行采棉机下线。该采棉机整机尺寸为9.6米×5.5米×5.3米，净重24吨，共有6个采棉头，棉箱总容量为40立方米，采净率超过93%。具备新型采棉装置、一键卸棉、故障检测和预警、倒车影像、消防喷淋系统、近电感应防触电6大功能，具有动力强劲、传动优良、智能高效、安全可靠等显著特点。（吴素云）

【承办国际区块链大会】2018年11月29日，长沙市人民政府、中国电子学会、中国电子产业集团有限公司举办、长沙经开区等单位承办的以“集智、链新、赋能”为主题的2018国际区块链大会在长沙召开。中国、美国、加拿大、挪威等国家的区块链领域专家学者，围绕区块链战略布局与政策导向、产业动态与应用实践等展开深入交流与研讨，旨在为区块链技术发展与产业壮大提供一个国际性交流平台。（吴素云）

【获评“五个100”优秀项目】2018年12月25日，省委经济工作会议通报全省产业项目建设年“五个100”优秀项目。长沙经开区铁建重工超长距离、超长寿命敞开式岩石隧道掘进机研制项目，山河智能高端工程机械装备研制及产业化项目获评重大科技创新优秀项目，三一集团环保智能自卸车新技术研究及应用项目获评重大产品创新优秀项目，博世新能源汽车热管理系统项目获评引进500强企业优秀项目。（吴素云）

【晋级全国经开区20强】2018年12月29日，商务部完成2018年国家级经济技术开发区综合发展水平考核评价工作，对全部219家国家

级经开区2018年在产业基础、科技创新、区域带动、生态环保、行政效能等方面的发展情况，进行了全面“体检”和量化评价，长沙经开区综合排名第20位，较2017年第24位提升4位。（吴素云）

·宁乡经济技术开发区·

【概况】 2018年，宁乡经济技术开发区（以下简称“宁乡经开区”）全年完成规模工业总产值663.58亿元、规模工业增加值154.6亿元、固定资产投资244亿元、财政收入28.24亿元、税收19.59亿元，获国家绿色园区、全省十大“平安园区”示范单位等荣誉称号，经济社会继续保持稳中有进的发展态势。

招商引资 创新事业部招商运行机制，突出智能制造品质要求，制定“一图两库两表”，深入推进产业链精准招商。全年签约项目33个，合同引资159亿元，其中“两主一特”项目28个，占85%。投资17亿元的中伟新能源二期，投资10亿元的好益多乳业、润达智能装备、金源新材等重大项目签约；引进康师傅饮品、荣成环科等12家外向型企业，优钢铸造、斯洛柯等16家企业外贸破零倍增。

项目建设 落实“产业项目建设年”要求，全年调度重点产业项目73个，42个项目开工建设、24个项目竣工投产，长沙市重大项目管理考核继续排名前列。全年完成征地102公顷，腾地约210.67公顷，拆除违法建筑2万余平方米，新增报批用地160公顷，盘活存量土地约86.67公顷。发展北路、蓝月谷东路等6条道路建成通车，7条电力专线竣工送电。

产业提质 全年新增规模工业企业21家，新增高新技术企业14家；新增康程护理、金健米制品、赛福饲料等3家省级智能制造试点示范企业（车间），中伟新能源、优卓乳业等18家市级智能制造试点示范企业。推动40余家企业增资扩股，新增授权专利648项，实现技术交易合同成交额1.4亿元、技术交易额7500万元。

营商环境 开展“千人帮千企百日大行动”，共为企业解决各类问题150余个，协助企业争取各级政策资金1.2亿余元。设立专职代办员，实行全过程代办，社会投资项目审批时间由65天缩短到38天；明确56项“最多跑一次”事项；实现企业工商登记网上预约和企业登记全程电子化。成立园区风险补偿基金和融资担保公司，为企业融资3300万元。办理“人才新政22条”业务107件，为企业招聘到岗员工3000余人，新建、盘活人才公寓331套。消化存量，严格控制增量，停缓调撤12个政府投资项目，完成年度化债目标。覆绿裸露黄土267.67公顷，覆盖率99%；污水处理厂建成运营，回用水厂主体工程建成；启动20千米雨污管网新建和改造工程，竣工12.6千米；开展“除臭剿劣”专项行动，有效治理沙河左干渠等“黑臭水体”；19个非法采砂点全部取缔。务实做好龙山县红岩溪镇对口帮扶工作，到位年度帮扶资金1000万余元，14个帮扶项目完工；全面完成对口帮扶双江口镇的年度任务。（崔浪涛 胡翊华）

【第四届“技能蓝月谷”技工节】 2018年5月25日，宁乡经开区第四届“技能蓝月谷”技工节举办，来自园区27家企业的103名职工踊跃报名参与。此次大赛共设焊工、装配钳工、维修电工三个比赛工种，各工种产生一等奖2名、二等奖3名、三等奖3名、优秀奖若干。经过激烈角逐，中伟新能源的罗勇奇和青岛啤酒的王剑雄获维修电工一等奖；格力暖通的贺少华和吉唯信的傅意强获焊工比赛一等奖；格力暖通的刘建军和通石达机械的程泽其获钳工比赛一等奖。（崔浪涛 胡翊华）

【楚天科技获2017年度国家科学技术进步二等奖】 2018年1月8日，由楚天科技董事长唐岳领衔完成的“药剂高效分装成套装备及产业化”项目获颁2017年度国家科学技术进步二等奖。楚天科技瞄准制药装备领域药剂分装过程中薄壁药瓶高速转运时极易破碎、小剂量药剂灌装精度要求高、多物态药剂微细异物快速检测难3大技术难题，通过十余年持续研究和产学研用攻关将难题一一攻破。该项目实现了中国药剂分装装备产业从受制于人到自主创新、走向国际的跨越式发展。（崔浪涛 胡翊华）

【宁乡经开区获批工信部第二批绿色园区】 2018年2月23日，工信部公布第二批绿色制造示范单位名单，宁乡经开区成为该批次湖南省唯一入选园区，也是湖南省第二家绿色园区。为加强园区绿色发展工作的组织领导，园区成立了绿色发展办公室，组织编制绿色园区发展规划，全面落实政绩考核、法律法规宣传、政策制定等绿色机制；设立了专门的产业发展基金，并成立绿色产业发展有限公司，确保园区经济发展质效并进。宁乡经开区汇集了楚天科技、加加食品、标朗住工、联塑建材等一批代表性的绿色企业，绿色制造产业规模超300亿元，楚天科技、加加食品还分别被评为国

2018年5月25日，第四届“技能蓝月谷”技工节在宁乡经开区举行

宁乡经开区 供图

家级、省级绿色工厂。

（崔浪涛 胡翊华）

【重点产业链项目集中开工和集中签约活动】 2018年7月16日，宁乡经开区举行重点产业链项目集中开工和集中签约活动，集中开工道尔顿显示材料、创远智能机械等6个产业项目，预计全部投产后年产值超过50亿元；集中签约美宜佳、金源新材、创瑾科技等6个产业项目，总投资超过30亿元，全部达产后预计年产值超过100亿元。

（崔浪涛 胡翊华）

【加加食品获评“全国模范职工之家”】 2018年9月13日，加加食品获“全国模范职工之家”荣誉称号。“全国模范职工之家”荣誉称号是全国工会系统表彰先进集体的最高荣誉，也是国家对基层工会工作的最高褒奖。加加食品工会成立于2004年。自成立以来，该工会紧紧依靠职工，一切从职工利益出发，在完善规章制度、健全硬件设施、落实惠工政策、共同建设“职工之家”等方面积极探索，成为服务职工的“润滑剂”、推进公司发展的“催化剂”。该工会于2012年获“长沙市模范职工之家”，2016年获评“湖南省模范职工之家”。

（崔浪涛 胡翊华）

【湖南省委经济工作会议与会代表考察3家企业】 2018年12月25日，湖南省委常委、常务副省长陈向群，省委常委、统战部部长黄兰香，省委常委、长沙市委书记胡衡华率参加省委经济工作会议的重点企业及“5个100”优秀项目负责人，集体参观考察了宁乡经开区加加食品、格力暖通、楚天科技3家企业。

（崔浪涛 胡翊华）

•浏阳经济技术开发区•

【概况】 2018年，浏阳经济技术开发区（以下简称“浏阳经开区”）在全国219个国家级经开区中排名第68位，较2017年前进20名，获评中国生物医药最具特色、最具潜力园区，全省产业园区综合评价蝉联第一名。

主要经济指标：实现规模工业总产值同比增长23.8%；规模工业增加值281.6亿元，同比增长14.4%，增速位居长沙市5个国家级园区第一；完成财政总收入40.1亿元，同比增长12.5%，完成税收收入32.3亿元；完成固定资产投资184.87亿元，同比增长7%，其中工业固投171.57亿元，同比增长20.1%，占固定资产投资比重97.2%；高新技术产值占比94.7%。

招商引资 引进产业项目43个，合同引资285亿元，其中过50亿元项目2个。蓝思科技集团总部落户浏阳，实现多点支撑、集群发展，打造浏阳的“华为”。签约长沙（国际）健康生态科技产业园，首个“园中园”平台招商项目落地。引进敬和堂制药、心诺医疗等14个生物医药项目，产业聚集效应更加凸显。

项目建设 铺排重点建设项目58个，蓝思消费电子产品防护视窗组件、日写DITO触控传感器等34个项目竣工投产。日写DITO触控传感器项目获评全省“五个100”重大产业建设优秀项目第一名。在长沙市重点项目观摩活动中，蓝思消费电子产品防护视窗组件和盐津铺子烘焙产品智能生产基地项目代表浏阳市接受观摩，为浏阳市夺得县市第一名。

“三大攻坚” 制定《防控化解政府性债务风险工作方案》，明确十条化债措施，偿还各类债务本息21.72亿元。推动湖南金阳投资集团市场化改革，使其成为全省园区中率先完成从投融资平台转型为市场化经营的国有企业。积极迎接中央环保督察“回头看”和省级环保督察，继续出台环保新三年行动计划（2018—2020年），开展“春霆”等环保专项执法行动和雨污分流专项整治，落实“河长制”工作，全省园区首个天然气分布式能源项目和再生水综合利用项目正式投入运行，绿色发展成效显著，获评湖南省绿色园区。对标对表做好西藏贡嘎县、龙山县苗儿滩镇、小河乡乌石村精准扶贫工作，实现资金到位、措施到位、效果到位。

改革创新 381个事项实现“最多跑一次”，实施全省唯一试点产业项目“先建后验”改革，减少11个管理环节、36个工作日、91项审批资料。率先打造“无费政务大厅”，免收工业企业项目建设的行政性审批费用，为企业减费2100万余元。拨付各类产业扶持资金2.1亿元，指导企业申报各类项目100余项，向上争资7500万余元。组织企业参加各类招聘会21场，帮助企业招工2万余人。搭建银企对接平台，为13家企业放款授信达18亿元。强化公共平台建设，云普检测顺利通过CNAS国家资质认可，并成为中部地区唯一一家获A2LA国际资质认证的电子信息产业服务平台。产业化服务中心获评湖南省中小微企业核心服务示范机构。

产城融合 按照长沙市委决策，托管浏阳高新区，合力打造金阳新城。引进湖南电子科技职业学院本科校区、长郡附小、韵达物流、雅阁酒店、维也纳酒店等一批产业配套项目，做强现代服务业。实施产教融合，与湖南师范大学、吉首大学等高校战略合作深入推进，对接联合办学、推动技术转化。加速融城步伐，开通融长公交，与长沙地铁无缝对接；健康大道北延线建成通车，中心片区与北片区实现融合发展。连续5年实现安全生产“零”事故，开展“百企联防、群防群治”大巡防活动和“扫黑除恶”专项斗争，稳妥做好信访维稳工作，平安创建氛围日益浓厚，政法综治工作获评长沙市优秀。

存在的不足 质量、效率、动力变革有待进一步深化；防范化解政府债务风险的任务依然艰巨，守护蓝天碧水仍然任重道远，城市精细化管理还需加强；民生保障还存在短板，优质教育资源等配套服务供给仍然不足；营商环境还需进一步优化。（廖 沛）

【日写触控传感器项目获评全省“五个100”重大产业建设优秀项目第一名】 2018年12月25日，湖南省产业项目建设年联席会议办公室通报全省2018年度产业项目建设年“五个100”优秀项目，浏阳经开区日写蓝思科技（长沙）有限公司投资建设的DITO触控传感器项目获评重大产业建设优秀项目，并位列第一位。项目于2017年8月签约，并于当年开工建设，总投资52亿元，占地面积约53公顷，分两期建设。一期项目已投资18亿元，4条触控传感器生产线已投入生产，年产能6000万片。

（廖 沛）

【全省园区首个天然气分布式能源项目投入运行】 2018年10月12日，湖南首个工业园区天然气分布式能源项目在浏阳经开区建成投入运营，每年为园区减少标准煤耗量约14813吨，减排二氧化碳约36921吨。项目于2016年10月开始投资建设，一期10.5兆瓦发电机已经完成联合并网试运行，二期6.53兆瓦发电机10月底投产。分布式能源项目依托网络的高集约性、高柔性、高智慧性，可满足客户安全稳定、清洁低碳、经济高效的能源需求。每年可减少标准煤耗量约14813吨，减排二氧化碳约36921吨，减排二氧化硫约1111吨，减排氮氧化物约为555吨，减排TSP(总悬浮颗粒物)约为10073吨。 （廖 沛）

【全省首个再生水综合利用项目投入使用】 2018年5月15日，湖南首个再生水综合利用项目在浏阳经开区污水处理厂旁落成并投入使用，建设的1万吨/天的再生水智能加水站无人值守，使用IC卡充值智能管理，24小时自助加水。再生水综合利用项目是将污水厂处理达标后的尾水再经过过滤、消毒等处理措施后再回用于环卫市政道路洒水、绿化用水和部分市政景观用水等，不仅满足园区不同用水功能需要，还有效减少污水和污染物的排放，提高水资源重复利用率。 （廖 沛）

•望城经济技术开发区•

【概况】 2018年，望城经济技术开发区已形成有色金属精深加工、食品加工、电子信息、现代商贸物流4大主导产业，入驻企业1900余家，其中规模以上企业201家，境内外上市公司、世界500强企业51家。园区先后获批国家知识产权试点园区、国家有色金属新材料精深加工高新技术产业化基地、中国物流示范基地和国家新型工业化有色金属精深加工产业示范基地。2018年，园区完成规模工业总产值613.9亿元，同比增长39.3%；完成规模工业增加值166.1亿元，同比增长13.3%；完成固定资产投资165.2亿元，同比增长42.8%；完成税收收入36.5亿元，同比增长21%；完成财政总收入43.3亿元，同比增长8%。

产业链招商 全年引进产业项目49个，总投资171.2亿元。其中，投资50亿元级项目2个，10亿元级项目2个，5亿元级项目5个，亿元级项目8个；世界500强企业5家，上市公司8家。伟创力长沙智能制造产业园、京东亚洲一号、宝能智慧城市供应链中心、德赛电池望城智能制造产业园等重大产业项目相继落户，产业链建设迈出坚定步伐。特别是华为明确提出在园区建设第二制造中心，布局1.5亿台智能终端产能，构建1小时物料配送生态供应圈。

项目建设 全年在建产业项目82个，在建面积414.5万平方米。其中，伟创力长沙智能制造产业园、苏宁云商、亿达智造小镇等40个项目开工建设，证通电子二期、鼓风机厂等42个项目全面复工。全年五矿新能源一期、中信戴卡二期、澳优智慧工厂等43个项目竣工投产，新增产能100亿元以上。特别是伟创力长沙智能制造产业园项目一期4月17日开工建设，7月12日第一台智能手机下线，从开工到投产用时86天，刷新了项目建设新的“望城速度”。

企业培育 开展“千人帮千企百日大行动”，激发市场主体创新创业活力。澳优乳业开通中欧国际货运专列，获“首届市长质量奖”，跻身百亿元乳企。晟通集团第五代轻量化全铝厢式半挂车研制成功并实现交付，轻量化铝合金商用车国内市场占有率超80%。泰嘉股份入选工信部“单项冠军培育企业”，与德国百年企业昂兹公司赋能合作，迈出国际化发展重要一步。联智桥隧自主研发的预应力智能张拉、智能压浆系统助力港珠澳大桥、沪昆高铁等国家大型工程建设。中联重科望城工业园布局国内首条高空作业平台智能化生产线，塑造行业新未来。万家乐、素加营养品通过国家CNAS实验室权威认可，国银新材、证通电子、新汇制药获省级技术中心。

园区建设 全力服务省市重点工程建设，京港澳高速复线全线通车，常益长高铁开工建设，长益高速复线加快推进，长益高速复线联络线即将启动建设，三环线和普瑞大道立交互通进展顺利，枢纽型园区的梦想开始照进现实。“大路网”建设加快推进。望城大道下穿石长铁路段建成通车，园区再添一条南北走向的融城大动脉。高标准、高品质、高质量完成航空西路、月亮岛西路等6条道路建设，拓展了发展新空间。区域配套日益完善。周南望城学校投入使用，人才公寓、公租房建设加快，110千伏桂芳变电站完成建设，3条万伏线路完成迁改，20余项水、电、气、通信工程顺利实施，群众、企业获得感明显增强。 （陈 超）

【泰嘉股份与昂兹公司合作】 2018年11月23日，湖南泰嘉新材料科技股份有限公司（以下简称“泰嘉股份”）赋能合作德国百年名企ARNTZ GmbH + Co. KG（以下译称昂兹公司）启动仪式在长沙举行。仪式上，双方共同签署赋能合作协同协议。协议称，双方将共同在人才聚集、锯条产业发达的欧洲共建研发中心，双方共同享有成果，提升创新能力和全球服务能力。泰嘉将获得昂兹产品在中国的独家经销权，引入德国昂兹品牌高端产品在中国进行销售。同时，昂兹将获得泰嘉品牌产品在德国和美国的独家经销权，将利用其在德国和美国的仓储、焊接、服务和销售网络，销售泰嘉品牌的产品。双方还将共享各自的在全球仓储、焊接和技术服务资源；成立协同工作小组常设机构，建立定期例会制推进协同工作。 （陈 超）

【伟创力长沙智能制造产业园项目】 2018年1月29日，伟创力长沙智能制造产业园项目签约仪式在长沙举行，项目落户国家级望城经济技术开发区。省委常委、长沙市委书记胡衡华，副省长、长沙市委副书记、市长陈文浩出席签约仪式。4月17日，伟创力长沙智能制造产业园开工仪式在望城经开区举行。省委常委、长沙市委书记胡衡华宣布项目开工。伟创力集团首席执行官迈克尔·麦克纳曼、首席运营官佛朗索瓦·巴比亚，华为公司生产采购认证部部长吴昆红，长沙市委副书记、市长胡忠雄等相关领导和企业嘉宾出席。伟创力长沙智能制造产业园是按照工业4.0标准，面向未来20年发展打造的智能制造生产基地。项目总投资50亿元，主要建设4000万台手机智能终端、智能终端电源、网络及消费类电子产品的生产基地。其中，预计首期项目投产达效后年产值100亿元，吸纳就业人口1万

2018 年 1 月 29 日，伟创力项目签约落户望城　　望城经开区　供图

人以上。7 月 12 日，首台湖南望城造的华为荣耀智能手机在伟创力长沙智能制造产业园下线。伟创力一期年产 2400 万台手机项目从开工建设到试生产仅 86 天。　（陈　超）

【首件国产大型客机 C919 起落架交付】 2018 年 9 月 19 日，首件起落架在完成装配、试验和检验后在望城经开区亮相，并由利勃海尔中航起航空（长沙）有限责任公司交付给中国商用飞机有限责任公司。2011 年，中航飞机起落架有限责任公司与德国利勃海尔宇航林登贝格公司各持股 50% 组建的利勃海尔中航起航空（长沙）有限责任公司在长沙成立，2014 年正式运营，合资公司取得 AS9100 认证，实现 ARJ21 飞机前、主起落架在长沙总装和验收试验的批量生产，已交付客户 12 件主起落架和 1 件前起落架产品。双方母公司已确定由利勃海尔中航起航空（长沙）有限责任公司作为一级供应商竞标 CR929 起落架项目。　（陈　超）

【首批湖南产魔爪饮料在中粮可口可乐华中饮料有限公司下线】 2018 年 3 月 22 日，首批湖南产魔爪饮料在位于望城经开区的中粮可口可乐华中饮料有限公司下线。望城区委书记孔玉成，区委副书记、望城经开区党工委书记张毅，副区长刘洪波，中粮可口可乐华中饮料有限公司总经理陈红兵，Monster（魔爪）中国北区销售总监李云川等共同见证产品下线。魔爪能量型饮料诞生于 2002 年，2008 年第一次获全美市场销售份额第一位，2014 年与可口可乐公司达成全球合作协议后，拓展至中国 7 家装瓶厂，其全球销售也进入飞速发展期。此次魔爪饮料在望城经开区实现生产，将有效推动可口可乐产品创新，助力消费升级，满足湖南消费者多样需求。中粮可口可乐华中饮料有限公司现在拥有 10 条生产线，年产能 100 万吨，成为华中地区规模最大、达到世界先进水平的可口可乐工厂。　（陈　超）

省级开发区

·长沙高新技术产业开发区隆平高科技园·

【概况】 2018 年，长沙高新技术产业开发区隆平高科技园（以下简称“隆平高科技园”）完成规模工业总产值 121.33 亿元，同比增长 14.5%，规模工业增加值增长率 8%；“四上”服务业总收入 160.9 亿元，同比增长 23.3%；高新技术总产值 152.68 亿元，同比增长 19%；全社会固定资产投资 69.83 亿元，同比增长 32.3%。完成税收收入 9.7 亿元，增长 32%，亩均税收约 24 万元，继续领先全市省级园区。

全年新引进世界 500 强企业、中国 500 强企业 3 家，500 强企业总数 8 家。新引进税收过 5000 万元企业 1 家，过 1000 万元企业 4 家。引进芙蓉区两岸青年文化创业孵化基地，入驻两岸创业企业和团队 18 家。新引进企业 695 家，同比增长 35%，其中注册型企业 617 家，高成长型租赁企业 68 家。

项目建设　2018 年在建项目 9 个，丰兴实业一期、和捷实业、药圣堂中药产业园和隆平高科办公研发中心 4 个项目完工投产，华智生物和银通科技 2 个项目完成主体封顶，长沙现代服务业产业园、意家节能门窗项目和丽时大厦 3 个项目进入装修阶段。

产业升级　全年新增“四上”企业 27 家，其中月度新增 8 家，为历年最好。12 家企业进入上市后备企业库。苏宁易购等 4 个项目获批“长沙市 2018 年现代服务业引导专项资金”145 万元。举办第一届长沙种业硅谷峰会暨种业成果创新博览会，现场签约 10 个项目，总投资额 27.5 亿元，制定种业硅谷发展规划和产业政策，引进种业产业链企业 50 家，种业企业总量占全省的 47%；现代农业及生物技术产业实现产值 93.7 亿元，占规模工业总产值的 78%，增长 29.8%；生物育种完成产业链产值 78.7 亿元，增长 44.3%。引进 500 强军民融合产业项目 1 个，2 个科研项目获 2018 年军民融合产业发展专项资金 180 万元；英氏股份等 7 家企业获批“市级智能制造示范项目”，省邮电规划设计院等 3 家企业获批长沙市智能制造服务提供商，309 家企业注册工业云平台。

创新驱动　落实人才新政 22 条，新增国家“万人计划人才”1 人，省“百人计划人才”1 人，市“3635 人才”6 人，“市高层次人才”13 人，累计获批市级以上高层次人才 63 人；建立生物农业专家库，入库专家 130 名；新建国家级博士后科研工作站 1 个，省重点实验室和工程技术研究中心 1 个，长沙市院士工作站 2 个；7 个项目（企业）入选湖南省“五个 100”工程，3 人入选“省 100 个科技创新人才”；建成人才公寓 222 套，兑现人才奖励资金 140 万元。加大科技小巨人、高新技术企业梯队培养力度，新增市科技创新小巨人企业 7 家，总量 15 家，新增国家高新技术企业 21 家，总量 54 家；企业申请发明专利 113 件，申报科技创新项目 60 项，获批国家级创新立项 4 项、省级创新立项 15 项，获支持资金 3000 万余元；出台创新奖励扶持

政策，园区规模工业研究与开发经费支出占规模工业增加值的13.4%。采取行政、经济和市场手段促闲置低效用地合理利用，收回闲置用地3.87公顷，解决争议地块1.87公顷，协调置换土地1.2公顷。

园区建设 开展“千人帮千企百日大行动”，党工委、管委会成员带头，牵手111家重点企业，落实“1个企业、1名县级领导牵头、1个部门负责、1批干部落实”帮扶机制，帮助企业解决困难需求138个。推进“最多跑一次”改革，承接市、区下放职权22项，实现线上线下全程代办、一次办结，“最多跑一次”事项占企业办事事项的100%。推行智能办税，争取税务分局入园，长沙·芙蓉隆平智能办税服务厅投入使用，企业办税不出园、不限时、不求人。推出金融产品，与建设银行合作设立“助保贷”，与光大银行合作建立“风险补偿基金”，为10家企业解决流动资金3700万元。推动银企合作，召开银企合作座谈会，引进25家金融机构“进园区、进企业”，园区管委会与长沙银行签署合作协议，共同助力园区企业融资，11家企业与11家银行达成融资意向近15亿元。拉通红湖路、纬十四路，建设京珠高速地下通道工程联通东、西片区，投资100万元开通隆平巴士专线，园区企业职工享受免费乘车。及时发现、调处重大矛盾纠纷70起，全年未发生一起较大以上安全、环保、综治责任事故。在第三方机构正和岛研究院对长沙市“五区九园”营商环境测评中，7项测评指标隆平高科技园6项第一、4项满分；管委会满意度6项指标评分均第一名，5项满分。（罗 萍）

【世界500强旗下仁孚汽车长沙服务中心落户隆平高科技园】 2018年3月12日，隆平高科技园与仁孚汽车（中国）有限公司签订合作协议，世界500强企业怡和集团旗下仁孚汽车（中国）有限公司长沙服务中心项目落户隆平高科技园。芙蓉区委书记于新凡，区委常委、区委办主任许凡，园区管委会主任缪晨光、副主任谭利辉等出席签约仪式。仁孚汽车长沙服务中心项目总投资约5亿元，主要建设内容为汽车金融保险服务中心、梅赛德斯—奔驰展示中心、销售中心等。（罗 萍）

【杨远柱入选2012—2017年度中国种业十大杰出人物】 2018年3月20日，农业部办公厅在京召开全国现代种业发展推进会，发布“2012—2017年度中国种业十大杰出人物”名单，袁隆平农业高科技股份有限公司副总裁、种业科学院院长杨远柱当选。1999—2016年，杨远柱领衔的团队共育成审定水稻品种176个，其中国审品种40个，累计推广面积约2667万公顷，为农民增收100亿余元。在其团队的科技成果支撑下，隆平高科水稻自育知识产权品种比例上升到70%以上；2016年实现主营业务收入22.99亿元，利润5.01亿元；连续两届被评为“中国种业信用明星企业”第一名；2016年被评为农业类上市公司第一名，位列福布斯“2016最具创新力成长型企业”第55名（全球唯一入选的种业企业）。杨远柱领导建立了菲律宾育种站、巴基斯坦育种站，选育出5个品种通过菲律宾国审，有力推动了杂交水稻国际化。“中国种业十大杰出人物”评选，是经农业部批准，农民日报社和中国种子协会联合开展的中国种业界规模最大、最权威的人物推介活动，旨在宣传、推介中国种业人的先进事迹和突出成就，弘扬中国种业精神，推动中国现代种业发展。（罗 萍）

【全省工贸行业隐患排查治理现场经验交流活动在长沙举行】 2018年4月26日，湖南省工贸行业隐患排查治理现场经验交流活动在隆平高科技园举行。湖南省安监局总工程师郑乐杰，行业安全监督管理处处长王自力、副处长黄雪球，市安监局局长胡春山，芙蓉区委常委、常务副区长谭雄伟，隆平高科技园管委会主任缪晨光、党工委委员吴清斌，芙蓉区安监局局长黄革，各市、州分管工贸行业安全监督管理的副局长、国家级功能园区安全生产负责人、芙蓉区各街道安全负责人100余人参加。观摩组首先到隆平高科技园智慧园区展厅观看智慧安监系统演示。园区建立了全新智慧安监管理系统，企业安全生产管理人员、危险源、安全标准化、职业卫生、特种设备等重要数据都能在系统内实时查询，开放的企业端口也能及时对数据进行更新，实现园区安全生产“一张图”监管。智慧安监系统突出危险源智慧监管，全面提升监管效率。隆平高科技园在企业重要危险源，如柴油库、污水池、锅炉房、配电房、涉爆粉尘等，安装视频监控、监测传感器，监测数据、视频信号通过网络24小时实时传输至园区数据中心。当现场检测数据超标，系统能及时通过手机APP向企业负责人和园区安全监管人员报警，督促企业及时消除事故隐患，安监人员也能实时通过视频监控查看现场整改情况，全面提升安全监管效率，有效预防事故发生。观摩团还来到嘉吉饲料（长沙）有限公司了解企业在粉尘防爆等安全管理工作上的亮点，到新经阁铝材有限公司现场观看有限空间作业事故应急救援演练。（王 勇）

【长沙·芙蓉隆平智能办税厅启用】 2018年4月28日，长沙·芙蓉隆平智能办税厅启动仪式暨湖南省国地税“网上办税快易点”体验活动在隆平高科技园金丹大厦前坪举行。省国税局党组书记、局长刘明权，省地税局党组副书记、副局长彭爱华等出席。在简短的启动式后，芙蓉区国税局局长熊玲介绍了智能办税厅基本情况，省茶业集团、顺丰速运等15家园区纳税人代表现场进行互动体验。作为隆平高科技园“智慧园区”建设的一部分，隆平智能办税厅是全省首个24小时人工智能办税厅，也是隆平高科技园携手税务部门落实行政审批制度改革、优化营商环境的重要举措。该厅由20个智能办税机器人“当家”，纳税人通过智能身份识别进入办税厅后，只需对办税机器人发出语音指令，就能办理税务咨询、缴税申报、发票领用、发票代开等全部涉税业务。随着该厅的启用，芙蓉区浏阳河以东“一园区、三街道”5000余名纳税户的涉税事务将实现“一厅全办”，推动落实国地税融合改革，实现“让信息多跑路，让企业少跑腿”。（罗 萍）

【第一届长沙种业硅谷峰会暨种业创新成果博览会】 2018年9月5日，第一届长沙种业硅谷峰会暨种业创新成果博览会开幕式在长沙国际会展中心举行。此次峰会及博览会是由湖南省农业委员会、湖南省科学技术厅、长沙市人民政府主办，长沙市农业委员会、芙蓉区人民政府、

2018 年 9 月 5 日，第一届长沙种业硅谷峰会暨种业创新成果博览会在长沙国际会展中心举行　　隆平高科　供图

浏阳市人民政府、隆平高科技园管委会承办。湖南省委常委、长沙市委书记胡衡华，中国工程院院士袁隆平、官春云、印遇龙、邹学校等出席。峰会现场发布《中国种业硅谷（长沙）发展规划（2018—2025 年）》和建设“中国种业硅谷”政策 10 条。规划明确，以芙蓉区隆平高科技园为核心区域，加快建设“中国种业硅谷”，努力把园区建成国家生物种业创新策源地、高端种业人才集聚区、现代种业产业集群发展引领区、种业体制机制创新先行区。此次峰会还结合“展会 + 田间”的形式，将国内外种业创新成果在长沙国际会展中心和浏阳市北盛镇环园村分室内、室外两个区域进行展示，展出近百家企业的 600 余个品种。（罗　萍）

【湖南省海峡两岸青年创新创业基地授牌】 2018 年 10 月 28 日，“湖南省海峡两岸青年创新创业基地”授牌仪式在芙蓉区两岸青年文化产业孵化基地举行。湖南省委台办主任肖祥清，长沙市委常委、统战部部长谭小平等领导及入驻基地的部分台商代表参加仪式。芙蓉区两岸青年文化产业孵化基地是湖南省首家以两岸青年交流合作为主导的创业孵化基地，引进两岸创业企业和团队 30 余个，接待台湾各类考察参访团 400 余人次，直接和间接带动两岸人员就业 1000 余人。（罗　萍）

【隆平高科获评“湖南海外发展十强企业”】 2018 年 11 月 20 日，湖南省发展开放型经济领导小组公布 2017—2018 年全省开放型经济优秀单位和开放强省优秀企业名单。袁隆平农业高科技股份有限公司获评“全省开放型经济优秀企业”“湖南海外发展十强企业”。隆平高科以“推动种业进步，造福世界人民”为使命，自成立之初就积极探索“走出去”，并形成独特的“市场化海外拓展 + 公益性国际援助”的国际化路径。该公司响应“一带一路”倡议，加速全球化市场开拓，在菲律宾、印度、东帝汶等国设立海外子公司，并与多个国家和地区建立贸易关系；开展海外并购，2017 年携手中信农业基金收购陶氏益农巴西特定玉米种子业务，成为中国种业“走出去”具有里程碑意义的事件；传播先进农业技术，承办 140 余期国家援外培训项目，为 100 余个发展中国家培养 47 名部级学员在内的近万名农业管理和技术人员，并承担国家 10 余个援外项目。（罗　萍）

【隆平巴士专线开通】 2018 年 11 月 30 日，“惠企便民 · 畅行隆平”隆平高科技园巴士专线首发仪式在隆平高科技园管委会前坪举行。园区首批定制 13 台巴士投入运行，发放 5000 张企业员工公交卡，职工凭卡免费乘坐隆平巴士专线。这是隆平高科技园落实“千人帮千企百日大行动”，开展企业帮扶的具体举措，从初步对接到巴士专线首发，15 个工作日全部到位。（罗　萍）

【华智国家水稻分子育种研发基地接受全市重点项目观摩】 2018 年 12 月 20 日，湖南省委常委、长沙市委书记胡衡华，市委副书记、市长、湖南湘江新区党工委书记胡忠雄率长沙市重大产业项目观摩团观摩华智国家水稻分子育种研发基地项目。市四大家领导、市直部门负责人和区县（市）、园区党政负责人 110 余人参加观摩。在项目一楼大厅，芙蓉区委书记于新凡向观摩团汇报了全区 CBD、隆平新区、一圈两场三道、民生工程建设情况。隆平高科技园党工委书记、芙蓉区委副书记卓精华汇报了园区产业项目和“种业硅谷”建设情况。华智水稻生物技术有限公司（简称华智）总经理张健带领观摩团参观“种业硅谷”展厅，并汇报公司发展、项目建设、科技创新及产业联盟等情况。此次观摩将现场解说与展板、VCR、裸眼 3D、全息影像、人机互动等科技元素相融合，全面展示了芙蓉区、隆平高科技园及华智项目建设成果。（罗　萍）

• 长沙天心经济开发区 •

【概况】 2018 年 7 月，长沙天心经济开发区与湖南暮云经济开发区启动合并，组建天心经开区管委会（新）筹建委员会。合并计算园区面积 762 公顷（暮云 318 公顷，天心 444 公顷）。2018 年，园区完成固定资产投资 148.54 亿元，增速为 31.7%；完成税收总额 22.75 亿元，增速为 30.07%；完成规模工业增加值 24.24 亿元，增速为 8%；完成服务业增加值 42.44 亿元，增速为 23%；完成高新技术产业产值 33.4 亿元，增速为 23.4%；完成发明专利申请 141 件，增速为 36.89%。全年亩均税收为 21.14 万元 / 亩，增速为 29.93%。新增国家级平台 5 个，省级平台 11 个。

招商引资　2018 年，园区实施精准招商，多次到北京、上海、深圳等地开展招商活动。参加 2018 年贵州大数据产业博览会等节会活动，举办中国（长沙）地理空间大数据博览会，走访知名企业 80 余家，对接项目 30 余个。围绕主导产业精准引进项目。全年引进项目 26 个，其中主导产业项目 5 个，税收项目 6 个，产业链项目 3 个。湖南地理信息产业协会和九次方大数据、中国中智

等重要协会、企业入驻园区。

产业发展 2018年，园区引进大数据（含地理信息）、人力资源服务企业，打造特色“园中园”，培育“百亿产业”。建立大数据（含地理信息）、新能源装备产业链“两图”（产业全景图、现状图）“两库”（项目库、客商库）“两池”（资金池、人才池）“两报告”（产业链招商报告、产业链分析报告）。引进国家超级计算长沙中心服务站、国家地理空间信息中心天心阁研究院等5个国家级产业平台和地理空间大数据挖掘与应用湖南省重点实验室等11个省级产业平台。辉达测绘、湖南星图空间信息、威特空间信息等一批优质企业入驻园区。湖南长沙人力资源服务产业园7月初开园，引进企业50家，12月获批湖南省首家人力资源服务产业园。该园建成全国首家人力资源服务产业园创新中心、一览扎堆人才社区等6大公共服务平台，北京网聘、上海优蓝等4家大中华地区人力资源服务品牌100强机构入驻，集聚湖南人才市场、湘潭华顺、株洲钻石、湘楚人力等本土龙头企业，完成楼宇招商50%以上。打造长株潭商圈汽车消费节、购物消费节等系列节会品牌，友阿奥特莱斯、中海环宇城等商业体组成联盟，商圈人气和影响力进一步扩大。2018年，商圈销售额逾150亿元，园区现代生产性服务业、新能源、地理信息和电子商务四大产业中规模以上企业产值占园区总产值的比重70%以上。

规划建设 组织编制《暮云片区慢行系统专项规划》《中信新城站点及周边区域城市设计》《湖南长沙人力资源服务产业规划》等专项规划，相关成果纳入南部片区概念规划；同步启动了绿心退出空间产业规划编制工作，谋划绿心退出片区实现新的发展。推进新韶山南路、西湖路、新园路等11条道路及城南220千伏输变电工程、南北干道等6条道路排水管网改造等工程建设。开展“项目建设百日攻坚”行动，加快项目建设进度，港子河路等市政道路竣工通车，新兴企业中心、中科遥感（湖南）科技园、湖南生态医博园等产业项目主体竣工，天经国际企业街区等一批产业项目开工建设。抓好土地管理，严格按要求办理完善在建项目手续，完成违法用地图斑整改。开展建设用地节约集约利用考核评价工作，督促2宗闲置土地开工建设。配合国土部门做好绿心退出土地情况摸底和土地收储政策研究工作。在抓项目建设的同时抓安全、抓质量、抓纪律，园区项目建设领域未发生安全事故和违纪违规行为。

营商环境 2018年，园区不断优化政务服务，落实市委、市政府“放管服”“最多跑一次”改革，公布“最多跑一次”事项42项，提供“帮代办”服务19项，全年受理行政审批事项282件；完成“12345”市民投诉工单184件，办结率100%。开展企业帮扶，按照全市“千人帮千企百日大行动”工作部署开展企业帮扶，实施全员联点“一对一”服务企业机制，收到企业各类诉求150余条，问题解决率超过80%，剩下问题正在研究办理；打造“云政宝”政策服务平台，兑现各类政策资金5300万元；搭建银企对接平台，帮助9家企业融资7600万元；联合高校举办专场招聘会，为43家企业提供人才招聘服务。提升环境品质。实施长株潭商圈环境提质新三年行动计划，完成商圈商业体亮化工程、智慧交通系统建设，对果子园路等9条道路进行绿化提质改造；配合实施中意路城市化改造、牛角塘城中村改造、港子河景观带、“一圈两场三道”建设，打通大托路、美联路；免费开放商圈停车场。开通园区专线、社区巴士；配合开展南部片区环境综合整治“百日行动”，取缔3个流动农贸市场，支持“飞地园区”建设，引荐7家企业搬迁入驻宁乡金玉工业园，帮助绿心工业退出企业在省内园区寻址建厂，企业新址全部落实到位。开展扫黑除恶专项斗争，化解信访矛盾。2018年，园区未发生重大安全生产事故、环境污染事故和群体性事件。（李廷香）

【天心经开区管委会（新）筹建委员会成立】 2018年6月28日，天心经开区、暮云经开区实现合署办公。经长沙市委决定，2018年7月31日，成立长沙天心经济开发区管委会（新）筹建委员会，由贺国权任筹建委员会主任，侯烛天、刘正文任筹建委员会成员。筹建委员会统筹管理天心经开区、暮云经开区，全面负责园区工作的决策、部署和管理工作。（李廷香）

【承办2018中国（长沙）大数据暨空间信息应用博览会】 2018年7月19日，2018年中国（长沙）大数据空间信息应用博览会（以下简称“博览会”）在长沙开幕。湖南省委副书记、省长许达哲，副省长陈飞，副省长陈文浩，长沙市委副书记、市长、湖南湘江新区党工委书记胡忠雄，中国科学院院士、国际欧亚科学院院士、北京大学数字中国研究院院长童庆禧，中国工程院院士赵文津，中国工程院院士黄伯云，长沙市委常委、市委统战部部长谭小平，副市长李晓宏，天心区委书记朱东铁等省、市、区相关单位领导出席开

2018年7月19日，2018年中国（长沙）大数据空间信息应用博览会在长沙举行

天心经开区 供图

幕式或参加巡展。此次博览会以“空间信息应用——新型大数据新时代发展新产业”为主题，会期为7月19-21日，主要由展览和高峰论坛组成，将聚焦大数据与实体经济深度融合，是中国中部地区首次举办的大型大数据博览会，也是中国首次以空间信息应用为主题举办的大型博览会。展览在长沙红星国际会展中心举行，展览面积1.5万平方米，参展、参会企事业单位400余家，国家国防科技工业局重大专项工程中心、中国资源卫星应用中心、北大数字中国研究院、华为、百度、京东等知名单位、机构和企业参展，观展人数超2万人。高峰论坛在长沙白天鹅鑫远酒店举行，设有主旨报告、圆桌会议、6场专业论坛等系列活动，多名两院院士、70余位专家学者和企业家、投资者参加并进行报告交流，来自全国和省内空间/地理信息各界近千人参加。

（李廷香）

【远航企业服务中心建立】 2018年10月，远航企业服务中心完成装修并投入使用，占地面积443平方米，共两层，建设面积700余平方米，建有党建文化和企业文化展示区、综合服务区、创客空间、远航阅读角、开敞式洽谈休闲区，两代表一委员工作室、24小时园区监控室等。远航党群服务中心免费向园区企业党组织、党员和企业职工开放，为企业与政府搭建沟通桥梁，为党员群众提供交流学习、活动讨论的平台。中心的主要职能分为党群服务、企业发展服务、物业服务和配套服务四大板块，按照标准建设有党建氛围、有配套设施、有学习资料、有规章制度、有统一标识的“五有”服务中心，同时打造以园区党总支为核心、企业党支部为基础、多部门区域联动的服务平台。（李廷香）

【红星·欧丽洛雅环球家具博览中心开业】2018年11月18日，红星·欧丽洛雅环球家具博览中心开业，天心区副区长张建出席开业仪式。该中心由上海红星美凯龙与湖南长燃丽城联手打造，是中南地区最大的高端智能家居建材品牌博览交易中心，填补了长沙市高端家具市场空白，标志着天心经济由传统工业向高端服务业的转型升级又向前迈进了一大步。红星·欧丽洛雅环球家具博览中心投资10亿元，占地10.4万平方米，建筑总面积158081平方米，规划4大特色馆、6大板块和22大经营品类，引入国内国际一线家居品牌，致力打造集家居、购物、休闲、娱乐、文化、餐饮于一体的全业态“购物”和“体验式”消费场所。（李廷香）

【湖南人力资源产业园挂牌】 2018年12月18日，湖南长沙人力资源服务产业园接受授牌，是湖南省首个人力资源服务产业园。湖南省人社厅党组成员、副厅长黄赞佳，长沙市委常委、组织部部长张宏益，湖南省人社厅副巡视员冯奇，湖南省委组织部人才处处长谢忠阳，长沙市委组织部副部长、市绩效办主任易敏华，长沙市委组织部副部长、市人力资源和社会保障局局长张白云，天心区政府区长候选人提名人选黄滔，区领导朱远红、夏艳兰、张界贻、贺国权、李曦、彭泽南，以及省市区相关部门负责人和70余位园区企业代表出席了授牌仪式，标志着长沙人力资源服务产业园正式升级为省级人力资源服务产业园。湖南长沙人力资源服务产业园按照“一核四区”（“一核”即长沙国际人才城。人才城是产业园的核心，秉承“创新、协调、绿色、开放、共享”的理念，致力打造成专业规范的海内外顶级人才创新创业基地，集高端人才引进、企业引智服务、科技成果展示、资源共享交流于一体。“四区”即产业聚集区、品牌引领区、企业孵化区和信息服务区。）的总体规划，产业园总面积13.33公顷，总建筑面积30万平方米，总投资超过20亿元，已汇聚了中智公司、智联招聘等知名人力资源服务机构50家，服务企业2000家、20万人。

（李廷香）

【“绿心”工业退出园区】 2013年，湖南省人大常委会颁布实施的《湖南省长株潭城市群生态绿心地区保护条例》规定，“绿心”范围内，除生态建设、景观保护建设、公共设施建设和旅游休闲设施建设外，禁止工业和其他可能造成环境污染的建设项目。位于长沙市南大门的天心区暮云片区，90%的面积属“绿心”范围，园区内48家规模以上工业企业需全部退出。“绿心”条例颁布以来，相继有12家规模以上企业搬迁退出绿心范围。2018年，按照中央环保督察组要求，根据市、区统一部署，园区成立专门指挥部，制订方案，全力攻坚工业企业退出搬迁工作。通过园区努力，除省两型委批准可延期的9家企业外，园区其余工业企业全面完成停产、搬迁。

（李廷香）

•长沙金霞经济开发区•

【概况】 2018年，长沙金霞经济开发区（以下简称金霞经开区）完成税收22.46亿元，同比增长31.96%；完成规模工业总产值（含物流）537.65亿元，同比增长12.4%；规模工业增加值（含物流）133.13亿元，同比增长12.1%；物流业主营业务收入429.14亿元，同比增长14.98%；完成固定资产投资234.35亿元，同比增长22.7%；进出口贸易额9.88亿美元（完成市级任务的167.4%）。获中国物流与采购联合会、湖南省2018年度优秀物流园区，全市综治工作考核优秀等次园区，全市安全生产考核优秀单位等称号。

生态圈建设 2018中部（长沙）进口博览会举办，47个国家和地区的422家企业参展，近41万人参与，线上线下交易与意向签约总金额38亿元，有效扩大长沙的国际“朋友圈”。海外人士外贸基地搭建了长沙融入“一带一路”、联通中非合作的桥梁。保税物流中心场所效能在全省特殊监管区域及场所中排名第二位，园区的开放平台创新性、功能性不断完善。长沙国际铁路港海关监管区加速建设，霍尔果斯、阿拉山口、二连、满洲里四大边境通道口岸全部打通。中南陆港集团主导中欧班列（长沙）运行，全年发运进出口货物191列，16756TEU，吨位21.7万吨，货值7.67亿美元。已开通线路11条（9去2回），实现全国唯一东（满洲里）、中（二连）、西（阿拉山口、霍尔果斯）三通道齐发。长沙新港全省首个汽车滚装码头建设加速，传化智能物流公路港正式运营。园区“互联共享、网络全国、辐射国际”的商品车及集装箱铁、水、公联运示范工程项目，通过国家发展改革委、交通部的审批，园区多港互动互联的基础进一步夯实。长沙跨境电商综试区成功获批，可开展保税备货“1210模式”进口业务，金霞成为跨境电商核心通关区、物流区。建成跨境电商人才培训基地，获得阿里巴巴与国家劳务外包人力资源研究院、工信部教育考试中心与国际职业能力教育协会、中国贸易学会教育与考试中心等认证的跨境电子商务师考培点资格，已与全省31所高校合作，学生端人才培训3000人、人才认证2000人。设立外贸出口退税资金池，为企业提供垫税资金2490万元，激活外贸出口7666万美元；探索供应链金融产品，成立长沙中海仓数字供应链有限公司，开发针对跨境电商B2C和B2B的供应链金融产品，开放型经济的人才和金融保障更有力。

精准招商　全年签约项目39个，投资额约102.5亿元，包括智能物流类10个，军民融合类12个，装配式建筑类7个，开放型经济类5个，总部经济类5个，新增总供地面积71.73公顷，新增标准厂房面积约12万平方米。其中，瑞康（湖南）医疗大健康产业基地总投资约10亿元，主要建设高端医疗器械生产基地。平台招商成效显著，长沙国际铁路港引进中车株洲电力机车有限公司等项目5个。海外人士外贸产业基地全年引进30个国家30家企业入驻，实现外贸破零企业3家。长沙传化智能公路港正式启动运营，入驻企业160家，出租率90%。卓尔军民融合产业示范园新入驻海擎智能等高新技术企业12家，基本实现了满园。

营商环境　制订《长沙金霞经济开发区“最多跑一次”实施方案》，完成园区政务服务中心的改造升级。园区完成办件量640件，其中“最多跑一次”469件（包含“不见面”46件），规划建设类共行政审批319项，审批环节减少31%，申报材料精简18%，办理时限比法定时限缩短73%。先后举办2场劳动用工招聘会和1场中高及技术人才洽谈会，解决企业用工难。开展“千人帮千企金霞在行动”，全年实际兑现政策和产业扶持资金12296.5万元，真正将上级好政策从“纸上”落到“地上”。设立风险补偿基金、外贸出口退税资金池，探索供应链金融产品，搭建银企对接平台，为企业送上“真金白银”。新开工重点产业项目24个，建成项目13个。中民筑友“水泥基材料”已列入国家重点研发计划，迪赛生物“ipoct检测系统的研发及产业化项目”已列入省“5个100”重大产品创新项目，新亚胜光电实验室通过国家CNAS实验室认证等，中湘嘉德获批商务部供应链创新试点示范企业，企业创新能力和知名度不断提升。

产城融合　全年完成拆迁结算扫尾项目14个，家家红仓储物流项目基本实现“当年启动、当年结算”，大力推进军民融合产业园二期等8个项目，新启动中青路北延线等项目6个。城市驿站、大明污水截污工程、红星美凯龙10千伏线路、佳海排水工程等均完成建设，板塘小学（沙坪实验小学）获评“湖南省标准示范化工地”和“2018年长沙市优质结构工程”。公交线路新开通4条、优化1条，园区通车道路实现公交全覆盖。全年道路建设总里程19.59千米，完工总里程9.56千米，霞凝路（彩霞路—湘捞路）、广胜路、冯蔡东路等均已完成建设。

污染防治方面，完成执法143次，日常检查80次，现场调研25次，协助处罚企业5家，拆除黑洗砂厂2个，绿网覆盖195万平方米，蓝天碧水保卫战有成效。防范化解重大风险方面，拓宽融资渠道，全年累计获批授信36亿元，还本付息22.11亿元，在有序推进政府性化债工作的基础上保增园区资金链不断链。精准扶贫方面，定期看望关心扶贫对象、宣传讲解扶贫政策，已拨付龙山县茨岩塘镇经费1060万元、宁乡流沙河镇鸿富村扶贫资金67.95万元。安全生产方面，开展“压实企业安全生产主体责任年”，组织安全生产培训4次共512人次，开展专项检查和隐患排查80余次、有限空间作业和职业卫生专项整治29家次，对佳海工业园“三合一”现象进行了隐患治理，全年未发生任何安全事故。（胡双玲）

【长沙国际铁路港招商推介会】2018年6月8日，以“合作共赢 创新发展——携手天下英才 打造国际物贸新港”为主题的长沙国际铁路港招商推介会在金霞经开区管委会召开。投资总额20.6亿元的长沙国际铁路港二期开园运营，金霞经开区与湘通国际铁路港有限公司签订协议，长沙国际铁路港与中车株洲电力机车有限公司等5家单位现场签订入园协议。湖南省人民政府副秘书长罗建军，长沙市政协副主席袁志恒以及开福区、园区领导沈裕谋、刘拥兵、杨应龙、袁政国出席会议。园区占地约126.67公顷，按“四港（铁路港、公路港、仓储港、信息港）二区（商品展示交易区、综合配套服务区）一口岸（铁路口岸）”布局，分两期建成，一期即长沙铁路货运新北站，用地59.4公顷，已于2013年投入运营，年货物吞吐量已进入全国5强，2014年开通的“湘欧快线”从园区始发，成为湖南对外开放的窗口。二期占地67.27公顷，投资总额20.6亿元，分为中部地块与南北发展地块。其中中部地块占地约15.8公顷，规划建设综合商务楼、展示交易中心、零担快运中转中心、快递中转分拨中心、智能配送分拨中心、沿街综合楼、智能停车场等7大功能区；南北发展地块共占地35.27公顷，分为南北两大部分，北边部分用地功能定位为冷链物流中心及配套服务区，南边部分用地功能定位为平行进口车交易市场、集中采购中心、内部加油站、生活配套区地块及铁路口岸。（胡双玲）

【园区重大招商项目集中签约】2018年6月21日，长沙金霞经开区重大招商项目集中签约暨海外人士外贸产业基地启动仪式举行。湖南省商务厅党组成员、省政府口岸办主任杨中万，中国外商投资协会原常务副会长邵祥林，非洲第一银行主任奥多，长沙市政协原主席、长沙社会组织促进会会长董学生，长沙市政府副秘书长王体泽，开福区、园区领导沈裕谋、刘拥兵、杨应龙、袁政国等领导，以及开福区、金霞经开区、金霞保税物流中心、海外人士外贸产业基地等相关部门和海内外企业代表参加该次活动。该次活动共有19个项目，其中园区引进项目10个，基地引进项目9个，包括三一集团、非洲第一银行、北汽福田、天力管、新奥燃气、国药控股等公司，产业类别涵盖医药物流、军民融合、装配式建筑、新能源等，签约金额超过40亿元。（胡双玲）

【重大产业项目集中开工】2018年6月27日，长沙市重大产业项目集中开工仪式（开福分会场）在金霞经开区军民融合科技城项目现场举行。长沙市委常委、副市长付胜华宣布项目开工，副市长廖建华、市政府副秘书长卢兴映及区、园区领导沈裕谋、刘拥兵、许振勤、杨应龙、张春雄、舒全球、刘熙宇、李剑刚、荣爱华、宋奇志、裴文欢、樊伟、张中文参加。此次开工仪式开福分会场集中开工4个项目，分别是军民融合科技城、文创产业孵化园、平瑞医药电商产业园、德亨物流仓储，总投资近20亿元，是该区军民融合、商贸物流、文化创意、医药电商等产业项目的典型代表。作为主会场的军民融合科技城项目，由湖南金霞国科投资有限公司投资10.5亿元建设，第一期规划总用地面积11.13公顷，拟建设标准厂房、研发大楼、高层厂房、生活配套楼等约16万平方米，着力打造成军民融合科技示范区、装配式建筑展示区、资源节约型和环境友好型品质园区。（胡双玲）

【长沙传化公路港城市物流中心启动运营】 2018年8月17日，长沙传化公路港城市物流中心启动运营，标志着湖南省规模最大、服务功能最全的现代化城市物流中心启航，省会长沙也将成为全国公路货运物流枢纽城市之一。湖南省委常委、长沙市委书记胡衡华，传化集团董事长徐冠巨，中国物流与采购联合会会长何黎明出席并见证物流中心启航。长沙传化公路港日均货物吞吐量超过7.8万吨，日均货值近11亿元，日均吸引5000辆以上车次进场，整合服务1500余家中小物流企业，扩充就业岗位1万余个。启动仪式上，6个重大项目签约落户金霞经开区。6个项目集中于园区的主导产业智慧物流产业，投资额29亿元。宝能物流长沙金霞跨境保税供应链项目，将结合保税物流中心的“网内”特点，建设3个实体业态，即跨境电商产业园、汽车配件保税物流中心、新零售仓储集散中心；2个增值服务业态，即智慧供应链金融服务和外贸综合服务平台。复星国药长沙省级温控枢纽及区域结算中心项目主要建设智能仓储、医药物流配送中心、供应链管理、研发中心等。此次签约的项目中，还有总投资10亿元的天力瑞家新材全国生产总部基地。该项目主要建设天力不锈钢管系列产品的生产、销售、仓储物流以及办公总部基地等。（胡双玲）

【长沙—明斯克“中远海运”号班列首发】 2018年9月30日，随着湘欧快线长沙—明斯克“中远海运”号中欧班列首发，50个集装箱的“中国造”精品从广铁集团长沙北站驶出，将用时13天跋涉1万余千米，直达白俄罗斯首都明斯克。这是湖南和全球最大海运企业中远海运战略合作，拉开国际铁海联运一体化物流体系建设的序幕。2018年年底湖南名特产通过“海运＋铁路”联运将远销欧盟、东盟和中东。此次运往明斯克的商品逾六成是湖南制造。作为“湘品出海”的精品代表，数字IP电视接收机、布匹、鞋服、LED灯、地毯、圣诞树、玩具制品等商品将成为白俄罗斯热销的“爆款”。从即日起，长沙—明斯克“中远海运”号每周将开行3~4趟班列，年底将实现欧盟、中东、东盟国际铁海联运，形成湖南首个国际铁海联运一体化物流网。长沙海关数据显示，从2014年10月到2018年9月，湘欧快线累计发运460列，发运进出口货物18684车，吨位65.37万吨，总货值18.42亿美元。（胡双玲）

【首笔“千人帮千企”产业扶持资金到位】 2018年10月25日，金霞经开区“千人帮千企百日大行动”领导小组，派出了以开福区委常委、金霞经开区党工委书记李国军为首的帮扶小分队，深入老百姓大药房物流枢纽与电商基地项目工地，现场拍板：根据老百姓大药房项目智能化设备安装进度和研发投入等，结合《金霞经开区产业发展办法》，先期拨付1000万元兑现对企业的第一期奖励扶持政策。26日，长沙首笔“千人帮千企”产业扶持资金在金霞到位。（胡双玲）

•长沙雨花经济开发区•

【概况】 2018年，长沙雨花经济开发区（简称“雨花经开区”）完成规模工业总产值335亿元，同比增长31%；实现规模工业增加值89亿元，同比增长17.1%；完成固定资产总投资85亿元，同比增长26.9%；完成进出口额18268万美元，实际利用外资20455万美元，纳税过百万元的企业119家，实现税收26.89亿元，同比增长33.91%。“一主一特”产业产值占规模工业总产值占比达80%，园区经济呈现量增质更优的发展态势。在市对园绩效考核中位列省级园区中第二、内五区第一，在全市重大产业项目观摩评比中排名第一位。连续7年获评全市建设用地节约集约“优秀”等次。2018年，园区拥有省、市技术中心18个，其中省级以上7个；市级院士工作站2家，企业申请专利总数为630件，累计增长8%（申请数量排名市内省级开发区第一位）。

招商引资　围绕主特产业链签约引进3类“500强”项目4个，新增新能源汽车产业链项目34家，总投资额约37亿元，新增人工智能传感器及机器人产业链项目49家，总投资额约38亿元。主导产业方面，引进总投资额30亿元的长沙比亚迪新能源汽车智能工厂改（扩）建项目和全国首家比亚迪（新能源）卡车研究院；吸引近40家电池研发、驱动系统、电控系统、充电桩等上下游配套、关联企业落户园区。特色产业方面，深入调研人工智能及机器人产业链招商，形成产业发展报告；聘请日本工业影像协会代表理事木浦幸雄、大族激光智能装备集团总经理陈焱等领军专家担任园区招商顾问；举办长沙人工智能企业沙龙等专业技术研讨会，参加世界机器人大会等专业峰会；以小分队分赴北京、上海、深圳等地开展点对点敲门招商，对接企业超100家，拜访、接待客商近2000人次。3月，签约引进世界500强项目——西门子工业4.0创新中心；推动省重点机器人企业——中南智能基地投产。6月，签约引进全球细分领域10强项目——大族激光智能装备生产基地，推动项目于9月投产。总部经济、产业地产方面，对接中交路桥集团、中建集团等央企区域总部项目5家；策划园区26号、27号地块出让，吸引绿地、佳兆业等近20家大型房企竞拍，最终由中建集团以17.45亿元（熔断价格）拍得该地块。

项目建设　园区顶着环保督察和绿心工业企业退出的压力，克服绿心问题对项目建设的影响，推进招商引资和项目建设。新引进的30个产业投资建设项目，总投资120亿余元，完成投资50亿余元，项目个数和投资体量在内五区中排名第一，产业项目占比80.46%，在内五区中排名第二。其中大族激光项目9号工厂仅37天即建成投产、10号工厂仅20天就建成投产，创造了“长沙速度”。

企业服务 发布《长沙雨花经开区振兴工业实体经济扶植奖励办法》的政策包，4月在智庭园9号栋厂房召开2018年产业发展大会，奖励兑现1400万余元；制定《长沙雨花经济开发区管理委员会关于支持工业企业智能化技术改造项目资金拨付实施细则》《长沙雨花经济开发区关于振兴工业实体经济扶植奖励办法的实施细则》；开展企业家精神提质工程，在晓光模具“工匠学院”搭建企业家交流平台；成立雨花经开区公益法律服务中心，制作《雨花经开区服务指南》；由园区主要领导带队到桑植县洪家关白族乡，为园区龙头企业比亚迪公司召开专场招聘会，与白族乡23个村签订劳务合作协议。

放管服改革 制定《雨花经开区推进“最多跑一次”改革试行方案》《投资建设项目审批事项目录》《多规合一改革推进方案》《长沙雨花经开区行政审批管理办法》等；对各类事项流程进行再优化，各类事项办结总时限由523日缩减至240日，审批流程整体提速54%以上，基本实现常规事项即来即办、复杂事项三天办结、公示事项公示结束后次日办结，确保办理事项准确无误和审批环节优化配置；搭建园区企业“一站式”服务中心，并于2017年10月投入使用，将园区承接的涉及发改、经信、住建等19个市区直部门的55项行政职权和29项非行政审批企业服务事项，分别整合纳入行政审批、政策咨询兑现、帮（代）办三个服务窗口；推进“全员都是服务员”行动，实行“一对一”的管家式服务，班子成员以及140余名干部职工点对点联系园区800余家企业，实现企业有困难找专人；对引进的企业项目实行“保姆式”的跟单服务，从工商注册到落地生产的全流程帮代办；按照企业化、扁平化的理念率先推动平台公司转型改革，设立开发建设公司和创投运营公司，公司班子成员于12月29日到位；制定《企业“一站式”服务中心窗口及工作人员管理办法》《企业“一站式”服务中心工作考核办法》等，规范行政审批行为，为优质服务企业提供制度保障。

高新技术企业认定 争取或到位各类资金（含协助企业申报的资金）近5000万元，涉及发改、经信、科技等专线专项，市级科技计划立项7个，区级科技计划立项21个，新认定高新技术企业21家；在知识产权工作方面，企业申请专利总数为630件，累计增长8%（申请数量排名市内省级开发区第一位）。

金融服务 各大金融机构为园区企业提供融资服务300余笔，授信约26亿元，发放贷款资金约13亿元；降低企业融资综合成本，融资成本基本控制在银行基准上浮30%～50%；辅助园区企业挂牌新三板1家，为园区中小微企业创新发展提供强有力的金融支撑。

基础设施建设 完成雨花经开区城市景观提质改造项目一期（万家丽路、环保大道）、振东路、万家丽路等24条道路路灯设施整改、园区32号地支路污水管网改造、蓝天保卫战、长泰公司厂区内边坡垮塌治理、圭塘河经开区段闸坝前清淤、比亚迪厂区内管道清污工作、振华路下穿京珠高速桥排涝、比亚迪厂区二期南侧钢结构食堂拆除、比亚迪厂区复绿、宏泰厂房拆除及复绿、振华路充电站拆除及复绿、万家丽南路南段互通收费站恢复工程等21个项目。启动环保大道东延线、89号地机器人集聚区、赵家冲堰塞湖排水工程、长郡雨外扩建工程等项目。

环境整治 在“蓝天保卫战”中，对54号、87号、88号、89号地块以及黄谷路、环保大道东延线等黄土裸露处采用覆盖绿网、种植草籽等方式，覆盖和复绿34处共44万平方米。按照市、区、园区限期拆除与复绿要求，仅用6天时间拆除某企业37号厂房2.5万平方米，并在限定时间内完成拆除该企业食堂3000平方米、清除水泥地面3万平方米及复绿7万余平方米。查处违规渣土车辆44台，共罚款8.83万元。

拆迁安置 完成白田变电站、环保大道东延线和96号地同升村保障住房项目拆迁，征地面积约13.46公顷，协议拆迁面积15.33公顷，共计拆迁腾地约28.8公顷，拆迁人口469人，拆迁资金约2亿元，按时完成市政府630攻坚项目拆迁。完成环保大道东延线跳马段国有土地和集体土地前期拆迁资料和现场勘定放桩等前期系列工作。

安全管理 完成安全、消防培训15场，组织指导企业开展各类培训48场，参加人次4600人，完成并超过年初计划完成培训人员数；召开2017年安全生产工作总结和2018年安全生产工作动员会，400余家单位参加会议，签订《安全生产责任书》，并首次对园区安全生产工作优秀单位和个人进行奖励；发放压实企业安全生产主体责任宣传册2000余份；组织园区近100家单位参加职业病防治宣传周活动；组织企业参加雨花区安全生产月活动；组织开展企业安全隐患排查，“三同时”专项检查企业8家；年度执法检查企业数82家，日常排查企业数236家；配合区安监和市安监安全生产执法检查处罚企业5家，处罚金额3万元；安全排查园中园企业数126家。园区全年未发生亡人责任事故，达成了年初的目标，在市对园区的绩效考核中，取得了较好的成绩。

公司运营 确保南庭城果人才公寓一二期、白田佳苑隔音屏、金井提质改造项目建设完成。湖南大族智能装备制造基地于2018年12月20日顺利迎接市对区项目观摩活动。南庭城果回款约2000万元并顺利办结所有房产证出证工作。康庭园完成招商约4000平方米，回款约7000万元。设计城入驻近80家设计及相关企业。启动平台公司整合转型。

（刘超超）

【长沙市工业设计行业会议】 2018年1月24日，雨花经开区中国（长沙）创新设计产业园召开长沙市工业设计协会第一次会员大会与第一届理事会第一次会议。会议由长沙市工业设计协会举办。长沙市工业设计协会是由湖南同天投资管理有限公司、湖南东方时装有限公司（国家级工业设计中心）、长沙太阳鸟游艇有限责任公司（省级工业设计中心）、长沙基准机电产品设计有限公司、长沙亿旭智能科技有限公司、广东顺德东方麦田工业设计有限公司湖南分公司6家单位共同发起成立的长沙首个工业设计行业组织协会。首届会员全体出席大会。会议表决通过协会《章程》《选举办法》

《会费标准与管理办法》等多个事项，选举出了协会的理事、监事和相关负责人。中国（长沙）创新设计产业园运营商、湖南同天投资管理有限公司总经理邵继民全票当选为协会第一任会长。 （刘超超）

【湖南省机器人产业聚集区产业链项目合作对接会】 2018年3月20日，湖南省机器人产业聚集区产业链项目合作对接暨湖南中南智能装备有限公司智能制造合作推介会举行。省委常委、长沙市委书记胡衡华出席，并参观了园区机器人项目。在中南智能揭牌现场，实现与西门子工业软件、潍柴动力、保利民爆、中国纺织工业联合会、清华大学等8个智能制造产业项目顺利签约，签约金额5亿元。长沙市人民政府、中南智能和西门子共建的工业4.0创新中心属湖南省首家，将推动湖南省智能制造集群产业发展。 （刘超超）

【10家企业获第四批“长沙市智能制造试点示范企业”称号】 2018年3月15日，长沙市公布第四批智能制造试点企业名单，雨花经开区10家企业上榜。名单如下：长沙长泰智能装备有限公司、湖南驰众机器人有限公司、湖南省泰达机器人制造有限公司、湖南优拓智能信息科技有限公司、湖南创研智能装备有限公司、湖南乾康科技有限公司、湖南锐智工业设备有限公司、湖南沛科交通工程技术股份有限公司、湖南湘能电力强弱电实业有限公司、湖南长步道光电科技有限公司。获此称号的企业在进行智能制造改造升级过程中可获得长沙市政府的支持。 （刘超超）

【2018年产业发展大会】 2018年4月2日，雨花经济开发区2018年产业发展大会在湖南省机器人产业集聚区智庭园9号栋厂房召开。市经信委、雨花区委、区政府、区直相关部门负责人，园区企业代表，银行、券商、担保、律所等服务机构代表，园区基层党员及群众代表，街道代表，驻园单位代表，园区全体干部职工1000余人参会，会议由经济发展局局长宁丽主持。大会以“匠‘新’引领，‘智’创未来”为主题。雨花区委常委、雨花经开区党工委书记郭四军作重要讲话。会上发布《长沙雨花经开区振兴工业实体经济扶植奖励办法》，表彰了一批先进企业和个人，兑现市级相关政策。奖项共设置发展贡献奖、最佳成长奖、“小巨人”企业奖、上市培育奖、营商环境奖、统计入规工作补助、规模工业上台阶补助、清洁生产补助、企业用电补助、优秀企业家、科技带头人、雨花工匠、发展贡献先进个人奖、“3635”人才计划补助、人才引进补助等16个表彰奖励项目，奖金总额1400万余元。长沙市比亚迪汽车有限公司、湖南晓光汽车模具有限公司、长沙长泰智能装备有限公司等120余家企业获奖，周晓州、杜俊鸿、蔡自兴、方东明等130余名企业家、科技带头人和企业工匠获奖。20余家银行、券商、担保、律所、会所等服务机构代表现场办公，重点在降低企业融资成本、推动企业上市、企业服务提速等方面为企业解决问题。大会结合“打赢蓝天保卫战”行动，对企业的安全生产和蓝天保卫战进行正面宣传，发布倡议书。 （刘超超）

2018年3月20日，湖南省机器人产业聚集区产业链项目合作对接暨湖南中南智能装备有限公司智能制造合作推介会在湖南中南智能制造基地举行

雨花经开区 供图

【长沙比亚迪新能源汽车智能工厂改（扩）建项目开工】 2018年4月3日，长沙比亚迪新能源汽车智能工厂改（扩）建项目签约暨开工动员在长沙比亚迪公司轿车生产基地举行。长沙市经信委、雨花经济开发区、长沙比亚迪三方签署协议，长沙比亚迪投资30亿元启动智能工厂改建项目，对整车生产4大工艺产线进行全面升级。湖南省委常委、长沙市委书记胡衡华宣布项目开工。改扩建后的新能源汽车智能工厂预计2019年试生产，2020年全面投产。主要生产三款车型——比亚迪元新款、“元”EV、“宋”MAX混动版。新能源汽车智能工厂改（扩）建项目将主要对原有冲压、焊接、涂装等厂房内生产线进行自动化、智能化改造，大批量采用业界领先的智能机器人。同时，增建冲压、焊接、涂装二期生产厂房，利用原有总装生产厂房建设总装2号生产线，改建检测线、物流中心、发车厂房等生产配套项目，改建发动机、塑料件、油箱及驱动电机控制器、电源、充电盒、充配电总成、水泵等电动汽车零部件配套项目。长沙比亚迪新能源汽车项目从立项、到谈判、到签约、到启动，都创造了长沙速度，在项目签约后马上举行开工仪式，在长沙产业项目建设中属首创。 （刘超超）

【韩国JDC投资开发本部长考察比亚迪新能源汽车生产基地】 2018年4月2日，韩国国土交通部济州国际自由城市开发中心（JDC）投资开发本部长朴贤哲、未来投资处部长李武绿一行到园区参观考察，省商务厅调研员胡长春，雨花经开区党工委委员、管委会副主任魏建良及园区招商局相关负责人陪同考察。朴贤哲一行实地考察比亚迪新能源汽

车生产基地，了解比亚迪公司新能源客车、乘用车、商用车等项目及相关领域的丰硕成果和成功经验，就新能源汽车、智能尖端科技等项目与园区相关单位代表进行研讨，从政策、政务服务、市场、技术等方面进行座谈。朴贤哲表示，韩方热切期待以此次会面为契机，建立新能源产业、技术交流平台，加强双方经验交流，共同捍卫美好蓝天。济州岛国际自由城市开发中心拟通过实地考察、调研比亚迪新能源项目，从新能源交通、储能、废旧电池回收等多个角度汲取成功经验。4月10日，20台比亚迪 eBus-7 纯电动巴士在韩国济州岛投入运营，这是济州岛知名景区牛岛的首支纯电动巴士车队，是韩国规模最大的一支中型电动巴士车队，是东北亚国家单批最大规模的电动客车交付。此次交付的20台 eBus-7 纯电动巴士被用作环岛旅游巴士，该车队的运营，标志着在电动巴士领域，比亚迪在韩国占据12%的市场份额，在济州岛占据24%的市场份额。6月20日，韩国JDC（济州国际自由城市开发中心）及韩中友好交流协会考察团一行，到园区进行经贸交流访问，并与园区招商局、比亚迪公司就园区建设运营、产业培育、新能源汽车产业等进行深入研讨。（刘超超）

【2个汽车产业项目入选湖南“五个100”】 2018年4月18日，“比亚迪新能源整车扩产项目”和“新能源汽车车身装备及零部件智能制造工厂”两个汽车产业项目入选湖南省100个重大产业建设项目。入选项目分别为长沙市比亚迪汽车有限公司和湖南晓光汽车模具有限公司的产业项目。（刘超超）

【5个先进典型获表彰】 2018年4月26日，由长沙市总工会主办、长沙电视台新闻频道承办的“匠心铸精英·2018年长沙市庆‘五一’先进典型授牌暨职工文艺会演”在长沙市实验剧场举行。活动以长沙市产业工人新时代新风貌为主线，以“五一劳动奖章”“五一劳动奖状”“工人先锋号”及职工科技创新成果、行业竞赛庄园授牌为纽带，展示了当代劳动者的敬业精神、当前长沙创新创业前沿成果。由雨花经开区推荐的5个先进典型分别获表彰：长沙克明面业有限公司获评长沙市“五一劳动奖状”；湖南晓光汽车模具有限公司唐博杰获评长沙市“五一劳动奖章”；唐智科技湖南发展有限公司高铁动车组安全监控系统项目组、湖南驰众机器人有限公司工程部、湖南省泰达机器人制造有限公司工程研发中心获评长沙市“工人先锋号”。（刘超超）

【科技主题沙龙活动】 2018年4月27日，长沙市机器人产业技术创新战略联盟和湖南中南智能装备有限公司共同举办《知识产权管理及甄选高管》科技主题沙龙活动。雨花经开区党工委委员、管委会副主任、产业链推进办公室主任邓波出席并致辞。联盟各成员单位有关负责人与产业链推进办成员共聚一堂，就机器人产业技术创新、产学研用合作及人才选拔等方面共同研讨，以专题讲座的形式为联盟成员提供更多交流和合作的机会。活动中，正奇知识产权有限公司所长卢宏就企业知识产权的总体趋势、专利事务、商标商誉事务、版权事务、商业秘密事务等进行了详尽的分享；德鲁克卓越管理工作坊老师赖凌云结合自身丰富的人资管理实践及真实案例，讲述了多维度痕迹识人技巧。（刘超超）

【比亚迪卡车研究院项目签约】 2018年6月27日，雨花经开区与比亚迪卡车研究院签约，比亚迪卡车研究院项目落户园区。雨花区委常委、雨花经开区党工委书记郭四军，长沙比亚迪汽车有限公司党委书记、行政负责人周晓州等见证签约。比亚迪卡车研究院项目预计2021年全面建成，项目建成后，将进一步壮大比亚迪在长沙新能源汽车项目规模，进一步巩固长沙作为比亚迪乘用、商用、特种等全系列新能源汽车生产基地的战略定位。（刘超超）

【大族激光中西南智能装备制造基地项目落户】 2018年6月22日，大族激光中西南智能装备制造基地项目在雨花经开区签约。该项目是大族激光在长沙投资的重大产业项目，是长沙市人工智能及机器人产业链的重要延链、补链、强链项目。项目场地面积6000余平方米，将依托中南大学、湖南大学共同组建大族数控研发基地，建立月产量50台（套）智能激光设备生产基地。9月27日，湖南大族智能装备制造基地竣工投产。湖南大族智能装备制造基地占地面积8000平方米，总投资约2亿元，是大族激光智能装备集团在长沙投资的重要产业项目。湖南大族智能装备制造基地能生产包括高精高速激光切割机、三维五轴激光加工设备、折弯机等产品，在2019年实现年产各类激光加工设备500台套的生产能力，5年之内形成2000台套的年生产能力。（刘超超）

【参加2018世界机器人大会】 2018年8月16日，应哈工大机器人集团邀请，雨花经开区党工委副书

2018年6月22日，大族激光中西南智能装备制造基地项目签约

雨花经开区 供图

记、管委会主任曾红鹰率产业链办公室、园区招商局等部门，以小分队形式到北京参加2018世界机器人大会，与哈工大机器人集团、ABB、发那科、新松等顶级机器人企业负责人座谈交流，开展会议招商工作。世界机器人大会是由中国科学协会、工业和信息化部、北京市人民政府共同举办的国际机器人盛会，汇聚中国、美国、俄罗斯、德国、日本、加拿大、韩国等国家顶尖机器人企业、专家，围绕学术交流和成果展示、机器人发展新趋势、国际机遇与合作等主题，透过论坛、博览会、大赛、地面无人系统活动4大板块，展示机器人产业最新成果和产品。中国机器人产业正以市场应用为引导，通过技术、金融、产能等形式，以大型企业为支撑，加速组建拥有自主知识产权的产业平台，从而加快中国机器人产业的发展。会后，曾红鹰一行到哈工大机器人集团北京总部开展敲门招商，与企业负责人进行深入交流。（刘超超）

【湖南昭泰医疗集团“诺贝尔奖工作站”落户】 2018年9月19日，湖南昭泰医疗集团“诺贝尔奖工作站”签约授牌仪式举行。湖南昭泰医疗集团“诺贝尔奖工作站”是园区成立的第一家医疗性质的诺贝尔奖工作站。湖南昭泰医疗集团与2013年诺贝尔医学奖获得者托马斯·聚德霍夫、2006年诺贝尔物理学奖获得者乔治·斯穆特（美国科学院院士）、法国国家健康与医学研究院院士吉尔斯·帕格斯合作签约，建立“托马斯·聚德霍夫诺贝尔奖工作站”，致力于开发更先进的新一代癌症治疗技术产品，推进中国精准医疗创新领域的持续发展。（刘超超）

【9家企业入选市智能制造服务提供商名单】 2018年11月9日，长沙市经信委公布了市第二批智能制造服务提供商名单。园区驰众机器人、展瑞信息、高科捷金、云畅信息、安冠智能、锐智工业、海格力士智能、拓野机器人、时纬机器人9家企业入选，被评为市第二批智能制造服务提供商。（刘超超）

【仙岭路（唐智科技南门段）提质改造工程完工】 2018年12月3日，仙岭路（唐智科技南门段）提质改造工程完工。唐智科技有限公司作为园区的重点高新技术企业，长沙市委、政府及雨花区委、区政府等领导多次到现场考察观摩。该公司南门现状水泥道路破旧不堪，集装箱及建筑垃圾等到处堆放，严重影响该片区的整体形象。为提升园区提升环境，方便企业成出行，园区工务局启动仙岭路（唐智科技南门段）提质改造工程的建设工作。该工程于2018年11月进场施工，建设内容为拓宽现有水泥道路、对仙岭路北侧绿化带提质改造、场地内建筑生活垃圾的清理等。该项目的完成，方便了唐智科技公司员工的出行并改善周边的整体形象。（刘超超）

•浏阳高新技术产业开发区•

【概况】 2018年，浏阳高新技术产业开发区（以下简称“浏阳高新区”）经济实力不断增强，规模以上工业总产值同比增长16.9%，规模以上工业增加值同比增长12.6%，固定资产投资同比增长27.9%，其中工业固投同比增长23.5%，占固定资产投资比重达96.3%；完成财政总收入16.88亿元、增长24.8%，其中税收10.75亿元、同比增长30.58%。全力推动科技创新，加快转型升级，获批湖南省中小微企业创业创新基地、湖南省创新方法推广应用及产业孵化基地、中国碳基材料循环利用创新示范基地。园区在湖南省省级以上产业园区综合评价中位列第五，在2018年长沙市省级园区绩效考核排名中位列第一位。

招强引大　围绕产业链持续补链、延链、强链，2018年引进产业项目51个，总投资205亿元，其中投资10亿元以上项目6个。豪恩声学智能声学总部生产基地投资50亿元，主要生产微型电声元器件和消费类声学等产品，是园区建园以来投资最大的项目。华域视觉汽车智能车灯项目是世界“500强”上汽集团投资的项目，是国内汽车电子设备系统及汽车照明电子部件的龙头企业，将建成国内同行业中规模最大的单体工厂。引进浏阳市中协高新科技学校项目，园区首所职业技术学校启动建设。

产业培育　2018年，园区新增规模以上工业企业21家，总数达到131家；新增省级、市级智能制造示范企业27家，总数59家；新增高新技术企业21家，总数60家。352家企业注册云平台，所有规上企业成功“上云”，3家企业获评湖南省中小企业“上云”标杆企业。建成湖南省绿色再制造工程技术研究中心，国家级循环化改造试点示范园区通过国家发展改革委终期验收。新建成7家省级、市级企业技术中心。5家企业产品获省、市“首台套”；宇环数控获批省“5个100”项目。袁创获批省院士专家工作站，法泽尔建成全省首家再制造院士专家工作站，园区院士工作站增至6家。园区发明专利申请量较上年增长24%。

项目建设　紧扣“产业项目建设年”要求，2018年园区43个产业项目竣工投产，其中20个项目实现当年签约当年投产，宇环数控、法泽尔等11家企业完成二次建厂。有39个产业项目如期开工建设，10个项目主体完工，园区产业项目开工、竣工及投产项目均为历年之最。全年报批土地120.33公顷、征地120余公顷、拆迁265栋，在长沙市率先完成60号令问题的全面清零。新建、改造道路21千米，完成绿化21.6万平方米，30家沿街企业完成形象改造，G319园区段、捞刀河路等项目建成。宇环数控、华域视觉项目在长沙市项目考核评比中获2018年度“5个100”工程优秀项目。

营商环境　承接长沙市、浏阳市下放的权限229项，105个事项实现“最多跑一次”“互联网+政务服务”平台上线，网上办件量居长沙省级园区首位，政务服务中心成功创建长沙市“青年文明号”。开创性实施项目报建不出厂等服务，项目施工许可审批从75天压缩至30天，企业开办2日办结。开展“千人帮千企”“百人联百企”，指导企业申报项目278个，获批项目资金7530万元。诚源电器在新三板挂牌，3家企业完成股改。拓宽人才供应渠道，与13所院校、15个县建立合作，为企业招聘10800余人。融长公交、园内公交顺利开通。

社会管理　中央环保督察交办的5个问题全部整改到位，燃煤企业实现清零，永安污水处理厂一级A标准提标改造工程全面完成，所有施工工地实现扬尘监测全覆盖。加强城乡规划统筹，制定《浏阳高新区和永安镇村民建房管理办法》，实现园镇村民建房“三统一分”管理制度。强化规划刚性约束，拆除违法建设面积7000余平方米，实现违建零增长。全面清退股田制本息金，为全省唯一全面清退股田制本息的园区。城市日常管理提标提质，全面实施保洁作业一体化、专业化、机械化，对重点路段、重点区域做到全面覆盖。（袁村平）

【湖南汽车产业联盟会议在浏阳高新区召开】 2018年1月10日，“打造东部中心 推动绿色发展”——汽车联盟2018工作会议暨浏阳高新区建设优势汽车产业链对接交流会在园区滨海华美达酒店召开，福田、广汽菲克、吉利、比亚迪、众泰、星通、博世、义和、江凯等百余家汽车及汽车零部件企业参加会议，探讨产业发展方向与模式。会上，浏阳高新区与长沙市汽车及零部件产业技术创新战略联盟、深圳市车电网络科技有限公司、四川天喜车用空调股份有限公司、湖南安驰新能源科技发展有限责任公司等签约，与湖南大学、长沙理工大学就共建湖南省协同新能源汽车产业服务平台签订合作框架协议。（袁村平）

【浏阳高新区金融服务中心入驻机构38家】 2018年3月16日，包括兴业银行浏阳支行、星辰基金、海捷投资、众议律师事务所、启元律师事务所、恒丰小贷公司在内的6家金融机构（律师事务所）签约入驻浏阳高新区金融服务中心。中心自成立以来，围绕打造“综合性多功能金融服务平台”的目标，坚持“政府引导、市场化运作”原则，整合优质资源，强化服务意识，创新服务平台，拓宽融资渠道，为企业发展营造良好的金融大环境，中心全年累计入驻金融服务机构38家。（袁村平）

【城市功能加快完善】 2018年5月28日，园区融长公交开通，实现在园区直达长沙中心城区，2018年实现客运流量40万人次。6月8日，园内公交正式运营，全面打通内部交通大循环。4月25日，博大智选假日酒店开业营客，该酒店是长沙地区第二家洲际酒店旗下品牌。博大中央商业广场为中心的2万平方米的商业全面开业，120余家优质商户可满足园镇居民实现“一站式”购物。（袁村平）

【首次引进投资50亿元项目】 2018年8月8日，总投资50亿元的豪恩声学智能声学总部生产基地签约落户园区，是建园以来引进的首个50亿元项目，占地18.87公顷，分二期建设。深圳市豪恩声学股份有限公司是国家级高新技术企业，成为全球500强企业的电声产品供应商，并连续4年获电子零件百强企业。项目将采用领先声学行业的生产方式，建设高度自动化、智能化、信息化的智慧工厂，可实现72小时无人化连续生产。（袁村平）

【院士专家工作站增至6家】 2018年9月3日，浏阳高新区湖南袁创超级稻技术有限公司省院士专家工作站举行揭牌仪式，袁隆平院士出席仪式并揭牌。袁创公司省院士专家工作站由中国工程院院士、“杂交水稻之父”袁隆平及其专家团队22人组成，为公司建设超级稻现代商业化育种体系提供强大的智力支持。园区湖南法泽尔动力再制造有限公司与中国工程院院士、中国再制造之父徐滨士合作建成徐滨士院士专家工作站。园区院士专家工作站增至6家，实现“一链一院”。（袁村平）

【湖南海外侨胞故乡行——走进浏阳活动】 2018年10月31日，湖南省侨联组织150余位来自40个国家和地区的海外侨胞，参加2018年“湖南海外侨胞故乡行——走进浏阳”活动。侨胞们到浏阳高新区，实地参观宇环数控机床股份有限公司，并在长沙滨海华美达广场酒店举行项目推介会。“湖南海外侨胞故乡行”活动旨在加强与海外华侨华人的联系，充分发挥海外侨胞独特优势和重要作用，助力经济发展。（袁村平）

【三大重大产业项目开工】 2018年11月13日，天玥碳化硅材料项目开建，标志着国内最大的第三代半导体碳化硅材料项目及成套工艺生产线开建。11月28日，投资逾10亿元的“500强”项目华域视觉智能车灯生产基地项目开建，将建国内同行业规模最大单体工厂，该项目选择布局浏阳并启动建设前后仅用7个月时间，刷新大项目建设的“浏阳速度”。12月8日，总投资50亿元的豪恩声学智能制造项目开建，该项目聘请世界顶尖设计公司美国Gensler进行设计，其智能化水平和物流配套能力达到行业领先水平。（袁村平）

【参加2018中国（长沙）网络安全·智能制造大会】 2018年11月28—30日，在长沙2018中国（长沙）网络安全·智能制造大会上，浏阳高新区携宇环数控、华恒机器人、启泰传感、法泽尔、金丰林、大京科技等8家企业“亮剑”展会。产品包含智能AGV物流系统、机器人焊接系统、高精密减速机、高精数控机床、高端压力传感器及在线监测系统、物联网溯源包装技术及溯源云平台、出行综合服务平台等，全方位展示园区“智造”风采。（袁村平）

【浏阳高新区获评省中小企业“上云”行动优秀单位】 2018年12月12日，湖南省工信厅公布三批湖南省中小企业“上云”标杆企业名单。浏阳高新区湖南湖大艾盛汽车零部件装备制造有限公司、长沙博大机械零部件有限公司、湖南法泽尔动力再制造有限公司3家企业上榜。其中博大机械、湖大艾盛通过“上云”加快智能制造的案例，入选国家工信部编印的《中小企业智能制造实战100例（2018）》。全年352家企业注册云平台，所有规上企业成功“上云”，园区获湖南省中小企业“上云”行动优秀单位。（袁村平）

【浏阳高新区获评省中小微企业创业创新示范基地】 2018年12月25日，浏阳高新区创新创业园获评湖南省中小微企业创业创新基地。全年园区新建成8家省级、市级企业技术中心，发明专利申请量增长70%，7家企业获批长沙市专利密集型培育企业、知识产权管理规范化试点企业或专利预警分析企业，5家企业产品获省、市“首台套”，宇环数控获批省“5个100”项目。园区建成20万平方米的创新创业中心和总部经济基地，成功获批湖南省首个创新方法推广应用及产业孵化基地、长沙市孵化基地，建成2家长沙市众创空间，园区科技综合服务平台上线，入驻企业130余家。（袁村平）

【1亿元“风补基金”设立】 2018年12月25日，浏阳高新区信贷风险补偿基金签约仪式暨2019年金融新产品推介会在园区创新创业园举行。浏阳高新区信贷风险补偿基金是长沙市小微企业信贷风险补偿基金中的一种，旨在引导和支持合作银行为不完全具备贷款条件的小微企业适当放宽贷款条件以提供信贷支持，采取“银行＋政府＋园区”合作的模式，由长沙市小微企业创业创新工作领导小组与浏阳高新技术产业开发区管理委员会1∶1配资，支持浏阳高新区经营效益良好的小微企业发展。（袁村平）

【企业开办实现1个工作日办结】 2018年，园区政务服务中心开创性实施项目报建不出厂、“网上预约、视频面签、快递送达”、集中审批、帮代办等服务，建设项目施工许可审批工作由75天压缩到30天，企业开办实现1个工作日办结，基本实现园区事园区办，形成了“马上办、网上办、就近办、一次办”的“园区样板”。政务服务中心全年办理事项12900件，在长沙市“互联网＋政务服务”平台的办件量居省级园区首位。（袁村平）

·宁乡高新技术产业园区·

【概况】 2018年，宁乡高新技术产业园区（以下简称“宁乡高新区”）完成规模工业总产值578.55亿元，同比增长32.5%，其中高新产值420.67亿，同比增长42.73%；规模工业增加值124.89亿元，同比增长13.6%；固投188.26亿元，同比增长14.5%，其中工业投资134.3亿元，同比增长9.4%；完成税收18.5亿元，同比增长26.85%。全年税收过2亿元企业2家，其中三一重起税收过3亿元，邦普循环税收过2亿元。

产业链建设 担当先进储能材料产业牵头园区职责，加快推动专业化园区建设，着力打造国家级锂电产业集聚区——中国·长沙“锂电谷”。全年实现产值76.7亿元，实现税收3.08亿元；新引进重点产业项目11个，其中包括投资50亿元的新能源自平衡车及套永磁电机项目；邦普动电、升华科技等6大项目建设有序推进。宁乡高新区荣获国内锂电产业研究权威机构高工锂电“优秀投资环境锂电产业园区”称号；邦普循环入选首批《新能源汽车废旧动力蓄电池综合利用行业规范条件》企业名单；湖南杉杉获得“单项冠军示范企业”称号，正极材料生产规模全球第一位。

招商引资 引进项目48个，合同引资193亿元（含创投基金50亿元），其中10亿元以上产业项目3个：新能源自平衡车、中储能、三一塔机；跟进比亚迪、天津力神、比克电池、中航锂电等一批投资规模大、产业带动能力强、位居产业链核心位置的重大产业项目；着重谋划军民融合产业园建设，推进电动平衡车、滨海科技、智博航天等军民融合项目落地。

项目建设 实现征地66.67公顷，拆迁220户，征拆投入6.8亿元左右，确保梅塞尔、工业污水厂、中储能、中邦陶粒等项目落户；完成7宗融资用地的调规出让审批，为后续发展奠定坚实的基础。共调度项目58个（其中新开工项目37个，新竣工项目20个，新投产项目15个），计划总投资125亿元，全年到位投资39.5亿元。在长沙市委、市政府的高度重视和长沙市常务副市长舒行钢的调度下，50万伏复艾Ⅰ线、复艾Ⅱ线杆迁工作有序推进，已进场施工；总投资超30亿元的邦普动电循环项目一期已经建成试生产；大科园综合服务楼获“2018—2019年度第一批中国建设工程鲁班奖”。

行政审批 优化政务服务，推进放管服改革，坚持15天审批模式，全年完成规划建设发改审批214宗，有力保障项目工程的快速推进；长沙市“互联网＋政务”基层工作平台上线运行，并逐步扩大网办范围；清理园区“只跑一次”事项清单，让企业少跑路。优化营商环境，制定《高新区优化营商环境实施意见》，深入企业调研、召开企业座谈会，对企业反馈的问题整改清零。建设智慧园区，项目管理、安全监察、环保监察、合同管理等子系统上线运行，智慧政务、产业链建设有序推进。

服务发展 平台公司全年实现收入5.1亿元，共到位棚改、流贷、项目贷等27.6亿元，新增债务平均综合成本控制在5.8%左右，在基本保证自身平稳运营的情况下，还投入4亿余元支持夏铎铺镇等基地乡镇的发展与建设。深入实施“千人帮千企”活动，累计为企业解决问题132个，企业满意率98%；区财政累计投入产业扶持和专项资金1.24亿元；为企业争取装备补贴资金1200万余元；设立“一站式”政务服务大厅，将园区审批服务窗口及后台全部集中至政务大厅；组织参加招聘会86场次，成功招工5285人，解决中锂、华谊、诺诚等新开工、新投产企业用工需求；完成自来水提升泵站选址及建设，实现两路供水，解决园区长期以来的供水和水压问题。

科技创新 全年投入研发费用15亿元，获批高新技术企业29家，新增发明专利160件，实现技术交易登记额2.6亿元。获批湖南省双创示范基地、长沙市小微企业创新创业示范基地、长沙市知识产权保护中心工作站；湖南省高等院校知识产权运营服务中心建设取得实质性成果。三一重起获批工信部2018年两化融合管理体系贯标试点企业；邦普循环获批国家企业技术中心、“绿色制造示范企业”、“新能源汽车动力蓄电池回收利用试点企业”、湖南省民营企业100强；湖南天麓检测平台获批“国家新材料测试评价平台区域中心”；红宇智能“替代镀铬的绿色环保可控离子渗入技术及工业应用”项目获中国机械工程学会第八届“绿色制造技术进步一等奖”；长沙微纳坤宸新材料有限公司的纳米/微纳复合高性能难熔金属基复合材料填补世界技术空白，收获第三届中国军民两用技术创新应用大赛金奖（全国共6个）；万鑫精工、星邦重工、兴元科技等30余家次骨干企业获批省市企业技术中心、“小巨人”、智能制造示范企业等奖项。

社会事务 全年调处化解各类施工环境问题100余个，及时规范处理上级信访交办件；安全生产形势总体平稳持续好转，全年未发生伤亡和较大及以上生产安全事故。中央环保督察实现“零投诉”，省级环保督察信访件顺利办结，督促三一重起、邦普五期等重点涉水涉气企业投入 1.1 亿元升级改造污染防治设施，启动工业污水处理厂建设及东城污水处理厂提质扩容工程。全年处理破损广告、招牌、横幅等 360 余处，劝导整治流动摊贩、店外经营 600 余次。实施精准扶贫，结对帮扶 57 户，投入帮扶资金及物资 20 万元；开展节能降耗工作，打造美洲、欧洲北路等路段鲜花样板工程，开通园区绿色免费通勤公交，开展自动售货机入企配置、先导快线电动车租赁“绿色出行”等活动。全年完成各地园区及企业考察接待 100 批次；通过湖南卫视、《湖南日报》、《长沙晚报》、红网等媒体完成报道 200 余篇。（叶 圆）

【三一重起获“湖南省 2017 年充专利奖一等奖”】 2018 年 5 月，在 2018 年湖南省科技创新奖励大会上，三一起重机自主研发的“一种起重机闭式回转液压系统及起重机”（专利号 ZL201110179255.5）获“湖南省 2017 年度专利奖一等奖”。11 月 8 日，三一首台 SAC1300T 全地面起重机在宁乡产业园交付，重新定义 110 吨 ~130 吨级别起重机的价值。（叶 圆）

【杉杉新能源排名“湖南省民营企业 100 强”第 35 名】 2018 年 9 月 28 日，2018 湖南省民营企业 100 强名单发布，杉杉能源以 42.6 亿元的营业收入排名“湖南省民营企业 100 强”第 35 名。11 月 12 日，工信部发布第三批制造业单项冠军企业和单项冠军产品名单，杉杉新能源获得“单项冠军示范企业”称号，位于宁乡高新区工厂的这条生产线主要生产 4.45 伏高电压钴酸锂材料，可作为未来第四代手机电池原料，全球暂无同类竞争产品，市场占有率 100%。（叶 圆）

【邦普循环获批 2018 年国家企业技术中心】 2018 年 5 月 11 日，资源强制回收战略联盟发布文件，批准包括邦普主导制定的 T/ATCRR 01-2018《废旧动力蓄电池综合利用企业生产通用要求》在内的 5 项团体标准为资源强制回收产业技术创新战略联盟团体标准，自 2018 年 5 月 20 日起实施。T/ATCRR 01-2018《废旧动力蓄电池综合利用企业生产通用要求》在严格落实《新能源汽车动力蓄电池回收利用管理暂行办法》和《新能源汽车废旧动力蓄电池综合利用行业规范条件》的基础上，明晰废旧动力蓄电池综合利用企业（分梯次利用企业和再生利用企业）应满足的具体内容，该标准为促使综合利用企业合规提供方向，为上下游企业认证、筛选合作伙伴和为管理部门考核综合利用利用企业提供了依据。9 月 5 日，工业和信息化部就符合《新能源汽车废旧动力蓄电池综合利用行业规范条件》企业名单（第一批）予以公告（全国仅 5 家），邦普循环成功入选。12 月 17 日，邦普循环通过认定及公示，获批 2018 年（第 25 批）国家企业技术中心，这是继新能源汽车动力电池循环利用国家地方联合工程研究中心之后，邦普循环获批的又一重要的国家级科技创新平台。（叶 圆）

【赛恩斯环保四项技术获评 2018 年环境保护实用技术】 2018 年 1 月，赛恩斯环保股份有限公司获“2017 年度湖南省环境保护产业十佳环保企业”。6 月，经中国环境保护产业协会信用评价办公室和信用评价专家委员会严格评价，并通过协会信用评价工作委员会审核，赛恩斯环保再次获 AAA 企业信用等级，企业信用等级评价从企业综合素质、财务状况、管理水平、竞争力和社会信用 5 个方面对企业的信用状况进行综合评定，并依据评定结果确定企业的信用等级，AAA 为最高等级。12 月 14 日，湖南省生态环境厅、湖南省科学技术厅发文《关于发布 2018 年环境保护实用技术评选结果的通知》，赛恩斯环保与中南大学联合开发的四项技术获评 2018 年环境保护实用技术：分别是冶炼废渣堆场场地修复技术、有色冶炼含砷废渣矿化解毒处理技术、冶炼行业污酸资源化深度处理技术、重金属废水生物制剂深度处理与回用技术。（叶 圆）

【“全汇测”检测上云行动推广大会】 2018 年 6 月 14 日，“全汇测”检测“上云”行动在宁乡高新区举行推广大会。大会以“共建企业上云新生态·助力检测行业新变革”为主题，旨在贯彻落实 2018 年湖南省中小企业“上云”行动计划，推动互联网、大数据、人工智能和检验检测产业的深度融合，培育检验检测行业发展新模式新生态。全汇测是由湖南航天天麓新材料检测有限责任公司打造的全省第一家工业互联网检测云平台。平台通过“互联网 + 检测”模式有效整合各大高校、科研院所、军工企业、第三方检测机构的检测资源，实现检测服务流程的全面集成，致力于为用户提供在线化、个性化、智能化的“一站式”检测服务解决方案。已成为汇集超过 170 万家工业企业资源的国家级工业互联网——航天云网的检测专区，3 月成为湖南省中小企业“上云”行动计划行业应用云平台。（叶 圆）

【华美雕塑获评全国 20 强雕塑企业】 2018 年 6 月 23 日，2018 全国手工艺产业博览会暨非物质文化遗产传统技艺展、【匠心·匠星】第二十届中国雕塑论坛《雕塑》杂志 2017 年度奖于上海世界手工艺产业博览园开幕。长沙市华美雕塑有限公司被评为全国 20 强雕塑企业，这是湖南雕塑企业首次获此荣誉。（叶 圆）

【十大项目入选全省重大产业类项目】 2018 年 8 月 30 日，2018 年湖南省制造强省专项资金拟支持项目（重大产业类）公示名单发布，宁乡高新区的三一汽车起重机械有限公司汽车起重机核心零部件智能生产线建设、湖南中锂新材料科技有限公司的年产 3.2 亿平方米电池专用湿法隔膜和涂膜国产化、长沙族兴新材料股份有限公司的年产 3000 吨高性能耐磨金属铝颜料研发及产业化等 10 个项目上榜。（叶 圆）

【湖南省高等院校知识产权有限公司签约仪式在宁乡高新区举行】 2018 年 10 月 26 日，湖南省高等院校知识产权运营服务中心签约仪式暨湖南校企创新论坛在宁乡高新区举行。知识产权出版社党委副书记、董事、副总经理李程，省知识产权局党组成员、副局长覃永忠，湘潭大学副校长黄竹青，湖南农业大学副校长曾福生，宁乡经开区党工委书记、宁乡市委书记周辉，省教育厅科学技术处处长吴跃辉，长沙市知识产权局党组成员、副局长张立等领导出席。宁乡高新区正式与知识产权出版社有限责任公司、南京中高知识产权股份有限公司等国家级资源达成战略合作，合资成立湖南省潇湘高等学校知识产权有限公司，将依托知识产权出版社有限责任公司专利大数据资源及分析能力和南京理工大学高校专利运营的成功模式，构建专利筛选与评价评估、高价值专利挖掘与培育、高校专利高新成果分析评价等服务体系，建立高校知识产权和科技成果转移转化的长效机制，形成以长沙为核心、辐射湖南全省的特色知识产权服务网络，建设具有全国影响力的专业化、区域性的知识产权运营机构。

（叶　圆）

•岳麓高新技术产业开发区•

【概况】 2018年，岳麓高新技术产业开发区（以下简称“岳麓高新区”）完成固定资产投资110亿元，同比增长32%；规模工业总产值10.7亿元，同比增长22.86%；规模工业增加值2.23亿元，同比增长11.83%；规模服务业营业收入5亿元，同比增长12.15%；服务业增加值8亿元，同比增长20%；高新技术产业产值97.35亿元，同比增长13.32%；检验检测产业链产值52亿元，同比增长30%；完成税收13.2亿元，同比增长40.4%。

招商引资　2018年，园区对内接待客商268次，外出小分队招商考察20余次，自行开展招商推介会活动4次，参与省市区招商活动4次，实现新增企业数272家，其中，投资10亿元项目2个，2亿元项目1个。检验检测产业链招商。全年引进检验检测产业链企业30家，签约入驻总部基地的项目13家，包括人和未来基因诊断试剂研发生产中心、艾科瑞分子诊断试剂研发中心、中车新能源汽车研究院、广东食品工业研究所（湖南）检测中心等行业龙头企业；出台《湖南省检验检测特色产业园总部基地企业入驻管理办法》，建立项目入驻管理退出机制，修订产业项目《项目入驻合同》模板，明确项目入驻条件、入驻流程。人工智能产业链招商。自2018年下半年开始，先后对接碧桂园人工智能新城、长沙智能驾驶研究院产业园、北京智慧眼等优质人工智能项目，同时吸引中科院银河水滴、地平线机器人、顺丰、哈工大人工智能基地等投资方来园区考察和交流，先后参加中德企业对接会、人因工程高峰论坛、第20届高交会，了解行业动态。与湘江新区联手联动，促使德国大陆、百度、长沙智能驾驶研究院、中国移动5G试验场等先进技术项目落户。用地项目招商。工业用地招商。2018年引进投资10亿元的国网湖南电科院科研及电网建设物资材料检测检验中心项目，投资2亿元的从事环境评价分析测试的核工业二三零研究所，同时与湖南省计量检测研究院达成合作意向，湖南省计量检测研究院拟投资10.8亿元在园区建设中国计量科学研究院长沙基地。城市综合配套招商。教育综合体方面，对接中锐控股集团、金科集团、五矿地产等10家龙头企业，医疗综合体方面，对接了恒大健康集团、北大新世纪集团、国发产投等8家龙头企业，就布局规划、成本测算、实施步骤、建设计划等进行商讨。平台二次招商。2018年，联东U谷、洋湖创富、海普等园区二次招商平台引进中小型科技企业222家，总注册资本13.8亿元。其中投资额1000万元以上企业9家，5000万以上企业2家，亿元以上企业1家。

产业链建设　先后获批省级高新区、国家智能网联汽车（长沙）测试区、国家检验检测高技术服务业集聚区；牵头成立“国家检验检测公共服务平台示范区联盟”并获选第一届理事长单位，牵头成立湖南省检验检测产业创新联盟；制定完善“检验检测产业链三年行动计划”“市检验检测产业链发展规划”等纲领性文件，梳理国内外龙头企业、机构，制定产业链年度“四图两库两池两报告”，制定《关于促进检验检测产业链发展的实施意见》等扶持政策；开辟检测企业办理资质认定“直通车”，协助广绿、安博等企业获准CMA、CNAS资质认定，承办“世界认可日”活动；铺排建设产业项目34个，实现中南大学科技园（研发）总部基地、湖南检验检测特色产业园认证总部基地、智能系统测试区先后竣工并开园，新云网、苏试检测、宏尚检测等企业入驻办公；继善高科、赛恩斯环保分别获批国家技术发明一等奖、二等奖，中大检测智能监测大数据云平台入选工信部示范平台，继善高科获批省工程技术研究中心，新云网等获批省小巨人企业，磐云数据、苏试广博、宏尚等获批高新技术企业。

工程建设　全年铺排工程建设项目21个。保障性住房，完成联丰苑、白鹤、翰林苑、人工智能安居工程4个保障性住房的部分设计、施工任务，累计建筑面积78.22万平方米，投资额23亿元。路网建设，有13条道路列入年度考核计划中，其中翰林路二期（玉赤大道—玉荷路）、琨玉路（茯苓路—含浦大道）、杏雨路（鹤纹路—含浦大道）等7条道路已完成施工招投标，准备进场施工；检验检测园北侧地块内部道路基本完成建设，完成东山湾路（望江路—玉璞路）道路工程招标前期工作。防洪工程，完成园区的管网检测、清淤疏浚工程；启动学士泵站进水流道箱涵改造和岳麓高新区旱季截污泵站工程建设。配套设施，完成含浦变110千伏护坡及场平工程，并移交至电力部门进行施工，同时积极配合红桥变110千伏通道在园区范围内的下地埋管工作。PPP项目工程，紫苑路、玉赤大道及翰林路跨河桥已基本完成建设，玉赤路西延线已完成部分路床地基处理、回填处理和污水管敷设；玉赤河景观廊道一期和玉赤河河道整治已完成清淤、回填及部分河道开挖和整形。

要素发展保障　资金保障：2018年，园区融资到位36亿元；按照中央防范化解重大金融风险的要求，偿还本息22.18亿元；共投入产业发展扶持资金4071万元，2018年9月，园区制定《岳麓科技产业园信贷风险补偿资金管理办法》，全年发放企业贷款风险补偿资金1000万元。土地保障：储备土地24.86公顷，完成工业用地挂牌5宗，通过土地二级市场交易平台转让园区2.8公顷闲置用地，实现市首例土地网挂二次交易；签约安化县、溆浦县40公顷增减挂钩指标。服务保障：进一步推进“最多跑一次”改革，全面承接市下放的108项权限，在园区企业服务中心增设水电气业务窗口，实施全程代办服务，办结各类业务1700余笔，“千人帮千企百日大行动”精选重点帮扶100家企业，完成走访并收集问题108个，问题办结率100%，促成兑现各类政策资金4071万元。

（徐　玢）

【中南大学科技园（研发）总部项目开园】 2018年5月23日，中南大学科技园（研发）总部举行开园暨项目集中签约仪式，省委常委、市委书记胡衡华宣布开园，副省长吴桂英致辞，省政协副主席、省科技厅厅长赖明勇，中南大学党委书记易红，中国工程院院士黄伯云、古德生、周宏灏、桂卫华等参加仪式。湖南新云网科技有限公司、湖南中大运达轨道交通科技有限责任公司等19家高新技术企业首批入驻。（徐 玢）

【检验检测认证助力高质量发展——2018年世界认可日活动】 2018年6月8—9日，由国家认监委主办，湖南省质监局和长沙市人民政府承办，由岳麓高新区具体执行的检验检测认证助力高质量发展——2018年世界认可日分场活动在长沙举行，上海、宁波、北京等地的15家国家检验检测认证公共服务平台示范区代表共同发起成立国家检验检测认证公共服务平台示范区联盟。作为国家检验检测认证公共服务平台示范区之一的长沙岳麓高新技术产业开发区，与人和未来生物科技有限公司等8家入园企业集中签约。国家认监委党组副书记、副主任刘卫军，市委副书记徐宏源，省质监局党组书记、局长欧阳彪以及省市部门主要负责人出席活动，区委书记周志凯致欢迎词，区领导周凡、袁精华、杨利成、屈志峰等参加活动。在项目路演环节，长沙立中汽车设计开发股份有限公司、纳威尔（长沙）智能科技有限公司、长沙地大物泊网络科技有限公司还以现场问辩的形式，与20余家来自全国各地的投资机构，达成合作意向。（徐 玢）

【“大江奔流”央媒采访团到湖南检验检测特色产业园实地采访】 2018年8月2日，“大江奔流——来自长江经济带的报道”采访团到长沙岳麓科技产业园，集中采访园区检验检测产业发展。此次大型采访活动以宣传贯彻习近平深入推动长江经济带发展的重要战略思想为主线，沿江而下报道云南、贵州、四川、重庆、湖北、湖南等11个省份“共抓大保护不搞大开发”、生态优先绿色发展的情况。此次采访团走进赛恩斯环保和中大检测采访，发表了题为：“全产业链发展凸显集聚效应长沙打造‘中部检测之都’”的深度报道。报道称：全产业链发展凸显集聚效应、雄厚科研实力开创行业新气象、政策加服务描绘“检测之都”蓝图，彰显着“中部检测之都”的迷人魅力。（徐 玢）

【《关于促进检验检测产业链发展的若干措施》发布】 2018年10月18日，岳麓高新区发布《关于促进检验检测产业链发展的若干措施》。措施的适用对象为工商、税务关系和生产经营场所均在园区，且具有独立核算的检验检测产业链企业或机构及其相关人员，明确为其提供发展支持、开业奖励、办公奖励、人才奖励和运营奖励，以推动园区检验检测产业链建设。（徐 玢）

【湖南省检验检测产业创新联盟成立】 2018年10月19日，湖南省检验检测产业创新联盟在岳麓高新区管委会的支持下成立，是园区发展检验检测全产业链的战略之举和重要成果。园区作为联盟的“娘家”，将免费提供200余平方米的办公地点，并在联盟未来的发展中提供更多便利条件。（徐 玢）

【中南地区首个人车路云协同V2X应用完成首测】 2018年10月23日，位于岳麓高新区范围内的智能系统测试区首次实现基于5G网络技术的车路协同及车车协同的V2X（车对外界的信息交换）应用测试，这在中南地区尚属首次。此次测试包括前向碰撞预警、逆向超车预警、紧急制动预警、变更车道盲区预警和紧急车辆提醒、异常车辆提醒、行人检测预警、道路危险预警和车内标牌等多项V2X场景演示。岳麓高新区范围内的智能系统测试区已实现30余项智能网联汽车V2X应用场景测试务。（徐 玢）

【国网湖南电科院落户】 2018年11月16日，世界500强企业国网湖南省电力有限公司电力科学研究院（简称“国网湖南电科院”）与岳麓高新区举行签约仪式，国网湖南电科院院长梁利清，岳麓区委常委、岳麓高新区党工委书记屈志峰出席并见证签约。国网湖南电科院成立于1956年3月，为湖南省电力有限公司直属二级机构，是集电力生产、试验、研究、基建调试于一体的知识技术密集型电力试验研究机构。此次合作主要在园区范围内建设国网湖南电科院物资材料检测检验中心，总投资10亿元，总用地面积5.93公顷，项目建成后可极大地提升湖南电网物资设备的检测能力和试验能力。（徐 玢）

【湖南省检验检测特色产业园总部基地开园】 2018年12月23日，湖南省检验检测特色产业园总部基地开园暨项目集中签约活动举行，省委常委、市委书记胡衡华宣布开园，国家市场监督管理总局认可与检验检测监管司副司长乔东致辞，并与省市场监督管理局局长向曙光分别向岳麓高新区授“集聚区”和“示范区”牌，区委书记周志凯对湖南省检验检测特色产业园进行推介。活动现场，中国计量院长沙基地、中国检科院、中车新能源研究院等7大项目集中签约。市领导张迎春、夏建平、邱继兴，区领导周凡、屈志峰等出席。（徐 玢）

湖南湘江新区

XIANGJIANG NEWLY
DEVELOPED ZONE OF
HUNAN PROVINCE

责任编辑 • 刘盼盼

综　述

【概况】 2018年，湖南湘江新区实现地区生产总值2300亿元，同比增长10.5%；规模以上工业增加值同比增长10%；全社会固定资产投资同比增长13.3%；社会消费品零售总额815亿元，同比增长12.1%；一般公共预算收入391亿元，同比增长19.3%，分别高于省、市2.7个、2.6个、3.3个、2.1个、13.3个百分点和2个、1.8个、1.8个、2.2个、9.2个百分点。

发展质效　产业投资占固投比重53.8%，工业投资占固投比重38%，技改投资占工业投资比重50.1%，分别比上年提高1.7个、3个、6.4个百分点；民间投资占固投比重达58.7%，比上年提高2.7个百分点。新区本级综合债务率下降8.73%；安全生产保持零事故纪录，打赢反炒房攻坚战，房价洼地优势明显。发展动能转换加速。全社会研发经费投入占GDP比重5.2%，全年新区新增高新技术企业超420家，占全省新增总数的35%，高新技术产业增加值增长13.6%；市场主体增长4.5万家，同比增长30%；单位GDP能耗下降3%，创新引领、产业驱动特征更加明显。园区、区市提质增效。长沙高新区获批建设国家创新创业特色载体，宁乡经开区获批国家绿色园区、国家小型微型企业创业创新示范基地，望城经开区获批国家新型工业化产业示范基地，宁乡高新区加速创建国家高新区，岳麓高新区获批省级高新区、国家检验检测高技术服务业集聚区、国家检验检测认证公共服务平台示范区。

产业建设　湘江智谷加速构建。加速打造“全国乃至全球智能网联汽车创新和产业化高地的湘江智谷”，智能网联汽车测试区建成开园，受到李克强总理肯定，并获“国家智能网联汽车（长沙）测试区”牌照。开展测试300余场，引进百度、腾讯、京东、大陆、博世等10余家龙头企业，集聚关联企业347家，国内首条开放式智慧公交示范线试运行，湖南湘江人工智能学院挂牌。主导产业态势良好。食品、先进储能材料、环境治理技术及应用、人工智能及机器人产业链产值增速分别为20%、40%、50%和20%。智能制造产值规模750亿元。“5个100”项目成效明显。69个项目进入全省“5个100”笼子，占全省15.5%。其中，12个重大产业项目、21个重大科技创新项目、21个重大产品创新项目全部完成年度投资计划；15个拟引进500强企业有10个签约、开工、达产。招商引资再创新高。举办岳麓峰会、湘以科技创新经贸对接会、湖南·德国经贸合作等10余场重大招商活动，推进重大招商项目首席责任制，签约项目159个，总投资2425亿元，其中，中联智慧产业城、杉杉新能源、世冠汽车、桑德、天岳、中国长城、电咖、中国电科、美的智能家居、伟创力、京东亚洲一号、碧桂园人工智能产业城等投资50亿元以上的项目12个，新锂时代、平安银行等投资10亿～50亿元的项目25个，引进全国总部（第二总部）145家。项目建设全面提速。伟创力创造了半年内签约、动工、投产的“新区速度”，杉杉能源、长沙戴湘、苏宁云商、中粮中茶4个项目也实现年内动工、投产，中兴通讯二期、中国通号长沙产业园、中国联通云数据中心等重大产业项目建成投产；宜家、卓伯根、58产业园、亿达健康城、通达电磁能、中国电科8寸晶圆等项目建设加快。

创新创业　岳麓山国家大学科技城建设。推进品质提升和合作共创两大工程，完成麓山南路“两段三坪”示范点改造提质及街景立面和“斑点”整治，推进20个社区提质提档；引进地平线、猎豹移动、西电、中车时代等研究院12家，获评省级以上的实验室、院所60余个，粉末冶金、汽车车身先进设计制造、化学生物传感与计量学、先进储能材料等国家重点实验室和工程研究中心享誉全球；中南大学研发总部运营，注册落户企业102家。后湖艺术园开园，入驻100余位艺术家和76家文创企业。国家双创示范基地打响品牌。举办“智汇湘江·科创新区”科技成果转化项目路演活动12场，达成投资合作意向20亿元，举办各类路演活动150余场；建成国家级众创空间、国家级科技企业孵化器和大学科技园等各类双创平台72个。双创工作获国务院办公厅通报表彰。湖南金融中心建设特色凸显。湖南金融中心明确科技普惠发展定位，三湘银行开工，浦发金融大厦、福晟金融中心投入使用，入驻各类金融机构280家，总注册资本360亿元；湘江基金小镇主体封顶，基金管理规模2025亿元，获“2018年度特色小镇发展潜力奖”。

“三大攻坚战”　化解政府债务。制订新区隐性债务化解实施方案，“停缓调撤”项目90个，压减投资28.49亿元，偿还政府债务及PPP支出责任39.67亿元；梅溪湖二期地下管廊PPP项目入库。园区、区市隐性债务化解工作有序推进。精准脱贫持续发力。各园区、区市全面完成既定扶贫任务。新区深入推进龙山里耶镇和宁乡沩水源村精准扶贫工作，安排33名党员干部“一对一”对口帮扶沩水源村的贫困户，帮助推进基础设施建设、危房改造和产业发展。污染防治明显改观。在建工地全面落实“8个100%”，“蓝天保卫战”完成治标任务。建立龙王港流域全域治理机制，岳麓污水处理厂试运行，4处黑臭水体基本消除。原铬盐厂污染治理完成报批报建，开展了小试、中试试验；蜂巢化工厂重金属污染治理全面完成。

城市品质提升　规划品质不断提升。完成新区总规大纲编制，推进新区综合交通规划编制，开展重点片区规划优化；对标雄安新区规划理念，完成新区“多规合一”工作；湖南金融中心、梅溪湖城市设计被住建部推介。基础设施不断完善。西二环拓改工程完成；岳宁大道、巡抚路、潇湘大道西线、新学士路通车；麓景路南延线、湘府路（河西段）快速化改造完成年度任务；北津城西路等6条道路开工建设；市夜景亮化控制中心投入启用。重点片区形象提升。大王山片区的华谊电影小镇运营，欢乐雪域主体封顶，恒大童世界开工；洋湖总部经济区的洋湖之心开工建设，洋湖湿地公园争创国家AAAAA级景区；梅溪湖二期的人和未来、亿达健康开工建设；月亮岛文旅新城足球文化园开园。高铁西城已通过相关规划设计。民生项目加快推进。强力推进“电力‘630’攻坚”行动，完成红桥变电站和龙王变电站建；新区完成7.3千米自行车道、2个“P+R”停车场和望城坡停车场建设；岳麓区、望城区、宁乡市打造“一圈”98个，“两场”56个，“三道”342千米，长沙高新区完成市定两年的94个建设任务；潭州实验小学、周南学士实验学校、湖南师大附一小等建成开学；坪塘、三汊矶棚改及蓝天、雷锋科技城等保障房建设加快。“两型”建设树立标杆。推广装配式技术和绿色市政技术应用，西江路、银观西路、西二环第三标段生态透水试点项目完成建设；全年新增绿色建筑面积538.2万平方米。征地拆迁攻坚突破。岳麓境内新启动拆迁项目实现签约清零37个，腾地262.13公顷；落实耕补指标681公顷。完成蜂巢颜料厂、新生水泥厂拆迁和麓山水泥厂签约，一举破解久拖10年的征拆“三座大山”，为拉通连接湘潭的潇湘大道扫清了障碍。

重大改革　行政审批改革推进。率先全市联通湖南省“互联网+政务服务”平台，审批业务网上可办率100%，78个行政审批事项全部实现“最多跑一次”；全面推行“帮代办”服务，推行社会类投资项目施工图审查费退费制度，为企业减负997万元；“12345”市民热线工单回复满意度较上年提升9%。差别化地价改革有效推进。发布《湖南湘江新区产业用地有偿使用管理暂行办法》及配套细则，开展差别化地价改革，制定产业用地亩产投入产出标准，启动商业地产平方米投入产出前期研究。知识产权改革创新推进。开展知识产权投融资服务试点、专利保险试点、知识产权评议试点等工作；设立长沙知识产权法庭，成立知识产权发展研究中心，上线运行湘江新区专利大数据平台。国企改革加速推进。先导控股集团完成营收90亿元，利润8.2亿元，先导约车获全省唯一国字号网约车牌照，走在全市国企改革前列；湘江发展集团退出政府融资平台公司目录，加快布局投资、水务、房地产等城市运营服务和文旅、科创服务等竞争性业务，获评AAA信用等级。

（何振翔）

【“创新金融 科技普惠”2018湘江金融发展峰会】　2018年9月10日，湖南湘江新区产业项目建设年·攻坚季活动之“创新金融 科技普惠”2018湘江金融发展峰会在湖南金融中心举行。湖南省委常委、常务副省长陈向群出席并讲话。长沙市委常委、市政府副市长付胜华致辞。湖南湘江新区党工委委员、管委会副主任刘中杰作湖南金融中心推介。此届峰会是湖南湘江新区产业项目建设年·攻坚季的重要活动之一，由湖南湘江新区管委会主办，长沙先导投资控股集团有限公司承办，吸引金融全产业链大型集团近百家机构相关负责人参会。活动现场，中国农业银行长沙分行、申港证券、华宝证券、国盛证券、腾讯金融5家机构与湖南金融中心集中签订意向入驻协议。湖南金融中心已聚集长沙银行、农业银行、民生银行、浦发银行、广发银行、平安银行、三湘银行、华融湘江银行、吉祥人寿等银行、证券、保险、基金类机构220家。湘江基金小镇挂牌一年来管理基金规模超1900亿元。

（何振翔）

【省直机关党建工作研讨会代表考察新区】　2018年11月21日，来自省直机关工委全体班子、有关部室负责人以及全省14个市州的市直机关工委主要负责人约百余人，到会议确定的唯一考察点湖南湘江新区，先后走进梅溪湖国际文化艺术中心、梅溪湖国际新城二期综合管廊项目部、金茂社区梅溪湖壹号党群服务站、湖南湘江新区政务服务中心，考察新区以党建为引领促高质量发展创造的新经验、好做法。考察团通过听讲解、看现场、查阅资料、现场询问等方式，实地考察新区如何以党建为抓手，促进经济建设、项目产业更快更好发展，并对新区党建亮点工作，特别是党建引领促发展、建设党建示范点及创建党建品牌等方面，如“党徽闪耀·项目堡垒”“清风讲堂”“红星驿站”“最多跑一次”等改革进行详细了解。

（何振翔）

产业招商

【2018互联网岳麓峰会在梅溪湖文化艺术中心举行】　2018年4月2—3日，2018互联网岳麓峰会在湖南湘江新区梅溪湖国际文化艺术中心开幕。该次峰会以“智能互联，于斯为盛”为主题，人工智能、无人驾驶成为热议话题。湖南省委书记、省人大常委会主任杜家毫，省委副书记、省长许达哲，省委常委、长沙市委书记胡衡华，省委常委、省国资委党委书记张剑飞等领导出席开幕式。除了开幕式外，峰会还设置了新经济高峰论坛、智慧云教育生态论坛、网生内容新生态高峰论坛、智造谷智能制造与工业云论坛、教育扶贫＆公益创业论坛、新媒体论坛6大主题论坛，互联网技术(CTO)专场、新服务·新动能·新未来智慧生活专场、工业互联网专场、投融资路演专场、大健康专场、人工智能专场、创业者认知教育专场7项专场活动以及移动新生活展览等精彩纷呈的活动，分享新技术、新业态，向世人展示全新的视野。峰会的平台整合，进一步汇聚互联网力量，推动本地产业信息化发展和互联网产业升级，为全国各地连接长株潭提供合作契机。　（何振翔）

【湖南移动与湘江新区合作建设中国最大5G试验场】　2018年9月7日，中国移动湖南公司与湖南湘江新区管委会商定，将在湖南湘江新区智能系统测试区合作建设中国最大5G试验场。双方商定，湖南湘江新区5G试点规划拟分近中远期实施，9月启动建设，2018年年底前在测试区及智慧公交示范线（一期）项目范围实现全覆盖；2019年6月前依托智能系统测试区，结合开放式测试道路的布局，实现开放式道路测试区的5G覆盖；2019年年底实现湘江新区核心区全覆盖，2020年实现湘江新区全覆盖。（何振翔）

【“湘江智谷·驱动未来”湖南·德国经贸合作对接会活动】　2018年10月7—9日，“湘江智谷·驱动未来”湖南·德国经贸合作对接活动在湖南新区举行，来自省、市、新区、园区、德国的企业代表约180人参加。长沙市委常委、湖南湘江新区党工委副书记、管委会主任张迎春，湖南省经信委党组副书记、副主任李志坚，长沙市政府副市长邱继兴，湖南湘江新区党工委委员、管委会副主任罗社辉、刘中杰、凌勤杰，卓伯根家居集团董事长克里斯蒂安·卓伯根等出席相关活动。10月9日，对接活动主题会议现场介绍了湖南、长沙及湖南湘江新区智能制造产业以及产业链发展现状，并重点推介了湖南湘江新区智能系统测试区以及新区人工智能和智能网联汽车产业发展情况。2016年起，湖南湘江新区就率先抢滩布局，推动智能网联汽车在长沙和新区落地，致力打造全国乃至全球的智能网联汽车创新及产业化高地，并以此为依托，加速人工智能产业发展，致力将新区打造成为集研发创新、系统测试、智能制造、应用服务于一体的“湘江智谷”。双方合作基础扎实、前景广阔。（何振翔）

【百度 Apollo 落户长沙】 2018年10月29日，长沙市人民政府、湖南湘江新区管委会与百度公司在北京签署战略合作协议，双方基于 Apollo 开放平台达成全面合作。省委常委、市委书记胡衡华出席签约仪式，并在签约前与百度公司总裁张亚勤座谈交流。百度公司副总裁王路，百度公司副总裁、智能驾驶事业群总经理李震宇，市领导张迎春、夏建平参加相关活动。经过前期深度对接，长沙市人民政府与百度公司顺利携手，重点依托湖南湘江新区共建 Apollo City 暨“自动驾驶与车路协同创新示范城市”，共同推动在未来出行、智慧宣传等方面的探索与合作，将长沙打造为自动驾驶之城。国内首批自动驾驶出租车将在长沙规模化落地测试运营，此外，Apollo 还将打造 Apollo Bus 智能公交示范路线，推动公共出行的智能化升级。（何振翔）

【获批国家智能网联汽车（长沙）测试区】2018年11月28日，在中国（长沙）网络安全·智能制造大会开幕峰会上，湖南湘江新区智能系统测试区获工信部授牌，成为国家智能网联汽车（长沙）测试区。工业和信息化部副部长、国防科工局局长张克俭向长沙市委副书记、市长、湖南湘江新区党工委书记胡忠雄授牌。2018年6月开园的湘江新区智能系统测试区，是国内测试里程最长、场景类型最复杂的封闭智能系统测试区。开园不到半年，测试区便跻身“国家队”，将有力推动长沙打造“自动驾驶之城”，实现长沙人工智能产业“换道超车”。（何振翔）

项目建设

【湖南湘江新区智能系统测试区开园】 2018年6月12日，2018智能网联汽车产业·湘江对话暨湖南湘江新区智能系统测试区开园仪式举行。省委常委、市委书记胡衡华出席并宣布开园。湖南湘江新区智能系统测试区占地面积82.13公顷，包含高速公路测试区、城市道路测试区、乡村道路测试区、越野测试区、研发管理与调试区五大主要功能分区，覆盖智能汽车安全、效率、信息服务及新能源4个类型测试，是国内封闭式测试区中场景复杂程度最高、配套最齐全的测试区。该项目总规划用地面积为10平方千米，总投资约1000亿元，湖南湘江新区将以测试区的建设和运营为切入点，推动“湘江智谷——全国智能网联汽车创新和产业化高地”建设，建设引领全国乃至全球的智能网联汽车创新和产业化高地。（何振翔）

【洋湖再生水厂二期正式投产】 2018年9月26日，洋湖再生水厂二期投产，标志着省、市、新区和社会高度关注的又一“两型”产业重点工程、重点民生项目启动运营。作为湘江新区“两型社会”建设的示范引领性项目，洋湖再生水厂成为保护生态环境、提升人居品质和推动环保产业发展的亮点工程，以及全国水处理、水品质和水资源再利用的创新示范基地。（何振翔）

【华谊兄弟电影小镇一期项目开园】 2018年9月28日，2018湖南国际旅游节·意大利湖南音乐文化周开幕暨华谊兄弟（长沙）电影小镇一期项目开园仪式在湖南湘江新区大王山华谊兄弟（长沙）电影小镇举行，湖南省人民政府副省长何报翔宣布活动启幕。湘江新区重点社会投资文旅项目华谊兄弟（长沙）电影小镇于9月29日面向广大游客开放体验。华谊兄弟（长沙）电影小镇以意大利建筑风貌与电影艺术文化为主题，高度融合“意大利风情”与“老长沙文化”，同时引进“电影”主题元素，综合打造集影视拍摄、建筑旅游、电影旅游、文化旅游、民俗风情体验等于一体的休闲度假体验地。（何振翔）

【岳宁大道全线通车】 2018年10月31日，岳宁大道（高新区段和岳麓区段，其中岳麓区段由湘江集团湘新投公司负责建设）全线放开交通，长沙中心城区至宁乡新添一条全程无红绿灯快速路，路程时间将缩短至20分钟左右。岳宁大道的建成通车，将加快区域融合，优化路网结构，打通东西片区交通联系，完善片区路网建设，对湖南湘江新区、高新区向西纵深拓展和宁乡东进融城都具有十分重要的意义，更将为周边地区经济社会发展带来重大机遇。（何振翔）

【人和未来基因谷项目开工】 2018年12月21日，人和未来基因谷项目开工动员会在梅溪湖国际新城举行。这是湖南湘江新区重点打造医疗健康、基因大数据等新兴产业的重要举措。市委常委、湖南湘江新区党工委副书记、管委会主任张迎春宣布项目开工。人和未来基因谷项目位于梅溪湖路西延线以南、映日路以西、象鼻窝以北，占地面积约7.08公顷，总规划建筑面积约6.13万平方米，总投资约10亿元，将布局人和未来全国总部、医学检验所、国家基因大数据应用工程中心、国家基因检测技术应用示范中心、企业研究院、院士工作站和博士后流动站等基因产业和配套项目，预计3年内建成并投入运营。人和未来基因谷将联合湖南湘江新区打造基因工程五大公共服务平台等项目，建设全国基因工程产业高地，从生物样本（包括医疗样本）到公共检测服务，再到健康医疗大数据中心，最后到研究成果转化生产，全过程提供资金服务、创业服务、培训服务等孵化支持。（何振翔）

城乡建设

URBAN AND RURAL
DEVELOPMENT

责任编辑•尚 畅

规划设计

•规划管理•

【概况】2018年，长沙市城乡规划工作以城市总体规划编制、“多规合一”、城市设计、“一圈两场三道”（“一圈”是指15分钟生活圈，“两场”是指停车场、农贸市场，“三道”是指人行道、自行车道、历史文化步道）、历史城区有机更新等工作为重点，完善规划管理体制，加强规划引领，强化规划实施。完成新一轮总体规划编制初步成果，开展“2035我的长沙我的梦”总体城市设计与风貌区规划公众调查活动，强化本地特色《百面长沙》专项规划的引导作用，突出历史文化名城和儿童友好型城市特色名片的营造。加强城市设计成果的共享和运用，在规划管理中将城市设计图则纳入土地招拍挂条件。开展南部新城、临空经济区、金阳新城等片区规划编制，做好马栏山视频文创园、大学科技城、高铁会展片区城市设计和产业规划。全年组织召开规委专家审查、咨询会议44次，提请专家审查、咨询的项目102个。开展合法性审查的行政审批案卷32个、行政处罚案卷11个、审查政府信息公开申请答复634件。下达行政处罚决定书11份，处罚违法建设总面积59143.34平方米。（周 盼）

【总体规划修编】2018年，长沙市新一轮总体规划编制完成初步成果，5月下旬分别在市委城乡规划工作领导小组会议和省城乡规划委员会第三次全体委员会议预备会上获得原则通过。市城乡规划局组织开展城市综合交通体系规划全国专家咨询会，开展“2035我的长沙我的梦”总体城市设计与风貌区规划公众调查活动，将相关情况纳入总规成果。配合开展湖南省国土空间规划专题调研，形成《长沙市城乡规划局关于湖南省国土空间规划的相关建议》提交省国土资源厅。（周 盼）

【城市规划】2018年，长沙市城市设计编制工作继续推进。在全面完成控规层面城市设计基础上，推进高铁新城、大学科技城、南部新城、临山滨水等重点片区城市设计；借助城市设计加大对长沙市历史街区有机棚改、西园北里社区提质、圭塘河流域改造和红星村城市更新等各种类型重大城市双修项目的指导，并探索将城市设计成果和城市双修实践纳入“多规合一”平台统筹管理的功能实现。按照住建部“城市双修”（生态修复和城市修补）试点工作的部署和要求积极推进“城市双修”工作，及时向住建部汇报相关工作情况，并在住建部召开的生态修复城市修补景德镇现场会暨试点经验交流会交流长沙经验。（周 盼）

【重点片区和重大项目规划设计】2018年，长沙市开展长株潭交通一体化专题研究，编制长沙、株洲、湘潭三市轨道线网、高快速路网衔接方案。全市层面对南部新城、临空经济区、金阳新城等片区规划编制加强规划统筹。将南部新城打造为省会功能集中承载地长株潭一体化发展核心区和领航区，南部片区已形成概念规划送审成果。推进临空经济示范区城市设计，持续跟进渝长厦高铁引入黄花国际机场问题，主导长沙黄花国际机场空铁一体化规划研究，系统推进示范区内专项交通规划。做好马栏山视频文创园、大学科技城、高铁会展片区城市设计和产业规划。做好全市重大项目规划服务，全年为113个市领导联点重大项目提供规划服务，为三一重工、中联重科、蓝思科技、中烟集团等重点企业用地规划调整提供服务保障，完成2018年度电力“630攻坚”规划论证和审批任务。（周 盼）

【乡村规划】2018年，长沙市加大对村镇规划的引导、指导和介入力度，发布《长沙市村庄规划编制全覆盖工作方案》《关于加强全省规划编制工作的通知等》相关文件，推进全市421个村庄规划、59个建房说明书的规划编制工作，全面完成省厅的部署要求。组织省内几大高校及设计院开展“乡村振兴，规划先行”调研活动，出台《长沙市乡村振兴调研报告》。组织编制《长沙市乡村振兴规划管理导则》《长沙市乡村振兴规划研究》。推动乡村规划提质提升，结合2018年全国女规划师年会活动，组织北京、上海、广州、深圳及省内共5家设计公司开展女规划师乡村规划工作坊活动，主办长沙县开慧镇创建AAAAA级旅游景区概念规划设计竞赛。（周 盼）

【民生规划】2018年，长沙市系统推进全市14个“15分钟生活圈”示范社区规划编制，制定出台《长沙市“15分钟生活圈”导则》，发布“一圈两场三道”项目库，指导搭建全市“一圈两场三道”智慧平台，牵头推进全市15分钟生活圈、历史文化步道、配建停车位建设。继续推荐进儿童友好城市建设，起草长沙市儿童友好型城市申报计划，完成长沙儿童友好LOGO评选和深化设计，举办长沙儿童友好型城市公共空间竞赛活动；开展“好玩的城市”大型活动，编制长沙儿童友好城市生活地图，策划长沙市儿童特色旅游线路。儿童友好城市规划建设经验在全国城乡规划年会等会议上交流。应联合国儿童基金会的邀请，参加联合国儿童基金会在印度尼西亚举办的“发展中的城市”儿童友好城市论坛。（周 盼）

【规划宣传】2018年，长沙市规划拓展新闻宣传渠道、加大新闻宣传力度，全年发表在中央、省、市各类媒体上的新闻宣传报道415篇。先后组织开展《好玩的城市》、儿童友好型城市LOGO征集、湖南省第二届“梦想家”建造节等贴近市民的规划展示和宣传活动，举办10余期“规划+公开课”，开展长沙市总规公众参与“发现星城·未来建设者对话未来星城”研学实践活动，拍摄城市纪录片《选择长沙》，深度记录长沙改革开放以来的城市变迁。（周 盼）

【“多规合一”审批改革】2018年，长沙市“多规合一”在线审批平台于4月1日上线，“互联网+政务”平台7月1日运行，全面完成“多规合一”工作部署的各项任务；进一步优化办理流程、梳理精简事项，深化电子报批技术手段，实现市政府各职能部门协同审批，全年受理案卷17167个，产生项目4682个；启动“多规合一”1.0版向“多规合一”2.0版的升级，配合长沙市互联网+政务服务平台、长沙市基层工作平台建设，将长沙市“多规合一”投资项目在线审批监管平台向区县（市）、园区延伸；完善工作机制，出台《长沙市“多规合一”在线审批管理规定(试行)》，初步搭建“1+N”的“多规合一”制度体系，形成“1+N”机制文件体系。（周　盼）

【规划信息化建设】 2018年，长沙市规划系统先后完成《三维仿真辅助决策系统》（ADS）、《移动三维展示平台》(DES)、《三维数字地图》(DMW）等三维仿真平台自主研发，已实现项目方案多方位浏览、多方案对比和多角度分析，全面满足辅助规划决策要求。2018年依计划完成89.8平方千米现状三维精细数据制作，基本搭建长沙市三维仿真数据库，北至望城高星片，南至环保科技园片，东西分别与绕城高速相接，基本覆盖全市中心城区大部分和重点片区。成果应用方面，基本实现辅助规划审批、辅助规划修改、辅助城市设计和规划宣传展示等方面功能。（周　盼）

【规划执法监管】 2018年，长沙市严格执行《长沙市城乡规划局合法性审查工作规定（试行）》，逐步推行合法性审查分类指导制度。全年开展合法性审查的行政审批案卷32个、行政处罚案卷11个、审查政府信息公开申请答复634件，会签其他文件278件。办理行政诉讼复议，市规划局作为行政复议机关的复议案件17个，已结案案件17个；作为被申请人的复议案件17个，已结案16个。全年行政诉讼案件有14个，已结案11个，诉讼案件数量较上年大幅减少。全年收到信访件112件，办结107件，办结率95.53%。接待来访群众553人次，受理“12345”市民热线工单1239件，受理市长、局长信箱995件，办结率100%。切实履行批后管理职责，严格网格化巡查制度，严格放线定位、建设位置复验、竣工核实三个环节，确保到位率100%。内五区大队参与施工放线185次，建设位置复验66次，竣工检查253次，日常巡查251次，移送城管案件68件，提出规划咨询意见694件，规划公示594次，支队对大队监督检查52次。处罚裁量权基准，做到过罚相当。2018年，违法建设立案10件，总建筑面积75236.18平方米，下达行政处罚决定书11份，处罚违法建设总面积59143.34平方米，处罚金额237.45万元。（周　盼）

• 勘察设计 •

【概况】 2018年，长沙市完成建筑工程初步设计审查1030.25万平方米，比上年同期增加8.3%；完成建筑工程施工图审查备案1204.78万平方米，比上年同期增加38.3%。全面推行施工图设计文件数字化审图，实现施工图文件数字化审查覆盖率100%。（王　烨）

【建筑工程设计审查】 2018年，长沙市落实《进一步细化住宅工程设计提升住宅品质的若干规定》文件要求。发布《长沙市2018年房屋建筑工程勘察设计及施工图审查质量情况通报》《关于进一步加强施工图数字化审查管理工作的通知》，对建设单位、勘察、设计单位、施工图审查机构、各级住建部门都提出明确的要求。强化建筑节能提标，严格执行节能标准。牵头制定《长沙市城市地下空间规划建设管理办法》（以下简称《办法》），2018年11月8日经长沙市人民政府发布，12月1日起实施。该《办法》在原有法律、法规的框架下，以地上建设项目报建程序为基本参照，明晰土地制度，细化规划管理，理清审批程序，厘清权属界定，明确使用管理要求，全方位对地下空间的规划建设管理进行规范。（王　烨）

【市政设施设计审查】 2018年，长沙市开展市政基础设施设计审查，对湘雅路过江通道、长株潭城际铁路麓谷站市政配套设施建设项目、长沙市第一垃圾中转站提质改造工程、长沙市污水处理厂污泥和生活垃圾清洁焚烧协同处置二期项目等重大市政基础设施项目进行设计审查，下达36个项目的技术审查意见、17个项目的初步设计批复。（严洪志）

【审批程序优化】 2018年，长沙市优化初步设计审批工作流程，采用技术审查与行政审批相对分离的方式，提前介入并开展初步设计技术审查工作，压缩审批时间。在全省率先出台《关于开展政府购买房屋建筑和市政基础设施施工图审查服务的通知》，明确长沙市政府购买施工图审查服务操作实施细则、施工图审查服务费用报销支付操作实施细则、政府购买施工图审查服务最高控制单价计算依据与方法等。联合财政、消防、人防等部门，在全省率先发布《关于开展房屋建筑和市政基础设施工程施工图“多审合一”“多图联审”工作的通知》，全面启动全市“多审合一、多图联审”施工图审查工作。开展全市施工图审查管理改革工作的调研，形成《长沙市房屋建筑和市政基础设施施工图审查管理改革工作的调研报告》。（王　烨）

城建重点工程

【重大项目建设】 2018年，长沙市铺排重大项目1050个（不含预备项目），预估投资3156亿元，1—12月完成投资3866亿元（项目管理信息系统数据，下同），投资完成率122.5%。其中社会投资项目年度预估投资2126亿元，1—12月实际完成投资2832.4亿元，占年度计划投资的133.23%；政府投资项目年度计划投资1030亿元，1—12月完成投资1033.6亿元，占年度计划投资的100.3%，全面超额完成年度目标任务。（吴　慧）

【市政基础设施项目建设】 2018年，长沙市市政基础设施项目计划铺排项目数533个，年度计划投资394.07亿元。其中续建项目162个，2018年计划投资约268.09亿元；新建项目139个，2018年计划投资约125.98亿元。截至12月底，全市市政基础设施项目开工建设248个（含7个预备项目），开工率82.4%（续建新建项目）；累计完成投资401.8亿元，占年度计划的102%，同比上年同期完成值降低1个百分点。（严洪志）

【长沙地铁4号线】 2018年12月29日，长沙地铁4号线一期工程开始通车试运行。4号线一期工程于2014年12月31日开工建设，全长33.5千米，总投资约240亿元，列车采用6节编组B型列车。该线呈西北至东南走向，设置车站25座，全为地下站，串联望城区、岳麓区、天心区、雨花区和长沙县，途径滨江新城、溁湾镇商业中心、岳麓山大学城、南湖新城、高铁新城、黄榔副中心等重要城市功能中心和枢纽地带，是继2号线、1号线、长沙磁浮快线之后开通的又一条线路。（汤 洵）

表17 2018年长沙市部分重点工程项目建设情况表

序 号	项目单位	项目名称	建设内容	起止年限	项目预估总投资（万元）	本年预估投资（万元）	主要建设内容
1	市轨道交通集团	轨道交通3号线一期工程	线路全长约36.42千米，起于山塘站，止于广生站，全线共设车站25座	2014—2019	2602807	250000	基本完成车站工程、区间工程、轨道工程，开始机电设备的安装调试
2	市轨道交通集团	轨道交通4号线一期工程	线路全长约33.50千米，起于罐子岭站，止于杜家坪站，全线共设车站25座	2015—2018	2397584	450000	完成车站工程、区间工程、轨道工程，完成机电设备的安装调试
3	市轨道交通集团	轨道交通5号线一期工程	线路全长约22.50千米，起于水渡河站，止于毛竹塘站，全线共设车站18座	2016—2020	1695695	120000	完成大部分车站主体工程、区间工程，开始轨道工程施工和机电设备购置
4	市轨道交通集团	轨道交通6号线工程	线路全长约47.98千米，起于梧桐路站，止于西航站区站，全线共设车站34座	2017—2022	3694302	100000	开始部分车站主体工程施工
5	市城建投资集团	湘府路快速化改造工程	湘江路至浏阳河西岸，城市快速路，长12.86千米，主线为双向6车道、地面辅道为双向6车道	2016—2019	603381	160000	基本完成主体工程
6	市工务局	时代阳光大道东延线	花卉路至川河路，城市主干道，长约2.64千米，宽45米	2017—2018	92991	20000	完成部分道路、排水工程
7	市工务局	万家丽路220千伏电力隧道工程	马栏山变电站至火炬路，电力隧道土建部分，长约7.1千米	2017—2019	67741	20000	完成部分土建工程
8	长沙供水有限公司	长沙市第七水厂新建工程	水厂规划总规模60万吨/日，本期建设规模20万吨/日。包括取水头部及泵房、原水管网、净水厂厂区工程	2016—2019	102402	40000	完成取水泵房主体施工，厂区全面开工建设
9	市城建投资集团	马栏山视频文创产业园配套基础设施项目	马栏山视频文创产业园相关配套市政基础设施项目，含路网、景观、中央绿带等配套市政基础设施项目	2018—2022	90000	20000	根据调整后的马栏山视频文创产业园控规有序推进道路等配套设施建设

续表 17　　2018 年长沙市部分重点工程项目建设情况表

序 号	项目单位	项目名称	建设内容	起止年限	项目预估总投资（万元）	本年预估投资（万元）	主要建设内容
10	梅溪湖投资（长沙）有限公司	梅溪湖国际新城二期地下综合管廊及配套道路工程——综合管廊工程	综合管廊工程：雪松路（碧桃路至三环线）、樱花路（红枫路至梅溪湖路西延线）、梧桐路（黄馨路至樱花路）、梧桐路（百合路至三环线）、铃兰路（红枫路至雪松路）、红枫路（碧桃路至三环线）、百合路（雪松路至梧桐路）、金菊路（雪松路至梧桐路）的地下综合管廊建设，总长约 15.1 千米，含控制中心 1 座，建筑面积 2800 平方米	2016—2019	100400	60000	完成建设（征拆影响范围除外）
11	梅溪湖投资（长沙）有限公司	梅溪湖国际新城二期地下综合管廊及配套道路工程——道路工程	道路工程：雪松路（碧桃路至三环线）；樱花路（红枫路至梅溪湖路西延线）；梧桐路（黄馨路至樱花路，百合路至三环线）；金菊路（雪松路至梧桐路）；红枫路（碧桃路至三环线）；百合路（雪松路至梧桐路）；铃兰路（红枫路至雪松路）	2016—2019	139497	44150	完成水稳层和部分路面施工（征拆影响范围除外）
12	梅溪湖投资（长沙）有限公司	梅溪湖国际新城二期骨干道路及桥梁工程——看云路等	包括看云路（紫荆路至三环线）、海桐东路（紫荆路至三环线）、赏月路（三环线至梅溪湖西延线段）、映日路（三环线至梅溪湖西延线段）、听雨路、油松路（紫荆路至映日路）、紫荆路（红枫路至梅溪湖路西延线）、剑兰路（红枫路至雪松路）、夏鹃路（红枫路至梅溪湖路西延线）、看云路（碧桃路至樱花路）、夏鹃路下穿智慧公园隧道、百合路（红枫路至雪松路）、松柏路（梧桐路至梅溪湖路西延线）、金菊路（三环线至雪松路，梧桐路至梅溪湖路西延线）等建设	2016—2020	93700	39000	油松路和紫荆路完成基层施工，看云路、松柏路、海桐东路、赏月路、映日路、听雨路完成建设（征拆影响段均除外）；剑兰路完成立项，夏鹃路、看云路完成部分路基（征拆影响段除外）；夏鹃路下穿智慧公园隧道、百合路、松柏路、金菊路完成可研编制
13	湖南湘江新区市政建设投资有限公司	湘府路(河西段)快速化改造	城市道路快速化改造，东起湘府路大桥，向北至罗家嘴立交，向西至周家湾路，南至连塘路。改造长度约 5 千米	2017—2019	134000	70300	完成桥梁主体工程 70%

续表 17　　2018 年长沙市部分重点工程项目建设情况表

序号	项目单位	项目名称	建设内容	起止年限	项目预估总投资（万元）	本年预估投资（万元）	主要建设内容
14	湖南湘江新区市政建设投资有限公司、望城区和岳麓区（征拆主体）	长望路西延线（西二环——黄金大道）	城市主干道，东起西二环，西至黄金大道，全长约 5.2 千米，规划路幅宽 46 米	2017—2020	96500	62000	完成部分工程
15	湖南湘江新区市政建设投资有限公司	麓景路南延工程（南接含浦大道）	长约 3.9 千米，包括 2.3 千米隧道工程及 1.6 千米道路工程，城市快捷路，双向六车道	2017—2020	136000	35100	道路部分：完成交地范围的部分路基施工；隧道部分：隧道（单洞）掘进 500 米
16	长沙中建未来科技城投资有限公司	智能系统测试区（一期）	桐关桥路：西起长韶娄高速，东至窑坡路，全长 3.09 千米，路幅宽 36 米；智星路：南起智仁路，北至智达路，全长 1.06 千米，路幅宽 26 米；智达路：西起智星路，东至长潭西线西辅道，全长 307 米，路幅宽 26 米；智雅路：西起智星路，东至长潭西线西辅道，全长 397 米，路幅 20 米；智仁路：西起智星路，东至长潭西线西辅道，全长 294 米，路幅宽 20 米；长潭西线西辅道：南起智仁路，北至智达路，全长 1.11 千米，路幅宽 18 米；长潭西线东辅道：南起望江路，北至玉学路，全长 226 米，路幅宽 18 米；玉学路：西起长潭西线东辅道，东至学士路，全长 660 米，路幅宽 20 米；场地工程：场地一期地块约 63.33 公顷，被长潭西线分为东西两块，东地块北起玉学路、南至望江路、东至学士路、西到长潭西线，西地块北到智达路、南至灵溪路、东至长潭西线、西到智星路	2016—2018	188000	20000	完成建设

续表 17　　2018 年长沙市部分重点工程项目建设情况表

序号	项目单位	项目名称	建设内容	起止年限	项目预估总投资（万元）	本年预估投资（万元）	主要建设内容
17	湖南湘江新区投资集团（建设主体）、岳麓区政府（拆迁主体）	大王山片区路网及恒大童世界市政配套——观音湖路等	观音湖路：红学路至巴溪大道，宽 28 米，长 795 米；月亮路：潭州大道至观音湖，宽 20 米，长 309 米；红学路：新学士路至巴溪大道，宽 20 米，长 512 米；莲花湖：位于潭州大道以西学士路以北的长沙恒大童世界核心区域，北连长塘水库，南通正家坡塘，东连桐溪水系，规划新建小（一）型水库 1 座，水库水域面积约 19.33 公顷；莲花湖路网：潭州大道至山泉路，长 3.88 千米，宽 12 米，包含莲花湖路、文创路、颐养路	2018—2020	126841	81910	观音湖路完成 10% 路基土方，月亮路和红学路完成 15% 路基土方，莲花湖和莲花路路网完成施工图设计。拆迁主体基本完成莲花湖拆迁腾地
18	湖南湘江新区投资集团有限公司	大王山片区路网及恒大童世界市政配套——蓝山路等	蓝山路：潇湘大道东线至莲坪大道，长 2.26 千米，宽 35~20 米；虹山路：潇湘大道西线至蓝山路，长 1.45 千米，宽 20 米；联江路：潇湘南大道东线—洋湖南路，长 2.96 千米，宽 26 米；新江河路：南起长潭高速，北至绕城高速，长 6.97 千米，宽 36 米	2018—2020	152934	46935	蓝山路 6 月开工建设，完成潇湘大道东线至潭州大道段 30% 路基土方，虹山路 9 月开工建设，完成潇湘大道西线至潭州大道段 40% 路基土方，联江路和新江河路完成部分前期工作，根据拆迁情况适时启动建设
19	湖南湘江新区市政建设投资有限公司、高新区和望城区（征拆主体）	跨片区交通路网工程——枫林西路三期	枫林西路三期：黄桥大道至京港澳高速西线段：城市主干道，东起黄桥大道，西至京港澳高速西线，全长 5.15 千米，道路标准断面宽 34~36 米	2018—2020	59000	33000	拆迁主体三季度完成拆迁腾地的前提下，建设主体 11 月开工建设
20	湖南湘新水务投资有限公司 + 社会资本方	雷锋水质净化厂（一期）	黄桥大道与梅溪湖路西延线交叉口东北侧，土建规模 25 万立方米 / 天，设备分两阶段安装，本阶段处理规模 12.5 万立方米 / 天	2017—2020	74376	22000	完成基坑支护和部分工艺主体施工
21	梅溪湖投资（长沙）有限公司	雷锋科技城及梅溪湖西片区保障性住房项目——雷锋科技城保障性住房坪山村地块	雷锋科技城保障性住房坪山村地块：总占地面积约 8.2 公顷，总建筑面积约 22.9 万平方米	2018—2019	93448	33000	一期主体平均至 6 层
22	长沙先导恒伟房地产开发有限公司	湘江财富金融中心	总建筑面积 63 万平方米，其中地上建筑面积 47.5 万平方米，包括 4 栋超高层塔楼和 5 层商业裙楼	2016—2020	769240	110000	完成部分工程

续表 17　　2018 年长沙市部分重点工程项目建设情况表

序 号	项目单位	项目名称	建设内容	起止年限	项目预估总投资（万元）	本年预估投资（万元）	主要建设内容
23	长沙先导恒伟房地产开发有限公司	洋湖湿地旅游配套服务项目	片区旅游服务配套工程	2017—2019	73220	40000	完成商业街区主体工程
24	长沙先导恒伟房地产开发有限公司	湖南金融中心基金小镇	总建筑面积约5.1万平方米，容积率1.2，定位为湘江基金小镇一期	2018—2019	94120	41500	完成地下室施工
25	长沙市武广新城开发建设公司	合丰垸浏阳河风光带	起于圭塘河口，终于湘府东路，总长约10千米，建设范围主要为浏阳河西岸风光带面积为92.5万平方米	2017—2020	66435.94	25000	完成部分工程
26	长沙市长东投资发展有限公司	湘府东路	西起浏阳河，东至黄兴大道，城市快速路，长约5.4千米，宽100米	2016—2019	313000	20000	启动地下综合管廊建设
27	长沙麓谷建设发展有限公司	许龙路	城市主干道，青山路至枫林路，长5.46千米，宽36米	2016—2019	93000	38000	分段建设，金洲大道以北段进行基层及路面施工，金洲大道南段建成通车
28	长沙麓谷建设发展有限公司	青山路	城市主干道，黄桥大道至望雷大道，长3.52千米，宽36米	2017—2020	55000	30000	路基施工
29	长沙经济技术开发区管委会	黄兴大道及其片区改造PPP项目	包括31个项目，其中城市道路项目22个，公共交通项目1个，园林景观项目2个，经营性项目3个	2017—2020	125486.5	40000	道路提质改造、公园建设、房屋建设
30	长沙经济技术开发区管委会	盼盼路及其片区改造PPP项目	包括31个子项目，其中26个非经营性子项目，5个经营性子项目	2017—2020	127376.9	40000	道路提质改造、桥梁建设、地下停车场建设、房屋建设
31	岳麓高新区、湖南湘江新区未来科技城发展有限公司	未来科技城（智能无人系统科创园（一期））	位于岳麓科技产业园，分三期进行建设，其中一期工程主要建设内容包括市政道路、管理研发与调试区、特种车辆无人战车越野测试区等主要功能分区	2017—2018	188000	20450	完成测试区道路建设并开园
32	开福区工务局	捞刀河南岸岸线整治及市政工程	湘江大道捞刀河大桥至开福大道跨捞刀河大桥，沿线捞刀河岸线整治及市政工程	2017—2020	53000	23000	完成部分工程
33	望城区城投集团	金星路北延线（腾飞路）	城市主干道，永通大道至旺旺东路，长5.3千米，宽46至60米	2016—2018	85528	20000	完成建设
34	望城区城投集团	潇湘北路	城市主干道，南起杨峰路，北至枞树港，长约12500千米，宽46~60米，含岳麓污水处理厂尾水排放管道	2016—2019	244420	151557	望京大道至枞树港拉通路基，力争主路通车；星月路至望京大道完成除桥梁外的路基建设；新奥段完成部分工程

续表 17 2018 年长沙市部分重点工程项目建设情况表

序号	项目单位	项目名称	建设内容	起止年限	项目预估总投资（万元）	本年预估投资（万元）	主要建设内容
35	望城区城投集团	湘江大道北延线	城市主干道，一期（新华联段）：湘江路景观道至彩陶路，长 2.66 千米，宽 46 米；二期：彩陶路至誓港大道，长 7.5 千米，宽 46 米；铜官港区段：黄龙路至城湘大道，长 2.78 千米，规划控制 54 米宽，近期按 28 米建设	2017—2019	166300	35000	一期：完成建设；二期：完成征地拆迁及部分路基工程；铜官港区段：完成部分路基
36	铜官工业集中区公用事业服务有限公司	铜官工业园区路网建设	黄龙路环形段（湘江大道至花果路）道路工程：起于湘江大道，止于花果路，长约 3.8 千米，南北段宽 24 米、东西段宽 30 米；彩虹路道路工程：起于铜官大道，止于湘江大道，长约 620 米，宽 36 米；白杨路（花果路至城湘大道）道路工程：起于花果路，止于城湘大道，长约 2.8 千米，宽 46 米；华城路（花果路至城湘大道）：起于花果路，止于城湘大道，长约 2.5 千米，宽 26 米；连心路道路工程：起于黄龙路，止于花实路，长约 1.15 千米，宽 26 米	2017—2020	99187	20000	完成部分路段建设
37	长沙空港城建设开发有限公司	龙峰大道	城市主干道，北起漓湘路，南至机场高速，长约 4.3 千米，宽 58 米，主 6 辅 4	2017—2019	56000	30000	完成部分路基、路面工程
38	浏阳市城建投资集团	西南环线项目	长 8.6 千米，标准路幅宽度 29~53.5 米	2017—2020	148453	58853	完成拆迁和部分道路建设
39	长沙麓谷建设发展有限公司	红枫路（黄桥大道——碧桃路）含综合管廊 PPP	城市主干道，长 2.36 千米，宽 80 米（含两侧各 14.5 米绿带）	2018—2020	110000	36000	路基施工
40	长沙麓谷建设发展有限公司	雪松路（黄桥大道——碧桃路）含综合管廊 PPP	城市主干道，长 2 千米，宽 66 米（含 23 绿带）	2018—2020	85000	30000	路基施工
41	长沙麓谷建设发展有限公司	梧桐路（黄桥大道——黄馨路）含综合管廊 PPP	城市主干道，长 1.84 千米，宽 59 米（含两侧各 10 米绿带）	2018—2020	60000	30000	路基施工
42	长沙经济技术开发区管委会	黄花及大众片区 PPP 项目	包含 24 个子项目，其中：19 个市政道路项目（含 1 个上跨桥梁）、1 条环城绿带（仅绿化养护）、1 个公园、1 个地下停车场、1 个加油加气混合站、1 个加气站	2018—2022	197091.8	30000	道路建设、绿化养护等

续表 17　　2018 年长沙市部分重点工程项目建设情况表

序号	项目单位	项目名称	建设内容	起止年限	项目预估总投资（万元）	本年预估投资（万元）	主要建设内容
43	湖南龙骧交通发展集团有限责任公司	长沙汽车南站综合交通枢纽项目	按国家一级客运站规划、建设、运营。综合交通枢纽包括长短途公路运输、公交、出租车、城市轨道、城际铁路、社会车 6 种交通方式，并配备加油站、车辆维修保养、便民服务等设施和部分商业	2015—2019	220962	80000	室内装饰、机电安装附属工程
44	市城建投资集团	霞凝货场扩建工程（二期）	建设集装箱、快运、特货、铁路货场和仓库配送等功能区	2016—2018	205600	50000	年底前完成仓储物流区、重质货物作业区、冷库、综合楼等主体工程
45	宁乡市交通建设投资公司	金唐公路	起点接长张高速金洲互通，终点接益娄高速唐市互通，全长约 61 千米，采用一级公路标准，路基宽 33.5 米，沥青砼路面	2017—2020	710000	35000	完成一期工程建设和二期工程基础施工
46	浏阳市交通运输局	金阳大道三期	G319、S109 浏阳集里至蕉溪公路，为一级公路，全长 16.75 千米，路基 28~60 米，沥青混凝土路面	2018—2020	254500	35000	完成部分路基及桥隧工程建设
47	市城建投资集团	牛角塘村城中村改造项目	征收项目用地约 160 公顷，拆迁房屋 15 万平方米，涉及村民约 1200 户	2018—2022	500000	50000	开展前期工作，适时启动拆迁
48	市国资集团	长沙国资集团韶光微电子居住区棚改项目	实施居住区棚户改造	2018—2021	100000	30000	征地拆迁及部分安置房建设
49	长沙锦尚棚改有限责任公司	锦尚棚改项目	国有土地棚改征收	2018—2020	67800	30000	待锦尚家纺厂完成债务化解、租赁户清退后，适时发布征收公告并启动征收工作
50	长沙先导恒伟房地产开发有限公司	蓝天保障房	项目共有 20 栋住宅合计 39 项单元，1 项幼儿园（分为 A、B 栋）及 8 栋配套商业组成	2013—2019	176200	20000	3 期 -1 完成主体封顶
51	芙蓉新城置业有限公司	芙蓉生态新城四号安置小区一期	占地 9.2 公顷，建筑面积 27 万平方米，拟建设农民高层安置小区	2017—2019	135390	20000	完成部分主体工程
52	芙蓉区工务局 / 区棚改办	韭菜园街道棚改安置小区	占地 1.5 公顷，总建筑面积约 11 万平方米	2017—2020	142000	30000	完成部分主体工程
53	长沙市芙蓉棚改投资有限责任公司	蔡锷中路两厢棚改项目	占地 19.53 公顷，需征收房屋 1626 户、18.5 万平方米	2016—2019	360000	90000	完成部分征收

续表 17　　2018 年长沙市部分重点工程项目建设情况表

序号	项目单位	项目名称	建设内容	起止年限	项目预估总投资（万元）	本年预估投资（万元）	主要建设内容
54	长沙中铁芙蓉投资有限公司	魅力芙蓉·城市双修（有机棚改）PPP 项目一期	市政设施、景观绿化、城市功能及景观照明设施提质，建筑立面改造、城市家具设置等	2017—2018	120000	50000	完成建设
55	长沙恒舟房地产开发有限公司	天心馥园	总建筑面积 132439 平方米，包含高层安置住宅及配套附属设施	2017—2019	90028	50000	完成主体建设 60%
56	长沙市天心棚改投资有限责任公司	碧湘街周边地块棚改项目（二期）	占地面积 3.94 公顷，涉及房屋征收 574 户、单位 26 家，面积约 8.05 万平方米	2016—2019	106500	60000	基本完成征收
57	长沙市天心棚改投资有限责任公司	劳动广场及周边零星地块棚改项目（S1 地块）	占地面积 3.3 公顷，涉及房屋征收 310 户、单位 16 家，面积约 3.73 万平方米	2017—2019	69000	35000	基本完成征收
58	长沙市天心棚改投资有限责任公司	西文庙坪周边地块棚改项目（A 地块）	总占地面积 22.91 公顷，A 地块占地面积 8 公顷，涉及房屋征收约 1275 户、单位 29 家，面积约 11.07 万平方米	2017—2019	300000	80000	基本完成征收
59	长沙中建国际发展有限公司	岳麓山大学城片保障性住房	占地 9.87 公顷，拟建安置房及商业配套设施	2016—2018	180000	40000	完成主体工程
60	岳麓高新区	联丰苑保障性住房	占地 10.73 公顷，建筑面积 34.5 万平方米的保障性住房建设	2018—2020	150000	20000	完成 4 栋住宅楼，建筑面积约 8 万平方米的主体建设
61	长沙市城北投资有限公司	中岭安置房建设	建筑面积约 21.2 万平方米。建设 8 栋 28 至 32 层住宅，1 栋 4 层商业，1 栋幼儿园，1 栋物管用房	2016—2019	87100	30020	完成部分工程
62	长沙市城北投资有限公司	胜利村农民安置房	用地面积 3.91 公顷，有效用地面积 2.33 公顷，总建筑面积约 12 万平方米，建设 4 栋 34 层住宅，1 栋 6 层商业	2015—2019	55000	23180	完成部分工程
63	长沙市城北投资有限公司	洪山局双河湾农民安置房	用地面积 19.4 公顷，总建筑面积约 51 万平方米。一期建筑面积约 27.5 万平方米，建设 10 栋 28~32 层住宅，2 栋 2 层商业，1 栋幼儿园。二期建筑面积约 23.5 万平方米，建设 8 栋 28 至 31 层住宅，4 栋 2~4 层商业	2017—2019	184500	50250	完成部分工程
64	长沙市开福棚改投资有限责任公司	潮宗街街区地块棚改项目	项目东起黄兴北路、西至湘江大道、南起潮宗街、北至营盘路。占地面积 6.67 公顷，征收房屋 1167 户、面积 6.98 万平方米	2016—2019	208000	36000	完成部分征收

续表 17　　2018 年长沙市部分重点工程项目建设情况表

序 号	项目单位	项目名称	建设内容	起止年限	项目预估总投资（万元）	本年预估投资（万元）	主要建设内容
65	长沙市开福棚改投资有限责任公司	六堆子巷周边地块棚改项目	项目东起五堆子巷、又一村巷，南至中山路，西至黄兴北路，北至左局街两厢，占地面积 4 公顷，征收房屋约 600 户，面积约 6 万平方米	2017—2019	90000	24000	完成部分征收
66	长沙市开福棚改投资有限责任公司	清水塘炮后街棚改安置房源（潇湘华庭）	用地面积 0.89 公顷，建筑面积 9 万平方米，建设 2 栋 32 层住宅及地下车库	2017—2019	73850	29000	完成部分工程
67	长沙市雨花棚改投资有限责任公司	长沙橡胶厂及周边地块棚户区改造项目	土地一级开发项目，项目占地面积 13.87 公顷，征收房屋面积 89455 平方米，其中住宅 76865 平方米，涉及 961 户	2015—2018	85657	38000	全部完成征收拆迁
68	长沙市雨花棚改投资有限责任公司	劳动东路两厢棚改项目	土地一级开发项目，占地总面积约 9.04 公顷。改造总面积约为 94951 平方米，改造总户数约为 1274 户	2016—2018	140000	29000	全部完成征收拆迁
69	长沙市雨花棚改投资有限责任公司	长沙市鼓风机厂棚改项目	土地一级开发项目，占地面积 10.67 公顷，涉及拆迁面积 108433 平方米，总户数 112 户	2017—2018	90000	49000	全部完成征收拆迁
70	雨花区高桥街道办事处	友谊村城中村改造生产生活安置房项目	农民安置房项目，占地 12.4 公顷，其中两安用地 9.87 公顷，总建筑面积 25 万平方米，建设安置房 69 栋	2017—2018	88600	55000	完成其他 24 栋安置房的主体建设
71	长沙县星沙街道办事处	长沙县旧城棚户区（1~6 区）提质改造项目	项目改造范围西至东升路，东至星沙大道，南至北斗路，北至通程广场，总用地面积 641148 平方米，总改造面积 1511283 平方米，改造内容涉及 432 栋居民楼和 14 栋安置宿舍房的房屋平改坡、外立面、广告位及前后街道路、给排水管网、强弱电管线、停车位、绿化、亮化等社区公共配套设施的提质改造	2016—2019	87282	31000	完成四区改造；三、五、六区全面开工开建
72	长沙中建国际发展有限公司	岳麓山国家大学科技城——麓山南路综合整治棚改项目（二里半棚户区改造）	对麓山南路二里半段及矿山路周边，西邻麓山南路，东边南边北边邻湖南师范大学用地征收拆除立面改造	2018—2020	70000	50000	麓山南路二里半段征收及拆除
73	长沙中建国际发展有限公司	岳麓山国家大学科技城——大科城保障性住房	占地 5.36 公顷，位于云栖大道以南、联丰路以北，阳光中学以西	2018—2020	60000	20000	完成拆迁，启动建设

续表 17　　2018 年长沙市部分重点工程项目建设情况表

序　号	项目单位	项目名称	建设内容	起止年限	项目预估总投资（万元）	本年预估投资（万元）	主要建设内容
74	长沙市天心棚改投资有限责任公司	火宫殿周边零星地块(二期)棚改项目	征收地块面积约 1.63 公顷，涉及房屋征收 415 户、单位 9 家，面积约 4.25 万平方米	2018—2019	113800	70000	启动征收
75	长沙市开福棚改投资有限责任公司	湘雅路口（花鸟虫鱼市场）地块棚改项目	东临芙蓉路、南临湘雅路、西临省卫计委、北临盛大金禧。项目占地 1.27 公顷，涉及改造户数 69 户，改造面积约 2.3 万平方米	2018—2019	57500	20000	启动征收
76	长沙市开福棚改投资有限责任公司	德雅路片区改造项目（丝茅冲地块）二期	丝茅冲地块为浏阳河路、德雅路与车站北路三条道路所围合区域，占地面积约 8.6 公顷，二期共涉及改造户数 537 户，改造面积 15.54 万平方米	2018—2019	208000	30000	启动征收
77	长沙市雨花城市建设投资集团有限公司	园博家园农民安置房	农民安置房项目，总建筑面积 504089 平方米，共 24 栋建筑，可提供保障住房总户数 4216 套	2018—2020	129148	40000	全面启动建设工作，完成桩基础和土石方工程
78	长沙市雨花棚改投资有限责任公司	二十三冶、长仪片区棚改项目	土地一级开发项目，占地面积 4.96 公顷，涉及拆迁面积 45516 平方米，总户数 748 户	2018—2020	68000	44000	全面启动征收拆迁工作，完成工作量的 60%
79	长沙市第四医院	长沙市第四医院滨水新城院区建设项目	规划新建一所三级甲等综合医院，编制床位 1500 张，建筑面积 19.2 万平方米，基本医疗部分（一期）包括门急诊医技楼、住院楼、科研教学办公楼、值班公寓楼、高压氧舱机房、污水处理站；二期工程包括专科楼、健康管理中心	2015—2019	96800	30000	门急诊医技楼、住院楼、科研教学办公楼、值班公寓楼、高压氧舱机房、污水处理站的建安工程及装修工程，院区附属配套工程施工，竣工验收
80	深圳皇庭/梅溪湖投资（长沙）有限公司	象鼻窝森林公园	象鼻窝森林公园范围内，东至三塘冲山脊，西至大坡冲山脊，南至寨子林山脊，北至规划建设的油松路，用地面积 344.8 公顷（其中 155.87 公顷为深圳皇庭青青乐园项目建设面积）	2018—2021	120000	60000	基本完成拆迁腾地，开工建设
81	长沙梅溪湖酒店投资管理有限公司/社会投资	梅溪湖国际健康城	位于梅溪湖二期，梅溪湖路西延线和映日路交叉的东南角，用地面积约 28.73 公顷，建设三甲专科医院、医疗研发中心、颐养社区	2018—2020	800000	55000	开工建设

续表 17　　2018 年长沙市部分重点工程项目建设情况表

序号	项目单位	项目名称	建设内容	起止年限	项目预估总投资（万元）	本年预估投资（万元）	主要建设内容
82	长沙先导恒伟房地产开发有限公司	长沙卫生职业学院新校区建设项目（一期）	教学实训楼、口腔系工厂、图书馆、继续教育培训综合楼、行政办公楼、大学生创业中心、食堂、学生宿舍、大学生活动中心、动物房、危险品仓库、大门、主席台	2016—2019	120000	40000	完成主体施工
83	长沙先导酒店投资管理有限公司	湘麓山庄市场化改扩建项目（仅酒店部分）	酒店、会议中心、康体中心、接待中心	2018—2019	173000	55000	主体工程竣工
84	长沙麓谷建设发展有限公司	金南中学	建筑面积约 59178 平方米，60 个班	2017—2019	52000	30000	完成主体工程
85	长沙中建国际发展有限公司	岳麓山国家大学科技城——白沙液街特色商街	占地 11.6 公顷，由棚改部分和基础设施配套两部分组成，分两期进行。项目东起银盆南路，西至滨湖路，南与湖南武警总队医院及绿地湖湘中心接壤，北邻麓山国际实验学校。主要对部分房屋进行征收拆除、对原有住房进行修缮修复和房屋改造；同步改善和配建项目范围内道路、消防、水、电、气、绿化、照明等公共设施，打造特色商业街区	2016—2019	86100	20000	完成部分景观节点
86	长沙中建国际发展有限公司	岳麓山国家大学科技城——后湖景区	占地 140.67 公顷，以后湖为中心向四周延伸，北至阜埠河路，南至清水路、靳江路，西至后湖路以西 100 米，东至潇湘中路，主要实施道路建设、截污治污、拆违提质、生态治理、产业发展 5 大工程，将后湖片区打造成长沙市中心城区宜居宜业的生态治理示范区	2015—2019	200000	40000	完成水体及部分配套建设
87	长沙县城建投资集团	县人民医院项目	建筑面积约 15 万平方米。按一期开设床位 800 张，二期开设 400 张床位的三级综合医院标准进行建设	2017—2020	220000	23000	完成项目场地平整、临建设施等建设
88	浏阳市城建投资集团	人民医院整体搬迁项目	建筑面积 271315 平方米，设计床位数 1480 个，建设包括门急诊、医技中心、病房楼、地下停车场等配套用房，远期预留建设医疗用房、感染科楼、医师培训基地、专科医疗中心及周边配套设施	2017—2018	65400	41078	完成建设

续表 17　　2018 年长沙市部分重点工程项目建设情况表

序号	项目单位	项目名称	建设内容	起止年限	项目预估总投资（万元）	本年预估投资（万元）	主要建设内容
89	长沙中建国际发展有限公司	岳麓山国家大学科技城——麓山南路及两厢综合整治	项目南至西二环王家湾段、北至溁湾镇枫林路段，全长约 5.3 千米。主要对道路、综合管线、建筑风貌及外立面进行提质改造，并新建节能防水、建筑物周边绿化景观及公共设施	2018—2019	90000	41000	基本完成建设（除地铁施工段）
90	长沙中建国际发展有限公司	岳麓山国家大学科技城——社区提质改造	对大科城范围内 20 个社区进行提质改造	2018—2019	61600	50000	完成部分提质改造
91	湖南环保科技产业园开发建设投资有限责任公司	园区道路“四纵三横”绿化与景观提质改造工程	对经开区环保大道、振华路、花卉路、金海路、兴安路、万家丽路、比亚迪路 7 条市政道路项目进行两厢的绿化与景观提质	2018—2020	100000	20000	完成前期手续办理，启动振华路等 3 条路一期工程部分建设
92	雨花区、岳麓区、望城区水务（农林水利）局	长沙市河湖水系连通项目	完成雨花区圭塘河生态引水工程、岳麓区榨泥湖—方塘—后湖水系连通工程、望城区大众垸老沩水—团头湖水系连通工程	2018—2019	50508	34708	完成建设
93	市住房城乡建设委	敢胜垸污水处理厂新建工程	规划总规模为 30 万吨 / 日，分三期建设，本次建设规模为 10 万吨 / 日，主要建设一座污水处理厂、两座雨污合建泵站（黄兴、秋塘）、一座雨水排渍泵站（螺塘湾）和配套污水管网、中水管网，以及厂区人工湿地	2016—2018	159200	24000	完成秋塘雨污合建泵站施工以及厂区湿地、绿化工程
94	湖南军信环保集团有限公司	长沙市污水处理厂污泥与生活垃圾清洁焚烧协同处置二期工程项目	建设日处理污泥（含水率 80%）500 吨和 3000 吨生活垃圾的处理设施	2017—2020	196880	20000	完成前期工作，并启动建设
95	长沙市玉赤河流域投资开发有限公司	玉赤河流域综合整治	对玉赤河进行河道疏浚、截污、防洪通道建设和生态修复等系统治理	2016—2019	108600	40000	完成一期工程，启动二期建设
96	市城建投资集团	湘雅路过江通道	金星路至芙蓉路，城市主干道，下穿湘江，隧道全长约 3715 米，湘雅路规划路幅宽 46 米	2018—2021	450000	10000	完成前期研究，启动项目建设

续表 17　　2018 年长沙市部分重点工程项目建设情况表

序 号	项目单位	项目名称	建设内容	起止年限	项目预估总投资（万元）	本年预估投资（万元）	主要建设内容
97	湖南湘江新区投资集团	湘江欢乐城	项目位于大王山旅游度假区，项目建设内容有欢乐雪域、欢乐天街和四星级酒店、朗豪五星级酒店、欢乐水寨、配套路网、蜂巢污染土壤治理工程、桐溪湖（一期）、华谊兄弟 A 地块周边景观及配套工程、湘江女神公园	2014—2019	586057	190300	欢乐雪域：完成主体结构，完成部分装修和机电安装；欢乐天街和四星级酒店：商业街完成一期建设，四星级酒店完工；朗豪五星级酒店：完成 80% 硬装；欢乐水寨：完成构筑物装修工程；配套路网：完成桐溪路（潇湘西线以南到潭州大道段），含桐溪桥。完成蜂巢路土方工程；蜂巢污染土壤治理工程：完成治污；桐溪湖（一期）：完成临商业街一期和华谊段湖体防水和驳岸景观；华谊兄弟 A 地块周边景观及配套工程：完成湖体开挖和华谊一期侧岸线景观（景观桥部分除外），地下车库主体完成 60%，景观桥主体完成 80%；湘江女神公园：完成 60% 土方工程
98	梅溪湖投资（长沙）有限公司	梅溪湖国际新城二期地下综合管廊及配套道路工程	1. 综合管廊工程：雪松路（碧桃路至三环线）、樱花路（红枫路至梅溪湖路西延线）、梧桐路（黄馨路至樱花路）、梧桐路（百合路至三环线）、铃兰路（红枫路至雪松路）、红枫路（碧桃路至三环线）、百合路（雪松路至梧桐路）、金菊路（雪松路至梧桐路）的地下综合管廊建设，总长约 15.1 千米，含控制中心 1 座，建筑面积约 0.28 万平方米。2. 道路工程：雪松路（碧桃路至三环线）；樱花路（红枫路至梅溪湖路西延线）；梧桐路（黄馨路至樱花路，百合路至三环线）；金菊路（雪松路至梧桐路）；红枫路（碧桃路至三环线）；百合路（雪松路至梧桐路）；铃兰路（红枫路至雪松路）。3. 桥梁工程：红枫路跨雷锋新河桥梁；梧桐路 2 号桥；雪松路跨雷锋新河桥梁；金菊路跨龙王港桥梁	2016—2019	264897	115150	1. 完成建设（征拆影响范围除外）。2. 完成水稳层和部分路面施工（征拆影响范围除外）。3. 红枫路桥和梧桐路 2 号桥基本完成主体施工，雪松路桥完成可研编制，金菊路桥启动建设
99	长沙市长东投资发展有限公司	浏阳河风光带及防洪堤整治工程	南起湘府东路，北至榨山港，包括湘府东路至香樟路、南劳动东路至榨山港两段，长约 6.2 千米，为景观堤防改造工程	2016—2020	143000	10000	完成部分防洪堤整治工程

续表 17　　2018 年长沙市部分重点工程项目建设情况表

序 号	项目单位	项目名称	建设内容	起止年限	项目预估总投资（万元）	本年预估投资（万元）	主要建设内容
100	望城区城建投资集团	黄金河水环境综合整治	在荷塘撇洪渠设置联通涵从湘江补水，南起大泽湖，通过联通大泽湖、上下重阳湖、西塘、老马桥河、张家湖、史家湖、斑马湖等水体后，连接至沩水河，全长 16.8 千米，河道水面平均宽度 80 米	2017—2021	583198	58877	完成部分工程

公用事业

•公共交通•

【公交都市建设】 2018 年，长沙市优化调整新增公交线路 85 条，开通“社区巴士”线路 16 条，努力实现公交、地铁、磁浮、客运站无缝换乘接驳，让公交出行更便捷；投放 1000 辆零排放纯电动公交车，全市新能源公交车占比 99.96%，让公交出行更环保舒适；轨道交通 1 号、2 号线新增列车上线运营，再次提速，公交车辆实时调度发车间隔和上线车辆；与交警支队联合推出的“公交随手拍”平台，让公交行车更通畅；建成公交电子站牌 531 个，开发推广“长沙公交出行”APP，盲人专用版 APP 一并推出，259 条公交线路到站信息实时发布，让公交出行更精准；主城区公交 IC 卡突破 689 万张，刷一卡通和手机扫码乘公交地铁率 70%，进入无现金公交出行新时代。11 月，长沙市通过交通运输部验收，获评“国家公交都市建设示范城市”。（贺正宇）

【城市公交】 2018 年，长沙市公共交通机动化出行分担率 54.2%。轨道交通 4 号线试运行，1 号、2 号线增加运能。中心城区公交站点 500 米覆盖率 100%，新增公交线路 17 条，20 个社区开通直达地铁站的社区巴士，推出定制公交、园区公交、假日公交、旅游公交等公交出行解决方案。改造 14 座港湾式公交站，建设 10 条公交专用道严管示范线。淘汰所有单燃料柴油公交车，公交车辆纯电动比例在全国处于领先水平。完成市区周边 20 千米范围内客运车辆的公交化改造。长沙汽车南站综合交通枢纽主体工程基本建成，100 个农村客运招呼站投入使用，铜官客运站启动建设。建成湘龙路公交枢纽站和雷锋、友仁、乌山等公交首末站、充电站。传化公路港、湾田国际等物流项目快速推进。（贺正宇）

【城市出租汽车】 2018 年，长沙市出租汽车行业有出租汽车经营业户数 31 户，有出租汽车 9173 台，出租车行驶总里程 122,118.1 万千米，其中载客里程 75,753.5 万千米。载客车次总数 16,267.4 万车次，客运量 32,823.3 万人次。（贺正宇）

【城市网约出租车】 2018 年，长沙市修订网约车经营服务管理实施细则、出租汽车服务质量信誉考核实施细则，出台促进共享单车规范发展的指导意见。依法依规为 7 家平台、1467 台网约车、1 万余名从业人员办理行政许可。（贺正宇）

【城市轨道交通运营】 2018 年，长沙地铁 1 号、2 号线日常客运及重大节假日迎峰渡峰均全面实现正点有序组织、安全平稳运营；全年线网运送乘客 2.47 亿乘次，日均客运量 67.7 万乘次，单日最高客流量 105.7 万乘次。全年线网开行列车 26.35 万列次，线网运营正点率 99.9%，线网运行图兑现率 99.9 %。2 号线超高峰最短行车间隔压缩至 3 分 44 秒。截至 2018 年 12 月 31 日，长沙地铁安全试运营 1708 天。长沙磁浮快线全年客流量 329.72 万乘次，日均客流 9159 乘次，共 60 天单日客流超过 1 万乘次，其中，10 月 3 日创下 14501 乘次单日客流新高。全年开行列车 5.61 万列次，运行图兑现率 99.94%，运营正点率 99.94%。运营上线 ATO，实现单程运行时间再缩短 2 分钟（原为 19 分 40 秒）。长沙磁浮快线亮相国家博物馆“伟大的变革——庆祝改革开放 40 周年大型展览”，获“一星级绿色建筑设计标识证书”“2017 年度城市轨道交通技术创新推广项目”。（汤洵）

【长沙城市“一卡通”首发】 2018 年 9 月 19 日，长沙城市一卡通发行启动仪式在地铁一号线省政府站举行，长沙市民期待已久的“市民卡”——潇湘卡面世。作为长沙市委市政府一项重大决策部署，城市一卡通建设列入 2017 年市政府十大民生实事之一，是 2018 年长沙市深化改革的一项重点任务。一卡通建设坚持以便民、利民为根本出发点和落脚点，通过打造“一张卡、一个平台、一个 APP”综合性服务系统，最终实现在公共服务领域“多卡变一卡，一卡变无卡”。（虢海涛）

【轨道交通项目建设】 2018 年，长沙轨道交通项目建设继续推进。基础设施建设，3 号线一期工程线路全长 36.5 千米，设车站 25 座，均为地下车站，起自岳麓区山塘站，止于长沙县广生站。4 号线一期工程线路全长 33.5 千米，设站 25 座，均为地下车站，起自望城区罐子岭站，止于长沙县杜家坪站。5 号线一期工程线路全长 22.5 千米，设车站 18 座，均为地下车站，起自雨花区毛竹塘

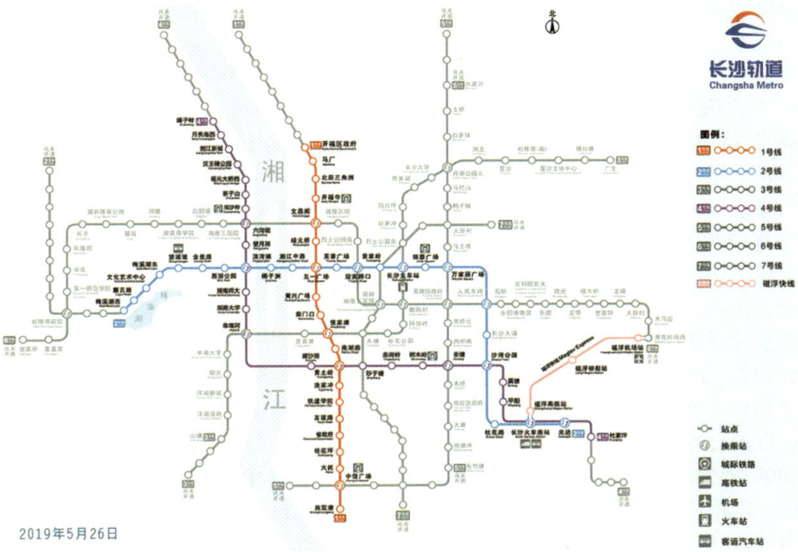

2018 年，长沙市已开通的地铁线路及站点　　市轨道交通集团 供图

站，止于长沙县水渡河站。6 号线工程线路全长 48.11 千米，设站 34 座，均为地下车站，起自高新区谢家桥站，止于长沙县黄花机场西站。重点项目建设，2018 年，完成市重大项目投资 131.6 亿元，占年度计划的 142%。3 号线一期工程 23 个站点完成主体结构，区间完成 51 千米，铺轨施工陆续推进，19 个站点机电安装及系统进行施工。4 号线一期工程于 2018 年 12 月 29 日实现试运行。5 号线一期工程 18 个站点完成主体结构，区间完成 31.4 千米，铺轨施工全面展开，机电安装完成招标。6 号线工程 2 个站点完成主体结构，26 个站点进行主体工程施工，6 个站点进行交通疏解、管线迁改和绿化迁移，1 段盾构区间进行施工。

（汤　洵）

【地铁经营开发】 2018 年，长沙地铁经营总收入 7.94 亿元，增长 9.82%，票务收入 5.59 亿元，增长 6.08%，广告收入实现逾亿元。完成 4 号线的车站配套空间及 3 号、4 号线站厅层招商工作，总成交价 7697 万元。2018 年，五一绿化广场提质改造工程完工，与长房集团成立合资公司长沙长房地铁置业有限公司共同开发建设阿弥岭上盖物业项目；成立长沙黄榔置业有限公司采取股权转让模式合作开发建设黄兴车辆段上盖物业项目；全面启动第三轮建设规划 TOD 研究及对 1~5 号线已建、在建线路进行土地研究筛查工作并获市政府批示同意；建成德思勤停车场、磁浮榔梨站停车场车位 400 个；全面展开长沙地铁 APP 商业运营规划工作，成为全国首个将屏蔽门投影技术、车厢互动电子屏运用到地铁广告商业运营的城市；高铁会展新城高铁商务区完成土地出让 26.27 公顷，实现挂牌收入 38.13 亿元，回笼资金 28.23 亿元；推动东广场、黎托生态公园、长托公园、浏阳河风光带等项目地下空间和半地下空间的开发利用，可形成有效的商业经营资产约 52827 平方米。（汤　洵）

【地铁支付智能化建设】 2018 年 12 月 21 日，长沙地铁 APP 上线发布。该 APP 能够支持“先乘后付电子票”“先付后乘电子票”“电子单程票”三种新型票种以及和包、银联、支付宝、微信四种支付渠道，以满足不同用户的使用需求。“城市一卡通”通过验收，城市一卡通建设被列入 2018 年市政府十大民生实事之一。根据市委市政府的要求，公司完成线网标准修订、ACC 清算、数据通信、线路软件、终端软件、读写器、数据库、线网每个车站两进两出闸机的改造，9 月 19 日完成线网所有传统闸机的改造，实现所有车站对潇湘卡的全面支持。10 月 25 日与交通部对接，实现全国 366 个城市的互联互通。12 月，城市一卡通助力长沙市通过“公交都市”创建验收，通过国家交通部的验收工作。

（汤　洵）

·供　气·

【概况】 2018 年，长沙市供应天然气 11.7 亿立方米，最大日供气量 620 万立方米，年供应液化石油气 10 万吨。6 月 20 日，根据城管体制改革方案，全市燃气行业管理由原市住建委划转至市城管执法局。

（叶云松）

【燃气安全检查】 2018 年，长沙市燃气行业生产形势总体稳定，市燃气热力局牵头开展燃气行业安全生产检查，先后组织长沙市城镇燃气行业安全生产大检查暨大型商业综合体燃气管道安全专项整治、2018 年燃气行业监管执法大检查和长沙市城镇燃气行业安全生产大检查，深入推进隐患排查、整治。全年检查全市 8 家液化气企业及充装站 3 轮次，液化气供应站点一轮次，下发检查通报，取缔无证经营液化气网点 67 家，联合交通执法部门查处非法运输液化气车辆 26 台，暂扣液化气钢瓶 4336 个和大量倒气工具。对长沙新奥、长沙鑫能等 14 家企业进行 4 个季度的安全检查，累计抽查主要天然气场站约 130 次。

（叶云松）

【燃气事故预防宣传】 2018 年，长沙市着力构建燃气行业事故防控体系，全面推广行业信息化管理，建立相关微信工作群，每天检查班前会制度落实情况，将上级指示要求、相关事故案例等信息及时转发给相关政企负责人。创新宣传方式，针对燃气事故的主要原因和用户缺乏安全常识的实际，设计制作燃气安全知识宣传海报、单页、笔记本入社区、入学校，宣传短片上电视、上公交、上地铁、进家庭。组织企业相关负责人参加安全知识讲座，提高全行业的安全意识和防范能力。开展行业相关法律法规、规章制度、安全知识、技能实操等培训学习，2018 年参培人员约 820 人。制订并完善燃气安全突发事件应急预案，分行业定期组织开展应急演练。

（叶云松）

·供　水·

【供水建设】 2018 年，长沙新建供水管网投资 72 个项目，管廊项目 13

个，改扩建工程4个，项目投资金额1.62亿元。全年新增市政管网长度67.09千米；完成湘江大道（兴联路—沙河）、西二环（金星路—王家湾）等给水管线建设，分别打通丁字镇、铜官窑古镇、梅溪湖国际新城等供水瓶颈。（刘朝阳）

【二次供水管理】 2018年，长沙水业集团接管842个项目的二次供水设施，按时进行巡查、维修、水质监测及水箱清理。实施二次泵房抢修2250次，计划性维修118次，水箱清洗846处，保障二次供水设施运行安全。出台《长沙市城区新建住宅供水设施和管理办法》，明确新建住宅楼盘水表及其组件安装的服务外包方案和审计流程。梳理完善业务流程，跟踪项目管理，研究制定过渡时期项目处置方案，严格落实新政实施。（刘朝阳）

【消火栓管理】 2018年，长沙水业集团管理市政消火栓14942座。对出现损坏的消火栓及时进行维护和保养，对消火栓水压不够的采取有效措施确保已建成的消火栓水压达到消防车取水压力要求。每年对消火栓进行不少于两次的试水工作，并清除消火栓内污水。对因城市道路改造后影响机动车和居民出行的消火栓，及时进行移位。设置专用的公益取水栓10座，完全与市政消火栓区分，保证市政道路、园林绿化等公益取水便捷。试用防撞型供水栓5座，防止水资源的浪费或造成其他灾害性影响。试用消火栓报警职能平台安装88处。（刘朝阳）

【服务优化】 2018年，长沙水业集团通过拓展线上和线下渠道，推进业务办理。在园区设窗，根据《市政府办公厅关于水、电、燃气管理事项在园区设窗等问题的会议备忘》的要求，开通高新、望城经开2个国家级园区以及天心区、雨花区、岳麓区、金霞、隆平高科、马栏山文创园6个省级园区涉企业务的受理窗口。优化官方网站和官方微信，在网站和微信同步推出19项用水业务清单，具体操作指南，相应表格下载。增强官方微信的服务功能，除水费查询、缴纳，供水政策咨询，智能机器人等基础业务之外，5月，微信平台上线微信“在线报漏报修”自助服务，9月中旬，微信“在线业务受理”功能开始试运行，两大在线服务功能涉及用水、水质、水费、水表、服务等5大问题，具体类别涵盖11大类，细分到24小类业务诉求。操作者进入长沙水业“96533”微信公众号，选择相应功能，填写好相应信息后提交，即可在线创建工单，随时随地提交用水问题。9月底，上线“用水报装缴费”功能，减少个人用户用水报装业务费用缴纳跑窗口的麻烦。拓宽缴费渠道，在传统的营业网点缴费外，用户还可以通过600余家邮政营业服务点、1800余个遍布全城的零售网点拉卡拉、主流银行的移动APP端、支付宝、微信公众号进行水费缴纳。（刘朝阳）

•城市排水与污水处理•

【概况】 截至2018年年底，长沙市主城区污水处理规模226万吨/日，均执行一级A以上尾水排放标准，实际处理量197万吨/日。（李海峰）

【污水设施建设】 2018年，长沙市长善垸污水处理厂提标改造工程，整体项目2018年年底完成；岳麓污水处理厂扩容工程于9月中旬通水试运行；花桥污水处理厂尾水提标非工程类措施通过内部工艺调整，达到提标目的，出水基本运到准IV类标准，提标工程类措施纳入扩建工程；新开铺污水处理厂改扩建工程已报批项目可研报告，同步开展征地拆迁等前期工作；暮云污水处理厂项目取得可研批复，开展节能、水保、环评编制等工作，苏托境污水处理厂成立SPV公司项目部，11月份初进场施工。（李海峰）

【海绵城市建设】 2018年，长沙市住建局编制《长沙市海绵城市项目建设管理规定（试行）》以及《长沙市海绵城市项目建设实施细则（试行）》。组织市直部门、各区县市政府以及平台公司召开全市海绵城市建设培训会第一期。望城区海绵城市建设示范项目稳步推进；雨花区圭塘河井塘段城市“双修”与海绵城市建设示范公园项目于2018年6月30日动工建设，全力打造河道综合整治示范项目，项目投资14.55亿元。（李海峰）

【城市黑臭水体治理】 2018年，长沙市发布《长沙市城市黑臭水体治理攻坚战实施方案》，进一步明确工作目标，为下一步黑臭水体整治工作提出明确要求。24处黑臭水体整治达到初见成效目标，并结合河长制建立长制久清体系，分别于5月和10月接受环保部和住建部两部联合的专项督查，达标率100%。（李海峰）

【防涝排渍】 2018年，长沙市根据系统治理的原则，启动杨家湾、石碑大港、红旗渠水系的系统治理工作。搭建城区防涝排渍市、区、街道和社区四级网格化管理平台，全年城区未出现因强降雨天气造成的排水不畅、城市内涝现象。改造雀园路、教师村等重点部位的内涝堵点，完成6处长沙市排水防涝“补短板”项目的改造工作。（彭福宏）

【国家级地下综合管廊试点城市建设】 长沙市地下综合管廊试点建设任务总长度60.41千米，总投资55.53亿元，22条管廊、4个控制中心，26个项目。截至2018年12月31日，全市建成综合管廊57千米，4座控制中心投入使用，17条综合管廊完成建设，9条综合管廊管线入廊，4条综合管廊管线投入运营。长沙市地下综合管廊试点项目由高铁新城、湘江新区和高新区具体实施，全部采用PPP模式进行建设，项目回报机制采用“使用者付费+政府可行性缺口补贴”。制定《长沙市地下综合管廊配套设施技术导则》《长沙市地下综合管廊预制拼装技术导则》《湖南省地下综合管廊标准图集》《长沙市地下综合管廊工程与城市道路配套工程建设范围及投资界面划分暂行规定》等技术规范。为了加强地下综合管廊的高效运维，制定《长沙市地下综合管廊运营维护绩效考核管理办法（试行）》《长沙市地下综合管廊试点专项资金管理办法》。出台《长沙市地下综合管廊试行收费标准》。《长沙市地下综合管廊专项规划（修编）》工作已经完成，并通过市政府审批入库。以新区为重点，同时兼顾老城区，初步形成“一江双核十组团”约400千米综合管廊的规划布局。（邓星伟）

园林绿化

【概况】 2018年，长沙市绿色城市建设铺排项目291个，完成新增绿地面积437.28公顷，超额完成97.28公顷，完成年计划的128.61%。全市绿地总量1.3万公顷，实施立体绿化18.9公顷，建成区绿化覆盖率41.5%、建成区绿地率35.1%、人均公园绿地面积11.03平方米。城乡公园数量415个，新增公园84个、内外空间绿化28处、林荫停车场39个、53条林荫道路、14座特色花坛、23个增花添彩项目。（彭志敏）

【园林绿化顶层设计】 2018年，长沙市找准城市绿化定位，不断优化城市绿色空间。修订《长沙市规划区林地、绿地、湿地、水域生态资源保护办法》，出台《长沙市城乡公园规划建设指导意见》，公布实施《长沙市城市绿化条例》，编定《2035园林行业规划》，规划综合公园41处、生态公园35处、防护绿地3263.6公顷、绿道2100千米，逐步凸显“望得见山、看得见水”的自然景观，构建长沙“山水洲城”的自然格局。结合“抓重点、补短板、强弱项”大调研活动，深入莲花、跳马、柏加、茶亭乡镇，走进苗圃、花店、林地查实情、纳民意，与大型园林绿化企业负责人座谈交流，联合省风景园林学会形成《长沙市花卉苗木产业培育和发展的调研报告》，提出花卉苗木标准化、规模化、产业化发展的意见上报市政府决策。积极开展动物无人机肌注等科研与推广工作，起草《长沙园林科学研究所未来发展思路方案》。（彭志敏）

【公园管理】 2018年，长沙市推进公园项目建设，发布《长沙市城乡公园规划建设指导意见》，为公园规划建设制定技术标准和规范。全年建成各类公园84个，完成目标任务的112%。年内，洞井体育休闲公园、石人冲水库公园、银星湾公园、雷锋文化主题公园等综合性公园及社区公园建成开放；完成南郊公园应急抢险工程和望月公园提质改造工程。坚持以市民满意为原则，围绕卫生、秩序、维护、安全等六个方面明察暗访，督促公园整改问题852个，市民满意率95%以上。引导城乡公园重大节假日开展特色节庆活动，“缅怀革命先烈，弘扬红色文化，践行文明礼让”主题教育、“第五届动物文化艺术节”“第二届杜鹃花旅游文化节”“第五届长沙琼花艺术节”等活动连续不断。牵头负责全市城乡公园文明创建工作，获评全市“创建更高水准全国文明城市”先进集体。烈士公园、动物园等城乡公园重大节假日期间，摆花75万余盆，各区县（市）园林局在道路、重要节点摆花300万余盆，布置主题花境、悬挂国旗灯笼，全城绿地呈现欢乐祥和喜庆的节日氛围。印发《街心转角、街巷庭院、大型居住区的内外空间绿化建设标准及考核验收办法》，通过招标方式明确第三方权威平台完成全市绿地认证工作。全年组织对内五区进行4次维护管理考核，对长沙县、望城区、浏阳市、宁乡市进行2次维护管理考核工作。连续组织举办城市园林绿化专业技术培训，对市直单位、区县（市）园林绿化业务骨干近200人每年开展1次以上业务培训，2次以上互相观摩学习活动。先后评选认定新韶路为精细化管养维护示范路段，潇湘大道、长塘路为行道树修剪示范路段，省住建厅评定长沙市40家单位、小区为省级园林式单位（小区）。（彭志敏）

【风景名胜区管理】 2018年，长沙市开展“绿盾-2018”风景名胜区大检查，坚决打击风景名胜区保护范围内的房地产开发、采探矿、采石挖矿、破坏森林及野生动植物资源等损害景观植被及地形地貌等违法行为。加强全市各风景区规划完善工作，引导风景区在依法保护的前提下，妥善处理好与周边村民生产生活，区域协同发展的关系，融合乡村振兴战略，开发特色旅游，实现景区事业发展和当地百姓增收致富的双赢。影珠山风景区投资近1亿元夯实基础设施，民宿旅游等产业蓬勃发展，惠及福临镇、开慧镇近10万名农民；沩山风景区全年接待中外游客500.8万人次，实现旅游收入21.6亿元。督促指导花明楼、大围山申报国家级风景名胜区，督促指导道吾山建设和恢复开园，督促指导沩山贯彻落实《沩山风景名胜区条例》和建设生态文明景区。督促指导影珠山完成总规编制工作并报省政府，完成道吾山金竹湾景区详规初审，烈士公园和天心阁制定文物单位申报工作方案。（彭志敏）

【城市绿化管理】 2018年，长沙市严厉打击擅自改变绿地性质和占用绿化用地的违法行为。10月1日，《长沙市城市绿化条例》实施。在城市控规修改过程中对涉及改变城市绿地系统规划的项目进行严格把关，从严从紧控制绿地用地性质调整，对涉及调减的项目均落实绿地补偿方案后按程序审批，截至11月底参与的控规调整48项，全年受理附属绿地总图并联审查112件；每季度定期向内五区园林局下发关于

2018年10月1日，《长沙市城市绿化条例》实施　　市园林局 供图

更新数字园林地理信息系统的通知，要求各区反馈需更新的有关城市绿地信息，根据各区上报的资料及时更新系统。（彭志敏）

【精品园林建设】2018年，长沙市将园林景观与历史文化相结合，打造增花添彩特色道路、特色花坛、林荫道路、林荫广场、街心转角、街巷庭院园林项目。在园林精品项目打造上，切实从居民的生活质量出发，按照民生园林的要求，充实园林绿化建设内涵。全年建成林荫道路53条，建成成林荫停车场36个，林荫广场33个，打造23条增花添彩道路，建设立体花坛14个，全市完成街心转角建设10个，街巷庭院10个，大型居住区内外空间绿化6个。参加第12届中国（南宁）国际园林博览会展园建设工作，历时8个月完成南宁园博会第二大城市展园长沙园（沁园）4343平方米建设工作任务，12月6日建成开放。通过运用海绵城市等园林新技术新成果，以岳麓山畔新民学会旧址为参照，以毛泽东诗词《沁园春·长沙》为文化脉络，绘就一幅生动原味的湘情画。长沙县新建的望仙公园被星沙居民称之为上下班、买菜和接送学生最美绿色通道。（彭志敏）

【城市绿化监管】2018年，长沙市建立全市园林系统蓝天保卫战项目系统库，135个园林绿化工地扬尘防治措施均已到位，115个黄土裸露地完成覆盖或复绿，总面积469公顷。坚持源头治理，严防二次污染，全市建成园林垃圾处理站7座，形成年处理9.9万吨产能，通过粉碎堆沤发酵等技术转化为有机肥、植物栽培基质，转化率69%，节约养护资金千万余元。全市园林垃圾分类处理工作列入国家住建部重点调研课题，公园内露天烧烤、使用散煤、焚烧垃圾等问题得到杜绝。特别是市园林局牵头承担湘江市级饮用水源地一级保护区隔离保护工作，修建隔离护栏9.33千米，安装指示牌140块。出台《长沙市园林绿化工程质量监督管理办法》《长沙市政府投资项目园林绿化工程设计审查规定》等，开展绿化工程质量管控专项行动，出动行政检查人员600余人次，现场检查400余次，对全市在建317个绿化项目开展建设质量专项检查，签订扬尘防治和安全施工责任书170余份，出具质量监督报告160余份，发布《长沙市园林绿化工程质量报告白皮书》，构建招标中的企业诚信考量，设计中的养护兼顾，施工中的种植程序合理，竣工后的整体观感的全过程质量评价体系，全市园林绿化建设监管率从过去的零监管到92%，全链条监督体系初步形成，求快不求好，抓量不抓质等问题得到根治。（彭志敏）

市政市容管理

【概况】2018年，长沙市城市管理对照美丽长沙建设新常态要求，严格落实“高、美、严、精”的城市管理要求，改善人居环境、优化市容秩序、提升城市品质，在生活垃圾处理、常态化维护、铁腕治尘、“一圈两场三道”建设等方面取得良好效果。长沙城管考核模式被住建部全国推介，国内最大清洁焚烧单体项目点火运行。全力服务于全市中心工作，在蓝天保卫战、中央环保督察、扫雪除冰全城行动和重大活动保障中，主动担当，展示“城管铁军”形象，获评蓝天保卫战先进单位、农博会组织奖和马拉松赛特殊贡献单位、市人大绿化评议满意单位。

市容管理　推动“数字城管”与网格化管理有机融合，将城市管理下沉到627个网格，提升精细化管理水平。完善市政府投资建设项目维护管理移交办法，健全市政基础设施移交备案制度。落实市容环境卫生常态长效管理办法，细化提升扬尘防治、市政道路设施改造、桥梁隧道维护等标准，城市管理标准体系更为完善。推广市容环卫常态长效保洁新机制，坚持周末全天候、全覆盖清洗作业模式，探索建立快速保洁处置机制，推行从墙根到墙根的一体化维护作业责任制度，主城区清扫保洁实现100%全覆盖。创新工作方式，实现“一江六河”水域一体化保洁。坚持“预防为主、防治结合”，道路市政设施维护再上新水平，做好交通隔离设施的巡查执法、维修翻新等工作，城区道路完好率97%以上。

城管执法　持续推进“最严城管”，由突击式向常态化纵深推进。继续强力整治违建，国土、规划卫星图斑移交的新增违法建设处置到位。违法停车实现城管交警联合执法、联动处罚，查处机动车违停6.1万余台次。拓展共享单车停车区设置范围，规范设置非机动车停车位3300余处。规范户外广告设置管理秩序，依照规划实施商业性户外广告有偿设置，整治主干道两厢违规楼顶发光字和立柱广告，严格查处无证办学机构违法建设、违规设置户外广告招牌，拆除违章户外广告招牌近20万平方米，城市天际线整

2018年4月13日，长沙市政府发布《长沙市“一圈两场三道”建设两年行动计划（2018—2019年）》　市园林局 供图

洁清爽。

污染防治攻坚 加快推进渣土消纳场、盾构土处置场建设，新建渣土消纳场3653万立方米，在全国率先推行盾构土环保处置，其处置能力300万立方米。以渣土扬尘治理为突破口，创新推广扬尘治理常态“四查”机制，运用“互联网+”大数据技术，实现151个工地视频监管覆盖。重拳整治渣土乱源乱象，实行“一案多查”、重点交办，约谈61家运输公司，停业整顿14家运输公司，查处渣土违法案件3440个，整治“三车”近万台次、工地7000余次，处罚金1084.3万元，查处万元以上的案件159件。完成主城区9650家餐饮单位油烟净化设施安装，其中规模以上餐饮单位3005家。实施小煤炉、垃圾焚烧整治，查处露天烧烤、违规夜市1.5万起；责令关停取缔不达标夜市点51处，打造精品夜市规范点10个，杜绝主次干道夜市摊点现象。

践行绿色发展 创新推行源头分类减量，出台生活垃圾阶梯计费管理、生活垃圾终端处理设施区域生态补偿两项政策，运用经济杠杆推动生活垃圾分类，全年节省垃圾处理财政经费9900万元，创建62个示范社区、10个示范项目和一批党政机关、学校、医院等示范机关（单位）。建成大件垃圾、园林绿化垃圾、建筑装修垃圾等一批资源化利用项目，生活垃圾减量明显，较上年同比减量13.56%。餐厨垃圾回收利用走在全国前列，与1.5万余家餐饮单位签订收运承诺书，日收运处理餐厨垃圾近900吨，主城区大型餐饮餐厨垃圾回收率100%。严厉取缔“地沟油、潲水油”非法提炼窝点和非法收集餐厨垃圾场所，基本消除非法提炼“地沟油”行为。垃圾终端处理由“卫生填埋”向“清洁焚烧”升级，市生活垃圾深度综合处理项目点火运行，日处理垃圾5000余吨，烟气排放达到欧盟标准，污水全部循环利用，获评“湖南省环卫标杆项目”。污泥与生活垃圾协同焚烧二期项目开工，关键设备比一期更先进。（陈 巍）

【城管综合执法】 2018年，长沙市全面推进城市管理综合整治和专项执法，加强规范化建设。继续开展蓝天保卫战，制订《城乡环境综合整治专项实施方案》，按照“源头管控、综合治理”原则，强化执法查处和最严处罚，推进渣土扬尘、餐饮油烟、露天焚烧垃圾、露天烧烤违规夜市“三月治标”和“标本兼治”，有力扭转环保违法乱象。按照“上限处罚、一案多查”原则，严格查处渣土违法行为，办理渣土违法案件3440起、罚款金额108.43万元。餐饮油烟治理：完成安装9650家（含3005家规模以上餐饮单位），办理餐饮油烟类案件75起、罚款39.29万元。夜市和露天烧烤整治：整治违规夜市14525处，依法取缔51个不达标夜市规范点，加强24个保留夜市规范点日常管理，创建“精品夜市规范点”10个。查处整治露天烧烤违法行为11014余起，办理相关案件564起、罚款24.42万元。露天垃圾焚烧整治：组织开展露天焚烧垃圾整治百日会战，查处案件347起、罚款37.29万元。持续强化专项执法，开展机动车违停联合执法。按照“联合整治、联动处罚”原则，会同交警部门重点整治城区38条道路人行道机动车违停行为，查处违停信息同步纳入交警处罚系统实施联动处罚。累计抄牌查处机动车违停行为84833台次处罚到位36304起，罚款413万余元。强化共享单车停车管理执法。共设置非机动车停车区3300余处，对城区桥梁、湘江风光带、步行街等重点区域划定第一批共享单车禁停电子围栏，组织采集交办并督促整改共享单车违停问题7万起，办理共享单车违停案件56起。持续推进户外广告执法。推进五一商圈等重点区域、道路违法广告整治拆除，强力督办2013年登报未拆除广告及未审批广告设施，拆除广告2356处，办理广告执法案件226起，罚款156250元。实施非法小广告联合执法。清理“牛皮癣”小广告35.3万余处，清理拆除过期或非法标牌2.1万处，收集、整理涉嫌发布违法广告电话号码4357个，城管执法部门立案查处行政案件442件，向公安机关移交违法线索127条，公安机关立案查处并刑事拘留61人，行政拘留196人。推进农贸市场和校园周边治理。组织排查交办全市农贸市场周边市容问题368处，开展校园周边环境综合治理及无证办学广告整治，加强农贸市场、校园周边市容执法，有效整治农贸市场周边无序经营、校园周边食品摊贩安全隐患问题。保障重大活动市容秩序。以网格化巡查、数字化交办、精细化考核为抓手，加大日常市容管控力度，组织实施第99届糖酒会、中部农博会等重大活动期间市容保障活动取得良好成效。持续推进违建整治，继续推进“城市建成区违法建设专项治理工作五年行动”，摸排和清单交办遗留违法建设整治任务2655处、61.62万平方米，组织开展影响消防安全违建专项整治、违规办学机构违法建筑专项整治、重点小区违建治理，加强国土、规划图斑违建问题及“12345”市民热线违建问题督查督办，现场督办芙蓉区万国城、开福区提亚纳湾、天心区龙湾国际小区、岳麓区八方小区二期等违建问题，拆除新增违法建设，依法处置142处国土图斑占地违建问题、236处规划图斑违建问题、26处“12345”市民热线投诉新增违建，拆除遗留违法建设3258处、76.45万平方米，控制新增违法建设550处、5.1万平方米。（杨力沙）

【市容环境卫生】 2018年，长沙市围绕蓝天保卫战、环保督察、垃圾分类、河长制河道保洁、环卫基础设施建设等重点工作。加快推进生活垃圾分类工作，完成62个示范社区的创建工作，在342个试点社区开展垃圾分类。打造开福区清水塘社区等一批生活垃圾分类示范社区，省委统战部机关等一批生活垃圾分类试点公共机构，长沙市一中等一批生活垃圾分类学校，建成并投入使用15个大件垃圾、装修垃圾、园林绿化垃圾、易腐果蔬垃圾资源化利用项目。制订《长沙市2018年生活垃圾分类宣传培训工作方案》，分级分层次全面开展生活垃圾分类培训，开展多形式宣讲活动。打造3个生活垃圾分类宣教基地，仁和宣教基地、联合宣教基地和万容宣教基地正式对社会有序开放。制定《长沙市生活垃圾分类设施设备设置规范》。2018年进入市属终端的全市生活垃圾量较上年减少13.59%。强化市容维护保洁，构建常态长效管理机制，加强对渣土运输路线、工地周边、城区道路和城乡接合部道路清洗清扫和洒水降尘。加强夜间道路冲洗作业、清扫保洁，处置突发污染，控制渣土扬尘污染。落实每周一至周五的环卫专业部门常规清洗作业机制和周末大扫除活动，坚持周六周日全天候、全覆盖清洗作业模式。道路机械化清洗清扫率85%以上。区县环卫部门每天出动洒水车530余台次、机扫车和路面养护车350余台次，每天组织环卫清洗清扫人员6600余人次强化道路清洗清扫作业，实现“全覆盖、见底色、保常态”目标。推进环卫设施配套设施项目建设，完成11座示范公厕建设和100座老旧站厕提质改造，进一步优化全市站厕布局，提升站厕质量。完成原市环卫局站厕资产清查工作及2003—2012年站厕建设改造清查工作。做好环保督察工作，实时调度城管系统环保督查工作。省级环保督察期间，承办环保督查环卫线信访件13件；中央环保督察“回头看”期间，承办环保督查环卫线信访件29件，办结率100%。发挥智慧环卫平台作用，固废监管平台实现对全市生活垃圾收集运输车、生活垃圾大型转运车、生活垃圾填埋、清洁焚烧和填埋气收集的在线监控。信息采集员每天对环境卫生问题全面普采，发现、交办、解决问题。智能渣土管理平台用于对渣土运输车辆和渣土运输公司的专项监管。将全市近4000台渣土运输车、99家渣土运输公司纳入在线GPS及在线视频监管。

（钟　庭）

【市政管理】 2018年，长沙市有序开展市政线桥梁隧道、交通隔离设施、城区道路的日常维护管理工作，推进“一圈两场三道”的人行道新建改建以及“五一商圈”整治提质等专项工作，实施市政道路提质改造等工作。保障城区道路市政设施完好，加强调度、指导，督促各区市政维护管理单位认真做好日常巡查管理，制订维护计划，抢抓晴好天气，扎实开展市政设施维护维修，确保路面平整无坑洞，人行道完好无破损，排水畅通无堵塞，同时组织开展市政维护技能比拼，提升维护作业水平，提高维护质量。完成路面修补31.8万平方米，人行道修补20.6万平方米，侧平石更换维修3.5万套米，清掏各类井18.6万次，疏浚排水管道2160千米，更换调整各类井座井盖3520套，城区道路完好率97%以上。确保交通隔离设施完好，加强调度、指导和考核，组织交通设施服务外包单位认真做好交通隔离设施的巡查执法、更新设置和维修翻新等工作，确保交通设施完好，消除安全隐患，保障城区道路交通通行秩序和行车安全。收到交警部门关于新增护栏的来函26件，通过现场调查，认真核实，推进交通隔离设施新增工作，确保交通隔离设施规范、合理设置。推进全市桥隧维护管理工作有序开展，2018年6月市路桥处由原市住建委划转至市城管局，由于桥隧管理体制改革推进缓慢，桥隧维护管理积压的维护项目较多，业务工作勉强维系。为此，市城管局成立桥隧管理处改革移交工作组，加强沟通和对接，实地走访各桥梁、隧道维护管理所，调研桥隧运营和维护管理情况，同时通过协调相关职能部门，组织召开专题会议，多次向市政府专题报告，协调推进一些较为迫切的工作，具体包括：路桥处办公楼续租、城区82座桥梁保洁劳务派遣、隧道应急电源采购、桥梁隔音屏设置、专项作业车辆通行证办理、红旗路隧道和渔业路隧道维护经费落实等工作，保障全市桥梁隧道安全运行。推进“一圈两场三道”建设，制订《“一圈两场三道”建设两年行动计划城管工作方案》，召开动员部署大会，建立工作调度及信息报送机制，加强联络沟通，及时调度实施进展情况。制定发布《长沙市城市道路人行道及附属设施管理与品质提升导则》，明确质量标准，完成改建人行道290.54千米、新建人行道137.8千米，超额完成目标任务。全面提质“五一商圈”，针对五一广场商圈交通组织混乱、环境卫生差、公共设施缺失损坏、执法管理不严、立面招牌无序设置、色彩不协调等问题，2018年市城管局协调统筹辖区人民政府实施五一广场商圈周边区域环境综合整治和提质工作。制订《五一广场商圈环境综合整治工作方案》，加强调度、指导，组织辖区政府全面整治两厢机动车道、非机动车道、人行道、空坪隙地、公共广场、建筑立面、户外广告招牌、绿化、亮化、停车设施、通行秩序。着手五一广场商圈提质改造工作，通过公开招投标，组织设计单位迅速启动五一广场商圈提质改造设计工作，明确“突出商圈特点、活力、通达、便捷、清爽”为提质目标，确保繁华与通达、便捷与清爽并存，完成方案设计工作，并报市政府审定。推进市政线项目建设，牵头各区实施主干道综合提质改造建设、支路街巷提质改造建设和人行立体过街设施建设。为确保各项目建设选址科学合理，组织对各区摸排的提质改造道路、人行立体过街设施选址进行现场踏勘，确保项目选址科学合理。全市完成50条支路街巷提质改造建设和4处人行立体过街设施建设，同时完成5条主干道提质建设的前期手续，并组织进场施工。

（陈凯丰）

【基层管理指导】 2018年，长沙市开展住建部老旧小区改造试点、老旧社区环境综合提质改造、四县市“集镇环境综合整治”等工作，城市品质不断提高。推进5个老旧小区改造试点任务，发布《老旧小区改造试点工作标准》《老旧小区改造试点工作考核细则》，制定《长沙市老旧小区改造工作导则》，细化小区改造的基本规定和技术要求，规定小区改造工作的申报、建设、管理等流程。按照住建部试点工作要求，转变思路、强化指导、周密部署，充分运用“共同缔造”的理念，创新推行“政府集中、部门专项、社会有偿、群众捐献”机制，5个试点小区改造筹集部门、社会和居民捐献资金3011.08万元，约占总投资的32%，为小区改造资金注入“源头活水”。实施老旧社区环境综合提质改造工作，2018年全市老旧社区提质改造投入约7.6亿元，制订《长沙市老旧社区环境综合提质改造实施方案》，明确工作任务、改造内容、改造标准、考核标准、时间节点等内容，每月定期就项目进度与项目开展情况开展现场督查指导，完成50个老旧社区环境综合提质改造项目，解决老旧社区普遍存在的品质低下、房屋破旧、设备缺损、功能残缺、管理缺失等问题，打造芙蓉区杨家山、天心区长坡、岳麓区湖大、开福区捞刀河、雨花区融城苑社区等一批典型社区。开展区县市集镇环境综合整治工作，制订《关于加强集镇公共基础设施建设和环境综合治理工作方案》，明确工作任务和验收标准，提出具体要求和建议。望城区、长沙县、浏阳市、宁乡县

12个集镇参与公共基础设施建设和环境综合治理工作，以点带面，促进全市乡镇城市管理工作整体水平的提升。（刘 辉）

【户外广告招牌设置管理】2018年，长沙市继续推进商业性户外广告有偿设置工作，强化日常监管、加强违规户外广告招牌的整治，户外广告招牌管理规范化水平不断提升。推进有偿设置工作，第一批试点14处点位获批后，按照《长沙市商业性户外广告位有偿设置管理规定》，选取碧云天大厦作为第一处商业性户外广告有偿设置拍卖点位，获得市政府批准；制定《长沙市商业性户外广告有偿设置管理工作授权委托书》《商业性户外广告设置位置使用权委托拍卖、招标协议》《商业性户外广告设置位置使用权出让合同》等文件文本，完善工作流程。加强与财政、法制等部门的沟通，做好拍卖底价的评估、核准工作。全力拆除违规户外广告招牌，以"街道外立面更清爽，建筑轮廓线更清晰，城市天际线更清秀"为目标，加大对违规户外广告招牌整治力度，印发《关于整治五一广场商圈道路违规广告招牌的通知》和《关于下达第二批全市违规户外广告、招牌、楼顶发光字整治任务的通知》文件，对全市主要道路、重要区域违规户外广告、招牌、楼顶发光字开展整治，下达整治任务清单1605处，整治任务纳入城市管理工作绩效考核。全市拆除违法户外广告招牌2356处，面积约20万平方米。做好临时户外广告审批及批后监管，在规定时间内完成现场查勘任务，按法律规章、程序、要求提出现场查勘和专业审查意见。全年受理临时户外广告申请1016件，审批882件，不予审批134件。组织对全市临时性户外广告设置情况督查，重点督查是否按批准的地点、内容、规格、时限设置，设置的户外广告安全性是否达到设计标准和要求等进行检查。全市抽查30处，发现问题11起，全部现场交办整改。配合相关部门做好重大活动的户外宣传工作，2018年，全市重要活动、各类赛事、展会论坛明显增多，为宣传长沙形象，市城管局积极与各组委会对接，在户外宣传设置方案上发挥专业优势，全程给予指导，努力做好服务。完成"庆祝改革开放40周年"、文明创建、征兵宣传、马拉松赛、农博会、中非论坛、食餐会等120余次国家、省、市重大会议、活动的户外宣传任务。（朱建辉）

【抗冰除雪行动】 2018年1月底，长沙市迎来一轮强烈冰冻雨雪天气，市城管系统连续奋战在保畅通、保民生、保运转的第一线。1月24—31日，投入除雪车等设备车辆7000余台次，出动25万余人次，形成抗冰除雪的强大合力，保障城市的正常运转和省"两会"胜利召开。早防范早部署，成立抗冰除雪应急指挥部，提前摸底，储备充足的应急防冻物资、设备，制订全市城管系统扫雪除冰防冻工作方案，完善应急处突机制。对接气象部门，1月23日起，每天安排3000人对城区桥梁、过江通道等重点部位进行24小时轮班巡查和值守；每晚12时至次日凌晨4时，数字化城管重点采集城区主要路段、桥梁结冰等问题，即时发现、交办、防范，确保及时发现、处置结冰、溜冰现象。速动员速处置，1月24日，启动应急预案推进除雪破冰。全员停休上路，24小时值班值守，各级城管、环卫、市政、执法干部职工执行值班值守和领导带班制，5000余人城管应急队伍随时待命、随叫随到。连夜巡查督导，城管局主要领导连日连夜调度，班子成员分六组，带队连夜督查区、街、社区动员处置情况，及时发现、协调解决应急处置重要问题。即时处置应对，组织市区城管、环卫、市政部门全城行动、全速出击、全力以赴清除积雪积冰、修复破损路面、修缮损毁设施。1月28日晚至次日凌晨，城管战线上万人彻夜奋战，为周一早高峰开辟通畅安全之路。天气转晴后，城管系统迅速启动节前"大整修、大清理、大清洗、大降尘、大扫除"5大行动，2月8日集中开展全市大扫除行动，清理道路积雪、路面积物。（陈 巍）

【夜景亮化控制中心运行】 2018年3月22日，长沙市夜景亮化控制中心揭牌，全市夜景亮化实现统一启闭、统一调度、统一监管。该中心位于湘江新区综合交通枢纽，面积600平方米，总投资3000万元，设备技术先进、功能强大，实现统一启闭操控、视频监控抓拍处理、灯光秀效果控制、夜景亮化效果展示、监管考核程序操作5大基本功能。全市主要干道、重要节点的夜景亮化设施陆续纳入平台控制。（陈 巍）

美丽乡村建设

【概况】 2018年是长沙市美丽乡村建设三年行动计划的收官之年。市财政安排扶持资金2.05亿元，按照布局美、产业美、环境美、生活美、风尚美的"五美"要求，支持打造市级美丽乡村示范村100个、特色村100个，各创建村铺排基础设施、公共服务、产业发展等各类

2018年，开慧镇锡福村美丽乡村建设，图为锡福村大明湖　市住建委 供图

项目2968个，投入建设资金23.38亿元（其中：中央、省、市各类财政资金投入11.13亿元，争取社会资金7.87亿元、村集体和村民自筹4.37亿元）；硬化道路1671.8千米、“白改黑”951千米，安装路灯44327盏，改造危房4513户、渠系1343千米，改水改厕55777户，新建垃圾回收处理点71556平方米，新增绿化面积257.5万平方米，打造示范片区（屋场）859个、覆盖人口29.97万人，覆盖率40%。新建文化活动场所524处，新改扩建卫生室138个、学校（幼儿园）51所，流转土地18226.67公顷，发展新型农业经营主体1040家，引进产业项目495个。通过建设，全市涌现出一大批基础设施完善、环境精致精美、产业带动力强、发展前景看好、老百姓安居乐业的美丽乡村。长沙县开慧镇锡福村、望城区茶亭镇静慎村、宁乡市菁华铺镇陈家桥村、浏阳市永安镇芦塘村等一批典型村都通过积极的探索，走出一条符合本地实际的美丽乡村建设路子，真正做到各有特色、各美其美。全市美丽乡村建设已经从投入、建设、管理等方面，改变过去单纯依靠政府的方式，形成各级、各界共同参与的农村建设新理念、新方式、新局面。在政府资金的引导和带动下，社会各界建设美丽乡村的热情高涨，大量企业能人、道德模范、地方乡贤带头参与建设美好家园，农民群众主动参与到美丽乡村建设和管理中来。（黄英华）

【城乡融合发展】 2018年，长沙市做好城乡融合发展顶层设计，先后出台《关于全面落实乡村振兴战略的实施意见》《关于发展壮大新型村级集体经济的指导意见》《关于稳步推进农村集体产权制度改革的实施意见》《长沙市五治工作三年行动方案》《关于农村人居环境整治三年行动的实施意见》等加快城乡融合发展的纲领性文件，将长沙打造成全国乡村振兴的先行区。2018年12月底，长沙市发布《长沙市乡村振兴战略规划（2018—2022年）》，部署88项重大工程、计划和行动。同时，进一步推动乡村规划的提质提升，推进村庄规划全覆盖，部署开展村庄规划编制任务515个，已完成120个，在编规划205个。探索“国土空间规划改革”“三区三线”等在农村地区的落实途径。（刘 园）

【农村危房改造】 2018年，长沙市发布《长沙市4类重点对象存量危房核查整改工作方案》，制订《长沙市2018年农村危房改造实施方案》，集中支持建档立卡贫困户、低保户、农村分散供养特困人员和贫困残疾人家庭4类重点对象实施农村危房改造。各级财政投入约1.5亿元，其中中央、省级资金1296.5万元、市级资金5999.7万元、区县市资金7554.2万元。2018年，全市完成农村危房改造5093户，超额完成省住建厅下达指标任务的696%。全市4类重点对象存量危房基本改造完成，为全市打赢脱贫攻坚战奠定坚实基础。2018年年底，在2018年全省脱贫攻坚考核中，长沙市农村危房改造项目排名全省第一位。在2018年市人大组织的长沙市乡村振兴项目资金绩效评价中，农村危房改造项目获评“优秀”等次。开展农村危房改造实施情况“回头看”，以2016—2018年改造情况为重点，开展网格化、条块式清理排查，市、县两级共实地走访74个乡镇（街道）3389户危改对象，电话回访929户，发放问卷7099张，查阅5151户档案。（周 舟）

【农村人居环境建设】 2018年，长沙市发布《长沙市城市双修和农村双改工作实施方案》《关于加强农村建房管理的意见》等文件。长沙市被确定为全省农村人居环境整治试点示范市。7月28日，全省改善农村人居环境工作会议在长沙市召开，长沙市作典型发言，现场观摩长沙县金井镇农村人居环境整治情况。组织开展2018年长沙市农村生活垃圾治理示范镇和改善农村人居环境示范村评选工作，长沙县北山镇等10个镇入围长沙市农村生活垃圾治理示范镇，长沙县果园镇花果村等20个村入围长沙市环境整治示范村，长沙县开慧镇飘峰山村等20个村入围长沙市美丽宜居示范村，并相应给予镇、村“以奖代补”资金。加强传统文化保护，长沙市长沙县开慧镇开慧村、浏阳市小河乡潭湾村入选中国第五批传统村落名录。（周 舟）

【乡镇污水处理】 2018年，长沙市发布《关于加强城乡污水治理工作的实施意见》和《长沙市城镇及乡村生活污水截污治污专项工作方案》（2018—2020年），明确加快乡镇污水处理设施建设的目标和要求。市住建局联合市财政局、市环保局完善修订《长沙市乡镇污水处理厂建设和运行补助资金管理办法》，进一步规范市级补助资金的拨付和运用。2018年全市新建、续建乡镇污水处理厂12座，提标改造乡镇污水处理厂5座，建设乡镇污水收集管网136千米，新建小型污水处理设施13座，完成4处建制镇建成区黑臭水体整治。截至2018年年底，全市建成乡镇污水处理厂97座，配套管网816千米，实际建成规模26万吨/日，实现建制镇集镇污水处理设施“全覆盖”。（周 舟）

【2018中国特色小镇博览会在宁乡市举办】 2018年1月13—15日，2018中国特色小镇博览会在宁乡市灰汤镇举办。该博览会由新华网、国家发展和改革委中国城市和小城镇改革发展中心、长沙市人民政府联合主办。活动以“论坛+展会”的形式展开，举办开幕式、特色小镇和特色小城镇发展论坛、全国百强县论坛等4场主题论坛，同时开设特色小镇优秀案例展示区、产业链服务展区、特色产业展区等5大主题展区。中央部委机构专家，北京大学和清华大学等10余家顶级院校学者，综合实力百强县等地方政府代表，全国优秀特色小镇运营代表和产业企业代表等约1000人参会。（周 舟）

生态环境

ECOLOGICAL ENVIRONMENT

责任编辑·尚　畅

环境状况

【环境质量】 2018年，长沙市空气质量优良天数280天，空气质量优良率76.7%，二氧化硫（SO_2）、可吸入颗粒物（PM_{10}）、细颗粒物（$PM_{2.5}$）平均浓度较上年同期分别下降23.1%、11.6%、7.7%；地表水环境质量总体稳定，湘江干流水质优良（达到或优于Ⅲ类）率100%，县级以上集中式饮用水水源地水质达标率100%；区域环境噪声昼间等效声级平均值53.9dB(A)、道路交通噪声昼间等效声级平均值69.9dB(A)，均达到国家声环境质量标准要求。（张 茜）

【空气质量】 2018年，长沙市城区空气质量优良天数280天，空气优良率76.7%。城区空气质量主要监测指标中，细颗粒物（$PM_{2.5}$）、可吸入颗粒物（PM_{10}）、二氧化氮（NO_2）、二氧化硫（SO_2）4项指标的年平均浓度分别为48微克/立方米、61微克/立方米、34微克/立方米、10微克/立方米；细颗粒物、可吸入颗粒物、二氧化氮、二氧化硫、臭氧（O_3）、一氧化碳（CO）6项指标的特定百分位数浓度分别为113微克/立方米、127微克/立方米、74微克/立方米、23微克/立方米、161微克/立方米、1.3毫克/立方米。城区环境空气质量未达到《环境空气质量标准》（GB 3095-2012）中的二级标准，不达标项目为细颗粒物（年平均浓度和特定百分位数浓度分别超标0.37倍、0.51倍）、臭氧（特定百分位数浓度超标0.01倍）。（张 茜）

【水环境质量】 2018年，长沙市地表水水质总体有所改善，湘江长沙段水质维持优良；浏阳河上、中游水质优良，下游黑石渡、三角洲断面水质较上年有所改善，年度水质类别为良好；捞刀河、靳江河年度水质类别为良好，水质基本稳定；沩水河除胜利断面年度水质类别为轻度污染外，其余断面年度水质优良；千龙湖、年嘉湖总体水质良好，综合营养状态为中营养；地级及县级集中式生活饮用水源地水质达标率保持100%。（张 茜）

表18　2018年长沙市环境质量状况主要指标统计表

主要指标	年均值	较上年增
市区环境空气		
二氧化硫（微克/立方米）	10	-23.1%
二氧化氮（微克/立方米）	34	-15.0%
可吸入颗粒物（微克/立方米）	61	-11.6%
细颗粒物（微克/立方米）	48	-7.7%
空气质量达标率（%）	77.2	5个百分点
市区大气降水		
pH年均值（无量纲）	4.75	-0.36个pH单位
酸雨频率（%）	84.4	-2.6个百分点
城市噪声		
昼间区域环境噪声（dB（A））	53.9	+0.6dB（A）
昼间交通干线噪声（dB（A））	69.9	-0.1 dB（A）
地表水		
湘江长沙段水质达标率（%）	100	无变化
集中式饮用水源地水质达标率（%）	100	无变化

说明：数据时间范围为2018年全年

生态创建

【推行河长制】 2018年，长沙市以河长制为抓手建立治水管水的长效机制，编制完成“一河一策”，建立河长制智能管理信息平台，推进以浏阳河为重点的“一江六河”（湘江长沙段及浏阳河、捞刀河、沩水、沙河、龙王港、靳江河）综合治理。“一江六河”治理成效显著。牵头开展僵尸船清理、重点排污源整治、饮用水水源保护区突出环境问题整治、河湖清“四乱”（乱占、乱采、乱堆、乱建）、水污染防治“百日攻坚战”等5个专项行动。全市河湖治理投入71.5亿元，干支流清淤184.89千米，清理“僵尸船”332艘，河湖清四乱销号问题305个。湘江长沙段、浏阳河、靳江河、捞刀河国控、省控考核断面水质优良率100%。浏阳河治理经验得到全国河长制湖长制工作简报推介。将小微水体纳入河长制体系，按照让水“留下来、活起来、净起来、美起来”的思路，设立小微水体片区河长5462名，建立小微水体保洁队伍976支，完成改厕2.12万座，山塘清淤1866.67公顷，沟渠疏浚1.2万千米，农村人居水环境全面改善。《人民日报》重点报道长沙市小微水体管护治理工作。全市335条河流、632座水库，14个湖泊，16万处沟、塘、渠、坝等小微水体已全部纳入河湖长制实施范围。各级河长积极履职，常态化巡河41.12万人次。（刘铁伟）

【水生态建设】2018年，长沙市加强水资源管理，推进水生态工程建设。编制浏阳河、捞刀河、沩水流域枯水期应急水资源调度及水量调度管理专项方案并实施，实现浏阳河枯水期生态流量保障率100%，提升下游河段防污治污水环境容量。推进水系连通工程，后湖水系连通工程建成通水，老沩水至团头湖水系连通工程加快推进。对全市22条重要河流、130个水功能区的纳污能力进行核定，完成12处入河排污口的整治任务，111个规模以上入河排污口实现监督性监测全覆盖，在全省最严格水资源管理考核中获第一名。强化涉水执法和问责，开展“绿盾2018”河道采砂专项等12次联合执法行动，全年出动执法车船2.2万台次，办理涉水案件542起，罚款1842万元，移送刑事拘留55人，问责31人。全市水域实现砂石全面禁采，非法采砂实现动态清零，河湖“四乱”问题得到全面清查和遏制。

（刘铁伟）

【水域生态环境保护】2018年，长沙市发布实施《长沙市内河港口和船舶污染物接收转运及处置设施建设方案》《长沙市船舶污染物接收转运处置监管联单制度》和《长沙市船舶污染物接收转运处置联合监管制度》。督促港口企业与船舶污染物回收企业签订回收协议，全年回收船舶污染物15937船次，回收生活垃圾和油污水2025吨。通过船检、运输及枢纽通航调度联合管控，严格禁止环保不达标船舶进入湘江库区。组织开展船舶污染水域环境集中执法行动，对违反船舶防污管理规定的船舶处罚22起，罚没款4.9万元。按照环保要求，迁移水上加油趸船2艘，强制拖离趸船4艘。牵头召开全市“僵尸船”专项清理整治工作推进会，采取劝离、拆解等措施，清理整治“僵尸船”332艘，“僵尸船”污染水环境。（刘晔城）

【河流流域补偿】2018年，长沙市召开全市流域补偿工作会议，通报2017年奖罚情况，并听取各区县市意见；根据5条河流各个交界断面每月水质水量数据，结合实际情况，测算2017年度奖罚资金，奖励400万元，处罚444.7万元，并将结果提供给市财政局统筹安排；按照审计要求，对原双控账户进行销户，资金全部上缴国库。（张茜）

2018年6月，长沙市岳麓区后湖水环境综合治理完工，开始蓄水

市环保局 供图

【农村生态建设】2018年，长沙市开展畜禽粪污治理。结合“蓝天保卫战”行动部署，制订《强力推进农业面源污染治理坚决打赢蓝天保卫战三年行动计划（2018—2020年）》，印发《长沙市畜禽养殖污染综合防治专项工作方案》，确定到2020年实现限养区、适养区规模养殖场粪污处理设施100%，畜禽养殖粪污资源化利用率80%的目标。出台《长沙市畜禽标准化生态养殖工作实施方案》，推进规模养殖场标准化生态改造。制定《关于支持长沙市畜禽标准化生态环保养殖示范园建设的实施意见》，拟投入4000万元资金，建立完善畜禽标准化生态环保养殖示范园的建设标准体系、政策支持体系和管理服务体系。投入1300万元重点支持新建、扩建、改建生物转化中心或有机肥生产项目，4个农业废弃物资源化利用项目验收达标开始投入运营。全年完成浏阳市官渡、镇头2个病死动物收集暂存点项目建设。截至2018年年底，全市基本形成长沙县辐射望城区、浏阳市辐射河东四区、宁乡市辐射河西两区的资源合理利用、辐射范围明确、运行机制完善、经费保障到位的动物无害化处理体系。指导各区县（市）对“一江六河”沿岸进行畜禽养殖三区划分，在禁养区内全面实施规模以上养殖场全面退出，对禁养区内的散养户进行劝退。全年基本完成湘江干流、洞庭湖区域等一江六河500～1000米的畜禽养殖退养。

秸秆禁烧 制订《“打赢蓝天保卫战”——农作物秸秆禁烧及综合利用专项方案》，细化落实年度工作任务，建立秸秆禁烧举报制度、工作调度制度、信息报送制度、督查巡查制度，加强对各级秸秆禁烧工作的统筹指导。突出监管重点，按照先禁、后堵、再疏的思路，紧盯重点区域，切实加强机场、公路、城区周边、生态保护区、自然风景保护区、河流等地域的管控；紧盯重点时段，在油菜、早稻、中稻、晚稻、烟叶收割期组织全面巡查；紧盯重点人群，把农业综合服务站、种粮大户、农民合作社、家庭农场、农机服务组织等作为重点关注对象，将适度规模经营补贴和申报农业项目资格与秸秆禁烧挂钩。下发《2018年“蓝天保卫战”农业废弃物综合利用扶持政策实施办法》，投入专项资金约1500万元，推广秸秆粉碎还田和秸秆收储点建设，鼓励龙头企业、农民合作社、家庭农场、种养大户等开展秸秆回收利用，探索秸秆“五化”综合利用模式，提高秸秆综合利用水平，从源头遏制秸秆焚烧现象。全年全市农作物秸秆综合利用率提高至85%。构建县、乡、村、组四级禁烧巡查网格，落实区县（市）包镇、乡镇包村、村（社区）包组、组包农户、农户包田的“五级联保”责任制，层层压实秸秆禁烧工作责任。强化“有报必查、有火必罚、违规必究”的严查重处高压态势，划定问责警戒线，及时向责任单位和责任人亮出红黄牌。2018年，市委督察室、市蓝天办、市农委派出37批次秸秆禁烧督察组，深入田间地头明察暗访，125起焚烧秸秆行为立案或现场处罚，2名乡镇领导因禁烧工作不力被问责，8名乡镇干部受到诫勉谈话处理。

农村能源发展 2018年实施的3个中央投资的大型沼气综合利用工程项目全部建设完成。省级安排的能源、生态循环示范9个项目，有8个项目完成建设任务。提升现有农村能源环保服务站服务功能和拓展服务业务，在原有服务业务的基础上增加农业废弃物收集、清运、利用，通过服务站连接养殖业与种植业，实现种养结合，达到种养平衡，发展生态循环农业。市设置一类和二类农业废弃物资源化综合利用服务站建设扶持项目，对符合标准的47个乡级服务站实行资金补助，安排补助资金188万元。

农业面源污染治理 制订《长沙市农作物化肥使用量减量三年行动实施方案（2018—2020年）》，推广测土配方施肥585.5万亩次。全市测土配方施肥与农民习惯施肥对比，2018年化肥用量（纯量）下降1.16千克/亩，总减量6791.8吨。贯彻省政府《关于恢复发展绿肥生产的意见》，开展绿肥全程机械化轻简栽培与高效利用示范，在重金属治理休耕区域示范推广绿肥良种繁育体系建设，全年全市种植绿肥6万公顷。推广水肥一体化，结合高效节水灌溉，示范推广滴灌施肥、喷灌施肥等技术，加强水肥同步管理。全年全市水肥一体化技术应用面积8200公顷，较上年减少化肥用量473吨。倡导施用农家肥和商品有机肥，全年推广堆肥和其他农家肥9.25万吨，推广商品有机肥14.59万吨。全年全市化肥施用量170216吨（折纯），比上年减少化肥2306吨，同比减少1.34%。2018年，全市有无人植保机202架、自走式喷雾机26台套、远程喷枪喷雾机701台套。推广农药增效减量助剂示范应用面积90万亩次，提高农药利用率。2018年，全市专业化统防统治面积12.48万公顷，农作物绿色防控技术11.1万公顷。（黄英华）

【环保宣传教育】 2018年，长沙市环保宣传教育落实党管意识形态工作责任，组织开展意识形态领域隐患排查与整治工作，加强“两微一网”等意识形态领域阵地管理。发布环境保护督察相关报道740条（省级媒体275条，市级媒体465条），发布蓝天保卫战新闻报道3395条（央媒报道165条，省市报道3230条）。开展打赢蓝天保卫战公益宣讲活动400余场，在全市中小学开展“强力推进生态环境大治理，坚决打赢蓝天碧水保卫战”主题教育；协助举办“六·五”环境日国家主场活动，受到生态环境部和中央相关部委高度肯定；举行“保卫蓝天，我是行动者”2018年长沙环保设施向公众开放首站仪式，其中3家开放单位获生态环境部、住建部联合挂牌；完成市本级6家单位“市级环境教育基地”验收并授牌。高效处理舆情，曝光蓝天保卫战等典型案例30个，妥善处置10余起较敏感的环保类舆情。长沙市环境保护局获评“2018年度中国环境报宣传工作先进单位”。（张茜）

污染防治

【大气污染防治】 2018年，长沙市组织138家企业实施清洁生产方案2290余个，整治“散乱污”企业959家，完成机动车排气检测71万余辆，在部分区域探索使用固定雷达扫描、无人机巡查等方式强化内源性大气污染源防治，城区规模以上施工工地实现扬尘在线监测全覆盖，完成餐饮单位油烟净化9650家、家庭餐厨油烟净化8.8万户。（张茜）

【水污染防治】 2018年，长沙市继续推进“河长制”，“一江六河”市级河长累计巡河60余次，建立市、县、乡、村四级河长巡查机制，做到河长巡河常态化、制度化。市县新增污水处理能力48万吨/天，新改建乡镇、工业园区污水处理厂15座，建成区实现旱季全截污，全面完成24处黑臭水体整治任务。完成县级以上饮用水源保护区规范化建设及排查问题整治，划定乡镇饮用水源保护区14个。省委常委、市委书记胡衡华专题调研督查“一江六河”水环境综合整治并每季度点评浏阳河综合整治工作；市委副书记、市长胡忠雄主持召开水污染防治工作专题会议、现场调研巡河16次；市委市政府召开各类水环境综合整治会议85次。市人大专题听取并审议市政府水污染防治工作情况报告。市政协开展浏阳河流域生态保护和治理课题跟踪调研。全市饮用水水源地环境问题整治工作受到生态环境部通报表扬。（张茜）

【土壤污染防治】 2018年，长沙市发布《长沙市2018年度土壤污染防治实施方案》，铺排土壤污染防治项目27个，湖南省“夏季攻势”铺排长沙市土壤污染防治项目12个，所有铺排项目全部完成；编制完成《长沙市土壤污染治理与修复规划（2018—2020年）》，建立长沙市土壤污染防治项目储备库；完成农用地土壤污染状况详查34个疑似问题点位和16个土壤污染重点区域核实；组织重点行业企业用地调查，开展长沙县试点工作，在全省率先完成705家重点行业、企业增补删除及在产关闭企业用地基础信息表的填报工作；结合重点行业企业用地调查结果，启动涉镉等重金属重点行业污染源排查与整治工作；推进土壤污染治理与修复，完成原坪塘蜂巢颜料化工有限公司含重金属废渣及污染土壤治理、七宝山地区庙冲尾矿库闭库及锰污染综合治理、黄材水库周边历史遗留锰渣治理等污染土壤修复工程，原长沙铬盐厂土壤修复工程按既定方案推进。（张茜）

【噪声污染防治】 2018年，长沙市创建噪声达标示范区4个，修订发布《长沙市城区声环境功能区划分》，为全市噪声污染防治提供管理依据。组织“三考”静音联合执法行动，对103个考点进行守点巡查。（张 茜）

【固体废弃物污染防治】 2018年，长沙市发布《长沙市2018年放射源及射线装置环境监管计划》《关于持续开展废旧放射源清查的通知》《长沙市2018年危险废物规范化管理考核方案》等文件，强化各级环保部门及企业的主体责任。全年长沙市核与辐射和固体废物监督管理站开展核与辐射单位现场检查70家次，开展地铁线X射线安检仪抽查。完成2枚废旧放射源、3批次放射性试剂的收贮，清查出11枚非法销售到外省的放射源并妥善处理；办理III类射线装置辐射安全许可事项138项，办理辐射项目环评、发证预审40个。办理危险废物经营许可事项14家次，按照程序办理跨市转移330次，发放危废转移联单4889份。从9月开始对所有危险废物经营单位、重点危险废物产生单位进行检查，对一般单位进行随机抽查，检查单位84家。10月对各个区县（市）环保局相关工作集中考核，将排名情况通报至各区县（市）政府，并形成总结报省环保厅。2018年推广全国固废系统使用，注册单位2059家，比2017年底的1340家增加54%。从6月开始，在市内危险废物转移过程中全面使用电子转移联单，截至12月底，生成电子转移联单2万余条。（张 茜）

【第二次污染源普查】 2018年，长沙市印发《长沙市第二次全国污染源普查实施方案》《2018年度长沙市第二次全国污染源普查工作要点》《关于建立周工作调度机制的通知》等文件，建立市、区县（市）两级污普办事机构，调配专职人员、固定办公场所、专用办公设备。截至2018年12月31日，全市入户调查各类污染源13214家，比清查阶段确定纳入普查新增475家。其中工业源10632家，新增423家；集中式污染治理设施339家，新增50家；生活源锅炉559台；入河排污口350个；农业源857家，新增2家；移动源477家。初步完成污染源清单编制，基本摸清全市主要污染源家底。（张 茜）

节能减排

【污染物总量减排】 2018年，长沙市发布《关于下达长沙市2018年“蓝天保卫战”重点减排项目的通知》，铺排大气减排项目408个，推动主要大气污染物排放总量持续降低，完成省厅对长沙市下达的二氧化硫和氮氧化物减排目标。（张 茜）

【节能管理】 2018年，长沙节能管理完成“单位地区生产总值能耗下降3%以上”目标任务。发布《长沙市“十三五”能耗总量和强度“双控”目标责任评价考核体系实施方案》，完成能耗“双控”目标考核工作任务。强化重点领域节能监管，制订《长沙市2018年度节能工作计划》，指导联动工业、建筑、交通、公共机构等重点领域行业主管部门加强行业节能管理工作。推进重点用能单位节能示范创建，对全市18家重点用能单位实施节能综合监察，在重点用能工业企业实施能效“领跑者”制度，节能专项资金重点支持节能技术成果转化。（石 勇）

【燃煤污染控制】 2018年，长沙市查处燃煤污染问题1.4万余处、收缴煤炉近4万个、燃煤近14万千克，取缔制售点95处，禁燃区内燃煤制售点、燃煤锅炉全部清零，禁燃区内97个街道（镇）在“治标”期内全部宣布燃煤清零。制订出台《长沙市禁燃区燃煤污染整治工作方案》《长沙市禁燃区燃煤污染整治工作意见》。协调推进“煤改气”工程和充电桩建设，制定出台管道天然气接入优惠政策，推进清洁能源改烧工程和社区“煤改气”清洁能源综合评价工作，25个社区评为清洁能源社区并获市能源局奖励资金125万元。制订出台《长沙市充电基础设施“蓝天保卫战”专项实施方案（2018—2020年）》，提升新能源汽车配套服务能力，从源头减少机动车污染。（石 勇）

【能源项目建设】 2018年，长沙市推进新能源和可再生能源规模利用，长沙新奥湘江新能源发展有限公司湘江欢乐城分布式能源站项目、湖南中技清能电力科技有限公司长沙市餐厨垃圾无害化处理余气利用项目2个分布式能源项目竣工投入使用，新增装机规模4.134兆瓦。分布式光伏发电新增装机规模139.32兆瓦，宁乡市双凫铺镇集中式光伏扶贫项目通过审核，装机规模28.9兆瓦。浏阳五鱼尖49.5兆瓦、岳麓鸡心山49.5兆瓦风电项目开展测风工作；宁乡东湖塘50兆瓦、宁乡龙田50兆瓦风电项目已办理环评、接入系统审查等前期手续。宁乡市垃圾焚烧发电厂纳入《湖南省“十三五”垃圾焚烧发电项目规划》，推进长沙市污水处理厂污泥与生活垃圾清洁焚烧协同处置二期工程项目获得省发展改革委核准批复，宁乡5兆瓦稻壳气化发电联产6万吨炭基肥综合利用项目纳入国家可再生能源补贴目录。验收236个充电站点、2750根充电桩、3个换电工位。建立长沙市增量配电业务试点工作联席会议制度，组织望城经开区获批第三批增量配电业务试点，指导长沙高新区编制增量配电规划、确定项目业主招标工作及股比构成。（石 勇）

【建筑节能】 2018年，长沙市完成建筑节能设计审查备案3300万平方米，全市竣工验收的新建民用节能建筑面积2495万平方米，新建建筑设计和施工阶段建筑节能标准执行率100%。2018年，长沙市新增竣工绿色建筑项目总面积2045.39万平方米，占新建建筑比例60.3%。全市新增绿色建筑标识项目105个，总建筑面积1218万平方米，占全省标识总量的94%。组织编制《长沙市绿色建筑主要技术图示》，为绿色建筑项目的设计、施工及验收提供技术支撑，进一步解决绿色建筑技术措施落地实施难的问题。出台《长沙市绿色建筑评价管理办法》，承接省住建厅下放绿色建筑一星级评价管理权限。（方 俊）

【可再生能源建筑应用】 2018年，长沙市新增可再生能源建筑应用项目56个，建筑应用面积141.78万平方米；其中太阳能光热建筑应用项目43个，集热器面积19237平方米，太阳能光伏发电建筑应用项目

12个，峰值发电量1744峰瓦峰值功率（kwp）；土壤源热泵项目1个，建筑面积1.18万平方米。（方 俊）

环境监管

【环保督察】 2018年，长沙市继续推进2017年中央环保督察交办问题整改。全市1503件中央环保督察信访交办件已全部办结销号，12项反馈问题已完成整改8.5项，剩余3.5项（原长沙铬盐厂土壤修复工程、绿心地区工业企业退出、宝山河和铁山桥重金属监测断面超标、望城区洞庭湖环境整治）按照既定方案已完成年度整改任务。配合中央生态环保督察“回头看”。10月30日—11月30日，中央第四生态环境保护督察组进驻湖南省开展“回头看”督察，向长沙交办1121件信访件，截至12月31日，已办结1088件。信访件数较2017年中央环保督察的1503件减少382件（减少25.4%），占全省（总4230件）减少件数（353件）的108.2%。配合省级环保督察。7月25日—8月14日，湖南省第一环境保护督察组进驻长沙市开展督察，向长沙市交办1015件信访交办件，截至12月31日，已办结1014件。9月30日，省督察组向长沙市反馈督察意见，长沙市制订整改方案，并于11月9日上报省政府。（张 茜）

【环境监察】 2018年，长沙市组织开展各类涉气、涉水执法行动680次，出动执法人员41500余人次，检查企业12106家次，办理环境违法案件1214起，处罚金额5460.23万元，其中移送行政拘留92起、移送涉嫌环境污染刑事犯罪24起，均为全省环保执法第一名；法院系统受理涉及环境资源案件398件，判决赔偿和罚金3668.17万元，判处刑罚190人；检察机关发现涉生态环境和资源保护领域线索526件，立案341件，发出诉前检察建议228件，环境行政公益诉讼321件。2018年，受理环境信访投诉8167件（较上年下降4.68%），处理回复率100%。（张 茜）

【环境监测】 2018年，长沙市开展执法监测，监测企业340余家次，出具有效监测报告101份；出动应急监测15次，应急演练5次。推进源清单建设、小微站建设，建成162个小微站，形成覆盖全市城区街道和重点区域的空气质量精细化监管网，管理平台和手机APP已上线试运行。水质监测。完成好国家采测分离监测、地表水常规监测、“一江六河”监测和流域生态补偿，核准断面，规范采样，精准分析，及时汇总上报数据，形成各类专题分析报告，完成土壤详查制备分析和土壤国控网监测长沙地区93个土壤监测点1600余个样品的监测。重点源监督性监测、在线比对监测和减排监测。对长沙市35家重点污染源单位进行每季一次的监督性监测，进行比对监测136套次，完成新开铺污水处理厂等12家企业（每月一次）和星沙污水净化中心等8家污水处理厂（每季一次）的减排监测工作。（张 茜）

【监测能力建设】 2018年，长沙市推进大气监测网建设。完成“十三五”生态环境监测网络建设项目（一期）4个市控站点建设，建成长沙市第一个边界站和路边站，首次引入激光雷达和黑碳仪。在全省率先完成省控环境空气自动站监测状态转换，按时序要求启动上收工作。推进水质监测网建设，建成国控橘子洲水质自动站，完成国控胜利水质自动站的验收，启动省控石塘铺水质自动站建设，指导区县完成浏阳河新建14个三参数水质自动站。推进监测比武考核，组织全市监测技术比武，选拔组队参加全省监测技术比武取得好成绩。参加由环境监测总站组织的四轮实验室能力考核，结果均为满意。（张 茜）

【突发事件应急处置】 2018年，长沙市完成市一级突发环境事件应急预案备案企业46家。修订并印发《长沙市重污染天气应急预案》，开展《长沙市主城区饮用水水源地突发环境事件应急预案》的修订工作，采购一批环境应急工具箱。10月18日牵头组织在湖南瀚洋环保科技有限公司开展2018年长沙市突发环境事件应急演练。2018年处理9起突发环境事件（大围山镇中塅村佳丽燃料油加工厂储存罐漏油事件、江背镇梅花客车厂污水处理系统管道破损突发环境事件、新开铺污水处理厂尾水管爆裂突发环境事件、龙王港入湘江口黑臭水体排放突发环境事件、宁乡经开区污水处理厂废水排放突发环境事件、花桥污水处理厂停电停产突发环境事件、湘江长沙段铊浓度异常、新开铺污水处理厂尾水压力管道破裂致尾水直排湘江、中航起落架长沙厂区火灾事故）。（张 茜）

2018年10月18日，长沙市突发环境事件应急演练活动在瀚洋环保科技有限公司举行 市环保局 供图

长株潭“两型社会”试验区

CHANG-ZHU-TAN
TWO-ORIENTED SOCIETY PILOT ZONE

责任编辑 • 刘盼盼

综　述

【概况】　2018年，长株潭城市群实现地区生产总值15796.3亿元，比上年增长8.3%，占全省比重41.9%。长株潭"两型"试验区第三阶段改革、长株潭一体化发展、长株潭生态绿心保护等工作稳步推进。中央改革办（《改革情况交流》第39期）、国家发展改革委专文（发改经体〔2018〕481号）向全国推介长株潭试验区绿色发展经验。中央环保督察绿心地区问题整改任务基本完成。新华社、《人民日报》、中央电视台等中央主流媒体聚焦报道长株潭一体化，在全国引发强烈反响。　（胡功明）

【长株潭一体化建设】　2018年，长株潭"两型社会"试验区助推长株潭一体化，长株潭"半小时交通圈、经济圈、生活圈"建设迈出新步伐。体制机制建设。落实"各市轮流坐庄，一年开1~2次会议"的具体要求。10月21日，长株潭城市群一体化发展首届联席会议召开，长株潭城市群一体化发展市级合作机制建立。11月1日，省委常委会议专题研究推进长株潭城市群一体化发展，长株潭一体化建设进入了新的时期。补充完善《实施意见》。做好发布《关于加快推进长株潭一体化建设的实施意见》及系列文件的相关准备工作，并对有关内容进行了补充完善。集中开展长株潭一体化调研工作，向省委省政府提交《关于长株潭一体化建设有关情况的汇报》《加快推进长株潭更高质量一体化发展调查与建议》《长株潭一体化建设已经到了关键时刻》等高质量调研报告，为省委、省政府决策部署提供重要参考。推进实施重大项目。谋划省委提出的长株潭"半小时交通圈、经济圈、生活圈"，参与推进"三干两轨四连线"等交通一体化项目建设。与省发展改革委协调，配合"三干两轨"方案及具体工作的推进。协调推进长株潭绿道网规划和绿心绿道网1号线建设。牵头组织长株潭三市实施新开发银行贷款长株潭绿心地区生态综合治理项目，建立省市联席会议制度和工作协调机制，项目建设全面进入实质性推进阶段。其中，"水环境治理"项目技术经验获新开行向金砖五国重点推介。　（胡功明）

【长沙"两型社会"建设】　2018年，长沙市采取切实有效措施推进"两型社会"与生态文明建设。

绿心问题整改　开展专项督查和暗访近20次、地毯式督查2次，印发工作通报35期、督办和交办函20份。推动市委、市政府将绿心工业项目退出纳入绩效考核"一票否决"指标；出台全市绿心问题整改责任追究办法。加强与各相关单位特别是区（市）、园区、街道（乡镇）的沟通协调，深入做好政策宣传和思想引导。实事求是地向中央环保督查办、生态环境部华南督察局、省委、省政府及省直相关单位汇报，争取工作支持。推动出台涵盖引导企业集中进园区、工业用地土地收储、用地规划性质调整、资金奖补等在内的系列配套政策，为企业转产转型创造优良条件。2018年协调安排并拨付专项资金1.0285亿元支持企业退出，并协调市财政2019年预算安排2亿元专项资金，引导企业异地搬迁或转型发展287家。按照省里要求应于2018年12月底前关停退出的515个中央环保督察交办和自查工业企业，已全部关停退出；应于2018年12月底前整改到位的107个违法违规用地，已全部整改到位，整改完成率100%。以市政府名义与绿心区（市）签订绿心保护责任状，全年查处违法违规行为3起、刑事拘留2人；绿心地区"天眼"监测2018年度违法违规用地仅2宗，同比下降92%。

南部片区建设　组织高水准构建多规合一、科学超前的规划体系，南部片区规划纲公开发布，概念规划经市政府常务会议审议通过，产业规划形成中期成果，相关专项规划及起步区城市设计和控规编制全面启动。确定2018年重大项目计划，初步形成2019年项目计划；组织召开调度会近20次，协调解决项目问题30余个；开展"百日攻坚"行动，组织一批重大项目集中开工并抓紧推进。组织对焦产业前沿，着力招大引强，包装策划产业招商项目16个，开展小分队招商4次，接洽实力企业50余批次，就中交国际中心、中国城乡集团片区开发、湖南北欧经济合作中心、湖南国际农业科创港等项目达成合作意向，中交一公司集团桥隧公司已经落户。构建南部片区领导小组调度机制，建立统筹实施机制，出台重大项目调度、产业招商工作暂行办法；协调出台市级支持政策。组织开展"我为南城献一策"活动，组建南部片区新型智库。

"两型"改革　组织明确43项"两型"改革年度目标任务和责任单位，协调督促责任单位按计划推进实施，一批改革事项获评全省第三批生态文明改革创新案例、入选国家相关部委典型案例。持续深化景区、机关、村庄、企业等领域"两型"标准认证制度改革，率先全省开展"两型"小学标准实施与认证，推动150余个试点单位开展对标贯标，预计新增60余家单位通过"两型"认证，获国家发展改革委充分肯定，在《改革内参》、中国改革网等平台刊发长沙"两型"认证经验。牵头推进老旧小区居民家庭餐厨油烟净化治理，完成治理任务8.8万户，数量是2017年的3倍以上。指导天心区、雨花区、岳麓区制订出台绿心生态补偿实施方案，组织完成绿心地区2018年度生态评估，协调市区两级财政安排生态补偿资金3891万元，对6个乡镇（街道）和24万群众进行系统补偿。

公众参与平台建设　组织推进社区、村庄、学校、机关、企业、家庭等"两型"示范创建，获评省级"两型"示范单位6家，新培育市级"两型"示范单位15家、创建单位100家。提质恒华"两型"宣教基地，新建2家市级宣教基地。公开招募"两型"类社会组织8家，合作开展主题活动50余场。组织19名宣讲员以"两型社会"和蓝天保卫战为主题，深入基层义务开展宣讲110场。在《长沙晚报》《长沙通讯》开设宣传专栏；在长沙公共自行车租赁系统站点投放"两型"动漫公益广告海报近500幅；提升"长沙两型"微信公众号服务质量，向2万用户推送资讯247条；在中央和省市媒体刊发宣传报道近200篇，深度推介一大批长沙"两型"工作亮点，获评全省"两型"好新闻宣传策划奖。　（李　强）

改革试验

【"两型"改革与生态文明建设改革对接融合】　2018年，长株潭"两型社会"试验区推进"两型"改革与生态文明改革等的对接融合，加强与生改组联络办的衔接，将湘发

〔2016〕31号文件涉及的2018年各省直部门的重点工作，全部纳入2018年全省生改工作要点。将标准体系建设、示范创建、第三方治理、农村面源污染治理等7项工作纳入国家发展改革委印发的2018年国家综改试验区重点任务，落实到各工作部门。环境污染第三方治理国家试点，完成清水塘清水湖区域西湖片区、竹埠港易家坪片区重大工程项目建设，并通过国家终期验收、评估。农村环境整治，对接国家、省级相关政策和农村“双改”3年行动计划，发布《湖南省农村人居环境整治三年行动实施方案（2018—2020年）》，召开全省农村人居环境整治现场推进会。生态补偿机制建设，发布《关于建立湖南南山国家公园体制试点生态补偿机制的实施意见》，统筹整合各相关专项资金支持南山国家公园生态补偿工作。深入推行河湖长制，明确231个实施湖长制的湖泊名录，督促、指导各地出台湖长制方案及修订六项制度，加快一河（湖）一策编制，全省共开展督察1709次，传导压力，落实责任。绿色制造体系建设，开展第二批省级绿色工厂、园区创建、“两型”工业企业认证，评估认定华菱湘钢等46家企业为省级绿色工厂，浏阳经开区为省级绿色园区，一批企业通过省“两型”工业企业认证；威胜集团、远大空调等26家企业获批国家绿色工厂。碳排放权交易，组织全省166家企业完成2016—2017年度碳排放报告核查及复查，形成《关于报送湖南省2016、2017年重点企业碳排放报告核查数据的函》，报送国家发展改革委。实施生态文明考核评价，修订完善《绿色发展统计报表制度（2017年）》，开展对市州党委、政府推进生态文明建设工作情况实施严格的评价考核，完成2017年市州绿色发展评价工作。推进领导干部自然资源资产离任审计，组织14个市州审计机关统筹实施了株洲县等15个县区党委、政府主要领导干部自然资源资产离任（任中）审计。（胡功明）

【长株潭3市试点探索】 2018年，长株潭“两型社会”试验区指导推动长沙、株洲、湘潭等市，将深化“两型”改革与推进本市生态文明体制改革、落实政府工作报告任务等结合起来，分别出台年度重点任务分解的指导文件，对国家发展改革委部署的有关重点任务及湘发〔2016〕31号文件部署的43项行动计划实施项目化管理，明确全年工作的任务书、路线图、责任制。长沙市继续加大“两型”认证试点工作力度，联合市直相关单位确定了全市100余个村庄、机关、企业、旅游景区和小学等“两型”认证试点单位，预计新增80个左右单位通过“两型”认证；推进浏阳市自然资源统一确权登记试点，制定完善自然资源实地调查工作流程，形成首次登记工作实施方案、所有权争议处理办法、部门协作机制等制度成果；完善引导社会资本参与海绵城市项目建设机制，PPP项目圭塘河井塘段城市“双修”及海绵城市建设示范公园项目已开工。株洲市推进低碳城市试点，市政府印发《株洲市低碳城市试点工作实施方案》，推动构建以促进清水塘老工业基地低碳转型、城市智慧低碳交通体系为特色的株洲低碳发展模式；持续深入推进清水塘老工业区搬迁改造工作，6家中央省属企业关停搬迁全面推进，株冶集团已拆除硫精矿综合回收处理系统和煤气发生系统，株化、昊华、柳化及海利均签订土地收储协议，大唐华银株洲发电公司签订了搬迁发展框架协议；推进绿色金融体制改革，在全省率先制定《关于加快株洲绿色金融发展的实施意见》；筹备设立30亿元产业发展基金，发展绿色产业基金；利用征信管理推行“绿色信贷”，严格信贷准入，实行环保“一票否决制”。湘潭市探索绿心地区生态补偿（株洲、长沙分别在2016、2017年开展了相关工作），出台《湘潭市绿心地区生态补偿暂行办法》，主要对乡镇街道进行考核，市财政预算列支绿心地区生态补偿专项资金1000万元。（胡功明）

【重点改革项目推进】 2018年，长株潭“两型社会”试验区在试验区各市部署推进一批重点改革项目，印发《关于做好2016—2018年度改革试点项目实施及总结评估工作的通知》，建立项目指导、调度、验收、总结等机制，要求各单位扎实推进、快出成效，2019年年底形成可复制、可推广的制度成果。长沙市实施“两型社会”组织培育项目，研究起草《长沙市“两型社会”组织培育2018—2019年实施方案》《关于加强“两型社会”组织培育管理的意见》《长沙市“两型社会”组织管理办法》，完善招募培育、考核考评等方面的政策措施，探索建立“两型”类社会组织发展壮大的长效化制度体系。株洲市开展城区垃圾分类改革试点，召开改革试点启动会议，选定城区生活垃圾分类市场化运营服务单位和试点小区，制定《株洲市城区生活垃圾分类试点考核评分细则》，分别从建立居民积极参与垃圾分类的机制、垃圾分类标准体系、垃圾收集运输处置机制、垃圾分类效益分析制度4个方面，制定20个考核指标。湘潭市湘潭县实施畜禽粪污资源化利用整县推进项目，印发《湘潭县畜禽粪污资源化利用整县推进项目工作方案》《关于加快推进畜禽养殖废弃物资源化利用的实施意见》，湘潭县地方配套资

2018年11月9日，株洲市生活垃圾分类改革试点启动仪式在香樟园小区举行
市两型办 供图

金 1495 万元，建立了政府引导、部门主管、行业监管、主体实施、社会化参与、多元化投入、农牧结合、资源循环利用的可持续发展机制。岳阳市华容县实施华一水库小流域农业面源污染综合治理试点项目，发布《华一水库小流域农业面源污染综合治理办法》《关于华一水库小流域农村生活垃圾污水治理实施意见》，着力建立健全政策扶持、源头控制、达标治理等 6 项机制，推动区域内农业面源污染共防共治。益阳市南县实施“虾稻共生”新型生态大农业发展模式助推农业供给侧结构性改革项目，阿布《南县农村产业融合发展试点示范实施方案》《南县现代农业特色产业园建设考核工作方案（试行）》等，通过探索建设现代农业特色产业园区，建立政府与银行、保险协同支农机制，加大农业生产先进实用技术推广普及力度，构建虾稻生态健康种养标准体系，探索建立实施种养基地可追溯体系，发展“互联网 + 现代农业”等，助推农业供给侧结构性改革。同时，总结提升生态扶贫、民间河长制、水府庙治理等成效显著且创新性、典型性比较突出的改革试点，将有关情况向省政府向群汇报。（胡功明）

【长株潭生态绿心保护】 2018 年，长株潭“两型社会”试验区突出做好中央环保督察整改，生态绿心保护的力度前所未有。中央环保督察绿心问题整改。按月组织调度督查督办，及时掌握进度，督促加快推进整改。截至 2018 年 12 月 31 日，“240 个违法违规项目”已全部完成整改。“551 个工业项目”已退出 539 个。绿心地区采矿权清理工作已经完成。湘潭富力城项目已全部整改。绿心地区自查发现的问题中，“75 个违法违规项目”已全部完成整改。“151 个工业项目”已退出 146 个。除 17 个工业项目（督察指出 12 个、自查发现 5 个）因搬迁重建或治理绿心、恢复生态需要时间长，经省政府研究同意延期至 2019 年底前退出外，其余 1000 个项目均已完成整改退出任务。绿心总规修改。在保持规划连续性、稳定性的基础上，调优调好绿心总规。先后完成基础资料汇编、5 大专题研究报告、总规实施评估、总规修改方案两轮和专家评审、部门审查等工作，12 月 28 日，省委常委会审定通过绿心总规修改方案，现已面向社会公示。经过该轮修改后，绿心总面积增加、生态廊道加强、生态品质提升、三区边界优化、空间管控更严。开展绿心条例修改调研论证。与省政府发展研究中心成立联合调研组，开展专题调研工作。先后组织省直相关部门代表、部分省人大代表、政协委员及环保志愿者召开座谈会，听取意见建议，征求对绿心条例修改意见建议。在此基础上，形成绿心条例修改调研论证报告并报省司法厅（省政府法制办），省人大已专题研究并采纳。绿心地区日常监测管理和制度建设。组织完成 2018 年前三季度“天眼”系统监测核查工作并下发了各季度监测报告，报送省政府办公厅及相关省直单位，督促长株潭三市加大对新增违法违规行为的查处力度。同时，结合绿心地区日常监测管理工作实际，制定发布《长株潭生态绿心地区保护监测管理办法》《长株潭生态绿心地区保护工作职责分工方案》《长株潭生态绿心地区总体规划实施督察制度》。（胡功明）

【长株潭试验区改革经验推介】 2018 年，长株潭“两型社会”试验区积极为全国生态文明改革先行先试探索经验，配合国家发展改革委，从湘江流域综合治理、绿色产品政府采购、城乡环境多元共治、生态环境保护等方面，总结长株潭试验区绿色发展经验。国家发展改革委向国务院上报《关于总结推广长株潭综合配套改革试验区绿色发展经验的报告》，包括 4 个方面经验和 11 个典型案例，请求在全国推广。国家发展改革委于 10—11 月集中在其官网及“两微一端”（政务微博、政务微信和政务 APP 客户端），发布 11 期文章，全面推介长株潭试验区经验；中央深改委办公室 2018 年第 39 期《改革情况交流》刊载《长株潭综合配套改革试验区积极探索绿色发展之路》，向全国推介长株潭试验区改革经验。（胡功明）

【生态文明改革创新案例征集评选】 2018 年，长株潭“两型社会”试验区完成第三批生态文明改革创新案例评选，选取 19 个案例，提交 5 月 24 日生改会研究，最终确定示范类案例 6 个、突破类案例 9 个，面向全省发布推广。发文启动第四批案例申报工作，共收到省直部门、市州、院校等单位提交的案例共 43 个，已经完成内部审查和修改完善工作。在案例评选过程中，委托《中国改革》杂志社作为第三方机构，组织原国家发展改革委体改司司长孔泾源、国务院发展研究中心资源环境研究所副所长常纪文等专家，就每个案例在全国的先进性、典型性和示范性进行评价，采取不记名方式对案例打分，对每个案例予以点评，按照示范类、突破类、淘汰 3 个等级提出建议。在《改革内参》上刊发省两型工委主要领导署名专稿，推出一批生态文明创新案例；在“纪念改革开放四十周年暨深改五周年——经济体制改革暨加快新旧动能转换实现高质量发展高层研讨会”，就长株潭试验区改革创新经验作大会发言，并发布《长株潭试验区生态文明改革 70 例》，受到国家发展改革委原副主任彭森以及与会代表的好评。（胡功明）

【《湖南长株潭城市群：“两型社会”建设综合配套改革》入围全国 20 个特别致敬案例】 2018 年 7 月，中国经济体制改革杂志社启动“改革开放 40 年地方改革创新 40 案例”征集活动。活动面向各省级、地市级改革部门征集改革开放 40 年来地方改革创新案例。长株潭“两型社会”试验区积极参与报送并组织发动宣传投票，《湖南长株潭城市群：“两型社会”建设综合配套改革》在 600 个案例中脱颖而出，进入 140 个入围案例之一，并最终与北京中关村等一起入围全国 20 个特别致敬案例，这 20 个案例代表了中国改革开放进程中具有开创性、载入史册的探索。（胡功明）

“两型”建设

【“两型”评价体系】 2018 年，长株潭“两型社会”试验区强化督查评价考核，绿色发展的导向作用更加凸显。落实中央环保督察组督办单要求，全面进驻株洲开展北欧小镇项目违法违规问题整改专项督办工作，传达整改压力，落实主体责任，督促株洲全面完成项目拆除和复绿工作。2018 年 6 月，配合参与省人大常委会执法检查组，深入调查掌握三市政府及省直相关部门贯彻实施《条例》情况。牵头拟定《关于落实省人大常委会检查〈绿心保护条例〉实施情况报告审议意见的责任分工方案》和《关于绿心保护条例执法检查指出问题的整改方案》，均已印发实施。联合省统计局、省环保厅等部门开展2016年、2017年全省市州生态文明建设年度评价工作。联合发布2016年市州生态文明建设年度评价结果公报，公布了14个市州绿色发展指数和排名情况，并测算了2017年市州生态文明建设初步结果，为全省绿色发展发挥了导向作用。进一步完善“两型”目标管理考核，衔接将“两型”建设纳入省绩效考评体系。（胡功明）

【“两型”标准认证】 2018年，长株潭“两型社会”试验区推进“两型”标准编制工作。联合省质监局印发“两型”标准编制计划，拟编制完成绿色物流规范、森林旅游示范市县建设、“两型”稻田综合种养、“两型”社区、“两型”县建设指南5个地方标准。“两型”社区、绿色物流规范等已通过审查，已向省市场监督局申请发布，其他标准均已完成初稿，大部分已完成征求部门意见。继续开展“两型”认证工作。继续开展“两型”村庄、“两型”景区认证，在长沙市继续开展“两型”机关认证试点，启动“两型”学校认证。与省经信委合作启动新一轮“两型”工业企业认证。与省商务厅合作启动“两型”餐饮和“两型”仓储认证。通过单一来源采购，选择方圆集团作为第三方，全面开展“两型”认证工作。（胡功明）

【清洁低碳技术推广】 2018年，长株潭“两型社会”试验区加强试点示范项目建设。会同省财政厅，对各市州推荐申报的2018年清洁低碳技术推广项目进行现场踏勘评审，遴选出2018年清洁低碳技术推广试点示范项目17个。全年务实指导、调度、督促各市加强各试点示范项目建设，加强技术推广服务体系建设。根据国家发展改革委总结推广长株潭试验区13项亮点工作的要求，总结完善长株潭试验区清洁低碳技术推广工作经验，按要求呈报国家发展改革委体改司。配合省财政厅、省科技厅等部门，完成第六批政府采购“两型”产品的评审、认定、公示、发布等工作，开展第七批“两型”产品申报、评审、认定工作。联合省科技厅、省质监局等部门，修订完善并发布《“两型”产品（货物类）认定规范》。联合省质量和标准化院开展《湖南省政府采购“两型”服务（工程）标准化》课题研究，形成研究报告，11月底通过验收。（胡功明）

【“两型”示范创建】 2018年，长株潭“两型社会”试验区推动“两型”示范创建工作提质升级，按照“两型”标准，对各市推荐申报的2018年省级“两型”示范单位（项目）进行现场踏勘评审，最终遴选出2018年省级“两型”示范单位（项目）29个，涵盖村庄、社区、学校、景区、小城镇5个领域，并发文通报。开展“两型”示范创建专题调研、督导。围绕“如何进一步规范提升‘两型’示范创建工作”开展专题调研，对“两型”示范创建工作进行指导，听取意见建议，探讨交流如何进一步按照“两型”标准评审认定“两型”示范单位，提升“两型”示范创建工作水平。对2018年全省“两型”示范单位（项目）建设情况进行督查，重点督查“两型”示范单位落实“两型”标准、经验总结推广以及专项资金到位、使用情况，指导、督促各市及各项目单位总结提升并大力推广“两型”示范经验。（胡功明）

【“两型”教育宣传】 长株潭“两型社会”试验区深入推进“两型”宣传教育，营造共注试验区建设的良好氛围。媒体宣传报道。围绕改革开放40周年暨长株潭试验区改革方案获批十周年开展主题宣传，央媒刊发湖南省“两型社会”和生态文明改革建设等宣传报道近40篇。特别是聚焦长株潭一体化建设，2月26日，新华社《新华每日电讯》刊发的《“1+1+1＞3”：湖南长株潭城市群一体化发展启示录》引发热议，数10家媒体相继转载；9月7日，新华社“改革地标”采访组在《内部参考》《经济参考报》整版刊发《“盆景”变“风景”“花园”变“家园”》《克服改革疲劳症 扎牢绿色发展根》以及评论员文章《不辱“国家使命”将绿色发展进行到底》。4月7日，《人民日报》头版刊发《长株潭城市群一体化建设十年中部崛起新高地》；10月29日，人民日报又再次专题刊发《湖南提速长株潭城市群一体化》。5月6日，中央电视台新闻频道播发《湖南株洲：转换动能促高质量发展》；8月3日，中央电视台新闻联播播发《湖南：守护一江碧水 实现高质量发展》。省媒宣传多点开花，《湖南日报》、湖南卫视、红网等省内主流媒体刊登、播发《做大做强湖南发展“火车头”》《“两型”探索下的绿色崛起》《省政协重点提案座谈会：保护长株潭绿心地区》《我家就在“绿心”住》等“两型社会”和生态文明建设报道近200余篇，为深化全省“两型社会”建设营造了浓厚氛围。宣传活动。开通并运维“两型湖南”微信公众号。自2018年3月底运营以来，已宣传推介“两型”重点新闻、最新动态等信息超过1.5万条，受到省直有关部门以及各市两型办（发展改革委）的支持和高度关注。联合《湖南日报》开展《“两型”湖南故事集》编辑出版工作。向各市及省直部门征集线索、素材，编辑起草提纲，进一步修改完善文稿。开展2017年度全省“两型”好新闻评选工作。面向有关各部门、各市广泛征集参评作品，组织召开评审会议，遴选出重大“两型”新闻11条、“两型”新闻作品奖32个、“两型”宣传策划奖10项，面向全省进行通报。与红网传媒联合开展楼宇“两型”公益广告宣传。播放《“两型”试验闪耀湖湘》十周年宣传片，集中展播“两型”创意广告获奖作品等，宣传推介试验区获批十年来的巨大成就。自刊播以来，每天轮播次数不少于100频次，曝光频次约1900次。与《湖南日报》合作开办“生态两型”专刊，开展系列“两型”宣传报道。市级“两型”宣传工作指导。指导、督促试验区“3+5+1”九市及张家界市报送2018年“两型”宣传项目实施方案，指导各市开展“两型”宣教基地建设和面上大众宣传。与湖南省人民出版社编辑出版《“两型”知识市民读本》1万本，免费发放至全省14个市州。指导长沙市开展以“与‘两型’携手，让长沙天蓝”为主题的“两型”宣传月、节能宣传周活动，受邀为长沙市第二家“两型”宣教基地——龙马社区揭牌；参加并指导郴州市“两型”宣传月系列活动。完成“两型”规划展示馆升级改造。按照“以长株潭为核心，以两型社会和生态文明建设为主线，全面展示湖南省经济、社会发展的新形象”的目标定位，高起点规划、高标准建设，依法依规完成升级改造各项工作，已开馆运行，接待团队65批次，接待参观总人数超过5万人。（胡功明）

科学技术

SCIENCE AND
TECHNOLOGY

责任编辑·刘盼盼

综 述

【科技创新环境】 2018年，长沙市科技局统筹推进科技创新“1+N”政策体系落地，新发布《关于促进长沙市军民融合科技创新发展的若干措施》《长沙市科技保险费补贴办法（试行）》《长沙市科技创新创业领军人才认定管理办法》《长沙市科技创新券实施办法》《长沙市众创空间认定和管理办法》《长沙市科技企业孵化器管理办法》《长沙市工程技术研究中心认定和管理办法》7个配套政策。行政服务能力基本实现“最多跑一次”改革要求，推出24项科技业务网上办理，在浏阳市和湖南大学试点优化市级科技计划合同签订流程。市科技局制定《长沙市科技计划项目2018年资金支持标准》和《长沙市科技计划项目出库实施细则》，提高科技项目管理规范性和透明度，优化科技资金投入方式，后补助资金比例提高至60%以上。科技资金和项目的管理、服务不断强化，科技项目和资金监督管理体系加速推进，资金绩效进一步提高，2018年财政绩效考核为优秀。 （陈 昶）

【科技创新投入】 2018年，长沙市本级科学技术支出预算19.45亿元，新增1.5亿元，增长2.86%；全市财政科技投入预算45.6亿元，增长30.81%。2018年，长沙市本级科学技术实际支出18.37亿元，增长4.42%。市科技发展专项资金预算批复数3.82亿元，统筹8106万元、部门预算450万元，合计4.676亿元，较2017年同口径增加1.1亿元，增长31%。长沙地区获省级各类科技资金2201项，资金83334万元。 （尹志军）

【科技创新人才】 2018年4月，长沙市科技局启动2018年“长沙市杰出创新青年培养计划”人选申报工作。10所驻长高校和6家科研院所采取个人申报、单位推荐的模式共推荐26名候选人。经专家评审、现场考察、研究审批、社会公示等环节，确定湖南大学邓露等26名2018年培养人选及20名2017年滚动支持人选，支持经费460万元。2018年长沙市杰出创新青年培养计划入选人选中，平均年龄32.3岁，女性3人。3人入选省级以上其他人才计划。分布在新能源及节能技术领域2人，资源与环境技术领域5人、生物与新医药技术领域6人、电子信息领域2人、先进制造与自动化领域2人、农业新技术领域2人、新材料技术领域5人、其他领域2人。2018年长沙市科技局继续落实科技创新创业领军人才支持政策，通过宣传发动、申报受理、材料初审、现场考察、专家评审、审查认定、媒体公示等程序，认定杨玉林等21人为2018年长沙市科技创新创业领军人才。科技创新创业领军人才在长沙市工业新兴及优势产业链22个领域发挥重要作用，有效推动和促进全市重大产业发展。 （潘 攀、胡 劲）

【科技创新券】 2018年，长沙市科技局组织创新券专项政策培训两场次，参训企业180余家，走访创新券服务机构29家，发放创新券政策宣传册1500余份，进一步扩大政策普及面和影响力。2018年新增137家企业用户和29家服务机构。截至2018年年底认定服务机构85家。2018年度发放与兑付创新券153张。科技创新券的推行，有效降低企业创新投入成本，促进科技创新和服务活动的开展，为科技型中小微企业开展科技创新工作提供良好环境。 （何 静）

【科学普及】 2018年，长沙市科技局提升科普在科技创新中的作用，不断加强科普阵地建设和科普宣传，为推动长沙市高质量发展起到重要作用。2018年湖南（长沙）科技活动周开幕式采用省市合办的新模式，现场设有宣传展示区、实物展示区、创意体验区、健康咨询区和青少年活动区5大展览互动区。在科技活动周期间集中策划20个内容紧密贴近长沙经济社会发展实际、形式多样的主体科普活动。2018年全市新认定长沙规划展示馆、长沙航空职业技术学院航空馆、湖南省蚕桑科技文化中心和贝拉小镇集合空间科普场馆4家市级专业科普场馆（基地），获批望城光明松鼠谷主题乐园科普基地、岳麓荷叶塘社区共享之家普基地、湖南（宁乡）炭河里青铜科普基地、隆平高科关山核心研发科普基地、湖南（浏阳）国防科技科普基地5家省级科普基地，科普阵地建设进一步加强。长沙市科技局制作的《红椒博士说——系列科普动漫宣传片》获第七届湖南省优秀科普作品，录制的5集“去科普吧”科普互动脱口秀节目在各大互联网视频平台播出。 （罗汉果）

【民生科技】 2018年，长沙市科技局支持生态环保关键技术的突破和先进适用技术推广应用，构建“两型”社会建设技术支撑体系，依靠科技创新解决民生问题。全年支持资源环境类项目70项，安排科技专项资金3570万元；支持临床技术健康类项目74个，安排科技专项资金420万元；支持健康技术及产品开发类项目14个，安排科技专项资金750万元；支持重点食品安全技术项目10个，安排科技专项资金860万元；持公共安全、智慧交通等其他民生类项目13个，安排科技专项资金260万元。 （龙拥政）

【长江中游城市群省会城市第六届科技合作联席会议在长沙召开】 2018年9月27日，长江中游城市群省会城市第六届科技合作联席会在长沙召开。武汉、长沙、合肥、南昌4个城市政府相关负责人以及黄石、岳阳、安庆、九江市4个观察员城市科技局的主要负责人参会。会上，武汉、长沙、合肥、南昌共同签署《长江中游城市群省会城市共建科技服务资源共享平台合作协议》，发起搭建线上线下“长江中游城市群科技服务资源共享平台”。各城市集中向“资源协同化、产业集群化、市场一体化”方向推进，以四城市各自现有科技资源平台为基础，融合云计算、大数据、移动互联网、物联网等新一代信息技术，搭建一个互联互通的跨区域共享平台，促进长江中游城市群经济社会的共同发展。 （李 畅）

表 19　　2018 年长沙市新增科普场馆（基地）名单

序号	科普场馆（基地）名称	级别
1	长沙规划展示馆	市级
2	长沙航空职业技术学院航空馆	市级
3	湖南省蚕桑科技文化中心	市级
4	贝拉小镇集合空间	市级
5	望城光明松鼠谷主题乐园科普基地	省级
6	岳麓荷叶塘社区共享之家科普基地	省级
7	湖南（宁乡）炭河里青铜科普基地	省级
8	隆平高科关山核心研发科普基地	省级
9	湖南（浏阳）国防科技科普基地	省级

科技平台

【概况】 截至 2018 年年底，长沙市有国家工程（技术）研究中心 17 家，国家重点（工程）实验室 22 家，国家企业技术中心 20 家，省级工程技术研究中心 201 家，省级重点实验室 178 家，市级工程技术研究中心 175 家。2018 年新增湖南省机器视觉与智慧医疗工程技术研究中心等 40 家省级工程技术研究中心，电力电子装备与电力电子化电力网络等 33 家湖南省重点实验室，新增长沙市环境生物修复工程技术中心等 11 家市级工程技术研究中心。市级科技计划专项资金对 2018 年市级工程技术研究中心建设支持资金 550 万元。（吴许文）

【公共服务平台】 截至 2018 年年底，长沙市建立 28 个产业技术创新战略联盟，聚焦于长沙市优势或新兴产业。联盟已基本形成从科研、设计、工程、生产到市场的较为完整的产业技术创新链。2018 年新增湖南山河生物医学技术孵化中心、长沙广发隆平标准厂房开发有限公司、长沙启迪科技孵化器有限公司 3 家单位为省级科技企业孵化器，截至 2018 年年底，全市科技企业孵化器备案面积达到 104.26 万平方米，有市级以上科技孵化器 37 家，其中国家级科技企业孵化器 14 家。（蒋万知）

【众创空间】 2018 年，柳枝行动众创空间、百度（长沙）创新中心等 18 家众创空间被认定为省级众创空间。截至 2018 年年底，长沙市有省级众创空间 41 家，国家级备案众创空间 25 家。2018 年启动长沙市市级众创空间的认定申报工作，经宣传发动、自愿申报、区县推荐、初审受理、评审考察、研究审定、对外公示等程序，首批认定国科开福军民融合众创空间、58 小镇等 32 家市级众创空间，对认定的市级众创空间给予每家 30 万元的资金补助。组织开展长沙市众创空间备案工作，全市登记备案的众创空间 143 家。（梁　雄）

【新能源材料工业技术研究院挂牌成立】 2018 年 4 月 18 日，长沙市政府与中国五矿签署《中国五矿新能源材料双创示范基地合作框架协议》。9 月 20 日，长沙新能源材料工业技术研究院挂牌成立。工研院以新能源材料与器件、新能源材料智能制造、资源循环与清洁生产为主要研究方向，以“新技术、新产品研发—集成创新—技术转移—共享服务”为业务运营模式，建成贯通创新链、产业链、资金链、政策链、服务链的协同创新平台。截至 2018 年年底，长沙工业技术研究院已有 4 家。（何　静）

表 20　　长沙市 2018 年新增产业技术创新战略联盟名单

序号	名　称	理事长单位	秘书长单位
1	长沙市自主可控及信息安全产业技术创新战略联盟	中国长城科技集团股份有限公司	长沙中电软件园有限公司

续表 20　　长沙市 2018 年新增产业技术创新战略联盟名单

序号	名 称	理事长单位	秘书长单位
2	长沙市装配式建筑产业技术创新战略联盟	远大住宅工业集团股份有限公司	长沙市城市建设科学研究院
3	长沙市无人系统产业技术创新战略联盟	三一汽车制造公司	长沙市云智航科技有限公司
4	长沙市兵工特种装备产业技术创新战略联盟	湖南省兵工工业集团有限公司	湖南省兵工学会
5	长沙市杂交水稻机械化制种产业技术创新战略联盟	袁隆平农业高科技股份有限公司	湖南农业大学
6	长沙市大数据产业技术创新战略联盟	湖南晖龙集团股份有限公司	长沙市荣辉网络科技有限公司
7	长沙市土壤修复产业技术创新战略联盟	永清环保股份有限公司	永清环保股份有限公司

科技成果

【科技奖励】 2018 年，长沙市有 21 项科研成果（通用项目）获国家科技奖。由中南大学院士何继善领衔完成的“大深度高精度广域电磁勘探技术与装备”获国家技术发明一等奖。中南大学院士田红旗领衔的“中南大学轨道交通空气动力与碰撞安全技术创新团队”和湖南大学院士罗安领衔的“湖南大学电能变换与控制创新团队”分别获国家科技进步一等奖（创新团队）。国防科技大学获国家科技进步一等奖 1 项。湖南大学参与完成的“复合地基理论、关键技术及工程应用”获国家科技进步奖一等奖。全市获湖南省科学技术奖励 157 项，其中特等奖 1 项，一等奖 29 项，二等奖 51 项，三等奖 70 项，创新团队奖 2 项，第十一届“湖南光召科技奖”4 人。（文卫华）

【技术合同认定登记和奖励】 2018 年，长沙市技术合同认定登记额再创历史新高。全年完成技术合同认定登记份数 3811 份，合同成交额 145.15 亿元，技术交易额 98.68 亿元，相比 2017 年全年技术合同认定登记额增长 41.55%。2018 年，长沙市贯彻落实《长沙市技术交易奖励暂行办法》奖励政策，通过对 2017 年登记技术合同单位的资料受理、材料初审、专家评审、局党组审核等程序，共奖励登记技术合同、技术交易服务机构 1007.61 万元。（范真祥）

【产学研对接活动】 2018 年，长沙市科技局加强产学研对接，举办长沙—长沙学院、长沙—长沙矿冶研究院有限责任公司、长沙—湖南中医药大学 3 场政产学研对接会。对接会吸引 335 家企业和投融资机构，147 名专家，734 人次参加活动。对接会发布技术成果 345 项，收集企业技术需求 178 项，签约各类产学研合作项目 53 个，签约金额 25088.84 万元。（胡 劲）

表 21　　2018 年长沙获国家科技奖励名单

自然科学奖

序号	项目编号	项目名称	完成人员及单位
二等奖			
1	Z-105-2-01	黄瓜基因组和重要农艺性状基因研究	黄三文（中国农业科学院蔬菜花卉研究所） 张忠华（中国农业科学院蔬菜花卉研究所） 尚 轶（中国农业科学院蔬菜花卉研究所） 金危危（中国农业大学） 陈惠明（湖南省蔬菜研究所（辣椒新品种技术研究推广中心））
2	Z-107-2-04	功能成像脑连接机理研究	胡德文（中国人民解放军国防科技大学） 姚树桥（中南大学湘雅二医院） 沈 辉（中国人民解放军国防科技大学） 曾令李（中国人民解放军国防科技大学） 朱雪玲（中国人民解放军国防科技大学）

续表 21

2018 年长沙获国家科技奖励名单

国家技术发明奖

序号	编号	项目名称	主要完成人
一等奖			
1	F-303-1-0	大深度高精度广域电磁勘探技术与装备	何继善（中南大学） 李帝铨（中南大学） 蒋奇云（中南大学） 凌　帆（湖南继善高科技有限公司） 李建华（湖南继善高科技有限公司） 尹文斌（湖南继善高科技有限公司）
二等奖			
1	F-304-2-03	冶炼多金属废酸资源化治理关键技术	柴立元（中南大学） 李青竹（中南大学） 王庆伟（中南大学） 蒋国民（中南大学） 王海鹰（中南大学） 高伟荣（赛恩斯环保股份有限公司）
2	F-307-2-02	基于硫磷混酸协同浸出的钨冶炼新技术	赵中伟（中南大学） 方　奇（厦门钨业股份有限公司） 李江涛（中南大学） 杨金洪（厦门钨业股份有限公司） 陈星宇（中南大学） 刘旭恒（中南大学）
3	F-308-2-03	电网大范围山火灾害带电防治关键技术	陆佳政（国网湖南省电力有限公司） 薛禹胜（国网电力科学研究院有限公司） 吴传平（湖南省湘电试研技术有限公司） 徐勋建（国网湖南省电力有限公司） 冉茂农（北京华云星地通科技有限公司） 孔昭斌（陕西银河消防科技装备股份有限公司）
4	F-308-2-05	高端制药机器人视觉检测与控制关键技术及应用	王耀南（湖南大学） 刘祥华（湖南千山制药机械股份有限公司） 孙　炜（湖南大学） 张昌凡（湖南工业大学） 张　辉（湖南大学） 毛建旭（湖南大学）

国家科学技术进步奖

一等奖				
（一）通用项目				
序号	编号	项目名称	主要完成人	主要完成单位
1	J-221-1-01	复合地基理论、关键技术及工程应用	龚晓南　郑　刚　谢永利　俞建霖 陈昌富　宋二祥　刘吉福　崔维孝 卢萌盟　邓亚光　刁　钰　张　玲 张宏光　徐日庆　吴慧明	浙江大学 天津大学 长安大学 湖南大学 清华大学 中国矿业大学 中国铁路设计集团有限公司 中国铁建港航局集团有限公司 江苏劲桩基础工程有限公司 浙江开天工程技术有限公司

续表 21　　2018 年长沙获国家科技奖励名单

序号	编号	团队名称	团队主要成员	主要支持单位
（二）创新团队				
1	J-207-1-02	中南大学轨道交通空气动力与碰撞安全技术创新团队	田红旗 梁习锋 许　平 高广军 姚　松 鲁寨军 杨明智 刘堂红 姚曙光 周　丹 熊小慧 周　伟 彭　勇 王中钢 刘　辉	中南大学
2	J-207-1-03	湖南大学电能变换与控制创新团队	罗　安 章　兢 陈燕东 帅智康 何志兴 涂春鸣 段献忠 徐千鸣 欧阳红林 曹一家 黄守道 李树涛 李肯立 文双春 马伏军	湖南大学

序号	编号	项目名称	主要完成人	主要完成单位
二等奖				
1	J-202-2-01	农林剩余物功能人造板低碳制造关键技术与产业化	吴义强 李新功 李贤军 卿　彦 胡云楚 刘　元 陈秀兰 詹满军 陈文鑫 段家宝	中南林业科技大学 大亚人造板集团有限公司 广西丰林木业集团股份有限公司 连云港保丽森实业有限公司 河南恒顺植物纤维板有限公司
2	J-203-2-05	淡水鱼类远缘杂交关键技术及应用	刘少军 覃钦博 陶　敏 张　纯 罗凯坤 肖　军 王　石 胡方舟 周工健 杨　震	湖南师范大学 湖南湘云生物科技有限公司
3	J-211-2-05	高安全性、宽温域、长寿命二次电池及关键材料的研发和产业化	钟发平 谢红雨 朱济群 陶维正 肖进春 杨先锋 匡德志 杨书胜 周旺发 周建明	湖南科力远新能源股份有限公司 常德力元新材料有限责任公司 湖南科霸汽车动力电池有限责任公司 益阳科力远电池有限责任公司 先进储能材料国家工程研究中心有限责任公司
4	J-215-2-01	电子废弃物绿色循环关键技术及产业化	郭学益 许开华 田庆华 席晓丽 李　栋 周继锋 王亲猛 秦玉飞 郭苗苗 魏　琼	荆门市格林美新材料有限公司 中南大学 格林美股份有限公司 北京工业大学

序号	编号	项目名称	主要完成人	主要完成单位
二等奖				
5	J-215-2-05	锌清洁冶炼与高效利用关键技术和装备	蒋开喜 余　刚 何醒民 刘野平 林江顺 张登凯 刘志宏 刘亚建 许志波 刘金庭	深圳市中金岭南有色金属股份有限公司 北京矿冶科技集团有限公司 长沙有色冶金设计研究院有限公司 中南大学 巴彦淖尔紫金有色金属有限公司 株洲火炬工业炉有限责任公司 中际山河科技有限责任公司
6	J-220-2-01	海气界面环境弱目标特性高灵敏度微波探测关键技术及装备	陈　希 魏艳强 陈　雪 毛科峰 李　浩 张　丰 张云海 杨　毅 任迎新 刘媛媛	上海大学 中国人民解放军国防科技大学 北京无线电测量研究所 西安空间无线电技术研究所 浙江大学 宜昌测试技术研究所

续表 21

2018 年长沙获国家科技奖励名单

二等奖				
序号	编号	项目名称	主要完成人	主要完成单位
7	J-220-2-07	大规模网络安全态势分析关键技术及系统 YHSAS	贾　焰　方滨兴　韩伟红　李爱平　周　斌　方　华　景晓军　江　荣　黄九鸣　李润恒	中国人民解放军国防科技大学 哈尔滨工业大学深圳研究生院 哈尔滨安天科技股份有限公司 任子行网络技术股份有限公司 哈尔滨工业大学
8	J-235-2-03	基于药物基因组学的高血压个体化治疗策略、产品与推广应用	周宏灏　刘昭前　张　伟　李　清　陈小平　赵震宇　周　淦　刘　洁　李　智　尹继业	中南大学湘雅医院 湖南宏灏基因生物科技有限公司
9	J-25101-2-06	我国典型红壤区农田酸化特征及防治关键技术构建与应用	徐明岗　徐仁扣　周世伟　马常宝　李九玉　文石林　鲁艳红　彭春瑞　张　青　詹绍军	中国农业科学院农业资源与农业区划研究所 中国科学院南京土壤研究所 农业部耕地质量监测保护中心 湖南省土壤肥料研究所 江西省农业科学院土壤肥料与资源环境研究所 福建省农业科学院土壤肥料研究所 成都新朝阳作物科学有限公司
10	J-25201-2-01	InSAR 毫米级地表形变监测的关键技术及应用	朱建军　李志伟　丁晓利　胡　俊　张　勤　张杏清　谢荣安　陈国良　戴吾蛟　冯光财	中南大学 香港理工大学 中国矿业大学 广东省地质测绘院 长安大学
11	J-25202-2-02	钨氟磷含钙战略矿物资源浮选界面组装技术及应用	胡岳华　孙　伟　李晓东　杨剑波　李耀基　何斌全　李发本　夏敬源　韩海生　黄伟生	中南大学 洛阳栾川钼业集团股份有限公司 湖南柿竹园有色金属有限责任公司 云南磷化集团有限公司

科技创新

【高新技术企业】 2018 年，长沙市推荐 1263 家初审合格的申报企业参加全省高新技术企业评审认定，与上年相比增加 402 家，增幅 46.7%。其中 1146 家通过专家评审作为拟认定高新技术企业予以公示，评审通过率 90.7%。科技部审核通过 1108 家，净增高新技术企业 768 家，全市有效高新技术企业数 2359 家。高新技术企业的申报认定工作有效助推长沙市高新技术产业发展。

（赵银桥）

【科技型中小企业】 2018 年，长沙市科技局继续推进高新技术企业强基工程。组织区县（市）、园区开展科技型中小企业评价入库和科技创新小巨人企业申报认定工作。2018 年全市评价入库科技型中小企业 1116 家，受理科技创新小巨人申报企业 407 家，符合条件进入专家评审的申报企业 315 家，认定科技创新小巨人企业 247 家。科技型中小企业作为高新技术企业的后备军，对推动长沙市经济社会发展起到重要作用。

（余新辉）

【“五个 100”重大科技创新项目】 2018 年，长沙地区有 44 个省“五个 100”（100 个重大产业建设项目、100 个重大科技创新项目、100 个重大产品创新项目，引进 100 个 500 强企业、100 个科技创新人才）重大科技创新项目，涵盖高端装备制造技术、新材料技术、新一代信息技术、人口健康技术等产业，涉及北斗导航、轨道交通、导弹系统、农产品安全检测、超高场核磁共振等领域。剔除停产停建、申请撤销 2 个项目，42 个重大科技创新项目 2018 年计划投资 43.284 亿元、研发投入 10.825 亿元。全年完成投资 50.238 亿元和研发投入 14.285 亿元，分别达到全年计划的 116.12% 和 131.04%。申请专利 282 项，授权专利 100 个，发表论文 183 篇，实现销售收入 45.673 亿元，税收 2.782 亿元，就业 2749 人次。

（尹志军）

【现代农业特色产业科技示范基地建设】 长沙市现代农业特色产业科技示范基地的建设从 2008 年开始实施到 2018 年年底，认定 152 家示范基地。其中，2018 年新认定 14 家基地，滚动支持 24 家基地，投入经费 760 万元。示范基地建设工作按照水稻、水产、茶叶、畜牧、花卉苗木等特色产业进行布局，坚持科技农业、特色农业、质量农业、规模农业、效益农业的理念，有效促进长沙市现代农业特色产业发展。（胡和平）

【长沙市科技创新创业大赛】 2018年，长沙市科技创新创业大赛由长沙市人民政府主办，市科技局、市经信委、市财政局、市中小企业服务中心承办。大赛分为大学生组、小微企业组和初创团队组。其中，大学生组比赛收到25所在长高校择优推荐的111个项目参赛；小微企业组和初创团队组的比赛收到9个区县（市）以及长沙高新区的756个报名参赛项目，其中小微企业组521个，初创团队组235个。经过各组的初赛、分组复赛、分组决赛，共有16支队伍进入总决赛。最终长沙五犇新材料科技有限公司的“高性能热塑性复合材料”、湖南中力皓电子科技有限公司“手持红外显示设备”和湖南秒冲新能源科技有限公司的“大功率快速‘秒冲’充电技术的开发及产业化”分别获冠、亚、季军。在此次大赛赛程中，组委会通过举办“创业夏令营”“项目相亲会”“资本对接会”“创业标杆游学”等活动，丰富了比赛赛程，探索出创新创业工作的新路径。

（张　婷）

2018年11月27日，2018年长沙市科技创新创业大赛决赛在佳兴世尊酒店举行

市科技局　供图

表22　“五个100”重大科技创新项目名单（长沙地区）

序号	项目名称	项目实施单位	总投资（亿元）	2018年投资（亿元）	2018年研发投入（亿元）	十大技术领域
1	超长距离、超长寿命敞开式岩石隧道掘进机研制	中国铁建重工集团有限公司	2.26	2.6	0.74	高端装备制造技术
2	飞腾DSP项目	国防科技大学、湖南长城银河科技有限公司	5.00	1.56	1.18	新一代信息技术
3	多系统融合的高精度北斗导航定位系列芯片研发及产业化	湖南国科微电子股份有限公司	0.50	0.40	0.40	新一代信息技术
4	超大规格高空作业设备关键技术研发及应用	湖南星邦重工有限公司	1.20	0.83	0.31	高端装备制造技术
5	空间环境大口径、高精度、轻量化、可折叠太赫兹雷达天线系统的研制	湖南航天环宇通信科技股份有限公司	1.80	0.21	0.21	新一代信息技术
6	智能发配电系统设计集成及总装总测数字化创新平台建设	华自科技股份有限公司	1.59	0.34	0.23	新一代信息技术
7	高导热沥青基炭纤维连续长丝吨级关键制备技术、应用研究及平台建设	湖南东映碳材料科技有限公司、湖南大学、湖南长岭石化科技开发有限公司、湖南东映特碳沥青材料有限公司	2.50	1.06	0.16	新材料技术
8	特种功能树脂及汽车部件涂料研发及产业化	湖南松井新材料股份有限公司	1.60	0.43	0.16	新材料技术

续表 22　　“五个 100”重大科技创新项目名单（长沙地区）

序号	项目名称	项目实施单位	总投资（亿元）	2018 年投资（亿元）	2018 年研发投入（亿元）	十大技术领域
9	新型诊断试剂盒及新试剂的研发与应用	湖南霖德医疗产业有限公司	1.00	1.00	0.1	人口健康技术
10	大宗低值固废资源化利用技术与装备研究及示范	湖南万容科技股份有限公司、湖南云中再生科技股份有限公司、湖南大学	2.00	0.55	0.25	资源利用与环保技术
11	植物提取物深加工关键技术的研究与推广	湖南华诚生物资源股份有限公司	0.40	0.47	0.29	人口健康技术
12	中药配方颗粒研发及产业化	湖南春光九汇现代中药有限公司	1.60	1.12	0.3	人口健康技术
13	光纤通信器件封装制造技术与装备研制及其产业化	中南大学、湖南智汇通光电科技有限公司	0.80	0.4	0.2	新一代信息技术
14	海洋工程特种电能变换关键技术与重大装备研发	湖南大学、湖南中科电气股份有限公司	1.50	0.09	0.09	高端装备制造技术
15	高端工程机械装备研制及产业化项目	山河智能装备股份有限公司	10.20	6.15	1.06	高端装备制造技术
16	XXXX 固体火箭冲压发动机项目	国防科技大学、湖南宏大日晟航天动力技术有限公司	5.00	1.35	1.17	高端装备制造技术
17	高功率型锂离子动力电池产业化建设项目	妙盛动力科技有限公司	2.00	0.33	0.13	新能源与智能电网技术
18	新一代智能空气净化壁材超藻泥的研制及产业化	长沙标朗住工科技有限公司	2.93	0.76	0.11	新材料技术
19	智能化检验、图像识别处理系统的开发与应用	爱威科技股份有限公司	1.80	0.52	0.17	人口健康技术
20	组合烟花全自动安全生产线研发与示范	浏阳市中洲烟花有限公司	1.00	0.56	0.25	公共安全与应急技术
21	新型装配式建筑构件智能制造项目	中民筑友科技投资有限公司	3.00	1.06	0.18	现代服务业技术
22	7.0T 超高场核磁共振 & 脑科学研究中心	大国传奇（湖南）健康产业投资有限公司	10.30	1.6	1.3	人口健康技术
23	智慧能源系统关键技术、装备研发与应用示范	湖南大学、国网湖南综合能源服务有限公司、国网湖南省电力有限公司湘潭供电分公司	3.00	1.25	0.35	新能源与智能电网技术
24	农业智能装备关键技术研究与应用	湖南农业大学	2.00	0.35	0.2	现代农业（现代种业）技术
25	异种胰岛移植关键技术研究及产业化	中南大学	1.00	0.24	0.24	人口健康技术
26	主要农作物种子活力及其保持技术研究与应用	袁隆平农业高科技股份有限公司	0.80	0.29	0.11	现代农业（现代种业）技术

续表 22　　“五个 100”重大科技创新项目名单（长沙地区）

序号	项目名称	项目实施单位	总投资（亿元）	2018 年投资（亿元）	2018 年研发投入（亿元）	十大技术领域
27	重点区域速丰林丰产增效技术与大宗木本油料全资源高值化分级利用技术的应用示范	中南林业科技大学、湖南省林业科学院	0.95	0.46	0.46	现代农业（现代种业）技术
28	畜禽营养代谢与中毒性疾病防控技术研究	中国科学院亚热带农业生态研究所等	0.46	0.11	0.11	现代农业（现代种业）技术
29	优质地方猪品种选育与高效安全养殖技术应用与示范	湖南省流沙河花猪生态牧业股份有限公司	2.70	1.26	0.36	现代农业（现代种业）技术
30	油菜产业提质增效关键技术研究及产业化开发	湖南农业大学、湖南省作物研究所、湖南省春云农业科技有限公司	2.00	0.1	0.08	现代农业（现代种业）技术
31	辣椒产业升级绿色高效关键技术研究与示范	湖南省蔬菜研究所	0.30	0.05	0.03	现代农业（现代种业）技术
32	农田面源污染防控与综合治理	中科院亚热带农业生态研究所、湖南农业大学、湖南农科院	0.50	0.11	0.11	资源利用与环保技术
33	夏秋茶综合高效利用关键技术研究与示范	湖南茶业集团有限公司	2.00	0.53	0.05	现代农业（现代种业）技术
34	粮食“三一高产科技工程”与水稻优异种质创新及重大新品种培育	湖南杂交水稻研究中心、湖南省农科院、袁隆平农业高科技股份有限公司	3.00	0.26	0.28	现代农业（现代种业）技术
35	电磁推射微小卫星	湖南省军民融合装备技术创新中心	0.60	0.07	0.07	高端装备制造技术
36	江河湖库水网连通环保清淤关键技术与装备研究	湖南省交通水利建设集团有限公司	5.60	2.05	0.1	资源利用与环保技术
37	主要农产品安全检测与控制关键技术研究与示范	湖南省农产品加工研究所	0.32	0.1	0.1	公共安全与应急技术
38	茶产业链技术创新项目	省茶叶研究所	2.00	0.16	0.06	现代农业（现代种业）技术
39	长株潭国家自主创新示范区展示中心与岳麓山国家大学科技城科技创新中心	湘江新区、长沙高新区、湖南岳麓山国家大学科技园创业服务中心、长沙市麓山城市建设投资有限责任公司、衡山科学城投资开发有限公司	20.00	9.09	0.64	创新平台
40	湖南省电子信息供应链金融创新服务平台	湖南中兴供应链公司、省产业技术协同创新有限公司、湖南麓谷智能制造有限公司、长沙高新控股有限公司	10.50	4.13	0.35	创新平台
41	省部共建淡水鱼类发育生物学国家重点实验室基地建设	湖南师范大学	3.00	0.5	0.42	创新平台

续表 22　　“五个 100”重大科技创新项目名单（长沙地区）

序号	项目名称	项目实施单位	总投资（亿元）	2018 年投资（亿元）	2018 年研发投入（亿元）	十大技术领域
42	军民科技协同创新平台建设	湖南省产业技术协同创新研究院、湖南省产业技术协同创新有限公司、湖南省军民融合科技创新产业园有限公司、湖南高地光电科技发展有限公司	10.00	6.2	1.2	创新平台

科技服务

【第二批工业科技特派员】2018 年，经宣传发动、单位推荐、申报受理、材料审查、双向选择、意向签约、研究审定等程序，59 名专家与企业“一对一”配对成功，确定为 2018 年长沙市第二批“工业科技特派员”，予以支持经费 1180 万元。“工业特派员计划”自 2017 年启动以来，共确定 105 位专家到长沙市科技型企业担任工业科技特派员，专家专业领域涵盖信息技术、高端装备制造、新材料、生物医药、新能源汽车、节能环保、新能源等 22 条产业链方向，共同助力长沙工业发展。

（黄　可）

【农业科技服务】 2018 年，长沙市第 11 批 50 位科技特派员按畜牧、水产、蔬菜、苗木茶叶、水果等专业领域分成 6 组，每组 7~10 名特派员，根据产业发展需要，技术流动，服务全局。2018 年科技特派员工作共支持科技经费 500 万元，服务产业包括畜禽水产、粮油作物、苗木花卉、蔬菜水果、食品加工和茶叶等。2018 年特派员驻点天数累计 3000 天，到驻点单位培训 111 次，技术指导 1175 次；各团队集中课堂培训 60 次，集中灾后救助指导 12 次，现场技术指导 84 次；培训农民 8000 余人次，发放技术资料 2 万余份，引进和推广新技术 70 余项，新品种 80 余个。2018 年，通过视频直播系统举办直通车网上课堂 32 期，授课内容涵盖粮食、蔬菜、果树和中药材的种植，家禽和鱼类的养殖，食用菌的生产，以及农产品质量安全等方面，培训农民 2 万人次；利用微信、QQ 等平台发布农业科技知识信息和问题咨询与解答 1 万余条；专家“出诊”服务 900 余场次。

（苏卫群）

【政府采购“两型”产品认定】 2018 年，长沙市科技局对“两型”产品申报认定工作推行网上申报方式。经过对网上申报系统建设的论证、设计和试运行，8 月 1 日开通网上申报流程。网上申报实现受理、初审、评审等流程，符合“认定程序没简化、质量标准没降低、工作时限没耽误”的要求和“最多跑一次”的目标。2018 年，两批次 314 个产品通过专家评审和综合评审，认定为 2018 年政府采购“两型”产品。在此基础上，长沙市科技局汇编形成 2018 年长沙市“两型”产品政府采购目录，共 932 个产品。

（杨保国）

【长沙市科技局获评“千人帮千企百日大行动”优秀集体】 2018 年，长沙市科技局在长沙市“产业项目建设年”暨“营商环境优化年”工作推进大会上，获评“千人帮千企百日大行动”优秀集体。长沙市科技局作为第一片区牵头部门，把帮扶工作列入中心工作，会同第一片区对口的长沙高新区、岳麓区、岳麓高新区以及各市直帮扶小组，组成 46 个小分队，按照“快、实、严”的要求推进工作，做到帮扶单位走访到位、政策送达到位、问题解决到位，帮扶成绩突出、活动效果明显。累计收集企业问题 1137 个，解决 1092 个，解决率 96%。长沙高新区和岳麓区（岳麓高新区）全年总计兑现政策扶持资金 4.13 亿元，为企业争取各级项目资金 5 亿余元，帮助企业获得贷款 46.66 亿元，为企业促成融资意向 5.7 亿元。（余新辉）

表 23　　2018 年长沙科技重大专项（含滚动支持）一览表

序号	项目名称	承担单位	技术领域	立项时间
1	新一代军用系统级静电防护 TVS 器件的关键技术研发与产业化	湖南大学	电子信息技术	2017 年
2	建筑垃圾高效利用关键技术研究与应用	湖南大学	资源与环境技术	2017 年
3	现代茶制品绿色低碳加工关键技术创新与产品开发	湖南农业大学	农业新技术	2017 年

续表 23　　2018 年长沙科技重大专项（含滚动支持）一览表

序号	项目名称	承担单位	技术领域	立项时间
4	米面主食产业化共性关键技术研究与示范	湖南农业大学	农业新技术	2017 年
5	基于机器视觉的核燃料元件智能检测与定位装备开发	湖南大学	先进制造与自动化	2018 年
6	木本油料剩余物制备 3D 打印材料关键技术研究与示范	湖南省林业科学院	新材料技术	2018 年
7	基于增材制造的新概念仿生口腔种植体关键技术研究及应用示范	中南大学	新材料技术	2018 年
8	基于知识库和机器学习的大数据精准服务技术及其示范应用	湖南大学	电子信息技术	2018 年
9	航空发动机用高性能压力传感器开发及应用	中南大学	航空航天技术	2018 年
10	全印刷制备固态柔性石墨烯基超级电容器的关键技术研究与应用	湖南大学	新能源及节能技术	2018 年
11	镉污染稻田微生物萃取快速修复技术的推广与示范	湖南省农业生物技术研究中心	资源与环境技术	2018 年
12	高精度光纤陀螺惯导技术研究及产业化	湖南航天机电设备与特种材料研究所	军民融合	2018 年
13	自主可控高性能图形处理技术研究及产业化	长沙景嘉微电子股份有限公司	电子信息技术	2017 年
14	大功率冗余无缝切换的中压变频软启动器	长沙奥托自动化技术有限公司	先进制造与自动化	2017 年
15	钢铁烧结粉尘全过程控制关键技术与装备研究	中冶长天国际工程有限责任公司	资源与环境技术	2017 年
16	安全利用镉污染耕地“大三元”技术的开发与应用	湖南双红农科生态工程有限公司	农业新技术	2017 年
17	长效靶向 PEG 类抗肿瘤药物核心技术开发及产业化	湖南华腾制药有限公司	生物与新医药技术	2017 年
18	前列腺疾病系列中药的开发与产业化	湖南湘源美东医药科技有限公司	生物与新医药技术	2017 年
19	预制叠合装配整体式综合管廊成套技术的开发与应用推广	长沙远大住宅工业集团股份有限公司	先进制造与自动化	2017 年
20	煤矸石－粉煤灰－脱硫石膏－硅砂尾矿基新型建材关键制备技术及其工程示范	湖南博世科环保科技有限公司	新材料技术	2017 年
21	排水管网螺旋缠绕非开挖修复技术研究及产业化	湖南大麓科技有限公司	高技术服务业	2017 年
22	城市防涝排渍网格化管理信息平台的研发及推广示范	华自科技股份有限公司	电子信息技术	2017 年
23	基于边缘计算的物联网终端研制及应用	湖南中联重科智能技术有限公司	电子信息技术	2017 年
24	基于凸轮驱动的小型产品智能装配通用平台研发与产业化	湖南先步信息股份有限公司	先进制造与自动化	2018 年
25	无线多普勒胎心智能监护系统	中聚科技股份有限公司	生物与新医药技术	2018 年

续表 23　　2018 年长沙科技重大专项（含滚动支持）一览表

序号	项目名称	承担单位	技术领域	立项时间
26	治疗骨性关节炎创新药物关键技术研究及产业化	湖南方盛制药股份有限公司	生物与新医药技术	2018 年
27	中药丸剂绿色智能制造关键技术集成示范研究	九芝堂股份有限公司	生物与新医药技术	2018 年
28	工地智能抑尘降尘成套技术研发及产业化	湖南九九智能环保股份有限公司	资源与环境技术	2018 年
29	年产 30 吨高纯度天然甜味剂的技术创新及产业示范	湖南华诚生物资源股份有限公司	生物与新医药技术	2018 年
30	支持 PCIe3.0 的新一代高性能固态存储控制芯片研发及产业化	湖南国科微电子股份有限公司	电子信息技术	2017 年
31	大容量矿热炉用多功能捣炉车关键技术研究及产业化	山河智能装备股份有限公司	先进制造与自动化	2017 年
32	智能型混凝土喷射装备研制	中国铁建重工集团有限公司	先进制造与自动化	2017 年
33	燃气分布式能源成套产品及控制系统开发项目	长沙远大空调有限公司	新能源及节能技术	2017 年
34	两档 AMT 高性能纯电动轿车电驱动集成技术研发及整车产业化	长沙众泰汽车工业有限公司	新能源及节能技术	2017 年
35	基于中频隔离技术的新型列车供电系统研制及产业化	长沙广义变流技术有限公司	先进制造与自动化	2017 年
36	基于高效节能型高端发泡模具设备研究及产业化	长沙金镂机械科技有限公司	先进制造与自动化	2018 年
37	真空磁浮列车试验线项目	远大科技集团有限公司	先进制造与自动化	2018 年
38	焦化塔智能环保密闭除焦系统的研究	湖南万通科技股份有限公司	先进制造与自动化	2018 年
39	装配式建筑密封新材料研发及产业化项目	湖南柯盛新材料有限公司	新材料技术	2018 年
40	高效低耗智能化碾米装备关键技术研究及产业化	湖南省湘粮机械制造有限公司	农业新技术	2018 年
41	先进金属 3D 打印粉体材料及制品关键技术研究与应用	湖南顶立科技有限公司	新材料技术	2017 年
42	年产 30 吨国家一类新药左奥硝唑原料药及制剂产业化	湖南华纳大药厂股份有限公司	生物与新医药技术	2017 年
43	追风透骨胶囊疗效与作用机制研究及产业化	湖南天地恒一制药有限公司	生物与新医药技术	2017 年
44	中药配方颗粒研发及产业化	湖南春光九汇现代中药有限公司	生物与新医药技术	2018 年
45	高效耐磨矿山开采金刚石绳锯的研发	长沙百川超硬材料工具有限公司	新材料技术	2017 年
46	车载式高空作业平台关键技术研发与产业化	湖南星邦重工有限公司	先进制造与自动化	2017 年
47	废旧动力电池循环利用产业化	湖南邦普循环科技有限公司	资源与环境技术	2017 年

续表 23　　2018 年长沙科技重大专项（含滚动支持）一览表

序号	项目名称	承担单位	技术领域	立项时间
48	新一代高安全高比能锂离子动力电池技术的研发与产业化应用	妙盛动力科技有限公司	新能源及节能技术	2017 年
49	基于俄罗斯和东欧国家的自主国际品牌茶叶精加工关键技术研究与开发	湖南金洲茶叶有限公司	农业新技术	2017 年
50	主要农作物种子活力及其保持技术研究与应用	袁隆平农业高科技股份有限公司	农业新技术	2018 年
51	输电线路防冰防雷复合绝缘关键技术与装备研发	国网湖南省电力公司	高技术服务业	2017 年
52	空间信息应用平流层高空长航时飞艇关键技术研发与示范应用－平流层高空长航时飞艇轻质柔性超压浮力囊体研制	湖南航天远望科技有限公司	航空航天技术	2017 年
53	建筑固废物在道路工程中的资源化再生利用关键技术研究	湖南云中再生科技股份有限公司	资源与环境技术	2017 年
54	可变结构互动 LED 智能屏	湖南新亚胜光电股份有限公司	电子信息技术	2018 年
55	新型装配式建筑外墙保温装饰一体化板研发及智能制造	中民筑友科技投资有限公司	资源与环境技术	2018 年
56	饲用益生菌高效利用关键技术研究与产业化	湖南普菲克生物科技有限公司	生物与新医药技术	2018 年
57	教育大数据综合应用服务平台	天闻数媒科技（湖南）有限公司	电子信息技术	2017 年
58	锌清洁冶炼关键技术及重大成套装备系列化研发与应用	长沙有色冶金设计研究院有限公司	资源与环境技术	2017 年
59	基于 DM 二代的电动汽车先进混合动力驱动系统研发及产业化	长沙市比亚迪汽车有限公司	新能源及节能技术	2017 年
60	LED 植物生长光源关键技术研究	湖南普斯赛特光电科技有限公司	新能源及节能技术	2017 年
61	长沙盾构区间典型地质条件微扰动施工控制技术研究	中国建筑第五工程局有限公司	高新技术改造传统产业	2017 年
62	基于北斗大数据云平台的交通基础设施实时监测预警系统关键技术研究	湖南联智桥隧技术有限公司	电子信息技术	2017 年
63	基于智能电网特高压开关及充电桩成套装备研究与应用	湖南长高高压开关集团股份公司	先进制造与自动化	2017 年

表 24　　2018 年长沙市新认定国家高新技术企名单

序号	区域	企业名称	证书编号
1	芙蓉区	湖南格瑞工程建设有限公司	GR201843000107
2	芙蓉区	湖南敏求电子科技有限公司	GR201843000969
3	芙蓉区	湖南中拓电子商务有限公司	GR201843000240
4	芙蓉区	湖南琴海数码股份有限公司	GR201843000306

续表 24　　2018 年长沙市新认定国家高新技术企名单

序号	区域	企业名称	证书编号
5	芙蓉区	湖南聚业网络科技有限公司	GR201843000314
6	芙蓉区	湖南盐业股份有限公司	GR201843000340
7	芙蓉区	湖南净源环境工程有限公司	GR201843000191
8	芙蓉区	湖南丰惠肥业有限公司	GR201843000297
9	芙蓉区	湖南神帆科技有限公司	GR201843000653
10	芙蓉区	长沙威克电力技术科技有限公司	GR201843000515
11	芙蓉区	湖南湘旭鸿房地产经纪股份有限公司	GR201843000828
12	芙蓉区	湖南省邮电规划设计院有限公司	GR201843000835
13	芙蓉区	湖南视尚购新媒体文化传播有限公司	GR201843000010
14	芙蓉区	长沙市福华塑料制品有限公司	GR201843000092
15	芙蓉区	湖南希望种业科技股份有限公司	GR201843000842
16	芙蓉区	湖南美鑫隆生态环保科技有限公司	GR201843000139
17	芙蓉区	湖南万源土地房地产评估测绘有限公司	GR201843000660
18	芙蓉区	湖南辉达规划勘测设计研究有限公司	GR201843000745
19	芙蓉区	长沙亚欣电器技术服务股份有限公司	GR201843000864
20	芙蓉区	湖南鼎力电气系统有限公司	GR201843000271
21	芙蓉区	湖南康通电子股份有限公司	GR201843000931
22	芙蓉区	湖南青果软件有限公司	GR201843000772
23	芙蓉区	湖南浩美安全环保科技有限公司	GR201843000674
24	芙蓉区	湖南科裕隆种业有限公司	GR201843000475
25	芙蓉区	湖南嘉创信息科技发展有限公司	GR201843000290
26	芙蓉区	长沙彩机王办公设备有限公司	GR201843000760
27	芙蓉区	湖南省湘茶高科技有限公司	GR201843000570
28	芙蓉区	长沙引擎信息科技有限公司	GR201843000859
29	芙蓉区	湖南金峰金属构件有限公司	GR201843000361
30	芙蓉区	湖南天道信息技术咨询有限公司	GR201843000291
31	芙蓉区	湖南第一工业设计研究院	GR201843000923
32	芙蓉区	景麒实业（湖南）有限公司	GR201843000488
33	芙蓉区	湖南晖龙集团股份有限公司	GR201843000709
34	芙蓉区	长沙市荣辉网络科技有限公司	GR201843000013
35	芙蓉区	湖南睿邦科技发展有限公司	GR201843001010
36	芙蓉区	湖南兴图电子科技有限公司	GR201843002196
37	芙蓉区	中国有色金属长沙勘察设计研究院有限公司	GR201843001632

续表 24　　2018 年长沙市新认定国家高新技术企名单

序号	区域	企业名称	证书编号
38	芙蓉区	长沙卡友信息服务股份有限公司	GR201843001452
39	芙蓉区	长沙科成高分子材料有限公司	GR201843001081
40	芙蓉区	湖南仪创科技有限公司	GR201843001852
41	芙蓉区	湖南中启数据信息有限公司	GR201843001695
42	芙蓉区	湖南龙安科技有限公司	GR201843001707
43	芙蓉区	湖南中大安孚新能源技术有限公司	GR201843001105
44	芙蓉区	湖南匡安网络技术有限公司	GR201843002049
45	芙蓉区	长沙市惠瑞生物科技有限公司	GR201843002036
46	芙蓉区	湖南粒丰生物科技有限公司	GR201843001671
47	芙蓉区	长沙厚奇数字技术有限公司	GR201843001813
48	芙蓉区	湖南汇田高分子科技有限公司	GR201843001064
49	芙蓉区	湖南华星称重科技有限公司	GR201843002118
50	芙蓉区	中国冶金地质总局湖南地质勘查院	GR201843001235
51	芙蓉区	湖南万恒工程项目管理有限公司	GR201843001941
52	芙蓉区	长沙普洛电气设备有限公司	GR201843001313
53	芙蓉区	长沙谷雨信息科技有限公司	GR201843001889
54	芙蓉区	湖南云客信息技术有限公司	GR201843001019
55	芙蓉区	湖南惠农科技有限公司	GR201843001398
56	芙蓉区	湖南高华环保股份有限公司	GR201843002091
57	芙蓉区	湖南中农信达信息科技有限公司	GR201843001951
58	芙蓉区	湖南北斗赛格导航科技有限公司	GR201843001167
59	芙蓉区	湖南金权信息技术有限公司	GR201843001072
60	芙蓉区	湖南中伟控股集团有限公司	GR201843001903
61	芙蓉区	湖南优久农牧有限公司	GR201843002012
62	芙蓉区	湖南佳创能源工程技术有限公司	GR201843002093
63	芙蓉区	湖南索思科技开发有限公司	GR201843001689
64	芙蓉区	湖南爱博科技发展有限公司	GR201843001095
65	芙蓉区	长沙天佛科技有限公司	GR201843001915
66	芙蓉区	长沙泰和英杰系统集成工程有限责任公司	GR201843001910
67	芙蓉区	湖南创欣物联科技有限公司	GR201843001265
68	芙蓉区	湖南金色农丰种业有限公司	GR201843001878
69	芙蓉区	湖南新浪潮信息科技有限公司	GR201843001701
70	芙蓉区	湖南世纪众望信息系统有限公司	GR201843001488

续表 24　　2018 年长沙市新认定国家高新技术企名单

序号	区域	企业名称	证书编号
71	芙蓉区	湖南中观天下科技有限公司	GR201843002058
72	芙蓉区	湖南斯莱克景达实验动物有限公司	GR201843001062
73	芙蓉区	长沙米淇仪器设备有限公司	GR201843001907
74	芙蓉区	湖南蓝威电脑有限公司	GR201843002107
75	芙蓉区	湖南恒成信息技术有限公司	GR201843001052
76	芙蓉区	湖南星耀科技有限公司	GR201843001300
77	芙蓉区	湖南省通晓信息科技有限公司	GR201843001782
78	芙蓉区	长沙市保灵建材助剂有限公司	GR201843001523
79	芙蓉区	湖南亚大制药有限公司	GR201843002046
80	芙蓉区	长沙思辰仪器科技有限公司	GR201843001294
81	芙蓉区	湖南凯涛环保科技有限公司	GR201843001497
82	芙蓉区	长沙瑞福安电子有限公司	GR201843001241
83	芙蓉区	湖南正茂建设管理有限公司	GR201843001862
84	芙蓉区	湖南铁路联创技术发展有限公司	GR201843001066
85	芙蓉区	湖南万江信息科技有限公司	GR201843001816
86	天心区	湖南三正电子商务有限公司	GR201843000115
87	天心区	湖南省第二工程有限公司	GR201843000950
88	天心区	湖南同安医药有限公司	GR201843000900
89	天心区	湖南金铠文化传播股份有限公司	GR201843000905
90	天心区	湖南菲尔斯特传感器有限公司	GR201843000559
91	天心区	湖南六建机电安装有限责任公司	GR201843000461
92	天心区	湖南永信工程项目管理有限公司	GR201843000454
93	天心区	湖南宇力科技有限公司	GR201843000180
94	天心区	弘高融资租赁有限公司	GR201843000002
95	天心区	中国水利水电第八工程局有限公司	GR201843000800
96	天心区	湖南同谊表面技术有限公司	GR201843000397
97	天心区	湖南极视互联科技有限公司	GR201843000323
98	天心区	湖南至易工程技术有限公司	GR201843000663
99	天心区	湖南省建筑工程集团设计研究院	GR201843000673
100	天心区	湖南杠杆科技有限公司	GR201843000408
101	天心区	湖南二建坤都建筑模板有限公司	GR201843000669
102	天心区	湖南金龙给水设备有限公司	GR201843000260
103	天心区	湖南力唯中天科技发展有限公司	GR201843000368

续表 24 2018 年长沙市新认定国家高新技术企名单

序号	区域	企业名称	证书编号
104	天心区	长沙中天电子设计开发有限公司	GR201843000521
105	天心区	湖南红太阳新能源科技有限公司	GR201843000082
106	天心区	湖南省京湘电力开发有限公司	GR201843000813
107	天心区	湖南交通国际经济工程合作有限公司	GR201843000647
108	天心区	湖南顶立科技有限公司	GR201843000751
109	天心区	中南建设集团有限公司	GR201843000277
110	天心区	中民筑友建筑设计有限公司	GR201843000052
111	天心区	湖南兆丰新能源技术有限公司	GR201843000520
112	天心区	湖南交建勘测设计咨询有限公司	GR201843001201
113	天心区	湖南麓山云数据科技服务有限公司	GR201843001419
114	天心区	湖南天湘和信息科技有限公司	GR201843001724
115	天心区	湖南铃本环保科技有限公司	GR201843001953
116	天心区	湖南化工地质工程勘察院有限责任公司	GR201843001209
117	天心区	湖南坤诚检测技术有限公司	GR201843001047
118	天心区	湖南中荣信谊网络有限公司	GR201843001056
119	天心区	湖南六建装饰设计工程有限责任公司	GR201843001279
120	天心区	湖南亚文传媒股份有限公司	GR201843002005
121	天心区	湖南君维实业有限公司	GR201843001268
122	天心区	湖南高雷同层排水科技有限公司	GR201843001985
123	天心区	海勒威尔（长沙）电子科技有限公司	GR201843001493
124	天心区	湖南云盟科技有限公司	GR201843001867
125	天心区	湖南川汇节能环保科技有限公司	GR201843001804
126	天心区	湖南紫薇垣信息系统有限公司	GR201843001527
127	天心区	长沙翔鹅节能技术有限公司	GR201843001587
128	天心区	湖南辉鸿食品有限公司	GR201843001025
129	天心区	湖南中斯航迹无人机科技有限公司	GR201843001535
130	天心区	长沙力拓电子科技有限公司	GR201843001321
131	天心区	湖南房典数据科技股份有限公司	GR201843001036
132	天心区	湖南华富海辉教育技术有限公司	GR201843002106
133	天心区	湖南三恒安全科技有限公司	GR201843001474
134	天心区	湖南建工集团有限公司	GR201843002040
135	天心区	湖南楚地恒大检测有限公司	GR201843001521
136	天心区	长沙亿朋信息科技有限公司	GR201843002102

续表 24　　2018 年长沙市新认定国家高新技术企名单

序号	区域	企业名称	证书编号
137	天心区	湖南长沙防火装备厂有限公司	GR201843001141
138	天心区	长沙江天金辉电力开发有限责任公司	GR201843001984
139	天心区	湖南湘财印务有限公司	GR201843001150
140	天心区	湖南万峰流体科技有限公司	GR201843001514
141	天心区	兴能电力建设有限公司	GR201843001426
142	天心区	湖南友良电子科技有限公司	GR201843001026
143	天心区	长沙礼恩派拉线工业有限公司	GR201843001548
144	天心区	湖南博盛工业有限公司	GR201843001936
145	天心区	长沙腾龙包装有限公司	GR201843001761
146	天心区	湖南汉坤建筑安保器材有限公司	GR201843001964
147	天心区	湖南致新锐辰信息技术有限公司	GR201843001424
148	天心区	湖南网众盛景数字传媒有限公司	GR201843001484
149	天心区	长沙水泽环保科技有限公司	GR201843001252
150	天心区	湖南利和工贸发展有限公司	GR201843002051
151	天心区	长沙百江能源实业有限公司	GR201843001808
152	天心区	湖南省艺尚源文化艺术有限公司	GR201843001174
153	天心区	湖南埃格环保科技有限公司	GR201843001704
154	天心区	湖南林科达信息科技有限公司	GR201843001996
155	天心区	湖南恒大机械有限公司	GR201843001038
156	天心区	湖南鑫卫医药电子商务科技发展有限公司	GR201843001655
157	天心区	长沙天冰冷饮有限公司	GR201843001431
158	天心区	湖南晨皓科技有限公司	GR201843001176
159	天心区	湖南省机械工业设计研究院有限公司	GR201843001947
160	天心区	湖南潭州农业发展有限公司	GR201843001339
161	天心区	湖南科信检测有限公司	GR201843001658
162	岳麓区	湖南磐云数据有限公司	GR201843000735
163	岳麓区	湖南阿尔惠特科技股份有限公司	GR201843000428
164	岳麓区	湖南云联共享网络科技有限公司	GR201843000912
165	岳麓区	湖南省建筑设计院有限公司	GR201843000230
166	岳麓区	湖南苏试广博检测技术有限公司	GR201843000436
167	岳麓区	长沙先导智慧城市投资有限公司	GR201843000039
168	岳麓区	湖南乐然智能科技有限公司	GR201843000238
169	岳麓区	湖南天泓科技有限公司	GR201843000519

续表 24 2018 年长沙市新认定国家高新技术企名单

序号	区域	企业名称	证书编号
170	岳麓区	湖南新天地智能安全科技有限公司	GR201843000229
171	岳麓区	湖南致力工程科技有限公司	GR201843000601
172	岳麓区	湖南比扬医疗科技有限公司	GR201843000742
173	岳麓区	湖南网优科技发展有限公司	GR201843000223
174	岳麓区	长沙启慧通信息科技有限公司	GR201843000976
175	岳麓区	湖南航天机电设备与特种材料研究所	GR201843000939
176	岳麓区	湖南擎谱数字科技有限公司	GR201843000481
177	岳麓区	湖南三路兴安电子科技有限公司	GR201843000474
178	岳麓区	湖南高地光电科技发展有限公司	GR201843001931
179	岳麓区	中铁城建集团有限公司	GR201843001776
180	岳麓区	长沙凯士达信息技术开发有限公司	GR201843001502
181	岳麓区	长沙公信诚丰信息技术服务有限公司	GR201843001254
182	岳麓区	优生活科技有限责任公司	GR201843001974
183	岳麓区	湖南中测玉成环境科技有限公司	GR201843001954
184	岳麓区	长沙微数信息科技有限公司	GR201843001832
185	岳麓区	湖南宏特试验检测有限公司	GR201843001517
186	岳麓区	湖南鑫恒环境科技有限公司	GR201843002202
187	岳麓区	湖南星鹏信息技术有限公司	GR201843001108
188	岳麓区	长沙计支宝信息科技有限公司	GR201843001453
189	岳麓区	湖南彦恒仪器设备有限公司	GR201843001274
190	岳麓区	湖南维尔力德科技有限公司	GR201843001593
191	岳麓区	湖南教建集团有限公司	GR201843001854
192	岳麓区	长沙傲英创视信息科技有限公司	GR201843001163
193	岳麓区	长沙麓山电子科技有限公司	GR201843001262
194	岳麓区	湖南中铭科技有限公司	GR201843001009
195	岳麓区	长沙华电创新电子科技有限公司	GR201843001291
196	岳麓区	湖南鸣涛文化创意有限公司	GR201843001135
197	岳麓区	湖南爱买单信息技术有限公司	GR201843001029
198	岳麓区	湖南捷西整体家居有限公司	GR201843001769
199	岳麓区	湖南宇达勘测设计有限公司	GR201843001188
200	岳麓区	湖南汇亚电子科技有限公司	GR201843001532
201	岳麓区	长沙利星医药科技开发有限公司	GR201843001764
202	岳麓区	湖南麓山教育设备有限公司	GR201843001554

续表 24　　2018 年长沙市新认定国家高新技术企名单

序号	区域	企业名称	证书编号
203	开福区	湖南省航务工程有限公司	GR201843000922
204	开福区	湖南靠谱科技股份有限公司	GR201843000472
205	开福区	长沙强华信息科技有限公司	GR201843000508
206	开福区	湖南天润生物医药有限责任公司	GR201843000163
207	开福区	湖南诺威测控技术有限公司	GR201843000357
208	开福区	湖南宸瀚信息科技有限责任公司	GR201843000430
209	开福区	湖南安存科技有限公司	GR201843000687
210	开福区	长沙市航信电力科技有限公司	GR201843000964
211	开福区	长沙瑞熙环保设备制造有限公司	GR201843000640
212	开福区	长沙玉诚环境景观工程有限公司	GR201843000782
213	开福区	长沙雷邦环保科技有限公司	GR201843000022
214	开福区	长沙凯乐信息技术有限公司	GR201843000134
215	开福区	湖南长重机器股份有限公司	GR201843000857
216	开福区	湖南亚威电子科技有限公司	GR201843000803
217	开福区	湖南童梦文化股份有限公司	GR201843000831
218	开福区	湖南体运通信息技术股份有限公司	GR201843000298
219	开福区	湖南盛世阳光科技有限公司	GR201843000511
220	开福区	湖南省亿美有害物质检测有限公司	GR201843000527
221	开福区	湖南金六谷药业有限公司	GR201843000617
222	开福区	湖南捷力洲有害生物防制有限公司	GR201843000833
223	开福区	湖南富马科食品工程技术有限公司	GR201843000889
224	开福区	湖南德荣医疗健康产业有限公司	GR201843000824
225	开福区	长沙伊测电子科技有限公司	GR201843000696
226	开福区	湖南跨线桥航天科技有限公司	GR201843000568
227	开福区	湖南金欧农业科技有限公司	GR201843000088
228	开福区	湖南海擎智能科技有限责任公司	GR201843000966
229	开福区	湖南把兄弟新材料股份有限公司	GR201843000138
230	开福区	中民筑友房屋科技集团有限公司	GR201843000420
231	开福区	中民筑友建设科技集团有限公司	GR201843000176
232	开福区	湖南百伯基因技术有限公司	GR201843000372
233	开福区	长沙赛群信息科技有限公司	GR201843001357
234	开福区	湖南中集环境投资有限公司	GR201843001556
235	开福区	湖南中佳信息技术有限公司	GR201843001838

续表 24　　2018 年长沙市新认定国家高新技术企名单

序号	区域	企业名称	证书编号
236	开福区	湖南盛熙信息技术有限公司	GR201843001751
237	开福区	中南迅智科技有限公司	GR201843001719
238	开福区	湖南旭日电气设备有限公司	GR201843001116
239	开福区	湖南特瑞精密医疗器械有限公司	GR201843001930
240	开福区	湖南警安工程有限公司	GR201843001901
241	开福区	长沙亚青节能科技有限公司	GR201843001647
242	开福区	湖南瑞康医疗有限公司	GR201843001900
243	开福区	湖南中航星卫星终端设备有限公司	GR201843001522
244	开福区	湖南山河医院管理服务有限公司	GR201843001412
245	开福区	湖南省中源航务工程有限责任公司	GR201843001842
246	开福区	湖南华安通能源科技有限公司	GR201843001749
247	开福区	长沙深之瞳信息科技有限公司	GR201843002077
248	开福区	湖南远璟生物技术有限公司	GR201843001436
249	开福区	长沙荣茂信息技术工程有限公司	GR201843001661
250	开福区	长沙中核工程监理咨询有限公司	GR201843001050
251	开福区	长沙市伊飞湘绣有限公司	GR201843002105
252	开福区	湖南鹞翔环保能源科技有限公司	GR201843001169
253	开福区	湖南苍树航天科技有限公司	GR201843002194
254	开福区	湖南芷兰花语网络科技有限公司	GR201843001995
255	开福区	湖南双和建设有限公司	GR201843001481
256	开福区	湖南普菲克生物科技有限公司	GR201843001567
257	开福区	湖南驰阳信息科技有限公司	GR201843001607
258	开福区	湖南恒盛瑞通新型建材有限公司	GR201843001913
259	开福区	湖南宏远印务有限公司	GR201843001361
260	开福区	湖南本农环境科技有限公司	GR201843001831
261	开福区	湖南新星项目管理有限公司	GR201843001162
262	开福区	湖南运达装饰工程有限公司	GR201843001718
263	开福区	湖南超能机器人技术有限公司	GR201843001261
264	开福区	长沙金久锌钢型材有限公司	GR201843001077
265	开福区	长沙中民筑友智造科技有限公司	GR201843001659
266	开福区	长沙艾克赛普仪器设备有限公司	GR201843001920
267	开福区	湖南萌兔旅游科技有限公司	GR201843001560
268	开福区	湖南新空间系统技术有限公司	GR201843001858

续表 24　2018 年长沙市新认定国家高新技术企名单

序号	区域	企业名称	证书编号
269	开福区	湖南惠益森细胞基因工程有限公司	GR201843001917
270	开福区	长沙瑞腾信息技术有限公司	GR201843001639
271	雨花区	湖南中天青鼎工程科技有限公司	GR201843000017
272	雨花区	湖南远成能源科技股份有限公司	GR201843000315
273	雨花区	湖南乾康科技有限公司	GR201843000746
274	雨花区	湖南百舸水利建设股份有限公司	GR201843000790
275	雨花区	湖南大华信息工程有限公司	GR201843000119
276	雨花区	长沙捷联飞机维修工程有限公司	GR201843000798
277	雨花区	长沙居美网络科技有限公司	GR201843000679
278	雨花区	湖南创爱网络科技有限公司	GR201843000141
279	雨花区	中国能源建设集团湖南省电力设计院有限公司	GR201843000394
280	雨花区	湖南华宏铁路高新科技开发有限公司	GR201843000431
281	雨花区	中建五局第三建设有限公司	GR201843000691
282	雨花区	湖南省水利水电勘测设计研究总院	GR201843000661
283	雨花区	长沙市规划设计院有限责任公司	GR201843000608
284	雨花区	湖南路桥建设集团有限责任公司	GR201843000069
285	雨花区	湖南加法检测有限公司	GR201843000815
286	雨花区	湖南泰阳医药发展有限公司	GR201843000868
287	雨花区	湖南金琅玛节能环保科技有限公司	GR201843000061
288	雨花区	湖南道尔顿新材料科技有限公司	GR201843000282
289	雨花区	湖南海创智能科技发展有限公司	GR201843000407
290	雨花区	湖南创研智能装备有限公司	GR201843000829
291	雨花区	中建五局装饰幕墙有限公司	GR201843000763
292	雨花区	湖南悍豹武装押运有限公司	GR201843001003
293	雨花区	湖南建东科技有限公司	GR201843000484
294	雨花区	湖南省鑫善诚信息科技有限公司	GR201843000198
295	雨花区	默克环保科技（湖南）有限公司	GR201843000300
296	雨花区	长沙工控帮教育科技有限公司	GR201843000794
297	雨花区	湖南农泽晟科技有限责任公司	GR201843000014
298	雨花区	湖南沛科交通工程技术股份有限公司	GR201843000219
299	雨花区	长沙鼓风机厂有限责任公司	GR201843000978
300	雨花区	湘能楚天电力有限公司	GR201843000120
301	雨花区	湖南普天科比特电子科技有限公司	GR201843000995

续表 24　　2018 年长沙市新认定国家高新技术企名单

序号	区域	企业名称	证书编号
302	雨花区	湖南省联铭园林工程有限公司	GR201843000125
303	雨花区	湖南中建信和园林景观有限公司	GR201843000182
304	雨花区	湖南云档信息科技有限公司	GR201843000438
305	雨花区	长沙糖游游信息科技有限公司	GR201843000722
306	雨花区	湖南天辰建设有限责任公司	GR201843000208
307	雨花区	湖南德邦环保科技有限公司	GR201843000459
308	雨花区	湖南长浩通信科技有限公司	GR201843000946
309	雨花区	湖南金扬智能科技有限公司	GR201843000048
310	雨花区	湖南铁军工程建设有限公司	GR201843000236
311	雨花区	中建不二幕墙装饰有限公司	GR201843000020
312	雨花区	湖南固可得建筑科技有限公司	GR201843000028
313	雨花区	中铁五局集团第一工程有限责任公司	GR201843000712
314	雨花区	湖南英特微客网络科技有限公司	GR201843000875
315	雨花区	湖南驰众机器人有限公司	GR201843000906
316	雨花区	湖南捷行科技有限公司	GR201843000908
317	雨花区	湖南智心心理科教设备有限公司	GR201843000972
318	雨花区	长沙长泰智能装备有限公司	GR201843000812
319	雨花区	湖南正隆农业科技有限公司	GR201843000388
320	雨花区	湖南超杰智控标识科技有限公司	GR201843000554
321	雨花区	湖南联盛网络科技股份有限公司	GR201843000403
322	雨花区	湖南誉昌信息科技有限公司	GR201843000364
323	雨花区	长沙迪沃机械科技有限公司	GR201843000881
324	雨花区	湖南腾湘科技有限公司	GR201843001902
325	雨花区	湖南清水源机械设备有限公司	GR201843001146
326	雨花区	长沙多浦乐泵业科技有限公司	GR201843001699
327	雨花区	长沙晟拓智能科技有限公司	GR201843001812
328	雨花区	湖南拓扑能源科技有限公司	GR201843001691
329	雨花区	长沙蓝石信息技术有限公司	GR201843001925
330	雨花区	湖南省拓野机器人自动化有限公司	GR201843002043
331	雨花区	长沙启融信息科技有限公司	GR201843001332
332	雨花区	湖南省通盛工程有限公司	GR201843002188
333	雨花区	湖南晶玮博科技有限公司	GR201843001375
334	雨花区	湖南公共安全工程有限公司	GR201843002033

续表 24　　2018 年长沙市新认定国家高新技术企名单

序号	区域	企业名称	证书编号
335	雨花区	湖南省科宏大坝监测中心有限公司	GR201843001091
336	雨花区	湖南南方水利水电勘测设计院有限公司	GR201843001275
337	雨花区	湖南正东通信技术工程有限公司	GR201843001111
338	雨花区	湖南中永安防工程有限公司	GR201843002032
339	雨花区	湖南智水环境工程有限公司	GR201843001040
340	雨花区	掌上供（湖南）网络科技发展有限公司	GR201843001672
341	雨花区	湖南翌邦电气设备有限公司	GR201843001063
342	雨花区	湖南清水蓝天生物科技有限公司	GR201843001076
343	雨花区	湖南省通泰工程有限公司	GR201843001708
344	雨花区	湖南科士达科技发展有限公司	GR201843002078
345	雨花区	湖南智慧旅游网络科技有限公司	GR201843002024
346	雨花区	湖南东一工贸有限公司	GR201843001518
347	雨花区	长沙市灵心康复器材有限公司	GR201843001317
348	雨花区	湖南三森信息系统工程有限公司	GR201843001082
349	雨花区	湖南华烨智能通信技术股份有限公司	GR201843001998
350	雨花区	湖南水务机电设备成套技术有限公司	GR201843001937
351	雨花区	湖南精科检测有限公司	GR201843001131
352	雨花区	长沙阿云网络科技有限公司	GR201843001763
353	雨花区	湖南思远智能装备有限公司	GR201843001308
354	雨花区	湖南天姿娇妆网络科技有限公司	GR201843001353
355	雨花区	长沙国安广播电视宽带网络有限公司	GR201843001084
356	雨花区	湖南远跃科技发展有限公司	GR201843001692
357	雨花区	长沙乐和乐器有限公司	GR201843001326
358	雨花区	长沙荣臻电子科技有限公司	GR201843001221
359	雨花区	长沙精达高分子材料有限公司	GR201843001739
360	雨花区	长沙基准机电产品设计有限公司	GR201843002018
361	雨花区	湖南盛大环保科技有限公司	GR201843001119
362	雨花区	湖南人工智能科技有限公司	GR201843002126
363	雨花区	湖南贝克特环保科技有限公司	GR201843002007
364	雨花区	湖南腾马网络科技有限公司	GR201843001371
365	雨花区	湖南乾鼎电气设备有限公司	GR201843001333
366	雨花区	湖南华豪科技发展有限公司	GR201843001325
367	雨花区	湖南数朗实业有限公司	GR201843001841

续表 24　　2018 年长沙市新认定国家高新技术企名单

序号	区域	企业名称	证书编号
368	雨花区	湖南三十九铺茶业股份有限公司	GR201843001178
369	雨花区	湖南晖特光电科技有限公司	GR201843001385
370	雨花区	湖南省蓝海探索科技有限公司	GR201843001346
371	雨花区	长沙明利电力科技有限公司	GR201843001427
372	雨花区	长沙智能机器人研究院有限公司	GR201843001629
373	雨花区	湖南福湘发电设备有限公司	GR201843002167
374	雨花区	长沙海川节能技术有限公司	GR201843001196
375	雨花区	湖南京昌生物科技有限公司	GR201843001270
376	雨花区	湖南葆华环保有限公司	GR201843002193
377	雨花区	湖南金安安防设备有限公司	GR201843001626
378	雨花区	湖南智蚁机器人有限公司	GR201843001872
379	雨花区	长沙达微网络科技有限公司	GR201843001154
380	雨花区	湖南联鑫驰泰智能门窗有限公司	GR201843001893
381	雨花区	湖南博一环保科技有限公司	GR201843001601
382	雨花区	湖南欧翔科技有限公司	GR201843001335
383	雨花区	湖南赛恩斯科技发展有限公司	GR201843001740
384	雨花区	湖南湘安新能源科技有限公司	GR201843001585
385	雨花区	湖南明镜生物科技有限公司	GR201843001684
386	雨花区	湖南牙医帮科技有限公司	GR201843001551
387	雨花区	湖南中南水电水利工程建设有限公司	GR201843001203
388	雨花区	湖南普林斯流体设备制造有限公司	GR201843001334
389	雨花区	湖南省金特克科技有限公司	GR201843001392
390	雨花区	湖南华弘检测有限公司	GR201843001500
391	雨花区	湖南捷高装饰工程有限公司	GR201843001756
392	雨花区	湖南海格力士智能科技有限公司	GR201843001487
393	雨花区	湖南高仕达信息技术有限公司	GR201843002062
394	雨花区	长沙方捷科技有限公司	GR201843001140
395	雨花区	长沙远卓电子科技有限公司	GR201843001624
396	雨花区	湖南鸿腾新能源技术有限公司	GR201843001946
397	雨花区	湖南就走软件科技有限公司	GR201843001405
398	雨花区	长沙铭东电子科技有限公司	GR201843002173
399	雨花区	湖南唯科拓石油科技服务有限公司	GR201843001950
400	雨花区	湖南科汇节能环保股份有限公司	GR201843002097

续表 24　　2018 年长沙市新认定国家高新技术企名单

序号	区域	企业名称	证书编号
401	雨花区	长沙湘蓝科学仪器股份有限公司	GR201843002176
402	雨花区	湖南元亨科技股份有限公司	GR201843001994
403	雨花区	天闻数媒科技（湖南）有限公司	GR201843002001
404	雨花区	长沙天瑞能源科技有限公司	GR201843001118
405	雨花区	长沙环康科技有限公司	GR201843001586
406	雨花区	湖南晓光汽车模具有限公司	GR201843002199
407	雨花区	湖南中南水务环保科技有限公司	GR201843002088
408	雨花区	长沙长泰机器人有限公司	GR201843001657
409	雨花区	湖南海福来科技有限公司	GR201843001771
410	雨花区	长沙有色冶金设计研究院有限公司	GR201843001648
411	雨花区	苏克赛斯（湖南）成套设备有限公司	GR201843002074
412	雨花区	湖南惟创环境科技有限公司	GR201843001572
413	望城区	湖南三瑞生物科技有限责任公司	GR201843000131
414	望城区	湖南省康普通信技术有限责任公司	GR201843000004
415	望城区	长沙市望城区华能农机科技有限公司	GR201843000766
416	望城区	长沙新奥燃气有限公司	GR201843000840
417	望城区	湖南金龙电缆有限公司	GR201843000081
418	望城区	长沙艾科瑞齿轮机械有限责任公司	GR201843000534
419	望城区	湖南中茶茶业有限公司	GR201843000672
420	望城区	长沙中传变速箱有限公司	GR201843000195
421	望城区	长沙盛谷仓储物流有限公司	GR201843000618
422	望城区	长沙友创陶瓷科技有限公司	GR201843000542
423	望城区	长沙黑金刚实业有限公司	GR201843000952
424	望城区	湖南航天磁电有限责任公司	GR201843000003
425	望城区	湖南翼航无人机科技有限公司	GR201843000090
426	望城区	湖南宝利沥青有限公司	GR201843000578
427	望城区	长沙衡开智能科技有限公司	GR201843000885
428	望城区	湖南惠明环保能源有限公司	GR201843000479
429	望城区	湖南大北农农业科技有限公司	GR201843000523
430	望城区	长沙中传机械有限公司	GR201843000876
431	望城区	长沙沃恩环保科技有限公司	GR201843001314
432	望城区	万家乐热能科技有限公司	GR201843001652
433	望城区	湖南花猫博士医疗科技有限公司	GR201843001479

续表 24　　2018 年长沙市新认定国家高新技术企名单

序号	区域	企业名称	证书编号
434	望城区	湖南湘鑫科贸发展有限公司	GR201843001944
435	望城区	湖南佳和生物饲料有限公司	GR201843001210
436	望城区	长沙市斑点照明有限公司	GR201843001744
437	望城区	长沙中传航空传动有限公司	GR201843002156
438	望城区	湖南新参芝林中药饮片有限公司	GR201843001266
439	望城区	长沙瑞峰传动机械有限责任公司	GR201843001578
440	望城区	湖南埃尔凯电器有限公司	GR201843001792
441	望城区	湖南易信科技有限公司	GR201843001022
442	望城区	湖南新鼎钢结构制造有限公司	GR201843001584
443	望城区	湖南神农大丰种业科技有限责任公司	GR201843001166
444	望城区	长沙证通云计算有限公司	GR201843001660
445	望城区	湖南华电长沙发电有限公司	GR201843001549
446	望城区	湖南倍思特婴童纸品有限公司	GR201843001460
447	望城区	湖南绿道节能环保科技有限公司	GR201843002132
448	望城区	湖南联智智能科技有限公司	GR201843001550
449	望城区	湖南快乐车行露营地投资发展有限公司	GR201843001873
450	望城区	长沙戴卡科技有限公司	GR201843001839
451	望城区	湖南省天马灯饰电器有限公司	GR201843001631
452	望城区	湖南湘江关西涂料（长沙）有限公司	GR201843001933
453	长沙县	长沙天盾重工有限责任公司	GR201843000304
454	长沙县	湖南索菱汽车电子科技有限公司	GR201843000659
455	长沙县	湖南湘蕈生物科技有限公司	GR201843000728
456	长沙县	湖南地球仓科技有限公司	GR201843000886
457	长沙县	湖南艾丽科技实业有限公司	GR201843000626
458	长沙县	湖南省中一游乐设备有限公司	GR201843000916
459	长沙县	湖南军威联航科技有限公司	GR201843000620
460	长沙县	长沙万荣粉体设备科技有限公司	GR201843000575
461	长沙县	湖南五新隧道智能装备股份有限公司	GR201843000767
462	长沙县	长沙皓欣工业设备有限公司	GR201843000915
463	长沙县	湖南中岸生物药业有限公司	GR201843000953
464	长沙县	长沙长源变压器有限公司	GR201843000401
465	长沙县	长沙协大生物科技有限公司	GR201843000376
466	长沙县	长沙精达印刷制版有限公司	GR201843000789

续表 24　　2018 年长沙市新认定国家高新技术企名单

序号	区域	企业名称	证书编号
467	长沙县	长沙迈迪克智能科技有限公司	GR201843000814
468	长沙县	湖南松源化工有限公司	GR201843000342
469	长沙县	湖南省吉安特技术有限公司	GR201843000716
470	长沙县	湖南天象建筑科技有限公司	GR201843000496
471	长沙县	磐吉奥（湖南）工业有限公司	GR201843000040
472	长沙县	长沙信元电子科技有限公司	GR201843000783
473	长沙县	湖南大围山仙草生物科技有限公司	GR201843000059
474	长沙县	湖南耐普泵业股份有限公司	GR201843000518
475	长沙县	湖南通达汽车内饰有限责任公司	GR201843000284
476	长沙县	湖南银杏可靠性技术研究所有限公司	GR201843000202
477	长沙县	湖南银河电气有限公司	GR201843000487
478	长沙县	湖南明和科技工程发展有限公司	GR201843000406
479	长沙县	湖南航天凯天水务有限公司	GR201843000700
480	长沙县	湖南慧盟重工科技有限公司	GR201843000801
481	长沙县	长沙凯德防水涂料有限公司	GR201843000849
482	长沙县	湖南鼎玖能源环境科技有限公司	GR201843000058
483	长沙县	湖南同心模具制造有限公司	GR201843000769
484	长沙县	长沙探矿机械厂	GR201843000920
485	长沙县	湖南省冶金材料研究院有限公司	GR201843000572
486	长沙县	湖南湘雅博爱康复医院有限公司	GR201843000675
487	长沙县	长沙梅花汽车制造有限公司	GR201843000363
488	长沙县	长沙研创电气有限公司	GR201843000302
489	长沙县	湖南维胜科技电路板有限公司	GR201843000780
490	长沙县	广汽菲亚特克莱斯勒汽车有限公司	GR201843000853
491	长沙县	湖南中力皓电子科技有限公司	GR201843000292
492	长沙县	长沙熙迈机械制造有限公司	GR201843000631
493	长沙县	长沙广义变流技术有限公司	GR201843000467
494	长沙县	湖南博雅智能装备股份有限公司	GR201843000338
495	长沙县	长沙天创粉末技术有限公司	GR201843000169
496	长沙县	长沙市金佰利汽车零部件有限公司	GR201843000591
497	长沙县	湖南标拓电子科技有限公司	GR201843000483
498	长沙县	长沙业鑫通讯技术有限公司	GR201843000582
499	长沙县	湖南星索尔航空科技有限公司	GR201843000074

续表 24　　2018 年长沙市新认定国家高新技术企名单

序号	区域	企业名称	证书编号
500	长沙县	湖南三一快而居住宅工业有限公司	GR201843000848
501	长沙县	湖南三一智能控制设备有限公司	GR201843000820
502	长沙县	湖南三一电控科技有限公司	GR201843000822
503	长沙县	湖南荣大绿健科技有限公司	GR201843000415
504	长沙县	湖南三一港口设备有限公司	GR201843000543
505	长沙县	湖南湘江关西涂料有限公司	GR201843000132
506	长沙县	长沙通球智能科技有限公司	GR201843000203
507	长沙县	湖南万容纸塑包装有限公司	GR201843000091
508	长沙县	湖南华沣科贸有限公司	GR201843000569
509	长沙县	湖南伟邦汽车涂料有限公司	GR201843000071
510	长沙县	长沙星沙机床有限公司	GR201843000084
511	长沙县	湖南国科微电子股份有限公司	GR201843000580
512	长沙县	长沙顺高机电设备有限公司	GR201843001067
513	长沙县	湖南鑫垒科技有限公司	GR201843001717
514	长沙县	湖南中彩科技有限公司	GR201843001935
515	长沙县	湖南湘能智能配电设备有限公司	GR201843001387
516	长沙县	长沙博能科技股份有限公司	GR201843001227
517	长沙县	湖南北斗星空自动化科技有限公司	GR201843001905
518	长沙县	长沙世通纸塑箐业有限公司	GR201843001811
519	长沙县	湖南省博一节能防水工程有限公司	GR201843001573
520	长沙县	湖南泰德汽车空调有限公司	GR201843001438
521	长沙县	湖南省煜城环保科技有限公司	GR201843001251
522	长沙县	泓森林业有限公司	GR201843001466
523	长沙县	湖南长量技术服务有限公司	GR201843002197
524	长沙县	湖南卓宏自动化科技有限公司	GR201843001194
525	长沙县	湖南梯阵科技有限公司	GR201843001144
526	长沙县	远大洁净空气科技有限公司	GR201843001569
527	长沙县	长沙汇洋环保技术股份有限公司	GR201843001742
528	长沙县	湖南浩润科技有限公司	GR201843001673
529	长沙县	湖南原子九洲光电工程有限公司	GR201843001928
530	长沙县	神农金康（湖南）原生态茶业有限责任公司	GR201843001979
531	长沙县	湖南博弘节能科技有限公司	GR201843002175
532	长沙县	湖南十开科技有限公司	GR201843001807

续表 24

2018 年长沙市新认定国家高新技术企名单

序号	区域	企业名称	证书编号
533	长沙县	湖南凯斯利新材料有限公司	GR201843002113
534	长沙县	湖南奥立龙现代实验室设备有限公司	GR201843001197
535	长沙县	湖南中飞幕墙有限公司	GR201843001320
536	长沙县	长沙湘丰智能装备股份有限公司	GR201843001075
537	长沙县	湖南静芯微电子技术有限公司	GR201843001450
538	长沙县	长沙天恒测控技术有限公司	GR201843001845
539	长沙县	湖南湘妹子农业科技有限公司	GR201843001410
540	长沙县	湖南帝亿生物科技股份有限公司	GR201843001218
541	长沙县	湖南赛西科技有限公司	GR201843001110
542	长沙县	长沙龙新净水科技有限公司	GR201843001030
543	长沙县	湖南天一建筑科技有限公司	GR201843001503
544	长沙县	湖南中消淼盾科技有限公司	GR201843001748
545	长沙县	长沙智联科技有限公司	GR201843001949
546	长沙县	湖南景怡生态科技股份有限公司	GR201843001627
547	长沙县	迅畅（湖南）交通信息科技服务有限公司	GR201843001323
548	长沙县	长沙石立超硬材料有限公司	GR201843002003
549	长沙县	中铁山河工程装备股份有限公司	GR201843001383
550	长沙县	湖南湘江工程建设有限公司	GR201843001128
551	长沙县	湖南云箭科技有限公司	GR201843001526
552	长沙县	长沙金鸿顺汽车部件有限公司	GR201843001175
553	长沙县	湖南万通软件开发有限公司	GR201843001956
554	长沙县	湖南宝讯联科技有限公司	GR201843001731
555	长沙县	长沙丹芬瑞电气技术有限公司	GR201843001287
556	长沙县	湖南中消盈科消防科技有限公司	GR201843001444
557	长沙县	湖南天华油茶科技股份有限公司	GR201843001604
558	长沙县	长沙星沙包装有限公司	GR201843001827
559	长沙县	长沙金仕盛建材有限公司	GR201843001086
560	长沙县	湖南德诺健康产业有限公司	GR201843002184
561	长沙县	湖南伟达文化传播有限公司	GR201843001338
562	长沙县	湖南省九方环保机械有限公司	GR201843001069
563	长沙县	湖南玖安模架工程技术有限公司	GR201843001635
564	长沙县	长沙隆翔汽车零部件有限公司	GR201843001456
565	长沙县	长沙肯贝科技有限公司	GR201843001467

续表 24　　2018 年长沙市新认定国家高新技术企名单

序号	区域	企业名称	证书编号
566	长沙县	长沙凯卓信息科技有限公司	GR201843001485
567	长沙县	湖南亿测物联传感技术研发有限公司	GR201843001214
568	长沙县	长沙恒开电气设备有限公司	GR201843001446
569	长沙县	长沙海大门窗有限公司	GR201843001559
570	长沙县	长沙佳利汽车有限公司	GR201843001023
571	长沙县	长沙妙趣新媒体技术有限公司	GR201843001734
572	长沙县	湖南品标华测检测技术有限公司	GR201843001186
573	长沙县	山河智能特种装备有限公司	GR201843001874
574	长沙县	长沙县新光特种陶瓷有限公司	GR201843001960
575	长沙县	长沙拓欧科技有限公司	GR201843001225
576	长沙县	湖南以仁油脂有限公司	GR201843001271
577	长沙县	湖南湘冶机械制造有限公司	GR201843001264
578	长沙县	湖南群翔科技开发有限公司	GR201843001087
579	长沙县	湖南迅刻节能科技有限公司	GR201843001238
580	长沙县	长沙易码标识技术有限公司	GR201843001070
581	长沙县	长沙大禹建材科技有限公司	GR201843001020
582	长沙县	湖南北斗讯达科技有限公司	GR201843001778
583	长沙县	湖南烁普新材料有限公司	GR201843001080
584	长沙县	长沙双江包装有限公司	GR201843001039
585	长沙县	长沙星控电气设备有限公司	GR201843001674
586	长沙县	长沙泰科阳微电子有限公司	GR201843001054
587	长沙县	恒天九五重工有限公司	GR201843001016
588	长沙县	湖南福景电力建设有限公司	GR201843001153
589	长沙县	湖南新宇金属制品有限公司	GR201843001921
590	长沙县	湖南宜达欧农业科技有限公司	GR201843002084
591	长沙县	湖南天河国云科技有限公司	GR201843001651
592	长沙县	湖南华中航天北斗卫星应用有限公司	GR201843001876
593	长沙县	长沙迈科轴承有限公司	GR201843001759
594	长沙县	湖南万征机械科技有限公司	GR201843001733
595	长沙县	长沙康乐包装有限公司	GR201843001204
596	长沙县	长沙倍特材料有限公司	GR201843001310
597	长沙县	湖南海铭德电子科技有限公司	GR201843001396
598	长沙县	湖南省融达医药物流有限责任公司	GR201843001710

续表 24　　2018 年长沙市新认定国家高新技术企名单

序号	区域	企业名称	证书编号
599	长沙县	索恩格汽车部件（中国）有限公司	GR201843001793
600	长沙县	长沙林派家具制造有限公司	GR201843001581
601	浏阳市	湖南永清机械制造有限公司	GR201843000715
602	浏阳市	湖南明瑞制药有限公司	GR201843000971
603	浏阳市	湘北威尔曼制药股份有限公司	GR201843000270
604	浏阳市	长沙鸿顺汽车内装饰有限公司	GR201843000485
605	浏阳市	湖南浏阳河饲料有限公司	GR201843000961
606	浏阳市	湖南奥斯利食品科技有限公司	GR201843000489
607	浏阳市	长沙艾格防护新材料技术研发有限公司	GR201843000316
608	浏阳市	湖南道仕医药科技有限公司	GR201843000656
609	浏阳市	湖南斯奇生物制药有限公司	GR201843000980
610	浏阳市	湖南百康生物工程有限公司	GR201843000856
611	浏阳市	湖南太阳龙医疗科技有限公司	GR201843000743
612	浏阳市	湖南省华京粉体材料有限公司	GR201843000247
613	浏阳市	湖南海洋胶囊有限公司	GR201843000409
614	浏阳市	湖南省浏阳市择明热工器材有限公司	GR201843000463
615	浏阳市	湖南加农正和生物技术有限公司	GR201843000350
616	浏阳市	湖南雪天精细化工股份有限公司	GR201843000497
617	浏阳市	浏阳金科新材料有限公司	GR201843000445
618	浏阳市	湖南豫园生物科技股份有限公司	GR201843000749
619	浏阳市	湖南天地恒一制药有限公司	GR201843000471
620	浏阳市	湖南康氏卫生用品有限公司	GR201843000009
621	浏阳市	湖南永和阳光生物科技股份有限公司	GR201843000257
622	浏阳市	长沙奥斯凯汽车零部件有限公司	GR201843000149
623	浏阳市	湖南旭丰光电科技有限公司	GR201843000509
624	浏阳市	湖南佳海电梯设备制造有限公司	GR201843000185
625	浏阳市	浏阳市荷花精工机械制造有限公司	GR201843000720
626	浏阳市	湖南奥润塑料制品有限公司	GR201843000930
627	浏阳市	湖南航凯建材技术发展有限公司	GR201843000690
628	浏阳市	长沙跃奇节能电气设备有限公司	GR201843001688
629	浏阳市	浏阳市化工厂有限公司	GR201843001413
630	浏阳市	湖南富腾和安防爆科技有限公司	GR201843001293
631	浏阳市	湖南老虎头节能环保科技有限公司	GR201843001044

续表 24　　2018 年长沙市新认定国家高新技术企名单

序号	区域	企业名称	证书编号
632	浏阳市	湖南省顺兴电子科技有限公司	GR201843001429
633	浏阳市	浏阳市宏远精工机械科技有限公司	GR201843002168
634	浏阳市	湖南省神六机械制造有限公司	GR201843001504
635	浏阳市	长沙众达电缆制造有限公司	GR201843001993
636	浏阳市	湖南蓝林能源科技有限公司	GR201843002180
637	浏阳市	湖南金拇指环保设备有限公司	GR201843002087
638	浏阳市	湖南湘纯农业科技有限公司	GR201843002161
639	浏阳市	湖南迪博制药有限公司	GR201843001380
640	浏阳市	湖南欧智通科技有限公司	GR201843001680
641	浏阳市	湖南宏灏基因生物科技有限公司	GR201843001471
642	浏阳市	湖南秋立制药设备有限公司	GR201843001803
643	浏阳市	湖南信达新材料有限公司	GR201843002009
644	浏阳市	湖南海鸥环保科技有限公司	GR201843001389
645	浏阳市	长沙巨龙生物科技有限公司	GR201843001315
646	浏阳市	长沙炬创科技有限公司	GR201843002114
647	浏阳市	湖南丰乐印务有限公司	GR201843001895
648	浏阳市	湖南金丰林印刷包装机械科技有限公司	GR201843001041
649	浏阳市	长沙亚明电子科技发展有限公司	GR201843001805
650	浏阳市	湖南湘贤科技有限公司	GR201843001083
651	浏阳市	湖南三环汽车工程塑料有限公司	GR201843001847
652	浏阳市	长沙海韵汽车零部件有限公司	GR201843001700
653	浏阳市	长沙准力机械制造有限公司	GR201843001643
654	浏阳市	湖南翔宇仓储设备制造有限公司	GR201843001382
655	浏阳市	长沙波特尼电气系统有限公司	GR201843002144
656	浏阳市	蓝思智能机器人（长沙）有限公司	GR201843001706
657	浏阳市	蓝思科技股份有限公司	GR201843001875
658	浏阳市	湖南三合汽车新材料有限公司	GR201843002086
659	浏阳市	湖南广佳汽车饰件有限公司	GR201843001536
660	浏阳市	长沙康威日用品有限公司	GR201843001681
661	浏阳市	湖南佳年华包装有限公司	GR201843001195
662	浏阳市	湖南鼎誉检验检测有限公司	GR201843001505
663	宁乡市	湖南中科星城石墨有限公司	GR201843000607
664	宁乡市	长沙族兴新材料股份有限公司	GR201843000001

续表 24　　2018 年长沙市新认定国家高新技术企名单

序号	区域	企业名称	证书编号
665	宁乡市	长沙众聚达精密机械有限公司	GR201843000387
666	宁乡市	长沙中粮机械有限公司	GR201843000402
667	宁乡市	湖南凌翔磁浮科技有限责任公司	GR201843000706
668	宁乡市	长沙升华微电子材料有限公司	GR201843000005
669	宁乡市	中建科技湖南有限公司	GR201843000026
670	宁乡市	长沙盛泓机械有限公司	GR201843000352
671	宁乡市	湖南雪天盐业技术开发有限公司	GR201843000399
672	宁乡市	湖南中伟新能源科技有限公司	GR201843000613
673	宁乡市	长沙骅骝冶金粉末有限公司	GR201843000031
674	宁乡市	湖南兴元科技股份有限公司	GR201843000513
675	宁乡市	湖南邦弗特新材料技术有限公司	GR201843000680
676	宁乡市	长沙强三机电科技有限公司	GR201843000217
677	宁乡市	湖南诺兰蒂尔环保科技有限公司	GR201843000682
678	宁乡市	长沙艾森设备维护技术有限公司	GR201843000391
679	宁乡市	长沙唯特增材制造技术有限公司	GR201843000765
680	宁乡市	长沙湘一机械有限公司	GR201843000547
681	宁乡市	湖南航天天麓新材料检测有限责任公司	GR201843000860
682	宁乡市	湖南红宇智能制造有限公司	GR201843000422
683	宁乡市	湖南梦圆宁消防实业有限公司	GR201843000807
684	宁乡市	湖南海铝精密工业股份有限公司	GR201843000792
685	宁乡市	湖南然润堂中药有限公司	GR201843000602
686	宁乡市	湖南诺诚光伏科技有限公司	GR201843000218
687	宁乡市	长沙弘瑞电气设备有限公司	GR201843000882
688	宁乡市	湖南长河机械有限公司	GR201843000752
689	宁乡市	湖南省长宁炭素股份有限公司	GR201843000249
690	宁乡市	宁乡新阳化工有限公司	GR201843001508
691	宁乡市	湖南金城人防工程有限公司	GR201843001649
692	宁乡市	华力通线缆股份有限公司	GR201843002057
693	宁乡市	长沙建益新材料有限公司	GR201843001459
694	宁乡市	长沙花明成套电器设备有限公司	GR201843001184
695	宁乡市	长沙佳纳锂业科技有限公司	GR201843002186
696	宁乡市	长沙微纳坤宸新材料有限公司	GR201843001242
697	宁乡市	湖南新绿方药业有限公司	GR201843002054

续表 24　　2018 年长沙市新认定国家高新技术企名单

序号	区域	企业名称	证书编号
698	宁乡市	湖南红太东方机电装备股份有限公司	GR201843001765
699	宁乡市	湖南中锂新材料科技有限公司	GR201843001033
700	宁乡市	湖南利洁生物集团股份有限公司	GR201843001555
701	宁乡市	湖南二木新能源科技有限公司	GR201843001850
702	宁乡市	湖南协力液压有限公司	GR201843001340
703	宁乡市	湖南尚品彩印包装有限公司	GR201843001061
704	宁乡市	长沙市台乔机械科技有限公司	GR201843001104
705	宁乡市	湖南吉永盛汽车零部件有限公司	GR201843001342
706	宁乡市	长沙银腾塑印包装有限公司	GR201843001819
707	宁乡市	长沙悦翼模塑科技有限公司	GR201843002017
708	宁乡市	湖南红宇耐磨新材料股份有限公司	GR201843001473
709	宁乡市	湖南汇鑫电力成套设备有限公司	GR201843001892
710	宁乡市	长沙乐远新材料科技股份有限公司	GR201843001732
711	宁乡市	长沙龙宇网络科技有限公司	GR201843002044
712	宁乡市	湖南聚力催化剂股份有限公司	GR201843001616
713	宁乡市	湖南裕丰紧固件有限公司	GR201843001463
714	宁乡市	湖南天威电气股份有限公司	GR201843001192
715	宁乡市	湖南贵庭住宅工业集团有限公司	GR201843002190
716	宁乡市	长沙标朗住工科技有限公司	GR201843001747
717	宁乡市	长沙通石达机械制造有限公司	GR201843001417
718	宁乡市	长沙喜之源门业有限公司	GR201843002201
719	宁乡市	楚天智能机器人（长沙）有限公司	GR201843001220
720	宁乡市	长沙市裕盛厨房设备有限责任公司	GR201843001611
721	宁乡市	长沙吉特机械有限公司	GR201843001124
722	宁乡市	聚石化学（长沙）有限公司	GR201843001983
723	宁乡市	长沙中韵机械设备制造有限公司	GR201843002169
724	高新区	长沙中兴软创软件有限公司	GR201843000498
725	高新区	湖南广思科技有限公司	GR201843000910
726	高新区	湖南省安德生科技发展有限公司	GR201843000793
727	高新区	湖南江河机电自动化设备股份有限公司	GR201843000581
728	高新区	湖南云中再生科技股份有限公司	GR201843000253
729	高新区	湖南泰通能源管理股份有限公司	GR201843000007
730	高新区	湖南艾布鲁环保科技股份有限公司	GR201843000276

续表 24　　2018 年长沙市新认定国家高新技术企名单

序号	区域	企业名称	证书编号
731	高新区	湖南写邦科技有限公司	GR201843000600
732	高新区	湖南名品实业股份有限公司	GR201843000877
733	高新区	湖南弦安信息技术有限公司	GR201843000478
734	高新区	长沙宸雨信息科技有限公司	GR201843000784
735	高新区	湖南新纪元消防工程有限公司	GR201843000823
736	高新区	湖南海利锂电科技股份有限公司	GR201843000076
737	高新区	湖南优图信息技术有限公司	GR201843000175
738	高新区	中信湘雅生殖与遗传专科医院有限公司	GR201843000838
739	高新区	长沙神弓信息科技有限公司	GR201843000490
740	高新区	长沙修能信息科技有限公司	GR201843000664
741	高新区	湖南卫导信息科技有限公司	GR201843000935
742	高新区	长沙八思量信息技术有限公司	GR201843000955
743	高新区	湖南三索物联信息科技有限公司	GR201843000778
744	高新区	湖南洋马信息有限责任公司	GR201843000367
745	高新区	湖南辰泰信息科技股份有限公司	GR201843000187
746	高新区	湖南大地同年生物科技有限公司	GR201843000549
747	高新区	湖南慧能电子科技有限公司	GR201843000248
748	高新区	长沙鑫航机轮刹车有限公司	GR201843000574
749	高新区	湖南湘能电气自动化有限公司	GR201843000451
750	高新区	湖南隆平种业有限公司	GR201843000723
751	高新区	湖南湖大威嘉环保科技有限公司	GR201843000957
752	高新区	湖南长海科技发展有限公司	GR201843000237
753	高新区	湖南中教智能科技有限公司	GR201843000956
754	高新区	湖南世优电力科技股份有限公司	GR201843000336
755	高新区	湖南黑鹰卫士信息科技服务有限公司	GR201843000632
756	高新区	湖南一唯信息科技有限公司	GR201843000942
757	高新区	湖南伟业动物营养集团股份有限公司	GR201843000612
758	高新区	湖南君汇电子科技有限公司	GR201843000272
759	高新区	湖南云帆新城智慧科技有限公司	GR201843000913
760	高新区	长沙诺思谱瑞仪器有限公司	GR201843000130
761	高新区	长沙全度影像科技有限公司	GR201843000083
762	高新区	湖南德雅曼达科技有限公司	GR201843000389
763	高新区	湖南一二三智能科技有限公司	GR201843000566

续表 24　　2018 年长沙市新认定国家高新技术企名单

序号	区域	企业名称	证书编号
764	高新区	湖南优加特装智能科技有限公司	GR201843000241
765	高新区	哈药慈航制药股份有限公司	GR201843000109
766	高新区	长沙玖鑫自动化科技有限公司	GR201843000264
767	高新区	湖南赛能环保科技有限公司	GR201843000738
768	高新区	长沙世邦通信技术有限公司	GR201843000178
769	高新区	湖南晟和电源科技有限公司	GR201843000345
770	高新区	湖南微壳网络科技有限公司	GR201843000038
771	高新区	长沙智能制造研究总院有限公司	GR201843000560
772	高新区	长沙啄鸟网络科技有限公司	GR201843000359
773	高新区	长沙青波光电科技有限公司	GR201843000606
774	高新区	湖南栎讯信息科技有限公司	GR201843000301
775	高新区	长沙华时捷环保科技发展股份有限公司	GR201843000124
776	高新区	湖南双红农科生态工程有限公司	GR201843000648
777	高新区	湖南省欧朗环保科技有限公司	GR201843000852
778	高新区	长沙斯科供水设备有限公司	GR201843000587
779	高新区	长沙友乐商务咨询有限公司	GR201843000062
780	高新区	湖南大简科技有限公司	GR201843000395
781	高新区	长沙斯康生物科技有限公司	GR201843000160
782	高新区	湖南云顶智能科技有限公司	GR201843000349
783	高新区	湖南惟储信息技术有限公司	GR201843000748
784	高新区	湖南视觉伟业智能科技有限公司	GR201843000243
785	高新区	湖南兴天电子科技有限公司	GR201843000744
786	高新区	长沙市日业电气有限公司	GR201843000432
787	高新区	湖南固特邦土木技术发展有限公司	GR201843000008
788	高新区	长沙梯度信息科技有限公司	GR201843000278
789	高新区	湖南丰晖生物科技有限公司	GR201843000226
790	高新区	湖南紫光测控有限公司	GR201843000476
791	高新区	湖南道业信息科技有限公司	GR201843000033
792	高新区	爱威科技股份有限公司	GR201843000204
793	高新区	长沙市盛唐科技有限公司	GR201843000636
794	高新区	湖南车哈哈汽车科技股份有限公司	GR201843000851
795	高新区	长沙市美宇电器有限公司	GR201843000771
796	高新区	长沙远光瑞翔科技有限公司	GR201843000872

续表 24　　2018年长沙市新认定国家高新技术企名单

序号	区域	企业名称	证书编号
797	高新区	湖南伟图科技有限公司	GR201843000583
798	高新区	湖南省华顺建设项目管理有限公司	GR201843000011
799	高新区	长沙视琦科技开发有限公司	GR201843000370
800	高新区	湖南湘能智能电器股份有限公司	GR201843000619
801	高新区	湖南万欧科技有限公司	GR201843000773
802	高新区	长沙先领医药科技有限公司	GR201843000564
803	高新区	湖南畅远信息技术有限公司	GR201843000365
804	高新区	湖南远大建工股份有限公司	GR201843000788
805	高新区	湖南铭沃生物科技有限公司	GR201843000332
806	高新区	大农科技股份有限公司	GR201843000047
807	高新区	湖南竞投智能信息技术有限公司	GR201843000737
808	高新区	湖南大唐先一科技有限公司	GR201843000156
809	高新区	湖南凯利医疗科技有限公司	GR201843000114
810	高新区	长沙都正生物科技有限责任公司	GR201843000901
811	高新区	湖南科尔顿水务有限公司	GR201843000375
812	高新区	湖南纬拓信息科技有限公司	GR201843000808
813	高新区	长沙锐风信息科技股份有限公司	GR201843000555
814	高新区	湖南腾琨信息科技有限公司	GR201843000714
815	高新区	湖南兆晟矿山机械有限公司	GR201843000154
816	高新区	湖南华大紫光科技股份有限公司	GR201843000529
817	高新区	长沙景嘉微电子股份有限公司	GR201843000604
818	高新区	湖南善应信息科技有限公司	GR201843000079
819	高新区	长沙锐合钻石工具有限公司	GR201843000719
820	高新区	长沙恒宇节能环保科技有限公司	GR201843000963
821	高新区	长沙楚风数码科技有限公司	GR201843000611
822	高新区	湖南艾盟科技有限公司	GR201843000928
823	高新区	湖南瑞丰生物科技有限公司	GR201843000067
824	高新区	湖南睿图智能科技有限公司	GR201843000057
825	高新区	长沙云知检信息科技有限公司	GR201843000670
826	高新区	湖南全软软件技术有限公司	GR201843000426
827	高新区	湖南日用化学科学研究所有限公司	GR201843000252
828	高新区	湖南富安顺通物流有限公司	GR201843000816
829	高新区	湖南创业工场网络科技有限公司	GR201843000826

续表 24　　2018 年长沙市新认定国家高新技术企名单

序号	区域	企业名称	证书编号
830	高新区	长沙易淘软件科技有限公司	GR201843000753
831	高新区	湖南亚瑟网络科技有限公司	GR201843000598
832	高新区	长沙威航新能源技术有限公司	GR201843000096
833	高新区	湖南新易迅科技有限公司	GR201843000283
834	高新区	湖南博远信息科技有限公司	GR201843000299
835	高新区	华电高科电气技术有限公司	GR201843000817
836	高新区	湖南泉汇三众科技有限公司	GR201843000759
837	高新区	长沙慧林机电科技有限公司	GR201843000844
838	高新区	湖南四毅软件有限公司	GR201843000649
839	高新区	湖南斯北图科技有限公司	GR201843000018
840	高新区	湖南润峰自控科技有限公司	GR201843000254
841	高新区	湖南俊翔科技发展有限公司	GR201843000678
842	高新区	长沙国通电力科技有限公司	GR201843000721
843	高新区	湖南北斗微芯产业发展有限公司	GR201843000012
844	高新区	湖南英捷高科技有限责任公司	GR201843000228
845	高新区	湖南瀚德微创医疗科技有限公司	GR201843000261
846	高新区	湖南达尔健科技有限公司	GR201843000761
847	高新区	湖南省星岳天璇科技有限公司	GR201843000045
848	高新区	湖南大商帮科技股份有限公司	GR201843000561
849	高新区	湖南省数字认证服务中心有限公司	GR201843000646
850	高新区	长沙市博瞻信息技术有限公司	GR201843000804
851	高新区	湖南航天电子科技有限公司	GR201843000341
852	高新区	湖南中本智能科技发展有限公司	GR201843000209
853	高新区	湖南创智艾泰克科技有限公司	GR201843000634
854	高新区	湖南省道通科技有限公司	GR201843000725
855	高新区	湖南普泰尔环境股份有限公司	GR201843000862
856	高新区	湖南大佳数据科技有限公司	GR201843000594
857	高新区	湖南奥科网络技术股份有限公司	GR201843000400
858	高新区	湖南惟楚有才教育科技有限公司	GR201843000457
859	高新区	湖南微风科技有限公司	GR201843000042
860	高新区	湖南考思特电子有限公司	GR201843000645
861	高新区	湖南泰吉风能机器人有限公司	GR201843000362
862	高新区	湖南时代矿山机械制造有限责任公司	GR201843000201

续表 24　　2018 年长沙市新认定国家高新技术企名单

序号	区域	企业名称	证书编号
863	高新区	湖南网鑫高科科技有限公司	GR201843000425
864	高新区	湖南省茂泽信息科技有限公司	GR201843000532
865	高新区	湖南亿邦通信有限公司	GR201843000447
866	高新区	长沙时铭轨道交通装备技术有限公司	GR201843000044
867	高新区	湖南正邦消防技术服务有限公司	GR201843000588
868	高新区	湖南云翼网络科技有限公司	GR201843000565
869	高新区	湖南慧泽生物医药科技有限公司	GR201843000739
870	高新区	湖南德沐数码科技有限公司	GR201843000781
871	高新区	长沙紫宸科技开发有限公司	GR201843000642
872	高新区	湖南长宜物联科技有限公司	GR201843000724
873	高新区	湖南简成信息技术有限公司	GR201843000051
874	高新区	湖南维斯登信息科技有限公司	GR201843000200
875	高新区	长沙金诺自动化技术有限公司	GR201843000435
876	高新区	湖南时代基因医学检验技术有限公司	GR201843000603
877	高新区	湖南英盟科技有限公司	GR201843000386
878	高新区	湖南中洲节能科技股份有限公司	GR201843000307
879	高新区	长沙立中汽车设计开发股份有限公司	GR201843000757
880	高新区	湖南麒麟信安科技有限公司	GR201843000199
881	高新区	湖南辰晟信息技术有限公司	GR201843000869
882	高新区	长沙市医杰医疗器械有限公司	GR201843000255
883	高新区	长沙砼软信息科技有限公司	GR201843000029
884	高新区	湖南利智电子科技有限公司	GR201843000623
885	高新区	湖南亿纳环保科技有限公司	GR201843000987
886	高新区	长沙领航电子科技有限公司	GR201843000898
887	高新区	湖南华曙高科技有限责任公司	GR201843000492
888	高新区	湖南晨露环保科技发展有限公司	GR201843000157
889	高新区	湖南由创科技有限责任公司	GR201843000098
890	高新区	湖南新邦软件股份有限公司	GR201843000161
891	高新区	湖南和信智仿信息科技有限公司	GR201843000285
892	高新区	湖南利达实业发展有限公司	GR201843000791
893	高新区	湖南湖大瑞格能源科技有限公司	GR201843000398
894	高新区	长沙豆子信息技术有限公司	GR201843000531
895	高新区	湖南海尚环境生物科技股份有限公司	GR201843000949

续表 24　　2018 年长沙市新认定国家高新技术企名单

序号	区域	企业名称	证书编号
896	高新区	湖南长天信息技术有限公司	GR201843000666
897	高新区	湖南力光信息技术有限公司	GR201843000658
898	高新区	长沙和捷实业有限公司	GR201843000837
899	高新区	长沙铂亿科技发展有限公司	GR201843000821
900	高新区	湖南优积谷网络科技有限公司	GR201843000499
901	高新区	湖南龙信通讯技术有限公司	GR201843000410
902	高新区	湖南路联信息科技股份有限公司	GR201843000850
903	高新区	湖南亿谷科技发展股份有限公司	GR201843000221
904	高新区	湖南创清环境技术有限公司	GR201843000486
905	高新区	湖南创研科技股份有限公司	GR201843000981
906	高新区	湖南爱相聚个人健康服务股份有限公司	GR201843000153
907	高新区	湖南楚越电子科技有限公司	GR201843000880
908	高新区	长沙枫树林电子科技有限公司	GR201843000779
909	高新区	湖南大业创展科技有限公司	GR201843000895
910	高新区	长沙精铸电力技术有限公司	GR201843000439
911	高新区	湖南科诚信息技术有限公司	GR201843000947
912	高新区	湖南强智科技发展有限公司	GR201843000628
913	高新区	长沙威康动力技术有限公司	GR201843000703
914	高新区	湖南金骏农业科技有限公司	GR201843000025
915	高新区	湖南博世科环保科技有限公司	GR201843000421
916	高新区	长沙力智数字房产技术发展有限公司	GR201843000317
917	高新区	湖南都乐种业有限责任公司	GR201843001511
918	高新区	长沙特瑞兴电子科技股份有限公司	GR201843001919
919	高新区	湖南天一装备科技有限公司	GR201843001981
920	高新区	湖南福米信息科技有限责任公司	GR201843001476
921	高新区	湖南远邦数字技术有限公司	GR201843001927
922	高新区	湖南思智网络科技有限公司	GR201843001939
923	高新区	长沙翊琪科技有限公司	GR201843001665
924	高新区	湖南千百年机房设备工程有限公司	GR201843002071
925	高新区	湖南锐控科技有限公司	GR201843001234
926	高新区	湖南孚瑞锑格机械设备有限公司	GR201843001798
927	高新区	湖南奇点创智数据科技有限公司	GR201843001780
928	高新区	湖南铭煌科技发展有限公司	GR201843001289

续表 24　　2018 年长沙市新认定国家高新技术企名单

序号	区域	企业名称	证书编号
929	高新区	长沙安迪生物科技有限公司	GR201843001256
930	高新区	长沙康柏恩医疗科技有限公司	GR201843001582
931	高新区	长沙麦斯森信息科技有限公司	GR201843001053
932	高新区	湖南烽途电子科技有限公司	GR201843001182
933	高新区	湖南紫一健康产业有限公司	GR201843001243
934	高新区	湖南磐石科技有限公司	GR201843001849
935	高新区	湖南中冶信息技术有限公司	GR201843001200
936	高新区	湖南宜通华盛科技有限公司	GR201843001461
937	高新区	长沙市中智信息技术开发有限公司	GR201843001156
938	高新区	湖南华盾星通信息科技有限公司	GR201843002177
939	高新区	湖南松鸣信息科技服务有限公司	GR201843001596
940	高新区	长沙拓宏机械科技有限公司	GR201843001828
941	高新区	湖南新五丰股份有限公司	GR201843001027
942	高新区	湖南盛和电子自控科技有限公司	GR201843001132
943	高新区	长沙市力拓网络系统集成有限公司	GR201843001821
944	高新区	湖南亚信软件有限公司	GR201843001296
945	高新区	湖南省天骑医学新技术股份有限公司	GR201843001976
946	高新区	湖南诚至环保科技有限公司	GR201843001185
947	高新区	长沙华恒园信息科技有限责任公司	GR201843001122
948	高新区	湖南亚星银河科技有限公司	GR201843001085
949	高新区	湖南恒信智联网络技术有限公司	GR201843001859
950	高新区	通号建设集团有限公司	GR201843001012
951	高新区	湖南东华云通软件有限公司	GR201843001606
952	高新区	长沙晶优新材料科技有限公司	GR201843002008
953	高新区	长沙易小狐网络科技有限公司	GR201843002115
954	高新区	湖南鼎升软件科技有限公司	GR201843001579
955	高新区	湖南明康中锦医疗科技发展有限公司	GR201843001223
956	高新区	长沙优学互动信息技术有限公司	GR201843001829
957	高新区	沃邦环保有限公司	GR201843002013
958	高新区	悦生活信息技术股份有限公司	GR201843001171
959	高新区	湖南恒辉膜科技有限公司	GR201843001145
960	高新区	长沙伊士格信息科技有限责任公司	GR201843001603
961	高新区	长沙天穹电子科技有限公司	GR201843001216

续表 24　2018 年长沙市新认定国家高新技术企名单

序号	区域	企业名称	证书编号
962	高新区	湖南德沃信息技术有限公司	GR201843001683
963	高新区	天创云征信有限公司	GR201843002099
964	高新区	长沙优卡信息科技有限公司	GR201843001988
965	高新区	湖南泰新医药科技有限公司	GR201843001292
966	高新区	湖南漫联卡通文化传媒有限公司	GR201843001814
967	高新区	湖南五八农服信息技术有限公司	GR201843002095
968	高新区	长沙湘智离心机仪器有限公司	GR201843001343
969	高新区	长沙开尔文能源技术工程有限公司	GR201843001183
970	高新区	长沙市草帽信息科技有限公司	GR201843001997
971	高新区	长沙唯度节能科技有限公司	GR201843001736
972	高新区	长沙博兴汽车科技有限公司	GR201843001322
973	高新区	中建建科重型机械股份有限公司	GR201843001126
974	高新区	长沙瑞泽能源科技股份有限公司	GR201843001155
975	高新区	湖南亿能电子科技有限公司	GR201843001161
976	高新区	长沙秒表文化传媒有限公司	GR201843001233
977	高新区	湖南智慧农村科技发展有限公司	GR201843001259
978	高新区	湖南安智教育网络科技有限公司	GR201843001365
979	高新区	唯港时尚传媒（湖南）有限公司	GR201843001376
980	高新区	湖南梯田科教文化有限公司	GR201843001449
981	高新区	博宏信息技术有限公司	GR201843001685
982	高新区	湖南图元云技术有限公司	GR201843001728
983	高新区	湖南易能生物医药有限公司	GR201843001745
984	高新区	湖南佳蓝检测技术有限公司	GR201843001489
985	高新区	湖南科霸汽车动力电池有限责任公司	GR201843001058
986	高新区	湖南天然工坊电子商务有限公司	GR201843001799
987	高新区	湖南源科创新科技有限公司	GR201843001864
988	高新区	长沙冰眼电子科技有限公司	GR201843002116
989	高新区	湖南展通安全科技有限公司	GR201843001349
990	高新区	长沙朋游网络科技有限公司	GR201843001430
991	高新区	湖南优谷信息科技有限公司	GR201843001015
992	高新区	长沙智尚电气有限公司	GR201843001282
993	高新区	长沙三占惯性制动有限公司	GR201843001613
994	高新区	湖南天骄物流信息科技有限公司	GR201843001462

续表 24　　2018 年长沙市新认定国家高新技术企名单

序号	区域	企业名称	证书编号
995	高新区	湖南大麓科技有限公司	GR201843001711
996	高新区	长沙宏胤电子科技有限公司	GR201843001237
997	高新区	长沙誉联信息技术有限公司	GR201843001721
998	高新区	湖南省金盾信息安全等级保护评估中心有限公司	GR201843001963
999	高新区	湖南省沃尔信息技术有限公司	GR201843001654
1000	高新区	湖南信德信息技术有限公司	GR201843001401
1001	高新区	湘优教（湖南）信息科技有限公司	GR201843001231
1002	高新区	湖南亿盛科技有限公司	GR201843001045
1003	高新区	湖南福利天下网络科技有限公司	GR201843002042
1004	高新区	湖南匡为科技有限公司	GR201843002019
1005	高新区	长沙华德科技开发有限公司	GR201843001646
1006	高新区	长沙普照生化科技有限公司	GR201843001423
1007	高新区	长沙高新开发区联旭信息科技有限公司	GR201843001857
1008	高新区	湖南天一制造技术有限公司	GR201843001032
1009	高新区	湖南辰东科技有限公司	GR201843001924
1010	高新区	湖南力研光电科技有限公司	GR201843002028
1011	高新区	湖南物联聚创信息科技有限公司	GR201843001725
1012	高新区	长沙英雁电子有限公司	GR201843002052
1013	高新区	湖南挖挖工程科技有限公司	GR201843001416
1014	高新区	长沙美泉软件开发有限公司	GR201843001729
1015	高新区	湖南海龙国际智能科技股份有限公司	GR201843002072
1016	高新区	湖南中南楷思科技发展有限公司	GR201843001785
1017	高新区	长沙冉星信息科技有限公司	GR201843002067
1018	高新区	泰谷生态科技集团股份有限公司	GR201843001049
1019	高新区	长沙市新时科技发展有限公司	GR201843001273
1020	高新区	湖南尚兴科技有限公司	GR201843001777
1021	高新区	湖南民达医药有限责任公司	GR201843002094
1022	高新区	长沙信实智能科技有限公司	GR201843001219
1023	高新区	湖南民达电子商务股份有限公司	GR201843001276
1024	高新区	湖南驱动源电气技术有限公司	GR201843001336
1025	高新区	长沙市立川水电控制设备有限公司	GR201843001705
1026	高新区	湖南麓南脱硫脱硝科技有限公司	GR201843001360
1027	高新区	湖南纽帕科技有限公司	GR201843001791

续表 24　　2018 年长沙市新认定国家高新技术企名单

序号	区域	企业名称	证书编号
1028	高新区	长沙联远电子科技有限公司	GR201843001698
1029	高新区	长沙高新开发区佳仪科技有限公司	GR201843001059
1030	高新区	湖南青熠信息技术有限公司	GR201843001147
1031	高新区	湖南圣瓷科技有限公司	GR201843001193
1032	高新区	湖南特种金属材料有限责任公司	GR201843001531
1033	高新区	湖南中森通信科技有限公司	GR201843001465
1034	高新区	湖南动力源电力勘测设计有限公司	GR201843001348
1035	高新区	湖南斯多孚节能科技有限公司	GR201843001006
1036	高新区	湖南航天三丰科工有限公司	GR201843001368
1037	高新区	湖南利亚德光电股份有限公司	GR201843001513
1038	高新区	长沙泽元软件有限公司	GR201843001679
1039	高新区	湖南联创预应力工程设备有限公司	GR201843001608
1040	高新区	湖南骏星电子科技股份有限公司	GR201843001714
1041	高新区	湖南隆平高科供应链管理有限公司	GR201843001904
1042	高新区	湖南龙通科技有限公司	GR201843002159
1043	高新区	湖南科谷环保科技有限公司	GR201843001558
1044	高新区	湖南同恒信息技术有限公司	GR201843001825
1045	高新区	费森尤斯卡比健源（长沙）医疗科技有限公司	GR201843001598
1046	高新区	湖南迪麦尔智能科技有限公司	GR201843001790
1047	高新区	湖南容大智能变速器股份有限公司	GR201843002198
1048	高新区	湖南屎壳郎环境科技有限公司	GR201843002065
1049	高新区	湖南仁诺电子有限公司	GR201843002124
1050	高新区	湖南必然网络科技有限公司	GR201843001494
1051	高新区	湖南国网巨能科技有限公司	GR201843001501
1052	高新区	湖南良师智胜教育科技有限公司	GR201843001355
1053	高新区	湖南尤艾科汽车精密部件有限公司	GR201843002037
1054	高新区	湖南医家智烯新材料科技股份有限公司	GR201843001008
1055	高新区	长沙诚慧信息技术有限公司	GR201843001005
1056	高新区	湖南省潇振工程科技有限公司	GR201843001881
1057	高新区	湖南鑫实伟业环保科技有限公司	GR201843001475
1058	高新区	长沙运能电气科技有限公司	GR201843001605
1059	高新区	湖南中名网络科技有限公司	GR201843001151
1060	高新区	长沙电团网络科技有限公司	GR201843001614

续表 24　　2018 年长沙市新认定国家高新技术企名单

序号	区域	企业名称	证书编号
1061	高新区	湖南威平科技发展有限公司	GR201843002171
1062	高新区	长沙德自信息技术有限公司	GR201843001800
1063	高新区	湖南集社电子技术有限公司	GR201843001017
1064	高新区	湖南泛联新安信息科技有限公司	GR201843001538
1065	高新区	湖南汉拓物联科技有限公司	GR201843001622
1066	高新区	湖南百旺金赋科技有限公司	GR201843001640
1067	高新区	湖南省工程建设监理有限公司	GR201843001722
1068	高新区	长沙变化率信息技术有限公司	GR201843001173
1069	高新区	湖南德远科技发展有限公司	GR201843001675
1070	高新区	湖南薪火信息技术有限公司	GR201843001848
1071	高新区	湖南小步科技有限公司	GR201843001232
1072	高新区	湖南天羽互联科技股份有限公司	GR201843002129
1073	高新区	湖南斯派克科技股份有限公司	GR201843001507
1074	高新区	湖南军芃科技股份有限公司	GR201843001130
1075	高新区	湖南宏大日晟航天动力技术有限公司	GR201843001136
1076	高新区	湖南金宝康生物科技有限公司	GR201843001537
1077	高新区	长沙上游网络科技有限公司	GR201843001918
1078	高新区	湖南搜云网络科技股份有限公司	GR201843001415
1079	高新区	湖南钜晟环保科技工程有限公司	GR201843001619
1080	高新区	湖南优财信息技术有限公司	GR201843001610
1081	高新区	湖南网匠七二零科技有限公司	GR201843001817
1082	高新区	湖南中斯信息科技有限公司	GR201843001894
1083	高新区	湖南原子智慧建设有限公司	GR201843001093
1084	高新区	湖南晟通天力汽车有限公司	GR201843002131
1085	高新区	湖南现代环境科技股份有限公司	GR201843001079
1086	高新区	湖南中车环境工程有限公司	GR201843001230
1087	高新区	湖南亚华种业有限公司	GR201843001283
1088	高新区	湖南慧峰环保科技开发有限公司	GR201843001378
1089	高新区	长沙金原环保科技有限公司	GR201843001534
1090	高新区	长沙润伟机电科技有限责任公司	GR201843002154
1091	高新区	湖南湘北斗互联科技有限公司	GR201843001506
1092	高新区	湖南华创科技发展有限公司	GR201843001653
1093	高新区	湖南北云科技有限公司	GR201843001786

续表 24　　2018 年长沙市新认定国家高新技术企名单

序号	区域	企业名称	证书编号
1094	高新区	湖南品智工程技术有限公司	GR201843001650
1095	高新区	湖南润万环保科技有限公司	GR201843001177
1096	高新区	长沙宏宇建筑工程检测有限公司	GR201843001509
1097	高新区	湖南鹏昱建设工程咨询有限公司	GR201843001656
1098	高新区	湖南妙手机器人有限公司	GR201843001134
1099	高新区	湖南知间信息技术有限公司	GR201843001258
1100	高新区	长沙诺克机械科技有限公司	GR201843001021
1101	高新区	湖南梦洁新材料科技有限公司	GR201843001212
1102	高新区	湖南青鹏国际信息科技有限公司	GR201843001824
1103	高新区	湖南华中宏泰检测评价有限公司	GR201843002172
1104	高新区	湖南天济草堂制药股份有限公司	GR201843001065
1105	高新区	长沙博为软件技术股份有限公司	GR201843001856
1106	高新区	湖南新绿新能源有限公司	GR201843001879
1107	高新区	源数科技（湖南）有限公司	GR201843001565
1108	高新区	湖南星汉数智科技有限公司	GR201843001703

表 25　　2018 年长沙市科技创新小巨人企业认定名单

序号	企业名称	区县（市）、园区	证书编号
1	湖南移商动力网络技术有限公司	芙蓉区	CSKJXJR2018001
2	湖南睿邦科技发展有限公司	芙蓉区	CSKJXJR2018002
3	湖南银河钢结构工程有限责任公司	芙蓉区	CSKJXJR2018003
4	湖南佳创能源工程技术有限公司	芙蓉区	CSKJXJR2018004
5	湖南星耀科技有限公司	芙蓉区	CSKJXJR2018005
6	湖南万江信息科技有限公司	芙蓉区	CSKJXJR2018006
7	湖南匡安网络技术有限公司	芙蓉区	CSKJXJR2018007
8	湖南金色农丰种业有限公司	芙蓉区	CSKJXJR2018008
9	湖南万恒工程项目管理有限公司	芙蓉区	CSKJXJR2018009
10	长沙泰和英杰系统集成工程有限责任公司	芙蓉区	CSKJXJR2018010
11	湖南省方正项目管理有限公司	芙蓉区	CSKJXJR2018011
12	长沙谷雨信息科技有限公司	芙蓉区	CSKJXJR2018012
13	湖南北斗赛格导航科技有限公司	芙蓉区	CSKJXJR2018013
14	湖南索思科技开发有限公司	芙蓉区	CSKJXJR2018014

续表 25　　2018 年长沙市科技创新小巨人企业认定名单

序号	企业名称	区县（市）、园区	证书编号
15	湖南华鑫美好公路环境建设有限公司	芙蓉区	CSKJXJR2018015
16	湖南仪创科技有限公司	芙蓉区	CSKJXJR2018016
17	湖南拓浦智能科技有限公司	天心区	CSKJXJR2018017
18	海勒威尔（长沙）电子科技有限公司	天心区	CSKJXJR2018018
19	湖南力环新型建材有限公司	天心区	CSKJXJR2018019
20	湖南坤诚检测技术有限公司	天心区	CSKJXJR2018020
21	湖南晨皓科技有限公司	天心区	CSKJXJR2018021
22	湖南潭州农业发展有限公司	天心区	CSKJXJR2018022
23	湖南利和工贸发展有限公司	天心区	CSKJXJR2018023
24	湖南紫薇垣信息系统有限公司	天心区	CSKJXJR2018024
25	湖南高雷同层排水科技有限公司	天心区	CSKJXJR2018025
26	湖南网众盛景数字传媒有限公司	天心区	CSKJXJR2018026
27	湖南中核环境生态艺术工程有限公司	天心区	CSKJXJR2018027
28	湖南林科达信息科技有限公司	天心区	CSKJXJR2018028
29	湖南欣杰泰工贸有限公司	天心区	CSKJXJR2018029
30	湖南天湘和信息科技有限公司	天心区	CSKJXJR2018030
31	湖南麓山教育设备有限公司	岳麓区	CSKJXJR2018031
32	湖南德派科技有限公司	岳麓区	CSKJXJR2018032
33	长沙京平泰安防科技有限公司	岳麓区	CSKJXJR2018033
34	长沙鑫盛电梯有限公司	岳麓区	CSKJXJR2018034
35	湖南宇达勘测设计有限公司	岳麓区	CSKJXJR2018035
36	长沙湘邵电力设备有限公司	岳麓区	CSKJXJR2018036
37	湖南先导洋湖再生水有限公司	岳麓区	CSKJXJR2018037
38	长沙市德米勒精密机械制造有限责任公司	岳麓区	CSKJXJR2018038
39	湖南景色大地生态科技发展有限公司	岳麓区	CSKJXJR2018039
40	中民筑友（长沙）绿建科技有限公司	开福区	CSKJXJR2018040
41	湖南永峰空调服务有限公司	开福区	CSKJXJR2018041
42	湖南苍树航天科技有限公司	开福区	CSKJXJR2018042
43	中南迅智科技有限公司	开福区	CSKJXJR2018043
44	湖南八方轨道交通仿真设备有限公司	开福区	CSKJXJR2018044
45	湖南盛熙信息技术有限公司	开福区	CSKJXJR2018045
46	湖南精彩共赢科技有限公司	开福区	CSKJXJR2018046
47	长沙艾克赛普仪器设备有限公司	开福区	CSKJXJR2018047

续表 25　　2018 年长沙市科技创新小巨人企业认定名单

序号	企业名称	区县（市）、园区	证书编号
48	湖南驰阳信息科技有限公司	开福区	CSKJXJR2018048
49	湖南赛恩斯科技发展有限公司	开福区	CSKJXJR2018049
50	安赛尔（长沙）机电科技有限公司	开福区	CSKJXJR2018050
51	湖南金远智科科技有限公司	开福区	CSKJXJR2018051
52	湖南兴旺智慧城市建设有限公司	开福区	CSKJXJR2018052
53	长沙励思生物技术有限公司	开福区	CSKJXJR2018053
54	湖南新星项目管理有限公司	开福区	CSKJXJR2018054
55	湖南宏远印务有限公司	开福区	CSKJXJR2018055
56	长沙德恒知识产权代理有限公司	开福区	CSKJXJR2018056
57	湖南腾湘科技有限公司	雨花区	CSKJXJR2018057
58	湖南腾马网络科技有限公司	雨花区	CSKJXJR2018058
59	湖南华烨智能通信技术股份有限公司	雨花区	CSKJXJR2018059
60	湖南骏环信息科技有限公司	雨花区	CSKJXJR2018060
61	湖南翌邦电气设备有限公司	雨花区	CSKJXJR2018061
62	湖南正东通信技术工程有限公司	雨花区	CSKJXJR2018062
63	湖南中永安防工程有限公司	雨花区	CSKJXJR2018063
64	湖南乾鼎电气设备有限公司	雨花区	CSKJXJR2018064
65	长沙智德知识产权代理有限公司	雨花区	CSKJXJR2018065
66	湖南金昊信息技术有限公司	雨花区	CSKJXJR2018066
67	湖南公共安全工程有限公司	雨花区	CSKJXJR2018067
68	湖南怡飞科技有限公司	雨花区	CSKJXJR2018068
69	长沙市大光明道路设施工程有限公司	望城区	CSKJXJR2018069
70	湖南有色新材料科技有限公司	望城区	CSKJXJR2018070
71	长沙苏美电器有限公司	望城区	CSKJXJR2018071
72	湖南新鼎钢结构制造有限公司	望城区	CSKJXJR2018072
73	湖南绿道节能环保科技有限公司	望城区	CSKJXJR2018073
74	湖南汇虹试剂有限公司	望城区	CSKJXJR2018074
75	湖南长一泵业有限公司	望城区	CSKJXJR2018075
76	长沙市望城区湘豫食品加工有限公司	望城区	CSKJXJR2018076
77	湖南科太电气有限公司	望城区	CSKJXJR2018077
78	湖南可成仪器设备有限公司	望城区	CSKJXJR2018078
79	长沙市西欧电子科技有限公司	望城区	CSKJXJR2018079
80	湖南湖湘贡食品有限公司	望城区	CSKJXJR2018080

续表 25　　2018 年长沙市科技创新小巨人企业认定名单

序号	企业名称	区县（市）、园区	证书编号
81	长沙天华机械制造有限责任公司	望城区	CSKJXJR2018081
82	湖南卓宏自动化科技有限公司	长沙县	CSKJXJR2018082
83	湖南铁榔头机械有限公司	长沙县	CSKJXJR2018083
84	湖南国进食用菌开发有限公司	长沙县	CSKJXJR2018084
85	迅畅（湖南）交通信息科技服务有限公司	长沙县	CSKJXJR2018085
86	湖南省美乐厨油茶网络科技有限公司	长沙县	CSKJXJR2018086
87	长沙肯贝科技有限公司	长沙县	CSKJXJR2018087
88	湖南腾发新能源有限公司	长沙县	CSKJXJR2018088
89	湖南九鼎物流有限公司	长沙县	CSKJXJR2018089
90	长沙星控电气设备有限公司	长沙县	CSKJXJR2018090
91	长沙石立超硬材料有限公司	长沙县	CSKJXJR2018091
92	湖南省博一节能防水工程有限公司	长沙县	CSKJXJR2018092
93	湖南中拓环境工程有限公司	长沙县	CSKJXJR2018093
94	长沙大禹建材科技有限公司	长沙县	CSKJXJR2018094
95	湖南以仁油脂有限公司	长沙县	CSKJXJR2018095
96	湖南省金鼎消防器材有限公司	长沙县	CSKJXJR2018096
97	长沙勤凯智能科技有限公司	长沙县	CSKJXJR2018097
98	长沙金薯食品有限公司	长沙县	CSKJXJR2018098
99	湖南刘先生餐饮管理有限公司	长沙县	CSKJXJR2018099
100	湖南萌芽蔬菜产业有限公司	长沙县	CSKJXJR2018100
101	湖南中飞幕墙有限公司	长沙县	CSKJXJR2018101
102	长沙双江包装有限公司	长沙县	CSKJXJR2018102
103	长沙新天翔食品有限公司	长沙县	CSKJXJR2018103
104	湖南华佑生物科技有限公司	浏阳市	CSKJXJR2018104
105	浏阳市化工厂有限公司	浏阳市	CSKJXJR2018105
106	湖南省沿溪新丰高科农业发展股份有限公司	浏阳市	CSKJXJR2018106
107	湖南金拇指环保设备有限公司	浏阳市	CSKJXJR2018107
108	浏阳市宏远精工机械科技有限公司	浏阳市	CSKJXJR2018108
109	浏阳市熊猫烟花有限公司	浏阳市	CSKJXJR2018109
110	浏阳市辉章农牧科技有限公司	浏阳市	CSKJXJR2018110
111	湖南蓝林能源科技有限公司	浏阳市	CSKJXJR2018111
112	湖南宝升塑业科技开发有限公司	浏阳市	CSKJXJR2018112
113	长沙吉特机械有限公司	宁乡市	CSKJXJR2018113

续表 25　　2018 年长沙市科技创新小巨人企业认定名单

序号	企业名称	区县（市）、园区	证书编号
114	湖南宁静之乡商贸有限公司	宁乡市	CSKJXJR2018114
115	长沙宁诚机械设备有限公司	宁乡市	CSKJXJR2018115
116	湖南绿盛农业发展有限公司	宁乡市	CSKJXJR2018116
117	湖南宇泰重工有限公司	宁乡市	CSKJXJR2018117
118	长沙瑞丰农业发展有限公司	宁乡市	CSKJXJR2018118
119	湖南天宇游网络科技有限公司	长沙高新区	CSKJXJR2018119
120	湖南医漫生物科技有限公司	长沙高新区	CSKJXJR2018120
121	湖南触摸未来文化科技发展有限公司	长沙高新区	CSKJXJR2018121
122	湖南大茶视界控股有限公司	长沙高新区	CSKJXJR2018122
123	湖南动力源电力勘测设计有限公司	长沙高新区	CSKJXJR2018123
124	湖南宏大日晟航天动力技术有限公司	长沙高新区	CSKJXJR2018124
125	湖南梯田科教文化有限公司	长沙高新区	CSKJXJR2018125
126	湖南省沃尔信息技术有限公司	长沙高新区	CSKJXJR2018126
127	湖南天骄物流信息科技有限公司	长沙高新区	CSKJXJR2018127
128	湖南优财信息技术有限公司	长沙高新区	CSKJXJR2018128
129	长沙铭盛科技发展有限公司	长沙高新区	CSKJXJR2018129
130	湖南恒信智联网络技术有限公司	长沙高新区	CSKJXJR2018130
131	长沙唯度节能科技有限公司	长沙高新区	CSKJXJR2018131
132	湖南奇果时代文化产业发展有限公司	长沙高新区	CSKJXJR2018132
133	湖南星尘映画文化科技有限公司	长沙高新区	CSKJXJR2018133
134	湖南青鹏国际信息科技有限公司	长沙高新区	CSKJXJR2018134
135	湖南品智工程技术有限公司	长沙高新区	CSKJXJR2018135
136	长沙伊士格信息科技有限责任公司	长沙高新区	CSKJXJR2018136
137	长沙湘麓环保科技有限公司	长沙高新区	CSKJXJR2018137
138	长沙冉星信息科技有限公司	长沙高新区	CSKJXJR2018138
139	湖南必然网络科技有限公司	长沙高新区	CSKJXJR2018139
140	湖南联凯科技股份有限公司	长沙高新区	CSKJXJR2018140
141	湖南威平科技发展有限公司	长沙高新区	CSKJXJR2018141
142	湖南搜农电子商务有限公司	长沙高新区	CSKJXJR2018142
143	湖南七凤网络科技有限公司	长沙高新区	CSKJXJR2018143
144	湖南仁诺电子有限公司	长沙高新区	CSKJXJR2018144
145	湖南德沃信息技术有限公司	长沙高新区	CSKJXJR2018145
146	湖南亚华种业有限公司	长沙高新区	CSKJXJR2018146

续表 25　　2018 年长沙市科技创新小巨人企业认定名单

序号	企业名称	区县（市）、园区	证书编号
147	湖南易得票电子商务有限公司	长沙高新区	CSKJXJR2018147
148	长沙拓宏机械科技有限公司	长沙高新区	CSKJXJR2018148
149	长沙运能电气科技有限公司	长沙高新区	CSKJXJR2018149
150	湖南恒辉膜科技有限公司	长沙高新区	CSKJXJR2018150
151	长沙泽元软件有限公司	长沙高新区	CSKJXJR2018151
152	长沙高新开发区佳仪科技有限公司	长沙高新区	CSKJXJR2018152
153	长沙誉联信息技术有限公司	长沙高新区	CSKJXJR2018153
154	湖南安智教育网络科技有限公司	长沙高新区	CSKJXJR2018154
155	湖南盛和电子自控科技有限公司	长沙高新区	CSKJXJR2018155
156	湖南展通安全科技有限公司	长沙高新区	CSKJXJR2018156
157	湖南圣瓷科技有限公司	长沙高新区	CSKJXJR2018157
158	湖南军芃科技股份有限公司	长沙高新区	CSKJXJR2018158
159	湖南图元云技术有限公司	长沙高新区	CSKJXJR2018159
160	长沙天一科技实业有限公司	长沙高新区	CSKJXJR2018160
161	湖南省金盾信息安全等级保护评估中心有限公司	长沙高新区	CSKJXJR2018161
162	湖南天成新宇网络科技有限公司	长沙高新区	CSKJXJR2018162
163	长沙冰眼电子科技有限公司	长沙高新区	CSKJXJR2018163
164	湖南农富通电子商务有限公司	长沙高新区	CSKJXJR2018164
165	湖南原子智慧建设有限公司	长沙高新区	CSKJXJR2018165
166	天创云征信有限公司	长沙高新区	CSKJXJR2018166
167	湖南松鸣信息科技服务有限公司	长沙高新区	CSKJXJR2018167
168	湖南省星讯科技发展有限公司	长沙高新区	CSKJXJR2018168
169	湖南尤艾科汽车精密部件有限公司	长沙高新区	CSKJXJR2018169
170	湖南佳蓝检测技术有限公司	长沙高新区	CSKJXJR2018170
171	湖南德远科技发展有限公司	长沙高新区	CSKJXJR2018171
172	湖南星汉数智科技有限公司	长沙高新区	CSKJXJR2018172
173	湖南优谷信息科技有限公司	长沙高新区	CSKJXJR2018173
174	长沙联远电子科技有限公司	长沙高新区	CSKJXJR2018174
175	湖南千百年机房设备工程有限公司	长沙高新区	CSKJXJR2018175
176	湖南省金太阳光伏发电科技有限公司	长沙高新区	CSKJXJR2018176
177	湖南艾珂人力资源服务有限公司	长沙高新区	CSKJXJR2018177
178	长沙普照生化科技有限公司	长沙高新区	CSKJXJR2018178
179	湘优教（湖南）信息科技有限公司	长沙高新区	CSKJXJR2018179

续表 25　2018 年长沙市科技创新小巨人企业认定名单

序号	企业名称	区县（市）、园区	证书编号
180	湖南辰东科技有限公司	长沙高新区	CSKJXJR2018180
181	湖南中冶信息技术有限公司	长沙高新区	CSKJXJR2018181
182	湖南万众一网通科技有限公司	长沙高新区	CSKJXJR2018182
183	悦生活信息技术股份有限公司	长沙高新区	CSKJXJR2018183
184	湖南天一装备科技有限公司	长沙高新区	CSKJXJR2018184
185	湖南天一制造技术有限公司	长沙高新区	CSKJXJR2018185
186	湖南福利天下网络科技有限公司	长沙高新区	CSKJXJR2018186
187	长沙华德科技开发有限公司	长沙高新区	CSKJXJR2018187
188	唯港时尚传媒（湖南）有限公司	长沙高新区	CSKJXJR2018188
189	长沙世茂机械有限公司	长沙经开区	CSKJXJR2018189
190	湖南蓝创环保节能科技有限公司	长沙经开区	CSKJXJR2018190
191	湖南载和物流有限公司	长沙经开区	CSKJXJR2018191
192	湖南新风科技有限公司	长沙经开区	CSKJXJR2018192
193	湖南伟达文化传播有限公司	长沙经开区	CSKJXJR2018193
194	湖南九农蔬菜科技股份有限公司	长沙经开区	CSKJXJR2018194
195	湖南德诺健康产业有限公司	长沙经开区	CSKJXJR2018195
196	湖南天开自动化科技有限公司	长沙经开区	CSKJXJR2018196
197	湖南泰林智能科技有限公司	长沙经开区	CSKJXJR2018197
198	湖南长丰难波汽车部件有限公司	长沙经开区	CSKJXJR2018198
199	湖南鑫垒科技有限公司	长沙经开区	CSKJXJR2018199
200	湖南美音网络技术有限公司	长沙经开区	CSKJXJR2018200
201	湖南北斗星空自动化科技有限公司	长沙经开区	CSKJXJR2018201
202	湖南泰德汽车空调有限公司	长沙经开区	CSKJXJR2018202
203	长沙妙趣新媒体技术有限公司	长沙经开区	CSKJXJR2018203
204	湖南奥立龙现代实验室设备有限公司	长沙经开区	CSKJXJR2018204
205	湖南慑力电子科技有限公司	长沙经开区	CSKJXJR2018205
206	湖南华中航天北斗卫星应用有限公司	长沙经开区	CSKJXJR2018206
207	湖南原子九洲光电工程有限公司	长沙经开区	CSKJXJR2018207
208	湖南中彩科技有限公司	长沙经开区	CSKJXJR2018208
209	湖南中缆电缆有限公司	长沙经开区	CSKJXJR2018209
210	长沙杰立特自动化设备有限公司	长沙经开区	CSKJXJR2018210
211	湖南佳和种业股份有限公司	长沙经开区	CSKJXJR2018211
212	湖南赛西科技有限公司	长沙经开区	CSKJXJR2018212

续表 25　　2018 年长沙市科技创新小巨人企业认定名单

序号	企业名称	区县（市）、园区	证书编号
213	湖南天河国云科技有限公司	长沙经开区	CSKJXJR2018213
214	长沙智联科技有限公司	长沙经开区	CSKJXJR2018214
215	湖南海铭德电子科技有限公司	长沙经开区	CSKJXJR2018215
216	湖南京昌生物科技有限公司	雨花经开区	CSKJXJR2018216
217	湖南兆丰光电科技有限公司	雨花经开区	CSKJXJR2018217
218	长沙七维传感技术有限公司	雨花经开区	CSKJXJR2018218
219	湖南智水环境工程有限公司	雨花经开区	CSKJXJR2018219
220	湖南华弘检测有限公司	雨花经开区	CSKJXJR2018220
221	湖南微视力机器人技术有限公司	雨花经开区	CSKJXJR2018221
222	湖南盛德云智能科技有限公司	雨花经开区	CSKJXJR2018222
223	长沙悦翼模塑科技有限公司	宁乡经开区	CSKJXJR2018223
224	长沙中韵机械设备制造有限公司	宁乡经开区	CSKJXJR2018224
225	长沙市聚美合豆制品有限公司	宁乡经开区	CSKJXJR2018225
226	长沙扬翔饲料有限责任公司	宁乡经开区	CSKJXJR2018226
227	湖南新绿方药业有限公司	宁乡经开区	CSKJXJR2018227
228	长沙建益新材料有限公司	宁乡经开区	CSKJXJR2018228
229	长沙港美新材料科技有限公司	宁乡经开区	CSKJXJR2018229
230	宁乡信联包装容器有限公司	宁乡经开区	CSKJXJR2018230
231	长沙博朗思达新材料科技有限公司	宁乡高新区	CSKJXJR2018231
232	湖南汇鑫电力成套设备有限公司	宁乡高新区	CSKJXJR2018232
233	长沙佳纳锂业科技有限公司	宁乡高新区	CSKJXJR2018233
234	湖南天威施耐德电气有限公司	宁乡高新区	CSKJXJR2018234
235	长沙微纳坤宸新材料有限公司	宁乡高新区	CSKJXJR2018235
236	湖南星沙机床设备有限公司	宁乡高新区	CSKJXJR2018236
237	长沙科成高分子材料有限公司	隆平科技园	CSKJXJR2018237
238	长沙全程迅通科技开发有限公司	隆平科技园	CSKJXJR2018238
239	湖南爱博科技发展有限公司	隆平科技园	CSKJXJR2018239
240	湖南森美思环保有限责任公司	隆平科技园	CSKJXJR2018240
241	湖南中大安孚新能源技术有限公司	隆平科技园	CSKJXJR2018241
242	湖南优久农牧有限公司	隆平科技园	CSKJXJR2018242
243	湖南秋立制药设备有限公司	浏阳经开区	CSKJXJR2018243
244	湖南金磨坊食品有限公司	浏阳经开区	CSKJXJR2018244
245	长沙炬创科技有限公司	浏阳经开区	CSKJXJR2018245

续表 25　2018 年长沙市科技创新小巨人企业认定名单

序号	企业名称	区县（市）、园区	证书编号
246	湖南广安动物保健品有限公司	浏阳经开区	CSKJXJR2018246
247	湖南湘典食品有限公司	浏阳两型产业园	CSKJXJR2018247

表 26　2018 年长沙新增工业科技特派员名单

序号	姓名	派出单位	派驻企业
1	牛承岗	湖南大学	湖南博世科环保科技有限公司
2	方乐缘	湖南大学	湖南长城医疗科技有限公司
3	刘　坚	湖南大学	湖南仁诺电子有限公司
4	傅喜泉	湖南大学	中聚科技股份有限公司
5	谭志凯	湖南大学	长沙海润生物技术有限公司
6	袁小芳	湖南大学	湖南睿图智能科技有限公司
7	许邦建	湖南大学	湖南融和微电子有限公司
8	陈湘涛	湖南大学	湖南大平安安全科技有限公司
9	余　刚	湖南大学	长沙新材料产业研究院有限公司
10	黎文伟	湖南大学	湖南长海科技发展有限公司
11	朱　青	湖南大学	湖南利能科技股份有限公司
12	张汗灵	湖南大学	长沙亚欣电器技术服务股份有限公司
13	张恒龙	湖南大学	湖南云中再生科技股份有限公司
14	滕　杰	湖南大学	湖南汇亚电子科技有限公司
15	肖昌炎	湖南大学	湖南安冠智能科技有限公司
16	任莹晖	湖南大学	湖南泰嘉新材料科技股份有限公司
17	严红革	湖南大学	湖南省国银新材料有限公司
18	杨春平	湖南大学	长沙奥星金属表面处理有限公司
19	尹韶辉	湖南大学	长沙皓欣工业设备有限公司
20	叶南海	湖南大学	湖南蓝天机器人科技有限公司
21	王伏林	湖南大学	湖南省金鼎消防器材有限公司
22	张振军	湖南大学	湖南宇环智能装备有限公司
23	杨　易	湖南大学	浏阳市宏远精工机械科技有限公司
24	张　帆	湖南大学	湖南浏花烟花有限公司
25	黄向明	湖南大学	宇环数控机床股份有限公司

续表 26　　2018 年长沙新增工业科技特派员名单

序号	姓名	派出单位	派驻企业
26	戴宏亮	湖南大学	万鑫精工（湖南）有限公司
27	张 锦	湖南师范大学	湖南航天电子科技有限公司
28	杨春明	湖南师范大学	湖南同远新材料有限公司
29	陈 曦	长沙理工大学	湖南华宽通科技股份有限公司
30	张贵金	长沙理工大学	长沙普照生化科技有限公司
31	吴文兵	长沙理工大学	长沙柏汉电子科技股份有限公司
32	胡宏伟	长沙理工大学	长沙鹏翔电子科技有限公司
33	童海霞	长沙理工大学	长沙乐远化工科技有限公司
34	雷正保	长沙理工大学	湖南双达机电有限责任公司
35	何 青	长沙理工大学	湖南比扬医疗科技有限公司
36	彭曙蓉	长沙理工大学	中技能源股份有限公司
37	张 辉	长沙理工大学	湖南微视力机器人技术有限公司
38	贺 勇	长沙理工大学	湘能楚天电力有限公司
39	李传常	长沙理工大学	湖南省迪尔森热电有限公司
4	王 忠	长沙理工大学	长沙市美陶美文化艺术发展有限公司
41	黄朋勉	长沙理工大学	长沙鑫本药业有限公司
42	张 剑	长沙理工大学	长沙市金刀兔文化传媒有限公司
43	毛 聪	长沙理工大学	湖南中铁五新重工有限公司
44	尹来容	长沙理工大学	湖南星火机械制造有限公司
45	张红燕	湖南农业大学	湖南元想科技有限公司
46	刘 波	湖南农业大学	湖南中信安科技有限责任公司
47	秦普丰	湖南农业大学	泰谷生态科技集团股份有限公司
48	王 华	湖南农业大学	环保桥（湖南）生态环境修复有限公司
49	杨 华	湖南农业大学	湖南普泰尔环境股份有限公司
50	童成彪	湖南农业大学	长沙润伟机电科技有限责任公司
51	林元山	湖南农业大学	湖南普菲克生物科技有限公司
52	张春艳	湖南农业大学	长沙兴嘉生物工程股份有限公司
53	赵玲艳	湖南农业大学	湖南省流沙河花猪肉食有限公司
54	田 云	湖南农业大学	宁乡新阳化工有限公司
55	陈桂华	中南林业科技大学	长沙创远环保科技有限公司
56	王文磊	中南林业科技大学	湖南瀚洋环保科技有限公司

续表 26　　2018 年长沙新增工业科技特派员名单

序号	姓名	派出单位	派驻企业
57	杨汉乾	中南林业科技大学	湖南法泽尔动力再制造有限公司
58	谢　冰	湖南商学院	浏阳市天鹰包装印务有限公司
59	彭艳梅	湖南省中医药研究院	湖南天劲制药有限责任公司

表 27　　2018 年长沙市科技创新创业领军人才名单

序号	姓名	单位名称	职务 / 职称
1	杨玉林	湖南强智科技发展有限公司	总经理 / 高级工程师
2	陈松政	湖南麒麟信息工程技术有限公司	副总裁 / 副研究员
3	宋　卓	人和未来生物科技（长沙）有限公司	首席技术官 / 助理研究员
4	戴智勇	澳优乳业（中国）有限公司	执行董事、副总裁、总工程师、上游总经理、研究院院长 / 高级工程师
5	周友元	湖南长远锂科有限公司	副总经理 / 教授级高工
6	李先怀	威胜信息技术股份有限公司	董事、副总裁 / 中级工程师
7	刘国良	湖南星邦重工有限公司	董事长、总工程师 / 高级工程师
8	饶先宏	长沙景嘉微电子股份有限公司	技术委员会主任 / 副教授
9	谢向荣	绿建科技集团新型建材高技术有限公司	董事长 / 高级工程师
10	段志明	长沙岱勒新材料科技股份有限公司	董事长、总经理 / 高级工程师
11	王　炜	湖南源信光电科技股份有限公司	执行董事、总经理 / 教授
12	李　波	湖南海龙国际智能科技股份有限公司	董事长 / 中级工程师
13	刘飞香	中国铁建重工集团有限公司	董事长 / 教授级高工
14	张　斌	长沙中联重科环境产业有限公司	技术带头人、创新中心主任 / 高级工程师
15	孟清河	中航飞机起落架有限责任公司	副总经理 / 研究员级高级工程师
16	刘晓忠	湖南湘源美东医药科技有限公司	董事长、总经理 / 教授
17	欧阳冬生	长沙都正生物科技有限责任公司 / 中南大学湘雅医院	董事长 / 教授
18	何劲松	长沙华时捷环保科技发展股份有限公司	董事长、总经理
19	柴晓利	湖南三友环保科技股份有限公司	技术副总 / 教授
20	文利新	长沙绿叶生物科技有限公司 / 湖南农业大学	董事、总工程师 / 教授
21	戴　征	湖南明康中锦医疗科技发展有限公司	董事长、总经理 / 主治医师

防震减灾

【地震监测】 截至2018年12月31日，长沙市发生1.0级以上地震4次，最大震级2.8级（5月5日10点38分58.9秒，湖南宁乡，北纬28.25°，东经112.43°，震源深度5千米）。长沙台分析处理全球地震事件755次，邵阳台分析处理全球地震事件752次；年度测震和前兆资料连续率99%以上；测震与前兆资料全国评比获得8项优秀；地震监测仪器设备升级改造和维护，湖大井出水口更新改造，完成270米水温梯度测量；新增气氡仪1台；开展年中、年度地震分析预报会商；前往浏阳、长郡月亮岛中学流动地震台观测4次；组成长沙台、邵阳台、桃源台、浏阳台、宁乡台虚拟台网；修订湖南省地震监测志长沙地震台内容；配合完成国家地震烈度速报与预警工程长沙子项目年度任务；完成长沙台测震、前兆模拟资料数字化调查归档；市地震局指导长沙县路口镇村民排除水井水温异常干扰；加强科研，申报中国地震局三结合课题1个。 （魏 菁）

【抗震设防管理】 2018年，长沙市抗震设防管理全面实行“最多跑一次”，参与多规合一和“互联网+政务服务”平台，梳理行政权力事项；落实地震动参数区划图要求，确保新建工程、医院学校等人员密集场所和生命线工程严格按新标准设防；在项目评审和审查过程中落实抗震设防要求，向群众提供抗震设防、农居建造和选址等方面的咨询；区县（市）落实区划图抗震设防要求。在轨道交通1号线北延一期工程、4号线北延工程及2号线西延二期工程采用“业主委托，财政付款，地震局行业管理”的全新模式实行地震安全性评价，市地震局履行地震安全性强制性评估的监督管理职责，探索地震安全性评价改革模式；市地震局对湘江东岸提质改造项目、湘雅路过江通道、人民路快捷化改造等工程进行专项论证；市地震局提供浏阳永和通用机场选址的地震地质、历史地震和地震动参数等资料；市地震局对长沙临空经济区规划、长沙鞭炮产业园规划提出部门意见。 （魏 菁）

【防震减灾宣传】 2018年，长沙市召开示范学校、示范社区宣传教育工作座谈会，部署防灾减灾日系列宣传活动。联合编印《关注地震安全服务两型社会建设》折页近万份。5月12日，市地震局参加省市联合举办的全省“5·12”防灾减灾日启动仪式，并以“行动起来，降低身边的灾害风险”为主题开展系列宣传活动。市地震局承办全省中学生防震减灾知识竞赛决赛，麓山国际初中组勇夺冠军，代表湖南参加全国片区比赛获三等奖。配合省地震局开展汶川十年新闻大直播，市示范性综合实践基地地震专题教育馆、国家级地震安全示范社区木莲社区获报道，市地震局主要负责人作为嘉宾介绍湖南和长沙地震背景、防震减灾宣传等相关工作情况。防震减灾科普宣传进地铁，防灾减灾宣传周期间连续滚动播放“防震减灾，你我同行”公益广告，观看人数650万人次。参加第七届“平安中国”防灾科普文化影视季，在示范学校免费放映专题电影。指导开福区新竹第二小学开展学校防震减灾宣传活动。指导天心区仰天湖中建小学地震应急疏散演练。宣传周期间继续免费开放防震减灾科普教育基地，接待天凤社区居民、湖南师范大学学生、雅礼中学地质兴趣小组等团体参观；市地震局指导浏阳北正社区和城西社区、宁乡汤泉社区、岳麓区学堂坡社区和天凤社区开展“7·28”唐山地震纪念日宣传；探索推进宣传教育长效机制，发挥科普基地阵地作用。长沙市示范性综合实践基地地震专题教育馆全年接待学生2万余人次；芙蓉区素质教育基地地震体验中心接待8000人；引导社会组织参与防震减灾，长沙市蓝天救援队向全市机关、学校、社区等提供地震科普和地震应急演练指导，完成演练24场次，参演人数2万余人，市地震局支持蓝天救援队成立专门的地震组、搜救犬组和城市搜救组。与大爱无疆公益文化促进会合作，以灾害救援和学校灾害预防宣传为主导，联合政府部门、基金会、爱心企业、学校开展儿童安全自护教育3次，服务人数1500人；微信公众号推广防震减灾知识，2018年“长沙地震公众服务”关注人数超1万人，服务次数90万次。12月4日前后在公众号开展防震减灾普法宣传，普及宪法、防震减灾法和应急避险知识。组织湖南大学学生和学堂坡等示范社区观看地震专题电影《我要去远方》；地震科普和应急技能知识进十八洞村，市地震局主要负责人、长沙蓝天地震志愿者向十八洞村民科普地震应急避险知识和应急技能。防灾减灾日引导示范学校、示范社区开展相关宣传活动和应急演练成为常态。 （魏 菁）

【地震应急救援演练】 2018年，长沙市地震局指导月亮岛中学、砂子塘吉联小学、仰天湖中建小学、新竹二小等数十所学校开展地震应急综合演练。学校、社区地震应急演

2018年5月9日，开福区新竹二小以“行动起来，降低身边的灾害风险”为主题开展地震应急演练 程 艺 供图

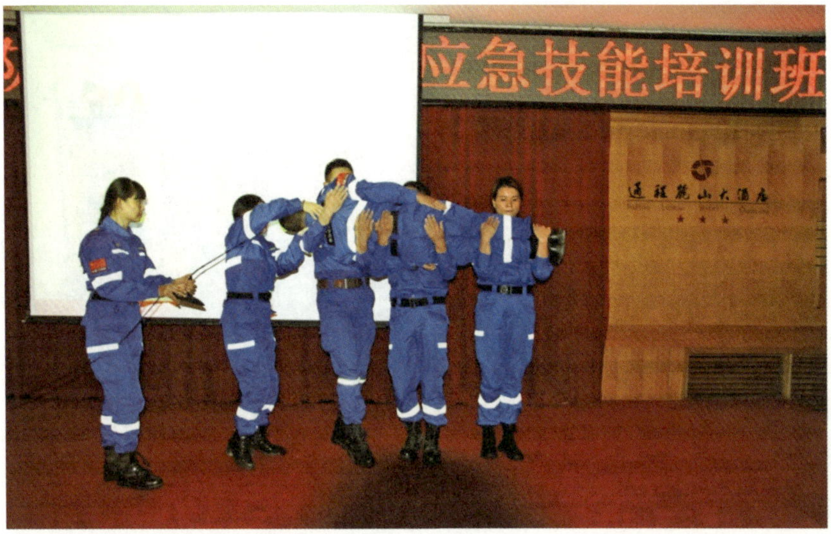

2018 年 10 月 30 日，防震减灾科普暨应急技能培训班，蓝天救援队队员演示地震自救互救内容　　陈东旭　供图

练成为新常态；市地震局与市教育局、应急办联合举办长沙市首届防震减灾科普暨应急技能培训班，培训示范学校骨干教师；建设地震志愿者队伍，依托长沙蓝天救援队就地震应急救援和应急培训签订合作协议，加强对志愿者的专业指导。以“防震减灾，你我同行”为题，给志愿者介绍国家防震减灾政策、地震应急避险知识，交流防震减灾科普工作；市地震局做好日常行政值班，维护应急管理平台，及时收发信息、报送震情；市地震局参加华南地区地震灾害救援演练，协助演示地震应急通信系统；按照省新地标的要求更新烈士公园部分应急避难场所标识，指导王陵公园设计新标识。　（魏　箐）

【防震减灾示范点创建】 2018 年，长沙市麓山国际实验学校等 5 所学校被评为国家级、5 所学校评为省级防震减灾示范校，南雅中学等 13 所中小学被认定为年度市示范学校；现场指导南雅中学示范创建和应急演练，提前谋划 2019 年示范性地震应急演练工作。新认定浏阳市北正社区等 5 个市级示范社区，指导桔子洲街道学堂坡社区 3 个社区创建省地震安全示范社区；为示范学校、示范社区配备地震应急箱 41 套；新认定望城区乌山灾后集中安置点等 3 个示范点，市地震局指导宁乡大屯营农居点建设。　（魏　箐）

【第 40 届鄂赣皖湘毗邻地区防震减灾联防会】 2018 年 11 月 1—3 日，第 40 届鄂赣皖湘毗邻地区防震减灾联防会议在江西上饶召开，湖北、江西、安徽、湖南 4 省毗邻地区的 17 市地震部门 50 余人参加会议，长沙市地震局局长吴帅带队参会。长沙市地震局作为 5 个防震减灾工作经验交流发言之一作《以人民为中心，筑牢长沙防震减灾基层基础》工作交流发言，从防震减灾基层试点示范的工作经费投入、科普宣传融合、农村民居示范推进、未来工作计划 4 个方面介绍长沙市推进防震减灾基层试点示范工作的情况，得到与会专家领导的一致认可。　（陈东旭）

【防震减灾科普暨应急技能培训】 2018 年 10 月 30 日，长沙市地震局在长沙市麓山宾馆会议中心举办防震减灾科普暨应急技能培训班。湖南省地震局副局长曾建华出席会议并作讲话，省地震局震防处处长万文、市应急办主任杨俊和市教育局有关负责人出席会议，会议由市地震局局长吴帅主持。邀请中国灾害防御协会副秘书长、研究员邹文卫和长沙市应急办主任杨俊、蓝天应急救援队及市地震局防震减灾专家讲授应急管理、防震减灾科普和应急技能培训，明确学校、社区示范创建和应急演练相关要求。来自各区县（市）地震工作管理部门、各示范学校、示范社区、示范基地、素质教育基地、蓝天救援队、大爱无疆等有关单位和社会组织的 120 余名学员参加培训。学员们学习应急管理实务、新时代防震减灾科普宣传、地震应急演练要点、应急技能培训和学校社区示范创建等培训内容。活动提升有关单位和社会组织的防震减灾知识水平和应急避险能力，进一步提高应对地震突发事件的公众应急避险与自救互救能力。

（陈东旭）

气　象

【气象现代化建设】 2018 年，长沙市气象局新接管省气象局高空气象探测业务，完成长沙高空气象观测站迁站工作；完成“风云三号”和“风云四号”气象卫星接收站建设任务，并投入业务运行；建立市、县集约化业务流程，探索暴雨定量预报、精细化格点预报、数值预报产品释用等精准预报关键技术的研发方案，并取得一定进展，灾害性天气预报准确率 92.6%，各类突发灾害性天气预警全部提前 32 分钟以上发出；区域站监测数据传输及时率与数据可用率全省排名第二位。湘江新区局开展靳江河等流域水位气象监测服务。长沙气象现代化建设评估得分全省名列第一位。“道安云”项目建设已列入 2019 年长沙市政府投资计划。推进气象预警信息全网发布工作，24 家预案单位全部接入市突发预警信息发布平台；打通广播电台渠道；落实有线电视发布渠道经费，并通过专家评审。气象“十三五”重点项目——“国家长沙观测综合试验基地及防灾减灾示范工程”可研报告已获批复，建设内容有精准预报中心和防汛气象大会商业务系统工程、湖南湘江新区气象监测预报业务系统及提质改造工程、气象生态科普园建设工程。　（卢晓晴）

【气象服务和保障】 2018 年，长沙地区出现暴雪、冰冻、暴雨、干旱等气象灾害 27 次，全市气象部门坚持面向民生、面向生产、面向决策，准确预报、及时服务，启动气象应急响应 14 次 64 天，为政府科学应对提供有效的决策依据。针对主汛期出现的较重旱情，市、县两级组建 21 个作业队，开展为期 3 个月的人工增雨抗旱作业工作，规模大、

时间长、效果好，为长沙市农业丰收、生态环境改善以及社会稳定发挥积极作用，保障全市防汛抗旱形势的稳定。完成12月底的低温雨雪冰冻天气过程气象服务，预报精准、服务及时、响应迅速，为全市抗冰救灾赢得主动权。同时，融入地方经济社会发展大局，开展地质灾害防治、森林防火、城市内涝等专业气象服务，完成重大活动和重要节假日服务保障。气象服务乡村振兴。邀请省、市农业和气象专家开展农事调研及培训20余次，农业气象防御灾害知识列入新型职业农民培训内容，为3000余户新型职业农民建立服务档案；签订茶叶、水果气候品质评估认证意向合同；指导特色农业在长沙地区的试种，编写蓝莓、火龙果等作物气候适宜性分析报告；加强生态旅游气象保障服务，乡村旅游景点天气预报节目在多家电台播放，望城区局积极做好乡村旅游气象服务工作。宁乡市局与太平洋保险公司签署农业保险气象保障服务协议。全面参与蓝天保卫战的决策调度。开展大气污染防治攻坚战气象服务保障；推进气象、环保等资源和信息共享，及时发布空气质量预报、一周大气污染趋势和重污染天气预警，向蓝天办提供数据统计分析及《长沙臭氧污染气象条件分析》等多份决策报告；增加特护期、敏感期重污染天气的会商频次。2018年年初，成立新的气象信息中心，召开专业气象服务工作推进会议和全市专业气象服务会议，推进工作的开展。（卢晓晴）

【防雷安全监管】 2018年，长沙市防雷安全监管工作形成宣传培训和刚性执法两手抓工作格局；市、县两级开展防雷安全培训。长沙县局健全“一企一档一清单”，企业预警信息库扩充到2.1万人。浏阳市政府印发《关于加强防雷安全工作的通知》，防雷安全监管经费和审批委托服务费均纳入2019年财政预算。全市开展防雷安全检查1143次，立案8起。督促重点监管企业建立了气象灾害应对措施台账，防雷工程合格率得到提高、防雷检测服务进一步规范。同时，市气象局3次作为牵头单位组织市政府部署的安全生产检查；长沙市防雷安全生产工作在全省考核中获得满分，获长沙市安全生产工作优秀单位。（卢晓晴）

2018年4月26—27日，长沙市防雷安全专题培训班举办　　市气象局 供图

【气象防灾减灾应急与气象服务联席会议】 2018年3月21日，长沙市人民政府应急管理办公室在市气象局主持召开长沙市气象防灾减灾应急与气象服务联席会议。长沙市应急办主任杨俊，市气象局党组书记、局长戴科良出席会议，气象灾害应急预案成员单位、高新区及芙蓉区、开福区等内五区相关负责人参加会议。会上，市气象局回顾长沙地区2017年气候情况与主要气象灾害，通报2018年气候趋势预测、可能出现的气象灾害及其危害程度，同时给出相关建议和措施。与会人员依次发言，从各自职能职责出发，结合2017年防汛救灾情况，从完善应急预案、严格带班值班、充实物资储备，加强统筹管理，强化信息报送等方面作发言，并对气象部门提出扩展气象预报预警信息渠道及加强气象防灾减灾知识培训的迫切需求。（卢晓晴）

【防雷安全专题培训班】 2018年4月26—27日，长沙市气象局联合市安监局举办防雷安全专题培训班，全市依法从事防雷安全监管、防雷技术服务人员82人参加培训。该次培训特别邀请中国雷电防护技术标准化技术委员会委员、上海市防雷中心专家蔡振新，国家级安全生产宣传讲师、长沙市安监局副调研员冯卫，国家注册安全工程师、浏阳市安监局副局长蔺传球等国内知名专家7人授课。通过教育培训，进一步提升全市防雷评估、设计、施工、检测等技术服务水平和防雷安全检查、执法、处罚监管能力。（卢晓晴）

知识产权保护

【概况】 2018年，长沙知识产权工作落实高质量发展要求，推动创造提质增量。全市全年申请专利41034件，同比增长15.89%，其中发明专利申请18479件，同比增长12.64%。专利授权21188件，同比增长23.40%；其中发明专利授权4823件。全市万人有效发明专利拥有量30.29件，提前2年完成“十三五”规划目标，居全国省会城市前列。新申请注册商标61454件，新注册56019件，在全省占比45.67%；新增地理标志1件。全市注册商标总量199287件，居全国省会城市第八位；驰名商标131件，居中部省会城市第一位；马德里国际商标注册206件。新增著作权登记3732件，占全省登记总量的90.8%。专利奖成果丰硕，全市有15项专利获中国专利优秀奖，1项专利获湖南省专利特别奖，3项专利获湖南省专利一等奖，7项专利获湖南省专利二等奖，9项专利获湖南省专利三等奖。三一重工、隆平高科、中联重科、澳优乳业获中国商标金奖。长沙在国家知识产权示范城市（强市创建）考核中排名同类城市第一位，获批全国首批知识产权军民融合试点城市，

专利行政执法、维权援助工作位列全国省会城市前列，在首届全国“双打”工作评比中市知识产权局协调处获“全国打击侵权假冒工作先进集体”称号。（尹江健）

【知识产权管理】 2018年，长沙市全面推进国家知识产权强市创建，支持岳麓区、开福区、雨花区争创省级知识产权强区，助力宁乡经开区落实国家知识产权试点园区任务。开福区以“一区两园”建设为重点，探索出一条“文化创意、军民融合”为特色的知识产权强区建设新路。岳麓区创建湖南省知识产权强区，重点加大对岳麓山国家大学科技城项目建设。宁乡经开区全面实施《关于促进企业转型升级的实施意见》，加快推进国家知识产权试点园区建设。高校知识产权管理，中南大学、湖南大学被确定为湖南省高校知识产权中心，长沙理工大学被确定为湖南省高校知识产权培育中心。企业知识产权管理规范工作实现突破，110家企业被纳入2018年知识产权贯标试点企业。2017年贯标试点的14家试点企业有13家验收合格，合格率93%，支持资金90万元。全年自行通过第三方认证企业94家，补助资金921万元。（尹江健）

【专利申报管理】 2018年，长沙市知识产权密集型企业培育工作深入开展，48家专利、商标、版权密集型企业启动培育。首批20家专利密集型培育企业一年来申请专利564件，同比增长36.2％，其中申请发明专利288件，同比增长29.7%，1家企业通过企业知识产权管理规范化认证，3家企业获得省专利三等奖，企业知识产权综合能力和水平得到较大提升。专利预警分析成效显著，支持资金550万元，引进国内一流咨询机构对10个产业、15个企业优势产品进行专利预警分析，形成高质量的分析研究报告，对长沙市产业和企业发展将发挥重要指导作用。实施商标品牌战略，通过开展主题论坛、公益宣传、“一对一”服务等方式，指导农产品商标、地理标志商标和食品餐饮老字号商标品牌建设。（尹江健）

【知识产权运营】 2018年，长沙知识产权运营服务体系建设取得重大进展。9月3日，长沙市出台《知识产权运营服务体系建设资助政策》，围绕22大产业链中的重点企业组织开展高价值专利组合、知识产权密集型企业培育等工作，着力支持实体经济创新发展。全年支持资金4197万元，惠及企业229家。制定《长沙市知识产权质押融资风险补偿资金管理办法》，加大企业知识产权质押融资的补助范围和补助力度，建立知识产权质押融资风险补偿机制，安排2000万元专项资金建立风险补偿资金，全年对30家企业和2家金融机构贴息472.55万元，完成专利权质押融资额9.7亿元，同比增长32.17%。出资9000万元发起设立首期2亿元、总规模5亿元的知识产权创业投资基金，开展知识产权型企业股权投资。“节目购”版权交易平台版权交易额首次超过亿元。（尹江健）

【知识产权机制体系建立】 2018年，长沙市构建集大保护、严保护、快保护于一体的知识产权保护工作体系，“知识产权保护12条”落地效果明显，知识产权保护水平提升。探索建立长沙市知识产权协同保护工作机制，健全公、检、法、司协调会商机制，开展诉调对接工作，推进多元化解纠纷机制，知识产权大保护格局基本形成。围绕智能制造等重点产业，食品、药品、农资等民生产品及电子商务领域，全面开展知识产权专项检查。以电商领域执法为抓手，以驰名商标、地理标志、老字号注册商标、软件正版化为重点，从严从重打击侵犯知识产权侵权行为。全年累计受理知识产权举报投诉案件768件，开展知识产权行政执法行动268次，出动执法人员675人次，调查侵权违法行为主体308家。办理知识产权维权援助案件36件，累计出具专家咨询意见243份，为14家企业拨付援助资金81.9万元。充分发挥长沙知识产权保护中心平台作用，与国家知识产权部门建立专利申请快速审查、快速确权、快速维权等前置预审机制。建立专利复审、无效请求的远程审理和巡回审理机制，实现专利复审、无效审理周期提速30%。打击侵权和快速维权效率提升，为企业节约创新成本。（尹江健）

【知识产权服务】 2018年，新的专利、商标、著作权补助申报系统和正版软件监管系统启用，知识产权服务“网上办”更加顺畅。制定出台《长沙市重大经济科技活动知识产权评议办法》等系列政策文件，为广大企业知识产权运用提供制度支撑和政策保障。开展“千人帮千企百日大行动”，为14家帮扶企业量身定制“个性政策包”，帮助企业解决知识产权维权的具体问题。协调省、市、县及园区三级共同解决市领导联点重点项目推进中的具体困难，提前完成年度投资建设任务。实施企业知识产权托管工作，组织中介机构面向1000家中小微企业开展知识产权托管。提升版权服务水平，指导马栏山文创园搭建版权交易平台。拍摄《长沙迈向知识产权强市之路》专题宣传片，编印知识产权保护案例集和典型案例集，集中开展“4·26”知识产权宣传月活动，发布《2016—2017知识产权保护状况》白皮书，全市知识产权文化氛围进一步浓厚，公众知识产权意识明显提升。组织各类专题培训30场次，参培人员近2800人次，为推进知识产权事业发展提供重要的人才支撑。（尹江健）

【《知识产权保护12条》发布】 2018年1月24日，长沙市发布《关于新形势下进一步加强知识产权保护的若干措施》(以下简称《措施》)。《措施》共12条，提出建立知识产权保护“一站式”服务窗口，行政、司法多部门进驻，凡是涉及知识产权问题实行一个窗口受理，在中国（长沙）知识产权保护中心开通专利审查绿色通道，将专利申请审查周期缩短至3到6个月，实现专利无效审理周期提速30%，行政机关和司法机关均应在7日完成对知识产权案件的移送。《措施》提出，建立“三合一”行政执法、“三合一”刑事侦查、“三合一”检察机制、“三合一”审判机制，着力构建4个“三合一”的知识产权大保护格局，开展专利、版权、商标“三合一”的集中执法和刑事侦查，建立知识产权刑事、民事、行政的“三检合一”检察机制，实行知识产权民事、刑事、行政审判“三审合一”的审判机制。《措施》明确，强化知识产权行政司法协同保护，建立联席会议、案件协调和信息互通共享三项工作机制，开展重大案件会商、加快案件移送、建立诉调对接、推动行业调解等；加强知识产权鉴定机构库等专业机构建设，建立知识产权维权援助专家库，成立专门援助律师团队，着力解决技术智力支撑不够、办案标准不统一、办案周期过长等现实问题，通过知识产权评议、预警服务、司法救助、行业调解、维权援助、宣传教育等方式拓宽服务与救济途径。《措施》的发布，将不断加大知识产权侵权违法行为惩治力度，推动知识产权保护体系化、法治化，切实维护创新主体的合法权益。（尹江健）

2018年4月23日，中国（长沙）知识产权保护中心揭牌仪式举行

市知识产权局 供图

【获全国打击侵权假冒工作先进集体】 2018年2月1日，《人民日报》刊发关于表彰全国打击侵权假冒工作先进集体和先进个人的决定，长沙市知识产权局协调处获“全国打击侵权假冒工作先进集体”称号。是近年来针对该项工作的首次全国性表彰，旨在激励打击侵权假冒战线的有关单位和人员，推动该项工作取得新发展、新提高、新突破。长沙市知识产权局协调处主要承担全市打击侵权假冒工作领导小组办公室职责，多年来从夯实打击侵权假冒制度基础、加强工作协调凝聚合力、充分营造保护的舆论宣传氛围3个方面，推动全市打击侵权假冒工作取得显著成效。在近年的打击侵权假冒工作考核中，长沙市连续3年排名全省市州第一位。

（尹江健）

【中国（长沙）知识产权保护中心运行】 2018年4月23日，中国（长沙）知识产权保护中心率先全国15个保护中心运行，并实现公安、检察、法院、仲裁、代办等机构集中进驻，是全国首个知识产权保护全要素集聚、全链条保护的综合协同服务平台。中心率先全国探索建立专利无效与专利纠纷诉讼联合审理机制，联合国家专利复审委举行全国首个专利无效远程审理，全年开展复审远程口审、巡回口审、专利审查巡回审理案件17件。全年审核通过备案企业655家，接收预审申请1044件，实现发明专利授权从22个月缩短到最快44个工作日，实用新型和外观专利授权最快2个工作日，快速审查、维权、确权的数量和质量均居全国保护中心前列。（尹江健）

【长沙获批全国首批知识产权军民融合试点城市】 2018年8月，国家知识产权局办公室、中央军委装备发展部办公厅联合发文，公布首批知识产权军民融合试点地方，确定9个省、4个市区为试点地方，长沙位列其中。试点自2018年8月起，为期3年。知识产权军民融合试点工作将贯彻落实军民融合发展战略，主要围绕8方面开展工作：推动国防专利、军用计算机软件享受地方同等优惠政策待遇；利用地方资源开展国防专利受理业务；完善国防专利定密渠道、开展地方普通专利申请的保密审查；下调国防专利实施备案和转让审批层级；建立国防知识产权军地联合维权工作机制；逐步放开国防专利代理服务行业；开放国防知识产权信息服务；引导地方专业机构开展国防知识产权转民用服务。长沙市拥有包括国防科技大学、中南大学在内的普通高校51所、“两院”院士58名，拥有12个国防重点实验室、18家国地联合工程研究中心（工程实验室）、360余个省部级技术创新平台。40家军民融合相关企业拥有有效发明专利1990件，占全市有效发明专利的9.61%。组建了长沙北斗产业安全技术研究院、中电软件园院士工作站、长沙军民融合促进中心等公共平台，打造长沙高新区军民融合科技创新产业园、开福区军民融合创新创业示范基地、长沙盛和金阳军民融合产业园等产业园区。拥有中国航天科工068基地、云箭集团等13家军工企业，中联重科、三一重工等“民参军”企业200家。2017年，长沙军民融合产业总产值逾700亿元，增长20%以上。（尹江健）

【长沙连续3年居国家知识产权试点示范城市工作考核地级市第一位】 2018年12月28日，国家知识产权局发布2017年度国家知识产权示范城市工作考核结果，长沙市在地级示范城市中排名第一位。这是长沙连续第三年获国家知识产权试点示范城市工作考核地级市第一名。2012年，长沙跻身首批国家知识产权示范城市行列。2015年，长沙通过首批国家知识产权示范城市复核，以地级示范城市第一名的成绩获“国家知识产权试点示范城市工作先进集体”称号。2016年，长沙再次获此项荣誉，同时，长沙市知识产权局获“全国专利系统先进集体”“全国知识产权系统和公安机关知识产权执法工作成绩突出集体”称号。2017年，长沙先后获批国家知识产权强市创建市、首批知识产权综合管理改革试点城市、国家重点产业知识产权保护中心建设城市、知识产权运营服务体系建设重点城市，知识产权事业实现跨越式发展。

（尹江健）

教　育

EDUCATION

责任编辑·吴丫丫

综 述

【概况】 2018年，长沙市有各级各类学校3260所（含驻长沙高校），在校学生228.29万人，教职工16.32万人。其中，普通高校51所，普通高校在校大学生63.6万人，教职工5.32万人；成人高等学校4所，学生20.08万人，教职工386人；中职学校57所，在校学生11.16万人，教职工5447人；普通中学330所，在校学生39.88万人，教职工3.53万人；小学937所，教学点129个，在校学生62.22万人，教职工2.95万人；幼儿园1876所，在园幼儿31.13万人，在职教职工3.9万人；特殊教育学校4所，在校学生2134人，教职工301人；工读学校1所，在校学生30人，教职工49人。有民办学校1482个，在校学生数52.73万人。2018年，长沙市教育经费总收入250.19亿元，其中：国家财政性教育经费195.2亿元，民办学校举办者投入0.41亿元，捐赠收入0.08亿元，事业收入50.58亿元，其他教育经费3.92亿元。新增局直属单位2个，设立长沙市雅礼芙蓉中学，为市教育局所属正科级公益二类事业单位。湖南省地质中学移交长沙市人民政府管理，纳入市本级事业单位序列，为正处级公益一类事业单位。

教育特色发展 创建儿童友好型试点学校22所，办好教室照明设施改造等20件实事；“一体两翼”的行动德育工作推为全省典型，综合素质评价工作成为教育部首推3个典型城市之一，获批“全国青少年校园足球改革试验区”，“区域整体构建智慧教育体系”入选全国基础教育创新应用典型案例；通过全国首批学习型城市监测，建成全国首批“现代学徒制”试点城市，校企合作育人经验成为全国2个典型案例之一；教育质量综合评价、中考中招改革、综合素质评价、义务教育质量监测、社区教育等工作在全国推介，落实立德树人的长沙模式。“长沙教育”微信公众号入选全国教育政务新媒体星火计划。

教育民生服务 累计收回小区配套幼儿园298所，工作经验在全省推介。新改扩建公办园33所，新增普惠性民办园152所，普惠性幼儿园占全市幼儿园总数的80.22%，提前两年完成国家目标。启动义务教育优质均衡发展五年行动，建成义务教育标准化学校303所，雨花区、开福区、天心区、高新区等完成标准化学校建设；“全面改薄”（全面改善贫困地区义务教育薄弱学校基本办学条件）全部完成，浏阳市、宁乡市“改薄”工作考核并列全省第一位。建设消除大班额项目校60所，新增学位7.6万个，全市66人以上超大班额全部消除，小学1～3年级、初中所有年级的班额分别控制在50人、55人以内，长沙化解大班额工作成为全省典型，岳麓区消除超大班额工作获省教育厅文件通报表扬；芙蓉区推进义务教育优质均衡发展工作获省政府奖励。统筹安排14.5万名符合条件的随迁子女就读公办学校。关停无证办学机构1631个，审批办证746个，工作经验多次在全省作典型发言。投入免费入学和家庭经济困难学生资助经费14.7亿元，惠及学生102.7万人，建档立卡等困难家庭学生全程、全覆盖和最高等级享受资助。长沙县教育精准扶贫工作获评“全国民生示范工程”。教育行政许可和行政确认事项窗口办理“应进必进”，行政审批100%按时办结。教育阳光服务平台办结受理事项6600余件，满意度排名进入全省前列。

人才培养创新 新增德育项目化管理试点单位20个，遴选研学旅行基地36家，学校环保教育参与率100%。实施初、高中新生体质监测，对39万余人进行视力筛查，组织30万余人参与大课间体育、篮排足球、“三独”（独奏、独舞、独唱）、班级合唱等15项市级赛事。建设14所网络联校主校对接42所农村薄弱学校，遴选首批智慧校园10所，试点推进信息化教学改革；完善学业与综合素质评价相结合的中考录取方式，首次实施中职学校划线录取，发布教育质量综合评价报告352个，组织所有区县（市）参加国家义务教育质量监测，对23所学校进行素质教育督导评估，促进教育教学质量整体提升。创建全国文明校园、综合素质评价试点校、足球篮球特色校、国防教育特色校57所；学生学业水平、艺体竞赛、科技创新、技能竞赛等成绩居全国全省前列。

教师队伍建设 启动师德师风建设三年行动，推行师德考核负面清单，处分违纪教师117人；举行教师节庆祝活动，表彰奖励优秀教师534人。组织市级以上教师培训2万人次，教师普通话抽测合格率排名全省第一位；举办卓越教师论坛，遴选44位名校长、600名教师组建市级优秀校长教师人才库，培养省属公费师范生364名，选派379名教师到“三区”和新疆、西藏支教；设立市属职业院校人才编制专户，核增集团办学编外合同制教职工员额；新建市级名校长工作室9个、名师工作室2个、名师农村工作站15个。27所市直学校完成工勤社会化改革；启动卓越教师无障碍流动，改革教师招聘程序，市直学校自主招聘教师684名，自主引进高层次人才4名，首次组织市特教学校直接到高校招聘教师18人。推进教师“同城同类同酬”，建成“拎包入住”教师公寓187套，举行教职工运动会；望城区大幅提高教师待遇，提高教师幸福指数。

教育发展环境 教育部部长，市委、市政府主要领导多次调研指导教育工作，组织召开教育工作座谈会，解决教育难题；市直部门和区县（市）履行教育职责，支持教育工作，共同营造教育优先发展氛围。提高市属高职院校绩效工资总额标准；市本级投入学前教育、学校建设、智慧校园等专项经费12亿元以上。推行学校法律顾问服务质量考评，创建校园法律服务站30个，提升依法治校的能力。建立覆盖全市中小学、联网联控的校园安全监管平台，所有校车公司通过安全生产标准化三级企业评审，校园周边综治考评连续12年排名全省第一位。文明创建常态长效，连续4年获创建更高水准全国文明城市突出贡献奖。其他工作协调推进，绩效考核、教育交流、老干关工委、信访接待、史志年鉴等工作均有进步。（吴三文）

【长沙市教育工作会议】 2018年1月30日，长沙市2018年度教育工作会议在市政府会议中心召开。会议由市政府副秘书长厉江华主持，市教育局党委书记、局长卢鸿鸣作工作报告。会议提出2018年长沙教育的具体目标：新改扩建公办幼儿园30所，基本完成小区配套幼儿园移交，公办和普惠性民办幼儿园占76%，学前三年毛入园率93.5%；新改扩建中小学校25所，创建义务教育标准化学校300所；“大班额”、“择校热”、学生课外负担过重等热点难点问题有效破解；幼有所育、学有优教、弱有所扶推进；教育现代化建设取得阶段性成果；教育社会贡献度提升。会议部署7项重点工作：加强思想政治建设、基层党建工作、干部选拔培养和党风廉政建设，营造党建工作新气象；完善德育系统化推进机制，减轻学生课外负担，保障学生身心健康，展现立德树人新成效；加快学前教育普惠健康发展，推进城乡义务教育一体化发展，推进特殊教育优质融合发展，抓实教育扶贫攻坚行动，开创共享发展新局面；深化职业教育产教融合，推进高等教育品质提升，完善终身教育推进机制，做出引领支撑新贡献；深化教育质量综合评价改革，推动高中教育教学改革，完善中考中招制度，逐步化解大校大班，推动办学体制机制改革，加快教育信息化步伐，增强创新发展新动力；加强师德师风建设，改革教师管理体制，完善教师专业成长平台和激励机制，加强乡村教师队伍建设，建立教师发展新机制；全面加强依法治教，强化教育督导评估，促进民办学校健康发展，加大教育投入力度，保障校园平安稳定，实现治理能力新提升。（汪建业）

【长沙大中专毕业生就业创业】 2018年，长沙市属高职毕业生21059人，就业人数18874人，就业率89.6%；对口就业人数13258人，对口就业率70.24%。其中省内就业13779人，省内就业率73.01%；市内就业10750人，市内就业率56.96%。中职学校毕业生28140人，其中直接就业11943人，升学15783人，就业率99%。直接就业学生中本地就业人数9650人，本地就业率80.8%。（李 滔）

【学校建设】 2018年，长沙市新建、改建和扩建公办幼儿园33所，其中大部分为新开办的公办幼儿园，进一步扩容全市优质普惠学前教育资源。2018年是标准化学校建设的第三年，11月底，对全市项目学校进行评估验收，完成303所。截至2018年年底，全市标准化学校完成规划建设比例76%，239所学校利用改薄资金补齐办学条件短板，11月，市教育局和长沙市教育督导委员会办公室督导检查，全市所有义务教育学校全部达到教育部“20条底线”办学要求。全年安排消除大班额建设项目校60所，新增学位7.6万余个，安排项目学校数比上年增加35所，新增学位数近上年的两倍，其中59所学校实现秋季开学招生。（王仁彪）

【教育督导】 2018年，长沙市教育局对303所义务教育标准化学校和33所为民办实事公办幼儿园项目进行评估验收，对23所中小学、幼儿园素质教育情况进行督导评估，开展春、秋季开学工作专项督导，消除义务教育大班额、规范办学行为、落实教师待遇、师德师风等7个专项督导。从2018年起，长沙全部区县（市）纳入国家义务教育质量监测，完成183所样本校国家义务教育质量监测任务，获评“国家质量监测市级优秀组织单位”，教育质量监测经验在全国基于监测的督导能力建设项目阶段性成果交流会上推广，教育部官网以《精准定位科学施策着力推进义务教育优质均衡发展》为题推介长沙做法。（曹 攀）

【教育资助】 2018年，长沙市有170.4万人次义务教育学生享受免杂费入学，159.8万人次义务教育学生享受免“一费制”入学，补助9.7万人次义务教育家庭经济困难学生生活费。发放2.96万人次普通高中学生国家助学金，免除1.06万人次普通高中建档立卡等家庭学生学杂费，免除8414人次普通高中建档立卡等家庭学生教材费、教辅材料费。免发放4.1万人次中职（技校）学生国家助学金，补贴2604人次长沙户籍中职（技校）学生学费，免除17.24万人次中职（技校）学生学费。发放3.5万人次市属高校学生国家奖、助学金，为1274名高校学生办理生源地信用助学贷款。发放4.28万人次家庭经济困难学前幼儿资助金。全年投入免费入学和资助经费14.71亿元，较上年增长17.1%。（张京民）

【国际交流与合作】 2018年，到世界各国开展出国（境）夏冬令营研学活动和姊妹校交流活动的长沙市中小学生约4600名。全年接待国际组织来访400余人。2018年年初，长沙与老挝万象市结为友好城市，长沙市周南实验中学和长沙市实验小学分别与老挝乌多姆赛省1所中学和万象市1所小学结为姊妹校，在师资培训、人才培养等方面开展交流与合作。7月，长沙市麓山国际实验小学与非洲乌干达恩德培市“恩德培—长沙示范小学”结为姊妹校，进行中非教育交流。（周卓莹）

【“长沙教育”获评“长沙市十大最具影响力政务微信公众号”】 2018年，在市委网信办主办的长沙政务微信评选中，“长沙教育”获评“长沙市十大最具影响力政务微信公众号”。2018年，“长沙教育”“长沙教育服务平台”微信公众号坚持用户思维，认真做好教育政策宣传、热点问题解读，影响力扩大，受网民关注和欢迎，订阅用户110万余人，全年阅读量近2500万余人次。（邓 琼）

学前教育

【概况】 2018年，长沙市审批注册的各级各类幼儿园1876所，在园幼儿31.13万人，教职工3.9万人。学前三年教育毛入园率93.7%。全年新建、改扩建公办园33所，接收移交配套幼儿园298所，全市公办园和普惠性民办园占园所总数的80.22%。出台《关于学前教育深化改革规范发展的实施意见》。编印地方教材《长沙幼儿养成教育活动资源》，向全市在园幼儿和家长免费发放。《湖南教育快讯》第19期以《长沙市立足公益普惠推动学前教育优质发展》为题进行推广。《新华社高管信息（湖南）》特别关注《学前教育普惠的“长沙经验”》。（周小青）

【普惠性民办幼儿园发展】 2018年，长沙市普惠性民办幼儿园1032所，其中一、二级普惠民办园258所，公办幼儿园和普惠性民办幼儿园占比80.22%，提前两年完成教育部确定目标；安排普惠性民办幼儿园奖补资金7500万元，比上年增长50%。年度新增普惠性民办园152所，其中一、二级普惠性民办幼儿园106所。（周小青）

【学前师资与管理培训】 2018年，长沙市学前教育研训中心和学前教育协会举办15场培训，参培3394人次，其中乡镇中心园长、普惠性民办园园长472人，保育员1950余人。培训内容涵盖业务园长任职资格、游戏与区域活动指导、教师信息技术应用能力提升等。幼儿园名园长罗晓红工作室，全年开展名园长主题培训、示范讲座、指导研训活动8次，研修活动22次，团队送培30余次。张洁学前教育名师工作室组织专题讲座6场、健康教研2次、专项课题研究6次。73名园长和骨干教师参与活动。（周小青）

【城镇小区配套幼儿园专项整治】 2018年1月，长沙市人民政府办公厅下发《关于印发长沙市城镇小区配套幼儿园专项整治工作方案的通知》，在全市范围内开展城镇小区配套幼儿园专项整治。明确到2018年年底，凡是达到《长沙市城市中小学校幼儿园规划建设管理条例》要求或控规有幼儿园规划的住宅开发项目，均应配建相应规模的幼儿园；凡是配套幼儿园，原则上政府均要收回，且均要举办为公办幼儿园或普惠性民办幼儿园。2018年，全市建配套幼儿园移交累计298所。新华社《高管信息》和《中国教育报》均予以专题报道。（王仁彪）

基础教育

【概况】 2018年，长沙市普通中学330所、小学937所（另有小学教学点129个），其中初级中学192所、高级中学43所、完全中学40所、九年一贯制学校50所、十二年一贯制学校5所。普通初中在校学生数25.85万人，小学在校学生数62.22万人，普通高中在校学生数14.03万人。全市普通中学教职工35279人，小学教职工29511人。全市初中和高中学业水平考试一次性合格率分别为95.07%、95.73%，高中阶段毛入学率95.6%。中考中招改革、综合素质评价、教育质量综合评价、信息化创新应用、化解义务教育大班额、学前教育等相关工作在全国、全省经验推广，受到《中国教育报》等媒体宣传推介，《区域构建智慧教育体系的长沙探索》获评“全国基础教育信息化创新应用案例”，长沙市教育局获湖南省2018年度“一师一优课、一课一名师”活动优秀组织奖。（周小青）

【高考录取】 2018年，长沙市高考报名人数61628人，较上年增加6441人，其中应届生53447人，占考生总数的86.73%，往届生8181人，占13.27%；文科考生22503人，占36.51%，理科考生30802人，占49.98%，职高对口类考生8323人，占13.51%；单招提前录取7774人，实际参考人数52975人。全市设9个考区11个中心保密室31个考点1792个考室。全市录取考生55189人，总录取率89.55%，其中本科录取35070人，专科录取20119人，全市空军招飞录取38人（含少年航校生），民航招生录取85人。（陈慧敏）

【中小学招生入学制度改革】 2018年，长沙推出民办初中招生改革办法，明确2019年起实行“微机派位和自主招生”相结合的方式招生。全国部分城市第31届中招工作研讨会上，推广长沙市《继续实施最严招生令 巩固阳光招生新常态》经验。（周小青）

【义务教育超大班额全面消除】 2018年6月，长沙市印发《消除义务教育大班额专项行动实施方案》，召开工作推进会，督促各区县（市）制订消除义务教育大班额工作实施方案，规范学籍管理，全面消除义务教育66人以上超大班额。在湖南省消除义务教育大班额工作座谈会上，长沙市以《凝心聚力 多措并举 全面消除义务教育大班额》为题作经验交流。（周小青）

【国有中小学校权证办理遗留问题解决】 2018年1月，长沙市人民政府办公厅下发《关于印发长沙市城区国有中小学校和幼儿园权证办理遗留问题处理方案的通知》，明确到2018年年底，基本解决全市城区国有中小学校和幼儿园产权办证遗留问题。2018年，全市办理各类学校权证201本，国有中小学和幼儿园权证遗留问题处理工作量完成70%左右。（王仁彪）

【新高考改革专题培训】 2018年4月15—21日，长沙市举办高考改革沪杭高级研修班，组织城区普通高中、区、县省示范性普通高中校长和市级教研员到上海和杭州学习新高考改革成功经验。通过专题讲座、考察学习、研讨交流等，了解高考招生制度改革形势，把握高考改革的基本理念、基本思路和基本谋略。5月11—13日，在长沙市教育学院举办高考改革专题培训，重点探讨新高考背景下如何推进课程建设、选课走班、生涯规划、综合素质评价等，引导学校主动探索适合湖南新课改、新高考的教育教学思路和举措。（周小青）

【基础教育质量综合评价报告发布】 长沙完善教育质量综合评价体系，编制学业相关因素测评问卷，组织开展2019届初、高中学业相关因素测评，利用自主研发的测评软件采集影响学业相关因素大数据，2018年8月，在全省率先发布全市教育质量综合评价报告352份，推出评价地图。《中国教育报》等18家媒体专题报道，教育质量综合评价报告在教育部官网全文刊载推介。（周小青）

【基础教育集团化办学】 2018年，《关于推进长沙市学前教育集团化发展的实施意见》出台，全年新增22个以优质公办园为龙头的学前教育集团，新增7所托管学校、3所对口帮扶学校，扩充优质教育资源。城区优质中小学、幼儿园对口支援32所普惠性民办园、15所中心城镇农村学校和怀化、龙山、株洲、湘潭等地的50余所中小学、幼儿园提质提级，推进城乡教育共同发展。（周小青）

【《长沙市推进义务教育优质均衡发展五年行动计划》出台】 2018年5月16日，《长沙市推进义务教育优质均衡发展五年行动计划》发布。计划明确调整优化义务教育学校布局、不断提高义务教育学校建设水平和保障程度、着力提高义务教育学校办学质量、建立考评激励机制5个方面19条具体举措，分解制定年度任务，设定路线图，确定争取每个区县（市）每年削减不低于1所大规模学校，从2019年开始每年推进15%以上学校达标，按义务教育学校在编教师总数4%选配市级骨干教师，每年招聘教师计划不低于10%用于招聘体育、艺术（美术、音乐）、科学（劳动技术）专任教师等具体目标任务，为推进县域义务教育优质均衡发展提供政策支撑。（曹攀）

【学生德育工作】 2018年，长沙新增德育项目化试点单位20个，全国国防教育特色校3所，市级心理健康教育示范校22所、全国特色校3所，创建全国校园足球满天星训练营1个、特色校22所，全国校园篮球特色校24所，长沙市获批“全国青少年校园足球改革试验区”。开展体艺“2+1”，举行体育大课间、“三独”、班级合唱、艺术展演等20余项赛事，参与人数30万余人，普及率32%；组织各类科技活动，国际发明展获1银5铜及3项列宾奖。获湖南省第39届青少年科技创新大赛优秀组织奖、湖南省中小学艺术展演优秀组织奖、湖南省中小学建制班合唱比赛优秀组织奖、湖南省幼儿环保艺术展演优秀组织奖、湖南省13届运动会突出贡献奖，获评长沙市十佳“五四红旗团委”及全市生态环境保护（蓝天保卫战）工作目标考核优秀单位。（李璐璐）

【未来学校（儿童友好教育）发展研讨会在长沙召开】 2018年6月29日—7月1日，长沙市教育局与教育部学校规划建设发展中心共同主办未来学校（儿童友好教育）发展研讨会，全国部分高校、研究院所、基础教育领域专家，地方行政部门、中小学校长，行业企业代表近300人参加。会议通过专家报告、座谈会、案例分析、现场学习等形式，聚焦儿童友好发展，并围绕儿童友好学校的价值理念、基本特征和发展方向进行探讨。（王仁彪）

【湖南省中小学德育工作会议在长沙举行】 2018年12月11日，湖南省中小学德育工作会议在长沙举行。会上，长沙市教育局党委委员、副局长缪雅琴作题为《三位一体 知行合一 成就未来》的典型经验交流，重点介绍融“课程、实践、心育”为一体、“项目管理、综合评价”为两翼的一体两翼行动德育模式。与会代表实地观摩长沙市第十一中学、长郡湘府中学、芙蓉区育英小学、雨花区砂子塘小学、开福区新竹小学、长沙市示范性综合实践基地6个单位的德育特色展示。长沙市《项目化管理，推进长沙中小学德育工作内涵发展》入选2018年全省中小学德育工作优秀案例。（李璐璐）

【湖南省第六届中小学生艺术展演在长沙举行】 2018年11月20—21日，湖南省第六届中小学生艺术展演活动在梅溪湖国际文化艺术中心举行。展演活动主题为“阳光下成长”，有舞蹈、戏剧、器乐、声乐、朗诵5个项目的专场比赛，组织艺术作品和艺术实践工作坊展示。长沙市代表队获全省艺术表演类一等奖23个、艺术作品类一等奖13个、美育改革创新案例一等奖5个、艺术实践工作坊一等奖3个，长沙市教育局获优秀组织奖。选派长郡中学（器乐、合唱）、长沙市十一中（声乐）、湖南师范大学附属中学（器乐）等学校参加全国第六届中小学生艺术展演活动现场展演。（李璐璐）

【长沙市获评“全国青少年校园足球改革试验区”】 2018年11月，教育部办公厅下发《关于同意设立全国青少年校园足球改革试验区的函》，长沙市获评“全国青少年校园足球改革试验区”。截至12月，全市有全国青少年校园足球特色学校129所、全国青少年校园足球试点区1个、全国满天星训练营1个、湖南省青少年校园足球试点区1个。（李璐璐）

【区域体育特色项目创建】 2018年，长沙市开展区域体育特色创建活动，雨花区（足球）、芙蓉区（羽毛球）、天心区（足球）、开福区（篮球）、岳麓区（网球、篮球），宁乡市（田径）被认定为全市区域体育特色创建项目，为增强长沙教育核心竞争力，推进“一区一体育特色”，促进学生全面健康发展奠定基础。（李璐璐）

【心理健康教育】 2018年，《长沙市中小学心理健康教育实施办法》出台，创建市级心理健康教育示范校22所、省级心理健康特色校3所，举办首届中小学校园心理剧比赛及展演，126所学校开展第八届长沙市中小学心理健康教育月活动，开展心理健康公益讲座进社区、“灿烂六月天”中高考心理辅导进校园等心理健康教育活动。（李璐璐）

【儿童友好型校园创建】 2018年，长沙市教育系统为儿童办好幼有所育、有教无类、安全有序、健康无忧、资源共享5个方面20件实事。全市中小学校利用“六一”儿童节开展创建儿童友好型城市校园活动月主题活动，中小学校长联合发布创建儿童友好型城市倡议，营造儿童友好的城市氛围，宣传“儿童优先、儿童平等、儿童参与”的创建理念。遴选雅礼洋湖实验中学等22个创建儿童友好型试点学校。5月7日，在印度尼西亚召开的联合国儿童基金会国际论坛上，长沙市教育局党委书记、局长卢鸿鸣作《儿童友好型学校的创建与实施》主旨演讲。（周小青）

【中小学智慧教育体系建设】 2018年，研制《长沙市中小学智慧校园建设标准（试行）》，重点打造10所长沙市智慧校园建设首批试点单位，组织学校稳妥有序实施信息化课改班，探索信息化教学，推进智慧课堂建设。继续实施网络联校建设，建设主校14所、分校42所，实现城乡优质教育资源共建共享。建设在线学习中心，开发覆盖所有学段、学科的微课资源，开展寒暑假在线学习和网络直播教学，全年在线学习人数14.64万人。开展“一师一优课、一课一名师”活动，评选市级优课600堂，获评省级优课134堂。“基于‘人人通’构建中小学智慧教育体系的研究”成为教育部2018年度资助课题。智慧教育体系建设工作获评“全国基础教育信息化创新应用典型案例”。（周小青）

职业教育

【概况】 2018年，长沙市有职业院校62所，含高职院校9所、中职学校53所，其中教育行政部门、行业企业、社会举办各占1/3左右，开设机械制造、汽车、电子信息、商贸旅游、文化产业等18大类专业。

2018 年，全市中等职业教育招生 42925 人（含五年制分段培养 6930 人），本地生源 17226 人。出台《长沙市政府办公厅关于推进校企合作的若干意见》，立项建设 2 所市级卓越职业学校、3 个示范性特色专业群。现代学徒制试点通过教育部验收，出版《具有长沙特色的现代学徒制——“预备员工制”人才培养模式探索与实践》，策划编印《产教融合“长沙地图”》。（李智琼）

【职业院校技能竞赛成绩】 2018 年，湖南省职业院校技能竞赛中，长沙获一等奖 63 个，全省第一位；在 2018 全国职业院校技能大赛上获金牌 4 枚；在 2018 年职业院校技能竞赛教师职业能力比赛中，6 个作品入围全国职业院校教学能力大赛，获全国一等奖 1 个、二等奖 4 个、三等奖 1 个。（李智琼）

【长沙电子工业学校深化校企合作】 2018 年，长沙电子工业学校根据 SMT 专业教学计划，安排本专业的学生到生产性实训基地开展多岗位教学实习，由专业课教师和 SMT 生产工程师合作指导学生开展实训，专业课教师注重学生基础理论的教学，现场工程师注重实际操作技能的培养。从湖南科瑞特科技有限公司聘请 5 人担任专业课实训指导教师，全年依托校内生产性实习实训基地开展教师培训 2 期、指导学生开展教学实习 280 课时。湖南日立电梯公司负责电梯实训基地实训设备的保养与维护，协助学校开展电梯实训，并依托实训基地开展 28 批次的电梯员工培训。通过改变 SMT 专业考核方式——将传统的考试变为过程性考核，提高学生学习的积极性。（甘元智）

【教育部 2018 年奋进之笔“1+1”活动采访长沙财经学校】 2018 年 11 月 7 日，教育部央媒采访团聚焦长沙财经学校，围绕“提升现代服务业技能人才培养能力”进行集中采访。教育部办公厅新闻处处长陈星，教育部办公厅新闻处调研员魏亚萍，湖南省教育厅职成处副调研员刘婕、彭文科等领导，以及包括央媒和省、市媒体在内的 28 家媒体到访。媒体团一行观摩学校虚拟商业环境实训室、德育讲堂、美容美体实训美发与形象设计实训室、跳蚤市场等。（徐晨瑀）

2018 年 11 月 7 日，教育部央媒采访团围绕“提升现代服务业技能人才培养能力”集中采访长沙财经学校　　长沙财经学校 供图

【长沙市信息职业技术学校获批“第二批全国职业院校数字校园建设实验校”】 2018 年 12 月 17 日，中央电化教育馆下发《关于公布关于第二批职业院校数字校园建设实验校中期评估结果的通知》，长沙市信息职业技术学校通过中期验收，被授予“职业院校数字校园建设实验校”牌匾。“职业院校数字校园建设实验校项目”是教育部职成司牵头、中央电教馆具体承担的职业教育信息化建设项目。（欧阳华）

【长沙中华职教社第二届第四次社务委员会召开】 2018 年 11 月 26 日，长沙中华职业教育社第二届第四次社务委员会议召开，市政协副主席，民建省委专职副主委、市委主委，长沙中华职教社社务委员会主任段安娜，市委统战部副部长刘佳勇等领导出席。会议审议长沙中华职教社上一年度工作报告，并作届中人事调整和委员增补，市委统战部副部长刘佳勇，上汽大众汽车有限公司长沙分公司高级总监、党委书记高云峰当选为第二届社务委员会委员、副主任，同时增补社务委员会委员 2 名。（马芜茗）

高等教育

【概况】 2018 年，长沙市辖区内有全日制高校 58 所，包括本科院校 24 所（含国防科技大学、6 所独立学院）、高职专科院校 34 所（含 5 所民办高职院校），其中市属全日制高校 10 所，含 1 所公办本科院校、4 所公办高职院校和 5 所民办高职院校。2018 年，全市高等教育毛入学率 75%，长沙 4 所公办高职院校从 2018 年起列入市财政一级预算单位，按照生均不低于 1.3 万元标准拨付经费。5 月 29 日，举办长沙黄炎培创业规划大赛，遴选一批优质创业规划项目参加全省、全国比赛，获全国赛最佳创意奖 1 个、银奖 1 个，湖南省一等奖 2 个、二等奖 6 个、三等奖 6 个。（李　涵）

【长沙学院】 2018 年，长沙学院占地约 131.2 公顷，校舍建筑面积约 33 万平方米，教学科研仪器设备总值 1.81 亿元，藏书 136 万册，全日制在校生 14333 人。获评 2018 年度“湖南省文明高等学校”，入选湖南省“双一流”高水平应用特色学院建设项目。有 16 个教学院（部），44 个本科专业，有教育部专业综合改革试点项目 1 个，教育部大学生校外实践教育基地 1 个，教育部特色专业建设点 1 个，国家精品视频公开课 1 门。学校形成拥有省“双

一流”应用特色学科建设项目7个、省“十二五”重点建设学科4个、省“十一五”重点建设学科1个、省重点实验室2个、省高校重点实验室1个、省高校“2011协同创新中心”1个、省社会科学研究基地3个、省高校科技创新团队3个、省高校产学研合作示范基地1个、市社科研究基地2个、市工程技术中心5个的学科建设格局。教职工1028人，其中专任教师805人，正高职称教师101人，具有博士学位教师232人。截至2018年年底，学校获各级各类纵向科研项目1604项，纵向科研项目经费9401.1万元。学校教师承担国家自科基金和国家社科基金项目70项，获科研成果奖励191项，获国家发明专利授权113项，实用新型专利授权305项。

教学改革和人才培养 面向地方调整优化专业结构，推进与马栏山视频文创产业园管委会、湖南电视台共建马栏山视频文创学院筹建工作。推进课程信息化改革，实施智慧教室教学改革，探索考核评价方式改革。在省信息化教学竞赛中获一等奖1个、三等奖1项。加强实践教学建设与改革，实验室建设项目投入总预算近1000万元。获批省普通高校创新创业教育中心和基地4个。获省级以上各类奖励398项（含体育比赛项目），其中全国奖项106项、省级奖项292项。推进迎接审核评估有关工作。学生管理服务更加精细，完善学生管理服务制度机制。推进省大学生心理素质提升示范校建设。全年发放奖、助、贷、勤、免、补及社会助学资金2448万元。2018年文理科投档线位居全省同类院校前列。2018届毕业生初次就业率86.69%。坚持开放办学，加强合作交流，重点拓展与“一带一路”国家高校的交往，与马来西亚、波兰等多所学校签订合作协议。接待来访团体20余批次。

推进“双一流建设” 学校入选湖南省“双一流”高水平应用特色学院，7个学科全部获评湖南省“双一流”应用特色学科。硕士学位授予单位建设工作推进。召开学校第三届科技工作会议。加大高层次人才引进与培养力度，全年引进学科方向带头人3人、博士研究生31人。

提升服务育人水平 加快构建现代大学制度。完善校长负责制实施细则，通过省教育厅章程实施情况督导，获教育厅专家组的肯定。改善办学条件，提升教育服务功能。推进基本建设，投入维修经费近3000万元，完成各项维修工作任务，改善师生生活条件。构建平安和谐校园，构建“党政同责、一岗双责、失职追责”的责任体系，加强人防、物防、技防建设。师生安全感提升，满意度92.3%以上。学校获评2018年度省社会治安综合治理先进单位、长沙市单位内部治安成绩突出单位。完成年度征兵工作任务，获评湖南省、长沙市、开福区征兵工作先进单位和军训工作先进单位。严格控制费用性支出，尤其是“三公经费”支出，降低日常运行成本。开通线上缴费和微信、支付宝缴费。规范财务制度，修订接待用餐与工作用餐以及差旅费管理办法。完善无形资产管理、办公用品采购管理制度。学校新增固定资产6529台（套），价值4422.62万元。完成各类审计项审计200余项。 （鲁沙沙）

【长沙职业技术学院】 2018年，长沙职业技术学院在校学生9470人，教职工601人，其中副高及以上专业技术职称教师120人，获硕士及以上学位教师261人。设有4个分院：特殊教育与学前教育分院、机械与汽车工程分院、经济贸易与信息技术分院、建筑与艺术设计分院，4个教学部：思想政治课教学部、基础课教学部、体育与艺术教学部、中职教学部，开设城市轨道交通运营管理、新能源汽车技术、特殊教育、学前教育等30个专业。全年招收新生3044人，2018届毕业生规模2415人，毕业生初次就业率92.17%，当地就业率70%。2018年，《高职雷锋式职业人培育模式的探索与实践》获湖南省教育教学成果奖二等奖。学院获评“湖南省高校学生思想政治教育研究与实践先进单位”“湖南省高校大学生心理健康工作研究与实践先进单位”“长沙市五四红旗团委”等。 （李 滔）

【长沙商贸旅游职业技术学院】 2018年，长沙商贸旅游职业技术学院在校生8371人，教职工537人，其中专任教师486人。专任教师中教授、副教授130人，博士、硕士研究生291人。设有湘菜学院、会计学院、经济贸易学院、旅游管理学院、文化创意学院、软件学院、创业学院、继续教育与国际合作学院等8个二级学院和公共课教研部、思政课教研部两个基础教学部，并设有湘菜、湘商、湘旅、高职教育4个研究所。全年招录新生2921人，2018届毕业生初次就业率88.29%。会展策划与管理教学资源库以排名第七位入选2018国家职业教育专业教学资源库备选库。选送50名师生服务全国“两会”代表团，入选教育部、国家旅游局校企合作示范基地。校长刘国华主持的《行业升级背景下产教协同共建湘菜产业专业群的探索与实践》获2018年度职业教育国家级教学成果二等奖。杜启平的“新生代农民工市民化的终身职业教育体系研究”立项为全国教育科学规划重点课题。

（李 滔）

【长沙商贸旅游职业技术学院成为国家旅游局校企合作示范基地】 2018年1月，长沙商贸旅游职业技术学院入选国家旅游局校企合作示范基地。项目由国家旅游局主办，在具有良好校企合作基础的旅游职业学校建设一批示范基地，引导入选学校与旅游企业深度合作、融合发展，联合开展人才培养、标准建设、课程开发、“双师型”教师队伍建设、实习实训基地建设、产学研创新平台建设等各类校企合作项目，在旅游职业教育改革和校企合作方面发挥引领示范作用。 （卢 璐）

【湖南外国语职业学院与甲骨文公司校企合作】 2018年11月26日，湖南外国语职业学院与甲骨文公司（Oracle）签署“校企合作协议”。甲骨文（中国）软件系统有限公司WDP项目中国区经理叶洋、中南区经理王云清、大数据项目经理戎鹏，湖南外国语职院董事会、院务会主要领导、各系部、处室负责人参加仪式。负责合作对接与洽谈的项目总监宁翔介绍项目的主要内容与合作形式，学院副院长肖建安向企业代表介绍学院历史沿革、办学特色与办学成绩，特别是学院近年来服务国家“一带一路”倡议，通过搭建校企合作平台提升人才培养质量。校企双方签署合作协议，叶洋简要介绍甲骨文公司相关情况。学院董事长宁平表示，信息化建设从各行各业进而提升至国家发展战略的高度，高校数字化校园建设以及大数据专业的创办与推进，呈现出迫在眉睫的发展态势。作为一个超万人规模的高校，湖南外国语职业学院建设智慧化校园利用大数据转变教育与学习模式呈常态。（宋 娟）

【长沙卫生职业学院成为“一带一路”沿线国家留学生来华接收签约学校】 2018年3月28日，国家发展改革委“一带一路”研究院与中山大学南方学院、云南大学、江西中医药大学、江西财经大学、沈阳航空航天大学、长沙卫生职业学院6所院校在北京举行“一带一路”沿线国家留学生来华接收签约仪式。国家发展改革委“一带一路”研究院院长秦玉才、副院长崔耀祖，国家外国专家局项目发展部部长王立社以及6所院校的领导等出席签约仪式。“一带一路”来华留学生项目的倡议和构想是基于“五通”的思路，设立建工类、精英管理类、计算机信息与技术、中西医结合、高级护理专业。（黄 澌）

表28　　2018年长沙市普通高等学校名单目录

序号	学校名称	学校标识码	主管部门	所在地	办学层次	备注
1	湖南大学	4143010532	教育部	长沙市	本科	
2	中南大学	4143010533	教育部	长沙市	本科	
3	长沙理工大学	4143010536	湖南省	长沙市	本科	
4	湖南农业大学	4143010537	湖南省	长沙市	本科	
5	中南林业科技大学	4143010538	湖南省	长沙市	本科	
6	湖南中医药大学	4143010541	湖南省	长沙市	本科	
7	湖南师范大学	4143010542	湖南省	长沙市	本科	
8	湖南商学院	4143010554	湖南省	长沙市	本科	
9	长沙医学院	4143010823	湖南省教育厅	长沙市	本科	民办
10	长沙学院	4143011077	湖南省	长沙市	本科	
11	湖南财政经济学院	4143011532	湖南省	长沙市	本科	
12	湖南警察学院	4143011534	湖南省	长沙市	本科	
13	湖南女子学院	4143011538	湖南省	长沙市	本科	
14	湖南第一师范学院	4143012034	湖南省	长沙市	本科	
15	湖南涉外经济学院	4143012303	湖南省教育厅	长沙市	本科	民办
16	湖南商学院北津学院	4143012651	湖南省教育厅	长沙市	本科	民办
17	湖南师范大学树达学院	4143012652	湖南省教育厅	长沙市	本科	民办
18	湖南农业大学东方科技学院	4143012653	湖南省教育厅	长沙市	本科	民办
19	中南林业科技大学涉外学院	4143012656	湖南省教育厅	长沙市	本科	民办

续表 28　　2018 年长沙市普通高等学校名单目录

序号	学校名称	学校标识码	主管部门	所在地	办学层次	备注
20	湖南中医药大学湘杏学院	4143012661	湖南省教育厅	长沙市	本科	民办
21	长沙理工大学城南学院	4143013635	湖南省教育厅	长沙市	本科	民办
22	长沙师范学院	4143013806	湖南省	长沙市	本科	
23	湖南信息学院	4143013836	湖南省教育厅	长沙市	本科	民办
24	长沙民政职业技术学院	4143010827	湖南省	长沙市	专科	
25	湖南工业职业技术学院	4143010830	湖南省	长沙市	专科	
26	湖南信息职业技术学院	4143010865	湖南省	长沙市	专科	
27	湖南税务高等专科学校	4143011601	湖南省	长沙市	专科	
28	长沙航空职业技术学院	4143012055	空军装备部	长沙市	专科	
29	湖南大众传媒职业技术学院	4143012300	湖南省	长沙市	专科	
30	湖南科技职业学院	4143012304	湖南省	长沙市	专科	
31	湖南生物机电职业技术学院	4143012343	湖南省	长沙市	专科	
32	湖南交通职业技术学院	4143012397	湖南省	长沙市	专科	
33	湖南商务职业技术学院	4143012401	湖南省	长沙市	专科	
34	湖南体育职业学院	4143012423	湖南省	长沙市	专科	
35	湖南工程职业技术学院	4143012425	湖南省	长沙市	专科	
36	保险职业学院	4143012596	湖南省	长沙市	专科	
37	湖南外贸职业学院	4143012597	湖南省	长沙市	专科	
38	湖南网络工程职业学院	4143012598	湖南省	长沙市	专科	
39	湖南司法警官职业学院	4143012601	湖南省	长沙市	专科	
40	长沙商贸旅游职业技术学院	4143012603	湖南省	长沙市	专科	
41	湖南邮电职业技术学院	4143012845	湖南省	长沙市	专科	
42	长沙环境保护职业技术学院	4143013031	湖南省	长沙市	专科	
43	湖南艺术职业学院	4143013032	湖南省	长沙市	专科	

续表 28　　2018 年长沙市普通高等学校名单目录

序号	学校名称	学校标识码	主管部门	所在地	办学层次	备注
44	湖南机电职业技术学院	4143013033	湖南省	长沙市	专科	
45	长沙职业技术学院	4143013036	湖南省	长沙市	专科	
46	长沙南方职业学院	4143013041	湖南省教育厅	长沙市	专科	民办
47	长沙电力职业技术学院	4143013938	湖南省	长沙市	专科	
48	湖南水利水电职业技术学院	4143013939	湖南省	长沙市	专科	
49	湖南现代物流职业技术学院	4143013940	湖南省	长沙市	专科	
50	湖南安全技术职业学院	4143014025	湖南省	长沙市	专科	
51	湖南外国语职业学院	4143014072	湖南省教育厅	长沙市	专科	民办
52	湖南都市职业学院	4143014121	湖南省教育厅	长沙市	专科	民办
53	湖南电子科技职业学院	4143014122	湖南省教育厅	长沙市	专科	民办
54	湖南三一工业职业技术学院	4143014322	湖南省教育厅	长沙市	专科	民办
55	长沙卫生职业学院	4143014358	湖南省	长沙市	专科	
56	湖南食品药品职业学院	4143014359	湖南省	长沙市	专科	
57	湖南劳动人事职业学院	4143014508	湖南省	长沙市	专科	

成人教育

【概况】 2018 年，长沙市连续 9 年举办“全民终身学习活动周”，获评“全国全民终身学习活动周优秀组织奖”。截至 2018 年年底，长沙市建成全国社区教育示范区 3 个、全国社区教育实验区 2 个、全国数字化学习先行区 3 个、全国社区教育示范街镇 17 个、全国创建学习型社区示范街镇 2 个、省级社区教育实验区 5 个。覆盖全市城乡的四级社区教育网络基本形成，长沙有社区大学 1 所、区县（市）社区学院 10 个，有市级示范性社区学校 100 所、市级示范性社区学习中心 67 个，社区老年教育基地 16 个。“长沙终身教育学习网”实现市、区县（市）、街（镇）、村（社区）之间的互联互通和学习资源的共建共享，学习课程 4421 门，实名注册人数 44.5 万人，学习访问近 2445 万人次，比上年同期增加 313 万人次。长沙作为全国首批 8 个学习型城市试点之一，开展学习型城市监测，长沙经验在全国终身学习和学习型城市建设研讨会上推介。（李　滔）

【全民终身学习活动周】 2018 年 11 月 2 日，以“建设学习型城市，助力现代化长沙”为主题的 2018 年长沙市全民终身学习活动周启动。市委常委、市委宣传部部长高山，市人大常委会副主任张智勇等领导出席开幕式。开幕式上展播全市社区教育宣传片，回顾长沙市开展终身教育、社区教育的 10 年历程；展播全民终身学习的概念视频，观摩长沙市获评全国“百姓学习之星”和全国“终身学习品牌项目”的先进事迹视频；集中表彰一批“终身学习活动品牌”“百姓学习之星”，为全市第三批示范性社区学习中心和第二批老年教育基地授牌。活动周开展老年 E 生活、家庭亲子教育、综合门类等精品课程进社区等 6 大特色活动。（毛建杰）

【社区教育】 2018 年，长沙多个项目在全国终身教育、社区教育领域获奖。浏阳市“扬耕读家风 育博士村庄”等 4 个项目入选全国“终身学习活动品牌”，曹明珠等 4 人入选全国“百姓学习之星”。长沙高新技术工程学校职业技能培训中心等3家机构获评“2018年全国优秀成人继续教育院校（培训机构）”，长沙广播电视大学（长沙社区大学）等5家单位入选全国“城乡社区教育特色学校”，69个项目（个人）在全国社区教育优秀微课程评选、全国社区教育“互联网+”优秀项目评选、全国i-实验社区教育系列竞赛中获奖。截至2018年年底，长沙有全国社区教育示范区3个、全国社区教育实验区2个、全国数字化建设先行区3个、全国学习型社区示范街镇2个、全国社区教育示范街道17个、全国终身学习活动品牌10个、全国社区教育特色课程1门、全国农村成人（社区）教育优秀品牌2个、全国青少年校外示范项目12个、城乡社区教育特色学校5个、优秀成人继续教育院校（培训机构）4个。（蒋新扬）

特殊教育

【概况】 2018年，长沙市特殊教育学校4所，在校学生2134人，义务教育阶段三类残疾儿童入学率93.16%。研制出台《第二期特殊教育提升计划实施方案（2019—2020）》，开展“随班就读”和“送教上门”调研，各区县（市）对本区域内的义务教育阶段适龄残疾儿童，根据残疾类型和程度做出合理安排。在4所实验校推进“医教结合”改革。（周小青）

【特殊儿童少年艺体竞赛获奖】 2018年5月，在“长沙市第二届中华经典诵读——青春诗词大赛”市直学校组比赛中，长沙市特殊学校视障学生节目《青春中国》获团体赛特等奖。在第十届湖南省残疾人运动会上，长沙获15枚金牌、4枚银牌、7枚铜牌。7月，长沙市特殊学校“翼之梦”盲童合唱团获评第九届中国少年儿童合唱节展演活动“最受欢迎合唱团”；12月，在全国盲人法律知识邀请赛中，长沙市特殊学校获国家级优秀组织奖。（李春庭）

【培智学校建设】 2018年3月5日，长沙市特殊教育学校望城校区暨长沙市培智学校土方工程启动。学校建设项目位于望城区高裕路和聚源路交界处，总投资3亿元，建筑面积4.8万平方米，办学规模51个班级，学校建成后将更好保障残障孩子接受教育的权利，推进特殊教育发展。新校区计划2019年9月开学。（李春庭）

【全国特殊教育国家课程校本化岳麓论坛在长沙举办】 2018年11月13—14日，中国心理卫生协会残疾人心理卫生分会特殊教育专业委员会和湖南省教育学会特殊教育研究专业委员会联合举办全国特殊教育国家课程校本化岳麓论坛暨长沙市特殊教育110年回顾展。11月13日，教育部国家督学（基础教育司原副司长）李天顺，湖南省人大常委会副主任、党组副书记王柯敏，湖南省残联党组书记、理事长肖红林等领导出席开幕式。南京特殊教育师范学院教授王辉进行专题讲座，全国多所特殊学校校长参与交流。14日，与会专家分成6组参观学校，并就基于国家课程标准下学校提供的盲、聋、培智课例展示进行现场研评。活动展示出长沙市特殊教育学校的办学特色和办学成果，推动国家特殊教育国家课程校本化的进程。（李春庭）

民办教育

【概况】 2018年，长沙市有教育行政部门审批的民办学校2279所，其中高等职业院校5所、非学历教育高等学校（专修学院）28所、中等职业学校27所、普通中小学校（含小学、初中、高中、完全中学、九年一贯制学校、十二年一贯制学校）45所、幼儿园1448所、培训学校726所。2018年，长沙市教育局批准设立长沙铁航职业中等技术学校、长沙市湘都中等职业学校和长沙市开物中学3所民办学校，累计新增高中阶段学位5600个。市管75所民办学校中，有55所成立党组织，市民办教育党委直接管理的党组织33个。组织70余名全市民办教育管理干部到北京师范大学进行为期7天的高端研修，提升民办学校管理干部能力水平。组织市管民办学校校长、办公室主任和财务主管会计300余人进行培训。安排民办教育专项经费600万元，扶持一批民办学校的重点建设项目。推进分类管理登记，办理变更手续的现有民办学校和新批民办学校基本落实分类登记要求，截至2018年年底，新法颁布前的1860所民办学校，有592所进行分类登记，占比31.8%，其中非营利性的412所，营利性的180所。（王　威）

【民办学校艺术展演】 2018年1月5日，长沙市教育局在长郡双语实验学校剧场举行长沙市民办学校艺术展演暨优秀民办学校举办者颁奖大会。各区县（市）教育局、全市各级各类民办学校约800余人参加会议。活动的主题为“汇聚民教情·拥抱新时代”。会上表彰长沙明达中学曹建新等10名长沙市首届十佳民办学校举办者及开福区竞争力教育培训学校刘耿等4名提名奖获得者。举行民办学校艺术展演，通过舞蹈、鼓艺、合唱、小品、T台秀、诗朗诵等形式，全面展示长沙民办教育形象。（王　威）

【无证办学和违规办学专项治理】 2018年，长沙市制订《无证办学和违规办学专项治理工作方案》，对专项治理工作进行全面部署，分阶段分步骤推进专项治理工作。2月1日，召开民办义务教育学校规范招生声明发布会，城区14所民办初中学校校长在会上向社会公众发布联合声明，承诺不提前组织招生，不委托他人招生，不收取招生费用，《中国教育报》等数十家媒体进行报道。7月6日，召开贯彻落实国务院办公厅文件精神规范培训学校办学行为管理动员，对全市700余所民办培训学校提出具体要求，统一印制发放“十项承诺”和“十条禁止”。2018年，全市排查无证办学机构2377家，取缔关停1631家，指导办证746家，整治完成率100%。（王　威）

师资建设

【概况】 2018年，长沙市省级公费师范生招生363人，从原有的小学和幼儿园教师公费定向培养，实现初中、高中、职业学校、特殊教育

2018年12月6日，长沙市首届“卓越教师论坛”在长沙市中小学教师发展中心召开 市教育局 供图

学校教师公费定向培养全覆盖。全市参加全国教师资格考试人员87838人，笔试合格27283人，报名参加面试27095人。全年长沙市中小学教师报名参加首次注册人数2843人，其中市本级579人、各区县（市）2264人。

2018年3月22日，长沙市中小学教师高级职称和市属学校中小学教师中级职称评审结束。2017年度全市市中小学高级职称岗位1016个，公办学校教师实际参评1824人，另有人才中心委托参评的民办学校教师13人。中小学教师通过高级职称评审人数984人，其中小学495人、中学477人、特殊教育学校6人、民办学校6人。高级职称岗位使用率96.9%，为历年最高，空余岗位38个。中级职称参评303人，通过282人。

2018年，长沙市级教师培训12308人，其中骨干教师2057人、异地高端研修637人；参加省培、国培6543人，其中长沙县、望城区、浏阳市、宁乡市等农村区县（市）教师参培5088人，占指标数78%。

2018年2月，长沙市教育局、市财政局、市人力资源和社会保障局联合出台《长沙市中小学（幼儿园）名校长（园长）队伍建设实施方案》，首次在全市中小学遴选16名首席名校长、28名名校长。印发《长沙市中小学（幼儿园）名校长（园长）管理与考核实施办法》。出台《长沙市中小学（幼儿园）卓越教师队伍建设实施方案》，全年选拔600名卓越教师，进入市级优秀教师人才库，其中学科带头人60名、优秀骨干教师240名、教学能手300名。12月6日，在长沙教育学院举行长沙市首届卓越教师论坛，8位卓越教师围绕“新时代卓越教师的专业定位和职业境界”先后发言，清华大学教育研究院院长谢维和作专题学术报告。

2018年，长沙市遴选第三届第三批名师工作室首席名师2名，名师工作室顾问、名师团队和学员76名；新建第三批名师农村工作站15个，30位原市级名师工作室首席名师、特级教师或卓越教师驻站工作，248位农村骨干教师成为名师农村工作站入选学员。截至2018年年底，全市有名师（特级教师）农村工作站30个，68位名师（特级教师）驻站工作，培养乡村骨干教师680余人。“长沙市在农村学校建设名师（特级教师）工作站”工作获评“湖南省教育厅市州教育工作创新（特色）项目”。

（陈利群）

【师德师风建设】 2018年5月15日，长沙市教育局印发《长沙市中小学教师师德师风建设行动计划（2018—2020年）》，附发《长沙市中小学教师师德考核负面清单》《长沙市中小学教师师德师风违规行为专项整治方案》。9月，组织督查组，对长沙市属中小学校和各区县（市）进行师德师风建设工作专项督导。对60所中小学、1个幼儿园和5个区教育局下发师德师风建设专项督导反馈意见。严肃查处违纪违规教师，1名教师因弄虚作假、不讲诚信被取消高级教师职称，1人取消参评资格。2018年，全市查处师德师风违纪案件118起，处分违纪教师134人，其中查处违规补课、违规到民办培训机构兼职的教师71人。（陈利群）

【教育人事工作】 2018年，长沙市组织34个直属单位公开招录教职工413名，调配直属学校教师101名，分流雷锋学校初中部、航天学校小学部教师23名，义务教育学校校长教师交流967名。选派“三区”支教教师343名，选派“组团式”教育援藏中期轮换教师12名，选派“援藏援疆万名教师支教计划”22名。通报表彰优秀教师和教育工作者534名、教师团队10个、集体58个、科研成果36项，市教育基金会发放奖金217万元。办理退休人员手续142人，办理抚恤金审批手续79人，发放抚恤金411万元。（魏子钦）

【《长沙市优秀在编教师市内跨区域交流办法》出台】 2018年2月，长沙市教育局、市编委办、市人力资源和社会保障局、市财政局联合出台《长沙优秀在编教师市内跨区域交流办法》，明确获评“卓越教师”且符合流动条件的教师，可以在城区公立学校之间无障碍流动。（魏子钦）

【长沙教师“拎包入住”工程投入使用】 2018年，长沙市教育局筹资投入600万余元，在长郡双语实验中学修建改造187套教师公寓，解决全市大龄单身青年教师“住房难”问题。教师公寓每间面积35平方米，有独立的阳台与卫生间，各类生活设施齐全，月租金30元。11月，工程验收和空气质量检测合格，第一批96名教师入住。由市教育局为单身青年教师集中建设单身公寓，在全国各省会城市中属首次，为长沙市教育系统“十件实事”幸福工程之一。

（李彤）

文　化

CULTURE

责任编辑·江　雷

公共文化

【概况】 2018年，长沙坚持均等性、便利性的原则，扎实惠民生，现代公共文化服务体系建设迈上更高水平。

推进“五个一批”工程 贯彻市政府建设“一圈两场三道”、打造“15分钟公共服务生活圈”的要求，推进“五个一批”工程：提质增效用好一批馆舍，委托第三方对全市56个公共文化服务场馆进行绩效评价，窗口开放进一步提质。滨江文化园年接待观众335.54万人次，累计接待1174.76万人次，成为全省十大文化地标的唯一当代建筑；全市10个图书馆全部获评国家一级馆，市图书馆获评中国图书馆年会“综合服务效能之星”。艺术惠民送演一批戏剧。市湘剧中心、市花鼓戏中心、长沙歌舞剧院、市群艺馆等单位共送戏1197场。电影惠民放映一批电影。市电影中心、银宫影剧院联动全市77支放映队和100个固定放映点放映公益电影21774场。示范引领建设一批站点。高标准打造100个示范性村（社区）综合文化服务中心。面向社会购买一批服务。向梅溪湖大剧院、长沙音乐厅、李自健美术馆、谭国斌当代艺术博物馆购买一批服务项目。

深化“群文湘军”建设 扶持群文团队发展，激活全市1900余支团队近10万业余文艺骨干，广泛开展“百佳群众文艺团队”评选、“百姓大舞台 有艺你就来”千团万户百万市民才艺大赛、“欢乐潇湘 品质长沙”群众美术、书法、摄影展等活动，辐射带动逾百万群众参与其中。

推进全民艺术普及 市群艺馆文化馆总分馆服务体系建设项目通过验收，开办农村（社区）公益艺术培训学校15所，开设书画、音乐、舞蹈等公益培训班120余个，培训学员6万余人次。组织开展“春雨工程”文化志愿服务边疆行和“文化走亲”等省际交流活动，文化志愿服务呈现常态化、专业化发展态势。制定扶持民办博物馆、图书馆、艺术馆、非遗馆管理办法，积极整合设立专项扶持资金。全市民办文化场馆呈现出全域化、纵深化、品质化发展态势，有博物馆10家、艺术馆30家、图书馆12家、非遗馆24家，备案登记非国有博物馆藏品近8000件；举办“长沙人艺”系列专场演出。李自健美术馆、谢子龙影像艺术中心、谭国斌当代艺术博物馆、雨花非遗馆成为省会的艺术名片和文化窗口，李微微、黄兰香专题视察长沙市社会力量办文化工作，给予肯定。深化图书馆总分馆服务体系建设，在长沙县启动县级试点工作。全年新建图书馆分馆11个，总数119个；建设“24小时”自助图书室6个，省委常委、市委书记胡衡华给予肯定。

推进农家书屋建设 编制1202家书屋图书补充更新计划；加强联建共享，6家书屋纳入总分馆体系；评选表彰一批“示范性农家书屋”“十佳书香民营企业”。扶持实体书店发展，市委常委、宣传部部长高山主持召开实体书店发展座谈会，扶持16家实体书店600万元。

深化全民阅读推广 市图书馆举办“百师千课”“故事驿站”“天使阅读”公益行等各类活动1815场，“阅天下·邂逅图书馆之美”活动吸纳全国108家图书馆参与其中。

（陆明榜 刘 婷）

【长沙图书馆】 长沙市图书馆是地市级综合性公共图书馆，成立于1960年，老馆馆址定王台是湖南图书馆事业的发祥地。新馆坐落于长沙滨江文化园内，于2015年年底全面开放，总建筑面积31314平方米，共5层，规划藏书量200万册，每天可接待读者10000余人次。图书馆外形如同巨大的顽石屹立于湘江和浏阳河的汇合处，象征着开放、创新的“湖湘精神”和刚强、勇敢的“湖南性格”。外墙设计方案取材于《荀子·劝学篇》，展现图书馆的文化底蕴。馆内主要设置有社科文献借阅室、自科文献借阅室、报刊借阅室、儿童借阅室、青少年借阅室、视障文献借阅室、电子文献借阅室、多元文化馆、长沙人文馆、新三角创客空间、24小时自助图书馆、咖啡书吧、乐之书店等功能区域。全馆实行免费开放。截至2018年年底，在全市建立分馆110家，24小时自助图书馆28个，配备流动图书车，设置流动服务点88个，实现总分馆之间一卡“通借通还”借阅服务。长沙市图书馆以打造城市“文化综合体”为目标，常年举办讲座、培训、展览、阅读推广等文化活动。致力建设成为长沙文献信息资源服务中心、全民阅读终身教育中心、区域图书馆网络中心、文化学术交流中心。

2018年，长沙市图书馆接待读者218万人次，办理读者证30457张，文献外借1698385册次，网站访问量352万次，开展各类阅读文化活动3550场（含本馆和分馆），接待国内外各类考察交流98批次2276人次。在第六次全国县级以上公共图书馆评估定级中被评为一级馆。强化基础建设，优化环境提升场馆服务保障能力。基础业务工作统筹推进。文献采访29.1万册。新引进数据库资源4个，自建湘声报全文数据库，开通可远程服务外部数据库资源15个。外购数字资源40TB。推动“口述长沙·声音图书馆”项目建设。启动“星城旧影·长沙老照片资源库”项目。与省内外30余家图书馆开展馆际互借和文献传递服务工作，传递文献1958篇。设立政府公开信息查询专区，提供网上查询服务。继续做好新馆后续专业建设项目相关工作。总分馆提质增效，阅读服务日趋平衡充分。2018年新建分馆11个，全市分馆110家，流动服务点88个。建设“24小时”自助图书室6个。向分馆配置、更新图书11.6万册。总分馆辅导咨询2000余次，举办总分馆管理员培训33次500余人次。成立长沙阅读推广研究中心，向分馆配送阅读推广志愿者1000余次，开展圈圈故事会、阳光周末公益课堂等阅读推广活动1710场。打造简名、金茂明星分馆，促进公共图书馆服务向城乡基层延伸。提质阅读推广，文化惠民助力书香城市建设。

读者活动 2018年，举办各类活动1840场，举办香港摄影图片展、野生动物保护纸塑公益展、立体童书展等特色展览90场（含巡展）。设立专题书展40余次。为视障读者提供送书上门、爱心助盲专车、“侧耳倾听”“佳音难觅”公益助残等爱心服务。品牌效应持续升温。创新分龄分众服务，培育青苗计划、新三角创客空间、“阅天下·邂逅图书馆之美”等具有影响力的活动品牌35个。青苗计划2018年增至173个家庭参与，两周年庆典暨图书馆奇妙夜活动反响热烈（主微信稿点击量27821次）。青苗系列活动服务小读者万余人次。新三角创客空间举行各类创客活动67场，第二届“创战计”星城创客大赛全程与广州图书馆“一起创”大赛进行联动。全国首发“阅天下·邂逅图书馆之美”活动，由中图学会向全国推广，全国108家图书馆参与。合作项目令人瞩目。完成外事交流活动3次。先后接待韩国龟尾市市长和日本鹿儿岛市副市长一行。长沙市与韩国龟尾市缔结友好城市20周年活动中，长沙市图书馆与龟尾市图书馆缔结友好馆。与市文联、法国驻武汉领事馆等共同举办2018“我们的节日”新春诗会、“致敬经典——法语戏剧大赛半决赛（中国中部赛区）”等活动。与市作协、省诗歌学会、潇湘悦读文化研究会、长沙十点读书会等合作举办系列读书会。

志愿服务　全年招募志愿者1229人，开展志愿服务活动1361场，志愿者服务14917人次。获《中国文化报》等业内权威媒体报道30余次。被授予2018年湖南省优秀志愿服务组织，长沙市公共文化十佳优秀服务站点。媒体宣传。《湖南日报》发布专题报道《一座城市图书馆的文化追求与梦想——长沙图书馆以总分馆服务体系构建城市文化新空间》，CCTV——发现之旅《聚焦先锋榜》栏目组拍摄专题纪录片《天堂的模样 知识的海洋》。《长沙晚报》、《潇湘晨报》、湖南卫视、湖南经视、湖南都市等媒体报道600余次。官方微博推送动态消息9024条，粉丝97655人。微信公众平台发布图文消息925篇，图文阅读2095446次。公众号年度净增关注用户43673人，关注用户159285人。在《全国公共图书馆微博微信监测月报》以及《人民日报》组织的“文化政务微博榜”中，长图微信、微博影响力排行稳居前十位。2018年，长沙市图书馆先后被授予全国家庭亲子阅读体验基地、长沙市对外交流示范基地称号。获“书香长沙”全民阅读创新案例奖、“中国图书馆最美故事”之优秀服务奖、第一届公共图书馆创新创意征集推广活动“最佳青年创新奖”、2018出版界图书馆界全民阅读年会优秀案例奖等荣誉。

（姚照丰）

【长沙博物馆】　长沙市博物馆成立于1986年，旧址位于长沙市八一路538号清水塘，2015年搬迁至开福区新河三角洲长沙滨江文化园，并于当年12月28日对外开放临展厅和公共开放区域，2017年5月18日全面开放。新馆集文物收藏、保护研究、展示宣传、教育服务等功能于一体，建筑层高5层，建筑面积2.4万平方米，展示面积9000余平方米，收藏各类文物近5万件，其中商周青铜器、楚汉文物、长沙窑瓷器为国内外所瞩目。常设展览有“湘江北去——长沙古代历史陈列”和“中流击水——长沙近代历史陈列”两个基本陈列，同时常年举办各类专题展览和“湘城”讲坛，开展各类社会教育实践活动。“湘江北去·中流击水——长沙历史文化陈列”在对外开放一周年之际，获全国博物馆（2017年度）十大精品陈列展览评选优胜奖、湖南省“弘扬优秀传统文化、培育社会主义核心价值观”主题策划方案优秀奖、长沙市第19届社会科学优秀成果一等奖。全年有176批国内外同行、6715批团队、1204569名观众到馆参观学习考察。

特展常换常新　全年举办10个特展，包括“环肥燕瘦——汉唐长安丽人行”“彩耀中华——黄河流域史前彩陶特展”“金辉玉蕴——南京出土宋明金银玉器展”3个文物精品展；“骏犬啸天——2018狗年新春生肖文物图片联展”“望城折迭剪纸艺术展”“海上有戏——戏曲人物画名家邀请展”“纪念刘少奇同志诞辰120周年书法作品展”等6个文化艺术展；“恐龙大复活系列巡展之长沙特别展”1个自然科普展，确保展览展示体系有重点、主要节庆日有亮点、寒暑假青少年有看点。智慧博物馆上线运行平稳。完成第一期智慧服务、智慧管理、智慧保护3大类14个子系统建设；智慧管理、智慧保护于2018年8月开始馆内测试，基本实现以博物馆职能定位与核心业务为导向的博物馆数据资源中心和相关支撑平台的建设。

“湘城”系列活动　“湘城讲坛”面向社会公众举办18场高端文化知识讲座；“湘城之旅”举办8场专家、策展人导赏，向到长沙进修的外国媒体人员分享湖湘历史文化11次。其中7场讲座与导赏活动进行网络平台直播，累计在线观看量突破60万次。

打造“儿童友好型”博物馆　继续利用儿童区博乐园优势，举办“哇哦，博物馆”儿童展览、“考古体验营·长沙窑”、“考古体验营·石器时代”儿童活动、“汉服折纸工作坊”、“文物医生”等系列亲子手工体验活动240场。“全国中小学研学实践教育基地”建设。作为全国首批研学基地，策划推出陶瓷主题展厅研学导览线路，为17所学校研学团讲授102场特色导览；举办青少年长沙故事微讲座、“穿越小达人”趣味参观、中学生假期志愿者项目等假期综合社会实践活动近300场；向中学生推出长沙地方历史文化系列课程；建设长沙博物馆教师联盟，举办7场教师活动；合作推出“博物”实验班、“国家宝藏”系列活动，1500余名中小学生参与。寒暑假期间，108名中学生志愿者担任教育助理、文明引导、信息整理等工作，服务2285小时。

文化活动“走出去”　“白银时代”特展输出到辽宁沈阳故宫博物院、福建中国闽台缘博物馆巡回展出。“长沙故事”主题巡展走进青竹湖湘一外国语学校、修业学校、银星社区等25所学校、社区、乡村少年宫，并获2018年湖南省社科普及主题活动周典型宣传活动一等奖。首次组织参加第八届中国博物馆博览会，在“中英博物馆策展与文博IP发展”论坛上进行主旨发言，对外展示长沙文博新形象，并获“最佳展示奖”。文创产品体系逐步形成。自主设计生产“馆藏精品文物纸牌”“太平有象——丝巾”“谷山砚台”和“蓝染系列”等文创产品20余款，全年实现文创收入300万元。在首届长沙市文化消费品牌榜评选活动中获“文化消费示范单位”。自媒体发展良性健康。全年推送微信201篇、微博125条、官网资讯344条，微信粉丝7.6万人，微博粉丝近1.8万人，全年自媒体阅读量150万次，公众知晓度和参与率进一步提高。中央、省、市媒体来馆采访报道200余次，发表原创报道152篇，电视报道70次，网站转载500余篇。与金鹰955电台合作制作“如果文物会说话·一日一物”系列节目播出180期，获“2018中国广播创新融合品牌”奖。文物工作。全年征集文物 1295 件，完成文物修复 71 件。完成国家文物局《长沙市博物馆馆藏珍贵长沙窑瓷器保护修复方案》和《长沙市博物馆藏油画保护修复方案》项目验收及结项，完成与上海硅酸盐研究所合作《基于分析检测的长沙窑科学研究》项目中 60 余件长沙窑瓷器样品的分析检测。建成覆盖全馆的环境监测系统即文物预防性保护平台，实现对文物库房、展厅和重点展柜等文物保存环境质量的及时感知。

对外文化交流 围绕馆藏长沙窑瓷器、湖湘名人、长沙城市近代化进程等重点内容，与英国伦敦大学学院考古应用中心签订共建协议；与美国维克森林大学博物馆确定合作意向。参与英国莱斯特大学博物馆“一路同行”中英合作项目前期论证工作。（浦英晖）

【长沙简牍博物馆】 长沙简牍博物馆是全球唯一以简牍为专题，集简牍收藏、保护、研究和陈列展示于一体的现代化专题博物馆。成立于 2002 年，是长沙市文化旅游广电局主管的副县级全额拨款事业单位。总占地面积 2 公顷，建筑面积 1.41 万平方米，基本陈列面积 5000 余平米。2007 年 11 月 8 日对外开放，2008 年 10 月 28 日起实行免费开放，现为国家一级博物馆。长沙简牍博物馆主要藏品有 10 万余枚三国孙吴纪年简牍、百枚东汉早期简牍、2000 余枚西汉早期简牍、西汉长沙王后“渔阳”墓签牌、封检和 3500 余件其他历史文物。

提升讲解服务，优化展陈质量 2018 年基本陈列接待观众 613331 人次，讲解接待 2000 余批次，重要接待有 70 余批次；讲解员所在部门获“长沙市工人先锋号称号”；讲解员多次被派出担任如首届世界语言资源保护大会、潇湘红色故事“七进”集中宣讲活动等省市重大活动的接待讲解任务；继续派出 3 名优秀讲解员承担市纪委廉政警示教育基地讲解接待服务工作，全年接待来访单位 229 家，接待党员领导干部近 8707 名。全年完成特展、临展 36 场。完成展厅二楼基本陈列展览改陈工作，《湘水流过——湖南地区出土简牍展》11 月顺利开幕；举办特展 2 场；主办书画艺术类临展 34 个；完成对外交流展《史料·钩沉·文脉——书于竹木》方案。新增云观博智慧导览 AR 系统、超星智能一体机、数字书法体验机等智能设备，打造简博工坊互动体验中心。推进游客服务中心建设工作，完成公开招标工作。

完善馆藏文物建档，夯实整理保护工作基础 “中国简牍信息管理平台”录入释文数据至 15651 条，图片数据至 15002 条，与上年相比，新增释文数据 5598 条，图片数据 6975 条，承担长沙社科规划一般项目《中国简牍信息管理平台建设之〈长沙走马楼吴简竹简·壹〉影像及数据综合整理》（编号：2017csskkt53），按时完成结项。2018 年入藏代表性书画作品 49 幅；新征集文物藏品 16 件（套），其中二级文物 1 件、三级文物 11 件（套）。西汉长沙王后渔阳墓漆木器的保护和走马楼吴简后续保护两项目稳步推进。

深化学术研究，拓展学术交流 全年发表论文 7 篇；完成《长沙简牍博物馆馆藏走马楼吴简书法研究》一书的撰写工作；完成国家社会科学基金重大项目“长沙走马楼西汉简的整理与研究”两次为期一周的释文整理读简活动；派业务人员参加各类业务学习培训及学术会议共 10 人次。创新社会教育，提高社会影响力。全年开展各类社教活动 320 余场，受教人员 10000 余名。新添“长沙市第二批中小学生研学旅行创建基地”“第一批湖南省中小学生研学实践教育基地”两个基地。全新升级官网，增强官网的宣传及与观众的互动性。全年通过中央、省、市各大电视、报纸、网络等媒体平台，进行全方位立体式的宣传与推广，刊发宣传报道近 600 条，馆藏文物得到《师徒》《行走五一大道——改革开放 40 周年》等多项纪录片专题报道，被《中国国宝大会》栏目组邀约，12 月进行专集采访制作工作。（厉 杏）

【长沙音乐厅】 长沙音乐厅于 2015 年 12 月 28 日投入使用，委托北京保利剧院管理有限公司进行演出经营和物业管理。长沙音乐厅按照纯正的音乐厅标准打造，总建筑面积约 2.8 万平方米，建筑高度约 28 米，主要包含：1400 余座交响乐大厅、近 500 座多功能厅及近 300 座室内乐厅。音乐厅功能齐全，集音乐演出、艺术培训、贵宾接待等功能为一体，可同时容纳约 3000 人的音乐爱好者欣赏艺术、参加艺术培训。长沙音乐厅全年演出 339 场，超过目标任务 69.5%，较上年增长 10.8%。其中 A 类演出 57 场，超过目标任务 42.5%，B 类演出 26 场，超过目标任务 8.3%。C 类演出 59 场，超过目标任务 268.75%；年均上座率 78.3%，观众满意度 98.5%；公益惠民及政府用场 83 场，较上年增长 50%；接待观众人数 22.4 万人次，较上年增长 12%；长沙音乐厅官方公众号“粉丝”超过 14 万人次，较上年增长 18%。提前谋划 2019 年长沙新年音乐会、长沙各界人士迎春座谈暨民族音乐会等重大活动，确保演出成功。

文化圣殿品牌进一步擦亮 2018 年，全球十大交响乐之一的伦敦交响乐团、世界顶级小提琴家穆特与波兰华沙乐团、世界著名指挥家西本智实、中国 3 大男高音等众多世界名团名家到长沙。媒体艺术之都·长沙钢琴公开赛历时近半年时间，全球 20 个国家的 100 余名专业钢琴家，及 20 余个省市 2000 余名非专业选手参加赛事。“秋之颂”——第三届长沙国际音乐艺术季开展 20 场演出，15 场大师班、公益讲座，来自 12 个国家和地区的近 600 位艺术家先后献演星城。长沙音乐厅稳居全国音乐厅十强、华中地区五强，文化圣殿品牌进一步擦亮。创新理念，“厅团合一”机制进一步健全。按照省委、市委的部署，长沙市人民政府与湖南省演艺集团合作共建长沙交响乐团。为进一步支持长沙交响乐团建设世界名团，长沙音乐厅与长沙交响乐团建立“厅团合一”运营机制，长沙音乐厅作为长沙交响乐团的排练演出固定场所和挂牌点。长沙音乐厅每年为长沙交响乐团提供 12 场湘江大厅、208 天排练厅、3 间办公室的场地支持，并提供物业管理、办公能耗等服务。在“厅团合一”机制下，长沙交响乐团工作环境、精神面貌、演出水平都得到提升。

文化惠民 长沙音乐厅积极履行文化央企社会责任，全年演出做到月月有公益场次、场场有惠民票价。全年举办“百姓舞台·百姓家”暨市民开放日、高雅艺术进校园、公益讲座、免费观演活动等四大公益普及活动 62 场次，市民音乐会、湘江·未来大师、中国乐派（华彩民乐）、

打开艺术之门3大惠民系列55场次，年均票价101元，惠及市民逾10万人次，切实提升文化企业社会效益，发挥文化阵地资源优势，全面赢得文化惠民良好口碑。（李典琼）

【长沙市群众艺术馆】 长沙市群众艺术馆于2007年搬迁至雨花区劳动东路“一馆三中心”，馆舍面积10186.5平方米。馆内设有实验剧场、多功能厅、学术报告厅、展览厅、琴房、舞蹈室、音乐室等文化活动室，免费对外开放。设置戏剧、曲艺、音乐、舞蹈、文学、美术、书法、摄影、调研、音乐制作、非物质文化遗产保护等12个专业门类，专业人员配备齐全。近年来，市群艺馆贯彻执行《中华人民共和国公共文化服务保障法》，全面实施免费开放，每周开放56小时以上，实验剧场每年完成各类惠民演出200余场。

创新公共文化服务模式　建立覆盖城乡的公益艺术培训总分校机制，建立分校15所，每年培训市民数十万人次，扶持知青、群星、金鹰、百辰等群众文艺团队，指导人艺话剧、合唱、朗诵、舞蹈等民办公助文艺团体，推出优秀群众文艺团队展演、非遗进校园、优秀群众文艺节目进农村、外来务工人员精神新家园、公益艺术培训进社区等特色文化活动，打造“百团会演”“欢乐潇湘·品质长沙”“百姓大舞台·有艺你就来”“雷锋传人 快乐使者”学雷锋文化志愿服务、“百姓大讲堂——打开艺术之门”等知名群众文化活动品牌，创造群文团队建设“长沙经验”，公共文化服务“长沙模式”等，多次获省优秀文艺单位、市级文明标兵单位、“长沙市青年文明号”、长沙市公共文化设施学雷锋志愿服务十大先进站点等荣誉称号，连续4次被评为国家一级馆。

群文活动　策划组织“我们的中国梦 文化进万家”长沙市优秀群众文艺节目演出进农村系列活动、“戏曲闹元宵”惠民演出周、“百姓大讲堂——打开艺术之门”、第二届长沙市“群星奖”作品大赛、第四届“百姓大舞台 有艺你就来”千团万户百万市民才艺大赛、“最美中国话”诗会等各类活动近70场。

惠民服务　全面贯彻落实公共文化服务保障法，深化、优化、强化免费开放服务，馆内阵地每周接待来馆团队20余支、到馆参加公益艺术培训群众上千人。实验剧场高效运转，完成各类公益演出173场，阵地服务市民群众50万余人次。组织开展群众文艺团队第七届“千团百佳”和“星级团队”评选，表彰群众文艺团队100支。

精品创作　积极备战省六艺节，深入基层挖掘优秀作品，创排女声表演唱《相邻就是缘》，组织策划5个专业门类6场72个节目举办全市选拔赛，16个节目入围第六届省艺术节“三湘群星奖”，获8金6银2优秀。公益艺术培训总分校获第六届湖南艺术节项目类“三湘群星奖”，马芳获第六届湖南艺术节“三湘群文之星”。

数字服务　长沙市文化馆“中心馆—总分馆”服务体系建设项目完成资料上传、设备调试、功能测试、材料归档等工作，顺利通过验收。开通微信公众服务号，实现公益艺术讲座在线直播、公益艺术培训在线报名。数字化服务平台“培训报名”“票务预定”“场馆预约”等功能不断完善，服务效能大幅提升。

艺术普及创新引领　主动融入市民“15分钟生活圈”建设，深入全市15个社区村开设公益艺术培训分校，构建公益艺术培训总分校体系，开设国画、声乐、舞蹈、书法等10余个艺术门类120余个公益培训班。“百姓大讲堂——打开艺术之门”公益艺术系列讲座举办10场，杨福音、瞿弦和、王宏伟等知名专家登上“百姓大讲堂”。乡村振兴主动助力。拓展服务范围，走进农村开设公益艺术培训乡村分校，推进文化馆中心馆总分馆服务体系建设。打造文化志愿服务品牌“我们的中国梦 湖湘文化进万家”优秀群众文艺节目进农村活动，连续5年组织开展惠民演出活动。对口志愿服务乡村少年宫，开展“学雷锋文化志愿者走进乡村学校少年宫”活动。

非遗传承　认真履行湘绣、弹词、山歌和皮影戏保护单位职责，组织申报评选第六批市级非遗项目28个。实施长沙皮影戏、长沙山歌数字化记录和采集。组织皮影戏、长沙弹词到农村中小学、敬老院演出，开展非遗进校园活动，策划举办长沙弹词专场演出，顺利实施2018年度国家艺术基金资助项目《湘绣技艺传承与创新人才培养》，为长沙湘绣产业培养高级复合型人才。

文化交流　“湘青两地情 文化一家亲”——2018“春雨工程”湖湘文化志愿服务青海行活动，组织文化志愿者走进西宁、刚察、互助等市县演出。组织举办“大美吉林”吉林市桦甸农民画作品展，联系国家艺术基金资助项目川剧《尘埃落定》巡演，国家艺术基金优秀剧（节）目巡演，组织“岳麓越音 共话风华”绍兴长沙文化走亲专场文艺晚会，促进地域文化不断交融。（颜蜜如）

【长沙市10家图书馆获评国家一级图书馆】 2018年5月15日，文化和旅游部发布《文化和旅游部办公厅关于公示第六次全国县级以上公共图书馆评估定级结果的公告》，长沙市雨花区公共图书馆圆满通过复评，被确定为国家一级公共图书馆。据了解，原文化部自1994年开始在全国开展公共图书馆评估定级工作，每四年进行一次，2018年进行的是第六次。在2018年的评定中，长沙市获评国家一级图书馆10家▲。雨花区公共图书馆设在雨花区文化中心是由雨花区政府创办的综合性公共图书馆，从2005年按国家一级馆标准建成开馆开始，服务体系不断发展成熟，形成1家区级本馆搭配5家分馆、48家农家书屋、百余家社区图书室的“1+5+48+X”公共图书馆服务体系。（刘 婷）

▶ 资料链接

长沙市获评国家一级图书馆名单（10家）

长沙市图书馆
长沙市芙蓉区图书馆
长沙市天心区图书馆
长沙市岳麓区图书馆
长沙市开福区图书馆
长沙市雨花区图书馆
长沙市望城区雷锋图书馆
长沙县图书馆
浏阳市图书馆
宁乡市图书馆

【“青苗计划”活动】 2018年8月，经湖南省文化厅推荐，长沙市图书馆《专业服务探索阅读成长规律 青苗作伴助推书香社会建设——长沙市图书馆未成年人阅读服务项目“青苗计划”》在“2018年中国图书馆年会——中国图书馆学会年会·中国图书馆展览会”上获“中国图书馆最美故事”优秀服务奖，并由中国图书馆学会阅读推广委员会在全国图书馆界推广。“青苗计划”作为长沙图书馆35个品牌活动之一，2018年暑假期间举办青苗国学馆国学课程19场、小小管理员之青苗乐观图活动28场次、小小管理员之青苗大课堂活动8场次，为7000名0~18岁未成年读者提供阅读指导服务与暑期实践机会，并通过小小管理员之阅天下·青苗在旅图活动，发动广大中小学生积极参与到图书馆线上线下游学打卡，发放游学护照2500余本，为未成年人的阅读和成长提供全方位、人性化、精准化的服务。除“青苗计划”外，长沙图书馆更以稳定高效的开放、丰富多样的活动为长沙市民带来书香一夏。2018年6—8月，长沙图书馆日均接待读者1.2万人次，最高1.8万人次，总分馆开展活动913场，市馆开展活动519场。其中，仅7—8月暑假期间总分馆开展各类读者活动720场，其中市馆开展368场。（刘 婷）

【长沙4家单位获评湖南文化地标】 2018年11月8日，由湖南省委宣传部、湖南省委网信办、湖南省文化和旅游厅共同主办，湖南红网承办的湖南文化地标（2018）推选活动在湖南音乐厅举行授牌仪式。湖南省委常委、宣传部部长蔡振红，副省长吴桂英出席并为获评单位授牌。炎帝陵、舜帝陵、老司城遗址、岳麓书院、岳阳楼、毛泽东同志故居及纪念馆、刘少奇同志故居及纪念馆、芷江受降纪念坊、湖南省博物馆、长沙滨江文化园10家单位获评湖南文化地标。其中长沙地区有4家单位获评湖南文化地标：岳麓书院、刘少奇同志故居及纪念馆、湖南省博物馆、长沙滨江文化园。（刘 婷）

【2018“幸福长沙”歌咏大赛】 2018年11月13日，2018“幸福长沙”歌咏大赛中青组决赛暨颁奖典礼在长沙市老干部活动中心多功能厅举行。“幸福长沙”歌咏大赛是由长沙市委宣传部、长沙市老干局、长沙市民政局、长沙市文广新局、长沙市体育局、长沙市老龄委办指导，长沙市老年协会主办的长沙市中老年文化艺术节的重要艺术项目之一，大赛是以弘扬中华民族尊老敬老优秀传统文化、丰富群众文化生活为宗旨的公益性活动。大赛自6月启动以来，举行10场海选、4场复赛、2场半决赛、2场决赛，报名参赛人数500余人，深受广大音乐爱好者欢迎。大赛组委会用实际行动履行诺言，组织到老年公寓慰问并捐赠3.4万余元的爱心款物、组织助力精准扶贫送文艺下乡慰问活动，到省定贫困村、长沙市文广新局定点扶贫单位宁乡青山桥镇花园村进行慰问演出，并捐赠了爱心款1万元、价值1.2万余元爱心物资，还参与助残慰问演出活动，为残疾朋友送去关爱和温暖。该届比赛共产生老中青三个组别一等奖3名，二等奖5名，三等奖6名。（刘 婷）

【2018公益艺术培训结业汇报演出】 2018年12月5日，长沙群众艺术馆实验剧场开展“芳华岁月 不忘初心”2018公益艺术培训结业汇报演出。经过一年的培训学习，长沙群众艺术馆公益艺术培训班的学员和老师们用丰富精彩的文艺表演，展示长沙群众文艺的风采。来自声乐、舞蹈、朗诵、古筝、拉丁、二胡、瑜伽、模特等各类兴趣培训班的学员和老师陆续登台，为现场观众带来12场精彩表演。节目汇演期间，表彰10位优秀学员、10位优秀教师以及5个优秀社区。其中，凌霄社区分校、华月湖社区分校、杨家山社区分校、丰园社区分校、八方小区社区分校获得优秀社区称号。为扩大公益艺术培训的辐射面，提升公益培训的服务水平，扩大全民艺术普及工程的影响力，长沙市群众艺术馆从2016年开始，采取与社区合作开办公益艺术培训社区分校的形式，将师资与场地结合起来，获社区和广大居民的一致好评，共开设14个社区分校，培训社区学员1400余人。（刘 婷）

【长沙馆获评宁波文博会参展单位最高奖项】 2018年4月15日，2018中国（宁波）特色文化产业博览会落幕，长沙城市馆以新颖的展馆设计、精美的展品和火爆的人气广受好评，在2800余个展位中脱颖而出，获评此次展会的最高奖项“优秀组织奖”。由长沙市文化创意产业协会和长沙晚报星恒文化传媒有限公司共同策展的长沙馆，以世界“媒体艺术之都”为展馆主题，用时尚、多元和创新的展示方式，将“黑石号”、数控烟花、铜官窑、精品湘绣等多种文化元素有机融合，展示长沙作为“一带一路”上重要节点城市的独特文化魅力和创新能力。（文创办）

文学艺术

【概况】 2018年，长沙紧扣时代感、艺术性的追求，坚持以人民为中心，推动长沙文艺由高原向高峰迈进。

艺术创作　市艺术研究院与市湘剧保护传承中心、市花鼓戏保护传承中心、歌舞剧院及田汉大剧院、浏阳花鼓剧团等全面发力，2017年度国家艺术基金项目全面结项，2018年度资助项目湘剧《望母台》、民族歌剧《爱莲说》、花鼓戏《甜甜的梦》成功首演，湘剧《田老大》、音乐剧《老店新开》完成项目巡演，《花鼓戏青年表演人才》培训项目完成结项；17个项目入围2019年度国家艺术基金复评阶段。花鼓戏《耀邦回乡》亮相上海，角逐白玉兰戏剧奖。定向邀约著名作家盛和煜及其团队创作湘剧《国歌时候》（暂定名）。

主题活动　举办2018媒体艺术之都·长沙市杜鹃花艺术月活动开幕式、2019长沙新年音乐会。办好长沙钢琴公开赛、长沙国际音乐艺术季、雅韵长沙——“麓山杯”2018大学生文艺演出、“红心向党”——2018省会大学生文艺汇演、长江中游城市群省会城市第六届会商会文艺晚会、第六届“湖南艺术节”长沙美术书法摄影展、中国戏曲人物画名家邀请展等一系列重大活动。以敢为人先的勇气，开全国先河，推动省市共建长沙交响乐团，市政府与省演艺集团签订省市合作共建协议，蔡振红、胡衡华、冯毅、吴桂英等省级领导共同出席长沙交响乐团揭牌仪式暨首场音乐会。长沙交响乐团担纲海南国际电影节闭幕式主演奏，央视电影频道全程直播，举办2019长沙新年音乐会，打响长沙交响乐团的牌子。《湖南日报》专题推出晨风系列评论员文章《为长沙交响乐团喝彩——四论在新起点上彰显长沙省会担当》，为改革点赞、为长沙喝彩。

文艺评奖 专业艺术、群众文化、文创设计"三线并举"，精心组织音乐、舞蹈、戏剧、曲艺作品300余个，群文作品143个，文创作品80余套，全力冲刺湖南艺术节，获奖数目在全省各市州遥遥领先，稳居第一位。艺术方面获"田汉大奖"、"田汉新剧目奖"及"田汉单项奖"18个，美术书法"齐白石艺术奖"5个、"优秀摄影奖"2个、提名奖14个；群文方面获8金6银、4个"三湘群星奖"，3件作品备选中国艺术节"群星奖"；文创方面获一等奖7个（占全省的78%）、二等奖7个、三等奖10个。知青艺术团获第十届世界合唱比赛老年组冠军；3人获评2018年湖南青年戏曲演员电视大赛十佳"湘戏新角"。

（陆明榜 刘 婷）

【作家纪红建《乡村国是》获鲁迅文学奖】 2018年8月11日，第七届鲁迅文学奖揭晓，长沙市作家协会推送申报的纪红建作品《乡村国是》获报告文学奖。《乡村国是》由《中国作家》(2017年第9期)首发，湖南人民出版社单行出版(2017年9月出版)。作家纪红建耗时两年多，深入六盘山区、滇桂黔石漠化片区、武陵山区、秦巴山区、乌蒙山区、罗霄山区、闽东山区，西藏山南、新疆喀什等脱贫攻坚主战场，走过湖南、云南、甘肃、宁夏、新疆、贵州、广西、福建、重庆、四川、湖北、江西、安徽、西藏等14个省(自治区、直辖市)39个县(区、县级市)的202个村庄，实地采访脱贫的老乡和当地扶贫工作者，整理100万余字的采访素材和200余小时的采访录音，历时8个月整理、思考和创作，完成近40万字的报告文学作品。书中用一个个真实、生动的故事展现中国脱贫攻坚取得的巨大成就，也呈现扶贫工作的艰巨性和复杂性。该作品发表和出版后，在社会引起强烈反响，先后入选"2017年中国报告文学优秀作品排行榜"，"《北京文学》2017年中国当代文学最新作品排行榜"，入围"央视推荐2017中国好书"等。纪红建，湖南望城人，湖南作家网主编，毛泽东文学院培训部主任，长沙市作家协会副主席，湖南省报告文学学会副会长兼秘书长。系中国作协会员、中国报告文学学会理事。已出版《中国御林军》《明朝抗倭二百年》《马桑树儿搭灯台——湘西北红色传奇》等长篇报告文学10余部。曾获解放军文艺奖、湖南省"五个一工程"奖、湖南省青年文学奖等。其中，《见证：中国乡村红色群落传奇》《乡村国是》分别入选2016、2017中国报告文学优秀作品排行榜，多篇作品入选各种年度选本，获"茅盾文学新人奖"、解放军文艺奖、湖南省青年文学奖等。

（任彧婵）

【"推名家出名作"专题讨论会】 2018年5月24日，长沙市文联召集第九届主席团的组成人员、各文艺家协会主要负责人和秘书长、各区县（市）文联和行业文联负责人以及部分新文艺群体代表，召开长沙市"推名家出名作"大讨论暨市文联第九届主席团第二次（扩大）会议。市文联党组书记、副主席王俏在会上讲话，市文联党组副书记、副主席谢胜文主持会议，市文联党组成员、副主席周永康传达省文联《关于开展"推名家出名作"大讨论活动的通知》及省文联领导讲话精神，市文联党组成员、副主席唐樱出席会议。参会人员就如何"推名家出名作"发言讨论。（任彧婵）

【新农村少儿舞蹈美育工程支教点授牌】 2018年5月29日，由中国舞蹈家协会(以下简称"中国舞协")、湖南省文学艺术界联合会主办，湖南省舞蹈家协会、长沙市文学艺术界联合会、长沙县人民政府承办，长沙市舞蹈家协会、昕雨彩虹社会工作服务中心、长沙县金井镇中心小学协办的的中国舞协"新农村少儿舞蹈美育工程"长沙县舞蹈课堂调研暨授牌仪式在长沙县金井镇中心小学举行。长沙市首批试点学校长沙县金井镇中心小学、长沙县路口镇中心小学、长沙县盼盼第二小学被授牌"中国舞协'新农村少儿舞蹈美育工程'舞蹈课堂"。"新农村少儿舞蹈美育工程"是中国舞协自2006年开始实施的文化惠民工程，旨在缩小城乡儿童素质教育差距。在湖南省舞协和长沙市文联的指导下，长沙市舞蹈家协会经过实地考察和对比，最终选定长沙县金井镇中心小学、路口镇中心小学、盼盼第二小学这三所留守儿童较多的新农村小学为本期项目的支教点，开创由知名舞蹈家、舞蹈志愿者、当地组织者形成的三位一体支教工作模式。授牌活动中，金井镇中心小学的孩子们表演课间操《千字文》、大课间舞蹈《长沙童谣》。湖南省文联副主席、湖南省舞协主席杨霞，长沙市文联党组书记、副主席王俏，长沙县委宣传部副部长陈合晏对中国舞协大力支持湖南推广"新农村少儿舞蹈美育工程"表示感谢，也代表地方表示将继续给予该项目大力支持。中国舞协主席冯双白充分肯定湖南长沙的工作成果和取得的经验，对把"到人民中去"文艺志愿服务活动和"新农村少儿舞蹈美育工程"相结合的做法表示赞赏。他希望长沙把这项文化惠民工程扎扎实实做好，为保护、传承与发展当地农村文化艺术事业做出贡献，让农村的孩子们在舞蹈中快乐成长。

（任彧婵）

【5大项目获2018年国家艺术基金资助】 经国家艺术基金专家严格评审、国家艺术基金理事会批准，《国家艺术基金2018年度资助项目立项名单》公布，长沙市5个项目获国家艺术基金资助，其中长沙市湘剧保护传承中心成功申报两个大型国家艺术基金资助项目，开全国市级院团之先河。长沙市获得国家艺术基金资助的5个项目分别为：长沙市湘剧保护传承中心申报的大型舞台艺术创作资助项目湘剧《望母台》，长沙歌舞剧院申报的小型剧（节）目《老店新开》，长沙市湘剧保护传承中心申报的传播交流推广项目湘剧《田老大》，长沙市群众艺术馆与开福区联合申报的艺术人才培养项目《湘绣技艺传承与创新人才培养》，岳麓区申报的青年艺术创作人才资助项目——郭贝贝。以上5个项目涵盖国家艺术基金支持的所有艺术门类。在2018年国家艺术基金申报工作中，长沙市文广新局收到长沙市2018年国家艺术基金二维码60份，较上年的42份项目提交比例增长42%。据统计，舞台艺术创作类、传播交流推广类、青年艺术创作人才类、艺术人才培养类提交数量均明显增长。（刘 婷）

【"麓山杯"2018大学生文艺演出系列活动】 2018年5月6日，媒体艺术之都·雅韵长沙——"麓山杯"2018大学生文艺演出中南大学专场举行。为期3天的媒体艺术之都·雅韵长沙——"麓山杯"2018大学生文艺演出系列活动落下帷幕，省委常委、市委书记胡衡华出席活动并为获奖单位颁奖，省委宣传部副部长杨金鸢，湖南师范大学党委书记李民，湖南大学校长段献忠，中国工程院院士、湖南商学院校长陈晓红，中南大学党委常务副书记陶立坚，市领导夏建平、高山、舒行钢出席。媒体艺术之都·雅韵长沙——"麓山杯"2018大学生文艺演出先后推出了湖南师范大学、湖南大学、中南大学专场。综合专家评审、大众评审和社会反响等得分，湖南师范大学获"麓山杯"2018大学生文艺演出"最佳综合表现奖"，中南大学获"最佳表演奖"，湖南大学获"最佳创意奖"。（刘 婷）

【大型现代花鼓戏《甜甜的梦》巡演】 2018年5月23日，2017年度长沙市国家艺术基金资助项目——大型现代花鼓戏《甜甜的梦》在欧阳予倩大剧院首演。2017年中旬，国家艺术基金理事会公示公布2017年度立项资助项目名单，现代花鼓戏《甜甜的梦》入选，成为长沙市首部获国家艺术基金立项资助的花鼓戏。《甜甜的梦》由省艺术研究院一级编剧、剧作家袁克平担任编剧，"文华导演奖"获得者、国家一级导演张杰执导，国家一级作曲、长沙花鼓戏非物质文化遗产国家级传承人欧阳觉文担任作曲，由浏阳市花鼓戏剧团担任执行主体，长沙市花鼓戏保护传承中心、长沙市艺术创作研究院共同创作。《甜甜的梦》是一部反映农村留守妇女题材的剧目，以农村妇女为切入点，突出以家为核心，讲述农民工进城务工，农村留守妇女追求美好生活梦想的故事。颂扬她们热爱家乡、热爱生活、追求真正幸福的自尊自爱、自立自强的精神。故事情节真实感人、艺术风格独树一帜，用现实主义的手法，塑造一群为了家庭幸福而坚守的农村妇女形象，引发全社会对于留守妇女的关注。（刘 婷）

【"红心向党"2018年省会大学生迎"七一"文艺汇演】 2018年6月29日，来自湖南省会长沙和株洲、湘潭25所高校的大学生相聚在梅溪湖国际文化艺术中心大剧院，以一场展现朝气与活力、追求与梦想的演出，唱响嘹亮的青春之歌。晚会分为三个篇章，青春·理想、青春·活力、青春·奋斗，展现当代大学生奋发有为、朝气蓬勃的精神风貌和艺术风采。该次活动由长沙市委宣传部、长沙市教育局、长沙市文化广电新闻出版局、共青团长沙市委主办。有25所来自长沙、株洲、湘潭的高校，18个优秀文艺节目入选此次文艺汇演。1000余名来自长株潭各大高校的学生到现场观看演出。（刘 婷）

【秋之颂·长沙第三届国际音乐艺术季开幕演出】 2018年9月16日，冼星海人生中最后一部管弦乐作品《中国狂想曲》在长沙音乐厅院奏响。该台由哈萨克斯坦国家爱乐乐团带来的"《丝路星海》——冼星海音乐作品巡演"，作为2018媒体艺术之都——秋之颂·长沙第三届国际音乐艺术季的开幕式演出，为艺术季打下既中国又国际的定音符。9月16日晚的演出中，上演《在太行山》《游击军》《江南三月》《战时催眠曲》《黄河》等，乐团的精彩演绎，赢得现场热烈掌声。作为2017国家艺术基金传播推广交流项目，《丝路星海—冼星海音乐作品巡演》已经在哈萨克斯坦首都阿拉木图在内的多站奏响，并邀请包括哈萨克斯坦、俄罗斯等多国艺术家主创相助。2018媒体艺术之都——秋之颂·长沙第三届国际音乐艺术季持续至10月30日。在47天的时间里，有20场演出和15场大师班、公益讲座、演出导赏、艺术快闪等活动集中举行，来自12个国家和地区的近600位艺术家先后登台，带来交响乐、童声合唱、歌剧等不同形式的演出。（刘 婷）

【长沙在第六届湖南艺术节获奖】 2018年10月29日，湖南艺术节闭幕式暨颁奖仪式在株洲神农大剧院上演，第六届湖南艺术节圆满落幕。在该届艺术节上，长沙艺术精品斩获多个奖项。《耀邦回乡》获新创大型舞台剧目"田汉大奖"，其主创人员还获田汉导演（编导）奖、田汉音乐奖、田汉舞美奖、田汉表演奖等多个奖项。湘剧《田老大》获新创大型舞台剧目"田汉新创剧目奖"。主创人员获田汉音乐奖，田汉表演奖。复排传统经典花鼓大戏《梁祝》、小戏《爱在星城》参加展演。美术、书法、摄影精品展长沙市获奖数量居全省第一位，长沙市推荐参评第六届"湖南艺术节"美术、书法、摄影精品展的作品99件，其中7幅作品获美术、书法类"齐白石艺术奖"和摄影类最高奖"优秀摄影奖"，14幅作品获"提名奖"，48幅获入展作品，3个指标均居全省第一位。《山村的笑》《妹妹生得乖》《相邻就是缘》《锣鼓亭》《呼唤》《倜帕》《儿时乐》《满院春》8个作品获得作品类"三湘群星奖"金奖。《匠心》《家乡有棵树》《进退两难》等6个作品获"三湘群星奖"银奖。长沙市推选的"湘军文创《霸得蛮》系列""长沙铜官窑《鱼跃得水》陶罐""儿时玩具系列"等7个作品获得一等奖，"菊花石香器系列""长沙铜官窑唐纹纯手工文创茶具套装"等8个作品获二等奖，10个作品获三等奖，获奖作品居全省之首。长沙市文化广电新闻出版局获文化创意产品成果展优秀组织奖。

（刘 婷）

【大型花鼓戏《胡子将军》在北京展演】 2018年11月20日，中国戏剧家协会2018年民间职业剧团晋京展演开锣，由浏阳市永红艺术团创作演出的大型花鼓戏《胡子将军》作为首台剧目在北京市京演民族文化宫大剧院登台演出，部分浏阳籍在京人士和首都观众800余人观看演出。大型花鼓戏《胡子将军》通过拆彩门、访烈属、放鸭子、种板栗、当红娘、祭烈士等故事展现开国将军王震对家乡父老、对革命先烈的感恩和热爱，再现他不忘初心、以人为本、实事求是、亲民爱民的光辉形象。新中国成立以来，浏阳花鼓戏《石榴湾风情》《蓓蕾的呼唤》《书记有本难念的经》分别于1989年、1994年、2003年晋京演出，宋任穷、王首道、欧阳山尊等浏阳籍老革命家、艺术家曾经观看演出。《胡子将军》是近15年来浏阳花鼓戏首次晋京演出剧目，是此次中国戏剧家协会从全国上百台剧目中遴选出来的6台优秀戏剧之一。中国文联党组成员、书记处书记、主席团委员陈建文，中国剧协党组书记季国平，浏阳市委常委、宣传部部长李爱民观看演出并慰问剧组演员。（刘 婷）

【长沙交响乐团揭牌】 2018 年 12 月 3 日，省市共建长沙交响乐团揭牌仪式暨首场音乐会在长沙音乐厅举行，省委常委、省委宣传部部长蔡振红，省委常委、市委书记胡衡华为长沙交响乐团揭牌。省委常委、省军区政委冯毅，副省长吴桂英，省人大常委会原副主任肖雅瑜，省政府副秘书长彭翔，市委副书记、市长、湖南湘江新区党工委书记胡忠雄，省委宣传部常务副部长蒋祖烜，市委常委、市委宣传部部长高山，湖南省演艺集团董事长吴友云出席。为深入落实习近平新时代中国特色社会主义思想，贯彻实施“创新引领，开放崛起”战略，加快推动湖南文化强省建设，加快推动长沙国际文化名城建设，湖南交响乐团改制为长沙交响乐团，实行“省市共建”运营模式，整合省会资源，探索省市共建的一揽子机制，推动资源共享、项目共管、活动共推、成果共享。（刘 婷）

【第六届“湖南艺术节”长沙美术、书法、摄影作品展】 2018 年 12 月 14 日，2018 媒体艺术之都 · 长沙市杜鹃花艺术月——第六届“湖南艺术节”长沙美术、书法、摄影作品展在湖南谭国斌当代艺术博物馆举行。市委常委、宣传部部长高山出席活动并宣布开幕。此次展览展示近 3 年长沙美术、书法、摄影创作优秀成果，参展作品或气势恢宏、意境深远，或笔走龙蛇、龙飞凤翥，或独具匠心、构思精巧，具有较高的文化艺术价值和浓郁的长沙地域文化特色，展现长沙文化艺术欣欣向荣的生动局面。自 6 月中旬市委宣传部、市文广新局、市文联联合发布征稿启事至 7 月底征稿结束，在全市范围内，征集到近 3 年新创作的美术、书法、摄影作品 709 幅，其中美术作品 217 幅、书法作品 187 幅、摄影作品 305 幅，经省市艺术专家严格评审、监审组严格监督，评选出本次展览的参展获奖作品 185 幅，评委会在此基础上推荐 99 幅作品参评第六届湖南艺术节，其中 7 幅作品获省美术、书法类最高奖“齐白石艺术奖”和摄影类最高奖“优秀摄影奖”，14 幅作品获“提名奖”，48 幅作品参展省展。该次展览从 12 月 14 日到 12 月 23 日，市民可到湖南谭国斌当代艺术博物馆观展。（任彧婵）

【大型舞台歌剧《爱莲说》首演】 2018 年 7 月 5 日，2017 年度国家艺术基金资助项目大型舞台原创民族歌剧《爱莲说》在长沙梅溪湖国际文化艺术中心首演。该剧以北宋理学鼻祖周敦颐文学名篇《爱莲说》为蓝本，通过挖掘和阐发中华优秀传统文化基因，以强烈现实主义精神和浪漫主义情怀，观照历史，观照人民的命运、情感、灵魂、向往，用歌剧艺术形式，真实、生动、深邃诠释《爱莲说》这个千年来为人们所喜爱的经典之作。（文艺处）

【新打铜锣首演】 2018 年 6 月 27 日，由湖南省文化厅、长沙市文体广新局、长沙市文联指导，浏阳市委宣传部、镇头镇委员会主办的庆“七一”文艺演出活动暨省市重点扶持文艺项目环保花鼓小戏《新打铜锣》在甘棠村首演。作为全省首部以生态环保为题材的花鼓戏，《新打铜锣》取材 20 世纪《打铜锣》原创地甘棠村，嵌入“河道沿岸畜禽养殖污染治理”等蓝天碧水保卫战工作，以耳熟能详的花鼓戏表演形式，全面演绎用空间换绿水、用思路换青山，以实际行动保护母亲河的和谐画面。《新打铜锣》热闹、诙谐、富有感染力，重视乡土味道，保留乡村风貌，留得住青山绿水，是记得住乡愁的优秀剧目代表。其创作期间即被各级高度重视，该剧获 2018 年度浏阳市欧阳予倩文艺创作奖扶专项资金、长沙市重点文艺创作项目补助（扶持）资金、湖南省文化综合发展艺术精品专项资金等支持。（王 坤）

文化遗产保护

【概况】 2018 年，长沙市按照省委常委会议关于长沙城市建设坚持特色取胜的要求，深挖古色底蕴、彰显红色文化、做好特色文章。

挖掘历史名城的古色底蕴　制订《长沙市文物事业中远期发展规划（2018—2030）》，推进贾谊故居二期保护工程规划编制、隆平水稻博物馆陈列布展。抓好文保单位管理，申报国保 30 处 72 个点、省保 40 处 77 个点，完成省保单位科学记录档案工作。加强文物修缮维护，完成浏阳文庙（一期）等修缮工程。加强文物科技保护，鉴定文物 7645 件（珍贵文物 1777 件）。加强建设考古调勘，市考古所调勘建设工地 149 个，调勘面积 403 万平方米，发掘古墓葬 99 座，出土器物 129 件。市博物馆荣获第八届中国博物馆博览会“最佳展示奖”，该馆“长沙历史文化陈列”荣获全国十大精品陈列展览优胜奖，“如果文物会说话 · 一日一物”系列节目荣获“2018 中国广播创新融合品牌”奖。简牍博物馆获评首批“湖南省中小学生研学实践教育基地”，该馆“竹木载文明”教育课程获评“中国博物馆青少年教育课程优秀案例推介展示”活动优秀教学设计奖。岳麓书院、刘少奇同志故居及纪念馆入选湖南十大文化地标。

彰显革命圣城的红色基因　加强革命文物保护，完成省工委旧址、中苏友好馆旧址修缮工程，做好李富春故居、湖南自修大学旧址的国保申报工作。胡耀邦故居纪念馆顺利晋升为国家二级博物馆，湖南和平解放史事陈列馆成为全市第 31 家免费开放的博物馆。加强学术研究和主题阐发，近现代文物保护中心联手长沙学院马克思主义学院等单位完成《马克思主义中国化早期在长沙》《自修大学旧址历史文化调查报告》等课题研究。指导办好纪念刘少奇同志诞辰 120 周年、新民学会成立 120 周年、田汉 120 周年诞辰系列活动。推进党史馆建设，完成中共湘区委员会旧址大院整体移交工作。

“非遗”传承　评审认定第六批市级“非遗”代表性项目 28 个，新建徐长兴烤鸭制作技艺等“非遗”传习所 5 个，新增国家级传承人 3 人、省级传承人 5 人，国家艺术基金项目《湘绣技艺传承与创新人才培养》结项。结合“文化和自然遗产日”，办好全省主场启动式、雨花“非遗”展演周、“非遗”高峰论坛、“非遗”进校园主题成果展等各类活动 100 余场，全年开展“戏曲进校园”57 场。市“非遗”展示馆 11 月开馆以来接待观众逾 6 万人次。太乙游龙拳走进纽约联合国总部进行展演，湘绣《炫境》获中国工艺美术文化创意奖金奖，江再红被聘为美国休斯敦中国艺术中心客座教授，郭存勇入围2018“中国非遗年度人物”100人候选名单，周佳霖获评全国残疾人事业十大新闻人物。

（陆明榜 刘 婷）

【长沙走马楼三国吴简入选第一批《湖南省档案文献遗产名录》】 2018年1月，长沙简牍博物馆所藏“长沙走马楼三国吴简”入选第一批《湖南省档案文献遗产名录》。1996年，长沙市中心的一处建筑工地出土10万余枚三国孙吴纪年简牍，超过此前全中国已发现简牍之总和，震惊整个考古界。该重大考古发现被评为1996年“全国十大考古发现”与“二十世纪百项考古发现”之一。走马楼三国吴简是目前研究三国史尤其是孙吴历史最重要的出土文献。

（刘 婷）

【长沙铜官窑博物馆开馆】 2018年5月14日，长沙铜官窑博物馆开馆，162件（套）征集的“黑石号”文物回到铜官，采用1∶1比例还原的“黑石号”沉船也在博物馆面世。长沙窑，又名“长沙铜官窑”“瓦渣坪窑”“石渚窑”，始于东汉，当时属于岳州窑的外围窑场，盛于中晚唐、衰于五代。长沙窑以岳州窑为基础，吸收北方工艺，创造出绚丽多姿的彩瓷，在中国陶瓷史上独树一帜，并远销全世界，“黑石号”绝大部分来自此。长沙铜官窑博物馆位于长沙市望城区铜官街道彩陶源村，与湘江一路之隔，陈列布展设计面积5200平方米，总投资1.2亿元，是铜官窑遗址公园的核心内容和标志性建筑。博物馆开设“黑石号”专门展厅，呈现一比一的“黑石号”仿制品，让人们能够穿越千年沧桑巨变，一睹这艘宝船及长沙窑作为瓷器生产“世界工厂”的风采。目前，全世界有20余个国家和地区发现长沙窑瓷器。长沙铜官窑博物馆第一个展厅集中展示“黑石号”文物。1998年，在印尼勿里洞岛附近的爪哇海域，德国打捞公司发现一艘古代阿拉伯沉船，命名为“黑石号”。经过持续近一年的打捞，在沉船内共发现6.7万余件古代器物，其中来自长沙铜官窑的瓷器多达5.75万余件，占总数量的85%。在“黑石号”装载的瓷器中，有一件长沙铜官窑瓷碗有“宝历二年七月十六日”的刻文，而“宝历”为唐敬宗年号，故沉船年代被确认为9世纪中叶。

（刘 婷）

【长沙市邱少求、曹明珠、刘坤庭被认定为第五批国家级非遗代表性传承人】 2018年5月16日，根据《文化和旅游部关于公布第五批国家级非物质文化遗产代表性项目代表性传承人的通知》文旅非遗发〔2018〕8号文件，文化和旅游部确定并公布第五批国家级非物质文化遗产代表性项目代表性传承人，共1082人。其中长沙市浏阳文庙祭孔音乐传承人邱少求、石雕（菊花石雕）传承人曹明珠、长沙窑铜官陶瓷烧制技艺传承人刘坤庭被认定为第五批国家级非物质文化遗产代表性项目代表性传承人。

（刘 婷）

【长沙简牍博物馆举办“长沙走马楼西汉简的整理与研究”读简会】 2018年5月22日，“长沙走马楼西汉简的整理与研究”第一次读简会在长沙简牍博物馆举行。“长沙走马楼西汉的整理与研究”是由长沙简牍博物馆与湖南大学岳麓书院共同申报，并成功立项的2017度国家社科基金重大项目。长沙走马楼西汉简于2003年发掘于长沙走马楼街东侧古井群之8号古井。该井距出土三国吴简的22古井直线距离为95米，距走马楼街80米，发掘简牍2188枚，其年代为西汉武帝早期，内容为长沙王国官府文书档案。该批简牍经长沙简牍博物馆多年的保护整理，已完成红外扫描。参与读简会的专家学者有：清华大学出土文献保护中心研究员李均明、中国社科院历史研究所研究员邬文玲、湖南大学岳麓书院教授陈松长、湖南大学岳麓书院副教授王勇、湖南师范大学历史文化学院副教授邹水杰、湖南大学岳麓书院讲师李洪财、湖南大学法学院助理教授欧扬、长沙简牍博物馆研究员宋少华、李鄂权、副研究员毛志平、金平、杨芬，以及湖南大学岳麓书院学生等20余人。专家学者们通过阅读高清红外扫描照片，对简牍内容从字形、字义以及相关历史背景进行解读和讨论。

（刘 婷）

【2018年非遗进校园活动】 2018年6月11日，长沙市实验小学梅溪湖学校举行主题为“根植中华行至天下”全国“文化和自然遗产日”长沙活动暨长沙市2018年非遗进校园活动。“非物质文化遗产进校园”是长沙市在遗产保护、发展与传承方面所做的一种有益的探索。长沙市实验小学梅溪湖学校是“长沙市非物质文化遗产进校园示范学校”，“根植中华、行至天下”是学校非遗文化进课堂的根本追求，学校着手将教育与非物质文化遗产传播有机结合，面向全校学生开设古琴、苗鼓、棕编、陶艺、湘绣、皮影等多个非遗社团。非遗传承人走进这些课堂，亲自授课。孩子们在开心的玩乐中感受着传统文化的非凡魅力。

（刘 婷）

【长沙市第三批23处历史建筑启动挂牌】 2018年7月10日，长沙市第三批历史建筑挂牌启动仪式在湖南大学力学楼举行，包括橘子洲大桥、长沙锌厂等在内的23处建筑▲，被陆续挂上“长沙市历史建筑”的牌匾，同时市住建委将与建筑产权单位或管理单位签订《长沙市第三批历史建筑保护责任书》，标志着长沙市第三批历史建筑有了专属“护身符”，将得到更好的保护与利用。在此之前，2002年9月，长沙将35处建筑公布为长沙市第一批历史建筑，并进行了挂牌保护；2009年4月，又对第二批21处实施挂牌保护。第三批历史建筑相关工作自2013年启动，由市住建委会同市城乡规划局、市文广新局联合进行。第三批历史建筑最大特点是增加近现代工业遗产和新划入长沙市区范围的望城区两部分内容。入选原则包括具有突出的历史文化价值、较高的建筑艺术价值、体现一定的科学技术价值、具有其他价值特色等。通过对第一、二、三批共79处长沙市各历史时期有特色、有代表性、标志性、纪念性的历史建筑实施保护，有效地对长沙的城市风貌整体性、文脉延续性等“基因”得以控制和保留，记录城市的蜕变与升华，留住“城市的记忆”。

（刘 婷）

▶ 资料链接

长沙市第三批历史建筑名单

01. 长沙锌厂（双竖罐设备房、单

竖罐设备房及烟囱）
02. 潇湘路水泵站房（水泵房及设备房两栋）
03. 长沙肉类联合加工厂（西站台，铁轨）
04. 长沙机床厂（现万科紫台）
05. 湘江路八道码头（码头，运煤坑道）
06. 湘江路气码头（码头，栈桥）
07. 中南大学本部校门
08. 中南大学苏联专家公寓（甘棠一楼、甘棠二楼）
09. 中南大学教工一舍
10. 中南大学教学办公建筑群
11. 湖南大学中楼
12. 湖南大学外语楼
13. 湖南大学力学楼
14. 刘宜民故居
15. 望江楼布鞋厂厂门
16. 中共湖南省工委机关办公旧址
17. 国货陈列馆旧址
18. 橘子洲大桥
19. 八一桥
20. 烈士公园西大门
21. 粮食一仓库（开福寺路南侧一栋）
22. 玉江村渡水槽
23. 湘雅医院行政办公楼

【长沙非遗馆开馆】 2018年11月7日，长沙市非物质文化遗产展示馆开馆，是长沙市传承历史文化、保护非物质文化遗产的重要举措，是广大市民了解传统文化和非物质文化遗产的一扇重要窗口。省文化和旅游厅党组书记、副厅长禹新荣，省文化和旅游厅党组成员、副厅长张帆，市委常委、市委宣传部部长高山、文广新局党委书记、局长杨长江出席开馆仪式。长沙市非物质文化遗产展示馆位于橘子洲风景管理区内原橘洲客栈（该建筑曾为辛亥革命著名历史人物张孝准旧居），展示馆建筑面积2023平方米，分为主楼和副楼。主楼一层为主展区，二层为临展区和文创产品展示区。副楼为戏园，主要展演传统戏剧、音乐、曲艺等节目，并为观众提供具有长沙特色的传统小吃。展示馆围绕“家”的主题，秉持“一个人，一个家，一座城，非遗即生活”的策展理念，将主展区分为家堂、家艺、家音、家味、家节、家人6大部分。馆内收藏各类非遗展品千余件，展示各类非遗代表性项目70余项。除实物展示外，展示馆还采用多媒体互动、幻影成像等手段，将传统文化与现代科技相结合，融入寓教于乐的非遗知识竞答和猜谜游戏。

（刘 婷）

【国家艺术基金《湘绣技艺传承与创新人才培养》项目结项展览】 2018年11月13日，国家艺术基金资助项目《湘绣技艺传承与创新人才培养》结项师生作品展在长沙市群众艺术馆一楼开展。2018年度国家艺术基金资助项目《湘绣技艺传承与创新人才培养》由长沙市群众艺术馆具体实施，旨在传承湘绣经典针法、绣法，提高绣工技艺水平，培养高级复合型人才，为湘绣行业的可持续发展贡献力量。自6月8日在沙坪湘绣文化园开班以来，聘请多位国家级、省级湘绣代表性传承人、知名大学教授进行授课，参与培训的20名学员既有大学教师、在读博士，也有湘绣行业的熟练绣女、业务主管，大家秉承着对湘绣事业的热爱，共同完成此次培训。为检验和展示教学学习成果，国家艺术基金资助项目《湘绣技艺传承与创新人才培养》结项师生作品展，共展出作品51幅，其中学员作品21幅、授课教师作品12幅、湘绣非物质文化遗产生产性保护基地推荐作品18幅。学员们均根据课程要求，较好地完成刺绣基本理论的巩固，针法技艺得到较大的提升，达到国家艺术基金的人才培养要求和目标。

（刘 婷）

【湖南地区出土简牍展在长沙简牍博物馆举办】 2018年11月16日，“湘水流过——湖南地区出土简牍展”在长沙简牍博物馆举办。此次展览由长沙市委宣传部、长沙市文化广电新闻出版局、长沙市文物局主办，长沙简牍博物馆承办。全国至今共出土简牍30万余枚，其中有近20万枚出土于湖南，占全国出土简牍总数的2/3。《湘水流过——湖南地区出土简牍展》是长沙简牍博物馆利用自身藏品优势，突出地方文化特色，发挥平台作用，集全省简牍文物之大成，精心打造的基本陈列展。该次展览全面系统展现20世纪以来，尤其是改革开放40年以来三湘大地简牍文物考古发掘、收藏保护、整理研究成果的文物大展。该次展览的展陈面积约为2000平方米，展出文物503件套，其中，简牍文物366件套，绝大部分都是首次展出的简牍精品。整个展览分为“潇湘弦歌”和“简里湖湘”两大部分，以湖南简牍的重大考古发现为主线，按简牍出土的历史年代为序，依次梳理和介绍各时代简牍文物的出土情况，揭示其背后蕴含的源远流长的湖湘文化。《湖南地区出土简牍展》大量运用多媒体数字技术进行辅助展示。长沙简牍博物馆还特地为此次展览准备了简博工坊、穿越时空的映画、简牍书写、学术讲座等丰富的社教活动，以多种方式带领观众体验简牍文化。 （刘 婷）

表29 长沙市国家级非物质文化遗产代表性项目名录

序号	项目名称	项目类别	项目编号	公布时间	批次	项目保护单位	属地保护	备注
1	湘绣	传统美术	Ⅶ－19	2006年	第一批	长沙市群众艺术馆	开福区	
2	浏阳花炮制作技艺	传统技艺	Ⅷ－86	2006年	第一批	浏阳市烟花爆竹总会	浏阳市	
3	湘剧	传统戏剧	Ⅳ－127	2008年	第二批	长沙市湘剧保护传承中心	天心区	
4	长沙弹词	传统戏剧	Ⅴ－51	2008年	第二批	长沙市群众艺术馆	岳麓区	

续表 29　　长沙市国家级非物质文化遗产代表性项目名录

序号	项目名称	项目类别	项目编号	公布时间	批次	项目保护单位	属地保护	备注
5	庙会（火宫殿庙会）	民俗	Ⅹ-84	2008 年	第二批	长沙饮食集团长沙火宫殿有限公司	天心区	
6	石雕（菊花石雕）	传统美术	Ⅶ-56	2008 年	第二批	浏阳市菊花石行业协会	浏阳市	
7	长沙窑铜官陶瓷烧制技艺	传统技艺	Ⅶ-56	2010 年	第三批	长沙市望城区铜官陶瓷行业协会	望城区	
8	浏阳文庙祭孔音乐	传统音乐	Ⅱ-168	2014 年	第四批	浏阳市文化馆	浏阳市	

表 30　　长沙市省级非物质文化遗产代表性项目名录

序号	项目名称	项目类别	公布时间	批次	项目保护单位	属地保护	备注
1	麻山锣鼓	传统音乐	2006 年	第一批	宁乡县文化馆（宁乡县艺术剧团）	宁乡县	
2	火宫殿八大传统小吃制作技艺	传统技艺	2008 年	第二批	长沙饮食集团长沙火宫殿有限公司	天心区	
3	民间剪纸	传统美术	2008 年	第二批	长沙市望城区文化馆	望城区	
4	龙舞（洞井龙舞）	传统舞蹈	2008 年	第二批	长沙市洞井经济发展实业公司	雨花区	
5	棕编（长沙棕叶编）	传统技艺	2012 年	第三批	长沙市天心区文化馆	天心区	
6	长沙玉和醋传统酿醋技艺	传统技艺	2012 年	第三批	长沙玉和酿造有限公司	天心区	
7	长沙陶公庙会	民俗	2012 年	第三批	长沙县榔梨商会	长沙县	
8	花鼓戏（长沙花鼓戏）	传统戏剧	2012 年	第三批	长沙市花鼓戏保护传承中心	开福区	
9	中医正骨疗法（江氏正骨术）	传统医药	2016 年	第四批	浏阳市骨伤科医院	浏阳市	
10	金银细工制作技艺（唐市金银首饰加工技艺）	传统技艺	2016 年	第四批	宁乡县文化馆（宁乡县艺术剧团）	宁乡县	
11	绿茶制作技艺（金井绿茶制作技艺）	传统技艺	2016 年	第四批	长沙县金井茶厂	长沙县	
12	皮影戏（长沙皮影戏）	传统戏剧	2016 年	第四批	长沙市群众艺术馆	长沙市	合并项目（浏阳皮影、宁乡皮影、望城皮影）
13	长沙山歌（长沙县山歌、黄材山歌、浏阳客家山歌）	传统音乐	2016 年	第四批	长沙市群众艺术馆	长沙市	合并项目
14	刀剪锻制技艺（捞刀河刀剪制作技艺）	传统技艺	2016 年	第四批	长沙市开福区文化馆	开福区	
15	花鼓戏（长沙花鼓戏）	传统戏剧	2016 年	第四批	浏阳市花鼓戏剧团	浏阳市	
16	花鼓戏（长沙花鼓戏）	传统戏剧	2016 年	第四批	宁乡县文化馆（宁乡县艺术剧团）	宁乡县	
17	巫家拳	传统体育游艺与竞技	2016 年	第四批	长沙市天心区文化馆	天心区	

表 31 长沙市国家级非物质文化遗产代表性传承人目录

序号	姓名	性别	出生年月	项目名称	备注	联系电话	公布时间	类别
1	刘爱云	女	1938 年 5 月	湘绣	国家级第一批	15308410882	2007 年	传统技艺
2	曾金贵	男	1938 年 3 月	长沙湘剧	国家级第三批	18975115034 89917217	2009 年	传统戏剧
3	曹汝龙	男	1949 年 7 月	长沙湘剧	国家级第三批	13808461907	2009 年	传统戏剧
4	钟自奇	男	1956 年 12 月	浏阳花炮制作技艺	国家级第三批	13808497108	2009 年	传统技艺
5	柳建新	女	1951 年 9 月	湘绣	国家级第四批	13808487943	2012 年	传统技艺
6	江再红	女	1968 年 3 月	湘绣	国家级第四批	13787293788	2012 年	传统技艺
7	邱少求	男	1931 年 6 月	浏阳文庙祭孔音乐	国家级第五批	13875970130	2018 年	传统音乐
8	曹明珠	男	1949 年 11 月	石雕（菊花石雕）	国家级第五批	13787231780	2018 年	传统技艺
9	刘坤庭	男	1963 年 8 月	长沙窑铜官陶瓷烧制技艺	国家级第五批	13875893038	2018 年	传统技艺

表 32 长沙市省级非物质文化遗产代表性传承人目录

序号	姓名	性别	出生年月	所在地区或单位	项目名称	备注	联系电话	公布时间	类别
1	杨天福	男	1942 年 1 月	宁乡县玉潭镇玉兰步行街 73 号	麻山锣鼓	省级第一批	13487490033	2008 年	传统音乐
2	陈继武	男	1970 年 10 月	浏阳市才常路 146 号	菊花石雕	省级第一批	13808497946	2008 年	传统技艺
3	黄蔚德	男	1951 年 10 月	湖南庆泰烟花制造有限公司	浏阳花炮制作技艺	省级第一批	13808497488	2008 年	传统技艺
4	左季纯	女	1945 年 4 月	长沙市伊飞湘绣有限公司	湘绣	省级第二批	13469040387	2010 年	传统技艺
5	陈玉莲	女	1955 年 2 月	长沙市湘剧保护传承中心	湘剧	省级第三批	18973110208	2014 年	传统戏剧
6	贺艾云	女	1947 年 10 月	长沙市花鼓戏保护传承中心	长沙花鼓戏	省级第三批	85159592 17752887216	2014 年	传统戏剧
7	毛珊	女	1973 年 10 月	伊飞湘绣有限公司	湘绣	省级第三批	13548973669	2014 年	传统技艺
8	黄　笛	女	1969 年 11 月	长沙沙坪金球湘绣有限公司	湘绣	省级第三批	86780189 18908485583	2014 年	传统技艺
9	秦石蛟	男	1938 年 3 月	望城区文化馆	民间剪纸（望城）	省级第三批	13755025637	2014 年	传统美术
10	王文定	女	1952 年 9 月	长沙市湘绣厂	长沙棕叶编	省级第三批	18711087365	2014 年	传统技艺
11	罗志勇	男	1963 年 9 月	长沙市湘剧院	湘剧	省级第四批	13807310635	2018 年	传统戏剧
12	刘志广	男	1962 年 5 月	望城县铜官窑广华鑫陶艺文化发展有限公司	长沙窑铜官陶瓷烧制技艺	省级第四批	13607435 652	2018 年	传统技艺
13	江　林	男	1952 年 9 月	浏阳市骨伤科医院	中医正骨疗法（江氏正骨术）	省级第四批	13975178600	2018 年	传统医药

续表 32　长沙市省级非物质文化遗产代表性传承人目录

序号	姓名	性别	出生年月	所在地区或单位	项目名称	备注	联系电话	公布时间	类别
14	李　艳	女	1962 年 4 月	湖南省湘绣研究所	湘绣	省级第四批	13907317598	2018 年	传统美术
15	许菊云	男	1948.09	长沙饮食集团玉楼东	玉楼东湘菜	省级第四批	13907482408	2018 年	传统技艺

表 33　长沙市市级非物质文化遗产代表性传承人目录

序号	姓名	所在地区或单位	项目名称	备注	联系电话	公布时间	类别	身份证
01-01	敖耀寰	长沙市工人文化宫	长沙灯谜	市级第一批	85527160 13319557916	2010 年	民间文学	43012319511027003X
01-02	汪　辉	长沙市湘剧院		市级第一批	13707311879	2010 年	传统戏剧	430103196308313516
01-03	黄耀华	长沙市湘剧院		市级第一批	13787097226	2010 年	传统戏剧	430103195411023520
01-04	彭若君	湖南星沙湘绣城		市级第一批	13974923088	2010 年	传统技艺	430105195803180827
01-05	邬建美	美伦湘绣	湘绣	市级第一批	13017181289	2010 年	传统技艺	430121196007279126
01-06	罗利香	湖南省湘绣研究所		市级第一批	13548985518	2010 年	传统技艺	430121196412029120
01-07	彭望球	铜官冶陶坊陶艺厂	长沙窑铜官陶瓷烧制技艺	市级第一批	15111234455	2010 年	传统技艺	430122197002264030
01-08	张仕其	长沙饮食集团杨裕兴有限公司	杨裕兴鸡蛋面及五大油码制作技艺	市级第一批	18670056168	2010 年	传统技艺	430102195511063013
01-09	吕望国			市级第一批	18670056167	2010 年	传统技艺	430104196402111511
02-01	王美莲	长沙花鼓戏传承保护中心	长沙花鼓戏	市级第二批	85121650	2015 年	传统戏剧	430103194211131581
02-02	李国安	长沙饮食集团杨裕兴有限公司	杨裕兴鸡蛋面和五大油码制作技艺	市级第二批	18670056178	2015 年	传统技艺	430104195909122514
02-03	周海泉	天心区	巫家拳	市级第二批	13187067150	2015 年	传统体育游艺与杂技	430105195212170010
02-04	周佳霖		长沙棕叶编	市级第二批	13003010939 （发短信）	2015 年	传统技艺	430105197611200044
02-05	王　炜	雨花区	长沙谜语	市级第二批	13308418270	2015 年	民间文学	320106196509041215
02-06	喻继贤			市级第二批	13637475628	2015 年	民间文学	430111196910080591
02-07	羊定国	开福区	八拳	市级第二批	13975813196	2015 年	传统体育游艺与杂技	430103194709122017
02-08	佘建辉	岳麓区	天顶杂技	市级第二批	13517403010	2015 年	传统体育游艺与杂技	430122196211223919
02-09	朱国强	望城区靖港古镇皮影艺术博物馆	望城影戏	市级第二批	18974926686	2015 年	传统戏剧	432422196212144399

续表 33 长沙市市级非物质文化遗产代表性传承人目录

序 号	姓 名	所在地区或单位	项目名称	备 注	联系电话	公布时间	类 别	身份证
02-10	胡 建	望城区新康乡	新康木雕	市级第二批	13080556149	2015 年	传统技艺	430122197105172454
02-11	周 旭	湖南省望城县麻石公司	丁字湾麻石雕刻技艺	市级第二批	13517312271	2015 年	传统技艺	430122197005033414
02-12	吴乐华	长沙县双江镇双江村街上组	长沙县双江滚灯车	市级第二批	13548542477	2015 年	传统舞蹈	430121194609246138
02-13	周长树	长沙县金井镇金井茶厂	长沙绿茶制作工艺	市级第二批	13808490697	2015 年	传统技艺	430121195311255570
02-14	陈江柱	长沙县	腊八豆制作工艺	市级第二批	13975823328	2015 年	传统技艺	430103196903151531
02-15	熊梦鹤	长沙市树木岭航空路紫薇苑	长沙快板	市级第二批	13507440840	2015 年	曲艺	430105194612170031
02-16	陈克辉	长沙县长龙街道湘峰村	长沙山歌	市级第二批	13687349479	2015 年	传统音乐	430121194403122818
02-17	卢炳辉	浏阳世纪红烟花制造销售有限公司	浏阳花炮制作工艺	市级第二批	13808497661	2015 年	传统技艺	430123196010145711
02-18	李 舟	浏阳市永和菊花石工艺美术有限公司	浏阳菊花石雕刻工艺	市级第二批	18874056888 13397518988	2015 年	传统技艺	430123196105167358
02-19	王娜娜	浏阳市文化馆	浏阳文庙祭孔音乐	市级第二批	13207416008	2015 年	传统音乐	430181197810250024
02-20	张文清	浏阳市文化馆	浏阳客家山歌	市级第二批	13618499147	2015 年	传统音乐	430123193112290019
02-21	李武伟	浏阳市五福堂酒业	浏阳小曲酒法酿造技艺	市级第二批	15873190999	2015 年	传统技艺	430123196406040035
02-22	高天佑	浏阳市花鼓戏剧团	浏阳花鼓戏	市级第二批	13508499139	2015 年	传统戏剧	430181196601180096
02-23	高佩山	宁乡沩山乡	沩山擂茶	市级第二批	18007497578	2015 年	传统技艺	430124196910130570
02-24	姜红兵	宁乡县黄材镇	黄材山歌	市级第二批	13875850093	2015 年	传统音乐	430124196812122315
02-25	阳许华	宁乡县流沙河	宁乡对子花鼓	市级第二批	13677481178	2015 年	传统舞蹈	430124197806092919
02-26	郑佐湘	宁乡县老粮仓镇	宁乡花鼓戏	市级第二批	13637491945	2015 年	传统戏剧	430124194406083577
02-27	周忠瑞	宁乡县大屯营镇	周氏双龙舞	市级第二批	13517470918	2015 年	传统舞蹈	430124195301078979
03-01	谭建国	长沙市湘剧保护传承中心	湘剧	市级第三批	13786328086	2017 年	传统戏剧	430224196711280037
03-02	莫雪美	湖南省湘绣研究所	湘绣	市级第三批	13677328819	2017 年	传统技艺	430121196401058882
03-03	宋志辉	长沙开福区志辉湘绣公司	湘绣	市级第三批	13875919843	2017 年	传统技艺	430105195508081084
03-04	雍起林	望城铜官窑雍起林陶艺园	长沙窑铜官陶瓷烧制技艺	市级第三批	13548959656	2017 年	传统技艺	430122193610204017

续表 33　　长沙市市级非物质文化遗产代表性传承人目录

序号	姓名	所在地区或单位	项目名称	备注	联系电话	公布时间	类别	身份证
03-05	谭异超	长沙望城区铜官镇	长沙窑铜官陶瓷烧制技艺	市级第三批	15111124838	2017 年	传统技艺	430122194512054013
03-06	张明星	浏阳市	长沙弹词	市级第三批	13874945037	2017 年	曲艺	430123196403089511
03-07	王志敏	天心区	长沙弹词	市级第三批	15507345413	2017 年	曲艺	430422199001129713
03-08	余小平	长沙县	长沙山歌	市级第三批	15173145968	2017 年	传统音乐	430121195604068410
03-09	杨世德	长沙县	长沙山歌	市级第三批	13786132195	2017 年	传统音乐	430121194506256413
03-10	李建均	宁乡市	麻山锣鼓	市级第三批	13548634912	2017 年	传统音乐	430124194703288499
03-11	周招弟	雨花区	洞井龙舞	市级第三批	13508480948	2017 年	传统舞蹈	43010319480825252X
03-12	毛甲玉	长沙市花鼓戏保护传承中心	长沙花鼓戏	市级第三批	13017386885	2017 年	传统戏剧	430103194610201524
03-13	冯正和	长沙市花鼓戏保护传承中心	长沙花鼓戏	市级第三批	13507466606	2017 年	传统戏剧	430104196909183530
03-14	何志明	望城区	望城皮影戏	市级第三批	13975865841	2017 年	传统戏剧	430122196406205534
03-15	宋伟军	浏阳市	浏阳皮影戏	市级第三批	13327311614	2017 年	传统戏剧	430123197002024519
03-16	秦岭春	华夏剪纸博物馆	望城剪纸	市级第三批	13908494076	2017 年	传统美术	430122197112270335
03-17	彭泽林	开福区	捞刀河刀剪制作技艺	市级第三批	13007429315	2017 年	传统技艺	430121196307129437
03-18	吴干军	开福区	捞刀河刀剪制作技艺	市级第三批	13308405617	2017 年	传统技艺	430121196309019418
03-19	何谷良	长沙饮食集团长沙火宫殿有限公司	火宫殿八大传统小吃制作技艺	市级第三批	13077358752	2017 年	传统技艺	430102195411260538
03-20	马　力	长沙饮食集团长沙火宫殿有限公司	火宫殿八大传统小吃制作技艺	市级第三批	13875877254	2017 年	传统技艺	43010219630421301X
03-21	黄小平	长沙市天心区棕艺堂佳霖编织坊	长沙棕叶编	市级第三批	13100317431	2017 年	传统技艺	430102197611213014
03-22	胡立东	长沙玉和酿造有限公司	长沙玉和醋传统酿醋技艺	市级第三批	13786171997	2017 年	传统技艺	430104196801140512
03-23	沈宗武	宁乡市	唐市金银首饰加工技艺	市级第三批	13675136742	2017 年	传统技艺	430124194606263273
03-24	蔡颖强	开福区	长沙童谣	市级第三批	15111215798	2017 年	民间文学	430121196711219418
03-25	尹海军	雨花区	长沙谜语	市级第三批	13077318254	2017 年	民间文学	430102197111081035
03-26	龚阳初	宁乡市	密印寺传说故事	市级第三批	13873120854	2017 年	民间文学	43012419470912057X
03-27	周　毅	雨花区	长沙古琴艺术	市级第三批	13308470707	2017 年	传统音乐	43010419721205002x
03-28	吴金刚	长沙县	北山布龙	市级第三批	13875855785	2017 年	传统舞蹈	430121196503258439

续表 33 长沙市市级非物质文化遗产代表性传承人目录

序 号	姓 名	所在地区或单位	项目名称	备 注	联系电话	公布时间	类 别	身份证
03-29	卞定福	望城区	望城花鼓戏	市级第三批	13975820474	2017 年	传统戏剧	430122194204011839
03-30	羊 帆	开福区	八拳	市级第三批	13975813166	2017 年	传统体育游艺与杂技	430103197803222013
03-31	汪国义	开福区	湖南埃山子午棍	市级第三批	18073166899	2017 年	传统体育游艺与杂技	430105195604061534
03-32	吴学光	开福区	自然门功夫	市级第三批	13517401534	2017 年	传统体育游艺与杂技	430102195005020512
03-33	曾强胜	长沙市岳麓区麒麟太极拳馆	褚桂亭太极拳	市级第三批	13808484227	2017 年	传统体育游艺与杂技	420101197106141517
03-34	余安仁	长沙市太乙游龙拳武学研究会	太乙游龙拳	市级第三批	13548546767	2017 年	传统体育游艺与杂技	430105194210302011
03-35	赵双午	雨花区	湖南柔术	市级第三批	18684809995	2017 年	传统体育游艺与杂技	430103197512042105
03-36	文志飞	长沙市天心区文志飞老秤店	手工杆秤制作	市级第三批	13786117698	2017 年	传统技艺	43232619510707243X
03-37	李科洪	宁乡市	唢呐制作技艺	市级第三批	15873186208	2017 年	传统技艺	430124194712228391
03-38	杨 奇	宁乡市	麻山鼓制作技艺	市级第三批	0731-87056187	2017 年	传统技艺	430124193805298474
03-39	李正才	宁乡市	流沙河土花猪饲养技术	市级第三批	13787229538	2017 年	传统技艺	430124194405183031
03-40	彭雪辉	宁乡市	宁乡四碟加工技艺	市级第三批	0971-87880223	2017 年	传统技艺	430124194903080043
03-41	梁长进	浏阳市	浏阳夏布	市级第三批	13507428798	2017 年	传统技艺	430123195704146757
03-42	谭智祥	浏阳市	浏阳夏布	市级第三批	13469064405	2017 年	传统技艺	430123196601246776
03-43	梁源根	浏阳市	浏阳油纸伞制作工艺	市级第三批	13808497828	2017 年	传统技艺	430181194907205015
03-44	李忠国	浏阳市	浏阳油纸伞制作工艺	市级第三批	18670312435 13142069048	2017 年	传统技艺	430181196509205713
03-45	王金山	浏阳市	浏阳豆豉传统手工技艺	市级第三批	13469060392	2017 年	传统技艺	430123196206049115
03-46	黄迪全	浏阳市	浏阳豆豉传统手工技艺	市级第三批	13974939615	2017 年	传统技艺	430123194506059074
03-47	黄隆根	浏阳市	浏阳手工造纸制作技艺	市级第三批	13974924913	2017 年	传统技艺	430123196508014612
03-48	彭长林	浏阳市	浏阳油饼制作技艺	市级第三批	13507409826	2017 年	传统技艺	430123196307081077
03-49	罗俊扬	开福区	长沙棕编	市级第三批	13755129148	2017 年	传统技艺	430105193709260039

续表 33　　长沙市市级非物质文化遗产代表性传承人目录

序号	姓名	所在地区或单位	项目名称	备注	联系电话	公布时间	类别	身份证
03-50	黄　刚	开福区	湘绣用线漂染技艺	市级第三批	13319585998	2017 年	传统技艺	430122197109253614
03-51	刘灿庄	开福区	药用湘艾	市级第三批	13974996388	2017 年	传统医药	430122197403294724
03-52	李祝意	雨花区	雨花区手工棕垫制作技艺	市级第三批	13975872580	2017 年	传统技艺	430521195209077570
03-53	刘上四	雨花区	堆字匾牌制作技艺	市级第三批	17363917556	2017 年	传统技艺	430521195503248254

新闻出版

【概况】 2018 年长沙市新闻出版行业严格进行年度核验。完成 2017 年度内报内刊年检、出版发行单位年检、省级报刊驻长沙记者站年检。年检过程中，严格按照年检工作要求，审查各单位报送的数据资料；并抽查 20 家出版发行单位。年检相关信息录入完毕。有连续性内部资料性出版物 117 家，其中，重新核发准印证 100 家，核销准印证 6 家，11 家因批准后未满 6 个月予以免核验。有 1419 家出版发行单位参与年检。其中批发单位 181 家，通过核验 181 家；零售单位 1238 家，通过核验 1238 家。对于未按时参加年检的发行单位，按省局要求，缓检后通过核验。完成对《长沙晚报》《浏阳日报》《星沙时报》星辰在线记者证的年检。从严审核网上书店。按照省局要求，全年 4 次对长沙市网上书店的备案进行逐个核实、登记、备案，核实网上书店 205 家，不予备案 5 家。指导行业协会工作。开展对市出版物发行业协会的调研工作，7 月 5 日，组织出版物发行业协会到湘西龙山开展捐资助学活动，资助现金 5 万元，书籍码洋 20 万元。书店扶持稳中有进。按照中宣部、国家新闻出版广电总局、财政部等 11 部委《关于支持实体书店发展的指导意见》相关精神，6 月 22 日，召开长沙市实体书店发展座谈会。市委常委、宣传部部长高山出席，相关部门负责人，全市 10 家代表性书店负责人就如何促进全市实体书店的发展，打造城市的文化地标提出意见和建议，《长沙晚报》、长沙电视台、星辰在线等媒体予以报道。完成长沙市 2017 年度、2018 年度长沙市实体书店扶持资金的申报、勘察、专家评审、公示工作，发放扶持资金 600 万元。

开展印刷年度报告和产业统计工作。在年度报告工作中，长沙县、望城区、浏阳市、宁乡市所属包装装潢、其他印刷品印刷企业由所属区县（市）文体广新局组织年度报告。内五区包装装潢印刷企业和其他印刷品印刷企业的年度报告工作由各区局负责组织实施初审，市文广新局审核。截至 2018 年 3 月 20 日，应参加年度报告印刷企业 352 家（不包括省管县浏阳市），实际参检单位 347 家，其中注销 3 家，1 家联系不上，年检率 99.1%，合格率 100%。按总局和省局要求，组织 328 家单位开展 2017 年产业统计，经年度报告和产业统计，2017 年印刷企业 778 家，产值 130 亿元，从业人员 2.18 万人，获得绿色印刷认证资质的印刷企业有 25 家。（刘　婷）

【《长沙晚报》】《长沙晚报》是中共长沙市委机关报，1956 年 7 月 1 日创刊。集团拥有核心媒体《长沙晚报》及《星沙时报》《湘江早报》《知识博览报》《高新麓谷》《浏阳日报》《学生·家长·社会》杂志、“掌上长沙”和“长沙晚报”官方微博微信等系列媒体。2018 年，《长沙晚报》获评“中国报业融合发展创新单位”，“掌上长沙”客户端下载量 1000 万余人次，在人民网发布的《2018 全国党报融合传播指数报告》中居全国党报自有 APP 传播力第 10 位，长沙晚报官方微信在权威第三方机构发布的“全国党报新媒体排行榜”上进入全国 10 强，最高位列全国第 7 名，在湖南省内报纸新媒体榜单上持续排名第一位，官方微信“10 万 +”稿件频出。年内策划大型报道 20 次，组织系列报道和系列评论 30 余组，刊发主题宣传图文版面 200 余个，稿件 1000 余条，报道内容 100 万余字，142 件作品分别获评中国新闻奖、湖南新闻奖、赵超构新闻奖等，其中省部级以上获奖 26 件次，集团党委书记、社长李鹏飞撰写的新闻论文《基于区块链技术的媒体融合路径探索》获第 28 届中国新闻奖二等奖。视图文融媒体直播已经成为集团媒体融合传播的招牌产品，年内直播 60 余场，观看人数 3000 万余人次。

（陈怀旭）

【第 25 届长沙图书交易会】 2018 年 3 月 30 日—4 月 1 日，世界媒体艺术之都·第 25 届长沙图书交易会暨书香长沙·全民阅读活动在湖南省展览馆举行。该届图书交易会由省委宣传部、省新闻出版广电局、长沙市人民政府、市委宣传部、市文广新局指导，省展览馆、市出版物发行业协会和长沙市和展文化传播有限公司共同主办。相比于往年，本届图书交易会规模更大，展会规模和数量创造新高，逾 1000 家国有、民营出版发行企业参展，开辟展厅1.6万平方米，展位数500余个，新增展位近100个。2018年是长沙世界媒体艺术之都活动年，该届图书交易会围绕活动年主题，着力打造“书香长沙”，抓好文化消费试点，推动长沙出版发行行业大发展大繁荣。展会今年新设世界媒体艺术之都形象特别展览平台，向书商、读者、参展商展示联合国教科文组织创意联盟城市形象和长沙最美书店形象，为图交会增添了一些国际色彩。历经25年的积累沉淀和品牌塑造，长沙图书交易会已成为国有与民营企业展示交易的平台，成为资源整合、跨界融合、打造新业态的平台，成为社会广泛参与的出版惠民活动的平台，成为长沙扩大文化消费试点的平台，成为全国知名的行业展会及我市的重要文化品牌，被誉为“全国三大书会”之一。开幕式现场，评选出的“长沙市第四批示范性农家书屋”▲“长沙市第三批书香民营企业”▲“长沙市全民阅读体验基地”▲获表彰。 （刘 婷）

▶ 资料链接

长沙市第四批示范性农家书屋名单

芙蓉区马坡岭街道张公岭村
天心区暮云街道云塘社区
开福区捞刀河街道白霞村
岳麓区坪塘街道莲花山村
雨花区跳马镇新田村
高新区麓谷街道荷叶坝村
望城区高塘岭街道名盛村
望城区桥驿镇白石村金炼图书馆
长沙县北山镇北山村
长沙县果园镇田汉社区
浏阳市大瑶镇枫林村
浏阳市洞阳镇幸福泉社区
宁乡市煤炭坝镇贺家湾村
宁乡市大成桥镇大成桥村

长沙市第三批书香民营企业评选名单

湖南鑫远投资集团有限公司（天心区）
新中新儿童发展中心（开福区）
湖南继善投资发展有限公司（岳麓区）
湖南德思勤书店有限公司（雨花区）
湖南永雄资产管理集团有限公司（高新区）
湖南省恒凯环保科技投资有限公司（高新区）
长沙宏欣生态农业开发有限公司（望城区）
湖南青松养老产业投资管理有限公司（长沙县）
湖南太阳龙医疗科技有限公司（浏阳市）
湖南中岩建设科技有限公司（宁乡市）

2018年长沙市全民阅读体验基地名单

1. 图书馆类名单（4家）
   岳麓区图书馆
   长沙县图书馆
   望城区简名书苑分馆
   开福区秀峰山公园24小时自助图书馆
2. 农家书屋类名单（2家）
   宁乡市历经铺街道紫云村农家书屋
   天心区南托街道梧桐语阅读馆农家书屋
3. 书店类名单（2家）
   雨花区德思勤24小时书店
   浏阳市新华书店浏阳分公司浏阳图书城
4. 其它阅读空间类名单（3家）
   芙蓉区丰泉书房
   望城区长郡月亮岛学校阅读体验馆
   长沙市图书馆流动图书车

【第五届长沙印博会】 2018年4月20—22日，“媒体艺术之都”中部（长沙）印刷产业博览会（以下简称“长沙印博会”）在湖南国际会展中心举行。长沙印博会举办4届，被誉为湖南乃至中部地区规模最大、综合性最强的印刷行业盛会。该届长沙印博会的指导单位为中国印刷及设备器材工业协会、湖南省新闻出版广电局、长沙市人民政府、湖南省印刷协会，主办单位为中南出版传媒集团股份有限公司、长沙市委宣传部、长沙市文化广电新闻出版局、长沙晚报报业集团、长沙市会展工作管理办公室、长沙市文化市场综合执法局。2018年长沙印博会体现转型升级的发展趋势，展会场地由湖南省展览馆迁至湖南国际会展中心，扩大展览展示面积。中国印刷及设备器材工业协会的加入，使得长沙印博会有了全国性行业协会的支持。参展商方面，过去以印刷企业为主，转变为以设备商、耗材商为主，印刷企业及印刷发展项目展示为辅的形式，也是长沙印博会最大的亮点。展会主题为“发展绿色智能印刷，建设媒体艺术之都”，将设立品牌综合特装、印刷包装设备、印刷包装耗材、广告设备企业、印刷企业、广告设计创意企业等展示区。近年，长沙市委、市政府高度重视、扶持印刷产业的发展，提出“进一步推动转型升级、发力文化供给侧，进一步推动绿色印刷、适应发展新常态，进一步依托数字技术、培育经济增长点”的思路和要求，着力打造集技术装备、创意设计、生产服务、生活配套于一体的、具有长沙特色的综合性印刷新业态。作为北京印展、东莞印展两大国际性展会的区域性补充专业展会，长沙印博会同期举行2018中部印刷业创新发展论坛、各协办单位（周边省市印刷协会）交流恳谈会、2018第四届中国合版印刷高峰论坛、2018年度湖南省印刷企业负责人轮训班等相关活动。 （刘 婷）

广播电视电影

【概况】 2018年长沙广播电视行业做好从业人员审核工作，完成广播电视编辑、记者证年度审核工作，新闻记者证年检524人，清查退出编辑、记者队伍72人，审核申领记者证70人。2018年9月，审核全市参加全国广播电视编辑记者、播音员主持人资格考试149人，审核播音员主持人首次注册4人，审核广播电视编辑记者免考32人。严格节目制作许可。对6家星级宾馆申领《接收卫星传送的境外电视节目许可证》、5家社会制作公司申领《广播电视节目制作经营许可证》的申请进行审核上报。协调省局，推动长沙电视台经贸频道高清化改造，实施高标清同播。对行政区域内播出机构《广播电视传送业务经营许可证（有线）》《卫星地面接收设施安装服务许可证》《湖南省企事业单位有线广播电视许可证》进行换证审核。协调网络入户。针对用户之争、地域之争等复杂问题，协调好电信、湖南有线、长沙国安、各区县（市）电视台及乡镇广播电视站等多方关系，多次召开协调会，处理好多地等地域有线网络入户纠纷问题。对全市5家乡镇广播电视站在电子政务平台进行电子证照信息录入，对其传送节目内容进行严格监管。

截至2018年年底，长沙市有106家影院，银幕793块，总座位11.43万个。全市总票房8亿元，同比增长13.8%，占全省票房44%；年观影人次2420万人，放映场次134万场。落实新建影院先建后返等专项资金奖励举措，全市商业影院获得上级补助奖励资金1784.9万元。完成56家电影放映单位的电影放映许可证年检换证，办结104个商事登记信息，严把审批发证关口，指导和办理11家电影院审批，全面推开"证照分离"改革，缩短审批时限，减少审批环节。申报49家人民院线影厅，开展告知承诺试点改革。2018年全市公益电影放映21774场，超额完成任务。

第六届公益电影放映月。举办同步启动式、十万群众进影院、优秀影片展映、特定人群优惠观影、优惠观看同步商业片、电影知识网答赛、"我与长沙影城的故事"征文和新建、提质改造公益电影室内数字固定放映点等8大活动。长沙数十万市民群众免费或优惠参与观影活动，98家商业影院大力支持，18家院线公司全线加入，仅仅电影知识网答赛就吸引3.5万人次参加，3万余人分享电影知识有奖答题链接，传播25万余个电影知识点，参与人数比上年增长40%。第六届公益电影放映月涉及百家影城、4000名工作人员和几十万观众参与，实现无违纪、无投诉，满意率100%。《长沙晚报》连续3天刊登电影月宣传文章，《中国电影报》以《长沙市第六届公益电影放映月正式启动》为题刊登信息，以《湖南公益电影放映观察：这里风景独好——多措并举实现"提质增效"》为题对长沙的固定放映点工作进行详细介绍。对全市8家有电视剧播出的频道进行监测。召开广播电视节目（电视剧）内容管理座谈会议，制定《长沙市广播电视节目内容监测管理流程》，汇总整理8批次监测报告，发现问题38起，均采取通报、约谈、批评教育等形式进行处理。

制定长沙市文广新局广播电视安全播出监听监看管理流程及相关报表，将安全播出监管制度化、流程化，积极推进市广播电视安全播出综合监管平台项目扫尾及验收付款工程，做好安全播出工作体系建设。围绕春节、全国"两会""雨雪冰冻应急响应""6·4"敏感日、"上合组织峰会""中非合作论坛北京峰会""十一""上海进博会"等广播电视安全播出重要保障期和敏感日，在各重要保障期前对安全播出工作进行重点部署，采取有效措施，确保安全播出制度和措施落实到位。2018年牵头安播中心转发和落实了安全播出文件、电报、预警信息等通知800余条次；接收各播出单位零报告100余条次，向省局执行零报告20余次。（刘　婷）

【长沙面向特定人群优惠观影】 2018年3月7日，长沙市文广新局、长沙市残联在长沙市潇湘大乐影城涉外西门店，共同举办长沙市特定人群优惠观影活动启动仪式，拉开全市残疾人、中小学生、老年人、城镇低收入居民等特定人群优惠观影活动的序幕。现场100余名残疾人共同观看专场电影《红海行动》。长沙9个区县（市）各有一家商业影院，开展全市特定人群优惠观影活动，每一家影城年内将提供不少于48场的优惠观影活动，并将活动方案公布在影城显著位置，方便特定人群知晓、参与。活动期间，对特定人群按每人1~5元收取观影费用，每个场次的具体影片根据档期和观影人群情况确定。（刘　婷）

【第17届全国院线国产影片推介会】 2018年9月18—20日，第17届全国院线国产影片推介会在长沙举行，该届全国院线国产影片推介会由国家电影局、中国电影发行放映协会、湖南省委宣传部、湖南省新闻出版广电局、长沙市人民政府、湖南广播影视集团有限公司指导，潇湘电影集团有限公司、全国电影院线、长沙市文化广电新闻出版局、长沙市会展工作管理办公室共同主办。湖南省人民政府副省长吴桂英、湖南省政协原副主席谭仲池等有关领导出席。全国电影行业全产业链上的各类公司260余家参加会议，参会人数近千人。推介会上，全国多家电影制片方在6场集中推介环节中推介超过80部国产新片。该次推介影片包括《找到你》《无双》《中国合伙人2》《江湖儿女》《流浪地球》《为你写诗》《熊出没6》《影》《黄金兄弟》《悲伤逆流成河》《阿凡提的奇缘历险》《热土》等热门影片，涵盖2018年国庆档至年底贺岁档和明年春节档将推出的国产新片。吕乐、贾樟柯、吴克群、陈小春、郑伊健、肖央等导演、演员到场推介其最新作品。推介会在为期4天的议程中分别开展纪念改革开放四十周年重点影片、湖南电影作品专题推介单元等专题推介活动。会期内同步举行影视设备和长沙影视拍摄资源联展以及多场专场电影看片会。本届全国院线国产影片推介会是湖南省自1996年全国电影工作会议以来首次举办全国性的重大电影活动，也是在全国宣传思想工作会议结束之后召开的一次电影界重要活动。全国院线国产电影推介会每年春季、秋季举办两次，片推会历经6年、13个城市，举办16届，被誉为当年新片的风向标。此次全国电影院线国产影片推介会希望在吸收和保留之前推介会优良传统的基础上，为国产电影继续搭建制片、发行、放映等产业链环节平等对话的平台，透过深入和广泛的交流为影片提供宝贵建议，从而促进中国电影市场的繁荣与进步发挥着重要的作用，促进交流和合作，助力中国电影市场实现新突破。（刘　婷）

【长沙县级融媒体中心建设工作调研会】 2018年10月18日，在浏阳广播电视台组织召开长沙市县级融媒体中心建设工作调研会，各区县（市）文体广电局和广播电视台相关负责人参加会议。与会人员实地参观浏阳市融媒体中心建设和运营情况，体验"掌上浏阳"手机APP的相关功能，学习浏阳市融媒体中心在媒体融合、台网融合、跨区域融合等方面的先进经验，并座谈交流近年来各自在媒体融合创新发展方面所做的有益探索和实践，探讨县级媒体发展的未来趋势、县级融媒体中心建设思路及面临的主要困难，提出相关建议，为长沙市进一步推进县级融媒体中心建设打下良好的基础。（刘　婷）

【长沙市广播电视安全播出综合监管平台项目通过政府验收】 2018年10月12日，长沙市广播电视安全播出综合监管平台项目竣工验收会在长沙实验剧场召开。项目验收专家通过实地考察、查阅资料、现场质询和评审讨论，一致认为该项目全面完成规定的建设任务，试运行期间系统运行正常、满足使用要求、效果良好，达到项目竣工验收的要求，同意通过验收。项目验收组的专家由信息化应用系统专业和建筑配电、消防工程领域的专家以及省广播电视监测监管中心的高工组成。项目验收专家实地查看项目建设情况，观看平台功能演示，查阅项目招标、合同及竣工等资料，并进行了质询和评审讨论。项目竣工验收会由采购代理机构湖南伟佳招标采购有限公司组织。验收会上，采购人代表市安播中心汇报项目实施建设的总体情况；承建单位负责人汇报项目建设施工过程情况；设计单位、监理单位负责人分别就项目设计过程、施工难点、监理工作等作了说明，市文广新局党委委员、副局长黎政对项目试运行的实际效果作了介绍。市文广新局科技发展处、文化产业处、纪检监察室相关负责人、市安播中心相关工作人员参加会议。（刘 婷）

【长沙第六届公益电影放映月】2018年10月26日，长沙市第六届公益电影放映月在各区县（市）指定影城同步举行启动仪式，同时开展“十万群众进影院”“优惠观看同步商业片”等电影惠民系列活动。该届电影月活动共举办同步启动式、十万群众进影院、改革开放40周年优秀影片展映、特定人群优惠观影、优惠观看同步商业片、电影知识网答赛、“我与长沙影城的故事”征文和新建、提质改造公益电影室内固定放映点8项系列活动。为提升市民文化获得感，活动期间集结全市18家院线、98家影城开展“十万群众进影院”和为特定人群开展优惠观影等活动，观众可持有效证件就近到商业影院取票、免费观影。组织77支农村公益电影放映队采取主题播放、集中联展等形式，为群众奉上文化大餐。把《五女拜寿》等有湖南本土特色的经典地方戏曲搬上银幕，满足戏曲爱好者群体的需求。新建、提质公益电影室内固定放映点，提升公益电影的服务水平和观影质量。同时，采取“时间可选、场次可选、类型可选”的方式，推出“影院让利、政府补贴、十元观影”优惠活动。举办“电影知识网答赛”和“我与长沙影城的故事”征文活动。（刘 婷）

社会科学

【概况】2018年，长沙市社会科学界依托省中特中心长沙市基地，抓好中共十九大报告和新时代中国特色社会主义思想的理论研究与阐释，围绕学习《习近平谈治国理政》（第二卷）、马克思诞生200周年、改革开放40周年等热点、节点，分3批共立项课题63个，在市级及以上报刊发表理论文章56篇，其中中央“三报一刊”4篇、湖南“一报一刊”31篇、市级报（网）21篇，理论成果居全省中特基地前列。举办“贯彻落实习近平新时代中国特色社会主义思想，全面建设现代化长沙”主题研讨会，在《长沙晚报》推出理论专版，多渠道、多形式地推进理论武装取得新成效。坚持问题导向，科学规划引导。坚持以习近平新时代中国特色社会主义思想指导长沙实践、解决长沙问题，科学制定《长沙市2018年度哲学社会科学项目规划指南》，全年市本级共规划立项各类社科规划项目100个，其中重大项目2个，重点项目4个，一般项目80个，自筹项目14个。

社科研究。围绕全市发展的战略性、全局性问题做好重大项目的立项，面向社会公开招标立项社科规划重大项目《长沙对接粤港澳大湾区发展研究》《城市精细化管理目标体系建设研究》。2017年度社科重大项目《长沙打造区域性金融服务中心研究》《长沙打造国家创新创意中心研究》成果以《成果要报》的形式分别报送市委、市政府主要领导，均获重要批示并转送相关部门研究运用。

规范管理机制，提升研究水平。按照《长沙市哲学社会科学项目规划管理办法》，严把质量关，全年结项项目96个，其中重大项目2个、一般项目94个，在公开刊物发表相关论文75篇，立项、结项及发表论文数量均创历年之最。按照《长沙市优秀社科成果、社科人才评定管理办法》，评选表彰社科优秀人才3名，优秀青年人才3名，促进全市社科人才队伍建设。

拓宽转化渠道，助推成果运用。编辑出版《长沙市哲学社会科学优秀成果精选（2017）》并及时推广运用，使研究成果最大范围转化为经济效益和社会效益；编辑10期《成果要报》并报市领导和有关决策部门，促进成果推介和应用；举办第六届长江中游城市群建设论坛，武汉、南昌、合肥等9个城市代表共同研讨长江中游城市群协同发展、合作发展。推进社科普及，强化社科成果育民、惠民。承办“全面贯彻新思想，奋力建设新湖南”2018年湖南省社科普及主题活动周启动式暨全省社科普及工作现场交流会，其中启园心理援助与发展中心开展的“扬帆新时代、启园健心基层行”活动和甲骨文学会开展的“盛世乾坤—中国古典诗文及当代名句甲骨文书法巡展”活动开展得有声有色、富有成效，获得省市领导及广大市民的一致好评。社科普及基地建设实现新发展。修订《长沙市社科普及基地管理办法》，完善基地管理制度，健全动态管理机制，适时淘汰不合格的基地，确保社科普及基地规范、健康、有序发展。新建科普基地9个，结构进一步优化，全市社科普及力量加强。

强化组织引导，推进社会组织健康有序发展。指导证券学会党支部开展党组织活动，指导10家条件成熟的社科类社会组织筹备成立党支部。举办社科骨干培训暨工作交流会议，邀请专家开展专题辅导授课，组织参加省社科联关于社科理论普及人才队伍建设的调研座谈。修订完善《长沙市社科类社会组织管理办法》，制定出台《社会组织举办论坛、重大活动管理制度》，确保重大舆情事故“零发生”。（吴 帮）

【社科普及活动】2018年5月16日，2018年湖南省社科普及主题活动周启动式暨省社科工作经验交流会在长沙举行。此次活动周的主题是“全面贯彻新思想，奋力建设新湖南”。湖南省政协原副主席、省文联主席欧阳斌，湖南省委宣传部副部长肖君华，湖南省社科联党组书记、副主席宋智富以及省有关部门负责人，长沙市委常委、宣传部部长高山等省市相关单位负责人出席。启动式上，湖南省委宣传部副部长肖君华，省新闻出版广电局党组成员、总工程师王国庆分别通报第六批湖南省社科普及基地名单和2018年湖南省社科普及基地考核评估结果、第八届湖南省优秀社科普及读物名单。湖南省政协副主席、省文联主席欧阳斌为社科普及志愿者小分队授旗并宣布2018年湖南省社科普及主题活动周开幕。贺龙体育馆白沙广场展示着宣传习近平新时代中国特色社会主义思想和中共十九大精神的大幅展牌。现场还设有互动体验、展览咨询等多个区域。展览咨询区内陈列了皮影展、古钱币展、证券知识、养老保险政策咨询、心理咨询服务、甲骨文书法、剪纸作品等内容丰富的社科精品展览，互动体验区内社科普及基地带来了智能机器人、3D打印、急救义诊、文物修复、名家赠书等活动。5月16—22日，全省各级各类社科组织围绕主题开展展览、咨询、宣讲、公益等形式多样、丰富多彩的近300场社科普及惠民活动。5月25日—6月15日，长沙市、湖南省甲骨文学会与山西吕梁文水葆丽美术馆举办“盛世乾坤——不忘初心 牢记使命”十九大重要思想内容暨《习近平用典》甲骨文书法展，以甲骨文书法形式宣传普及社会科学知识，展出作品170余件，展期20天。5月16日，长沙市启园心理援助与发展中心，进入天心区开展以“扬帆新时代，启园健心基层行”为活动主题的社科普及进基层系列活动。5月7—29日，长沙市启园心理援助与发展中心在长沙市麓山国际实验学校开展“健康你我，从心启航”为主题的“扬帆新时代，启园健心校园行”系列活动。5月16日，岳麓区社科联在梅溪湖街道阳明山庄社区开展以“不忘初心、珍惜当下、创新未来”为主题的社科普及活动暨报告文学《守望初心》分享会。修订《长沙市社会科学普及基地管理办法》，完善基地管理制度，健全动态管理机制，新建科普基地9个，优化科普基地结构，加强全市社科普及力量。

（吴　帮）

【社科研究】 2018年，湖南省中国特色社会主义理论体系研究中心长沙市基地围绕学习《习近平谈治国理政》（第二卷）、马克思诞生200周年、改革开放40周年等热点、节点，分三批共立项课题63个，在市级及以上报刊发表理论文章56篇，其中中央“三报一刊”4篇、湖南“一报一刊”31篇、市级报（网）21篇。围绕长沙创新转型发展战略，科学制定《长沙市2018年度哲学社会科学项目规划指南》，全年市本级规划立项各类社科规划项目100个，其中重大项目2个，重点项目4个，一般项目80个，自筹项目14个。围绕全市发展的战略性、全局性问题做好重大项目的立项，面向社会公开招标立项社科规划重大项目《长沙对接粤港澳大湾区发展研究》《城市精细化管理目标体系建设研究》。2017年度社科重大项目《长沙打造区域性金融服务中心研究》《长沙打造国家创新创意中心研究》成果以《成果要报》的形式分别报送市委、市政府主要领导，均获得重要批示并转送相关部门研究运用。联合市委党校完成省社科重点项目“以长沙为中心建设湘江中下游大都市区”的研究，根据市领导批示要求，长沙、岳阳两市发展改革委、社科联开展专题研讨推动成果转化。按照《长沙市哲学社会科学项目规划管理办法》，规范项目申报、立项、评审、结项，严把质量关，全年结项项目96个，其中重大项目2个、一般项目94个，在公开刊物发表相关论文共75篇。编辑出版《长沙市哲学社会科学优秀成果精选（2017）》并及时推广运用，使研究成果最大范围转化为经济效益和社会效益；编辑10期《成果要报》并报市领导和有关决策部门，促进成果推介和应用。（吴　帮）

【2018年度基层社科组织工作会议】 2018年3月30日，长沙市社科联2018年度长沙市基层社科组织工作会议暨业务培训会在长沙市社科活动中心三楼会议室召开。培训由市社科联副主席吴昌伟主持。培训邀请到省社科联副主席汤建军作题为《以改革创新精神推动社科工作上水平》专题辅导讲课，围绕“改革创新从何处来？”“改革创新核心内容是什么？”“怎样推进社科工作的改革创新？”3个方面对基层社科工作创新开展进行系统阐释和全面深入的解读。各区县（市）社科联、市委党校、各高校社科联、各科普示范基地代表共60余人参加培训。（吴　帮）

【2018年度社科类社会组织骨干培训】 2018年7月6日，长沙市社科联2018年度社科类社会组织骨干培训暨工作交流会在长沙市社科活动中心三楼会议室召开。培训由市社科联副主席吴昌伟主持。培训邀请到长沙市政府办公厅督学、调研员黄永祺作题为《群团组织改革和创新》专题辅导讲课。启园心理援助与发展中心、长沙市人力资源管理学会的代表围绕社科类社会组织的管理、学术活动、课题研究、党建工作等方面进行经验分享和交流。市级社科类40余个社会组织的会长、秘书长、学会骨干以及学会处相关负责人60余人参加培训。（吴　帮）

【长沙市首个哲学社会科学研究基地揭牌】 2018年11月26日，长沙市哲学社会科学研究基地揭牌仪式在长沙商贸旅游职业技术学院举行。市社科联主席吴定安、副主席王锡财、科研处处长黄志军，学校校长刘国华、湘菜研究所所长张新民、科研与发展规划处处长胡伏湘及各二级学院负责人参加揭牌仪式。吴定安和刘国华共同为长沙市哲学社会科学研究基地揭牌。（吴　帮）

【第六届长江中游城市群建设论坛在长沙召开】 2018年9月14日，第六届长江中游城市群建设论坛在长沙金麓国际大酒店举行。来自武汉、南昌、合肥、长沙以及荆州、岳阳、常德等9个城市的专家学者代表，围绕长江中游城市群协同发展、合作发展等进行交流探讨。湖南省社科院院长刘建武，长沙市委常委、市委宣传部部长高山出席开幕式。会上，省社科院社会学研究所所长、城市发展研究中心主任童中贤作主题发言。来自武汉、南昌、合肥、长沙和部分环洞庭湖城市社科联（社科院）的专家学者，就长江中游城市群如何“共抓大保护，不搞大开发”，更好地实现资源共享、交通对接、产业协作、环境同治等展开深入研讨。高山指出，长江中游城市群是长江经济带极具发展活力的区域，具有独特的区位优势，在绿色发展、生态发展、可持续发展和创新发展等方面走出自己的新路。（吴　帮）

【长沙市社科工作会议】 2018年12月4日，长沙市社科联第六届委员会第五次全体会议暨全市社科工作会议在长沙市会议中心召开，市委常委、市委宣传部部长高山出席并讲话。会议为长沙市社科优秀人才、社科普及基地进行颁奖和授牌。罗慧玲、胡军哲、梁媛3人，李璐、肖舞、胡腾蛟3人分别被评定为全市第16届哲学社会科学优秀人才和优秀青年人才。隆平水稻博物馆等9家单位被认定为2018年全市社会科学普及基地。（吴 帮）

史志档案

•党史研究•

【概况】 2018年，长沙市委党史研究室完成党史征编任务。完成市本级征编工作和上级编撰任务，开展专题研讨活动。继续完善《中国共产党长沙历史》第三卷的编撰，调整编、章、节、目，充实内容，形成新的修改版本。编印《长沙党史》季刊4期。完成《湖南改革开放实录（2018卷）》4个课题任务，做好《红色印记——红色遗迹遗址概览》《湘江之问》再版工作，编撰《秋收起义》《红军两次攻打长沙》《湘鄂赣革命根据地》初稿。发挥党史宣教功能。办好“长沙党史”网和“长沙党史”微信公众号，更新各类讯息900余条。抓好党史“四进”活动，在清水塘社区设立红色书屋，全年向市直机关、学校、街道、社区等赠送《湘潮》杂志和党史专著1.7万余册。推出党史文化丛书《浏水滔滔》。蒋志飞（志在飞）创作的党史题材电影剧本《半条被子》，被中国少数民族电影工程办公室评为第27届金鸡百花电影节少数民族电影优秀剧本奖。注重推进大党史工作格局。切实抓好区县（市）党史资料征集编撰、研究、宣传教育的业务建设，开展了改革开放实录专题撰写、党史文物征集等业务培训。配合市网管办处理“东方红党建学习教育网”网络舆情事件，配合星辰在线开展“英雄”——烈士纪念日系列主题活动，配合长沙电台、《长沙晚报》宣传报道陈树湘、潘心元等“中华英烈”，配合天津广播电视台和天津市委党史研究室拍摄大型历史纪录片《曙光》，配合长春广播电视台拍摄纪录片《青山埋忠骨》。加强全市革命纪念地和场馆宣传推介，加强兄弟省市经验交流。不断强化党史联络服务。组织党史联络组老同志开展“长沙城市建设”主题调研，结合改革开放的长沙城市变化组织学习研讨会。汇编《回忆与思考（第十一辑）》，通过评审并出版印刷。按照省党史联络《回忆录》第24辑征文要求，超额完成“湖南农业发展”专辑征编任务。（曹馨尹）

【中国共产党长沙历史馆建设项目加速推进】 《长岛人歌动地诗——中国共产党长沙历史陈列》从提纲，到大纲，到方案，历经10个月，召开大小座谈讨论近50次，征求意见近200人次，获取意见和建议近300条，修改近20稿，已送市委常委会审核，并报省委宣传部审批。陈列布展初步设计方案以设计施工总承包方式实施公开招投标。在全市全面启动党史文物征集工作，文物征集小组与各区县（市）和60余个市直机关单位联系对接，并深入企业、军队、民间各种渠道争取文物支持。室班子带领文物征集小组成员到北京征集文物4批次。全年征文物实物、图片资料等1040件（份、张）。自2018年1月15日中共湘区委员会旧址大院整体移交长沙党史馆建设和管理以来，大院建设、运维和管理工作状况良好，全年接待观众17万人次。先后设立独立核算账户，制定工作规章制度，做好人员的招录和培训工作。市编办文件《关于长沙党史馆更名的通知》同意将长沙党史馆更名为“中国共产党长沙历史馆”。在发展改革委办理大院建设主体变更手续，与施工单位、监理单位、设计单位、消防报建等参与建设的公司签订变更建设主体的补充协议，技术业务用房（5号楼）建设工作已基本完成。（曹馨尹）

【《关于加强长沙地方党史工作的实施意见》出台】 为深入落实《中共中央办公厅印发〈关于加强地方党史工作的意见〉的通知》以及《中共湖南省委办公厅印发〈关于加强地方党史工作的意见〉的通知》文件精神，充分发挥党史以史鉴今、资政育人的重要作用，不断提升长沙地方党史工作科学化水平，长沙市委党史研究室起草《关于加强长沙地方党史工作的实施意见》，市委常委会2018年第24次会议审核通过，市委办公厅以长办发〔2018〕25号文件出台。（曹馨尹）

【《中共长沙市委工作纪事》（2018年卷）出版】 根据中共党史出版社关于出版物的规范要求和内审意见，《长沙党委工作纪事》更名为《中共长沙市委工作纪事》。《中共长沙市委工作纪事》（2018年卷）由中共党史出版社公开出版，全书以邓小平理论、“三个代表”重要思想、科学发展观、习近平新时代中国特色社会主义思想为指导，助力全面开启新时代现代化建设新征程，围绕“五位一体”总体布局、“四个全面”战略布局和全市工作大局，突出党委政府中心工作和长沙科学发展特色，突出以人为本，关注民本民生。是全市各级党委贯彻落实长沙党代会精神，加强党的执政能力建设和先进性建设，推进长沙“两型”社会建设的重要资政参考书。是全面展示全市各级党委重要工作成果的窗口和重要载体。（曹馨尹）

【《长沙重点工程建设项目纪实（2018卷）》出版】 2018年4月3日，长沙市委党史研究室会同长沙市发展改革委员会、长沙市重点工程项目办公室，邀请全市30余家重点工程相关单位的有关负责人员，召开编撰《长沙重点工程建设项目纪实（2018卷）》征编工作会，提出要求，明确任务。截至6月下旬，完成基本资料的收集。《长沙重点工程建设项目纪实（2018卷）》由中共党史出版社公开出版，收录全市146个重大项目建设情况，主要编录重大项目计划中的投资额度大、带动效应明显的项目，涵盖基础设施建设、社会民生、服务业、高新技术产业等12个领域。（曹馨尹）

【举办纪念改革开放40周年相关活动】 为纪念改革开放40周年，长沙市委2016年11月部署由长沙市委办公厅牵头、长沙市委党史研究室主编《长沙改革开放实录》系列丛书，经过全市90余个部门近两年的努力，征集课题120余个，第一批遴选其中52个课题先期出版，2018年11月《长沙改革开放实录》系列丛书第一辑（上、下卷）正式出版。2018年12月21日，长沙市委党史研究室组织召开长沙市党史系统纪念改革开放40周年座谈会暨党史和党史联络工作年会，长沙市委党史研究室主任宋俊湘以《探源初心 护航使命——在改革开放中推进党史事业跨越发展》为题作总结报告。“长沙党史”微信公众号先后推送纪念改革开放40周年专栏10期,《长沙党史》季刊开辟“改革论坛”专栏。组织各区县（市）和联络组老同志开展长沙改革开放40周年研讨,《长沙晚报》以《“破壳”调区划，谋局大发展——长沙见证·改革开放40年》对市委党史联络组副组长、长沙市委原助理巡视员唐得之进行采访报道。此外，参加长沙市党建研究学会组织的《改革开放40年长沙党建工作探索与实践》学术研讨。

（曹馨尹）

【举办纪念新民学会成立100周年系列活动】 为了深情缅怀老一辈革命家的丰功伟绩，深刻铭记新民学会独特的历史贡献，长沙市委党史研究室、长沙市中共党史学会编辑《建党先声——新民学会研究论文选编》，在《长沙晚报》推出纪念专版。4月13日，长沙市委党史研究室、长沙市中共党史学会举办纪念新民学会成立100周年学术讲座暨长沙市中共党史学会第三次会员大会。邀请湖南省中共党史人物研究会会长、湖南省委党史研究室研究员夏远生以《初心百年：致敬新民学会》为题作主旨演讲，回顾新民学会走过的峥嵘岁月，向老一辈革命先烈致敬，追寻红色记忆，凝聚前行力量。长沙市委党史研究室主任宋俊湘结合新民学会与长沙党史工作作了题为《路·悟·行——纪念新民学会成立100周年》的主题发言，表达党史工作者对革命先贤的缅怀之情，启示当代人不忘初心，砥砺前行。

（曹馨尹）

【“刘少奇与中华民族伟大复兴”学术研讨会】 2018年，长沙市委党史研究室参与承办“刘少奇与中华民族伟大复兴”学术研讨会，围绕“刘少奇与中华民族伟大复兴”主题，就刘少奇同志的生平业绩、理论建树、历史贡献等方面作深入探讨，收录论文169篇，遴选出《刘少奇的历史观》等70篇论文入会。推送“伟绩垂青史 精神励后人——纪念刘少奇同志诞辰120周年”专栏10期。

（曹馨尹）

•地方志编纂•

【概况】 2018年，长沙市地方志编纂室继续统筹推进市志编修工作。年内收到市委办公厅等90家单位提交的初稿500万余字，各编辑室认真审阅，出具书面评审意见150余份约40万字。对相关主笔进行“一对一、面对面”指导讲评，以审稿讲评的快捷高效，确保志稿质量和进度。把好志稿政治关、体例关、资料关、文字关。全年完成市委办公厅等45家单位56个章节志稿的验收。两次召开志稿评审暨业务培训会，讲授地方志编写方法和编写中常见问题，结合志稿进行点评，年内对53家单位110名编写人员进行业务培训。研定《长沙市志（1988—2012）》立传人物246名，召开《长沙市志（1988—2012）》“人物篇”评审会，编写单位对修改意见形成修改方案，总纂室分到各区县（市）上门指导修改。通过督查、反复协调等方式解决小部分承编单位初稿编写“拖、拉、滞”问题，部分单位年内有了实质性进展。开门修志，众手成志，启动“方言”“风俗”等专业性内容社会化编写。制订图照采集收录方案，向社会征集反映长沙历史变迁及城市与各行百业面貌的地图4幅、照片134张，为市志总纂做好图片和地图的准备工作。

年鉴工作 《长沙年鉴》编纂围绕市委市政府的中心工作，以特载、专文和专题彩页等形式，全面反映长沙市改革开放40周年的辉煌历程和可喜成就，系统展现全面建设现代化长沙的重大决策、重大举措、重大成就，充分体现年鉴服务中心、资政决策的功能。吸取专家意见，对年鉴框架进一步优化，从全市经济社会、文化和服务民生等大局出发，做好顶层设计，突出长沙在交通枢纽、智能制造、生态建设、城市文化等方面的优势特色，使框架充分体现城市特色和年度特点。严格执行编辑责任制，强化质量标准，确保经得起检验，严把体例文风关，坚持客观记录历史，不夸张、不溢美、不隐恶，严把文字数据关，落实“零差错”，确保资料的存史价值。通过行业协会、知名企业收集反映产业发展的第一手资料，将传统媒体和新兴媒体结合起来，收集大量民生资料，深入街道（乡镇）和社区（村），挖掘社会生活和乡土文化方面的珍贵资料，将年鉴打造成为一部权威的、鲜活的地情资料库。在封面设计上突显“山、水、洲、城”的长沙城市风貌，版式编排上将长沙现代都市气息与深厚历史文化底蕴有效结合，彩页设计紧扣市委、市政府中心决策，以城市形象彩页为主题，生动展现全面建设现代化长沙的努力和作为。组织开展《长沙年鉴》年度人物、年度事件评选活动，讲好长沙故事，传播正能量，发挥地方志“存史、资政、育人”作用。对市直有关单位、各区县（市）地方志系统推荐上报的典型人物和事件，组织进行投票和评选，经过基层推荐、微信投票及专家评审等环节，长沙市望城区丁字湾街道望胜小学学生周锐驰等10人被评选为2017年度人物，长沙经济总量过万亿元等10项事件被评选为2017年度事件。

年报工作 年内收到124家单位年报资料，完成资料的审核校对，主要收录2017年长沙产业转型、保障改善民生、重大项目投资、深化改革等各方面资料，年报内容、行文规范等方面质量均有提升。

全市13个省级以上开发区志书全部通过终审，《望城经济技术开发区志（1992—2015）》《长沙经济技术开发区志（1992—2012）》公开出版，12月，举行了望城经开区志新书首发式。启动《长沙市开发区图志》系列丛书编纂工作，形成图志篇目并下发，各开发区已进入收集图片阶段。实施名镇名村志文化工程，到浏阳沙市镇秧田村和宁乡市金州镇进行调研，研究和宣传名镇名村志编纂工作，召开名镇名村志负责人会议。乡镇简志编修工作成效明显。《湖南乡镇简志·长沙卷》经省级终审和修改补充，书稿已报送至出版社及湖南省地方志编纂委员会。浏阳市、望城区已发行乡镇简志单行本。《长沙史志》刊物推出庆祝改革开放40周年专辑1期，该期收集整理1984年长沙志办成立以来具有代表性的图片资料，制作“长沙方志图鉴”专栏，用图片真实地记录历史瞬间，反映长沙方志发展成果；特别策划《长沙市志·人物篇》评审专栏1期，该期将《长沙市志·人物篇》(第一稿)评审会议有关组织领导、业务交流和编纂成果，开辟专栏集中收录，为保存长沙人物史料、打造精品人物志服务。开展“我与地方志”专题征文，以征稿和约稿相结合的方式，刊登长沙方志发展见证者和亲历者的体会文章，记录长沙方志人的奋斗历程及取得的辉煌业绩。（曾牧野）

【《长沙年鉴(2018)》获评“中国精品年鉴”】 2018年年底，中国地方志指导小组办公室公布第三批入选中国年鉴精品工程“中国精品年鉴”名单，《长沙年鉴(2018)》位列其中，获评“中国精品年鉴”称号，成为湖南省第一部获此殊荣的年鉴。《长沙年鉴（2018）》经过省级评审推荐和国家级专家三轮评审，在全国2018年编纂出版的3000余部地方综合年鉴中，入选“中国精品年鉴”(全国仅有10部入选)。入选的“中国精品年鉴”，封面印有“中国年鉴精品工程”专属标识，内侧页眉则印有“名鉴”“精品”独有字样，封底印有”中国精品年鉴”印章，是全国年鉴界的最高荣誉。中国年鉴精品工程是中国地方志指导小组办公室组织实施的全国性年鉴质量工程，是全面贯彻落实国务院办公厅印发的《全国地方志事业发展规划纲要(2015—2020年)》和中国地方志指导小组印发的《全国年鉴事业发展规划（2016—2020年）》，培育精品意识、提高年鉴质量的重要抓手，旨在打造精品年鉴，推动年鉴事业转型升级，示范引导全国各地不断提高地方综合年鉴编纂质量，坚定文化自信，讲好中国故事，更好地发挥地方志存史、资政、育人功能，为决胜全面建成小康社会提供智力支持和精神动力。（曾牧野）

【《长沙史志》获评“长沙市优秀内刊”】 2018年2月，长沙市内部报刊检查评选结果揭晓。经过专家评审和综合评定，《长沙史志》获评“长沙市优秀内刊”，入选长沙市“十佳内刊”。《长沙史志》刊物原名《长沙史志通讯》，创刊于1985年6月，由长沙市地方志办公室、长沙市地方志学会、长沙市历史学会联合主办，该刊融学术性、史料性、知识性于一体，主要记载史志理论研究、志鉴编纂、旧志点校、史志文化资源开发利用以及优秀传统文化传承发展等内容，发表的稿件均有一定的学术价值和史料价值。《长沙史志》刊物为长沙市地方志事业发展刊登大量的珍贵史料，是全市史志工作者及文史爱好者理论研究和学术交流的重要平台，也是长沙人认识历史、增强自信、开拓创新的理论阵地。（曾牧野）

【地方志理论研究成果获奖】 2018年6月12—14日，《中华人民共和国史志法》立法研讨会暨“南岳衡山杯”首届全国地方志系统优秀论文交流座谈会在长沙召开。研讨会和征文评比活动由中国地方志指导小组、中国地方志学会主办，湖南省地方志学会、湖南省地方志研究与传播中心承办，《中国地方志》《中国年鉴研究》《中国方志馆研究》编辑部、中国国情网、中国地情网、中国方志网、《湖南年鉴·文献与人物》编辑部、湖南地方志网协办。此次研讨会和征文评比活动规格高、学术性强，经过领导专家匿名评审和学术鉴定，长沙市地方志系统1篇学术论文《“三志”视域下的史志立法研究》（作者：江雷、陈钰）获评“南岳衡山杯”首届全国地方志系统优秀论文二等奖，作者应邀参加《中华人民共和国史志法》立法研讨会，并作大会交流发言，为全国史志立法建言献策，受到参会领导专家的肯定。（曾牧野）

【《中心城市视角下的长沙历史文化》出版】 2018年12月，长沙文库系列丛书《中心城市视角下的长沙历史文化》出版。该书是长沙市地方志编纂委员会组织编纂的一部专题性研究性著述，是新时代长沙市地方志工作围绕中心、服务大局的重要举措之一。该书由湖南师范大学出版社出版，16开精装本，约32万字。该书从长沙的政治、经济、文化、人才等方面关联，阐发长沙建设中心城市的历史必然性和重要性，书稿内容主要包括“楚汉名城、荆湘重地”“经济重镇、区域中心”“湖湘文化、独步天下”“惟楚有材、于斯为盛”等章节以及序、引言、参考文献、后记等，旨在发掘、整理与研究长沙自古代至近现代以来有价值的史料及其他文献作品，以供人们全面了解长沙厚重的历史文化，以助长沙历史文化名城保护发展和本土文化资源积累。该书的编纂出版对于保存长沙城市记忆、展示城市风貌、提升城市品质，推动长沙历史文化名城保护发展和区域中心城市建设，具有重要的理论价值和实践价值。该书概括梳理长沙历史文化在人类文明和中国历史发展进程中的诸多特点，如长沙汉文化考古发现震惊中外，长沙是湖湘文化的发源地，长沙是中国近代救亡图存策源地，多项研究成果获全国和省市肯定。书中围绕长沙国家历史文化名城建设，探索提出规划长沙历史文化“一城两中心”（一城：即具有世界性影响的“汉文化城”；两中心：中国传统文化传承发展中心，中国近代救亡图存历史中心）的对策建议，提出打造“汉文化看长沙”品牌，在全国形成“清文化看北京，明文化看南京，秦文化看西安，汉文化看长沙”的整体态势，以彰显长沙区域中心城市和国家历史文化名城的示范引领作用，其研究成果获评长沙城市总体规划（2017—2035）“金点子”一等奖，有关观点被《观点长沙》摘录。（曾牧野）

·档案工作·

【概况】 2018年，长沙市档案工作稳步推进。3月，全市档案工作会议召开，市档案局党组书记、局长袁健康作档案工作报告，省档案局党组书记、局长胡振荣出席并讲话，市委常委、市委秘书长夏建平在会上做重要讲话，提出档案工作“科学、持续、规范、有为”发展理念。根据省编办和市编办的批复，市档案局和市档案馆完成局馆合一。市局全年收获多项荣誉，先后获国家档案局“档案见证改革开放”征文活动优秀组织奖、全国省会城市和计划单列市《中国档案》《中国档案报》宣传工作优秀单位、连续9年获全省档案宣传工作先进单位。谢辉兵获全国省会城市和计划单列市《中国档案》宣传工作优秀工作站长。谢辉兵、陈令获2018年度全省档案宣传工作先进个人。（杨 佳）

【依法治档工作】 2018年，长沙市档案局完成《长沙市档案管理办法》出台前的工作，通过市政府办的文稿审定和市法制办的合法性审查。到园区调研，完成《长沙市园区档案管理办法》起草提纲和草拟稿。贯彻《长沙市档案服务机构管理办法》，对具备资质的机构进行6批公布，累计公布合格服务机构47家，取消不符合资质要求的服务机构1家；对16家服务机构承担的市交通局等24个单位的档案整理服务项目进行评估，进一步加强对档案服务机构的监管与指导。组织对近3年专项检查存在问题的19家单位开展“回头看”，推动档案执法常态化、长效化。（杨 佳）

【档案法制宣传】 2018年6月9日，长沙市档案局开展“6·9国际档案日”宣传，6·9当天市直机关单位、园区、街道、社区（村）共600余块户外电子显示屏开展档案标语宣传，提升社会档案意识。围绕纪念改革开放40周年，举办全市“档案见证改革开放”专题展览，并与媒体联合拍摄制作《改革开放40年——档案记忆》和《档案馆开放日》等影视资料片。开展“档案馆开放日”活动，邀请50余户市民家庭、近200人走进档案馆，参观并学习家庭档案制作知识。组织档案法律法规知识培训，市直机关和企业共189人参加培训，均获岗位培训结业证。组织“12·4”国家宪法日宣传，推出宪法知识展览，提高干部职工宪法意识。（杨 佳）

【档案业务指导】 2018年，长沙市档案局到市直机关、企事业单位、区县（市）档案部门、专业档案馆开展档案业务指导47次，完成1家省特级复查，4家省特级、6家省一级创建工作。首次在机关单位开展档案年检，完成67个一级机构的档案年检工作。贯彻落实国家档案局8号令、10号令，完成6家机关单位和2家国有企业《文件材料归档范围和文书档案保管期限规定》的审批工作。贯彻国家档案局《村级档案管理办法》，印制并发放《村级档案管理办法》手册1200册，实现村级档案人员培训全覆盖。指导湖南梦洁家纺股份有限公司申报并获评全省企业档案工作管理创新案例。（杨 佳）

【档案接收征集】 2018年，长沙市档案局根据年初制订的市直机关进馆计划，全年接收市委办公厅等24个单位共1335卷、6676盒纸质档案进馆，接收51个单位的电子档案共98240件，实体档案和电子档案同步移交，比上年增长10%。完成国家级非遗项目铜官窑的档案资料收集、整理和文献片拍摄工作，将市非遗中心保存的省级非遗项目材料进行数字化处理。征集文史专家陈先枢、梁小进和书画家黄瑞东的著作、证书、照片共643件进馆。征集缪锦良和李学坤两户的家庭档案共1013件、照片3318张进馆，打造反映改革开放40周年长沙社会历史变迁的家庭档案范本。（杨 佳）

【档案编研展览】 2018年，长沙市档案局完成长沙晚报“档案里的长沙”文化专栏和掌上长沙登稿26期，实现3年累计90期的目标，并在此基础上编印《档案里的长沙》一书。完成《长沙市档案馆馆藏日本罪行与惩治战犯档案汇编》复审和终审，根据国家档案局提出的修改意见进行完善，达到出版定稿要求，国家档案局批复同意交付出版。推出长沙记忆系列展览第二展《善济三湘——湖南慈善档案展》，并在长沙档案信息网发布同名网展。探索利用新媒体开展档案文化传播，联合星辰在线长沙影像中心进行专题策划，推出2期长沙影像志之时光档案专题策划专稿。健全市档案馆文化广场、爱教基地参观管理制度，制作完成《兰台宝藏之地图密码》档案动漫宣传片，连续举办5场“档案伴我们成长”暑期实践活动，260余名中小学生参加活动，感受档案文化魅力，市档案馆爱国主义教育基地功能进一步彰显。（杨 佳）

【档案查阅利用】 2018年，长沙市档案局完成馆藏全部到期应开放档案的开放鉴定任务，全年鉴定82个单位档案2200余卷，其中开放1900余卷。及时更新政府信息公开平台，完成上传1万余条数据，更新开放档案信息和政府公开信息4.7万条，在档案信息网发布信息94条。编制《2017年长沙市惠民政策汇编》500册，向市民免费发放，拓展信息公开渠道。接待社会各界查阅利用档案，全年接待查档人员6400余人次，调阅档案12800余卷。（杨 佳）

【长沙市档案工作会议】 2018年3月26日，长沙市档案工作会议以市委、市政府名义，在市会议中心召开。会议的主要目标是以习近平新时代中国特色社会主义思想和中共十九大精神为指引，认真传达贯彻全国、全省档案工作会议精神，回顾总结近年来全市档案工作，研究部署下一阶段工作。市档案局党组书记、局长袁健康作档案工作汇报，市委常委、市委秘书长夏建平在会上作重要讲话，并提出档案工作“科学、持续、规范、有为”的发展理念，对全市档案工作者提出新的期望。（杨 佳）

【档案信息化】 2018年，长沙市档案局在全省开展“国家示范数字档

2018年3月26日，全市档案工作会议在市会议中心召开 市档案馆 供图

案馆”系统测试工作，申请市财政投资70万余元对数字档案库房进行标准化改造，达到国家等保二级要求，邀请省档案局专家进行创建指导，为2019年申报验收“全国示范数字档案馆”做好前期准备工作。按计划完成600万页馆藏档案的数字化处理，对“长沙市数字档案馆系统项目”第三期工程进行了整体验收。完成馆藏音视频档案的数字化，市馆累计目录数据360万余条，扫描总量3400万页，在线接收电子公文13.94万份，数据总量超过30T，馆藏数字化率94.2%，在全省市州位居第一位。继续实施“馆际分布式数据库远程共享利用”工程，实现市档案馆与8个区县（市）档案馆之间的“异地查询、跨馆出证”，全市共享数据近10T，促进档案信息资源共享。（杨 佳）

【档案安全】 2018年，长沙市档案局严格执行档案出入库登记要求，对库房定期检查与清点，全年未发生安全事故。强化对档案数字化全过程的监督管理，备份完整的监控视频数据，对数字化加工人员进行安全审查，配发工作证，与施工方签订保密协议，确保档案信息安全。组织对馆藏破损档案档案400余卷3.2万余页进行抢救修复，比上年增加40%。完成与贵阳市档案局重要档案数据异地异质备份工作，备份贵阳市档案局数据光盘290张。（杨 佳）

【《善济三湘——湖南慈善档案展》在市图书馆开展】 2018年6月9日，由市档案局（馆）、市图书馆共同举办《善济三湘——湖南慈善档案展》在市图书馆三楼开展。展览分为扶老育幼、乐善好施、救灾恤患、扶倾济弱、同仇敌忾和为人民服务6个章节，共展出长沙市档案馆馆藏慈善档案图片200余幅，反映近代以来湖南慈善发展历程，记录晚清民国时期湖南地区在灾荒赈济、老幼抚养、公益设施、疾病瘟疫救治以及抗战时期社会救助、新中国成立后等各方面的慈善活动。展览还配套设计主题书签、笔袋等文创提供给观展者留念。会议当天同步举行慈善建档启动仪式。（杨 佳）

【“档案伴我们成长”暑假社会实践活动】 2018年7—8月，长沙市档案馆组织开展“档案伴我们成长”暑假社会实践活动。来自长沙市各中小学的学生们走进长沙市档案馆，分5批共260余人参加档案馆暑期社会实践活动，市档案馆爱教基地功能进一步彰显。活动以“档案伴我们成长”为主题，列入长沙市直机关工委组织的机关青少年暑假实践活动内容。活动结合青少年特点设计多个活动环节，主要有参观档案文化广场了解档案基本知识、观看一本80余年前的老档案《福湘女中1936年班刊》、参观公务礼品档案室和《民国教育档案展》，观看档案动漫宣传片《兰台宝藏之地图密码》、听文史老师讲长沙历史故事等。（杨 佳）

2018年7—8月，市档案馆组织开展“档案伴我们成长”暑假社会实践活动
市档案馆 供图

【“档案馆开放日”活动】 2018年6月9日，通过FM89.3汽车音乐电台征集到的50余户家庭到长沙市档案馆，参加市档案馆举办的“档案馆开放日”活动。他们走进档案了解档案知识，参观实体档案，现场聆听家庭建档知识专题讲座，学习家庭档案制作方法，观摩家庭档案优秀制作案例。（杨 佳）

文化产业

【概况】 2018年，长沙市瞄准高质量、新动能的方向，聚力抓建设，推动城市文化品质趋向中高级。做特产业园区。马栏山视频文创园获国家广电总局批复，成为全省首个国家级广播电视产业园区；建设招商全面发力，创智园（一期）、众创园年内交付使用，注册落地企业150家。天心文化产业园与中证报价签署战略合作协议，积极创建文化金融合作示范区；开展首届中国·长沙文化创意设计大赛、文化创意天心阁峰会等活动。后湖国际艺术园开园。提速重大项目。新华联铜官窑国际文化旅游度假区再现盛唐气象，开园3个月内游客逾30万人次，成为行业新标杆。华谊长沙电影小镇一期“意大利小镇”运营。浔龙河特色文化产业小镇获评2018中国特色小镇博览会优秀示范案例。华强集团美丽中国·文化产业示范园一期工程主体项目全部封顶。夯实基础设施。铜官窑陶瓷博物馆、长沙非遗展示馆对外开放，湘剧保护传承中心提质改造工程竣工交付使用，长沙市博物馆智慧博物馆（一期）投入使用。简牍博物馆基本陈列展览“湘水流过”——湖南地区出土简牍展开放，游客服务中心建设进入施工阶段。推进长沙国王陵国家考古遗址公园建设，编制公园修建性详规和三年行动计划，桃花岭一期工程启动。推进长沙戏剧艺术中心建设。

突出实体性、品牌化的战略，融创兴产业，长沙获评首批国家文化出口基地。消费试点形成“长沙模式”。全面推进国家文化消费试点，完成年度深改任务，长沙获评国家文化消费试点一档奖励城市，市委

改革办专题刊发工作经验。遴选挂牌300家文化消费试点合作单位，评选认定长沙市文化消费“十大地标”“十大品牌”“十大创意”“示范单位（100家）”等系列品牌，统筹开展“1+9+18”文化消费试点课题研究，召开试点总结暨成果推介座谈会，形成“供给引导消费，创新驱动发展”的“长沙模式”。企业发展展现“长沙实力”。全市文化产业单位8万余家，文化产业从业人员63万人，上市文化企业7家、新三板上市文化企业14家、拟上市文化企业27家。长沙市文广新局与中国农业银行长沙分行签订《战略合作框架协议》，授信150亿元支持园区产业发展。依托消费试点，认定中南传媒、中广天择、天舟文化、省演艺集团等为文化消费十大企业。中南传媒、芒果传媒入选“全国文化企业30强”，天舟文化入选“全国文化企业30强”提名。文化会展打造“长沙品牌”。图书交易会再创新高，全国1000家国有民营出版企业参展，成为与全国图书订货会、北京图书交易会齐名的3大全国性书会之一。印刷博览会推陈出新，省内外23个地区印刷协会及企业组团观展，展会交易额逾3000万元。阳光娱乐节汇聚北京保利、映客直播、新华联、剧百汇院线、琴岛演艺等众多国内知名企业，推出文化娱乐产业融合创新发展论坛、解放西路音乐周、演艺惠民“六进三送”等6大主题活动，以创新融合的姿态拥抱文娱产业的春天，引领全国文化市场“风向标”。公益电影放映月集约18条院线、98家商业影院开展“十万市民进影厅”等8大主体活动，受惠群众50万余人。举办第17届全国院线国产影片推介会，全国48条院线、260余家影视公司近1000人参加，为近20年来长沙首次举办全国性重大电影活动，人数、规模和影响力是历届之最。全市商业影院观影人次2420万，放映134万场次，全年总票房8亿元，争取上级补助奖励资金1784.9万元。

（陆明榜　刘　婷）

【长沙市成为首批国家文化出口基地】　2018年6月14日，商务部、中宣部、文化和旅游部、国家广播电视总局共同认定的全国首批国家文化出口基地公布，湖南省长沙市等13家基地入选。为贯彻落实党中央、国务院决策部署，推动对外文化贸易高质量发展，2017年，商务部会同中央宣传部、原文化部、原新闻出版广电总局等部门启动国家文化出口基地建设。经地方申报、专家初审、部门复核、公示公告等程序，认定13个地区（园区）为国家文化出口基地。近年来，长沙紧扣“建设国家创新创意中心、打造国际文化名城”目标，以文立城、创业兴文，先后跻身公共文化标准化示范、文化与科技融合示范、上网服务行业转型升级试点、扶持实体书店试点、扩大文化消费试点等国家级平台，积极站位“东亚文化之都”，获评世界“媒体艺术之都”。长沙文化产业，正以独特的创造能力和创意水平，引领这座城市不断升级，以新的面貌走向世界。

（刘　婷）

【长沙文化消费品牌榜评选结果公布】　2018年6月25日，长沙市首届文化消费品牌评选结果公布，长沙滨江文化园等获评“文化消费十大地标”，湖湘动漫月（湖南省动漫游戏协会）等获评“文化消费十大品牌”，传统文化与商业街区融合（长沙舜天文化传播有限公司）等获评“文化消费十大创意”，长沙市岳麓区大美美术培训学校等获评“文化消费示范单位（100家）”。长沙市文化消费品牌榜评选活动是一项公益性、公众性的年度评选活动，分公开征集、公众投票、专家评审等环节，自2月1日启动征集以来，得到政府部门、行业组织、文化企业和广大市民的热烈响应和踊跃参与，在掌上长沙APP开辟的专题票选，410万人次参与投票。2016年6月，长沙入选第一批国家文化消费试点城市，是长沙又一个肩负国家战略的文化实践品牌。两年来，长沙发力供给侧、激活需求端，努力创造文化消费的“长沙模式”。文化品牌是文化产业竞争力的重要组成部分，举办此次活动，旨在展示和推介品牌，并以此为载体，鼓励企业培养品牌意识、塑造和创新文化品牌，同时引导文化消费热点、增强消费市场活力，真正亮出长沙文化品牌的名片。入选名单将获得文化消费试点专项支持。（刘　婷）

【第六届长沙阳光娱乐节】　2018年12月26日，第六届长沙阳光娱乐节——文化娱乐产业创新融合发展论坛在长沙音乐厅举行。论坛主题为“改革开放再出发 文化奋进正当时”，众多行业大咖齐聚一堂，围绕“文化＋互联网创新发展”“文化旅游融合发展”“民营文化企业转型升级”，共同探讨文化娱乐产业的融合创新发展之路，掀起一场头脑风暴。省文化和旅游厅党组成员、副厅长郭固权出席。改革开放40年来，长沙致力于建设“国际文化名城”，创造一个又一个品牌，获得一项又一项荣誉，文化产业蓬勃发展，成为推进长沙乃至全省高质量发展的重要动力。郭固权在致辞中肯定长沙文化事业发展成就，要求长沙坚守省会城市定位、担当省会城市担当，认真落实中央和省委省政府高质量发展的要求，强化“主人翁”意识，着力维护市场秩序；坚持“大兵团”作战，联动创新管理模式；争创“老字号”品牌，持续推进转型升级，为建设“富饶美丽幸福新湖南”贡献长沙文化力量。该次论坛是第六届长沙阳光娱乐节最重要的主题活动，由湖南省文化和旅游厅、长沙市人民政府指导，长沙市委宣传部、长沙市文化广电新闻出版局、长沙市公安局、长沙市工商局、长沙市旅游局、长沙市文化市场综合执法局、长沙晚报报业集团共同主办。（刘　婷）

文化交流

【概况】　2018年，长沙市突出国际化、本土化的元素，以文为媒、以文立城，加快“东亚文化之都”建设，擦亮“媒体艺术之都”名片，长沙获评“未来文化城市”金奖。开放包容的城市形象进一步立起来。承办首届世界语言资源保护大会，来自40余个国家和地区相关领域的专家学者及重要嘉宾260人参加会议，全方位展示长沙的城市魅力和文化特色。配合办好2018长沙媒体艺术节暨“一带一路”青年创意与遗产论坛，全程做好联合国教科文组织执行局总干事李炳炫的接待工作。习近平总书记给参加“一带一路”青年创意与遗产论坛的青年代表回信，产生巨大影响。组织做好庆祝改革开放40周年文化专题新闻发布会和“长沙文化观察”6篇系列报道，展示长沙文化改革开放的成绩。交流融通的世界舞台进一步宽起来。推进自媒体、新媒体平台建设，新湖南开设长沙文化海报专栏，发布海报211期，其中头条33期，覆盖省会各类高雅文化艺术活动。先后组团到韩国大邱、哈尔滨、成都参加东亚文化之都开幕式、中日韩“文化之都”论坛、中阿城市文化和旅游论坛、韩国大邱包裹庆典等重大外事活动；先后接待法国驻武汉总领事馆、温州、洛阳、苏州等城市和机构的考察团；办好中日湘滋结好35周年艺术展、对非合作论坛、中法文化之春长沙站、长沙与龟尾缔结友城20周年文化交流演出等系列活动。互鉴共赏的国际元素进一步多起来。长沙钢琴公开赛历时半年，分设美国、德国、意大利、奥地利、爱沙尼亚、芬兰及北京、西安、雅安、厦门、长沙等10余个分赛场，全球20个国家的100余名专业钢琴家和全国20余个省市2000余名非专业选手参加赛事，省委常委、市委书记胡衡华参加总决赛暨颁奖音乐会。长沙音乐厅举办秋之颂·长沙国际音乐艺术季汇聚美国、英国、法国、德国等12个国家近600名艺术家带来20场国际音乐会以及15场公益艺术大师班和讲座。

（陆明榜 刘 婷）

【2018长沙媒体艺术节开幕】 2018年5月21日，2018长沙媒体艺术节暨“一带一路”青年创意与遗产论坛举办，为期4天，覆盖全长沙有代表性的空间，展示长沙媒体艺术与文化创意产业发展成果，加强长沙与“一带一路”沿线国家的交流联系。由联合国教科文组织、联合国教科文组织协会世界联合会、中国联合国教科文组织全国委员会、长沙市人民政府共同主办。“一带一路”青年创意与遗产论坛在长沙再次举行，通过深入开展“创意推动发展”和“如何推动青年参与遗产保护”等主题交流，将促进“一带一路”沿线国家的人文交流，推动不同文明交流互鉴、和谐共生，为构建人类命运共同体作出贡献。活动期间举行的中外青年联谊会、长沙印象考察、体验长沙驻留项目等主体活动，将进一步拉近世界与长沙的距离，展示世界“媒体艺术之都”魅力与长沙文化创意产业最新发展成果，搭起文化交流、互学互鉴的桥梁，助力推进长沙国际化进程，让长沙走向世界，让世界了解长沙。活动期间，将在长沙发起成立世界“媒体艺术之都”联盟，成立中国（马栏山）媒体艺术集聚区。

（刘 婷）

【长沙开展2018“春雨工程”文化志愿服务青海行活动】 2018年8月20—26日，长沙市文广新局按照文化和旅游部及省文化厅的安排部署，实施2018“春雨工程”文化志愿服务青海行，组织长沙市部分优秀文化志愿者分别在西宁市、刚察县和互助土族自治县演出3场。文化志愿者们和青海省文化厅及演出地文化主管部门领导开展深入交流，考察青海省博物馆、西宁市群众艺术馆和互助土族自治县文化馆。 （刘 婷）

【长沙—龟尾结好20周年举行文化交流演出】 2018年9月10日，长沙—龟尾结好20周年文化交流演出在长沙音乐厅举行。龟尾市市长张世龙，龟尾市议会议长金泰根，长沙市委副书记徐宏源，长沙市委常委、副市长付胜华，长沙市委常委、宣传部部长高山等领导出席并观看交流演出。1998年10月，长沙龟尾两市缔结友好城市，旨在进一步推动双方在文化、教育、体育等领域的交流合作，2008年、2013年，长沙与龟尾举行结好10周年、15周年庆典活动，龟尾被称为长沙“串门”最多、互动最频繁的朋友之一。 （刘 婷）

【长沙市图书馆与龟尾市图书馆缔结友好馆】 2018年9月11日，长沙市图书馆与龟尾市图书馆缔结友好馆仪式在长沙图书馆举行。这是长沙市与韩国龟尾市缔结友好城市20周年之际，在文化方面的进一步交流与合作。长沙与龟尾的友谊源远流长，1998年两市缔结友好城市关系以来，互动频繁，在经贸、文化、教育、体育、青少年等方面的交流与合作不断深入，友好关系不断发展。两市图书馆缔结友好图书馆关系，将为长沙与龟尾的文化交流与合作掀开新的篇章。图书馆之间的文化交流为双方提供展示文化建设成果、共同探讨和学习的机会，有利于拓展图书馆运作新视野，共同创造有竞争力的图书馆。同时，系列交流活动充分展示两个城市的经济发展与文化繁荣，促进双方市民了解友好城市的地方历史和风土人情，进一步推动中韩文化交流，加深中韩人民友谊。韩国龟尾崔东纹课长和长沙市图书馆王自洋馆长代表双方交换《长沙市与龟尾市缔结友好图书馆协议书》。 （刘 婷）

【首届世界语言资源保护大会在长沙开幕】 2018年9月19日，首届世界语言资源保护大会在长沙开幕。省委副书记、省长许达哲，教育部副部长、国家语言文字工作委员会主任杜占元分别在开幕式上致辞。联合国教科文组织总干事奥德蕾阿祖莱为此次会议发来贺信。联合国教科文组织助理总干事穆兹·查楚克，罗马尼亚胡内多阿拉省省长勃勃拉·米尔恰·弗拉维乌分别在开幕式上致辞。省领导胡衡华、吴桂英，省政府秘书长王群出席开幕式。包括20余位外国部长级官员和驻华使节在内，来自世界40余个国家和地区相关领域的官员、专家学者200余人参加开幕式。此次大会主题为“语言多样性对于构建人类命运共同体的作用：语言资源保护、应用与推广”。在2天时间里，与会人员围绕“语言文化多样性政策与措施”“语言资源保护规范标准与人才建设”“语言资源开发应用与推广”等议题开展广泛而深入的研讨，分享各国语言资源保护经验，展望现代信息科技与语言资源保护、开发、应用相结合的广阔前景。在大会开幕式后的第一次全体会议上，杜占元以“保护语言资源，推动构建人类命运共同体”为主题做主旨发言。他呼吁各国切实加强语言资源的调查记录、推广应用和相关基础建设，加强交流合作，分享可借鉴的国际经验，保护语言资源多样性，为共同建设一个美美与共的语言世界，构建人类命运共同体做出贡献。该次大会由联合国教科文组织、教育部、中国联合国教科文组织全国委员会、国家语言文字工作委员会、湖南省人民政府联合主办，湖南省语言文字工作委员会、湖南省长沙市人民政府、北京语言大学、湖南大学共同承办，是联合国“2019年国际本土语言年”的重要活动之一。

（刘 婷）

【湘滋结好35周年艺术展在长沙简牍博物馆开幕】2018年11月12日，湘滋结好35周年艺术展在长沙简牍博物馆开幕。省委副书记乌兰、日本滋贺县知事三日月大造出席开幕式致辞，并参观展览。乌兰代表省委、省政府对艺术展的举办表示祝贺，对日本友人的到来表示欢迎。三日月大造用“八景之湖鷁鹛飞，湘滋友好福泽至”表达希望湘滋友谊世代相传的美好愿景。该次展览展出中日双方艺术家创作作品200余件，涵盖书法、绘画、摄影、花艺、湘绣等多个领域。开幕式结束后，长沙简牍博物馆馆长李鄂权向乌兰与三日月大造先生展示馆藏文物走马楼三国吴简与走马楼西汉简，介绍湖南省及长沙市简牍的出土情况以及在全国的重要地位。此后，双方艺术家在长沙简牍博物馆进行书法创作交流会，中日书法家代表共创作作品11幅，以书寄语，表达两地人民世代友好的美好愿景。（刘　婷）

【中国戏曲人物画名家邀请展长沙站开幕】2018年12月1日，由长沙市文广新局、上海市虹口中国戏曲人物画研究会主办的“海上有戏——中国戏曲人物画名家邀请展”长沙站在长沙博物馆开幕。来自上海、深圳的戏曲人物画名家谢春彦、陈九、张渭人、季平、刘一鹏等，与湖南的戏曲人物画家、省会美术界、戏曲界人士共聚一堂，共同见证开幕。此次“海上有戏——中国戏曲人物画名家邀请展”长沙站共展出56位中国戏曲人物画艺术家创作的115幅作品。其中包括海派绘画代表人物丁立人，“新文人画”代表人物谢春彦，“新水墨”画代表人物陈九，中国京剧舞美设计界的元老李文培等老一辈画家的作品。近年来，湖南美协水墨漫画研究会潜心研究并创作戏曲人物画，开展了多次活动以及展览。研究会成员们的作品或借鉴民间美术，或倾向当代绘画，传神地勾画了一个个造型生动、颇具特色的戏曲人物，颇具个人特色。（刘　婷）

文化市场管理

【概况】2018年，长沙市突出抓管理、优服务的重心，坚持齐抓共管，确保文化市场健康有序平稳发展。优化服务促发展。优化行政审批，严格依法行政，落实“两集中两到位”的要求，实行窗口“一站式”办理，认真做好电子证照信息录入、权力清单清理、“多规合一”改革和法律顾问、普法教育、学法考试等工作。全年窗口受理事项218件、办结194件，审查合同291份、备案合同141份，无违法行政行为。强化执法促规范。突出重点时段、重点地段和重点领域，抓好“扫黄打非”专项治理和扫黑除恶、蓝天保卫战、校园周边治理等工作。全年受理举报36件，出动检查人数34276人次，检查经营单位12752家，立案调查644件，办结案件626件；排查解除文化市场安全隐患120余个，未发生重大安全生产责任事故。强化监管守底线。落实意识形态工作责任制，设立网信专干，研究制定系统意识形态工作管理考核办法，坚守意识形态阵地安全。加强广播电视传播秩序管理，打击非法境外卫星电视地面接收设施等违法违规活动；加强安全播出日常监测和重要保障期监控调度值班，未发生安全播出责任事件（事故）。强化文物安全管理“四级”责任制，文物安全无事故。（陆明榜　刘　婷）

【2018年打击非法卫星电视接收设施集中整治工作会议】2018年9月29日，长沙市召开2018年打击非法境外卫星电视设施集中整治工作会议。市直相关单位、市文化市场综合执法局及各区县（市）文体广局分管领导和执法局主要负责人参加会议。副局长黎政主持，省新闻出版局传媒机构管理处副处长王石星出席并指导会议。会议主要是总结近年来非法安装境外卫星设施打击工作，部署下一步集中开展综治行动。会上，各区县（市）文体广局主要负责人认真回顾本年来工作情况，针对不足之处进行汇报。各市直相关单位根据相关职能、职责进行发言。黎政认为，全市2018年打击非法境外卫星电视设施整治工作在思想认识、整治力度、部门联动、创新方法和管理机制比上年有较大的提升，下一步集中整治行动要从思想上再重视，工作上再动员，再升温，要加强部门配合，确保重点区域，重点部位整治到位，要克服疲劳状态，确保整治行动有实效，完成综合治理目标，确保迎检工作不扣分、得满分。王石星作重要讲话，对长沙市的打击非法境外卫星电视设施集中整治工作给予肯定和认可，要求下一步工作中做到：提高政治站位，从讲政治、讲导向的高度认真对待，坚决守住舆论阵地；立足省会担当，长沙做为省会城市是总局必检城市，压力大，任务重，要勇于担当，确保完成迎检工作任务；要巩固整治成果，落实长效机制，克服困难，树立信心，坚持长抓不懈。（刘　婷）

【网吧市场调研暨安全生产检查】2018年2月7日，长沙市文广新局党委书记、局长杨长江带队调研全市网吧行业发展情况，市文广新局党委委员、副局长吴洪，文化市场处处长何吉多、副处长胡松桦等陪同调研。杨长江一行检查岳麓区上机堂连锁恒星店和梅溪湖金茂电竞馆的消防设施、安全生产制度，主持召开行业座谈会。市网吧协会、连锁公司及单体网吧共10位负责人进行发言，大家分别从网吧经营管理、转型升级经验、行业未来发展趋势、企业发展困境、协会工作开拓创新等方面发表看法，传达业内最真实的感受，并提出相关意见建议。各业内负责人以“转型升级、提升形象”为目标，探索多种业态和经营方式，改善环境，优化服务，提升行业整体形象等方面付出艰辛努力，在缩小城乡信息差距、解决流动人口与低收入群体上网问题、丰富人民群众精神文化生活、就业岗位提供等多方面做出重要贡献。（佘沂乘　金　鑫）

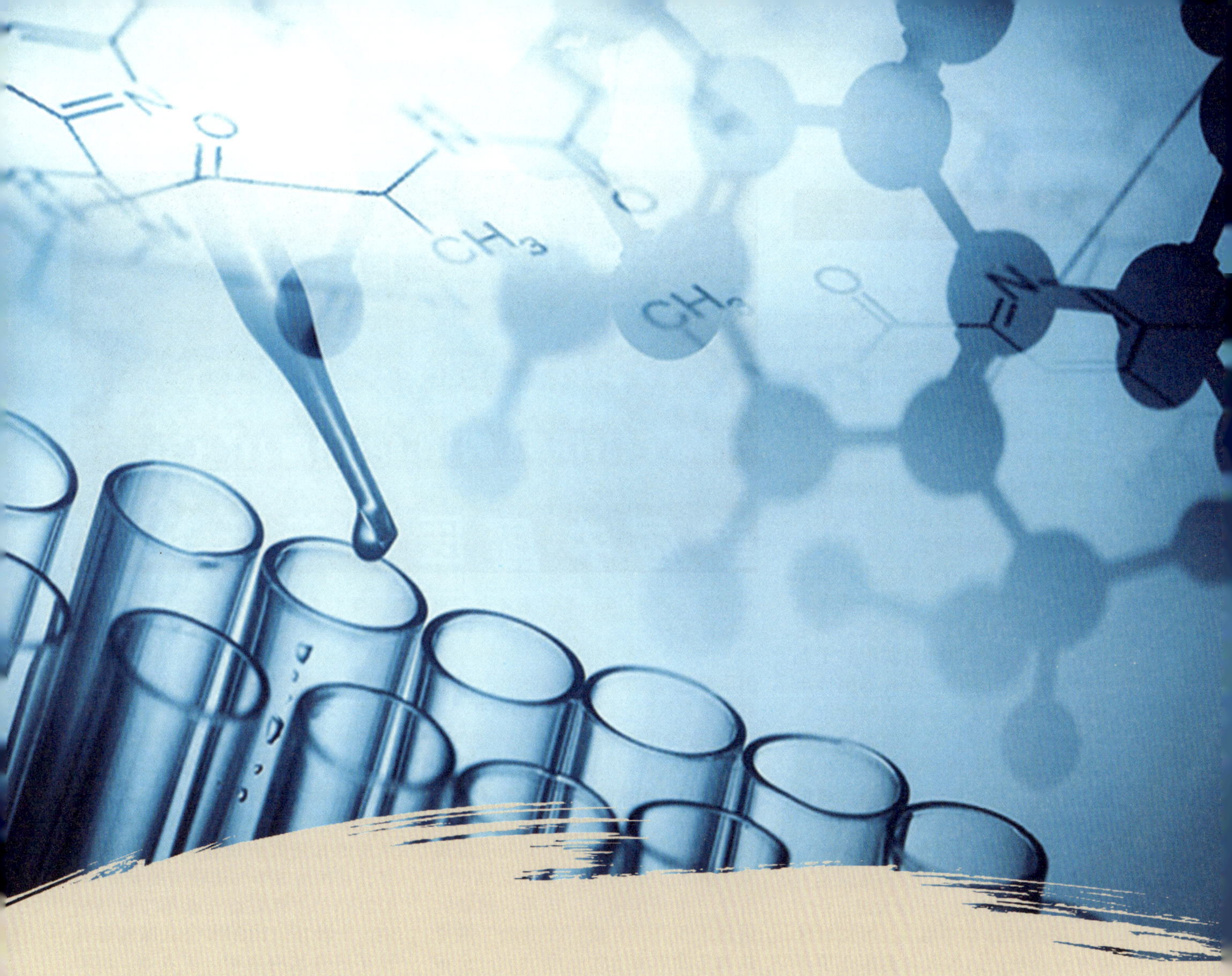

医疗卫生

MEDICAL TREATMENT AND PUBLIC HEALTH

责任编辑 • 吴丫丫

综　述

【概况】　2018年，长沙市全面实施“健康长沙”建设，以“优质内涵发展”为主题，推进综合医改、基层基础建设、妇幼健康服务、疾病预防控制与应急管理、家庭发展能力提升等卫生计生重点工作，创新投入机制、民生项目、智慧医疗，完善基层网络体系，落实服务管理举措，在省对长沙卫生计生考核中，各项指标继续保持领先。3月29日，长沙市召开2018年全市卫生计生工作会议，市委市政府对2018年全市卫生计生工作进行专题研究，确定总体要求：全面贯彻落实中共十九大会议精神和全国、全省卫生计生工作的总体部署，坚持新时代卫生与健康工作方针，以“健康长沙”建设为总揽，以打造区域性卫生健康中心为目标，高起点谋划，高标准推进，突出优质内涵发展的主题，加快“两大建设”，深化“一项改革”，实现“七个提升”，努力确保卫生计生事业健康发展、科学发展。

截至2018年年底，长沙市辖区内有注册登记的各级各类医疗卫生机构4523家，其中医院232个、乡镇卫生院99个、村卫生室1293个、社区卫生服务中心（站）290个。全市医疗卫生机构实有病床7.73万张、在岗职工9.85万人、卫生技术人员8.15万人。全市医疗卫生机构（含省部属医院）总诊疗人次4986.64万人次、出院262.46万人次，分别较上年增长3.8%、5.78%。采供血57.21吨。出动救护车7.29万次。2018年，长沙市人口691.02万人，出生人口10.09万人，二孩出生占比52.81%，符合政策生育率97.75%，出生人口性别比109（数据按照计划生育考核年度，即2017年10月1日—2018年9月30日）。长沙市每千人口卫生技术人员9.86人、病床9.47张，居中部省会城市前列，高于全国平均水平。乙类传染病发病率278.10/10万，无甲类传染病发生，无传染病暴发流行。孕产妇死亡率12.47/10万，5岁以下儿童死亡率4.04‰。（文　雅）

2018年8月17日，长沙市首个“中国医师节”庆典活动在芙蓉区浏阳河婚庆公园举行　　市卫计委　供图

【长沙市首个“中国医师节”系列活动】　2018年8月19日是首个“中国医师节”。为弘扬医德医风、营造尊医重卫氛围，长沙市在2018年7—8月举办全市庆祝首个“中国医师节”系列活动。系列活动以“不忘初心，牢记使命，建设健康长沙”为主题，具体包括“敬佑生命，救死扶伤，甘于奉献，大爱无疆”十六字崇高精神重点宣传、先进人物评选表彰、首个“中国医师节”庆典、健康宣讲达人秀、“‘救’在身边”医疗救助主题宣传5大主题活动。全市评选表彰100名“长沙市优秀医师”、18名“长沙市德艺双馨优秀医师”。庆典活动通过文艺演出的形式，集中展示长沙医务工作者风采，文艺节目全部由全市医疗卫生战线工作人员自编自演或由取材于医务工作者真实故事。系列活动的深入开展，产生良好的社会影响，湖南卫视、《湖南日报》、《长沙晚报》等省市主流媒体多次推出重点报道，营造全社会尊重医学、敬畏生命、尊医重医的氛围。（文　雅）

医疗卫生体制改革

【概况】　2018年，长沙市贯彻落实省医改办《关于印发湖南省深化医药卫生体制改革2018年重点工作任务的通知》精神，推进分级诊疗、现代医院管理、全民医保、药品供应保障、综合监管5项制度，发挥市医改办的协调沟通职能，推进部门联动，统筹推进相关领域改革。在迎接国务院、省医改办关于2017年度公立医院综合改革效果评价、《“十三五”深化医药卫生体制改革规划》中期评估、2018年度卫生计生重点改革举措落实情况督查等4次国家级大型督查，以及市人大常委《关于市级公立医院改革和建设情况的报告的审议意见》落实及市级公立医院改革与建设情况督查中，长沙市公立医院综合改革工作获肯定。长沙市、浏阳市公立医院综合改革获省政府表彰；宁乡市、浏阳市在全省公立医院综合改革典型经验推广培训班上作典型发言。参加国务院医改有关举措落实情况督查座谈会、国家调研组“完善公立医院补偿机制”有关情况调研、全国医改电视电话会议、省委办公厅“卫生与健康事业发展不平衡不充分问题”座谈调研、全省城市医改工作经验交流会等6次重大会议或座谈讨论，及时反馈改革中出现的问题。（文　雅）

【公立医院改革】　2018年，长沙市加强医改数据的监督监测和医改指标完成情况的调度，重点对委直属公立医院医改监测数据进行汇总分析，针对药占比、百元医疗收入消耗的卫生材料费及医疗费用增长幅度超过考核标准的单位予以通报及约谈。委直属7家医院医疗总收入同比增幅4.75%，控制在10%以下；委直属公立医院药占比（不含中药饮片）为25.72%，控制在30%以内；百元医疗收入（不含药品收入）消耗的卫生材料费19.61元，控制在20元以下。完善总额控制下的

病种分值付费方式改革，出台《长沙市城乡居民基本医疗保险普通门诊统筹实施细则》，乡镇卫生院、社区卫生服务机构报销比例提高到85%，全民医疗保障制度不断完善。实施两轮医疗服务价格调整，市级公立医院调价弥补率80%，医疗服务价格动态调整机制初步形成。在全市二级以上公立医院推行药品采购“两票制”和带量采购，促进药品价格合理回归，减轻市民群众就医负担。（文　雅）

【分级诊疗】 2018年，长沙市印发《关于进一步加强医疗联合体建设工作的通知》，市级公立医院建立医疗联合体79个。同时推动县级公立医院与基层医疗机构建立医共体，各县市均建成1个以上明显成效的医联体，形成托管经营型、服务共享型、专科联盟型、远程医疗型4种模式。鼓励驻长沙中央、省、部属医院、部队医院、民营医院等具有优质医疗资源的医疗机构，充分发挥其管理、专家、技术、信息等方面优势，以专科联盟形式支持长沙基层医疗卫生机构提升服务能力和水平。

完善家庭医生签约服务相关制度机制，出台《长沙市家庭医生签约服务包收付费工作实施意见》《长沙市残疾人家庭医生签约服务工作实施方案》《关于进一步做好家庭医生签约服务工作的通知》以及《长沙市家庭医生签约服务考核评估评分标准（试行）》等文件，完善签约服务激励约束机制，规范签约服务行为，强化签约服务质量，提高履约率和签约居民感受度。全市建立家庭医生服务团队1397个，签约服务覆盖率32.98%；全市65岁以上老年人、0～6岁儿童、孕产妇、慢性病患者等重点人群签约服务覆盖率63.70%。继续实施医保优惠政策，推动医联体内上级医疗机构下转患者。巩固“一增一减一免”双向转诊激励引导机制（一增，即住院报销比例提高3%；一减，即由下转上的减免基层医疗机构起付线，由上转下的减免上级医院的50%起付线；一免，即免除第二次住院须间隔28天的限制），乡镇卫生院、社区卫生服务机构报销比例提高到85%，推动参保人员就医往基层倾斜，促推分级诊疗落实。全市县域范围内就诊率平均为91.40%，其中浏阳市96.16%。（文　雅）

【医改配套改革举措】 2018年，长沙市政府出台《长沙市建立健全现代医院管理制度实施方案》，提出到2020年，基本建立权责清晰、管理科学、治理完善、运行高效、监督有力的现代医院管理制度。市卫计委、市人力资源和社会保障局、市财政局联合出台《长沙市公立医院薪酬制度改革试点实施办法（试行）》，在市直7家公立医院实施公立医院薪酬制度改革，探索实行公立医院主要负责人年薪制，落实公立医院分配自主权，健全以公益性为导向的考核评价机制。制定实施破解“看病难看病贵”问题工作方案，组织实施“四个不合理”问题专项整治和医疗服务提升行动十项举措，提升医改工作改革实效、整体水平和人民群众获得感、满意度。全市住院患者满意度95.67分（排名全省第一位，全国平均93.28分）、门诊患者满意度92.68分（排名全省第三位，全国平均90.93分）。迎接省对市州公立医院综合改革效果评估，以95.7分获全省第一名。深化基层医疗机构改革，开展基层医疗卫生机构医疗服务价格调研。全面推行乡村卫生一体化管理，由卫生院对村卫生室实施“六统一”管理（统一规范设置、建设标准、招考聘用、药品配送、绩效考核、财务管理），促进乡镇卫生院和村卫生室工作的协同统一。（文　雅）

基层卫生

【概况】 2018年，长沙市落实《长沙市基层医疗卫生服务能力提升三年行动方案（2016—2018年）》，实现“1530就医圈”，基层医疗机构建设达标率100%，城乡居民基层就诊满意度90%以上，近40个乡镇卫生院（社区卫生服务中心）创建为国家级、省级群众满意服务机构，省级考核第一位、国检成绩优异，省级集中抽查各项指标名列全省前列。全市基层卫生服务网络进一步健全，全市设置乡镇卫生院85所、社区卫生服务中心93所、行政村卫生室1309所、社区卫生服务站249所，实现每个乡镇建设一所标准化卫生院、每个街道办事处范围建设一所社区卫生服务中心、每个行政村至少建设一所标准化卫生室的目标。通过加大投入，绝大部分乡镇卫生院（社区卫生服务中心）配备全自动生化仪、DR(CR)、彩色B超等新三件以及相关中医康复理疗的设施设备。村卫生室业务用房面积均在60平方米以上，并统一设置“五室”即诊断室、治疗室、处置室、药房、观察室和信息资料与健康教育室。在人员配置上，全市乡镇卫生院和社区卫生服务中心有在岗职工11101人，其中本科及以上学历3662人，占比32.98%；中级及以上职称2142人，占比19.3%。全市具有执业医师资格证的乡村医生166名，具有执业助理医师资格证的乡村医生521名，占比52.48%。制定出台《长沙市基层医疗机构规范化建设三年行动方案（2019—2021年）》，将从基层医疗机构房屋建设、设备配备、人员配备、服务功能、运行管理等方面加强基层医疗机构发展建设。（文　雅）

【基层能力提升工程】 2018年，长沙市实施基层医疗卫生服务能力提升三年行动（2016—2018年），加强全市基层医疗卫生机构房屋设施、医疗设备、人才队伍等方面建设，完善基层医疗卫生服务体系，提升基层卫生服务能力。其中新改扩建乡镇卫生院（社区卫生服务中心）6个、村卫生室30个，总面积1.22万平方米，总投资3221.1万元，市财政安排补助经费610万元。全市基层医疗机构建设达标率100%，城乡居民基层就诊满意度90%以上。全市创建国家级群众满意卫生院43家、全国优质示范社区卫生服务中心16家、省级优质示范中心36家、3所社区卫生服务中心获评“全国百强社区卫生服务中心”、1所乡镇卫生院获评“全国百佳卫生院”。采取经费补助的形式引导基层医疗机构更新添置设施设备。安排200万元对基层购置的彩超、DR、全自动生化仪、救护车等40台件设备进行补助。加强基层医务人员基本公共卫生、基本医疗、家庭医生签约服务和健康扶贫政策等培训学习。全市开展大型基层卫生培训4次，将区县（市）级卫生计生行政部门管理人员、乡镇卫生院院长、社区卫生服务中心主任以及公共卫生负责人全部纳入培训范围。加强基本公共卫生服务质量抽查和数据报送，全年组织基本公共卫生质量抽查10次以上，基本公共卫生指标数据集中报送5次。2018年4月，代表湖南省接受全国基本公共卫生服务项目考核获中部省会城市第一名、全国第七名。
（文 雅）

【健康扶贫】 2018年，长沙市推进“大病集中救治一批、慢病签约管理一批、重病兜底保障一批”等“三个一批”行动计划，落实“先诊疗后付费”、“一站式”结算及健康扶贫综合保障政策，开展扶贫问题自查自纠，开展健康扶贫政策宣传，构建完善的健康扶贫工作体系，健康扶贫工作取得一定成效。截至2018年12月31日，救治农村建档立卡贫困人口53269人次，医疗费用20378万元，居民自付1699.74万元，贫困人口医疗费用实际报销比例91.66%。（文 雅）

疾病预防控制

【概况】 2018年，长沙市坚持防治结合、联防联控、统筹推进，多方位入手、全方位施治，提升疾病防控能力和卫生应急水平，为人民群众提供生命全周期卫生与健康服务。强化疾控体系建设，提升全市疾控机构软硬件建设。天心区、雨花区挂牌“县级甲等”疾控机构，全市有6个区县（市）获批，带动提升全市疾控机构整体软硬实力。全市有芙蓉区、长沙县、天心区3个区县创建国家级慢性病综合防控示范区，省级慢性病综合防控示范区实现全市覆盖。加强“一网四库”建设，夯实应急基础，提升应急处置能力。全年无甲类传染病报告。所有突发公共卫生事件得以高效处置，未发生次生衍生事件。（文 雅）

【急性传染病及重点疾病防控】 2018年，长沙市召开全市疾病防控及卫生应急工作会议，下发重点传染病监测方案，及时部署各项防病工作。全市疾病监测预警、信息报告、风险评估等机制高效运转，卫生应急前哨预警作用得以充分发挥。全年全市接到传染病预警信息3661条，所有预警信息均及时进行调查、核实，最大程度将疫情控制在萌芽阶段。全年完成疫情周分析50期、月分析12期、风险评估报告9期。有序实施疾控创新项目工作。雨花区基层疾控工作质量定期通报机制在全市推广，岳麓区高校艾滋病防控工作模式出成效，望城区预防接种单位数字化门诊建设整体推进。市卫计委结合芙蓉区、雨花区等区县实践经验，联合教育部门制定印发《长沙市学校、托幼机构疾病预防控制指导手册》。推进全国艾滋病综合防治示范区工作，充分发挥大学生志愿者、HIV感染者志愿者、非政府组织等作用，开展高危人群干预和监测工作。探索在基层医疗机构设立快速检测点，创新艾滋病快速检测工作机制。芙蓉区高危人群综合行为干预的防控模式，被《全国艾滋病示范区典型经验典型案例汇编》收录，并向全国推广。市县两级加强联合，疾控、监督合力，卫生、教育、宣传同步，全力应对、高效处置学校结核病疫情，病例得到妥善救治，教学秩序得到维护，保障师生健康以及校园平安。衔接教育部门严格落实新生入学结核病筛查措施，强化学校结核病防控工作督查力度，防范学校结核病疫情的发生和蔓延。全年全市结核病防治服务体系转型全部完成。长沙县在全省率先出台肺结核患者相关住院费用全免政策。浏阳市实施医防联合集中督导模式，有效提高督导效率。岳麓区建立基层结防工作激励机制，促进工作提升。各定点医院充分履行职责，有效提高肺结核患者治疗的顺应性、治愈率。
（文 雅）

【免疫规划】 2018年，长沙市高效应对长春长生疫苗事件。全市第一时间进行动员部署，建立工作机制，成立疫苗接种者跟踪观察、咨询服务及医疗处置专家组，明确临床观察及医疗诊治定点医院，做好信息公示，做好咨询服务等各项工作。该次疫苗事件在长沙市未引起重大舆情及次生衍生事件，8月，长沙市代表湖南迎接国家卫生健康委工作督导，督导组给予“底子清、数据实、措施强、效果好”的充分肯定。在全国中部地区，率先在长沙县及内五区开展疫苗代储代运工作，通过购买疫苗冷链储运第三方服务，发挥第三方公司的制冷设施、存储容量、运送保障、温度实时监控以及全程溯源等优势，解决县级疾控机构往基层接种单位的疫苗冷链运送问题，有效提升服务效能，赢得基层良好口碑。启动并推进“长沙市免疫规划信息系统”建设项目，冷链监测暨免疫规划信息平台建设方案逐步完善，疫苗储存全程监控闭环成效逐步实现。开展疑似预防接种异常反应（AEFI）监测，规范实施麻疹、乙脑、流脑等疫苗针对性疾病监测工作。普及预防接种知识宣传。岳麓区承办“4·25”全国儿童预防接种日省级大型现场宣传活动，获得省卫生健康委的肯定。各区县（市）组织开展预防接种家长课堂演讲比赛活动，浏阳市、雨花区演讲获全省二等奖。推进“数字化预防接种门诊”建设，改善预防接种环境，优化接种服务。开福区争取区财政支持，实行惠民政策，对辖区特定人群开展每年一次流感疫苗免费接种。全市预防接种告知制度和新生入学、入托查验接种证制度推广，全市一类疫苗接种率稳定在95%以上。（文 雅）

【卫生应急】 2018年，长沙市理顺突发事件医疗救援工作、突发事件信息报送工作、卫生应急平台值守工作等相关流程，要求明确，指导到位，做到信息报送及时、应急响应及时。全年全市所有突发公共卫生事件均得到及时有效处置，未出现次生衍生事件。开展重点急性传染病监测、传染病疫情和死因监测报告管理、学校易发传染病防控、突发事件应急处置等培训工作，提升全市疾控系统卫生应急处置思路和水平。开展全市中东呼吸综合征疫情处置卫生应急演练，首次将疫情应急管理决策能力纳入演练内容，雨花区在演练中获团体一等奖。组织开展2018年度突发公共事件紧急医疗救援演练，参与政府其他部门牵头的应急演练11次。组织做好“5·12”应急宣传日活动，通过《健康长沙周报》《一周健康预报》等广泛传播传染病防控、意外伤害预防等卫生应急知识。2018年，市120急救中心、宁乡市人民医院获评

2018 年 10 月 18—19 日，市卫计委组织开展 2018 年全市中东呼吸综合征疫情处置卫生应急演练　　市卫计委 供图

“全省首批公众急救知识技能普及工作试点单位”，宁乡市人民医院编排《“救”在身边》急救操，为刘少奇诞辰 120 周年献礼。（文 雅）

【职业病防控】 2018 年，长沙市通过定点帮扶，提升用人单位职业健康管理能力，全年完成职业健康监护 58670 人，开展职业病诊断 65 人次、劳动能力鉴定 27 人次，确诊职业病 28 例。配合省级开展职业病防治大型现场宣传活动，高质量完成重点职业病监测、放射性疾病监测等项目工作，超额完成农民工尘肺病救治救助工作任务。长沙市获全省职业健康检查机构现场质量考评第一名，职业卫生信息化建设和职业健康监护工作得到国家卫生健康委疾控局的肯定。（文 雅）

【精神卫生与心理卫生服务】 2018 年，长沙市加强精神卫生管理工作。配合省级开展全省精神卫生日现场宣传活动。全市严重精神障碍患者报告患病率、在册患者管理率、规范管理率、面访率、服药率等指标均超过省级年度目标，长沙市获评“全省严重精神障碍管理治疗工作先进集体”。依托市精神病医院（市第九医院）工作基础和专家资源，开通建立全市心理援助热线。与市政法委联合协作，纳为全国社会心理服务体系建设试点城市。（文 雅）

【慢病防控与健康教育】 2018 年，长沙市推进慢病防控实力提升。城市癌症早诊早治项目连续多年获得省级肯定，6 个肿瘤监测点的数据均被国家肿瘤登记年报收录。慢性病及危险因素监测、儿童口腔窝沟封闭、脑卒中防治、心血管病防治等项目工作任务完成。长沙市策划实施首届“中国医师节”健康科普大赛，宁乡市人民医院舞台剧作品获全市一等奖、全省二等奖。芙蓉区将全民健身与全民健康深度融合，推广“健康生态文化圈”建设。雨花区打造雨花区健康教育馆、东塘健康生活馆。市疾控中心官方微信被评选为 2018 年“长沙市十大优秀政务微信公众号”。长沙市首次组织全市范围的居民健康素养调查，完成近 9000 人调查工作，为掌握城乡居民健康素养本底，制定防控政策提供科学依据。（文 雅）

妇幼保健

【概况】 2018 年，长沙市机构活产数 11.43 万人，户籍活产数 8.02 万人，住院分娩率 100%，孕产妇死亡率 12.47/10 万，5 岁以下儿童死亡率 4.04‰，婴儿死亡率 2.63‰，新生儿死亡率 1.33‰，出生缺陷发生率 160.61 / 万。“构建出生缺陷三级综合防控体系”获 2018 年湖南省计划生育服务管理项目创新奖。免费孕前优生健康检查目标人群覆盖率 104.02%。完成孕产妇产前筛查 6.50 万人，完成 128.51%，35 ~ 64 岁农村妇女两癌（宫颈癌、乳腺癌）检查 7.04 万人，完成 153.05%。（文 雅）

【妇幼保健体系建设】 2018 年，成立长沙市妇幼健康服务联合体，强化妇幼健康体系建设。联合体以市妇幼保健院为技术龙头，9 个区县（市）妇幼保健院（所）为骨干，14 家二级以上公立医院、15 家民营医院为分支，66 家街道社区卫生服务中心、55 家乡镇卫生院为网底，共 160 家单位加入。长沙市妇幼保健院进入全国地市级妇幼保健院前 30 名，浏阳市、长沙县、宁乡市妇幼保健院等县级妇幼保健院进入全国前百强。制定《关于加强危重孕产妇和新生儿救治中心建设的通知》，成立长沙市母婴安全保障工作小组、危重孕产妇和危重新生儿急救工作专家组，建立市县高危重症急救绿色通道，举行危重孕产妇新生儿急救演练培训；市级遴选长沙市妇幼保健院和长沙市中心医院，县级遴选 11 家危重孕产妇和危重新生儿救治中心，进行分级负责、上下联动、应对有序、运转高效的危重孕产妇和新生儿急救、会诊、转诊网络建设。加强信息网络建设。健全妇幼健康信息管理制度，开展信息管理工作质量控制，规范信息资料的登记、收集流程，高质量完成各类妇幼信息的统计和上报。以长沙市健康民生项目信息平台为抓手，建设长沙市妇幼健康信息平台，加强生育全程基本医疗保健信息化服务，让妇女儿童在系统规范的信息化服务中拥有更多获得感。长沙县、雨花区、望城区试点妇幼健康信息平台建设。加强岗位培训，配备高素质专业技术人员从事群体保健。县级完善妇幼保健管理体系，乡级妇保、儿保专干足额配备到位。市级举办业务培训班 17 期，6000 余人次参加培训。（文 雅）

【孕产健康管理】 2018 年，长沙市夯实妇幼健康服务管理。规范母婴保健专项技术服务管理。严格母婴保健技术服务机构和人员准入，严格依法执业、持证上岗，举办长沙市母婴保健专项技术人员岗位培训班，参训人员 405 人，考试合格率 100%。严格出生医学证明管理。提高首次签发率，严格废证管理按照国家省级相关规定按序做好新旧出

生医学证明更替工作。2018年，全市开展出生证明签发管理及报表督导工作21次，未发现违规办证现象，全年签发12.41万张，废证率0.23%。2018年湖南省出生医学证明培训会议上，长沙市进行出生医学证明管理工作经验介绍。

加强妇幼健康服务专项督导　落实国家、省市母婴安全文件要求，坚守安全底线，将孕产妇和5岁以下儿童死亡率控制纳入全市计划生育目标责任制考核和全市卫生计生重点工作绩效考核。召开4次保障母婴安全的专项工作会议，通报孕产妇死亡和儿童死亡情况；严格执行“一例一评、一评一审、一审一考”原则，对每例孕产妇死亡实时评审，出台《长沙市孕产妇妊娠风险评估与管理工作规范》，对孕产妇进行妊娠风险评估分级，实行5色分类管理；加强孕妇早期建册筛查，落实首诊负责制，对不宜继续妊娠的孕妇，及时终止妊娠，保护孕产妇生命。明确高危人群管理职责，确保做到“发现一例、登记一例、报告一例、管理一例、救治一例”。

规范实施妇幼公共卫生服务工作　加强孕产妇及儿童健康管理。推广使用母子健康手册。2018年，全市发放母子健康手册4.67万本，手册使用率100%，3岁以下儿童保健系统管理率91.97%，7岁以下儿童健康覆盖率96.03%。加大环节质量控制，每月开展孕产妇及0～6岁儿童健康管理电子档案抽查工作，全年抽查范围达到覆盖全市各乡镇和社区，确保基本公共卫生服务均等化服务。强化儿童卫生保健工作。加强对辖区托幼机构卫生保健工作的管理与指导，确保托幼机构卫生保健人员持证上岗。2018年儿童入园体检率100%，儿童定期体检率99%；完成3～6岁入园儿童健康体检12.13万人，筛查出营养性疾病儿童7817人，由托幼机构保健人员和社区儿童保健专干进行双重专案管理。开展0～3岁儿童早期发展情况调研工作。2018年7—9月，全市开展为期3个月的儿童早期发展调研，调研范围包括全市0～3岁儿童家长、长沙市登记在册的所有早教机构、早教机构监管部门等，发放2000份问卷，收回有效问卷1837份，调研发现家长对婴幼儿早期发展教育的需求极为迫切，存在着早教机构准入门槛低、无行业标准、缺乏监管、0～3岁儿童早期发展缺乏政策扶持等相关问题。启动长沙市儿童青少年眼及视力筛查保健工作。贯彻落实习近平总书记关于高度重视儿童青少年视力健康的重要批示及《综合防控儿童青少年近视实施方案》要求，出台《长沙市0～18岁儿童青少年眼及视力保健项目实施方案》，由市卫计委、市教育局组织对全市0～18岁儿童和青少年开展视力筛查保健项目。做好“艾梅乙”重大公共卫生服务项目。市级培训班覆盖辖区所有的医疗保健机构和疾控中心，9个区县（市）完成县级培训；长沙市妇幼保健院开设母婴阻断咨询门诊，进一步加强阳性孕产妇的管理，母婴阻断措施落实到位。全市所有艾滋病孕产妇所生婴儿抗病毒用药率100%。梅毒感染产妇用药率97.6%，规范治疗率81.4%，新增梅毒感染孕产妇所生活产儿随访率100%，预防用药率93.5%。乙肝感染孕产妇所生活产儿乙肝免疫球蛋白注射率99.9%，母婴阻断成功率98.13%。

开展健康宣传教育工作　市、县、乡、村四级妇幼健康教育网络健全，定期开展辖区妇幼健康教育质量控制与评估。全市抽查孕妇学校必修课程的孕期健康教育平均参与率58.8%，母婴保健核心知识知晓率91.9%。举办全市母乳喂养咨询师培训班及妇幼健康科普能力大赛，推荐优秀人员参加国家及省市级举办的各类比赛，获全国演讲比赛一等奖、湖南省妇幼健康科普大赛一等奖。市级编辑印发12期“长沙市妇幼健康信息简报”与2期长沙市健康民生项目专刊，开展妇幼健康教育进社区、进学校活动，推广省市妇幼健康服务微信公众号，通过电视、微信、宣传折页、宣传栏、讲座的方式宣传妇幼健康服务政策和知识。（文　雅）

【“防癌”及产前筛查】2018年，长沙市制定孕产妇产前筛查和农村适龄妇女“两癌”检查项目的实施方案和技术规范，召开专题会议，举办业务和管理培训班，开展专项督导，建立通报、约谈和督导制度等。将孕产妇产前筛查经费从140元/人提标到160元/人，农村适龄妇女“两癌”检查经费从140元/人提标到200元/人，从农村项目县拓展到全市9个区县（市）全面覆盖。2018年，省重点民生实事项目县（宁乡市、浏阳市）全年目标任务数4.6万人，实际完成7.04万人，完成率153.05%；完成适龄妇女“两癌”免费检查21.58万人，发现宫颈癌前病变1078人，微小浸润癌12人，浸润癌37人，宫颈癌检出率23.79/10万；发现乳腺癌107人，乳腺癌病变率49.23/10万。孕产妇产前免费筛查项目全年目标任务数5.06万人，完成免费检查人数6.50万人，完成率128.51%，产前筛查高危孕产妇干预诊断1.13万人，干预诊断率92.65%。其中，诊断出染色体异常68例，均终止妊娠，避免出生缺陷儿的出生。（文　雅）

【出生缺陷综合防治】2018年，长沙市全面构建出生缺陷综合防控体系，全国率先、全省唯一实施长沙市健康民生项目，只要一方具有长沙市户籍（或女方有长沙市居住证）符合项目检测规范要求、自愿接受检测的夫妇和具有长沙市户籍（取得长沙市居住证）居民的新生儿，均可以进行孕妇外周血胎儿游离DNA产前筛查和新生儿疾病筛查。全省唯一将孕前优生健康检查进行提标扩面，将项目内容增加孕前男女双方艾滋病、地贫筛查，男性血常规、血糖检查4项检查；将检查标准由240元/对提标到400元/对。2018年，免费孕前优生健康检查完成7.76万人，年度目标人群率104%，实验室室间质评合格率100%，为全省第一位。强化全人群、全生命周期和全生育过程服务，将健康教育、咨询、婚前孕前医学检查、叶酸增补预防神经管缺陷、产前筛查和新生儿筛查等10项妇幼健康服务全部优化免费实施，做到出生缺陷三级干预和出生缺陷儿救治工作相互衔接。全省唯一成立长沙市出生缺陷临床精准防控研究中心，推进出生缺陷防控技术的科学研究和临床应用，挖掘和分析出生缺陷大数据。启动长沙市健康民生项目信息系统，2018年4月9日开通“长沙市健康民生项目”微信公众号，通过“线上身份确认—代金券申领—机构直接免费检测—检测数据线上统计分析”的信息化流程和孕产妇系统管理，群众可在身份信息登记后领券到医院进行免费检查。2018年，长沙市健康民生项目完成孕妇外周血胎儿游离DNA检测6.35万人，发现21、13、18三体高风险和其他染色体异常487例，通过产前诊断确诊177例染色体病胎儿，已流产138例染色体病胎儿。新生儿遗传性耳聋基因检测60199例，发现新生儿耳聋异常基因携带者2277例，其中通过及时干预可以有效避免164例新生儿形成耳聋患者。新生儿多种遗传代谢性疾病检测61965例，发现初筛阳性患儿5908例，确诊先天性甲低54例，G-6PD275例，CAH2例，串联质谱遗传代谢性疾病15例。全市妇幼健康服务系统群众满意率保持在95%以上。（文　雅）

健康促进

【概况】 2018年，长沙市以城乡环境卫生整洁行动、农村生活垃圾分类减量、农村改厕、病媒生物防制、卫生创建、群众性爱国卫生活动为重点，推动爱国卫生各项工作开展，完成全年各项目标任务。

城乡环境卫生整洁行动 与区县（市）签订年度目标责任书，以检查评比为抓手，促进各地建立长效机制，提升城乡整洁行动水平。组织市爱卫会成员单位开展3次日常检查和1次年度检查，检查乡镇（街道）162个次，评出“三类”乡镇（街道）16个，同比减少15个；星级优秀乡镇（街道）35个（其中：五星级乡镇（街道）8个、四星级乡镇（街道）11个、三星级乡镇（街道）16个），同比增加9个；五星级优秀村（社区）20个，合格乡镇（街道）54个，基本合格乡镇（街道）10个，基本合格村（社区）10个。在全省城乡环境卫生整洁行动（2015—2020年）中期评估中，长沙市获第一名。

农村生活垃圾分类减量 制订《长沙市农村生活垃圾分类减量和“厕所革命”三年攻坚行动方案（2018—2020年）》，确定“农村源头分类减量—保洁人员上户回收—镇村集镇二次细分—区县统筹分类处理”的长沙农村生活垃圾分类减量模式和体系。召开全市整洁行动现场推进会，签订目标责任书，部署农村生活垃圾分类减量工作。分区县举办市级培训班6期，培训镇村负责人和专干1100余人。各地把“户主会开到组（屋场）”作为规定动作，召开户主动员会8000余场次，调动群众参与积极性。建立巡回指导、定期讲评机制，组织开展现场调研讨论11次，制定农村生活垃圾分类减量验收标准和规程、农村生活垃圾分类减量项目管理规范等指导性文件。全市有16个乡镇（街道）全域推进农村生活垃圾分类，新增农村生活垃圾分类村300个。

农村改厕 组织开展3次全面摸底，按照“一厕一卡”对全市农户旱厕和农村公共旱厕“建档立卡”，确定改造方式和时间期限，做到精准推进。推行“四统一”改厕施工管理模式（统一组织申报、统一使用模具、统一技术施工、统一规范编号），对全市280名改厕施工队负责人进行现场培训和发证，确保改厕质量。定期指导、督查改厕工作进度和质量，实施项目进度“实时跟踪”。打破以往改厕项目年终一次性验收方式，委托第三方分批验收、分批拨付资金，缓解基层资金压力，加快推进改厕项目。全年全市完成农户改厕29094座，其中改造旱厕20578座，超年度任务29.3%。浏阳市在全省率先实现农村旱厕基本清零。

卫生创建 全年全市新创省、市级卫生镇（村、社区）、文明卫生单位182个，同比增加34%。其中：省级卫生镇4个、省级卫生村26个、省级文明卫生单位10个，市级卫生镇（村、社区）114个、市级文明卫生单位28个。长沙县果园镇等7个乡镇启动2017—2019年周期国家卫生乡镇创建。长沙县巩固国家卫生县城、浏阳市巩固省级卫生城市、岳麓区雨敞坪镇3个乡镇巩固省级卫生镇工作通过省级复审，继续保留荣誉称号。

病媒生物防制 以老旧小区和农贸市场周边病媒生物防制设施建设为重点，安装太阳能灭蚊灯、诱蝇笼、灭鼠毒饵盒等防制设施，组织开展春秋两季集中灭鼠和夏秋季灭蚊灭蝇灭蟑活动，确保城区病媒生物密度控制在国家C级标准以内。在城区3个街道开展病媒生物防制示范街区建设试点，补齐餐饮行业病媒生物防制短板。指导农村乡镇推进集镇病媒生物防制工作，浏阳市澄潭江镇等7个乡镇病媒生物（鼠、蟑）密度控制水平达到国家C级标准。加强病媒生物防制项目效果评价和过程监管，在全省率先开展病媒生物控制水平第三方评估工作，规范行业服务行为，提升防制工作水平。

爱国卫生活动 春节前后，以迎新春爱国卫生大扫除活动为载体，发动城乡居民开展“三清三整”环境整治，营造干净、整洁、健康的节日环境。在4月第30个爱国卫生月期间，以“关注小环境 共享大健康”为主题，组织全市各级爱卫部门开展现场集中宣传、健康教育讲座、医疗义诊等一系列爱卫月活动。

（钟玲俐）

2018年4月17日，市爱卫办联合岳麓区政府在奥克斯广场举行长沙市第30个爱国卫生月现场宣传暨爱卫知识有奖竞答活动　　市爱卫办 供图

【爱国卫生月活动】 2018年4月，长沙市围绕“关注小环境 共享大健康”主题，开展第30个爱国卫生月系列活动。4月17日，市爱卫办联合岳麓区政府在奥克斯广场举行长沙市第30个爱国卫生月现场宣传暨爱卫知识有奖竞答活动启动仪式，省卫计委爱国卫生工作处副处长徐小生出席。现场开展健康知识讲座、家庭“除四害”防制知识宣传、爱卫知识抢答、健康咨询义诊等环节，并启动为期14天的爱卫知识微信有奖竞答活动，普及卫生健康知识，倡导健康生活理念。（钟玲俐）

【城乡环境卫生整洁行动现场推进会】 2018年4月11日，长沙市城乡环境卫生整洁行动现场推进会召开。市委副书记、市长、市爱卫会主任胡忠雄，副市长李蔚、刘明理、廖建华，副秘书长厉江华出席会议。与会人员到长沙县农村垃圾分类回收处理总站、安沙镇谭坊村、果园镇田汉社区垃圾分拣站及镇垃圾分拣中心，现场查看长沙县农村生活垃圾分类减量工作情况。会上，胡忠雄强调：要明确目标、明确重点、强化措施、强化动员、强化保障和考核，将城乡环境卫生整洁行动作为实施乡村振兴战略、推进“三农”工作的重要内容，改善老百姓生产生活环境，在城乡环境卫生整治上发出长沙声音、树立长沙形象、探索长沙经验、形成长沙模式。（钟玲俐）

卫生监督执法

【概况】 2018年，长沙市加强监督执法力度。全市各级综合监督执法机构办理一般程序行政处罚案件860件，结案854件，罚没金额387.1万元，到位金额340.8万元，吊销许可证5家。一般程序案件数前三位的执法单位分别是长沙县（153件）、市卫监执法局（141件）、浏阳市（108件）。简易程序案件办理281件。各级综合监督执法机构受理医疗卫生、公共卫生领域内各类投诉574件，其中医疗类投诉345起、公共场所类投诉173起、生活饮用水类投诉40起，消毒产品类13起、食品安全2起、学校卫生类1起。及时处理574件，反馈574件，处理率、反馈率均为100%，所有受理的投诉均在法定时限内办结，并对106起投诉中发现的违法违规行为依法进行立案查处。2018年获国家卫生计生执法优秀典型案例1件、湖南省卫生计生监督执法优秀案例5个，继续获评“长沙市行政处罚案卷评查优秀单位”。2018年，全市各级综合监督执法机构共开展对监督员的培训105场次，培训监督人员2889人次；开展对协管员的培训27场次，培训协管员4963人次，开展对管理相对人的培训37场次，培训管理相对人8053人次；全市211名卫生计生监督人员使用国家卫生监督网络培训平台完成30学时的在线培训，通过率100%。全市开展上街宣传23场次，发放宣传资料3.49万份，展出展板196块，悬挂横幅138幅；开展进社区宣传41场次，发放宣传资料29380份，展出展板189块，悬挂横幅128幅；开展普法讲座129场次，普及人数20040人，发放资料25980份。完成全市1677家国家随机监督抽查工作任务，完结率100%，同时将抽检结果向社会公示。（文 雅）

【监督执法体系建设】 2018年，长沙市推进规范化建设。市卫计委对2017年组织编制的《长沙市基层卫生计生综合监督工作指南》《长沙市村（社区）卫生计生巡查工作手册》进行修订，使其重点突出，更具可操作性。各区县（市）紧抓卫计融合机遇，落实执法全过程记录和执法终端信息化建设，重点推进综合监督机构规范化建设。城区以雨花区为代表，“区—乡镇（街道）—村（社区）”三级综合监督执法网络日臻完善，建立规范化建设为支撑、信息化建设为保障的网格化监督管理机制，实现监管单位全覆盖，在“省综合监督机构规范化建设现场经验交流会”上重点推介，得到国家卫生计生监督中心的肯定。县（市）以宁乡市为代表，探索“双统”（统一人财物，统一考核）、“四联”（上下联动、部门联动、联防联控）、“五动”（工作例会推动、宣传报道带动、执法机制转动、重点监管驱动、考核机制拉动）等措施，夯实基层监管队伍的执法能力和提升服务能力。各区县（市）结合党和政府机构改革契机，抓紧落实卫生计生综合监督机构改革工作，继长沙县综合行政执法改革后，芙蓉区在全市成立单独的行政执法局。（文 雅）

【医疗执业监督】 2018年，长沙市推进依法执业监督工作。对全市各级医疗机构开展监督检查，监督覆盖率均100%。检查医疗机构5517家，立案316起。开展口腔专项检查，检查口腔诊疗机构747家，其中市本级检查医疗机构52家、芙蓉区108家、天心区40家、雨花区65家、开福区46家、岳麓区271家、望城区53家、长沙县41家、浏阳市32家、宁乡市39家。专项检查立案查处58起，罚没款金额人民币18.61万元。开展放射卫生专项检查，全市检查放射诊疗机构474家，行政处罚51起，罚没总金额9.61万元。开展职业卫生技术服务机构监督抽检，全市监督抽检职业健康检查机构4家、职业病诊断机构1家。开展核医学专项监督检查，检查核医学医疗机构1家。开展预防性卫生监督审查工作，全市完成医疗机构放射诊疗建设项目预防性卫生监督审查18家。全市首次对市卫计委直属医疗机构开展联合检查，检查委直单位9家。开展打击非法医疗美容专项检查，检查生活美容机构891家，美容医疗机构150家，其他机构38家，查处并已办结医疗美容机构违法违规案件58件，罚没款81.04万元，吊销“医疗机构执业许可证”2起。打击非法行医。查处无证行医105家（人），罚没款106.12万元，移送公安3起。浏阳市查处黑诊所和游医18起，宁乡市建立与街道综治办、卫计办联合查处机制，查处12户，移送公安1起。开展健康体检专项检查，检查医疗机构23家，立案查处2起。加强全市计划生育、母婴保健技术服务机构监督检查，加大违法行为查处力度。全市办理“两非”违法案件31起，给予警告15起，罚款29起，罚没款24.76万元，吊销“医师执业证书”1人，行政处分5人，移送案件2起；母婴保健违法案件11起，给予警告11起，没收违法所得8起，罚款11起，罚没款30.30万元。市局办理的某医院有限公司非法为他人施行计划生育手术案获全国卫生计生执法优秀典型案例。率先在全市开展“临床专家+市—区—街道三级卫生计生综合监督执法机构”的联合执法行动，发挥临

床专家的作用，联合检查医疗机构8家，停业整顿6家，对违法违规的医疗机构起到震慑作用。（文 雅）

【传染病防治监督】 2018年，长沙市加强传染病防治监督工作，组织开展传染病疫情报告控制、医院感染管理、医疗废物处置、预防接种等监督执法工作。组织开展6次医疗废物专项整治行动，检查医疗单位4462家，出动监督执法人员6293人次，立案查处110家，罚款金额37.39万元。市区联动，全方位开展消毒产品专项整治工作，全市出动卫生监督员2551人次，检查各类消毒产品经营单位1213家，检查消毒产品7037个，立案查处121起，罚款19.71万元。创新思路，推进全市传染病防治分类监督综合评价工作，评价各级各类医疗卫生机构369家。突出重点，开展中医医疗机构传染病防治和感染防控执法专项检查工作，全市出动执法车辆248辆次，出动卫生监督员558人次，检查中医医疗机构226家，立案16起。强化管理，开展病原微生物实验室生物安全管理专项检查工作，检查医疗卫生机构160家，警告处罚2家。（文 雅）

【公共场所和学校卫生监管】 2018年，长沙市各级卫生计生综合监督执法机构对全市8139家单位开展量化分级工作，其中A级单位227家、B级单位1768家、C级单位5675家，不予评级单位78家，未评级单位391家。全市公共场所单位信息公示工作取得进展，统一全市《公共场所卫生信息公示》牌，全市5562家公共场所单位完成信息公示，其中住宿场所单位1960家、游泳场所196家、沐浴场所585家、美容美发场所2224家、其他场所597家。全年全市查处公共场所卫生行政违法案件172件，罚没金额34.69万元。各区县（市）卫生计生综合监督执法机构根据各辖区实际情况及县区政府的工作要求，开展"两会两节"期间卫生计生综合保障、"3·15"专项整治、"五小门店"专项整治、"无证"专项整治、"三考"学校周边公共场所卫生安全保障以及糖酒会住宿业卫生安全等专项检查。芙蓉区为确保中华龙舟赛（长沙·芙蓉站）期间浏阳河芙蓉段周边住宿场所卫生安全，对浏阳河芙蓉段周边的宾馆酒店的客房卫生情况开展一次全面检查。岳麓区开展公共场所公共用品用具消毒的"地毯式"专项整治检查，有效防止因使用不洁的公共用品用具对消费者的健康造成的危害。

2018年，全市各区县（市）监管的各类学校、托幼机构2975所，其中学校1442所（小学1047所、初级中学225所、高级中学91所、普通高校79所）。学校卫生执法力度加大，全年全市办理简易程序和一般程序案件64起，案件办理数是上年的1.3倍。望城区严厉查处违法行为，对学校未取得生活饮用水"卫生许可证"开展二次供水、管道直饮水供水和学校教室环境质量、黑板的设置不符合国家有关标准等违法行为进行查处，全年查办行政处罚案件17起。浏阳市查找学校饮用水管理工作中的薄弱环节，联合教育、市场管理等多部门开展学校饮用水卫生安全监督检查，排查存在饮用水安全隐患54处，约谈重大隐患学校10余家，调查询问学校负责人10人。全市各监督机构落实"谁执法、谁普法"要求，利用卫生日开展法制宣传工作。天心区与市卫生计生综合监督执法局联合在中南林业科技大学和中南大学铁道学院举办艾滋病日法制宣传活动，通过举办防艾法律讲座，宣讲艾滋病防治知识和法律法规，推动学校开展艾滋病防治知识和相关法律法规的宣传教育工作。（文 雅）

【饮水安全保障】 2018年，长沙市开展老旧小区二次供水摸底、监督检查和协调处理工作，摸底老旧小区二次供水本底总数136家。芙蓉区、天心区、开福区、雨花区、长沙县、浏阳市、宁乡市等单位就无管理主体老旧小区二次供水情况专题向当地政府或行政部门进行汇报。各卫生计生监督执法机构及时更新辖区二次供水单位本底，全市有二次供水单位本底1092家，比上年新增382家；2018年发证管理二次供水单位812家，比上年新增发证管理单位156家。开展农村集中式供水单位专项检查，有58家农村集中式供水单位，其中岳麓区2家、长沙县5家、望城区9家、浏阳市30家、宁乡市12家，总服务人口约136万人。全市监督检查农村集中式供水单位90余家次，出动监督人员250余人次，出动执法车辆60余辆次，立案8起，结案8起，罚没款3.06万元。2018年，全市立案查处生活饮用水类行政处罚案件52起，结案52起，罚没款金额122790元。其中供水单位案件49起，罚没款12万元；涉及生活饮用水卫生安全产品案件3起，罚没款2790元。（文 雅）

【食品安全保障】 2018年，长沙市餐具、饮具集中消毒服务单位本底数35家，除芙蓉区和开福区无餐具饮具集中消毒服务单位外，岳麓区、雨花区各1家，天心区、宁乡市各4家，长沙县5家、浏阳市9家、望城区11家。全市开展餐具饮具集中消毒单位专项整治工作，累计出动执法人员200余人次、执法车辆60余台次，出具卫生监督意见书67份，对监督检查中发现管理不规范或者有违法行为的单位责令整改33家次。对辖区内餐具饮具集中消毒服务单位均至少完成1次全项目监督检查，天心区对辖区内4家餐具饮具集中消毒服务单位监督检查24家次，雨花区、宁乡市实施季度监督检查模式。各区县（市）卫生计生监督机构以监督实效为导向，创新监管手段。浏阳市推行红黑榜制度，通过多种媒体方式向社会公示，并报请浏阳市食安办责令各餐饮单位不得使用进入黑榜单位提供的集中消毒餐饮具。全年全市办理餐具饮具集中消毒服务单位卫生行政处罚案件13起，其中给予警告11起，一般程序处罚2起，罚款1.1万元。（文 雅）

中医药事业

【概况】 2018年，长沙市以创建"全国基层中医药工作先进单位"为目标，注重政府及各部门的协同作用，提升基层中医药服务能力，促进全市中医药事业发展。成立由分管市长任组长，市编制、发改、财政等32个部门为成员的中医药联席会议制度。出台《长沙市中医药事业发展规划》《长沙市中医药发展战略规划纲要》《长沙市中医药发展"五名"工程》《长沙市基层中医药服务能力提升实施方案》《长沙市基层医疗卫生服务能力三年行动方案》《长沙市推进“健康长沙”建设实施方案》《长沙市健康产业发展规划》和《创建全国基层中医药工作先进单位工作实施方案》，将中医药工作纳入全市国民经济和社会发展规划、政府工作报告和卫生事业发展规划，明确提出中医药发展的目标任务和工作重点。市政府统筹协调相各部门人力、物力、财力上支持倾斜，抓好中医药服务医保报销、中药饮片管理与使用、中医服务价格、人才引进等政策落实，市人力资源和社会保障局、市食药局、市卫计委联合出台《基层中医药服务能力提升“十三五”行动方案》；市医保局出台《关于长沙市医疗保险支持中医药事业健康发展的通知》，推行总控病种中医治疗，康复理疗项目报销比例提高5个百分点；市发展改革委有效提高中医药价格和名中医诊查费。全市财政投入加大，投入500万元用于基层中医药服务能力建设和中医事业发展，并纳入本级财政预算单列。2018年，国家中医药管理局授予长沙市“全国基层中医药工作先进市”称号。（文　雅）

【基层中医药建设】 2018年，长沙市夯实创建基础，健全中医药服务网络，以创建全国基层中医药工作先进单位为主线，形成“中医院为龙头，乡镇卫生院、社区卫生服务中心为主体，社区卫生服务站、村卫生室为网底，社会办医疗机构为补充”的基层中医药网络。实施基层中医药服务能力提升工程，将中医药服务量较大、中医药服务能力较好的乡镇卫生院（中心）和村卫生室（站）纳入名科名院和“提质改扩”项目计划。全年建设乡镇卫生院和社区卫生服务中心中医馆17个、中医药特色社区卫生服务站和村卫生室7个，新增社会办中医医院1个。100%的乡镇卫生院和社区卫生服务中心均建设中医馆，按标准设置中医科、中药房，配备中医诊疗设备，建成具有中医特色的中医馆，中药饮片配备不少于300种。全市各基层医疗机构中医药服务量逐步达30%以上，15大项41小项考核指标基本达到承诺目标。建设打造中医药特色示范村卫生室和社区卫生服务站。全市建成7个中医药特色明显的示范村卫生室和社区卫生服务站，中药饮片种类200种以上，开展中医药适宜技术6类以上，中医药服务量在50%以上。鼓励举办社会办中医医疗机构，新增社会办中医医院1个。2018年是中医诊所实施备案管理的第一年，全市实施中医备案诊所92个。（文　雅）

【中医药内涵建设】 2018年，长沙市加强中医重点专科建设，确定省级重点中医专科建设单位14个（市级重点中医专科建设单位3个，市级基层名科11个）。开展等级评审。开展改善医疗服务行动计划、中医医院医疗质量持续改进等活动。长沙市中医医院通过三甲复评，浏阳市骨伤科医院、湖湘中医肿瘤医院通过二甲中医骨伤医院和中医其他专科医院评审。强化中医质量控制中心作用。市中医医疗、中医药事、中医护理3个质量控制中心通过开展中药技能竞赛、中医护理质量督查，组织全市中药饮片专项检查等方式，对辖区内各级医疗机构进行业务指导和督查，促进中医医疗服务能力提升。统筹安排全市4家中医医院分别与社区卫生服务中心建立医联体，县级中医医院和基层医疗机构组建医联体。芙蓉区、雨花区、开福区和省中医药大学第二附属医院开展中医联盟。市中医医院和9个区县均建设中医药适宜技术推广基地，实现中医药适宜技术推广培训基地区县（市）全覆盖。收集“名方”开发“名药”，收集名方15个，其中外用药方10个、内服药方5个。加强中医药文化宣传。培养中医药文化科普宣传专干。4月举办长沙市中医药文化科普宣传专干培训班。通过培训、讲评考核，评选出合格中医药文化科普专干147名，完善全市中医药文化科普宣传专干人才梯队的建设。组织开展长沙市中医药文化宣传教育基地申报和评选工作，全市择优建设长沙名老中医馆等市级中医药文化教育宣传基地4个。（文　雅）

【中医药人才培养】 2018年，长沙市加强传承培养，开展长沙市中医药专家经验传承工作，确定全市师带徒工作指导老师20名、传承人28名，周期1年，全部通过考核。经省中医药管理局特批的长沙市第一期中医类别全科医师转岗培训合格学员52名，全部返回到乡镇卫生院和社区卫生服务中心服务，第二期中医类别全科医生转岗培训班7月启动，确定学员50名。分层开展中医药适宜技术培训，市级组织3期中医药适宜技术培训班，培训6类25种中医药适宜技术，培训人数500余人，乡镇卫生院和社区卫生服务中心培训率96%。11月，开展全市小儿推拿技术培训班，培训人数150余人。（文　雅）

医政管理

【概况】 2018年，长沙市医疗管理核心工作取得“三升一降”。通过强化全市各专业质控培训，修订完善《长沙市医疗质量控制手册》，安排100万元专项经费用于基层专科护士和骨干医师培训，全市医疗服务质量得到持续提升；贯彻落实进一步改善医疗服务行动，改善就医流程及服务措施，老百姓就医满意度进一步提升；进一步发挥医调中心作用，强化医院安全防范能力，全市医疗秩序稳步提升；全市医疗机构医疗纠纷及安全事件不断下降。2018年，长沙市获评国家卫计委2013—2017年度全国创建“平安医院”活动表现突出地区。在省卫计委2018年全省医院满意度调查中，长沙市住院患者满意度、门诊患者满意度分别排名全省第一位和第三位。推进长沙市公安监管场所长桥医院建设。全年完成医疗保障任务110余次，2018年长沙国际马拉松赛获特殊贡献集体奖，国际农博会获优秀保障单位奖励。（文　雅）

【医疗质量与安全体系建设】 2018年，长沙市强化医疗质量，保障医疗安全。成立市健康管理和皮肤性病质量控制中心，市级质控中心数量31个。全年组织专项督查10余次，实施约谈20余次，集中约谈1次。强化医疗服务能力提升。全年开展各专业技术培训30余次，培训逾4000人次。安排专项经费100万元，按照“学得好、沉得下、提得上”基本要求，启动实施长沙市首届“基层急诊专科护士”“社区与老年专科护士”培训，重点培养基层51名急诊急救和老年社区专科护士。持续优化医疗服务。启动新一轮改善医疗服务行动计划。全市二级以上医疗机构均出台10条以上改善医疗服务具体举措向社会公示，加快推进远程医疗、预约诊疗、日间手术等医疗服务新模式，改善人民群众就医的等待体验、诊疗体验、人文体验和费用支付方式体验。改善医院环境和医疗服务。制定并下发全市委直属医疗卫生单位6S管理实施方案，通过改善环境、节约成本、提高效率，优化就医布局流程，完善便民服务设施，为人民群众提供安全有效、方便优质的医疗服务。继续落实健康扶贫工作。长沙县、望城区、浏阳市、宁乡市辖区内定点医院全部实施县域内“先诊疗、后付费”和“一站式”结算。启动“光明扶贫”工程，确定长沙市第三医院等6家医院作为定点医疗机构，启动光明扶贫“复明10号流动手术车”项目，促进贫困户白内障患者救治工作。提升医务人员满意度。推进医务人员三室（办公室、值班室、休息室）条件，保障一餐（工作餐）、一休（正常休息）制度落实，为医务人员提供舒心、顺心、安心的工作环境。开展“5·12”国际护士节“优质护理服务工作突出个人”表彰工作，举办首届“中国医师节”优秀医师评选等相关活动，提升医务人员职业荣誉感。（文　雅）

【医疗机构行业监管】 2018年，长沙市加强行业监管，严肃整治行业作风问题。加强行业作风建设。制定下发《关于进一步加强全市卫生计生系统行风建设工作的通知》《长沙市卫生健康行业作风整治专项行动实施方案》等文件，与各区县（市）卫计局及相关医疗机构签订行风建设责任书，落实医疗卫生行风建设“九不准”。开展行风问题整治行动。重点整治术中加价、套取医保等违法违规行为，依法从严查处“天心区腋秀门诊部术中加价”“长沙瑞华医院套保”等事件。约谈医疗机构20余次，其中6月组织各区县（市）卫计局及14所问题较突出的医疗机构负责人进行集中约谈；6—8月联合市卫生计生综合监督执法局对全市男科、妇科等专科进行专项整治，处罚处理一批不规范医疗机构。开展不合理检查、不合理用药、不合理治疗、不合理收费“四个不合理”专项督导检查。督促各医疗机构建立高价药品动态监管制度，每季度对使用数量、使用金额排名靠前或不合理增长的药品进行公示并强化管理。推进电子化注册管理改革，实施电子化注册管理，覆盖所有医疗机构、医师、护士，运用信息化手段建立动态管理体系。依法开展年度校验，将医疗机构日常监督结果纳入校验评分标准，提高医疗机构依法执业意识，全年注销委管医院2所，暂缓校验2所，并将9所医疗机构纳入2019年重点监管对象。（文　雅）

【“平安医院”建设】 2018年，长沙市坚持“属地管理、部门联动、预防为主、教育疏导、重在调处、依法处置”原则，以化解医疗纠纷为主线，全面深化平安医院建设。全市医疗纠纷发生率逐年下降，医闹事件发生率显著降低，市、县两级医院中未发生重大刑事案件、治安案件和造成重大影响的涉医恶性事件。建立“警医联动”机制，加强防范能力建设。加强医院警务室建设，完成13所省（部）属医院和12所市、县级医院警务室建设，每个警务室配有至少1名专职民警和2名专职辅警。完善人防、物防、技防建设，建立电子监控系统，辖区内二级以上医院均设有监控室，实行24小时监控，委直属医疗卫生单位基本实现医疗场所监控摄像全覆盖，各科室均安装“一键式”报警装置，部分单位在重要部位安装与110联网的报警装置。加强医院内保人员配备，各医院均按标准配备专（兼）职安保人员，实行24小时不间断巡逻。加大医疗安全隐患排查力度。加大打击力度，全市涉医事件均得到及时有效处置，未发生造成重大影响的事件。建立行政调解、人民调解、司法调解“三调联动”的医疗纠纷调解机制，重点推进医疗纠纷人民调解工作。建立医疗纠纷人民调解机制，逐步形成省市、区县、街道、医院的四级医疗纠纷调解体系。启动长沙医疗纠纷调解指导中心，医调中心面积约1600平方米，设有300余平方米的受理接待大厅和16间办公室、4个调解庭和1个巡回法庭；由市编委办核准7名中级雇员和3名初级雇员编制，返聘4名医学、法学专业人员。采取全免费方式，由省市财政予以每年350万元保障，承担长沙辖区内重大纠纷调解和对区县、街道、医院调解进行指导。完善医疗服务要素，预防医疗纠纷发生。组织对各区县（市）卫计局及各相关医疗机构开展《医疗纠纷预防与处理条例》培训。加强医德医风建设，完善投诉处理机制，全市二级以上医院均设有统一投诉接待室和纠纷调解室，安排专人进行接待调解，迅速有效化解医疗投诉和纠纷。（文　雅）

【血液管理】 2018年，长沙市加强血液管理工作，实现全年“采适量、供及时、用合理、保安全”的工作目标。全年采集血液57.21吨，同比增长0.9%；无偿献血16.01万人次，增长2%；血液供应总量111.06吨，增长5.13%；2018年3月全面停止互助献血。长沙千人口献血率20.8，高于全国及全省的平均水平，居全国前列。长沙连续6次获评“全国无偿献血先进市”。（文　雅）

药政管理

【概况】 2018年，长沙市推动两票制、基本药物制度实施，完成药品、医用耗材、检验试剂集中招标采购相关工作，落实各项药物政策。加强以省为单位的医用高值耗材阳光挂网采购工作，建立低值医用耗材及检验试剂专家评委库，推进长沙市医用耗材的规范化管理。加强部门联动，建立短缺药保障机制，协调解决医疗机构应急、短缺药品的采购，配合省卫计委等部门做好召回和停止使用含华海药业缬沙坦原料药药品相关工作。省考核组5月对长沙市药政工作和基本药物制度实施情况进行绩效考核，开福区、雨花区和望城区代表全市参加迎检，在14个市州41个区县（市）参检的省检考核工作中，长沙市开福区全省第二位、雨花区全省第九位。（文　雅）

【基本药物制度】 2018年，长沙市按照《国务院办公厅关于完善国家基本药物制度的意见》的相关要求，做好《国家基本药物目录（2018年版）》实施工作，推进新版国家基本药物目录实施。通过省网平台掌握全市二级以上公立医院基本药物使用配备比例的采购基本情况。下发《关于开展二级以上公立医疗机构优先配备使用基本药物工作专项督查的通知》，对全市二级及以上公立医疗卫生机构全面执行国家基本药物制度情况开展现场督查指导。督促各区县（市）实施国家基本药物制度和省卫计委《关于进一步调整完善医疗机构药品配备使用政策》等文件精神，解决基层临床用药问题。省检后，按照省里制定的基本药物绩效考核标准，联合市财政局，对全市未参加省检区县的基层医疗机构进行基本药物实施情况绩效考核，确保药物政策落实。及时下拨市级基本药物补助资金，配合完成绩效评价工作。市级基本药物制度实施补助经费2018万元到基层医疗机构、行政村卫生室，按财政部门要求的时间截点及金额比例，全部及时下拨到区县（市）。按照财政专项资金管理要求，制定下发《药品零差率销售市级财政补助资金管理办法》，配合完成绩效评价工作，基本药物制度实施市级补助资金使用情况得到绩效评价组的好评。

（文 雅）

【药品采购“两票制”】 2018年，长沙市推进促进药品采购“两票制”。5月25日，按照省政府办公厅《关于开展全省药品采购“两票制”实施情况专题调研的通知》安排，省人民政府、省卫计委、省发展改革委、省国税局、省食品药品监管局、省公共资源交易中心等部门组成的调研组对长沙市“两票制”执行情况开展调研，先后调研市一医院、湘雅路街道卫生社区服务中心、华润湖南、方盛制药等单位和企业，并邀请部分医疗机构和企业代表召开座谈会，省调研组对长沙市“两票制”执行情况给予肯定，并就“两票制”存在问题、现状进行调研。

（文 雅）

【药品采购管理】 2018年，长沙市完善药品采购制度，规范备案采购工作。制定下发《关于进一步明确公立医院网上备案采购药品有关要求的通知》，完成市管13家二级、三级医院673个药品品规备案审批工作。（文 雅）

【医用耗材管理】 2018年5月7日，市级接管低值医用耗材及检验试剂监管工作。组织召开2018年新一轮低值耗材及检验试剂招投标工作布置会，会同市食药、工商、发改4部门联合出台《长沙市公立医疗卫生机构低值医用耗材及检验试剂阳光挂网采购监督管理相关规定》。加强医用耗材监管，整治医用耗材生产、流通和使用环节存在的突出问题，加强医用耗材的合理使用，对委直10家公立医疗机构、区县6家医疗机构开展现场联合督查活动，下发通报和整改清单，推进全市医用耗材的规范化管理。完成低值医用耗材及检验试剂专家评委库的建立。完成对委直单位及其他部分公立医疗卫生机构低值医用耗材和检验试剂的品规数量及实际采购价格进行摸底统计，根据摸底情况开展该次低值医用耗材及检验试剂的备案采购工作。3828个申请备案的品规，其中检验试剂1983个品规，审议通过1622个；普通耗材1845个品规，审议通过1093个。审议通过品规2715个，2019年1月1日实施在网采购。按照《省卫生计生委关于印发湖南省公立医疗机构高值医用耗材阳光挂网采购实施方案的通知》，督促各单位从新系统进行高值耗材采购，同时做好公立医疗机构高值耗材采购平台账号申报工作。（文 雅）

【短缺药保障】 2018年，长沙市部门联动，建立短缺药保障机制。联合市发改、经信、食药等8部门制订《长沙市关于改革完善短缺药品供应保障机制的方案》和《长沙市短缺药品供应保障工作的会商联动机制》。设立市四医院、浏阳市人民医院、灰汤镇中心卫生院、国药控股有限公司4个短缺药监测哨点，每季度上报短缺药监测信息。做好流感防治药品供应保障相关工作。落实省卫计委关于将17种抗癌药品纳入湖南省医疗机构采购范围的通知，并明确这些药品采购使用暂不纳入药占比管理。配合参加市食药监局组织的相关会议和文件制定的征求意见工作，做好新药和仿制药质量和疗效一致性评价品种供应保障工作。（文 雅）

【药学人员培训】 2018年，长沙市通过业务培训提升全市药学专业人才队伍的业务水平。组织全市120余名药政、药学人员在市中医医院（市第八医院）开展长沙市医疗机构“两票制”和短缺药品供应保障解读培训会。组织全市110余名基层医疗机构药学人员完成基层药事管理培训。

（文 雅）

医学科研教育

【概况】 2018年，长沙市统筹推进全市医学重点学（专）科建设。实行“优胜劣汰”考核评选机制，以评促建，以评促改。组织对35个市级医学重点专科、15个医学重点学科（建设项目）、12个医学研究所进行年度建设工作集中考核答辩；对2015年确定的20个市级医学重点专科（特色专科）建设项目进行终期验收，授予市中心医院儿科等18个专科“长沙市医学重点专科”称号。全市构建以3个国家级重点专科、25个省级重点专科（建设项目）、15个市级重点学科（建设项目）、53个市级重点专科为核心的医学重点学（专）科体系。制定下发《关于全面提升全市医学重点学（专）科水平和服务能力的实施意见》。利用“互联网+”，搭建“健康长沙”微信公众号平台，同步推出“家门口的名医名科——长沙市医学重点学（专）科、医学研究所建设实录”专栏。全市医学重点学（专）科的知名度与品牌辐射影响力扩大，科教工作环境得到优化。（文 雅）

【医学科研】 2018年，长沙市建立科卫协同、省市联合机制，立项科研课题国家级4项、部（省）级13项、市（厅）级150项；获省科技奖6项，引进新技术314项，获发明专利10项，实用新型专利5项，其中，市三医院与常州华森医疗器械签订“骨科创新产品”合作转化协议，完成首个专利产品市场转化推广。发表医学论文2213篇，其中SCI论文53篇、核心期刊416篇。创建省、市科研平台。市三医院获批湖南省科技厅“湖南省老年骨与关节（数字骨科）临床医疗技术示范基地”“长沙市抗感染药物工程研究中心”；2017年获批的湖南省科技厅“湖南省抗感染药物临床评价工程研究技术中心”和“长沙市抗感染药物工程研究中心”，年度考核优秀。加强高水平科研平台搭建。市中医医院申报石学敏院士工作站落户；市一医院争取华中科技大学同济医学院附属同济医院支持，初步达成协议在市一医院建立陈孝平院士工作站，为培养高水平科研人才和团队搭建重要平台。加强高质量科研项目申报培训。全市各单位医疗卫生技术人员任市级以上专业学术委员会委员 1230 人。其中，任国家级专业学术委员会 154 人次，其中任主任委员 1 人、副主任委员 7 人；任省级专业学术委员会 641 人，其中任主任委员 14 人、副主任委员 95 人次；市级专业学术委员会主委 63 人次、副主委 127 人次；任国家级学术刊物编委 7 人次；任省级学术刊物编委 8 人次。主办国家级继教班及学术会议30次，省级继教班及学术会议 112 次，举办市学术会议 45 次。接受外来进修人员 1069 人次。全市医疗卫生人员在国家和省市的学术地位和影响力提升。加强科普宣传力度。落实中共十九大提出的“健康中国”战略以及全国“两会”提出的“大卫生大健康”发展理念，弘扬科学精神，传播科学思想，普及医学健康知识。各单位利用广播、电视、报刊、各单位官网、微信平台等媒介及科普讲堂等开展科普宣传。在“科技活动周”“科普日”等健康日期间，组织医务人员开展巡回科普讲座及健康促进系列活动。通过讲座、专家义诊、健康知识宣教咨询、科教进社区、进学校、进厂矿、送医送药等活动，提升人民群众的科普认知、健康水平和健康素养。在《潇湘晨报》《长沙晚报》等媒体发表科普文章 4371 篇。（文　雅）

【医学教育】 2018 年，长沙市推进住院医师规范化培训。落实国家、省关于住院医师规范化培训工作目标任务。加强资金投入保障，2018 年，市财政按照省配套经费予以支持，对招录的住培学员给予每年 1 万元补助，共补助 484 万元。加强住院医师规范化培训招录工作，加大全科、妇产科、儿科、麻醉科等紧缺专业的招录力度，2018 年，市中心医院和市一医院 2 个住培基地招录住培学员 148 名，其中紧缺专业学员 55 人。落实 2018 年度新进临床岗位人员的参培工作，城市公立医院改革及三级以上医院参培率 100%，二级医院 70% 以上。加强住院医师规范化培训师资培训，选派 45 人参加国家和省住培师资培训；与省卫计委联合举办培训班一期，培训 114 名骨干师资。加强住培基地（协同单位）和基层实践基地建设督导评估检查工作，基地建设日益规范。市中心医院和市一医院分别接受国家和省卫健委住院医师规范化培训基地的评估检查，得到国家和省评估组专家及领导的好评。开展全科医生队伍建设。制订下发《长沙市全科医生队伍培养建设工作实施方案》；出台《长沙市全科医生培养及使用激励机制实施细则》，加强全科（助理）医生培训基地建设，拟定全科医生培训基层实践基地建设标准，遴选出 12 家基础条件好、师资队伍强的社区卫生服务中心（乡镇卫生院）加大建设力度，树立标杆。市三医院作为助理全科医生培训基地代表湖南省在中国医师协会、国家卫健委举办的“国家助理全科师资培训班”作典型发言，获国家卫健委科教司及中国医师协会领导的好评。加强全科医生师资培训，选派 66 人参加国家和省举办全科师资培训，与省卫计委联合举办培训班一期，培训 70 名骨干师资。完成全科医生转岗培训工作，完成第八批 129 名全科医生转岗培训工作，启动第九批 68 名全科医生转岗培训。完成助理全科医生培训工作。市三医院等 4 个助理全科培训基地加大招生力度，超额完成省卫计委下达的助理全科医生培训任务（90 名），完成 105 人。完成农村订单定向免费医学本科生培养工作。完成 2010 级 10 名毕业生安置工作，完成 2018 级 28 名学员招生报名及协议签订等相关工作。举办两期全科医生转岗培训巩固提高班，培训 200 余人。依托长沙卫生职业学院加强基层本土化人才培养，2016—2018 年培养长沙市本土化人才 150 人（其中 2018 年培养 49 人），培养娄底、怀化等地贫困地区本土化人才 95 名。落实订单定向医学毕业生参培工作，加强与编制、人事等部门的沟通协调，协调落实订单定向医学毕业生上岗入编政策。深化院校合作。协助完成市人民政府与湖南师范大学、南华大学医教协同战略合作相关工作。10 月 23 日，市人民政府与湖南师范大学签订医疗卫生资源深度融合合作协议，市四医院成为湖南师范大学紧密型附属医院；市人民政府与南华大学达成战略合作协议，确定市中心医院为南华大学直属型附属医院。各单位依托高校在科研教学方面的优势资源，提升医院的师资水平与科研能力。（文　雅）

【境外交流合作】 2018 年，长沙市加强医卫国际交流，搭建出国（境）培训学习交流平台。争取省卫计委国合处到境外访学研修项目等平台，做好 2018 年度全省临床医技及公卫人员出国（境）访学研修选拔推荐工作。举办两期英语培训班，通过培训考核推荐成绩合格人员参加省卫计委选拔考试，35 人通过考试获省卫计委组织的访学研修资格。组织两批市属医疗卫生单位技术骨干共 37 人到新加坡、以色列访学研修，各单位通过合作平台选派 39 人出国交流学习。全系统选派 111 人到美国、英国、德国、日本、丹麦、新加坡等国家和地区交流学习，选派 89 人到中国台湾地区进行学习交流。加强医卫国际合作，搭建“请进来”交流学术平台。争取全市引智项目 4 项，利用星城国际大讲堂、国家继教班等，邀请 45 名外国专家授课交流，搭建医务人员开阔视野、提高素质的平台。市一医院与台湾坜新医院签约“姊妹医院”，双方将在加强全科医学发展等方面开展深度交流合作。与中南大学湘雅医院合办“2018 年第二届中美生命伦理学国际论坛”，邀请美国耶鲁大学的多位知名教授为长沙市医疗卫技人员传授国际前沿医学伦理、临床科研伦理等相关理念知识。加强援外医疗工作，搭建援非医疗平台。做好援非医疗队员选拔、推荐和英语培训工作，落实援非队员政策待遇。在中国（湖南）第 19 批援塞拉利昂和第 15 批援津巴布韦的医疗队中，长沙市 6 名援非队员完成援非任务，获评全省“援外医疗先进个人”，长沙市卫计委获评全省“援外医疗先进单位”。2018 年，从市一医院和市四医院选派 2 名援非队员到津巴布韦和塞拉利昂开展为期一年半的援外医疗工作，树立中国医务人员良好的国际形象，为提高非洲人民健康水平、增进中非人民传统友谊做出贡献。（文　雅）

体 育

SPORTS

责任编辑·吴丫丫

群众体育

【概况】 2018年，长沙市体育局以创建全国全民运动健身模范市为主线，开展全民健身活动，满足市民群众日益增长的健康健身需求。创建全国全民运动健身模范市。在全省率先出台《创建全民运动健身模范市三年行动计划（2018—2020年）》，在全省率先召开创建全民运动健身模范市动员会，并在全省率先向国家体育总局提出创建申请。“一圈两场三道”和重点民生实事项目指标任务全部完成。按照市县两级共建方式，市本级安排专项资金1000万余元，在全市建成602处全民健身工程，在6区、长沙县配建7条健身步道。开展全民健身活动。举办100余场次首届“健康湖南”全民运动会海选赛、选拔赛和总决赛，完成第七届全民健身节21项活动和第九届老年人运动会，带动百万群众参与全民健身。暑期免费开放25家游泳场馆和63个体育培训场馆，惠及全市中小学生10万余人次。提升健身指导服务。培训太极拳、足球、篮球、广场舞等项目的社会体育指导员1200余名。创新全民健身知识普及方式，首次评选出100名优秀社会体育指导员；开展全民健身知识大赛，线上线下累计10万余人直接参赛。发挥体育协会作用。鼓励支持协会承办全民健身活动，羽毛球协会等10家协会承办第七届全民健身节活动。成立冰雪运动、飞盘运动2家体育协会。市象棋协会、市体操协会被评为AAA级协会。 （段 龙）

【暑期体育运动场馆免费开放】 2018年7月12日，长沙市体育局、长沙市教育局联合公布“2018年暑期免费游泳场所及免费培训项目”名单，活动从7月23日持续至8月31日，服务对象为全市中小学生。2018年是长沙实施暑期体育运动场馆免费开放的第十年，通过政府购买服务、场馆提供安全保障、家长负责安全监护、学生凭证就近免费的原则，为中小学生提供免费的游泳场地。25家游泳馆对中小学生免费开放，游泳场所每天开放时间为14时至18时，其他培训项目则根据项目特点自行确定。63家体育场馆提供免费的运动培训，比上年增加4家，其中有两家滑冰俱乐部，冰雪场馆首次加入到暑期免费培训中。免费培训项目包括足球、篮球、羽毛球、乒乓球、国际象棋、围棋和体育舞蹈等。想要报名的搜索“长沙市体育局公众服务平台”微信号进行申请注册，然后在里面进行场馆预订和学员注册。市内在校中小学生凭身份证或学籍手册，如实填写相关信息，并上传个人近期证件照，申请会员注册。游泳项目，每位会员每天只能申请1个预约号，每个预约号只能在指定时间内使用一次，游泳场所录入后自动失效。凭预约号录入游泳服务管理系统，并进行身份验证。免费培训项目，大家在选择时，需在公众号查清楚所报项目培训的时间、地址等信息。 （段 龙）

【“健康中国行”系列活动宣传周】 2018年7月1日，长沙市“健康中国行”系列活动宣传周——月亮岛博克森欢乐体育大世界嘉年华暨《我就是拳王》长沙赛区活动在湘江中路风帆广场举行开幕式。活动由北京博克森集团、长沙市体育局、中共开福区委宣传部共同主办，由中国互联网电视向全球67个国家转播，在国内38家省级台播出。该全民健身系列活动包含“我就是拳王”长沙赛区海选、“我就是拳王”长沙赛区功夫训练营、“功夫达人秀”、“劲歌热舞”、“搏击宝贝”海选报名及入围赛、“22足球小子”选拔赛6大主题活动，持续到7月8日，为期8天，市民可通过网络报名参与。 （段 龙）

竞技体育

【概况】 2018年，长沙市体育局强化体育后备人才培养，加大科学训练水平，培养输送的运动员在省内、国内、国际上获成绩。培养输送的运动员在国际赛场上获冠军。在印尼雅加达举行的第18届亚运会上，运动员王雪朦、易立琴分别获女子篮球冠军、赛艇女子四人单桨无舵手金牌；在韩国丽水举行的第26届中日韩青少年运动会上，教练员彭丽君带领以雅礼女篮为班底组成的中国女子篮球代表队获冠军。青少年体育工作获国家体育总局的肯定。1月26日，国家体育总局副局长赵勇在《长沙市青少年体育工作开展情况的报告》上批示“请宣传司宣传、请青少司推广，请青少司和湖南省重点予以支持”，肯定长沙市的青少年体育工作。连续5次获省运会金牌总数和团体总分“两个第一名”。在湖南省第13届运动会中，比赛设青少年组25个大项和成年组14个大项，由1273人组成的长沙市体育代表团参加除青少年组水球外所有项目的比赛，取得255.5枚金牌、165枚银牌、135枚铜牌、7552.25分的成绩，比上届省运会增加金牌45枚，增加总分1815分，继2002年后连续5次获省运会金牌榜和总分榜第一名。长沙市代表团的多支运动代表队获道德风尚奖。第27届中日韩青少年运动会筹备工作推进。3月22日，市政府办公厅印发《第27届中日韩青少年运动会组织工作方案》，成立赛事筹备工作委员会。5月，迎接国家体育总局对赛事筹备工作的检查，并根据检查反馈意见进行整改。 （段 龙）

【2018中国长沙国际名校赛艇挑战赛】 2018年7月26—30日，2018中国长沙国际名校赛艇挑战赛在长沙湘江举行，由中国赛艇协会、湖南省体育局、长沙市人民政府共同主办，湖南湘江新区管委会、长沙市体育局、长沙市教育局共同承办，湖南省水上运动管理中心、湖南省游泳协会、长沙市船艇运动协会、长沙市游泳协会、浙江阿美体育文化发展有限公司协办，长沙体育产业经营有限公司运营推广。赛事设公开级男子大学八人艇1000米、女子大学八人艇1000米两个项目，比赛线路从湘江橘子洲西侧航道橘子洲大桥往北200米至沙滩公园西侧尾端。剑桥大学、牛津布鲁克斯大学、耶鲁大学、圣彼得堡大学、帕勒莫大学、麦科米迪亚大学、东京工业大学等19个国内外名校的20支赛艇队伍参赛。7月28日预赛，7月29日决赛。最终牛津布鲁克斯大学、麦克米迪亚大学、帕勒莫大学分别获男子组前三名，牛津布鲁克斯大学、奥塔哥大学、中国文化大学分别获女子组前三名。 （段 龙）

2018 年 10 月 21 日，2018 长沙国际马拉松赛开赛　　市体育局　供图

【2018 长沙国际马拉松赛】 2018 长沙国际马拉松赛入选“奔跑中国·将改革进行到底”系列赛，以争创国际田联铜标赛事为目标，CCTV5 对比赛盛况进行全程直播。赛事由中国田径协会、湖南省体育局、长沙市人民政府共同主办，湖南省田径协会、长沙市体育局承办，长沙体育产业经营有限公司、智美赛事营运管理（浙江）有限公司运营。2018 年 10 月 21 日上午 7 时鸣枪开赛，比赛设马拉松、半程马拉松及欢乐跑 3 个项目，中国、日本、肯尼亚、埃塞俄比亚等 17 个国家和地区的 2.4 万余名选手参赛。埃塞俄比亚的菲卡杜以 2 小时 11 分 13 秒获男子组马拉松冠军，埃塞俄比亚的贝克鲁以 2 小时 32 分 56 秒获女子组马拉松冠军。　（段　龙）

【2018 长沙·望城国际铁人三项赛】 2018 年 9 月 10 日，2018 长沙·望城国际铁人三项赛在长沙望城区举行，由长沙市体育局和望城区人民政府共同主办。赛事以奥运标准设置 1.5 千米游泳赛道、50 千米骑行赛道、10 千米跑步赛道，设有全程分龄组、全程接力组、全程特邀组、骑跑两项分龄组 4 个项目，比赛的线路以长沙望城区“湘江古镇群”“山水洲镇”为主线，线路沿途囊括千龙湖生态旅游度假区、靖港古镇、新康戏乡、铜官古镇等望城独具特色的旅游小镇。参赛人数 704 人，其中特邀 47 人，其中外籍选手 20 人均为冠军选手，分别来自澳大利亚、美国、加拿大、法国、瑞典、瑞士、巴西、匈牙利 8 个国家。国内参赛 680 人，铁人三项人数 213 人，骑跑两项 467 人。20 名冠军选手曾在 IRONMAN 世锦赛等众多国际赛事中获冠军次数 24 次，其中澳大利亚的克雷格·亚历山大更是五届 IRONMAN 世锦赛冠军。男子邀请组第一名是澳大利亚的克雷格·亚历山大，成绩 2 小时 05 分 08 秒，女子邀请组第一名是美国的劳伦·高斯，成绩 2 小时 17 分 01 秒。　（段　龙）

【2018 中华龙舟大赛（长沙·芙蓉站）】 2018 年 4 月 21—22 日，2018 中华龙舟大赛（长沙·芙蓉站）在浏阳河芙蓉区段东屯渡浏阳河大桥与人民路浏阳河大桥之间水域举行。大赛由国家体育总局社会体育指导中心、中央电视台体育频道、中国龙舟协会、中央电视台体育频道、湖南省体育局、长沙市人民政府主办，中视体育娱乐有限公司、湖南省龙舟协会、湖南省社会体育指导中心、长沙市体育局、长沙市芙蓉区人民政府、湖南大众体育文化发展有限公司承办，中华全国体育基金会支持。全国各地的 56 余支队伍参赛，参赛人员 1089 人。比赛分为职业男子组、男子精英组、公开混合组、青少年组（男、女子）100 米、200 米、500 米。　（段　龙）

【2018 年中国击剑俱乐部联赛长沙开福站】 2018 年 4 月 29 日—5 月 1 日，2018 年中国击剑俱乐部联赛长沙开福站在湖南国际会展中心举行，由中国击剑协会主办，长沙市体育局、开福区人民政府共同承办，湖南省击剑协会、长沙市击剑运动协会、湖南国际会展中心管理有限公司协办，长沙体育产业经营有限公司、盛力世家（上海）体育文化发展有限公司运营推广。全国 52 个城市 242 个击剑俱乐部参与，4025 名选手参加比赛，其中外籍选手 66 人，打破办赛以来的最多参赛人数纪录。从城市来看，北京和上海的选手最多，外地参赛选手占比 85.29%。湖南选手获 1 金 3 银 4 铜的成绩。比赛吸引逾 1 万人在比赛期间到长沙，带动长沙交通、住宿、旅游、餐饮等直接经济消费逾 3000 万元。　（段　龙）

【2018 湘江马拉松赛·长沙站】 2018 年 4 月 22 日，长沙市第七届全民健身节的首场活动——2018 湘江马拉松赛·长沙站暨长沙市第 51 届春季马路赛跑在长沙贺龙体育中心鸣枪起跑。赛事由长沙市人民政府主办，市委宣传部、市公安局、市交通运输局、市卫生计生委、市城管执法局、市体育局、长沙晚报集团、市广播电视台、天心区人民政府、岳麓区人民政府承办，湖南博森体育管理有限公司执行运营。比赛设男子组及女子组两个组别，5000 余名选手参与活动。选手们从贺龙体育中心南广场出发，途经劳动西路、湘江中路往南，经过四羊方尊广场、脸谱广场、长沙望江公园、毛泽东青年雕像、火车头公园、猴子石大桥沿江景点，再到湘府路大桥往西、坪塘大道往北，终点站在福祥路，全程约 12.2 千米。娄底市第二中学肖坤安以 40 分 06 秒获男子组冠军，中南林业科技大学物流与交通学院的大三学生甄燕南以 45 分 50 秒的成绩获女子组冠军。　（段　龙）

体育产业

【概况】 2018 年，长沙市体育局以发展体育竞赛表演产业为核心，引进社会资本投资体育产业，促进全市体育产业发展。举办 2018 长沙国际马拉松赛、2018 中国长沙国际名校赛艇挑战赛、2018 长沙·望城国际铁人三项赛等国际、国内重大体

育赛事。2018年，全市体育彩票销售额22.55亿元，较上年增长86%。社会资本投资体育领域补助机制实现创新。出台《关于支持社会新建全民健身场馆补助资金管理办法（试行）》《支持体育赛事活动补助资金管理办法（试行）》。体育竞赛表演产业龙头阵地巩固。依托贺龙体育中心发展体育竞赛表演产业，举办国际足球友谊赛、国际友好城市青少年足球邀请赛等2场国际足球赛事，举办三省会城市足球邀请赛、"中建信和杯"五人制足球赛、"玛丽莱杯"全国青少年足球邀请赛3场国内足球赛事，承接周杰伦演唱会等6场演唱会。　　（段　龙）

【湖南省第一届体育产业发展高峰论坛在长沙举行】 2018年2月5日，2018湖南省第一届体育产业发展高峰论坛在长沙举行。论坛是湖南首次举办的体育产业行业峰会，由湖南省体育局主办，湖南体育产业集团有限公司、湖南五环体育实业发展集团有限公司承办。湖南省各市州逾100位体育企业人参与。国内知名体育产业研究专家纪宁、国内体育赛事冠名权市场开发的第一人刘清早、首都体育学院国内体育场馆产业研究专家霍建新分别在论坛上作主题演讲，围绕"互联网＋体育""体育赛事运营""体育服务综合体"等话题，对湖南体育产业空间布局规划、体育产业发展过程中政府和市场的功能定位等方面建言献策。论坛为体育产业企业和省内各地市县体育主管部门提供一个互相认识的机会及合作对接的平台，省内、国内的10余家知名体育企业在现场向与会人士展示他们带来的新产品、新赛事、新模式。

（段　龙）

【长沙（浏阳）首届"乐动沙市"体育旅游节】 2018年6月14日，长沙（浏阳）首届"乐动沙市"体育旅游节暨浏阳市第三届全民健身运动会（龙舟赛）开幕式在浏阳市举行。旅游节由长沙市体育局、浏阳市人民政府主办，浏阳市委宣传部、浏阳市文化体育广播电视局、浏阳市总工会、中共浏阳市直属机关工作委员会、浏阳市旅游局、浏阳市沙市镇人民政府承办。活动主题是"乐动沙市·乐活小镇"。该次体育旅游节推出12大节会活动，除长沙（浏阳）首届"乐动沙市"体育旅游节暨浏阳市第三届全运会（龙舟赛）开幕式和"炫动赤马湖"水上极限之巅大型实景演出外，长沙（浏阳）首届"乐动沙市"体育旅游节暨浏阳市第三届全运会（龙舟赛）开幕式、长沙（浏阳）第三届"瑞翔滑雪杯"冰雪运动节、长沙（浏阳）首届"乐动沙市·乐活小镇"运动休闲帐篷节、湖湘耕读文化馆开馆仪式暨"耕读秧田"亲子体验活动、浏阳市第三届全民健身运动会环湖自行车赛、长沙（浏阳）"乐动沙市"篮球公开赛、长沙（浏阳）"乐活沙市"乡村旅游节暨东门赏花季活动等活动陆续推出，体育赛事从6月持续至12月。　　（段　龙）

体育场馆建设

【概况】 2018年，长沙市体育局推动全市体育场馆设施建设。长沙国际体育中心项目建设推进。11月12日，省委常委、市委书记胡衡华会见华熙国际投资集团董事长赵燕一行，听取关于国际体育中心场馆建设和体育产业项目布局的汇报后明确指出，要积极引进社会资本，在不形成政府新增债务的前提下，继续加快推进项目建设，将国际体育中心打造成为长沙城市新地标，形成全国高水平体育竞赛表演和体育产业高地。11月19日，市委副书记、市长、湖南湘江新区党工委书记胡忠雄主持召开市长办公会议，发改、教育、住建、财政、国土、规划、体育、雨花区等部门参会。会议对近几年全市体育场馆建设工作进行专题研究，并对国际体育中心建设工作提出"强化资源统筹，创新融资模式，优化规划设计，实行专业运营"的原则性要求，并形成会议纪要。同意成立国际体育中心项目建设工作领导小组（原则同意由舒行钢任组长，廖建华任副组长），负责统筹推进国际体育中心项目建设相关事宜；同意终止市城投集团代建国际体育中心政府购买服务合同，市城投集团对项目的前期投入清算问题由领导小组拿出具体方案；同意市体育局与华熙国际投资集团就国际体育中心项目建设洽谈合作。

（段　龙）

【长沙高新区全民健身中心落户V5星球】 2018年8月8日，长沙高新技术产业开发区全民健身中心在V5星球文体娱共享空间挂牌成立。长沙市体育局党委书记李文格、高新区党工委副书记陈志红等领导参加授牌仪式。V5星球文体娱共享空间是湖南奔跑吧体育文化传播有限公司响应国家全民健身运动号召，推动长沙全民健身运动发展的重点项目。5月项目竣工后，为近万名游泳爱好者提供国标恒温游泳池免费服务。暑假，为长沙市中小学生提供篮球、羽毛球、乒乓球、体育舞蹈、国际象棋等免费培训服务。（段　龙）

【长沙月亮岛法网——罗兰·加洛斯红土网球公园举行奠基仪式】 2018年9月29日，长沙月亮岛法网——罗兰·加洛斯红土网球公园、滑行体育文化园暨配套路网工程集中开工仪式在长沙月亮岛举行。省网球中心主任崔恒、长沙市体育局副局长覃事平，法国网球联合会（FFT）副总裁爱德华·巴顿、法国网球联合会（FFT）中国区代表华玺及望城区等领导出席。仪式由月亮岛文旅星城总经理王世杰亲自主持，覃事平宣布奠基仪式启动。网球公园项目规划面积3.4公顷，建造约12片法国网球公开赛标准红土网球场地（含2片半决赛场）、1个综合红土俱乐部配套场馆，并采取政府引导、民间资本参与、市场化运作的模式进行项目投资、建设、运营。2018年3月，长沙市人民政府与法国网球联合会签订《合作备忘录》，双方达成官方合作意向，标志着由湖南红土体育文化传播有限公司建设和运营的全球首家法网官方授权的海外罗兰·加洛斯网球俱乐部落户长沙月亮岛。网球公园的建设落实长沙市人民政府与法网的合作意向，推动红土网球运动在中国的发展，增进中法体育文化交流，实现互惠互利合作发展。　　（段　龙）

人民生活

PEOPLE'S LIFE

责任编辑 • 吴丫丫

人口家庭

•计划生育•

【概况】 2018年年末，长沙市人口总数728.86万人，市区人口355.75万人。长沙市出生人口9.83万人，死亡4.86万人，年出生率13.67‰，年死亡率6.77‰，年自然增长率6.9‰，年末男女性别比99.3 ∶ 100。常住人口密度：2018年，长沙市人口密度每平方千米690.14人，其中市区每平方千米3791.3人。户籍人口密度：2018年，全市人口密度每平方千米616.84人，其中市区每平方千米3388.62人。

3月29日，全市卫生和计划生育工作会议上，市委组织部等20个综治部门向市长胡忠雄递交《2018年度人口和计划生育目标管理责任书》，签订计划生育目标管理责任书。6月13日，市人口和计划生育工作领导小组印发《关于调整长沙市人口和计划生育领导小组成员的通知》，明确胡忠雄为领导小组组长，市委办等31家单位为领导小组成员单位。根据计划生育工作"三不变"要求，严格落实计划生育目标管理责任制，严把计划生育"一票否决"关，坚持计划生育基本国策地位不动摇。依法依规开展计划生育审查。全年审核单位2444家，审核个人2374人，发现2人存在违法生育行为，对其招录资格进行"一票否决"；1个单位的主要负责人由于存在违法生育行为，对其单位的评优评先进行"一票否决"；4个单位根据相应区县(市)审核结果反馈，对其文明单位评选进行"一票否决"。开展数据核查和全员人口数据清理。统一管理口径，在全员人口建档服务管理中强调现居地便民原则和户籍地兜底原则，通过地址码移交，梳理单位干部职工计生管理关系，在全市推行外省流入人口代办函询服务。建立工作导向，通过下发《全员监控平台数据质量测评结果》，督促基层加大对流动人口的服务管理力度。规范服务行为，制发《计划生育信息登记表》，统一信息采集规范，促进全市生育登记工作标准化。构建生育友好型社会环境，推动全面落实两孩政策，通过理顺管理关系、建立工作导向、规范服务行为等措施，倡导群众按政策生育、负责任生育，逐步优化生育服务管理机制。11月，完成年度市、县两级4个项目计划生育创新项目申报工作，重点凸显在出生缺陷防控、生育保健服务管理、计划生育奖扶系统和卫计综合监督执法体系等方面的创新亮点。

（王成亮　文　雅）

【流动人口均等服务】 2018年，将流动人口数据清理清查工作纳入全年工作计划，利用省专项调查、市数据核查、跨省流动人口数据清理清查和均等化示范创建区县、示范街道（乡镇）等契机，对重点区域进行督查指导，系统抽查比对基本公共卫生计生服务到位情况，下发数据通报和问题清单。利用网络平台加强信息交流，确保信息及时反馈率均100%。完成2018年流动人口动态监测工作，长沙市获评"全国流动人口动态监测工作先进单位"。加强流动人口基本公共卫生计生的服务内容、服务流程宣传，提高群众知晓率。在原有"套餐式"服务试点单位的基础上，继续探索流动人口重点人群基本公共卫生计生"套餐式"服务机制建设。元旦、春节期间，在全市范围开展"把健康带回家"流动人口卫生计生关怀关爱专项行动。与天心区共同承办全省"把健康带回家"流动人口卫生计生关怀关爱专项行动启动仪式。各区县（市）因地制宜开展宣传活动，发放健康包54021个，走访慰问6776人次，网路回访7591人次，覆盖80万余流动人口。按照《长沙市推进工业园区流动人口健康促进"十百千万"工程实施方案》文件要求，继续在服务项目、服务手段、服务制度、服务机制、服务政策、服务阵地等方面进行探索。加大与企业、医疗机构合作力度，做好工业园区与医疗机构之间的对接和协调工作，持续开展健康服务签约活动，总结推广优秀案例。长沙的工业园区"十百千万"工程分别在全国、全省的会议上作经验发言。在全市范围内开展流动人口健康促进示范学校、示范企业和示范家庭评选活动。2018年，湖南晟通科技集团有限公司等3家企业获评第二批"全国流动人口健康促进示范企业"；雨花区圭塘小学等3家学校获评第二批"全国流动人口健康促进示范学校"。以流动人口社会融合示范社区创建为契机，加大人员、制度、经费保障，加强流动人口健康教育，加强基本公共卫生计生服务项目落实。创新工作方式，创建服务品牌，打造"舒心平台""农民工服务所""候鸟驿站""六园红纽带""曹蕊菲工作室"等一批流动人口社会融合服务项目。浏阳市洞阳镇幸福泉社区等6个社区获评"全国第一批流动人口社会融合示范社区"。（文　雅）

【免费计划生育技术服务】 2018年，拓展爱心助孕特别行动项目。将爱心助孕特别行动对象由失独家庭惠及所有的符合生育政策、符合不孕不育症治疗条件的广大不孕不育家庭。对失独家庭进行免费服务，对不孕不育实施进行优惠服务，发放价值2400元的爱心卡。全年开展爱心助孕义诊17次，785个不孕不育和失独家庭接受健康宣传教育和义诊，554个家庭得到优惠援助，27个失独家庭得到援助。推进围绝经期免费取出宫内节育器项目。将围绝经期和绝经后妇女的生殖健康列为妇幼健康服务的重点工作，建立围绝经期妇女宫内节育器取出追踪观察制度，加大围绝经期妇女的保健指导。全年为6680名围绝经期妇女进行免费取环手术，在全国计划生育技术服务管理会议上，长沙市作为唯一省会城市进行典型经验介绍。坚持"强基础、扎网底、保基本、全覆盖"药具工作原则，发挥药具在生育调节、妇幼健康和疾病预防等方面作用，全年全市使用避孕药具人数42.91万人，其中口服757人、外用1261人、皮埋2465人、注射4人、使用避孕套42.55万人，较上年度增加1.37万人。（文　雅）

•婚姻家庭•

【概况】 2018年，长沙市加强婚姻登记机关规范建设，组织全市婚姻登记机关开展自查整改。开展婚姻业务培训，颁发婚姻登记员证书48本。推动婚姻登记机关等级创建，指导浏阳市、望城区等地做好婚姻登记机关等级创建，申报民政部AAA婚姻登记机关。2018年，全市办理结婚登记51914对，离婚登记24122对，补办结婚登记14272对，补办离婚登记 1622 对。

（徐飞亮　邹艳青）

【家庭发展能力】 2018 年，长沙市坚持“四到位”工作方法落实计划生育奖励扶助制度。全市确认计生奖扶对象 416021 人（农村奖扶 56480 人、特别扶助 9610 人、城镇奖励 230152 人、保健费发放对象 111761 人、老年护理补贴 5723 人、专项补助 307 人、城市低保户计生家庭扶助 1988 人），市县两级发放资金 36913 万元；特别扶助对象住院免陪护项目，配套定点医院项目资金 40 万元。计划生育利益导向项目资金使用情况连续 7 年考核为优秀。开展计生特殊家庭关怀扶助体系建设。提高信息化管理水平，开发“计划生育奖励扶助智能信息系统”，为有效开展奖励扶助的“精准化、规范化、科学化、便捷化”提供保障。加大“两非”（非医学需要的胎儿性别鉴定、非医学需要的人工终止妊娠）案件的查处力度，查处“两非”典型案件 22 例。全市出生人口性别比从 2017 年的 109.35 下降至 2018 年的 109。开展创建幸福家庭活动。长沙市作为首批全国“创建幸福家庭”示范市，围绕“文明、健康、优生、致富、奉献”创建主题，立足提高家庭发展能力，着眼提升市民幸福指数，开展创建活动。完善爱心关怀政策、开展幸福家庭评选等活动。向国家卫计委推荐曾先后获评“中华全国优秀人物”“全国先进社区志愿者”“湖南省优秀进城务工青年”“湖南省芙蓉百岗明星”“湖南省诚信工商个体户”“长沙市优秀共产党员”“感动浏阳十大爱心人士”等个人荣誉，获评 2018 年浏阳市“幸福家庭”的胡蓉家庭获评全国“幸福家庭”。构建医养机构融合体系。打造“医养一体化”的发展模式，建设“预防、养生、医疗、养老”融合的医养服务平台。全市公立医疗机构全面推行老年医疗服务优待政策。全市二级以上公立医院均开设老年病科，部分设置老年病门诊，增加老年病床数量，规范开展老年常见慢性病诊治，满足老年人医疗和康复需求。市第四医院率先提出与养老机构共同承担养老责任的理念，以构建大健康医养联盟中心为主旨，先后同 30 余家养老机构建立“医养结合”协议合作关系。鼓励基层医疗卫生机构开展老年人医疗、护理、卫生保健、健康检测和指导服务。全面实施养老机构设置医疗机构备案制，优化医师多点执业政策环境。推进老年人家庭医生签约服务，优先对 60 岁以上老年人提供家庭医生签约服务。构建健康产业发展体系。制定出台《长沙市健康产业发展规划（2016—2020 年）》，建立和完善社会资本发展医养结合的扶植政策，引入专业医养结合品牌企业入驻。推动老年福利实行适度普惠，完善生活困难老人养老服务补贴、失能老人护理补贴和残疾人康复救助等福利措施。宁乡市医养结合示范基地，规划占地面积约 77.87 公顷，布局医疗服务、医学教育、养老平台、颐养社区、体验街区 5 大板块，旨在创建以个性化、智能化、医院式护理为基础的医养结合服务模式。

（文　雅）

【2018 年度全市婚姻登记员培训班】 2018 年 6 月 27—28 日，长沙市召开 2018 年度全市婚姻登记员培训班。各区县（市）民政局分管婚姻登记工作的副局长、婚姻登记处主任、婚登员参加培训。培训班上，组织全体学员学习民政部办公厅《关于开展全国婚姻管理规范化检查的通知》精神，并进行婚姻登记业务考试。会后，根据考试结果，对考试合格的在职婚姻登记员证书进行年审，对新入职婚登员颁发湖南省婚姻登记员资格证书。（徐飞亮　邹艳青）

【2018 湖南婚博会在长沙举办】 2018 年 12 月 7—9 日，2018 湖南（长沙）婚嫁文化产业博览会（以下简称“2018 湖南婚博会”）在长沙红星国际会展中心举办。2018 湖南婚博会在湖南省工商联的指导下，由长沙晚报报业集团、湖南省婚嫁行业协会主办。分为博览会及行业大会两大板块，把展览与活动相结合，针对有需求的市场主体，分时段、分场次举办多场专场活动与秀场。其中，博览会板块主要分为婚纱摄影、婚宴酒店、珠宝首饰、婚庆服务、婚车、婚庆产品等展示区；行业大会板块主要包括品牌推广大会、相亲大会、情景婚礼秀等活动。参会企业涵盖婚纱租售、家居、婚纱摄影、婚宴酒店、婚庆策划、礼服定制等行业，全套的婚嫁产品和服务一应俱全，“一站式”搞定婚嫁产品和服务全套。（徐飞亮　邹艳青）

•殡葬管理•

【概况】 2018 年，长沙市开展殡葬领域突出问题专项整治行动、乱埋乱葬修建豪华墓大墓专项整治行动及城区殡葬秩序整治行动，全市整治违规搭棚治丧 523 次，整治违规土葬 872 起，整改乱埋乱葬坟墓 388 处。浏阳市最后 5 个乡镇全部纳入强制火化范围，实现全市强制火化乡镇全覆盖。全年全市火化遗体 37438 具，城乡平均火化率 80.1%。加强农村公益性墓地建设和殡葬基础设施建设，截至 2018 年年底，全市完成农村公益性墓地建设 52 处，启动建设 3 处，完成立项手续 5 处。落实惠民殡葬补助，全市享受惠民殡葬人数 24869 人，发放补助资金 2570 万元。加大节地生态安葬和文明祭祀宣传力度，全年选择节地生态安葬 3283 个。加强基层白事理事会建设，1437 个村（社区）建立白事理事会。（徐飞亮　邹艳青）

【经营性公墓免费提供节地生态墓穴】 2018 年 3 月 30 日—4 月 5 日，长沙市各经营性公墓向社会群众免费提供节地生态墓穴（格位）200 余个。主要包括格位（壁）葬、花葬、集中撒葬等类型，4 月 5 日前可拨打相关墓园对外服务咨询电话了解详情，并进行申请报名。免费对象为：自愿对逝者骨灰进行公益生态安葬的社会群众，城乡低保、城市“三无”、农村“五保”、重点优抚对象等困难群体优先。（徐飞亮　邹艳青）

【殡葬改革宣传活动】 2018 年 3 月 30 日，长沙市天心区城南路街道白沙井社区、裕南街街道宝塔山社区等地开展以“推动殡葬改革，服务保障民生”为主题的殡葬改革宣传活动。长沙市民政局、天心区民政局、城南路街道、裕南街街道相关单位负责人，街道辖区党员代表、居民群众、“五老”代表、青少年志愿者 200 余人参加活动。舞蹈表演“水墨醉江南”后，志愿者宣读“倡导绿色祭祀·弘扬文明新风”倡议书。活动通过宣传横幅、宣传展板、宣传折页、流动宣传车等方式，宣传殡葬改革有关政策、法规，弘扬现代文明殡葬和节地生态安葬新观念。市、区领导给天心区蓝天督察员和白事监督员颁发聘书。最后志愿者们一同在“倡导绿色祭祀，巩固蓝天保卫战成果”的签名版上签名。由长沙市民政局、长沙市文明办联合组织开展的为期1月的殡葬改革宣传月活动，以“推动殡葬改革，服务保障民生”为主题，旨在进一步推行节地生态安葬，倡导厚养薄葬、文明祭祀。（徐飞亮　邹艳青）

就业创业

【概况】 2018年，长沙市保持就业局势稳定，全市城镇新增就业14.49万人，城镇登记失业率控制在3%以内，就业规模持续扩大，就业质量稳步提升。

重点群体就业和重点企业用工服务　开展春风行动等专项行动，将高校毕业生就业服务活动覆盖全年、“就业援助月”活动开进社区，推进“互联网+”公共就业服务，建成就业见习基地169家，高校毕业生、农村转移劳动力、就业困难人员等重点群体就业保持基本稳定，全年实现失业人员再就业4.6万人，就业困难对象再就业1.88万人，新增农村劳动力转移就业2.77万人。完善企业用工监测机制，召开企业用工形势座谈、用工调查5次，举办专场招聘会138场，基本满足伟创力、比亚迪、蓝思科技等重点企业的用工需求。

创新创业　启动新一轮就业创业政策修订工作，完善创新创业带动就业专项资金管理办法、创业孵化基地管理办法，确定市级创业孵化基地30个，获评省级创业示范单位和个人37个（人），发放各类创业补贴资金1745万元。长沙2个项目分别获“中国创翼”全国总决赛创业组、创新组三等奖。

专项活动　开展人力资源机构“地毯式”检查，检查全市相关机构及单位4722家，查处违法违规案件26起，规范人力资源市场秩序，营造良好的就业环境。长沙市劳动保障监察支队获评“2018年全国清理整顿人力资源市场秩序专项行动取得突出成绩单位”。贯彻市委、市政府“千人帮千企百日大行动”决策部署，梳理、落实18项人社惠企政策，牵头组织29支小分队140名队员帮扶浏阳市213家企业，分5个阶段帮助企业解决问题779个。

（李迪龙）

【2018年长沙市高校毕业生就业服务月首场招聘会】 2018年10月31日，2018年长沙市高校毕业生就业服务月暨湖南农业大学2019届毕业生专场招聘会在湖南农业大学举行。招聘会由市人力资源和社会保障局（以下简称“市人力资源社会保障局”）和湖南农业大学联合主办，入场企业56家，提供岗位1100余个，现场达成就业意向301人。现场设立政策咨询台、问卷调查台，接受咨询200余人次，发放高校毕业生就业创业政策服务口袋书300余份。该场招聘会是2018年长沙市公共就业创业服务进校园专项活动系列的首场招聘会。为促进有就业意愿的高校毕业生尽快实现就业，市人力资源社会保障局启动2018年长沙市高校毕业生就业服务月专项活动。该项活动以“实名服务，精准到人，助力高校毕业生就业创业”为主题，市人力资源社会保障局和各区县（市）人社部门联动开展，时间持续到11月下旬，主要包括4项内容：对在本地求职的离校未就业毕业生，开展实名制就业帮扶；举办公共就业创业服务进校园专项活动，其中市本级以政府购买服务方式组织进校园活动5场（3场招聘会、1场就业指导讲座、1场创业讲座），各区县（市）人力资源和社会保障局至少举办1场；在湖南人才网举办高校毕业生网络招聘专场活动；举办高校就业服务工作座谈会。

为稳定和扩大高校毕业生就业，市人力资源社会保障局以“无缝对接”为目标，统筹开展毕业生就业服务工作。时间无缝对接，在4月“民营企业招聘周”和6—7月“高校毕业季”的基础上，在毕业生择业高峰期间启动高校毕业生就业服务月专项活动，确保毕业生服务全年覆盖。将2018届离校未就业和2019届应届毕业生作为重点服务群体，提供供需对接平台，确保在校服务不间断、离校服务不断线。服务无缝对接，针对离校未就业高校毕业生，以“实名服务，精准到人”为要求，拓宽登记渠道，将在本地求职的未就业毕业生全部纳入实名制就业帮扶。通过实施“311”就业服务行动，为有就业意愿的实名登记未就业毕业生在毕业年度内至少推荐3次岗位信息、提供1次职业指导、提供1次免费技能培训信息（或就业见习信息），引导未就业高校毕业生主动参与各类就业创业服务。对建档立卡贫困家庭、残疾、长期失业毕业生以及就业困难的少数民族毕业生、女大学生实施重点帮扶，建立专门台账，加大政策服务倾斜力度。信息无缝对接，结合高校毕业生的群体特点，充分利用“互联网+”模式，在湖南人才网同步举办网络招聘专场活动，打造线上线下招聘平台。“长沙就业”微信公众号在2015年推出，为高校毕业生提供新闻政策、求职招聘、信息查询、申报引领服务，随后不断完善平台功能，求职创业补贴微信端申报和大学生见习人脸识别报到系统极大地方便学生。在“长沙就业”微平台设立毕业生“求职招聘”模块，开展企业用工和毕业生求职线上匹配，线上企业用工和高校毕业生就业情况在线调查。推送致毕业生、致企业的一封信，链接政策与业务办理“一站式”服务。“长沙就业”微信公众号关注人数7.2万人。活动前，市人力资源社会保障局整理汇编《高校毕业生就业创业政策服务口袋书》，以问答形式解读就业创业、人事档案托管、人才新政、就业援助4方面19项76个具体问题，将高校毕业生就业创业政策清单和服务清单通过便捷的口袋书形式送到毕业生手中。机制无缝对接，构建政府与高校从校内到校外的无缝化服务机制。

（李迪龙）

【2018年“春风行动”】 2018年2—3月，长沙市举办以“春风送岗惠民生，精准服务真扶贫”为主题的“春风行动”，活动期间举办专场招聘会210场，参与企业6135家次，提供就业岗位32万余个，达成就业意向5.7万余人。其中，在省内37个贫困县开展专场招聘会55场，参加招聘企业数1152家次，达成就业意向近1.8万人。2月9日，“春风行动”启动，并首次采用线上启动的方式，通过网站、微信及“智慧长沙”APP等新媒体直播启动仪式，实时推送

活动动态信息。蓝思科技作为一家劳动密集型企业，每年春节期间用工紧张，在长沙人社部门的协助下，2018年春节后1个多月便利用各种渠道招聘3.5万人，摆脱往年春节用人荒的困境。蓝思科技成立驻湘西土家族苗族自治州“就业扶贫服务中心”。通过开展“春风行动”，输入地与输出地的深入合作，雨花区与张家界市桑植县人力资源和社会保障局签订《推进省内贫困劳动力劳务协作协议书》，天心区与怀化市靖州县、城步县人力资源和社会保障局签订《就业创业帮扶常态化合作协议书》；浏阳市与省内10个贫困县开展劳务协作深度洽谈，在转移就业、稳岗服务等方面深化长期合作关系。（李迪龙）

【第三届创新创业博览会】 2018年11月17日，以“创业腾飞、长沙有为”为主题的长沙市第三届创新创业博览会在长沙贺龙体育馆举办。博览会由长沙市人力资源和社会保障局主办，长沙市创业指导中心承办，旨在通过创业成果的展示，激发大众创业热情，促进创业团队与创业资本、创业导师、创业政策等有效沟通，推动长沙市创新引领创业、创业带动就业工作持续深入发展。博览会现场设置创业新服务、创业新载体、创业新体验、创业新成果、创业新培训、创业促就业6大展区，汇集“互联网+”、智能制造、节能环保、新能源、新材料、生物医药、文化创意、现代农业等100余个优质项目。通过项目展示、创业服务、推介洽谈、现场培训和现场招聘等形式，综合展示长沙市双创政策精准落地所取得的新进展、新成效，重点展示各组织推动经济结构转型升级和持续壮大经济发展新动能的成功经验和经典案例。（李迪龙）

【就业扶贫基地授牌】 2018年12月28日，长沙市举行就业扶贫基地授牌仪式。67家就业扶贫基地单位、长沙各区县（市）人社部门代表100余人参加授牌仪式。活动现场，长沙市就业服务局主要负责人宣读2017—2018年被认定为省、市就业扶贫基地单位名单，蓝思科技集团常务副总经理李晓明作为就业扶贫基地单位代表发言。创建就业扶贫基地是人社部、国务院扶贫办围绕就业扶贫开展的一项重要工作，评选对象为用工规范、社会责任感强、适合贫困劳动力就业的企业。2017年以来，长沙市根据创建工作要求，按照企业自愿申报、区县初审推荐、市级审核公示上报的程序，最终67家企业被认定为省级、市级就业扶贫基地单位，持续为贫困劳动力提供2000个以上就业岗位。（李迪龙）

【参加第三届“中国创翼”创业创新大赛】 2018年5—7月，长沙市人力资源和社会保障局、市发展改革委、市科技局、团市委、市残联联合举办第三届“中国创翼”创业创新大赛长沙市选拔赛。经初赛、复赛，从729个报名项目中选出20个项目进入最终决赛。在7月17日举办的决赛中，湖南华腾制药有限公司的长效靶向PEG化抗肿瘤药物开发及产业化项目、中南大学圣尤里塔团队的生物活性敷料新材料关键技术及产业化项目分别获创业组和创新组一等奖，湖南省优绘装饰工程有限公司的UDS艺术事务所项目和湖南玄鸟科技有限公司的神兵府项目获专项组特别奖。大赛在注重鼓励科技创新的同时，更加注重项目创新创业带动就业的示范效应。主办方通过创新赛制模式，更大提升选手在赛事活动中的获得感。赛事将参与范围和影响扩展到社会特殊群体，深化“大众创业”内涵。为鼓励扶持残疾人创业，特别设置专项组比赛，支持弱势群体创业自强；举办星城监狱赛点比赛，首次将创业大赛延伸到监狱这一特殊区域，鼓励即将刑释人员创业致富，顺利融入社会；组织20强选手开展“十八洞山泉水”义卖活动，将全部收益捐赠给贫困学子，引导选手响应国家精准扶贫号召，培养有社会责任感和公益心的未来企业家。决赛结束后，现场举行颁奖典礼，同时举行“创业服务三湘行”系列活动启动仪式。在8月举办的湖南省选拔赛中，长沙市推荐的12个优秀项目有9个获得奖项，参赛、获奖数量居全省各市州之首，并获优秀组织奖。在10月举办的全国赛事中，长沙市2个项目代表湖南省参赛，并分别获全国创业组三等奖和全国创新组三等奖。（李迪龙）

2018年11月17日，长沙市第三届创新创业博览会举行

市人力资源和社会保障局 供图

【公共就业创业服务进校园活动】 2018年10月，长沙市人力资源和社会保障局启动公共就业创业服务进校园活动，主要包括校园双选会、就业指导讲座、创业讲座等。活动期间，长沙市各级人社部门举办校园双选会28场，入场企业1524家次，提供岗位4万余个，初步达成就业意向7455人次。该次进校园活动是2018年长沙市高校毕业生就业服务月专项活动的一项重要内容。就业服务月专项活动以“实名服务，精准到人，助力高校毕业生就业创业”为主题，主要包括实名制帮扶在本地求职的离校未就业毕业生，举办系列公共就业创业服务进校园、高校毕业生网络招聘、高校就业服务工作座谈会等活动。服务月期间，

长沙市各级人社部门对1651名高校毕业生进行实名登记，提供职业指导1553人次，发布岗位信息9085条，提供就业推荐3587人次。（李迪龙）

移民开发

【重点移民村建设】 2018年，长沙市以促进产业升级、改善人居环境、完善基础设施为重点，按照“移民人数多的村优先，开发条件较好、干群积极性高、配套投入能力强的地方优先”的原则继续推进全市13个重点移民村美丽家园建设（其中，2018年新实施6个），促进移民后期扶持由“漫灌式”扶持向“滴灌式”精准扶持转变。全市整合50%以上的移民项目资金，投入2682万元，撬动其他涉农资金投入1.7亿元。实施项目97个，发展特色种养产业400余公顷，扶持8家龙头企业，发展农家乐60余家。提质改造美丽田园社区5个，规划建设乡村旅游景点3个，完成道路硬化117千米，带动移民就业1050人。（尹凤麟）

【移民避险解困】 2018年，长沙市继续实施大中型水库移民避险解困搬迁，任务总数619户1873人，按每人2万元的标准予以补助，分两年实施，2017年完成315户915人，2018年完成304户958人。截至2018年年底，避险解困搬迁移民全部入住新房，其中，购房安置120户383人，自建房安置495户1486人，敬老院安置4户4人。通过银行“一卡通”直接发放避险解困建房补助费2527.9万元。全市安排大中型水库移民避险解困配套项目资金1209.3万元，计划实施项目126个，支付避险解困项目资金1055.9万元，完成配套项目建设105个，基本建成统一规划的集中安置点3个。（尹凤麟）

【移民脱贫攻坚】 2018年，长沙市市县移民部门整合专项资金1200万余元，实施118个精准扶贫项目，因户施策给予产业扶持、就业扶持、教育扶助、慰问救助等，持续增加贫困户的收入。截至2018年12月，全市1156人的建档立卡贫困移民，脱贫968人，其中2018年计划脱贫的200人实现脱贫。将移民培训与移民精准扶贫结合起来，以就业为导向，开展“定单培训、精准培训”，帮助贫困移民就业。举办各类移民培训15期，培训移民1378人次。（尹凤麟）

【新水库移民搬迁安置】 2018年，椒花水利枢纽工程完成移民安置规划大纲评审和移民安置规划报告编制报批。根据安置规划，工程建设征地涉及浏阳市10个乡镇和长沙县4个乡镇，涉及搬迁人口2670人，其中水库淹没影响区2506人、枢纽工程建设区142人、输配水区112人。生产安置规划采取以长效实物补偿为主，有土安置、自谋职业、一次性补偿为辅的安置方式。搬迁安置规划采取本集镇集中安置和本村组分散安置相结合的方式，确定达浒镇2个、大围山镇1个集中安置点，对水库淹没区库尾、水库枢纽工程区和输配水区的搬迁移民采取本村组分散安置。（尹凤麟）

【移民产业开发】 2018年，长沙市创新产业投入机制，将扶持资金重点投向移民以土地入股、参与管理和分红的经济组织，促进移民与经济组织的双赢。2018年完成油茶246.67公顷、茶叶100.67公顷、水果86.67公顷、中药材40公顷、蔬菜168公顷的提质改造任务，带动移民增收致富。（尹凤麟）

【椒花水利枢纽移民安置规划大纲获审查通过】 2018年11月15日，长沙市人民政府副秘书长戴建文主持召开《湖南省椒花水利枢纽工程建设征地移民安置规划大纲》审查会议。市发展改革委、市经信委、市住建委、市财政局、市移民局等单位分管负责人以及浏阳市椒花办、浏阳市移民局、长沙县移民局、湖南椒花水利枢纽开发建设股份有限公司（业主单位）、中水北方勘测设计研究有限责任公司（规划设计单位）相关负责人参加会议。会上，业主单位和设计单位分别汇报椒花水利枢纽项目建设情况和《湖南省椒花水利枢纽工程建设征地移民安置规划大纲》编制情况，浏阳市移民局汇报浏阳市人民政府对《湖南省椒花水利枢纽工程建设征地移民安置规划大纲》的初步审查意见。椒花水利枢纽工程主要包括椒花水库工程、大溪河引水系统、供水系统和灌溉工程，建设征地涉及浏阳市10个乡镇和长沙县4个乡镇。根据《湖南省椒花水利枢纽工程建设征地移民安置规划大纲》，涉及搬迁人口2670人，涉及各类房屋面积228027.1平方米，涉及土地面积1132.19公顷，其中永久征地721.77公顷，临时征地410.42公顷。生产安置采取调剂土地安置、长效实物补偿安置、一次性补偿安置、自谋职业安置等安置方式。搬迁安置以集中安置为主，暂定达浒镇的达浒集镇安置点和黄土勘安置点，大围山镇东门社区安置点。经与会人员讨论研究，会议认为《湖南省椒花水利枢纽工程建设征地移民安置规划大纲》基本符合规程规范及湖南省移民安置政策要求，原则同意《湖南省椒花水利枢纽工程建设征地移民安置规划大纲》，要求有关单位进一步完善后报相关部门审查。（张　燕）

【移民美丽乡村建设】 2018年，长沙市突出规划引领，统筹移民美丽乡村建设。制定实施《“十三五”大中型水库移民后期扶持总体规划》和《移民后扶项目整村推进专项规划》，以移民人数较多、村班子战斗力强、群众意愿高的重点移民村为对象，以完善基础设施、改善人居环境、增加移民收入、促进移民乡村经济社会文化生态全面发展为目标，整合投入、突出重点、整村推进、分步实施，逐步构建布局美、产业美、环境美、生活美、风尚美的“五美”移民美丽乡村。突出宜居宜业，打造美丽乡村新貌。宁乡市重点打造巷子口镇联花村、官山村、流沙河镇流沙河社区、黄材镇石狮庵村等库区美丽乡村样板，建设美丽屋场20余处，完成改水改厕212户，硬化村内道路30余千米，绿化村内面积4000平方米，安装路灯348盏，建设休闲健身场所3处、文化活动中心2处等。解决1500余人的安全饮水问题和112人的安居问题。突出产业支撑，构建移民美好生活。浏阳市将移民人数较多的达浒镇书香村、官渡镇田郊村、古港镇梅田湖村作为重点村，发展体验式乡村旅游。在保持原有独特生态的前提下，将库区风光、农事文化、乡风民俗、田园美景等塑造成景观，挖掘文化内涵，开发老学堂、老手艺、文化广场、移民文化组雕等20余个精品景点和亲子夏令营、亲子种植园等互动体验项目。当地移民群众纷纷开起农家乐、特色民宿，销售特色农产品等，获得丰厚的乡村旅游发展红利。　（尹凤麟）

【移民资金监管】 2018年，长沙市坚持从严管理移民资金和项目，在资金规范管理方面保持全省领先地位。重点开展存量移民资金清理，精准掌控移民资金使用结存情况，加快资金支付进度。以移民系统信息化建设为抓手，加强移民项目计划申报审查管理。推进内审、稽查、监测评估、绩效评价以及纪检监察“四加一”监管模式，确保每一个移民项目安排合法合规，每一笔移民资金使用安全。

长沙市移民局通过落实“四位一体”措施，加强移民资金监管，提高移民资金使用效益。“四位一体”即：移民资金内部审计、后期扶持政策实施情况稽查、后期扶持政策实施情况监测评估和移民资金绩效评价。2—5月，市移民局委托湖南省湘怡移民工程监理咨询有限公司，对全市9个县（市）区的2016年大中型水库移民后期扶持政策实施情况开展监测评估，分区县出具监测评估报告。4月，对望城区2017年大中型水库移民后期扶持政策实施情况开展稽查。7月，对岳麓区2017年大中型水库移民后期扶持政策实施情况开展稽查。从稽查情况来看，望城区和岳麓区较好地落实大中型水库移民后期扶持政策，维护移民合法权益。7月，市移民局聘请湖南新星会计师事务所，组成联合审计小组，对浏阳市2016—2017年两个年度移民资金管理和使用情况开展内部审计。配合省移民局对宁乡市2016—2017年两个年度移民资金管理和使用情况开展内部审计。针对审计中发现的问题，下达内审整改通知，责令被审计单位整改到位。7—10月，市移民局根据省移民局部署，对2017年全市移民资金按资金类别开展4次绩效评价，规范移民资金的使用，确保发挥移民资金效益。　（张　燕）

收入消费

【城镇居民生活状况分析】 2018年，长沙城镇居民人均可支配收入50792元，同比增长8.2%，剔除价格因素影响，实际增长6.1%；人均消费支出36775元，同比增长6.2%，剔除价格因素影响，实际增长4.1%。城镇居民人均可支配收入首次突破5万元，实现居民增收与居民消费增长互促共进。

居民收入 工资性收入是城镇居民收入增长的主要来源。2018年，长沙城镇居民人均工资性收入27664元，同比增长9.6%，占可支配收入的54.5%。工资性收入增长的主要原因：2018年长沙经济运行形势稳中向好，规模企业数量增加以及大型项目建设落地，吸纳巨大就业空间，有效支撑居民收入增长；就业形势总体稳定，健全政府激励创业、社会支持创业、劳动者勇于创业的政策体系，推动大众创业，全年全市城镇新增就业人口14.5万人，城镇登记失业率控制在3%以内，推进“就业扶贫”，保证资金支持，并对接用工企业，贫困劳动力就业规模扩大，进一步提升居民工资性收入；政策增资，2018年机关事业单位薪酬结构调整推进，部分地区上调津补贴标准，公车改革基本完成，津补贴制度持续规范；10月，个人所得税起征点由3500元提高至每月5000元等一系列增收措施的推出，拉动城镇居民收入增长。经营净收入稳定增长。城镇居民人均经营净收入7093元，同比增长4.6%。对人均可支配收入增长的贡献率8.1%。长沙营商环境优化，政府推进落实减税降费，撬动居民自主经营热情，促进经营净收入增长；再就业优惠政策的推行与自主创业政策性补贴的发放，拉动全市经营性收入增长；互联网+的普及，依托互联网平台推广和运营，降低营业成本，释放经营净收入增长的潜力。财产净收入持续增加。城镇居民人均财产净收入6902元，同比增长4.9%，对人均可支配收入增长的贡献率8.3%。随着居民投资理财意识的增强，城镇居民家庭财产性收入来源渠道扩宽，投资收入、保险受益、利息净收入成为财产性收入的重要来源，拉动长沙城镇居民财产性收入增长。转移净收入较快增长。城镇居民转移净收入9132元，同比增长9.5%，对人均可支配收入增长的贡献率20.5%。转移净收入增长的主要原因：长沙市连续14年调整企业退休（职）人员基本养老金，继续提高机关事业单位离退休人员养老金待遇，提高城镇居民养老保险基础养老金标准，提高城镇居民基本医疗保险财政补助标准，完善失业、工伤、生育保险制度，加强住房、养老救助等保障力度拉动转移性收入增长；医保提标增效，医疗报销收入快速增长。

居民消费 2018年，长沙城镇居民8大类消费增长呈“七升一降”格局，除交通通信消费小幅下降外，其余7类消费支出均有不同程度增长。城镇居民食品消费倾向于营养化和多元化，从“吃好”向“营养”转变，饮食结构从单纯的主食消费到注重粗细搭配、追求营养均衡转变。城镇居民人均食品烟酒消费支出9523元，比上年增长11.4%。其中，谷物、奶类和其他食品消费支出分别为491.5元、401.7元和400.9元，比上年分别增长6.7%、17.9%和27.5%。衣着消费快速增长。城镇居民人均衣着消费支出2399元，比上年增长10.4%；其他用品和服务消费826元，比上年增长16.7%，为8大类人均消费“增长之首”。医疗保健消费支出大幅增长。城镇居民自我保健意识日益增强，居民对自身健康的关注度提高，加上医疗保障日益完善，城镇居民医疗保健消费支出快速增长。城镇居民人均医疗保健支出2569元，比上年增长13.4%。教育消费占比持续提升。随着收入的增加和教育观念的转变，居民家庭多样化、多层次的教育需求得到释放。学龄儿童教育从单一的课堂学习向各类培训班、兴趣班拓展，为提高自身素质的学历教育、技能培训等成人教育消费逐渐增多，快捷高效的网上学校、电子课程日益兴起，居民教育消费需求得到较大程度的满足。城镇居民人均教育文化娱乐消费支出6876元，同比增长7.8%，其中，教育消费支出3085.6元，同比增长30.3%，占生活消费总支出的8.4%。

城镇居民生活质量提高 2018年，长沙城镇居民居住人均消费支

出7040元，比上年增长1.3%。城镇居民对居住的要求日趋舒适性和现代化，添置的家用电器更新换代加快，房屋装潢，维修投入不断扩大。城镇居民的居住及维修管理、室内装饰消费支出分别同比增长17.9%、0.9%。耐用消费品拥有量增加。城镇居民家庭的耐用消费品更新速度加快，家用电器普及率提高。截至2018年年底，城镇居民平均每百户家庭拥有家用汽车69台、洗衣机107台、电冰箱（柜）107台、空调239台。（许 婷）

【农村居民生活状况分析】2018年，长沙农村居民人均可支配收入29714元，比上年名义增长8.6%，扣除价格因数影响，实际增长6.5%；人均消费支出20959元，比上年名义增长9.2%，扣除价格因素影响，实际增长7.1%。

农民收入增收的来源日趋多元化、多样化 2018年，随着长沙乡村振兴的推进，产生一系列新型行业职业，如乡镇公园、农家园林、绿地的养护管理保安人员，农村会所、民宿服务人员，红色旅游纪念地讲解员及服务人员，环卫、公交车、污水处理厂等基础设施项目工作人员，学生校车接送司机，快递代收代付点服务人员，特色幼儿园、补习班从业人员等，这些原来只在城市中才有的公益、建设项目岗位，慢慢在长沙农村普及开来，这些岗位都要从农村当地招用大批劳动人口，有的岗位还是专业技术人才，给农村劳动力就业增收创造许多新路径。新农村发展模式给农民增收开辟许多增加收入来源渠道，主要是民宿经营收入、产品供应收入、劳务收入、分红收入等多种类型收入组合。这些新型农村就业从业渠道在长沙市的广大农村形成特色，初具规模。工资性收入是长沙农民增收的主动力。经济形势的逐步趋稳向好，农民工务工环境日益好转，外出务工收入稳定增加。随着长沙美丽乡村建设和乡村振兴战略的实施，越来越多的长沙农民在本地实现就近务工，打零工形式多种多样，农村劳动力务工收入稳步提升。长沙农村居民人均工资性收入18130元，同比增长8.5%，占农村居民可支配收入的61.0%，对可支配收入的贡献率60.4%。经营净收入是农村居民收入的重要组成部分。长沙农村居民人均经营性净收入8608元，同比增长8.4%，对可支配收入的贡献率28.2%。现代农业加速发展，长沙市制定花猪、绿茶、花卉苗木、油茶、蔬菜、特色水产等“一县一特”主导特色产业发展规划，形成产业聚集优势，增加农民经营收入。种养大户、家庭农场、农民合作社、农业龙头企业等新型农业经营主体分别增加1374家、676家、854家、108家，分别增长11.6%、17.8%、7.9%和136%；调整农作物种植结构1.97万公顷，形成30个千亩、4个万亩特色种植片区；“三品一标”农产品615个；实现农产品加工业销售收入2319亿元，带动农民致富能力增强。农村居民财产净收入提升空间较大。农村居民家庭人均财产净收入386元，同比增长8.4%，对农村居民可支配收入的贡献率仅1.3%。从绝对量看，长沙农民财产性收入基数小，所占可支配收入比重较低，对农民增收的贡献仍然较小，但其提升空间较大。2018年以来，长沙振兴乡村建设带来休闲旅游持续火热，在民居中短期租住的现象增多，带动农民财产性收入增长。随着农村土地“三权分置”改革加快推进，土地合作经营“鹊山模式”（宁乡县大成桥镇鹊山村组建鹊山土地合作社）推广，全市建设土地合作社413家，形成农村土地统一整合、开发、经营的新机制。农村资源资本化进程加快，农村集体产权制度改革启动，浏阳市“三块地”改革试点推进。长沙现代农业综合配套改革试验区建设推进，望城区茶亭镇“带地入建”模式获农业农村部肯定。农业产业化带动土地经营权转让增加农民财产性收入。转移性收入快速增长。农村居民人均转移净收入2590元，同比增长10.2%，占农村居民人均可支配收入的8.7%，对可支配收入的贡献率10.1%。长沙对离退休人员和低保家庭的转移支付力度加强，社会保障加快完善。企业退休人员养老金、城乡居民基础养老金分别实现14连调、13连调，调整后市本级月人均养老金2767元，长沙城乡居民基础养老金提高到每人每月188元；80周岁及以上老年人高龄津贴实现普惠提标；城乡低保提高至每人每月550元，困难残疾人生活补贴、重度残疾人护理补贴分别达到每人每月120元、80元；长沙城乡居民医保补助提高至480元，乡镇、社区医疗机构医保报销比例提高至85%；在全省率先启动补充工伤保险试点，提高工伤职工待遇水平。

物质型消费品质提升 2018年，农村居民生活消费8大类消费中增长呈“七升一降”格局，除交通通信消费小幅下降外，其余7类消费支出均有不同程度增长。膳食结构优化，食品消费以质为重。农村居民人均食品烟酒消费支出5344元，同比增长15.6%，食品烟酒消费占总消费支出的25.5%。农村居民比以往花费更多的钱在禽类、鱼类、虾类、奶类、干鲜瓜果类等提高生活品质的食品支出上，生活饮食结构更加均衡，选择更为多元化。农村居民人均消费禽类208元、鱼类149元、虾类24元、奶类212元、干鲜瓜果类376元，同比分别增长16.4%、19.9%、57.7%、6.3%、8.6%。农村居民人均在外饮食支出893元，同比增长51.1%。衣着类消费质量提高。农村居民人均衣着消费支出1176元，同比增长6.5%。居住类消费品质提升。农村居民人均居住支出4271元，同比增长14.3%。农村居民住房维修及管理人均消费支出671元，同比增长19.5%，其中住房装潢人均消费471元，增幅30.2%。农村居民家庭家用电器更加普及。农村居民生活用品及服务人均消费支出1341元，同比增长13.0%。截至2018年年底，农村居民平均每百户家庭拥有洗衣机104台、空调172台、热水器90台、电冰箱106台。农村居民医疗保健消费增长。由于“新农合”的推进和普及，医保报销比例的大幅度提高，大病补贴等措施的落实到位，农村居民有病看病、无病保健的健康意识增强，医疗保健消费支出增加。农村居民医疗保健消费人均支出1210元，同比增长23.3%。教育消费增长。农村居民人均教育文化娱乐消费支出3563元，同比增长2.4%。其中农村居民人均教育消费2143元，同比增长15.9%。农村居民越来越注重子女的教育，加大对子女教育的投资，关注自身素质与技能的提升，教育支出不断增加。消费领域拓宽，服务性消费增长。用于在外饮食、家庭服务、交通通信、文化娱乐等各项生活服务消费支出呈现全面快速增长态势。人均饮食服务支出增长51.6%，人均家政服务支出增长38.0%，人均通信服务支出增长21.6%，人均医疗服务支出增长21.8%。（龙 苏）

社会保险

【概况】 截至2018年年底，长沙市城镇职工养老、医疗、失业、工伤和生育保险参保人数分别为186.3万人、235.9万人、154.4万人、153.2万人和163.4万人，机关事业单位养老保险参保人数14.2万人，城乡居民养老、医疗保险参保人数分别为263.7万人、513.1万人。

社会保险制度改革 启动机关事业单位养老保险新制度待遇计发。明确病种分值和年度考核系数，完善医保总额控制付费方式。实施医保按病种收付费工作，将106个病种的收费标准全部纳入住院合规费用管理，实行定额结算。率先在全省启动补充工伤保险试点，率先在全国建立农民工劳动报酬保证金、工伤保险、开工手续三联动的长效机制，《长沙市工伤医疗控费增效的创新举措与经验启示》获省委领导批示，并获2018年全国工伤保险学术优秀论文二等奖。

社会保障水平提高 企业退休人员养老金、城乡居民养老保险基础养老金、机关事业单位养老待遇分别实现14连调、13连调、3连调。城乡居民医保普通门诊最高支付限额提高到800元，支付比例提高10个百分点。将44个病种纳入特殊病种门诊管理范围，17种抗癌药品纳入医保药品目录，60天产假纳入生育保险支付范围。应对灵活就业参保人员缴费高峰，完成社保断档补缴10万人次，保障参保人员的合法权益。

社保基金监管 出台社保基金廉政风险防控实施意见，创新引进第三方审计机构参与，开展社保基金监督检查，推进问题整改。探索社保基金欺诈案件行政处罚工作，制定社保欺诈案件立案审批流程，在全省首次实施社保欠费强制划拨，办结行政强制案件9件。开展打击欺诈骗取医保基金专项行动，全年检查协议医药机构近4000家次，查处199家，追责207家。

社保降费减负 落实社保降费政策，开展失业保险“护航”行动、“展翅”行动，推行全程网办模式，降低企业社保成本12.47亿元，发放稳岗补贴、技能提升补贴1.05亿元。（李迪龙）

【106个病种按病种收付费工作实施】 2018年1月23日，长沙市人力资源和社会保障局印发《关于市本级医疗保险实施按病种收付费管理工作的通知》，自2月起，在纳入市本级（不含望城区）基本医疗保险协议管理的三级、二级公立医院中推行106个病种按病种收付费工作，并明确公立医院的收费标准和医保的支付标准。按病种收费包括患者住院期间发生的全部费用，即患者入院后，按病种治疗管理流程接受规范诊疗最终达到临床疗效标准出院，整个过程所发生的诊断、治疗、检验、检查、手术、麻醉、床位、护理、药品、医用耗材等各项费用。对实际费用超出病种收费标准部分，由医院自行承担；对实际费用低于病种收费标准的结余部分，作为医院的业务收入留用。医保则按定额支付标准结算，不设起付线，按分担比例由医保基金和参保人员共同分担。（李迪龙）

【建筑业工伤保险升级版新政出台】 2018年2月6日，长沙市召开全市建筑业工伤保险暨建设领域农民工劳动报酬保证金工作会议，发布《关于进一步完善建筑业工伤保险工作的通知》，将交通、水利、铁路、机场、能源、通信等领域的建设项目全部纳入建筑业工伤保险的保障范围，在12个方面进行服务创新升级，并在全国率先建立农民工劳动报酬保证金、工伤保险、开工手续三联动长效机制，标志着长沙建筑业工伤保险工作步入新的发展阶段。建筑业工伤保险三联动长效机制要求建设项目先参保，再办理开工手续，参保需提供劳动报酬保证金相关资料，未按规定交存劳动报酬保证金的将上浮工伤保险费率，确保建筑业农民工的劳动报酬权益、工伤保险权益双落实，从制度上解决对于建筑业农民工群体最为紧要的两大权益保障问题。（李迪龙）

【《长沙市城乡居民基本医疗保险普通门诊统筹实施细则》出台】 2018年4月11日，长沙市人力资源和社会保障局、长沙市财政局印发《长沙市城乡居民基本医疗保险普通门诊统筹实施细则》（以下简称《细则》），在重点保障参保人员住院医疗需求的基础上，将普通疾病门诊纳入医疗保险支付范围，扩大门诊报销范围，提高门诊支付限额及报销比例，减轻参保居民门诊医疗费用负担。《细则》规定，参保居民在门诊统筹协议管理基层医疗卫生机构就诊，一个结算年度内发生的政策范围内门诊医疗费用最高支付限额800元。门诊统筹资金按照村卫生室的支付比例70%，参保居民自负30%；乡镇卫生院、社区卫生服务中心的支付比例60%，参保居民自负40%；院校校医院或医务室支付比例70%，参保大中专学生、以学校为单位整体参保的普通学生自负30%的标准支付。《细则》明确，参保居民在门诊统筹协议管理基层医疗卫生机构发生的门诊医疗费用，全部纳入医疗保险信息系统结算管理。参保居民完成门诊治疗后，只需支付按政策规定的个人自负部分，应由门诊统筹资金支付的部分，由医疗保险经办机构与门诊统筹协议管理基层医疗卫生机构按月据实结算。（李迪龙）

【企业退休人员养老金调整】 2018年7月，长沙市完成企业退休人员养老金调整工作，调整后长沙市企业退休人员月人均养老金2609元，人均增加134元，其中市本级月人均养老金2767元。该次调整是2005年以来长沙市第14次调整企业退休人员养老金，惠及32万名企业退休人员。长沙市从2018年1月1日起，为2017年12月31日前按规定办理退休手续并按月领取基本养老金的退休人员（含退职人员）调整增加基本养老金。调整标准为每人每月增加基本养老金45元，再按本人缴费年限（含视同缴费年限，不含折算工龄）每满一年月基本养老金增加2.8元，缴费年限不满1年的记为1年。在上述普调基础上，对2017年12月31日前年满70周岁以上（含70周岁）至80周岁以下的退休人员再每人每月增加基本养老金20元，对2017年12月31日前年满80周岁以上（含 80 周岁）的退休人员再每人每月增加基本养老金 30 元。

（李迪龙）

【补充工伤保险项目启动】 2018 年 7 月 30 日，长沙市市本级补充工伤保险项目合同签约，标志着长沙市在全省范围内率先启动补充工伤保险项目。补充工伤保险制度是现有工伤保险制度必要补充，是建立健全多层次工伤保险体系的重要内容。通过开展补充工伤保险，可以让工伤职工在享受工伤保险待遇的基础上，享受商业保险公司支付的工伤待遇补偿；可以减轻用人单位负担，分散用人单位的工伤风险；可以使工伤保险部门借助商业保险公司的调查力量，强化工伤调查，有效防范虚假工伤、过度医疗等行为，促进工伤保险基金的安全运行；可以加大工伤预防宣传培训力度，促进用人单位安全生产，防止和减少工伤事故的发生。该项目保险人为中国人民财产保险股份有限公司长沙市分公司、中华联合财产保险股份有限公司长沙中心支公司和中国人寿保险股份有限公司长沙市分公司组成的联合共保体，其中首席承保人为中国人民财产保险股份有限公司长沙市分公司。补充工伤保险待遇由承保机构按规定发放至符合条件的工伤职工或用人单位，包括对职工因工伤残或因工死亡待遇的适当补偿，及对用人单位按照《工伤保险条例》应支付的工伤待遇的适当补偿。补充工伤保险项目惠及长沙市 3.3 万家用人单位及 150 万参保职工，试点阶段补充工伤保险保费由工伤保险基金筹集，长沙市已参加工伤保险的用人单位和职工无需再参加补充工伤保险。在工伤事故发生后，由用人单位按程序向工伤保险行政部门申请工伤认定、劳动能力鉴定及补充工伤保险待遇申报，符合补充工伤保险待遇享受范围及条件的工伤职工或用人单位，首席承保人将按照相关程序及要求将相应的补充工伤保险待遇直接拨付至受益人的银行账户。（李迪龙）

【城乡居民基本养老保险基础养老金调整】 2018 年 8 月 22 日，湖南省人社厅、省财政厅印发《关于 2018 年提高全省城乡居民基本养老保险基础养老金最低标准的通知》，明确从 2018 年 1 月 1 日起，将全省城乡居民基本养老保险养老金最低标准统一提高 18 元。9 月下旬，长沙市完成城乡居民基本养老保险养老金标准调整工作，达到每人每月 188 元，待遇实现“13 连调”，惠及近 80 万名待遇领取居民。

（李迪龙）

社会救助

【概况】 2018 年，长沙市支出社会救助资金 10.3 亿余元，较上年增加 1.4 亿元，增幅 16%。其中发放低保金 3.8 亿元，约保障低保对象 9.5 万人；发放特困供养金 3.4 亿元，保障特困人员 3.05 万人；城乡医疗救助支出 2.25 亿元，救助 22.33 万人次；精神障碍患者住院救助支出 2100 万元，救助 1.1 万人次；精神障碍患者药物救助支出 1400 万元，救助 12.61 万人次。临时救助支出 5100 万元，救助 2.01 万户次。浏阳市、宁乡市提高低保标准，由每人每月 500 元提高到 550 元，特困供养标准由 650 元提高到 715 元，全市城乡低保、特困供养标准实现全面统一。建设 40 所敬老院照料护理区，出台《长沙市特困人员救助供养办法》。出台《关于在脱贫攻坚三年行动中切实做好社会救助兜底保障工作方案》，兜底保障对象救助水平达到每人每年 4500 元。

（徐飞亮　邹艳青）

【自然灾害救助】 2018 年，长沙市发生洪涝、暴雨等灾害，全年自然灾害累计受灾人口 140272 人，紧急转移安置 372 人，其中需紧急生活救助 131 人，因旱需生活救助人口 4990 人；农作物受灾面积 13483 公顷，其中绝收面积 596 公顷；倒塌房屋 24 户 66 间，严重损坏房屋 107 户 256 间，一般损坏房屋 1078 户 2954 间，全市直接经济损失 1.07 亿元，其中农业损失 7163 万元。下拨市级自然灾害生活救助补助资金 140 万元，完成 100 万元救灾棉被、240 万元米油面等救灾物资的采购储备工作，分配下拨受灾区县（市）冬春救灾物资 1000 床棉被和 1000 件棉衣。开展救灾防灾减灾工作，举办“5·12”国家防灾减灾日和“10·13”国际减灾日集中宣传培训演练活动。开展综合减灾示范社区创建活动，21 个社区获评“省级综合减灾示范社区”，10 个社区获评“国家级综合减灾示范社区”。

（徐飞亮　邹艳青）

【临时救助】 2018 年，长沙市下拨中央冬春救助资金 2400 万元，其中宁乡市 900 万元、浏阳市 500 万元由省财政直接下拨。长沙市、区县（市）两级安排春节慰问资金 1.45 亿元，慰问困难群众约 25 万人次。全年审批、发放特困企业军转干部医疗救助和特困企业军转干部死亡后其遗属一次性生活困难救助资金约 500 万元、900 人次。下拨 20 世纪 60 年代精减退职职工生活补助资金 76.59 万元。（徐飞亮　邹艳青）

【慈善救助】 2018 年，长沙市实施 20 个重点慈善项目，筹集善款 1.04 亿元，发放救助资金 8891 万元，惠及困难群众约 5 万人次；“友阿·困难知青帮扶慈善基金”项目获国家慈善最高荣誉第十届“中华慈善奖”；长沙市城区特困老人家居适老化改造“千户计划”项目获评“2018 年度湖南十大公益新闻事件”；在第五届“中国城市公益慈善指数”排行榜中，长沙排名全国第十位、中部第一位。发展基层慈善组织，在乡镇（街道）、村（社区）建立慈善分会 38 个。义工队伍发展到 30 支，义工人数增加到 2000 人。举办“慈怀天下·善耀星城”长沙慈善会 20 周年纪念暨第五届“长沙慈善奖”颁奖典礼等活动，打造慈善品牌。

2018 年，长沙市政府 1500 万元特困家庭子女高等教育助学项目分两批次进行。9 月初，长沙慈善会为第一批次一本和二本 2444 名符合条件的贫困学子发放助学金 792 万元。第二批次三本和高职院校（含一、二本补充资助）拟资助寒门学子 2201 名，受助学子每人可获 3000 ~ 5000 元助学金，共需发放资助金 727.5 万元。拟资助名单 10 月 24 日在长沙市政府门户网站、掌上长沙、长沙民政信息网、长沙慈善会官方网站同期公示，自公示之日起 3 日内，市民对公示对象如有异议，可拨打 0731-88665462 举报。经过村（社区）初查、乡镇（街道）入户调查，区、县（市）民政局（慈善会）入户核实，长沙慈善会上门抽查，市社会救助局核查低保户信息，市教育考试院核查高考录取情况，市公安局核查户口信息，初步确认，第二批次三本和高职院校（含一、二本补充资助）有低保家庭学子 336 人、特困家庭学子 1865 人，共 2201 人符合资助条件。

12 月 20 日，由长沙市民政局、长沙市文明办、长沙慈善会主办，长沙电视台新闻频道承办的“慈怀天下·善耀星城”长沙慈善会 20 周年纪念暨第五届“长沙慈善奖”颁奖典礼在长沙实验剧场举行。市人大常委会原主任、长沙慈善会会长余合泉，市人大常委会副主任袁黎明等领导出席。10 个机构、10 个企业、10 个项目和 10 名个人获第五届“长沙慈善奖”。在颁奖典礼上，长沙慈善会携手会员单位、爱心企业、媒体记者、志愿者和爱心人士代表一起发出《关于汇聚慈善力量助力脱贫攻坚》的倡议，号召全体长沙市民为打赢脱贫攻坚战，全面建设现代化长沙。（徐飞亮 邹艳青）

【“百万爱心暖万家”公益救助活动】 2018 年 1 月 11 日，长沙市启动“百万爱心暖万家”公益救助活动。长沙市民政局拿出 440 万元公益救助资金，其中包括福彩公益金 240 万元、慈善资金 200 万元，通过政府采购公开招投标的方式，采购 40096 份粮油，每份包括 10 千克优质大米、2.5 升菜籽油和 3 千克面条。爱心物资分批配送到全市 389 家社区雷锋超市，再通过雷锋超市发放给全市城乡 4 万余户低保和特困家庭。（徐飞亮 邹艳青）

【《长沙市特困人员救助供养办法》出台】 2018 年，《长沙市特困人员救助供养办法》（以下简称《办法》）出台，3 月 1 日起实施。财政每年安排 2.5 亿元基本生活费、7000 万元医疗救助金、8700 万元照料护理补贴、1300 万元丧葬费，保障 3.1 万名特困人员的衣食住医葬等基本生活权益及照料护理需求。根据规定，凡持有本市户籍的老年人、残疾人以及未满 16 周岁的未成年人，且无劳动能力、无生活来源、无法定赡养抚养扶养义务人，或者其法定义务人无履行义务能力，均纳入特困人员救助供养范畴。《办法》首次以制度的形式，建立特困供养保障标准与长沙经济社会发展水平挂钩的自然增长机制。主城区和望城区、长沙县基本生活标准每人每月由 450 元提高到 715 元，增幅 59%；浏阳市、宁乡市由 260 元提高到 650 元，增幅 150%。并增列照料护理补助标准，按照全自理、半护理、全护理护理补贴不低于当地上年度最低工资标准的 1/10、1/6、1/3 执行，另外对集中供养特困人员和分散供养中患精神病、传染病的生活不能自理的特困人员护理补贴上浮 50%。照料护理补贴原则上不发放给特困人员本人，由当地民政部门根据特困人员身体状况统筹安排使用。《办法》首次将照料护理纳入制度的“笼子”予以保障，首次为特困人员发放照料护理补贴，财政每年新增支出 8700 万元，通过购买住院护理险、聘请照料护理人员等形式，为其提供日常看护、基本生活照料、住院陪护等服务。（徐飞亮 邹艳青）

2018 年 1 月 11 日，“百万爱心暖万家”公益救助活动的爱心物资分批配送到全市社区雷锋超市　　市民政局 供图

【“5·12”防灾减灾日集中宣传活动】 2018 年 5 月 12 日，湖南省减灾委与长沙市减灾委联合，在雨花区井湾子街道丰升德润广场举行 2018 年“5·12”防灾减灾日集中宣传活动仪式。湖南省减灾委副主任、省民政厅厅长唐白玉，省应急办主任鲁明等领导出席活动。省、市减灾委成员单位，省、市应急办成员单位及井湾子街道所辖社区居民参加活动仪式。仪式上，雨花区人民政府副区长陈怀宇代表雨花区致辞并作表态发言，鲁明宣读防灾减灾倡议书，倡导行动起来，全民参与防灾减灾。唐白玉和鲁明为社区群众代表发放防灾减灾宣传应急包，省民政厅副厅长杨薇作讲话并宣布活动启动。采用情景模拟等方式，现场演示高楼受困人员逃生、伤员转移、被压人员紧急救援等地震应急救援知识；通过模拟地下车库电动车充电桩充电自燃发生火灾，组织社区群众开展应急疏散逃生演练；社区志愿服务队采用防灾减灾情景剧的方式，展现空巢老人等弱势人群在日常生活中的应急处置和自救互救技能；模拟小学生春游过程中发生的紧急突发事件，小学生们展示各类自救互救和应急处置的技能。活动现场，组织各种防灾减灾游戏、有奖知识问答、防灾减灾救灾装备展示体验，设置宣传资料发放区、咨询区。市减灾委办公室（市民政局）创新宣传教育形式，在“长沙民政”微信公众号上开展为期 10 天的“5·12”全国防灾减灾日有奖答题活动。（徐飞亮 邹艳青）

社会福利

【概况】 2018 年，长沙市出台《关于全面放开养老服务市场提升养老服务质量的实施意见》，成为新时期养老服务工作纲领性文件。全年新增养老床位 2956 张，新增城乡居家养老服务中心 31 家。截至 2018 年 12 月 31 日，全市城乡居家养老

服务中心904个，民办、公办养老福利机构79家，床位4万余张。实现高龄津贴提标扩面，为17.2万名80周岁以上老人发放津贴2.2亿元。实施城区特困老人家居适老化改造“千户计划”项目，新华社将其作为中国应对人口老龄化的新探索予以推介。建立社区精神康复机构心翼会所8个，为2000余名会员提供专业康复服务；发放残疾人两项补贴资金约1.27亿元，惠及残疾人约5.4万人。年销售福利彩票27.7亿元，筹集公益金7.77亿元，总销量居全国省会城市第六位。

（徐飞亮　邹艳青）

【城区特困老人家居适老化改造“千户计划”项目】 2018年7月4日，长沙市民政局在长沙市政府新闻发布厅召开长沙市城区特困老人家居适老化改造“千户计划”项目新闻发布会。即日起，长沙城区特困老人可免费享受“家居适老化改造”。市民政局党委书记、局长、长沙慈善会副会长陈昌佳出席并讲话，长沙慈善会副会长贺国谦，各区县（市）慈善办和老龄办负责人以及10余家省市新闻媒体记者参加发布会。新闻发布会由长沙市民政局党委委员、副局长、长沙慈善会秘书长范凤芝主持。受经济条件制约，全市相当一部分贫困老人的居家环境较差，日常生活中普遍出现爬楼费劲、地面太滑导致跌倒、如厕后起身困难、站立洗澡时间稍长易累等现象，存在极大的安全隐患。长沙慈善会决定，从2018年开始，联合长沙市老龄办，在全省率先筹资设立并启动实施长沙市城区特困老人家居适老化改造“千户计划”项目，按照老年人的生活特点和实际需求，为全市10个区县（市）（含高新区）城区年满60周岁且现有固定住房不适应老年人生活的特困老年人家庭进行家居环境适老化改造，帮助他们营造一个安全舒适、无障碍的生活环境，最大限度地消除老人居家生活中的安全隐患，让他们更加健康、快乐的安度晚年。该项目由长沙慈善会、长沙市老龄办、各区县（市）老龄办共同组织实施，长沙慈善会负责资金筹集，长沙市老龄办负责项目管理，按照“政府主导，慈善筹资，社会参与”的模式推进。项目资金由长沙慈善会每年从慈善基金中安排200万元兜底，再通过网络众筹、冠名捐赠等渠道向社会募集。该项目计划用5年时间分期分批实施，每年改造1000户，按每户不超过2000元的标准进行改造。具体改造内容为：室内小台阶无障碍改造，卫浴地面防滑处理，卫浴扶手或抓杆安装，卫浴适配蹲便器盖板，卫浴适配壁挂式浴凳。2018年改造的1000户，将优先考虑城区低保老人家庭和特别困难的失独、失能老人家庭。符合条件的老人可向所在社区进行咨询和自愿申报。

（徐飞亮　邹艳青）

【宁乡运用电子签章实现残疾人补贴“不见面审批”】 2018年12月，宁乡市启用29个乡镇及市民政局、市残联31个单位的电子签章，并在灰汤镇及双江口镇试点，应用于困难残疾人生活补贴和重度残疾人护理补贴“不见面审批”。

（徐飞亮　邹艳青）

住房保障

【概况】 2018年，长沙市住房保障局超额完成省、市任务的基础上，在房价保卫战中，及时出台政策鼓励建设定向限价商品住房和棚改定向安置房，增加住宅供应量，平抑房价。在落实人才新政中，主动提出新建园区人才公寓，争取补贴资金，服务于人才新政和园区产业发展。在城中村改造中，主动用棚改政策覆盖城中村改造项目，解决其政策和资金缺失问题，协助将19个城中村改造项目纳入国家和省棚改计划，获得融资近90亿元。在城市危旧房改造中，主动将C、D级危房打包纳入棚改政策范围，破解城市零星危房改造的难题，棚改计划中有3个项目214户获得改造。在历史步道、历史街区和老城区有机更新中，促进火宫殿周边、潮宗街一期历史步道等建设任务快速完成。在健全住房保障体系中，率先在全省出台公租房货币化补贴政策。2018年10月30日，《2018年国务院大督查专刊》第152期全面推介长沙棚改做法。11月19日，《国务院办公厅关于对国务院第五次大督查发现的典型经验做法给予表扬的通报》对长沙棚改典型经验做法予以通报表扬。12月17日，举办全市人才公寓建设现场推进会。

省、市任务超额完成　2018年，省、市棚改任务分别为12272户、22787户，全年完成12272户、22909户，分别占年度任务的100%、100.54%；人才公寓、定向限价商品房分别开工10492套、3564套，占年度任务的349.73%、178.2%。公租房基本建成1016套，占年度目标任务的148.75%；政府投资公租房分配入住7341套，占年度任务的102.8%；企业自建分配入住1780套，占年度任务的356%；发放租赁补贴3605户，占年度任务的102.47%。

项目建设　率先启动人才公寓建设。落实市委“人才新政22条”的决策部署，启动人才公寓建设，全年开工人才公寓10492套。通过配建人才公寓满足园区人才住房需求，促进世界五百强企业——伟创力落户望城经开区。启动定向限价商品房建设。市住房保障局提出建设定向限价商品房，全年开工建设定向限价商品房3564套，对稳定全市房价、推进重点工程建设发挥作用。超额完成公租房省建任务。全年公租房基本建成1016套，为目标任务的148.75%，提前超额完成省任务。公租房建设提质。完成首批4个公租房小区提质改造并竣工验收，相关设施设备投入使用，并完成第二批次项目的改造方案的编制。

管理服务　探索政府购买服务。全年在雨花区等4个区推行公租房管理服务外包，通过细化制约条款等加强对其监管，全年拨付空置物业及委托管理费862.33万元。推行公开摇号选房。内5区推行公租房公开摇号选房，通过网上随机选房、群众代表监督、纪检监督、媒体监督，确保分配公平，业务当天办结，全年摇号选房配租1565户。加强巡查监管。开展4个月的全面巡查清查，做到“逐户清查、不漏一户”，累计上户1.2万余户；加大不符合条件保障对象退出力度，取消非定向公租房对象资格1073户，市本级公租房腾退304户。率先在全省定期公布住房保障覆盖率，从2018年9月开始按季度公布长沙市住房保障覆盖率。

政务服务　“放管服”改革成效。

落实市委、市政府关于推进“最多跑一次”和“只进一个厅”决策部署，5月底将服务窗口整体搬至市政务中心办公。推进住房保障信息平台建设，18项业务统一网上受理、并联审查、快递送达，审批时速缩短60余天。推行阳光政务制度，全年在局政务网站公开市本级房源信息、保障对象资格审批信息12期。提升政务服务水平，全年办理公租房、经适房、棚改安置补贴、职工住房货币补贴等各类资格审批1.7万余户（人），补缴上市交易土地价款（含货补退款）2.35亿元。及时办理市民服务热线，按时办结率100%，全年有4个月满意度全市排名第一位。（颜　林）

【棚户区改造】 2018年，长沙市强化棚改日常管理，通过制定各区县（市）年度和日常考核办法、季度考核通报、项目调度服务等方式，全年完成扫尾清零项目13个，超额完成年度任务。拓宽棚改资金筹集渠道。争取省财政、住建、发改部门的支持，全年争取专项资金8.11亿元（其中中央资金7.77亿元、省级资金0.34亿元）。全年完成19个项目政府购买棚改服务的采购程序，项目总投资279亿元，其中，棚改部分申请银行授信143亿元，配套部分申请商业银行授信73.26亿元。强化棚改腾空区配套建设。推进土地挂牌出让，全年完成市棚改公司结算初审有2个项目，向市政府和市棚改办提出土地挂牌申请有3个项目，其中天心区新建西路棚改项目商业地块挂牌。项目腾地后严格按批准的规划方案实施，全年在棚改腾空区开工建设项目7个。完成白沙液街、蔡锷中路项目有机棚改年度任务。规范棚改项目规划设计和土地出让制度。制订市级统筹棚改项目规划工作方案，指导项目腾地后的城市设计、土地利用和开发建设等工作；出台《长沙市市级统筹棚户区改造项目土地成本分担管理办法》，从制度上控制项目成本，防范债务风险。（颜　林）

【保障性住房管理】 2018年，长沙市完善政策体系，开展长沙市保障性住房管理条例立法调研和论证工作；组织对经济房上市交易管理办法、经适房审批管理办法等文件进行重新修订；出台公租房货币化保障、棚改项目土地成本分担管理等配套政策文件。规范资金管理，严格按规定使用和拨付安居工程资金，资金管理规范、使用高效，全年拨付安居工程各项资金3.26亿元，年度财政支出绩效评价结果为良。加强信息建设，建成全市住房保障信息平台系统，实现人社、民政、公安等部门之间的信息共享和内5区业务统一。（颜　林）

【住房公积金管理】 2018年，长沙住房公积金管理中心推进制度扩面，配合“反炒房”攻坚战，及时调控政策，提升服务水平，强化科学管理手段，提高风险防控水平，全市住房公积金主要业务健康发展，各项业务指标超额完成。2018年，新增开户单位3964家，新增开户职工24.57万人，完成归集122.56亿元，同比分别增长48.41%、21.94%、17.35%；发放个人住房贷款2.28万笔、102.04亿元，同比分别增长11.22%、26.52%；提取住房公积金70.28亿元，同比增长28.41%，占当年归集额的57.34%；全年完成业务收入11.97亿元，实现增值收益5.79亿元。

归集扩面 推进归集业务，联合市政府督查室对全市机关事业单位编外合同人员开展缴存情况调研，摸清底数，联合发布《关于做好社区专职工作人员工资福利待遇调整的通知》，规范社区专职工作人员住房公积金缴存；支持“新市民”和灵活就业群体自愿缴存，截至2018年12月底，逾5.5万名灵活就业人员开户缴存，人均月缴存额近600元；推进应缴未缴单位、企业建制缴存工作，对应缴不缴单位开展行政执法。在新开户职工中，国家机关和事业单位占5.82%，国有企业占7.67%，城镇集体企业占0.01%，外商投资企业占6.44%，城镇私营企业及其他城镇企业占55.13%，民办非企业单位和社会团体占5.15%，其他占19.78%。全年铁路分中心、各管理部深入园区、企业、街道和楼盘，召开专管员工作会议、楼盘工作人员会议近20次。在《中国建设报》《湖南日报》《长沙晚报》和红网、电视台、电台等媒体发布新闻近50篇；在中心官网发布公积金业务工作动态近210篇，公布政策法规调整及解读信息等通知10条；中心微信公众号、官方微博等新媒体推送信息394篇。

贷款业务 及时调控业务政策，将购买二套房申请住房公积金贷款首付比例调整为最低60%，并取消最低可贷额度20万元的规定，严格执行贷款额度与缴存额度挂钩的规定；优先支持本地缴存职工购房刚需，将浏阳市、宁乡市纳入全市统一调控范畴。推行组合贷款、阶段性担保试点业务，支持灵活就业人员使用住房公积金贷款购房，截至2018年12月底，发放组合贷款199笔8763.7万元，发放阶段性担保贷款468笔、3.56亿元，发放灵活就业人员贷款484笔1.91亿元。

管理服务 推进业务“就近办”，7月，在浏阳经开区增设住房公积金试点网点，实现业务“进园区”；11月，浏阳市管理部入驻市民之家，方便缴存单位及职工“一站式”就近办理住房公积金业务。推进业务“网上办”，全年通过网上业务大厅、手机APP在线办结提取3.7万笔4.48亿元；在线办结汇缴、开户、信息变更等业务累计327586笔。全国异地转移接续平台全年受理业务9727笔，同比增长117.65%；办结8269笔，同比增长113.39%。偿还住房公积金贷款本息、离职、退休等5项提取业务，缴存、基数及比例调整、转移及封存5项汇缴业务通过网上办理实现“零跑腿”。推进业务“一次办”，32项住房公积金业务中，实现“最多跑一次”业务30项，占比94%。

风险防控 联合市公安局发文，打击骗提套取公积金行为，曝光骗提（未遂）人员名单，加大惩戒力度，全年追回骗提骗贷资金280万元。开展“风险防控年”主题活动，修订完善廉政风险防控实施细则；定期开展业务稽核，不定期开展专项稽核，结合稽核系统及电子化检查工具运用，出具稽核报告2份，督促整改落实；主动、规范向社会披露2017年全市住房公积金年度报告及相关解读；配合市政府开展政务云建设，促进各职能部门实现信息联网协查，规避不良信用贷款。对业务虚假材料采取预警和通报机制，确保资金安全发放。

信息化建设 拓宽“八大平台”服务事项，推进业务在线办理，截

至2018年12月底，微信公众号关注量逾46万人，网上业务大厅注册量逾13万人（含单位和个人），手机APP注册用户近3万人；推出微信公众号“刷脸”提取业务，推进领导决策、稽核审计平台等使用，强化风险防控能力；配合市政府政务云建设，促进各职能部门实现信息联网协查；强化SSL加密，提高信息安全级别。（杨 婷）

优抚安置

【概况】 2018年，深化城舰共建，打造“三个一”（双拥一条街，标语一座桥，示范一个点），全年在主要街道建成双拥一条街10条，主要交通要道设置标语22条，共建示范点11个。“八一”走访慰问13家部队，全年组织赠送现金和物资198万元。做好驻长沙部队立功官兵奖励工作，全年奖励744名三等功以上官兵50万元奖品。做好未就业随军家属生活补助金发放工作，全年审核并发放449名随军家属生活补助金300万余元。

（徐飞亮 邹艳青）

【优抚工作】 2018年，长沙市办理伤残评定136人，其中，新评伤残22人，调整伤残等级15人，新增登记伤残60人，补评伤残39人；拨付抚恤经费和医疗补助经费4.5亿元；拨付义务兵优待金1804.95万元。义务兵家庭优待金标准提高至每户每年2.5万元。加强优抚对象信息管理工作，应核7861人，实核18792人，核查率239.57%，提前超额完成民政部下达的核查指标，身份证认证率99.13%。开展退役军人和其他优抚对象信息采集及悬挂光荣牌工作，全市录入系统信息数量12万余条。

（徐飞亮 邹艳青）

【退伍士兵安置】 2018年，长沙市筹措486个岗位，410名符合政府安排工作条件退役士兵按量化评分排名选岗。开展下岗志愿兵等群体解困再就业帮扶，实现再就业1125人次，帮扶生活困难490人次。开展自主就业退役士兵职业教育和技能培训工作，组织中国水电八局高级技工学校、湖南机电职院等5家定点培训学校开班培训，市本级培训退役士兵100余人，指导长沙县、浏阳市、宁乡市属地培训退役士兵200人。（徐飞亮 邹艳青）

【军休工作】 2018年，长沙市接收安置军休干部（含士官），占全省接收安置总数的85%，完成接收安置任务；全面核查享受待遇的军休干部（含士官）信息数据2474条，确保信息全面、准确、完整。落实军休干部“两项待遇”，全年分配并下拨军休经费6.06亿元；及时办理新接收军休干部（士官）的落户、医保等手续；完成38名特别抚恤金、20名护理费、6名遗属生活补助的审核及申报工作，有效保障军休人员离退休费、增资调资、医疗保障等各项生活待遇落实。

（徐飞亮 邹艳青）

社区建设

【概况】 2018年，长沙市出台《关于加强和完善城乡社区治理的实施意见》，健全社区治理体系。制定“三社联动”项目统筹管理办法，实现项目发布、申报、评审、督导、验收“五统一”。召开第三届“三社联动”社区服务供需对接会，整合2600万元项目资源，促成378个服务项目落地社区。完成884个村务公开栏规范化建设，修订1567个村（社区）村规民约（居民公约）。打造65个和谐社区建设示范社区、35个社区服务品牌，完成65个社区服务用房达标建设任务，全市社区服务用房面积平均940平方米。加大农村社区建设力度，打造65个农村社区建设试点村、20个农村社区示范村，农村社区建设试点覆盖率74%，在12个村开展农村治理体制改革试点。

（徐飞亮 邹艳青）

【社工工作】 2018年，长沙市社工师考证通过1410人，全市持证社工5192人，约占全省的53%。全年培训社会工作专业人才5000余人次。扶持社工项目，投入500万元支持39个社工项目、购买4个服务项目。启动乡镇（街道）社工站建设，出台《长沙市乡镇（街道）社工站实施办法》，全市170个乡镇（街道）全面建设社工站。举行第五届“国际社工日”宣传周启动仪式暨2018年社会工作专题研讨会。

（徐飞亮 邹艳青）

【湖南省第五届国际社工日宣传周活动在长沙举行】 2018年3月19日，湖南省民政厅、长沙市民政局联合主办的湖南省第五届国际社工日宣传周启动仪式暨2018年社会工作专题研讨会在长沙举行。湖南省民政厅党组书记、厅长唐白玉宣布活动启动。湖南省民政厅党组成员、副厅长杨薇，长沙市民政局党委书记、局长陈昌佳以及关心和支持社会工作事业发展的社会人士和社工同仁等出席会议。启动仪式后，中南大学公共管理学院副院长李斌、长沙市第一社会福利院院长龙环、中南大学湘雅医院医务社会工作部主任费汝倩以及湖南司法警官职业学院副院长赵兰分别就社会工作人才队伍建设、老年社会工作、医务社会工作、婚姻家庭社会工作作主题发言，分享社会工作在各领域所发挥的作用和取得的成果，探寻湖南本土社会工作今后发展的道路。

（徐飞亮 邹艳青）

【第三届“三社联动”社区服务供需对接会】 2018年5月30日，长沙市第三届“三社联动”社区服务供需对接会召开。湖南省民政厅党组书记、厅长唐白玉，长沙市委副书记徐宏源，长沙市民政局党委书记、局长陈昌佳等领导出席。对接会由长沙市民政局主办，主题是“深化三社联动机制，创新基层社会治理”，旨在进一步推动“三社联动”实现新提升、新拓展、新突破，全面打通“三社联动”过程中的供需匹配障碍，强化资源整合联动。96个街道、614个社区、161家社会组织（社工机构）参加该次对接会，现场发布2600万元左右项目资源，782个项目达成签约意向。

（徐飞亮 邹艳青）

社会组织管理

【概况】 2018年，长沙市登记社会组织5384家，备案社区社会组织5440家。扶持社会组织发展，印发《关于大力培育发展社区社会组织的通知》。开展社会组织年度检查，社会组织参检率91.7%，合格率90.5%。加强社会组织信用监管，出台《长沙市社会组织活动异常名录和严重违法失信名单管理办法》。依法打击非法社会组织和社会组织非法行为，取缔非法社会组织3家，劝散5家，移送处理3家，撤销登记62家。加强社会组织党建，向社会组织选派党建指导员，社会组织党组织应建尽建。

（徐飞亮　邹艳青）

【《长沙市社会组织活动异常名录和严重违法失信名单管理办法》出台】 2018年7月，长沙市民政局印发《长沙市社会组织活动异常名录和严重违法失信名单管理办法》，8月起实施。根据该办法规定，社会组织被列入活动异常名录，其间不得确认公益性捐赠税前扣除资格和非营利组织免税资格，已确认的应当按规定取消；不得列入《长沙市承接政府转移职能和购买服务社会组织推荐目录》，已列入的应当按规定移出；不得申请社会组织等级评估，已获得评估等级的应当按规定降低或取消评估等级；不得认定为慈善组织和发放公开募捐资格证书。市和区县（市）民政部门在资金扶持、授予荣誉称号等工作中，依法将社会组织是否被列入活动异常名录作为重要考量因素。其他有关部门开展上述工作时，应将社会组织是否被列入活动异常名录作为考量因素。对被列入严重违法失信名单的社会组织，登记管理机关可以采取或者建议有关部门依法采取下列惩戒措施：列入重点监督管理对象；不给予资金资助；不向该社会组织购买服务；不授予相关荣誉称号；取消或者降低社会组织评估等级；列入失信“黑名单”，实施部门联合惩戒。

（徐飞亮　邹艳青）

【2018年度“三社联动”项目评审会议】 2018年9月21日，长沙市民政局召开2018年度“三社联动”项目评审会议。市民政局党委书记、局长、项目评审委员会主任陈昌佳出席会议，全体评审委员会专家、委员、市民政局社会组织管理局、社会工作处、基层政权和社区建设处负责人参加，会议由市民政局党委副书记、副局长、项目评审委员会副主任伍仁华主持。会上，市民政局相关业务处室负责人分别汇报社会组织、社工服务、社区服务的项目申报和初审情况。全体评审委员会委员、专家对“三社联动”申报项目逐一进行评审，并就如何完善评审标准和改进项目评审方式提出建议和意见。根据《长沙市民政局“三社联动”项目统筹管理办法（试行）》规定，2018年首次采取“统一发布时间、统一申报平台、统一项目评审、统一中期督导、统一评估验收”的联动模式运作，截至6月20日，有153家社会组织、67家社区递交项目申请书，项目经审定后评审结果将在指定平台及时向社会进行公布。（徐飞亮　邹艳青）

民族宗教事务

【少数民族同胞服务】 2018年，长沙市完成632名考生享受普通高校招生民族优惠政策资格的审核工作，加大民族成分确认的政策宣传，提高服务质量，办理27名公民申请变更民族成分的审批手续。完成2018年度清真冷藏补贴拨付及2019年度清真肉食补贴的发放工作。长沙市民族宗教事务局（以下简称“市民宗局”）联合城管等部门组织在长沙经商人员学习《湖南省城市管理综合条例》《长沙市城市市容和环境卫生管理办法》等相关法规、法律条文，为经商人员进店宣传，为其配置油烟净化器提供帮助。

（周红波）

【民族团结进步创建活动】 2018年，长沙市民宗局指导芙蓉区滨湖社区、雨花区牛角塘社区、长沙市清真寺等开展民族团结进步创建工作，完成全国、全省民族团结进步创建示范单位的申报工作，对全国民族团结进步创建示范社区——岳麓区梅溪湖街道阳明山庄社区进行验收挂牌，湖南高桥大市场股份有限公司被确定为全省民族团结进步示范点。做好国家民委对长沙城市民族工作的督查，并获督查组好评。

（周红波）

【少数民族群众服务站建设】 2018年，以长沙作为全国第三批少数民族流动人口服务管理示范城市为契机，夯实到长沙少数民族流动人员的工作基础，完成到长沙少数民族同胞服务管理工作，开展少数民族群众服务站“增量提质”工程，依托现有的8个少数民族服务站进一步辐射至各个区县（市），指导建立6个区级少数民族群众服务站并进行授牌，实现少数民族群众服务站9个区县（市）全覆盖。与新疆驻湖南工作组签订友好合作协议，带领新疆到长沙少数民族同胞参观红色纪念地、开展技能培训、扶贫帮困等活动。

（周红波）

【《宗教事务条例》宣传贯彻】 2018年2月1日，新修订的《宗教事务条例》(以下简称《条例》)施行。9月17日，省委常委、市委书记胡衡华主持召开有各区县（市）委书记和市直有关部门主要负责人参加的全市意识形态和民族宗教工作座谈会；4月，邀请中央统战部专家为全市重点乡镇（街道）党工委书记、区县（市）统战部领导以及市县两级民宗局干部进行《条例》专题辅导；10月30—31日，组织全市宗教干部法规政策培训班暨知识竞赛活动，《条例》颁布以来，全市面向宗教干部、宗教界人士和社会群众举办《条例》培训39场，参训人员2600余人次，发放学习资料3000余册。

（周红波）

【宗教基础信息工作】 2018年，长沙市民宗局高标准做好全市宗教基础信息数据库的复核上报工作，在全省民宗委主任会议上，长沙作题为《善思力行出实招，厚植根基谋长效——长沙市宗教基础信息数据库复核和场所赋码工作经验材料》的典型发言。按照省民宗委赋码工作的部署，完成全市宗教活动场所统一社会信用代码赋码工作，并开展新证印发工作。全面压实“宗教工作三级网络两级责任制”和“一单四制”（一单是安全隐患清单，四制是台账制、交办制、销号制、通报制）责任落实，进一步夯实基础，消除隐患。全年全市摸排出36处安全隐患。

（周红波）

【宗教工作法治化建设】 2018年，长沙市民宗局制定完善民宗领域意识形态工作的考核标准。指导市佛协、市基督教“两会”完成换届工作；完成市佛协、市基督教“两会”等宗教团体规范制度汇编，强化团体教职人员认定、培养等职责。开展关于以“学习”为主题的和谐寺观教堂创建活动和“五进五好”主题实践活动，8月30日，指导全市宗教团体具体承办在开福寺举行的“五进五好”活动启动暨集中升国旗仪式，随后，全市所有宗教活动场所自发悬挂国旗，并不定期地举行升旗仪式。

打击非法宗教活动 按照中央、省委关于宗教工作自查的要求和中央巡视组反馈湖南省宗教领域的意见，开展宗教工作自查和整改工作。依法开展基督教私设聚会点治理专项工作，完成51处基督教私设聚会点治理。对全市宗教露天造像进行全面摸排，完成2处不符合现行规定的露天宗教造像治理，叫停宁乡沩山风景区将门票口设置在密印寺内的商业化行为。

规范民间信仰事务 建立全市民间信仰活动场所数据库，为解决和分类处置当前民间信仰事务管理中存在的突出问题奠定基础。根据省民宗委要求，深入开展民间信仰活动场所普查、备案和民间信仰管理试点两个专项工作，专题部署专项整治乱建民间信仰活动场所工作，指导望城区开展为期3个月的治理乱建民间信仰活动场所专项行动，拆除非法乱建场所17处，综合整治12处。（周红波）

【参加湖南省第九届少数民族传统体育运动会】 2018年10月16—20日，湖南省第九届少数民族传统体育运动会在湘西土家族苗族自治州龙山县举行。长沙市派出108人的代表团参加组委会组织的各项活动，开、闭幕式以及高脚、秋千、板鞋竞速、射弩、陀螺、蹴球、押加、毽球、民族健身操9个竞赛大项和1个综合类表演项目乙组的比赛。获乙组团体总分第四名、体育道德风尚奖以及金牌3枚、银牌10枚、铜牌5枚等成绩。表演项目《龙腾盛世 筑梦星城》获金奖，并受邀参加闭幕式表演。板鞋、高脚和表演项目3个运动队以及向钗榕等10名运动员获体育道德风尚奖。（彭全）

【国家民委调研组调研长沙民族工作】 2018年10月14日，为掌握各地贯彻落实《关于加强和改进少数民族流动人口服务管理工作的意见》（以下简称《意见》）文件的情况，以国家民委监督检查司副司长杜宇为组长的调研组在省民宗委党组副书记、副主任赵仁秀的陪同下到长沙市调研考察。调研组一行到长沙市民族工作“六进”重点单位雨花区牛角塘社区、中南大学帕提玛工作室、望城一中进行实地调研，市政府副秘书长王体泽、市民宗局局长罗伟陪同。召开少数民族流动人口服务管理工作座谈会，市委统战部副部长刘佳勇主持，罗伟汇报长沙市贯彻落实《意见》的情况，市城管局、市工商局、芙蓉区教育局、高桥派出所、帕提玛工作室、望城一中等单位相关负责人参加座谈，重点是对少数民族流动人口融入城市进程中反映较为集中的问题及产生的原因、主要表现、应对的措施、取得的成效、典型经验和对策建议进行座谈交流。长沙市先后3次被国务院评为全国民族团结进步模范集体。2018年，省民宗委将雨花区牛角塘社区申报为全国“民族团结进步创建示范社区”。（李斌）

【《宗教事务条例》辅导报告会】 2018年4月24日，为深入学习贯彻新修订的《宗教事务条例》（以下简称新《条例》），提升全市依法管理宗教事务的能力和水平，市委统战部、市民宗局牵头举办全市学习新修订的《条例》辅导报告会，邀请中央统战部研究室六处处长于森作新修订《条例》的专题解读。市委常委、统战部部长谭小平出席会议并作讲话。市民族宗教工作领导小组成员单位分管负责人，市委统战部、市民宗局全体干部职工，各区县（市）统战部部长、副部长和分管副区长及部分（镇）街道党（工）委书记、市各宗教团体秘书长以上人员200余人参加会议。于森从修订新《条例》的必要性、修订基本原则、修订过程、修订的主要内容4个方面进行专题解读，并通过典型案例的讲解增强贯彻落实新《条例》的针对性、可操作性。谭小平强调，各级各部门要深刻把握党的宗教方针政策，准确灵活把握《条例》的贯彻实施，实现全市宗教领域的和谐稳定。他要求：要充分认识贯彻落实《条例》的重要意义，充分认识到宗教工作的群众性、复杂性、敏感性，确保《条例》贯彻实施不走样、不偏差；要准确把握当前宗教工作面临的新形势，全面掌握宗教领域的新情况、新问题，强化新《条例》的宣传、培训，提升服务管理能力；要突出抓好宗教领域的重点工作，夯实宗教工作基础，压实宗教工作“三级网络两级责任”制，全面加强场所建筑、消防、网络安全管理，着力提升宗教工作法治化水平。（周红波）

【洗心禅寺慈善基金会举行2018年度助学捐赠仪式】 2018年8月26日，由中国爱心工作委员会、湖南省长沙洗心禅寺慈善基金会（以下简称“洗心基金会”）发起的“万名学子助学计划”之2018年度助学捐赠仪式在长沙市望城区洗心禅寺举行，各级领导、爱心人士代表、部分受助学子、法师、义工200余人参与。606名贫困学子获洗心基金会的爱心资助242.4万元。洗心基金会助学活动自2012年启动“万名学子助学计划”以来，连续开展7年，资助湖南14个市州的贫困学子6290名，发放善款2303.05万元，坚持“全公开、都走访、零成本”运作，获评“省级同心项目”、湖南首批“慈善组织”和“AAAA社会组织”等荣誉。

（夏悦瑶）

区县概况

OVERVIEW OF DISTRICTS AND COUNTIES

责任编辑・陈晓红

芙蓉区

【概况】 芙蓉区辖湘湖、定王台、韭菜园、文艺路、朝阳、五里牌、马王堆、荷花园、东屯渡、火星、东岸、马坡岭、东湖13个街道和隆平高科技园（正县级），其中湘湖地区既设街道办事处，又设管理局（副县级）。全区面积43.88平方千米，2018年年末户籍总人口42.47万人，常住人口58.95万人，人口出生率10.66‰，人口死亡率7.79‰，人口自然增长率2.87‰。

地区生产总值1326.7亿元，增长8.4%；一般公共预算收入103.8亿元，增长9%；城镇居民人均可支配收入54354元，增长8.3%；高新技术产业产值742亿元，增长19.8%；社会消费品零售总额增长7.5%；全社会固定资产投资增长8%。研究与试验发展（R&D）经费支出占地区生产总值比重、产业投资占全社会固定资产投资总额比重、税收占一般公共预算收入比重，同比分别提升0.2个、0.9个、3个百分点。

产业发展 全年实施重点项目125个，完成投资138亿元。实现第三产业增加值1239亿元，增长10.7%，占GDP比重93%。持续推进重点楼宇“楼长制”，完成楼宇招商30万平方米，引进楼宇企业1096家。九龙仓长沙国际金融中心开业，有400余个一线品牌入驻，20余个国际品牌首次入驻华中地区。宇成朝阳等楼宇招商推进，恒大珺悦府等社会项目启动建设，华菱大厦等老旧楼宇完成提质改造。湖南盐业实现主板上市。进入全市上市后备库企业27家，成为全省12个资本市场县域工程和3个应收账款融资试点区县之一。举办全省黄金珠宝文化节，启动长沙黄金街建设。隆平园实现现代服务业营业收入175亿元，增长20%。省“五个100”重点项目华智生物国家水稻分子育种中心完成主体工程，隆平高科总部基地竣工投产。大汉控股、振升集团、爱尔眼科、苏宁云商、仁孚汽车等企业入选2018湖南民营企业100强，颐而康获首届市长质量奖。举办首届长沙种业硅谷峰会暨种业创新成果博览会，引进基因技术产业链企业50家。加快推进“最多跑一次”改革，全面落实“马上办、网上办、就近办、一次办”要求，实现“四办”事项463项，其中“马上办”116项，“网上办”454项，“就近办”91项，“一次办”422项。全年新增商事主体1.5万户，总量首次逾10万户。新增“四上”企业（规模以上工业企业、房地产企业和有资质的建筑业企业、限额以上批发零售住宿餐饮企业、规模以上服务业企业）237家，总数超过900家。开展小餐饮和食品经营许可“申请人承诺制”审批，惠及市场主体5000余家。开展企业“大走访、大宣传、大帮扶”，69名县级领导带队走访重点企业738家，解决反馈企业需求804个。出台“优化营商环境十二条”、促进黄金珠宝产业发展“金十条”等政策措施，落实“营改增”等税费减免举措，举办金融服务“两进两促”等银企对接活动，全年退抵减免税费7.7亿元，兑现政策扶持资金4626万元，解决企业融资需求33亿元。引进中石化新疆煤制天然气、特斯拉、蔚来汽车等500强企业、独角兽企业和区域性总部企业13家。

城市建设 完成棚改1399户、14.2万平方米，实现投资6.3亿元。黄土塘项目配套学校和安置房启动建设，友谊东、火星镇、五里牌肉联厂项目完成腾地，蔡锷中路两厢项目总体签约率90%。白果园化龙池历史步道完成主轴建设，恢复重塑历史文化古迹12处，改造房屋124栋673户，全面开放登隆街巷。加快推进城中村改造，火炬、新安等4个村通过验收。完成103号令征迁181栋259户。东宜兰园分房3604套，4323位待安置农民住进新家。加快集体土地拆迁遗留问题化解，27宗地块基本扫尾清零。整治土地违法违规现象，18宗闲置土地得到有效处置。全市首座跨河人行景观桥汉桥建成开放，大河路等13条道路实现通车，远大路提质改造一期完成。首批园区专线巴士正式运行，浏阳河以东地区公共服务设施不断完善。推进电力设施建设三年行动和“630攻坚”计划，推动马王堆、窑岭等变电站及配套线路建设，完成配网项目53个。

城市管理 全面提质五一商圈，五一商圈4大主要商场日均人流量较改造前增加11%，营业额增长26.5%。常态化开展火车站周边综合整治，连续推进三个“百日会战”，查处车辆违运、违停、违章3.6万余次，站区秩序不断改善。开展杨家湾撇洪渠两岸综合整治和浏阳河东片“三清一拆”行动（三清：清理垃圾、清理堆物及亭棚、清理“散、乱、污”企业和市场；一拆：拆除违章建筑），关停“散、乱、污”企业和市场60余家。建成港湾式公交站2处。实施绿化项目34个，新增绿地面积26.9公顷。晓园公园平稳移交芙蓉区管理。

社会事业 “一圈两场三道”建设加快推进（一圈：15分钟生活圈；两场：停车场、农贸市场；三道：人行道、自行车道、历史文化步道），建成“15分钟生活圈”17个。一中双语、实验小学、万国城幼儿园等“五校一园”开学，新增优质学位7000余个，“超大班额”全面化解。完成蓉园社区等24个社区全面提质提档。建成全民健身工程44处，提质社区综合文化中心6个。马坡岭街道社区卫生服务中心投入使用。新改扩建人行道24.4千米、自行车道52.4千米。举办中华龙舟大赛，获评全国最具人气龙舟城市。承办全省非遗工艺博览会。国家基本公共卫生服务考核全省第一位。孕产妇免费产前筛查、标准化母婴室建设等28个省市民生实事全面完成。落实“人才新政22条”，兑现各类补贴1300万余元、1万余人次。全年新增城镇就业1.7万人，失业人员再就业6121人，发放创业担保贷款1595万元。保险征缴面扩大，基本养老保险参保12.9万人，社保五险征缴总额21.2亿元。区社会福利中心完成主体建设。办理公共租赁住房货币补贴和实物配租1832户。调处矛盾纠纷2740余起。开展“七五”普法，主题宣传活动被收录为司法部年度优秀案例。完成全国文明城市测评，11人获评中国好人、湖南好人和省新时代好少年。建立安全风险分级管控模式，工贸行业安全监管经验获全省推介。开展国家食品安全示范城市创建，通过省级验收，市民满意度提升16个百分点。完成“明厨亮灶”视频厨房建设150家，提质改造小餐饮“透明厨房”535家，关停“一桌餐”场所30个。完成民兵调整改革、兵员征集等工作任务。全面开展道路交通综合整治，推进“畅通城市”建设。严密排查火灾隐患，连续两年实现火灾事故零伤亡。持续开展打击违法犯罪专项行动，深化扫黑除恶专项斗争，破获涉恶刑事案件57起。继续保持全省“平安县市区”荣誉称号。

“三大攻坚战”严格预算管理，推动平台公司转型，“调、缓、停、撤”政府投资项目45个，政府性债务总规模压减2.3%。建成全省首个区域性金融风险监测预警处置平台，办理非法集资等涉众型经济案件20余起，全区政府债务风险、金融风险总体平稳可控。统筹区外对口帮扶、区内精准救助工作。龙山县靛房镇326户1464人摆脱贫困，与怀化麻阳县“携手奔小康”工作有序推进。加大中心城区特殊困难群众保障力度，实施慈善助困、慈善助医、慈善助学、慈善助老、慈善助贫、慈善助葬、慈善助急、慈善助无“八大慈善救助”，发放各类救助资金4000万余元，惠及居民2万余人次。全区低保人员人均救助金额达到每年1.3万元。抓好中央环保督察“回头看”和省环保督察反馈问题整改，83件中央信访交办件和113.5件省交办件全部办结。“蓝天保卫战”取得阶段性成效，马坡岭、长沙火车站监测点全年空气质量优良天数分别增加21天、13天，$PM_{2.5}$年均浓度同比下降10.7%、7.4%，PM_{10}年均浓度同比下降10.8%、20%，重度污染天数同比下降45.5%、50%。落实“河长制”“湖长制”，投入1.1亿元完成浏阳河流域水环境综合治理项目36个。浏阳河全年水质稳定达到Ⅳ类标准，水质优良率49.2%、达标率89%，同比分别提升10个、41个百分点。

困难和不足　经济保持中高速增长面临较大压力，发展后劲有待增强。缺乏市级重大片区、平台的有力支撑，中心城区传统优势逐步减弱。民生诉求日益多元，提升城市品质，优化营商环境，创新社会治理，完善政务服务等工作还任重道远。

（邓　斌）

【芙蓉区2018年度十件民生实事】 2018年，芙蓉区全面完成十件民生实事工作：新建和提质西龙、朝阳、金祚等农贸市场和生鲜超市11家；完成楚怡小学、朝阳小学等13所学校标准化建设，移交小区配套幼儿园12所，新增普惠性幼儿园7所，公办和普惠性幼儿园覆盖率77.3%；朝阳一村38号栋危房改造实现征收清零；湘湖等8个街道居家养老服务中心建成使用；创建红橡华园、壹号座品等垃圾分类减量示范小区13个，生活垃圾分类试点覆盖率30%，全年垃圾总量减少11%；建成马楚文化园、龟山绿带公园等城市公园、游园7个；新建和提质站厕23套，打造示范性公厕2座；新增停车场24个，新增公共和配建停车位7874个；改造老旧小区居民家庭餐厨油烟净化设备1.2万户；完成远通苑、竹园公寓等8个已建住宅小区电力“专改公”。（邓　斌）

【芙蓉区优化营商环境】 2018年2月22日，长沙市芙蓉区颁布《关于优化营商环境的实施意见》，从优化审批环境、成本环境、法治环境、服务环境等方面，对营商环境建设提出“十二条”措施。针对企业群众重复“找窗口”、多次提交材料的问题，芙蓉区着眼“零成本”，以多行业并联审批模式为突破口，试行“容缺后补”办理的“五个办理”审批模式，清理取缔没有法律法规依据的收费项目，继续实行“资料复印、快递送达、证照办理”3项免费惠民举措，实现证照办理“零成本”。针对办事地点集中、等待时间久等问题，芙蓉区着眼“零跑腿”，把行政审批办理权限下沉，延伸至各街道、社区政务服务中心和重点楼宇，让企业群众在家门口就能把所有事儿办成。通过网上办事大厅、APP、微信公众号等信息化手段，芙蓉区实现网上预约、申报、实时查询、办结短信提醒，力争所有备案事项当场办结、80%以上的审批事项全程网上办结，实现从“最多跑一次”到“一次都不跑”的转变。针对服务效率不高的问题，芙蓉区着眼“零距离”，推行“一联一帮”服务机制，“一联”即在重大项目联合审批基础上开辟绿色通道，以联合通办的方式，给重大项目审批办理开设“通行绿灯”。优化重大项目建设工程审批流程，对在同一阶段实施的多个审批事项，统一实施细则标准、统一梳理审批要件、统一告知审批结果。“一帮”则是指在建立重大项目审批绿色通道和投资企业帮办机制的基础上，开启线上线下“保姆式”帮办模式，实现线上信息高效运转，线下服务无微不至，让审批部门变成“服务管家”。针对监管缺位等问题，芙蓉区着眼“零容忍”，按照能放则放、该管则管的原则，做到“法无授权不可为、法定职责必须为”。同时，加强对窗口和审批工作人员的管理，向各种“潜规则”开刀，对各种违法乱纪行为保持“零容忍”，确保实现“零失误、零推诿、零投诉”，打造“全能岗”，逐步实现“全窗式受理”，打造忠诚、干净、担当的干部队伍。

（封　豪）

【长沙黄金街启动建设】 2018年11月18日，“长沙黄金街”启动建设。项目位于长沙市芙蓉区建湘路，以湖南最大的黄金珠宝批发交易中心“黄金之城”为依托，是芙蓉区政府2018年重点商业街区打造项目，配套以产业街区优惠招商政策“金十条”，于2018年年底动工。“长沙黄金街”作为湖南第一条黄金珠宝产业街，是黄金珠宝产业链上所有环节的大融合。芙蓉区政府将集中人、财、物，牵头组织黄金之城珠宝交易中心的业主企业代表组建“长沙黄金街管委会”，并拟设立湖南黄金珠宝产业总部基地，邀约长沙及地州市优质珠宝公司将总部搬家入驻“长沙黄金街”，将“长沙黄金街”建设发展成湖南省黄金珠宝产业中最具领导力、最专业、最全面，覆盖全产业链的一条黄金街。

（何　萌）

【芙蓉区与第一太平戴维斯签署战略合作协议】 2018年12月18日，第一太平戴维斯物业顾问（武汉）有限公司长沙分公司在九龙仓长沙国际金融中心开业，长沙市人民政府副秘书长王体泽、长沙市商务局副局长孙春华、芙蓉区人民政府副区长黄金国、长沙市商务局客商联络处处长伍隽及芙蓉区商务和旅游局、CBD办相关负责人、英国领事馆华南外交联络领事James Norman、区域联络官员赵娴、第一太平戴维斯亚太区高层领导出席开业仪式。在王体泽、孙春华、James Norman及第一太平戴维斯高层的见证下，芙蓉区政府与第一太平戴维斯签署战略合作协议，第一太平戴维斯亚太区执行主席Robert McKellar与长沙市芙蓉区人民政府副区长黄金国作为双方代表签字。第一太平戴维斯成立有163年，是全球领先的房地产服务商，1995年进入中国市场。截至2018年年底，该公司在全球的60余个国家设立600余家办事处及联营机构，有3.6万名精英提供全面专业的顾问服务、物业管理及交易咨询服务。（李　茂）

【“芙蓉汇”中小微企业投融资路演举行】 2018年6月15日，长沙两创路演平台服务中心芙蓉分中心授牌仪式暨芙蓉区第一期“芙融汇”中小微企业投融资路演在湖南投资大厦举办。此次活动以“芙蓉精英、路演未来”为主题，旨在通过差异化定位与特色化服务模式，优化中小微企业商业模式和业务规划，助力辖区内中小微企业的融资到位和创业成功，从而打造具有芙蓉区特色、引领全市的精品路演平台。活动以“BP讲解＋投资人提问”的方式开展，6家优秀企业面向20余家著名的专业投资机构进行10分钟项目推介，5分钟点评，投资人对路演项目的商业模式、战略规划、技术研发，团队建设等方面提出具有针对性的问题，点评其投资价值和发展趋势。6个项目获取意向投资3700万元。（姚晓芳）

【2018年中华龙舟赛（长沙芙蓉站）在芙蓉区举行】 2018年4月22日，由国家体育总局社会体育指导中心、中央电视台体育频道、中国龙舟协会、湖南省体育局、长沙市人民政府主办；中视体育娱乐有限公司、湖南省龙舟协会、湖南省社会体育指导中心、长沙市芙蓉区人民政府、湖南大众体育文化发展有限公司共同承办，2018中华龙舟大赛(长沙·芙蓉站）在长沙市芙蓉区举行。来自全国56支龙舟队经过两天赛事，最终产生5个组别中的15个单项冠军。名门世家九江、长沙千龙湖、东北电力大学、河源龙舟协会、上海海洋大学分别在职业男子组、男子精英组、公开混合组、青少年男子组、青少年女子组中实现100米、200米、500米3个项目的全胜大满贯。（刘　翀）

【芙蓉区解决小学、幼儿园大班额问题】 2012—2018年，芙蓉区投入21亿元，新改扩建12所中小学，新建7所公办幼儿园，新增学位2万余个。特别是近两年，先后投入11亿元，新建5所学校投入使用，分别是长沙市一中双语实验学校、芙蓉区实验小学、育才东屯小学、育才双新小学、马坡岭小学；3所幼儿园完成实体移交，其中万国城幼儿园在2018年9月投入使用。截至2018年年底，新增学位7000余个，全区“超大班额”于2018年全面消除，“大班额”将在2019年全面化解。（黄　波）

【芙蓉区入选2018年度中国百强区发展榜】 2018年9月12日，赛迪顾问在北京发布《2018年中国百强区发展白皮书》。根据经济实力、增长潜力、绿色发展、民生幸福、效益效能5大领域，设置17个高质量发展指标，得出2018年中国百强区榜单。芙蓉区以湖南第一名、全国第32名的成绩上榜。（邓　斌）

表34　2018年芙蓉区主要经济指标与2017年比较统计表

单位：亿元

指标名称	地区生产总值	农林牧渔业总产值	社会消费品零售总额	一般公共预算收入	公共财政支出	城镇居民人均可支配收入（元）
2017年	1240.25	0.07	855.24	94.46	53.93	50185
2018年	1326.73	0.02	890.42	103.80	53.71	54354
2018年比2017年增长（%）	8.4	−46.0	7.5	9.0	−0.41	8.3

说明：表中部分统计数据已根据相应统计制度要求作了修正

天心区

【概况】 天心区下辖坡子街、城南路、裕南街、金盆岭、赤岭路、新开铺、青园、文源、桂花坪、大托铺、黑石铺、先锋、暮云、南托、14个街道，土地面积137.39平方千米。2018年年末天心区户籍人口49.61万人，常住人口66.96万人，人口出生率14.15‰，死亡率9.01‰，人口自然增长率5.14‰。

地区生产总值1019.15亿元，比上年增长9.6%；第一、第二、第三产业增加值分别为1.39亿元、270.93亿元、746.83亿元，同比增长−8.5%、5.5%和11.4%，第二、三产业分别拉动GDP增长1.6和8.0个百分点，三次产业结构比调整为0.2∶27.9∶71.9。完成一般公共预算收入137.91亿元，同比增长12.3%，其中地方（区级）一般公共预算收入41.34亿元，同比增长3.7%。

农林牧渔业增加值1.47亿元，其中农业、林业、牧业、渔业及农林牧渔服务业增加值分别为1.19亿元、0.08亿元、0.12亿元、0.07亿元。

工业增加值比上年增长2.1%，其中规模以上工业增加值增长3.1%。天心区原有2家工业园区，长沙天心经济开发区和湖南暮云经济开发区，现合并为长沙天心经济开发区；园区以光伏产业、电机、医药主导。

社会消费品零售总额550.4亿元，同比增长9.7%；固定资产投资同比增长11.1%。城镇居民人均可支配收入54476元，同比增长8.2%。

金融业完成税收37亿元，占比31%。新增高新技术企业77家，高新技术总产值781.9亿元。中信保诚、中交集团等世界500强企业相继入驻。五一商圈商家联盟成立，长株潭商圈年销售额逾150亿元。举办中国（长沙）大数据暨空间信息应用博览会，中科遥感（湖南）科技园、湖南地理空间大数据应用中心建成运营，九次方大数据集团、北京威特信息等一批优质企业入驻。开展园区管理体制改革，天心经开区（新）、文化（广告）产业园整合工作顺利实施，湖南长沙人力资源服务产业园入驻企业50余家，年产值20亿元。

城乡建设与管理　长沙外滩完成3.15平方千米有机更新布局规划，西文庙坪仁美园巷等12个项目加快建设，完成棚户区改造2954户。省府新区城中村改造由北往南全面推进，中海485地块等6个征拆项目清零，完成城中村改造514户。加快推进中意路城市化改造工程、融城大道西延线等重点项目建设。全面启动“一圈两场三道”建设（一圈：15分钟生活圈；两场：停车场、农贸市场；三道：人行道、自行车道、历史文化步道），建成“15分钟生活圈”27个，新改建农贸市场8个、停车场33个，完成人行道41千米、自行车道58千米、历史文化步道11千米改造。打通豹子岭路、刘家冲路等断头路；开通社区便民巴士线路7条。基本完成太平街等25个社区提质提档，推进海棠路等16条特色街巷改造。完成电网“630攻坚”任务，告别用电高峰拉闸限电的历史。新增各类环卫作业车辆41台，机械化清扫率进一步提高。实施垃圾分类管理，在全市率先设立专业果蔬垃圾处理站。推进“厕所革命”，新改建公共厕所83座，改造农村旱厕700余座。加强市政设施维护，改造城区堵点100余处。天心阁公园、南郊公园划归天心区管辖。启动农村集体产权制度改革，完成土地承包经营权确权登记颁证。完善美丽乡村建设规划，新建农村公路20千米，27条农村公路纳入“路长制”管理。开展农村“五治”和南部片区环境综合整治，拆除违章建筑12万平方米，整治国土违法图斑69宗55.47公顷，乡村环境面貌不断改善。

“三大攻坚战”　打出蓝天保卫战、黑臭水体整治等一系列“组合拳”，全面落实“河长制”“六控十严禁”等措施（六控：控尘、控煤、控车、控油、控排、控烧；十严禁：严禁渣土车、混凝土搅拌车、运砂车等各类车辆带泥上路，严禁违法倾倒渣土，严禁工地裸露黄土，严禁重污染天气下土石方施工，严禁燃烧散煤，严禁燃放烟花爆竹，严禁露天焚烧垃圾，严禁露天烧烤，严禁露天焚烧秸秆，严禁拖拉机等高排放车辆进城），完成中央、省级环保督察交办件215件。港子河、南托港、双管子河水质情况明显改善，饮用水源地水质100%达标，全区空气优良率75%。重点实施产业扶贫、职业教育扶贫，全区313户984人建档立卡贫困户全部脱贫。拨付资金2600万余元，对口扶持浏阳富溪村、龙山洛塔乡、怀化通道县。打好防范化解重大风险攻坚战。按照“坚定、可控、有序、适度”的要求，推进平台公司转型，规范政府举债行为，建立政府性债务全口径监管机制，严格债务限额管理。严厉打击非法集资，确保不发生区域性系统性金融风险。

公共事业　推进“9大民生造福工程”（社会保障托底工程、食品安全工程、平安畅通工程、学校建设工程、社区提质工程、绿色城市工程、美丽乡村工程、生态环保工程、文体健康工程），城镇新增就业11182人，失业人员再就业4690人。社会救助和残疾人“两项补贴”完成提标，开展送温暖慰问活动，帮扶困难群众1.8万人。重点实施产业扶贫、职业教育扶贫，全区313户984人建档立卡贫困户全部脱贫。拨付资金2600万余元，对口扶持浏阳富溪村、龙山洛塔乡、怀化通道县。新建居家养老服务中心6家，新增养老床位420张。新增公共租赁住房分配入住670户。开展精准扶贫工作。推广“名校+”办学模式，成立青园、仰天湖教育集团和幼幼幼教集团；投入8亿余元，新改扩建学校11所，新增学位9140个，在全省率先完成义务教育标准化学校建设。全区拥有普通中学15所（含九年一贯制学校2所）、中等职业教育学校3所、普通小学52所（含教学点1个）、幼儿园122所。普通中学在校学生24854人，教职工2149人；中等职业教育学校在校学生3361人，教职工246人；普通小学在校学生43818人，教职工2352人；幼儿园入托儿童22785人，幼师3253人。平均公用经费小学800元/年，初中1000元/年。全区拥有医疗卫生机构406个，其中疾控中心1个、妇幼保健所1个、区人民医院1个、社区卫生服务中心13个、社区卫生服务站41个、驻区企事业单位医疗机构34个。区级注册卫生技术人员7151人，比上年增加527人。建成社区文化活动室、多功能运动站场9个，悦方等3家24小时自助图书馆建成开馆。全区有非物质文化遗产项目资源27个，非遗展示中心1个，文化馆1个，公共图书馆10个，街道文化站14个，示范性社区（村）综合文化服务中心88个。

困难和不足　土地、资金等要素制约明显；绿心工业退出后，新旧动能转换压力大，南部片区开发建设任重道远；打好污染防治攻坚战的任务依然艰巨。（王富英　王新宇）

【天心区举办首届长株潭一体化区域合作联席会议】　2018年5月25日，首届长株潭一体化区域合作联席会议在天心区举行，该届会议主题为“融合 创新 开放 崛起”。国家发展改革委地区经济司副司长张绍军，经济学家樊纲、钟伟和朱翔等专家学者出席会议。人民网舆情数据中心执行主任董盟君发布《长株潭城市群消费活力指数研究报告》。会上，天心区作为长株潭一体化核心区，被人民网、中国综合开发研究院联合授予“中国区域经济发展观察点”牌匾，与其他核心区成员单位就区域协同发展达成多项共识并发布合作宣言，签署战略合作协议，表示积极做好长株潭一体化的传播者、担当者、先行者，为推进长株潭一体化基础设施对接、产业互补发展、环境协同治理、公共服务融合，实现互联互通、共同繁荣贡献力量，做出天心表率。会上樊纲发表主题演讲，并与核心区各方领导展开圆桌论坛，为长株潭一体化核心区发展建言献策。中国建设银行湖南省分行、华融湘江银行、长沙银行、长沙农商银行与核心区各方共同签署长株潭一体化区域发展金融服务战略合作协议，承诺为核心区基础设施建设、产业发展、科技创新、民生保障等方面提供高效、优质、便捷的金融服务。（王富英　王新宇）

【天心区图书馆网建设】 2018年11月18日，乐之书店·天心店在湘府文化公园开业，这是湖南首家开在公园里的书店，是天心区着重打造的民生工程和城南文化厅，同年湘府文化公园新增1个24小时自助图书馆开馆。至2018年年底，天心区推进图书馆建设，建成1个区级中心馆、6个社区分馆、3个24小时自助图书馆，30个农家书屋，83个社区图书室的阅读服务网络。（王富英　王新宇）

【天心区出台“优化营商环境十条措施”】 2018年3月9日，天心区出台《关于进一步优化营商环境的十条措施》，进一步优化经济发展环境、助力振兴实体经济。《措施》明确优化注册登记审批环境、开通“85898808”营商环境投诉电话，引导金融服务实体经济发展加大企业帮扶等10条措施。原则上3个工作日内予以答复；建立“首问责任制”“部门审批承诺制”等一批制度；公布“权力、责任、审批手续办理、行政事业性收费、证明事项取消、人才公共服务”等一批清单；明确“城市综合体户外商业活动城管审批1个工作日、新开办企业工商税务等注册登记2个工作日、不动产登记4个工作日、重大项目（活动）城管审批7个工作日、工业建设项目施工许可45个工作日内完成”等一批硬性规定。（王富英　王新宇）

表35　2018年天心区主要经济指标与2017年比较统计表

单位：亿元

指标名称	地区生产总值	农林牧渔业总产值	社会消费品零售总额	高新技术总产值	一般公共预算收入	一般公共预算支出	城镇居民人均可支配收入（元）
2017年	876.74	2.6	548.74	673.4	122.86	56.36	50333
2018年	1019.15	2.35	550.4	781.9	137.91	60.67	54476
2018年比2017年增长（%）	9.6	−9.6	9.7	15.7	12.30	7.4	8.2

说明：地区生产总值、各产业增加值绝对数按现行价格计算，增长速度按不变价格计算

岳麓区

【概况】 岳麓区辖岳麓、橘子洲、望月湖、银盆岭、观沙岭、西湖、望城坡、望岳、咸嘉湖、梅溪湖、天顶、坪塘、洋湖、学士、含浦15个街道办事处，莲花、雨敞坪2个镇，并设岳麓科技产业园和科技园创业服务中心，岳麓山风景名胜管理局（包括麓山景区和橘子洲景区）。全区土地总面积558平方千米。2018年年末户籍人口78.33万人，常住人口89.3万人。人口出生率17.86‰，死亡率5.89‰，人口自然增长率11.97‰。

地区生产总值1120.23亿元，同比增长10%。其中第一产业增加值10.17亿元，同比下降3.2%；第二产业增加值425.5亿元，同比增长9.2%；第三产业增加值684.56亿元，同比增长11.1%。第一产业增加值占地区生产总值的比重为0.9%，第二产业增加值比重为38%，第三产业增加值比重为61.1%。第一、二、三产业分别拉动地区生产总值0个、4.6个、5.4个百分点，三次产业对地区生产总值的贡献率分别为−0.3%、45.6%、54.7%。按常住人口计算，人均地区生产总值128570元。一般公共预算收入116.91亿元，同比增长27%，一般公共预算支出58.61亿元，同比增长3.2%，区本级一般公共预算支出48.51亿元，同比增长9.5%。

农林牧渔业总产值15.5亿元，同比下降3.3%。其中农业产值12.13亿元，同比下降2.8%；林业产值6022万元，同比下降10.2%；畜牧业产值1.08亿元，同比下降2.6%；渔业产值8747万元，同比下降4.7%；农林牧渔服务业产值8080万元，同比下降5.3%。全年粮食总产量66954吨，出栏肉猪2696吨，肉禽出笼33.67万羽，水产品产量5458吨。耕地面积7000千公顷，主要矿产为2家（石灰石矿、砂岩矿，但于2018年7月均关停）。森林覆盖率42.21%。22个农产品获无公害产品认证，“岳麓韭皇”“发丫红”获评全市知名农产品品牌，圣峰获批全市现代农业产业示范园，学士农趣谷、莲花现代农业公园、雨敞坪绿色有机农业园、含浦乡村公园等农业基地运行良好，都市农业发展质量和效益稳步提升。

工业增加值320.55亿元，同比增长8.4%，其中规模以上工业实现增加值282.19亿元，同比增长8.5%。岳麓高新区获批“国家检验检测高技术服务业集聚区”“国家检验检测认证公共服务平台示范区”，省检验检测特色产业园总部基地启航。智能网联汽车测试区建成运行，获工信部“国家智能网联汽车（长沙）测试区”牌照。

社会消费品零售总额400.6亿元，增长9.1%。区域经济外向度进一步提升，区域综合竞争力增强。

固定资产投资同比增长12.3%。其中民间投资同比增长20.2%。计划总投资超过5000万元非房地产项目完成投资同比增长15.5%。

科创经济　全区有工业园区2个（岳麓科技产业园管委会、岳麓山大学城创新创业园管理办公室）。全区R&D经费支出占地区生产总值比重5%，全区专利申请总量14377件，授权专利数6716件，增长23.7%，高新技术产业总产值1707.18亿元，增长6.7%。中南大学科技园（研发）总部注册落户企业102家、院士领衔企业5家。后湖科创·文化产业

园集聚力增强，后湖艺术园进驻文创企业76家。聚焦“30大重点商务楼宇”，引进楼宇企业662家，落户AECOM等企业区域总部32家，迁转异地注册企业335家，打造洋湖湘江时代等税收过亿元楼宇5栋、望岳恒晟湘江中心等税收过5000万元楼宇4栋。园区经济。形成“一主一特”产业发展格局，引进莱士南方总部、国网湖南电科院等检验检测企业30家，检验检测企业（机构）逾100家、产业链产值50亿元。湘江智谷·人工智能科技城影响力持续扩大，长沙智能驾驶研究院签约落户，全国首条开放式智慧公交示范线路试运行。

项目建设　落实省市“产业项目建设年”工作要求，继续开展“产业发展年”活动，引进100亿元以上项目1个、10亿元以上项目14个，落户世界500强企业7家、中国500强企业5家，高质量发展产业要素加速汇集。凯德壹中心开张营业，宜家、卓伯根等项目建设推进顺利，高端商贸业集聚步伐加快。湖南金融中心新引进金融机构区域总部9家，累计进驻金融及配套机构39家，福晟金融中心、浦发金融大厦投入运营；湘江基金小镇引进基金管理机构150家，管理资金规模近1500亿元；金融业完成税收19亿元，占全区税收总量17.3%，现代金融业支柱产业的地位更加凸显。湖南妇女儿童医院一期主体竣工，亿达健康科技城等项目启动建设，“人和未来”企业全国总部进驻，一批社会养老机构加速布局，健康养老业扩容增量。华谊电影小镇一期营业，恒大文化旅游城、湘江欢乐城等项目加快建设，麓山景区获评全国景区旅游服务综合大奖。

城乡建设　地铁4号线试运行，地铁3、6号线、桐梓坡路过江隧道、潇湘大道坪塘段、麓景路南延线等项目建设加速推进，望藕路等瓶颈路、断头路如期拉通，区域联通更加顺畅。中心城区500米公交站点覆盖率98%。实施电力主网项目27个、配网项目638个，电网“630攻坚”行动进展顺利。项目征拆提效。城乡融合展现新风貌。岳麓、橘子洲、学士等街道攻坚克难，全面完成后湖片区、湘江智谷·人工智能科技城首开区征拆腾地，为重大产业项目进驻拓展了空间。西二环完成拓改，岳宁大道竣工通车。与湘江新区无缝衔接的“大城管”格局更加完善新启动征拆项目45个，铺排征拆扫尾项目19个，坪塘蜂巢颜料化工厂、观沙岭长锌公司、天顶青山储备地块等项目腾地，望月湖白沙液街有机棚改等项目加快推进，麓山景区西大门等集体土地项目拆迁签约基本完成，征拆工作更加规范高效。城市管理提标。接管维护湘江新区范围内建成道路91条、绿化景观21处、桥梁5座，梅溪湖、滨江、洋湖、大王山等区域形象有效改善。实施最严城管执法，拆除违法建筑12万余平方米，清理违规户外广告招牌5万余平方米。提质提档湖大社区等老旧社区27个、谭石东路等支路街巷10条。在全市率先建成大件垃圾、园林绿化垃圾综合处置场，在49个社区（村）、82个小区试点垃圾分类，全区生活垃圾同比减少28%。乡村振兴。加快13个村规划编制，村庄规划即将全覆盖。开展全省农村土地流转交易规范化管理服务试点，土地确权颁证等农村改革稳步推进。发展新型农村集体经济，薄弱村全面清零。落实路长制，全区农村公路里程1542.9千米，已硬化里程1138.3千米。新建提质农村公路148千米，打造莲善公路等“四好农村路”6条，农村公路养护里程达286千米，改造危桥5座、完成渡改桥2座，消除校车线路隐患点47处。完成龙王港大堤望月湖段一期、靳江河一期等水毁工程和山洪地质灾害点整治，小微水体管护全覆盖，新增农村自来水用户2200余户。推进农村人居环境整治，改造旱厕300座，乡村公路路边环境治理百日攻坚取得实效，莲花桐木村获评中国美丽休闲乡村。

民生事业　“一圈两场三道”建设年度任务完成，建成“15分钟生活圈”42个，新增停车场23个、停车位4500余个，新建提质农贸市场13个、自行车道9条88.7千米、人行道12条33.9千米、历史文化步道2条7千米，市民生活更加便利。

社会事业　全区有区属中学20所，在校学生17524人；小学74所，在校学生70686人；幼儿园177所，其中公办园34所，局属公办园28所，在园幼儿38164人。小学适龄儿童入学率100%，小学升初中入学率100%。完成省市年度重点民生实事21项。新增潭州实验小学、周南学士实验学校等中小学校4所、公办幼儿园2所，接收配套幼儿园22所，新增学位1.3万余个，基础教育、学前教育均衡发展。规范管理校外培训机构，成立全国首个区级艺术培训行业协会。新建社区（村）综合文化服务中心7个、市级示范性社区文化服务中心5个、图书分馆6个，主办红色马拉松等赛事，公共文体服务更加丰富。全国健康促进区创建开展，区公共卫生服务中心加快建设，全区有各类医疗卫生机构731个，新增89个，社区（村）公共卫生服务机构有序提质，全省基本公共卫生服务年度考核名列前茅。人口工作保持“国优”。新增城镇就业7100余人、失业人员再就业5500余人。全区城镇居民人均可支配收入54090元，同比增长8.5%。完成棚户区改造2785户，新增公租房1036套。新建居家养老服务中心8家，AAAA级社区养老服务中心21家。医疗保险稳步提标，城乡低保应保尽保，社会保障更加有力。

“三大攻坚战”　审计和评审财政投资项目1532个，审减金额3.82亿元，政府资金使用效益提升。严格预算管理，规范PPP项目和政府购买服务，“调、缓、停”政府投资项目37个，推动平台公司转型发展，开展非法集资、互联网金融等专项整治，全区债务风险安全可控、金融环境稳中向好。精准扶贫工作。加大对口帮扶力度，专项资金支持龙山县洗洛镇脱贫攻坚，助推4个村脱贫摘帽，208户、817人实现脱贫。“蓝天保卫战”推进，全年空气质量优良率77.2%。湘江饮用水源保护区水质稳定达标，6个地表水监测断面地表水达标率97.2%。后湖水体治理创造城市黑臭水体治理的范本，获生态环境部、《人民日报》专题推介。洋湖柏家洲搬迁整治全面完成，水源地保护工作经验得到生态环境部通报表扬。推进第二次全国污染源普查，开展中央、省环保督察问题整改。落实“六控十禁”举措，严格渣土管理，建成空气质量自动监测小微站22个，完成老旧社区餐厨油烟净化2.4万余户，全区$PM_{2.5}$、PM_{10}累计均值浓度实现下降。实行河（湖）长制，完成黑臭水体治理7处，清理“僵尸船”及非法停靠船舶208艘。绿心区域工业企业全部退出。重点区域噪音问题得到有效缓解。

困难与不足 经济增长新动能处于培育阶段，资源优势尚未充分转化为发展优势，产业结构与高质量发展要求仍有差距；城乡融合水平不高，城区功能有待完善，乡村振兴任重道远；民生领域有不少短板，人居环境提质、公共服务配套等方面还有不足，基层社会治理面临新挑战；政府帮扶企业的精准度、实效性还需提升，有些部门抓经济、抓产业的能力需增强，营商环境有待进一步优化。（周义娟）

2018 年 9 月 29 日，华谊兄弟（长沙）电影小镇开园

岳麓区地方志编纂室 供图

【德国卓伯根中国区总部落户洋湖】 2018 年 1 月 6 日，德国卓伯根集团以总价 2.68 亿元竞得洋湖生态新城 I11/12 地块，德国卓伯根中国区总部落户洋湖。德国卓伯根品牌于 1900 年由老弗兰茨·卓伯根在德国厄尔德的 Feldmark 89 号建立一个“机械家具作坊”，以严谨、极致著称。卓伯根成为德国经营中高档家具、家居用品、超市的知名运营商，除自有品牌卓伯根外，还拥有众多欧洲一线家居品牌的直营权，在德国拥有全自动化管理现代化仓库。洋湖生态新城 I11/12 地块位于洋湖大道以南、湘浦路以西、景园路以北，总面积 3.8 公顷，容积率 3.5，建筑体量 13 万平方米，规划打造成家居零售商场、德国风情商业街的德国卓伯根集团中国区总部项目，为长沙市民带来德国及欧盟原装的高品质家居、家具、居家商品，涵盖家庭用品的各个方面，提供高品质、高性能、高附加值的德国商品一站式购物服务。德国卓伯根集团总裁克里斯蒂安·卓伯根表示，德国卓伯根(中国)总部将在洋湖建一座“德国商城”，使之成为中德两国经济文化的交流平台。“长沙是一座充满经济活力的城市，而将中国总部放在洋湖，正是看重这里的产业聚集优势和未来发展潜力。”

（周义娟）

【华谊兄弟（长沙）电影小镇开园】 2018 年 9 月 29 日，2018 湖南省国际旅游节·意大利—湖南音乐文化周开幕暨华谊兄弟（长沙）电影小镇城市片场首映礼举行，即日起面向游客开放体验。华谊兄弟（长沙）电影小镇作为湘江新区率先面世的地标式文旅项目，以其独特的意大利建筑风貌与电影艺术文化主题，为市民带来耳目一新的旅游休闲体验，其对长沙打造世界级旅游目的地、湖南打造全域旅游基地起到标杆引领作用。2018 年，中国湖南国际旅游节把意大利—湖南音乐文化周和翁布里亚爵士音乐节作为重要组成部分，国庆黄金周期间呈现一场意大利风情与湖湘本土文化的碰撞，成为湖南国际旅游节的主题活动之一。意大利驻广州总领事卢西娅·帕斯夸莉妮出席活动并致辞，她表示，华谊兄弟（长沙）电影小镇是意大利与湖南文化交流的重要平台，未来将支持更多具有意大利传统、风情及文化的产品入驻电影小镇，让电影小镇成为意大利与中国文化交流的使者。（周义娟）

【“湘沪相融 智汇岳麓”科创经济合作会在上海召开】 2018 年 7 月 24 日，长沙市岳麓区区委副书记、区长周凡率团在上海张江高科技园区全季张江酒店，与湖南湘江新区经济发展局联合举办“湘沪相融，智汇岳麓”岳麓——张江科创经济合作恳谈会。湖南湘江新区党工委委员、管委会副主任罗社辉，长沙市人民政府副秘书长王体泽，湖南湘江新区管委会经济发展局局长贺树云，长沙市商务局副局长孙春华，长沙市政府驻上海办事处副主任陈耀辉以及上海众人科技、华宝证券等 40 余家上海知名企业代表参加此次活动。会议由长沙市岳麓区人民政府副区长李舜主持，会上，与会企业代表一同观看岳麓山国家大学科技城的宣传片。中建国际投资（湖南）有限公司推介了岳麓山国家大学科技城及中建·岳麓智慧谷项目。随后，各位企业家就岳麓与张江高科在资源共享、合作共创、发展共赢等方面进行交流，并提出相关建议。会后，参会企业表达投资布局长沙和选址岳麓的愿望，七牛信息、月星集团等多家企业邀请区领导到企业考察，进一步研究项目日落地方案。

（周义娟）

【岳麓区入选“2017 中国楼宇经济十大活力城区”】 2018 年 3 月 21 日，《中国楼宇经济发展报告(2017)——品质品位品牌:楼宇经济的下一个“风口”》由《经济日报》出版社出版发行。该书由中国楼宇经济知名学者夏效鸿所著。《中国楼宇经济发展报告（2017）》以《品质品位品牌:楼宇经济的下一个“风口”》为主题，根据经济效益、社会效益、人文效益、生态效益等多维度的楼宇经济发展水平评价指标体系，采用 2016 年度相关数据，对 19 个副省级以上城市、12 个地级城市的 50 个典型城区的楼宇经济发展水平进行评价，长沙市岳麓区入选“2017 中国楼宇经济十大活力城区”。

（周义娟）

【莲花镇曾家桥村获评“湖南省美丽乡村建设示范村”】 2018 年 2 月 24 日，湖南省委农村工作会议在长沙召开，会议表彰2017年度美丽乡村建设先进单位，其中，岳麓区莲花镇曾家桥村获评“湖南省美丽乡村建设示范村”。近年，为加快莲花绿色崛起，匠心打造精致精美升级版全国美丽乡村，莲花镇立足镇域实际，实施乡村振兴战略，在岳麓区率先开展“三美”创建三年行动，集众长、聚众智，探索建立“政府主导、农民主体、社会共建、上下结合”的美丽乡村建设决策机制，围绕布局美、产业美、环境美、生活美、风尚美“五美”目标，推进全域美丽乡村建设。曾家桥村位于莲花镇西南端，全村面积12.2平方千米，含29个村民小组，总人口5997人，自然环境优美，人文资源丰富，区位条件优越，处于长沙市美丽乡村百里示范走廊和湘江新区美丽乡村建设“一带一中心”的核心区域。曾家桥村美丽乡村建设以草业、旅游休闲产业为支撑，实现增收增产；以精神文明建设为动力，汇集发展活力，打造田园观光游、周末节假游、亲子开心游、生活创意游等为一体的美丽乡村示范村、现代农业产业示范村。项目建设以“五美”乡村格局为重点，包括入口门楼、沙滩排球、游客接待中心、古樟亲水平台、茶园观景平台、草场迷宫、皮影戏非遗馆、九思休闲广场等建设内容。（周义娟）

表36　岳麓区2018年主要经济指标与2017年比较统计表

单位：亿元

指标名称	地区生产总值	工业增加值	农林牧渔业总产值	社会消费品零售总额	一般公共预算收入	一般公共预算支出	城镇居民人均可支配性收入(元)
2017年	1016.71	340.81	24.55	361.14	92.05	56.80	49862
2018年	1120.23	320.55	15.50	400.60	116.91	58.61	54090
2018年比2017年增长（%）	10.0	8.4	-3.3	9.1	27.0	3.2	8.5

开福区

【概况】开福区位于长沙北部，辖2区1园1局1中心（金霞经济开发区、开福高新区、青竹湖生态科技产业园、洪山管理局、金霞保税物流中心）、16个街道（望麓园、清水塘、湘雅路、伍家岭、新河、东风路、通泰街、四方坪、芙蓉北路、洪山、月湖、浏阳河、秀峰、捞刀河、沙坪、青竹湖）。全区面积188.3平方千米，其中建城区面积68.3平方千米，耕地面积3366.7公顷。2018年末户籍人口50.56万人，常住人口65.8万人。人口出生率14.16‰，死亡率8.69‰，自然增长率5.46‰。

地区生产总值1045亿元，增长9.3%，其中第一产业实现增加值1.1亿元，同比下降11.9%，第二产业实现增加值150.8亿元，增长0.9%，第三产业实现增加值893.1亿元，增长11%。第一、二、三产业分别拉动GDP增长0个、0.1个、9.2个百分点，对GDP增长贡献率分别为-0.2%、1.5%、98.7%。完成一般公共预算总收入134.9亿元，同比增长12.7%，其中全口径税收收入119.2亿元，同比增长17.5%，税收收入占一般公共预算总收入比重为88.3%。居民人均可支配收入53621元。

农林牧渔业总产值2.2亿元，同比下降11.6%，其中农业产值1.32亿元，下降14.6%，林业产值0.06亿元，牧业产值0.71亿元，下降14.8%，渔业产值0.11万元，下降6.8%。全年粮食种植面积2170公顷，粮食总产量1.37万吨。生猪出栏3.89万头，家禽出笼7万羽，水产品产量772吨。

工业增加值50.7亿元，其中规模以上工业增加值同比增长5.21%。全区完成规模以上工业总产值146.4亿元，同比增长6.3%。全年工业总产值过亿元企业23家，完成工业总产值118.6亿元，占规模以上工业总产值的81%。全年股份制企业完成工业总产值128.7亿元，占全部规模工业总产值的88%。全年新增规模工业企业11家。其中非金属矿物制品业、化学原料和化学制品制造业、食品制造业、工程机械行业分别实现产值59.9亿元、21.9亿元、14.1亿元、10.3亿元，增速分别为10.4%、5.5%、-1.7%、16%。

社会消费品零售总额737.5亿元，同比增长11%，其中限额以上企业零售额比上年增长13.1%，限额以下企业及个体户零售额比上年增长10.2%；批发业零售额同比增长9.5%，零售业零售额同比增长12.1%，住宿业零售额同比增长4.4%，餐饮业零售额同比增长6.2%。全年进出口总额13.4亿美元，同比增长58.7%，其中出口总额11.8亿美元，增长71.4%；进口总额1.6亿美元，下降3.7%。全区实施内联引资项目76个，其中省外境内资金135.5亿元，增长17.2%，市外境内资金340.1亿元，增长12.2%，其中区属264.3亿元，增长11.7%。外商直接投资4316万美元。全年接待国内外旅游者1453.9万人次，增长55.8%。完成旅游总收入165.8亿元，增长70.6%。其中接待国内旅游者1445.7万人次，增长97.6%，国内旅游收入163.1亿元，增长110.7%。接待入境旅游者8.2万人次，入境旅游收入2.7亿元。

固定资产投资同比增长12%，其中产业投资比重35%。完成工业投资47.7亿元，下降17.2%。研究与试验发展（R&D）经费支出增长30%。完成房地产开发投资143.1亿元，下降15.1%；完成商品房销售面积181.2万平方米，下降6.9%，其中住宅销售面积144.8万平方米，增长0.3%。完成商品房销售额205.8亿元，增长10.8%。

全区高新技术及相关行业企业168家，实现高新技术产值618亿元。新增高新技术企业74家。实现高新技术增加值258.4亿元，占GDP比重24.7%。全年专利申请总数3504件，增长33.2%，专利授权1783件，增长5.8%，其中发明专利授权676件，下降1.9%。

全年投入400万元完成28千米农村公路临水崖安保设施建设；投入400万元对乡村道路安保设施进行整改；完成黄乌线延长线、白土线、袁青线等农村公路项目建设，完成了廖荣线、黄乌线农村公路主体工程建设。

“三大攻坚战” 坚持生态优先，实施大气污染防治项目17个，整治散乱污企业45家，完成餐厨油烟净化近2万家，空气质量优良率较去年提升7.5%，其中沙坪点位空气质量优良为79.4%，伍家岭关位空气质量优良率为77.5%。$PM_{2.5}$、PM_{10}年均浓度分别下降11.1%、19.3%。全面落实“河长制”，污水排口全面截污，黑臭水体治理成效受到生态环境部通报表彰，湘江饮用水源保护区水质稳定达标，2个国控考核监测断面地表水达标率100%。持续推进土壤和噪音污染防治，做好中央生态环保督察“回头看”问题整改，顺利通过省环保督察“体检”，区域环境噪声平均为56.5分贝，稳定达标。积极做好邵阳城步县、湘西龙山县内溪乡和茨岩塘镇、长沙县上杉市村、宁乡市鸿富村的对口帮扶工作。严控政府债务，规范融资行为，加快政府融资平台公司“撤并转”。严格财政预算管理，提高财税质量，非税收入下降25.9%。严厉打击非法集资等违法违规金融活动，金融生态不断优化。

困难和问题 开放型经济和现代服务业亟待加快发展；产业结构有待优化；城市治理水平和城乡建设品质有待提高；社会治理创新与服务能力提升需加强，公共服务与群众需求有较大差距；政府效能有待进一步提升，经济发展环境需进一步优化。

（杨　杰　吴冬良）

【湖南首家文娱类视频产业基地落户开福】 2018年1月28日，湖南首家文娱类视频产业基地——草莓V视在长沙市开福区浏阳河街道启动。该基地选址落户福元路万科城·金MALL坊，面积4000平方米。草莓V视依托湖南广电众多视频制作团队，由国内最专业的泛娱乐内容IP生态平台网星梦工厂参与投资发起，基地将联手微博、秒拍、美拍等视频分发平台，为优质内容生产提供渠道、成长、流量等方面的支持，是中南地区最大的文娱视频孵化基地，将重点对接淘宝内容电商、短视频营销，着力孵化优质视频制作团队和作品，打造精品文创视频产业基地和品牌，争做泛马栏山微谷首发拼图。（吴冬良）

【长沙传化公路港城市物流中心启运】 2018年8月17日，智慧物流助推长沙现代化建设招商推介会暨长沙传化公路港城市物流中心启航仪式举行，标志着湖南规模最大、服务功能最全的现代化城市物流中心启运。省委常委、市委书记胡衡华，市领导夏建平、付胜华、邱继兴，区领导沈裕谋、刘拥兵、许振勤、熊建伟出席。长沙公路港落户全省唯一集水路、公路、铁路、航空、管道“五元化”交通于一体的金霞经开区，试运营期间，完成全省14个市州、122个县市区的定时、定点、定班货运传送网络。全面投入运营后，其日均货物吞吐量超过7.8万吨，日均货值近11亿元，日均吸引5000辆以上车次进场，整合服务1500余家中小物流企业，扩充就业岗位1万余个。（吴冬良）

【湖南首个区级军民融合产业基金成立】 2018年11月13日，开福区政府注资2亿元，成立规模10亿元的湖南首支区级军民融合产业基金。在基金首发仪式上，区内上百家军民融合企业与各大金融投资机构亲密接触，达成6.2亿元的投资意向。在长沙“千人帮千企百日大行动”中，开福区将实施风险补偿、降低成本、杠杆撬动、精准对接、优化服务以及储备力量6大举措，助推融资供给、需求“双侧”改革，利用多层次资本市场有效化解企业融资难题，实现开福区“产业兴、金融旺”两翼齐飞。（吴冬良）

【“黄兴红韵”书院授牌】 2018年1月25日，通泰街街道湘春路社区“湘春善行”协会举办的“黄兴红韵”书院成立典礼在社区二楼会议室举行。来自省、市、区、街的领导及爱心捐赠书籍的企业负责人和各界群众70余人出席授牌活动。在此次成立典礼上，邀请原四十七军代军长钟华卫、湖南省巡视组老领导魏忠胜、长沙市政府副秘书长王体泽、湖南省人民政府文史馆馆员陈先枢等领导为8家出版单位颁授证书。湖南省人民政府法律顾问、当代新儒学界代表杜钢建为“黄兴红韵”书院授牌并发表讲话。省民革副主任委员、黄兴之孙黄伟民获颁“黄兴红韵”书院荣誉院长聘书。“黄兴红韵”书院的成立对社区基础设施完善、服务水平提升和精神文明建设等各方面工作都将起到积极的推动作用，黄兴等老一辈革命家所代表的大无畏辛亥先贤精神，在社区得到进一步传承和发扬。

（吴冬良）

【2018长沙第五届琼花艺术节】 2018年3月31日，由长沙市园林局、区委宣传部、新河街道大工委主办的“中国梦·福汇新河”2018长沙第五届琼花艺术节在紫凤公园开幕。该届艺术节为期两天，分“好人篇”“梦想篇”“法治篇”“幸福篇”4个篇章，为市民送上一系列以琼花和开福好人为主题的演讲、歌舞、诗词作品朗诵和论坛活动。区领导沈裕谋、黎明、何惠风等先后出席相关活动。（吴冬良）

【开福“三型”社区建设】 2018年，开福区社区提质提档进展顺利，社区面貌焕然一新。打造“文化型”社区。社区以“桥”文化为特色，打造上情与下情的贯通桥、党员与群众的连心桥、左邻与右舍的互助桥、历史与未来的发展桥、生态与文明的幸福桥的“五彩桥”社区党建文化主题公园。以老人需求为导向，打造“居家养老10分钟便民生活圈”。以弘扬“廉”文化为目标，开展以“清风进社区，和谐建家园”的廉政文化活动。打造“满意型”社区。为确保每个网格都有党组织、每名党员都在网格中，社区配备网格员、民情员、监督员、治安员、小组长，确保有人管事、事有人管。为确保惠民资金用好用足，社区为小区安装节能路灯，及时更新、配置灭火器，安装环保垃圾桶。打造“宜居型”社区。改造新建停车场，建设绿色生态停车坪，提高小区绿化覆盖率，实现停车与绿化双赢。对主次干道进行“白改黑”，统一规划道路标识，重点清除小区堵点，打造辖区交通微循环。将自来水、消防设施等管道预埋工作与小区提质提档改造施工统一进度，确保一次性做好管线预埋工作。（吴冬良）

2018年9月，省级美丽乡村——金霞新村社区公园湖上栈道

开福区地方志编纂室 供图

【省级美丽乡村——金霞新村挂牌】2018年9月22日，省级美丽乡村——金霞新村挂牌。金霞新村是开福区青竹湖街道最北的村庄，村庄人口3050人，植被覆盖多，环境优美，近年，青竹湖街道和金霞新村社区积极响应“建设金霞耕读小镇”的号召，并按照“创新、协调、绿色、开放、共享”的发展理念，融合本土文化和现有资源，将“党建”“耕读”“人文”“生态”“小康”5个主题元素植入到美丽乡村建设中，打造出独具特色的乡村文明，建设社区一站式办公场所、农耕博物馆、张百熙陈列馆、金霞新村社区公园、金霞新村湿地公园、篮球场等。

（吴冬良）

【长沙特色休闲文化街区落地西园北里】通泰街街道辖区范围内的西园北里历史文化街区是长沙市历史步道首发段，以“古朴、沧桑、静谧、慢行”为主题的休闲旅游度假点，东起黄兴北路，西至泰安里、寿星街，南接营盘路，北至湘春路，全长560米。在“山水洲城·快乐之都”2018长沙休闲旅游节活动中，西园北里作为第一站点接待许多中外游客，自2018年对公众开放以来，已接待近15万中外游客参观，接待省、市、区各级领导及历史名人后代指导观摩80余次，成为人们追寻老长沙记忆的人文旅游景点之一。（吴冬良）

【长沙首座“红色摇篮”党建声音馆落户开福】2018年6月30日，长沙首个党建声音馆——清水塘街道“红色摇篮”党建声音馆落户开福。该馆没有开馆闭馆时间，没有地域区划限制，凝聚众多党员群众的心，能共同缅怀湖南近百年以来的英雄历史。中共湘区委员会旧址等革命遗迹坐落在清水塘街道，创建党建声音纪念馆旨在在这块红色土地上传承和发扬先辈们的精神。“红色摇篮”党建声音馆分线上、线下两部分，线下在四季花城社区搭建党建声音录音间，可为党员群众提供专业化录音服务，线上推出“红色摇篮”官方微信、喜马拉雅党建声音网络电台，市民通过扫描二维码就可关注相关公众号，随时随地聆听湖南先辈们的感人故事。

（吴冬良）

表37　2018年开福区主要经济指标与2017年比较统计表

单位：亿元

指标名称	地区生产总值	农林牧渔业总产值	社会消费品零售总额	一般公共预算收入	地方一般公共预算收入	城镇居民人均可支配收入（元）
2017年	926	2.51	798.8	147.1	47.92	49609
2018年	1045	2.2	737.5	134.9	40.88	53621
2018年比2017年增长（%）	9.3	−11.6	11	12.7	−14.7	8.1

说明：表中统计数据已根据相应统计制度要求作了修正

雨花区

【概况】雨花区辖12个街道、1个乡级镇，辖区有省级工业园区1个（长沙雨花经济开发区）、市级物流产业园区1个（雨花区电子商务产业园区）。土地总面积304.9平方千米。2018年年末户籍人口72.08万人，常住人口92.74万人。人口出生率14.04‰，死亡率5.79‰，人口自然增长率8.24‰。

地区生产总值1330亿元（按含中烟公司长沙卷烟厂口径），增长8.5%。按含中烟湖南省工业公司口径实现地区生产总值1888.16亿元，同比增长7.8%。其中，第一产业实现增加值5.28亿元，同比下降4.5%；第二产业实现增加值944.18亿元，同比增长4.7%；第三产业实现增加值938.70亿元，同比增长11.5%。一、二、三次产业分别拉动GDP增长0个、2.5个、5.3个百分点，对GDP增长的贡献率分别为-0.2%、32.4%、67.8%，三次产业结构比为0.3 ：50 ：49.7。实现一般公共预算收入158.31亿元，同比增长7.1%。其中税收收入134.52亿元，占一般公共预算收入的比重84.9%，较上年提高2个百分点，非税下降14%。实现地方一般公共预算收入54.69亿元，同比增长2.6%。一般公共预算支出84.99亿元，同比下降4.3%。

农林牧渔业总产值82421万元，同比下降4.5%。其中，农业产值75407万元，同比下降4.8%；林业产值133万元；牧业产值1468万元，同比下降2.6%；渔业产值1463万元，同比增长3.6%；农林牧渔专业及辅助性活动产值为3950万元，同比下降6.2%。

规模工业总产值（含长烟）同比增长17.2%；规模工业增加值300.73亿元，同比增长5.6%。按含中烟湖南省工业公司口径核算，规模工业总产值同比增长10.6%；规模工业增加值812.28亿元，同比增长5.5%。剔除中烟公司（不含两烟）规模工业总产值同比增长26.8%。雨花经开区规模工业总产值同比增长30.8%。

社会消费品零售总额761.24亿元，同比增长8.4%，增速较上年提升3.6个百分点。按经营地统计，城镇零售额750.67亿元，同比增长8.3%；乡村零售额10.57亿元，同比增长15.7%。

固定资产投资同比增长10%，其中房地产开发投资同比增长14.2%。全区实现商品房销售面积273.91万平方米，同比下降18.3%，其中住宅销售面积231.83万平方米，同比下降12.8%；实现商品房销售额289.53亿元，同比下降5.9%，其中住宅销售额234.29亿元，同比增长1.3%。

产业项目建设 抓好“五个100”项目，全年完成重大项目投资260亿元，为年度计划的130%。雨花经开区“一主一特”产业链建设加快推进，比亚迪乘用车改扩建项目改建工程基本完工，晓光新能源汽车车身装备及零配件智能制造工厂达产放量，新能源汽车及零配件产业实现产值302亿元，增长37%。大族激光智能制造基地建成投产，中南智能开业运营，人工智能及机器人企业增至190家，实现产值87亿元，增长28%。现代服务业加快发展，规模以上服务业单位增至280家，服务业增加值占GDP比重67.7%。“1+2+1”产业扶植政策落地见效，兑现扶植奖励7238万元，帮助企业争取国家、省市扶植奖励补贴6亿余元。出台企业上市扶植政策，助推企业上市。完善楼宇经济扶植政策，楼宇去库存36.85万平方米。市场采购贸易方式试点获批。引进航天科技、西门子工业4.0创新中心、新城控股、绿地集团、苏商集团、万科泊寓、步步高、大族激光等500强项目8个。新增市场主体2.6万户，其中企业新增1.05万户，市场主体总量16.17万户。新认定高新技术企业120家，实现高新技术产业增加值788.77亿元，同比增长12.7%；高新技术产业增加值占GDP比重提升4个百分点。推进省知识产权强区创建，出台发明专利扶植政策，完成发明专利申请1350件，办结假冒专利案件74件。全年专利申请4395件，同比增加567件；授权专利2733件，同比增加334件；签订技术合同212项，同比增加2项，技术合同成交金额同比增长12.9%。

重点片区建设 推进高铁会展新城项目拆迁扫尾，合丰两安商业地、合丰合作开发地、红旗路立交、黎托南路等一批重点项目实现清零；新城控股吾悦广场、绿地长沙城际空间站等启动建设。红星片区城市设计和控规修编取得阶段性成果，社会资本招标、征拆前期工作推进，城投9号地出让。圭塘河井塘段城市双修及海绵示范公园开工建设，生态景观区二期、三期工程全面竣工。雅塘片区洞井路、曙光路建成通车，雅塘冲路、车站南路启动建设，中城苑保障住房一区基本建成，雅塘村社区棚改项目完成拆迁腾地，石马公墓、回民公墓全部实现外迁，石马文化公园启动建设，东方红小学主体完工。跳马片区全面落实乡村振兴战略，纳入长沙南部片区战略规划，全面完成全国农村集体产权制度改革试点。以全域旅游为统揽，建设美丽乡村，稳步推进“五治”，喜雨村、石燕湖村等4个村创建市级美丽乡村示范村。浏阳河曙光垸大堤整治工程推进。新平路、柳树塘路、侯照北路建成通车，牛角冲路、侯照南路、侯家冲路基本建成。普洛斯、红星全球采购中心项目一期基本建成，宝湾、万科物流项目开工建设。

城市建设与管理 圭塘路四标、嘉胜路、美联路等10条市政道路建成通车，小林子冲路、玉竹路、紫薇路等14条支路街巷完成提质改造，县道047、049改造任务基本完成。白田变电站、地铁5号线变电站、花容路等20个集体土地项目拆除腾地；华云、小林子冲、华狮二期等10个棚改项目拆除腾地。高桥、大塘等4个城中村完成改造，63个社区完成改造、实现提质。实施“一圈两场三道”建设，打造“15分钟生活圈”31个，完成项目建设200余个；新（改）建农贸市场15个、停车场36个；建成人行道118千米、自行车道57千米、文化步道1.7千米、健身步道1条；建成及提质改造垃圾站19座、公共厕所24座；在全市率先推出“15分钟生活圈”电子地图。提质京港澳雨花北互通绿化，完成新河路、鑫雅路等林荫道路建设，建成和平社区公园、雨花游园、仙岭游园等休憩场所，新增绿地34.55公顷。深化城市网格化管理，开展最严城管执法，严管重罚垃圾焚烧、渣土乱倾乱倒、违法建设和影响市容秩序行为，办理案件1.2万件，拆违20.1万平方米，整改违法用地77宗，清理闲置土地21宗。完成装修与大件垃圾资源化利用项目建设，公共机构垃圾分类、53个社区生活垃圾分类试点推进，生活垃圾量同比下降14.73%。雨花经开区完成环保大道、万家丽路等主干道提质改造。

民生事业 民生支出占一般公共预算支出的80%以上，为民办实事项目全面完成。新增就业1.6万人，同比增长1.2%。其中，城镇新增就业1.55万人，同比增长2.1%。年末城镇登记失业率2.06%，同比下降17.6%，实现失业人员再就业7757人。城镇职工基本养老保险参保人数17.79万人，城乡居民社会养老保险参保人数6.71万人，工伤保险参保人数13.1万人，失业保险参保人数12.12万人，生育保险参保人数12.94万人。统筹推进城乡低保、医

疗救助、临时救助和特困人员供养，在全市率先实现特困供养人员住院、门诊等费用兜底。各类收养性社会福利单位收养人员941人，床位数1315张。城镇各种社区服务设施1019个，其中综合性社区服务中心126个。全年发放城镇居民最低生活保障经费1956.02万元，城镇居民得到政府最低生活保障人数3792人；发放农村居民最低生活保障经费416.6万元，农村居民得到政府最低生活保障人数914人。农村低保覆盖率100%。棚户区改造3079套，同比增长45.24%。全区拥有普通高中4所，初中学校15所，增加1所，普通小学73所，增加2所，幼儿园200所，增加13所。普通高中在校生5277人，初中在校生20555人，普通小学在校生82196人，幼儿园在园幼儿35970人。全区各类民办学校109所，在校学生37612人。小学适龄儿童入学率100%，初中适龄人口入学率100%，高中阶段教育毛入学率100%。落实义务教育保障资金10.64亿元，同比增长8.6%。义务教育阶段合格学校建设8所。新（扩）建学校及公办幼儿园12所，提质改造标准化学校26所，新增优质学（园）位1.3万个。收回小区配套幼儿园53所，新增普惠制幼儿园学位9600个。超大班额全部化解。入选全国2018年校园足球“满天星”训练营，获评全国中小学校责任督学挂牌督导创新区。艺术表演团体26个，文化馆1个，公共图书馆1个。全年放映农村公益电影684场。档案馆1个，已开放各类档案1.3万卷（件）。开展全民健身项目34项次，全区全民健身运动参加人数60.8万人。年末拥有各类体育场16个，体育馆12座，运动场40个，游泳池26个。推进“书香雨花”建设，建成社区示范性综合文化服务中心10个，雨花非遗书院、“和＋共享图书馆”投入使用。全区拥有卫生机构534个。卫生技术人员18367人，同比增长4%，注册护士2840人，同比增长24.9%。医院、卫生院56个，床位1607张；社区卫生服务中心11个，床位590张；疾病预防控制中心、卫生监督检验机构、妇幼保健院各1个。完善基层医疗卫生体系，组建家庭医生工作室20家、家庭医生团队145个。

“三大攻坚战” 跳马镇建档立卡贫困户除政策兜底外，其他全部实现脱贫；对口帮扶桑植县、龙山县石牌镇、浏阳市社港镇工作推进。防范化解政府债务风险，推动平台公司整合转型，“停、缓、调、撤”政府投资项目28个。配合国家统计局执法检查，提前化解非法集资风险7起。配合中央环保督察“回头看”和省级环保督察，重视问题整改，群众举报件办结率100%。完成第二次全国污染源普查清查、入户、录入工作。完成绿心地区155家工业企业退出任务，落实生态基础性补偿区级资金1300万余元，推进矿山矿洞生态修复9处。总体水质满足Ⅲ类、Ⅳ类、Ⅴ类标准的断面比例各33.3%，浏阳河（雨花段）水质稳定达到Ⅲ类。空气质量良好天数为277天，空气质量达标率76.9%；$PM_{2.5}$同比下降8.3%，PM_{10}同比下降20.3%。

困难和不足 现代产业体系有待完善，发展质量和效益有待提升；片区开发步伐需进一步加快；城市建设管理精细化水平有待提高；打赢污染防治攻坚战任务依然艰巨；教育、医疗、养老等公共服务与群众期待还有差距；安全生产和社会治理面临不少压力；政府行政效能仍需进一步提升。（刘科明）

表38　2018年雨花区主要经济指标与2017年比较统计表

单位：亿元

指标名称	地区生产总值	农林牧渔业总产值	社会消费品零售总额	地方一般公共预算收入	地方一般公共预算支出	城镇居民人均可支配收入（元）
2017年	1728.92（含中烟） 1230.87（含长烟）	8.82	712.61	53.63	88.83	50327
2018年	1888.16（含中烟） 1330.00（含长烟）	8.24	761.24	54.69	84.99	54522
2018年比2017年增长（%）	7.8（含中烟） 8.5（含长烟）	-4.5	8.4	2.6	-4.3	8.3

【雨花区推进“最多跑一次”改革工作】 2018年，雨花区按照只上“一张网”、只看“一张表”、只进“一个厅”、“最多跑一次”和网上办、减证办、就近办、帮代办的要求，推进“最多跑一次”改革。4月29日，部署电子证照库建设，推进电子证照库录入工作。5月7日，召开“最多跑一次”服务事项梳理工作推进会，会议审核确认，全区能实现最多跑一次事项405项，其中下沉基层办理民生类事项61项，涉及民政、人社、住保、残联等多个部门，群众可直接在街道或者社区办理；不列入“最多跑一次”清理范围的事项87项，取消的政务服务事项34项。5月22日，通过政府门户网站向社会一次性公布全区“最多跑一次”事项，基本实现社会保障和公共服务领域全覆盖。5月25日，《湖南日报》头版报道《雨花区“最

多跑一次”跑出便民新速度》。5月31日，雨花区全面启动“最多跑一次”改革工作，405项“最多跑一次”事项，申请材料齐全、符合法定受理的，从政府部门受理申请到作出办理决定、形成办理结果的全过程一次上门。区审批服务部门将通过即办件“窗口办理，立等可取”、承诺件“窗口申报，快递送达”的方式，实现“最多跑一次”事项“就近办”和“一次办”。进驻区政务大厅的“最多跑一次”事项，当场不能办结的，企业、群众可自愿选择证照和批复结果“免费邮寄送达”服务。6月7日，区长刘素月调研“最多跑一次”改革，查看全区405项“最多跑一次”事项公示情况、事项办理过程；实地查看圭塘街道圭塘社区61项改革事项落地情况；听取政府网站和“互联网+政务服务”平台建设情况汇报，现场查看相关职能部门网上业务办理情况。7月11日，召开智慧政务、网格化、“最多跑一次”工作调度会，全面听取前阶段相关工作情况汇报，安排部署下阶段工作。9月7日，长沙市“互联网+政务服务”雨花延伸系统在东塘街道开始试点运营。9月28日，召开“最多跑一次”工作调度会，再研究、再部署“互联网+政务服务”延伸系统建设运营、街镇及村（社区）政务服务平台标准化建设、综合窗口及工作人员管理等工作。10月10日，刘素月专题调度“最多跑一次”改革，研究“互联网+政务服务”延伸系统建设运营、街镇及村（社区）政务服务平台标准化建设、行政审批服务专用章（专用账号）管理等工作。11月2日，雨花区“最多跑一次”区、街镇、社区三级系统平台同步上线，全区政务服务再次升级，实现网上可办依申请类事项426项，就近可办事项236项，减少各类证明材料56项，全面推行帮代办服务，企业和群众办事更加便捷。至此，雨花区开展区级电子证照库目录清单与实施清单采集工作，完成32个部门191个电子证照目录收集；统一配备高拍仪、评价器190套，电脑300余台；完成政务大厅窗口A、B岗人员及26个部门单位行政审批负责人、首席代表近百人的系统操作培训工作。在省市一体化系统平台引用事项1736项中，雨花区“最多跑一次”系统平台实现事项引用率100%，实施清单填报率100%，发布率100%，依申请类的444项事项实现网上可办率100%。（刘科明）

【农村集体产权制度改革试点】
2018年，雨花区继续推进农村集体产权制度，通过清产核资、成员身份确认、股权量化、组建新型集体经济组织等程序，将农村集体经营性资产量化到村集体成员，发展多种形式的股权合作，让农民真正成为集体资产的所有者、管理者和受益者，实现“资源变资产，资金变股金”，从而增加农民的财产性收入。1月11日，雨花区召开农村集体产权制度改革试点工作推进会，会议介绍全区农村集体产权制度改革的工作举措，通报各涉农街道（镇）农村集体产权制度改革第一阶段的工作落实进度情况，安排部署2018年产权制度改革的工作内容；解读《农村集体产权制度改革工作方案（示范文本）》；各涉农街道（镇）的行政主要负责人汇报本单位产权制度改革工作的开展情况和改革过程中遇到的困难和问题；解答相关政策。2月22日，召开农村集体产权制度改革工作调度会，会议通报改制方案的制订、全面清产核资和成员身份确认完成情况。3月1日，区领导专题调研农村集体产权制度改革试点工作，听取同升街道桃阳集资委和跳马镇关刀新村的情况汇报，走访跳马镇田心桥村农户张云松家庭，征求意见和建议。3月7日，区委常委、组织部部长龚畅专题调度区农村集体产权制度改革相关工作。10月17日，全国农村集体产权制度改革部际联席会议督查组督查雨花区农村集体产权制度改革试点工作，实地走访同升街道桃阳集体资产管理委员会，查阅产权改革的文件资料；听取区政府雨花区农村集体产权制度改革的整体工作情况汇报、全区在成立股份（经济）合作社中加强党组织领导和进一步完善党组织建设的做法汇报；同升街道桃阳集体资产管理委员会开展产权制度改革的推进特色汇报。10月23日，雨花区召开农村集体产权制度改革领导小组会议，通报农村集体产权制度改革落实情况。截至12月底，全区参加改革的53个村级单位，完成资产清查的有53个；完成集体经济组织成员清查的48个；完成集体股权配置的有48个，雨花亭街道井塘村已领到全省第一张集体股份经济合作法人登记证书。

（刘科明）

【雨花区工业企业退出绿心地区】
2018年，雨花区贯彻中央关于生态文明建设的总体部署，落实《湖南省长株潭城市群生态绿心地区保护条例》规定，推进绿心地区内的工业企业退出清零，全区应退出196家工业企业全部退出，其中关停154家，列入调规42家。雨花区根据《长沙市绿心保护问题分类处置实施方案》，分析绿心地区既有工业项目的土地审批、行政隶属、空间关系等，确定调整退出企业、转型退出企业、限期退出企业3大类，对各企业退出方式进行一企一策分类处置。符合绿心保护条例、绿心总体规划和相关规划的转型退出类的工业项目退出后的地块，作为非工业、非污染项目建设用地使用；符合限期退出类的工业项目退出后的地块，位于禁开区或限开区的严格按照绿心保护条例相关要求使用，位于控建区作为非工业、非污染项目建设用地使用。妥善开发利用工业项目退出遗留的闲置用地。区委、区政府主要负责人坚持每月调度，现场调研；雨花区成立“雨花区绿心地区工业项目退出工作指挥部”，从16个行政执法单位抽调20名业务骨干，全脱产推进退出工作。采取“四包一”模式，压实责任，点对点开展退出工作。组织安监、环保、城管、国土、税务等职能部门开展联合执法，对违法企业进行强制关停、强制拆违。确定“先小后大、先易后难、先非法后合法”的工作思路。根据企业的具体情况，在实际操作中，采取“关闭一批、搬迁一批、转型一批”的办法，“一企一策”，精准施策。建立护绿巡查、举报奖励、应急响应处置、问题交办、诫勉谈话、整改销号等机制，落实部门的监管责任和街镇的属地责任，出台《雨花区绿心地区生态补偿暂行办法》和《雨花区跳马镇绿心地区工业企业退出奖补办法》，工业项目退出指挥部对照企业用地性质、产值规模、合法手续，制定一企一策，分类退出，分批奖补。下拨区级补偿资金1327.20万元；已兑现工业退出奖补资金965万元。组织相关职能部门为退出的工业企业，在工商变更注册、寻找新厂房、办理行政审批等方面提供全方位的服务，组织 50 余家企业到岳阳、浏阳等地洽谈，从寻找新厂址、加快行政审批、转型升级等方面提供全方位服务，帮助企业异地恢复生产，减免损失。12 月 14 日，跳马镇绿心地区工业企业退出工作通过市整改办验收，全面完成整改任务。雨花经开区持续加大绿心地区生态修复力度，实施园区主干道两厢绿化工程，完成圭塘河生态景观提质改造等，新增绿地 106 万平方米。（刘科明）

【2017（湖南）“V 力汇聚雨花”】 2018 年 1 月 11 日，2017（湖南）“V 力汇聚雨花”—— 全国大 V 看雨花活动启动，国内 20 余名微博大 V 们齐聚雨花区，走访高铁南站、圭塘河羽燕湖、砂子塘万境水岸小学、井巷社区、比亚迪新能源生产基地、中国长沙创新智造中心、雨花非遗民俗艺术街区等，亲身了解和感受雨花经济社会发展成效。1 月 12 日，2017（湖南）“V 力汇聚雨花”——（湖南）政务 V 影响力峰会在长沙市雨花区瑞吉酒店举行，行业专家学者、全国政务微博大 V 齐聚一堂，共同探讨“互联网 + 政务”发展态势和政务新媒体的管理运营策略。湖南省委网信办副主任屈贵全，雨花区委副书记、区长刘素月分别致辞。人民网舆情监测室秘书长祝华新探讨政府进行信息发布、突发事件处置和舆论引导的方式，成都市政务服务中心官方微博 @ 成都服务的负责人徐剑箫讲述他眼中的政务新媒体发展趋势，国务院国资委新闻微博 @ 国资小新的负责人闫永则分享官博养成实用手册。峰会颁发湖南政务新媒体飞跃奖、湖南政务微博城市竞争力奖，湖南十大政务机构微博，湖南十大党政新闻发布微博，湖南十佳公安微博等奖项，其中，“雨花发布”获湖南政务新媒体飞跃奖。“雨花发布”等 10 名微博大 V 一起点亮湖南政务新媒体雨花宣言，倡议湖南政务新媒体从业者深入学习贯彻十九大精神，讲好湖南故事、传播好湖南声音、树立好湖南形象。湖南省公安厅副巡视员孔群，湖南省旅游发展委员会党组成员、副主任郭固权，湖南省公安厅交警总队党委副书记、政委杨能，永州市委常委、宣传部部长刘尤碧，区委副书记陈永高，区委常委、宣传部部长余宏卿等出席峰会。（刘科明）

【中南智能携手西门子打造全省首家工业 4.0 创新中心】 2018 年 3 月 20 日，湖南省机器人产业集聚区产业链项目合作对接暨湖南中南智能装备有限公司智能制造合作推介会在湖南中南智能制造基地举行。湖南中南智能装备有限公司与西门子工业软件（上海）有限公司、保利民爆集团、中国航天科技集团、中纺工业协会、清华大学等 8 家单位签约，签约金额约 5 亿元。湖南中南智能装备有限公司与西门子工业软件（上海）有限公司携手打造全省首家工业 4.0 创新中心。湖南省委常委、长沙市委书记胡衡华，中国纺织工业联合会党委书记高勇、中国工程院院士俞建勇、中国机械工业联合会执行副会长宋晓刚等见证签约。长沙市领导程水泉、夏建平，雨花区领导张敏、刘素月、郭四军等出席。（刘科明）

【狮子山公园开园】 2018 年 12 月 26 日，雨花区狮子山公园开园，狮子山公园位于洞井、同升街道辖区内，由狮子山和桃花坡两个山体连成，地处仙岭路以东、时代阳光大道以南、万家丽路以西、万芙路以北合围区域，总用地面积约 13.3 公顷，绿化率 90.04%。公园定位于发挥“城市生态绿肺功能”的体育休闲专类综合性公园，公园内的休闲、娱乐、健身、观光项目环绕在绿色森林，市民可充分享受狮子山公园的蓝天、碧水、绿野、起伏山丘、多彩林带，以及多种珍稀植物带来的品鉴之美。公园 2017 年 11 月 30 日动工兴建，利用原有地形及植物进行造景，原有直径 10 厘米以上的树木全部保留，大量引用“海绵城市”技术，为市民创造一个生态、健康的游园环境，建设成为一个生态可持续发展的典范。新建成的狮子山公园分为入口景观区、林荫散步区、活力运动区、滨水休闲区 4 大功能区；有东门生态景观、共同湖滨水景观、西门浮雕景观、运动中心生态广场景观、抱月亭生态景观、摘星楼生态景观 6 大特色景点。园内设有儿童活动场和青少年运动中心，可同时容纳 600 人休闲健身，旨在为市民游客打造结合自然体验和文化韵味的互动开放式山林公园。（刘科明）

【雨花区出台环境保护问题问责办法】 2018 年 7 月 18 日，长沙市雨花区人民政府发布《长沙市雨花区环境保护问题问责办法》（以下简称《办法》），实行领导干部环保问题处理落实不到位问责新规。这是雨花区第一部关于环境保护违法违纪行为处分方面的专门规章，首次对政府行政机关及其工作人员，以及企业的各类环境保护违反行为的量纪标准作出规定。《办法》重在遏制当前各种环保违法违纪行为发生的势头，同时从源头上预防环保违纪违法行为的发生。《办法》共五章 15 条，明确问责适用的范围、

2018 年 12 月 26 日，雨花区狮子山公园开园　　雨花区地方志编纂室 供图

对象、原则、情形、方式、程序及结果应用等。问责按照“谁主管，谁负责”的原则，根据干部管理权限和职责分工，由各级党组织、纪检监察机关或者行政主管部门、任免机关进行责任追究。《办法》是雨花区坚决打赢蓝天保卫战的系列行动中的重要环节，明确对生态环境损害问题进行问责。环保督察期间，全区对涉嫌环境违法违规行为责令改正 88 起，立案处罚 21 起，总处罚金额 102.7 万元，立案侦查 1 件，行政拘留 4 人，17 人因环境问题被追责问责。并在圭塘河流域生态文明体制改革试点、污水治理第三方运营、生态补偿机制、排污权交易试点、执法联动机制建设等方面取得创新性进展。（刘科明）

【雨花区进入全国百强区】 2018 年 10 月 8 日，《人民日报》第 12 版以公告的形式，发布“2018 年中国中小城市科学发展指数研究成果”。雨花区位列 2018 年度全国综合实力百强区第 30 位、2018 年度全国绿色发展百强区第 51 位、2018 年度全国投资潜力百强区第 15 位、2018 年度全国科技创新百强区第 72 位、2018 年度全国新型城镇化质量百强区第 16 位。11 月 21 日，中国信息通信研究院主办“中国县域工业经济发展论坛（2018）”，会上发布《中国工业百强县（市）、百强区发展报告（2018 年）》白皮书，雨花区排名 2018 中国工业百强区第 19 位。（刘科明）

望城区

【概况】 望城区辖 10 个街道（其中雷锋街道交由高新区托管），5 个镇，98 个行政村、19 个农村社区、32 个城市社区。全区总面积 969 平方千米，耕地面积 31.33 千公顷。2018 年年末户籍人口 58.9 万人（不含雷锋街道），常住人口 47.8 万人。人口出生率 16.02‰，死亡率 7.38‰，人口自然增长率 8.63‰。

全区有 2 个开发区（国家级望城经济技术开发区、省级望城高新区），地区生产总值 671.42 亿元（含雷锋街道），比上年增长 8.6%。其中第一产业增加值 40.39 亿元，增长 3.8%；第二产业增加值 444.59 亿元，增长 8.6%；第三产业增加值 186.44 亿元，增长 10.1%。三次产业结构比为 6 ∶ 66.2 ∶ 27.8。第一、二、三次产业分别拉动 GDP 增长 0.2 个、6.1 个、2.3 个百分点，三次产业对 GDP 增长的贡献率分别为 2.8%、70.7%、26.5%。完成一般公共预算收入 90.31 亿元，比上年增加 10.28 亿元，增长 12.9%。全区一般公共预算支出 95.58 亿元，增长 18.6%。全体居民人均可支配收入 40255 元，增长 8.7%。其中，城镇居民人均可支配收入 47201 元，增长 8.4%，农村居民人均可支配收入 32232 元，增长 8.4%。城乡居民人均消费支出 27078 元。

农林牧渔业总产值 70.5 亿元，比上年增长 3.9%。其中，农业产值 46.18 亿元，增长 4%；林业产值 1.38 亿元，增长 6.9%；牧业产值 12.74 亿元，增长 1.6%；渔业产值 4.83 亿元，增长 5.5%；农林牧渔服务业产值 5.36 亿元，增长 7.1%。全年粮食播种面积 51.51 千公顷，其中水稻播种面积 47.62 千公顷。全年粮食产量 33.96 万吨。全年蔬菜播种面积 28.53 千公顷，蔬菜产量 101.9 万吨，增长 6.2%；茶叶产量 0.06 万吨，增长 3.4%；水果产量 4.29 万吨，增长 5.2%。农业龙头企业 24 家，年内新增 7 家。特色农业有蔬菜种植、健康水产、休闲农业三条产业链，树立望城鲌鱼、乔口荷花虾、靖港西兰花、八佳兴雪里红等农产品品牌。

工业增加值比上年增长 8%。其中规模以上工业增加值同比增长 9.2%。实现规模以上工业总产值 867.05 亿元。规模以上工业中，望城经开区规模以上工业总产值（含挂靠园区企业）同比增长 39.7%，占全区规模以上工业的 70.1%，对规模以上工业增长的贡献率 112.3%。规模以上工业中，食品制造业产值 143.66 亿元，占规模以上工业的比重为 16.6%；有色金属冶炼和压延加工业产值 136.06 亿元，占比 15.7%；非金属矿物制品业产值 93.17 亿元，占比 10.7%；电力生产和供应业产值 29.2 亿元，占比 3.4%。年末规模以上工业企业 347 家，其中全年新增规模以上工业企业 39 家。

社会消费品零售总额 196.07 亿元，比上年增长 17.6%。其中，城镇消费品零售额 173.49 亿元，增长 17.3%；乡村消费品零售额 22.58 亿元，增长 19.6%。

固定资产投资比上年增长 11.3%。全区计划总投资逾 5000 万元的在建项目（不含房地产）261 个，完成投资占固定资产投资总额的 74.4%。全年基础设施建设完成投资增长 1.2%。房地产开发投资 126.28 亿元，比上年下降 5.9%。全区商品房销售额 310.6 亿元，其中住宅销售额 275 亿元，增长 27.7%。

全年境内铁路总里程 60 千米，设火车站 6 个。公路总里程 2590.99 千米，其中高速公路 88.1 千米，全区路网密度 272.45 千米 / 百平方千米。全年完成邮政业务总量 1.01 亿元，比上年增长 21.9%；完成电信业务总量 1.21 亿元，比上年增长 11.05%，年末固定电话用户 4.53 万户。全区有各类景区、点 91 处。其中：AAAA 旅游景区 4 家，AAA 旅游景区 7 家。全年接待游客 2000.17 万人次，同比增长 21.2%；实现旅游综合收入 105.03 亿元，同比增长 29.5%。

城区环境建设　新型城镇化试点、海绵城市试点协同推进，高铁西城建设启动，中心城区和重点片区加快发展，新增建成区面积 4.3 平方千米。改造老旧社区、楼盘小区、安置小区 7 个。银星湾公园建成开园，紫鑫戴斯酒店、砂之船奥莱等开门营业，潇湘北路、望城大道、金星大道北延线、湘江大道北延线一期建成通车，新开通公交线路 7 条，京港澳高速复线全线贯通，长沙港铜官港区、地铁 4 号线试运行。加强燃气应急保障，西气东输三线长沙支线望城段望星门站、段家冲 LNG 应急储气调峰综合站启动建设。110 千伏桂芳变、郭亮变、宝雍变投产送电。加快智慧城管和智慧渣土云平台建设，城区主次干道、建筑工地、渣土运输实现 24 小时动态监管；依法拆除违章建（构）筑物 24.4 万余平方米，高标准通过全国文明城市年度复查。

社会事业　全区有普通中学 27 所，中等职业中学 1 所，小学 74 所。普通中学专任教师 2508 人，中等职业中学专任教师 162 人，小学专任教师 1749 人。普通中学在校学生人数 24527 人，中等职业中学在校学生 2514 人，小学在校学生数 44872 人。当年学龄儿童入学率

100%；初中升学率99.3%；高中升学率89.0%。年末拥有各类医院、卫生院、社区卫生服务中心36个，床位3746张，卫生技术人员3847人，其中执业医师1353人，执业助理医师382人。婴儿死亡率由2010年的5.6‰下降到2018年的3.19‰。城镇新增就业8086人，农村劳动力转移就业3640人，零就业家庭实现动态清零，城镇登记失业率3.2%。城乡居民养老保险、医疗保险参保率分别为98%、98%。农村特困供养、低保对象和建档立卡贫困户重特大疾病救助纳入健康扶贫“一站式”结算系统，救助医疗困难对象1.8万人次。湘江新区滨水新城医院主体竣工，区人民医院与15家乡镇（街道）卫生院建立医共体。实施农村危房改造479户，完成11所农村敬老院消防改造，完成棚户区改造1654户，完成商品房销售430万平方米。完成23所标准化学校改造、92所普惠性幼儿园认定，长郡斑马湖中学、周南学校等5所学校交付使用，新增中小学优质学位8000个。区融媒体中心挂牌成立，望城电视高标清实现同步播出。雷锋纪念馆重新布展开馆，全年完成送体育赛事下乡900余场，送戏下乡近180场，送电影下乡近2000场，送图书下乡2万余册。建成市级示范性村（社区）文化活动室（中心）15个，全面完成“一圈两场三道”建设任务77项文体项目建设，全民健身工程覆盖率100%。将应急、环保、城管、综治、公安等部门业务纳入133个应急管理网格，实现“一张网格管到底”。开展打非治违“百日行动”“强执法防事故”行动，清理传销窝点142个。综合整治、拆除违建庙宇29处。加强非洲猪瘟及其他重大动物疫情管控，食品安全抽检合格率99.7%，通过国家食品安全示范城市省级验收。

“三大攻坚战” 强化政府债务风险防控，到期债务全部如期偿还；调减政府投资规模，力保民生投资项目；区级平台公司转型升级稳妥推进，乡镇融资平台逐步撤销。强化精准扶贫，铺排“四跟四走”产业项目159个，提供贫困劳动力公益性援助岗位100个，资助贫困学生4596人，贫困人口住院综合报销比例90%以上；持续开展“千金计划”等社会扶贫活动，全年有1490户4792名建档立卡贫困户完成脱贫。龙山县洗车河镇对口帮扶推进。强化环境污染防治，中央环保督察“回头看”、省级环保督察问题整改效果明显；严格落实蓝天保卫战“六控”“十个严禁”措施，城区禁止和限制燃放烟花鞭炮全面推行，渣土扬尘、挥发性有机物治理深入推进，秸秆粉碎还田成效明显，蓝天保卫战成效显著，“望城蓝”成为品质生活新常态。截污工程三年计划加快推进，岳麓污水处理厂尾水下移工程顺利通水，望城第一污水处理厂扩容提标启动建设，建成污水管网95千米；全面落实“河长制”“湖长制”，整治黑臭水体16处，打造湘江村等小微水体管护示范片区，严厉打击涉水违法行为，湘江水质持续稳定在Ⅲ类。

困难和问题 实体经济发展存在一些困难，营商环境需进一步改善，为企业纾困解难的力度需持续加大；产业链需更加精准发力，第三产业短板需加快补齐；城市品质有待提高；大气、水等生态环境污染问题需加大整改力度，教育、医疗、就业等公共服务需加快向主城区看齐，一些部门作风不实、能力不足的现象依然存在。 （张婉美）

【岳麓污水处理厂尾水排放工程竣工】 2018年2月26日，岳麓污水处理厂尾水排放工程在望城通水。作为中央环保部重点督查项目、洞庭湖区水环境综合治理重大项目、湘江保护与治理第二个“3年行动计划”重点项目，岳麓污水处理厂尾水下移工程总投资9.9亿元，工程全长20.2千米，包括尾水排放管道和尾水提升泵站两部分。其中，尾水排放管道从位于三汊矶大桥旁的岳麓污水处理厂开始，沿潇湘北路平行敷设双管至沩水河口。尾水管道由管径2.2米的环氧粉末防腐螺旋焊缝钢管组成，单根长12米，重达10吨以上。这种大规模、大管径的地下管道工程，在湖南尚属首例，在全国范围内也非常少见。建成后，尾水日排放量为35万吨左右，远期可达60万吨。新建的高沙脊泵站在汛期将尾水抽排入湘江，避免尾水倒流。尾水管道预留了T口，远期可通过人工强化湿地处理尾水，再通过黄金河水系排放至湘江综合枢纽下游，保护湘江流域水生态安全。同时，通过中水回用等措施，将净化的尾水用于绿化浇灌或市政道路清洗，做到水资源的充分利用。该项目作为整改实施典型案例经验已报至国家环保督察组。 （张婉美）

【岳望高速建成通车】 2018年9月29日，许广高速湖南岳阳新开到长沙望城路段（即“岳望高速”）通车试运营，标志着全国南北大动脉许广高速湖南段（原S61岳临高速）全线贯通。省委书记杜家毫出席通车仪式，并到岳望高速公路茶亭收费站看望慰问项目建设管理者。岳阳至望城高速公路是湖南省规划的“五纵七横”高速公路网的第三纵岳阳（湘鄂界）至临武（湘粤界）高速公路的北段，也是湖南省京港

2018年9月29日，许广高速湖南岳阳新开到长沙望城路段（即“岳望高速”）通车

望城区地方志编纂室 供图

澳线通道扩容的重要组成部分。岳望高速起于岳阳市昆山，对接随岳高速，途经岳阳市经开区、岳阳县、汨罗市、湘阴县，止于长沙市望城区茶亭镇，顺接长湘高速，主线全长101.62千米，双向六车道，设计时速120千米。同步建设二级公路汨罗连接线8.63千米，一级公路长沙北连接线17.96千米。新开通的岳望段沿途共有岳阳南、新墙河、黄沙街、汨罗北、屈原管理区、湘阴东、湘阴南、茶亭8个收费站，同时设置永安停车区、荣家湾服务区、屈子祠停车区、湘阴服务区、湘阴南停车区5个服务区（停车区）。岳望高速公路全程通车，结束湘阴县和屈原管理区不通高速路的历史，有效缓解京港澳高速交通压力，改善沿线地区出行条件。 （张姣美）

【“中国渔政21003号”渔政船下水交付】 2018年9月15日，在长沙市望城区湘江码头，由湖南湘船重工有限公司(长沙船舶厂)打造的300吨级“中国渔政21003号”渔政船下水交付，鸣笛启航，驶向黄海、渤海辽宁省辖区海域。这是湖南建造的最大吨位沿海渔政船。该船总长49.9米，宽7.6米，满载排水量365吨，安装两台高速柴油机作为主动力，巡航时速约15海里。船上配备雷达等先进的导航设备，按近海同类型最先进渔政船设计建造。它将代表国家行使渔业行政执法权，有效履行黄海、渤海辽宁省辖区内海域的海洋渔业行政管理，满足执行200海里专属经济区巡航管理任务的需要，兼顾渔业海难辅助救捞等任务。 （张姣美）

【雷锋生平事迹陈列馆（新馆）对外开放】 2018年3月1日，雷锋生平事迹陈列馆（新馆）对外开放。新馆陈展面积由原来的1072平方米扩至3881平方米，共陈列展出文物实物340件，照片299张，雷锋日记诗文61篇，各类绘画作品55幅，音、视频资料32套。基本陈列《学习雷锋好榜样》内容主要以毛泽东等党的几代领导核心题词以及习近平总书记有关学习雷锋的系列讲话为依据，分为“平凡的人生”“伟大的精神”“永远的榜样”3个部分进行展示。通过大量文物、实物、照片、雕塑、绘画等再现雷锋的音容笑貌、加深观众对雷锋事迹的了解和对雷锋精神的认知，突出湖湘文化是雷锋精神形成的沃土，展现雷锋全心全意为人民服务的品格和雷锋精神永恒的历史本质。

（张姣美）

2018年5月14日，铜官窑博物馆开馆 望城区地方志编纂室 供图

【社区提质提档工作】 2018年，望城区财政投入专项资金1亿元，以老旧小区为重点，按照“一个社区一个特色”的思路，挖掘社区文化底蕴，实现城市品质提升与保留历史记忆的协同，建成雷锋小区、聚宾小区、聚缘公园、善美家园等系列极具地域特色的亮点工程；以雷锋路、西塘街、旺旺路、高塘岭等主城老旧社区为重点，整体成片推进，将单位大院与小区联结打造出开放式街区；结合城市基层党建、一站式便民服务中心建设、“老旧小区油污治理”等工作，有序推进中南、湘陵、望府路等7个社区提质提档建设。 （张姣美）

【铜官窑博物馆开馆】 2018年5月14日，长沙铜官窑博物馆开馆仪式举行，新加坡饮流斋陶瓷鉴赏会会长林亦秋，德国收藏家蒂尔曼沃特法，长沙窑研究会秘书长覃小惕以及省市区相关领导出席。15日，长沙铜官窑博物馆向社会开放。长沙铜官窑博物馆位于长沙铜官窑国家考古遗址公园西北角，博物馆以“诗意的彩瓷”为主题，展示1200余年前唐代长沙铜官窑陶瓷文化发展史。建筑面积11436.5平方米，布展面积6272平方米，全馆以褐色为主色调，包括序厅、千年的积淀、瓦渣坪往事、土火之艺、教育互动区、彩韵唐风、世界的长沙窑7个展厅，展出文物1000余件，器类多样，主要包括壶、罐、洗、盂、碗、碟、杯、盒以及枕、烛台、动物雕塑等；釉色丰富，有青釉、黑釉、绿釉、白釉以及窑变釉等；色彩鲜艳，有褐彩、绿彩、蓝彩和铜红彩等；装饰工艺繁杂，有绘画、诗文、题记、警句、广告语、印花、模印贴花、雕塑等。场馆陈列以考古资料为核心，运用最先进的博物馆展示手段，将文物、文献、沙盘模型、场景复原、多媒体演示、文字图表等完美结合，让观众走进多姿多彩的大唐社会，体验窑工画匠的超凡技艺，感受长沙铜官窑灿烂瑰丽的不朽传奇。

（张姣美 杨英占）

【首届2018长沙·望城国际铁人三项赛举办】 2018年9月16日，由长沙市体育局和望城区人民政府共同主办的原创性国际赛事——首届2018长沙·望城国际铁人三项赛在千龙湖畔鸣枪开赛。共有来自中国、美国、澳大利亚、加拿大、法国、瑞典、瑞士、巴西、匈牙利9个国家的选手参加。经过激烈角逐，澳大利亚的克雷格·亚历山大和美国的劳伦·高斯分别获男子、女子全程邀请组桂冠。此次国际铁人三项赛是长沙市望城区按照奥运会标准首次自主组织的一次高端原创赛事活动。赛事以奥运标准设置1.5千米游泳赛道、50千米骑行赛道、10千米跑步赛道，共设有全程分龄组、全程接力组、全程特邀组、骑跑两项分龄组4个项目，共704名运动员报名参赛。赛事定位国际化、竞技水准高，中央电视台体育频道刊播《首届长沙国际铁人三项赛开赛》，并在CCTV5+刊播1小时赛事精彩内容集锦。比赛的线路以长沙望城区“湘江古镇群”“山水洲镇”为主线，线路沿途囊括千龙湖生态旅游度假区、靖港古镇、新康戏乡、铜官古镇等望城独具特色的旅游小镇，全景展示望城区“山水洲镇”秀美风光。（杨英占）

【望城“雷锋窝子”现象座谈会在北京召开】2018年1月9日，由《雷锋》杂志社主办的望城“雷锋窝子”现象座谈会暨《雷锋》杂志望城专刊首发式在北京湖南大厦举行。中组部原部长张全景，国防大学副政委、中将李殿仁，海军政治部原副主任、少将张宗银，《雷锋》杂志总编辑、少将陶克，中宣部新闻局原副局长张凡等出席。与会嘉宾一同观看望城学雷锋专题片《望城雷锋群英谱》，望城区区委常委、宣传部部长姚建刚介绍望城50年学雷锋情况。望城区茶亭镇党委作典型发言。与会嘉宾对望城“雷锋窝子”现象给予肯定。张全景指出，望城作为雷锋故里，几十年如一日坚持学雷锋，把好人基因传承好，把光荣使命担当好，使学雷锋活动具体化、形象化、生动化、常态化，始终走在全国学雷锋的最前沿。他强调，要多总结望城经验，在全国推出典型，让雷锋精神在新时代薪火相传、历久弥新，永放光彩。中央人民广播电台、新华社、中央电视台等30余家中央主流媒体对该事件进行报道。（张姣美）

【望城获评“中国工业百强区”】2018年11月21日，《中国工业百强县（市）、百强区发展报告》发布，望城获评中国工业百强区，榜单中排名第70位。2018年，望城开展“产业发展突破年”活动，证通电子一期、中信戴卡二期、中粮中茶、澳优乳业智慧工厂、托阳一期等重大项目建成投产，五矿新能源一期实现试生产，亿达智能制造小镇加快建设。在全市率先优化整合产业园区，园区规模工业产值占全区70.6%。主导产业、骨干企业稳步增长，有色金属材料、食品医药等产业产值分别增长47.1%、25%，澳优乳业、金驰能源等企业产值分别增长50%、98%。出台支持建筑企业发展政策，新增建筑企业11家，建筑产业产值同比增长24.7%。推进省科技成果转移转化示范县建设，筹建中南大学科技园望城孵化基地，黄金创业园获批“国家小型微型企业产业创新示范基地”，五矿中央有色研究院获批“国家制造业双创平台试点示范项目”，全年新增高新技术企业26家、科技创新小巨人企业13家，专利申请量增长40%，高新技术产值增长29%，投入研究与试验发展经费占GDP3.5%。开展项目扫尾清零攻坚，腾地0.087万公顷；加强国土管理，处置违法用地451宗，盘活闲置土地70.2公顷，完成去存量供地245.86公顷；突出解决重点企业用工难题，依法严惩强揽工程、串标违标等违法行为，发展环境有效改善。“千人帮千企百日大行动”帮助企业破解实际问题207个，兑现政策惠企资金6084万元。（杨英占）

表39　2018年望城区主要经济指标与2017年比较统计表

单位：亿元

指标名称	地 区 生产总值	农林牧渔业 总产值	社会消费品 零售总额	一般公共 预算收入	一般公共 预算支出	人均可支配收入（元）	
						城镇居民	农村居民
2017年	614.67	68.62	152.78	80.03	80.62	43548	29737
2018年	671.42	70.5	196.07	90.31	95.58	47201	32232
2018年比2017年增长（%）	8.6	3.9	17.6	12.9	18.6	8.4	8.4

说明：地区生产总值和农林牧渔业总产值根据全国第三次农业普查和相关数据进行了调整，增长速度按可比价计算

长沙县

【概况】长沙县辖13个镇、5个街道办事处，共有114个行政村、86个社区。全县面积1756平方千米，其中耕地面积50.89千公顷。2018年年末户籍人口80.6万人，常住人口108.9万人。人口出生率15.4‰，死亡率7.97‰，人口自然增长率7.43‰。年均气温18.3℃，年内最高气温38.2℃，最低气温-3.8℃；年降水量1307.6毫米。

地区生产总值1509.3亿元，比上年增长9.6%。其中，第一产业增加值64亿元，比上年增长3.3%；第二产业增加值930.1亿元，比上年增长9.8%；第三产业增加值515.2亿元，比上年增长10%。三次产业比由上年的5.3∶64.2∶30.5调整为4.2∶61.6∶34.2。固定资产投资比上年增长15.3%。财政总收入356.4亿元，比上年增长24.7%。其中，一般公共预算收入240.4亿元，比上年增长7.1%；税收收入220.8亿元，比上年增长4.2%。公共财政预算支出170.5亿元，比上年增长10%。城乡居民人均可支配收入40226元，比上年增长8.8%；城乡居民人均消

费支出27569元，比上年增长9.2%。按平均常住人口计算，全县人均生产总值14.2万元。在全国第18届县域经济基本竞争力百强县名单中排名第五位，在全国县域经济与县域综合发展前100名县（市）名单中位列第五位；蝉联"四好农村路"全国示范县，第12次连续蝉联"中国最具幸福感城市（县级）"。

全县工业园区有长沙经济技术开发区（国家级）、长沙临空经济示范区（国家级），另有星沙产业基地、榔梨产业基地、黄花产业基地、汨罗产业园、长鄯产业园、埃塞（湖南）工业园为长沙经济技术开发区托管园区。是年，全县工业总产值比上年增长10.6%；工业增加值比上年增长10.2%；工程机械、汽车及零部件、电子信息产业分别实现规模工业总产值912亿元、936亿元、169亿元，3大支柱产业总产值（2017亿元）比上年增长11.2%；规模工业总产值比上年增长10.6%。三一重工、铁建重工、山河智能跻身全球工程机械制造商50强。新增规模工业企业49家，新增国家高新技术企业160家，长沙经济技术开发区跻身全国经开区20强，成立中部首个区块链产业园和全国唯一区块链安全技术检测中心，天河国云、浪潮集团等15家知名企业落户。全年新增高新技术企业98家，年末总数330家。

农林牧渔业总产值104.5亿元，比上年增长（按可比价计算，下同）3.2%，其中：农业总产值73.2亿元，增长4.4%；林业总产值4.2亿元，增长7.1%；牧业总产值18.7亿元，下降1.6%；渔业总产值2.4亿元，下降3.2%。农作物播种面积122867公顷，粮食总产量49.9万吨，下降2.3%；蔬菜产量100.3万吨，增长1.7%；水果产量7.1万吨，下降5.1%。水产品产量1.4万吨，下降6.2%。年内新增1家国家级龙头企业，12家市级重点农头企业；各类新型农村合作经济组织2055家，规模以上农产品加工企业47家。获评全国产茶重点县、全省茶叶"千亿产业"十强县、全省粮食生产先进县，北山梅获国家地理标志产品保护。森林覆盖率49.81%。

社会消费品零售总额519.9亿元，增长8.4%，其中城镇消费品零售额306.8亿元，农村消费品零售额213.1亿元。批发、零售业零售额501亿元，住宿、餐饮业零售额18.9亿元。全年接待游客1300万人次，实现旅游综合收入140亿元。开慧故里国家AAAAA级景区创建加快推进，影珠山、天华山获评国家AAA级旅游景区，年末全县有AAA旅游景区6处，AAAA级旅游风景区1处。

固定资产投资比上年增长15.3%。全年1亿元以上投资项目387个，实际投资额692.5亿元。1亿元以上非房地产项目268个，实际投资额518亿元。到位外资8.4亿美元，引进市外境内资金形成固定资产投资203.9亿元，引进省外境内资金99.3亿元。

城乡建设和管理 推进公租房建设、棚户区改造和旧城改造等。新建停车场50个，县城停车位12.1万个。浔龙河入选"新华社民族品牌工程·未来之星"，开慧村入选"中国传统村落名录"，民宿"慧润模式"在全国推介，果园镇获"国家级新型城镇化标准化"试点，黄花镇进入全国科学发展百强镇，金井镇获评国家示范农业产业强镇，开慧镇获评全国十佳康养小镇。全县城镇生活垃圾无害化处理率100%；拥有污水处理厂22座，建成城西、临空、江背工业园、浔龙河污水处理厂，扩规提质城南污水处理厂，城镇污水集中处理率91%。星沙水厂取水口上移，集中式饮用水水源地达标率100%。城乡绿化提质，新增绿化面积61.69公顷，人均公园绿地面积9.8平方米；全县林木绿化率49.28%，城市建成区绿化覆盖率36%。通过国家卫生县城复审，被提名为新一轮全国（县级）文明城市提名城市，获评"2018中国最具幸福感城市（县级）"。全县城镇化率68.4%。

重点项目建设 推进"二次创业"，黄花机场晋级"国际四星级机场"，海关机场基础设施建设启动，长沙临空经济示范区引进重大项目30余个，总投资超过400亿元。联通数字阅读基地、百联奥特莱斯、新城吾悦、中茂城商业综合体以及普洛斯空港物流园建成运营，圆通速递、丰树空港物流园、奥凯航空等项目加快建设；黄花综合保税区新增进口药品口岸功能，口岸总数3个。索恩格中国公司、铁建重工第二产业园、广汽三菱发动机等重大项目竣工投产，蓝思科技黄花生产基地、京东无人车、大陆集团中央电子工厂、博世新能源汽车热管理系统、山太飞机维修、田汉国际戏剧艺术小镇等重大项目集中落户，总投资226亿元。

交通邮电事业 年内，全县旅客周转量36138万人千米，货物周转量116042.3万吨千米。全县通车总里程6236.7千米，行政村客运（公交）班线通达率100%，县乡道路硬化率100%，村道路硬化95%，蝉联全国"四好农村路"示范县。G107调规公路、岳汝联络线、万家丽路与绕城高速互通建成通车。邮电通信业务收入16.4亿元。年末本地电话用户14.5万户（不含移动用户），移动电话用户146.3万户，互联网宽带用户34.6万户。

社会事业 全社会研究与发展（R & D）活动经费72.3亿元。全年专利申请量、授权量各为6258件和3571件。年内新增国家高新技术企业160家、国家级智能制造示范企业2家、省级工程技术研究中心及众创空间4家、市级以上智能制造试点示范企业76家。全年教育事业支出21.9亿元，新建中小学校9所，改扩建学校15所，创建义务教育标准化学校42所，新增学位19200个，全县超大班额全部缓解。推进合作办学和集团化办学，北京师范大学长沙附属学校（一期）、湖南师范大学星沙实验学校等9所学校建成开学。新增28所普惠性幼儿园，20所小区配套幼儿园完成移交，清理无证办学机构259家。各类全日制学校214所（不含幼儿园），其中职业中专9所、普通高中9所、乡镇农校14所、初级中学37所、小学144所、特殊教育学校1所。有幼儿园301所（含公办幼儿园44所）。初中入学率、巩固率及小学学龄人口入学率、巩固率均100%。免除11.4万人次学生杂费，义务教育阶段学生杂费免除率100%。全县对各级各类贫困学生资助金额1900万元。推进医疗卫生体制改革和智慧医疗建设试点，获评全国"万步有约"职业人群健走激励大奖赛健走示范城市，长沙县妇幼保健院入选全国县级妇幼保健院100强。全县文化设施面积143.9万平方米，体育设施面积178万平方米。有文化站20个，文化馆1个，公共图书馆1个，档案馆1个，电影院15个，各类体育场地1713个（其中标准体育馆4座，标准运动场90个，标准游泳池4个，各种训练综合用房203个）。全年送戏下乡90场、电影3425场；开展群众文化活动262场，获评全国文化志愿服务典型。开展大型群众体育活动18次，全民健身运动参加人数40万人次。举办纪念田汉120周年诞辰系列活动，田汉文化园开园。广播综合人口覆盖率、电视综合人口覆盖率均100%；有线电视用户5.5万户，入户率15%。

社会保障　全年公共财政预算支出170.3亿元。其中教育支出21.9亿元、医疗卫生支出9.8亿元。新增城镇就业17906人，农村劳动力转移就业4000人，新增创业主体8900户；各类城镇下岗失业人员实现就业再就业3968人，帮助就业困难人员再就业1557人，全县城镇登记失业率3%。有社会福利院、敬老院、养老院、光荣院等24个，社会福利收养性单位床位5115张，收养1710余人。城镇职工基本养老金、城乡居民养老保险基础养老金实现14连调，乡镇卫生院、社区卫生服务中心医保报销比例提高至85%。全县企业职工基本养老保险、城镇职工基本医疗保险、失业保险参保人数各为19.5万人、19.2万人和16.1万人。全年救助总人数23.5万人次，城镇低保对象6069户10649人，农村低保对象65170户138777人。

“三大攻坚战”　着力防范化解重大风险、精准脱贫、污染防治三大攻坚战。严格预算管理，“停缓调撤”项目192个，调减资金25.41亿元，国有企业平台整合成2家，置换政府债务18.02亿元，债务良性、风险可控，债务风险指标值均在警戒线以下。处置涉嫌非法集资企业13家，清退资金1000万余元，金融生态环境不断优化。推进全县精准脱贫，实施产业扶贫项目173个，新增贫困人口转移就业153人，贫困村产业扶贫覆盖率100%，全县建档立卡贫困户脱贫4509户13485人，贫困发生率降至0.1%。建档立卡贫困户危房应改尽改，贫困学生应助尽助，教育扶贫获选2018全国民生示范工程。开展沅陵县、龙山县、科右中旗对口帮扶，铺排扶贫项目102个，投入资金1.1亿元。突出污染防治，中央环保督察“回头看”151.5件、省环保督察88件信访交办件基本办结销号。推进臭氧防治、秸秆禁烧、渣土扬尘3大整治，创建绿色施工工地53个，整治“散乱污”企业208家，推广使用新能源汽车1.5万台，完成居民家庭餐厨油烟净化治理改造2000户，全年空气质量优良天数303天，优良率提高3个百分点。实现“河长制”全覆盖，全面推进两河流域及双桥港等7个主要支流排口截污，整改问题排口22个、黑臭水体2处，浏阳河长沙县段实现全面截污。建成城西、临空、江背工业园、浔龙河污水处理厂，扩规提质城南污水处理厂，城镇污水集中处理率91%。

困难和不足　县域经济发展质量和效益不高，科技创新能力不够强，实体经济特别是中小微企业生产经营仍然面临不少困难；土地等资源要素日益趋紧，污染防治任务十分艰巨；基础设施、民生改善、公共服务、社会治理等领域还存在不少短板和薄弱环节；少数部门和工作人员还未适应新形势，担当意识不强、主动作为不够、工作效率不高。

（周进银）

表40　2018年长沙县主要经济指标与2017年比较统计表

单位：亿元

指标名称	地区生产总值	农林牧渔业总产值	社会消费品零售总额	地方财政收入	财政支出	城乡居民人均可支配收入（元）
2017年	1432.74	102.71	479.5	285.9	161.2	36977
2018年	1509.3	104.5	519.9	356.4	170.5	40226
2018年比2017年增长（%）	9.6	3.2	8.4	24.7	10.0	8.8

说明：地区生产总值、各产业增加值绝对数按现行价格计算，增长速度按不变价格计算

【百年气象站“黄花站”揭牌】 2018年1月，黄花国家气象观测站被中国气象局认定为“中国百年气象站”。2月6日，中国百年气象站“黄花站”揭牌仪式举行。中国气象局党组成员、副局长沈晓农，长沙经开区党工委书记、长沙县委书记曾超群出席并讲话。中国百年气象站是指能够长期连续开展观测的气象站，需要在建立年限、累积中断观测时间上限、历史元数据、区域代表性、探测环境等9个方面满足相应认定条件。获“中国百年气象站”认定的台站，将被列入中国气象站重点保护名录并公布，对气候变化研究、生态文明建设、发挥气象数据的科学支撑作用等方面具有重要意义。黄花国家气象观测站历史可追溯至1909年成立的长沙测候所，当时使用电话和电报汇总观测数据，编撰气象日报和月报。2016年1月1日，经中国气象局批复，长沙马坡岭国家气象观测站自中国气象局气象干部培训学院湖南分院迁至长沙县气象局，地址位于长沙县黄花镇大路村思源路以北空港城，并更名为“黄花国家气象观测站”。观测站占地1.67公顷，环境焕然一新。2017年12月，中国气象局将黄花站选定为风云四号气象卫星湖南省唯一的地面接收中心。　（周进银）

【长沙经济技术开发区工程机械产业晋级千亿元产业集群】 2018年，长沙经济技术开发区工程机械产业受益于国内基建投资、生产制造工

艺升级和“一带一路”等多重因素加速复苏，实现产值1046.3亿元，增长14.7%，晋级千亿元产业集群。2018年，长沙经开区完成技工贸总收入3500亿元，增长10%，全年规模工业总产值同比增长9.5%。工程机械产业发展强劲，三一重工、铁建重工、山河智能跻身全球工程机械制造商50强。汽车及零部件产业产值同比增长5.9%；电子信息产业产值同比增长14.4%。园区全年税收过1亿元企业14家，其中上汽大众、广汽三菱税收超过20亿元。全年进出口总额同比增长17%，进出口额过亿美元企业7家，综合发展水平晋级全国经开区20强。聚焦工程机械、汽车、先进轨道交通装备(含磁浮)、集成电路4大优势产业链，长沙经开区2018年引进项目45个，总投资额413亿元，其中世界500强投资项目4个，中国500强投资项目3个，包括投资100亿元的蓝思科技黄花生产基地项目、投资20亿元的京东无人车总部项目，以及广汽三菱研发中心及零部件产业园项目、博世新能源汽车项目、大陆集团中央电子工厂等一大批高质量项目。铁建重工高端地下装备、广汽三菱发动机、广汽菲克K8、长丰猎豹第三工厂及新能源汽车项目、三一智能网联重卡、索恩格中国长沙工厂、烁普新能源汽车动力锂电池隔膜等一批重大项目相继建成投产。（周进银）

【区块链安全技术检测中心成立】

2018年10月24日，国家互联网应急中心与长沙经济技术开发区签约，成立全国唯一一家区块链安全技术检测中心，将联合星沙区块链产业园开展区块链代码审计、安全检测、风险监控等工作。国家互联网应急中心代表杜翠兰，长沙市政协主席文树勋，湖南省委网信办副主任李球，长沙经开区管委会主任张庆红，长沙市委副秘书长、市委宣传部副部长、市委网信办主任莫小佳，长沙经开区、长沙县领导贺代贵、常利民、张湘鸿、杨溢、肖靖、康勇出席签约仪式。长沙县委常委、常务副县长杨应龙主持。此前，长沙经开区率先成立星沙区块链产业园，出台区块链产业扶持政策，并举办中国·星沙区块链院士高峰论坛，吸引众多区块链企业入驻，可为技术检测中心提供优质的技术支持。这些，使国家互联网应急中心这一国家级的互联网安全事件预警、协调、处置的机构青睐长沙经济技术开发区并与之合作。（周进银）

【纪念田汉120周年诞辰系列活动】

2018年3月12日是国歌词作者、中国现代戏剧3大奠基人之一田汉120周年诞辰纪念日。为缅怀田汉的丰功伟绩，进一步弘扬其革命精神，传承革命传统，长沙县成立长沙县纪念田汉120周年诞辰工作领导小组，举办纪念田汉120周年诞辰系列活动，主要包括发表纪念文章，举办纪念田汉120周年诞辰文艺晚会、《田汉画册》首发式、田汉经典京剧演出、“田汉与国歌”诗词诵读活动、“田汉故里好家风”书画展等活动，并召开纪念田汉120周年诞辰座谈会、“田汉与国歌”主题研讨会。3月12日，长沙县委、长沙县人民政府在《湖南日报》《长沙晚报》刊发专文《不忘初心学前贤 牢记使命续新篇——纪念田汉120周年诞辰》；3月23日，“海外华文媒体走进田汉故里”大型外宣采访活动在长沙县举办。24家海外华文媒体聚焦长沙县经济、文化等领域的发展成果，用国际化视角对外讲述“中西部第一县”崛起的故事。中国新闻社党委副书记张明新，省委宣传部副部长周湘，中国新闻社湖南分社社长白祖偕，省委宣传部对外推广处副处长陈宏，市委宣传部副部长朱锦辉，县领导杨溢、彭正球出席仪式。27日，由中国田汉研究会、田汉著作编辑委员会编辑出版的《田汉画册》在田汉故里——长沙县举行首发式。28日，纪念田汉120周年诞辰座谈会在田汉故里——长沙县举行。中国文联办公厅主任邓光辉，京剧表演艺术家、中国戏剧家协会原主席尚长荣，中国雕塑家学会名誉会长、中国美术家协会雕塑艺术委员会原主任、雕塑家盛杨，田汉长孙、田汉基金会理事长田钢，中国田汉研究会会长周光，省、市、县领导禹新荣、徐宏源、文树勋、曾超群等参加座谈会。（周进银）

【《长沙县历史文化丛书》出版】

2018年9月19日，《长沙县历史文化丛书》首发仪式在星沙举行，现场举行赠书仪式，省、市档案馆、图书馆以及县档案馆、图书馆、文化馆等单位接受赠书。湖南省政协原副主席、省文联主席谭仲池，县领导张作林、王益枝、谭浩然、杨溢、曹艳萍、李楚屏、陈沃辉、张小春等出席仪式。

《长沙县历史文化丛书》于2016年10月启动编撰，历时两年，由湖南人民出版社出版；长沙经济技术开发区党工委书记、长沙县委书记曾超群为丛书作序。《长沙县历史文化丛书》以纪实的手笔，集中系统地介绍长沙县历史沿革、名人志士、河流山川、民风民俗和文化遗风，分历史、山水、人物、民俗、文艺5卷，每卷分上、下册，共10册，计200万余字。其中，《长沙县历

2018年3月27日，24家海外华文媒体参观星沙街道静雅轩书房

长沙县地方志编纂室 供图

史文化丛书·历史卷》上册主要记述约20万年前至1949年8月发生在长沙县的重大事件，下册主要记述中华人民共和国时期长沙县的历史篇章；《长沙县历史文化丛书·山水卷》上、下册主要收录长沙县境内的山川河流、庙宇古建的美景、美色，以及与之相关的传奇典故、民间故事等；《长沙县历史文化丛书·文艺卷》上册记述历代政要和文人吟咏长沙县域名胜的诗词和长沙县域流传的民间歌谣，下册主要介绍长沙籍历史政要和文化名人的书画作品、手稿墨迹；《长沙县历史文化丛书·人物卷》上册选介从东汉至今长沙县300余位杰出人物事迹，下册则从300余位人物中精选41位人物进行重点介绍；《长沙县历史文化丛书·民俗卷》上卷《民俗遗风》包括“岁时节庆”“人生礼仪”“生产生活”“方言民谚”四章，记载长沙县传统节日习俗、农时节气习俗，人生、家族、往来之礼俗，农事耕种、渔猎养殖、手工行会、商贸集市、水陆交通习俗，以及较有代表性的县域方言、民间谚语、俚语俗话等，下卷《风物大观》分为“民间非遗”“馆藏文物”“地方特产”“百姓滋味”。（周进银）

【长沙县蝉联“四好农村路”全国示范县】 2018年9月13日，交通运输部、农业农村部、国务院扶贫办联合授予长沙县“四好农村路”全国示范县荣誉称号，湖南省仅有3个县（市）获此荣誉。这是继2017年8月24日，长沙县首次获评“四好农村路”全国示范县后蝉联此项荣誉。2013—2018年，通过财政投入、城镇化包、BT等方式筹集资金，长沙县投入100亿元到农村公路建设、管理、养护和运营中。截至2018年9月，长沙县县级农村公路总里程5721千米。（周进银）

【长沙县获评“2018中国最具幸福感城市（县级）”】 2018年11月26日，“2018中国幸福城市论坛”在广州举行，现场发布2018中国城市幸福感调查报告，长沙县获评“最具幸福感城市（县级）”，成为中西部唯一入选县级城市，这是长沙县连续12年获此荣誉。2016年以来，长沙县坚持“强南富北、民生立县、挺进五强”发展主线不动摇，在县域经济持续上扬的同时，着力推进“民生立县”三年行动计划，让改革发展成果与人民群众共享。通过全力实施省市重点民生实事工程和“微建设·微民生”项目，解决群众身边最关心的问题，让百姓的幸福感在家门口升级。同时，在基础教育、医疗卫生、文化繁荣、扶贫帮困、基础设施、社会治理等领域，长沙县每年铺排的重点民生项目不少于100个。（周进银）

【县域经济基本竞争力排名全国第五位】 2018年12月16日，第18届全国县域经济基本竞争力前100名和全国县域经济与县域综合发展前100名县（市）名单揭晓，长沙县位居第五位，提前三年实现“挺进五强”目标；同时，在中国中小城市综合实力百强排名中升至第五位，连续7年居中西部第一位。（周进银）

【长沙县水渡河河坝改造工程获评中国水利工程优质（大禹）奖】 2018年12月27日，长沙县水渡河河坝改造工程被评为2017—2018年度中国水利工程优质（大禹）奖。该工程位于湖南省湘江一级支流——捞刀河下游，河坝下游距湘江入口14.9千米。工程批复总投资1.34亿元，竣工决算总投资1.33亿元，主要建设内容包括：泄洪闸、冲沙闸、溢流堰、排水箱涵、交通桥、配电用房等，是长沙县已竣工的投资规模最大的单项水利工程。设计洪水标准百年一遇，最大过闸流量4326.7立方米/秒，为大（2）型水闸工程。闸坝改造工程于2014年10月开建，2016年9月下闸蓄水并完工验收，2018年4月竣工验收。该工程是长沙县综合利用水资源、防治水污染、改善水环境的大型水利枢纽工程，项目集城市防洪、环境治理兼顾城市供水、农业灌溉、城市交通等综合功能，主要担负安沙镇、星沙街道、果园镇、黄花镇等地区农田的灌溉和长沙经济开发区的供水任务。（周进银）

【浔龙河入选“新华社民族品牌工程·未来之星”】 2018年6月2日，浔龙河入选“新华社民族品牌工程·未来之星”仪式在北京举行。这是继2017年新华社启动“民族品牌工程”后，首次以“未来之星”计划助力高成长型民族品牌发展。浔龙河是全国首个以乡村振兴品牌入选新华社民族品牌工程的企业。位于长沙县果园镇的浔龙河生态艺术小镇规划建设面积980公顷，依托便捷区位交通优势、优美生态环境优势和深厚人文底蕴优势，并以“打造平台，整合资源，形成特色，创造品牌，树立标准，全面复制”为目标，建立中国乡村振兴特色小镇平台和品牌。2009年成立的湖南棕榈浔龙河生态城镇发展有限公司致力于破解乡村发展瓶颈、促进农村民生改善，推进城市公共服务向农村覆盖、城市基础设施向农村延伸、城市现代文明向农村辐射，找到一条独特的城乡融合发展路径，形成一套行之有效的治理经验。浔龙河坚持农民利益优先、生态保护优先、资本主导优先，把农村资源变资产、资产变股权、农民变市民，发展农村综合产业，已形成“教育产业为核心、生态产业为基础、文化产业为灵魂、康养产业为配套、旅游产业为抓手”的产业格局，立足“看得见山，望得见水，留得住乡愁”的生态理念，创新实践“美丽乡村+生态社区+特色产业”模式，得到百姓的真心拥护。全村村民对集中居住的支持率98.14%，对土地流转的支持率100%。（周进银）

【影珠山、天华山两个景区获评国家AAA级旅游景区】 2018年12月19日，长沙市旅游景区质量等级评定委员会发布公示，根据《全国旅游景区质量等级管理办法》《湖南省旅游景区质量等级管理办法》，经长沙市旅游景区质量等级评定委员会评定，长沙县的影珠山旅游景区、天华山景区达到国家旅游景区AAA等级标准，批准为国家AAA级旅游景区，并对外公示。至此，长沙县国家AAA级旅游景区增至6家。（周进银）

【长沙县图书馆获评第七届全国服务农民、服务基层文化建设先进集体】 2018年1月，长沙县图书馆获评“第七届全国服务农民、服务基层文化建设先进集体”，是全省唯一一个获此荣誉的图书馆。该馆成立于1964年，2012年被文化部评为一级图书馆。2016年6月，建成面积1.3万平方米的图书馆新馆对外免费开放。馆内拥有各类纸质文献资源74万册，电子文献100万册，知网、中文在线、库客音乐等大型数字资源库16个。同时全县280家农家书屋、社区书屋和图书分馆全部实行免费开放，设有2个24小时自助图书馆，全县“15分钟阅读圈”基本形成。长沙县图书馆拥有设施完善的借阅室、多功能厅、体验式视听室、众创空间、24小时自助借还等15个功能区，设置1300余个阅览座位。同时，采用国内领先的自动化服务系统，信息查询、计算机、自助办证机等配套设备齐全，推行“零门槛”、便捷化、自动化服务，以图书分馆和农家书屋为平台，延伸服务功能，开展“书香星沙”全民阅读活动，各书屋和分馆根据自身特色、资源等组织开展贴近农民、农村生活的读书活动，年均组织各类阅读活动900余场次。农家书屋实现村和社区全覆盖，创新施行《农家书屋管理评星定级与摘牌淘汰管理办法》。营造全民阅读氛围，多角度开展阅读推广活动，每年送图书下乡10余次，书籍5万余册，开展阅读活动1000余场次，打造出“书香星沙”“松雅书院”等阅读品牌，年均举办讲座、沙龙、故事会、画展、品书荐书、微信有奖答题、小管理员体验等活动250余场。

（梁 漾 周进银）

浏阳市

【概况】 2018年6月，湖南省民政厅下发《关于撤销蕉溪乡设立蕉溪镇的批复》，浏阳市蕉溪乡撤乡设镇。2018年12月，浏阳市辖4个街道、27个镇、1个乡，322个行政村（社区），区内另设浏阳经开区、制造产业基地、“两型”产业园、大围山国家森林公园4个园区，全市总面积5007.75平方千米。根据2017年度土地变更调查面积汇总统计（管理控制数），2018年，浏阳市土地调查面积499.73千公顷，其中耕地面积76.75千公顷。森林覆盖率66.2%。2018年年末户籍人口149.38万人。人口出生率11.88‰，死亡率5.76‰，人口自然增长率6.12‰。年平均气温18.4℃，年内极端最高气温38.2℃，极端最低气温-4.1℃，年降水量1231.6毫米。

地区生产总值1342.1亿元，同比增长8.6%。其中第一产业增加值95.4亿元，第二产业增加值864.5亿元，第三产业增加值382.2亿元，分别增长4.6%、8.7%和9.3%。三次产业对经济增长的贡献率依次为3.6%、71.3%和25.1%，分别拉动经济增长0.3个百分点、6.1个百分点和2.2个百分点；三次产业结构为7.1∶64.4∶28.5。实现一般公共预算收入113.3亿元，增长13.1%，其中：地方一般公共预算收入69.2亿元，增长11%；上划收入44.1亿元，增长16.7%，税收收入占一般公共预算收入83.97%。土地出让金收入41.6亿元，增长3.9%。全市一般公共预算支出124.6亿元，增长7.3%。县域经济与县域综合发展全国百强排名跃居第13位；入选“福布斯2018中国大陆最佳商业城市榜”，成为中西部地区唯一入榜的县级城市。

农林牧渔业总产值158.8亿元，增长4.7%；农林牧渔服务业产值10.34亿元，增长12.7%。完成造林面积4200公顷，森林抚育面积10667公顷，年末实有封山育林面积114666公顷，年度活立木总蓄积量1522万立方米，增长4.2%。“大围山梨”获批国家农产品地理标志示范样板，“浏阳黑山羊”获批国家农产品地理标志；完成大栗坪、宏源水闸除险加固和金鸡水库扩建主体工程，建设高标准农田8133.33公顷，建成全国南方水稻“双新”展示基地。

工业增加值增长8.6%。规模以上工业企业871家，规模工业总产值增长17.5%，规模工业增加值增长10.8%。经开区工业总产值增长23.5%，财税收入40.1亿元（含土地出让金，下同），增长12.5%。高新区工业总产值增长16.9%，财税收入10.7亿元，增长30.6%。“两型”产业园实现工业总产值增长16.9%，财税收入1.9亿元，增长16%。42家生物医药企业产值增长13.9%；113家机械制造企业产值增长14.2%；16家电子信息企业产值增长31.9%。

固定资产投资增长16.7%。其中工业投资增长15.2%。实现社会投资725亿元，占总投资的81.5%，比上年度提升7.5%。建筑行业实现增加值99.5亿元，增长9.9%。拥有资质建筑企业37家，实现建筑业产值59.6亿元，增长20%。房地产业实现增加值56.6亿元，增长6.6%。拥有房地产企业69家，实现房地产投资额46.3亿元，增长58%；商品房销售面积163.99万平方米，增长14.3%。

社会消费品零售总额348.8亿元，增长13%。实现自营进出口总额19.28亿美元，增长10.4%。出口额11.66亿美元，增长3.4%，其中，鞭炮烟花3.22亿美元增长24.5%；机电产品6.19亿美元，下降15.4%。进口额7.61亿美元，增长23.1%。全年居民消费价格总指数(CPI)为102.0，商品零售价格指数为102.5，服务项目价格指数为101.6，工业品生产者出厂价格指数为103.2。全市有A级景区13个，其中AAAA级景区3家，AAA级景区8家；全市接待旅游人数2812万人次，增长28%；旅游产业收入292亿元，增长29%。

城乡建设 市内公路建设通车里程9760千米。全市公路客运周转量下降2.8%；公路货运周转量增长5.1%。蒙华铁路浏阳段隧道全面打通，文家市至官渡公路一期、大瑶绕镇公路、黄花洞至社港公路完成交工验收，金阳大道三期有序推进，牛泸、普跃、G319高新区段等公路完成改造。道吾、长兴湖等片区加快开发，秋收路、白沙路、菊花石路等9条城市道路全面拉通，西北环线跨线桥主体竣工，浏阳河大桥完成拓宽改造。建成停车场7个，新增停车位3155个，新建人行道18.4千米、自行车道24.1千米、文化步道3.4千米，建成城市广场和“一河两岸”亮化工程一期。

项目建设 全市引进项目212个，其中亿元以上项目89个，引进mini-microLED显示屏等投资过50亿元项目4个，蓝思新材料等投资过10亿元以上项目15个,50亿元以上项目4个。外商直接投资实际到位资金2.9亿美元，增长9.3%，实际到位省外境内资金88.3亿元，增长15.8%。项目引进数量和投资总额创历年新高。全市拥有高新技术企业和生产高新技术产品的企业185家，高新技术增加值增长23.2%，占地区生产总值的比重为24.2%。全年申请专利2627件，增长55.3%，其中发明专利861件，增长73.6%；授权专利1320件，增长29.5%。

社会事业 全市拥有普通小学302所（含教学点），教职员工3910人，本年招生19653人，在校学生106307人，毕业16504人；普通初中52所，教职员工3091人，本年招生16473人，在校学生47883人，毕业13822人；普通高中15所，教职员工2137人，本年招生8719人，在校学生24548人，毕业7411人；中等职业学校6所，教职员工612人，本年招生3101人，在校学生9326人，毕业2720人；特殊教育学校1所，本年招生29人，在校学生202人，毕业26人。建成道吾等学校5所、公办幼儿园6所，创建省标准化学校70所，新增学位10875个，全面消除超大班额，引进民办学校4所，高考质量评价蝉联长望浏宁四县（市、区）"十一连冠"，创建"全国中小学责任督学挂牌督导创新县"。全市拥有文化馆站33个、艺术表演团体130个，艺术表演观众人次25万人次。全市广播综合人口覆盖率95%，电视综合人口覆盖率98.4%，有线、无线数字电视用户26万户，下降4.97%。年末公共图书馆藏书21.07万册。全市组织县级以上运动会12次，参加活动人数8万人次。运动员在各项比赛中获国家级奖牌5枚、省市级奖牌84枚。在全省率先成立县级融媒体中心，建成新老年大学、工人文化宫和20个示范性村（社区）综合文化服务中心，开展"中共十九大光辉照乡村"文艺巡演，举办第五届欧阳予倩艺术节和第三届全民健身运动会。

民生保障 全市拥有卫生机构59个，其中医院51所。卫生机构床位数9041张，卫生技术人员7869人，其中执业（助理）医师4029人。年内诊疗500万人次，年内治愈率68%。产妇住院分娩率100%，婴儿死亡率2.39‰，5岁以下儿童死亡率3.89‰。建设医联体44个，成立家庭医生签约服务管理中心37个，完成市精神病医院住院大楼建设和葛家卫生院整体搬迁，获评"全国基层中医药工作先进县市""全省人口和计划生育工作优秀单位"。全市参加城镇基本养老保险人数11.2万人；城镇基本医疗保险的参保人数14.76万人；失业保险参保人数10.1万人；新型农村合作医疗参保人数120.7万人，参保率98.7%；参加新型农村社会养老保险人数85.62万人。全市拥有各种社会福利收养性单位42个，床位6222个。全年发放城乡居民最低生活保障经费9050万元，保障城乡困难居民27914人，城乡低保对象人均月补差标准为401.87元和243.02元。

"三大攻坚战" 三大攻坚战实现偿还存量债务95.7亿元，完成隐性债务年度化解任务。全年政府投资项目总投资额调减123亿元，调整项目180个；投入财政专项扶贫资金6690万元，脱贫3513户11561人，贫困发生率下降至0.4%，浏阳就业扶贫案例入选全国人社领域精准扶贫典型案例40强；工业烟尘排放达标率95%，2018年城区空气质量优良以上天数339天，比上年增加8天，全年空气质量优良率94.2%；城镇生活污水处理率94.8%，污水集中处理率89%，县级以上饮用水水源地水质100%稳定达标，通过中央生态环保督察"回头看"和省级环保督察。全市亿元GDP事故死亡率为0.004；工矿商贸十万从业人员死亡率为0.938；煤炭百万吨煤生产安全事故死亡率为0。道路交通万车事故死亡率0.85。

困难和不足 花炮产业转型升级任务艰巨，现代服务业发展不足，产业链条有待完善，新旧动能转换仍需加快；实体经济特别是中小微企业发展困难较多；城乡发展不平衡，乡村振兴任重道远；债务化解、环境保护、安全生产等工作仍需加大力度；文化教育、医疗卫生等方面与老百姓的期盼还存在差距。（唐继武）

【孔蒲中到北京参加《政府工作报告（征求意见稿）》座谈会】 2018年1月31日，浏阳市达浒镇农民孔蒲中应邀到北京中南海参加国务院总理李克强主持召开的座谈会，听取他对《政府工作报告（征求意见稿）》的意见并围绕促进家庭农场发展提出建议。总理开场白就希望大家都能直截了当谈看法、提建议，共同把《政府工作报告》修改好。和孔蒲中一起参加座谈会的各行各业代表共9人，56岁的孔蒲中是其中唯一一名农业战线的代表。1994年，孔蒲中开始在池塘中养殖100余只甲鱼，由于甲鱼相互撕咬，损伤严重，加上1995年遭遇特大洪水，甲鱼全部跑失。2006年，孔蒲中又在稻田养殖泥鳅和黄鳝，同时在稻田投入100余只甲鱼做实验，意外发现这些甲鱼并没有出现相互撕咬的情况，稻田环境适合甲鱼生存。经过不断的技术摸索，扩大经营面积，逐步形成"稻鳖共生"的模式。2014年10月21日，孔蒲中注册成立浏阳市孔蒲中家庭农场，农场面积8公顷，夫妻俩和儿子、女儿、儿媳妇5人经营。发展"稻田+生态养殖"，形成一个水稻与甲鱼、淡水鱼、泥鳅、黄鳝、青蛙、鸡等相互依存的生态循环系统。淡水鱼吃稻花和枯叶，增加田间通风。青蛙和鸡吃害虫，甲鱼吃"水稻害虫"福寿螺，"稻田+生态养殖"减少农药化肥的使用，生产的农产品更安全，产量更高。2017年家庭农场获55万元的净利润。在自己获得成功后，他将种养模式经验传授周边100余名农民，带动大家一起成为新型职业农民。在总理鼓励下，孔蒲中通过8分钟脱稿发言。李克强强调，实施好乡村振兴战略，要积极培育新型农业经营主体，各地区各部门要针对他们的需求加大支持，使他们在广阔的农村舞台上施展才华。2018年12月，孔蒲中获评"全国百名杰出新型职业农民"。（唐继武）

【中部6省自然资源改革第五次联席会议在浏阳举行】 2018年12月11—12日，河南、山西、安徽、湖北、江西、湖南6省自然资源改革第五次联席会议在浏阳举行，自然资源部、国家自然资源督察武汉局及中部6省自然资源系统、农村土地制度改革试点县市的相关负责人参加，浏阳作典型发言。浏阳是全国确定的33个农村土地制度改革试点县（市、区）之一，是湖南唯一改革试点县市。2015年开展自然资源改革试点，浏阳探索出台17项农村土地改革制度成果；办理农房抵押贷款4.15万宗、47.6亿元；拆除"空心房"2万余宗，腾退建设用地200公顷。为《中华人民共和国土地管理法》的修改提供借鉴和支撑。2018年，浏阳市开展农村宅基地"三权分置"和"城乡合作建房"改革，实现集体经营性建设用地入市104宗、面积113.13公顷、总价款2.27亿元。获国务院建设用地计划指标奖励66.67公顷。（唐继武）

【浏阳市首家电子商务产业园开园】

2018年10月30日，位于浏阳城区鼎丰路88号的浏阳市电子商务产业园举办开园仪式，标志着浏阳首家电商产业园开园。浏阳市电子商务产业园是由政府引导、企业主导、社会参与、市场运作的一站式电商服务基地，设有运营公司、电商孵化基地、一镇一品特产展销中心、农村电商服务中心、湘赣边众创空间、沙龙农村电商实践研学基地等功能区域，至2018年年末，阿里巴巴浏阳农村运营中心、长沙市梦享家电子商务有限公司、汇创食品有限公司等40余家企业入驻，实现电商交易额1.6亿元，完成投资1.08亿元。根据园区建设规划（2018年12月—2019年12月），园区将携手鼎丰家居建材城经营的470户商家，通过引进数字网络技术，对大部分商家进行以电商经营为主要内容的改造及整合，完善硬件软件设施，达到O2O网络交易和现货交易标准，力争2019年年底全园区实现电商交易额5亿元。（丁凯慧）

【融长公交线路L826、L827路开通】

2018年5月28日上午8时，由浏阳经开区经金阳大道开往长沙的融长公交（金阳巴士）826路、827路开通。融长公交826路和827路共投入35台纯电动车辆，自金阳巴士总站发车，全程走金阳大道，途经浏阳经开区、浏阳高新区、洞阳、永安等站点，终点为人民东路地铁口终点站（2号线），全程票价2元，其中826路途经11个站点，全程用时70分钟；827路途经21个站点，全程用时80分钟。融长公交采用长沙市统一的平台系统收银，可用微信、支付宝、湘行一卡通、现金4种支付方式。（傅琳慧）

【浏阳黑山羊获国家地理标志认证】

2018年6月25日，农业农村部发布公告，对70个农产品准予国家农产品地理标志登记，并颁发中华人民共和国农产品地理标志登记证书，“浏阳黑山羊”位列其中。地理坐标为北纬27°51′20″～28°34′06″，东经113°10′24″～114°14′58″。（中华人民共和国农产品地理标志登记公示〔2018〕第1号）。这是浏阳继葛家鸡肠子辣椒之后，又一获评“国字号”的农产品。浏阳黑山羊具有“肉嫩、久煮不老、肥瘦相间、香甜可口和久吃不腻”等特有风味，在粤港澳被消费者誉称为“补羊”。是中国少有的纯黑山羊地方品种，1985年编入《中国山羊》一书。因中心产区在浏阳而得名，并于1985年定名为浏阳黑山羊。近年，浏阳积极创建黑山羊标准化生态养殖场，引导养殖户科学养殖，适度规模发展黑山羊产业。《浏阳养殖业“十三五”发展规划》科学划定以东区和北区为重点的浏阳黑山羊核心保护区，将大围山、高坪、淳口等11个乡镇列为浏阳黑山羊养殖发展带。2017年度出栏浏阳黑山羊63.12万只，常年出栏黑山羊30只以上规模养殖户1760户。农产品地理标志是指标示农产品来源于特定地域，产品品质和相关特征主要取决于自然生态环境和历史人文因素，并以地域名称冠名的特有农产品标志。中华人民共和国农业部令第11号于2007年12月25日发布《农产品地理标志管理办法》，并于2008年2月7日开始施行。

（唐继武）

2018年4月21日，浏阳市小河乡入选2018年“中国绿色名镇”

浏阳市地方志编纂室 供图

【小河乡获评“中国绿色名镇”】

2018年4月21日，由全国生态文明建设发展论坛组委会、人民日报社《民生周刊》杂志社、《半月谈》杂志社、中国国情调查研究中心共同主办的2018美丽中国——生态城市与美丽乡村经验交流会在北京召开，浏阳市小河乡入选为2018年“中国绿色名镇”。小河乡地处浏阳市东部，湘赣边陲，“湘东明珠”大围山国家森林公园南麓，罗霄山脉北部余脉，北接张坊镇，西接永和镇、东、南与江西省万载县为邻，浏阳河上游支流小溪河蜿蜒穿境而过，流入株树桥水库，风景优美，气候宜人，境内森林覆盖面高，被誉为绿色氧吧，是长沙市饮用水源一级保护区。行走在小河乡的乡间小道，青山绿水延绵不绝，小溪流水清澈见底。金沙村有浏阳最美九道湾之鳄鱼嘴湾，有1900年树龄至今枝繁叶茂的罗汉松，还有田心社区的百合花，皇碑村的向日葵，乌石村的牡丹花，潭湾村的菊花等。此外。小河乡是湘赣边界革命根据地，曾被称为“红军的后勤基地”，现存红军医院、红军造币厂、红军造械厂等37处革命遗址。（唐继武）

【文家市镇获评“中国历史文化名镇”】

2018年12月17日，国家文物局、住房和城乡建设部公示第七批中国历史文化名镇名村名单，浏阳市文家市镇此次公示的60个中国历史文化名镇之一。浏阳市文家市镇位于湘赣边界，罗霄山脉。《文家市镇志》记载镇东南玉泉村铁岩关是春秋末年吴、楚边界上的一个重要关口，关左门额题“吴楚咽喉”，右门额题“东南锁钥”（1958年被毁），地理位置相当重要。1927年9月，以毛泽东为前委书记的中共湖南省委，贯彻执行党的“八七会议”精神，发动领导震惊全国的湘赣边界秋收起义。9月20日，起义部队在文家市里仁学校操场会师，在当时“敌强我弱、敌大我小”的形势下，毛泽东提出开辟农村包围城市的正确革命道路。镇内现有秋收起义陈列馆，会师操场、文家市大捷的战斗遗址、杨勇将军故居、积谷仓、河口大屋革命漫画、刘家祠堂标语、铁炉冲毛泽东栽种的板栗树等诸多景点。中国历史文化名镇名村评选主要从3个方面进行考察：历史价值与风貌特色、原状保存程度、现状具有一定规模。自2003年起，国家文物局和原建设部就共同组织评选“中国历史文化名镇名村”，至2018年12月已经公布6批名单。

（唐继武）

【获评“全国中小学责任督学挂牌督导创新县（市）”】 2018年11月21—22日，国家督导评估认定验收组到浏阳进行“全国中小学校责任督学挂牌督导创新县（市）”实地核查，采用听取汇报、查看资料、现场检查、随机询问等方式，对浏阳市责任督学挂牌督导工作进行全面评估。2010年，浏阳市依托10所高中，按生源地区划，成立10个督学责任区，全市形成“市里督高中、责任区督辖区中小学、初中督导所辖小学”的三级联动督导体系。实现“区域一体发展、学段整体推进、让每一所学校都有进步”的梯级督导目标。实地核查期间，检查组查看挂牌督导信息化系统，并通过随机抽取实地核查浏阳市田家炳实验中学督学责任区、人民路二小、沿溪中学、浏阳六中等单位相关工作。经综合考评，浏阳市被国务院教育督导委员会评为“全国中小学校责任督学挂牌督导创新县（市、区）”。

（潘志强）

表41　2018年浏阳市主要经济指标与2017年比较统计表

单位：亿元

指标名称	地区生产总值	农林牧渔业总产值	社会消费品零售总额	地区一般公共预算收入	一般公共预算收入支出	居民人均可支配收入（元）
2017年	1304.99	151.59	320.2	62.4	116.1	36437
2018年	1342.1	158.8	348.8	69.2	124.6	39608
2018年比2017年增长（%）	8.6	4.7	13.0	11	7.3	8.7

宁乡市

【概况】 宁乡市辖25个乡镇、4个街道，220个村，54个社区。县域总面积2906平方千米。耕地面积95.83千公顷。2018年年末户籍人口143.09万人，常住人口130.5万人。人口出生率11.63‰，死亡率6.13‰，人口自然增长率5.5‰。年内最高气温38.5℃，最低气温-4.1℃，年降水量1384.9毫米。

地区生产总值1113.74亿元，比上年增长8%。全市第一产业增加值占地区生产总值的比重为9.1%，第二产业增加值比重为59.2%，第三产业增加值比重为31.7%，三次产业结构由上年的9.1 ∶ 62.8 ∶ 28.1调整为9.1 ∶ 59.2 ∶ 31.7。全年完成一般公共预算收入80.6亿元，比上年增长12.9%。其中地方一般公共预算收入47.31亿元，比上年增加3.23亿元，增长7.3%。全年城乡居民人均可支配收入34887元，比上年增长9%。城镇居民人均可支配收入43269元，增长8.4%。农村居民人均可支配收入26985元，增长8.6%。

农林牧渔业总产值164.77亿元，比上年增长3.7%。其中农业产值99.31亿元，增长3.7%；林业产值6.75亿元，增长6.6%；牧业产值43.34亿元，增长2.4%；渔业产值4.93亿元，增长1%；农林牧渔服务业产值10.43亿元，增长9.9%。全年粮食总产量67.87万吨，比上年下降10.8%；烟叶0.54万吨，下降38.8%；蔬菜151.51万吨，增长3.5%；出栏肉猪140.02万头，与上年持平；出笼家禽2860.5万羽，增长3.5%。

工业增加值比上年增长8.1%，工业对经济增长的贡献率为60.7%；其中规模工业增加值增长9.2%。规模工业总产值增长18.3%。全市园区（三区五园）规模以上工业实现产值1309.6亿元，占全部规模工业的87.7%，增长35.4%；实现增加值295.1亿元，增长34.6%。先进装备制造、食品、新材料新能源3大主导产业共实现产值1354.1亿元，占全部规模工业比重90.6%，增长22.8%；实现增加值305.2亿元，占全部规模工业比重90.8%，增长21.8%。全年建筑业增加值82.8亿元，比上年增长4%。34家具有资质等级的总承包和专业承包建筑业企业实现总产值80.8亿元，增长8.2%；房屋建筑施工面积476万平方米，下降15.4%；竣工面积177万平方米，下降41.5%。

社会消费品零售总额360.2亿元，比上年增长13.2%。全年房地产开发投资比上年增长6.5%；商品房销售面积266.7万平方米，增长38.7%。全年接待海内外游客2210.9万人次，比上年增长4.8%；实现旅游收入302.7亿元，增长4.1%。全年完成电信业务总量1.6亿元，比上年增长6.7%. 电信业新增移动电话3万户，达到16万户。年末全市电话用户总数128.4万户，其中移动电话用户121.9万户，移动电话普及率为94.2部/百人。固定互联网宽带接入用户26.3万户，增长22.3%。

固定资产投资比上年增长12%；其中，产业投资比上年增长10.5%，占全部投资比重61.7%。围绕“产业项目建设年”主题，聚焦15个纳入全省“五个100”项目，持续开展项目建设百日大会战、三抓两促和千人帮千企等服务活动。新开工规模项目242个，续建150个，竣工223个，完成投资380亿元。

年末市内公路建设通车里程16247.5千米，其中国道161.7千米，省道403.6千米；境内铁路里程68千米；境内通车高速里程171.9千米。金唐公路二期、金宁大道金沙段等项目加快建设，S208、梅双、双大和朱下等公路完成提质改造，S209、S311等灾毁工程修复完工。全年旅客周转量比上年下降9.3%，货物周转量增长2.8%。年末实有出租汽车数467台，公交车数393台，其中新能源公交车312台。全年完成邮政行业业务总量1.1亿元，比上年增长18.3%。邮政业全年完成邮函件业务9.8万件，包裹业务1.2万件，快递业务量329.2万件，快递业务收入1200万元。

城区环境建设　启动城市防洪圈建设，完成南门桥至金洲坝段、刁子潭段河道疏浚，建成沙河市场大堤和东沩溪排渍泵站；启动沩丰坝拆除重建和溜子洲至珍洲段堤防工程建设，提升城市防洪功能。8家湾水库建成蓄水，自来水厂主取水头迁移至珍洲坝上游，提升城区供水水质。推进生活垃圾分类试点和餐厨垃圾无害化收运处理，控制和拆除违法建筑50万平方米，有效治理户外广告、渣土扬尘和农贸市场，着重整治“不排队、闯红灯、随手扔”等不文明行为，文明创建常态化。加强公路管护，常态化开展治超，超限超载得到有效遏制，4325千米道路纳入“路长制”管理。科学调度、成功应对年初低温雨雪冰冻天气，确保全市人民出行安全。启动新一轮城市总规修编工作。新（改）建停车场6个、停车位1386个、市场3个、生鲜门店5家、人行道16千米、自行车道30千米、历史步道480米；更新纯电动公交车26台；房地产遗留问题处置取得新进展，提质改造社区6个、棚户区2250户43.6万平方米；建成人才公寓2523套。积极创建省森林城市，实施“政府送树、群众栽树”造绿活动，绿化230公顷、恢复矿山植被367.3公顷。全市森林覆盖率48.8%。

社会事业　全市拥有高新技术企业和生产高新技术产品的企业236家，全年实现高新技术产值837亿元，比上年增长25.5%；实现增加值178.5亿元，增长25.1%，占地区生产总值的比重16%。全年申请专利2417件，增长31.3%，其中发明专利740件，增长44.5%；授权专利1496件，增长58.6%，其中发明专利授权134件。申报国家、省市各级科技项目225项，转化科技成果295项。年末全市有国家级高新技术产业化基地1个、国家级农业科技园区1个、国家级科技企业孵化器1个、博士后科研工作站4家、院士工作站5家、国家级工业设计中心1家、国家级企业技术中心3家，省级重点实验室1个、省级科技企业孵化器3个、省级企业技术中心26家、省级工程技术研究中心14家、省市众创空间4个。全市有普通中小学315所，中职学校7所，特教学校1所。在校中小学生157705人，其中高中学生37580人（含中职学生13330人），初中学生39339人，小学学生80550人，特教学生236人。全市中小学教职工10079人，其中专任教师9393人。全市有幼儿园335所，在园幼儿36502人，教职工3254人，其中专任教师1458人。2018年适龄儿童入学率100%，九年义务教育完成率100%，小学升学率100%。高考一本上线1475人，上线率16.85%；二本上线3836人，上线率43.83%。中考合格率96.1%，比上年提高0.9个百分点。　全市拥有广播电台1座，电视发射台和转播台1座，广播、电视综合人口覆盖率均达到98.5%，有线电视用户20万户（在册）。公共图书馆1座，藏书量25万册；24小时自助图书馆3个。全年更新农家书屋书籍2.5万余册，开展送戏下乡活动96次、图书流动服务200余场、公益电影放映4881场次；创作《匠心》《戏·角》《全民运动会会歌》等文艺精品近20个；承办　“我的中国梦·奋进新时代”等大型文化艺术活动20余场。年末有160余家群众文艺团队。

民生保障　全市拥有医院、卫生院54个，市直医卫单位8个，乡镇卫生院29个，街道卫生服务中心4个，民营医院16个。全市医疗机构床位总数7599张，其中市直医疗单位3500张，乡镇卫生院2878张。在编在岗卫生工作人员4500人，执业医师及执业助理医师3123人（含临聘人员），注册护士2266人（含临聘人员）。全年孕产妇住院分娩率100%，死亡率0，5岁以下儿童死亡率5.24‰。全市有体育场馆9座，400米田径场16个，乡镇门球场20个，拥有19个体育协会；新建87处全民健身工程点、1个健身驿站、2个国民体质监测点。举办“2018宁乡市首届全民运动会”、7场“每月有约　快乐宁乡”文体中心公众开放日活动、首届“特步”杯跑步节暨第29届春季马路赛等大型赛事；承办NBL全国男子篮球联赛等大型赛事活动。参加长沙市第九届老年人运动会，获男、女气排球冠军。体育彩票全年销量7100万元。城镇职工5大社会保险参保总人数45.23万人，比上年年末增长4.8%。全年新增参保人数5.88万人；城乡居民医疗保险和养老保险参保人数分别达到110.24万人和79.78万人。全年完成23项省市重点民生实事，新增财力80%以上用于保障和改善民生。全年新增城镇就业11710人，新增农村劳动力转移就业7900人，失业人员再就业3828人，其中就业困难人员再就业1435人，零就业家庭实现动态清零就业援助率100%，年末城镇登记失业率2%；开办创业班18期，培训524人。

“三大攻坚战”　突出扶贫领域作风建设，全面构建“一对一”结对帮扶、科技特派员联系帮扶和“千企联千户”立体帮扶体系，深化携手新化、龙山奔小康工作。严厉打击非法集资，稳妥推进政府性债务风险防控化解工作。坚持走生态优先的绿色发展之路，落实《关于加强自然生态保护的决定》，建立环保责任体系，推进蓝天保卫战、碧水攻坚战、净土持久战，形成齐抓共管的大环保工作格局。环境风险有力防控，整改污染问题4万余个，覆盖裸露黄土2184.53公顷，依法取缔黏土砖厂111家，拆除黏土砖厂烟囱119根、耐火材料厂烟囱40根、“僵尸船”48艘。全面实施烟花鞭炮禁燃限放；规模以上餐饮店安装油烟净化设施全覆盖；关停“散乱污”企业71家；整治挥发有机物排放企业101家；完成加油站油气回收改造107家、双层油罐改造31家。开展“除臭剿劣”攻坚行动，整治沩水截污排口108个，“四溪一渠”清淤7.5千米。腾退禁养区内规模养殖1005户、55.3万平方米。完成重金属污染区和龙田矾矿等遗留废矿区修复治理。建成经开区回用水厂，新建乡镇污水处理厂5座、污水干管18千米。推进全国污染源普查。中央和省级环保督察交办问题基本整改到位。

困难和不足 县域经济运行质量不优，要素瓶颈日益突出，财政收支平衡压力较大，乡村振兴处于探索起步阶段，“三大攻坚战”任重道远，城乡建管水平有待提升，民生短板依然突出，政府自身建设还需努力等。（高 丽）

【宁乡市首届全民运动会】 2018年9月21—11月30日，宁乡市首届全民运动会举行。2018宁乡市首届全民运动会以“爱运动 爱宁乡”为活动主题，突出群众性、趣味性、科学性，设置田径、足球、趣味运动、拔河、篮球、乒乓球、广场舞、羽毛球、气排球、门球、太极拳11个比赛项目，分乡镇（街道）、部门、企业、学校4个组别在7—8月进行初赛，选拔出500支队伍2万余名运动员集中在9—10月进行1500场次决赛。同时，举行“一世依情汇童牧”“一百骑手赛灰汤”“一千健儿竞沩山”等特色项目。在全民运动会举行期间，“戏曲艺术周”“第二届花鼓戏唱腔大赛及身段比赛”为市民奉上文化大餐。该活动历时4个多月，直接或间接参与人数50万人，网络直播点击量逾1000万人次。11月30日，2018宁乡市首届全民运动会闭幕式举行，对获奖单位及个人进行表彰。（高 丽）

【长沙市湘都中等职业学校开学】 长沙市湘都中等职业学校以湖南湘都生态农业发展有限公司为依托，经长沙市教育局批准，宁乡市教育局主管的一所全日制民办中等职业学校，于2017年10月启动建设，2018年7月建设完成，9月开学。学校位于长沙宁乡湘都生态园内，学校位于宁乡市大成桥镇湘都生态园内，总投资1.5亿元，占地面积9.5公顷，其中一期工程投资7000万元，规划占地2.9公顷，建筑面积2.6万平方米，现代化的教学楼、图书馆、综合楼、实训楼、学生公寓、400米标准田径场等配套设施齐全，可容纳全日制学生2000余人，组织成人教育培训、中小学研学旅行和社会实践活动每年10万人以上。学校承载中等职业教育，青少年素质教育，成人教育及行业培训3大教育功能。其中中等职业教育涵盖航空服务、园林设计、园林规划、工业机器人、观光农业经营（文化旅游、酒店管理）专业。其中涉农专业，弥补全省中职学校该专业空白。（高 丽）

【宁乡市车驾管中心运营】 2018年5月11日，宁乡市公安局交通警察大队车驾管中心运营，是一个多功能综合性车驾管中心，全心打造“一站式”服务模式，群众办事更为便捷。宁乡市车驾管中心位于大河西汽车城旁，玉煤大道与入园路交界处，占地面积2.8公顷，投资1.2亿元，有民警14人，工作人员77名，设有查验大楼、车管大楼、驾考大楼，承担全市33万辆机动车辆与32万驾驶人的管理服务、源头监管工作，以及宁乡3个服务站的业务监督管理工作。可以受理除危爆车、进口车、校车、中型以上载客汽车4类车以外的车辆机动车业务以及驾驶证申领、补换降、审验、满分及注销可恢复考试等驾驶证业务。

宁乡市车驾管中心功能区分为查验区、车管大楼、驾考中心。查验区包括机动车查验通道和查验大厅，查验区通过查验PDA实现远程比对《道路机动车辆生产企业及产品公告》数据和照片、拍摄机动车标准照片和关键项目查验照片等功能，查验大厅受理机动车的资料审核、流水打印、登记等业务。车管大楼一楼大厅设有导办、受理、收费、制证、牌照、档案、值日警官、业务监督等岗位，办理机动车、驾驶证相关业务。此外，大厅引进了保险、国税、邮政等便民服务点，“一站式”为群众提供高效、便捷的服务。车管二楼为行政办公区域。车管三楼主要分为休息室、会议室和驾驶人审验、满分学习教室和远程监管中心办公室。驾考中心位于车管大楼西侧，除业务大厅和办公室外，拥有一间可容纳50人的科目一考场和园林式科目二考场，主要办理驾驶证申领业务。驾考中心可以“一站式”完成受理、预约、考试、发证全部四个环节的工作。（高 丽）

【“三干”好团队 “四为”好干部大竞赛活动】 2018年2月12日，宁乡市召开“三干”好团队、“四为”好干部大竞赛活动总结大会。对“三干”好团队、“四为”好干部大竞赛活动进行全面总结。2017年年初，宁乡市委启动“三干”好团队和“四为”好干部大竞赛活动。“三干”好团队即“干在一线、干到一起、干出一流”的团队，竞赛标准为：扎根一线、敢闯敢拼，善谋全局、团结进取，干群公认、业绩突出；“四为”好干部即“想为、敢为、勤为、善为”的干部，竞赛标准为：工作积极进取，敢于担当负责，履职勤恳务实，干事善作善成。大竞赛启动后，得到热烈响应和广泛参与，一大批“三干”好团队和“四为”好干部争相涌现。他们深入项目工地，深入园区企业，深入基层一线，以好的思路、好的做法、好的经验，推动工作的深入、项目的建设、经济的发展、民生的改善。总结会上，市精准扶贫工作领导小组办公室、市2017年特大洪灾农村毁损房屋恢复重建工作领导小组办公室、市老旧小区提质改造工作领导小组办公室获评“三干”好团队特别奖，市发展改革局、市维稳办、市环保局、市公安局、市信访局、大屯营镇、菁华铺乡、白马桥街道、玉潭街道、城郊街道获评“三干”好团队，31名“四为”好干部受到表彰。（高 丽）

【宁乡获评中国最具魅力文化旅游城市】 2018年4月21日，2018中国新型旅游产业发展大会在苏州闭幕，中国旅游研究院、国家旅游局、中国旅游协会、各地政府领导及专家学者、旅游企业、旅行社等出席大会。在此次大会上，宁乡市获评“中国最具魅力文化旅游城市”。宁乡是中国首批旅游强县，全国闻名的“南中国青铜文化中心”，湖南省会次中心城市。境内有国家AAAAA级景区1处（花明楼刘少奇故里）、国家AAAA级景区3处（沩山密印景区、关山、紫龙湾）、AAA级景区4处（千佛洞景区、天紫漂流、迴龙山、东鹜山），国家级风景名胜区1处（沩山风景名胜区）、国家级旅游度假区1处（灰汤温泉国家旅游度假区）国家级森林公园2处（香山国家森林公园、青羊湖国家森林公园）、国家级湿地公园1处（金洲湖湿地公园）、国家级重点文物保护单位5处（刘少奇故居、炭河里遗址、张南轩墓、何叔衡故居、谢觉哉故居）。2018年，宁乡实施规划引领、龙头带动战略，着力优化全域旅游布局，启动全域旅游“14830”工程（即创建1个全域旅游示范区，打造4个核心旅游区，提质8个A级景区，培育30个乡村旅游示范点）。炭河古城持续火爆，西周大马戏、冰雪大世界开门迎客；花明楼红色文化教育学院运营；举办韵味宁乡·快乐消费、灰汤温泉夏季旅游节和黄鹤首届黄桃节等主题节会60余场次，全年接待游客2210万人次，实现旅游综合收入302亿元，形成“传奇之地·安宁之乡”的旅游品牌。（高　丽）

【宁乡经开区入选国家级绿色园区】2018年2月23日，工信部公布第二批绿色制造示范单位名单，宁乡经开区成为该批次全国22个国家级绿色园区之一，是此次湖南省唯一入选园区，是省内第二个绿色园区。绿色园区，是指企业绿色制造、园区智慧管理、环境宜业宜居的产业集聚区。近年，宁乡经开区加强绿色发展工作的组织领导，编制绿色园区发展规划，从战略高度做好绿色园区顶层设计，在政绩考核、法律法规宣传、政策制定中全面落实绿色发展理念；设立专门的产业发展基金，并成立绿色产业发展有限公司，建立公司化运作的组织架构，确保园区经济发展质效并进。同时，宁乡经开区坚持高端引领、集群发展，加快形成以战略性新兴产业和智能装备制造业为主导，以现代服务业为支撑的现代绿色产业体系。园区汇集一批极具代表性的绿色企业、产品。2017年，园区工业总产值跨越千亿元大关，产业结构更趋合理，高新技术企业占比达到62.27%。（高　丽）

【宁乡入选“2018年度中国全面小康十大示范县市”】2018年12月15日，由中国扶贫开发协会、国家信息中心、求是《小康》杂志社联合主办的2018第13届中国全面小康论坛在北京启幕。当晚举行2018第13届中国全面小康论坛的颁奖盛典，揭晓“2018年度中国全面小康十大示范县市”，并颁发“2018年度中国十大社会治理创新”奖。2018年，宁乡县域经济发展保持稳中向好的态势，全年实现地区生产总值1113.7亿元，比上年增长8%。第18届县域经济基本竞争力排名比上年前移3位，居全国百强第28位，中部第三位。全面建成小康工作成效持续稳固，入选“2018年度中国全面小康十大示范县市”。同时，打造“316”群众工作新格局获评“2018年度中国十大社会治理创新”奖（“316”群众工作：即“3大工作机制、1个组织体系、6项具体举措”。通过“领导连点、十联十到”督办机制、“赋权到镇、强责到村”责任机制、“乡镇吹哨、部门报到”工作机制的建立，“1+5+29+N”常态化为民服务体系的构建，以新设的市党群服务中心为载体，归集“政务办理、民生受理、矛盾处理、信访代理、依法治理”五种职能，下沉到29个乡镇（街道）和村（社区）等，整合各种资源，打造向党员、群众开放的共享服务空间。以及编印《群众工作指引》、撤除行政中心门禁系统、公开领导工作电话、开设《问政宁乡》电视栏目、倾听群众呼声办好民生实事、开展专项监督和专项巡察六项具体举措）。（高　丽）

【“互联网＋政务服务”融合发展获国务院表扬通报】2018年11月19日，国务院办公厅印发《关于对国务院第五次大督查发现的典型经验做法给予表扬的通报》，对130项地方典型经验做法予以通报表扬，其中宁乡以“推进‘互联网＋政务服务’融合发展”名列其中。作为湖南省“互联网＋政务服务”改革试点，宁乡市推进由“群众跑腿”到“数据跑路”、由“政府端菜”向“群众点餐”的政务服务改革工作。以“一盘棋来抓、一张网来建、一本账来投”的整体思路，整合全市所有信息化项目和资金，协同推进新型智慧城市建设，其中特别突出把智慧政务作为首个重要基础性项目重点进行建设。截至2018年年底，涵盖1152个政务服务事项、1054条政务信息资源《宁乡市政务信息资源目录》已经完成，累计整合接入非结构化视频数据13823路，归集结构化数据680万条，在全省率先搭建起首个数据共享交换的县级平台。通过开发完善“宁乡政务”门户网站和“智慧宁乡”微信公众号及“智慧宁乡”APP，以大数据为支撑，实现群众办事从“网上”延伸到“掌上”。1110项事项实现“最多跑一次”，占全部事项的96.6%。市民使用频率相对较高的便民事项，均实现“不见面审批”，群众办事“零次跑”。全市29个乡镇（街道）设立政务服务中心，全市278个村（社区）设立公共服务中心，下沉与群众密切相关的政务服务事项424项，下延113项公共服务事项至村（社区），规范证明材料模板，同步21项村（社区）证明材料模板到政务服务系统，有效避免群众因证明材料不规范而来回跑，实现群众办事“就近跑一次”。出台并发布“赋权强园、以园兴工”的改革实施办法，推行园区审批服务一张赋权清单、一个服务阵地、一枚审批公章、一套服务机制“四个一”工作机制，实现企业办事不出园区。（高　丽）

表42　　2018年宁乡市主要经济指标与2017年比较统计表

单位：亿元

指标名称	地区生产总值	农林牧渔业总产值	社会消费品零售总额	一般公共预算收入	公共财政预算支出	人均可支配收入（元）	
						城镇居民	农村居民
2018年	1113.74	164.77	360.17	80.6	95.98	43269	26985
2017年	1093.85	161.25	318.12	71.42	87.39	39906	24852
2018年比2017年增长（%）	8.0	3.7	13.2	12.9	9.8	8.4	8.6

说明：地区生产产总值、各产业增加值绝对数按现价计算，增长速度按可比价计算

人　物

PEOPLE

责任编辑・吴丫丫

【“改革先锋”称号获得者李谷一】女，中共党员、民盟盟员，1944年10月出生，湖南长沙人，原东方歌舞团党委书记兼第一副团长。她始终将自己的艺术实践与改革开放进程紧紧相连，用歌声见证改革开放的豪迈壮举，用作品抒发祖国的豪情、民族的豪迈、人民的心声。演唱歌曲近800首，《乡恋》被誉为“改革开放后第一首流行歌曲”，《难忘今宵》给千万个中国家庭送去欢乐和祝福，《我和我的祖国》倾诉对祖国的真情挚爱。40年来始终活跃在舞台上，注重民族声乐的传承弘扬和创新发展，为中国声乐艺术的发展做出突出贡献并载入中国音乐事业发展的史册。（吴丫丫）

【感动中国十大人物获得者谢海华】1964年10月出生，湖南长沙人，岳麓区坪塘街道廖月娥敬老院保安。1988年2月7日晚，23岁的谢芳因勇斗歹徒，身中9刀。由于未得到及时输血和相关康复治疗，四肢出现肌肉萎缩，不久就彻底丧失了行走能力，现瘫痪在床已近27年。谢芳见义勇为受伤时，谢海华刚刚从部队复员回家，经人介绍与谢芳认识。面对谢芳日益严重的后遗症，谢海华仍选择与她结婚。“不能因为她残疾就抛弃。”上有年老父母，身旁妻子需要照顾，全家仅靠谢海华一人维持生计。近27年来，谢海华一直悉心照顾妻子——每天早上6时准时起床做饭，帮妻子穿衣服、洗漱、擦拭身体、端屎端尿，一日三餐把饭菜送到床头一勺一勺喂，妻子一发出声音他就跑来看看，给妻子翻翻身，扇扇风。面对生命里的磨难，谢海华没有放弃，而是选择用爱守住妻子。2016年，获评中国好人榜之孝老爱亲好人等，2018年3月，获评“2017年度感动中国十大人物”。（吴丫丫）

【全国“五一劳动奖章”获得者廖金】1987年11月出生，高中学历，共青团员，楚天科技股份有限公司焊工，2018年全国“五一劳动奖章”获得者。从事焊接工作以来，他对工作认真负责、确保质量，做到零差错；严格要求自己，对徒弟悉心传授。从未放弃过热情与执着，尽职尽责做好每件事，把每一件产品做成一件艺术品，来服务公司和社会。从一个小学徒成长为能独当一面的高技能人才，并且参加了不同的职业技能竞赛，技能不断提升。在广东火电焊接工程公司工作3年时间，就进入核电站施工，承担核电核岛的主管道焊接，后被单位派往南京考职核电焊工ASME证，并参与公司核电焊接的多项焊接工艺评定，为公司后续核电焊接质量提供强有力的保证。2013年进入楚天科技，它是制药装备领域的领军企业，产品涉及制药装备、高端医疗器械和医疗医药机器人等领域。他把自己在核电设备制造时对设备的严格要求带到楚天，先后改善和解决冻干机薄板外表焊接变形大、焊缝易氧化的问题，且避免显露焊接痕迹的难题，大幅提高外表质量。冻干机外表件不锈钢薄板对接变形和氧化一直是个很难控制的难题，后经不断摸索加之自身多年来的焊接经验，提出一套行之有效的焊接工艺措施，合格率99%，为公司产品走入世界一流的制药设备企业贡献一份力量，在其他产品中，提出的工艺修改坡口及焊接方法改进，成功解决冻干机加热器易漏问题和膨胀箱焊缝成型差、试压合格率低的问题，其合格率一直保持100%。2016年，成为公司焊接培训教师，培养更多的焊接技术人员来服务公司，带过的学员，98%以上顺利“毕业”。（陈劲飞）

【全国“五一劳动奖章”获得者刘飞香】1963年5月出生，本科学历，中共党员，中国铁建重工集团有限公司党委书记、董事长，中国铁建高新装备股份有限公司董事长，2018年全国“五一劳动奖章”获得者。他带领重工集团从零起步，快速打造掘进机、特种装备、轨道系统等6大产业板块，10年间实现资产总额130亿元，营业收入378亿元，利税总润58亿元，年增幅30%以上，产品出口30余个国家和地区，填补国内外多项产业空白，企业入围“中国工程机械制造商前10强第5位”“全球工程机械制造商50强第34位”，获评中国“最佳自主创新企业”。他以“三项制度”为突破口，以市场和客户为中心，进行改革创新。在组织架构上，构建高效和快速的组织形态，从而实现企业管控的扁平化、动态化和快捷化。在人才机制上，系统构建12种激励机制，使“干部能上能下、员工能进能出、薪酬能降能升”成为常态，形成一个积极向上、争相创新的生态环境。他构建行业唯一集“国家级企业技术中心、工程技术研究中心、工程重点实验室、博士后科研工作站、院士专家工作站和工业设计中心”“六位一体”的高端创新平台，领先制造业同行。主持和参与国家科技计划12项，承担省部级科技计划52项，主持国家标准行业标准5项，获省部级以上科技奖励25项、其他科技奖励60项，获专利授权525件，连续3年获中国专利奖。承担的国家863计划“大直径硬岩隧道掘进装备（TBM）”作为行业代表产品入选国家“十二五”科技创新重大成果展，接受习近平、李克强等党和国家领导人的检阅。他提出“两型三化九力”企业发展战略，围绕客户价值链和产品生命链，推进数字化空间建设，建立以长沙为中心、辐射全国的指挥监控中心，打造国内第一个盾构机绿色再制造示范项目，推动“中国制造”与互联网的深度融合发展，提升全国装备制造业水平和重大装备核心竞争力，引领盾构机行业智能制造新模式和“中国制造2025”示范试点，受到国家工信部和湖南省主要领导的赞扬。（陈劲飞）

【全国“三八红旗手”获得者皮青】女，1961年8月出生，湖南慧润农业科技有限公司董事长。创办湖南旺和贸易有限公司，一家集社区生鲜超市和大型超市于一体的连锁超市有限公司，前后帮助1万余名下岗人员重新走上工作岗位，重新树立对工作和生活的信心，维护社会的和谐与稳定。2006年成立湖南宜和雅洁清洁工程有限公司，主要从事家庭、写字楼、宾馆、酒家、医院等地的清洁卫生的企业。安排500余人就业，其中30%为农民工。2011年在开慧镇创办湖南慧润农业科技有限公司，旗下拥有全资、合资公司（经营实体）10家，涉及酒店管理、农业种植、农副产品开发、旅游景区管理运营、网络系统开发及运营等领域。经过近7年的建设和运营，建成板仓国际露营基地、开慧锡福村乡村民宿、湘丰度假帐篷酒店、慧润蝶梦山谷4个度假基地，高桥慧润·农科新城科普基地与福临影珠山的避暑度假营地开发建设中，公司创立“板仓人家”农产品品牌，并设计开发拥有自主知识产权的“慧享游”互联网平台。累计在长沙县完成投资5000万余元，带动经济产值逾1亿元，2017年接待国内外游客逾100万人次，为村集体经济累计增收600万余元，吸纳当地农村剩余劳动力就业100余人。先后获评2014年5月长沙县劳动模范、2016年5月湖南省“三八红旗手”、2018年度全国“三八红旗手”，获2018年6月首届湖南省旅游行业创业创新奖等。（杨凯龙）

【全国优秀共青团员获得者阳佳仪】女，2001年7月出生，共青团员，长沙财经学校2016级公共商务英语专业学生。她注重道德素养，勤奋学习，积极参加各类社会实践活动。严格执行“三会两制一课”制度，积极参加支部团员大会、支部委员会、团小组会；落实团员民主评议，定期注册团籍，积极参加学校团课与党课的学习。思想健康、活跃，常常能提出一些好的意见和建议，并带动周围同学努力学习，联系青年，服务青年。作为注册志愿者，积极参加学校组织的志愿者活动，如文明餐桌、文明交通劝导、养老院、军训、校运会等志愿服务活动。她在校期间表现优秀，并多次代表学校参加国家、省、市级英语技能竞赛。曾多次受到学校表彰，如三好学生、学习积极分子、文艺积极分子、技能标兵、“创建寝室文明先进个人”等。2016年11月获“长沙市中等职业院校技能大赛”英语赛项非服务组一等奖，2017年4月获“湖南省中等职业院校技能大赛”英语赛项非服务组一等奖，2017年6月获“全国中等职业院校技能大赛”英语赛项非服务类组银奖，2017年11月获“长沙市中等职业院校技能大赛”英语赛项非服务组一等奖，2018年1月获“湖南省中等职业院校技能大赛”英语赛项非服务组一等奖，获评2018年度全国优秀共青团员。（陈 翼）

【全国优秀共青团干部获得者谈玉璜】女，1984年4月出生，研究生学历，中共党员，共青团长沙市岳麓区委员会书记。在团区委工作期间，她团结和带领青年为岳麓发展作贡献，团区委连续多年被团市委评为“红旗团委”，获评2018年度全国优秀共青团干部。围绕中心工作讲作为。建设“1+N”大学生创新创业中心，举办“麓山杯”大学生创新创业挑战赛，联合区域化党建联席单位团组织开展“靠谱青年汇”青年成长成才系列活动，指导远大住工、佳兴世尊酒店等“两新”组织建团。组织驻区高校志愿者开展“青春奉献大科城”志愿服务，组织大学生开展暑期岗位实习。主持制订《岳麓共青团改革实施方案》。从2016年起在全区推进“一团一队一品一家”主题创建，指导建成1个国家级、3个省级示范“青年之家”。关注青少年思想引导树旗帜。开展“青年大学习”活动，开发“手抄团章、纪念五四”“岳麓青年看五年”等原创产品，团区委微信公众号获评“长沙市十大优秀政务微信”“青媒奖最具影响力微信”。致力社会综合治理重协调。开展法制宣传教育进校园、进社区、进学校相关活动，青少年违法犯罪率逐年下降。组织志愿者投身社会治理，为打赢“蓝天保卫战”汇聚力量。开展青年文明号“百号联百户”活动，为精准扶贫凝聚合力。帮扶困难青少年有温情。连续7年整合资源，汇集爱心资金，在传统节日开展爱心助学活动等走访慰问。重点做好“圆梦行动”助学活动，近3年资助“圆梦行动”学子108人，送出爱心物资和爱心款60万余元。（陈 翼）

【全国优秀共青团干部获得者余理】1986年1月出生，本科学历，中共党员，湖南省长沙麓山国际实验学校团委书记。他担任过4年的少先队大队辅导员，其间学校被评为湖南省五星级优秀少先队集体，个人被评为“湖南省优秀少先队辅导员”“湖南省最美基层团干”“湖南省优秀共青团干部”“湖南省青年岗位能手标兵”“长沙市最美新时代青年”，并获“全国中学中职学校团委书记职业技能竞赛一等奖”。获评2018年度全国优秀共青团干部。他组织学校全体青年教师开展“学习总书记讲话，做合格共青团员”教育实践活动。他着力团的组织建设，设计团支部量化评比制度，同时，他给团支部和中队统一发放麓山独有的工作手册，并由相关责任部门定期检查。坚持实行支部量化考评机制和支部志愿服务，仅2018年，就有90余个支部开展进社区的班级志愿服务，还利用课间和放学的时间，开展各类志愿服务活动。他牵头打造“五彩麓山枫”系列化团队品牌，“五彩麓山枫”社会实践活动得到《人民日报》《湖南日报》《湖南教育》等报纸、网络和各地市电视台的推介和报道，“构建‘五彩麓山枫’系列化团建活动平台”工作项目被收录进2016年《长沙市共青团工作案例集》；新华社在2018年“五四”期间对他进行专题报道，点击量逾60万次。以团支部量化积分制度为蓝本的“支部量化考核+团干量化考核+社团量化考核”三维考核机制得到省、市各兄弟学校的学习、借鉴。（陈 翼）

【2018年“中国好人榜”长沙地区获奖人物】 中国好人榜是由中央文明办、全国总工会、共青团中央、全国妇联组织开展的“我推荐我评议身边好人”活动所产生的五类道德模范月度榜单。长沙市2018年度有12人入选“中国好人榜”，分别有敬业奉献、诚实守信、助人为乐、孝老爱亲4个获奖类别，其中社区书记15年情系百姓 做居民的“自家人”贺纯雅、老兵坚守承诺30年照顾多位战友家属朱豫刚、公交司机12年献血上万毫升袁亮坤、几十年如一日照顾患病姐妹六旬老汉至今未娶柳维新的先进事迹，在全市产生广泛而深远的影响。“中国好人榜”推荐评选活动，在全市涌现许多品德高尚、事迹突出、社会形象好、群众认可度高的好人模范，并通过组织开展尊崇关爱、学习宣传和实践活动，在全社会营造崇善尚德、见贤思齐、德行天下的浓厚氛围，把先进典型人物的榜样力量转化为全市上下干事创业、勇争一流的生动实践，为建设现代化长沙做出重大贡献。（李 婷 何 军）

表43　2018年“中国好人榜”长沙地区获奖人物目录

序号	姓名	事迹	入选时间	所属类别
1	袁亮坤	公交司机12年献血上万毫升	2018年1月	助人为乐
2	黄跃佳	企业老总15年致力于社区服务，诚信为本服务居民近10万人	2018年1月	诚实守信
3	贺纯雅	社区书记15年情系百姓，做居民的“自家人”	2018年2月	敬业奉献
4	姚建刚	堤委会主任带病5天5夜连续奋战在防汛一线	2018年3月	敬业奉献
5	许志礼	未婚妻遇车祸瘫痪，无婚约幸福相守25载	2018年4月	孝老爱亲
6	朱国萍	1.3米“顶梁柱”只身照顾患病公婆和3个侄儿	2018年6月	孝老爱亲
7	周小林	好儿媳照顾生活不能自理的婆婆多年	2018年7月	孝老爱亲
8	汤国清	社区书记倾情10余载打造知名红色志愿服务品牌	2018年8月	敬业奉献
9	朱豫刚	老兵坚守承诺，30年照顾多位战友家属	2018年9月	诚实守信
10	陈 荣	信守承诺，30年替牺牲战友尽孝	2018年10月	诚实守信
11	傅 强	志愿者坚持公益，团队参与救灾抗险17年	2018年11月	助人为乐
12	柳维新	几十年如一日照顾患病姐妹，六旬老汉至今未娶	2018年12月	孝老爱亲

附　录

APPENDIX

责任编辑 · 陈晓红

重要文献

在市委经济工作会议上的讲话

中共湖南省委常委、长沙市委书记 胡衡华

（2018 年 12 月 29 日）

这次市委经济工作会议的主要任务是，以习近平新时代中国特色社会主义思想为指导，深入贯彻中共十九大和十九届二中、三中全会精神，认真落实中央和省委经济工作会议精神，总结 2018 年经济工作，分析当前经济形势，部署 2019 年经济工作。

一、今年全市经济发展稳中有进、稳中趋优，在再出发的新征程中交出了优异答卷

2018 年，全市上下坚持以习近平新时代中国特色社会主义思想为指导，认真贯彻党中央和省委决策部署，自觉践行新发展理念，深入实施创新引领开放崛起战略，着力建设现代化长沙和“三个中心”，站在过万亿、再出发的新起点上，砥砺奋进，攻坚克难，保持了经济持续健康发展和社会大局稳定。

（一）经济运行质量更高。预计地区生产总值增长 8.5%，规模以上工业增加值增长 7.6%，一般公共预算收入增长 10%，固定资产投资增长 11.5%，社会消费品零售总额增长 10%，创新生态、营商环境全面优化，“千人帮千企百日大行动”效果明显，“六稳”要求落到实处，总体实现年初目标。其中，产业投资占固定资产投资比重达 36.9%，研究与试验发展经费支出占地区生产总值比重达 2.6%，规模以上工业利润增长 10.8%，发展质量和效益提升。

（二）新旧动能转换提速。在智能制造统领下，22 条产业链建设卓有成效，带动全市引进投资 2 亿元以上的项目 178 个，引进伟创力、大陆集团等 500 强项目 33 个，杉杉能源、五矿新材、日写蓝思、广汽三菱发动机等重大产业项目建成投产，总量和质量均创历史新高。供给侧结构性改革继续深化，“三智一自主”抢先布局，智能化企业和产品“百花齐放”，新技术、新产业、新业态、新模式不断涌现，工程机械之都与媒体艺术之都、移动生活之都、智能驾驶之城、移动支付之城交相辉映。

（三）“三大攻坚战”成效明显。以蓝天保卫战带动碧水保卫战、净土保卫战强力推进，污染防治形成强大合力，大气和水环境质量总体改善，绿心地区工业企业退出任务全面完成。政府债务风险防控有力有效，反炒房攻坚战精准持续发力，强化了“房价洼地”和“产业集聚”效应。脱贫攻坚实现年度目标，并在帮扶 8 个深度贫困县上体现了省会担当。

（四）城市能级不断提升。践行精明增长、有机更新、融合发展理念，主动引领长株潭一体化，湘江新区和六大片区承载新功能、彰显新风貌，地铁建设、公交都市建设、电网“630 攻坚”、综合管廊试点等取得实效，城市更新和城市管理水平提升，全国新一线城市、全球准二线城市的地位得到巩固。

2018 年 10 月 11 日，大陆集团落户长沙　　市委政研室 供图

（五）乡村振兴开局良好。农村人居环境“五治”项项有成效，新型村级集体经济“四型”模式大力推广，完成改厕2.8万座，实现农村垃圾减量50%以上，清理整治“一户多宅”、“空心房”2万户，实施“四型”集体经济项目448个，消除集体经济薄弱村283个，带动产业振兴、人才振兴、文化振兴、生态振兴、组织振兴全面实施，农业农村发展呈现新气象。

（六）改革开放全面深化。中央和省委部署的改革全面落实，机构改革稳步实施，“最多跑一次”、园区、国资国企、“多规合一”、“证照分离”、普惠教育等改革成效明显。营商环境大幅改善，首次进入全国前十位。开放平台、开放通道、开放环境全方位提升，对外经贸、科技、文化交流合作更加广泛，开放型经济达到历史最好水平，进出口总额增长40%。

2018年10月24日，长沙召开“千人帮千企百日大行动”誓师动员大会

市委政研室 供图

（七）人民生活持续改善。财政民生支出占一般公共预算支出比重达到80%，城乡居民收入增速高于经济增速。“一圈两场三道”、社区提质提档等民生实事全面完成，社会保障提标，教育、医疗、文化、体育、食品安全等公共服务提质，社会大局和谐稳定，人民群众更有幸福感、获得感、安全感。

一年来，我们在经济形势稳中有变、经济下行压力加大的背景下，奋发进取，埋头苦干，交出了优异成绩单。这些成绩来之不易，是以习近平同志为核心的党中央坚强领导的结果，是省委、省政府关心支持的结果，也是全市上下团结一心、共同奋斗的结果。实践证明，长沙各级领导班子和领导干部有定力、有担当、有作为，经得起困难和挑战的考验。总结一年来的工作，有不少经验和启示：

第一，提高政治站位是做好各项工作的前提和基础。我们深入学习习近平新时代中国特色社会主义思想和习近平总书记重要讲话指示精神，学出自觉、学出习惯、学出担当。坚持从政治上观察、思考和处理问题，不折不扣落实党中央和省委决策部署，积极推进三大攻坚战、反炒房攻坚战、长江经济带高质量发展、乡村振兴、长株潭一体化等工作，在落实中央巡视整改、环保督察整改上动真格、见行动，把“四个意识”“两个维护”落实到行动上，营造了良好的政治生态、自然生态和产业生态。实践证明，政治站位提高了、思想境界到位了，就能赢得工作主动。

第二，保持发展定力是从容应对风险和考验的重要法宝。面对复杂多变的外部环境，市委坚持稳中求进、坚持发展第一要务、坚持年初既定目标，按照新发展理念和“四个走出来”要求，以智能制造为统领，以不变应万变，一门心思抓产业项目和产业链建设，集中精力优化创新生态和营商环境，从来没有动摇过。正是这种咬定青山不放松的定力，让我们从容应对各种风险和考验，战胜各种困难和挑战，推动长沙发展再上新台阶。

第三，良好干事环境是激发各方面积极性创造性的强大动力。我们面向发展第一线和经济建设主战场，坚持把严管与厚爱、激励与约束结合起来，旗帜鲜明为实干者撑腰、为担当者担当，在三大攻坚战、产业链建设、“千人帮千企百日大行动”等重点工作中历练干部、锤炼作风，构建“亲”“清”新型政商关系，形成了共推长沙高质量发展的良好氛围。坚持在发展中既埋头苦干、又抬头看路，及时回应社会关切、企业关切、群众关切，着力解决发展和民生问题，极大提振了信心和预期。良好的干事环境，为长沙发展提供了强大正能量和精气神。

第四，坚持党的领导是推动事业发展的根本保证。市委毫不动摇地坚持党的领导，把经济工作牢牢抓在手上，把方向、管大局、促落实。对重点工作加强调度、督查、考核、追责，及时分析形势，把握“窗口”机遇，提出明确要求，抢占发展制高点，掌握发展主动权。落实全面从严治党要求，在反腐倡廉、基层党建、舆论引导、大局稳定等方面担当责任，确保了党中央和省委的经济工作部署要求在长沙落地生根。

在肯定成绩的同时，也要看到全市经济运行中的困难。主要是：经济结构、产业层次与高质量发展要求有差距，新动能培育有待加快；创新生态和营商环境还不够优；部分企业经营困难，发展信心和动力不足；三大攻坚战任务繁重；城市国际化和城市治理智能化、精细化水平不高；农业农村发展有不少薄弱环节；安全生产、社会稳定等领域存在风险，等等。对这些改革和发展中的问题，我们要用改革和发展的办法认真加以解决。

二、正确认识形势，坚定发展信心，把握明年经济工作的总体要求和基本思路

2019年是新中国成立70周年，是全面建成小康社会关键之年。长沙发展与全国、全省一样，仍然处于重要战略机遇期。比较起来看，外部环境比2018年难、内部条件比2018年好。我们要全面、客观、理性地分析形势，善于在把握大势中增创比较优势，集中精力办好长沙的事情。

从发展大势看，有挑战，但更有机遇。和平和发展仍是当今时代主题，经济全球化虽有逆流，但不会逆转。当前经济运行稳中有变、变中有忧，外部环境复杂严峻，经济面临下行压力，但我国发展仍处于并将长期处于重要战略机遇期。特别是加快经济结构优化升级、提升科技创新能力、深化改革开放、加快绿色发展、参与全球经济治理体系变革等新机遇，给战略机遇期赋予了新内涵。长沙作为"一带一路"重要节点城市、"一带一部"首位城市、长江中游城市群中心城市和省会城市，资源配置能力增强，辐射带动作用提升，国际国内影响扩大，在中部崛起、科技创新、智能制造和新一轮改革开放中大有作为。

从政策环境看，有约束，但更有空间。面对外部环境的新变化，以习近平同志为核心的党中央领航掌舵、主动求变、精准施策，强调宏观政策强化逆周期调节，实施更大规模的减税降费，较大幅度增加地方政府专项债券规模；提出供给侧结构性改革的"巩固、增强、提升、畅通"八字方针；要求稳妥处理地方政府债务风险，做到坚定、可控、有序、适度；促进形成强大国内市场；促进区域协调发展。由此可见，明年的政策环境比今年要好。长沙经济实力、创新能力、综合竞争力已达到全国城市的中上水平，发展的韧劲与余地大、空间与舞台大，只要用好政策、发挥优势、挖掘潜力，就一定能推动发展行稳致远。

从长沙自身看，有压力，但更有信心。经过改革开放40年发展特别是中共十八大以来的发展，长沙的战略地位等级、产业发展层级、城市辐射能级实现了重大跨越，今日长沙已今非昔比。当前，尽管金融、房地产、生态环境、安全稳定等面临一些风险，但我们抓产业升级、抓智能制造的定力强，改革、创新、开放的平台多，全市的干事氛围好、发展态势好、产业基础好，长沙完全可以在高质量发展中走在前列。特别是2018年的产业项目建设、各类人才引进、营商环境优化等带来的综合效应，将在2019年充分释放出来。我们要乘势而上、顺势而为，鼓足干劲、扎实干事，满怀信心做好明年经济工作。

这里我要强调的是，长沙从改革开放40年中走过来、走到今天，几代人为之付出了智慧、心血和汗水。40年风雨兼程，长沙人民经历了太多太多的挑战，进行了太多太多的拼搏，今天的困难算不了什么。站在前人肩膀上和现有基础上发展长沙，我们更应该把使命和责任扛在身上，开拓奋进、接续奋斗，开创无愧于新时代的优异业绩！

做好明年经济工作，要以习近平新时代中国特色社会主义思想为指导，认真贯彻中共十九大精神和习近平总书记关于湖南工作的重要指示精神，坚持稳中求进工作总基调，坚持新发展理念，坚持推动高质量发展，坚持以供给侧结构性改革为主线，坚持深化市场化改革、扩大高水平开放，坚持创新引领开放崛起，深入推进现代化长沙和"三个中心"建设，继续打好"三大攻坚战"、抓好"产业项目建设年"、衔接好新旧动能转换，突出智能制造、市场主体、"四新"经济、营商环境，进一步稳就业、稳金融、稳外贸、稳外资、稳投资、稳预期，保持经济持续健康发展和社会大局稳定，以优异成绩迎接中华人民共和国成立70周年。

市委考虑，明年经济社会发展的主要预期目标是：地区生产总值增长8%，规模以上工业增加值增长8%，地方一般公共预算收入增长8%，固定资产投资增长10%，社会消费品零售总额增长10%，城乡居民收入增长与经济增长基本同步。同时，继续探索高质量发展指标体系：研究与试验发展经费支出占地区生产总值比重达2.8%以上；制造业投资占比大幅提升；新经济增长20%以上；市场主体达到100万户以上。上述预期目标是市委经过综合权衡、慎重研究确定的，符合中央和省委要求，契合长沙发展实际，体现了稳中求进、省会担当和实事求是的有机统一，兼顾了可能性和可行性，经过努力是完全可以实现的。

做好明年经济工作，实现预期发展目标，必须把握以下几点：（一）坚持稳中求进。这是做好经济工作的总基调和方法论。要把握好稳中求进的辩证关系，保持发展定力，落实"六稳"要求，做到高质量发展的方向不变、供给侧结构性改革的主线不变、全面深化改革开放的决心不变。

（二）强化省会担当。省会城市是长沙最基本的定位，抓经济工作要有强烈的省会意识，在引领全省发展特别是长株潭一体化中强化省会担当，在服务全省大局上发挥省会作用，立足新起点，当好创新引领开放崛起的排头兵。

（三）突出产业优先。近年来，市委聚焦产业发展这个"牛鼻子""命根子"，集中精力抓智能制造、项目建设、创新生态、营商环境，实践证明是行之有效的。要一以贯之、一抓到底，推动资源要素向产业倾斜、向企业倾斜、向实体经济倾斜，加快建设现代化经济体系，为高质量发展提供支撑。

（四）加快动能转换。长沙跨越高质量发展的重要关口是新旧动能转换。要按照供给侧结构性改革要求，采取更多改革的办法，运用更多市场化、法治化手段，发展新经济、培育新动能，提升产业链水平和供给侧质量。

（五）注重改革创新。创造性落实党中央和省委决策部署，改革创新是必然要求。要发扬"心忧天下、敢为人先"的长沙精神，进一步解放思想、更新观念，善于在改革创新中找办法、出实招、解难题，把改革关键一招和创新第一动力用好用活。

（六）始终坚守底线。长沙发展中的矛盾和问题不少，各方面关注度高，要把握省会实际、增强忧患意识、坚持底线思维，在作决策、办事情、抓发展中注意评估风险，确保不触碰底线、不犯颠覆性错误。

三、抓住主要矛盾，聚焦重点任务，坚定不移走高质量发展之路

长沙经济运行主要矛盾仍然是供给侧结构性的。做好明年经济工作，要落实供给侧结构性改革的“巩固、增强、提升、畅通”八字方针，进一步加快建设现代化经济体系。

（一）以智能制造引领制造业高质量发展。紧盯产业链建设，强化产业链招商，以“三智一自主”为重点，深耕“产业项目建设年”，大力引导“乡友、校友、战友、侨友”回长沙创业，引进总部企业、头部企业和科技型企业，培育智能制造新的增长点。推动智能化改造扩面升级，打造更多智能化企业、智能化产品、智能化管理，围绕工程机械培育世界级产业集群。推进园区体制机制重塑和生产生活生态融合，发挥智能制造主力军作用，打造园区升级版。引导企业入规、上市、“升高”，在做大规模、直接融资、发展高新技术上取得新突破。加快培育新动能、发展新经济，聚焦数字经济、智能经济、绿色经济、创意经济、共享经济“五大新经济形态”，强化新一代人工智能技术、新能源技术、功能材料技术、信息终端技术、生物基因技术、视频技术“六大技术”攻关，打造智能网联汽车、工业互联网、智慧城市、智慧医疗、移动支付、分享经济、区块链“七大应用场景”。围绕发展高技术服务业补短板、挖潜力，促进产业集聚，培育骨干企业。

（二）打好“三大攻坚战”的重点战役。坚持以问题为导向，精准施策，务求实效。在防范化解重大风险上，坚持控增量、调结构、守底线，重点推进平台公司市场化转型，压缩部门预算内行政开支，进一步稳定房价、稳定房地产市场，做到坚定、可控、有序、适度。在脱贫攻坚上，聚焦“两不愁三保障”，确保脱贫全覆盖、高质量，防止脱贫人口返贫；继续支持龙山等深度贫困县脱贫攻坚，完成年度任务。在污染防治上，重点解决特护期大气污染、重度污染和颗粒物、臭氧污染问题，强化“一江六河”联治，确保实现全截污目标、消灭劣五类水体，进一步解决群众身边的污染问题。

（三）激活创新第一动力。强化创新引领，大力促进科研投入和成果转化，让高科技、黑科技、硬科技加快产业化。拓展创新平台，加快建设湘江新区、国家自主创新示范区、岳麓山国家大学科技城，以湘江智谷、高新麓谷、中国V谷、种业硅谷等为依托，争取一批国家重点实验室、工程技术研究中心和创新研究院落户长沙，培育和引进更多新型研发机构、优秀创新团队、高端创新人才。做优创新生态，联合高校院所协同创新，依托企业主体自主创新，加大引进力度开放创新，打造“技术攻关＋成果转化＋科技金融＋知识产权”全过程创新生态链。提升创新浓度，依托园区构建共性技术研发平台，健全产学研一体化创新机制，打造“双创”升级版，共建城市合伙人、创新共同体。

（四）持续优化营商环境。营商就是营未来。长沙要增强吸引力、创造力和竞争力，必须对标全国一流，推进营商环境便利化、法治化、国际化。要把2019年作为“营商环境优化年”，实施流程再造、效能革命。坚持需求导向、问题导向、效果导向，让市场主体、服务对象评价，让第三方评估，精准施策优化营商环境。围绕效率优先、创新优先等积极探索，打造长沙营商环境不可替代的特色和亮点，提升软环境，构建“强磁场”。打好降成本、提效率、重法治、优服务“组合拳”，落实中央更大规模的减税降费政策，强化企业用地、用工、用电等保障，围绕开办企业、不动产登记、建设项目审批、跨境贸易、水电气及网络报装等全面提速。坚持“两个毫不动摇”，把“千人帮千企百日大行动”固化为制度，形成“尊重企业家、优待投资者、服务纳税人”的更好氛围，支持民营经济高质量发展。

（五）着力提升城市品位、品质和品牌。长沙发展到今天，必须打破惯性思维和路径依赖，注重精明规划、精准建设、精细管理。坚持以人为本、品质至上，以工匠精神做产品、抓服务、优环境，擦亮“长沙制造”“长沙文化”“长沙旅游”“长沙美食”品牌。优化城市战略平台，以新发展理念为引领，高质量建设湘江新区和六大片区，确保产业导入、资源聚集、创新开放等取得突破。深化城市有机更新，落实“四增两减”要求，统筹老城区、棚户区、城中村改造和“一圈两场三道”建设，打造一批开放式街区、宜居型社区和特色化园区。强化城市整体功能，打通“断头路”，畅通“微循环”，加快建设交通枢纽，提升供水保障能力，全面完成电网“630攻坚”任务，推进5G网络、人工智能、工业互联网、物联网等新型基础设施建设。实化城市治理措施，打牢基层基础，突出智能化、精细化、法治化，让城市更“聪明”、更有温度。

（六）扎实推进乡村振兴战略。继续以整治农村人居环境和发展新型村级集体经济为切入点，带动“五个振兴”全面深入。强化基层党建引领，加强农村基层党组织带头人队伍建设，发挥“领头雁”作用。深入整治农村人居环境，落实政策措施、工作机制，发挥群众主体作用，确保治厕、治垃圾、治水、治房、治陋习见到更大成效。坚持“一村一策”，进一步探索新型村级集体经济实现模式和长效机制，基本消除薄弱村、打造一批富裕村。以土地制度改革为牵引，深化农村集体产权制度等各项改革，激发乡村振兴内生动力。加快农业农村现代化，大力培育新型经营主体、农业特色品牌和农业示范园区。

（七）全面深化改革开放。强化改革意识和开放思维，坚持以改革推动开放、以开放倒逼改革，实现深化改革与扩大开放互动并进。全面完成机构改革，进一步深化“放管服”改革、“互联网＋政务服务”、“最多跑一次”改革、园区改革，让政府更有为、市场更有效。继续深化国资国企改革，做强做优做大国有资本。推进财税体制改革，提高财政资源配置效率。加大国家、省级改革试点的探索力度，增创体制机制优势。推进高水平开放，深度融入“一带一路”、长江经济带、粤港澳大湾区建设，深化经贸、科技、文化交流合作，加强开放通道和口岸建设，办好“一带一路”青年创意与遗产论坛、首届中非经贸博览会、国际工程机械展览会等国际化展会，推动跨境电商和临空经济跨越式发展。壮大外贸龙头企业，推动加工贸易、服务贸易创新发展，支持消费品、关键零部件等产品进口。

（八）做好民生和稳定工作。坚持以人民为中心，尽力而为、量力而行，进一步改善民生福祉。坚持就业优先，着力解决就业难、招工难等问题，重点抓好高校毕业生、农民工、退役军人、城镇困难人员等群体就业，妥善解决中美贸易摩擦带来的失业人员再就业问题。围绕强化城乡配套、改善公共服务、保障公共安全、提升社会保障水平，多办民生实事，发展社会事业，进一步解决住房、教育、医疗、养老、食品安全以及信访等突出问题，让人民群众更有幸福感、获得感、安全感。落实党政同责，强化安全监管，严防发生重特大安全事故。深入开展扫黑除恶专项斗争，深化平安长沙、法治长沙建设，有效化解各类社会矛盾，建立维护社会稳定长效机制。

（九）带着省会责任加快推进长株潭一体化。城市群是城镇化的主要形态，推进长株潭一体化是长沙的优势所在、责任所系。长沙作为省会城市，要自觉树立“一盘棋”思想，带头开好联席会议，带头落实2019年行动计划，带头办好“三干两轨”“一卡通”等20项合作实事。依托南部片区和湘江新区，双向对接株洲、湘潭发展。坚持城市布局、产业分工、设施配套与株洲、湘潭深度融合，共建现代化经济体系和现代化“智慧城市群”。

四、加强党对经济工作的领导，增强主动性和创造力

一个地方的发展，人气、人才、人心至关重要。加强党对经济工作的领导，要做到领导有力、领导有方，把各方面积极性、主动性、创造性发挥出来，让长沙发展的人气更足、人才更广、人心更齐。

（一）要坚定践行“两个维护”。维护习近平总书记核心地位，维护党中央权威和集中统一领导，经济工作是重要的“试金石”。要深入学习领会党中央对经济形势作出的重大判断、对经济工作作出的重大决策，坚定不移抓落实。全面贯彻中央和省委经济工作会议精神，确保政令畅通、令行禁止。各级党委要切实加强对经济工作的领导，发挥把方向、管大局、保落实作用，体现发展第一要务。

（二）要大力提升能力水平。科技革命和产业变革蓬勃兴起，对各级干部抓经济工作的理念、视野、素养、能力提出了更高要求。各级领导干部要保持对知识的“饥饿感”，多学习、多调研，熟悉经济工作，把握经济规律，努力成为解决实际问题的能手，成为抓项目、抓产业、抓治理的行家里手。要深入园区、企业、基层和群众，摸实情、找问题，善于“一把钥匙开一把锁”“哪壶不开提哪壶”，提升工作实效性。要及时回应社会关切，善于引导舆论、引导社会心理预期，为经济发展营造良好氛围。

（三）要激励干部担当作为。树牢重德才、重实干、重实绩的用人导向，坚持严管与厚爱相结合，坚持“三个区分开来”，落实关心激励机制和容错纠错机制，做到真情关爱干部、公道选人用人、严格监督管理、精准执纪问责，让奋斗者无憾、担当者无忧、奉献者无悔。鼓励干部创造性抓落实，形成一种“你为人民着想，组织为你着想”的良好氛围。尤其是基层干部权力不大责任大、待遇不高境界高，各级党组织要充分理解、充分信任，既压担子，又给关怀，多为他们办一些雪中送炭的事情。

（四）要始终坚持真抓实干。推动长沙高质量发展，还得靠真抓实干。考核评价经济工作，要看问题解决了多少、事情办成了多少、群众得到了多少。要以良好的状态去干，在经济工作中强化进取精神、开拓精神，与时间赛跑、与问题较真、与强者竞争，雷厉风行，说到做到。要以务实的作风去干，多当主攻手，少当二传手，着力整治不敬畏、不在乎、喊口号、装样子以及不担当、不作为等影响发展的突出问题，坚决破除形式主义、官僚主义。当前，要抓紧抓实2019年一季度各项工作，力争开好局、“开门红”。

同志们，做好明年经济工作意义重要，责任重大。让我们紧密团结在以习近平同志为核心的党中央周围，深入学习贯彻习近平新时代中国特色社会主义思想和中共十九大精神，在省委的坚强领导下，把握时代机遇，紧抓第一要务，更加奋发有为，以长沙高质量发展的优异成绩迎接新中国成立70周年！

政府工作报告
（摘要）
——在长沙市第十五届人民代表大会第四次会议上

长沙市市长　胡忠雄

（2019年1月8日）

一、2018年工作回顾

2018年，我们在省委、省政府和市委的坚强领导下，全面贯彻落实习近平新时代中国特色社会主义思想和中共十九大精神，自觉践行新发展理念，深入实施创新引领开放崛起战略，着力建设现代化长沙和“三个中心”，砥砺奋进、攻坚克难，完成了市十五届人大二次会议确定的目标任务。全市地区生产总值增长8.5%（预计数，下同）；规模以上工业增加值增长7.6%；固定资产投资增长11.5%；社会消费品零售总额增长10%；一般公共预算收入增长10.09%；全体居民人均可支配收入增长8.6%。经济社会发展稳中有进、稳中趋优，民生实事全面完成，连续11年获评中国最具幸福感城市，老百姓和市场主体拥有更多获得感。

——老百姓呼吸的空气、饮用的水明显提质。蓝天保卫战初战告捷，全年空气质量优良天数280天，“长沙蓝”成为常态。“河长制”深入落实，“一河一策”全面实施，湘江长沙段水质达到Ⅲ类以上；雷锋水厂建成运营，一水厂改造、七水厂新建、望城水厂扩建加快推进，株树桥水库饮用水源一级保护严格落实，柏家洲水源地保护区居民全部搬迁，城市供水水质合格率100%；新增20万农村居民用上自来水。

——老百姓吃得舒心放心。米粉、豆制品实现集中生产、冷链配送，新增“明厨亮灶”餐饮单位5434家，整治违规夜市1.5万处，打造精品夜市示范点11个，国家食品安全示范城市创建通过省级验收，“舌尖上的安全”保障有力。

——老百姓住房保障切实加强。“反炒房”攻坚战取得阶段性胜利，持续保持房价“洼地”优势。完成棚户区改造2.29万户，棚改经验得到国务院通报表扬；改造农村危房5193户；13个“城中村”实现拆迁清零，5580户群众分到了新房；9121户居民新入住公租房，更多群众实现了安居梦。

——老百姓交通出行方便快捷。成功创建国家公交都市示范城市，公交分担率54.2%。地铁4号线试运行，4个园区开通穿行巴士，20个社区公交直达地铁站。新建公共停车场137个、停车位2.68万个；新改建自行车道488.46千米，新建和提质改造人行道436.3千米；新建历史文化步道32.8千米；打通6条瓶颈路、断头路。城市“一卡通”正式发行，带上一张卡就能畅行长沙。

——老百姓安全感持续增强。扫黑除恶专项斗争、安保维稳“百日会战”成效明显，实现发案下降、破案上升、命案全破；安全生产形势平稳向好，事故起数、死亡人数大幅减少，人民群众生命财产安全得到有效保障。

——老百姓获得广泛实惠的民生福祉。“一圈两场三道”建设全力推进，建成15分钟生活圈241个，市民步行15分钟就可以享受到14类公共服务；新改扩建农贸市场76个、生鲜门店46个。新改扩建公办幼儿园33所；创建垃圾分类减量示范小区20个；创建绿色示范村庄、示范社区100个；完成农村适龄妇女两癌免费检查7.04万例、孕产妇免费产前筛查6.5万例；为634名残疾儿童实施抢救性康复救助；建成群众性体育设施600处。

——长沙电力保障坚实有力。大力实施“630攻坚”，电网建设投资创历史新高，净增电力容量接近前5年总和，在725万千瓦历史用电负荷峰值下，实现了企业不拉闸、居民不限电。

——长沙企业享受到更多政策红利。“千人帮千企百日大行动”解决企业各类问题3580个，向上争取和兑现惠企政策资金32.5亿元，促成银企意向融资118亿元，企业发展的信心更足、预期更稳。

——长沙智能制造走在全国前列。国家级智能制造试点示范企业（项目）总数27个，居全国省会城第一位；

湖南湘江新区智能驾驶测试区获工信部授牌，成功跻身“国家队”；第三届中国军民两用技术创新应用大赛金奖数居全国第一位。

——长沙内陆开放新高地加速崛起。获批国家跨境电商综合试验区、市场采购贸易方式试点、文化出口基地；进出口总额增长 40 %，增速居中部省会城市首位。

一年来，着重抓了七个方面的工作：

（一）聚焦“三大攻坚战”。防范化解重大风险攻坚战有序推进。加快政府债务置换，严格预算管理，“停缓调撤”项目 735 个、涉及总投资 2932 亿元，完成 99 家政府融资平台公司“撤并转”。综合运用 PPP、专项债等形式破解融资瓶颈，向民间资本推介项目 25 个、总投资 675 亿元，保障了重大项目顺利推进。开展非法集资专项整治，关停非法融资平台 45 家。精准脱贫攻坚战持续发力。统筹市内精准脱贫、市外对口帮扶，全市建档立卡贫困户脱贫 32506 人，3.07 万贫困人口实现饮水安全；推进龙山县对口帮扶和 7 个国家级贫困县“携手奔小康”，实施扶贫项目 283 个、投入 2.83 亿元。污染防治攻坚战取得阶段性成效。持续推进中央、省环保督察反馈问题和中央生态环保督察“回头看”交办问题整改，平稳有序退出绿心保护区工业企业 516 家；率先全国推行盾构土环保处置，城区规模以上施工工地实现扬尘在线监测全覆盖；新增纯电动公交车 957 辆，查处高排放机动车 3 万余辆，完成餐饮单位油烟净化 9650 家、家庭餐厨油烟净化 8.8 万户。整改问题排污口 25 个，新改建乡镇、工业园区污水处理厂 15 座，岳麓尾水工程通水，24 处黑臭水体治理通过国家验收，成为全国首批城区黑臭水体治理达标城市。人工造林 4513 公顷，退耕还林还湿 419 公顷，森林覆盖率提升到 54.95%，绿色成为长沙的鲜明底色。

（二）聚焦实体经济。产业链建设成效明显。深入开展“产业项目建设年”活动，重大产业项目完成投资 2480.6 亿元，其中 22 条产业链项目完成投资 963.2 亿元。先进储能材料等产业链产值增幅达到 30% 以上。现代服务业加快发展，规模以上服务业单位达 1667 家，增长 23.8%，服务业对经济增长的贡献率达 58%，提高 1.3 个百分点。长沙银行成为全省首家上市银行；全域旅游加快推进，宁乡市获评全国最具魅力文化旅游城市；智能制造峰会、移动互联网岳麓峰会、糖酒会、农博会等展会成功举办。项目建设全速推进。省“五个 100”项目任务全面完成。伟创力一期、杉杉能源正极材料、日写触控传感器等项目建成投产；中联智慧产业城、蓝思科技黄花基地、健康生态科技产业园等“百亿级”项目加快建设，腾讯、京东无人车总部、航天科技、德国大陆、天岳碳化硅等一批战略投资项目和企业成功落户，新签约投资 2 亿元以上项目 178 个。园区活力加快释放。向园区下放市级审批权限 28 项，开展相对集中行政许可权改革试点，基本实现园区事园区办。园区规模工业增加值增长 10.9%，长沙高新区在全国高新区综合评价中居第 12 位，长沙经开区跻身全国经开区 20 强，宁乡经开区、望城经开区、岳麓高新区分别获批国家绿色园区、国家新型工业化产业示范基地和国家检验检测高技术服务业集聚区。创新能力持续提升。国家自主创新示范区政策覆盖省级以上园区，新建院士专家工作站 17 家，研究与试验发展经费支出占地区生产总值的比重达 2.6%。高新技术企业突破 2300 家，高新技术产业总产值增长 9.26%。获批创建国家知识产权强市，万人有效发明专利拥有量 29.6 件，居中部省会之首，知识产权保护中心率先全国运营，湖南湘江新区专利大数据平台上线运行。获批知识产权军民融合国家试点，军民融合产业总产值突破 1000 亿元。浏阳市获批创建全国首批创新型县（市）。大力创建质量强市示范城市，参与制定国际标准 7 项、国家标准 62 项。

（三）聚焦改革开放。重点改革统筹推进。28 项国家级、18 项省级、12 项市级改革年度任务全面完成。“最多跑一次”改革成效明显，“四个一”“四个办”强力实施，“互联网 + 政务服务”平台上线，市本级“最多跑一次”事项、“一次也不跑”事项分别达 1401 项、208 项，企业开办时间缩短到 4 个工作日；宁乡市“互联网 + 政务服务”改革受到国务院通报表扬。“证照分离”改革纵深推进，取消、简化、优化行政许可 99 项，市场活力不断增强，市场主体总数 92.42 万户。国资国企改革加快推进，分层分类管理体制进一步完善，市属国企资产突破万亿元；驻长央企、省企职工家属区“三供一业”分离移交试点走在全国前列。农村改革试点顺利推进，浏阳市农村土地制度改革、雨花区集体产权制度改革等国家试点全面完成，望城区城乡发展一体化改革深入实施，长沙县农村综合性改革获批国家试点。对外开放步伐加快。开放通道有效拓展，新开通国际客货运航线 8 条，完成黄花机场 T1 航站楼改造；中欧班列（长沙）线路增至 11 条；霞凝新港三期建设有序推进，铜官港试运营。开放主体不断壮大，进出口总额 5000 万美元以上外贸企业 50 家，增长 30%，跨境电商试点企业 51 家。开放政策日益完善，开放型经济“2+4”政策加快落地，外贸扩规模、提质量“1+10”政策制定实施。交流合作不断深化。新增国际友好城市 3 个，圆满承办“一带一路”青年创意与遗产论坛、落实《南海各方行为宣言》高官会、国际商事法律论坛、中部（长沙）进口博览会，长沙与世界精彩互动。举办长江中游城市群省会城市会商会、长株潭城市群一体化发展联席会、湘赣边区域开放合作主题联席会，区域合作更加密切。

（四）聚焦重大平台。湖南湘江新区“三区一高地”格局加快形成，华谊兄弟电影小镇等项目建成，宜家荟聚、卓伯根总部等项目加快推进，中国长城、湖南天玥等重大项目成功落户；集聚国家“千人计划”专家 20 名、创新创业服务平台 550 个，研究与试验发展经费支出占地区生产总值的比重达 5.2%。岳麓山国家大学科技城建设成效明显，麓山南路、后湖综合整治完成；中南大学科技园总部建成运营，引进企业 102 家；桃子湖高校双创街、西湖互联网 58 小镇等加快建设，后湖艺术园开园。马栏山视频文创产业园建设步入“快车道”，获批首家国家级广播电视产业园，创梦天地等企业区域总部纷纷落户，注册落地企业171家。临空经济示范区配套设施建设提速，黄花综保区注册企业284家，实现进出口额25亿美元。高铁会展新城建设加快推进，长沙国际会议中心、城际空间站等加快建设，举办品牌会展53个，带动商品交易864.4亿元。湖南金融中心集聚能力持续增强，入驻金融机构及配套企业300家，总注册资本360亿元；湘江基金小镇基金管理规模达2025亿元，荣获特色小镇发展潜力奖。南部片区规划纲要公开发布，铺排重大项目21个，人力资源产业园开园。

（五）聚焦乡村振兴。农村“五治”强力实施。完成改厕2.8万座，浏阳市率先全省实现旱厕清零；全市农村垃圾分类减量50%以上，长沙县农村垃圾分类处置体系全面建立；清理整治“一户多宅”“空心房”1.92万户306万平方米；16万个小微水体纳入“河长制”责任体系；移风易俗成为新时尚，涌现出望城区静慎村、长沙县金桥村、浏阳市秧田村等精神文明建设先进典型。新型村级集体经济来势良好。实施“四型”集体经济项目448个，带动村级集体经济创收5.3亿元、农民增收3.8亿元，消除集体经济薄弱村283个，长沙县率先全省消除集体经济薄弱村。现代农业加速发展。种养大户、家庭农场、农民合作社、农业龙头企业等新型农业经营主体分别新增1374家、676家、854家、108家，分别增长11.6％、17.8％、7.9%和136%；调整农作物种植结构29.55万亩，形成30个千亩、4个万亩特色种植片区；“三品一标”农产品615个；实现农产品加工业销售收入2319亿元。农村基础设施加快完善。新建农村公路1227千米，提质改造农村公路700千米。清淤山塘2.8万亩，修复水毁工程3.9万处，整修小河坝823座。白石洞水库加快建设，椒花水利枢纽纳入国家重大水利项目库。

（六）聚焦城市品质。城市规划不断优化。全域划定“三区三线”，建立全要素空间管控体系；形成新一轮城市总规修编初步成果，编制村庄规划400个；“多规合一”在线审批平台正式运行。城市建设加快推进。长益常铁路、蒙华铁路长沙段加快建设；岳望高速、岳宁大道全线通车；西二环拓改、橘子洲大桥提质改造、洞井路和曙光路跨京广铁路桥等工程竣工。地下综合管廊试点通过国家验收；新增城市公园84个；新建绿色建筑1151万平方米；长沙国金中心建成运营，刷新城市新高度。修复损毁堤防53千米，敢胜垸等15个城市防洪圈加快建设。城市运营提质提效。健全市、区两级城市建设投入责任与收益分配机制。划定城市有机更新单元24个，潮宗街、白果园、太平街等街区和红星、雅塘等片区有机更新抓紧推进，改造老旧社区50个。城市管理持续加强。“数字城管”与网格化管理有机融合，城市管理下沉到627个网格，基本实现问题发现在网格、解决在网格。主城区清扫保洁实现全覆盖，拆除违法建筑73万平方米；城区生活垃圾减量13.37%，市生活垃圾深度综合处理项目正式运行。“大数据＋靶向治理”交通管理经验在全国推介。

（七）聚焦社会事业。就业服务不断优化，城镇新增就业14.49万人，城镇登记失业率控制在3%以内。社会保障加快完善，企业退休人员养老金、城乡居民基础养老金分别实现14连调、13连调；80周岁及以上老年人高龄津贴实现普惠提标；新增城乡居家养老服务中心31家、养老床位2956张；城乡低保提高至每人每月550元，困难残疾人生活补贴、重度残疾人护理补贴分别达到每人每月120元、80元。教育事业持续发展，建成义务教育标准化学校303所，新增学位7.6万个；完成小区配套幼儿园移交188所，全市普惠性幼儿园占比达80%；关停无证办学机构1656家；完成卫生职院新校区主体工程。健康长沙深入推进，市级医院提质提档工程进展顺利，新改扩建乡镇、村（社区）卫生服务机构36个、医联体79个，成功创建全国基层中医药工作先进市；城乡居民医保补助提高至每人每年490元。文体事业日益繁荣，建设示范性村（社区）综合文化服务中心100个，新华联铜官窑古镇、田汉文化园、铜官窑博物馆、非遗展示馆建成开放，《乡村国是》获第七届鲁迅文学奖；成功举办国际马拉松赛、国际名校赛艇挑战赛，实现省运会金牌、总分“双第一”。新青少年宫建成开放。成功举办纪念刘少奇同志诞辰120周年活动。其他事业协调推进，社科普及、科普服务、供销、移民、粮食、职工维权、妇女儿童等工作取得新进展，民族宗教、港澳台侨、机关事务、公积金、地方志、档案、气象、水文、地震、慈善、红十字等工作发挥新作用。

一年来，各民主党派、工商联、无党派人士围绕中心、服务大局，参政议政、建言献策，有力推动了长沙发展。实行市领导领办民生建议和重点提案，办理人大代表建议357件、政协提案408件，办复率100%。办结中央巡视组移交信访件1223件；依法审查规范性文件643件、政府合同320件，公共法律服务站实现村级全覆盖，成功调解矛盾纠纷4.2万件；完成公共资源交易4783宗；完成审计项目82个，挽回损失3.57亿元。支持军队改革，加强国防动员、后备力量及人民防空建设，落实双拥优抚安置，军政军民更加团结。

各位代表！“时光荏苒，岁月留香”。时间蕴藏着伟力，奋斗见证着辉煌。改革开放40年，“心忧天下、敢为人先”的长沙人民风雨同舟、奋楫争先，用智慧和汗水创造了无愧于时代的业绩。40年来，长沙经济总量从不足20亿元先后跨越百亿、千亿台阶，步入万亿俱乐部，跃居全国省会城市前列；40年来，长沙城市建成区面积扩大8倍，由“五一路时代”迈入“湘江时代”，开拓了“一江两岸、比翼齐飞”的城市新格局，跻身国内新一线城市；40年来，长沙城镇、农村居民收入（扣除物价增长因素）分别增长20.1倍和25.7倍，城镇居民人均居住面积由3.97平方米增加到40.4平方米，老百姓获得感越来越强，幸福成为长沙的鲜明标识。“历尽天华成此景，人间万事出艰辛”。这些成绩的取得，是省委、省政府和市委正确领导的结果，是市人大及其常委会和市政协监督支持的结果，是全市上下团结拼搏的结果。在此，我代表市人民政府向全市各族人民，向各民主党派、工商联、无党派人士和人民团体，向驻长部队、武警官兵、政法干警、消防救援和民兵预备役人员，向所有关心、支持和参与长沙发展的社会各界人士，表示诚挚的感谢和崇高的敬意！

“风雨多经志弥坚，关山初度路犹长”。我们清醒地看到，发展中还存在一些问题和不足：传统制造业智能化改造亟待加快，新兴产业仍处于成长期，有全国影响力的产业集群、龙头企业不多，规模以上工业增加值增速、税收占财政收入比重未达到预期目标，外向型经济和现代服务业的短板明显，产业结构与高质量发展要求仍存在差距；中小微企业、个体户生产经营面临困难，融资、用地、用工等问题比较突出，生产要素配置与做强市场主体要求仍存在差距；农业产业发展碎片化较为严重，“散、小、弱”问题突出，与现代农业的发展要求仍存在差距；城市管理精细化、数字化水平有待提升，教育、医疗、养老、食品安全等公共服务有待优化，与市民对美好生活的需要仍存在差距；一些干部不敢担当、不想作为、慢作为的问题较为明显，与求真务实、一抓到底的要求仍存在差距。对此，我们将高度重视，采取有效措施加以解决。

二、2019 年形势与任务

2019 年是新中国成立 70 周年，是全面建成小康社会关键之年。长沙发展与全国、全省一样，仍然处于重要战略机遇期，相比之下，外部环境比去年难，但内部条件比去年好。从大局看，世界面临百年未有之大变局，经济形势错综复杂，不确定不稳定因素增多，危和机同生并存；我国经济运行稳中有变、变中有忧，面临下行压力，但国家宏观政策强化逆周期调节，继续实施积极的财政政策和稳健的货币政策，供给侧结构性改革突出“巩固、增强、提升、畅通”，政策环境总体向好。从长沙看，机遇与挑战并存，机遇是长沙产业链成长壮大，开放型经济加速崛起，营商环境不断优化，高质量发展的基础更加夯实；挑战是投资增长乏力、消费结构亟待优化，转型升级压力较大，正处于爬坡过坎、不进则退的关键阶段。我们必须保持战略定力、聚焦主要矛盾，真抓实干、稳扎稳打，化压力为动力、变不利为有利，走在改革最前列，抢占发展制高点。

今年政府工作总体要求是：以习近平新时代中国特色社会主义思想为指导，认真贯彻中共十九大精神和习近平总书记关于湖南工作的重要指示精神，坚持稳中求进工作总基调，坚持新发展理念，坚持推动高质量发展，坚持以供给侧结构性改革为主线，坚持深化市场化改革、扩大高水平开放，坚持创新引领开放崛起，深入推进现代化长沙和“三个中心”建设，继续打好“三大攻坚战”，着力激发市场主体活力，加快传统产业转型、创新成果转化、新旧动能转换、政府职能转变，全面实施改革开放提效、城市品质提升、乡村振兴提速、民生保障提标，进一步稳就业、稳金融、稳外贸、稳外资、稳投资、稳预期，保持经济持续健康发展和社会大局稳定，以优异成绩庆祝中华人民共和国成立 70 周年。

全市经济社会发展主要预期目标是：地区生产总值增长 8%；固定资产投资增长 10%；社会消费品零售总额增长 10%；地方一般公共预算收入增长 8%；研究与试验发展经费支出占地区生产总值比重 2.8% 以上；产业项目投资占固定资产投资比重 45% 以上，制造业（含高技术服务业）投资占固定资产投资比重达 35%；单位地区生产总值能耗下降 2%，税收占财政收入比重、减排任务完成省定指标；全体居民人均可支配收入增长 8%，城镇登记失业率控制在 4% 以内，居民消费价格指数 103 左右。

为实现上述目标，工作中必须牢牢把握以下五个方面：

（一）突出省会担当。把握省会城市这一最基本的定位，牢记使命、不负重托，深度融入“一带一路”、长江经济带等国家战略，发挥“一带一部”首位城市优势，推动中央各项战略部署在长沙落地生根，带头落实省委、省政府决策部署，在引领全省发展特别是长株潭一体化发展中强化省会担当，在服务全省大局上发挥省会作用，当好创新引领开放崛起的排头兵。

（二）突出智能制造。继续推进“产业项目建设年”活动，坚持以智能制造为统领，以产业链建设为着力点，加快动能转换，落实“三智一自主”产业布局，推进智能化改造扩面升级，打造更多智能化企业和产品，推动制造业高质量发展，争当智能制造领跑者。

（三）突出平台支撑。充分发挥湖南湘江新区等国家级战略平台优势，持续提升区域综合竞争力；建好用好园区平台、创新平台、开放平台，推动政策制定精准化、运营服务专业化、资源集聚高效化，打造制度高地、创新高地、开放高地、人才高地，加速将潜在竞争力转化为现实生产力。

（四）突出环境优化。开展“营商环境优化年”活动，把“安不安全、方不方便、赚不赚钱、清不清廉”作为重要标尺，以公平公正的法治环境为引领，实施流程再造、效能革命，加快建设更高效的政务环境、更开放的投资环境、更优良的生产环境、更便利的贸易环境，让政务运行透明公开、企业发展预期稳定、群众办事方便快捷，全力打造国际一流营商环境。

（五）突出民生改善。坚持保基本兜底线，推动公共资源向基层延伸、向农村覆盖、向弱势群体倾斜，进一步解决好就业、上学、养老、医疗、出行、居住等群众切身利益问题，织密扎牢社会保障网，让全市人民享有更多的获得感、幸福感、安全感。

三、2019 年工作重点

突出抓好以下十个方面的工作：

（一）强力推进现代产业发展。坚持先进制造业与现代服务业深度融合，大力发展实体经济，加快建设现代化产业体系。以智能制造引领制造业高质量发展。紧盯产业链建设，聚焦产业高端和终端，培育产业联盟，完善“两图两库两池两报告”，实现产业投资子基金对产业链的全覆盖，加快形成更为完善的产业链生态体系。着力培育新动能、发展新经济，突出数字经济、智能经济、绿色经济、创意经济、共享经济“五大新经济形态”，强化新一代人工智能、新能源、功能材料、信息终端、生物基因、视频等“六大技术”攻关，打造智能网联汽车、工业互联网、智慧城市、智慧医疗、移动支付、分享经济、区块链“七大应用场景”；争创国家级网络安全产业园区。加快推进企业智能化改造，力争智能制造试点企业达到600家。坚持质量引领，推进中国计量院长沙基地建设，打造国家检验检测高技术服务业集聚区；支持中国一乡一品产业促进中心建设，着力打造国家级产业融合发展平台。推进高新、高效、智慧、绿色园区建设，强化产业定位，实现市、区县（市）两级行政审批权限对省级以上园区应放尽放，完善以亩均效益和项目履约率为重点的考核体系。持续推进“五个100”项目建设，强化招商市级统筹，引进更多龙头型、基地型、旗舰型项目和500强企业、行业领军企业；抓好8英寸集成电路装备验证工艺线、大陆集团中央电子工厂、群显科技显示屏等项目，建成投产华智生物、格力智能装备、豪恩声学等项目。以消费升级助推现代服务业发展。围绕满足最终需求，加快现代服务业集聚区建设，服务业增加值增长9%以上。大力发展现代商贸，高品质规划建设现代化集中商业区，提质改造五一、红星等商圈和金星路等商业街区；加快发展电子商务，改善消费环境，培育网络消费、定制消费、体验消费等新热点，推动消费升级，推广应用和包支付，打造中国“移动支付第三城”。提质发展现代金融，深入实施企业上市行动计划，提高上市公司质量；积极发展普惠金融，加大对中小微企业等薄弱领域的金融支持。创新发展现代物流，加快供应链体系试点建设，提升物流标准化、信息化水平，社会物流总费用占地区生产总值比率降至14.8%；支持红星市场申报进出口水果查验平台，加快海吉星农副产品市场、大河西农产品物流中心等建设发展。着力发展现代会展，引进3个以上国际高端展会落户，办好首届中非经贸博览会、中国国际工程机械展等展会，继续办好移动互联网岳麓峰会、智能制造峰会、“一带一路”青年创意与遗产论坛、国际商事法律论坛等活动。集聚发展现代楼宇，打造一批特色楼宇、品质楼宇。融合发展现代文旅，支持耀邦故里、洋湖湿地创建AAAAA级景区，实现华强文化产业园开园；推进国家文化出口基地和市戏剧艺术中心建设，高水平建设长沙交响乐团，高标准打造世界媒体艺术之都，用文化演绎长沙元素、讲述长沙故事、彰显长沙力量。

（二）强力推进“三大攻坚战”。针对突出问题，强化精准施策，打好重点战役。坚决打好防范化解重大风险攻坚战。坚持控增量、调结构、守底线，进一步规范政府举债行为，严格债务限额管理和预算管理，完成23家平台公司“撤并转”任务。坚持化解政府债务与扩大有效投资相统筹，更好地发挥专项债券对稳投资、扩内需、补短板的作用，突出增加产业发展和基础设施有效投资，带动社会投资。严厉打击非法集资等违法违规金融活动。坚决打好精准脱贫攻坚战。紧扣“两不愁、三保障”标准，确保84个省定贫困村稳定退出，建档立卡贫困户脱贫6000人以上，减少和防止贫困人口返贫。突出产业和就业扶贫，实施产业扶贫项目500个，新增建档立卡贫困劳动力转移就业1000人。对收入水平略高于建档立卡贫困户的群体制定支持政策。加强对口帮扶，助推龙山县精准脱贫，与7个国家级贫困县携手奔小康。坚决打好污染防治攻坚战。抓好中央生态环保督察“回头看”反馈问题整改。严格绿心地区项目准入，完成剩余10个工业企业（项目）退出，帮助企业制定环境治理解决方案，推进绿心地区生态修复。打赢蓝天保卫战，深入推进“六控十禁”，加强工业废气、扬尘、机动车排放等污染防治，加大科技治霾力度，完成社区餐厨油烟治理6万户以上，空气质量优良率78%以上。打好碧水保卫战，纵深推进湘江保护与治理“一号重点工程”，严格落实“河长制”，持续抓好“一江六河”截污治污，深入开展河湖“清四乱”等专项整治，加强黑臭水体治理和乡镇污水处理厂运营管理，扩容提标金霞等5个污水处理厂，建成运营苏托垸等污水处理厂。推进净土保卫战，强化土壤污染管控和修复，加快黑麋峰环保主题公园建设。实施静音保卫战，重点加强交通噪音治理。环境就是民生，青山就是美丽，蓝天就是幸福，让长沙处处呈现天蓝、地绿、水清的生态美景。

（三）强力推进改革开放。坚持以改革推动开放、以开放倒逼改革，实现改革开放互动并进。深化以供给侧结构性改革为主线的各项改革。深入落实供给侧结构性改革“1+7”政策，巩固“三去一降一补”成果。全面完成国家级、省级改革年度任务和市县两级政府机构改革。深入推进“最多跑一次”改革，“一次办”“网上办”比率均达95%以上，证明材料再精简30%以上。全域推行“证照分离”改革，实现市场主体“一照一码走天下”。深化国资国企改革，稳妥推进股权多元化和混合所有制改革，做强做优做大国有资本。深化财税体制改革，强化全口径预算管理、预算绩效评价及刚性约束，提高财政资源配置效率。深化户籍制度改革，完善单位和社区集体户制度，抓好已在城镇就业农业转移人口的落户工作。全面推进自然资源综合管理制度改革，实施全域自然资源统一确权登记。稳妥推进统计体制、供销合作社、粮食收储制度等改革。积极推进全方位对外开放。加快临空经济示范区、黄花综保区、跨境电商综试区融合发展，大力引进和培育龙头企业，力争跨境电商交易额突破10亿美元。发挥国家市场采购贸易方式试点、外贸转型升级基地作用，加快培育贸易新业态新模式，推动开放型经济指标高速增长。积极申建霞凝铁路一类口岸、国际航空邮件经转口岸，加快霞凝新港三期、铜官港二期建设，推进中欧班列（长沙）、“五定”班列（轮）平稳高效运营，新开5条以上国际客货运航线，打造多式联运新优势。加快智慧口岸建设，全面推广国际贸易“单一窗口”，提升通关效率、降低通关成本。进一步完善国际标志标识，加快建设国际学校、社区和医疗机构，推动更多外国政府机构、国际组织分支机构落户长沙。务实推进区域协同发展。加快推进长株潭一体化，带头开好联席会议，带头落实2019年行动计划，带头办好“三干两轨”“一卡通”等20项合作实事；依托南部片区和湖南湘江新区，双向对接株洲、湘潭发展。深度对接粤港澳大湾区，主动融入泛珠三角区域创新发展，积极承接产业转移和科技成果转化；推动设立国家级湘赣开放合作试验区。主动对接长江经济带，推进长沙港与上海港、城陵矶港深度合作，强化与长三角、长江中游城市群在贸易、产业等领域合作。深度融入“一带一路”，支持企业重点拓展东欧、东南亚市场，积极走进非洲、对接非洲、深耕非洲，精心办好埃塞—湖南工业园等境外经贸园区，积极筹建乌干达—湖南产业园，大力发展“走出去”联盟，扩大产品进出口和国际产能合作，引导长沙企业抱团出海，打造扬帆远航的“联合舰队”。站在新的起点，我们将把改革的大旗举得更高，把开放的步子迈得更大，将改革开放进行到底。

（四）强力推进民营经济发展。真心实意、真金白银支持民营企业，推动民营经济走向更加广阔的舞台。支持民营企业做强做优。设立中小企业发展专项资金，发展更多“专精特新”科技型“小巨人”企业；支持企业“入规”、上市、“升高”，在做大规模、直接融资、高新技术发展上取得新突破；实现市场主体突破100万户。争创民营经济改革创新示范区。促进民营企业减税降负。全面落实阶段性降低社会保险缴费费率、养老保险过渡费率试点、小型微利企业减半征收企业所得税等政策；支持符合条件的民营企业天然气用户转供改直供，落实一般工商业用电降价政策，将价格红利传导到终端用户。缓解民营企业融资难题。引导设立民营企业债券融资支持工具，加快组建融资担保公司；鼓励金融机构落实无还本续贷制度，提高中长期贷款比例；落实国家小微企业融资担保业务降费奖补等政策，把更多金融“活水”引向小微企业。优化民营企业发展环境。全面清理和废止阻碍民营经济市场主体参与公平竞争的政策文件，保障民营企业平等地位。进一步压缩审批时限，企业开办、不动产登记、工业建设项目施工许可证审批周期分别减少到3个、5个、45个工作日内。引导民营企业参与养老服务机构、文化体育设施建设运营，鼓励民营企业参与国有企业重大投资、成果转化和资产整合项目。大力支持建筑业发展。保障民营企业合法权益。建立民营企业家与涉企部门负责人常态化沟通制度，鼓励聘请企业家作为经济顾问。营造法治化制度环境，保护企业家人身和财产安全，倡导诚信守法经营，弘扬优秀企业家精神，让长沙成为企业家的投资旺地、成长胜地、生活福地。

（五）强力推进创新驱动发展。以创新型城市建设为统揽，加快国家自主创新示范区建设，以科技创新带动全面创新，打造发展新引擎。夯实创新基础。坚持技术研发平台重点聚集技术孵化、园区平台重点聚集成果转化，以湘江智谷、中国V谷、种业硅谷、高新麓谷等为依托，围绕产业链建设，培育引进更多高水平研发机构、优秀创新团队、高端创新人才，创建岳麓山实验室、国家生物种业技术创新中心。推进军民深度融合，加快省军民融合科技创新产业园、知识产权军民融合试点建设，引导创建军民融合企业技术中心，积极创建国家军民融合创新示范区，实现军民融合产业总产值增长20%以上。继续实施高新技术企业“强基工程”行动，高新技术企业达2500家，高新技术产业增加值占地区生产总值比重35%以上。优化创新环境。健全以需求为导向、企业为主体的产学研一体化创新机制，激励企业推动产业链协同创新和产业孵化集聚创新，成立市级科技创新基金，扩大科技创新券发放对象和适用范围。深入推进知识产权强市创建，充分发挥知识产权保护中心作用，完善新兴领域、新兴业态知识产权保护制度。吸纳创新人才。全面推进“芙蓉人才行动计划”“人才政策22条”落地落细，释放政策叠加效应。发挥海外引才联络站等平台作用，紧盯企业、园区和创新研发平台的人才需求，突出高端人才、青年人才、工匠人才，在引进培育、创新创业、服务保障等方面持续发力，把长沙打造成创新的蓝海、创业的沃土、创客的乐园。

（六）强力推进湖南湘江新区和重大片区建设。强化发展规划引领、重大项目支撑、管理体制创新，打造经济发展的引爆点、彰显品质长沙的新优势。突出提升湖南湘江新区引领示范作用。以高端制造业、高技术服务业为重点，着力打造全国智能网联汽车创新和产业化高地，推动新区走在人工智能产业发展前列。大力推进洋湖总部经济区、月亮岛文旅新城、长沙高铁西城等片区建设，加快人和未来、和光文化产业基地建设，实现湘江欢乐城、恒大文化旅游城开园。统筹河西基础设施配套，加快麓景路南延线、长望路西延线和湖南奥林匹克体育中心建设，实现雷锋水质净化厂（一期）竣工。铺排重大项目450个，完成投资1200亿元以上。加快推进岳麓山国家大学科技城产城深度融合。以“一圈一廊一街一镇一区”为重点，加快发展科创经济，新引进项目100个以上，完成投资50亿元以上。提质改造阜埠河路、牌楼路，加快建设中建国际产业园、后湖之芯，设立大科城知识产权交易服务中心，引导更多高端创新资源进入中南大学研发总部等平台，向着世界一流大学城的目标迈进。高质高效抓好马栏山视频文创产业园建设。落实“部省共建”协议，加快打造具有国际影响力的视频文创产业园区。推进马栏山（月湖）文创基地、马栏山公园、鸭子铺片区主次干道等综合配套建设；突出产业引领，瞄准行业龙头，新引进视频文创企业200家，完成投资50亿元以上。办好中国新媒体大会。对标全国一流提升临空经济示范区发展水平。做大做强保税加工、口岸贸易、跨境电商、金融服务四大平台，加快跨境电商产业园、药品物流基地、全球海鲜长沙集散中心和商品分拨中心建设，集聚发展临空偏好型产业，新引进项目200个，完成投资50亿元以上。推进龙峰大道、机场北辅道等道路建设，加快构建以机场为核心的综合交通体系。着力推进高铁会展新城发展。主攻高铁商务区、会展功能区，提质会展产业生态系统，新引进项目200个，完成投资100亿元以上，全力打造国际中高端会议承办地、现代服务业聚集新区。加快长沙国际会议中心、国际交流区等项目建设，完善会议中心周边景观、高铁片区产业、公共服务等项目配套。加快湖南金融中心建设。进一步完善基础设施和公共服务，新引进金融科技领军企业、大型金融机构、基金机构不少于100家，完成投资45亿元以上。推进科技普惠金融国家试点，争取金融数据交易中心、大数据实验室等公共平台项目落户。加快湘江基金小镇建设，大力发展产业风险投资、股权投资等基金，构建“湘江基金群”，办好湘江金融峰会。实质性推动南部片区建设。统筹片区重大基础设施、产业发展、公共服务、生态环境建设，新引进项目100个以上，完成投资50亿元以上，打造融城发展生态圈。有序推进牛角塘、中信新城等区域建设，加快实施韶山南路、红旗路南延线和湘雅五医院等项目，重点发展文化旅游、健康养老、地理信息等产业，创建国家级人力资源服务产业园，将南部片区加快建设成为两型发展引领区、融合发展核心区、创新发展示范区。

（七）强力推进品位品质品牌城市建设。提升城市规划建设管理水平，从旧有的经营城市理念中走出来，用精明增长理念指导城市发展。发挥规划引领作用。高质量编制国土空间规划，进一步优化“三区三线”，做到一本规划、一张蓝图覆盖全域。有序疏解核心城区功能，将金阳新城、金洲新城打造成长沙“一体两翼”格局的重要支撑。完善城市承载功能。加快实施原107国道城市化改造和湘雅路过江通道建设，实现湘府路快改工程建成通车；推进黄花机场空铁枢纽、渝长厦高铁、长沙西站铁路枢纽建设；加快长益高速复线建设，启动宁韶、江干高速建设；进一步完善轨道线网规划方案，推进5号、6号线建设，确保4号线载客运营、3号线通车试运行。完成七水厂新建、一水厂提质改造、望城水厂扩建。持续推进“630攻坚”，确保500千伏浏阳变等项目投产、1000千伏长沙特高压等项目开工。加强工业互联网、物联网等新型基础设施建设。提升城市管理水平。实施文明行为促进条例，打造全国文明城市“升级版”。完善城市管理执法体制，提升管理科学化、精细化、智能化水平。全面推进生活垃圾分类减量，社区覆盖率达到100%。启动市生活垃圾深度综合处理二期、固废处理场灰渣填埋场建设，加快浏阳、宁乡生活垃圾焚烧项目前期工作。全面完成城区公厕、垃圾中转站和住宅小区垃圾站、环卫车辆新能源改造任务，在橘子洲景区打造全国首个新能源全智能化环卫保洁示范基地。加强智慧交通平台建设，规范社会停车场管理，推进换电站、充电桩建设。推进城市有机更新。开展城市双修，加强湿地保护，加快井塘示范公园建设，新增城区绿地300公顷以上，推进国家生态园林城市创建。落实“四增两减”，持续推进棚改新三年行动计划。提质改造老旧小区50个以上。精心打造白沙液街、潮宗街、文庙坪等历史街区，保护贾谊故居等历史遗存，让一条条老街古巷留住长沙记忆，传承历史文脉。

（八）强力推进乡村振兴战略。突出乡村环境整治和新型村级集体经济发展，加快建设产业兴旺、生态宜居、乡风文明、治理有效、生活富裕的现代化乡村。发展现代都市农业。深化农业供给侧结构性改革，进一步调优农业产业结构。突出“一县一特”，大力发展都市休闲、生态观光、特色高效等新型农业，打通一、二、三产业链条，加快培育蔬菜、花猪、花卉苗木、绿茶、油茶等单一农产品产值过100亿元、50亿元的特色产业，支持浏阳国家级田园综合体试点、宁乡国家农村产业融合发展示范园、长沙县春华现代农业示范园建设，农产品加工业销售收入突破2500亿元。强化农业品牌建设，新增“三品一标”50个以上。推进“优质粮食”和“菜篮子”工程建设，增加优质绿色农产品供给。推动农民持续增收。着力将小农户引进现代农业发展大格局，重点培育种养大户、家庭农场、农民合作社、农业龙头企业，新增新型农业经营主体2000家以上。实施农民增收三年行动，探索农村劳务经纪人制度，带动农村劳动力转移就业；鼓励农民就近创办农业企业，支持农民采取合作、参股等方式发展产业经营项目，提升创业质量；突出盘活空闲农房和农地资源，推动民宿经济发展；农村居民人均可支配收入增长8%以上。改善农村人居环境。大力推进农村“五治”，实现农村旱厕“清零”，强化新建农房规划管控，巩固提升移风易俗成效。强力推进畜禽粪污整治，确保资源化利用率超过80%。加强农村公路安防设施建设。继续推进农村饮水安全巩固提升工程，启动浏阳清江等6个水厂扩容提质改造。加快城乡防洪保护圈建设，推进大众垸防洪综合整治，完成湘江东岸防洪综合改造和乔口、沩丰等大中型水闸除险加固，启动椒花水利枢纽工程。开展乡村振兴示范创建行动，打造示范乡镇20个、示范村200个。关心支持边远乡镇发展，加大基础设施建设投入，让边远乡镇不“边缘”。壮大新型村级集体经济。大力发展“四型”集体经济，深化集体林权制度改革，继续保持土地承包关系稳定，用活耕地、激活集体建设用地，引导新增村级土地合作社100家、土地流转面积占耕地总面积比重达到55%以上，让农业更有干头、农民更有赚头、农村更有奔头。

（九）强力推进民生福祉改善。坚持以人民为中心，办好民生实事，提供更多更好的公共服务产品。更好地推动幼有所育、学有所教。加快学前教育普及普惠安全优质发展，提高普惠性幼儿园比例，继续推进住宅小区配套幼儿园移交；加快义务教育阶段学校建设，创建中小学标准化学校130所，加强乡镇寄宿制学校建设，建成培智特殊教育学校；推进职业教育校企深度合作；完成长沙卫生职院新校区建设，加快湖南信息职院新校区、长沙幼儿师范高等专科学校建设；支持长沙学院等市属高校和“双一流”大学高质量发展。推进民办学校分类管理改革，规范校外托管和培训机构管理；推行中小学教师“县管校聘”改革，加强教师队伍建设。更好地推动病有所医、健有所保。深化医药卫生体制改革，落实分级诊疗，加强家庭医生签约服务；推进新一轮基层医疗卫生机构建设，加强县级医院建设和乡村医生、全科医生培养，传承发展中医药事业，提升基本医疗和公共卫生服务水平；推进“健康长沙”PPP项目、“智慧医疗”项目和医联体建设，完成市四医院滨水新城院区建设，启动市妇幼、口腔等医院分院建设前期工作，支持爱尔眼科发展，打造“眼健康”产业之都。推动群众体育和竞技体育全面发展，建设区域性全民健身中心，启动长沙国际体育中心建设，办好中日韩青少年运动会等赛事，打造体育名城。更好地推动劳有所得、弱有所扶。坚持就业优先，突出做好高校毕业生、农民工、退役军人、城镇困难人员等群体就业工作，城镇新增就业13万人；加强劳动保障监察执法，维护职工权益。统筹各项救助资源，加大低保兜底对象和特困人员保障力度，解决因残致贫家庭突出困难。提升社会福利、慈善、红十字等公益服务水平。推进儿童友好型城市创建，让孩子们更加安全、自由、快乐地成长。更好地推动老有所养、老有所乐。探索建立长期护理保险制度，发展老龄事业和产业，推动社区医疗与养老资源结合，鼓励社会力量参与社区居家养老。加快老年友好型城市建设，丰富老年群体的精神文化生活，办好老年大学，让老人的晚年更加多姿多彩。更好地推动住有所居、居有所安。落实“房子是用来住的、不是用来炒的”要求，稳房价、稳地价、稳预期，严格规范房地产开发和中介企业经营行为，引导住房租赁市场发展，努力让刚需人群有房可住、买得起房。规范小区物业管理，支持老旧住宅加装电梯。办好10件民生实事。一是高质量完成“一圈两场三道”建设任务，完善智慧管理平台功能，提升“15分钟生活圈”服务水平，将温暖工程、幸福工程送到老百姓“家门口”。二是新改扩建公办幼儿园30所。三是全面启动区县（市）社会福利中心建设，建成社区居家养老服务中心30家、敬老院照料护理区30所。四是新改建农村公路1000千米，完成自然村通水泥沥青公路省定目标任务。五是实现全市行政村（社区）小微水体管护全覆盖，建设小微水体管护试点片区20个。六是建设标准化村（社区）综合文化中心100个。七是免费实施新生儿多种遗传代谢疾病筛查5万个，对全市0~18岁儿童青少年眼及视力筛查保健，建立健康电子档案。八是新建全民健身工程600处、智慧健身驿站20个，新增公园70个，其中体育公园2个。九是提质改造小餐饮“透明厨房”4000家。十是完成城镇棚户区改造和老城区有机更新1.35万户。同时，全面完成省定民生实事任务。

（十）强力推进社会治理。加快打造共建共治共享的社会治理新格局，让城市安全运行、社会安定有序。创新基层社会治理。深化街道管理体制改革，推进资源配置下沉，将街道工作重心转向优化公共服务。推进城市网格化管理，实现城市基层社会治理全网覆盖、人网联动。创新“三社联动”服务，规范发展社会组织，加强专业社工和志愿者队伍建设。夯实农村基层治理基础，农村社区建设覆盖率达85%。强化信息数据支撑，加快推进二维码标准地址建设，筑牢智慧长沙建设基石。加大市场监管力度。理顺监管体制，推动工作重心从事前审批转向事中事后监管，实现“双随机”监管方式全覆盖、检查结果全公开。严格食品药品监管，实现食品安全追溯体系全覆盖，建成市民满意的国家食品安全示范城市。全面开展质量提升行动，完善质量标准体系，提升产品、服务、工程和环境质量，建设质量强市。提升应急管理能力。建立健全灾害事故防范救援机制，加快构建统一指挥、反应灵敏、协同有序、运转高效的应急管理体系，牢牢守住安全生产底线，加强道路交通等重点行业领域安全监管，坚决防范和遏制重特大事故发生。全面完成12个中心消防站和11个应急取水设施建设，完善相关配套，确保年内投入使用。提高气象、水文等精准预警预报能力，实现气象预报精准到乡镇。深化平安长沙建设。加快“星城快警”“一村一辅警”建设，建立“互联网+群防群治”体系，健全市场主体、社会力量广泛参与的网状治理模式，打造重点区域快速反应圈。持续深入开展“扫黑除恶”等专项斗争，依法严厉打击违法犯罪行为。创新信访服务模式，推动信访积案化解常态化。开展人民陪审员选任，推进司法民主。完善人民调解、行政调解、司法调解衔接联动机制，提升社会矛盾预防化解能力。持续深化“七五”普法规划实施，加快创建全国公共法律服务体系建设示范城市。打好禁毒人民战争。推进全国禁毒示范城市创建，健全禁毒责任体系，强化重点人员、物品、场所管控，做实社区戒毒社区康复工作，探索妇联组织参与禁毒工作、青少年毒品预防教育新模式，保持打击毒品违法犯罪高压态势，让毒品远离每个家庭，让公平正义的阳光温暖每个人的心田。

加强国防动员、后备力量建设；支持军队军事政策制度改革，突出抓好民兵调整改革任务落实，完善退役军人管理服务保障；深化普及全民国防教育，落实双拥优抚工作，争创全国双拥模范城“七连冠”。推动全国少数民族流动人口管理服务示范城市创建。扎实开展第四次全国经济普查。全面加强国家安全、人防、对台、机关事务、地方志、档案、地震、移民安置等工作。积极支持工会、共青团、妇联、科协、文联、侨联、社科联等群团组织工作。

四、切实加强政府自身建设

不断满足人民群众对美好生活的向往，是政府工作的追求目标。必须始终坚持党的领导，把依宪施政、依法行政贯穿政府工作全过程，主动接受人大法律监督、工作监督，自觉接受政协民主监督，全面履行政府职能，加快建设法治政府。

坚持担当干事。为官避事平生耻，重任千钧惟担当。政府工作的关键是落实，推进落实的根本在担当。视使命如生命。政府工作人员绝对忠诚地担负起建设现代化长沙的重大使命，积极投身改革发展主战场、攻坚克难第一线、服务群众最前沿，在履职尽责中体现作为、彰显价值。市政府班子成员带头为改革担当、为项目担当、为发展担当，带头领任务、解难题、促发展，确保重点工作统筹推进、分管领域亮点纷呈。凭实绩论英雄。坚持以发展排座次、以项目比能力，把项目建设作为“赛马场”，持续掀起新一轮大抓项目、抓大项目热潮。政府各级各部门围绕大局、紧扣中心、对标任务，强化政策执行、狠抓工作落实，确保事事有着落、件件都办成。为担当者担当。健全、落实正向激励机制、容错纠错机制、澄清关怀机制，保护改革者，鼓励探索者，宽容失误者，旗帜鲜明地为敢于担当的干部担当、为敢于负责的干部负责，让干部放下包袱、甩开膀子干事创业、建功立业。

坚持高效干事。起跑就是冲刺，开局就是决战。大力推进政府“效能革命”。让管理服务更快捷。坚持以大数据、云平台、互联网为支撑，纵深推进“最多跑一次”改革，建设全市智慧城市运行中心，升级“多规合一”信息平台，构建标准统一、四级联动的政务服务平台，加快线上线下融合，推动信息共享、流程优化、全市通办。让群众办事更方便。推动“四个办”落实落细，将“就近办”事项全面融入“15分钟生活圈”，让老百姓办事不出社区、企业办事不出园区；提高“网上办”比率，拓展政务服务网上应用和移动应用，做到让数据多跑路、群众少跑腿；加大“减证办”力度，除政府公布的证明材料清单外，一律不再要求提供其他材料；探索“帮代办”服务，扩大办理事项范围，不断提升市民和市场主体满意度。让政务运行更透明。全面深化财政预决算、公共资源配置等重点领域信息公开，加强环境保护、突发事件、重大疫情等重点事项信息发布。大力推广基层政务公开标准化规范化试点，稳步推进政府数据共享开放，让阳光照亮权力运行的每个角落。

坚持务实干事。厚植公仆情怀，弘扬实干精神，带着感情、带着责任为群众和企业解难题、办好事。体察实情。持续开展企业帮扶活动，经济部门班子成员每月走访10家以上重点企业，推动政策入企惠企。严格落实“三走访三签字”，真正把脱贫攻坚工作做到困难群众的心坎上。更加重视基层、关爱基层干部，改善基层工作条件，大力精简会议报表材料，统筹规范督查检查考核，为基层减负减压。办好实事。坚持新增财力向民生支出倾斜，全力办好普惠性、基础性、兜底性民生工作，突出抓好以“一圈两场三道”为重点的民生实事，确保每件实事落地落细、落实到位，持续提升群众幸福感。务求实效。认真执行人大及其常委会的各项决定、决议，竭诚办好人大代表建议、意见和政协提案。严厉整肃庸政懒政怠政，坚决破除形式主义、官僚主义，改进文风会风，政府系统规范性文件及会议均减少10%以上。厉行节约，部门预算的项目经费压减5%以上。着力提升政府系统干部素质和执行力，让“马上就办”蔚然成风、“真抓实干”落地生根。

坚持干净干事。按照“严字当头、全面从严、一严到底”的要求，以“永远在路上”的执着纵深推进政府系统党风廉政建设，确保干部清正、政府清廉。严守廉洁底线。把党风廉政建设作为底线工作，与政府日常工作、重点工作同步研究、同步部署、同步落实，层层压实责任、传导压力。把纪律和规矩挺在前面，广泛开展法纪教育和警示教育，引导政府工作人员不断增强廉洁自律意识，干干净净为人民做事。不越法纪红线。落实“三重一大”事项决策机制，加强行政规范性文件监督管理，推进合法性审查全覆盖；统筹推进综合行政执法改革，做到公正执法、文明执法。聚焦落实中央八项规定精神、打好“三大攻坚战”、优化营商环境等重点，严查政府系统违纪违规案件，扎实开展“提篮子”“红包礼金”等专项整治，坚决整治群众身边腐败和作风问题。筑牢监督防线。紧盯公共权力、公共资金、公共工程、公共资源和资产，切实加强审计监督，支持开展派驻监督、巡查监督、监察监督。认真落实人大执法检查、视察、专题询问和政协协商意见，主动接受社会和舆论监督，确保人民赋予的权力始终为人民服务。

各位代表，奋斗成就梦想，实干开创未来。让我们更加紧密团结在以习近平同志为核心的党中央周围，在省委、省政府和市委的坚强领导下，不忘初心、牢记使命，以“咬定青山不放松”的定力，以“不待扬鞭自奋蹄”的干劲，全心全意为人民谋幸福，尽力尽责为长沙谋发展，奋力谱写建设现代化长沙的壮丽篇章，以高质量发展的优异成绩迎接中华人民共和国成立70周年！

名词解释

▶三个中心：即国家智能制造中心、国家创新创意中心、国家交通物流中心。

▶一圈两场三道：“一圈”指15分钟生活圈，“两场”指停车场、农贸市场，“三道”指人行道、自行车道、历史文化步道。

▶630攻坚：指《长沙市电网供电能力提升三年行动计划（2018—2020年）》，明确电网“主干网架”提质、“骨干网架”补短、“城乡配网”升级三大工程建设，确保到2020年，长沙电网建设改造投资规模达150亿元，满足1000万千瓦负荷下安全供用电需求。

▶撤并转：即政府融资平台公司撤销、合并、转型。

▶五个100：即100个重大产业项目、100个重大科技创新项目、100个重大产品创新，引进100个500强企业、100个科技创新人才。

▶“四个一”“四个办”：“四个一”即只上一张网、只看一张表、只进一个厅、最多跑一次，“四个办”即网上办、减证办、就近办、帮代办。

▶三供一业：指国有企业承办的供水、供电、供热（气）和物业管理等社会职能。

▶开放型经济“2+4”政策：“2”即《关于加快实施开放崛起战略建设内陆开放新高地的实施意见》《开放型经济考核办法》，“4”即招商引资、对外贸易、企业“走出去”、“拓口兴岸”4个行动方案。

▶外贸扩规模、提质量“1+10”政策：“1”即《长沙市外贸扩规模、提质量行动方案(2018—2020年)》，“10”即打造湘江新区外贸融资平台、打造中芯供应链科技制造产业平台、黄花综保区特殊监管区扩规提质、金霞保税物流中心特殊监管区扩规提质、打造跨境电子商务集聚区、打造市场采购贸易方式试点平台、引进优质外向型项目、培育外贸龙头企业、发挥指定口岸功能作用、打造国际物流通道等10个行动方案。

▶三区一高地：即湖南湘江新区的战略定位，打造高端制造研发转化基地和创新创意产业聚集区，产城融合、城乡一体的新型城镇化示范区，全国“两型”社会建设引领区，长江经济带内陆开放高地。

▶ 国家“千人计划”：2008年12月中共中央办公厅转发《中央人才工作协调小组关于实施海外高层次人才引进计划的意见》（简称“千人计划”），主要是围绕国家发展战略目标，引进并有重点地支持一批能够突破关键技术、发展高新产业、带动新兴学科的战略科学家和领军人才回国创新创业。

▶ 农村“五治”：即在农村开展治厕、治垃圾、治房、治水、治风工作。

▶ “四型”集体经济项目：即土地合作型、资源开发型、物业经营型、乡村服务型村级集体经济项目。

▶ 三品一标：即无公害农产品、绿色食品、有机农产品和农产品地理标志。

▶ 三区三线：三区即城镇空间、生态空间、农业空间，三线即城镇开发边界、永久基本农田控制线、生态保护红线。

▶ 多规合一：指将国民经济和社会发展规划、城乡规划、土地利用规划、生态环境保护规划等多个规划融合到一个区域上，实现一个市县一本规划、一张蓝图，解决现有各类规划自成体系、内容冲突、缺乏衔接等问题。

▶ 一带一路：即丝绸之路经济带和21世纪海上丝绸之路。

▶ 一带一部：2013年11月，习近平总书记在湖南考察时，对湖南改革发展提出了“东部沿海地区和中西部地区过渡带、长江开放经济带和沿海开放经济带结合部”的新定位。

▶ 三智一自主：即智能装备、智能网联汽车、智能终端、自主可控及信息安全。

▶ 两图两库两池两报告：即产业全景图、现状图，产业链客商库、项目库，资金池、人才池，产业发展报告、产业招商报告。

▶ 两不愁、三保障：即到2020年稳定实现农村贫困人口不愁吃、不愁穿，农村贫困人口义务教育、基本医疗、住房安全有保障。

▶ 六控十禁：即《长沙市“强力推进环境大治理，坚决打赢蓝天保卫战”三年行动计划（2018-2020）》明确的具体措施，“六控”为控尘、控煤、控车、控油、控排、控烧；“十禁”为严禁渣土车、混凝土搅拌车、运砂车等各类车辆带泥上路，严禁违法倾倒渣土，严禁工地裸露黄土，严禁重污染天气下土石方施工，严禁燃烧散煤，严禁燃放烟花爆竹，严禁露天焚烧垃圾，严禁露天烧烤，严禁露天焚烧秸秆，严禁拖拉机等高排放车辆进城。

▶ 一江六河：即湘江长沙段、浏阳河、捞刀河、沩水、沙河、龙王港、靳江河。

▶ 清四乱：即水利部在全国部署开展的专项行动，自2018年7月20日起，用1年时间在全国范围内对乱占、乱采、乱堆、乱建等河湖管理保护突出问题开展专项清理整治行动。

▶ 一照一码：即营业执照成为企业唯一“身份证”，统一社会信用代码成为企业唯一身份代码。

▶ 国际贸易“单一窗口”：即由口岸办、海关等多个部门共同打造的进出口贸易信息数据系统，国际贸易和运输相关各方通过“单一窗口”系统的单一登陆点，递交全部进口、出口和转口相关业务的数据资料，相关业务监管部门通过“单一窗口”共享各部门数据。

▶ 三干两轨：“三干”工程即潭州大道快速化改造工程、芙蓉南路快捷化改造工程、洞株公路快捷化改造工程；“两轨”工程即长沙地铁3号线南延工程，长株潭城际铁路运行优化。

▶ 入规：即引导和培育规模以下企业纳入规模以上企业，包括当年产品销售收入2000万元以上（含）的工业企业、年主营业务收入2000万元以上的限额以上批发业企业、年主营业务收入500万元以上的限额以上零售业企业和年主营业务收入200万元以上的限额以上住宿餐饮业企业。

▶ 升高：即小微企业升级为高新技术企业。

▶ 芙蓉人才行动计划：即《湖南省芙蓉人才行动计划》，从支持特色优势产业科技创新团队发展、支持企业引进培育高素质人才等方面明确20条政策措施。

▶ 人才政策22条：即《长沙市建设创新创业人才高地的若干措施》，从人才引进培育、人才创新创业、人才体制机制创新、人才服务保障等方面明确22条政策措施。

▶ 一圈一廊一街一镇一区：即岳麓山国家大学科技城打造环后湖知识经济圈、中南大学创新经济走廊、桃子湖高校双创街、西湖互联网58小镇、岳麓高新区。

▶ 城市双修：即生态修复、城市修补。

▶ 四增两减：即增加公共绿地、增加公共空间、增加配套设施、增加支路网密度，减少居住人口密度、减少开发强度。

▶ 双一流：即世界一流大学和一流学科。

▶ 三社联动：即社区、社工、社会组织联动。

▶ 二维码标准地址：即以警用标准地址库地址信息为基础，统一规范街路巷、小区名称和地址门楼牌号，对应生成唯一编号的地址二维码，可实现移动智能终端的自动识读、接入应用。

▶ 双随机：即在监管过程中随机抽取检查对象，随机选派执法检查人员。

▶ 三重一大：即重大事项决策、重要干部任免、重要项目安排、大额资金的使用，必须经集体讨论做出决定的制度。

统计资料

表 44　长沙市国民经济和社会发展主要指标统计表

	单位	1978 年	1985 年	1995 年	2000 年	2005 年	2010 年	2015 年	2017 年	2018 年	1978—2018 年平均递增 (%)	2000—2018 年平均递增 (%)	2010—2018 年平均递增 (%)	2018 年比 2017 年 (±%)
土地面积	平方千米	3995.0	11818.0	11819.5	11819.5	11819.5	11816.0	11816.0	11816.0	11816.0	2.8	持平	持平	持平
年末总人数	万人	458.23	504.22	562.82	583.19	620.92	650.12	680.35	708.79	728.86	1.1	1.2	1.4	2.8
市区人口	万人	94.83	115.72	145.45	175.41	208.65	239.53	318.49	339.77	355.75	3.4	4.0	5.1	4.7
县(市)人口	万人	363.40	388.50	417.37	407.78	412.27	410.59	361.85	369.02	373.10	0.1	−0.5	−1.2	1.1
从业人员	万人	209.61	257.97	348.11	358.80	358.92	424.07	463.34	474.61	480.43	2.1	1.6	1.6	1.2
#农村劳动力	万人	153.22	183.47	226.22	206.70	193.29	181.11	103.46	97.77	90.40	−1.3	−4.5	−8.3	−7.5
#职工人数	万人	56.40	74.50	91.40	85.00	76.34	107.60	130.46	123.32	119.45	1.9	1.9	1.3	−3.1
地区生产总值	亿元	16.84	45.08	332.75	720.85	1797.85	4598.30	8630.52	10210.13	11003.41	12.8	13.2	10.9	8.5
第一产业	亿元	5.61	12.09	45.58	74.11	113.98	202.01	341.78	312.01	318.73	4.9	4.4	3.5	3.3
第二产业	亿元	7.44	19.73	140.34	281.50	549.16	2468.8	4336.08	4740.32	4660.19	14.2	14.7	10.9	6.8
#工业	亿元	6.37	15.58	106.57	226.48	404.38	2052.45	3602.90	3843.54	3667.54	14.3	15.2	11.5	7.2
第三产业	亿元	3.79	13.26	146.83	365.24	889.41	1927.49	3952.66	5157.80	6024.49	14.3	12.9	11.3	10.7
人均地区生产总值	元	370	900	5930	11789	28351	67212	117076	131207	136920	11.3	11.6	8.6	5.1
固定资产投资总额	亿元	2.41	12.57	104.95	202.32	881.42	3192.57	6363.29	7567.77		22.2	23.1	17.5	11.5
地方一般公共预算收入	亿元	4.23	6.57	17.99	34.45	108.06	314.28	718.95	800.35	879.71	14.3	19.7	13.7	9.9
一般公共预算支出	亿元	1.67	2.79	21.60	41.43	133.05	403.33	925	1186.57	1300.79	18.1	21.1	15.8	10.0
耕地面积	千公顷	255.91	250.05	245.77	242.32	246.90	276.79	270.16	274.16	273.56	0.2	0.7	−0.1	−0.2
农林牧渔业总产值(现价)	亿元	9.77	16.58	86.84	116.79	187.13	323.64	504.30	514.20	526.92	5.0	4.8	3.6	3.4
#农业	亿元	7.56	9.99	42.66	62.80	92.64	173.59	312.16	323.94	332.75	4.2	4.9	5.4	3.5

续表 44　　长沙市国民经济和社会发展主要指标统计表

	单位	1978 年	1985 年	1995 年	2000 年	2005 年	2010 年	2015 年	2017 年	2018 年	1978—2018 年平均递增 (%)	2000—2018 年平均递增 (%)	2010—2018 年平均递增 (%)	2018 年比 2017 年 (±%)
农业机械总动力	万千瓦	33.62	81.86	153.67	241.00	330.65	486.74	586.20	602.04	607.60	7.5	5.3	2.8	0.9
粮食产量	万吨	189.81	244.92	244.80	262.33	209.05	236.83	233.07	226.44	215.52	0.3	−1.1	0.4	−4.8
棉花产量	吨	3205	1195	797	993	1000	1185	400	369	367	−5.3	−5.4	−13.6	−0.5
油料产量	吨	12055	8160	25677	26263	30833	77280	93685.78	97062	97406	5.4	7.6	2.9	0.4
猪牛羊肉产量	吨	95856	156867	366689	427874	575605	594503	607529	609079	352315	3.3	−1.1	−6.3	−42.2
水产品产量	吨	7755	23265	61664	85191	104201	106571	93622	93435	92595	6.4	0.5	−1.7	−0.9
建筑业总产值（现价）	亿元	1.45	6.66	52.31	123.38	579.36	1740.17	3478.18	4374.53	4976.46	22.6	22.8	14.0	13.8
社会消费品零售总额	亿元	7.72	24.39	165.80	349.30	748.57	1825.79	3690.59	4547.68	4765.04	17.4	15.6	12.8	9.9
普通高校在校学生数	人	18895	37182	64866	125582	394399	508254	569400	610400	635950	9.2	9.4	2.8	4.2
普通中学在校学生数	万人	33.11	22.20	28.41	38.42	34.52	30.74	36.95	38.36	39.88	0.5	0.2	3.3	4.0
小学在校学生数	万人	68.01	61.63	62.37	46.65	33.87	41.35	50.94	57.42	62.22	−0.2	1.6	5.2	8.4
医院卫生院数	个	248	291	205	263	260	255	284	287	331	0.7	1.3	3.3	15.3
执业医师和执业助理医师数	人	7247	10187	12107	12345	12088	18258	25599	29265	30793	3.7	5.2	6.8	5.2
医疗病床数	个	12976	13743	21378	20590	27395	42629	66036	73711	77253	4.6	7.6	7.7	4.8
城市居民人均可支配收入	元	327	838	4860	7530	12434	23347	39961	46948	50792				8.2
农村居民人均可支配收入	元	127	415	1710	2941	4735	10640	23601	27360	29714				8.6

说明：1. 根据国家抽样调查情况，全省统一对 2010 年粮食产量数据进行了调整；

2. 从 2012 年起，原一般预算收入和一般预算支出改名为公共财政预算收入和公共财政预算支出。2013 年公共财政预算收入同口径增长 23.8%；

3. 因统计方法制度改革，从 2013 年起取消农民人均纯收入统计指标，城市居民人均可支配收入调整为城镇统计口径，2012 年以前为城市统计口径，与往年数据不具可比性；

4. 根据第三次全国经济普查结果对 2009—2014 年社会消费品零售总额数据进行了调整

表 45　长沙市地区生产总值统计表

单位：万元

	地区生产总值		第一产业		第二产业		第三产业	
	2018 年	2018 年比 2017 年（±%）	2018 年	2018 年比 2017 年（±%）	2018 年	2018 年比 2017 年（±%）	2018 年	2018 年比 2017 年（±%）
全　市	110034116	8.5	3187298	3.3	46601898	6.8	60244920	10.7
市　区	70708962	8.4	583843	1.0	23236403	5.3	46888716	11.0
#望城区	6714233	8.6	403990	3.8	4445887	8.6	1864356	10.1
县（市）	39651475	8.7	2603455	3.9	24541819	8.9	12506201	9.9
长沙县	15093258	9.6	640105	3.3	9300788	9.8	5152365	10.0
浏阳市	13420795	8.6	954068	4.6	8645057	8.7	3821670	9.3
宁乡市	11137422	8.0	1009282	3.5	6595974	7.7	3532166	10.3

表 46　2018 年长沙市人口自然变动情况统计表

	年末总户数（户）	年末总人口（人）	全年出生人数（人）	全年死亡人数（人）	年出生率（‰）	年死亡率（‰）	年自然增长率（‰）
总　计	2399930	7288583	98260	48647	13.67	6.77	6.90
市　区	1255571	3557549	51724	24976	14.87	7.18	7.69
芙蓉区	141503	424671	4417	3229	10.66	7.79	2.87
天心区	189340	496128	6874	4376	14.15	9.01	5.14
岳麓区	277970	783265	13566	4439	17.86	5.89	11.97
开福区	198214	505571	7029	4317	14.16	8.69	5.46
雨花区	256800	720819	9901	4086	14.04	5.79	8.24
望城区	191744	627095	9937	4529	16.02	7.38	8.63
县（市）	1144359	3731034	46536	23671	12.54	6.38	6.16
长沙县	270121	806327	12258	6347	15.40	7.97	7.43
浏阳市	418522	1493770	16588	8745	11.88	5.76	6.12
宁乡市	455716	1430937	17690	8579	11.63	6.13	5.50

表 47　长沙市年末分行业单位从业人数统计表

单位：人

	1978 年	1985 年	1990 年	1995 年	2000 年	2005 年	2010 年	2015 年	2017 年	2018 年	2018 年比 2017 年（±%）
总　计	563950	744994	845916	914026	684907	729738	1105562	1304623	1233178	1194467	−3.1
#国有经济	367858	513354	605100	677857	535949	360468	414172	329500	301506	308315	2.3
集体经济	196092	231623	237748	207917	88107	47315	48184	21235	15661	14484	−7.5
按行业分											
（一）农、林、牧、渔业						3004	505	1062	1407	1090	−22.5
（二）采矿业						11610	9954	3804	421	264	−37.3
（三）制造业						168420	305091	372613	336828	268864	−20.2
（四）电力、热力、燃气及水生产和供应业						7573	16147	8133	8225	8018	−2.5
（五）建筑业						122285	169912	241895	224637	226245	0.7
（六）批发和零售业						45294	66543	79853	68510	72043	5.2
（七）交通运输、仓储和邮政业						30442	28120	49916	47086	42423	−9.9
（八）住宿和餐饮业						31889	44017	35210	26194	28155	7.5
（九）信息传输、软件和信息技术服务业						10518	16945	22901	20230	22319	10.3
（十）金融业						23398	53141	64388	70620	71587	1.4
（十一）房地产业						23064	41564	48848	45555	50012	9.8
（十二）租赁和商务服务业						16334	21333	28772	27810	33370	20.0
（十三）科学研究和技术服务业						24270	38114	45681	49438	51353	3.9
（十四）水利、环境和公共设施管理业						7530	17171	10618	10593	11316	6.8
（十五）居民服务、修理和其他服务业						2417	5205	5447	4070	5410	32.9
（十六）教育						83364	109835	101389	110687	112492	1.6
（十七）卫生和社会工作						34838	57216	68254	73495	76191	3.7
（十八）文化、体育和娱乐业						15737	19224	22307	22803	22004	−3.5
（十九）公共管理、社会保障和社会组织						67751	85525	93532	84569	91311	8.0
（二十）国际组织						—	—	—	—	—	—

说明：从 2003 年起开始启用国民经济行业新分类标准，2002 年及以前年份无同口径数据

表 48　　2018 年长沙市规模以上工业增加值统计表

	企业单位数（个）	2018 年比 2017 年（±%）
规模以上工业企业	2919	8.2
在总计中：芙蓉区	101	1.0
天心区	104	3.1
岳麓区	249	8.5
开福区	111	5.2
雨花区	100	5.5
望城区	344	9.2
长沙县	403	10.2
浏阳市	871	10.8
宁乡县	636	9.2
按经济类型分：国有企业	11	3.6
集体企业	19	−13.2
股份合作企业	2	14.5
股份制企业	2475	7.5
外商及港澳台投资企业	145	19.9
其它企业	267	−2.2
在总计中：国有及国有控股企业	130	3.1
大中型企业	383	10.3

表 49　　2018 年长沙市规模以上分行业工业增加值统计表

	企业单位数（个）	工业增加值（万元）
规模以上工业企业合计	2919	8.2
按工业行业中类分组		
（一）采矿业	22	9.8
1. 黑色金属矿采选业	3	10.6
2. 有色金属矿采选业	2	−48.3
3. 非金属矿采选业	17	24.8

续表 49 2018 年长沙市规模以上分行业工业增加值统计表

	企业单位数（个）	工业增加值（万元）
（二）制造业	2850	8.3
1. 农副食品加工业	196	4.7
2. 食品制造业	98	20.3
3. 酒、饮料和精制茶制造业	53	4.6
4. 烟草制品业	2	3.1
5. 纺织业	24	3.9
6. 纺织服装、服饰业	20	17.0
7. 皮革、毛皮、羽毛及其制品和制鞋业	6	10.2
8. 木材加工和木、竹、藤、棕、草制品业	32	7.1
9. 家具制造业	37	3.5
10. 造纸和纸制品业	78	11.1
11. 印刷和记录媒介复制业	81	1.4
12. 文教、工美、体育和娱乐用品制造业	26	1.3
13. 石油加工、炼焦和核燃料加工业	10	−23.4
14. 化学原料和化学制品制造业	524	5.4
15. 医药制造业	86	4.3
16. 化学纤维制造业	1	−37.6
17. 橡胶和塑料制品业	101	11.0
18. 非金属矿物制品业	253	2.4
19. 黑色金属冶炼和压延加工业	10	−17.9
20. 有色金属冶炼和压延加工业	63	15.6
21. 金属制品业	168	6.0
22. 通用设备制造业	247	−0.9
23. 专用设备制造业	222	9.4
24. 汽车制造业	148	8.6
25. 铁路、船舶、航空航天和其他运输设备制造业	18	2.6
26. 电气机械和器材制造业	152	13.9
27. 计算机、通信和其他电子设备制造业	107	33.4

续表 49　　2018 年长沙市规模以上分行业工业增加值统计表

	企业单位数（个）	工业增加值（万元）
28. 仪器仪表制造业	61	-4.8
29. 其他制造业	16	-3.1
30. 废弃资源综合利用业	10	-12.3
（三）电力、燃气及水的生产和供应业	47	5.3
1. 电力、热力生产和供应业	15	6.4
2. 燃气生产和供应业	11	4.7
3. 水的生产和供应业	21	-0.7

表 50　　长沙市主要工业产品产量统计表

	单位	1978 年	1985 年	1990 年	1995 年	2000 年	2005 年	2010 年	2015 年	2017 年	2018 年	2018 年比 2017 年（±%）
发电量	万千瓦小时	11551	12214	14581	21505	6036	33702	584611	535860	678512	720216	6.1
饮料酒	万吨	0.68	2.47	2.54	6.53	6.05	16.79	34.07	6.84	4.97	5.67	15.1
卷烟	万箱	11.31	17.00	36.10	71.63	87.13	126.27	350.55	351.47	335.61	327.11	-2.5
纱	吨		10314	12238	11970	17115	18899	36443	100130	99730	115614	15.9
服装	万件				1539	1315	1886	3706	4540	4674	1773	-46.0
皮鞋	万双	145	306	548	1443	338	496	892	2479.00	3027.00	34.40	-17.7
机制纸及纸板	万吨	1.88	4.33	6.13	13.02	3.09	14.38	21.36	32.73	14.62	11.31	-21.5
硫酸	万吨	5.52	3.91	7.61	12.58	10.92	3.61		4.22	4.10	4.25	3.8
涂料	吨	5667	12377	13586	19548	20214	49155	139323	549780	64561	165311	17.1
合成洗涤剂	吨	8087	15646	26411	44432	71323	94069	130297	170175	133886	128177	-4.9
水泥	万吨	22.31	54.27	89.32	248.00	313.81	537.37	1462	1167	1121	625	-38.8
钢材	吨	16062	28420	55428	19849	18449	19443	94218	159993	4914	8641	71.7

续表 50　　长沙市主要工业产品产量统计表

	单位	1978 年	1985 年	1990 年	1995 年	2000 年	2005 年	2010 年	2015 年	2017 年	2018 年	2018 年比 2017 年（±%）
金属切削机床	台	2486	4723	1332	1460	858	1246	2963	2108	1890	1596	24.9
泵	万台	0.48	0.90	1.15	1.72	0.42	0.74	0.76	4.80	6.03	21.26	19.4
风机	万台	0.32	1.14	0.94	1.22	0.22	0.59	0.49	15.97	21.50	25.65	3.5
汽车	辆	502	3402	1103	2076	1377	61823	100388	233093	331069	385115	26.7
交流电动机	万千瓦	31.0	50.8	59.4	62.0	35.0	165.0	215.0	266.1	263.6	14.4	-38.8
变压器	万千伏安	33.55	35.38	40.51	38.61	124.99	147.16	14.71	0.53	0.81	0.99	22.9

表 51　　长沙市农村基本情况统计表

	单位	2018 年					
		全市	市区	# 望城区	长沙县	浏阳市	宁乡市
一、农村乡（镇）个数	个	74	8	5	13	28	25
村（居）民委员会数	个	1004	254	120	158	314	278
二、乡村户数	万户	123.15	28.83	16.07	19.58	36.57	38.17
乡村人口数	万人	411.35	93.49	52.33	69.14	128.54	120.18
乡村劳动力资源数	万人	271.99	58.40	32.87	41.81	81.41	90.37
三、年末耕地面积	千公顷	273.56	50.08	31.13	50.89	76.75	95.83
# 水田	千公顷	240.19	46.19	28.78	46.68	67.88	79.44
水浇地	千公顷	0.37	0.30				0.07
旱地	千公顷	33.00	3.60	2.35	4.21	8.87	16.33
四、养殖水面	千公顷	18.78	7.28	6.11	2.98	3.85	4.68
五、农业机械总动力	万千瓦	607.60	111.16	62.48	156.56	159.24	180.64

表 52 长沙市农业总产值统计表

单位：万元

	2018年农、林、牧、渔业总产值						2018年比2017年（±%）
	合计	市区	#望城区	长沙县	浏阳市	宁乡市	
总计	5269212	988669	704978	1044933	1587945	1647665	3.4
一、农业产值	3327540	690842	461834	731858	911746	993094	3.5
1. 谷物及其他作物	829779	151498	122035	173506	239318	265457	−2.1
#粮食作物	708924	138544	111464	158538	177581	234261	−1.7
油料作物	82855	12630	10245	14923	43324	11978	3.2
烟叶	35038			44	17100	17893	−20.3
2. 蔬菜园艺作物	2095661	506481	316919	368134	557821	663225	4.5
#蔬菜	1529369	389815	299399	283894	374466	481194	4.5
3. 水果、坚果、饮料和香料作物	357530	32504	22523	186880	83934	54212	14.6
#茶	220007	8126	7656	159047	16328	36506	21.6
水果	128657	24285	14790	22098	64726	17548	5.0
4. 中药材	44570	358	358	3338	30674	10200	−2.9
二、林业产值	348683	20597	13836	41865	218680	67541	6.7
林木的培育和种植	92553	6427	4743	33090	29174	23862	22.6
竹木采运	43840	4862	3332	1490	14703	22785	−1.2
林产品	212290	9308	5761	7285	174803	20894	2.6
三、牧业产值	1083731	147790	127352	187052	315470	433419	1.3
生猪	740287	106385	92278	160833	209131	263938	2.6
牛	26480	1446	1235	2744	7825	14465	4.4
羊	60266	820	170	1690	50826	6930	−10.8
家禽饲养	245509	37190	31765	20501	43718	144100	−0.6
牛奶	3277	1090	1090	387		1800	107.4
其他	7912	859	814	897	3970	2186	−7.4
四、渔业产值	173735	61525	48335	24238	38649	49323	0.8
五、农林牧渔服务业	335523	67915	53620	59920	103400	104288	8.1

表 53　长沙市农作物产品产量统计表

单位：吨

	2018年产量						2017年产量	2018年比2017年(±%)
	合计	市区	#望城区	长沙县	浏阳市	宁乡市		
粮食	2155160	430143	339569	498940	547414	678663	2264435	−4.8
稻谷	1990866	408984	320869	441046	509778	631058	2126581	−6.4
小麦	627				104	523	568	10.4
薯类	50673	13364	12285	20464	10089	6756	47341	7.0
杂粮	92482	6352	5111	29354	20639	36137	74460	24.2
大豆	20512	1443	1304	8076	6804	4189	15485	32.5
棉花	367				239	128	227	61.7
油料作物	97406	14619	11629	17037	51991	13759	96222	1.2
#油菜籽	84102	11566	8815	14848	48543	9145	82052	2.5
烟叶	11449			19	6000	5430	14676	−22.0
#烤烟	10860				6000	4860	12930	−16.0
麻类作物	11				11		10	10.0
甘蔗	3360				2025	1335	2576	30.4
蔬菜	5105535	1306475	1019005	1002834	1281158	1515068	4954877	3.0
茶叶	36677	647	580	29900	1645	4485	33357	10.0
水果	398393	66069	42905	70925	199876	61523	399149	−0.2
#柑橘	107356	12762	7306	16054	56750	21790	108877	−1.4

表 54　长沙市肉类、牛奶、禽蛋、水产品产量统计表

	单位	2018年产量						2017年产量	2018年比2017年(±%)
		合计	市区	#望城区	长沙县	浏阳市	宁乡市		
肉猪出栏头数	万头	438.53	62.01	53.34	95.62	140.88	140.02	436.94	0.4
出栏肉猪肉产量	吨	335471	47762	41835	71810	112440	103459	320905	4.5
牛羊肉产量	吨	16844	691	504	1147	9967	5039	19306	−12.8
出笼家禽	万羽	4011.59	227.24	176.21	198.32	725.53	2860.50	3935.14	1.9
牛奶产量	吨	5382	1750	1750	632	0	3000	2504	114.9
禽蛋产量	吨	43305	15275	13249	7395	9405	11230	42843	1.1
水产品产量	吨	92595	32123	23662	13624	19468	27380	93435	−0.9
#鲜鱼	吨	89553	29833	21643	13282	19101	27337	90772	−1.3

表 55　长沙市固定资产投资主要指标统计表

金额单位：万元　　面积单位：万平方米

	1978 年	1985 年	1990 年	1995 年	2000 年	2005 年	2010 年	2015 年	2018 年比 2017 年（±%）
固定资产投资	24100	125655	181209	1049543	2023194	8814166	31925699	75677703	11.5
#城镇固定资产投资	19338	90094	105287	924113	1533449	7911578	29098275		
（一）按项目性质分									
基本建设	17355	47881	64098	384730	724858				
技术改造	907	34767	31403	236186	318703	1238674	7531385	10307083	3.7
城镇集体及其他	1076	7446	9786	25440	40775				
房地产开发				229657	330238	2563500	6841481	14896906	0.7
城镇工矿区私人建房				48100	118875				
（二）按构成分									
建筑安装工程	13406	49277	65569	570017	1124602	5337629	20468048	63146257	4.2
设备工器具购置	5545	28204	31336	243588	170537	859072	2674215	5961430	47.4
其他费用	387	12613	8382	110508	238310	1714877	5956012	657	34.0
（三）按三次产业分									
第一产业	2090	484	1622	852	14414	46245	531109	547595	59.8
第二产业	6594	41097	49746	187677	296055	1770047	7726675	22326208	22.0
第三产业	10648	48513	53919	735584	1222980	6095286	20840491	52803900	5.0
新增固定资产	13202	64883	82545	493739	883380	3437205	13758212	42868614	−28.4
竣工房屋面积	81.41	186.78	109.77	314.55	343.54	931.57	1741.56	1309.89	26.4
#住宅	41.17	93.49	91.95	168.87	198.51	534.03	1184.42	804.28	25.8

说明：因国家统计制度改革，从 2018 年开始，投资不公布总量数量

表 56　长沙市资质建筑业基本情况表

	单位	2018 年	2017 年	2018 年比 2017 年（±%）
企业个数	个	693	584	18.7
#亏损企业	个	76	81	−6.2
建筑业总产值	万元	49764570	43745344	13.8
竣工产值	万元	24123527	22731199	6.1

续表 56

长沙市资质建筑业基本情况表

	单位	2018 年	2017 年	2018 年比 2017 年（±%）
房屋建筑施工面积	万平方米	33042.15	30115.10	9.7
#本年新开工面积	万平方米	10859.75	9734.52	11.6
#投标承包面积	万平方米			
房屋建筑竣工面积	万平方米	7531.67	7443.17	1.2
资产合计	万元	39649127	33113744	19.7
工程结算收入	万元	47236383	41360815	14.2
工程结算成本	万元	43627150	38168137	14.3
利润总额	万元	1550371	1273773	21.7
计算建筑业劳动生产率平均人数	万人	119.71	112.33	6.6

表 57

长沙市交通运输情况表

	单位	1990 年	1995 年	2000 年	2005 年	2010 年	2015 年	2017 年	2018 年
货物运输量	万吨	1215	6419	5910	10991	22947	33932	41739	43791.7
铁路	万吨	364	284	206	218	167	138	114	122.7
公路	万吨	446	5376	4972	9833	19270	30412	38807	41265
水运	万吨	405	758	729	934	3369	3159	2603	2329.73
货物周转量	万吨千米		601306	1404785	1003793	2192493	3861850	4487906	4874182.68
公路	万吨千米	13439	306737	308200	447386	1285375	2898609	3833118	4233825.99
水运	万吨千米	59367	288791	1094511	99596	369090	546979	203338	171022.47
旅客运输量	万人	3942	8935	9052	10895	33984	11839	12435.32	12487.83
铁路	万人	672	785	981	1218	1642	2394	4769.52	5392.31
公路	万人	3036	8021	7825	9228	31257	8606	6558	5888.92
水运	万人	219	44	43	7	18			10.17
航空	万人	15	85	203	442	1066	839	1108	1196.43
旅客周转量	万人千米		348951	348315	995729	1945489	2436877	2792997	3003678.29
公路	万人千米	117989	267579	275029	469947	1130385	517820	429332	412031.41
水运	万人千米	10322	6325	3580	1211	141			122

表 58　　长沙市邮电基本情况表

	单位	1978 年	1985 年	1990 年	1995 年	2000 年	2005 年	2010 年	2015 年	2017 年	2018 年	2018 年比 2017 年（±%）
邮电业务量												
邮电业务总量	万元	704	1958	6643	89069	349844	802762	846295	2511522			
邮政业务总量	万元	257	834	2441				46975	422810	828553	1128892.54	36.2
电信业务总量	万元	346	1124	4202				799320	2088712	2468859	6438950.7	160.8
函件	万件	2145	5362	6453	11139	8399	3919	4248	1569	1209	1351	11.8
报刊期发数	万份	71	197	118	160	171	86	56	46			
年末固定电话用户	万户	0.85	2.33	3.36	30.40	108.47	218.56	210.40	181.93	152.97	156.38	2.2
年末移动电话用户	万户				3.70	58.78	316.85	780.21	1122.77	1202.96	1250.86	4.0
国际互联网用户	万户					14.60	63.93	90.78	180.27	279.25	328.17	17.5

说明：1. 邮电业务总量、邮政业务总量、电信业务总量：1980 年以前按 1970 年不变价格计算；1981—1990 年按 1980 年不变价格计算；1991-2001 年按 1990 年不变价格计算；2002—2009 年按 2000 年不变价格计算；2010—2016 年按 2010 年不变价格计算，2017 年邮政业务总量按 2010 年不变价格计算，2017 年电信业务总量按 2015 年不变价格计算；1990 年邮电业务总量的 1990 年不变价格数据为 13780 万元；2010 年邮电业务总量、邮政业务总量、电信业务总量的 2000 年不变价数据分别为 2183169 万元、62261 万元、2120908 万元；2016 年电信业务总量 2015 年不变价是 1461105 万元；1978 年浏阳市、宁乡县还没有划入长沙，邮政业务总量和电信业务总量统计范围不含浏阳市、宁乡县；邮电业务总量按现有长沙市范围后期进行了调整，统计范围含浏阳市、宁乡县；

2. 报刊期发数从 2017 年开始没有相关数据统计

表 59　　长沙市社会消费品零售总额统计表

单位：万元

	1978 年	1985 年	1990 年	1995 年	2000 年	2005 年	2010 年	2015 年	2017 年	2018 年	2018 年比 2017 年（±%）
总计	77191	243928	513871	1658020	3492966	7485700	18257931	36905930	45476752	47650415	9.9
一、按销售单位所在地分组											
市区				1256370	2669100	5722359	14039885	28377521	34299332	35361923	9.4
县区				401650	823866	1763341	4218046	8528409	11177420	12288491	11.1
二、按行业分组											
批发零售业	67281	191952	385805	1280314	2570810	6310593	16220790	33462791	41306895	42937497	9.8
住宿餐饮业	2769	10593	27762	100764	402656	1105383	2037141	3443139	4169857	4712917	10.0
其他	7141	41383	100304	276942	519500	69724					

说明：从 2010 年开始取消行业分组中的“其他”；根据第三次全国经济普查结果对 2009-2014 年数据进行调整

表 60 长沙市旅游业情况表

	单位	1985 年	1990 年	1995 年	2000 年	2005 年	2010 年	2015 年	2017 年	2018 年
一、接待境外旅游者人数	人次	20257	51000	119122	221772	255475	702141	1203141	1292000	1303686
1. 外国人	人次	9706	13103	54444	128105	182656	459228	690102	713834	703576
2. 港、澳、台同胞	人次	10551	37897	64678	93667	72819	242913	513039	578166	600110
二、接待境外旅游者人天数	人天	85079	204000	416927	652576	1098542	2643911	4126091	2487692	3236182
1. 外国人	人天	41501	85082	226975	384315	785421	1699145	2484367	1425095	1783903
2. 港、澳、台同胞	人天	43578	118918	189952	268261	313121	944766	1641724	1062597	1452279
三、旅游外汇收入	万美元	1446	2897	4500	11900	20198	52878	79312	51661	61988

表 61 长沙市财政预算收、支情况表

单位：万元

	2018 年						2017 年	2018 年比 2017 年（±%）
	全市	市区	# 望城区	长沙县	浏阳市	宁乡县		
地方一般公共预算收入	8797072	2498833	496615	1022134	691875	473116	8003456	9.9
# 营业税	6734	3749	465	95	172	341	14345	−53.1
增值税	1981875	762390	130846	361944	140624	116553	1796607	10.3
企业所得税	709355	181461	19069	48128	40092	37181	634299	11.8
一般公共预算支出	13007895	4270573	955760	1705048	1245542	959796	11826043	10.0
# 一般公共服务	1620504	891781	107027	192462	107335	121222	1482502	9.3
社会保障和就业	1077428	408293	99366	142342	110693	135385	969703	11.1
科学技术	361871	96026	21925	39357	22970	19809	293220	23.4
教育支出	1946010	721262	147518	219240	252822	170203	1772617	9.8
农林水事务	874351	256239	119080	176299	180943	151858	814133	7.4

表 62 长沙市金融、保险情况表

单位：亿元

	2018 年	2017 年	2018 年比 2017 年（±%）
一、金融业			
金融机构存款余额（本外币）	18633.60	17141.83	8.7
# 住户存款	5692.08	5203.64	9.4
金融机构贷款余额（本外币）	18360.89	16027.07	14.6
# 短期贷款	3656.00	3060.20	19.5

续表 62　　长沙市金融、保险情况表

单位：亿元

	2018 年	2017 年	2018 年比 2017 年（±%）
中长期贷款余额	14175.01	12590.62	12.6
二、保险业			
保费收入	411.82	331.65	24.2
赔付款	111.62	94.71	17.9

表 63　　长沙市公用事业情况表

	单位	2018 年	2017 年	2018 年比 2017 年（±%）
一、自来水				
全市水厂个数	个	8	9	-11.1
全市自来水生产能力	万吨 / 日	235	235	持平
年末供水管总长度	千米	5721	3817	49.9
二、公共交通				
1. 全年客运总量	万人次	120859.9	121732	-0.7
2. 年末实有公共汽车营运车辆	辆	8806	8360	5.3
3. 年末实有出租汽车	辆	7840	7820	0.3
三、天燃气、液化气				
（一）天燃气供气总量	万立方米	86826	80184	8.3
# 家庭用量	万立方米	35097	26703	31.4
家庭用天然气人口	万人	319.02	301.74	5.7
（二）液化气供应总量	吨	58741.78	52120	12.7
# 家庭用量	吨	45405.08	38417	18.2
家庭用液化气人口	万人	50.19	56.23	-10.7
四、年末城市住宅建筑面积	万平方米	29950.63	25630.41	16.9
人均住房面积	平方米	42.7	45.5	-6.2
五、城市供电				
全年用电量	万千瓦小时	3636932	3129032	16.2
# 工业用电	万千瓦小时	1488684	1296129	14.9
城乡居民生活用电	万千瓦小时	1126535	980630	14.9
六、道路				
年末实有铺装道路总面积	万平方米	4808		

续表 63

长沙市公用事业情况表

	单位	2018 年	2017 年	2018 年比 2017 年（±%）
七、城市下水道长度	千米	2742	2637	4.0
八、年末实有永久性桥梁	座		219	
九、城市环卫				
生活垃圾粪便清运量	万吨	251	228	10.1
生活垃圾粪便无害化处理	万吨	251	228	10.1
十、城市园林绿化				
园林绿化地面积	公顷	12848	12548	2.4
#公共绿化地面积	公顷	4261	4031	5.7
人均公共绿地面积	平方米			

说明：从 2014 年起，全年客运总量包括轨道交通客运量

表 64

长沙市各类学校基本情况表

单位：人

	2018 年				2017 年			
	学校数（所）	在校学生数	毕业生数	教职工人数	学校数（所）	在校学生数	毕业生数	教职工人数
总计	1397	1783875	406168	125352	1357	1685679	388214	119808
高等学校	51	635950	164868	53167	51	610379	159359	52666
中等职业学校	57	111596	30231	5447	56	104685	27162	4784
技工学校	17	13210	3124	1598	14	11053	2134	1225
普通中学	330	398801	122672	35279	313	383593	119528	32986
小学	937	622174	85016	29511	918	574220	79852	27814
盲聋哑学校	4	2144	257	301	4	1714	179	284
工读学校	1	30	0	49	1	35	0	49

表 65

长沙市文化、新闻、出版事业情况表

	单位	1978 年	1985 年	1990 年	1995 年	2000 年	2005 年	2010 年	2015 年	2017 年	2018 年	2018 年比 2017 年（±%）
一、电影放映单位	个	484	844	807	644	458	—	—	—			
#电影院影剧院	个	31	42	47	29	20	—	—	—			
电影观众人数	万人次	11272	9325	10728	2261	—	—	—	—			
二、艺术表演团体	个	13	14	12	12	13	12	12	12	12	12	0.0

续表 65　　长沙市文化、新闻、出版事业情况表

	单位	1978 年	1985 年	1990 年	1995 年	2000 年	2005 年	2010 年	2015 年	2017 年	2018 年	2018 年比 2017 年（±%）
艺术表演观众人数	万人次	351.0	207.0	118.6	130.3	121.0	247.0	271.2	201.8	170.6	163.5	−4.2
三、公共图书馆	个	5	7	7	7	7	12	12	12	12	12	0.0
图书馆藏书数	万册					480.10	521.00	633.10	797.28		1084.77	
四、文化馆	个	10	11	11	11	11	10	10	10	10	10	0.0
五、图书出版印数	万册	1983	18850	32135	33677	24844	30483	31109	48495	45869	42906	−6.5
六、杂志出版印数	万册	2680	5149	5144	7636	10404	10925	12540	13918	11473	8616	−24.9
七、报纸出版印数	万印张	30057	59431	40325	55721	62354	75309	101861	105635	65592	59510	−9.3

表 66　　长沙市广播、电视基本情况表

	单位	1978 年	1985 年	1990 年	1995 年	2000 年	2005 年	2010 年	2015 年	2017 年	2018 年
市台平均日播音时间	时'分"		10'45"	11'30"	16'30"	37'40"	88'96"	139'71"	147'14"		
市电台覆盖率	%		76.00		95.00	95.00	96.88	99.14	99.41	99.48	99.76
县（市）区广播台、站	个	5	5	5	5	4	4	4	4	4	4
市电视台每周播出时间	时'分"		16'00"	56'00"	42'00"	206'30"	858'12"	1060'47"	1114'78"		
市电视台覆盖率	%		23.60	90.00	98.00	97.30	97.88	98.49	98.91	99.13	99.73

表 67　　长沙市卫生事业基本情况表

	单位	1978 年	1985 年	1990 年	1995 年	2000 年	2005 年	2010 年	2015 年	2017 年	2018 年	2018 年比 2017 年（±%）
卫生机构数	个	1195	1403	1346	1100	1036	1519	2655	4661	4493	4523	0.7
# 医院、卫生院	个	248	291	297	205	263	260	255	284	287	331	15.3
床位数	张	12976	13743	18349	21378	20590	27395	42629	66036	73711	77253	4.8
# 医院、卫生院	张	11036	11503	14766	17594	17281	25501	39983	59927	66458	69913	5.2
卫生工作人员	人	21583	29620	34190	37115	36225	37711	59738	84857	93540	98486	5.3
# 卫生技术人员	人	16068	21611	26307	27553	27460	28943	48791	69634	77442	81548	5.3
# 执业医师和执业助理医师数	人	7247	10187	12423	12107	12345	12088	18258	25599	29265	30793	5.2

表 68　　长沙市环境污染及治理情况表

	单位	1979 年	1985 年	1990 年	1995 年	2000 年	2005 年	2010 年	2015 年	2017 年	2018 年
一、工业废水排放总量	万吨 / 年	5000	6394	13878	6298	5533	4065	4336	5102	4066	3475
# 符合排放标准的	万吨 / 年	200	2342	10259	3804	4213	3562	3955			
二、工业废气排放量	万标立方米 / 年	115000	839385	1441740	1890488	2624324	3078324	6269499	4803775	6360805	8775533
三、工业粉尘排放量	万吨 / 年	6	1.26	4.61	0.85	7.81	10.06	10.52	1.16	0.76	0.55
四、工业固体废物产生量	万吨 / 年	47	39.49	57.07	75.18	137.53	109.7	148.8	107.6	113.135	148.7
# 综合利用量	万吨 / 年	23.97	2.79	15.49	58.13	101.79	98.4	148.4	92.7	93.3	122
五、锅炉总数	台	666	1046	819	489	407	307	284	272	223	239
# 达标数	台	220	597	647	433	359	243	256			
六、工业窑炉	台	670	683	578	395	465	222	219	124	118	147
# 达标数	台	73	91	288	271	232	117	151			

说明：从 2011 年起，工业粉尘排放量（去除量）指标已改为工业烟尘排放量（去除量）

表 69　　长沙市城镇居民家庭生活调查主要指标统计表

	单位	2018 年	2017 年	2018 年比 2017 年（± %）
一、调查户数	户	570	562	1.4
家庭人口数	人	1828	1705	7.2
# 就业人口数	人	956	910	5.1
二、平均每户人口	人	3.21	3.03	5.9
平均每户就业人数	人	1.68	1.62	3.7
平均每一就业者负担人数	人	1.91	1.87	2.1
三、人均总收入（未扣除生产费用）	元	62873	57500	9.3
人均可支配收入	元	50792	46948	8.2
四、人均消费支出	元	36775	34645	6.2
（1）食品烟酒	元	9523	8549	11.4
（2）衣着	元	2399	2173	10.4

续表 69　　长沙市城镇居民家庭生活调查主要指标统计表

	单位	2018 年	2017 年	2018 年比 2017 年（±%）
（3）生活用品及服务	元	7040	6946.71	1.3
（4）医疗保健	元	2836	2809.96	0.9
（5）交通通信	元	4706	4813	−2.2
（6）教育文化娱乐	元	6876	6378	7.8
（7）居住	元	2569	2266	13.4
（8）其他用品和服务	元	826	708	16.7

表 70　　农村住户调查主要指标统计表

	单位	2018 年					2017 年全市
		全市	#望城区	长沙县	浏阳市	宁乡市	
一、调查户数	户	310	70	70	70	70	310
家庭常住人口	人	1124	287	238	255	254	1191
平均每户人口	人	3.63	4.10	3.40	3.64	3.63	3.84
二、人均总收入（未扣除生产费用）	元	41947	35067	38881	59999	32811	33912
三、人均总支出	元	41749	32558	39385	52867	38403	33488
（一）消费支出	元	20959	21102	20929	18653	21390	19189
1. 食品烟酒	元	5344	5808	5186	4672	5538	4621
2. 衣着	元	1176	1074	1376	1001	1075	1104
3. 居住	元	4271	4571	4312	3656	4113	3739
4. 生活用品及服务	元	1341	1217	2002	974	1278	1187
5. 交通通信	元	3797	3274	3197	3784	4106	3827
6. 教育文化娱乐	元	3563	3625	3911	2818	3901	3481
7. 医疗保健	元	1210	1249	768	1480	1138	981
8. 其他用品和服务	元	257	285	177	269	241	249

续表 70 农村住户调查主要指标统计表

	单位	2018 年					2017 年全市
		全市	# 望城区	长沙县	浏阳市	宁乡市	
（二）生产经营费用支出	元	9017	1905	2323	24486	2185	5588
四、农民人均可支配收入	元	29714	32232	31786	31791	26985	27360
五、自有现住房建筑面积	平方米	59.41	58.73	43.76	64.81	63.01	59.12

表 71 2018 年长沙市各种物价指数统计表

	以上年价格为 100		以上年价格为 100
商品零售价格指数	102.5	十四、书报杂志及电子出版物	99.9
一、食品	102.6	十五、燃料	110.6
# 1. 粮食	100.9	十六、建筑材料及五金电料	102.2
2. 食用油	101.3		
3. 畜肉类	96.2	居民消费价格总指数	102.0
4. 水产品	102.6	服务价格指数	101.6
5. 菜	111.5	一、食品烟酒	102.2
二、饮料、烟酒	100.8	# 1. 粮食	100.8
三、服装、鞋帽	102.3	2. 食用油	101.3
四、纺织品	100.5	3. 畜肉类	95.9
五、家用电器及音像器材	100.2	4. 水产品	102.5
六、文化办公用品	100.7	5. 菜	111.5
七、日用品	102.3	二、衣着	102.5
八、体育娱乐用品	100.3	三、居住	102.0
九、交通通信用品	100.1	四、生活用品及服务	101.3
十、家具	101.1	五、交通和通信	102.2
十一、化妆品	101.2	六、教育文化和娱乐	101.4
十二、金银珠宝	96.5	七、医疗保健	101.6
十三、中西药品及医疗保健用品	103.9	八、其他用品和服务	100.9

表 72　　全国三十五个城市主要经济社会指标 (2018 年) 统计表

单位：亿元

城市	地区生产总值				第一产业增加值			
	2018 年	位次	比上年（ ±%）	位次	2018 年	位次	比上年（ ±%）	位次
长沙	11003.4	12	8.5	6	318.7	9	3.3	13
郑州	10143.3	14	8.1	10	147.1	22	2.1	26
太原	3884.5	27	9.2	2	41.1	30	0.7	30
合肥	7822.9	18	8.5	6	277.6	12	2.2	23
武汉	14847.3	8	8.0	11	362.0	8	2.9	19
南昌	5274.7	24	8.9	4	190.7	19	3.2	15
石家庄	6082.6	23	7.4	18	420.5	6	3.2	15
南宁			5.4	31			4.3	6
成都	15342.8	7	8.0	11	522.6	3	3.6	10
西安	8349.9	15	8.2	9	258.8	16	3.3	13
贵阳	3798.5	28	9.9	1	153.1	21	6.6	1
昆明	5206.9	25	8.4	8	222.2	18	6.3	2
兰州	2732.9	31	6.5	27	43.0	29	6.0	3
乌鲁木齐	3060.1	29	7.6	15	26.3	31	2.2	23
西宁	1286.4	34	9.0	3	46.1	28	4.2	8
呼和浩特	2903.5	30	3.9	34	108.4	24	2.1	26
银川	1901.5	32	7.2	21	67.3	26	3.6	10
沈阳	6292.4	22	5.4	31	260.1	15	3.2	15
长春	7175.7	20	7.2	21			1.7	29
哈尔滨	6300.5	21	5.1	33	525.5	2	−0.1	33
福州	7856.8	16	8.6	5	494.7	4	4.3	6
海口	1510.5	33	7.6	15	64.0	27	4.5	4
南京	12820.4	10	8.0	11	273.4	13	0.6	31
杭州	13509.0	9	6.7	24	306.0	10	1.8	28
广州	22859.4	4	6.2	29	223.4	17	2.5	21
济南	7856.6	17	7.4	18	272.4	14	2.5	21
北京	30320.0	2	6.6	25	118.7	23	−2.3	34
上海	32679.9	1	6.6	25	104.4	25	−6.9	35
天津	18809.6	6	3.6	35	172.7	20	0.1	32
重庆	20363.2	5	6.0	30	1378.3	1	4.4	5
大连	7668.5	19	6.5	27	442.7	5	3.0	18
青岛	12001.5	11	7.4	18	386.9	7	3.5	12
宁波	10745.5	13	7.0	23	306.0	10	2.2	23
深圳	24222.0	3	7.6	15	22.1	33	3.9	9
厦门	4791.4	26	7.7	14	24.4	32	2.6	20

说明：空缺处数据未收集到，后同

续表 72 全国三十五个城市主要经济社会指标(2018年)统计表

单位：亿元

城市	第二产业增加值				第三产业增加值			
	2018年	位次	比上年（±%）	位次	2018年	位次	比上年（±%）	位次
长沙	4660.2	12	6.8	17	6024.5	12	10.7	2
郑州	4450.7	14	8.1	10	5545.5	13	8.3	15
太原	1439.1	26	10.3	2	2404.3	26	8.8	12
合肥	3612.3	15	9.5	4	3933.1	20	8.0	19
武汉	6377.8	6	5.7	22	8107.5	9	10.1	4
南昌	2660.9	20	8.5	7	2423.1	25	10.1	4
石家庄	2285.5	22	4.8	28	3376.7	22	10.2	3
南宁			2.2	33			7.8	20
成都	6516.2	5	7.0	16	8304.0	8	9.0	11
西安	2925.6	18	8.5	7	5165.4	14	8.3	15
贵阳	1413.7	27	7.9	12	2231.7	27	11.3	1
昆明	2038.0	23	10.0	3	2946.7	23	7.3	28
兰州	938.0	29	4.9	27	1752.0	30	7.4	27
乌鲁木齐	950.2	28	5.4	25	2083.7	28	8.6	14
西宁	468.0	32	8.8	6	772.3	33	9.4	6
呼和浩特	801.4	31	2.4	32	1993.7	29	4.6	34
银川	867.3	30	5.5	24	966.8	32	9.2	7
沈阳	2376.6	21	5.7	22	3655.7	21	5.4	33
长春			7.3	14			7.8	20
哈尔滨	1689.3	25	2.7	31	4085.7	18	7.5	23
福州	3204.9	17	8.4	9	4157.3	17	9.2	7
海口	276.0	33	6.0	20	1170.6	31	8.1	17
南京	4721.6	11	6.5	18	7825.4	10	9.1	9
杭州	4572.0	13	5.8	21	8632.0	7	7.5	23
广州	6234.1	7	5.4	25	16401.8	3	6.6	30
济南	2829.3	19	7.8	13	4754.8	16	7.5	23
北京	5647.7	8	4.2	29	24553.6	1	7.3	28
上海	9732.5	2	1.8	34	22843.0	2	8.7	13
天津	7609.8	4	1.0	35	11027.1	5	5.9	32
重庆	8328.8	3	3.0	30	10656.1	6	9.1	9
大连	3241.6	16	11.9	1	3984.2	19	2.9	35
青岛	4850.6	10	7.3	14	6764.0	11	7.7	22
宁波	5507.5	9	6.2	19	4932.0	15	8.1	17
深圳	9962.0	1	9.3	5	14237.9	4	6.4	31
厦门	1980.2	24	8.1	10	2786.9	24	7.5	23

续表 72　　全国三十五个城市主要经济社会指标 (2018 年) 统计表

城市	规模以上工业增加值		固定资产投资	
	2018 年比 2017 年（±%）	位次	2018 年比 2017 年（±%）	位次
长沙	8.2	12	11.5	8
郑州	6.8	20	10.9	9
太原	10.8	4	26.2	1
合肥	11.3	3	7.1	23
武汉	5.7	26	10.6	12
南昌	9.5	5	10.9	9
石家庄	5.4	28	6.4	26
南宁	1.5	34	11.8	6
成都	8.5	10	10.0	15
西安	9.4	7	8.5	20
贵阳	7.4	18	15.0	4
昆明	14.0	2	5.5	27
兰州	6.0	24	12.1	5
乌鲁木齐	2.4	31	10.0	15
西宁	8.0	13	9.0	19
呼和浩特	3.1	30	−26.5	35
银川	7.5	17	−21.9	34
沈阳	7.6	16	15.3	3
长春	8.5	10	6.7	25
哈尔滨	5.8	25	−7.2	32
福州	9.0	8	11.7	7
海口	8.0	13	−6.2	31
南京	7.8	15	9.4	18
杭州	6.3	22	10.8	11
广州	5.5	27	8.2	21
济南	7.1	19	9.6	17
北京	4.6	29	−9.9	33
上海	2.0	33	5.2	28
天津	2.4	31	−5.6	30
重庆	0.5	35	7.0	24
大连	15.9	1	10.1	13
青岛	6.8	20	7.9	22
宁波	6.3	22	3.6	29
深圳	9.5	5	20.6	2
厦门	8.8	9	10.1	13

续表 72　　全国三十五个城市主要经济社会指标 (2018 年) 统计表

单位：亿元

城市	社会消费品零售总额				地方一般公共财政预算收入			
	2018 年	位次	比上年（ ±% ）	位次	2018 年	位次	比上年（ ±% ）	位次
长沙	4765.0	11	9.9	8	879.7	14	9.9	14
郑州	4268.1	15	9.7	9	1152.1	13	9.0	16
太原	1811.9	25	8.1	18	373.2	29	19.7	1
合肥	2976.7	21	9.1	12	712.5	18	8.6	19
武汉	6843.9	4	10.5	3	1528.7	8	11.0	9
南昌	2131.6	24	11.1	2	461.8	25	10.7	12
石家庄	2934.1	22	9.1	12	519.7	23	12.8	6
南宁			9.0	14	359.0	30	8.1	21
成都	6801.8	5	10.0	4	1424.2	10	9.4	15
西安	4658.7	13	9.6	10	684.7	20	10.8	10
贵阳	1299.5	30	8.0	20	411.3	27	8.9	17
昆明	2787.4	23	10.0	4	595.6	22	6.2	27
兰州	1352.1	29	7.4	25	253.3	31	8.9	17
乌鲁木齐	1383.0	28	5.0	32	458.3	26	14.3	4
西宁	564.4	32	6.7	27	92.9	35	17.4	2
呼和浩特	1603.2	26	5.6	31	204.7	32	1.5	33
银川	552.7	33	4.8	33	181.2	33	2.1	32
沈阳	4051.2	18	9.2	11	720.6	17	10.0	13
长春	3003.6	20	6.2	29	478.0	24	6.2	27
哈尔滨	4125.1	17	4.2	34	384.4	28	4.4	31
福州	4666.5	12	11.3	1	680.4	21	7.3	22
海口	757.6	31	5.9	30	169.9	34	13.9	5
南京	5832.5	7	8.4	17	1470.0	9	15.6	3
杭州	5715.0	8	9.0	14	1825.1	6	12.5	7
广州	9256.2	3	7.6	23	1632.3	7	6.5	25
济南	4404.5	14	10.0	4	752.8	16	11.2	8
北京	25405.9	1	7.4	25	5785.9	2	5.6	30
上海	12668.7	2	7.9	21	7108.2	1	7.0	23
天津	5533.0	9	1.7	35	2106.2	5	−8.8	35
重庆			8.7	16	2265.5	4	0.6	34
大连	3880.1	19	7.8	22	704.0	19	7.0	23
青岛	4842.5	10	10.0	4	1231.9	12	6.5	25
宁波	4154.9	16	8.1	18	1379.7	11	10.8	10
深圳	6168.9	6	7.6	23	3538.4	3	6.2	27
厦门	1542.4	27	6.6	28	754.5	15	8.3	20

续表 72　全国三十五个城市主要经济社会指标(2018 年)统计表

单位：亿元

城市	进出口总额（海关口径）				出口总额			
	2018 年	位次	比上年（±%）	位次	2018 年	位次	比上年（±%）	位次
长沙	1283.3	19	36.8	3	823.2	19	40.0	1
郑州	4105.0	14	2.2	31	2577.1	12	10.7	16
太原	1086.3	20	18.7	10	663.3	20	15.9	12
合肥	2030.6	18	20.3	9	1203.5	18	22.0	7
武汉	2146.0	17	10.9	19	1272.7	17	10.0	17
南昌	787.6	26	18.2	11	451.7	23	6.2	25
石家庄	915.5	23	6.1	23	571.6	21	7.6	24
南宁	738.8	27	21.7	8	355.1	25	28.8	3
成都	4983.2	11	26.4	5	2746.9	11	33.0	2
西安	3303.9	15	29.6	4	1957.5	14	26.1	5
贵阳	231.2	30	15.2	14	166.4	28	9.0	18
昆明	868.2	24	67.6	1	249.0	27	27.9	4
兰州	133.2	33	23.9	6	75.6	32	17.3	11
乌鲁木齐	513.5	28	12.4	18	361.4	24	1.2	30
西宁	31.3	35	−5.0	33	11.0	35	−20.3	34
呼和浩特	116.7	34	7.0	21	55.9	34	8.7	19
银川	168.8	32	−37.6	35	127.8	30	−34.8	35
沈阳	984.3	22	13.5	16	342.1	26	7.7	23
长春	1054.6	21	10.7	20	152.5	29	17.5	10
哈尔滨	209.7	31	−8.0	34	103.5	31	5.2	26
福州	2452.8	16	5.0	27	1654.8	16	11.6	14
海口	341.2	29	62.3	2	67.2	33	21.2	8
南京	4317.2	13	4.7	28	2500.7	13	7.9	22
杭州	5245.3	9	3.1	30	3417.1	6	−1.0	31
广州	9810.2	4	1.0	32	5607.6	3	−3.2	33
济南	825.0	25	16.2	12	519.3	22	14.6	13
北京	27182.5	3	23.9	7	4878.5	5	23.0	6
上海	34009.9	1	5.5	26	13666.9	2	4.2	28
天津	8077.0	6	5.6	25	3207.2	9	8.6	20
重庆	5222.6	10	15.9	13	3395.3	7	17.7	9
大连	4701.4	12	13.9	15	1889.6	15	8.5	21
青岛	5321.2	8	5.7	24	3172.2	10	4.7	27
宁波	8576.3	5	12.9	17	5550.6	4	11.4	15
深圳	29983.7	2	7.0	21	16274.7	1	−1.6	32
厦门	6002.1	7	3.2	29	3338.5	8	2.6	29

说明：贵阳、昆明进出口总额为 34.84 亿美元和 131.20 亿美元，表中数据按汇率将美元折算成人民币，2018 年人民币汇率为 1 美元兑 6.6174 元人民币；增长速度按美元统计口径计算；

贵阳、昆明出口额为 25.15 亿美元和 37.63 亿美元，表中数据按汇率将美元折算成人民币，2018 年人民币汇率为 1 美元兑 6.6174 元人民币；增长速度按美元统计口径计算

续表 72　　全国三十五个城市主要经济社会指标 (2018 年) 统计表

城市	实际使用外商直接投资(亿美元)				城镇居民人均可支配收入(元)			
	2018 年	位次	比上年(±%)	位次	2018 年	位次	比上年(±%)	位次
长沙	57.8	10	10.1	14	50792	10	8.2	18
郑州	42.1	13	4.0	23	39042	23	8.3	14
太原	0.1	31	−91.9	32	33672	34	7.0	29
合肥	32.3	18	6.9	18	41484	20	9.3	1
武汉	109.3	3	13.3	11	47359	12	9.1	2
南昌	34.9	16	9.7	16	40844	21	8.4	12
石家庄	14.5	23	12.3	12	35563	28	8.0	22
南宁	13.7	25	43.0	4	35276	30	6.2	35
成都	76.3	6	17.5	9	42128	19	8.2	18
西安	63.5	9	14.9	10	38729	24	8.1	21
贵阳	15.9	22	18.1	8	35115	31	9.1	2
昆明	8.5	26	6.1	19	42988	17	8.0	22
兰州					35014	32	8.3	14
乌鲁木齐	0.0	32	−76.6	31	40101	22	8.3	14
西宁					32500	35	8.2	18
呼和浩特					46565	13	7.0	29
银川	0.7	30	135.6	2	35586	27	7.9	25
沈阳	14.3	24	41.3	5	44054	15	6.5	32
长春	3.3	28	−76.4	30	35332	29	6.5	32
哈尔滨	36.5	15	6.1	19	37828	25	6.4	34
福州	8.4	27	−58.0	29	44457	14	8.5	10
海口	2.5	29	778.0	1	36137	26	8.5	10
南京	38.5	14	4.9	22	59308	6	8.7	6
杭州	68.3	7	3.3	24	61172	3	8.7	6
广州	66.1	8	5.1	21	59982	5	8.3	14
济南	26.9	20	40.9	6	50146	11	7.5	27
北京	173.1	1	−28.9	27	67990	2	8.9	4
上海	173.0	2	1.7	25	68034	1	8.7	6
天津	48.5	11	−54.3	28	42976	18	6.7	31
重庆	32.5	17	43.8	3	34889	33	8.4	12
大连	26.8	21	−17.6	26	43550	16	7.3	28
青岛	86.9	4	10.0	15	50817	9	7.7	26
宁波	43.2	12	7.2	17	60134	4	8.0	22
深圳	82.0	5	10.8	13	57543	7	8.7	6
厦门	30.3	19	27.7	7	54401	8	8.8	5

说明：福州、济南实际使用外商直接投资为 55.39 亿元和 178.15 亿元，表中数据按汇率将人民币折算成美元，2018 年人民币汇率为 1 美元兑 6.6174 元人民币；增长速度按人民币统计口径计算

续表 72　全国三十五个城市主要经济社会指标 (2018 年) 统计表

城市	农村居民人均可支配收入（元）				城市居民消费价格指数（上年为 100）	
	2018 年	位次	比上年(±%)	位次	2018 年	位次
长沙	29714	4	8.6	23	102.0	21
郑州	21652	12	8.4	25	102.4	9
太原	16860	22	8.1	28	101.8	28
合肥	20389	14	9.7	3	102.0	21
武汉	22652	9	8.5	24	101.9	26
南昌	17866	19	9.2	9	102.3	13
石家庄	14518	27	8.8	20	102.3	13
南宁	13654	31	9.1	13	102.5	6
成都	22135	11	9.0	15	101.4	35
西安	13286	32	9.0	15	101.9	26
贵阳	15648	24	9.7	3	101.7	30
昆明	14895	25	8.7	21	101.7	30
兰州	12368	33	9.4	6	101.7	30
乌鲁木齐	19623	15	10.0	2	102.2	16
西宁	11504	34	9.1	13	102.7	4
呼和浩特	17190	20	9.4	6	102.1	19
银川	14160	29	8.2	26	102.2	16
沈阳	16530	23	6.9	32	103.0	1
长春	14237	28	6.0	33	102.0	21
哈尔滨	16934	21	8.9	18	102.5	6
福州	19419	16	8.7	21	101.5	34
海口	14886	26	8.2	26	102.4	9
南京	25263	7	9.2	9	102.4	9
杭州	33193	2	9.2	9	102.3	13
广州	26020	6	10.8	1	102.4	9
济南	17924	18	8.0	29	102.6	5
北京	26490	5	9.3	8	102.5	6
上海	30375	3	9.2	9	101.6	33
天津	23065	8	6.0	33	102.0	21
重庆	13781	30	9.0	15	102.0	21
大连	18103	17	7.3	31	103.0	1
青岛	20820	13	7.5	30	102.1	19
宁波	33633	1	8.9	18	102.2	16
深圳					102.8	3
厦门	22410	10	9.5	5	101.8	28

说明：深圳无农村居民

续表 72　　全国三十五个城市主要经济社会指标 (2018 年) 统计表

单位：亿元

城市	金融机构存款（本外币）				# 住户存款余额（本外币）			
	2018 年	位次	比上年（±%）	位次	2018 年	位次	比上年（±%）	位次
长沙	18633.6	14	8.7	8	5692.1	18	9.4	26
郑州	22710.6	11	7.6	11	7157.3	12	9.5	25
太原	12317.3	23	3.3	24	4767.5	23	8.7	30
合肥	15677.3	18	10.1	4	4049.4	25	14.5	5
武汉	26331.6	10	7.5	12	7209.0	11	2.9	34
南昌	10733.1	28	5.9	15	3175.5	28	9.0	29
石家庄	13315.8	22	12.8	1	6473.3	15	14.7	4
南宁	10093.1	29	7.8	9	3842.8	26	11.5	11
成都	37826.0	6	5.7	17	13141.0	6	9.8	21
西安	21266.7	12	4.4	21	8360.3	9	11.5	11
贵阳	11418.5	26	5.6	18	2835.7	30	7.2	32
昆明	13583.6	21	0.9	29	4940.2	22	11.5	11
兰州	8814.3	30	2.3	27	3268.3	27	9.9	20
乌鲁木齐	8477.9	31	1.1	28	2871.1	29	10.4	19
西宁	3802.2	34	−2.0	33	1436.8	35	6.9	33
呼和浩特	5803.8	32	−9.0	34	2174.1	32	11.3	15
银川	3718.6	35	3.3	24	1664.8	34	11.2	16
沈阳	17746.2	15	12.7	2	7288.1	10	12.2	9
长春	11551.2	25	0.1	30	4993.2	21	9.3	27
哈尔滨	11616.0	24	9.2	5	5394.3	19	9.2	28
福州	14204.3	19	4.5	20	4385.5	24	7.9	31
海口	4899.3	33	−9.6	35	1706.5	33	9.7	22
南京	34524.9	8	12.2	3	6914.8	13	14.8	3
杭州	39810.5	5	9.1	6	10198.5	7	17.6	2
广州	54788.1	4	6.7	13	16042.1	3	9.7	22
济南	17060.1	16	3.0	26	5008.1	20	12.1	10
北京	157092.2	1	9.0	7	32507.8	1	12.3	8
上海	121112.3	2	7.7	10	28569.2	2	10.9	17
天津	30983.2	9	0.1	30	10011.8	8	2.6	35
重庆	36887.3	7	5.8	16	15907.2	4	10.7	18
大连	13999.1	20	−1.0	32	6040.0	16	11.5	11
青岛	16121.0	17	6.6	14	5914.0	17	9.6	24
宁波	19150.0	13	5.5	19	6663.0	14	12.9	7
深圳	72550.4	3	3.9	22	13478.9	5	22.8	1
厦门	10995.0	27	3.7	23	2610.2	31	13.9	6

续表 72　　全国三十五个城市主要经济社会指标 (2018 年) 统计表

单位：亿元

城市	金融机构贷款（亿元）（本外币）			
	2018 年	位次	比上年（±%）	位次
长沙	18360.9	14	14.6	10
郑州	22055.7	11	18.2	4
太原	12684.2	21	10.7	22
合肥	14196.5	20	5.8	30
武汉	28270.8	10	18.1	5
南昌	12124.6	23	17.0	6
石家庄	10171.8	30	12.7	15
南宁	12052.1	24	15.1	9
成都	32637.0	7	11.3	21
西安	19891.6	13	16.0	7
贵阳	12508.7	22	20.2	2
昆明	16224.7	15	9.7	24
兰州	11269.2	27	13.4	12
乌鲁木齐	7001.8	32	11.9	17
西宁	5468.4	34	4.4	31
呼和浩特	8057.0	31	3.8	32
银川	5028.5	35	9.6	25
沈阳	14911.6	19	13.7	11
长春	11488.3	26	10.7	22
哈尔滨	11079.8	28	8.6	27
福州	15364.3	18	11.6	19
海口	5700.7	33	1.8	33
南京	29065.7	9	15.4	8
杭州	36598.3	5	25.0	1
广州	40749.3	4	19.0	3
济南	16059.9	17	11.5	20
北京	70483.7	2	1.3	34
上海	73272.4	1	9.1	26
天津	34084.9	6	7.9	29
重庆	32247.8	8	13.3	13
大连	12006.2	25	0.2	35
青岛	16098.0	16	11.9	18
宁波	19935.9	12	12.2	16
深圳	52539.8	3	13.1	14
厦门	10554.1	29	8.1	28

组织机构及负责人

中国共产党长沙市委员会

书 记　胡衡华
副书记　陈文浩（2018.01 止）
　胡忠雄（2018.01 任）
常 委　徐宏源（2018.09 止）
　张迎春（女）
　蔡亭英
　钟 钢
　夏建平
　付胜华（2018.07 止）
　王忠斌（2018.05 止）
　黎春秋
　高 山
　舒行钢
　谭小平
　张宏益
　曹友华（2018.05 任）
秘书长　夏建平
副秘书长　曹再兴
　彭治华
　谭慧慧（女）
　李建贵
　蒋红波（兼）
　莫金文（兼）
　刘 晖
　莫小佳（兼）
　洪 健（援藏）

市委工作机构

市委办公厅

主 任　曹再兴
市委机要局局长、市委保密办主任
　郭 逵
副主任　聂 勇（2018.08 止）
市纪委市监委派驻市委办公厅纪检监察组组长　吴 强
副主任　吕发祥
　刘晓蓉

市委组织部

部 长　张宏益
常务副部长　刘 汇
副部长　王瑜琿
副部长　杨 俊
　易敏华
　张白云（女，兼）
市纪委市监委驻市委组织部纪检监察组组长　刘业奉
副部长　罗玉环（女，兼）

市委宣传部

部 长　高 山
常务副部长　赵柏林
副部长　李卫政
　朱锦辉
　郭润葵（女，兼）
市纪委市监委驻市委宣传部纪检监察组组长　郭 峻（女）
副部长　莫小佳（兼）

市委统一战线工作部

部 长　谭小平
常务副部长　刘映群
副部长　王国平
　饶福明
　袁义和（兼）
　丁 文（女）
　刘佳勇
市纪委市监委驻市委统战部纪检监察组组长　唐宇航

市委政法委员会（市综治办）

书 记　钟 钢
常务副书记　任安良
副书记　梅国栋
　周琼芝
副书记、市综治办主任
　闵 文
市纪委市监委驻市政法委纪检监察组组长　易达春
政治部主任　李丽萍
市综治办副主任
　梁银明
　王伟峰
　肖文辉
　曹军辉

市委政策研究室（市委改革办）

主 任　蒋红波
改革办常务副主任（正县职）
　吴德峰
副县职干部　熊俭贵
改革办专职副主任
　曾向阳
副主任　欧阳浩
　周 敏

市委网络安全与信息化委员会办公室（市互联网信息办公室）

主 任　莫小佳
副主任　刘艳军（女）
　周明熙（2018.09 任）

市机构编制委员会（市审改办）

主 任　彭民安
副主任　刘智强
　周艳芳（女）
　李哲学

中共长沙市直属机关工作委员会

书 记　夏建平
常务副书记　易权吉
副书记　梁 敏（女）
　胡金文
　徐克娇
委员、宣传部部长
　陈国胜
委员、市直纪工委书记
　丁柏平
委员、组织部部长
　易红玉（女）
市直工会工委主任
　杨 敏
委员、机关党总支书记
　范建斌
委员、办公室主任
　龚科生

市信访局

党组书记、局长
　喻志军
党组成员、副局长
　王强壮
　肖金平
　刘加利
　梁琼生
　陈 艳
　肖 劲（兼）
　杨运雄
　杨大公

部门管理机构

市委老干部局

局　长　罗玉环（女）
副局长　全晶莹（女）
邓国强
唐安石
艾明旺

市委台湾工作办公室

主　任　袁义和
副主任　张克清
王劲锋
袁湘鄂

市直属事业单位

市委党校（长沙行政学院）

校（院）长　徐宏源（兼，2018.11 止）
常务副校长　陈芳辉
副校长　郑军武
彭友元
刘国杰
杨名兴
教育长　汤新华

市档案局

党组书记、局长
袁健康
党组副书记、副局长
陈艳芳
党组成员　何立根
党组成员、副局长
金　科
档案馆馆长　马　强

市接待办公室

书记、主任　莫金文（2018.07 止）
许　凡（2018.07 任）
副主任　蒋莉冰
郑　曦

市委党史研究室

主　任　宋俊湘
副主任　蒋志飞
李　敏（女）

市委理论教育讲师团

主　任　刘莉霞（女）
副主作　汤文辉
刘菊娥（女）

刘少奇故里管理局（刘少奇纪念馆）

党组书记　刘　晖
党组副书记、局长
罗　雄（2018.07 止）
聂　勇（2018.07 任）
副局长　易锦君
黄　可
熊学爱（女）
彭明建

长沙晚报报业集团（长沙晚报社）

党委书记、社长
李鹏飞
党委副书记、《长沙晚报》总编辑
徐　辉
党委委员、集团总经理（聘）
董小林
党委委员、集团副总编辑、副总经理（聘）　庄居湘（女）
肖和平（女）
党委委员、《长沙晚报》副总编辑（聘）　李万寅
党委委员、集团副总经理（聘）
孙德宝
党委委员、《长沙晚报》副总编辑（聘）　胡建红

市广播电视台（集团）

台（集团）党委书记、台长、董事长（总经理）　曾　雄
台（集团）党委副书记
杨先成
台党委委员、副台长
潘开政
刘运喜
台（集团）党委委员、副台长、集团总编辑　周国强
台（集团）党委委员、副台长、集团副总经理　贺大公(2018.10 止)
于　海
台党委委员　胡蓉华（女）
台党委委员、工会工委主任
吴文广
台党委委员、总工程师
苏　志

长沙市人民代表大会

长沙市第十五届人大常委会

主　任　程水泉
副主任　赵建强
王国海
黄佳惠
芮英姿（女）
罗衡宁
张智勇
袁黎明
秘书长　柳美景
委　员　丁志良
文卫红
石莉波（女）
叶　妙（女）
冯　斌
任安良
刘有良（女）
刘金文（女，2018.01 止）
刘映群（女）
许尚农
杜中塔
李丽雄（女）
李素娥（女）
陈　慧（女）
陈兴平
罗玉环（女）
易田宏
周　伟
周松波
周锦民
赵凡存
赵柏林
郭为波（女）
涂克平
浣俊懿
曹清军(2018.10 止)
蒋华玲（女）
戴志敏（女）
于安全（2018.01 任）
李增加（2018.01 任）
黄吉邦（2018.01 任）

市人大各专门委员会

内务司法委员会

主任委员　陈兴平
副主任委员　段海波

委　员　　陈　旷（2018.12 任）
　　　　　王均全（兼）
　　　　　任安良（兼）
　　　　　李世红（兼）
　　　　　李应国（兼）
　　　　　张　帅（兼）
　　　　　李　娜（女，兼）
　　　　　屈志峰（兼）
　　　　　戴道国（兼）
　　　　　戴　煜（兼）

财政经济委员会

主任委员　丁志良
副主任委员　邹国兴
　　　　　喻　敏（女）
委　员　　余　勇
　　　　　刘金文（女，兼）
　　　　　刘跃华（兼）
　　　　　汤朝阳（兼）
　　　　　江凤鸣（兼,2018.10 止）
　　　　　罗　跃（兼）
　　　　　周锦民（兼）
　　　　　黎洪武（兼）
　　　　　裴小芳（女，兼）

教育科学文化卫生委员会

主任委员　涂克平
副主任委员　范金枝（女）
委　员　　李素洁（女，兼）
　　　　　李素娥（女，兼）
　　　　　邹永新（兼）
　　　　　张　艳（女，兼）
　　　　　罗炜豪（兼）
　　　　　赵小中（兼）
　　　　　赵柏林（兼）
　　　　　石壮志（兼）
　　　　　朱跃华（兼）
　　　　　刘德文（兼）
　　　　　周　璟（女，兼）

农业与农村委员会

主任委员　易田宏
副主任委员　全裕高
　　　　　蒋文京（女）
委　员　　胡　明
　　　　　田扩军（兼）
　　　　　冯　斌（兼）
　　　　　吕新光（兼）
　　　　　郭为波（女，兼）

委　员　　彭席文（兼）
　　　　　朱起志（兼）
　　　　　贺雪辉（女，兼）
　　　　　盛　波（兼）
　　　　　彭焕新（兼）

城乡建设环境与资源保护委员会

主任委员　文卫红
副主任委员　张书振
　　　　　杨建华
委　员　　龙凤舞（兼）
　　　　　许尚农（兼）
　　　　　李志兵（兼）
　　　　　李国军（兼）
　　　　　高兵良（兼）
　　　　　曹清军（兼,2018.10 止）
　　　　　陈　铭（兼）
　　　　　肖泽锦（兼）
　　　　　周　杨（兼）
　　　　　聂志强（兼）

法制委员会

主任委员　周　伟
副主任委员　尹忠东
委　员　　高晓宇（女）
　　　　　文志纯（兼）
　　　　　叶　妙（女，兼）
　　　　　刘有良（女，兼）
　　　　　李建国（兼）
　　　　　李群素（女，兼）
　　　　　贺湘林（兼）
　　　　　邓文胜（兼）
　　　　　兰立波（兼）
　　　　　刘筱泉（女，兼）
　　　　　杨　玻（兼）

民族华侨外事委员会

主任委员　杜中塔
副主任委员　彭罗生
委　员　　包咏鸿
　　　　　刘彩云（女，兼）
　　　　　李丽雄（女，兼）
　　　　　陈　慧（女，兼）
　　　　　洪也凡（兼）
　　　　　能　静（女，兼）
　　　　　黄克刚（兼）
　　　　　毛冰花（女，兼）
　　　　　陆家兴（兼）
　　　　　阿迪力·麦麦提吐热（兼）

委　员　　罗映红（兼）

市人大常委会工作机构

办公厅

主　任　　柳美景
副主任　　李增加
　　　　　罗小确

研究室

主　任　　于安全
副主任　　文　明
　　　　　陈日冬

选举任免联络工作委员会

主　任　　周松波
副主任　　张建华
　　　　　彭金城

法规工作委员会

主　任　　周　伟（兼）
副主任　　尹忠东（兼）

信访办公室

主　任　　蒋华玲
副主任　　任伟洪

预算工作委员会

主　任　　黄吉邦
副主任　　朱丽华

长沙市人民政府

市　长　　陈文浩（2018.02 止）
　　　　　胡忠雄（2018.03 任）
副市长　　舒行钢
　　　　　付胜华（2018.10 止）
　　　　　唐向阳
　　　　　李　蔚
　　　　　刘明理
　　　　　邱继兴
　　　　　廖建华
顾　问　　黎　勇
秘书长　　张能峰
副秘书长　蒋集政
　　　　　卢兴映
　　　　　涂文清
　　　　　康小平
　　　　　杨小林

副秘书长　　王体泽
厉江华
戴建文
肖思源
张跃先

市人民政府办公厅

党组书记　　张能峰
党组副书记、主任
蒋集政
市纪委市监委驻市政府办公厅纪检监察组组长　　文振中
办公厅副主任
陶　琼
丁财喜
谭　海

市发展改革委员会

党委书记、主任
夏文斌
党委委员、总经济师
熊景业
党委委员、副主任
胡圣国
王启玮
蔡东风
市纪委市监委驻市发展改革委纪检监察组组长、市发展改革委党委委员
宋志元
党委委员、工会主席
张国华
党委委员、副主任
杨建强
曾红鹰
（女，2018.08 止）
党委委员　　陈建华
副主任　　郭旲巍
（女，2018.12 止）
党委委员　　雷光裕
党委委员、市能源局（市能源执法支队）书记、局长（支队长）
肖　波
党委委员、副主任（挂职）
刘　震（2018.12 任）

市经济和信息化委员会

党委书记、主任
黄　滔
党委委员、副主任
周双恺
吴宏亮
万惠明
党委委员、工会工委主任
欧卫兵
党委委员、总经济师
熊祥林
市纪委市监委驻市经信委纪检监察组组长、党委委员　　廖　岚

市教育局

党委书记、局长
卢鸿鸣
党委副书记、副局长（正县）
孙传贵
党委委员、副局长
邓　芸
市纪委市监委驻市教育局纪检监察组组长、党委委员
王长陵（2018.09 止）
党委委员、副局长
缪雅琴
党委委员、长沙教育工会主席
陈仕强
党委委员、机关党委书记
胡慎信
副局长　　杨庆江
党委委员、主任督学
周　灿（2018.09 任）

市科学技术局

党组成员、副局长
宋新和
张　凯
周一平
党组成员、总工程师
盛湘饶
副局长　　陶　红

市住房和城乡建设委员会

党委书记、主任
王伟胜
党委副书记、副主任
袁国棋
党委委员、工会工委主任
冯先强
党委委员、副主任
胡汉清
市纪委市监委驻市住建委纪检监察组组长、党委委员　陶建军（2018.02 止）
市纪委市监委驻市住建委纪检监察组组长、党委委员　贾保全（2018.02 任）
党委委员、副主任
赵志宏
陈杰刚
党委委员、副主任、市房屋征收办党总支部书记、主任
卢　军
党委委员、副主任、市房屋产权登记管理中心主任
杜湘晖

市公安局

市人民政府副市长、市公安局党委书记、局长、督察长
唐向阳
党委副书记、常务副局长
车丽华
党委副书记、副局长
何正良
（2018.07 任党委副书记）
党委委员、副局长
李湘江（女）
欧益科
徐波跃
韦树恒（2018.02 任副局长，同时免政治部主任、刑侦支队政委职务）
党委委员、政治部主任
陈定佳（2018.07 任）
市纪委市监委驻局纪检监察组组长、党委委员、第一副督察长
孔蓉晖（女）

市民政局

党委书记、局长
陈昌佳
党委副书记、副局长
伍仁华
党委委员、副局长
贵志平
范凤芝（女）
党委委员、工会工委主任
张龙洋
党委委员、副局长
何水军
党委委员　　杨为锦
市纪委市监委驻市民政局纪检监察组组长、党委委员
奉蓓蕾（女）

党委委员、副局长
何 飞（2018.10 任）

市司法局

党委书记、局长、湖南省坪塘监狱第一政委（兼） 尹小英
党委副书记、副局长
骆正平
副局长 贝先明
党委委员、政治部主任
彭文学
党委委员、副局长
喻中文
孙美秀
市纪委市监委驻市司法局纪检监察组组长、党委委员 钟 楠
党委委员、副局长
荀飞正

市财政局

党组副书记、副局长
吴金生
市纪委市监委驻市财政局纪检监察组组长、党组成员 师大学
党组成员、副局长
熊清溪
张学峰
党组成员、工会主席
唐元立
党组成员、副局长
李玮玮（女）
李 孟（女）

市人力资源和社会保障局

党委书记、局长
张白云（女）
党委副书记、副局长
王 河
党委委员、副局长
钟建辉（女）
陈英庶
副局长 周柏清
党委委员、副局长
戴崇华（女）
党委委员 鲁爱民
党委委员、副局长
李德清
李佑明（2018.07 止）
党委委员、总会计师
肖建国

党委委员、工会工委主任
伍玉明
党委委员、副局长
谭明江
魏 敏（女）
市纪委市监委驻局纪检监察组组长、党委委员 卢勇辉
党委委员、副局长
邓 勇（2018.10 任）

市国土资源局

党委书记、局长
陈晓阳
党委委员、副局长、长沙市土地管理委员会办公室专职副主任（正县级）
傅青山（2018.01 止）
党委委员、副局长
罗国良
舒桂秋
刘国梁
（总经济师职务于 2018.01 止，副局长职务于 2018.01 任）
党委委员、总规划师
黎小宇（女，2018.01 任）

市交通运输局

党委书记、局长
胡岳龙
党委副书记、副局长
罗齐宏
党委委员、副局长
李 宏
欧 璟（女）
杨忠文
陈 湘
党委委员、工会工委主任
李柯宁
党委委员 程 林
市纪委市监委驻市交通运输局纪检监察组组长、党委委员
王本楼
总工程师 王 磊

市农业委

党委书记、主任
吴石平
党委副书记、副主任
李雪龙
党委委员、副主任
陈志雄

党委委员、副主任
尹莉亚（女）
毛 晓
市纪委市监委驻市农业委纪检监察组组长、党委委员 黄威重
党委委员、副主任
肖志高（2018.04 止）
党委委员、总农艺师
廖命忠
党委委员、副主任
黄志强
副主任 陈 锦
党委委员、副主任
刘 军
党委委员 邓西京
市委农村工作办公室副主任
周兴发

市水务局

党委书记、局长
曹 彪
党委委员、副局长
袁自力
党委委员 欧阳广才
党委委员、总工程师
王力新
市纪委市监委驻市水务局纪检监察组组长、党委委员
熊 力
党委委员、副局长
喻小丽（女）
党委委员、工会工委主任
肖索夫
党委委员、副局长
王佳良
孙 沅

市林业局

党组书记、局长
唐曙光
党组成员、副局长
谭景长
党组成员、总工程师
恭映璧
党组成员 谢欣荣
党组成员、副局长
段建军
周 浩
张红民

党组成员兼机关党委书记
徐运金（2018.09 止）

市商务局

党委书记、局长
高　伟
党委副书记、副局长
陈再坤
副局长　毕丽颖（女）
党委委员、副局长
毛鹏程
汪东华
市纪委市监委驻市商务局纪检监察组组长、党委委员　孙兴红
党委委员、副局长
黄立斌
吴照舒
党委委员、工会主任
张德春
党委委员　刘利华
党委委员、副局长
孙春华

市文化广电新闻出版局

党委书记、局长
杨长江
党委副书记、副局长
彭　勇
党委委员、副局长
黎　政
党委委员　郭学稳
党委委员、副局长
吴　洪
党委委员、工会工委主任
隆建光
党委委员　贺平生
党委委员、副局长
周永康（2018.02 止）
李小军（2018.02 任）
市纪委市监委驻市文化广电新闻出版局纪检监察组组长、党委委员
杨倩之

市卫计委

党委书记、主任
周　敏（女）
党委副书记、副主任（正县职）
王新良
党委委员、副主任
吴敏泉
党委委员、市计生协会常务副会长
胡　平
党委委员、副主任
刘明章
邓云其
副主任　欧志明
市纪委市监委驻市卫计委纪检监察组组长、党委委员　贾保全（2018.02 止）
党委委员、副主任
厉卫东
党委委员　周英元
副主任　刘激扬（女）
党委委员、副主任
李淑环（女）
刘　伟
市纪委市监委驻市卫计委纪检监察组组长、党委委员　易立民（2018.02 任）

市审计局

党组书记、局长
李伟群
市政协副主席（兼）、副局长
段安娜(2018.09 止)
党组成员、副局长
彭保刚（2018.08 止）
党组成员、总审计师
关士麟
党组成员、工会主席
钟宏杰
党组成员、副局长
曹　旨

市城市管理和行政执法局

党委书记、局长
邓鹏宇
党委副书记、副局长
赵建军
党委委员、副局长
曾庆安
张胜祥
胡智慧
胡　刚
邹自强（2018.02 退休）
党委委员、工会工委主任
庄湘衡
党委委员　赵会华
市纪委市监委驻市城管执法局纪检监察组组长、党委委员
罗晓群（女）
党委委员、副局长
袁海燕（女）

市城乡规划局

党委书记、局长
冯意刚
党委副书记、副局长
吴学超（2018.02 止）
党委委员、副局长
张　斌
程展鹏
总规划师　解　成
党委委员、副局长
王慧芳（女）
党委委员、工会工委主任
曾发祥
市纪委市监委驻市城乡规划局纪检监察组组长、党委委员
苏启丰
党委委员、副局长
段　宁（2018.02 任）

市环境保护局

党组书记、局长
潘胜强
党组副书记、副局长
李中秋（党组成员、副局长职务于 2018.02 止，党组副书记、副局长职务于 2018.02 任）
党组成员、工会主席
邓　峰
市纪委市监委驻市环境保护局纪检监察组组长、党组成员
向建州
党组成员、副局长
赵玲芳（女）
刘英杰（女）

市统计局

党组书记、局长
肖正波
副局长　汤建尧
党组成员、副局长
张罗先
韦　薇（女）
党组成员　赵安明
党组成员、总统计师
胡建中
党组成员、副局长
曹敬波

市体育局
局　长　　李　平（女）
党委书记　李文格
党委委员、副局长
　　陈　晓（2018.09 止）
　　杨亿明
党委委员、工会主席
　　钟国林
党委委员、副局长
　　李德安
党委委员、机关党委书记
　　黄太焱
党委委员、副局长
　　覃事平
　　欧阳文卫（2018.06 止）

市旅游局
党组书记、局长
　　易　冒
党组成员、副局长
　　曾卫军
　　廖双寅
　　余　岚
　　岳　锋

市民族宗教事务局
党组书记、局长
　　罗　伟（2018.01 任）
党组成员、副局长
　　彭晓军
　　王自书
党组成员　刘立新
党组成员、副局长
　　张晓鸣

市粮食局
党委书记、局长
　　陈　旭
党委委员、副局长
　　周东义
　　卞佑明
党委委员、工会工委主任
　　郝玉仑
党委委员、副局长
　　易　鹰
党委委员　龙　文

市安全生产监督管理局
党组书记、局长
　　胡春山
党组成员、副局长
　　曹惠民（2018.07 止）
　　钟才发
　　李建勋
　　李志兵
党组成员　杨友良
党组成员、副局长
　　刘金泽
　　喻志珊
党组成员　郭朋芳
党组成员、副局长
　　唐五一

市食品药品监督管理局
党组书记、局长
　　郭　埁
党组副书记、副局长
　　毕则勇
党组成员、副局长
　　易石平
　　谭志国
　　陈明南
　　钟　卫
　　彭　进（女）
　　肖志杰
　　金　雷
　　罗　昶
　　曾秋初

市人民政府外事侨务办公室（市人民政府港澳事务办公室）
党组书记、主任
　　郑力虎
党组副书记、副主任
　　缪　画（女）
党组成员、副主任
　　钟发丽（女）
党组成员　孔亦平
　　刘新明
党组成员、副主任
　　张青松

市人民政府法制办公室
党组书记　魏华松
主　任　陈剑文
党组成员、副主任
　　杨建辉
　　张　智
　　陈　波

市人民政府研究室
党组书记、主任
　　王德志
党组成员　李守红
党组成员、副主任
　　彭文滋
　　马　琤

市工商行政管理局
党组书记、局长
　　卓精华（2018.07 止）
党组副书记、副局长
　　潘　虹
党组成员、副局长
　　谢　辉（女）
市纪委市监委驻市工商行政管理局纪检监察组组长、党组成员
　　陈志恺
党组成员、副局长
　　谢朝晖
　　宋小军（2018.10 止）

市质量技术监督局
党组书记　高　杰
局　长　张庆和
党组成员、副局长
　　李有富
　　张　炼
　　耿良安
党组成员、总工程师
　　龚　军
党组成员、副局长
　　肖　磊

市知识产权局
党组书记、局长
　　孙　进
党组成员、副局长
　　张　立
　　崔　晓（2018.08 止）
　　徐拥军
　　黄向红

市政府金融工作办公室
党组书记、主任
　　李晓斌
党组成员　李建武
党组成员、副主任
　　段永松
　　易　红（女）

市园林管理局
党委书记、局长
李志坚
党委副书记、副局长
李　伟
党委委员、副局长
黄　哲
党委委员、总工程师
缪赐立
党委委员、工会主席
陶晓明
党委委员、副局长
张明亮（女）

市机关事务管理局
党委书记、局长
张　权
党委副书记　张献军（2018.09 止）
党委委员、副局长
黄　灿
党委委员、工会主席
何见明
党委委员、副局长
夏寿利
陈　亮

市人民防空办公室
党组书记、主任
王世平
党组成员　谭园春
罗　峰
党组成员、副主任
王业平
党组成员　汤立新
党组成员、副主任
周吉民
张良欣（2018.02 任）

特设机构

市人民政府国有资产监督管理委员会
党委书记、主任
王雄文
党委副书记、副主任
陈　军
总经济师　唐鉴明
党委委员、工会工委主任
钱　军
党委委员、副主任
杨能武
市纪委市监委驻市国资委纪检监察组组长、党委委员
刘兵辉
党委委员、副主任
刘新春（2018.02 任）

部门管理机构

市两型办
党组书记、主任
彭鉴西
党组成员、副主任
伍　进
谢湘明
罗　玢
李新华

挂靠管理机构

市爱国卫生运动委员会办公室
主　任　厉江华
常务副主任　袁　湘（女）

直属事业单位

市住房保障服务局
党组书记、局长
周　飞
党组副书记、副局长
李万雄
党组成员、副局长
黄家兴
李昌贵
党组成员　庄大林
党组成员、副局长
潘　宏
党组成员　苏自立

市工务局
党组书记、局长
席超波
党组成员、副局长
马泽谦
刘和平
李　航
党组成员、总工程师
刘学武
党组成员、副局长
熊翠玲（女）

市政务服务中心
党组书记、主任
谭　果
党组成员、副主任
黄文彬
李祥龙
王卫江
雷　泓

市地方志办公室
党组书记、主任
王习加
党组成员、副主任
姚　兰（女）
张列群（女）
贺国成
肖清平

市供销合作总社
党委书记、理事会主任
杜　强
党委副书记、理事会副主任
陈谷良
党委委员、理事会副主任
谢乐兵
党委委员、监事会主任
伍春强
党委委员、理事会副主任
文朝阳
党委委员　孙玉楼
党委委员、理事会副主任
杨　立（女）

长沙公共资源交易中心
党组书记　戴中平
主　任　黄　锋
党组成员、副主任
周集中
张福新

市政府驻北京联络处
党组书记、主任
雷曙超
副书记、副主任
刘加强
副主任　肖　劲
党组成员　丁　艳

其他事业单位

长沙住房公积金管理中心

党组书记、主任
彭欢首
党组成员、副主任
高北平
马保华
党组成员、总会计师
周子荣
党组成员、副主任
申志勇
党组成员　朱发军

市政府驻深圳办事处

主　任　齐　益
副主任　何立成
李　琼

市政府驻上海联络处

主　任　苏　准
副主任　陈耀辉

市会展工作管理办公室

党组书记、主任
陈树中
党组成员　彭有求
党组成员、副主任
张熙坤
罗庆龙

市轨道交通建设管理办公室（市公共停车设施项目办公室）

主　任　唐志远

市公路管理局

党委书记、局长
浣灿勇
党委委员、副局长
李志丰
总工程师　何贤锋
（2018.09 提前退休）
党委委员、工会主席
刘利民
党委委员　黎　明
党委委员、副局长
彭跃能

市地方海事局

党委委员、副局长
张科正
（2018.09.30 后主持全局工作）
党委委员、副局长
文博徽
党委委员、工会主席
胡晓东
党委委员　柳英平
党委委员、副局长
胡　宇

市政府电子政务管理办公室

主　任　易石军
书　记　袁　谯
副主任　石志明
纪检负责人　胡　岚（女）
总工程师　赵　顺

市移民开发管理局

局　长　张水平
副调研员　邹铁清
副局长　尹　晖
熊亚平（女）

市能源局

局　长　肖　波
副局长　高　雅
刘海林
王　婧

市农村经营服务站

站　长　郭志强
副站长　苏绍君
刘光辉

市城市房屋征收和补偿管理办公室

党总支书记、主任
卢　军
副主任　王一夫
李　娟（女）
符美田
工会主席　江正泉

双重领导、以省直厅局为主管理的机构

国家税务总局长沙市税务局

党委书记、局长
文延风
党委副书记、副局长
陈友谊
党委委员、副局长
刘　进
党委委员、副局长
邹　志
谭元奎
袁　斌
钱秀芳
陶佼如
梁　健
黄书惕
刘国锋
钟奇伟
党委委员、纪检组组长
蒋亚平
党委委员、总经济师
李伯成
党委委员、总会计师
潘　斌
沈　俊

国网长沙供电公司

国网湖南省电力有限公司副总经理、党委委员，国网长沙供电公司总经理、党委副书记
周宗发（2018.03 止）
董　昱（2018.03 任）
党委书记、副总经理
张孝军（2018.06 止）
孟　军（2018.06 任）
党委副书记、副总经理
刘朝阳（2018.09 任）
副总经理、党委委员
姚震宇
黄治国
李宗赐（2018.09 任）
工会主席、党委委员
杨泽洲（2018.12 止）
副总经理、工会主席、党委委员
周弘明（2018.12 任）
党委委员、纪委书记
王　颖（2018.01 任）
总工程师　邓　铭（2018.09 任）
副总经理、总会计师、党委委员
陈　静（2018.12 止）
总会计师、党委委员
陈　翔（2018.12 任）
国网长沙供电公司党委委员、长沙电力修造安装公司总经理、星电集团董事长、党委书记
周卓敏（女，2018.09 任）

市邮政管理局

党组书记、局长
张　军
党组成员、副局长、纪检组组长
赵红卫
党组成员、副调研员
李学东（2018.04 止）

市烟草专卖局（公司）

党组书记、局长、经理
吴奇林
党组成员、副局长
罗稳刚
党组成员、副经理
何命军
党组成员、纪检组组长
吴　波
党组成员、副经理
刘　智（女）

市地震局

局　长　吴　帅
副局长　黎品忠
杜福来

市气象局

党组书记、局长
戴科良
党组成员、副局长
匡方毅
党组成员、纪检组组长
周建坤
党组成员、副局长
李仁鹏

市水文局

党组书记、局长
张海如
党组成员、副局长、总工程师
易瑾瑜
党组成员、副局长
李京伟
党组成员、纪检组组长、工会主席
曾　专
党组成员、副局长
付　军
副调研员　刘玉辉

中国人民政治协商会议长沙市委员会

政协长沙市第十二届委员会

主　席　文树勋
副主席　石长松
龚振湘
段安娜（女）
彭继球
袁志恒
邓自力
文丽霞（女）
朱建军
李　平（女）
秘书长　谭　志
副秘书长　郑耀频
张业军
王文华
汤建尧（兼）
张庆和（兼）
常　委（按姓氏笔画排列）
丁　文（女）
马　庆　马运山
文丽霞（女）
文树勋　王文华
王永宏　王国平
王剑平　王清华（女）
邓文莉（女）
邓自力　石长松
刘　丽（女）
刘　磊（女）
刘丹军　刘华富
刘良春　刘慧扬（女）
匡涛涛（女）
孙中民　朱世平
朱建军　汤建尧
何金松　吴石平
吴安定　张业军
张庆和　张晓琴（女）
张铁光　张蔚秋（女）
李平（女）
李卫政　李天赐
李兰宏　李光焰
李德胜　杨先志
杨庆江　杨余飞
陈　忞　陈昉青
陈昌佳　陈剑文（女）
周　敏（女）
周至仁（女）
常　委　国　晖　易　冒
易　静（女）
易介兵　易权吉
易敏华　枭　燕（女）
欧阳侨（女）
段安娜（女）
祝珍明　贺志勇
赵雪峰　钟小珍（女）
唐日清　唐志浩
夏放群　徐勇斌（女）
徐美辉（女）
袁志恒　郭昊巍（女）
陶　红（女）
高清福　曹孟良
梁　粮　黄　锋
黄晓丹　黄逸强
龚振湘　喻　辉
彭继球　曾常清
曾　理（女、侨联界）
蒋　林　蒋言斌
蒋铁祥　谢丽华（女）
释圣辉　释坚愿（女）
鲁劲松　熊冬华
谭　志

政协各专门委员会工作部门

办公厅

主　任　谭　志
副主任　王文娟
彭顺勇

提案委员会

主　任　高清福
副主任　钟志明
易　健
王习加（兼）
朱　江（女，兼）
许团生（兼）
易　静（女，兼）
周艳芳（女，兼）
钟阿丽（女，兼）
段军如（兼）
郭昊巍（女，兼）
彭欢首（兼）
彭治华（兼）
蒋集政（兼）

经济科技委员会

主　任　王清华（女）

副主任 黄 起
金晓辉
刘丹军（兼）
刘裕纯（兼）
刘 婧（女，兼）
李天赐（兼）
李范坤（兼）
李建龙（兼）
吴金生（兼）
张明刚（兼）
张铁光（兼）
陈 黎（兼）
夏利锋（兼）
常 委 莫一平（兼）
曾常清（兼）

文教卫体和文史委员会

主 任 陈 忞
副主任 谢雯晟
杨庆江（兼）
迟美桦（女，兼）
易石平（兼）
彭丽君（女，兼）
谭 旭（兼）

法制群团和民族宗教委员会

主 任 梁 粮
副主任 袁治伟
王自书（兼）
邓文莉（女，兼）
匡涛涛（女，兼）
李 坤（兼）
李湘江（兼）
陈昌佳（兼）
陈剑文（女，兼）
郑 军（兼）
钟小珍（女，兼）
骆正平（兼）
祝允明（兼）
赵雪峰（兼）

港澳台侨和外事委员会

主 任 谢丽华（女）
副主任 易 红（女）
刘 斌（兼）
张晓琴（女，兼）
陈再坤（兼）
陈昉青（兼）
宋俊湘（兼）
易 冒（兼）

副主任 枭 燕（女，兼）
袁义和（兼）
曾 昕（兼）
缪 画（女，兼）
蔡跃武（兼）

人口资源环境委员会

主 任 朱世平
副主任 舒干峰
乔伟玲（女，兼）
李中秋（兼）
李 军（兼）
何 玄（女，兼）
陈晓阳（兼职）
赵建军（兼）
常 委 胡世梯（兼）
胡再明（兼）
贺志勇（兼）
袁国棋（兼）
谢军能（兼）
窦祝平（兼）

研究室

主 任 李德胜
副主任 郑志华

湖南湘江新区

党工委书记 陈文浩（2018.01 止）
胡忠雄（2018.01 任）
党工委副书记、管委会主任
张迎春
党工委委员、管委会副主任
罗社辉
刘中杰
凌勤杰

中国共产党长沙市纪律检查委员会

省纪委常委、市委常委、市纪委书记、市监委主任 蔡亭英
市纪委常务副书记、市监委副主任
邱俊杰
市纪委副书记、市监委副主任
刘金文
市纪委副书记、市监委副主任
熊冬华
市纪委常委 陈建新
邓和平
肖波静
瞿 浩（2018.02 任）
市监委委员 陈建新（2018.01 任）
邓和平（2018.01 任）
肖波静（2018.01 任）
丁晓波（2018.01 任）
胡飞虎（2018.01 任）

长沙市中级人民法院

党组书记、院长
肖新平
党组副书记、副院长
钊作俊
党组成员、副院长
黎 军
邹剑钧
周芳乐
副院长 邓文莉（女）
党组成员、工会主席
刘昱杰
党组成员、执行局局长
范登峰
市纪委市监委派驻市中级纪检监察组组长、党组成员
陈立民

长沙市人民检察院

党组书记、检察长
王勋爵
党组副书记、副检察长
姚湘中
李宗戈
副检察长 祝珍明
党组成员、机关党委书记、工会主席
薛乐基
党组成员、星城地区人民检察院检察长 盛 磊
党组成员、副检察长
周亚红（女）
市纪委市监委派驻市检察院纪检监察组组长、党组成员 李 勇
党组成员、政治部主任
石 华
党组成员、副检察长（挂职）
张青春
党组成员、副检察长
宋宽馀

开发区

国家级开发区

长沙高新技术产业开发区

党工委书记　周庆年
党工委副书记、管委会主任
谭　勇
党工委副书记
陈志红（2018.07 任，
党工委委员、副主任 2018.07 止）
党工委委员、管委会副主任
陈大庆
党工委委员、总工会主席
杨金林
党工委委员、人大政协联络办主任
江从平
党工委委员（挂职）
李平波
党工委委员、纪工委书记
彭欣荣（2018.09 任）
党工委委员、管委会副主任
崔　晓（2018.09 任）
管委会副主任（挂职）、长沙市公安局高新区分局局长
漆曙光
党工委委员（挂）
尹汉锋（2018.06 任）
党工委委员、管委会副主任
莫一平（2018.07 止）
党工委委员、纪工委书记
刘颖鹏（2018.09 止）
党工委委员、管委会副主任
周意龙（2018.07 止）
党工委委员　甘其斌（2018.07 止）

长沙经济技术开发区

党工委书记　曾超群
党工委副书记、主任
张庆红（2018.09 任）
党工委副书记
贺代贵（2018.02 任）
党工委委员、副主任
巩　固（2018.07 止）
党工委委员、纪检委书记
周志远
党工委委员、副主任
常利民
党工委委员、副主任
袁　钊（2018.07 任）
杜海霞（女，2018.02 止）
党工委委员　张贤长（2018.07 止）
张文球（2018.07 止）
党工委委员、副主任
张湘鸿（2018.09 任）
党工委委员　肖　靖
（2018.06 任，挂职）

宁乡经济技术开发区

党工委书记　周　辉
党工委副书记、管委会主任
戴中亚
党工委副书记
黄　瑶
党工委委员、纪工委书记
刘颖鹏（2018.09 任）
党工委委员、管委会副主任
刘　辉
管委会副主任
黄　梁（2018.07 任）
党工委委员　吴　宏
（2018.06 任，挂职）
党工委委员、纪工委书记
袁　钊（2018.07 止）
党工委委员（2018.07 止）、总工会主席　王子进

浏阳经济技术开发区

党工委第一书记
黎春秋（兼）
党工委书记　郭力夫
党工委副书记、主任
谈文昌
党工委副书记、副主任
寻阮豪
党工委副主任
何六生（援藏）
党工委委员　胡汉圣
副主任　邹先瑜（2018.7 止）
罗其胜
伍建明
纪工委书记　肖赛男（女）
副主任　喻　辉
（2018.7 任，挂职）
陈志高（聘）

望城经济技术开发区

党工委书记　张　毅
党工委副书记、管委会主任
周　剀（2018.07 任）
党工委委员、纪工委书记
刘　彪
党工委委员　李小平
管委会副主任
杨　智（2018.09 止）
党工委委员、管委会副主任
郑以仁
佘浩宇
姚罗光
肖　逸（2018.09 任）
管委会副主任
曾志勇
（挂职，2018.07 任）

省、市、县级开发区

隆平高科技园

党工委书记　王曙光（2018.07 止）
卓精华（2018.07 任）
党工委副书记、主任
缪晨光
副主任　曾　理（2018.09 止）
罗　辉（2018.09 任）
纪工委书记　汤季平（2018.09 止）
党工委委员　吴清斌（2018.09 止）
副主任　谭利辉（女）

天心经开区管委会（新）筹建委员会（2018 年 8—12 月）

筹委会主任　贺国权
筹委会成员　侯烛天
刘正文

天心经济开发区党工委、管委会（2018 年 1—7 月）

党工委书记　贺国权
党工委副书记、管委会主任
刘正文
党工委副书记、管委会副主任
邓志平
党工委副书记
翁开明
党工委委员、纪工委书记
钟书宏
党工委委员、管委会副主任
钟　辉
王　磊
（挂职，2018.06 任）

暮云经济开发区党工委、管委会（2018年1—7月）

党工委书记 侯烛天
党工委副书记、管委会主任
王 剑
党工委委员、管委会常务副主任
石宇峰
党工委委员、纪工委书记
袁 勇
党工委委员、企业党委专职副书记
马立新
管委会副主任 黄大伟
肖集中
（挂职，2018.03任）

长沙金霞经济开发区

党工委书记 杨应龙（2018.07止）
李国军（2018.07任）
管委会主任 康镇麟（2018.09任）
调研员 袁政国（2018.07任）
党工委副主任、管委会副主任
刘熙宇
党工委委员、管委会副主任
曾 理（2018.09任）
党工委委员（兼）、青竹湖生态（科技）产业园党工委书记
吴正豪
管委会副主任 杨 智（2018.09任）
党工委委员（兼），青竹湖生态（科技）产业园党工委副书记、管委会主任，开福高新区党工委（筹）书记
宋奇志
党工委委员（兼）、金霞保税物流中心党工委书记 裴文欢
党工委委员（兼），金霞保税物流中心党工委副书记、管委会主任
侯凌新
副县级干部 杨永达
党工委委员（兼）、开福高新区管委会（筹）主任 樊 伟（2018.02）
党工委委员、纪工委副书记
胡仕勇
党工委委员、招商合作局局长、开福高新区（筹）党工委副书记、管委会（筹）常务副主任 张中文

长沙雨花经济开发区

党工委书记 郭四军
党工委副书记、管委会主任
李国军（2018.07止）
党工委副书记、管委会主任
曾红鹰
（女，2018.07任）
党工委委员、管委会副主任
李剑刚（2018.09任）
党工委委员、工会联合会主席、企业党委书记 傅建辉
党工委委员、管委会副主任
邓 波
魏建良（2018.09止）
党工委委员、纪工委书记
姜泽红
党工委委员、纪检监察室主任
李逾之
党工委委员、规划建设局局长
刘 庄（女）

浏阳高新技术产业开发区

党工委书记 周 剀（2018.08止）
党工委书记、管委会副主任（挂）
喻 辉（2018.08任）
党工委副书记、管委会副主任
赵志武
党工委副书记（挂）
李 建（2018.09止）
党工委委员、副书记（挂）
陈训武（2018.09任）
党工委委员、工会联合会主席
翦正红（女）
党工委委员、管委会副主任
张 露（女）
党工委委员、纪工委书记
黄才胜
党工委委员（挂）、企业党委委员、专职副书记 宋 孟

宁乡高新技术产业园

党工委书记 刘永红（2018.07止）
郑 旗（2018.07任）
党工委副书记、管委会主任
郑 旗（2018.07止）
苏继桃（2018.07任）
党工委副书记、纪工委书记
欧立新
党工委委员、管委会副主任
喻 晓
苏继桃（2018.07止）
刘 颖

岳麓高新技术开发区

党工委书记 屈志峰
党工委副书记、管委会主任
黄 燕（2018.07止）
党工委副书记、管委会副主任
刘正文
党工委委员、管委会副主任
张俊雄
管委会副主任
方胜昔（女）
舒 拉
党工委副书记、纪工委书记
厉雅硕
管委会副主任
吴清萍（女）

长沙黄花综合保税区

党工委书记、管委会主任
王国良（2018.02任）
党工委委员、管委会副主任
孟立祥（2018.02任）

马栏山（长沙）视频文创园

党工委书记（兼）
廖建华
党工委副书记、管委会主任
邹犇森
党工委委员、管委会副主任
黄燕（女，2018.07任）
蹇桂军（2018.02任）
管委会副主任（兼）
刘巍峰
甘霖（2018.07任）

群众团体

长沙市总工会

主 席 芮英姿（女）
党组书记、副主席
周宏兆
党组副书记、副主席
匡涛涛（女）
党组成员、副主席
鲁承钢
纪检组组长、党组成员
刘安瑜
党组成员、副主席
汪中会
党组成员、经审委员会主任
向 欣（女）
副主席（挂职）
赵本纲

副主席（兼职）
张晓庆（女）
黄海兰

共青团长沙市委

党组书记、书记
叶　妙
党组书记、副书记
赵雪峰
周　坤
康　然
党组成员、副书记（挂职）
何　平
党组成员、青少年宫主任
李　明
副书记（兼职）
夏利锋
王　露

长沙市妇联

党组书记、主席
文　方
党组成员、副主席
周小春
钟小珍
赵景利（2018.07 止）
副主席　石莉波
挂职副主席　关媛媛（2018.07 任）
兼职副主席　李群素（2018.07 任）
宁联芳（2018.07 任）
周虹妤（2018.07 任）

长沙市科学技术协会

主　席　邓自力
党组书记、副主席
李范坤
副主席　王　准
易　方
杨迪君

市归国华侨联合会

党组书记　王国平
主　席　陈　慧（女）
党组成员、副主席
刘　斌（女）

市台湾同胞联谊会

会　长　白树仁（兼）
副会长　陈昉青
秘书长　彭众评

市残疾人联合会

党组书记、理事长
刘增三
党组成员　曾　军
党组成员、副理事长
任铁强
左锡涛

市社会科学界联合会（长沙社会科学院）

党组书记（兼）、市委宣传部副部长
朱锦辉
党组副书记、主席（院长）
吴安定
党组成员、副主席（副院长）
王锡财
赵景利
（女，2018.07 任）
吴昌伟

民主党派·工商联

民革长沙市第十四届委员会

主任委员　朱建军
副主任委员　冯　斌
蒋　林
康镇麟
刘激扬（女）
秘书长　张蔚秋（女）

民盟长沙市第十六届委员会

主任委员　张庆和
副主任委员　刘志红（女）
陈迪夫
邱忠献
鲁劲松

民建长沙市第十四届委员会

主任委员　段安娜（女）
副主任委员　李丽雄（女，专职）
张海岸
杨余飞
李　舜（女）
秘书长　戴灿华（女）

民进长沙市第十二届委员会

主任委员　李　平（女）
副主任委员　李素娥（女，专职）
邹国兴
李正元（女）
龚中良
秘书长　兰德泉

农工民主党长沙市第十三届委员会

主任委员　龚振湘
副主任委员　周锦民
吴小宁
邓文莉（女）
谢文军
秘书长　易介兵

致公党长沙市第六届委员会

主任委员　王国海
副主任委员　枭　燕（女）
吴晓佳
邓雪琴（女）
黄　锋

九三学社长沙市第八届委员会

主任委员　汤建尧
副主任委员　刘有良（专职，女）
邓立新
何贤锋
曹　前

长沙市工商业联合会（总商会）

主　席（会长）
彭继球
第一副主席（副会长）
丁　文（兼，女）
专职副主席（副会长）
张明刚
刘立红（女）
田桂元（女）
秘书长　李　俊（女）

区县（市）

芙蓉区

中共芙蓉区委员会

书　记　于新凡
副书记　周春晖
陈计伟
卓精华
（挂职，2018.07 任）
常　委　王曙光
（挂职，2018.07 止）
周　虔（女）
刘文立

常　委　伍艳飞（女）
袁伟洁（2018.08 止）
谭雄伟
何元良
许　凡（2018.08 止）
易新宇
王长陵(女,2018.09任)
喻志刚（2018.08 任）
周治国
（挂职，2018.12 止）

区人大常委会

主　任　廖铁成
副主任　宋晋武
陈忍冬
严国益
马京沙（女）
罗尔曼（女）

区人民政府

区　长　周春晖
副区长　谭雄伟
周治国
（挂职，2018.12 止）
彭尚松
陈定佳（2018.08 止）
章晓波（2018.08 任）
黄金国
梁汝岚（女）
练大智
刘　宪（2018.01 任）

区政协委员会

主　席　郑　明
副主席　范伟民
洪曙光（兼）
谢志鹏
杨爱斌（女）
陈　庆（兼）

天心区

中共天心区委员会

书　记　朱东铁
副书记　黄　涛（2018.12 任）
朱远红（女）
蒋红波（挂职）
常　委　贺国权（挂职）
张界贻
曾卫国
黄文先
周志军
苏宏洲
刘　向
肖雄伟
侯向宇

区人大常委会

主　任　于　献（女）
副主任　李　曦（女）
颜小平（女）
谭文敏（瑶族）
邱忠献
张少林

区人民政府

区　长　黄　滔（2018.12 任）
副区长　周志军
王海军
康镇麟（2018.12 止）
洪孟春
肖向东
黄　会（女）
许　波
张　建(2018.02 任)

区政协委员会

主　席　夏艳兰（女）
副主席　彭泽南
黎小玲（女）
陈　劲（女，兼）
罗超纲（兼）
赵英华

岳麓区

中共岳麓区委员会

书　记　周志凯
副书记　周　凡
刘　亮（2018.07 任）
常　委　贺赤兴
彭利芝（女）
蔡　锋
吴　江（挂职）
罗予武
张铁炎
杨利成
黄军其
龙　斌
屈志峰
（挂职，2018.08 任）

区人大常委会

主　任　胡杰夫
副主任　王剑鸣
林俐俐（女）
曾跃平（女）
江　南
张　淳（2018.07 任）

区人民政府

区　长　周　凡
副区长　蔡　锋
潘旺明
李　舜（女）
谭应林
刘雄辉
张永久
王　剑（2018.07 任）

区政协委员会

主　席　袁精华
副主席　曾高杰
喻英姿（女）
刘　平
卜茂荣
彭首志

开福区

中共开福区委员会

书　记　沈裕谋
副书记　刘拥兵
谢伟峰
常　委　欧干军
杨应龙
（挂职，2018.07 止）
黎　明
邹犇森（挂职）
蔡　冰
张春雄
舒全球
何惠风（女）
晏成方
卜超峰
（女，挂职，2018.12 止）
马运动（2018.08 止）
李国军
（挂职，2018.07 任）

区人大常委会

主　任　许振勤

副主任　王颂交

李光华

袁剑英（女）

罗伟明

周桂林

袁政国

（挂职，2018.09 任）

区人民政府

区　长　刘拥兵

副区长　蔡　冰

卜超峰

（女，挂职，2018.12 止）

廖　勇

易文斌

朱　江（女）

蒋　君

杨光华

李　杨

区政协委员会

主　席　熊建伟

副主席　杨　艳（女）

焦　灿

廖耀群（兼）

林永红（女）

鲁碧君（女，兼）

雨花区

中共雨花区委员会

书　记　张　敏

副书记　刘素月（女）

陈永高

常　委　王清政

龚　畅

王维宁

邹春林

郭四军（挂职）

余宏卿

周海毅

成　钢

刘瑞平（2018.09 任）

区人大常委会

主　任　龚景顺

副主任　谢爱龙

杨　平（女）

杨仕斌

叶　松（女）

李劲松

区人民政府

区　长　刘素月（女）

常务副区长　邹春林

副区长　黄健元

陈怀宇

王明玖

张良欣（2018.02 止）

刘江红

易　静（女）

蔡泽敏（2018.02 任）

区政协委员会

主　席　冯聪龙

副主席　康长萍（女）

彭可佳

周凌云（女）

廖云伟

罗艳辉（女）

望城区

中共长沙市望城区委员会

书　记　孔玉成

副书记　范焱斌

张　毅

余学辉

常　委　秦国良（2018.07 止）

彭保刚（2018.07 任）

周志辉

刘要明（2018.09 止）

姚建刚

苏春光

戴水文

喻霞元（女）

陶建军（2018.02 任）

伍少林（2018.09 任）

区人大常委会

主　任　喻金平

副主任　文菊华（女）

丁四明

陈亮伟

邓建华

区人民政府

区　长　范焱斌

副区长　周志辉（2018.02 任）

苏敏芳

刘洪波

凌泽民

聂　荣

周正茂

易文龙

区政协委员会

主　席　骆志平

副主席　凌立霞（女）

严毅夫

蔡　锋

李建龙（兼）

张锰辉

长沙县

中共长沙县委员会

书　记　曾超群

副书记　张作林

杨　莉（女）

常　委　杨应龙（2018.07 任）

胡维龙

沈　光

赖坤明

王国良

（挂职，2018.02）

陈晓成

谭浩然

杨　溢（女）

喻志刚（2018.08 止）

黄　波

邹　刚（2018.08 任）

白　玉（2018.12 任）

县人大常委会

主　任　李建章

副主任　周安伟

曹艳萍（女）

副主任　彭军其

唐俊兴

曹伟兴

县人民政府

县　长　张作林

副县长　杨应龙（提名人选，2018.07 任；9 月当选）

副县长　　彭迟平
喻名团
毛　葵
黄泽红
彭正球（2018.01 任）
康　勇（2018.07 任）
王国良（2018.02 止）
黄　梁（2018.07 止）

县政协委员会

主　席　　王益枝
副主席　　杜宏亮（2018.11 逝世）
李楚屏（女，兼）
郭艳红（女）
陈沃辉
张小春（兼）

浏阳市

中共浏阳市委员会

书　记　　黎春秋
副书记　　吴新伟
邱山东
常　委　　秦跃平
吴　敏
周文舜
邓阳锋
郭　瑞（女）
戴武明
尹乐平
李爱民
邓　凡（2018.04 任）

市人民代表大会常务委员会

主　任　　吴　震
副主任　　刘　旭（女）
刘仙娥（女）
张友根
杨　智
陈　清

市人民政府

市　长　　吴新伟
常务副市长　吴　敏
副市长　　邓　凡
（挂职，2018.04 任）
邓雪琴（女）
詹萍萍（女）
沈学军
周耀辉
王坤球
仲　凡
（挂职，2018.12 止）
屈湘水（2018.02 任）

市政协第九届委员会

主　席　　李家喜
副主席　　张葵红（女）
谢建国
廖伟平（女）
谢鹤林
刘来宏（女）

宁乡市

中共宁乡市委员会

书　记　　周　辉
副书记　　付旭明
刘　亮（2018.07 止）
刘永红（2018.07 任）
常　委　　刘永红
（挂职，2018.07 止）
张　武
王湘云
彭　娟（女）
彭　韬
刘俊武
田　剑（2018.09 止）
钟利仁
（女，2018.07 任）
李佑明（2018.07 任）
郑　旗
（挂职，2018.07 任）
刘继帅（2018.09 任）

宁乡市人大常委会

主　任　　喻亚军
副主任　　周泽祥
熊志扬
闵志平
刘骥扬
张　莹（女）

宁乡市人民政府

市　长　　付旭明
常务副市长　王湘云（2018.07 任）
副市长　　钟利仁
（女，2018.07 止）
冯智君
章晓波（2018.07 止）
陈德奇
文　平
贺立权
黄　勇（2018.07 任）
李　磊（2018.09 任）

宁乡市政协委员会

副主席　　彭曦明（女）
李　纯（女）
杨志武
曾含玲（女）
胡　宇
（女，2018.02 任）

《长沙年鉴（2019）》组稿人员

（名字按篇目顺序）

王成亮　卢晓晴　吕红绰　安国瑞　贺孝武　李文祥　叶　顶　侯文学
刘志超　罗定豪　黄　汀　邓　波　颜睿康　何孟科　阳照烈　潘　洋
贺明明　欧文庆　刘时其　宋万能　张旭东　殷　锟　唐剑宇　袁金明
贺　彪　彭月忠　蒋志华　周　妍　李　末　李亚飞　袁　晶　刘忠诚
侯小贝　黄碧泉　陈美宁　刘稳振　盛　敏　周　倩　彭　磊　周新建
唐铁瑜　丑　帅　陈　翼　杨凯龙　刘孙波　陈边城　雷传红　彭众评
任彧婵　董　浩　肖　湘　周德喜　吴　炳　包　宇　刘　芳　罗　娜
李红兵　薛颖丰　段　然　邓　慧　项胜秋　吴　慧　虢海涛　张　慧
刘胜涛　张　钢　夏海军　张　蓉　陈　忆　刘胜伟　黎　建　周　恩
彭玲涵　黄英华　颜梦玲　刘铁伟　符　彬　黄　露　廖　劼　刘逸群
刘　刚　唐　嵘　田小群　张　薇　欧阳犇　龙松兵　童　萸　欧阳花
蓝　海　聂　娟　曹玥兆　刘瀛洲　罗海萍　龙　灿　王斯人　李　行
杨　红　陈登奇　胡茂林　李红亮　颜　彪　程彩明　阳爱萍　佘　滢
常晓晓　邵　敏　臧　勇　贺正宇　唐　灿　吴　婵　苏　婉　刘晔城
寇冠乔　李　婕　李　欣　吴素云　崔浪涛　廖　沛　陈　超　罗　萍
李廷香　胡双玲　刘超超　袁村平　叶　圆　徐　玢　何振翔　周　盼
汤　洵　陈　巍　彭志敏　张　茜　石　勇　胡功明　李　强　罗汉果
魏　箐　尹江健　张　璞　鲁沙沙　陆明榜　刘　婷　姚照丰　浦英晖
厉　杏　李典琼　颜蜜如　陈怀旭　吴　帮　曹馨尹　曾牧野　杨　佳
佘沂乘　金　鑫　文　雅　钟玲俐　段　龙　李迪龙　尹凤麟　许　婷
龙　苏　邹艳青　颜　林　杨　婷　周红波　邓　斌　王富英　王新宇
周义娟　吴冬良　刘科明　张姣美　周进银　唐继武　高　丽　陈劲飞
何　军

索 引

说明：

一、本索引把年鉴的条目(统计资料、表格、概况、综述、彩页除外)用主题分析方法，按汉语拼音字母顺序排列。

二、类目、分目、专稿标题用黑体字表明。

三、索引名称后的阿拉伯数字表示内容所在的页码，拉丁字母(a、b、c)表示栏别(从左至右分1、2、3栏)。

D

E

F

M

N

P

Q

Y

Z